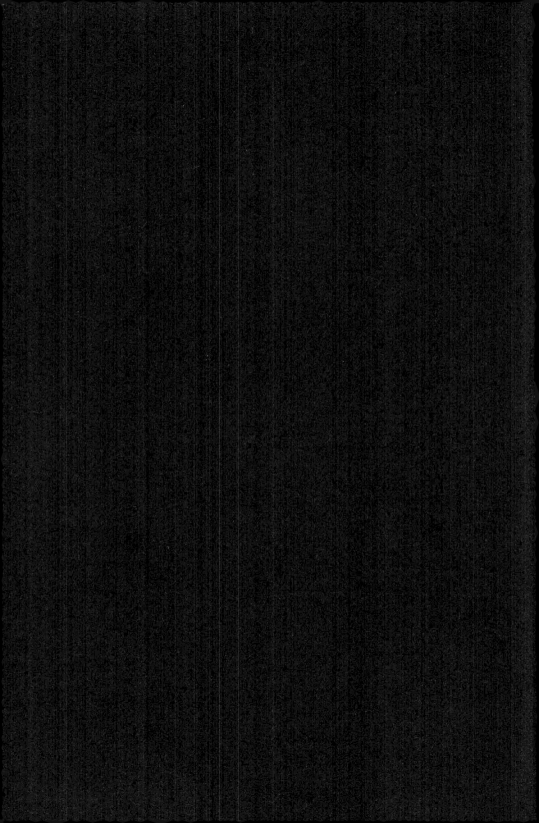

마태복음

ESV 성경 해설 주석

편집자 주

- 성경의 문단과 절 구분은 ESV 성경의 구분을 기준하였습니다.
- 본문의 성경은 《성경전서 개역개정판》과 ESV 역을 주로 사용하였습니다.

ESV Expository Commentary: *Matthew*
© 2021 Crossway
Originally published as *ESV Expository Commentary*, Volume 8: *Matthew-Luke*
Published by Crossway
a publishing ministry of Good News Publishers
Wheaton, Illinois 60187, U.S.A.

마태복음

ESV 성경 해설 주석

다니엘 M. 도리아니 지음
김명희 옮김

국제제자훈련원

추천의 글

성경은 하나님의 생명의 맥박이다. 성경은 사망에서 생명으로 옮겨 주는 생명의 책이다. 성경은 하나님의 창조와 구원 디자인에 따라 삶을 풍요롭게 하는 생활의 책이다. 성경을 바로 이해하고 적용해서 그대로 살면 우선 내가 살고 또 남을 살릴 수 있다. '하나님의 생기'가 약동하는 성경을 바로 강해하면 성령을 통한 생명과 생활의 변화가 분출된다. 이번에 〈ESV 성경 해설 주석〉 시리즈가 나왔다. 미국 필라델피아 웨스트민스터신학교의 이언 두기드 교수와 남침례교신학교의 제임스 해밀턴 교수와 커버넌트신학교의 제이 스클라 교수 등이 편집했다. 학문이 뛰어나고 경험이 많은 신세대 목회자/신학자들이 대거 주석 집필에 동참했다. 일단 개혁주의 성경신학 교수들이 편집한 주석으로 신학적으로 건전하다. 〈ESV 성경 해설 주석〉은 또한 목회와 신앙생활 전반에 소중한 자료다. 성경 내용을 총체적으로 이해하고 적용한 주석으로 읽고 사용하기가 쉽게 되어 있다. 성경 각 권의 개요와 주제와 저자와 집필 연대, 문학 형태, 성경 전체와의 관계, 해석적 도전 등을 서론으로 정리한 후 구절마다 충실하게 주석해 두었다. 정금보다 더 값지고 꿀보다 더 달고 태양보다 더 밝은 성경 말씀을 개혁주의 성경 해석의 원리에 따라 탁월하게 해석하고 적용한 〈ESV 성경 해설 주석〉이 지구촌 각 교회 지도자들과 성도들에게 널리 읽혀서 생명과 생활의 변화를 통해 하나님의 영광이 극대화되기 바란다.

권성수 | 대구 동신교회 담임목사

〈ESV 성경 해설 주석〉은 미국의 건전한 개혁주의 전통에 서 있는 젊고 탁월한 학자들을 중심으로 집필된 해설 주석이다. 이 책은 매우 읽기 쉬운 주석임에도 세세한 부분까지 놓치지 않고 해설을 집필해 놓았다. 성경 전체를 아우르는 신학적 큰 그림을 견지하면서도 난제는 간결하고 핵심을 찌르듯 해설한다. 목회자들이나 성경을 연구하는 이들은 이 주석을 통해 성경 기자의 의도를 쉽게 파악하여 설교와 삶의 적용에 적절하게 활용할 수 있을 것이다.

김성수 | 고려신학대학원 구약학 교수

ESV 성경은 복음주의 학자들이 원문에 충실하게 현대 언어로 번역한다는 원칙으로 2001년에 출간된 성경이다. ESV 번역을 기초로 한 이 해설 주석은 성경 본문의 역사적 의미를 밝힘으로써, 독자가 하나님의 영감된 메시지를 발견하도록 도울 목적으로 기획되었다. 각 저자는 본문에 대한 학문적 논의에 근거하여 일반 독자가 이해하고 적용할 수 있도록 충실하게 안내하고 있다. 또한 성경 각 권에 대한 서론은 저자와 본문을 이해하는 데 큰 도움을 준다. 이 주석은 말씀을 사모하는 모든 사람들, 특별히 말씀을 선포하고 가르치는 책임을 맡은 이들에게 신뢰할 만하고 사용하기에 유익한 안내서다.

김영봉 | 와싱톤사귐의교회 딤임목사

〈ESV 성경 해설 주석〉은 성경 해석의 정확성, 명료성, 간결성, 통합성을 두루 갖춘 '건실한 주석'이다. 단단한 문법적 분석의 토대 위에 문학적 테크닉을 따라 복음 스토리의 흐름을 잘 따라가며, 구약 본문과의 연관성 속에서 견고한 성경신학적 함의를 제시한다. 성경을 이해하는 데 관심 있는 일반 독자들은 이 책을 통해 최신 해석들을 접할 수 있으며, 설교자들은 영적 묵상과 현대적 적용에 통찰을 얻을 수 있을 것이다.

김정우 | 총신대학교 명예교수, 한국신학정보연구원 원장

〈ESV 성경 해설 주석〉은 단락 개요, 주석 그리고 응답의 구조로 전개되기 때문에 독자는 성경의 말씀들을 독자 자신의 영적 형편에 적합하게 적용할 수 있다. 특히 절 단위의 분절적인 주석이 아니라 각 단락을 하나의 이야기로 묶어 해석하기 때문에 본서는 성경이라는 전체 숲을 파악하는 데 더없이 유익하다. 목회자, 성경 교사, 그리고 성경 애호적인 평신도들에게 추천할 만하다.

김회권 | 숭실대학교 기독교학과 구약신학 교수

성경 주석의 가장 중요한 사명은 하나님의 말씀을 바르게 해석하고 오늘날 청중에게 유익하게 적용할 수 있도록 안내하는 일이다. 〈ESV 성경 해설 주석〉은 목회자와 성도 모두에게 성경에 새겨진 하나님의 마음을 읽게 함으로 진리의 샘물을 마시게 할 뿐 아니라 하나님을 더욱 사랑하는 마음을 불러일으킨다. 성경과 함께 〈ESV 성경 해설 주석〉을 곁에 두라. 목회자는 강단에 생명력 있는 설교에 도움을 얻을 것이고 일반 독자는 말씀을 더 깊이 깨닫는 기쁨을 누릴 것이다.

류응렬 | 와싱톤중앙장로교회 담임목사, 고든콘웰신학교 객원교수

주석들의 주석이 아니라 성경을 섬기는 주석을, 학자들만의 유희의 공간이 아니라 현장을 섬기는 주석을, 역사적 의미만이 아니라 역사 속의 의미와 오늘 여기를 향하는 의미를 고민하는 주석을, 기발함보다는 기본에 충실한 주석을 보고 싶었다. 그래서 책장 속에 진열되는 주석이 아니라 책상 위에 있어 늘 손이 가는 주석을 기다렸다. 학문성을 갖추면서도 말씀의 능력을 믿으며 쓰고, 은혜를 갈망하며 쓰고, 교회를 염두에 두고 쓴 주석을 기대했다. 〈ESV 성경 해설 주석〉은 나를 성경으로 돌아가게 하고 그 성경으로 설교하고 싶게 한다. 내가 가진 다른 주석들을 대체하지 않으면서도 가장 먼저 찾게 할 만큼 탄탄하고 적실하다. 현학과 현란을 내려놓고 수수하고 담백하게 성경 본문을 도드라지게 한다.

박대영 | 광주소명교회 책임목사, 《묵상과 설교》 편집장

또 하나의 주석을 접하며 무엇이 특별한가 하는 질문부터 하게 된다. 먼저 디테일하고 전문적인 주석과 학문적인 논의의 지루함을 면케 해주면서도 성경 본문의 흐름과 의미 그리고 중요한 주제의 핵심을 잘 파악하게 해 준다는 점을 들 수 있다. 그래서 분주한 사역과 삶으로 쫓기는 이들의 시간과 에너지를 절약해 준다는 이점이 있다. 또한 본문에 대한 충실한 해석뿐 아니라 그 적용까지 이끌어낼 수 있도록 돕는다는 점이 유익하다. 더불어 가독성이 뛰어나다는 점에서 설교를 준비하는 이들뿐 아니라 성경을 바로 이해하기 원하는 모든 교인들에게 적합한 주석이다.

박영돈 | 작은목자들교회 담임목사, 고려신학대학원 교의학 명예교수

성경이 질문하고 성경이 답변하게 하는 방법을 찾는 것은 이 시대에 성경을 연구하거나 가르치거나 설교하는 이들의 가장 큰 고민거리라고 할 수 있다. 그동안 접했던 많은 성경 주석서들은 내용이 너무 간략하거나 지나치게 방대했다. 〈ESV 성경 해설 주석〉은 이 시대의 목회자들뿐만 아니라 진리를 갈망하는 모든 신자들, 특히 제자

훈련을 경험하는 모든 동역자들에게 매우 신선하고 깊이 있는 영감을 공급하는 주석이다. 첫째, 해석이 매우 간결하고 담백하면서도 깊이가 있다. 둘째, 영어 성경과 대조해서 본문을 폭넓게 이해할 수 있다. 셋째, 성경 원어 이해를 돕기 위한 세심한 배려는 목회자뿐만 아니라 성경의 깊이를 탐구하는 모든 신앙인들에게도 큰 유익을 준다. 넷째, 이 한 권으로 충분할 수 있다. 성경이 말하기를 갈망하는 목회자의 서재뿐만 아니라 말씀을 사랑하는 모든 신앙인들의 거실과 믿음 안에서 자라나는 다음 세대의 공부방들도 〈ESV 성경 해설 주석〉이 선물하는 그 풍성한 말씀의 보고(寶庫)가 되기를 염원한다.

故 박정식 | 전 은혜의교회 담임목사

〈ESV 성경 해설 주석〉는 성경 본문을 통해 저자가 드러내기 원하는 사고의 흐름을 따라가면서 예수님을 중심으로 하는 구원계시사적 관점에서 친절히 해설한다. 《ESV 스터디 바이블》의 묘미를 맛본 분이라면, 이번 〈ESV 성경 해설 주석〉을 통해 복음에 충실한 개혁주의 해설 주석의 간명하고도 풍성한 진미를 기대해도 좋다. 설교자는 물론 성경을 진지하게 읽음으로 복음의 유익을 얻기 원하는 모든 크리스천에게 독자 친화적이며 목회 적용적인 이 주석 시리즈를 기쁘게 추천한다.

송영목 | 고신대학교 신학과 신약학 교수

일반 성도들이 성경을 읽을 때 곁에 두고 참고할 만한 자료가 의외로 많지 않다. 그런 점에서 〈ESV 성경 해설 주석〉이 한국에 소개되는 것을 매우 기쁘게 생각한다. 학술적이지 않으면서도 깊이가 있는 성경 강해를 명료하게 담아내고 있기 때문이다. 성경을 바르고 분명하게 이해하려는 모든 성도들에게 큰 도움이 되리라 확신하며 추천한다.

송태근 | 삼일교회 담임목사, 미셔널신학연구소 대표

본 시리즈는 장황한 문법적 · 구문론적 논의는 피하고 본문의 흐름을 따라 단락별로 본문의 핵심을 파악할 수 있도록 도와주는 매우 간결하고 효율적인 주석 시리즈다. 본 시리즈는 석의 과정에서 성경신학적으로 건전한 관점을 지향하면서도, 각 책의 고유한 신학적 특성을 드러내 보여주는 것도 소홀히 하지 않는다. 특히 본 시리즈는 목회자들이 설교를 준비할 때 본문 이해의 시발점으로 사용하기에 적절하며, 평신도들이 읽기에도 과히 어렵지 않은 독자 친화적 주석이다. 본 시리즈는 성경을 연구하는 모든 이들에게 매우 요긴한 동반자가 될 것이다.

양용의 | 에스라성경대학원대학교 신약학 교수

메시아적 시각을 평신도의 눈높이로 풀어낸 주석이다. 주석은 그저 어려운 책이라는 편견을 깨뜨리고 성경을 사랑하는 모든 이의 가슴 속으로 살갑게 파고든다. 좋은 책은 평생의 친구처럼 이야기를 듣고 들려주면서 함께 호흡한다는 점에서 〈ESV 성경 해설 주석〉은 가히 독보적이다. 깊이에서는 신학적이요, 통찰에서는 목회적이며, 영감에서는 말씀에 갈급한 모든 이들에게 열린 책이라고 할 수 있다. 서사적 구조와 시의 적절한 비유적 서술은 누구라도 마음의 빗장을 해제하고, 침실의 머리맡에 두면서 읽어도 좋을 만큼 영혼의 위로를 주면서도, 말씀이 주는 은혜로 새벽녘까지 심령을 사로잡을 것으로 믿는다. 비대면의 일상화 속에서 말씀을 가까이하는 모든 이들이 재산을 팔아 진주가 묻힌 밭을 사는 심정으로 사서 평생의 반려자처럼 품어야 할 책이다.

오정현 | 사랑의교회 담임목사, SaRang Global Academy 총장

〈ESV 성경 해설 주석〉 시리즈의 특징은 신학자나 목회자들에게도 도움이 되겠지만 평신도 지도자인 소그룹 인도자들의 성경본문 이해에 대한 통찰력을 제공한다. 건강한 교회의 공통분모인 소그룹 활성화를 위하여 인도자의 영적 양식은 물론 그룹원들의 일상을 새로운 각도에서 조명하는 원리를 찾아주는 데 도움을 준다. 서로 마음이 통하는 반가운 친구처럼 손 가까이 두고 싶은 책으로 추천하고 싶다.

오정호 | 새로남교회 담임목사, 제자훈련 목회자네트워크(CAL-NET) 이사장

〈ESV 성경 해설 주석〉은 내용이 충실하여 활용성이 높고, 문체와 편집이 돋보여 생동감을 주기에 충분하다. 이와 함께 본문의 의미를 최대한 살려내는 심오한 해석은 기존의 우수한 주석들과 어깨를 나란히 할 만큼 정교하다. 또한 본 시리즈는 성경 각 권을 주석함과 동시에 성경 전체를 관통하는 그리스도 중심의 구속사적 관점을 생생하게 적용함으로써 탁월함을 보인다. 설교자와 성경 연구자에게는 본문에 대한 알찬 주석을 제공한다는 차원에서 오아시스와 같고, 실용적인 주석을 기다려온 평신도들에게는 설명이 뛰어나다는 점에서 가장 이상적인 해설서로 적극 추천한다.

윤철원 | 서울신학대학원 신약학 교수, 한국신약학회 회장

설교자들은 늘 신학적으로 탄탄하면서도 성경신학적인 주석서가 목말랐다. 학문적으로 치우쳐 부담되거나 석의가 부실한 가벼운 주석서들과는 달리 〈ESV 성경 해설 주석〉은 깊이 있는 주해와 적용에 이르기까지 여러 면에서 균형을 고루 갖춘 해설 주석서다. 한국 교회 강단을 풍성케 할 역작으로 기대된다.

이규현 | 수영로교회 담임목사

ESV 성경은 원문을 최대한 살려서 가장 최근에 현대 영어로 번역한 성경이다. 100여 명의 대표적인 복음주의 학자와 목회자들로 구성된 팀이 만든 ESV 성경은 '단어의 정확성'과 문학적 우수성뿐만 아니라 그 의미를 깊이 있게 드러내는 영어 성경이다. 2001년에 출간된 이후 교회 지도자들과 수많은 교파와 기독교 단체에서 널리 사용되었고, 현재 전 세계 수백만의 그리스도인들이 사용하고 있다. 〈ESV 성경 해설 주석〉은 무엇보다 개관, 개요, 주석이 명료하고 탁월하다. 포스트모던 시대에도 진지한 강해설교를 고민하는 모든 목회자들과 성경공부 인도자들에게 마음을 다하여 추천하고 싶다. 이 책을 손에 잡은 모든 이들은 손에 하늘의 보물을 잡은 감사를 느끼게 될 것이다.

이동원 | 지구촌교회 원로목사, 지구촌 목회리더십센터 대표

〈ESV 성경 해설 주석〉은 '성경'을 '말씀'으로 대하는 신중함과 경건함이 부드럽지만 강렬하게 느껴지는 저술이다. 본문의 흐름과 배경을 알기 쉽게 보여주면서 본문의 핵심을 명확하게 제시하는 묘한 힘을 가지고 있다. 연구와 통찰을 질서 있고 조화롭게 제공하여 본문을 보는 안목을 깊게 해 주고, 말씀을 받아들이는 마음을 곧추세우게 해 준다. 주석서에서 기대하는 바가 한꺼번에 채워지는 느낌이다. 설교를 준비하는 목회자, 성경을 연구하는 신학생, 말씀으로 하나님을 만나려는 성도 모두에게 단비 같은 주석이다.

이진섭 | 에스라성경대학원대학교 신약학 교수

ESV 성경 간행에 이은 〈ESV 성경 해설 주석〉의 발간은 이 땅을 살아가는 '말씀의 사역자'들은 물론, 모든 '한 책의 백성'들에게 주어진 이중의 선물이다. 본서는 구속사에 대한 거시적 시각과 각 구절에 대한 미시적 통찰, 학자들을 위한 학술적 깊이와 설교자들을 위한 주해적 풀이, 그리고 본문에 대한 탁월한 설명과 현장에 대한 감동적인 적용을 다 아우르고 있는 성경의 '끝장 주석'이라 할 만하다.

전광식 | 고신대학교 신학과 교수, 전 고신대학교 총장

〈ESV 성경 해설 주석〉은 처음부터 그 목적을 분명히 하고 집필되었다. 자기 스스로 경건에 이르도록 성장하기 위해서, 또 다른 사람들을 가르치기 위해서, 성경을 진지하게 연구하는 모든 사람들에게 도움을 주기 위해서라고 밝힌다. 목사들에게는 목회에 유익한 주석이요, 성도들에게는 적용을 돕는 주석이다. 또 누구에게나 따뜻한 감동을 안겨주는, 그리하여 주석도 은혜가 된다는 것을 새삼 확인할 것이다. 학적인

주석을 의도하지 않았지만, 이 주석의 구성도 주목할 만하다. 한글과 영어로 된 본문, 단락 개관, 개요, 주해, 응답으로 구성되어 있다. 만약 신구약 한 질의 주석을 곁에 두길 원하는 성도라면, 〈ESV 성경 해설 주석〉 시리즈는 틀림없이 실망시키지 아니할 것이라고 확신한다.

정근두 | 울산교회 원로목사

말씀을 깊이 연구하는 일부의 사람들에게는 원어 주해가 도움이 되겠지만, 강단에 서는 설교자들에게는 오히려 해설 주석이 더 요긴하다. 〈ESV 성경 해설 주석〉은 본문 해설에 있어 정통 신학, 폭넓은 정보, 목회적 활용성, 그리고 적용에 초점을 두었다. 이 책은 한마디로 설교자를 위한 책이다. 헬라어나 히브리어에 능숙하지 않아도 친숙하게 성경 본문을 연구할 수 있다는 점에서 주변 목회자들에게 적극적으로 추천하고 싶다. 목회자가 아닌 일반 성도들도 깊고 풍성한 말씀에 대한 갈증이 있다면, 본 주석 시리즈를 참고할 것을 강력하게 권하고 싶다.

정성욱 | 덴버신학교 조직신학 교수

입고 있는 옷이 있어도 새 옷이 필요할 때가 있다. 기존의 것이 낡아서라기보다는 신상품의 맞춤식 매력이 탁월하기 때문이다. 〈ESV 성경 해설 주석〉 시리즈는 분주한 오늘의 목회자와 신학생뿐 아니라 성경교사 및 일반 그리스도인의 허기지고 목마른 영성의 시냇가에 심길 각종 푸르른 실과나무이자 물 댄 동산과도 같다. 실력으로 검증받은 젊은 저자들은 개혁/복음주의 신학과 신앙의 깊은 닻을 내리고, 성경 각 권의 구조와 문맥의 틀 안에서 저자의 의도를 핵심적으로 포착하여 침침했던 본문에 빛을 던져준다. 아울러 구속사적 관점 아래 그리스도 중심적 의미와 교회-설교-실천적 적용의 돛을 바라보게 함으로써 본문의 지평을 한 층 더 활짝 열어준다. 한글/영어 대역으로 성경 본문이 제공된다는 점은 한국인 독자만이 누리는 보너스이리라. "좋은 주석은 두껍고 어렵지 않을까"라는 우려를 씻어주듯 이 시리즈 주석서는 적절한 분량으로 구성된 '착한 성경 해설서'라 불리는 데 손색이 없다. 한국 교회 성도의 말씀 묵상, 신학생의 성경 경외, 목회자의 바른 설교를 향상시키는 데 〈ESV 성경 해설 주석〉 시리즈만큼 각 사람에게 골고루 영향을 끼칠 주석은 찾기 어려울 듯싶다. 기쁨과 확신 가운데 추천할 수 있는 이유다.

허주 | 아세아연합신학대학교 신약학 교수, 한국복음주의신약학회 회장

〈ESV 성경 해설 주석〉은 정확무오한 하나님의 말씀을 전하는 설교자와 전도자들에게 훌륭한 참고서다. 성경적으로 건전하고 신학적으로 충실할 뿐 아니라 목회 현장에 실질적인 도움이 된다. 나 또한 나의 설교와 가르침의 사역에 활용할 수 있기를 고대한다.

대니얼 에이킨(Daniel L. Akin) | 사우스이스턴침례신학교 총장

하나님은 그의 아들에 대해 아는 것으로 모든 열방을 축복하시려는 영원하고 세계적인 계획을 그의 말씀을 통해 드러내신다. 이 주석이 출간되어 교회들이 활용할 수 있게 된 것만으로 행복하고, 성경에 대한 명확한 해설로 말미암아 충실하게 이해할 수 있게 해 준 것은 열방에 대한 축복이다. 물이 바다를 덮음같이 하나님의 영광에 대한 지식이 온 땅에 충만해지는데 이 주석이 사용되길 바란다.

이언 추(Ian Chew) | 목사, 싱가포르 케이포로드침례교회

〈ESV 성경 해설 주석〉은 탁월한 성경 해설과 깊이 있는 성경신학에 바탕한 보물 같은 주석이다. 수준 높은 학구적 자료를 찾는 독자들뿐만 아니라 읽기 쉽고 이해하기 쉽도록 잘 정리된 주석을 원하는 사람들에게도 적합하다. 목회자, 성경교사, 신학생들에게 이 귀한 주석이 큰 도움이 되고 믿을 수 있는 길잡이가 되리라 확신한다.

데이비드 도커리(David S. Dockery) | 사우스이스턴침례신학교 석좌교수

대단한 주석! 성경을 배우는 모든 학생들에게 도움이 될 수 있도록 최고 수준의 학자들이 성경의 정수를 정리하여 접근성을 높여서 빠르게 참고하기에 이상적인 주석이다. 나 또한 설교 준비와 성경 연구에 자주 참고하고 있다.

아지스 페르난도(Ajith Fernando) | 스리랑카 YFC 교육이사, *Discipling in a Multicultural World* 저자

〈ESV 성경 해설 주석〉은 성경교사들의 기초 자료로서 활용성 높은 최고의 주석 중 하나다. 일반 독자들도 쉽게 이해할 수 있는 동시에 강해설교가들에게 충분한 배움을 제공한다. 이 주석 시리즈는 성경을 제대로 배우고자 하는 전 세계 신학생들에게도 표준 참고서가 될 것이다.

필립 라이켄(Philip Graham Ryken) | 휘튼칼리지 총장

〈ESV 성경 해설 주석〉에 대하여

성경은 생명으로 맥동한다. 성령은 믿음으로 성경을 읽고 소화해서 말씀대로 살아가는 사람들에게 맥동하는 생명력을 전해 준다. 하나님께서 성경 안에 자신을 계시하셨기 때문에 성경은 꿀보다 달고 금보다 귀하며, 모든 부(富)보다 가치 있다. 주님은 온 세상을 위해 생명의 말씀인 성경을 자신의 교회에 맡기셨다.

또한 주님은 교회에 교사들을 세우셔서 하나님의 말씀이 무엇을 의미하는지를 설명해 주고 각 세대에 어떻게 적용해야 하는지를 분명하게 보여주도록 하셨다. 우리는 이 주석이 하나님의 말씀을 진지하게 공부하는 모든 사람들, 즉 다른 사람들에게 가르치기 위해 성경을 연구하는 사람들과 스스로 경건에 이르도록 성장하기 위해 성경을 공부하는 사람들에게 큰 유익을 주길 기도한다. 우리의 목표는 성경 본문을 그리스도 중심적으로 명료하고 뚜렷하게 설명하는 것이다. 모든 성경은 그리스도에 대해 말하고 있으며(눅 24:27), 우리는 성경의 각 책이 우리가 "예수 그리스도의 얼굴에 있는 하나님의 영광을 아는 빛"(고후 4:6)을 보도록 어떻게 돕고 있는지 알려주길 원한다. 그런 목표를 이루고자 이 주석 시리즈를 집필하는 저자들에게 다음과 같은 원칙을 제시했다.

- 올바른 석의를 토대로 한 주석 성경 본문에 나타나 있는 사고의 흐름과 추론 방식을 충실하게 따를 것.
- 철저하게 성경신학적인 주석 성경은 다양한 내용들을 다루지만, 그리스도 안에서 완성된 구속이라는 단일한 주제를 말하고 있다는 점에서 성경 전체를 하나의 통일된 관점으로 볼 수 있게 할 것.
- 전 세계를 대상으로 한 주석 성경과 신학적으로 신뢰할 만한 자료들을 가능한 한 많은 사람들에게 공급하겠다는 크로스웨이(Crossway)의 선교 목적에 맞게 전 세계 독자들이 공감하고 필요로 하는 주석으로 집필할 것.
- 폭넓은 개혁주의 주석 종교개혁의 역사적 흐름 안에서 오직 은혜와 오직 믿음으로 말미암아 오직 그리스도 안에서 오직 성경의 가르침을 따라 오직 하나님의 영광을 위한 구원을 천명하고, 큰 죄인에게 큰 은혜를 베푸신 크신 하나님을 높일 것.
- 교리 친화적인 주석 신학적 담론도 중요하므로 역사적 또는 오늘날 신학적으로 중요한 문제들과 성경 본문에 대한 주석을 서로 연결하여 적절하고 함축성 있게 다룰 것.
- 목회에 유익한 주석 문법적이거나 구문론적인 긴 논쟁을 피하고, 하나님을 경외하는 마음으로 '성경 본문 아래 앉아' 경청하게 할 것.
- 적용을 염두에 둔 주석 오늘날 서구권은 물론이고 그 밖의 다른 세계에서 살아가는 사람들이 처한 상황과 성경 본문이 어떻게 연결되는지를 간결하면서도 일관되게 제시할 것(이 주석은 전 세계 다양한 상황 가운데 살아가는 사람들을 대상으로 하기 때문에).
- 간결하면서도 핵심을 찌르는 주석 성경에 나오는 단어들을 일일이 분석하는 대신, 본문의 흐름을 짚어내서 간결한 언어로 생동감 있게 강해할 것.

이 주석서에서 기본적으로 사용한 영역 성경은 ESV이지만, 집필자들에게 원어 성경을 참조해서 강해와 주석을 집필하도록 요청했다. 또한 무조건 ESV 성경 번역자들의 결해(結解)를 따르라고 요구하지도 않았다.

인간이 세운 문명은 시간이 흐르면 무너져서 폐허가 되지만, 하나님의 말씀은 영원히 서 있다. 우리 또한 바로 그 말씀 위에 서 있다. 성경의 위대한 진리들은 시간과 공간을 뛰어넘어 말하고, 우리의 목표는 전 세계적으로 적용될 수 있는 방식으로 그 진리들을 전하는 것이다.

하나님께서 자신의 말씀을 연구하는 일에 복을 주시고, 그 말씀을 강해하고 설명하려는 이 시도에 흡족해 하시기를 기도한다.

차례

약어표

참고 자료 I

1QS	Rule of the Community
ANF	*Ante-Nicene Fathers*
AsJT	*Asia Journal of Theology*
BECNT	Baker Exegetical Commentary on the New Testament
BBR	*Bulletin for Biblical Research*
BDAG	Bauer, W., F. W. Danker, W. F. Arndt, and F. W. Gingrich. *A Greek-English Lexicon of the New Testament and Other Early Christian Literature.* 3rd ed. Chicago: University of Chicago Press, 1999.
COQG	Christian Origins and the Question of God
CTJ	*Calvin Theological Journal*
DJG	*Dictionary of Jesus and the Gospels.* Edited by Joel B. Green, Jeannine K. Brown, and Nicholas Perrin. Downer's Grove, IL: InterVarsity Press, 1942; 2nd ed., 2013.
HTR	*Harvard Theological Review*
ICC	International Critical Commentary
ISBE	*International Standard Bible Encyclopedia*. Edited by Geoffrey W. Bromiley. 4 vols. Berlin: de Gruyter, 1938–1963.
JETS	*Journal of the Evangelical Theological Society*
JSNT	*Journal for the Study of the New Testament*
JTS	*Journal of Theological Studies*

LCC Library of Christian Classics

LCL Loeb Classical Library

LEC Library of Early Christianity

NAC New American Commentary

NICNT New International Commentary on the New Testament

NIDNTT *New International Dictionary of New Testament Theology*. Edited by Colin Brown. 4 vols. Grand Rapids, MI: Zondervan, 1975–1978.

NCBC New Century Bible Commentary

NICNT New International Commentary on the New Testament

NSBT New Studies in Biblical Theology

NTS *New Testament Studies*

PNTC Pillar New Testament Commentary

PTR *Princeton Theological Review*

REBC Expositor's Bible Commentary, Revised Edition

REC Reformed Expository Commentary

SHBC Smyth & Helwys Bible Commentary

TNTC Tyndale New Testament Commentaries

TynBul *Tyndale Bulletin*

WBC Word Biblical Commentary: Hagner

WUNT Wissenschaftliche Untersuchungen zum Neuen Testament

성경 |

구약 ▶

창	창세기
출	출애굽기
레	레위기
민	민수기
신	신명기
수	여호수아
삿	사사기
룻	룻기
삼상	사무엘상
삼하	사무엘하
왕상	열왕기상
왕하	열왕기하
대상	역대상
대하	역대하
스	에스라
느	느헤미야
에	에스더
욥	욥기
시	시편
잠	잠언
전	전도서
아	아가
사	이사야
렘	예레미야
애	예레미야애가
겔	에스겔
단	다니엘
호	호세아
욜	요엘
암	아모스
옵	오바댜
욘	요나
미	미가
나	나훔
합	하박국
습	스바냐
학	학개
슥	스가랴
말	말라기

신약 ▶

마	마태복음
막	마가복음
눅	누가복음
요	요한복음
행	사도행전
롬	로마서
고전	고린도전서
고후	고린도후서
갈	갈라디아서
엡	에베소서
빌	빌립보서
골	골로새서
살전	데살로니가전서
살후	데살로니가후서
딤전	디모데전서
딤후	디모데후서
딛	디도서
몬	빌레몬서
히	히브리서
약	야고보서
벧전	베드로전서
벧후	베드로후서
요일	요한일서
요이	요한이서
요삼	요한삼서
유	유다서
계	요한계시록

마태복음 서론

저자

엄밀히 따지면 마태복음은 작자 미상인 책이다. 바울 서신이나 베드로 서신처럼 저자를 명확하게 밝히는 표현이 없기 때문이다. 하지만 마태복음의 헬라어 사본 모두 제목이 '마태에 의한'이라는 뜻의 '카타 마타이온'(*KATA MATTHAION*)이다. 그래서 현존하는 모든 필사본의 제목이 '마태복음'이다. 사도 시대와 가장 가까운 시기에 살았던 교회 교부들 역시 만장일치로 그것을 사도 마태의 글로 여긴다. 이를 의심할 만한 강력한 증거는 없다.

저작 연대

학자들이 마태복음 집필 시기로 추정하는 연대는 대략 주후 45년에서 90년까지로 아주 폭넓다.[1] 회의론자들은 집필 시기를 주후 70년에 일어난 예루살렘 멸망 이후로 본다. 그 사건에 대한 예언이 가능하다는 점을 의심하기 때문이다. 그러나 예수님에게 (계시와는 별개로) 이스라엘의 미래를 예견할 충분한 통찰력이 있었으리라 인정하는 비평가들도 있다. 보수주의자들은 마태복음의 집필 시기를 보통 주후 70년 이전으로 본다. 이는 세리 마태가 첫 번째 복음서를 집필했다는 논거를 지지하는 주장이다. 또한 마태복음이 주후 70년 이전에 기록되었다면 그 사본이 로마 제국 시기를 거치며 그 글을 인용한 초기 기독교 저자들의 손에 들어갔을 시간도 확보될 것이다. 학자들은 또한 예루살렘 멸망을 서술하는 데 사용된 표현이, 목격자에게서 나온 것이 아니라 하나님의 심판에 대한 흔한 구약의 표현과 재난에 대한 그리스-로마 표현에서 나온 듯 보이는 것에 주목한다. 마지막으로, 몇몇 구절은 마태가 집필했을 당시 성전이 아직 있었음을 암시하는 듯하다(마 5:23-24; 12:6; 23:16-22; 26:61). 그러나 마태복음의 저작 연대를 추측하는 것보다는, 그 저자가 예수님의 사역을 직접 듣고 본 사람인가 하는 것이 더 중요하다.[2]

마태복음과 다른 공관복음

회의론자들은 사도가 다른 복음서, 즉 마가복음에서 그렇게 많이 차용한 것은 이상하다고 말할지도 모른다. 그러나 마가복음이 먼저 집필되었다는 견해는 확실하지도 않고 아마 그럴 수도 없을 것이다. 다음 몇 가지만 확실하다. 첫째, 복음서 저자들은 일부 주요 자료를 공유한 듯 보인다. 둘째,

1 가장 이른 시기에 대해서는, 참고. John Wenham, *Redating Matthew, Mark and Luke: A Fresh Assault on the Synoptic Problem* (Downers Grove, IL: InterVarsity Press, 1992).

2 Herman N. Ridderbos, *Redemptive History and the New Testament Scriptures*, trans. Richard B. Gaffin Jr., 2nd ed. (Phillipsburg, NJ: P&R, 1988).

마태복음과 마가복음의 사건 순서는 아주 유사하고, 마태복음, 마가복음, 누가복음이 동일한 사건이나 가르침을 서술할 때 그 내용이 흡사하다. 셋째, 마태복음과 누가복음에만 나오는 가르침의 표현 중 아주 유사한 것들이 있다. 이는 세 복음서가 한 자료를 함께 사용했거나, 한 저자가 다른 저자의 글을 접했음을 암시한다.

배경과 독자

학자들은 보통 마태복음이 수리아 안디옥에서 그곳에 사는 그리스도인들을 위해 저술되었다고 설명한다. 마태복음을 가장 먼저 확실하게 인용한 사람은 안디옥의 이그나티우스(Ignatius of Antioch, 주후 108년에 사망)다. 더 중요한 사실은, 마태복음이 유대인의 감성을 지니고 있으면서 동시에 이방인 선교에 관심을 둔 독자들을 위해 기록되었다는 것이다. 수리아 안디옥은 이에 완벽하게 들어맞는 장소다. 그 도시에는 유대인 인구가 꽤 많았고, 동시에 이방인들을 위한 첫 선교사를 위임한(행 13:1-3) 곳이기 때문이다. 그러나 해양 도시 가이사랴와 알렉산드리아 같은 도시도 동일한 기준을 충족시킨다는 점에서 이를 확신할 수는 없다.

정경성

다른 복음서들처럼 마태복음도 모든 곳에서 예수님의 생애에 대한 권위 있는 기록으로 받아들였다. 교회는 이미 예수님 생애의 주요 특징과 내용을 알았고, 그분의 말씀을 깊이 존경했다. 그들은 마태복음을 예수님의 생애를 정확하게 그린, 하나님께서 주신 기록으로 인정했다.

신뢰성

이 주석서의 주된 관심사는 마태복음 본문 해설이지만, 신약성경 전체가 그렇듯 마태복음도 묘사된 사건들이 실제로 일어났다고 전제하고 가끔은 그렇게 단언한다. 나아가 그 기사들은 여러 사건과 그 의미를 정확하게 묘사한다. 본문 주석에서 가끔 역사성을 다루지만, 약간의 전반적인 논평이 도움이 될 것 같다.[3] 무엇보다 사도 마태가 정말 첫 번째 복음서의 저자라면 그것이 신뢰할 만한 기사라고 믿을 근거들이 있다.

첫째, 예수님의 말씀에 관한 그의 기록을 믿을 만한 타당한 이유들이 있다. 고대의 교육에서 암기는 필수였으므로 사람들은 그 기량을 개발하려고 애썼다(학생들은 필기도 했다). 랍비 학교에서 교사들은 학생들이 주요한 가르침을 암기하고 익힐 때까지 그것을 되풀이했다. 예수님의 가르침 역시 암기에 적합했다. 그 가르침에는 병행과 리듬을 포함한 시적 요소들이 있었다. 또 함축적인 속담, 그림 같은 묘사와 이야기(비유), 언어유희, 과장도 있었다. 이러한 그림 같고 시적인 요소들 덕분에 예수님의 말씀은 기억하기가 쉬웠다. 예수님이 "만일 맹인이 맹인을 인도하면 둘이 다 구덩이에 빠지리라"(마 15:14)라고 말씀하시면, 그것은 쉽게 기억의 저장고로 들어간다. 또 제자들은 예수님과 함께 돌아다니면서 그분의 가르침을 반복해서 들었다. 마지막으로 초기 그리스도인은 예수님의 말씀을 보존하고자 했다. 이는 공관복음서에서 예수님의 말씀이 거의 동일하다는 점에서 알 수 있다.

둘째, 마태 시대의 문화에는 역사 기술의 기준들이 있었다. 그 기준은 중요한 사건들을 선별하거나 연설을 요약할 권리는 인정하지만, 그 핵심

3 참고. Craig L. Blomberg, *The Historical Reliability of the Gospels*, 2nd ed. (Downers Grove, IL: IVP Academic, 2007). 《복음서의 역사적 신빙성》(솔로몬); Eta Linnemann, *Is There a Synoptic Problem? Rethinking the Literary Dependence of the First Three Gospels*, trans. Robert W. Yarbrough (Grand Rapids, MI: Baker, 1992), 121-129, 182-191; E. Earle Ellis, *Prophecy and Hermeneutic in Early Christianity: New Testament Essays*, WUNT 18 (Grand Rapids, MI: Eerdmans, 1979), 242-247.

을 바꿀 권리는 인정하지 않았다. 초기 교회는 사람들이 종종 예수님과 사도들의 이야기를 날조했음을 알았으므로, 그런 일이 일어나면 그 내용이 교훈적이라 해도 교회는 그것을 엄하게 다루었다. 예를 들어 터툴리안(Tertulian)은 "세례에 대하여"라는 제목의 논문에서 '죽음이 임박한 상황 같은 비상시에 아이에게 세례를 줄 수 있는가' 하는 질문을 다루었다. 터툴리안은 일부 신자들이 그것에 동의하기 위해, 정통적이고 교훈적인 이야기인 《바울행전》(*Acts of Paul*)을 인용할 것을 알았다. 그 책에는 테클라라는 가상의 '당돌한 여자'가 가르치며 인도하는 부분이 나온다. 터툴리안의 논평은, 정설을 발전시켰다 해도 허구를 사실인 것처럼 제시한 것은 그가 용인하지 않았음을 보여준다.

> 바울의 이름으로 옳지 않게 쓰인 글이, 테클라의 실례를 여성들의 가르침과 세례 베풂을 인정하는 허가증으로 주장한다면, 그들에게 다음 사실을 알려주어라. 아시아에서 마치 바울의 명성을 높이는 듯이 그 글을 집필했다가 유죄 판결을 받은 이후에 바울을 사랑하여 그렇게 했다고 고백한 장로가 그 직책에서 쫓겨났다는 것을.[4]

사도들이 예수님의 생애에 일어난 사건들을 정확히 기억하도록 해주었을 또 다른 요소가 있다. 잊지 못할 사건들은 평생 목격자의 머리에 선명하게 새겨진다는 점이다. 필자는 (오해를 받아) 대학교 1학년 때 경찰관을 살해했다는 이유로 경찰서에 구류된 적이 있다. 당시 친형과 함께 있었는데(용의자로서는 아니었지만), 우리는 아직까지 그 사건의 세세한 부분들을 어렵지 않게 기억해낸다. 우리를 체포한 덩치가 엄청나게 큰 경찰관, 그가 권총집에서 꺼낸 권총, 그의 첫 마디 등 말이다. 오래도록 의미 있는 일은 아니었지만, 아무리 노력해도 우리는 절대 그 사건을 잊을 수 없었다.

4 Tertullian, *On Baptism*, trans. S. Thelwall, ANF (Grand Rapids, MI: Eerdmans, 1957), 3:677

그렇다면 사도들에 대해 생각해보라. 그들은 예수님이 나병 환자에게 손을 뻗어 그를 만지며 고쳐주시는 것을 보았다. 그분이 한 마디 명령으로 폭풍우를 잠잠하게 하시고, 얼마 되지 않는 물고기와 떡으로 수천 명을 배불리 먹이시고 몇 광주리가 남기까지 한 것도 직접 보았다. 이 사건들은 그들의 기억에 새겨졌다. 특히 예루살렘에 함께 있으면서 예수님이 하신 일들을 이야기하곤 했기 때문에, 어떤 제자가 세세한 부분에서 머뭇거리면 서로 바로잡아줄 수도 있었을 것이다. 나아가 살아 있는 목격자들이 오류의 확산을 막았을 것이다. 마태복음에 서술된 어떤 거짓된 이야기가 그 일이 일어났다고 전해지는 마을에 퍼졌다고 상상해보라. 백부장의 이야기(8:5-13)나 가다라의 귀신 들린 자들 이야기(8:28-34)가 가버나움이나 가다라에 전해졌는데 그곳 사람들이 "우리는 백부장이나 귀신 들린 자들에 대한 기억이 없어요"라고 말한다면, 마태복음은 즉시 신빙성을 잃을 것이다. 복음서는 어떤 이름이나 지명을 인용할 때마다 검증이나 반증이 가능하다고 암시한다. 어떤 이야기가 날조되었다면, 복음서 전체가 신빙성을 잃을 것이다. 그러나 마태복음이나 다른 복음서를 거부한 마을이나 지방이 있었다는 기록은 없다. 다시 말하지만 예루살렘의 지도자들은 예수님이 하신 말씀이나 행동을 놓고 벌이는 분쟁에 대해 판결을 내릴 수 있었다. 고대 중동 문화에서 지도자들은 사회의 근간이 되는 이야기들이 알려지는 것을 관리했다.[5]

마지막으로, 사도들은 삶으로 그들의 증언을 보증했다. 사람들은 속으면 거짓말로 인해 죽을 수 있다. 심지어 어떤 거짓말이 부나 권력을 약속하면 거짓말인 것을 알면서도 그것 때문에 죽는 사람들도 있다(공산주의를 생각해보라). 그러나 자신이 지어낸 거짓말 때문에 죽는 사람은 없다. 그 거짓말이 이득은커녕 오히려 고통과 손실을 가져온다면 말이다. 그런데 사도들은 예수님을 증언한 것 때문에 죽었다. 이는 그들이 자신의 기록이 사실이라

5 Kenneth E. Bailey, "Informal Controlled Oral Tradition and the Synoptic Gospels", *AsJT* 5/1 (1991): 34-54.

고 믿었음을 보여준다.

마태복음의 정확성을 어느 정도 확인했으니 이제 그 내용으로 가서 전체 개관으로 시작해보자.

마태복음 내러티브의 개요[6]

1장은 예수님의 족보에서(1:1-17) 탄생(1:18-25) 이야기로 나아가며, 예수 그리스도의 기원, 탄생, 신원을 그린다. 이방인 무리인 동방박사들은 예수님께 경배하러 오는 반면(2:1-12), 이스라엘 왕 헤롯은 그분을 죽이려 한다(2:13-23).

세례 요한이 하나님 나라의 도래를 알리며, 이스라엘을 불러 하나님께서 새롭게 하실 일에 대비하여 회개하라고 말한다(3:1-12). 놀랍게도 예수님도 이 세례를 받으신다(3:13-17). 성령의 권능을 받고 이끌리심을 받은 예수님은 마귀의 시험을 견딘 다음(4:1-11), 갈릴리에서 공적 사역을 시작하신다. 그분의 기적은 무리를 매료시키고, 예수님은 그중에서 제자들을 선택하신다(4:12-25).

마태는 다섯 편의 긴 설교를 소개하는데, 5-7, 10, 13, 18, 24-25장에 나온다. 최고의 뮤지컬에 나오는 노래처럼, 이 설교들은 완벽한 순간에 나와서 이야기를 앞으로 나아가게 한다. 첫 번째 설교인 산상수훈은 초기 제자들을 훈련하는 것이지만, 무리도 그 가르침을 듣는다(5:1-2; 7:28-29). 설교는 복을 받는 제자의 성품을 묘사하며 시작한 다음(5:1-12), 박해에서부터 그들이 비치는 빛으로 인해 하나님께 영광을 돌리는 것에 이르기까지 제자들에 대한 세상의 반응을 제시한다(5:13-16). 예수님은 하나님의 율법

6 이 개요는 간혹 마태복음 내에서 여담 역할을 하는 몇몇 절을 건너뛴다.

을 올바르게 사용하는 법을 제자들에게 가르치신다. 분노, 간음, 이혼, 진실 말하기, 보복하지 않기, 원수 사랑하기 등 궁극적으로 하나님 같은 온전함을 아우르는 일련의 교훈을 통해 그것을 단언하고 심화하신다(5:17-48).

예수님은 사람들에게 깊은 인상을 주기 위해 구제, 기도, 금식 등의 종교적 관습을 행하는 것의 위험을 경고하신다(6:1-18). 참된 경건은 돈보다 하나님을 섬기며, 염려나 물질주의적 추구에서 자유로워짐으로써 하나님을 신뢰하는 것이다(6:19-34). 나아가 진짜 제자는 다른 사람들을 심판하는데 예수님의 가르침을 사용하지 않는다. 대신 예수님 명령의 가장 깊은 부분을 보며 도움을 구한다(7:1-12). 예수님은 옳은 길을 선택하고, 열매 맺는 나무가 되고, 올바른 기초 위에 집을 지으라고 요청하면서 설교를 마무리하신다(7:13-29).

첫 번째 말씀 사역이 끝나면서 직접 행하시는 사역이 시작되는데, 한 마디 말씀으로 행하시는 사역도 종종 나온다(8:3, 8, 16). 예수님은 나병 환자와 로마 군인의 요청을 들어주며 두 가지 놀라운 기적을 보이신다(8:1-13). 기적들은 잠재적인 제자들을 매료시키지만, 그들은 온전한 제자도의 대가를 헤아릴 수 없다(8:18-22). 그 다음 기적들은 자연을 다스리시는 예수님의 권능을 보여준다. 바다(8:23-27), 귀신(8:28-34), 죄와 연관된 질병(9:1-8)이 그 예다. 이를 통해 예수님은 죄인들을 부르신다(9:9-13). 그 외의 기적들은 모든 질병, 심지어 죽음까지도 다스리시는 예수님의 권세를 입증한다(9:18-34).

제자들에게 사역 방식을 보이신 후, 예수님은 12명을 사도로 부르고 그들에게 이스라엘의 필요를 채우라는 임무를 주신다(9:35-10:4). 이는 선교에 관한 두 번째 가르침의 문을 연다. 예수님은 제자들에게 방금 목격한 방식을 따르라는 임무를 맡기며(10:5-15), 불가피한 반대에 맞서 담대하면서도 지혜롭게 행하고(10:16-39), 주인의 사역에서 그들이 맡은 역할에 대한 보상을 기대하라고 요청하신다(10:40-11:1).

10장에서 예견한 반대는 11-12장에서 만개한다. 불길하게도 세례 요한조차 예수님을 의심하지만, 예수님은 온유하게 확인시키며 그를 인정해주신다(11:1-19). 이후 이스라엘의 회개하지 않음을 경고하는 한편, 그분 안에서 쉬려는 이들을 책임져주신다(11:20-30). 안식일과 관련된 갈등은 이내 이스라엘 지도자들과의 긴장을 고조시킨다(12:1-14). 예수님은 하나님의 종이지만(12:15-21), 이스라엘 지도자들은 눈이 멀어 있다. 이제 그분의 병 고침조차 미움을 불러일으킨다(12:22-37). 그분의 적들은 어떤 것도 증거로 여기지 않으므로, 예수님은 그들에게 더 이상 아무것도 제시하지 않으실 것이다(12:38-45).

예수님의 세 번째 설교로 이어진다. 예수님은 이어지는 여덟 가지 비유에서, 그분의 나라가 임했지만 그럼에도 반대가 있다고 선언하신다. 비록 그것이 작고 곤경에 처해 있다 해도, 그 놀라운 진가와 최종 규모는 최고의 가치를 지닐 것이다(13:1-52).

요한이 살해당하고(14:1-12) 무리가 기적을 목격하고도 그것을 아무렇지도 않게 생각할 때(14:13-21), 사건들은 반대와 느린 성장에 관한 예수님의 말씀을 입증한다. 적어도 제자들은 예수님이 두 번째 폭풍우를 잠잠하게 하실 때 그분의 권능에 깊은 인상을 받는다(14:22-33). 그럼에도 예수님이 의식과 관련하여 유대 지도자들과 논쟁을 벌이실 때 제자들은 그분을 거의 이해하지 못한다. 정작 그분의 진가를 알아보는 사람은 두로 출신의 가나안 여자다(15:1-28).

몇 가지 기적이 일어난 후, 믿을 수 없지만, 바리새인과 사두개인들이 예수님께 표적을 청한다(16:1-4). 이는 제자들이 흔들린 다음(16:5-12), 그리스도를 고백하고(16:13-20), 결국 예수님을 이해하지 못함을 입증하며 다시 흔들리는(16:21-28) 일련의 사건들로 이어진다. 그럼에도 특히 예수님의 변모 가운데서 계시가 더해져 제자들의 성장을 돕는다(17:1-27).

네 번째 설교가 18장에 나온다. 이전처럼 그 가르침은 긴급한 필요에 대한 대답이다. 제자들이 공동체 안에서 사는 법을 배워야 하기 때문이다. 이 가르침은 어린아이들 보살피기, 잃어버린 자들 찾기, 형제가 다른 형제에게 죄를 지을 때의 문제 다루기, 회개하는 모든 자를 값없이 용서하기 등을 다룬다(18:1-35). 도덕적 기준, 성취에 관련한 질문들은 19-20장에서도 계속된다. 몇 번의 대화에서 예수님은 제자들에게 최소한의 체면을 위한 낮은 목표도 갖지 말고(19:1-12), 지나친 자만으로 목표를 높게 잡지도 말라고(19:16-26) 말씀하신다. 또 '하나님을 위해 큰일을 하는 것'은 그분의 은혜보다 보상을 더 생각하게 할 수 있다고 경고하신다(19:27-20:16). 무엇보다 예수님은 기꺼이 희생하는 데서 나오는 큰 자의 본을 보이신다. 그것은 예수님뿐 아니라 그들에게도 영광에 이르는 길이다(20:17-28).

그 다음, 예수님은 예루살렘에 들어가서 상징적으로 성전을 심판하신다(20:29-21:22). 이로 인해 예수님께 질문하며 그분을 함정에 빠트리려는 지도자들과의 또 다른 갈등이 시작된다. 예수님은 이에 대응하여 그들을 크게 책망하는 이야기들을 하신다(21:23-22:46). 말다툼이 끝나고 예수님은 제자들에게 서기관들과 바리새인들을 조심하라고 경고하신다. 그들의 위선에 대한 맹렬한 비난은 예리하지만 가슴을 저민다. 그분은 여전히 이스라엘을 자신에게로 모으기를 간절히 바라시기 때문이다(23:1-36).

예루살렘에 대한 예수님의 애가(23:37-39)는 종말론을 다루는 다섯 번째 설교로 이어진다. 제자들은 언제 심판이 임할지 알고 싶어 하지만, 예수님은 그분이 언제 오시든 맞을 준비를 하라고 가르치신다(24:1-51). 예수님이 언제 오실지 모르기 때문에 항상 경계하면서 기다려야 한다. 또 예수님이 오실 때까지 재능을 효과적으로 사용해야 한다(25:1-30). 그 후에 모든 육체가 그분 앞에 서서 '내게로 오라' 또는 '내게서 떠나라'라는 최종 판결을 들을 것이다(25:31-46).

예수님은 그분이 십자가에 못 박힐 것이라고 다시 한 번 제자들에게 말씀하신다(26:1-2). 곧 대제사장들이 예수님을 죽일 모의를 하고 유다가 그 일을 돕는다. 이와 나란히 놓인 장면은 예수님을 따르는 이들이 얼마나 그분을 사랑하는지 보여준다(26:3-16). 예수님은 마지막 유월절 식사, 즉 첫 번째 성만찬을 제정한 후 기도하러 물러나신다(26:17-46). 그곳에서 유다가 예수님을 배신하여 군병들이 그분을 체포하고, 제자들도 그분을 버린다(26:47-56). 얼마 지나지 않아 권세자들이 예수님을 재판하여 선고를 내리고 능욕하면서 십자가에 못 박는다. 예수님은 십자가에서조차 사역을 계속 하다 영혼을 내려놓으신다(26:57-27:50). 마태는 마치 영화를 보여주듯이, 예수님이 영웅처럼 인내하시는 장면들 사이에 인간들의 실패 장면을 삽입한다. 베드로는 그분을 부인하고 유다는 배신하고(그러고 나서 스스로 목숨을 끊고) 무리는 그분보다 바라바를 택하지만, 예수님은 끝까지 신실하시다(26:69-75; 27:3-10, 15-23).

예수님이 죽으신 후 일련의 사건들이 그 죽음의 의미를 암시한다(27:51-56). 제자들이 예수님의 시신을 싸매어 매장하고, 로마인들은 그분이 부활했다는 거짓 소문을 막기 위해 무덤을 지킨다(27:57-66). 부활의 소문을 제지하려는 이 미미한 시도들이 하나님의 능력, 즉 부활 자체를 좌절시킬 수는 없다(28:1-10). 부활절 아침, 예수님은 제자들에게 나타난 후에 갈릴리에서 다시 그들을 만나 모든 민족을 제자로 삼으라는 임무를 주신다(28:18-20).

신학

마태복음의 신학이 있는가?

마태복음만의 독특한 주제를 탐구하는 작업은 한계가 있다. 사복음서는 독특한 주제보다는 공통된 주제가 더 많기 때문이다. 각각의 복음서가 예수님이 누구인지 밝히고 그분의 생애에 대한 동일한 기본적인 윤곽을 제시하는데, 특히 예수님 생애의 마지막 주에 대한 기록이 유사하다. 그러므로 마태복음의 구별되는 속성을 기술하려면 마태복음과 다른 복음서 사이에 병행하는 부분을 가려야 할 것이다. 하지만 복음서는 저자들이 아는 것보다 덜 이야기하는 선별된 기록이므로(요 20:30-31; 21:25), 마태가 왜 그 부분을 포함시켰는지, 왜 그의 이야기를 그렇게 정리했는지 질문할 수 있다. 따라서 우리는 가능한 대로 마태의 독특한 목표들을 살필 것이다.

마태는 현명하게도 처음과 마지막에 아주 중요한 주제와 목표를 다룬다. 그의 주제는 다윗의 자손, 아브라함의 자손, 임마누엘, 구세주이신 예수 그리스도의 인격과 사역이다(마 1:1-23). 그의 목표는 독자들을 믿음으로 이끌어 그들이 모든 민족을 제자로 삼도록 구비시키는 것이다(28:18-20). 정경 복음서 가운데 마태복음에 예수님의 가르침이 가장 많이 담겨 있으며, 모두 제자도에 적합하다. 마태복음은 선생들과 제자들을 위한 책 같다. 마태는 그 나라에 대한 한 설교를 마무리하면서 방금 받은 보물을 나누라는 권면으로 끝을 맺는다(13:52).

마태복음은 유대인들을 위해 쓰였는가?

흔히 마태복음을 유대인들을 위한 복음서라고 하지만, 더 정확하게 말하면 마태는 모든 민족을 제자 삼는 사명을 받아들인 유대인 독자들을 위해 썼다. 마태복음은 단순히 '유대인을 위한 복음서'는 아니지만, 유대인 독자들이 가장 쉽게 '이해할' 복음서이기는 하다. 마태는 유대 관습을 언급할 때 그것을 설명할 필요를 느끼지 않는다. 몇 가지 예를 들면, 금식(6:16), 의식적인 손 씻기(15:2, 10-11; 23:25-26), 성전세(17:24-27), 경문 띠(23:5) 등을 언급하고 나서 그 어느 것에 대해서도 설명하지 않는다. 또 5:22과 27:6에서 히브리어나 아람어를 쓰고 나서 그것을 헬라어로 번역하지도 않는다.[7] 그에 반해 요한은 '랍비'와 '메시아' 같은 흔한 단어들까지 번역해준다(요 1:38, 41). 나아가 마태는 신학적 논의들을 랍비식 토론의 틀에 넣는다. 예를 들어 마가는 "사람이 아내를 버리는 것이 옳으니이까"라는 일반적인 질문을 기록하지만, 마태는 랍비식 토론에서 쓰는 용어로 그 이슈를 표현한다. "사람이 어떤 이유가 있으면 그 아내를 버리는 것이 옳으니이까"(마 19:3, 참고. 막 10:2)라고 말이다.

7 ESV는 히브리어나 아람어를 영어로 번역했으므로, 영어 성경 독자들에게는 보이지 않는다.

마태는 또한 다른 복음서 저자들보다 구약성경을 더 많이 인용한다. 그는 첫 네 장에서 구약성경을 여덟 번 인용한다. "기록되었으되"라고 언급하며 인용문을 소개하기도 하고, 어떤 사건이 인용된 구약의 예언을 성취한다고 언급하기도 한다. "기록되었으되"라는 형식은 그 인용문을 강조하고 독자들에게 구약성경을 통해 예수님의 생애를 이해하라고 가르친다(1:22-23; 2:5-6, 17-18; 3:3; 4:4, 7, 10, 14-16). 그 다음 예수님은 산상수훈 초반부에서 구약 율법을 인용하고 그것을 여섯 번 더 해설하신다(5:21-48). 나중에 예수님이 세리와 죄인들과 함께 식사한다는 이유로 바리새인들이 비난할 때, 마태복음만이 예수님이 "내가 긍휼을 원하고 제사를 원하지 아니하노라"(9:13, 참고. 막 2:13-17; 눅 5:27-32)라는 구약 예언을 인용하며 자신의 결백을 주장하시는 것을 기록한다. 이 모든 것에 이스라엘의 성경에 대한 마태의 관심이 반영되어 있다.

마태가 율법과 의를 자주 언급하는 것(마 5:6, 10, 21-48; 6:1, 33)은 예수님이 둘 다 존중하심을 보여준다. 예수님의 율법 해석은 율법을 간소화하는데, 이는 서기관이나 바리새인처럼 살지는 않지만 그래도 거룩함을 추구하는 경건한 유대인들의 관심을 끌었을 것이다. 한편 예수님은 율법을 정확하게 해석하는 데도 열심을 내신다. 율법의 진정한 의미를 탐구하고, 때로는 뜻밖의 방식으로 그렇게 하지만, 율법을 폐하지 않는다고 약속하신다(5:17-20).

마태는 또 다른 복음서 저자들보다 다윗, 이사야, 예레미야, 요나 같은 구약 인물들을 더 자주 언급한다. 마태만이 소돔, 스불론, 납달리 같은 도시와 성읍을 언급한다. 마지막으로 마태는 예수님의 말씀을 표현할 때 유대인 독자들을 위해 각색한 듯 보인다. 몇 번의 예외는 있지만(12:28; 19:24; 21:31, 43), 마가와 누가가 사용하는 '하나님의 나라' 대신 '천국'이라는 표현을 쓴다. 이방인들은 '천국'을 이해할 수 없었겠지만, 유대인들은 그 표현이 하나님의 이름을 직접적으로 쓰지 않기 때문에 '천국'을 선호했을 것이다.

또한 마태는 유대인들의 독특한 관심사들을 다룬다. 그는 예수님이 메시아인지 아닌지 알고 싶어 하는 유대인들의 마음을 끈다. 그래서 그가 기록하는 족보는 유대인의 조상 아브라함으로 시작한다. 마태는 예수님을 종종 "다윗의 자손"(9:27; 20:30; 21:9)과 "유대인의 왕"(2:2; 27:37)으로 부른다. 또한 예수님이 태어나실 때 동방박사들이 경배하러 오는데, 이는 모든 나라가 경배하러 이스라엘에 올 것이라는 기대의 실현이다. 따라서 마태복음은 유대인들을 위해 쓴 것이 맞다. 그러나 마태는 이방인들 역시 포함시켰다.

이방인들을 위한 마태복음

위의 말이 다 옳다 해도, 마태복음이 유대인들을 위해 쓴 것이라는 말은 반만 옳다. 마태의 더 큰 목적은 예수님을 믿는 유대인들을 불러 그리스도의 메시지를 이방인들에게 가져가게 하는 것이기 때문이다. 이방인들에 대한 마태의 관심은 라합, 룻, 밧세바(헷 사람의 아내) 등의 이방인들을 거쳐 예수님의 혈통을 추적하는 족보에서 곧바로 나타난다. 그 족보에는 여자가 단 4명 나오는데 그중 3명의 이방인 여자 모두 중요한 역할을 하거나 악명이 높기 때문에 세심한 독자는 그들을 놓칠 수 없다(1:1-17).

이어지는 탄생 내러티브는, 이방인들이 가장 먼저 예수님께 경배한 반면 헤롯과 서기관들과 예루살렘 사람들은 적대적이었거나 무관심했음을 보여준다(2:1-15). 게다가 예수님의 사역은 "이방의 갈릴리"(4:15)에서 시작된다. 머지않아 예수님은 이방인들의 병을 고쳐주기도 하신다. 그분은 이방인인 백부장의 종을 고쳐줄 때, 이스라엘에서 그만한 믿음을 보지 못하였다고 선언하신다(8:5-13). 얼마 후 그분이 "가다라 지방"에 계셨다는 것은 요단강 동쪽의 헬라화된 지방 데가볼리에 계셨다는 것이다(8:28-34).

마태는 또 믿는 유대인들이 부분적으로 유대교와 관계를 끊었다는 암시를 준다. 예를 들어 마태가 쓴 대명사들은 보통 그의 독자들과 유대교 사이에 거리를 둔다. 그래서 마태는 "그들의 서기관"(7:29), "그들의 회당"(9:35; 10:17)이라고 말한다. 마태복음에서 가장 첨예한 논쟁은 예수님과 유대 지도자들 사이에서 일어난다. 그들 역시 예수님으로부터 아주 날카로운 비난을 받는다(23:1-36). 예수님은 또 "그 나라[이스라엘]의 본 자손들은 바깥 어두운 데 쫓겨[날]"(8:12) 것이라고 경고하신다. 예수님이 모든 준비를 해주셨음에도 그들이 열매를 맺지 못했기 때문에, 주님은 "하나님의 나라를 너희는 빼앗기고 그 나라의 열매 맺는 백성이 받으리라"(21:43)라고 말씀하신다. 예루살렘 사람들은 예수님의 십자가형을 요구할 때 스스로를 저주하기까지 하는 듯하다. "그 피를 우리와 우리 자손에게 돌릴지어다"(27:25).

나아가 예수님의 사역이 이스라엘에 제한된 듯 보이는 것도 사실은 그 반대다. 예수님은 선교에 관한 설교에서 열두 제자를 이스라엘 집의 잃어버린 양에게로 보내며, 먼저 이방인이나 사마리아인에게 가는 것을 금하신다(10:5-6). 그러나 제자들이 더 성숙하면 그들은 실제로 이방인들에게 갈 것이다. "너희가 나로 말미암아 총독들…앞에 끌려가리니 이는 그들과 이방인들에게 증거가 되게 하려 하심이라"(10:18). 예수님과 수로보니게 여자의 만남은 특별히 주목할 만하다. 예수님을 그들만을 위한 분으로 두려는 제자들의 마음을 책망하기 때문이다. 이는 그 구절에 대한 주석에서 해설하겠지만 여기서도 강조해야 할 것 같다.

15:21-28에서 예수님과 제자들은 이스라엘을 떠나 수로보니게 지역으로 들어간다. 거기서 그들에게 다가온 여자 한 명을 만나는데, 그 여자는 귀신 들린 딸을 위해 도움을 청한다. 예수님은 응대하지 않으려 하시지만 여자는 끈질기게 도움을 청하고, 간청에 지친 제자들이 그녀를 돌려보내라고 예수님께 요청한다. 이에 예수님은 "나는 이스라엘 집의 잃어버린 양[에게만] 보내심을 [받았느니라]"(15:24)라고 말씀하신다. 그러나 여자는 굴하지 않고 예수님의 발 앞에 엎드려 애원하고, 예수님은 "자녀의 떡을 취하여 개들에게 던짐이 마땅하지 아니하니라"(15:26)라고 반응하신다. 제자들은 예수님이 그 여자를 개라 칭하며 잠잠하게 하시는 것을 기뻐했을 것 같다. 그 표현이 강력하기는 하지만 사실 이때 예수님은 하나님의 자녀인 이스라엘을 먼저 먹이고 계신다. 놀랍게도 여자는 예수님의 답변을 인정한 다음 "주여 옳소이다마는 개들도 제 주인의 상에서 떨어지는 부스러기

를 먹나이다"(15:27)라고 말하며 밀고나간다. 아마 제자들은 예수님에게서 다른 반응을 기대했을 것이다. 어쨌든 말솜씨로 그분을 이긴 사람은 없으니 말이다. 그런데 예수님은 오히려 "여자여 네 믿음이 크도다"라며 칭찬하고 그 요청을 들어주신다(15:28).

그렇게 가나안 여자가 이겼다. 그 만남이 열두 제자를 망연자실하게 했다면, 그것은 그들에게 필요한 충격이었다. 이 사건은 해설이 없는 비유 역할을 한다. 요지를 말하는 사람이 아무도 없기 때문이다. 제자들 그리고 독자들이 그것을 해석해야 한다. 예수님은 어떤 태도로 이방인 여자들을 '대하시는가?' 그들의 태도는 어떠해야 하는가? 적어도 이 단락은 그 나라에 이방인들을 위한 자리가 있다고 암시한다. 이방인들이 믿음으로 나아와 자비를 구할 때 그분은 귀 기울이신다. 나중에 예수님은 이방인들이 그 나라에 들어갈 수 있다고 하시며, 제자들이 가서 그들을 가르치고 세례를 주고 제자로 삼아야 한다고도 말씀하신다.

전 세계의 제자들

마태는 제자 삼으라는 명령으로 마무리함으로써 피드백 루프(feedback loop, 결과를 자동적으로 재투입하도록 설정된 순환 회로-옮긴이 주)를 만든다. 먼저 예수님이 명하신 모든 것을 가르치라는 명령에 따라, 선생들은 예수님의 명령을 어디에서 찾을지 생각한다. 노련한 독자는 방금 읽은 복음서에 그것이 담겨 있음을 알아차릴 것이다. 사실 마태복음에는 어린 제자가 할 만한 질문 대부분이 담겨 있다. 또 마태복음을 대하는 이상적인 독자의 두 번째 여정에서 그는 열두 제자가 자신과 비슷한 길을 선택했음을 알아차릴 것이다. 마태는 제자들을 다소 동정어린 마음으로 그리지만, 그들은 마태 특유의 용어에 따르면 올리고피스토이(*oligopistoi*), 즉 믿음이 작은 자들이다.[8] 전반적

8 올리고피스토이는 신약성경에 5회[마태복음 6:30; 8:26; 14:31; 16:8(참고. 17:20); 눅 12:28] 나온다.

으로 볼 때 마태복음의 제자들은 약하지만 믿음이 자라고 있는 사람들이다. 그들은 오락가락하며 변덕스럽게 배우고, 위대한 고백에서 아주 쉽게 애처로운 실수로 나아간다. 그러나 그들은 귀 기울이고 회복되고 성장하여, 대위임령을 따를 준비를 갖춘 '사도'가 된다.

문학 이론가들이 옳다면, 독자(혹은 청자)는 일반적으로 흥미로운 글이나 공연을 볼 때 동일시할 누군가를 찾는다. 그렇다면 마태복음에 흥미를 느끼는 독자는 누구와 자신을 동일시할까? 유대 지도자들은 너무 적대적이고 율법주의적이다. 예수님은 너무 고결하다. 무리는 너무 천박하여 그분의 사역에 놀라워하다가 결국 아무것도 이해하지 못한다. 제자들이 남은 선택지고 그들에게는 매력이 있다. 그들은 예수님을 따라가고 그분의 말씀을 듣고 질문을 던진다. 결점 때문에 끙끙거리는 독자는 그들의 실수를 보며 '알아들었어. 나는 예수님이 받아들이실 만한 충성스러운 제자가 될 거야'라는 생각을 하기도 한다. 그 와중에 마태는 모두가 예수님의 말씀을 '당신'에게 주는 직접적인 설교 혹은 직접적인 명령으로 읽게 한다. 긴 가르침 토막들에서 독자는 예수님의 목소리를 연속해서 듣는다. 한 단락 한 단락 지나면서, 그분은 오늘날의 당신과 나에게 설교하시는 듯하다.

초신자는 결국 마태가 그가 쓴 복음서의 이상적인 독자임을 알아차릴 것이다. 그는 예수님을 따라가 지켜보고, 귀 기울이고, 흔들리고, 회개하고, 모든 민족을 제자 삼으라는 명령을 받는다. 그러한 고귀한 책무를 담당할 준비를 갖추기 위해, 그는 예수님의 말씀을 자기 것으로 만들고 사건들의 의미를 파악하며 자라가야 했다. 마태는 믿음이 작은 자로 시작했지만, 인내하며 감당하고 숙고하면서 결국 세상을 향해 예수님의 제자가 되라고 권유하는 책을 쓸 준비를 마쳤다. 열성적인 독자는 이렇게 생각할지도 모르겠다. '마태는 내가 추구하는 바로 그 변화를 경험했어. 그는 작은 믿음에서 시작해서 이 책을 쓸 만큼 큰 믿음을 갖게 되었어.' 그러므로 마태는 그의 복음서가 자신에게 해준 일을 독자들에게도 해주기를 바랐다. 그와 예수님의 만남은, 제자를 훈련하는 모든 이를 위한 자료가 된 이 복음서를 쓰도록 그를 준비시켰다.

이것이 가설 같아 보인다면, 마태가 두 번 즉 28장과 13장에서 선생과 제자훈련자를 준비시킬 의도를 언급한 것을 기억하라. 13장에서 그는 제자들을 곳간에서 새 진리와 옛 진리를 꺼내는 집주인에 비유한다(13:51-52).

성경 다른 본문 및 그리스도와의 관련성

성경 다른 본문과의 관련성

마태는 예수님이 어떻게 이스라엘의 소망을 이루시는지 보여준다. 그분은 아브라함의 자손이자 다윗의 자손이다. 하나님은 그분을 통해 이스라엘에게 하신 약속들을 성취하신다. 그분 안에서 땅의 모든 족속이 복을 받는다(창 12:3).

예수님은 구약의 모든 주제를 성취하신다. 율법의 깊은 의미를 헤아리시고, 그것을 능수능란하게 해설하시며, 완벽하게 지킴으로써 율법을 성취하신다. 그분은 담대하고 온화하고 강력하게 말씀을 선포함으로써 예언자들의 일을 완성하신다. 또한 다가올 구원과 하나님 백성의 회복에 관한 모든 예언을 완성함으로써 예언자들의 일을 성취하신다. 무엇보다 그분이 곧 '말씀이다.' 그분은 죄에 대한 마지막 희생제물로 자신을 십자가에 바침으로써 제사장의 일을 완성하신다. 신실한 제사장처럼 그분의 백성을 위해 기도하고 그들을 돌보신다. 그분은 모든 육체의 마음을 알고 판단하시는 참된 심판자다. 그분은 또한 성전을 완성하신다. 성전은 하나님의 임재를 나타내는데, 예수님이 하나님의 임재이기 때문이다. 그분은 하나님의 지혜, 자기 백성의 친구, 두 번째 아담, 참 이스라엘, 야훼의 종이다. 이 각각의 주제로 깊이 들어가는 대신 한 가지 대표적인 예, 즉 이스라엘의 왕이신 예수님에 대해 더 깊이 들어가는 것이 지혜로울 것 같다.

성경 역사에서 이 주제는 처참했던 사사 시대에 처음 나온다. 당시 이스라엘에는 왕이 없었고 "사람마다 자기 소견에 옳은 대로 행하였[다]"(삿 17:6; 21:25). 그래서 그들은 "모든 나라와 같이"(삼상 8:5) 왕을 요구했고, 사울을 통해 정확히 그것을 얻었다. 모든 나라의 왕처럼 사울은 오만하고 자기 편향적이었다. 사울의 후임자 다윗과 솔로몬의 전성기를 지나, 남왕국 왕의 절반과 북왕국의 모든 왕이 이스라엘을 잘못된 방향으로 이끌었다. 일부는 적극적으로 이교 신 숭배를 조장했다. 실패한 왕들은 메시아가 어떻게 다스리지 '않을지'를 보여주었다. 이스라엘은 소수의 훌륭한 왕을 만났지만, 심각한 죄악들은 최고의 왕까지 망쳤다. 의로운 왕들은 왕의 임무를 수행했다. 적들로부터 이스라엘을 보호하고, 번영을 이루고, 율법을 지키고, 정의를 확립했다. 그러나 예수님만이 흠이나 죄 없이 왕의 모든 임무를 수행하신다. 그분은 자기 백성의 적들을 으스러뜨리시고, 자신의 영으로 그들을 보호하시고, 자신의 법으로 그들을 인도하신다.

복음서가 구약을 완성한다면, 그것은 또 사도행전이 덧붙이는 내러티브와 서신서들이 논평하는 내러티브를 제공함으로써 신약 나머지 부분의 막을 열기도 한다. 마태복음은 다른 복음서들처럼 구속사의 가장 중요한 순간, 실로 모든 인간 역사의 절정을 이야기한다.

그리스도에 대한 증언

정경 안에서 마태복음의 역할을 파악하기 위해서는 등장인물들, 특히 예수님을 알아야 한다. 마태는 직간접적으로 예수님을 묘사한다. 예수님이 누구인가에 대해 직접적으로는 칭호들로('칭호기독론', titular christology), 간접적으로는 그분의 사역을 묘사하면서('기능기독론', functional christology) 설명한다. 칭호기독론은 마태복음에서 예수님께 부여된 이름들을 검토한다. 기능기독론은 예수님의 행동이 어떻게 그분의 자기이해를 드러내는지 검토한다. 예를 들어 예수님이 예언자 역할을 하시면서 예언자로 불릴 때는 이 두 가지가 포개진다.

이 주석서는 본문에 예수님의 칭호가 나올 때 그것들을 살펴볼 것이다.

그리스도(메시아), 다윗의 자손, 임마누엘, 주를 비롯한 많은 칭호가 서두 근처에 나온다. 신성에 대한 직접적인 주장은 요한복음에는 꽤 흔하지만 마태복음에는 드물다. 요한복음에서 예수님은 "아브라함이 나기 전부터 내가 있느니라", "나는 부활이요 생명이니"라고 선언하신다(요 8:58; 11:25). 아마도 마태복음에서 이와 가장 병행되는 부분은, 베드로가 예수님께 "주는 그리스도시요 살아 계신 하나님의 아들이시니이다"라 말하고, 예수님이 "이를 네게 알게 한 이는 혈육이 아니요 하늘에 계신 내 아버지시니라"라고 답하신 때인 듯하다(마 16:16-17).

마태의 기능기독론은 더 다채롭다. 마태복음에서 예수님의 말씀과 행동은 그분의 자기이해를 드러낸다. 요컨대 예수님은 "실제로 하나님만이 하시는 역할을 하거나, 하나님만의 특권을 취하거나, 하나님께 속한 영광을 받아들임으로써"[9] 자신이 하나님임을 암시하신다. 다시 말해 마태복음의 구절 배열이 보여주듯이, 예수님은 사역하는 내내 자신이 하나님인 동시에 메시아임을 알고 있음을 보여주는 식으로 행동하신다. 예수님은 마태복음 내내 여러 면에서 암시적으로 신성을 주장하신다. 여기서는 열 가지를 언급하려 한다.

첫째, 예수님은 사람의 마음과 생각을 알기 때문에 인류를 심판할 권리가 있다고 주장하신다(9:4; 12:25; 22:18). 그러므로 그분은 "각 사람이 행한 대로" 갚으실 수 있고(16:27), 그래서 그분의 나라에 들어가는 것을 허용하거나 금지하실 수 있다(7:22-23; 13:41; 25:34, 41).

둘째, 예수님은 성전이 아닌 곳에서 규정된 희생제사 없이 자신의 권위로 죄를 사하신다(9:2).

셋째, 예수님은 그분의 임재가 하나님의 임재라고 주장하신다(12:5-6). 하나님처럼 무소부재하며, 제자들과 항상 함께 계신다(18:20; 28:20).

넷째, 예수님을 향한 사람들의 태도가 그들의 영원한 운명을 결정지을

9 Daniel M. Doriani, "The Deity of Christ in the Synoptic Gospels", *JETS* 37/3 (1994): 333-350, on 350. 이어지는 단락은 이 글을 충실히 따른 것이다.

것이다. 주님은 진심으로 그분을 알고 고백하는 모든 이에게 생명을 주신다(7:21-27; 10:32-33). 또한 제자들에게 가족이나 생명 자체보다 그분을 더 사랑하라고 요구하신다(10:37-39; 16:24-26).

다섯째, 예수님은 "너희를 영접하는 자는 나를 영접하는 것이요 나를 영접하는 자는 나를 보내신 이를 영접하는 것이니라"(10:40)라고 말씀하신다. 따라서 그분에게 혹은 그분을 위해 무엇을 하든 그것은 하나님께 혹은 하나님을 위해 하는 것이다.

여섯째, 예수님은 자신의 권위로 진리를 가르치신다. 주님의 말씀이 가장 중요하기에, 제자들은 그 말씀을 모든 민족에게 가르쳐야 한다(28:18-20). 그 말씀에는 또한 최고의 권위가 있으므로 절대 없어지지 않는다(24:35). 더욱이 예언자들은 으레 하나님의 권위로 말했지만("여호와께서 이르시되"), 예수님은 "내가 진실로 너희에게 이르노니"라며 자신의 권위로 말씀하신다. 그분은 마태복음에서 새로운 계시의 중요성을 강조하기 위해(10:15; 17:20; 18:18), 그리고 율법의 온전한 의미를 설명하기 위해(5:22, 28; 6:5) 이 표현을 30회 쓰신다.

일곱째, 그와 유사하게 예수님은 자신의 권위로 기적을 행하신다. 구약에 나오는 기적의 경우, 하나님의 종들은 그 큰일이 어떻게 일어나는지 설명할 때 그것을 하나님의 뜻과 능력으로 돌린다. 그러나 예수님은 자신의 결단에 따라, 자신의 능력으로 행동하고 병을 고치신다(8:1-4; 20:29-34).

여덟째, 예수님은 사람들이 경배의 의미로 혹은 깊은 경의를 표하며 그분에게 절하는 것을 허락하신다(8:2; 9:18; 15:25). 이는 부활 이후에(28:9, 17), 또 예수님이 바다에서 폭풍우를 잠잠하게 하신 이후에 가장 두드러진다. 그곳에는 이런 말씀이 있다. "배에 있는 사람들이 예수께 절하며 이르되 진실로 하나님의 아들이로소이다 하더라"(14:33).

아홉째, 예수님은 그분의 생애가 다른 사람들에게 본이 된다고, 그것이 "신적인 권위가 있는 삶의 양식"[10]이라고 생각하신다. 예수님이 가족을 부인하신다면(12:46-50), 제자들도 그렇게 해야 한다(10:37). 예수님이 십자가로 가신다면, 제자들도 기꺼이 그분과 함께해야 한다. "누구든지 나를 따라오려거든 자기를 부인하고 자기 십자가를 지고 나를 따를 것이니라"(16:21-26).

열째, 예수님은 하나님을 묘사하는 구약 본문들을 자신에게 적용하신다. 예수님이 예루살렘에 들어오실 때 어린이들이 "호산나"라고 외쳤다. 대제사장들과 서기관들이 그 어린이들을 비난하자 그분은 "어린 아기와 젖먹이들의 입에서 나오는 찬미를 온전하게 하셨나이다"(21:16)라고 대응하신다. 이는 시편 8:2에서 온 것인데 그 구절은 하나님을 향한 것으로, "여호와 우리 주여 주의 이름이…어찌 그리 아름다운지요"(8:1)로 시작한다. 따라서 예수님은 구약성경에서 하나님께 드리는 찬양을 가져와 그것을 자신에게 적용하신 것이다.[11]

마태복음 설교하기

이 주석서의 의도는 설교자와 교사가 말씀을 해석하고 선포할 때 도움을 주려는 것이다. 주로 주석의 '응답' 부분에서 그러한 도움을 얻을 수 있겠지만, 여기서 마태복음의 도덕적 교훈, 비유, 기적으로 설교할 때의 과제에 대해 설명하는 것이 유용할 것 같다.

예수님의 도덕적 교훈 해석하기

예수님의 가르침을 해석하는 일은 단순해 보이지만, 예수님과 이스라엘에게 율법은 도덕이나 행위, 법, 처벌 규정 이상임을 기억하는 것이 중요하

10 Royce Gordon Gruenler, *New Approaches to Jesus and the Gospels: A Phenomenological and Exegetical Study of Synoptic Christology* (Grand Rapids, MI: Baker, 1982), 31.

11 R. T. France, *Matthew: Evangelist and Teacher* (Grand Rapids, MI: Zondervan, 1989), 310.

다. 율법은 어떤 행동이 악한지, 어떤 일을 고소할 수 있는지 서술하는 정도 이상의 일을 한다. 행위의 동기에 대한 예수님의 지속적인 관심이 이를 입증한다(5:21-48; 22:34-40). 모든 말과 행동의 근원인 마음에 대한 강조도 동일한 요지를 전한다(5:8, 28; 6:21; 9:4; 12:33-35; 13:15-19; 15:17-20; 18:35; 19:8). 예수님의 가르침은 토라, 즉 개인과 사회에 주는 올바른 삶에 대한 가르침이다.

예수님의 명령 대다수가 이인칭 복수형으로, 그 명령들은 제자들과 무리에게 주어지며 공의로운 혹은 모범적인 사회를 목표로 한다.[12] 이는 구약에서 분명히 나타나는데, 구약에서 하나님의 율법은 국경과 법체계를 가진 나라를 구체화한다. 그러나 구약과 신약 모두에서 가르침은 언약 공동체 내의 삶을 구체화한다. 율법은 개인적인 행위 이상을 구체화한다. 즉 질서가 잡힌 사회를 창조한다. 그러한 사회에서는 약한 자나 강한 자 누구를 대상으로 하든, 갈등을 해결하고, 학대를 통제하고, 무고한 사람을 보호하고, 악인을 저지하는 일이 더 수월하다.

신학자들은 고전적으로 율법에 세 가지 용도가 있다고 말한다. 시민 사회에서 죄를 억제하는 것, 죄를 밝혀 죄인들이 그리스도가 필요함을 알도록 이끄는 것, 제자들에게 경건한 삶을 가르치는 것이다. 이는 분명 예수님의 가르침에 잘 들어맞는다. 물론 마태복음에서는 두 번째와 세 번째 용도가 더 눈에 띈다. 산상수훈에 초점을 맞추면, 그 가르침은 주눅이 들게 하면서 동시에 매력적으로 보인다. 예수님은 놀라울 정도로 선명하게 그분의 뜻과 기준을 선포하지만, 그분이 그저 명령만 내리고 계신다면 그 명확성은 짐이고 그분의 명령은 책망일 것이다. 아무도 그것을 지킬 수 없기 때문이다.

산상수훈은 명령형의 공세로 가득하다. 거기서 그리스도는 분노, 욕정, 경솔한 말, 칭송을 사랑하는 것, 염려를 금하신다. 관대함, 원수를 사랑하

12 Christopher J. H. Wright, *Old Testament Ethics for the People of God* (Downers Grove, IL: IVP Academic, 2004). 《현대를 위한 구약윤리》(IVP).

는 것, 보복하지 않는 것을 명하고, 심지어 제자들에게 완벽해지라고까지 하신다. 결국 독자는 이것이 자신의 힘으로는 불가능하며, 예수님의 도덕적 이상은 사기를 꺾는다는 것을 알아차린다.[13] 이는 자아성찰, 회개 그리고 주님을 믿는 데까지 이어져야 한다. 그 주님은 먼저 명령한 다음, 이 명령들에 순종할 수 없는 이들을 위해 십자가에서 자신을 내어주시는 분이다.

일부 분석가들은 예수님의 명령 중 "다른 쪽 빰을 돌려대어라" 같은 명령은 타락한 세상에서는 완전히 비현실적이라고 생각한다. 한 나라가 다른 쪽 빰을 돌려댄다면, 침략국은 곧바로 쳐들어올 것이다. 제자들이 요청받는 대로 '모든 사람'에게 내어주면, 그들은 곧 빈곤해질 것이다. 이러한 문제들로 인해 학자들은 예수님의 가르침에 대해 여러 다양한 해석학적 구조를 제안했다. 토마스 아퀴나스(Thomas Aquinas)는 가장 기를 죽이는 명령은 오직 엘리트 그리스도인만이 따르려고 시도하는 완벽하라는 조언이라고 했다. 루터교도들은 율법이 죄인들을 그리스도께로 이끄는 가정교사라고 강조했다. 일부 그리스도인은 어떤 대가를 치르더라도 문자적인 순종이 필요하다고 강조했다. 더 나은 대안은, 예수님의 명령 대부분이 주로 제자들을 위한 것임에 주목하는 것이다. 물론 외부인들이 귀를 기울이는 것도 항상 환영받지만 말이다. 신자들에게 예수님의 명령은 좁지만 선한 길이며, 외부인들에게는 회개와 믿음을 요구한다. 따라서 그 명령들은 아무리 도전적이라 해도 사람들이 끝까지, 예수님이 죄인들을 위한 대속물로 자기 목숨을 주시는 때까지(참고. 20:28) 읽도록 유도한다.

비유 해석하기

짧은 비유 이야기나 비유적 표현을 분류하는 방식에 따라 마태복음에는 185절까지 이르는 15개에서 27개의 비유가 있다. 비유는 13장에서 예수

13 Daniel M. Doriani, *The Sermon on the Mount: The Character of a Disciple* (Phillipsburg, NJ: P&R, 2006), 2-9.

님에 대한 반대가 커질 때 더 두드러진다. 비유에 대한 정의는 다양하다. 마태는 13:3에서 처음으로 헬라어 단어[파라볼레(*parabolē*)]를 쓴다. 그는 대개 우리가 전형적으로 비유 이야기라 부르는 긴 이야기에 대해 이 단어를 쓰지만(13:1–9; 18:21–35), 13:31–33과 24:32(헬라어 본문)에 나오는 잠언이나 그림을 보는 듯한 서술도 '비유'라고 부른다. 만약 그것들도 비유라면 다른 그림을 보는 듯한 서술 역시 그렇다(7:9–14; 9:15–17). 어쨌든 그 헬라어 단어는 의미 폭이 넓다.

비유에 관한 수많은 우수한 작품들 가운데 흥미로운 정의들이 있다. 로버트 스타인(Robert Stein)은 비유를 극히 축소하여 "간단하거나 확장된 비교가 있는 수사적 표현"으로 정의한다. 그는 또한 비유를 "도덕적이거나 영적인 원리"를 전달하는 "속세의 이야기"라 부르는 정의를 인용한다.[14] 클라인 스노드그라스(Klyne Snodgrass)는 비유를 두 가지 차원의 의미가 있는 이야기로 정의했다. "이야기 차원은 현실을 인식하고 이해하는 거울을 제공한다." 그의 설명은 이렇게 이어진다. "비유는 현실의 두꺼비가 그 안에 있는 가상의 정원이다."[15] 도드(C. H. Dodd)는 비유를 "그 생생함이나 기묘함으로 청중을 사로잡고, 그 의미를 충분히 의심하며 적극적인 생각을 하도록 마음을 괴롭히는, 자연이나 삶에서 끌어온 은유 혹은 직유"라 불렀다. 분명 도드의 정의 역시 청중을 사로잡고 마음을 괴롭힌다.[16]

크레이그 블롬버그(Craig Blomberg)는 비유를 낮은 수준의 알레고리라 주장했다. 좀 더 긴 비유들(그리고 일부 짧은 비유)에는 보통 하나님 같은 인물, 즉 왕이나 선생, 아버지와 그들 휘하에 있는 이들이 한두 명 나온다. 그들 휘하에 있는 이들이 둘이라면 한 사람은 신실하고 다른 사람은 신실하지 못할 것이다. 이 세 인물이 보통 하나님과 그분의 통치와, 제자들과 불신자

14 Robert H. Stein, *An Introduction to the Parables of Jesus* (Philadelphia: Westminster, 1981), 22, 15, 각각. 《예수님의 비유 해석 입문》(이레서원)

15 Klyne R. Snodgrass, "Parable", in *DJG*, 594.

16 C. H. Dodd, *The Parables of the Kingdom*, rev. ed. (London: James Nisbet, 1961), 5.

들이 그분께 반응하는 방식에 관한 무언가를 드러낼 것이다. 주인공은 그리스도 혹은 그분 사역의 전조가 되는 측면과 닮았을 수도 있다(18:21-35; 21:33-46). 세 인물이 나오는 비유에는 아마도 5개나 10개가 아니라 세 가지 요점이 있을 테고, 낮은 수준의 알레고리가 될 것이다.

블롬버그에 따르면, 알레고리는 본문에 상징적인 차원을 부여하지만 마구잡이 윤색을 초래해서는 안 되는 수사적 장치다. 비유는 현실의 이야기가 과장되거나 비현실적인 세부 사항을 취할 때, 의미의 층이 추가될 수 있다. 해석자가 알레고리적 요소의 가능성을 보면 그는 그것을 "x와 관련하여 a가 b를 대하는 것처럼 A가 B를 대한다"라는 형식으로 말할 수 있다. 누가복음 14장에 나오는 잔치 비유에서 그것은 이렇게 진행될 것이다. "잔치를 베푼 사람은 예수님이 유대인을 대하듯, 초대받은 사람들을 대한다. 예상한 손님들이 잔치에 오지 않았기 때문이다. 그래서 잔치를 베푼 자는 사회에서 버림받은 자들을 초청하여 그들의 자리에 앉게 한다." 그 공식은 그 자체로 아무것도 증명하지 못하지만, 해석자들이 좋은 질문들을 하도록 돕는다.

마태복음 13장 주석은 씨 뿌리는 자에 관한 기본 이야기를 토대로 하는 8개의 비유를 탐구할 것이다. 마태의 비유들은 은혜, 제자도, 하나님 나라의 삶, 논쟁에 초점을 맞추는 경향이 있다.

기적 해석하기

예수님 사역에서 기적의 역할 복음서는 신실한 독자들에게 기적 이야기에서 여러 층의 의미를 기대하라고 가르친다.[17] 비유처럼 기적도 제자들에게 하나님과 그분 나라의 방식을 가르친다. 다만 비유는 교훈적인 허구인 반면, 기적은 교훈적인 사실이다. 그러나 기적과 예수님 사역에 관해 오해되

17 Jonathan T. Pennington, *Reading the Gospels Wisely: A Narrative and Theological Introduction* (Grand Rapids, MI: Baker Academic, 2012), 169-210. 《복음서 읽기》(CLC).

는 부분이 있다. 어떤 사람들은 예수님의 기적이 그분의 신성을 드러낸다고 말한다. 하지만 예수님의 기적이 그분의 신성을 입증한다면 모세와 엘리사와 바울의 기적은 무엇을 입증하는가? 또 어떤 사람들은 기적이 믿음을 주입시키거나 믿음에 대한 보상을 준다고 말한다. 그럴지도 모르지만, 예수님은 믿지 않는 이들을 포함한 병든 무리를 고쳐주셨다.

마태는 예수님이 오셔서 "가르치시며 천국 복음을 전파하시며…모든 병…을 고치시니"(4:23; 9:35)라고 말하며, 기적을 그 나라의 도래와 연결시킨다. 뒤에서 예수님은 사도들에게 위임할 때 이렇게 지시하신다. "가면서 전파하여 말하되 천국이 가까이 왔다 하고 병든 자를 고치며 죽은 자를 살리며 나병 환자를 깨끗하게 하며 귀신을 쫓아내되"(10:7-8). 가르침과 치유는 그 나라 활동의 두 형태다. 그 나라는 마음과 몸, 정신과 육체를 아우른다. 기적은 그 나라가 도래했음을 실제로 증명한다. 모든 질병이 개인적인 죄의 결과는 아니지만, 기적은 사탄의 권세를 깨뜨린다(눅 13:16). 마태복음 7-8장은 예수님의 말씀과 사역을 연결시킨다. 산상수훈 끝부분에서 구경꾼들은 예수님의 권위 있는 가르침에 놀란다. 그 다음 예수님의 권위 있는 말씀이 바깥세상을 변화시킨다. 나병 환자를 깨끗하게 하고(8:3), 백부장의 하인을 고치고(8:8, 13), 귀신들을 쫓아내고(8:16), 바다를 잔잔하게 하고(8:26), 귀신들을 내쫓고(8:32), 죄를 사할 때(9:6), 모두 한 마디 말씀으로 그렇게 하신 것처럼 말이다. 마태복음에서 예수님은 만지는 것과 '함께' 병을 고쳐주기도 하지만, 만지는 것'으로' 병을 고치지는 않으신다.

마태는 기적과 세 가지 구약의 주제가 연결됨을 인식한다. 첫째, 8:14-17에서 그는 기적을 하나님의 고난 받는 종에 관한 이사야의 예언과 연결시킨다(사 53:4). 둘째, 기적은 예수님이 약속된 분이라는 증거를 제시한다(마 11:2-5; 사 29:18-19; 35:3-10). 셋째, 병 고침은 하나님의 구원을 가리킨다(마 1:21; 8:25; 9:1-8, 21-22).

기적의 속성 일상 언어에서 기적은 경탄을 불러일으키는 경이적인 사건이다. 불행히도 사람들은 이 언어로 인해 '묘약'(miracle drug), '출생의 기적',

스포츠나 공학 기술에서 '기적 같은 솜씨' 등의 말을 쓰게 되었다. 과학 철학에서 기적은 자연 법칙에 대한 반복되지 않는 반대 사례다. 종교에서 기적은 신이 일으키는 특별한 사건으로, 영적인 의미를 가진다. 한 신학자는 '물리적'으로 기적은 목격자들의 주의를 끌기에 충분할 만큼 특이한 것인 반면, '신학적'으로는 하나님께서 하신 일이며, '도덕적'으로는 하나님의 성품을 드러내고 믿음을 고취한다고 말했다.[18]

구약성경에는 기적에 해당하는 전문 용어가 없다. 다양한 용어들이 사건을 표징 혹은 이적이라 부른다. 신약성경에는 세 가지 준공식적인 용어가 있다. 즉 표적[세메이온(*sēmeion*)], 이적[테라스(*teras*)], 능하신 행동[뒤나미스(*dynamis*)]이다. 그런데 마태는 기적을 서술할 때 이 용어를 거의 쓰지 않는다. 오히려 마태의 내러티브는 병 고침[테라퓨오(*therapeuō*)] 혹은 구원[소조(*sōzō*)]이라 말한다. "표적"은, 표적을 요구하는 바리새인과 그러한 요구를 꾸짖으시는 예수님 사이의 논쟁에서 가장 자주 나온다(12:38-39; 16:1-4).

성경에서 기적은 절대 공허한 경이가 아니다. 요한복음에서 예수님은 떡을 배가시킨 다음 "나는 생명의 떡이니"(요 6:1-14, 35, 51)라고 하시거나, "나는 세상의 빛이니"라고 말씀한 다음 맹인을 고쳐주신다(8:12; 9:1-7). 성경에서 기적은 자연 법칙의 위반이 아니라 창조주께서 하시는 일이다.

이 주석서는 기적을, 바깥세상에서 일어난 하나님의 직접적이고 매개가 없는 행동이라 정의한다. 그곳에서 그분은 자신을 드러내시고, 그분의 종이 진짜임을 입증하시고, 그분 자신과 그분의 구원 목적을 나타내기 위해 일반적인 사건의 과정 밖에서(맞서지 않고) 일하신다. 이 정의는 아이의 출생 같은 일상의 '기적'을 배제하고, 기도 응답 같은 사적인 사건들 역시 배제한다. 반면 긍정적이든 부정적이든, 목격한 모든 사람의 관심을 촉구하는 공적인 행동이라는 개념은 포함한다(마 12:23-24; 요 11:47). 마태복음에서 예수님의 '능력'을 의심하는 사람은 아무도 없다. 오히려 사람들은 그

18 Norman L. Geisler, *Miracles and Modern Thought* (Grand Rapids, MI: Zondervan, 1982), 93-126.

능력의 근원과 방향에 의문을 갖는다. 마태는 예수님의 기적이 그분의 메시지를 입증하고 믿음을 불어넣는다고 믿는다(마 8:10; 9:2, 22, 29; 15:28).

기적의 의미 복음서에 상세히 기록된 기적들에는 보통 기승전결이 있는데, 극적인 절정에서든 그 절정 직전이나 직후에서든 요점을 밝힌다. 기적 내러티브에는 일반적으로 몇몇 인물이 나오고 그 중심에 예수님이 계신다. 다양한 목격자들이 믿음으로 혹은 믿지 않음으로 반응한다. 만일 우리가 그들의 시각으로 그 이야기를 본다면, 하나님의 일하심에 대해 오늘날에도 적용되는 적절한 혹은 부적절한 반응 방식을 찾아낼 수 있을 것이다. 일부 기적 기사는 복음서 전체의 기승전결을 진척시키는 짧은 기록이다(8:14-17; 15:29-16:12). 또 어떤 기적 기사는 그 행위 자체보다 무게 있는 말씀을 담은 설교 이야기로 읽는 것이 가장 좋다(8:5-13). 마태복음에서 몇 안 되는 긴 내러티브들에서는 내러티브 아류들(narrative subtypes)이 등장한다. 시험 상황에서 인간 주인공은 성품의 시험에 직면할 수 있다(14:22-33). 어쩌면 그는 끝까지 견딜 수 있는지 스스로를 살피고 있을지도 모른다(15:21-28, 그리고 19:16-22에서 그 탐색은 결단 부족으로 인해 실패한다). 이러한 요점들이 설교자에게 적용점을 만들어준다. 주석은 먼저 예수님의 구원 사역에 집중한 다음, 신자나 불신자 혹은 '중립적인' 관찰자가 하나님의 일하심에 믿음으로 혹은 불신으로 반응하는 모습에 주목할 수 있다.[19] 이 모든 것이 마태복음에 해당되지만 그의 복음서에는 가르침이 더 많이 들어 있기에, 각 내러티브의 세부적인 내용이 많지 않다. 그러므로 마태는 예수님의 성품과 가르침을 제시하는 것보다 "자세한 이야기들을 하는 것에 관심이 덜한" 듯 보인다.[20]

19 Daniel M. Doriani, *Putting the Truth to Work: The Theory and Practice of Biblical Application* (Phillipsburg, NJ: P&R, 2001). 《적용, 성경과 삶의 통합을 말하다》(성서유니온선교회).

20 Pennington, *Reading the Gospels Wisely*, 84.

모든 기적은 동일한 요점, 즉 하나님 아들의 능력을 바라보라는 요점을 제시하는 듯 보일 수 있다. 그러나 지혜로운 설교자는 기적 내러티브들에서 아주 다양한 것을 볼 수 있다.

첫째, 예수님의 기적은 그분이 누구인가에 주의를 환기시킨다. 모든 기적이 예수님의 성품이나 계획, 목표를 드러낸다. 그 기적들은 주의를 집중하고, 예수님이 인류의 주님, 자연과 죄와 질병의 주님, 유대인과 이방인, 부자와 가난한 자, 남자와 여자의 주님이심을 보라고 요청한다. 그분의 능력 밖에 있는 문제나 적은 없다. 그분은 불치병을 고치시고, 귀신들을 좌절시키시고, 실제로 자연을 향해 순종하라고 명하신다(인간도 명령하지만 효과가 없다). 그러므로 기적은 목격자들로 하여금 "이는 누구냐"(21:10; 눅 8:25, 참고. 요 3:2)라고 질문할 수밖에 없게 만든다. 마태는 그분이 "오실 그이"이자 "하나님의 아들"(마 11:3; 14:33)이라고 대답한다. 따라서 기적은 예수님이 누구인가를 드러낸다.

둘째, 기적은 예수님의 성품, 즉 제자들을 빚으신 성품을 드러낸다. 마태가 밝히는 기적의 동기는 보통 자비나 긍휼이다(9:36; 14:14; 15:32; 20:34).

셋째, 기적은 하나님의 백성을 구원한다. 죄에서(1:21), 질병에서(9:21), 죽음에서(16:25) 몸뿐 아니라 영도 구원한다.

넷째, 기적은 죄의 결과를 뒤바꾼다. 예수님에게는 죄를 무효화하는 권세가 있다. 그분이 십자가에서 죄와 그 벌을 다루시기 때문이다. 따라서 모든 기적은 그리스도의 온전한 구원 사역을 보여준다.

다섯째, 그러므로 기적 안에 있는 회복적인 요소가, 죄와 타락과 악이 종말에 이를 때에 미래의 인간과 창조 세계가 처할 올바른 상태를 대략적으로 알려준다.

여섯째, 이 모든 것에서 기적은 왕이 와서 그분의 나라를 시작하셨음을 입증한다. 어떤 의미에서 모든 기적이 한 가지 요점을 제시한다. 예수님이 주이자 구세주이므로 믿을 만하다는 것이다. 기적은 앞선 믿음의 보상일 수도 있고 아닐 수도 있으며, 절대 믿음을 강요하지 않는다. 이런 이유로 예수님은 요구받는 표적을 행하지 않으셨다(16:1-4).

그러나 일곱째, 기적은 믿음을 불러일으키는데 이는 일대일 만남에서 두드러지는 진리다.

따라서 기적 내러티브에는 공통된 주제가 있지만, 그것들은 예수님의 성품과 사역에 대한 별개의 측면을 드러낸다. 또한 듣는 이들을 믿음으로 인도하고, 교사들에게는 예수님이 기적을 통해 주장하시는 바를 알려주는 몇 가지 방안을 전한다.

기적의 역사성에 관한 보충 설명

서론의 앞부분에서 마태복음의 역사적 신뢰성을 변호했지만, 예수님이 가르치시고 제자들을 모으시고 권세자들과의 갈등 이후 죽으셨다는 주장에 대해서는 거의 논란이 없다. 그러나 기적은 또 다른 문제며 또 다른 변호가 필요하다.

기적은 마태복음에서 두드러진다. 예수님의 변모와 예루살렘 입성에 대한 견해에 따라, 별개의 기적에 대한 20-22개의 기사가 있다. 네 번의 또 다른 경우에 마태는 예수님이 "많이" 혹은 "병든 자들" 혹은 "큰 무리"를 고치셨다고 언급한다(4:24; 8:16; 14:35-36; 15:30). 회의론자들은 기적 기사를 꾸며낸 이야기나 오해로 여긴다.

자연주의적인 학자들은 예수님이 병자를 '고치셨다'는 것은 인정할 수 있지만, 그분 안에서 초자연적인 힘이 작용했음은 부인한다. 그들은 예수님이 손을 대심으로 정신적 혹은 신체적 질환으로 고생하던 이들이 회복되었음은 인정할지 모른다. 그들에 따르면, 귀신을 내쫓으신 것은 부드러움으로 히스테리를 고치신 사례다. 또 예수님이 병자에게 손을 대시고 그를 받아주시고 식탁 교제를 하셨을 때, 그들의 사회적 지위가 변화되어 그들은 더 이상 사회에서 배척되지 됨으로써 사회적으로 '고침을 받았다.' 나병 환자들이 고침 받은 것에 대해 존 도미니크 크로산(John Dominic Crossan)

은 이렇게 주장한다. "그 질병이든 다른 어떤 병이든 고치지 않았고 고칠 수 없던 예수는, 그 질병으로 인한 의식적 불결함과 사회적 배척을 받아들이려 하지 않음으로써 그 사람의 아픔을 치료하신 것 같다." 그의 견해는 이렇다. 그분은 "그 질병을 고치지는 않고" 그에게 손을 댐으로써 나병 환자에 대한 사회적 인식, 즉 그 사회적 아픔을 치료하셨다. 예수님은 물리적 세계가 아니라 사회적 세계에서 기적을 행하셨다.[21]

예수님의 사역에 대한 이러한 해석은 초자연적인 것에 의지하지 않고 '기적'을 허용한다. 이러한 판단에서는 예수님이 폭풍우를 잠잠하게 하시거나, 물 위를 걸으시거나, 떡 조각을 배가시키시거나, 죽은 자를 일으키실 수 없다(그는 기절한 다음 깨어났다). 예수님은 카리스마 있는 교사이자 개혁가였지만 그 이상은 아니었다. 이러한 접근을 통해 한 저자는 예수님이 떡을 배가시키지 않으셨다고 말한다. 예수님은 얼마 되지 않는 양식을 나누셨지만 그분이 그것에 손을 대셨기 때문에 충분했다는 것이다.

하인리히 파울루스(Heinrich Paulus)는 모든 기적에 대해 자연적 원인을 찾으려 했다. 그에 따르면, 기적을 전한 이들은 예수님이 병을 고치는 것을 보았지만 그분이 사용하신 수단에 대해 전혀 알지 못했던 목격자들이다. 그들은 쉽게 믿는 이들이었으므로, 그 기적들을 하나님께서 직접 행하신 결과로 보았다. 파울루스는 예수님이 "그분만이 아는 의술"[22]을 써서 사람들을 고치셨다고 믿었다. 파울루스가 보기에, 예수님이 자연을 통제하시는 것을 목격했다고 생각하는 이들은 그들이 본 것을 순진하게 오해한 것이다. 예수님은 바람에게 잠잠하라고 명령하지 않으셨다. 그 바람은 마침 예수님이 말씀하셨을 때 잦아들었을 뿐이다(참고. 8:23-27). 또 예수님은 절대 물 위를 걸으신 적이 없다(참고. 14:22-33). 제자들이 그분이 그러셨다고 '생

21 John Dominic Crossan, *The Historical Jesus: The Life of a Mediterranean Jewish Peasant* (San Francisco: HarperSanFrancisco, 1992), 341. 《역사적 예수》(한국기독교연구소); Crossan, *Jesus: A Revolutionary Biography* (San Francisco: HarperSanFrancisco, 1994), 82. 《예수》(한국기독교연구소).

22 Albert Schweitzer, *The Quest of the Historical Jesus*, trans. W. Montgomery (1906; repr., New York: Macmillan, 1968), 50-57. 52에서 Paulus의 작품 요약으로부터.

각한' 것이다. 그들은 밤에 방향을 잃어 자신들도 모르는 사이에 배가 육지 쪽으로 표류했고, 아침 안개 때문에 예수님의 발이 잘 보이지 않을 때 그 분이 물가 혹은 얕은 물에서 걸어오시는 것을 보았다. (놀랍게도 한 학자는 예수님이 물속에 잠긴 통나무 위로 제자들에게 걸어가셨다고 주장한다. 이는 그가 그것이 얼마나 어려운 일인지 전혀 알지 못하거나 아니면 결국 기적을 믿는다는 것을 시사한다.)

이러한 시각에서는 5천 명을 먹이신 일이 마지못한 나눔의 사례가 된다. 무리는 배가 고팠고, 예수님이 양식을 나누기 시작하셨을 때 모두가 합류했고, 곧 나눌 음식들이 생겼다.[23] 좀 더 교활한 제안은, 예수님이 미리 떡과 물고기를 동굴에 비축해 두셨다고 말한다. 안에 숨어 있던 제자들이 몰래 그분에게 음식을 건네주었고, 예수님은 음식을 배가시키는 능력이 있는 척하며 그것을 나누셨다. 이러한 해석에서는 예수님이 멍청한 무리를 속이는 사기꾼 무리를 이끄신다.

일부 반초자연주의자들은 자연 기적 기사들의 '기원'을 설명하는 것조차 거부하지만, 많은 사람이 기적이 절대 일어나지 않았다 해도 정확히 거짓은 아닌 기적 신화로 꽃피운 역사적 혹은 영적 진리의 핵심을 찾으려 한다. 일부 복음주의 저자들은 여기서 흔들린다. 그레이엄 트웰프트리(Graham Twelftree)는 37면에 걸쳐 씨름한 다음 "기적이 가능하다고 상정하는 것이 아주 타당하다"와 "복음서에 나오는 그러한 기적 이야기들은 일어난 듯하다"[24]라는 뜨뜻미지근한 결론에 이른다. 나중에 트웰프트리는 예수님과 베드로가 실제로 물 위를 걸었는지 판단할 때 망설이며 흔들린다.[25]

다소 최근에, 바트 어만(Bart Ehrman)은 이성적인 사람은 기적 기사들에 대해 비판적인 자세를 취해야 한다고 주장했다. 첫째, 고대 세계에서는 기적이 다르게 이해되었다. "고대인들은 신적 영역이 인간 영역에 개입했느

23 같은책, 52.

24 Graham H. Twelftree, *Jesus the Miracle Worker: A Historical and Theological Study* (Downers Grove, IL: InterVarsity Press, 1999), 52.

25 같은책, 130-132.

냐 아니냐에 대해 거의 질문하지 않았다. 대신 언제 어디서 그 일이 일어났는지 질문했다." 그래서 고대인들에게는 기적의 주장에 대해 제대로 된 회의주의가 없었다. 둘째, 어만은 이렇게 말한다. "오늘날 기적은, 계몽주의 이후로 발전된 과학적 이해에 기초하여 자연 세계가 전형적으로 작동하는 방식에 상충하는 사건으로 이해된다…이는 기적이 필연적으로 가장 사실 같지 않은 사건이라는 의미다." 셋째, 역사학자들은 과거 사건들의 기록에 대한 가장 가능성 있는 설명을 구축하려 한다. 정의상 기적은 "가장 사실 같지 않은 사건"이므로, 객관적인 역사학자는 기적이 과거 사건에 대한 가장 사실 같은 설명임을 절대 보여줄 수 없다. 어만은 고대의 증인들이 순진했다고 주장한다. 따라서 그들이 "역사적 개연성"을 무시한 사건들을 묘사했다면, 우리는 그들이 실수를 범했거나 과장했거나 거짓말을 했다고 결론 내려야 한다. 어만은 원한다면 각자가 기적 이야기를 종교적 신념의 문제로 믿을 자유가 있음을 인정하지만, 더불어 역사학자는 기적이 실제로 일어났다고 주장할 수 없다고 인정한다.[26]

파울루스는 철학자 데이비드 흄(David Hume)을 따르고 어만은 그의 사상을 다른 말로 바꾸어 표현한 것이다. 흄의 《인간 이해력에 관한 탐구》(*Enquiry Concerning Human Understanding*)는 기적에 대한 고전적인 반론을 분명히 제시한다. "기적은 자연 법칙의 위반이다…단단하고 바꿀 수 없는 경험이 그 법칙을 확증하므로" 경험으로 기적을 찬성하는 주장을 구축하는 것은 불가능하다. 흄은 자연 법칙의 예외를 보는 사람은 아무도 없다고 주장한다. 특히 "죽은 사람이 살아나는 것은…어느 시대 어느 나라에서도 관찰된 적이 없다."[27]

사도 바울은 5백 명이 부활하신 주님을 보았다고 고린도 교회에 말했다.

26 Bart Ehrman, *The New Testament: A Historical Introduction to the Early Christian Writings*, 3rd ed. (New York: Oxford University Press, 2004), 226-230.

27 David Hume, *An Enquiry Concerning Human Understanding* [1902 (orig. 1748)]; repr., Oxford: Clarendon, 1963), sec. 10.90, 114-115. 《인간의 이해력에 관한 탐구》(지식을만드는지식).

바울은 그가 그 글을 쓸 때 아직도 그들 중 다수가 살아 있다고 말하며, 독자들이 그 목격자들을 찾아보면 그의 주장을 확인할 수 있음을 암시한다. 흄은 바울의 주장이 불가능하다고 판단한다. 그는 사람들이 기적을 봤다고 말한 것을 알지만, 그것을 감정 과잉, 무지, 미개함으로 말미암은 과장된 보고로 묵살한다.[28] 흄은 증거가 아주 믿을 만해서 그 출처를 거짓말이나 오류라고 하는 것이 더 큰 기적이 될 상황이 아니라면, 기적을 확증할 충분한 증거는 없다고 주장한다.[29]

흄은 몇몇 요인이 기적에 대한 증거를 약화시킨다고 주장한다. 첫째, 기적을 증언하는 이들은 흔히 사람들을 망상에 빠지지 않게 하는 "분별력, 교육, 학식"이 부족하다.[30] 둘째, 사람들은 선정적인 이야기를 즐기고 이는 기적들을 전하게 한다.[31] 셋째, 기적 이야기는, "거짓임을…아는" 이야기들을 퍼트리고 싶어 하는 신앙인들 사이에서 무성하게 자란다. 그들은 거룩한 대의를 목표로 삼기 때문이다. 나아가 일부는 무지한 추종자들의 "쉽게 믿는 태도"를 먹이로 삼기도 한다. 다시 말해 기적 이야기는 "무지하고 야만적인 나라들 가운데 아주 많다."[32] 넷째, 기적은 상반되는 종교 체제들을 뒷받침하므로 그들이 서로를 무효화한다.[33]

더욱이 흄은, 기적이 어길 수 없는 것을 위반하기 때문에 기적 기사들은 절대 믿을 수 없다고 주장한다. 자연 법칙의 불변성에 대한 증거는 압도적이므로, 반대되는 증언은 당연히 믿을 수 없다. "기적은 자연 법칙의 위반이다…단단하고 바꿀 수 없는 경험이 그 법칙을 확증하므로, 기적을 반대

28 같은 책, sec. 10.94, 119.

29 같은 책, sec. 10.91, 116.

30 같은 책, sec. 10.93, 117.

31 같은 책.

32 같은 책, sec. 10.94, 119.

33 같은 책, sec. 10.5, 121.

하는 증거는…경험에 의한 어떤 주장이 할 수 있는 것만큼 완전하다."[34] 모든 기적 기사가 관찰의 법칙과 모순되므로, 그러한 기적을 알리는 사람은 속이는 사람이거나 속은 사람이다. 흄은 기적을 목격한 이들의 고귀함과 그 숫자에 상관없이 "어떤 기적에 대한 증언도 개연성을 갖지 못하며, 증거가 되지 못하는 것은 말할 것도 없다"라고 말한다. 그 "증거"는 항상 오류일 가능성이 높다.[35]

흄의 설명은 여러 면에서 비판을 받는다. 이 서론을 위해서는 그가 기적을 "자연 법칙의 위반"이라고 부를 때 "자연 법칙"[36](귀납적 방법으로 증명될 수 없는 것)의 존재를 전제한다는 사실에 주목해야 한다. 더 중요한 것은, 그의 설명이 증명되어야 하는 것을 전제한다는 것이다. 그것은, 신이 없다(혹은 행동하는 신이 없다)는 것이고, 우주가 "자연 법칙"의 지배를 받는다는 것이다. 그래서 흄은 세상이 인과관계의 닫힌 체계라고 전제한다. 그러나 세상을 창조하고 그것을 돌보는 하나님이 계시다면 기적은 있을 수 있는 일이다.

그런 마음에서 크레이그 키너(Craig Keener)는 전 세계에 흩어져 있는 목격자들로부터 기적에 대한 수많은 증언을 꼼꼼하게 엮어 주석을 달았다. 그는 수억 명의 살아 있는 목격자들이 기적적이거나 초자연적인 병 고침을 목격했다고 주장한다고 결론 내렸다. 이 저자도 그들 중 하나다.[37] 흄 자신이 지지한 귀납적 추론의 원칙은 그렇게 많은 데이터를 버릴 수 없다. 흄은 귀납적 접근을 함에도 불구하고, 그의 기적 거부는 사실상 기적은 외부로부터의 침입을 인정하지 않는 세상에서 불가능하다는 그의 신념에 기초한다. 기독교적 관점에서 보면, 유신론은 기적을 가능하게 하며, 목격자들은 기적을 믿을 수 있게 만든다. 부활이 일어났고, 그에 대한 강력한 증

34 같은 책, sec. 10.90, 114.

35 같은 책, sec. 10.98, 127.

36 같은 책, sec. 10.90, 97, 99; 114, 126, 128.

37 Craig S. Keener, *Miracles: The Credibility of the New Testament Accounts* (Grand Rapids, MI: Baker Academic, 2011). 《오늘날에도 기적이 일어날 수 있는가?》(새물결플러스).

거가 있다면, 나머지는 따라온다.[38] 그렇다면 마태는 예수님이 행하신 일들과 그것의 지속적인 의미에 대한 믿을 만한 기사를 제시한다.

참고 자료에 대해

필자는 마태복음, 복음서들 혹은 그리스도의 생애에 관한 25과목을 강의했고 마태복음 전체를 두 번 설교했기 때문에, 인용문을 다 명시하기는 상당히 벅차다. 독자들은 이 책에 영향을 준 자료 목록을 참고할 수 있다. 그 외 다른 작품들은 각주에 실려 있다. 몇몇 책들, 특히 학교 강의의 필독서와 설교 준비에 매우 도움이 된 책들은 반복해서 읽었다. 가장 신뢰받고 통찰력 있는 자료들은 머릿속에 깊이 박혀서, 그들의 생각이 어디에서 끝나고 필자의 생각이 어디에서 시작되는지 알기 어려울 정도가 된 듯하다. 보컴(Bauckham), 블롬버그, 브루스(Bruce), 카슨(Carson), 칼빈(Calvin), 프레임(Frame), 갈런드(Garland), 해그너(Hagner), 예레미아스(Jeremias), 키너, 킹스베리(Kingsbury), 메츠거(Metzger), 모리스(Morris), 스타인, 라이트(Wright)에게 영향을 많이 받았다. 또 종종 해석에 관한 필자의 책을 참고하기도 했다. 하지만 이 책을 위한 주된 자료는 마태복음 본문이다. 문법책, 어휘 사전, 성구 사전들을 가까이에 두고, 영어와 헬라어로 마태복음을 읽고 또 읽었다. 이 주석의 일부분은 더 긴 필자의 마태복음 설교 주석(*Reformed Expository Commentary* 시리즈, P&R)과 유사하다. 공통된 부분은 출판된 책이 아니라 두 작품의 원 자료인 강의와 설교 노트에 있다.

38 N. T. Wright, *The Resurrection of the Son of God*, COQG (Minneapolis: Fortress, 2003). 《하나님의 아들의 부활》(CH북스).

개요

Ⅰ. 예수님의 혈통, 탄생, 신원(1:1–2:23)

A. 예수님의 계보(1:1–17)

B. 예수님의 혈통(1:18–25)

C. 동방박사의 방문(2:1–12)

D. 헤롯의 분노와 하나님의 보호(2:13–23)

1. 애굽으로 도피하다(2:13–15)
2. 베들레헴에서 일어난 학살(2:16–18)
3. 나사렛으로 돌아오다(2:19–23)

Ⅱ. 준비와 갈릴리에서의 초기 사역(3:1–4:25)

A. 세례 요한의 사역(3:1–17)

1. 요한의 예언 사역(3:1–12)
2. 예수님이 요한에게 세례를 받으시다(3:13–17)

B. 예수님의 시험(4:1–11)

C. 갈릴리에서의 예수님의 첫 사역(4:12–25)

1. 갈릴리에서 첫발을 내딛으시다(4:12–17)
2. 첫 제자들을 부르시다(4:18–22)
3. 말씀과 행동으로 그 나라를 선포하시다(4:23–25)

Ⅲ. 첫 번째 설교: 예수님 나라의 제자도(5:1–7:29)

A. 산상수훈 서곡(5:1–16)

1. 배경(5:1–2)
2. 팔복(5:3–12)

3. 복 있는 자들에 대한 반응: 박해와 칭송(5:13-16)

B. 예수님이 참된 의를 탐구하시다(5:17-48)

1. 탁월한 의(5:17-20)
2. 분노와 화해(5:21-26)
3. 정욕과 순결(5:27-30)
4. 이혼과 재혼(5:31-32)
5. 맹세와 정직(5:33-37)
6. 악을 선으로 갚음(5:38-42)
7. 원수 사랑(5:43-48)

C. 예수님이 위선적인 신앙과 진실한 신앙을 분석하시다(6:1-18)

1. 구제(6:1-4)
2. 기도(6:5-15)
3. 금식(6:16-18)

D. 참된 신자는 하나님을 신뢰한다(6:19-34)

1. 맘몬이 아닌 하나님을 섬긴다(6:19-24)
2. 걱정하기보다는 하나님을 신뢰한다(6:25-34)

E. 예수님이 제자의 도리를 외치시다(7:1-12)

1. 꼭 필요하지 않다면 비판하지 말라(7:1-6)
2. 구하라, 찾으라, 문을 두드리라(7:7-12)

F. 예수님이 결단하라고 외치시다(7:13-27)

1. 두 가지 길(7:13-14)
2. 두 가지 나무(7:15-20)
3. 그리스도를 부르는 두 가지 방식(7:21-23)
4. 두 가지 토대(7:24-27)

G. 예수님의 권위(7:28-29)

Ⅳ. 예수님의 권위 아래서 그 나라가 성장하다(8:1-11:1)

A. 표적과 대화(8:1-9:38)

1. 나병 환자를 고치시다(8:1-4)
2. 백부장의 하인을 고치시다(8:5-13)
3. 베드로의 장모와 더 많은 사람을 고치시다(8:14-17)
4. 예수님을 따르는 일의 대가(8:18-22)
5. 폭풍을 잠잠하게 하시다(8:23-27)
6. 귀신들을 쫓아내시다(8:28-34)
7. 중풍병자를 고치고 그의 죄를 사하시다(9:1-8)
8. 마태를 부르고 죄인들과 함께 잡수시다(9:9-13)
9. 금식할 시간이 없음(9:14-17)
10. 죽은 소녀를 일으키고 아픈 여자를 고치시다(9:18-26)
11. 맹인을 고치시다(9:27-31)
12. 말 못 하는 사람에게서 귀신을 쫓아내시다(9:32-34)
13. 정황: 일꾼이 필요함(9:35-38)

B. 두 번째 설교: 제자들이 예수님을 따라 선교하러 가다 (10:1-11:1)

1. 예수님이 제자들을 불러 선교하게 하시다(10:1-4)
2. 제자들은 예수님의 사역 방식을 따른다(10:5-10)
3. 제자들은 자격 있는 집에 머문다(10:11-15)
4. 제자들은 곧 닥칠 고난에 대비한다(10:16-21)
5. 제자들은 피하고 예수님을 본받으며 인내한다(10:22-25)
6. 제자들은 계속 두려워하지 않는다(10:26-31)
7. 제자들은 그리스도를 시인한다(10:32-33)
8. 제자들은 가족, 자기 목숨보다 그리스도를 사랑한다 (10:34-39)

9. 예수님은 자신을 섬기는 자들을 영화롭게 하신다(10:40–42)
10. 사역을 계속 이어가시다(11:1)

V. 반대에 직면해도 그 나라는 성장한다(11:2–13:58)
A. 요한과 예수님(11:2–19)
1. 요한이 예수님의 신분을 의심하다(11:2–3)
2. 예수님이 자신의 신분을 확인해주시다(11:4–6)
3. 예수님이 요한을 예언자이자 그 나라의 대행자로 칭찬하시다(11:7–15)
4. 예수님이 변덕스러운 세대를 책망하시다(11:16–19)
B. 예수님이 그 세대를 책망하고 초청하시다(11:20–30)
1. 예수님이 회개하지 않는 이스라엘 고을들에 경고하시다(11:20–24)
2. 예수님이 아버지의 나타내심을 묘사하시다(11:25–27)
3. 예수님이 자신에게 와서 쉬라고 모두를 초청하시다(11:28–30)
C. 안식일 갈등(12:1–14)
1. 예수님이 안식일에 제자들이 한 행동을 변호하시다(12:1–8)
2. 예수님이 안식일에 한 사람을 고치시고 이로 인해 음모가 일어나다(12:9–14)
D. 계시와 반대(12:15–45)
1. 예수님의 이방 사역이 이사야서를 성취하다(12:15–21)
2. 예수님이 눈멀고 말 못 하는 사람을 고치시고 이로 인해 논란이 생기다(12:22–24)

3. 예수님이 모순된 비난을 논박하시다(12:25-28)

4. 예수님이 자신의 힘과 성령의 사역을 밝히시다(12:29-32)

5. 예수님이 악한 말은 악한 근원에서 나온다고 진단하시다(12:33-37)

6. 예수님이 표적을 더 보여달라는 요청을 거절하시다(12:38-42)

7. 예수님이 죄인들에게 회개하지 않을 때의 결과를 경고하시다(12:43-45)

E. 예수님이 자신의 진짜 가족을 묘사하시다(12:46-50)

F. 세 번째 설교: 그 나라에 대한 비유(13:1-52)

1. 그 나라는 씨 뿌리는 자와 같은데, 그 씨는 고르지 않은 열매를 맺는다(13:1-9)

2. 주: 비유가 어떤 사람들에게는 주어지고 다른 사람들에게서는 빼앗겨진다(13:10-17)

3. 씨 뿌리는 자 비유 해설(13:18-23)

4. 밀과 가라지 비유(13:24-30)

5. 겨자씨 비유(13:31-32)

6. 누룩 비유(13:33)

7. 주: 비유는 예언을 성취한다(13:34-35)

8. 밀과 가라지 비유 해설(13:36-43)

9. 감춰진 보화 비유(13:44)

10. 값진 진주 비유(13:45-46)

11. 그물 비유와 해석(13:47-50)

12. 주: 그 나라의 속성에 대한 깨달음과 가르침(13:51-52)

G. 예수님이 고향에서 무시당하시다(13:53-58)

VI. 무리와 지도자들 사이에서 제자들을 훈련하시다(14:1-20:34)

A. 헤롯이 세례 요한을 죽이다(14:1-12)

1. 요한에 대한 헤롯의 죄책감(14:1-2)
2. 헤롯이 분별없이 요한을 처형하다(14:3-12)

B. 예수님이 5천 명을 먹이시다(14:13-21)

C. 예수님이 물 위를 걸으시다(14:22-33)

D. 계속되는 예수님의 치유 사역(14:34-36)

E. 예수님과 장로들의 전통(15:1-20)

F. 예수님이 가나안 여자의 딸을 고치시다(15:21-28)

G. 예수님이 많은 사람을 고치고 4천 명을 먹이시는 데서 절정에 이르다(15:29-39)

H. 바리새인과 사두개인들이 표적을 요구하다(16:1-4)

I. 바리새인과 사두개인들의 누룩(16:5-12)

J. 베드로가 예수님이 그리스도라고 고백하다(16:13-20)

K. 예수님이 자신의 메시아 사역을 설명하시다(16:21-28)

1. 십자가의 필요성(16:21-23)
2. 십자가와 제자도(16:24-28)

L. 변모(17:1-13)

1. 예수님이 영광 가운데 빛나다(17:1-4)
2. 아버지가 기쁨을 전하시다(17:5-6)
3. 제자들이 깨달으려고 애쓰다(17:7-13)

M. 귀신 들린 소년을 고치시다(17:14-20)

1. 예수님이 귀신과 맞닥뜨리고 꾸짖으시다(17:14-18)
2. 기도의 능력(17:19-20, 최상의 초기 사본들에는 17:21이 없음)

N. 예수님이 다시 자신의 죽음을 예언하시다(17:22-23)

O. 예수님이 성전세를 내시다(17:24-27)

P. 네 번째 설교: 그 나라의 공동체 생활(18:1-35)

1. 큼과 겸손(18:1-4)
2. 누구도 죄를 짓게 하지 않음(18:5-9)
3. 잃어버린 양 비유(18:10-14)
4. 죄 지은 형제에 대한 적절한 대처법(18:15-20)
5. 용서에 대한 질문(18:21-22)
6. 용서하고자 하는 마음을 불러일으키는 비유(18:23-35)

Q. 이혼에 대한 질문(19:1-12)

1. 예수님이 해이한 이혼 충동을 바로잡으시다(19:1-9)
2. 예수님이 제자들의 반응을 바로잡으시다(19:10-12)

R. 예수님이 어린아이들을 환영하시다(19:13-15)

S. 영생에 대한 질문(19:16-30)

1. 예수님이 선한 일과 영생에 대한 혼란을 바로잡으시다(19:16-22)
2. 예수님이 섬김에 대한 보상의 혼란을 바로잡으시다(19:23-30)

T. 은혜와 보상에 대한 비유(20:1-16)

U. 예수님의 죽음에 대한 세 번째 예고(20:17-19)

V. 예수님이 큼과 섬김에 관한 오류를 바로잡으시다(20:20-28)

W. 장면 전환: 예루살렘으로 가는 길에 맹인 두 사람을 고치시다(20:29-34)

Ⅶ. 예루살렘에서 일어난 갈등과 가르침(21:1-23:39)

A. 예루살렘 입성과 그 결과(21:1-27)

1. 나귀를 타고 환호를 받으며 예루살렘으로 가시다(21:1-8)
2. 다윗의 자손이자 예언자로 칭송받으시는 예수님(21:9-11)

3. 성전 정화와 심판(21:12–17)

4. 무화과나무를 저주하시다(21:18–22)

5. 의심받는 예수님의 권위(21:23–27)

B. 예수님이 비유를 통해 유대 지도자들과 맞서시다(21:28–22:14)

1. 두 아들 비유(21:28–32)

2. 악한 포도원 농부 비유(21:33–46)

3. 혼인 잔치 비유(22:1–14)

C. 유대 지도자들이 예수님께 질문하다(22:15–46)

1. 가이사에게 내는 세금(22:15–22)

2. 부활 때의 결혼 생활(22:23–33)

3. 가장 큰 계명(22:34–40)

4. 다윗의 자손(22:41–45)

5. 결론: 침묵하는 질문자들(22:46)

D. 서기관들과 바리새인들을 향한 저주(23:1–39)

1. 서기관들과 바리새인들의 그릇된 리더십에 대한 경고(23:1–12)

2. 서기관들과 바리새인들을 향한 일곱 번의 저주(23:13–36)

3. 이스라엘의 반역을 애도하시다(23:37–39)

Ⅷ. 다섯 번째 설교: 곤경, 인내, 종말(24:1–25:46)

A. 정황과 질문(24:1–3)

B. 재난(24:4–14)

C. 예루살렘 멸망(24:15–22)

D. 거짓 그리스도들(24:23–28)

E. 인자의 오심(24:29–31)

F. 무화과나무의 비유(24:32-35)

G. 아무도 모르는 날과 시간(24:36-41)

1. 노아의 때처럼(24:36-39)

2. 나란히 일하는 일꾼들처럼(24:40-41)

H. 제자들은 깨어서 계속 준비한다(24:42-25:46)

1. 깨어 있으라, 인자가 밤에 도둑처럼 오시므로(24:42-44)

2. 준비하라, 주인이 종들에게 책임을 물을 것이므로 (24:45-51)

3. 깨어 있으라, 그 나라는 지체하는 신랑 같으므로(25:1-13)

4. 달란트를 신실하게 사용함으로 준비하라(25:14-30)

5. 인자 앞에서 결산할 것을 준비하라(25:31-46)

Ⅸ. 죽음 그리고 부활(26:1-28:20)

A. 예수님에 대한 음모로 장면이 전환되다(26:1-5)

B. 베다니에서 기름 부음을 받음으로 영광을 얻으시다 (26:6-13)

C. 유다의 배신 계획으로 거절당하시다(26:14-16)

D. 주의 만찬을 제정하시다(26:17-30)

1. 유월절을 준비하시다(26:17-19)

2. 유다의 배신을 예고하시다(26:20-25)

3. 표징으로서 주의 만찬을 제정하시다(26:26-30)

E. 마지막 사건들을 준비하시다(26:31-46)

1. 베드로의 배신을 예고하시다(26:31-35)

2. 겟세마네에서 기도하시다(26:36-46)

F. 예수님이 잡히시다(26:47-56)

1. 배신당하여 입맞춤으로 잡히시다(26:47-50)

2. 폭력의 방식을 거부하시다(26:51–56)

G. 산헤드린의 심문(26:57–68)

H. 베드로의 배신(26:69–75)

I. 산헤드린의 선고를 받으시다(27:1–2)

J. 유다의 절망과 예수님의 고요함(27:3–14)

K. 빌라도 앞에서의 사건들(27:15–26)

1. 바라바를 택하다(27:15–21)

2. 십자가에 못 박으라고 외치다(27:22–26)

L. 군병들의 모욕(27:27–31)

M. 십자가 죽음과 예수님에 대한 조롱(27:32–44)

N. 예수님의 죽음과 그 결과(27:45–56)

1. 사건들은 예수님의 죽음으로 이어지고 그분의 영혼이 떠나시다(27:45–50)

2. 예수님의 죽음에 뒤이은 사건들(27:51–53)

3. 백부장과 여자들의 반응(27:54–56)

O. 예수님의 매장(27:57–61)

P. 예수님의 무덤을 지키다(27:62–66)

Q. 예수님의 부활(28:1–10)

R. 예수님에 대한 거짓 보고(28:11–15)

S. 예수님이 주신 위임령(28:16–20)

ESV Expository Commentary

Matthew

1 아브라함과 다윗의 자손 예수 그리스도의 계보라

1 The book of the genealogy of Jesus Christ, the son of David, the son
of Abraham.

2 아브라함이 이삭을 낳고 이삭은 야곱을 낳고 야곱은 유다와 그의 형
제들을 낳고 3 유다는 다말에게서 베레스와 세라를 낳고 베레스는 헤
스론을 낳고 헤스론은 람을 낳고 4 람은 아미나답을 낳고 아미나답은
나손을 낳고 나손은 살몬을 낳고 5 살몬은 라합에게서 보아스를 낳고
보아스는 룻에게서 오벳을 낳고 오벳은 이새를 낳고 6 이새는 다윗 왕
을 낳으니라

2 Abraham was the father of Isaac, and Isaac the father of Jacob, and
Jacob the father of Judah and his brothers, 3 and Judah the father
of Perez and Zerah by Tamar, and Perez the father of Hezron, and
Hezron the father of Ram,[1] 4 and Ram the father of Amminadab, and
Amminadab the father of Nahshon, and Nahshon the father of Salmon,

5 and Salmon the father of Boaz by Rahab, and Boaz the father of Obed
by Ruth, and Obed the father of Jesse, 6 and Jesse the father of David
the king.

다윗은 우리야의 아내에게서 솔로몬을 낳고 7 솔로몬은 르호보암을
낳고 르호보암은 아비야를 낳고 아비야는 아사를 낳고 8 아사는 여호
사밧을 낳고 여호사밧은 요람을 낳고 요람은 웃시야를 낳고 9 웃시
야는 요담을 낳고 요담은 아하스를 낳고 아하스는 히스기야를 낳고
10 히스기야는 므낫세를 낳고 므낫세는 아몬을 낳고 아몬은 요시야를
낳고 11 바벨론으로 사로잡혀 갈 때에 요시야는 여고냐와 그의 형제들
을 낳으니라

And David was the father of Solomon by the wife of Uriah, 7 and
Solomon the father of Rehoboam, and Rehoboam the father of Abijah,
and Abijah the father of Asaph,[2] 8 and Asaph the father of Jehoshaphat,
and Jehoshaphat the father of Joram, and Joram the father of Uzziah,
9 and Uzziah the father of Jotham, and Jotham the father of Ahaz, and
Ahaz the father of Hezekiah, 10 and Hezekiah the father of Manasseh,
and Manasseh the father of Amos,[3] and Amos the father of Josiah,
11 and Josiah the father of Jechoniah and his brothers, at the time of the
deportation to Babylon.

12 바벨론으로 사로잡혀 간 후에 여고냐는 스알디엘을 낳고 스알디엘
은 스룹바벨을 낳고 13 스룹바벨은 아비훗을 낳고 아비훗은 엘리아김
을 낳고 엘리아김은 아소르를 낳고 14 아소르는 사독을 낳고 사독은
아킴을 낳고 아킴은 엘리웃을 낳고 15 엘리웃은 엘르아살을 낳고 엘르
아살은 맛단을 낳고 맛단은 야곱을 낳고 16 야곱은 마리아의 남편 요
셉을 낳았으니 마리아에게서 그리스도라 칭하는 예수가 나시니라

12 And after the deportation to Babylon: Jechoniah was the father of
Shealtiel,[4] and Shealtiel the father of Zerubbabel, 13 and Zerubbabel
the father of Abiud, and Abiud the father of Eliakim, and Eliakim the
father of Azor, 14 and Azor the father of Zadok, and Zadok the father
of Achim, and Achim the father of Eliud, 15 and Eliud the father of
Eleazar, and Eleazar the father of Matthan, and Matthan the father of
Jacob, 16 and Jacob the father of Joseph the husband of Mary, of whom
Jesus was born, who is called Christ.

17 그런즉 모든 대 수가 아브라함부터 다윗까지 열네 대요 다윗부터 바벨론으로 사로잡혀 갈 때까지 열네 대요 바벨론으로 사로잡혀 간 후부터 그리스도까지 열네 대더라

17 So all the generations from Abraham to David were fourteen generations, and from David to the deportation to Babylon fourteen generations, and from the deportation to Babylon to the Christ fourteen generations.

1 Greek *Aram*; also verse 4 *2 Asaph* is probably an alternate spelling of *Asa*; some manuscripts *Asa*; also verse 8 *3 Amos* is probably an alternate spelling of *Amon*; some manuscripts *Amon*; twice in this verse *4* Greek *Salathiel*; twice in this verse

단락 개관

마태는 모든 민족을 제자로 삼도록 교회를 준비시키려 하므로(28:18-20), 그 민족들이 따라야 할 예수님이 누구인가를 확실하게 보여주어야 한다. 따라서 모든 구절이 예수님의 인격과 사역을 드러낸다. 1장은 처음부터 독

자들을 그 지점으로 데려간다.[39] 예수님이 누구인가에 관한 질문은 1-2장에서 처음 제기되어 첫 번째 폭풍우가 일 때까지 계속된다. 그때 제자들은 "이이가 어떠한 사람이기에"(8:27)라고 묻지 않을 수 없었다. 두 번째 폭풍우가 일고 난 후 그들은 "진실로 하나님의 아들이로소이다"(14:33)라고 고백한다. 그 이후 예수님은 제자들에게 "사람들이 인자를 누구라 하느냐"(16:13)라고 물으신다. 그 뒤에도 여전히 무리는 '이는 누구냐'라고 자문한다. 1장은 독자들에게 예수님이 누구인지 제시하기 시작한다.

단락 개요

I. 예수님의 혈통, 탄생, 신원(1:1-2:23)
  A. 예수님의 계보(1:1-17)

마태는 독자들을 위해 예수님의 계보를 대략적으로 서술한다. 그는 "예수 그리스도의 계보"(1:1)라는 제목으로 시작하여 "그리스도라 칭하는 예수"(16절)로 마무리한다. 그 다음 계보를 14대씩 세 그룹, 즉 아브라함부터 다윗까지, 다윗부터 바벨론으로 사로잡혀 갈 때까지, 사로잡혀 갈 때부터 그리스도의 탄생까지로 분류한다(17절). 계보는 일부 사람들, 특히 요람과 웃시야 사이에서 아하시야, 요아스, 아마샤를 건너뛰고, 다윗, 여고냐, 그리스도를 두 번 포함해야만 세 번의 14대 구조가 된다. 따라서 이 계보는 철저하기보다는 상징적인 차원이 있다.

39 다른 복음서들도 동일하다. 참고. 막 1:1; 눅 1:32, 35, 76-78; 2:11; 요 1:1-4, 14.

주석

1:1-17 학자들은 이 절들을 마땅히 예수님의 계보라고 부르지만, 이는 선조들의 목록 그 이상이다. 마태는 처음과 마지막에서 주요한 요점을 강조한다. 예수님이 다윗의 자손, 아브라함의 자손, 그리스도라는 것이다(1, 17절). 고대 그리스-로마의 전기는 보통 최근의 선조로 출발하여 주요 인물의 혈통을 확증하는 것으로 시작한다. 구약 내러티브 역시 지도자들의 혈통을 확증한다. 이는 독자들이 아브라함(창 11:10-32)과 다윗(룻 4:13-17) 같은 사람이 어떤 인물인지를 인식하게 해준다.

마태의 계보는 사회적 지위에 대한 사람들의 보편적인 관심을 만족시킨다. 이는 예수님의 공생애 기간에 사람들이 서로에게 알려주는 말들에서도 볼 수 있다. 사람들은 그분이 나사렛 출신이라고(마 21:11), 요셉과 마리아의 아들이라고(막 6:3; 요 1:45; 6:42), 목수라고(마 13:55), 공식적인 교육을 받지 못한 사람이라고(요 7:15) 말한다. 능력 위주의 사회인 서구에서 사람들은 교육과 직책을 묻는다. 전통적인 문화에서는 혈통과 출생지에 관심이 집중되는데 그 질문들은 흔하기도 하고 합리적이기도 하다. 마태의 접근법은 표준적인 그리스-로마 전기에서 벗어나 있기는 하지만, 그는 즉시 그 질문들에 답하면서 시작한다.[40]

마태의 계보는 몇 가지 면에서 독특하다. 전형적인 그리스-로마 계보들, 또 누가의 계보 역시 주인공의 아버지에서 시작하여 먼 조상으로 거슬러 올라가는 반면, 마태는 다윗으로 시작한 다음 아브라함에서부터 앞으로 나아간다. 마태는 다윗과 아브라함으로 출발함으로써 이스라엘 역사에서 그들의 역할을 환기시키고, 하나님께서 그들에게 하신 약속들을 상기시킨다. 또한 다윗의 이름을 언급함으로써 예수님이 참된 다윗, 이스라엘을 회복할 왕임을 시사한다. 하나님은 다윗에게 "그의 나라[너의 자손의] 왕위를

40 David E. Aune, *The New Testament in Its Literary Environment*, LEC 8 (Philadelphia: Westminster, 1987), 25-36.

영원히 견고하게 하리라"(삼하 7:13, 참고. 사 11:1; 렘 23:5)라고 약속하셨다. 마태복음 28장은 예수님과 세상으로 끝나지만, 마태복음 1장은 이스라엘로 또 이스라엘의 조상이자 "세상의 상속자"(롬 4:13)인 아브라함으로 시작한다. 그를 통해 "땅의 모든 족속이…복을 얻을 것이[다]"(창 12:1-3).[41]

누가의 계보는 아담까지 거슬러 올라가며, 예수님이 인류의 소망임을 암시한다. 마태의 계보는 다윗과 아브라함에서 출발한 다음 아브라함과 이삭과 야곱과 함께 머물며, 인류의 소망이 이스라엘 역사에서 시작되어 예수님 안에서 실현되었음을 강조한다.

마태는 그 시대의 표준 계보들과는 반대로, 자신의 계보에 4명의 여자를 포함함으로써 독자들에게 충격을 준다. 그 여자들은 이방인과의 연결과 흉악한 죄라는 두 갈래로 나뉜다. 첫 번째는 야곱의 아들 유다의 며느리 다말이다. 창세기 38장에서 다말은 유다보다 유리한 위치를 점하기 위해 창녀 노릇을 했는데 그 결과 유다로 인해 임신한다. 라합이 두 번째다. 여리고의 기생이던 라합은 이스라엘 정탐꾼을 숨겨주고 그들의 도망을 도왔다(수 2장). 세 번째 여자는 모압인 과부이자 나오미의 며느리였던 룻이다. 룻은 보아스와 결혼하여 이스라엘에 속하게 되었다(룻 1-4장). 네 번째는 밧세바로, 마태는 밧세바를 "우리야의 아내"라 칭한다. 그녀는 다윗의 연인이자 솔로몬의 엄마였다(삼하 11-12장).

라합과 룻이 외국인이고 밧세바 역시 이방인(헷 족속)과 결혼했으니, 우리는 예수님의 계보에 이방인들이 포함되었음을 알 수 있다. 이는 하나님께서 항상 이방인들을 그분께로 이끌려고 하셨음을 일깨워준다. 나아가 4명의 여자 중 3명이 성적인 죄에 연루되었으므로, 그 계보는 예수님이 죄인의 계보에 속해 있다는 사실을 강조한다. 일단 이것을 보고 나면 아브라함과 이삭 등등의 결점을 늘어놓기가 쉽다.

우리는 유다 이후로 보아스와 오벳과 이새에 이를 때까지 예수님의 조

41 N. T. Wright, *The New Testament and the People of God*, COQG (Minneapolis: Fortress, 1992), 385-386. 《신약성서와 하나님의 백성》(CH북스).

상에 대해 거의 알 수 없다(마 1:3-6a). 이 세 사람은 이스라엘 최악의 순간인 사사 시대에도 하나님이 신실하셨음을 나타냈다(삿 17-21장; 삼상 1-16장). 하나님은 이스라엘이 반역했을 때도 그들을 지키시고, 여전히 그분의 길을 걷는 이들에게 은혜를 베푸셨다(룻 1-4장).

조금 더 친숙한 왕들도 두 가지 면에서 같은 요점을 전한다(마 1:6b-11).

첫째, 계보에 언급된 왕의 절반가량은 모두 다윗의 후손인데 매우 악했다. 아하스는 앗수르의 신들을 숭배했으며, 인간을 제물로 삼아 제사를 지내고, 성전을 더럽혔다(왕하 16장). 므낫세는 믿을 수 없을 정도로 더 악했다. 그는 하나님께서 가나안에서 쫓아내신 "여러 민족보다" "악을 행한 것이" 더 심했다. 우상숭배를 장려하고 무고한 사람들을 죽였다(왕하 21:9-18). 열왕기와 역대기는 르호보암부터 여고냐까지 일단의 악인들이 누비고 다닌다.

둘째, 요시야를 제외하고 이스라엘의 훌륭한 왕들 역시 큰 죄를 범했다. 다윗은 사무엘하 11장에서 그의 죄가 폭발한 것으로 유명하다. 여호사밧은 악한 사람들과 동맹을 맺었다(대하 18장). 히스기야는 자만심 때문에 어리석게도 그 나라의 보물들을, 곧 그것을 약탈할 적들에게 보여주었다(왕하 20:12-18). 웃시야는 몇 년 동안 성공적인 통치를 한 후 교만해져서 제사장의 특권을 가로챘다(대하 26:1-21). 이렇듯 예수님의 계보는 그 죄성 면에서 구세주와 인류를 연결시킨다.

예수님 계보의 마지막 부분은 이스라엘이 죄의 결과로 고통 받는 모습을 보여준다(마 1:11-16). 이스라엘 국경은 지켜지지 못했다. 앗수르는 북왕국을 정복하고 흩어지게 만들었고, 바벨론은 남왕국을 정복하고 그 지도자들을 강제 추방한 다음 남은 자들을 예속민으로 격하시켰다. 이후 예수님의 조상들은 왕의 지위를 잃어버렸고, 요셉은 기술은 좋지만 소유지가 없는 노동자가 되었다. 하지만 마태의 요지는 그저 이스라엘이 쇠퇴했다는 것만이 아니다. 오히려 그 계보의 형태는, "혼란스러운 역사적 사건들에도 불구하고" 하나님의 "언약적 신실함"을 주장한다. 포로 생활은 A-B-C-C-B-A 구조, 즉 예수님, 다윗, 아브라함, 아브라함, 다윗, (포로 생활), 예수님이라는 구조를 중단시키지만, 여호와는 여전히 그분의 뜻을 이루신다. 또 계보의 구조는 강제 추방으로 다윗 왕조가 끝났음을 드러내지만, 그 끝에서 예수님이 반전을 일으키면서 이스라엘의 회복을 시작하신다.[42]

응답

마태의 계보는 예수님이 구원하기 위해 오신 사람들을 보여준다. 즉 유대인과 이방인, 남자와 여자, 반역의 결과로 고통당하는 죄인들이다. 마태는 또한 "예수 그리스도"(1:1)로 시작하여, 이 절들에 언급된 이름과 호칭을 통해 구세주가 어떤 분인지 드러내기 시작한다. "예수"는 '여호와께서 구원하신다' 혹은 '여호와는 구원이시다'라는 뜻이다. 마태가 이야기를 펼쳐나갈 때, 우리는 예수님이 육체적으로 행동하지만(8:25-26; 9:21-22; 14:13-21) 군사 행동은 하지 않으심을 볼 것이다. 천사가 1:21에서 말하듯이 "그가 자기 백성을 그들의 죄에서 구원할" 것이다. "그리스도"라는 호칭은 '기름 부음 받은 이'라는 뜻이며, 실제로 예수님은 어떤 임무를 위해 기름 부음 받으셨다. 예수님은 "다윗의 자손"(1:1)으로서 "유대인의 왕"(2:2)이다. 시편 130편이 선포하듯이 "이스라엘아 여호와를 바랄지어다 여호와께서는 인자하심과 풍성한 속량이 있음이라"(시 130:7). 마태복음의 나머지 부분이 이 이야기를 해준다.

42 Nicholas G. Piotrowski, "'After the Deportation': Observations in Matthew's Apocalyptic Genealogy", *BBR* 25/2 (2015): 193-198.

18 예수 그리스도의 나심은 이러하니라 그의 어머니 마리아가 요셉
과 약혼하고 동거하기 전에 성령으로 잉태된 것이 나타났더니 19 그의
남편 요셉은 의로운 사람이라 그를 드러내지 아니하고 가만히 끊고
자 하여 20 이 일을 생각할 때에 주의 사자가 현몽하여 이르되 다윗의
자손 요셉아 네 아내 마리아 데려오기를 무서워하지 말라 그에게 잉
태된 자는 성령으로 된 것이라 21 아들을 낳으리니 이름을 예수라 하
라 이는 그가 자기 백성을 그들의 죄에서 구원할 자이심이라 하니라
22 이 모든 일이 된 것은 주께서 선지자로 하신 말씀을 이루려 하심이
니 이르시되

> 23 보라 처녀가 잉태하여 아들을 낳을 것이요 그의 이름은 임마누
> 엘이라 하리라

하셨으니 이를 번역한즉 하나님이 우리와 함께 계시다 함이라 24 요셉
이 잠에서 깨어 일어나 주의 사자의 분부대로 행하여 그의 아내를 데
려왔으나 25 아들을 낳기까지 동침하지 아니하더니 낳으매 이름을 예수
라 하니라

18 Now the birth of Jesus Christ[1] took place in this way. When his

mother Mary had been betrothed[2] to Joseph, before they came together
she was found to be with child from the Holy Spirit. 19 And her husband
Joseph, being a just man and unwilling to put her to shame, resolved
to divorce her quietly. 20 But as he considered these things, behold,
an angel of the Lord appeared to him in a dream, saying, "Joseph,
son of David, do not fear to take Mary as your wife, for that which is
conceived in her is from the Holy Spirit. 21 She will bear a son, and you
shall call his name Jesus, for he will save his people from their sins."
22 All this took place to fulfill what the Lord had spoken by the prophet:
23 "Behold, the virgin shall conceive and bear a son,
    and they shall call his name Immanuel"
(which means, God with us). 24 When Joseph woke from sleep, he did
as the angel of the Lord commanded him: he took his wife, 25 but knew
her not until she had given birth to a son. And he called his name Jesus.

1 Some manuscripts *of the Christ* *2* That is, legally pledged to be married

단락 개관

회의론자들은 초자연적인 것을 의심하기 때문에 동정녀 탄생에 의문을 갖는다. 웨그즈(Wags)는 이렇게 말한다. "나는 바울과 요한이 동정녀 탄생에 관해 한 말을 다 믿는다. 그런데 그들은 아무 말도 하지 않았다." 사실 마태와 누가만이 예수님의 잉태와 탄생에 관한 유일한 기사를 제시한다. 그 본문들은 일치하지 않지만 서로 보완된다. 두 본문 다 마리아의 자궁에 생명을 주입한 이가 요셉이 아니라 성령이라고 단언한다(마 1:18; 눅 1:35). 두 본문 다 마리아가 처녀라고 주장한다(마 1:20; 눅 1:34). 누가는 마리아의 시각에서 사건을 이야기하고, 마태는 요셉의 시각에서 이야기한다. 누가는 하나님께 굴복한 경건한 처녀, 성육신하신 하나님께서 자신의 아이가 될 것이라는 이야기를 듣고 놀란 처녀를 생각해보라고 독자들에게 권한다. 마태는 약혼녀가 임신했지만 사람으로 말미암은 것이 아님을 알고 놀란 경건한 한 남자를 제시한다.[43] 우리는 마태복음과 누가복음의 차이 가운데서 예수님에게 주어진 이름에 주목한다. 두 복음서 다 예수님을 하나님의 아들이라 칭한다(마 3:17; 눅 3:38). 마태복음 1장에 따르면 그분은 예수, 임마누엘, 다윗의 자손이다. 예수님은 또한 요셉을 통해, 이스라엘의 구원자가 그 혈통에서 나와야 하는 다윗의 자손으로 여겨진다.

단락 개요

I. 예수님의 혈통, 탄생, 신원(1:1-2:23)
　B. 예수님의 혈통(1:18-25)

마태복음 1:1-17은 예수님의 가계를 밝혔다. 18-25절은 예수님의 잉태, 탄생 그리고 이름들과 그 의미를 서술한다. 마태의 기사는 예수님의 탄생 자체가 아니라 그분의 잉태와 요셉의 체험에 초점을 맞춘다. 마리아가 남자를 알기 전, 하지만 약혼한 후에 성령이 그녀에게 생명을 주입하신다(18절).

43 동정녀 탄생은 정통파와 현대주의자 사이, 기독교 초자연주의자와 반초자연주의자 사이 논쟁의 상징이 되었다. 논쟁이 한창일 때 동정녀 탄생이 "핵심"이 되었다. 1910년 James Orr가 *The Fundamentals* 시리즈의 첫 기사로 "The Virgin Birth of Christ"를 썼다. 1924년에 J. Gresham Machen은 *The Virgin Birth* (repr., Grand Rapids, MI: Baker, 1965)라는 학술 논문에서 그것을 옹호했다. 동정녀 탄생은 신약 전체에서 작은 부분을 차지하지만, 그리스도의 신성, 무죄함, 속죄를 비롯하여 많은 내용이 그것에 의존한다. 동정녀 탄생은 예수님이 누구인가에 아주 중요하며, 이는 마태복음의 계속되는 관심사다.

요셉은 마리아의 임신을 알고 그녀와 갈라서려고 마음먹지만(19절), 천사가 요셉에게 마리아의 순결을 확인해준다(20절). 그러면서 아이의 이름을 예수로 하라고 명한다. "그가 자기 백성을 그들의 죄에서 구원할 자"(21절)이기 때문이다. 이 탄생은 처녀가 잉태하고 이름을 "임마누엘"이라 할 한 아기에 대한 이사야서의 약속을 성취한다. 그분이 "우리와 함께" 계시는 "하나님"(22-23절)이기 때문이다. 요셉은 마리아를 아내로 데려오지만, 출산할 때까지 "동침"하지 않는다(24-25절).

주석

1:18-25 마태의 기사는 탄생 그 이상을 묘사한다. 18절에서 "나심"으로 번역된 단어는 '기원'으로 번역할 수도 있다. 성육신에 대한 마태의 기사가 예수님의 탄생보다는 동정녀 '잉태'를 강조하기 때문이다(18절). 교회는 전통적으로 동정녀 탄생에 대해 말하지만, 복음서는 예수님의 기적적인 잉태를 강조한다. 마태는 그 탄생 자체가 특이하다고 말하지 않는다.[44] 그는 성령이 마리아의 자궁에 생명을 두셨다고 말한다(18절).

마리아와 요셉은 마태의 내러티브가 시작될 때 약혼한다. 요셉은 마리아와 동거하지 않았으므로, 마리아가 "잉태된 것이 나타났[을]" 때 그녀가 자신을 배신한 것으로 여긴 듯하다. 그렇다면 그에게는 파혼할 권리가 있다. 당시 약혼은 구속력 있는 것이라 마태는 요셉을 "그의 남편"이라 칭하고, 약혼 상태를 끝내는 것은 이혼과 마찬가지였을 것이다(18-19절). 요셉은 의로운 사람이었기 때문에 부도덕한 여자와 결혼하지 않을 것이다. 프랜스(R. T. France)는 "의로운"이란 그 문화에서 아주 기본적으로 "법을 준

44 "오 베들레헴 작은 골"이라는 찬송에는 "오 놀라우신 하나님 큰 선물 주시니"(How silently, how silently, the wondrous gift is given)라는 구절이 있다. 이는 예수님의 탄생 과정이 아주 고요했음을 암시하는 것으로 해석될 수 있지만, 그에 대한 성경적 근거는 없다.

수하는"이라는 뜻이라고 설명한다. 그 법은 간음의 경우 약혼 상태를 끝낼 것을 '요구하는' 것으로 이해되었다.[45] 요셉은 또 자비롭기도 해서, 이를 노출시켜 공개적으로 수치를 주기보다는 그녀와 "가만히" 이혼하려고 작정한다(19절).

하나님은 요셉의 마음을 바꾸기 위해 천사를 보내신다. 천사는 꿈을 통해(또한 2:12, 13, 19, 22을 보라) 그를 "다윗의 자손 요셉아"라고 부른다. 이스라엘은 악하고 무기력한 몇몇 왕을 견딘 후 수세기 동안 붕괴되어 왕이 없었다. 요셉 시대에 다윗 가계는 고갈되어 거의 보이지 않았다. 이러한 시기에 예수님의 탄생은 소망을 재점화한다. 그분이 다윗의 '가계' 출신이기 때문이다. 그러나 다윗의 '육체'로 말미암지는 않았다. 보통의 육체는 구원을 이룰 수 없다. 하나님께서 하셔야 하고 실제로 하신다. 그분의 죄 없는 아들을 통해 왕조를 재개하심으로써 말이다.

"다윗의 자손"은 동정녀 잉태를, 다윗의 계보와 그 안에 있는 요셉의 자리와 연결시킨다. 요셉은 "마리아"를 아내로 "데려오기를 무서워하지" 말아야 한다(1:20). 그녀의 아기가 사람이 아닌 하나님의 영으로 잉태되었기 때문이다. 마리아는 신실하기 때문에 이혼당해서는 안 된다. 요셉이 그 아이를 입양할 것이므로 예수님은 경건한 부모와 함께 자랄 것이다.

여호와는 종종 이름으로 그분의 뜻을 밝히는데(참고. 창 17:1-7; 32:22-28), 여기서도 그렇게 하신다. 하나님은 예수님의 이름을 고르시고, 예언을 성취하시고, 모든 것을 조직하신다. 요셉은 아기의 이름을 '야훼께서 구원하신다'라는 뜻의 예수로 지어야 한다. "그가 자기 백성을 그들의 죄에서 구원할 자"(마 1:21)이기 때문이다. 마태복음 나머지 부분은 이 구원이 어떻게 일어나는지 설명한다.

하나님은 또 이사야 7장의 성취를 확고히 해주신다. 그곳에서 예언자는 "처녀가 잉태하여…그의 이름은 임마누엘[이는 우리와 함께하시는 하나님이라는

45 R. T. France, *The Gospel of Matthew*, NICNT (Grand Rapids, MI: Eerdmans, 2007), 51. 《NICNT 마태복음》(부흥과개혁사).

뜻이다]이라 하리라"라고 선언했다(마 1:22-23). 나아가 "이 모든 일이 된 것은 주께서 선지자로" 혹은 선지자를 "[통해서] 하신 말씀을 이루려 하심"이다(22절). 다시 말해 이사야는 하나님께서 지시하신 대로(벧후 1:21) 말했다. 그래서 이사야의 말은 그의 말인 동시에 하나님의 말씀이었다. 그 말씀이 그분의 구원을 위한 길을 예비했기 때문이다.

성육신은 하나님께서 우리와 함께 계신다고 선언한다. 임마누엘 원리의 원형은 유다의 아하스 왕 통치 기간에 나타났다. 아하스 왕 초기에 이웃한 두 왕, 이스라엘의 베가와 아람의 르신이 예루살렘으로 진군했고, 아하스와 그 백성은 두려워 떨었다(사 7:1-2). 아하스가 신실하지 못한 왕이었음에도, 하나님은 이사야를 보내 그 침략이 실패할 것이라고 선포하게 하셨다. 이사야는 아하스의 마음을 알았기에, 그에게 하나님께서 베푸시는 구원의 징조를 제안했다(7:3-11). 그러나 아하스는 하나님의 징조를 원하지 않았다. 그는 자신의 계획, 즉 강력한 앗수르에게 호소하려는 계획이 있었기에 하나님의 도움을 거절했다. 하지만 그것을 인정하기를 꺼리며 경건한 척하면서 "나는 여호와를 시험하지 아니하겠나이다"(7:12)라고 말했다. 사실 누구도 하나님을 시험해서는 안 되지만, 이사야는 그 얕은꾀를 간파했다. 그는 아하스가 좋아하든 그렇지 않든 징조가 있을 것이라고 말했다. "처녀가 잉태하여 아들을 낳을 것이요 그의 이름을 임마누엘이라 하리라"(7:14). 그 아이가 악을 버리며 선을 택할 줄 알기 전에 아하스를 공격한 왕들이 앗수르에 의해 멸망당할 테지만, 그 후 앗수르가 이스라엘을 휩쓸어 통제 불능의 상태가 될 것이다(7:16-19; 8:4-8). 아하스에게는 선택권이 있었다. 임마누엘 원리는 둘 중 하나에 적용될 것이다. 아하스가 복을 주기 위한 하나님의 임재를 거부하면, 하나님은 저주하기 위해 임재하실 것이다. 여호와는 언제나 임마누엘이시다. 그분은 구원을 베푸시지만, 누구든 그분을 거부하면 화가 임할 것이다.

천사가 말을 마치자 요셉이 깨어 믿고 순종한다. 그는 곧 마리아를 아내로 데려온다(마 1:24). 요셉도 마리아처럼 하나님의 종이 된다. 마태는 예수님의 초자연적인 잉태를 강조하기 위해, 마리아가 출산할 때까지 요셉이 마리아와 "동침하지" 않았다고 말한다. "까지"는 그 후에는 그들이 정상적인 성행위를 가졌음을 암시한다. 결국 요셉은 천사가 명령한 대로 아들의 이름을 "예수"로 짓는다(25절).

응답

마태복음 1:18-25은 인간의 신실한 반응을 불러일으키는 하나님의 일하심을 보여주는 전형적인 사례다. 여호와는 동정녀 마리아의 자궁 안에 생명을 창조하심으로 우리를 구원하는 일을 시작하신다. 그렇게 예수님이 죄에 오염되지 않게 함으로 그분이 "자기 백성을 그들의 죄에서"(21절) 구원할 이가 되도록 준비시키신다. 예수(여호와께서 구원하신다)라는 이름은, 우리가 스스로를 구원할 수 없음을, 보통 사람은 우리를 구원할 수 없음을 뜻한다. 하나님께서 구원하시므로, 하나님께서 예수님의 탄생에서 그 구원의 막을 여신다. 예수님의 이름 자체가 인간의 핵심 문제는 죄라는 것을 암시한다. 재앙은 사고, 질병, 자연 재해 등으로부터 오지만, 문제의 궁극적인 원천은 죄다. 인류의 가장 큰 재앙은 하나님과의 사귐을 잃어버린 것이다. 예수님은 그분의 백성을 그 상태에서 구해내기 위해 오셨다.

예수님은 또한 임마누엘이다. 아하스처럼 우리는 여호와가 임마누엘임을, 우리가 좋아하든 그렇지 않든 복을 주거나 혹은 저주를 내리기 위해 임재하심을 알아야 한다. 그분은 구원을 베푸시지만, 누구든 그분을 거절하면 화가 임한다. 하나님은 아하스에게 임마누엘, 즉 하나님께서 우리와 함께하신다는 '징조'를 주셨지만, 바로 예수님이 우리와 함께하시는 하나님이다. 아하스는 하나님의 임재에 무관심한 모든 사람을 대표한다. 어떤 사람들은 그리스도인이 그러한 신화에서 위로를 찾는 것을 기뻐할지도 모른다. 그러나 임마누엘은 종교적 '체험'이 아니다. 받아들여지든 아니든 그분은 진리다. 교회는 육신을 입으신 예수님의 생애를 기억할 때 임마누엘에 초점을 맞춘다. 예수님은 또한 성령의 내주를 통해 여전히 우리와 함께

하시는 하나님이다. 하나님께서 우리와 함께하신다. 우리가 믿으면, 복을 주고 구원하기 위해 우리와 함께하신다. 우리가 믿지 않으면, 그래도 여전히 우리와 함께하면서 회개하라고 요청하되 계속 거절할 경우 심판하신다.

하나님은 '항상' 우리와 함께하신다(시 139:7-9). 우리는 하나님을 무시하고 부인하고 심지어 거부하기까지 할 수 있지만, 그분은 절대 '사라지지' 않으신다. 그럼에도 불구하고 예수님의 탄생으로 하나님께서 새로운 방식으로 인간에게 다가오셨다. 마태는 꼭 필요한 순간에, 즉 그의 복음서 서두에서, 중간 지점에서, 끝에서 이를 강조한다. 성육신에서, '우리는 예수님이 임마누엘임'을, 우리와 함께하시는 하나님임을 배운다(마 1:21). 중간 과정에서, 예수님은 교회의 순결과 하나 됨을 지키는 권징 과정을 통해 우리와 함께하신다(18:20). 그리고 예수님은 승천하기 전에 사도들에게 모든 민족을 제자로 삼으라고 명령하시며, 그 임무를 위한 능력을 약속하시고, "내가…너희와 항상 함께 있으리라"(28:20)라고 선언하신다.

우리는 요셉의 신실함에서 모범적인 믿음을 볼 수 있다. 그는 자신의 명예를 지키기 위한 자연적인 충동을 억제한다. 또한 예수님의 인간 아버지로서 구속사에서 자기가 있어야 할 곳에 있다. 그는 이 믿음 때문에 여호와를 임마누엘이자 구세주로 안다. 믿음으로 마태의 복음을 받아들이는 모든 사람이 예수님을 이런 식으로 알게 될 것이다.

1 헤롯왕 때에 예수께서 유대 베들레헴에서 나시매 동방으로부터 [1]박
사들이 예루살렘에 이르러 말하되 2 유대인의 왕으로 나신 이가 어디
계시냐 우리가 동방에서 그의 별을 보고 그에게 경배하러 왔노라 하
니 3 헤롯왕과 온 예루살렘이 듣고 소동한지라 4 왕이 모든 대제사장
과 백성의 서기관들을 모아 그리스도가 어디서 나겠느냐 물으니 5 이
르되 유대 베들레헴이오니 이는 선지자로 이렇게 기록된바

> 6 또 유대 땅 베들레헴아 너는 유대 [2]고을 중에서 가장 작지 아니
> 하도다 네게서 한 다스리는 자가 나와서 내 백성 이스라엘의 목자가
> 되리라

하였음이니이다

1 Now after Jesus was born in Bethlehem of Judea in the days of Herod
the king, behold, wise men[1] from the east came to Jerusalem, 2 saying,
"Where is he who has been born king of the Jews? For we saw his
star when it rose[2] and have come to worship him." 3 When Herod the
king heard this, he was troubled, and all Jerusalem with him; 4 and
assembling all the chief priests and scribes of the people, he inquired of
them where the Christ was to be born. 5 They told him, "In Bethlehem

of Judea, for so it is written by the prophet:
6 "'And you, O Bethlehem, in the land of Judah,
are by no means least among the rulers of Judah;
for from you shall come a ruler
who will shepherd my people Israel.'"

7 이에 헤롯이 가만히 박사들을 불러 별이 나타난 때를 자세히 묻
고 8 베들레헴으로 보내며 이르되 가서 아기에 대하여 자세히 알
아보고 찾거든 내게 고하여 나도 가서 그에게 경배하게 하라
9 박사들이 왕의 말을 듣고 갈새 동방에서 보던 그 별이 문득 앞서 인
도하여 가다가 아기 있는 곳 위에 머물러 서 있는지라 10 그들이 별을
보고 매우 크게 기뻐하고 기뻐하더라 11 집에 들어가 아기와 그의 어
머니 마리아가 함께 있는 것을 보고 엎드려 아기께 경배하고 보배합
을 열어 황금과 유향과 몰약을 예물로 드리니라 12 그들은 꿈에 헤롯
에게로 돌아가지 말라 지시하심을 받아 다른 길로 고국에 돌아가니라
7 Then Herod summoned the wise men secretly and ascertained from
them what time the star had appeared. 8 And he sent them to Bethlehem,
saying, "Go and search diligently for the child, and when you have
found him, bring me word, that I too may come and worship him."
9 After listening to the king, they went on their way. And behold, the
star that they had seen when it rose went before them until it came to
rest over the place where the child was. 10 When they saw the star, they
rejoiced exceedingly with great joy. 11 And going into the house, they
saw the child with Mary his mother, and they fell down and worshiped
him. Then, opening their treasures, they offered him gifts, gold and
frankincense and myrrh. 12 And being warned in a dream not to return
to Herod, they departed to their own country by another way.

1) 점성가들이 2) 헬, 두령 중에

1 Greek *magi*; also verses 7, 16 *2* Or *in the east*; also verse 9

단락 개관

마태는 1장에서 예수님의 탄생을 묘사한 후, 2장에서 헤롯의 무시무시한 적개심을 비롯하여 그 탄생에 대한 다양한 사람들의 반응을 이야기한다. 하나님께서 헤롯을 좌절시키실 때, 그것은 인간 왕들의 분노가 왕이신 하나님의 뜻을 좌절시킬 수 없음을 보여준다.

회의론자들은 초자연적으로 나타난 별이 누군가를 예수님께로 인도할 수 있다는 것을 의심한다. 그들은 별이 영웅들을 그들의 목적지로 안내했다는 이 이야기와 유사한 이교 신화들을 인용하며,[46] 이를 전설로 묵살한다. 고대 문헌에서도 점성술 현상이 율리우스 카이사르(Julius Caesar, 죽음)와 아우구스투스 카이사르(Augustus Caesar, 탄생)를 포함한 유명 왕들의 탄생이나 죽음에 수반된다.[47] 그래서 회의론자들은 마태가 이 에피소드를 가공했거나 어떤 전설을 개작했을 것이라고 설명한다. 마태의 자료들이 그를 잘못 인도했다면, 그는 속임수에 넘어간 것이다. 그가 이 에피소드를 지어냈다면, 그는 사기꾼이다. 그러나 마태가 유대인이 대부분인 청중을 위해, 경배하는 점성술사들의 이야기를 지어낼 이유가 있었을까? 오늘날의 도박처럼, 당시 점성술은 예언자와 윤리학자 모두가 맹렬히 비난하는 전염병이었다. 그러나 하나님께서 이방인의 언어를 사용하여 그들을 부르기로 하셨다면, 마태는 그 사실을 이용할 수 있었을 것이다. 그것이 그의 주제들과

46 Craig S. Keener, *A Commentary on the Gospel of Matthew* (Grand Rapids, MI: Eerdmans, 1999), 99.

47 Suetonius, *The Deified Julius* 88; *The Deified Augustus* 94.

어울렸기 때문이다.

동방박사, 즉 '현인'들은 왕의 고문이었다. 잘해야 그들은 박식하고 신중했다. 최악의 경우에는 사기꾼, 아첨꾼, 짐승 같았다(참고. 단 2:1-10; 행 8:9-24).[48] 그들이 어떤 사람이었든, 그나마 별을 관찰하는 것이 존경할 만한 일이었기 때문에 점성술과 천문학의 경계는 미미했다. 성경은 점성술을 금하는 동시에 조롱하지만(렘 8:2; 19:13; 사 47:13-15), 하나님은 기대를 뒤집어 점성가들에게 그들이 이해하는 언어로 말씀하셨고, 이로써 예수님이 이방인들을 부르셨다.

동방박사에 대한 대중적인 기독교의 이미지는 마태의 이야기와 충돌한다. 동방박사는 왕이 아니라 고문이었고, 그들이 세 가지 선물을 가지고 왔을 때 그들의 수(언급되지 않음)는 예루살렘에 파문을 일으킬 만큼 많았다(마 2:3). 그리스도 성탄화들과 달리 그들은 여물통이 아니라 집 안에서 예수님을 발견했다(11절).

마태복음 2장은 이후 장들에서 전개될 주제들을 소개한다. 첫째, 이교도들이 예수님께 경배하는 동안, 이스라엘의 정치 지도자들은 그분을 죽이려 하고 종교 지도자들은 그분을 경멸한다(8:5-13; 12:24; 26:3-5). 둘째, 예수님은 모든 민족이 메시아의 빛으로 나아올 것이라는 약속을 성취하신다(사 60:3). 셋째, 마태복음 2장은 근거 없는 적대감에 직면하여 하나님께서 아들을 그분의 섭리 안에서 초자연적으로 돌보시는 모습을 보여준다.

단락 개요

I. 예수님의 혈통, 탄생, 신원(1:1-2:23)

C. 동방박사의 방문(2:1-12)

마태복음 2:1-12은 주요 사건으로 연결되는 내러티브로, 유대인 왕의 탄생을 알리는 박사들이 도착한다. 그 메시지에 대한 반응은 암울하다. 헤롯은 "온 예루살렘"과 마찬가지로 소동한다. 대제사장들과 서기관들은 그 사건에 관한 본문들을 인용하지만 무관심한 듯 보인다(1-6절). 헤롯이 박사들을 속임으로써 그 아기를 죽일 계획을 세우면서(7-10절), 내러티브는 다시 진행된다. 동방박사가 선물을 전한 후, 하나님은 헤롯의 계획을 좌절시키신다.

주석

2:1-12 마태는 이방인들을 향한 하나님의 선교를 강조하며(1:5–6; 4:15; 8:10–12; 15:21–27; 28:18–20), "유대인의 왕으로 나신" 이에게 경의를 표하기 위해 큰 위험과 희생을 감수하고 아주 멀리까지 온 사람들로 시작한다(2절). 그들은 왕궁에서 미래의 왕을 찾으리라 기대한다. 그러나 헤롯의 아들은 태어나지 않았으므로 헤롯은 새로운 왕의 소식을 위협으로 여기고 "소동"(troubled)한다(3절). 이는 헤롯의 성격에 잘 들어맞는다. 헤롯은 통치자로서 재능이 있었고 활기가 넘쳤지만, 아들 몇 명은 물론 총애한 아내를 죽일 만큼 폭력적이고 편집증적이었다. 예수님을 죽이고자 하는 그의 욕구는 모든 위협을 제거하는 그의 방식과 일관성이 있다. 만약 잔인하고 폭력적인 헤롯이 "소동"했다면, 예루살렘 역시 그렇다는 것은 놀랄 일이 아니다. 물론 우리는 메시아를 기다리는 대중이 더 많기를 바랐지만 말이다.

헤롯은 경쟁 그룹 전문가들에게 자문을 구하며 "그리스도가 어디서 나겠느냐"(4절)고 묻고 면밀하게 조사한다. "물으니"는 헬라어에서 미완료시제로, 헤롯이 반복해서 그들에게 질문했음을 암시한다.[49] "서기관들"은 보

48 Raymond E. Brown, *The Birth of the Messiah: A Commentary on the Infancy Narratives in the Gospels of Matthew and Luke* (Garden City, NY: Doubleday, 1977), 167-178, 197-200. 《메시아의 탄생》(CLC).

수적인 교사들이자 (일반적으로) 바리새인들이었던 반면, 성전 계급의 맨 꼭대기에 있던 "대제사장"은 로마와 협력한 사두개인이었다. 이를 고려하면 헤롯은 메시아 탄생에 대해 적대적인 그룹에 자문을 구했던 것이다. 그들의 의견이 같으면 헤롯은 그 대답을 신뢰할 수 있을 것이다. 그들은 미가서 5:2을 인용하며 "유대 베들레헴"이라 대답한다. 또한 "네게서 한 다스리는 자가 나와서 내 백성 이스라엘의 목자가 되리라"라는 아주 중요한 행과 함께, 완벽한 인용 공식 "이는 선지자로 이렇게 기록된바"를 덧붙인다. "기록된바"는 이것이 하나님의 변치 않는 말씀임을 의미한다. "선지자로"는 선지자를 하나님의 대행자로 인정한다. 결국 그들은 답을 알고 겨우 8킬로미터의 여정에 직면하지만, 우리는 마태복음을 읽으며 그들 중 예수님을 보러 움직인 사람은 한 사람도 찾지 못한다.

헤롯은 그 아이가 어디에 있는지 알자마자 죽일 계획을 세운다. 박사들에게 질문하면서 신뢰를 얻고, 그들이 아기를 확인하고 위치를 파악하면 예배에 함께할 마음이 있는 척한다. 동방박사들은 그를 믿지만, 하나님의 계획이 헤롯의 계획을 무용지물로 만든다.

헤롯의 두려움은 이해할 만하다. 당시는 점성술에 대한 믿음이 널리 퍼져 있었으므로 박사들에게 그렇게 반응했던 것이다. 더욱이 헤롯은 정통 유대인이 아니라 이두메 사람이고 폭군이자 강탈자(무력과 음모로 왕권을 탈취한)였기 때문에, 자신에게 친구가 없다는 것을 알았다. 하지만 많은 두려움이 그렇듯 그의 두려움 역시 비이성적이다. 예수님이 정말로 하나님께서 정하신 이스라엘의 통치자라면, 어째서 그분을 죽일 수 있다는 꿈을 꾸는가? 그리고 박사들이 틀렸다면, 어째서 악의가 없는 아기를 죽이려 하는가? 헤롯은 교활하지만, 그의 죄가 그를 바보로 만들었다.[50]

한편 유대인들이 집에 머물러 있을 때, 이방인들은 베들레헴으로 향했

49 Nigel Turner, *Grammatical Insights into the New Testament* (Edinburgh: T&T Clark, 1965), 27.

50 헤롯은 죽을 때 자신의 죽음을 애도하기 위해 수백 명의 유대 지도자를 죽이라고 명령했다. 그 명령은 묵살되었지만, 그 잔인함으로 그의 악명은 더 높아졌다.

고 결국 그 별이 "가다가 아기 있는 곳 위에 머물러 서 있[었다]"(9절). 그들은 집을 찾아 "아기와 그의 어머니 마리아가 함께 있는 것을 보고 엎드려 아기께 경배[했다]"(11절). 우리는 동방박사들이 '그들', 즉 예수님과 그분의 가족 혹은 예수님과 마리아가 아니라 '그분'에게 경배한 것에 주목해야 한다. 일부 사람들이 말하듯 마리아는 '기독교 만신전'에 있지 않다. 그렇다면 동방박사는 예수님이 누구인지 완전히 이해했는가? 예수님을 성육신하신 하나님으로 알고 그분께 엎드려 경배했는가?

예수님이 부활하기 전에 온전한 의미에서의 예배를 받으셨는지에 대해서는 논란의 여지가 있다.[51] 우리는 누군가가 예수님을 '주'라고 부르거나 엎드려 절하거나 심지어 예배하는 것을 읽을 때, 성급한 결론을 내려서는 안 된다. 11절과 성경 다른 부분에 나오는 "경배"는 프로스퀴네오(*proskyneō*)를 번역한 것으로, 표준 헬라어 사전은 그것을 다음과 같이 정의한다. "권위 있는 인물에게 전적으로 의지하거나 복종함을 태도나 몸짓으로 표현하는 것, '(엎드려) 경배하다, 절하다, 앞에 꿇어 엎드리다, 경의를 표하다, 존경하며 환영하다'"(BDAG, 강조는 원문의 것). 따라서 절하는 것은 상황에 따라 존경이나 경의 혹은 예배를 나타낼 수 있다.

복음서는 사람들이 예수님께 존경을 넘어서는 경의를 표했음을 암시한다. 궁핍한 이들과 귀신 들린 이들이 자주 예수님께 절하는데[프로스퀴네오 혹은 핍토(*piptō*)], 그분은 그들에게 절대 일어나라고 말하지 않으신다(8:2; 9:18; 막 5:33). 그러나 우리는 그 각각의 사례를 예배 행위로 말할 수 없다. 귀신들도 예수님 앞에 엎드리지만(막 3:11; 5:6), 그들은 그분을 예배하지 않는다. 부자 청년 지도자(10:17), 조롱하는 군인들(15:19)도 마찬가지다. 우리는 수로보니게 여인이 어려움에 처해서라기보다는 예배하기 위해 절한다고 확신할 수 없다(마 15:25). 요한계시록에서는 무릎을 꿇거나 절하는 것이

51 R. T. France, "The Worship of Jesus: A Neglected Factor in Christological Debate?", in *Christ the Lord: Studies in Christology Presented to Donald Guthrie*, ed. Harold H. Rowdon (Downers Grove, IL: InterVarsity Press, 1982), 26.

분명 예배다(계 1:17; 5:8, 14; 19:10; 22:8). 마태복음에서는 엎드리는 것이, 예수님이 변형하셨을 때(마 17:6)와 부활 이후(28:9, 참고. 눅 24:52), 그리고 아마도 동방박사와 함께 계셨을 때(마 2:11)에만 예배 행위에 해당한다.

탄원자들이 예수님 앞에 엎드릴 때마다 그것이 모두 예배는 아닐지 모르지만, 분명 몇몇은 예배하는 것과 비슷한 마음으로 나아온다. 누가복음 17:11-19에 나오는 10명의 나병 환자 경우가 그 실례다. 10명 중 사마리아인 단 1명만 예수님께 감사하기 위해 돌아오는데, 그는 "큰 소리로 하나님께 영광을 돌리며 돌아와 예수의 발아래에 엎드리어 감사[했다]." 예수님은 그 사람에게 일어나라고 하는 대신 "그 아홉은 어디 있느냐"라고 물으신다. 그는 그리스도 앞에 엎드린 자세로 예배자의 말을 한다. 잠시 후 예수님은 "일어나 가라 네 믿음이 너를 구원하였느니라"라고 말씀하신다(눅 17:15-19). 신약성경에서는 사람이든 천사든, 같은 사람이나 천사가 자신에게 경의를 표하며 절하는 것을 차마 보지 못한다(행 14:8-15; 계 22:8-9). 그러나 예수님은 나병 환자 혹은 다른 사람들이 하나님을 찬양할 때 발 앞에 그대로 있도록 두신다. 그렇게 예수님은 암시적으로 신성을 주장하시고, 그들은 암시적으로 예배하거나 예배에 가까이 다가간다. 다시 말해 신약에서는 예수님 외에 다른 누구에게도 엎드리거나(핍토) 절하지(프로스퀴네오) 못한다.[52] 동방박사들이 온전한 의미에서 예배할 만큼 알지 못했다 해도, 경의를 표하는 그들의 말이 암시하듯, 그들은 적어도 그 방향으로 움직인다(마 2:2, 11).

박사들은 그런 마음으로 기쁘게 두둑한 예물, 곧 황금과 유향과 몰약을 드린다.[53] 그들이 각각의 예물에 상징적인 의미(장례를 위한 몰약 같은)를 불어넣었다고 생각하는 것은 과도하다. 오히려 예물을 드리는 것은 그 문화에서 특히 지도자에게 나아갈 때 필수적인 일이었다. 황금과 유향과 몰약

52 2명의 종이 경의를 표하며 절하는, 용서할 줄 모르는 종의 비유(마 18:26, 29)를 고려하지 않는다면.

53 기쁨은 왕과 그분의 나라에 대한 합당한 반응이다. 참고. 마 5:12; 13:44; 28:8.

은 값이 많이 나갔고, 어떤 왕궁에서 다른 왕궁에 전하는 귀한 물품이었다. (요셉과 마리아는 아마 애굽으로 이동할 자금을 마련하기 위해 그것들을 팔았을 것이다.) 그 예물들에 상징이 있다면, 그것은 시편 72편과 그곳의 예언에 대한 암시에 있을 것이다. 그 시편은, "모든 민족이 그를 섬기[듯]" 그 나라들이 솔로몬보다 크신 왕에게 나아와 예물을 드리고 절할 것이라고(시 72:10-11) 말한다.[54]

문화적 규범에 따르면 선물은 서로에게 해야 했다. 나라를 대표하는 동방박사들은 빈손으로 돌아가지만 예수님은 결국 그들에게 보답 이상을 베푸신다. 그들이 떠날 때 하나님께서 꿈으로 "헤롯에게로 돌아가지 말라"라고 경고하셔서 그들은 "다른 길로 고국에 돌아[갔다]"(12절). 헤롯은 자신이 속았음을 알아차리자마자 다른 방식으로 예수를 죽이려 한다(16절).

응답

마태복음 2:1-12은 유대인의 왕 예수님이 나셨다는 소식에 대한 네 가지 반응을 보여준다. 이것은 어느 시대에나 하나님의 일하심에 대해 나타날 수 있는 반응의 원형들이다. 마태의 독자들은 예수님에 대한 최고의 반응을 분별하고 그렇게 해야 한다.

하나님의 적이자 사탄의 대행자 헤롯이 보인 분노와 편집증은 명백하다. 그는 진짜 왕을 살해함으로써 자신과 자신이 상상하는 패권을 구하려 했다. 그는 스스로 결정하고자 하는 인간의 욕망과, 하나님과 그분의 일을 향한 사탄의 증오를 나타내는 전형적인 보기다. 헤롯은 하나님께 적대적인 모든 사람을 대표한다.

마태는 예루살렘 사람들을 거의 언급하지 않지만, 그들은 헤롯을 따라

54 참고. 사 60:1-5. 여기서 나라들은 이스라엘의 빛으로 나아온다. 신약이 보여주듯, 영광에 대한 소망은 예수님께 집중되고 예수님 안에서 성취된다.

간다. 그가 소동한다면, 그들 역시 그렇다. 이유는 다르겠지만 말이다. 그들은 헤롯의 방식을 알지만, 이 왕의 나심에 대한 그들의 반응은 한심하다. 그들은 "소동한[다]." 그것 뿐이다. 그들은 예수님에 대해 관심이 별로 없지만 어쨌든 그분이 그들을 소동하게 할까 염려하는 모든 사람을 대표한다.

이는 슬픈 일이다. 사람들이 메시아를 기다리고 있었고, 동방박사들의 메시지는 알려진 예언들에 들어맞았기 때문이다. 이사야는 "나라들은 네 빛으로…나아오리라"라고 예언했고, 동방박사들은 먼 나라로부터 예수님께로 가는 빛을 따라왔다(사 60:3). 예레미야는 메시아가 의로운 왕일 것이라 말했고, 동방박사는 왕을 찾았다(렘 23:5-6). 민수기 24:17은 "한 별이 야곱에게서 나오며"라고 예견했고, 동방박사는 별을 따라왔다. 따라서 그 백성은 박사들을 주목할 충분한 이유가 있었지만, 그렇게 하지 않았다.

제사장들과 서기관들은 무관심하다. 정보를 알면서도 활용하지 않는다. 그들은 정답을 제시한 다음 내러티브에서 사라진다. 베들레헴에 있는 동방박사들을 좋아하거나 그들과 합류하지도 않는다. 그들은 메시아를 기대한다. '그들이 아는' 예언에 일치하는 보고를 듣지만, 정작 아무것도 하지 않는다. 이 지도자들은, 이후에 단순히 무관심한 정도가 아니라 매우 적대적이 되는 제사장들과 서기관들을 미리 암시한다. 예수님은 그들을 요나의 심판 선포에 회개한 니느웨와 비교하신다. 한편 이스라엘 지도자들은 오랫동안 기다려온 구원자의 말에 흔들리지 않는다. 그들은 그 믿음을 알지만 아무것도 하지 않는 모든 사람을 대표한다.

이에 비해 동방박사들은 훨씬 더 알지 못하지만, 그들이 아는 바에 따라서 행동한다. 제자들이 그래야 하듯이 말이다. 그들은 그 왕을 찾기 위해 시간과 보물과 안전을 희생하고 그들이 가진 최고의 선물을 바친다. 그들은 알고 그 지식을 실천에 옮기는 모든 사람을 대표한다.

그러므로 독자들은 예수님을 흠모하는 이교도 및 외부인들과 함께할지, 그분을 경멸하는 엘리트들과 함께할지 선택해야 한다. 하지만 하나님은 모든 인간의 선택 전후에 일하신다. 그분은 구세주를 보내시고, 헤롯의 끔찍한 계획으로부터 보호하신다.

13 그들이 떠난 후에 주의 사자가 요셉에게 현몽하여 이르되 헤롯이
아기를 찾아 죽이려 하니 일어나 아기와 그의 어머니를 데리고 애굽
으로 피하여 내가 네게 이르기까지 거기 있으라 하시니 14 요셉이 일
어나서 밤에 아기와 그의 어머니를 데리고 애굽으로 떠나가 15 헤롯이
죽기까지 거기 있었으니 이는 주께서 선지자를 통하여 말씀하신바 애
굽으로부터 내 아들을 불렀다 함을 이루려 하심이라

13 Now when they had departed, behold, an angel of the Lord appeared
to Joseph in a dream and said, "Rise, take the child and his mother, and
flee to Egypt, and remain there until I tell you, for Herod is about to
search for the child, to destroy him." 14 And he rose and took the child
and his mother by night and departed to Egypt 15 and remained there
until the death of Herod. This was to fulfill what the Lord had spoken
by the prophet, "Out of Egypt I called my son."

16 이에 헤롯이 박사들에게 속은 줄 알고 심히 노하여 사람을 보내어
베들레헴과 그 모든 지경 안에 있는 사내아이를 박사들에게 자세히

알아본 그때를 기준하여 두 살부터 그 아래로 다 죽이니 17 이에 선지
자 예레미야를 통하여 말씀하신바

18 라마에서 슬퍼하며 크게 통곡하는 소리가 들리니 라헬이 그 자
식을 위하여 애곡하는 것이라 그가 자식이 없으므로 위로 받기를
거절하였도다

함이 이루어졌느니라

16 Then Herod, when he saw that he had been tricked by the wise
men, became furious, and he sent and killed all the male children in
Bethlehem and in all that region who were two years old or under,
according to the time that he had ascertained from the wise men.
17 Then was fulfilled what was spoken by the prophet Jeremiah:
18 "A voice was heard in Ramah,
weeping and loud lamentation,
Rachel weeping for her children;
she refused to be comforted, because they are no more."

19 헤롯이 죽은 후에 주의 사자가 애굽에서 요셉에게 현몽하여 이르
되 20 일어나 아기와 그의 어머니를 데리고 이스라엘 땅으로 가라 아
기의 목숨을 찾던 자들이 죽었느니라 하시니 21 요셉이 일어나 아기와
그의 어머니를 데리고 이스라엘 땅으로 들어가니라 22 그러나 아켈라
오가 그의 아버지 헤롯을 이어 유대의 임금 됨을 듣고 거기로 가기를
무서워하더니 꿈에 지시하심을 받아 갈릴리 지방으로 떠나가 23 나사
렛이란 동네에 가서 사니 이는 선지자로 하신 말씀에 나사렛 사람이
라 칭하리라 하심을 이루려 함이러라

19 But when Herod died, behold, an angel of the Lord appeared in
a dream to Joseph in Egypt, 20 saying, "Rise, take the child and his
mother and go to the land of Israel, for those who sought the child's life

are dead." 21 And he rose and took the child and his mother and went to the land of Israel. 22 But when he heard that Archelaus was reigning over Judea in place of his father Herod, he was afraid to go there, and being warned in a dream he withdrew to the district of Galilee. 23 And he went and lived in a city called Nazareth, so that what was spoken by the prophets might be fulfilled, that he would be called a Nazarene.

단락 개관

순진한 독자는 수도와 아주 가까운 마을의 모든 남자아이를 죽이는 왕을 생각하면 소스라치게 놀랄 것이다. 그 잔인함은 상상조차 할 수 없어 보이고, 미디어가 거의 즉시 잔혹 행위들을 보도하는 시대에 사는 독자들은 왕이 절대 그런 식으로 행동할 수 없다고 생각할 것이다. 그러나 헤롯은 지금과 전혀 다른 시대에 통치했고, 슬프게도 그가 아무 잘못도 없는 아이를 죽이는 것은 그에 대한 다른 기사들과 너무나 일관성이 있다. 이 단락은 마태복음 2:1-12의 사건들 바로 뒤를 잇는다. 왕의 탄생 소식을 들은 헤롯은 동방박사들을 스스로 의식하지 못하는 정보원으로 만들기 위해, 그들에게 자신도 경배할 수 있도록 아기를 찾아 그 위치를 알려달라고 부탁했다(8절). 천사가 헤롯의 진짜 의도를 드러낸 덕분에 동방박사들이 다른 길로 돌아가 헤롯을 좌절시키지만, 그는 여전히 예수를 죽이려는 계획을 포기하지 않는다(12, 16절).

단락 개요

Ⅰ. 예수님의 혈통, 탄생, 신원(1:1-2:23)

D. 헤롯의 분노와 하나님의 보호(2:13-23)

1. 애굽으로 도피하다(2:13-15)
2. 베들레헴에서 일어난 학살(2:16-18)
3. 나사렛으로 돌아오다(2:19-23)

2:13-23의 구조는 명료하다. 박사들이 떠난 후(12절), 여호와가 요셉에게 헤롯의 살해 의도를 경고하시자 그 가족은 애굽으로 달아난다(13-15절). 분노한 헤롯이 베들레헴의 모든 사내아이를 죽인다(16-18절). 그 후 헤롯이 죽고 요셉 가족은 나사렛으로 돌아온다(19-23절). 각 부분의 끝에 마태는 그 사건들이 예언을 성취했다고 언급한다.

주석

2:13-23 동방박사들이 떠나자마자, 주의 사자가 요셉에게 예수와 마리아를 데리고 헤롯이 죽을 때까지 "애굽으로 피하여…거기 있으라"라고 말한다. 헤롯이 "아기를 찾아 죽이려" 하기 때문이다(13절). 헤롯은 미심쩍은 경쟁자들을 죽인 이력이 있다. 그것을 안 여호와가 요셉에게 그분의 사자를 보내신다. 본문은 그 가족이 바로 그날 밤에 애굽으로 도피했음을 암시한다. 이후 그들은 "헤롯이 죽기까지" 그곳에 있었다(14-15절).

요셉의 즉각적인 조치는 예수님의 목숨을 보전하기 위한 진심어린 수단이었다. 아기 예수님은 유아기의 무력함을 포함하여 그 모든 취약함과 함께 진짜 살과 피를 가지고 계셨다. 예수님은 다른 유아와 똑같이 약하고 무력했다. 헤롯의 군인들이 찔렀다면 그분은 죽었을 것이다. 요셉은 피해야 했고, 애굽을 택한 것은 합리적이었다. 알렉산드리아에는 유대인 인구가 많았다. 이 에피소드는 이스라엘의 남자아이를 죽이라는 또 다른 법령을 피해 모세가 도피한 것과 비슷하다(출 2장).

헤롯이 죽고 예수님이 돌아오실 때, 마태는 "이는 주께서 선지자를 통하여 말씀하신바 애굽으로부터 내 아들을 불렀다 함을 이루려 하심"이었다고 언급한다(마 2:15). 마태는 호세아 11:1을 인용하지만, 그의 요지는 명료하지 않다. 호세아 11:1은 예언이 아니므로, 예수님의 돌아오심은 가장 단순한 의미에서 그것을 성취할 수 없다. 여기서는 두 가지 원리가 작동된다. 첫째, 신약이 구약에서 어떤 절을 인용할 때에는 보통 더 큰 단위, 흔히 장을 가리킨다. 둘째, 마태는 예수님을 "이스라엘을 예표론적으로 재연하시는 분"으로 보았을 수 있다. 그 재연에는 흔히 비틀기가 있다. 즉, 그분은 이스라엘이 실패한 곳에서 성공하신다. 우리는 예수님이 이스라엘이 실패한 시험을 통과하실 때(마 4:1-11), 이스라엘이 맺지 못한 곳에서 열매를 맺으실 때(21:33-43, 시 78편 및 사 5:1-7과 대조를 이루며) 그것을 본다.[55]

만약 마태가 호세아 11장 전체를 염두에 두고 있었다면, 그 성취는 다시 거슬러 애굽을 가리킨다. 하나님은 아버지가 아들을 자신에게로 부르듯이 애굽에서 이스라엘을 불러내셨기 때문이다. 따라서 "내가…내 아들을 애굽에서 불러냈거늘"(호 11:1)이라고 말하는 것이 적합하다. 하지만 이스라엘은 반역하여 우상에게 희생제사를 드리고 하나님을 잊어버렸다(11:2-4). 그들은 호세아 시대에 애굽으로 가지 않았지만, "내게[하나님께] 돌아오기를 싫어[했기]"(11:5-7) 때문에 앗수르가 통치하며 그들을 파괴했다. 하지만 하나님은 심판을 선언한 후에 마음을 다잡고, 그분의 자손이 떨며 돌아올 때까지 "사자처럼 소리를 내[신다]"고 약속하셨다(11:8-10). 마찬가지로, 헤롯(그리고 몇 사람들, 마태가 보여주듯이)으로 의인화된 이스라엘의 악함은, 예

55 D. A. Carson, *Matthew*, in *Matthew & Mark*, REBC 9 (Grand Rapids, MI: Zondervan, 2010), 118-120.

수님으로 표현되는 이스라엘을 또 다른 포로 생활 같은 것으로 몰아넣었다. 하지만 하나님은 그분의 백성을 애굽에서 부르고 유배 생활에서 다시 불러냈듯이, 지금 예수님의 유배를 끝내신다(시 78편, 특히 65-72절; 사 40장; 호 11장).

오래 전 하나님께서 한 사람 다윗을 택하신 것은 그분이 유다를 택하신 것과 겹치는 동시에 그것을 나타낸다(시 78:68-72). 마찬가지로 하나님의 아들 예수님은 하나님께서 그분의 새로워진 백성을 택하시는 것을 나타낸다. 여기에는 어떤 패턴이 있다. 하나님께서 애굽에서 이스라엘을 구원하셨고, 포로 생활 이후 이스라엘을 회복시키셨고, 지금 애굽에서 그분의 아들을 회복시키신다.[56] 예수님이 참 이스라엘이므로, 이스라엘에 대해 말할 수 있는 것을 예수님에 대해서도 말할 수 있다.

호세아가 11:1을 썼을 때 예수님을 생각하고 있었다고 주장할 필요는 없다. 호세아에서 "내 아들"은 이스라엘을 뜻하고, 마태는 예수님에게서 이스라엘의 의인화를 본다. 신약 저자들이 구약 저자들이 의도했던 것 이상을 보는 현상을 가리키는 말이 센수스 플레니오르(sensus plenior)인데, 이는 '더 풍성한 의미'라는 뜻이다. 다시 말해 마태와 몇몇 사람들은 몇몇 예언 구절에서 예언자들이 보았던 것보다 더 많은 것을 보았다. 그 개념은 일부 해석자들을 괴롭힌다. 그들에 따르면, 즉 마태는 '하나님'께서 뜻하신 것을 보았지만 '호세아'는 그렇게 못했다고 말할 수 있다면, 이는 변덕스러운 해석으로 가는 문을 연다. 물론 그 해석자가 하나님께서 호세아보다 더 많이 아시므로 그것을 그분의 종들에게 드러내실 수 있음에 동의하더라도 말이다. 다행히도 변덕스러운 해석의 위험은 하나님의 일하심에 나타나는 규범적인 패턴으로 인해 제한된다. 하나님은 계속해서 그분의 백성, 그분의 "아들"(호 11:1), 그분의 왕(민 24:7-8; 시 78:70-71)을 구해주신다. 사람들이 개별 요소들을 생각하고 있을 때 예수님은 직접 그들에게 구속사 전체

56 Craig L. Blomberg, "Matthew", in *Commentary on the New Testament Use of the Old Testament*, ed. G. K. Beale and D. A. Carson (Grand Rapids, MI: Baker Academic, 2007), 8.

를 염두에 두라고 가르치신다(눅 24:13-27). 큰 그림을 보면, 하나님께서 포로 생활 이후에 거듭 그분의 아들을 불러내심을 볼 수 있다. 예수님이 애굽에서 돌아오신 것은 그것의 또 다른 사례이자 그분의 구속 사역이 펼쳐지는 데 필수적인 걸음이다.

마태복음 2:16-18은 헤롯의 적의가 애굽으로의 도피를 불가피하게 만들었음을 보여준다. 15절에서 이야기가 앞으로 건너뛰었다가, 16절에서 마태는 헤롯의 걷잡을 수 없는 편집증으로 돌아간다. 박사들이 그에게로 돌아오고 있지 않음을 알아챈 헤롯은 "심히 노하여" 베들레헴 주변의 두 살부터 그 아래의 "사내아이를…다 죽[였다]"(16절). 동방박사들이 보통의 속도로 바벨론이나 페르시아에서 이동했다 해도, 예수님은 두 살이 되지 않았음에 틀림없다. 헤롯은 그의 가상 경쟁자를 죽이려 했을 때처럼, 끔찍한 오차 범위를 두기 위해 아주 많은 아이를 죽이라고 명령한다. 베들레헴에는 인구가 많지 않았으므로 사망자 수는 적었을지 모르지만 모든 죽음은 비극이다.

다시 마태는 성경의 성취를 발견하며, 예레미야 31:15을 인용한다. "라마에서…소리가 들리니…라헬이 그 자식을 위하여 애곡하는 것이라 그가 자식이 없으므로 위로 받기를 거절하였도다"(18절). 예레미야 31장 문맥에서 라헬은 포로 생활 중에 죽을 이스라엘의 자녀들을 위해 애곡한다. 그러나 마태가 알고 있듯이, 예레미야 31장에는 16절부터 시작하는 소망도 가득하다. 하나님은 "영원한 사랑으로" 그분의 백성을 사랑하시므로, 그들을 "대적의 땅에서" 돌아오게 하시고 그들과 "새 언약"을 맺으실 것이다(렘 31:3-34). 만약 마태가 다시 한 번 독자들이 이야기 전체를 보도록 의도한 것이라면, 그는 하나님께서 포로 생활 이후 이스라엘을 회복시킨 것처럼 이러한 슬픔 이후 분명히 그들을 회복시키실 것이라는 사실을 암시하고 있다.

몇 년 후 헤롯이 죽자 "주의 사자가…요셉에게 현몽하여" "아기의 목숨을 찾던 자들이 죽었으니" 이스라엘로 돌아가라고 말한다(마 2:19-20). 요셉은 사자가 말한 바로 그때 그렇게 한다. 요셉의 행동이 그 사자의 명령을 되풀이하고 있음을 주목하라.

- "일어나 아기와 그의 어머니를 데리고 이스라엘 땅으로 가라"(20절).
- 요셉이 일어나 아기와 그의 어머니를 데리고 이스라엘 땅으로 들어 가니라(21절).[57]

유대로 돌아온 요셉은 아켈라오가 아버지를 이어 통치하고 있음을 알게 된다. 아켈라오는 아버지만큼의 기량은 없었으므로 로마인들은 그에게 아버지 왕국의 3분의 1만 주었고 주후 6년에 폐위시켰다. 그러나 그 역시 한창때 폭력적인 통치자였고, 요셉은 또 다른 경고의 꿈을 꾼 후 갈릴리의 나사렛에서 살기로 결정한다(21-23절). 이렇게 그 아버지는 예수를 헤롯 일가로부터 보호한다.

마태는 세 번째 예언 "나사렛 사람이라 칭하리라"(23절)라는 말씀의 성취를 주시한다. 이 어구는 율법서나 예언서 어디에도 나오지 않는다. 인용구 없는 성취 공식은 보통 그 사상이 몇몇 성경 구절에 나온다는 것을 나타낸다.[58] 나사렛 사람이란 아마도 '나사렛 출신'이라는 의미일 것이며, 확실하지는 않지만 예수님은 그리 중요하지 않은 마을(구약에는 이 이름이 전혀 나오지 않는다) 출신이라는 점에서 나사렛 사람일 것이다. 만약 예수님이 '베들레헴의 예수님'이었다면, 그 이름은 다윗 왕 도시의 아우라가 있었을 것이다. 그러나 '나사렛 사람 예수'에는 '경멸의 의미'가 담겨 있고, 예수님이 영광을 알기 전에 "멸시를 받아…버림 받[을]"(사 53:3) 것을 독자들에게 상기시킨다.[59]

57 헬라어에서는 사소한 변화가 있다. '가다'라는 동사가 포류오마이(*poreuomai*)에서 에이세르코마이(*eiserchomai*)로 변했다.

58 Blomberg, "Matthew", in *Commentary on the New Testament Use*, 11; W. D. Davies and Dale C. Allison Jr., *A Critical and Exegetical Commentary on the Gospel according to Saint Matthew*, ICC (Edinburgh: T&T Clark, 1988-1997), 1:275.

59 Leon Morris, *The Gospel according to Matthew*, PNTC (Grand Rapids, MI: Eerdmans, 1992), 49.

마태는 자신의 복음서를 거듭 이전 성경과 연결시키므로, 이후의 성경은 마태복음 2장과 또 다르게 미묘하게 연결된다는 점에 주목할 수 있다. 요한계시록 12:4-6은 갓 태어난 왕 예수를 죽이려는 헤롯의 사탄적인 시도를 다음과 같이 재해석한다.

> 용이 해산하려는 여자 앞에서 그가 해산하면 그 아이를 삼키고자 하더니 여자가 아들을 낳으니 이는 장차 철장으로 만국을 다스릴 남자라 그 아이를 하나님 앞과 그 보좌 앞으로 올려가더라 그 여자가 광야로 도망하매…하나님께서 예비하신 곳이 있더라

마태복음 2장처럼 요한계시록도 갓 태어난 왕 그리스도를 멸하려는 악의 욕구를 보여준다. 그 환상은 아이를 죽이려는 사탄의 시도와 여호와의 보호하심을 제시한다. 예수님이 그분의 나라를 가져오셨고 그 나라의 도래는 사탄의 멸망을 의미했다. 그래서 사탄이 예수님을 죽이지 못했을 때 그는 방향을 바꾸어 하늘과 맞서 싸웠지만 또 실패했다(계 12:9). 아이가 하나님 보좌 앞으로 올라간 후, 우리는 "이제 우리 하나님의…나라와 그의 그리스도의 권세가 나타났으니"(12:10)라는 말씀을 듣는다.

응답

성경의 패턴은 신실한 독자들로 하여금 예수님이 격렬한 반대에 맞닥뜨릴 것이라 예상하게 한다. 하나님과 사탄 사이에 항상 전쟁이 있다. 따라서 그리스도의 사역이, 신자의 삶처럼(딤전 6:12; 딤후 4:7), 마태복음 12:29, 골로새서 2:15, 히브리서 2:14-15에서 전쟁에 비유된다. 정당한 왕 예수님이 강탈자의 영역에 들어가신다. 사탄은 자신의 패배를 예견하고 긴 영적 전투의 새로운 징후가 나타나면 즉시 예수님을 공격한다.

아담과 하와가 넘어진 후 여호와는 뱀과 여자 후손 사이의 전쟁을 예견하고 시작하셨다. 그분은 뱀과 여자 사이에, 그리고 그들의 후손 사이에 적의를 두셨다(창 3:14-15). 그 적의는 가인과 아벨, 야곱과 에서, 야곱의 후손과 애굽인들 사이의 갈등에서 드러났다. 대량 학살을 시행한 바로는 남자 아이들을 다 죽임으로써 이스라엘을 근절하려 했다. 그러나 바로는 땅에서 하나님의 백성을 없애는 데 몰두한 일련의 왕들 중 첫 왕일뿐이었다. 가나안 족속(사사기), 블레셋 사람들(사무엘상), 앗수르 사람들과 바벨론 사람들(열왕기상하)이 그 뒤를 따랐다. 골리앗은 자기 신들의 이름으로 여호와의 기름 부음을 받은 자 다윗을 죽이려 했다. 헤롯은 아기 예수를 죽이려 하면서 이 전쟁을 이어간다. 이후에는 로마와 유대 권세자들이 헤롯의 역할을 맡을 것이다. 부활 이후 권세자들은 사도들을 공격함으로써 복음을 잠잠케 하려 한다(행 3-5장).

사탄은 항상 하나님의 사역과 그리스도의 사역을 멸하려 한다. 요한계시록은 사탄이 처음부터 그 아이를 삼키고자 했다고 말한다(계 12:4). 그러나 그 아이는 철장으로 만국을 돌보아야 한다(12:5). 사탄의 죽음은 요한계시록 18-20장에서 확정된다. 그러나 지금은 사탄의 분노가 여전하다. 예수님은 "어린양의 피"(12:11)로 그를 물리치고 계시고 종국에는 물리치실 것이다. 그동안 전쟁은 계속된다. 분별력 있는 제자들은 경계를 늦추지 않고 영적 전투를 준비한다(엡 6:10-20).

1 그때에 [1)]세례 요한이 이르러 유대 광야에서 전파하여 말하되 2 회개
하라 천국이 가까이 왔느니라 하였으니 3 그는 선지자 이사야를 통하
여 말씀하신 자라 일렀으되

광야에 외치는 자의 소리가 있어 이르되 너희는 주의 길을 준비하
라 그가 오실 길을 곧게 하라

하였느니라 4 이 요한은 낙타털 옷을 입고 허리에 가죽 띠를 띠고 음
식은 메뚜기와 석청이었더라 5 이때에 예루살렘과 온 유대와 요단 강
사방에서 다 그에게 나아와 6 자기들의 죄를 자복하고 요단강에서 그
에게 [1)]세례를 받더니

1 In those days John the Baptist came preaching in the wilderness of
Judea, 2 "Repent, for the kingdom of heaven is at hand."[1] 3 For this is
he who was spoken of by the prophet Isaiah when he said,

"The voice of one crying in the wilderness:
'Prepare[2] the way of the Lord;
make his paths straight.'"

4 Now John wore a garment of camel's hair and a leather belt around

his waist, and his food was locusts and wild honey. 5 Then Jerusalem
and all Judea and all the region about the Jordan were going out to him,
6 and they were baptized by him in the river Jordan, confessing their
sins.

7 요한이 많은 바리새인들과 사두개인들이 [1]세례 베푸는 데로 오는
것을 보고 이르되 독사의 자식들아 누가 너희를 가르쳐 임박한 진노
를 피하라 하더냐 8 그러므로 회개에 합당한 열매를 맺고 9 속으로 아
브라함이 우리 조상이라고 생각하지 말라 내가 너희에게 이르노니 하
나님이 능히 이 돌들로도 아브라함의 자손이 되게 하시리라 10 이미
도끼가 나무뿌리에 놓였으니 좋은 열매를 맺지 아니하는 나무마다 찍
혀 불에 던져지리라
7 But when he saw many of the Pharisees and Sadducees coming to his
baptism, he said to them, “You brood of vipers! Who warned you to
flee from the wrath to come? 8 Bear fruit in keeping with repentance.
9 And do not presume to say to yourselves, ‘We have Abraham as our
father,’ for I tell you, God is able from these stones to raise up children
for Abraham. 10 Even now the axe is laid to the root of the trees. Every
tree therefore that does not bear good fruit is cut down and thrown into
the fire.

11 나는 너희로 회개하게 하기 위하여 물로 [1]세례를 베풀거니와 내 뒤
에 오시는 이는 나보다 능력이 많으시니 나는 그의 신을 들기도 감당
하지 못하겠노라 그는 성령과 불로 너희에게 [1]세례를 베푸실 것이요
12 손에 키를 들고 자기의 타작마당을 정하게 하사 알곡은 모아 곳간
에 들이고 쭉정이는 꺼지지 않는 불에 태우시리라
11 “I baptize you with water for repentance, but he who is coming after

me is mightier than I, whose sandals I am not worthy to carry. He will
baptize you with the Holy Spirit and fire. 12 His winnowing fork is in
his hand, and he will clear his threshing floor and gather his wheat into
the barn, but the chaff he will burn with unquenchable fire."

13 이때에 예수께서 갈릴리로부터 요단강에 이르러 요한에게 [1]세례를
받으려 하시니 14 요한이 말려 이르되 내가 당신에게서 [1]세례를 받아
야 할 터인데 당신이 내게로 오시나이까 15 예수께서 대답하여 이르시
되 이제 허락하라 우리가 이와 같이 하여 모든 의를 이루는 것이 합당
하니라 하시니 이에 요한이 허락하는지라 16 예수께서 [1]세례를 받으
시고 곧 물에서 올라오실새 하늘이 [2]열리고 하나님의 성령이 비둘기
같이 내려 자기 위에 임하심을 보시더니 17 하늘로부터 소리가 있어
말씀하시되 이는 내 사랑하는 아들이요 내 기뻐하는 자라 하시니라
13 Then Jesus came from Galilee to the Jordan to John, to be baptized
by him. 14 John would have prevented him, saying, "I need to be
baptized by you, and do you come to me?" 15 But Jesus answered him,
"Let it be so now, for thus it is fitting for us to fulfill all righteousness."
Then he consented. 16 And when Jesus was baptized, immediately he
went up from the water, and behold, the heavens were opened to him,[3]
and he saw the Spirit of God descending like a dove and coming to rest
on him; 17 and behold, a voice from heaven said, "This is my beloved
Son,[4] with whom I am well pleased."

1) 헬, 또는 침례 2) 어떤 사본에, 자기에게 열리고

1 Or *the kingdom of heaven has come near* *2* Or *crying: Prepare in the wilderness*
3 Some manuscripts omit *to him* *4* Or *my Son, my* (or *the*) *Beloved*

단락 개관

마태복음 2장과 3장 사이에는 30년의 공백이 있다. 3장에서 세례 요한이 이스라엘에게 회개하라고 외치면서 예수님의 공적 사역을 준비하고 주의 길을 예비한다. 4장에서 예수님이 갑자기 세상에 나타나시지만, 그분의 세례는 그분이 성령의 능력과 하나님의 복 주심 가운데 오신다는 것을 가르쳐준다.

단락 개요

Ⅱ. 준비와 갈릴리에서의 초기 사역(3:1-4:25)
  A. 세례 요한의 사역(3:1-17)
    1. 요한의 예언 사역(3:1-12)
    2. 예수님이 요한에게 세례를 받으시다(3:13-17)

마태복음 3:1-6은 요한의 광야 설교를 설명해준다. 그는 그 나라가 가까이 왔다고 선포하고(2절), 마태는 이 메시지와 이사야의 예언을 연결한다. 그 예언은 요한이 "주의 길"을 준비한다는 것이다(3절). 요한의 옷과 음식은 금욕적이며(4절), 그의 청중은 방대하고 수용적이다(5절). 많은 사람이 "회개"하기 위해 세례를 받고 죄를 자복한다(6, 11절). 회개란 하나님의 새로운 사역에 합류할 준비를 하는 것이다. 메시아가 오시므로 그 나라가 가까이 왔다(2, 8, 12절). 그러나 요한은 서기관들과 바리새인들의 진실성을 의심한다. 그들을 "독사의 자식들"이라 부르며 열매를 보아야 그들의 "회개"를 믿겠다고 말한다(7-8절). 그들의 혈통은, 열매 맺지 못하는 나무에 곧 떨어질 심판에서 그들을 구해내지 못할 것이다(9-10절). 마지막으로 요한은 그 뒤에 오실 이를 가리킨다. 요한은 물로 세례를 주지만, 훨씬 크신 그분은 성령과 불로 세례를 주실 것이다(11-12절). 예수님은 요한에게 나아오는 무리에 들어가 세례를 받으려 하신다(13절). 처음에는 요한이 거절하지만 곧 받아들인다(14-15절). 그 후 하늘이 열리며 성령이 예수님께 내려오시고 하늘로부터 어떤 소리가 "이는 내 사랑하는 아들이요 내 기뻐하는 자라"라고 말한다(16-17절).

주석

3:1-6 요한은 "회개하라 천국이 가까이 왔느니라"(2절)라는 선포로 사역을 시작한다. 그는 설교할 곳으로 요단강 근처 "광야", 건조하고 인구가 많지 않은 예루살렘 동쪽 지역을 고른다. 마태는 요한이 왜 성전에서 그렇게 멀리 떨어진 곳에서 힘들게 일하는지 설명하지 않지만, 많은 이들이 에세네파와의 관련성을 제기한다. 그들은 성전 지도자들의 타락과, 희생제사와 예배에서 생긴 적자 때문에 성전을 포기한 분리주의자이자 순수주의자들이다.

요한은 사백년 만에 나온 이스라엘의 첫 예언자다. 그것만으로도 관심을 끈다. 사막은 출애굽 이후 이스라엘이 광야에서 방황하던 기간을 생각나게 하기도 한다. 당시 하나님께서 이스라엘을 훈련시키고 정결하게 하셨다. 요한의 시대에는 메시아가 이스라엘을 회복시키기 위해 광야에서 오실 것이라고 많은 사람이 믿었다. '나라'라는 용어는 그러한 생각을 부추겼지만, 이는 하나님께서 요한에게 주신 메시지, 예수님이 사역의 시작을 알릴 때 되풀이하신 메시지를 잘못 해석한 것이다.

그때나 지금이나 그 나라(kingdom)에 대한 선포는 쉽게 오해된다. 당시 유대인들은 이를 곧 로마 타도와 독립을 되찾는 것이라고 생각했다.[60] 오늘날 우리에게는 그런 왕국이 아니라 국가, 공화국이 있다. 오늘날에는 그 '나라'라는 단어가 말을 탄 기사나 소작농과 달구지 등 고대의 정권에 대한 생각을 끌어내곤 한다. 우리는 가끔 복음서에서 사실적이고 심지어 국수주의적으로 생각하는 인물들을 보게 된다(마 20:20-24; 눅 1:68-75). 그러나 예수님께는 그 나라가 근본적으로 정치적이거나 지리적이지 않다. 예수님이 '그 나라가 왔다'라고 말씀하실 때, 그것은 하나님의 왕권이 아들의 사역을 통해 새로운 방식으로 행사되어 그분의 통치가 하늘에서와 같이 땅에서도 가시적이 되는 것을 가리킨다.[61]

'나라' 같은 단어들에 대한 언어학적 분류는 '수행 명사'다. '사랑'과 '놀이' 같은 명사들에는 그에 병행되는 동사가 있다. 헬라어에서 '나라'는 수행 명사로, 이에 병행되는 동사는 왕처럼 다스리거나 행동하는 것을 뜻한다. 따라서 우리는 이스라엘이 그 영토를 되찾을 때가 아니라 하나님께서 다스리실 때 하나님 나라가 온다고 말할 수 있다. 예수님이 그분의 사역을 시작하실 때 그 나라가 가까이 온다. 하나님께서 그분에게 다스릴 권세를 주시기 때문이다(마 28:18). 하나님은 항상 모든 것을 다스리지만,[62] 그분의 통치는 예수님이 가르치시고 병을 고치시고 사탄을 제지하시고 구원받은 자를 부르실 때 더 가시적이 된다. 남자와 여자가 회개하고 믿고 하나님의 길로 걸을 때 그들은 그분의 통치를 받아들인다. 그 나라에 들어가는 것이란(7:21; 18:3), 국경을 넘는 것이 아니라 하나님의 통치를 받아들이는 것이다. 예수님이 "천국은 마치"라고 하면서 비유를 시작할 때, '이것이 하나님께서 통치하시는 방식이다'라고 말씀하시는 것이다.

우리는 요한이 나중에 의심할 것을 안다(11:2-3). 그는 아마도 그 자신의

60 Robert H. Stein, *The Method and Message of Jesus' Teachings*, rev. ed. (Louisville: Westminster John Knox, 1994), 60-81. 《예수의 가르침에 나타난 방법과 메시지》(한국장로교출판사); N. T. Wright, *Jesus and the Victory of God*, COQG (Minneapolis: Fortress, 1996), 443-474. 《예수와 하나님의 승리》(CH북스).

61 복음서들은 "천국", "하나님의 나라", "그 나라"를 거의 교체 가능하게 사용한다. '천국'(kingdom of heaven)이라는 단어는 '하늘'을 하나님의 이름에 대한 완곡어법으로 사용한다. 유대인들은 하나님의 이름을 사용하지 않음으로써 그 이름을 '망령되게' 부르지 않으려 했다.

62 John M. Frame이 *Systematic Theology: An Introduction to Christian Belief* (Phillipsburg, NJ: P&R, 2013)에서 이 주제를 아주 훌륭하게 전개시켰다. 《존 프레임의 조직신학》(부흥과개혁사).

메시지를 온전히 이해하지 못한 것 같다. (베드로는 그의 서신에서, 예언자들이 반드시 자신이 받은 말씀을 이해하는 것은 아니라고 말한다. 참고. 벧전 1:10-12; 벧후 1:21.) 하지만 요한과 예수님은 하나님께서 예수님의 사역 가운데서 일하실 때 구원과 심판이 새로운 방식으로 그 모습을 드러낸다는 데 동의한다. 이스라엘은 먼저 회개하고 하나님께로 돌아와야 한다(참고. 또한 마 4:17; 10:7).

성경에서 회개는 죄나 실패를 슬퍼하는 것 이상이며, 발각된 것에 대한 부끄러움이나 자신 혹은 이웃에게 상처를 준 것에 대한 후회 그 이상이다. 성경과 문화에서 '회개'는 몇 가지 의미를 가진다. 첫째, 그것은 도덕적인 개선, 즉 악을 버리겠다고 결심하지만 하나님에 대한 살아 있는 믿음으로 돌아서지는 않는 것을 의미할 수 있다. 요나의 설교를 듣고 시작된 니느웨의 회개 중 일부가 이에 해당된다. 둘째, 회개는 참된 회심, 즉 죄를 슬퍼하고 값없이 용서하시는 하나님께로 나아가는 것을 의미할 수 있다(시 103:3, 9-14; 사 55:7). 셋째, 회개는 회심에 뒤이은 새로워진 삶을 의미할 수 있다. "회개하고 모든 죄에서 떠날지어다"(겔 18:30)라는 에스겔의 외침을 생각해 보라. 회심자들은 죄에서 돌이켜 하나님께로 향할 때 회개한다. 마지막으로, 회개는 교회나 개인이 믿음이 약했던 시기를 지나 하나님께로 돌아가는 때, 즉 재헌신을 의미할 수 있다. 그래서 여호와는 에베소 교회에 "너의 처음 사랑을 버렸느니라…회개하여 처음 행위를 가지라"(계 2:4-5)라고 말씀하신다.

회개하라는 요한의 외침에는 그의 사역 특유의 몇 가지 특징들이 있다. 몇 세기 전 이사야는 "광야에 외치는 자[즉, 예언자]의 소리가 있어 이르되 너희는 주의 길을 준비하라"라고 예언했다(3절, 참고. 사 40:3). 요한의 음식과 옷은 금욕적인 삶을 나타낸다. "낙타털"은 현대의 독자들에게는 호화롭게 들릴 수 있지만, 낙타털과 가죽 띠는 하나님께서 이스라엘에 심판을 선포하라고 부르신 엘리야의 옷이다(왕하 1:5-17). 그리고 "메뚜기와 석청"은 분명 거친 음식이다(마 3:4).[63] 예루살렘과 유대와 요단강 주변 지역 사람들은 꾸준히 요한에게 나아와 그의 말을 듣고(5절), 죄를 자복하고 요단강에서 세례를 받았다(6절).[64] 이 세례는 삼위 하나님의 이름으로 베푸는(마

28:19) 기독교의 세례가 아니지만, 요한의 시대에 유대인들이 행하던 의식적인 씻음 이상이다.

3:7-10 여기서 요한은 이스라엘의 종교 지도자들과 맞선다. 그 사람들이 그렇게 멀리서 왔기 때문에 또 요한의 메시지가 무겁고 진지했기 때문에, 독자들은 그의 청중이 진실한 마음으로 왔다고 생각할지 모른다. 그러나 요한은 "바리새인들과 사두개인들이 세례 베푸는 데로 오는 것"(7절)을 보고 의심한다. 당시의 종교 지도자들이던 바리새인과 사두개인은 스스로를 정통 신앙과 정통 실천의 수호자로 보았다. 이스라엘 지도자들은 보통 엘리야와 엘리사와 예레미야 같은 예언자들에게 적대적이었다. 나중에 바리새인들과 사두개인들은 예수님을 날카로운 시선으로 주시한다. 그들은 예수님의 잘못을 찾고, 유죄 선고를 하고, 결국 그분이 처형되시는 것을 본다. 따라서 그들은 의심하며 요한을 살피기 위해 온 것 같다. 이를 아는 요한이 그들에게 경고한다.

먼저, 요한은 그들을 "독사의 자식들"이라 부르며 누가 그들에게 "임박한 진노를 피하라"라고 경고했는지 묻는다(7절). 둘째로, 누구든 진실한 마음으로 왔다면 그들은 "회개에 합당한 열매를 맺[어야]" 한다. 진정한 회개는 마음과 손의 변화를 가져오기 때문이다(8절). 셋째로, 요한은 그들의 반대를 예상한다. 지도자들은 "아브라함이 우리 조상이라고" 주장할 수 없다. 하나님은 혈통에 마음이 흔들리지 않으시기 때문이다(9절). 혈통 때문에 하나님의 심판을 피할 수 있는 사람은 아무도 없다. 부모님의 믿음 때문에 구원받는 사람도 없고, 영적 지도자라는 지위 때문에 구원받는 사람도 없다. 사실 종교 지도자들은 흔히 위선으로 자기 의와 도덕성을 드러내는 경향이 있다. 넷째로, 회개가 시급하다. "좋은 열매를 맺지 아니하는 나

63 요한의 낙타털과 현대의 낙타털 옷을 연관시키는 것은 시대착오적이다. 오늘날의 낙타털 옷은 순전히 질 좋은 안쪽의 단열성 털로 만든다.

64 주요한 헬라어 동사들은 미완료 시제로, 계속 진행 중이거나 반복되는 행동을 나타낸다.

무마다 찍혀 불에 던져지리라"(10절). 유대 지도자들이 요한을 심판할 때가 아니다. 자신들이 먼저 회개하거나 하나님의 심판에 직면할 때다.

3:11-12 그러고 나서 요한은 자신에게서 벗어나 예수님을 증언한다. 요한은 "회개하게 하기 위하여 물로" 세례를 주지만 그 뒤에 오시는 이는 "능력이 [더] 많으시[며]" 더 중요하다. 그분은 "성령과 불로" 세례를 주실 것이다. 또 알곡과 쭉정이를 분리하고 "쭉정이는 꺼지지 않는 불에 태우[실]" 것이다(11-12절). 요한은 그의 시대에 가장 큰 인물이지만 예수님은 훨씬 더 크실 것이기에, 요한은 그분의 종 가운데 가장 낮은 종이 하는 일, 즉 그분의 더러운 신을 들고 가는 것조차 못할 정도다. 그래서 요한은 그의 청중에게, 그리고 모든 청중에게 죄를 회개하라고, 죄와 교만과 위선을 내려놓고 예수님을 의지하라고 말한다.

3:13-17 예수님이 무리에 합류하여 요한의 세례를 받기 위해 그를 찾으신다. 요한은 "내가 당신에게서 세례를 받아야 할 터인데 당신이 내게로 오시나이까"라고 말하며 예수님을 말리려 한다(13-14절).[65] 분명 요한은 예수님이 누구인지 안다. 요한은 회개의 세례를 선포하는데, 예수님은 죄를 짓지 않으셨으므로 회개할 필요가 없음을 아는 것이다. 예수님은 용서를 '베푸는' 분이지(26:28), 용서가 '필요한' 분이 아니다. 요한은 또 개인적인 차원에서 거부한다. 더 부족한 사람인 그가 어떻게 더 크신 분께 세례를 줄 수 있는가? 요한은 자신이 더 부족한 세례를 베풀고 있음도 안다. 그는 깨끗하게 하는 것의 상징인 물을 사용하지만, 예수님은 성령(죄를 끊을 능력을 주시는)과 불(불순물을 태워 없애는)로 세례를 주실 것이다.

예수님은 "이제 허락하라"(15절)라고 답하신다. 요한은 아직 자신의 때임을 알기에 동의한다. 오래지 않아 예수님이 그분의 사역을 시작하실 것이

65 마태는 현재 시제 "오다"를 씀으로써 그 장면을 더 생생하게 만든다. 보라, 예수님이 오고 계신다!

다. 삼년 후 예수님은 가르치고, 병을 고치고, 제자를 부르고, 고난당하고, 죽으고, 다시 살아난 후에, 사도들에게 모든 민족의 제자들에게 삼위 하나님의 이름으로 기독교의 세례를 주라는 임무를 맡기실 것이다(28:18-20). 그러나 지금은 요한이 "모든 의를 이루[기]" 위해 예수님께 세례를 주어야 한다. 예수님은 세례를 받음으로써 그분의 백성과 거리를 두는 대신 그들과 자신을 동일시하신다. 그 '민족'이 죄를 회개해야 하고 예수님이 그 민족의 일원이므로, 직접 회개하러 오신다. 그분은 이스라엘을 회개 기도로 이끈 두 사람 다니엘, 느헤미야와 유사하다.

다니엘은 포로 생활을 초래할 죄를 짓지 않았지만, 그럼에도 "우리는…범죄하여…듣지 아니하였나이다"라고 고백했다(단 9:3-19). 마찬가지로 느헤미야도 개인적으로 그렇게 행동하지 않았음에도 "우리[가]…크게 악을 행하여"라고 공표했다(느 1:4-11). 이는 공동의 죄 고백에 대한 성경적 근거다. 우리 각자가 개인적으로 죄를 범하지 않았을지라도 우리는 그 죄를 범한 공동체에 속해 있다. 예수님은 세례를 받으려 하심으로써 "이스라엘과 운명을 같이하신다."[66] 요한이 예언자라면, 예수님은 개인적으로 회개할 필요가 있든 그렇지 않든 회개하라는 그의 외침에 복종하실 것이다.

그래서 예수님이 세례를 받으신다. 예수님이 물에서 올라오자 하늘이 열리고, "하나님의 성령이 비둘기같이 내려" 자기 위에 임하는 것을 보신다(마 3:16). 요한은 예수님이 불로 세례를 주신다고 말했지만, 예수님이 세례를 받으실 때의 상징은 온화한 새인 비둘기다. 예수님은 죄를 태워 없애되 온화하게 그렇게 하신다.

그래서 성령이 사역을 위해 예수님께 능력을 주신다. 복음서는 자주 이 사실을 담아낸다. 어느 날 예수님이 가르치실 때 "병을 고치는 주의 능력이 예수와 함께" 했다(눅 5:17, 참고. 눅 4:1, 14, 18). 성령은 예수님의 삶에 고정적으로 임재하지 않으셨다. 진정한 인간으로 살기 위해 어떤 신적 권능

66 David E. Garland, *Reading Matthew: A Literary and Theological Commentary on the First Gospel* (New York: Crossroad, 1993), 37.

은 포기하신 예수님의 사역에 성령의 도우심은 꼭 필요했다. 그분의 육체는 영원한 말씀의 편재를 멀리했다. 인간이신 그분은 한 번에 한 장소에만 계셨다. 그분의 전지하심도 마찬가지였다. 인간이신 그분은 어떤 것은 알지 못하셨다(마 24:36; 막 5:30-31). 또 전능하심과도 거리가 있었다. 인간이신 그분은 음식과 잠이 필요했다. 그랬기 때문에 성령이 예수님을 한 장소에서 다른 장소로 이끄셨고(마 4:1), 특히 중요한 순간에 사역을 위해 예수님께 능력을 주셨다(12:18, 28). 무엇보다 예수님은 "영원하신 성령으로 말미암아 흠 없는 자기를 하나님께 드[려서]" 그분의 백성을 "죽은 행실에서 깨끗하게 하고 살아 계신 하나님을 섬기게" 하셨다(히 9:14).

그 세례 때 하늘로부터 소리가 있어서 "이는 내 사랑하는 아들이요 내 기뻐하는 자라"(마 3:17)라고 선언한다. 이 선언은 예수님이 누구인가에 대한 계시의 첫 단계를 완료한다. 마태는 이미 예수님이 다윗의 자손이자 아브라함의 자손(1:1)이고, 성령으로 잉태되셨으며, 우리와 함께하는 하나님(임마누엘)이고, 자기 백성을 그들의 죄에서 구원할 자라고 말했다(1:20-23). 이제는 아버지가 예수님을 유일무이한 사랑하는 아들이라고 칭하신다. 이 사건들은 사역을 위해 예수님을 준비시킨다. 그 다음 성령이 예수님을 광야로 이끌어 시험을 받게 하시고, 이후 예수님의 공적 사역이 시작될 것이다.

응답

마태복음 3장은 세 가지 중요한 응답, 즉 회개, 진실함, 믿음을 불러일으킨다. 여기서 우리는 회개에 초점을 맞출 것이다. 앞의 주석에서는 회개의 몇 가지 의미를 구분했다. 제자는 두 번째와 세 번째 의미에서, 즉 죄에서 그리스도께로 돌아서고 새로운 삶의 방식을 추구함으로써 회개한다. 온전한 회개는 찾기 힘들다. '모든' 죄와 절연하기는 어렵다. 자신의 죄를 모두 인정하는 사람은 없다. 분명 한 번에 그렇게 하는 사람은 없다. 우리는 습관적이고 문화적으로 용인되는 죄를 깨닫지 못한다. 그러므로 회개는 과정이다. 제자들은 깊이 뿌리 내린 죄의 유형을 찾아 발견하고 거부하기 위해 노력해야 한다. 온전한 회개는 머리와 마음과 실천의 변화를 수반한다. 회개자는 믿음과 순종으로 하나님께 의지한다. 회개는 우리가 누군가에게 상처를 주었다는 슬픔을 '수반할' 수 있지만, 상처를 주지 않고도 누군가에게 죄를 지을 수 있다. 즉 어떤 행동은 하지 않은 채 악한 생각을 품을 수 있다. 또 사람들에게 죄를 짓지 않으면서 그들에게 고통을 줄 수도 있다. 치과의사와 물리치료사는 날마다 그렇게 한다. 회개는 또 자초한 상처에 대한 슬픔 이상이기도 하다. 물론 죄의 고통은 자기반성을 촉발하기도 하지만 말이다(잠 5:22).

바울은 "하나님의 뜻대로 하는 근심은 후회할 것이 없는 구원에 이르게 하는 회개를 이루는 것이요 세상 근심은 사망을 이루는 것이니라"(고후 7:10)라고 성찰한다. 진정한 회개는 자신의 죄와 죄책을 하나님께로 가져가 거기서 긍휼과 회복을 찾는다. 그러나 하나님과 상관없는 슬픔은 후회와 영적 죽음으로 이어진다. 베드로와 유다가 이에 대한 실례다. 이유가 무엇이든 유다는 예수님을 배반했다. 그러고 나서 후회에 휩싸였다. 그는 피 묻은 돈을 던져버리고 자신의 죄를 비통하게 여기지만, 그 비통함을 하나님께로 가져가거나 자기가 한 일에서 돌아서지 않았다. 그는 절망하여 자살했다. 회개하며 위로 향하는 대신 자책하며 안으로 향했기 때문이다. 자책과 자기비난은 죽음으로 이끄는 자기중심성의 양상들이다.

이에 반해 하나님의 뜻에 맞는 베드로의 슬픔은 죄 사함과 사도로서의 역할이 회복되는 데로 이어졌다. 베드로는 회개하면서 안으로 그의 죄를 바라보았지만 위로 주님을 바라보았고 은혜를 찾았다. 그는 나중에 사도행전 2장과 10장, 11장에서 회개를 선포하는 자가 되었다. 그곳에서 그의 말들은 "생명 얻는 회개"(행 11:18)를 제시하는 것으로 인정된다. 회개는 하나님의 선물인 동시에 인간의 행동이다. 아브라함 카이퍼(Abraham Kuyper)는 이렇게 언급한다. "성경은 회심을 약 '140회' 정도 인간의 행동으로 언급하고, 겨우 '6회'만 성령의 행동으로 언급한다."[67] 참된 회개에는 교정에 대해 열린 마음, 죄에 대한 인정, 하나님께 죄를 범했다는 인식, 하나님께서 그리스도를 통해 죄책을 제거하신다는 확신이 있다.

마태복음 3장은 또한 위선이라는 어려운 주제를 제기하기도 한다. 이는 교사가 신중하게 다루어야 하는 문제다. 교사는 무분별하게 신자들을 '위선자'로 불러서는 안 된다. 그리스도의 제자는 완전한 위선자는 아니기 때문이다. 진짜 위선은 그리스도에 대한 믿음과 공존할 수 없다. 그럼에도 신자들은 행위나 지위나 유산을 자랑함으로써, 혹은 우쭐하거나 자기만족을 위해 행동함으로써 바리새인들처럼 살 수 있다. 회개하라는 외침은 공동체적으로 또 개인적으로 스스로를 성찰하도록 교회에 요청한다. 누가복음에서는 회개하라는 요한의 외침이, 다양한 부르심에 공통되는 죄를 다룬다. 세리는 부가된 것 외에는 더 걷지 말고, 군인은 자신의 급여에 만족해야 한다(눅 3:12-14). 따라서 회개는 이중적이다. 그것은 특정 행동을 거부하지만 중요한 것은 마음이다. 회개자에게는 믿음이 있다. 그들은 그 왕과 그분의 나라를 사랑하므로 그분의 다스림에 굴복한다.

67 Abraham Kuyper, *The Work of the Holy Spirit*, trans. Henri de Vries (1900; repr., Grand Rapids, MI: Eerdmans, 1979), 349, 강조는 저자의 것.

1 그때에 예수께서 성령에게 이끌리어 마귀에게 시험을 받으러 광야
로 가사 2 사십 일을 밤낮으로 금식하신 후에 주리신지라 3 시험하는
자가 예수께 나아와서 이르되 네가 만일 하나님의 아들이어든 명하여
이 돌들로 떡덩이가 되게 하라 4 예수께서 대답하여 이르시되 기록되
었으되

사람이 떡으로만 살 것이 아니요 하나님의 입으로부터 나오는 모
든 말씀으로 살 것이라

하였느니라 하시니 5 이에 마귀가 예수를 거룩한 성으로 데려다가 성
전 꼭대기에 세우고 6 이르되 네가 만일 하나님의 아들이어든 뛰어내
리라 기록되었으되

그가 너를 위하여 그의 사자들을 명하시리니 그들이 손으로 너를
받들어 발이 돌에 부딪치지 않게 하리로다

하였느니라 7 예수께서 이르시되 또 기록되었으되 주 너의 하나님을
시험하지 말라 하였느니라 하시니 8 마귀가 또 그를 데리고 지극히 높
은 산으로 가서 천하만국과 그 영광을 보여 9 이르되 만일 내게 엎드
려 경배하면 이 모든 것을 네게 주리라 10 이에 예수께서 말씀하시되
사탄아 물러가라 기록되었으되

주 너의 하나님께 경배하고 다만 그를 섬기라
하였느니라 11 이에 마귀는 예수를 떠나고 천사들이 나아와서 수종드
니라

1 Then Jesus was led up by the Spirit into the wilderness to be tempted
by the devil. 2 And after fasting forty days and forty nights, he was
hungry. 3 And the tempter came and said to him, "If you are the Son
of God, command these stones to become loaves of bread." 4 But he
answered, "It is written,

"'Man shall not live by bread alone,
but by every word that comes from the mouth of God.'"

5 Then the devil took him to the holy city and set him on the pinnacle of
the temple 6 and said to him, "If you are the Son of God, throw yourself
down, for it is written,

"'He will command his angels concerning you,'
and
"'On their hands they will bear you up,
lest you strike your foot against a stone.'"

7 Jesus said to him, "Again it is written, 'You shall not put the Lord
your God to the test.'" 8 Again, the devil took him to a very high
mountain and showed him all the kingdoms of the world and their
glory. 9 And he said to him, "All these I will give you, if you will fall
down and worship me." 10 Then Jesus said to him, "Be gone, Satan! For
it is written,

"'You shall worship the Lord your God
and him only shall you serve.'"

11 Then the devil left him, and behold, angels came and were
ministering to him.

단락 개관

예수님의 시험으로, 우리는 역사의 정상적인 틀 밖으로 나간다. 그 사건을 목격한 사람은 아무도 없다. 그럼에도 그 사건은 마태의 내러티브와 완벽하게 조화를 이룬다. 마태의 내러티브는 항상 예수님을 진짜 사람으로 여기므로 그분은 약함, 필요, 유혹의 영향을 받기 쉽다. 잠을 자지 못하면 피곤하고(마 8:24), 먹을 것이 없으면 배가 고프고(4:2), 물이 없으면 갈증을 느낀다(요 19:28). 금식을 하면 먹고 싶은 생각이 간절하다. 성령은 예수님을 광야로 이끌어 "마귀에게 시험을 받[게]"(마 4:1) 하시고, 시험하는 자가 음식으로 시작하여 진짜 그분을 시험한다.

단락 개요

Ⅱ. 준비와 갈릴리에서의 초기 사역(3:1-4:25)
B. 예수님의 시험(4:1-11)

예수님의 세례는 그분의 시험으로 이어지는데 여기에는 세 가지 요소가 있다. 각각의 경우에 마귀는 좋아 보이는 무언가를 취하라고 예수님께 권한다. 예수님이 주리셨을 때 음식을(4:2-3), 아버지의 돌보심에 대한 확신을(5-6절), 세상 나라들에 대한 소유권을(8-9절) 취하라고 한다. 그때마다 예수님은 성경을 인용하며 거절하신다. 시험의 순서를 정한 중요한 요소가 있는지는 확실하지 않다. 누가는 다르게 정리하기 때문이다. 그러나 어떤 의미에서 두 번째 시험은 첫 번째 시험에서 앞으로 전진한다. 즉 두 번째 시험은 마귀가 성경 인용으로 시작하는데, 이는 예수님이 그에게 맞서신 방법을 사용하려는 것이다(6절). 세 번째 시험은 단호하게 끝난다. 예수님이 다시 사탄에게 맞서 "물러가라"라고 명령하시고 그가 떠난다(10-11절).

주석

4:1-11 예수님이 세례를 받으실 때 성령은 사역을 위해 그분을 준비시키셨다. 누가는 자신의 복음서에서 성령의 능력과 지시를 강조한다(눅 1:35; 2:40; 3:16, 22; 4:1, 14, 18). 이는 그리스도의 사역에 꼭 필요했다. 그분은 진짜 인간의 삶을 살기 위해 어떤 신적인 특권들을 포기하셨기 때문이다(히 2:14). 예수님이 인간으로서 그분의 편재, 전지, 전능을 포기하셨을 때 그분에게는 사역을 위해 성령의 도우심이 필요했다. 성령은 그 사역을 시작하도록 하기 위해 예수님을 사람들이 맞닥뜨리는 일종의 시험으로 이끌고 가신다.

예수님의 시험은 음식으로 시작된다. 예수님은 광야에서 "사십 일을 밤낮으로" 금식해서 배가 고프셨다(2절). "광야"는 아마 예루살렘 남동쪽의 건조하고 바위가 많은 지역일 것이다(1절). "마귀"[디아볼로스(*diabolos*)]라는 이름은 흔하게 쓰였으며 '비방하는 자'라는 뜻이다. 악한 자는 분명 하나님과 그분의 백성을 비방하지만(계 12:9-12), 복음서에서 그는 보통 속이는 자로 묘사된다. 마태는 그 장면을 환상이나 상징, 그저 내면의 번민이 아닌 실제 사건으로 제시한다.[68]

시험하는 자는 "네가 만일 하나님의 아들이어든 명하여 이 돌들로 떡덩이가 되게 하라"(3절)며 시작한다. 예수님이 정말 하나님의 아들이기 때문에, 이는 하나님의 아들이라는 특권을 남용하라는 권유로 보인다. 예수님은 실제로 40일간 주리셨으므로, 마귀는 돌을 떡으로 바꾸어 욕구를 채우라고 예수님을 유혹한다. 그것이 죄가 되는지 질문하는 사람이 있을지 모

68 Carson, *Matthew*, 139.

르겠다. 어쨌든 예수님은 다른 상황에서 음식을 만들어내실 것이다. 마태는 그것에 대해 명확하게 설명하지 않지만, 복음서는 예수님이 자신을 위해서나 그분의 사역을 편하게 하기 위해 음식이나 물이나 잠자리나 다른 무엇도 절대 만들지 않으심을 보여준다. 따라서 문제는 자신의 유익을 위한 능력 사용이다. 예수님은 절대 사적인 이익을 위해 자신의 능력을 사용하지 않으신다. 바울은 예수님이 "근본 하나님의 본체시나 하나님과 동등됨을 취할 것으로[즉, 자기의 유익을 위한 것으로] 여기지 아니하시고"(빌 2:6)라고 말한다. 그러므로 시험하는 자는 배고픔을 채우기 위해 적절하지 않은 시기에 적절하지 않은 방법으로 물질적인 것을 소유하라고 예수님께 권한 것이다.

두 번째 시험은 성전 경내로 옮겨간다. 성전 꼭대기는 기드론 골짜기 한참 위로 어렴풋이 보였다(Josephus, *Antiquities* 15.412). 거기서 뛰어내리는 것은 명백하게 죽는 것을 뜻했다. 그러나 마귀는 "네가 만일 하나님의 아들이어든 뛰어내리라 기록되었으되 그가 너를 위하여 그의 사자들을 명하시리니 그들이 손으로 너를 받들어 발이 돌에 부딪치지 않게 하리로다 하였느니라"라고 말한다(마 4:5-6). "뛰어내리라"는, 예수님이 아버지가 자신을 보호하실 것을 알 수 있도록 아버지로 하여금 행동하시게 하는 시험이다. 만약 예수님이 뛰어내려 땅으로 안전하게 떨어지면, 그분은 하나님께서 보호하신다는 증거를 갖게 될 것이다. 의심이 일어나는 순간에 기억 속에 간직된 것이 있으니 얼마나 좋은가. 그러나 예수님은 거절하신다. 그분은 신명기 6:16 "너희의 하나님 여호와를 시험하지 말[라]"라는 말씀을 인용하며 믿음으로 사는 쪽을 택하신다.

마지막 시험, 즉 사탄에게 엎드려 경배하고 "천하만국과 그 영광"을 받으라는(8절) 시험은 두 가지 방식으로 작동된다. 앞에서처럼 마귀는 좋은 어떤 것을 제안한다. 천하만국이 예수님의 '소유가 되니' 말이다. 그러나 이번에 사탄은 그 자체로 죄악된 것, 즉 그에게 경배하라고 제안한다. 모든 시험이 호감이 가는 무언가를 제안함으로 시작된다면, 모두 선택과 대립으로 끝난다. 마귀는 예수님께 자신에게 경배하라고 제안하며 가면을 벗는다. 그는 또 영광으로 가는 쉬운 길을 제안한다. 많은 시험이 좋은 것으로 가는 쉬운 길을 제안한다. 예수님은 만국의 영광을 받을 만하지만 먼저 고난당함으로 이 영광에 이르실 것이다. 부활 후 아버지가 예수님께 모든 권세를 주신다(마 28:18; 롬 1:4). 그분은 사탄에게 절함으로써가 아니라 십자가 죽음과 부활을 통해 능력을 얻으신다.

예수님이 받으신 시험의 온전한 의미는 그 근원을 배경으로 하여 읽을 때 드러난다. 그것은 아담이 받은 시험과 광야에서 이스라엘이 받은 시험이다. 먼저 예수님의 시험은 그분이 신실한 아담임을 입증한다. 예수님의 시험과 아담의 시험은 아주 확실하게 병행을 이룬다. 창세기 3장에 나오는 첫 시험은 물리적인 것, 즉 매력적으로 보이는 음식(창 3:1)을 제안한다. 두 번째 시험은 정신적인 것, 즉 하나님과 같은 지식을 갖는 것(3:5-6)이다. 결국 창세기에 나오는 시험은 선택, 하나님의 말씀을 마음에 둘 것인가, 뱀의 말을 마음에 둘 것인가로 마무리된다(3:3-4).

시험에는 물리적이고 정신적인 요소가 있다. 우리는 음식, 음료, 섹스, 능력, 재물에 대한 욕구가 죄로 이어질 수 있다는 진리에 익숙하지만, 창세기와 마태복음은 알고자 하는 욕구가 죄가 될 수 있음을 보여준다. 뱀은 "하나님과 같이 되어 선악을 알[게]"(3:5) 된다고 아담과 하와를 유혹했다. 알고자 하는 욕구는 하나님 없이 안전과 지배를 추구하는 것의 일면일 수 있다. 세 가지 시험은 모두 예수님을 신실한 아담으로 드러낸다. 뱀은 좋아 '보이는' 열매와 좋게 들리는 지식으로 하와를 유혹했다. 그 과정에서 하와와 아담은 사탄의 말을 듣고 그에게 경배했다. 그러나 예수님은 세 가지 제안에 모두 굴하지 않으신다.

시험들은 또한 예수님을 신실한 이스라엘 자손으로 드러낸다. 그분은 이스라엘이 실패한 시험을 통과하신다. 이스라엘이 가나안에 들어가기 전 모세는 (신명기에서) 이스라엘이 절대 죄를 되풀이하지 않도록 광야 세대의 실패를 되새겼다. 그래서 예수님은 성경으로, 다시 말해, 모세가 광야에서 이스라엘의 죄를 바로잡은 것으로 사탄의 세 가지 시험에 대응하신다.

예수님은 돌들로 떡덩이가 되게 하라는 시험을 물리칠 때, 신명기 8:3

"사람이 떡으로만 살 것이 아니요 하나님의 입으로부터 나오는 모든 말씀으로 살 것이라"(마 4:4)라는 말씀을 인용하신다. 이는 출애굽 직후에 시작된 이스라엘의 불평에 대한 모세의 힐책이다. 출애굽기 16:3에서 백성들은 이렇게 투덜거렸다. "우리가 애굽 땅에서 고기 가마 곁에 앉아 있던 때와 떡을 배불리 먹던 때에…죽었더라면 좋았을 것을 너희가 이 광야로 우리를 인도해내어 이 온 회중이 주려 죽게 하는도다." 그 백성들은 애굽에서의 풍요에 대한 터무니없는 주장에 더하여, 감히 하나님께서 그들을 죽이려 하신다고 말했다. 그럼에도 하나님은 그날부터 이스라엘에 만나를 소나기처럼 부어주셨다. 하지만 괘씸하게도 그들은 만나가 밍밍하다고 불평했다. 신명기에서 모세는 하나님께서 만나를 보내심으로써 이스라엘을 "낮추[셨다]"고 말한다. 나아가 만나는 "사람이 떡으로만 사는 것이 아니요" 하나님의 말씀으로 산다는 것을 가르쳐주었다(신 8:3).

이스라엘은 먹을 것이 부족하다고 느낄 때 음식에 대한 욕구를 이기지 못했다. 그러나 예수님은 굶주림을 신실하게 참으신다. 예수님이 사탄을 책망하시는 데서 그리스도 가현설(docetism, 假現說)을 볼 사람은 없다. 그분은 떡이 필요 없다고 주장하지 않으신다. 오히려 "사람이 떡으로'[만]' 살 것이 아니요"(4절)라고 말씀하신다. 예수님은 배고픔을 제어하신다. 자신의 식욕이 아니라 하나님의 계획에 이끌리신다. 그분은 이스라엘이 실패한 시험을 통과함으로써, 필요하다면 어떤 수단으로라도 안락함과 쾌락은 물론, 음식과 음료의 공급을 보장받아야 하는 것처럼 행동해서는 안 된다는 것을 그 백성에게 가르치신다.

두 번째 시험에서 마귀는 예수님께 성전에서 뛰어내려 잘못된 방식으로 지식을 얻으라고 강권한다. 만약 예수님이 성육신 내내 아버지의 보살핌에 대한 확신을 원한다면, 성전에서 안전하게 떨어지는 것보다 더 나은 방법이 있겠는가?[69] 마귀는 예수님께 시편 91편의 구절로 이 행동에 대한 성

69 예수님이 땅으로 안전하게 떨어지지 못했다면 마귀가 기뻐했으리라 추측하는 사람도 있을지 모르겠다. 그렇다면 사탄은 예수님이 아버지가 자신을 보살피시는지, '아닌지' 여부를 알았으리라 생각했을 수 있다.

경적 근거를 제시하기까지 한다. 하지만 그는 시편을 왜곡하고 있다. 그 구절은 고통 중에 평안과 구원을 제시하지, 원할 때는 언제든 하나님께서 행동하시도록 할 권리를 말하지 않는다. 그래서 예수님은 다른 성경 구절인 신명기 6:16, 즉 출애굽기 17:1-7에 기록된 사건들을 해설한 그 구절을 통해 마귀를 바로잡으신다. "또 기록되었으되 주 너의 하나님을 시험하지 말라 하였느니라"(마 4:7). 출애굽기 17장에서 이스라엘 백성은 출애굽 직후 물이 없자 모세와 말다툼하며 "우리에게 물을 주어 마시게 하라"라고 요구했다. 그때 모세는 "너희가 어찌하여 여호와를 시험하느냐"라고 응수했다(출 17:1-2).

그 백성은 "당신이 어찌하여 우리를 애굽에서 인도해 내어서 우리[가]…목말라 죽게 하느냐"(17:3)라고 불평했다. 그들은 모세에게 돌을 던지려 했지만, 그가 기도하자 하나님은 그로 바위를 치게 하셨고 거기서 물이 마구 쏟아졌다. 그러고 나서 모세는 그곳을 맛사('시험')와 므리바('말다툼')로 불렀다. 이스라엘 자손이 말다툼을 하고 "여호와를 시험하여 이르기를 여호와께서 우리 중에 계신가 안 계신가 하였[기]" 때문이다(17:7). 여호와는 홍해를 가르고 하늘에서 만나를 내려주셨지만, 이스라엘은 '당장' 증거, 즉 지식을 요구했다. 그에 반해 예수님은 증거에 대한 요구 대신 믿음으로 사신다.

신학자들은 각각의 시험이 피 흘림 없이 영광으로 가는 길을 예수님께 제안한다고 말한다. 만약 예수님이 돌로 떡이 되게 한다면, 기적을 행하는 자로 이스라엘의 마음을 사로잡으실 수 있었을 것이다. 만약 예수님이 성전에서 뛰어내린다면, 표적으로 그 민족을 현혹시키실 수 있었을 것이다. 만약 예수님이 그저 사탄에게 엎드려 절하기만 한다면, 사탄은 그분께 고난 없이 세상의 영광을 주겠다고까지 말한다. 그러나 예수님은 사탄의 말을 거절하고 십자가를 택하신다. 예수님은 사탄의 속임수를 간파하고 그의 간계에 저항함으로써 사탄을 물리치신다. 그러고 나서 그에게 떠나라고 명하신다. "사탄아 물러가라…주 너의 하나님께 경배하고 다만 그를 섬기라"(10절). 그 다음 마태는 "천사들이 나아와서 수종드니라"(11절)라고 말한다. 누가는 마귀가 "얼마 동안"(눅 4:13) 떠났다고 덧붙인다.

예수님이 승리하시고 사탄이 패배하는 길은 분명하다. 예수님은 너무 강하고 너무 신실해서 악을 행하실 수 없다. 사탄은 마지막 주(요 13:2, 27), 특히 마지막 밤(눅 22:3, 31) 복음서 내러티브에 다시 등장하지만, 예수님은 십자가로 가서 죄를 속하고 죽고 권세를 얻고 승리하여 부활함으로써 그를 잠잠하게 하신다. 이러한 결과가 있으리라는 첫 번째 암시가 그 시험에 나온다. 그분의 나라는 그분의 순종과 통찰력과 고난을 통해 확장될 것이다. 그 나라의 확장으로 사탄은 파산하고 더 이상 인간에게 영향을 미치지 못할 것이다. 어린양이신 예수님은 창세기 3장에 나오는 뱀의 머리와 요한계시록 12-20장에 나오는 용의 머리를 으스러뜨리신다.

시험 내러티브는 도덕적인 면에서도 또 신학적인 면에서도 독자들에게 영향을 미친다. 도덕적인 면에서는 시험의 성격을 알려주고 저지할 방법을 제시한다. 어떤 문화에서는 위대한 사람의 중요한 표지가 욕망을 제어하는 능력이다. 그런데 다른 문화에서는 위대한 사람이 욕망을 마음껏 충족하는 지위나 능력, 재물을 가진 사람으로 묘사된다. 마태복음 4장에 나타나는 가장 위대한 분 예수님은, 성경에 의지하고 아버지를 신뢰함으로써 음식과 지식에 대한 욕구를 억누르신다.

신학적인 면에서 4장은 예수님을 신실한 사람이자 신실한 이스라엘 자손으로 제시한다. 예수님은 시험을 이기시고, 소명에 충성을 다하시며, 사명을 위해 능력은 포기하신다. 그 사명은 스스로 낮아져서 "세상 죄를 지고 가는 하나님의 어린양"(요 1:29)으로 고난을 겪으라고 요구한다. 그분은 이날 순종함으로써 사탄을 잠잠케 하셨다. 나중에는 목숨을 내려놓음으로써 사탄을 물리치실 것이다.

시험은 감동적인 역전으로 마무리된다. 예수님이 스스로 먹으려 하지 않고 스스로를 부양하려 하지 않으셨기 때문에 천사들이 수종들고, 추정컨대 음식을 드렸을 것이다. 우리는 앞으로 마태복음에서 또 다른 역전을 볼 것이다. 4:1-11에서 지배로 가는 쉬운 길을 거부한 예수님은 이후 17절에서 그분의 나라가 가까이 왔다고 선포하신다.

응답

마태복음 4:1-11은 몇 가지 반응을 불러일으킨다. 첫째, 많은 구절이 그렇듯 시험은 그리스도의 도덕적 탁월함을 드러낸다. 그분의 지혜, 지식 그리고 하나님과 하나님의 말씀을 향한 헌신의 탁월함도 보여준다. 이 각각은 믿음과 사랑을 갖게 하며 우리로 그분을 따르도록 이끈다.

시험은 여러모로 교훈적이다. 먼저 성령의 능력 주심(3:16)에서 시험(4:1-11)으로 나아가는 논리에 주목하라. 인간 세상에서 모든 재능은 유혹을 불러일으키기 때문이다. 아름다움이라는 재능은 자만심을 갖도록 유혹하고, 힘이라는 재능은 지배하도록 유혹한다. 지성의 재능은 조종하도록 유혹하고, 부의 재능은 사치로 유혹하며, 유머의 재능은 조롱하도록 유혹한다. 모든 재능은 유혹을 불러일으킨다. 재능은 그것으로 다른 사람들을 섬기게도 하지만, 자기 멋대로 굴도록 유혹하기도 한다.

마태의 내러티브는 재능을 받은 다음 시험을 받고 그 다음 사역으로 가는 순으로 이어진다. 재능은 힘을 주고, 시험은 방향을 찾는다.[70] 시험은, 예수님의 경우에도 그랬듯이, 성품을 드러낸다(약 1:2-4). 이 때문에 성령은 아들을 시험으로 이끄신다. 예수님은 죄에 저항함으로써 스스로를 증명한 다음 사역을 시작하신다. 재능을 받은 이들은 시험을 이겨야 섬길 수 있는 자격을 얻기 때문에, 제자들은 이에 대해 진지하게 생각해야 한다. 서구 문화는 그 반대다. 사람들은 시험을 농담 혹은 만화에 나오는 인물이 누군가의 귀에 대고 악을 행하라고 속삭이는 것 정도로 생각한다. 오스카 와일드(Oscar Wilde)가 웃으며 "나는 유혹 외에는 어떤 것이든 견딜 수 있다"고 말하는 것, 또는 알코올 중독자에게 맥주를 들이대는 것같이 해로운 일을 하라고 직접적으로 압박하는 것으로 표현되기도 한다. 그러나 시험은 보통 불타는 듯한 빨간색이 아니라 40가지 색조의 회색으로 다가온다. 시험은

70 구조와 방향의 개념에 대해서는, Albert M. Wolters, *Creation Regained: Biblical Basics for a Reformational Worldview*, 2nd ed. (Grand Rapids, MI: Eerdmans, 2005)를 참고하라. 《창조 타락 구속》(IVP).

본질적으로 좋은 것, 즉 음식, 재물, 성, 안전, 능력 심지어 지식을 제안한다. 시험은 좋거나 유익한 것들을 제안하지만, 적절하지 않을 때 즉 시험받는 사람이 (적어도 그때는) 자격이 없을 때 그것을 제안한다. 죄는 좋은 것을 잘못된 방식으로 받아들이는 데 있다. 성적인 죄가 좋은 예다. 성은 본질적으로 좋은 것이다. 간음은 적절하지 않은 사람(다른 사람의 배우자)이나 적절하지 않은 때(결혼 서약을 하기 전에) 갖는 성관계다. 마찬가지로 권력도 좋은 것이지만, 지휘에서 통제나 지배로 옮겨가도록 지도자들을 유혹한다.

예수님의 시험은 죄를 짓도록 이끄는 유혹의 기본적인 유형을 보여준다. 첫 번째는 안목과 육신의 쾌락이다. 두 번째는 하나님만큼 알고자 하는 욕망이다. 세 번째는 권력에 대한 욕망이다. 육체적 쾌락, 지식, 권력 이 세 가지 한 세트는 감각, 지성, 의지라는 기능에 상응한다. 예수님의 의지에 대한 시험에는 권력에 대한 욕구와 함께 충성에 대한 시험도 들어 있다.

예수님의 첫 시험은 음식을 섭취하는 것도 죄악이 될 수 있음을 보여준다. 음식을 훔치는 것이나 폭식은 누가 봐도 옳지 않다.[71] 그러나 음식이 유혹적인 까닭은 그것이 탐나고 필요를 채우기 때문이다. 매력이 있어야만 한다. 그렇지 않으면 사실상 유혹이 일어날 수 없다. 자갈이나 거미를 먹고 싶은 유혹에 빠질 수는 없다. 이것은 예수님에게도 해당되었거나, 아니면 그분은 절대 진짜로 시험에 직면하지 않으셨거나 둘 중 하나다. 그러나 성경은 그리스도가 "모든 일에 우리와 똑같이 시험을 받으신 이로되 죄는 없으시니라"(히 4:15)라고 말한다.

그 다음 시험은 정신적인 것, 즉 알고자 하는 욕망이다. 서구에서 지식과 전문 기술은 직장과 권력을 제공해주기 때문에, 독자들은 알고자 하는 욕망이 죄가 될 수 있는지 의심할 수 있다. '당장' 어떻게 해서든 알고자 하는

71 어떤 여자가 음식에 대한 무분별한 욕망을 이렇게 분석했다. "공공장소에 있는 쿠키 한 접시는 단연코 나를 고통스럽게 한다. 나는 배고프지 않다. 나는 쿠키가 '필요하지' 않지만, 다른 누군가가 그 쿠키를 먹는다는 생각을 참을 수 없다. 그래서 그것을 지나쳐 가다가 다시 생각한 다음 돌아와서 그 쿠키를 먹는다. '그' 쿠키를 맛보지 못할까봐 염려되기 때문이다."

죄악된 욕망은 쉽게 간과된다. 그러나 알고자 하는 악한 욕망이 분명히 있다. 병적인 호기심은 다른 사람의 비밀을 알고자 하는 갈망을 갖도록 몰아간다. 심지어 하나님의 비밀을 알고자 하는 해로운 욕망도 있다. 하나님의 조언자는 오직 하나님 자신이다(신 29:29; 욥 38-42장). 인간에게는 제한된 지식이 알맞고, 하나님께는 완벽한 지식이 알맞다. 언젠가 누군가가 이렇게 말했다. "모든 결정은 불충분한 증거로 내려진다." 사람들은 결정을 해야 할 때 증거를 모으고 지혜를 구한 다음, 그들의 결정을 하나님께 맡긴다(참고. 벧전 2:23). 그분은 우리가 알지 못하는 것을 아신다. 제자들이 항상 알아야 할 필요는 없다. 예수님조차 곧 일어날 일에 대해 모든 것을 알지 못할 때 아버지를 신뢰하기로 하셨다(마 26:37-42). 바울이 말하듯이 "우리가 믿음으로 행하고 보는 것으로 행하지 아니함이로라"(고후 5:7). 학생, 목회자, 여러 전문직 종사자들은 전문 지식, 통찰력, 지혜를 타고났다는 평판을 얻으려 하면서, 알고자 하는 강력한 욕망을 드러낼 수 있다.

인간의 지식은 필연적으로 불완전하다(고전 13:12). 신실한 제자는 이를 받아들이고, 보이는 것이 아닌 믿음으로 살아간다(고후 5:7). 키에르케고르(Kierkegaard)는, 인생은 앞을 보며 살지만 뒤를 돌아보아야 이해된다고 말했다. 인간은 모든 것을 알기 전에 행동해야 한다. 인성을 지니신 예수님이 그것을 실천하셨다. 예수님이 돌을 떡으로 바꾸려 하지 않았을 때, '자신의 금식이 언제 끝날지 꼭 아셨다고 할 수는 없다.' 지식에 대한 욕망이 죄가 되는 경우는, 그 욕망 때문에 피조물다운 정상적인 무지에 대해 분노가 생길 때, 혹은 무지로 인해 생긴 것 같은 재앙을 곱씹을 때, 그 욕망으로 인해 "알아야만 해!"라고 말하게 되거나 불법적으로 지식을 탐구하게 되는 때다.

예수님은 시험에 지지 않으셨다. 결코 이기적으로 음식을 붙잡지도 않으셨고, 지식을 꼭 붙들지도 않으셨으며, 사탄의 음성에 주의를 기울이지도 않으셨다. 예수님은 인간이 실패한 모든 시험을 통과하셨다. 그분이 성공했기 때문에 우리의 구세주가 되실 수 있다. 또 그분의 방식으로 인해, 즉 아버지를 신뢰하고, 절제하고, 성경을 바르게 적용했기 때문에, 그분은 우리의 교사가 되실 수 있다.

12 예수께서 요한이 잡혔음을 들으시고 갈릴리로 물러가셨다가 13 나
사렛을 떠나 스불론과 납달리 지경 해변에 있는 가버나움에 가서 사
시니 14 이는 선지자 이사야를 통하여 하신 말씀을 이루려 하심이라
일렀으되

15 스불론 땅과 납달리 땅과 요단 강 저편 해변 길과 이방의 갈릴리
여 16 흑암에 앉은 백성이 큰 빛을 보았고 사망의 땅과 그늘에 앉은
자들에게 빛이 비치었도다

하였느니라 17 이때부터 예수께서 비로소 전파하여 이르시되 회개하
라 천국이 가까이 왔느니라 하시더라

12 Now when he heard that John had been arrested, he withdrew into
Galilee. 13 And leaving Nazareth he went and lived in Capernaum by
the sea, in the territory of Zebulun and Naphtali, 14 so that what was
spoken by the prophet Isaiah might be fulfilled:

15 "The land of Zebulun and the land of Naphtali,
the way of the sea, beyond the Jordan, Galilee of the Gentiles—
16 the people dwelling in darkness

have seen a great light,
and for those dwelling in the region and shadow of death,
on them a light has dawned."
17 From that time Jesus began to preach, saying, "Repent, for the
kingdom of heaven is at hand."[1]

18 갈릴리 해변에 다니시다가 두 형제 곧 베드로라 하는 시몬과 그의
형제 안드레가 바다에 그물 던지는 것을 보시니 그들은 어부라 19 말
씀하시되 나를 따라오라 내가 너희를 사람을 낚는 어부가 되게 하리
라 하시니 20 그들이 곧 그물을 버려두고 예수를 따르니라 21 거기서
더 가시다가 다른 두 형제 곧 세베대의 아들 야고보와 그의 형제 요한
이 그의 아버지 세베대와 함께 배에서 그물 깁는 것을 보시고 부르시
니 22 그들이 곧 배와 아버지를 버려두고 예수를 따르니라
18 While walking by the Sea of Galilee, he saw two brothers, Simon
(who is called Peter) and Andrew his brother, casting a net into the
sea, for they were fishermen. 19 And he said to them, "Follow me,
and I will make you fishers of men."[2] 20 Immediately they left their
nets and followed him. 21 And going on from there he saw two other
brothers, James the son of Zebedee and John his brother, in the boat
with Zebedee their father, mending their nets, and he called them.
22 Immediately they left the boat and their father and followed him.

23 예수께서 온 갈릴리에 두루 다니사 그들의 회당에서 가르치시며
[1)]천국 복음을 전파하시며 백성 중의 모든 병과 모든 약한 것을 고치
시니 24 그의 소문이 온 수리아에 퍼진지라 사람들이 모든 앓는 자 곧
각종 병에 걸려서 고통당하는 자, 귀신 들린 자, 간질하는 자, 중풍병
자들을 데려오니 그들을 고치시더라 25 갈릴리와 데가볼리와 예루살

렘과 유대와 요단강 건너편에서 수많은 무리가 따르니라

23 And he went throughout all Galilee, teaching in their synagogues and
proclaiming the gospel of the kingdom and healing every disease and
every affliction among the people. 24 So his fame spread throughout all
Syria, and they brought him all the sick, those afflicted with various
diseases and pains, those oppressed by demons, those having seizures,
and paralytics, and he healed them. 25 And great crowds followed him
from Galilee and the Decapolis, and from Jerusalem and Judea, and
from beyond the Jordan.

1) 헬, 그 나라의 복음을

1 Or *the kingdom of heaven has come near* *2* The Greek word *anthropoi* refers here to both men and women

단락 개관

마태복음 1-2장은 예수님의 신원과 그분이 원수로부터 보호받으셨음을 확실히 보여주었다. 3장에서는 사역을 위한 준비를 이야기했다. 요한은 백성들을 준비시키고(3:1-12), 성령은 예수님을 준비시키셨다(3:13-17). 그 다음 예수님의 시험이 그분의 충성심과 거룩함을 입증했다(4:1-11). 이렇게 이 모든 것이 4:12-25에서 대략적으로 그려지는 예수님 사역의 출범을 위해 마련되었다. 이 단락에서는 짤막한 장면들이 이어진다. 먼저 한 장면은 그분의 초기 사역 장소를 알려준다. 이어지는 두 장면은 그분에게 중요한 주제들을 언급하는데, 하나는 첫 제자들의 이름을 밝히고, 다른 하나는 그분의 기적을 이야기한다.

단락 개요

Ⅱ. 준비와 갈릴리에서의 초기 사역(3:1-4:25)
C. 갈릴리에서의 예수님의 첫 사역(4:12-25)
1. 갈릴리에서 첫발을 내딛으시다(4:12-17)
2. 첫 제자들을 부르시다(4:18-22)
3. 말씀과 행동으로 그 나라를 선포하시다(4:23-25)

이 단락은 연속되는 짧은 장면들을 통해 예수님의 갈릴리 사역을 소개한다. 먼저 예수님은 유대에서 갈릴리로 이동해서 갈릴리 "해변에 있는 가버나움"을 활동의 중심지로 택하신다(4:12-13). 이는 큰 빛이 "이방의 갈릴리"에 비친다는(14-16절) 이사야의 예언을 성취한다. 예수님 메시지의 진수는 "회개하라 천국이 가까이 왔느니라"(17절, 참고. 23절)다. 첫 번째 선포에 이어 첫 제자들을 부르시는 장면(18-22절)과 갈릴리와 그 외 지역에서(25절) 예수님이 행하신 기적들에 대한 요약이 나온다(23-24절).

주석

4:12-17 예수님의 세례와 시험 직후 요한이 잡히고(참고. 14:3-12), 이에 예수님은 갈릴리로 돌아가신다. 요한에 대한 적대감이 예수님에 대한 반감으로 이어질 수 있고, 그곳 "이방의 갈릴리"(마 4:12-15)에서 사역을 시작하시기 때문이다. 예수님은 잠시 나사렛을 방문한 다음, 사역의 중심지로 가버나움을 택하신다. 이곳은 갈릴리 해변에 자리 잡은 꽤 큰 성읍으로, 다메섹과 가이사랴를 연결하는 대로에 있었다.

마태는 다시 하나님의 계획에 따라 모든 것이 펼쳐짐을 암시하며, 그것이 성경 말씀을 성취한다고 말한다. 예수님은 이사야 9장을 따라 나사렛을 아우르는 스불론과, 가버나움을 포함하는 납달리에서 사역을 시작하신다. 스불론과 납달리 둘 다 회개하지 않은 죄 때문에 하나님께서 앗수르에게 넘기신 북쪽 열 지파에 속해 있었다. 앗수르인들은 유대인을 흩어지게 만들고 이교도들이 그 땅에 들어오는 것을 허용했다. 그래서 그곳은 주전 104년에 유대인들이 물리력을 동원하여 되찾을 때까지 이방인의 영토로 남아 있었다. 그렇게 되찾은 후 유대교 신앙이 어느 정도 깊이까지 이르렀는지는 의심스럽다.[72] 마태는 그곳 유대인의 믿음 없음과 수많은 이방인 거주자들 때문에 그곳을 "이방의 갈릴리"라고 부른다.

갈릴리에서 사역하겠다는 결정은 이사야의 예언을 성취한다. 이는 마태복음 내러티브에서 "이루려 하심"이 다섯 번째로 나오는 부분이다. 각각의 사례는 예수님의 사역이 하나님의 계획을 따른다는 것을 암시한다. 이사야의 예언은 "흑암에 앉은 백성"에게 "빛이 비치었[을]" 때(16절) 온전히 성취되기 시작한다. "백성"은 라오스(*laos*)를 번역한 것으로, 이는 유대 문서에서 하나님의 백성 이스라엘을 나타내기 위해 따로 구별한 헬라어 단어다. 따라서 예수님은 먼저 이스라엘에 빛을 비추신다. 하지만 그분은 "이방"의 갈릴리에서 일하시므로 그 사역은 그들에게도 닿는다.

"이때부터" 예수님이 "회개하라 천국이 가까이 왔느니라"(17절)라고 선포하신다.[73] 예수님은 정확히 요한이 선포한 그대로 선포하신다(참고. 3:2; 3:1-6 주석). 복습하자면, "회개"는 성경에서 네 가지 주요한 의미가 있다. (1) 불법을 버리고 더 나은 삶을 살고자 하는 마음. 그러나 아마도 구원에는 이르지는 못하는 것(욘 3:6-10) (2) 죄를 슬퍼하는 것으로 시작하

72 Morris, *Matthew*, 81-82.

73 일부 학자는 4:17과 16:21에 나오는 "이때부터[아포 토테(*apo tote*)] 예수께서 비로소…"라는 어구가 계획된 서술을 시작하고, 마태복음의 중요한 부분들을 기술한다고 설명한다. 4:17에서는 예수님이 회개와 그 나라를 "전파"하기 시작하시고, 16:21에서는 그분이 예루살렘에서 고난 받아야 함을 "나타내시[기]" 시작하신다.

여 자비로우신 하나님을 믿는 것으로 마무리되는 구원받는 회심(사 55:7) (3) 죄에서 떠나 하나님께로 돌이키는 결정적인 행동에 뒤이은 생활 방식(겔 18:30) (4) 죄를 짓거나 불성실한 시기를 지난 후 하나님께 돌아감으로써 구원받은 사람 안에서 일어나는 회복(계 2:4-5, 참고. 삼하 12:7-13; 시 32:1-7). 마태복음 3:2과 4:17의 "회개하라"는, 아마도 두 번째와 세 번째 의미에 집중된 것 같지만 네 번째 의미도 포함할 것이다.

역사적으로 종교개혁은 부분적으로 마태복음 3:2과 4:17의 올바른 해석에 열중했다. 수세기 동안 유럽의 성경이었던 라틴어 불가타 성경은, '회개하라'[헬라어 메타노에이테(*metanoeite*)]를 '속죄하라'[라틴어 파이니텐티암 아기테(paenitentiam agite)]로 번역했다. 그 차이를 과장하자면 '회개하라'는 자비를 구하며 하나님께로 돌아가는 것을 뜻하는 반면, '속죄하라'는 빚을 갚기 위해 무언가를 하는 것을 뜻한다.

4:18-22 마태는 예수님의 첫 메시지에서 첫 제자들을 부르시는 데로 옮겨간다. 이 부분만 따로 떼어 읽으면, 마치 예수님이 어부 4명을 발견하여 어떤 논리나 준비도 없이 그들을 부르신 것처럼, 시몬 베드로, 안드레, 야고보, 요한의 부르심은 갑작스러워 보인다. 그러나 복음서 내러티브들을 비교해 보면, 그들은 몇 차례 예수님을 만난 후 그분을 따르라는 결정적인 부르심을 들었음을 알 수 있다. 요한은 베드로와 안드레가 더 먼저 예수님을 만났다고 말한다. 그들이 세례 요한을 따르고 있을 때, 세례 요한이 자신의 제자들에게 예수님을 가리키기 시작했다(요 1:40-42). 누가복음 5장에서는 첫 제자들이 예수님을 "선생님"이라 부르고, 기적을 베푸시는 능력을 목격한 후 모든 것을 버리고 그분을 따른다(눅 5:1-11).

이 장면은 여전히 놀랍다. 예수님은 "나를 따라오라 내가 너희를 사람을 낚는 어부가 되게 하리라"(마 4:19)라고 말씀하신다. 그리고 그들을 불러 준비시키겠다고 약속하며 임무를 맡기신다. 그들은 단호하다. 즉시 가족과 일과 집을 버리고 떠난다(22절).[74] 21절에서 "배"가 언급된 것은, 적어도 야고보와 요한이 어느 정도의 재산을 가졌고 중산층이나 상류층의 지위를

누렸음을 보여준다. 그들의 결단은 사회 경제적인 희생을 수반했다.[75]

제자들은 물고기 잡는 일을 그만두고 사람을 낚기 시작한다. 이는 예레미야 16:14-20을 상기시킨다. 거기에서 여호와는 "북방 땅"과 다른 나라에 흩어진 그분의 백성을 다시 불러오기 위해 "많은 어부"와 "많은 포수"를 보낸다고 말씀하신다. 예레미야서의 어조는 불길하다. 그 구절은 포로생활에서의 귀환을 약속하지만, 돌아오는 사람 누구도 자신들의 죄, 특히 우상숭배의 죄를 여호와께 숨길 수 없을 것이라고 선언하기 때문이다. 그러나 마태는 긍정적이다. 예수님은 어떤 나라를 선포하시고, 그 나라를 위해 사람들을 데려올 협력자를 부르신다.

나중에 예수님은 제자들에게 제자도의 '비용을 계산하라'고 말씀하신다(마 10:16-25). 그러나 여기에서 베드로와 안드레와 야고보와 요한은 그 부르심을 들었을 때 멈칫하지도 미루지도 않는다. 9:9에 나오는 마태의 부르심도 동일하다. 마태는 그들이 생계 수단을 버리고 예수님을 따랐다고 두 번 말한다(마 4:20, 22, 거의 동일한 표현으로). 그 제자들이 나중에 직접 회상하듯이 말이다(19:27). 그들은 물리적으로 또 영적으로 그분을 따른다. 그들은 이전 삶의 방식을 버리고 그 선생님과 함께 걸으며 그분처럼 되었다(10:24-25).

이 장면은 전형적이다. 물론 뒤이은 추종자들은 직업이나 거처를 바꾸지는 않지만 말이다. 랍비들은 그 수가 얼마나 되든 지원자들을 기다렸지만, 예수님은 단 12명에게만 주권적이고 절대적인 소환 명령을 내리신다. 랍비들은 죄인들에게서 그들의 제자를 분리시켰지만, 예수님은 군중 속으로 들어가서 군중보다 확실하게 뛰어나지도 않은 사람들을 선택하신다. 랍비들은 엄격하면서도 익숙한 길을 보여주지만, 제자들은 이전의 충성심을 버리고 예수님의 사명을 그들의 사명으로 여긴다.

74 마가복음 1:20에 "품꾼들"이 언급된 것은, 야고보와 요한이 아버지를 완전히 버린 것은 아님을 나타낸다.

75 요한복음 18:15-16의 "대제사장과 아는" 제자는 보통 요한으로 여겨진다. 대제사장을 알았다는 것은 그가 희생한 사회적 계급을 암시하는 또 다른 지표일 것이다.

4:23-25 마태는 예수님의 사역에 세 가지 요소, 즉 설교, 가르침, 병 고침이 있었음에 주목한다. 계획된 그의 진술은 4:23과 9:35에서 거의 똑같은 표현으로 나타난다. "예수께서 온 갈릴리에 두루 다니사 그들의 회당에서 가르치시며 천국 복음을 전파하시며 백성 중의 모든 병과 모든 약한 것을 고치시니." 예수님은 사역 초기에 회당에서 순회 교사로 환영을 받으며 예배하러 모인 이들을 가르치신다(눅 4:16-22). 또 그 나라의 복음, 하나님께서 통치하신다는 좋은 소식을 선포하신다. 복음서 저자는 복음서 전체에서, 특히 마태복음 5-7장과 13장에서 그 선포하신 내용을 펼쳐 보인다.

예수님은 남북으로 130킬로미터, 동서로 80킬로미터에 이르는 갈릴리를 내내 걸어서 "모든 병과 모든 약한 것을" 고치며 가로질러 가신다. 이 표현은 과장법이다. 그것은 "절대적으로 중요한 것을 묘사하기 때문에 절대적"이다.[76] 우리는 예수님이 때로 병 고침을 멈추고 다른 도시들에서 그 나라를 선포하기 위해 이동하실 것을 안다(눅 4:42-43). 하지만 분명히 그분은 질병, 통증, 마비, 귀신 들림을 비롯한 각종 병과 고통에 시달리는 많은 무리를 고치신다. 의학이 그리 발달하지 않은 시대였던 만큼 그 결과는 예측 가능하다. 예수님이 기적을 베푸신다는 소식을 들은 큰 무리가 그 지역 맞은편에서부터 줄지어 그분에게 나아온다. 그들은 갈릴리 건너편에서부터, 즉 갈릴리 바다의 남동쪽 주로 이방인들이 사는 지역인 데가볼리에서, 또 예루살렘과 유대에서, 요단강 건너편에서부터 모였다.

76 Donald A. Hagner, *Matthew*, WBC 33 (Dallas: Word, 1993), 1:80. 《마태복음 1-13》(솔로몬).

응답

이 단락에 대한 믿음의 반응은 두 가지다. 첫째, 죄인들은 회개해야 한다. 웨스트민스터 대요리문답의 76번답은 회개를 '구원의 은혜'라고 부른다. 그것은 성령과 말씀이 하시는 일로(행 2장), 죄인이 죄의 위험과 오염과 역겨움을 감지하는 것이다. 회개는 믿음으로 그리스도를 받아들이는 회개한 죄인들에게 부어진 하나님의 자비를 붙들게 한다. 회개는, 물론 그 이상이기는 하지만, 자신이나 다른 사람들 안에 고통을 야기한 것에 대한 죄책, 수치, 후회, 슬픔을 포함할 수 있다. 유다는 그 모든 것은 아니더라도 대부분을 느꼈지만 회개하지 않았다.

바울이 말하듯이, "하나님의 뜻대로 하는 근심은 후회할 것이 없는 구원에 이르게 하는 회개를 이루는 것이요 세상 근심은 사망을 이루는 것이[다]"(고후 7:10). 죄를 부인하는 것 자체는 죄지만, 자책과 자기비난은 회개와 다르다. 이들은 죄에서 돌이켜 자비로우신 하나님께로 나아가기보다는 자기 안으로만 몰입하는 이기적인 성향이다. 회개는 무언가 잘못되었다는 의식으로 시작되지만, 문제는 하나님께 반역한 죄며, 유일한 치료책은 죄를 거부하는 것을 포함한 믿음이라는 확신이다.

이 단락은 또 예수님이 무리의 병을 고치고 그들을 매료시키는 것 이상을 위해 오셨음을 보여준다. 그분은 제자를 만들기 위해 오셨다. 앞에서 언급했듯이, 첫 네 제자의 부르심은 전형적이다. 다음 단락 산상수훈에서 예수님은 제자 됨이 무엇인지 더 선명하게 묘사하신다.

1 예수께서 무리를 보시고 산에 올라가 앉으시니 제자들이 나아온지라

1 Seeing the crowds, he went up on the mountain, and when he sat down, his disciples came to him.

2 입을 열어 가르쳐 이르시되
3 심령이 가난한 자는 복이 있나니 천국이 그들의 것임이요
4 애통하는 자는 복이 있나니 그들이 위로를 받을 것임이요
5 온유한 자는 복이 있나니 그들이 땅을 기업으로 받을 것임이요
6 의에 주리고 목마른 자는 복이 있나니 그들이 배부를 것임이요
7 긍휼히 여기는 자는 복이 있나니 그들이 긍휼히 여김을 받을 것임이요
8 마음이 청결한 자는 복이 있나니 그들이 하나님을 볼 것임이요
9 화평하게 하는 자는 복이 있나니 그들이 하나님의 아들이라 일컬음
을 받을 것임이요
10 의를 위하여 박해를 받은 자는 복이 있나니 천국이 그들의 것임이라
11 나로 말미암아 너희를 욕하고 박해하고 거짓으로 너희를 거슬러
모든 악한 말을 할 때에는 너희에게 복이 있나니 12 기뻐하고 즐거워

하라 하늘에서 너희의 상이 큼이라 너희 전에 있던 선지자들도 이같이 박해하였느니라

2 And he opened his mouth and taught them, saying:

3 "Blessed are the poor in spirit, for theirs is the kingdom of heaven.

4 "Blessed are those who mourn, for they shall be comforted.

5 "Blessed are the meek, for they shall inherit the earth.

6 "Blessed are those who hunger and thirst for righteousness, for they shall be satisfied.

7 "Blessed are the merciful, for they shall receive mercy.

8 "Blessed are the pure in heart, for they shall see God.

9 "Blessed are the peacemakers, for they shall be called sons[1] of God.

10 "Blessed are those who are persecuted for righteousness' sake, for theirs is the kingdom of heaven.

11 "Blessed are you when others revile you and persecute you and utter
all kinds of evil against you falsely on my account. 12 Rejoice and be
glad, for your reward is great in heaven, for so they persecuted the
prophets who were before you.

13 너희는 세상의 소금이니 소금이 만일 그 맛을 잃으면 무엇으로 짜게 하리요 후에는 아무 쓸 데 없어 다만 밖에 버려져 사람에게 밟힐 뿐이니라

13 "You are the salt of the earth, but if salt has lost its taste, how shall its saltiness be restored? It is no longer good for anything except to be thrown out and trampled under people's feet.

14 너희는 세상의 빛이라 산 위에 있는 동네가 숨겨지지 못할 것이요
15 사람이 등불을 켜서 말 아래에 두지 아니하고 등경 위에 두나니 이

러므로 집 안 모든 사람에게 비치느니라 16 이같이 너희 빛이 사람 앞
에 비치게 하여 그들로 너희 착한 행실을 보고 하늘에 계신 너희 아버
지께 영광을 돌리게 하라
14 "You are the light of the world. A city set on a hill cannot be hidden.
15 Nor do people light a lamp and put it under a basket, but on a stand,
and it gives light to all in the house. 16 In the same way, let your light
shine before others, so that[2] they may see your good works and give
glory to your Father who is in heaven.

1 Greek *huioi*; see Preface *2* Or *house.* 16 *Let your light so shine before others that*

단락 개관

그리스도인은 팔복을 덕목 목록으로 생각한다. 목사들은 보통 "심령이 가난한 자"부터 "화평하게 하는 자"까지 주제당 한 주씩 할애하여 팔복에 관한 시리즈 설교를 한다. 이러한 접근은 청중들이 어떻게든 습득해야 하는 일련의 덕목이나 성품에 대한 연구로 이어질 수 있다. 하지만 팔복은 갈라디아서 5:22-23에 나오는 성령의 열매나 골로새서 3:12-15과 베드로후서 1:5-8에 나오는 다른 덕목 목록들과 아주 살짝만 겹친다. 또 고전적인 그리스-로마의 덕목, 즉 용기, 지혜, 절제, 공정과는 대조를 이룬다. 동시에 오늘날 칭송받는 진실성, 관용, 결단력, 정직과도 거리가 멀다. 실제로 팔복은 사회가 동경하지 '않는' 속성들에 가깝다. 앞의 세 가지는 약함과 궁핍이라 표현할 수 있다. 심령이 가난하거나, 애통하거나, 온유한 자를 누가 동경하는가? "복이 있나니"[마카리오스(*makarios*)]라는 단어로 번역된 헬라어가 일반적으로 '행복한', 심지어 '걱정 없는'이라는 뜻이라는 점을 고려하면 질문은 더 깊어진다. '애통하는 자는 행복하다'라는 말은 무엇을 뜻하는

가? 예수님은 보통의 행복을 염두에 두신 것이 아니다. 행복한 그분의 제자들은 가난하고 배고프다. 그들은 애통하며 박해를 당한다. 가장 좋은 접근은 팔복을 사려 깊은 특성 목록으로서가 아니라, 전체적인 제자의 초상화로 바라보는 것이다. 예수님의 축복은 이러한 성품을 가진 사람들에게 임한다.

팔복에는 구약성경이 많이 배어 있다. 어떤 시편은 "복 있는 사람은…"(시 1:1; 112:1) 혹은 "…[한] 자는 복이 있도다"(시 32:1, 참고. 시 41:1)로 시작한다. 각각의 복은 구약의 주제와 연관된다. 가난한 자들에게 주어지는 복과 애통하는 자에게 주어지는 위로(마 5:3-4)는 이사야 61:1-2에서 나온 것이다. 시편 37:11은 "온유한 자들은 땅을 차지하며"라고 선언하고, 시편 24:3-5은 마음이 청결한 자를 축복한다.

팔복에 붙은 약속들은 신학적이다. 처음과 마지막에 나오는 심령이 가난한 자와 박해를 받는 자는 "천국이 그들의 것임이라"라는 말을 듣는다. 다시 말해 그들은 이미 하나님의 전 세계적인 통치 아래 있다. 두 번째부터 일곱 번째까지는 미래에 받을 복을 제시한다. 각각 "[x]는 복이 있나니 그들이 [y]를 받을 것임이요"라는 형태다.

팔복은 또한 마태가 그리는 예수님의 모습과 많이 일치한다. 여덟 가지 복 중에서 일곱 가지는 마태가 나중에 동일한 헬라어를 사용하여 예수님에게 있다고 말하는 속성이다. 예수님은 제자가 선생처럼 되어야 한다고 여러 번 말씀하신다(마 10:24-25; 눅 6:40; 요 13:16; 15:20). 그래서 애통하는 자에게 복이 있다 하시고(마 5:4), 이스라엘을 위해 애통하신다(9:36; 23:37). 온유한 자에게 복이 있다 하시는데(5:5), 그분이 온유하시다(11:29). 마찬가지로 의를 추구하시고(5:6; 3:15), 긍휼을 베푸신다(5:7; 9:27-29; 20:30-34). 또 청결함을 인정하며 권하시고(5:8; 8:3-4; 23:25-26), 평화를 주시고(5:9; 10:13), 박해를 견디신다(5:10-11; 26:47-27:44). 이렇듯 예수님은 그분의 성품을 따르는 제자들에게 복이 있다고 하신다. 마태는 예수님이 팔복을 성취하시고 제자들도 함께하는 모습을 자주 살핀다.

단락 개요

Ⅲ. 첫 번째 설교: 예수님 나라의 제자도(5:1–7:29)

A. 산상수훈 서곡(5:1–16)

1. 배경(5:1–2)
2. 팔복(5:3–12)
3. 복 있는 자들에 대한 반응: 박해와 칭송(5:13–16)

몇몇 독자들은 개별 덕목들을 보는 반면, 학자들은 대부분 일관성 있는 세트를 주시한다. 어떤 학자들은 팔복을 네 가지씩 두 세트로 본다. 이 견해에서는 각 세트에 세 가지 하나님 나라의 가치가 나오고 그 뒤에 반응이 이어진다. 우리는 먼저 갈망의 복을 본다. 제자는 심령이 가난하고, 죄를 애통하고, 겸손하며, 의에 주리고 목마르다. 그 다음 네 가지는 행동의 복이다. 제자는 긍휼과 청결을 드러내고 화평하게 함으로 세상의 적대적인 반응을 불러일으킨다.

두 번째 구조 역시 세 가지 궁핍의 복으로 시작하지만 이는 네 번째 복, 즉 중심에 있는 의에 주리고 목마름을 요청한다. 그 다음 의를 향한 욕구는 긍휼, 청결함, 화평하게 함으로 표출된다. 그러고 나서 그 전체가 박해(5:10-12)로 시작되는 네 가지 결과를 초래한다. 나머지 반응들은 갈수록 긍정적이다. 제자는 부패를 지연시키는 소금 같은 역할을 할 것이고(13절), 세상에 빛을 비출 것이며(14-15절), 목격자들이 하나님을 찬양하도록 이끌 것이다(16절). 그림1을 참고하라.

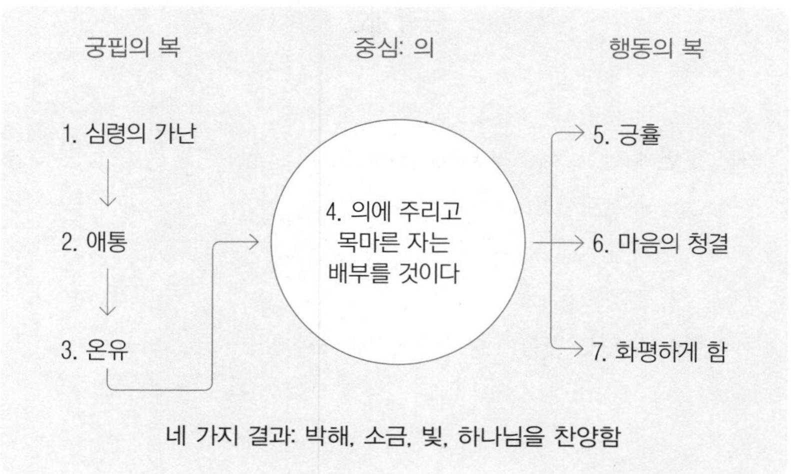

그림1. 팔복의 구조

주석

5:1-5 문맥을 보면, 이때 어마어마한 무리가 예수님을 따르고 있었다. 주로 그분이 행하신 기적 때문이다(4:25). 그러나 예수님은 그저 추종자 무리가 아니라 제자를 찾으신다. 이제 제자의 특성을 설명할 때가 왔다.

처음 세 가지 복은 궁핍에 대한 인식을 묘사한다. 예수님은 "심령이 가난한 자는 복이 있나니 천국이 그들의 것임이요"라고 말씀하실 때, 덕목에 대한 다른 개념들과 충돌하는 '하나님 나라' 덕목을 확증하신다. 심령이 가난한 것은 사람의 영적 궁핍과 하나님을 의지해야 할 필요를 아는 것이다(시 34:6; 사 41:17; 습 3:12; 눅 4:18).

서구 사회는 보통 자립과, 장애물에 부딪혔을 때의 자신감을 높이 평가한다. 이에 반해 참된 제자는 자신의 영적인 약함을 안다. "심령이 가난"한 것은 힘이나 에너지, 인격이 부족한 것이 아니라 죄와 무능을 인식하는 것을 가리킨다. 심령이 가난한 자는 선하거나 신실하기 위해 자신을 의지할 수 없음을 안다. 제자들이 자신의 가난을 하나님께로 가지고 가면, 그분이 은혜와 그분의 나라를 주신다.

심령이 가난한 자는 자신의 가난을 애통한다. 헬라어의 기본 번역 '애통하는 자는 행복하다'는 모순처럼 보인다. 애통은 행복하지 않은 것 아닌가? 그러나 복으로 이어지는 애통이 있다. 이 애통은 (재물이나 지위의) 상실이나 (악행에 대한) 수치와 연결되지 않는다. 제자는 '죄'를 애통한다. 자신의 죄, 친구와 가족, 교회의 죄, 약자에 대한 억압 같은 사회적 죄, 불신과 감사할 줄 모르는 것을 애통한다. 하나님은 그러한 애통을 위로하신다. 죄에 대한 애통에 복이 있다. 이것이 제자들을 죄에서 하나님과 의로 이끌기 때문이다.

야고보는 시편 51:1-12과 특히 시편 119:136("그들이 주의 법을 지키지 아니하므로 내 눈물이 시냇물같이 흐르나이다")을 따라 똑같이 애통을 요청한다. "죄인들아 손을 깨끗이 하라…애통하며 울지어다 너희 웃음을 애통으로, 너희 즐거움을 근심으로 바꿀지어다"(약 4:8-9). 그리고 약속이 뒤따른다. "주 앞에서 낮추라 그리하면 주께서 너희를 높이시리라"(4:10). 예수님은 올바르게 애통하는 이들에게 하나님의 위로를 약속하신다. 법의학적으로, 그분은 죄책을 사하신다. 도덕적으로, 죄로 인한 오염을 제거하신다. 종말론적으로, 땅을 새롭게 하실 것이다.

두 번째 복은 세 번째 복으로 이어진다. 자신이 영적으로 가난함을 알고 애통하는 자들은 온유할 것이고 "땅을 기업으로 받을 것[이다]"(5절). 다시 말하지만 온유는 순응이나 복종, 모욕에 저항하지 않는 것 같은 인격적 속성이 아니다. 예수님은 기질의 부수적인 속성이 아니라 제자의 '성격'을 묘사하신다. 성경에서 온유는 종종 죄악된 속성이나 악덕과 대조되는 덕목 목록에 나온다. 신약에서는 온유한 것이 담대함(고후 10:1), 다투기 좋아함(딤후 2:24-25), 질투와 이기적인 야망(약 3:13-14, 참고. 1:19-21; 벧전 3:15-16)의 반대다. 온유는 자기과시와 대조된다. 따라서 어떤 사람이 자신의 힘을, 자신을 내세우기 위해서가 아니라 하나님의 대의나 약자의 대의를 내세우는 데 쓴다면, 강하고 적극적이지만 온유할 수 있다. 예수님은 담대하고 단호하고 대립적이지만 온유하셨다. 매우 자신감 있는 사람이 그리스도처럼

5장

자신보다는 다른 사람을 높인다면, 그는 온유하다. 온유한 사람은 자신의 영적 가난을 알고 그것을 슬퍼하기 때문에 자신을 내세우려 하지 않는다.

5:6 중심축이 되는 복은 하나님께서 "의에 주리고 목마른 자"를 배부르게 하신다고 약속한다. 만약 제자들이 자신의 죄와 약함을 알고 그것을 비통해하고 그것 때문에 겸손하게 산다면, 그들은 또한 의를 향한 욕구를 채워 달라고 하나님께 간구할 것이다.

번성한 땅에서는 "주리고 목마른" 것이 죽은 은유다. 우리에게는 물이 풍부하고 음식이 넘친다. 그에 반해 이스라엘에는 물이 부족했고 음식은 소량만 공급되었다. 본문을 이해하기 위해 독자들은 궁핍의 때를 기억해야(혹은 상상해야) 한다. 도보 여행자들이 길고 더운 여행을 하고 나서 물을 갈구하듯이, 제자는 의에 목이 마르고 필사적으로 그것을 바랄 것이다.

신학적인 독자는 바울의 렌즈로 "의"를 해석하여, 죄책과 형벌을 없애는 법적인 의, 속죄를 생각할 수도 있다. 예수님은 분명 20장에서 그분의 속죄를 묘사하시고 27장에서 그것을 완수하시지만, 5-7장에서는 그분을 따르는 이들의 개인적인 의를 묘사하신다. 그들은 합당한 이유로 합당한 일을 한다. 그들은 하나님을 사랑하고 신뢰하기 때문에 그분의 말씀이 필요하다(마 5:48). 산상수훈은 또한 여자들(5:31-32), 외부인들(5:38-42), 원수들(5:43-47)에 대한 사회적 의를 촉구한다.

5:7-9 행동의 복은 모두 궁핍의 복에서 흘러나오고, 의에 대한 주림을 통해 나온다. 제자는 심령이 가난하기 때문에 '긍휼히 여기는' 자다(7절). 제자는 자신의 약함과 악함을 인식하기에 다른 사람의 결점을 참는다. 긍휼에는 좁은 의미와 넓은 의미가 있다. 좁은 의미에서 긍휼히 여기는 사람은 자신에게 죄 지은 사람들을 용서한다(18:21-35). 넓은 의미에서 그들은 약자와 고난당하는 자들에게 자비를 베푼다. 예수님은 기적으로 그분의 긍휼을 입증하신다. 그분은 사람들을 보고 불쌍히 여겨 병을 고치시고(9:35-36; 14:14), 주린 자를 먹이시고(15:32), 죄인을 용서하신다(9:2).

긍휼은 행동으로 이어지는 성향이다. 긍휼히 여기는 사람은 사람들이 요구하든 요구하지 않든 그들을 돕는다. 긍휼은 은사인 동시에 요구 사항이다. 예수님이 먼저 긍휼을 요구하시지만, 긍휼은 실제로 하나님과 함께 시작된다(출 34:6). 하나님은 "내가 긍휼을 원하고"(마 9:13; 12:7)라 말씀하시고, 예수님은 율법에서 긍휼을 "더 중한" 것이라 칭하신다(23:23). 긍휼은 요구인 동시에 선물이다. 어거스틴(Augustine)은 이렇게 기도했다. "당신이 하고자 하는 것을 요구하시고, 당신이 요구하는 것을 주십시오." 제자는 긍휼히 여김을 받았기 때문에 긍휼을 베푼다(마 5:7; 18:21-35).[77]

자신의 죄를 애통하는 제자는 "마음이 청결[pure]"할 것이다(8절). 제자가 자기 죄, 구체적인 어떤 죄들에 대한 애착을 보고 그것을 슬퍼한다면, 그에게는 죄를 근절하고 청결해지려는 강한 욕구가 있는 것이고, 그래서 하나님 보기를 간절히 바랄 것이다. 청결은 성경에서 두 가지로 표현된다. 첫째, 청결은 고결한 성향과 의로운 행동을 합친다. 다윗이 "여호와의 산에 오를 자가 누구며…손이 깨끗하며 마음이 청결하며"(시 24:3-4)라고 말할 때 그것을 보여준다. 둘째, 청결은 두 마음이 아닌 단일함을 나타낸다. 즉 타협하지 않고 살려는 결단이다. 청결한 사람은 보상을 위해서가 아니라 아름다움과 거룩함을 사랑하기 때문에 선을 행한다(시 96:4-9; 벧전 3:3-5).

하나님께서 화평하게 하시는 분이므로, 화평하게 하는 자는 "하나님의 아들"(9절)이라 일컬음을 받는다. 화평하게 하는 일은 논리적으로 세 번째 복인 온유함에서 나온다. 온유한 자는 자신이 부족하다는 것을 알기에 스스로를 내세우지 않는다. 화평은 사람들이 스스로를 자랑하는 일을 멈출 때 풍성해진다. 나아가 자기자랑을 멈춘 이들은 분쟁을 해결함으로써 화평을 이룬다. 그들은 어느 쪽의 인정도 받지 않으려 하는 정직한 심판관이기 때문이다.

77 5:7에서 "그들이 긍휼히 여김을 받을 것임이요"로 번역된 헬라어 동사는 수동태다. 행위자가 명시되지 않은 이러한 종류의 수동태를 신적 수동태라 부른다. 그 행위자는 하나님이지만 언급되지 않는다. 예수님과 동시대 사람들은 가능하면 하나님의 이름을 사용하지 않음으로써 그 이름이 '망령되게' 사용되는 것을 피하려 했다.

화평하게 하는 것은 성경의 흔한 관심사다. 하나님의 말씀은 평화를 이루고, 평화를 추구하고, 평화를 만들고, 그 안에서 살라고 촉구한다(삼하 3장; 시 34:14; 잠 15:1; 롬 12:18; 고전 7:15; 히 12:14; 벧전 3:11). 하나님은 또한 사람들에게 그분과 화평을 이루라고 하신다. "나와 화친할 것이니라"(사 27:5)라고 명하신다. 또 평강의 왕(9:6) 예수님이 하나님과 사람 사이에 평화를 이룬다고 선언하신다(시 34:11-20; 눅 2:14; 7:50; 24:36; 요 14:27; 엡 2:11-19). 그분은 그분과 화평을 이루자는 제안을 우리가 받아들여야 한다고 말씀하신다[롬 5:1; 10:15(참고. 사 52:7); 히 12:18-29]. 성경의 몇 단락이 하나님과의 화평은 물론 사람들과의 화평을 독려하는 것은 놀랄 일이 아니다(사 9장; 시 34편; 엡 2장; 히 12장).

5:10-12 화평에 이르는 길은 보통 갈등을 필요로 한다. 예수님은 갈등을 통해 평화를 이루신다. 그분은 "내가 불을 땅에 던지러 왔노니 이 불이 이미 붙었으면 내가 무엇을 원하리요"(눅 12:49)라고 외치신다. 복음서의 절정은 예수님과 로마인 및 유대 지도자들 사이의 갈등을 통해 온다. 그분은 또한 사탄 자체와도 싸우신다. 하나님의 목적을 이루려면, 그분이 인류를 그분 자신과 화해시켜서 "그의 십자가의 피로 화평을 이루[셔야]"(골 1:20, 참고. 롬 5:1-11) 한다.

"예수님이 화평을 이루는 일에서 박해로 옮겨가시는 것은 우연이 아니다. 세상은 미움과 편견을 아주 많이 즐기기 때문에 평화를 이루는 자가 늘 환영받지는 못한다."[78] 제자들은 선생(마 10:24-25)과 선지자들(5:12)의 운명을 감당해야 한다. 예수님은 "세상이 너희를 미워하면 너희보다 먼저 나를 미워한 줄을 알라"라고 안심시키신다. 왜 그런가? "너희는 세상에 속한 자가 아니[므로]…세상이 너희를 미워하느니라…사람들이 나를 박해하였은즉 너희도 박해할 것이요"(요 15:18-20). 제자들은 욕을 듣고, 박해받

78 Carson, *Matthew*, 165.

고, 중상모략당할 것이다(11절).

"의를 위하여" 박해를 받으면 복을 받는다(10절). 죄나 어리석은 행동 때문에 고난당하는 것에는 복이 없지만(벧전 2:19-20), 그리스도에 대한 충성 때문에 고난을 겪는 이들에게는 큰 보상이 있다(12절).

5:13-16 "복이 있나니"에서 "너희는"으로 형식이 바뀐다. 그러나 그 주제는 계속된다. 소금은 부패를 지연시키므로, "너희는…소금이니"란 제자들이 도덕적, 영적 부패를 억누른다는 의미다(13절). 부패를 늦추려면 소금이 깨끗해야 한다. 예수님 당시 소금에는 종종 불순물이 섞여 있었고, 그런 소금은 맛이 없고 쓸모도 없었다. 그러므로 요지는, 제자가 그들 시대의 부도덕함을 지연시키고자 한다면, 하나님 나라의 가치관으로 살아야 한다는 것이다.

"너희는…빛이라"는 평생 빛의 최고 가치를 발현하라는 흔한 은유다(14절). 구약의 상징인 빛은 청결, 진리, 지식, 계시, 소망과 연결되는 동시에 죄와 무지, 방향성 없음과는 반대된다. 제자들은 그들의 빛을 폭넓게 비추어야 한다(14-15절). 그러면서 동시에 세상이 그들에게 집중하지 않도록 해야 한다. 우리의 빛은 아버지에 대한 찬양으로 이어질 것이다. 사람들이 우리의 작은 빛으로부터 모든 빛의 근원으로 향하기 때문이다(16절).

응답

앞의 구절들이 보여주듯이, 마태복음 5장을 해설하며 반응을 요구하지 않는 것은 불가능하다. 이 말씀은 우리에게 무엇을 요청하는가?

첫째, 모든 복은 자아성찰을 요구한다. 우리는 이렇게 자문해야 한다. 나는 심령이 가난한가? 나는 그로 인해 겸손한가? 나는 내 죄에 대해 애통하며 마음의 청결을 추구하는가, 아니면 심드렁한 채 자기변명만 늘어놓는가? 나는 사회의 죄를 애통하는가, 아니면 냉소적인가? 나는 온유하고 겸손한가, 아니면 여전히 나 자신을 내세우는가? 나는 의에 주리고 목마른가, 아니면 한 방울의 품위에 만족하는가? 나는 긍휼히 여기는 사람인가? 나는 화평을 추구하는가, 아니면 불필요한 갈등을 일으키는가? 모든 질문이 우리로 더 깊이 들어가라고 요청한다. 온유함을 예로 들어보자. 주님께 "저는 끔찍한 죄인입니다"라고 말하기는 쉽지만, 다른 사람들에게 그것을 인정하기는 어렵다. 누군가가 "당신은 끔찍한 죄인이야"라고 말한다면, 당신은 동의하는가 아니면 격렬히 자기방어를 늘어놓는가?

둘째, 이 단락은 제자에게 복음서가 그리는 대로 예수님을 묵상하라고 요청한다. 제자의 포부와 운명이 예수님처럼 되는 것이라면, 우리는 그분을 알고 그분의 방식을 따라야 한다.

셋째, 우리는 사회를 빚어가기를 열망해야 한다. 박해는 비참하지만 적어도 사회가 주목하고 있음을 보여준다. 10-16절에 묘사된 네 가지 반응 중에서 단 한 가지만 완전히 부정적이다. 제자는 우리의 본 모습, 즉 부패한 시대의 소금, 어두운 세상의 빛이 되기를 열망해야 한다. 우리는 빛을 비추며 사람들이 하나님을 찬양하도록 해야 한다.

마지막으로, 우리는 의에 주리고 목마른 것으로 돌아올 수 있다. 당신은 의에 주려 있는가? 당신은 정말로 목마른 사람이 절박하게 물을 찾듯 그것에 필사적인가? 아니면 도덕적이기는 하지만 열정은 없이, 하나님의 대의보다는 의무에만 헌신한 채 표류하는 데 만족하는가? 당신이 주려 있다면 더 공정하고 더 사랑하고 더 선하게 되고자 노력할 것이다. 그렇게 노력하면서 당신이 얼마나 부족하고 그 의를 얼마나 간절히 갈망하는지 알게 될 것이다. 그 의는 그리스도가 속죄의 희생을 통해 부어주신 것으로, 마태의 결론에서 십자가로 성취되었다. 그리고 예수님을 믿음으로 당신에게 적용되었다.

17 내가 율법이나 선지자를 폐하러 온 줄로 생각하지 말라 폐하러 온
것이 아니요 완전하게 하려 함이라 18 진실로 너희에게 이르노니 천
지가 없어지기 전에는 율법의 일점일획도 결코 없어지지 아니하고 다
이루리라 19 그러므로 누구든지 이 계명 중의 지극히 작은 것 하나라
도 버리고 또 그같이 사람을 가르치는 자는 천국에서 지극히 작다 일
컬음을 받을 것이요 누구든지 이를 행하며 가르치는 자는 천국에서
크다 일컬음을 받으리라 20 내가 너희에게 이르노니 너희 의가 서기관
과 바리새인보다 더 낫지 못하면 결코 천국에 들어가지 못하리라

17 "Do not think that I have come to abolish the Law or the Prophets; I
have not come to abolish them but to fulfill them. 18 For truly, I say to
you, until heaven and earth pass away, not an iota, not a dot, will pass
from the Law until all is accomplished. 19 Therefore whoever relaxes
one of the least of these commandments and teaches others to do the
same will be called least in the kingdom of heaven, but whoever does
them and teaches them will be called great in the kingdom of heaven.
20 For I tell you, unless your righteousness exceeds that of the scribes
and Pharisees, you will never enter the kingdom of heaven.

21 옛 사람에게 말한바 살인하지 말라 누구든지 살인하면 심판을 받
게 되리라 하였다는 것을 너희가 들었으나 22 나는 너희에게 이르노니
형제에게 노하는 자마다 심판을 받게 되고 형제를 대하여 [1)]라가라 하
는 자는 공회에 잡혀가게 되고 미련한 놈이라 하는 자는 지옥 불에 들
어가게 되리라 23 그러므로 예물을 제단에 드리려다가 거기서 네 형제
에게 원망들을 만한 일이 있는 것이 생각나거든 24 예물을 제단 앞에
두고 먼저 가서 형제와 화목하고 그 후에 와서 예물을 드리라 25 너를
고발하는 자와 함께 길에 있을 때에 급히 사화하라 그 고발하는 자가
너를 재판관에게 내어 주고 재판관이 옥리에게 내어 주어 옥에 가둘
까 염려하라 26 진실로 네게 이르노니 네가 한 푼이라도 남김이 없이
다 갚기 전에는 결코 거기서 나오지 못하리라

21 "You have heard that it was said to those of old, 'You shall not
murder; and whoever murders will be liable to judgment.' 22 But I say
to you that everyone who is angry with his brother[1] will be liable to
judgment; whoever insults[2] his brother will be liable to the council; and
whoever says, 'You fool!' will be liable to the hell[3] of fire. 23 So if you
are offering your gift at the altar and there remember that your brother
has something against you, 24 leave your gift there before the altar and
go. First be reconciled to your brother, and then come and offer your
gift. 25 Come to terms quickly with your accuser while you are going
with him to court, lest your accuser hand you over to the judge, and the
judge to the guard, and you be put in prison. 26 Truly, I say to you, you
will never get out until you have paid the last penny.[4]

1) 라가는 히브리인의 욕설

1 Some manuscripts insert *without cause* *2* Greek *says Raca* to (a term of abuse) *3* Greek *Gehenna*; also verses 29, 30 *4* Greek *kodrantes*, Roman copper coin (Latin *quadrans*) worth about 1/64 of a *denarius* (which was a day's wage for a laborer)

단락 개관

예수님은 율법에 대해 서기관 및 바리새인들과 거듭 충돌하신다(마 12:1-14; 15:1-20; 23:1-28). 이는 불가피하다. 그들의 전통은 율법의 의도를 오해하고, 심지어 무가치하게 만들기 때문이다(15:3-9). 예수님은 '하나님의' 율법에 순종하기 위해 '그들의' 율법을 위반하신다. 그들은 그들의 '전통', 즉 그들의 율법 해석이 율법 자체와 동일한 지위를 가진다고 믿었으므로, 예수님을 죄인으로 판단한다. 나아가 예수님이 다 알고도 그렇게 행동하시므로, 그분을 '고의적인' 죄인으로 여긴다. 그리고 예수님이 랍비처럼 행동하며 제자를 모아 가르치고, 병 고치는 능력까지 보이기 때문에, 그분을 위험하다고 생각한다. 율법을 한쪽으로 치우는 카리스마 있는 선생이신 그분은 백성을 속이고 있는지도 모른다(참고. 신 13:1-5).

유대 지도자들은 예수님이 안식일을 어기고(마 12:5-10; 요 5:9-18), 죄인들(눅 15:1-2) 및 여자들과 어울림으로써 죄를 짓는다고 판단한다. 후자는 랍비들의 근본적인 가르침 때문이다. 예수님의 적들은 여자들을 머리가 텅 빈 요부로 여기면서 이렇게 말한다. "여자와 이야기를 많이 하는 그는 화를 자초하고 율법 연구를 무시한다"(미쉬나, 아보트 1:5).[79] 또 다른 랍비는 이렇게 말한 적이 있다. "악한 이웃과 멀리 떨어지고 악한 자들과 어울리지 말라." 그러므로 죄인들과 함께 드시는 예수님의 습관은 율법 위반이었다.

이러한 배경에서 예수님은 하나님의 율법을 존중하고 그 율법에 순종한다고 단언하신다(마 5:17-20). 나아가 그 율법을 바르게 설명하신다(5:21-48). 그러는 내내 예수님은 그분을 따르는 이들에게 의무나 두려움이나 이기적인 계산이 아니라 올바른 이유에서 올바른 행동을 할 수 있도록, 태도와 행동을 조화시키라고 가르치신다.

79 Herbert Danby, trans., *The Mishnah: Translated from the Hebrew with Introduction and Brief Explanatory Notes* (New York: Oxford University Press, 1933).

단락 개요

Ⅲ. 첫 번째 설교: 예수님 나라의 제자도(5:1–7:29)

B. 예수님이 참된 의를 탐구하시다(5:17–48)

1. 탁월한 의(5:17–20)

2. 분노와 화해(5:21–26)

마태복음 5:17-20은 세 부분으로 나뉜다. 첫째 부분에서, 마태는 예수님이 모든 사람에게 그분의 가르침을 어떻게 해석하면 '안 되는지' 말씀하시는 모습을 묘사한다. 예수님이 율법의 일부를 무시하는 듯 보이므로, 그분은 "율법이나 선지자를 폐하러 온" 것이 아니라 "완전하게 하려" 한다고 단언하신다(17절). 예수님은 그분의 요지를 확대하며 홀로 맹세하신다. "진실로 너희에게 이르노니 천지가 없어지기 전에는" 율법의 한 획도 사라지지 않을 것이다(18절). 둘째 부분에서, 그분은 가장 작은 계명을 "버리는" 사람은 누구든 "천국에서 지극히 작다 일컬음을 받을 것"(19절)이라고 경고하신다. 셋째 부분에서, 의에 대한 요구를 심화하며 제자들은 더 뛰어난 의를 추구해야 한다고 주장하신다(20절).

21-48절에는 여섯 가지 대조가 나온다. 그 절들은 "옛 사람에게 말한 바"로 시작한 다음 "[그러나] 나는 너희에게 이르노니"가 더해진다. 앞의 다섯 가지는 율법의 한 부분을 인용하고, 마지막은 잘못된 율법 인용을 바로잡는다. 또한 앞의 네 가지는 여섯 번째 계명, 일곱 번째 계명, 아홉 번째 계명을 해설하고, 마지막 두 가지는 제자들이 이웃과 원수에게 어떻게 행동해야 하는지 고찰한다. 설명은 완벽한 해설이 아니라 실례와 본을 보여주는 식이다. 여섯 가지의 대조는 긍정적인 가르침을 제시하면서, 제자들에게 율법을 해석하는 법을 보여준다. 모세오경의 판례법처럼, 이는 제자들에게 어떤 상황에서 율법에 순종하는 법을 명시함으로써 모든 상황에서

율법에 순종하는 법을 가르친다.

구조적으로 21-26절은 예수님의 가르침 중에서 가장 복잡한 부분이다. 예수님은 "살인하지 말라"(21절)라는 율법을 고쳐 말씀하신 다음, 살인으로 이어지는 성향을 금하신다. 그 진행 과정이 중요하다. 예수님은 살인을 금한 다음, 살인의 동기가 되는 분노와 무시를 금하신다(22절). 그러고 나서 '다른 사람들'에게서 살인을 초래하는 성향들을 제거하라고 말씀하신다. "네 형제에게 원망 들을 만한 일이 있는 것이 생각나거든" 화해를 청하러 가라(23-24절). 마지막으로, 예수님은 형제에서 원수로 옮겨가신다. 예수님을 따르는 자들은 그들을 고발하는 이들과도 화해해야 한다(25-26절). 대략적으로 이 구절은 다음과 같이 전개된다.

- 명령: 살인하지 말라. 누구든지 살인하면 심판을 받는다.
- 더 나아가: '형제'에게 노하는 자마다 심판을 받는다.
- 더 나아가: 실제로 '형제에 대하여 쓸모없다'거나 '바보'라고 '하는' 자는 누구든 불에 들어갈 만하다.
- 그 이상으로: '형제가 당신에게 화가 났다면', 화해하라.
- 그 이상으로: '적이 당신에게 화가 났다면', 화해하라.

주석

5:17-20 예수님은 랍비들이 이해하는 대로의 율법을 위반하셨기 때문에, 율법과 선지자를 폐지했거나 무너뜨렸다[카탈뤼오(*katalyō*)]는 혐의를 예상하고 그것을 거부하신다(17절). 오히려 예수님은 율법을 완전하게 하려고[플레로오(*plēroō*)] 오셨다. 어떻게 그렇게 하시는가? 몇 가지 선택지가 있다.[80]

80 이 부분은 Hagner, *Matthew*, 1:105를 따랐다.

(1) 율법에 완벽하게 순종하심으로? 혹은 (2) 율법의 희생제사가 예시하고 요구한 구원을 행하심으로? 아니면 (3) 율법의 참된 의미를 끌어내는 식으로 율법을 가르침으로써? 요컨대, 예수님은 행동으로(1번과 2번 시각) 율법을 완전하게 하시는가, 아니면 말씀으로(3번 시각) 그렇게 하시는가? 정경에 근거하면 세 가지 모두 맞다. 그러나 문맥상 이 부분은 가르침이므로, 강조점은 예수님의 설명(3번 시각)에 있다. 예수님은 율법이 단지 행동이 아니라 동기와 태도를 형성한다는 것을 설명함으로 율법을 완전하게 하신다.[81]

예수님은 또한 율법의 영구성을 주장함으로 율법을 지지하신다. 율법의 "일점일획"이 없어지는 것보다는 천지가 없어지는 것이 더 쉬울 것이다. 일점일획은 히브리 글에서 가장 작은 터치에 속한다. "점"("iota")은 쉼표 크기로, 묵음 e처럼 종종 의미의 상실 없이 생략되기도 한다. "획"("dot")은 영어 알파벳의 b/d나 c/e처럼 유사한 두 글자를 구별하는 작은 표시이다. 율법을 경솔하게 읽으면 안 된다! 실제로 율법의 가장 작은 요소를 무시하는 이는 누구도 천국에서 큰 사람일 수 없다(19절). 율법을 향한 예수님의 헌신은 완벽하다. 그분은 제자들에게 "너희 의가 서기관과 바리새인보다 더 낫지 못하면 결코 천국에 들어가지 못하리라"(20절)라고 말씀하신다.

현대의 독자들은 서기관과 바리새인을 피상적이고 위선적이라 생각하기 때문에, 그들의 의를 능가하는 것이 쉽다고 착각할 수 있다. 그러나 예수님의 첫 청중은 서기관을 말씀을 가장 정확하게 '해석하는 사람'이라 여기고, 바리새인은 가장 독실한 '실천가'라 생각했다. 오늘날 예수님은 "너희 의가 목사와 선교사보다 더 낫지 못하면"이라고 말씀하실 것 같다.

서기관과 바리새인은 모든 상황에 대한 적절한 행동을 기술함으로써 의를 성문화하려 했다. 그들은 안식일 휴식을 위해 얼마나 걸을 수 있는지(915미터)와 어느 정도의 글자를 쓸 수 있는지(짧은 단어 1개) 명시했다. 서기관이 법률가라면 예수님은 심장병 전문의셨다. 그분은 성경의 법 규범을

81 다른 시각들도 배제하기 어렵다. 5:18이 천지가 없어지기 전에 '다 이해되리라' 혹은 '다 순종되리라'가 아니라 "다 이루리라"[기노마이(*ginomai*)]라고 말하기 때문이다.

알고 인정하고 순종했지만 마음과 그 동기에 초점을 두셨다. 마음의 동기로는 제자들이 서기관과 바리새인보다 더 나을 수 있다. 누군가를 죽이지 않기 때문에 그 사람이 의로운 것은 아니다. 누군가를 해치지 않을 뿐만 아니라 그렇게 하려는 마음이 없기 때문에 또 적대적인 생각에 저항하기 때문에 의로운 것이다. 진짜 제자는 마음에서부터 순종한다.

5:21-26 예수님은 살인을 금하는 율법을 인용하며 살인자는 법정에서 "심판"을 받을 것이라고 덧붙이신다(21절). 살인은 드물고 분노는 흔하지만, 둘 다 "심판을 받게" 된다. 따라서 살인과 살인 배후의 성향 둘 다 죄다. 분노는 행동으로 이어지지 않는다 해도 (일반적으로) 죄악된 것이다(22절). 예수님은 또한 살인으로 이어지는 또 다른 성향인 경멸을 금하신다. 헬라어는 문자적으로 "형제를 대하여 라가라 하는 자는 공회에 잡혀가게 되고 모레(*mōre*, '미련한 놈')라 하는 자는 지옥 불에 들어가게 되리라"(22b절)로 읽힌다. '라가'는 생각을 경멸하는 것으로 '바보! 멍청이!'라는 뜻이다. '모레'는 마음과 성품을 경멸하는 것으로 '악당!'이라는 뜻이다. '라가'가 뇌를 모욕한다면, '모레'는 심장을 모욕한다. 둘 다 한 사람이 무가치하다는 것을 표현한다. 예수님이 경멸과 무시를 금하신 까닭은 그것이 당하는 이의 심령을 죽이기 때문이다. 그것은 또 살인으로 이어지기도 한다. 사람들이 전쟁으로, 낙태로, 인종 청소로, 가난한 이들에 대한 무시로 죽이는 까닭은 그 사람들을 무가치하다고 판단하기 때문이다.

예수님은 죄를 지은 사람이 "공회", 즉 유대의 최고 법정인 산헤드린에서 심판을 받게 된다고 말씀하신다. 그들은 또 "지옥 불"에서 하나님의 심판도 받아야 한다(22절). 요지는 다양한 형태의 경멸이 다양한 벌을 받는다는 것이 아니다. 오히려 모든 형태의 경멸이 살인의 벌을 받을 만하다. 요한은 나중에 "그 형제를 미워하는 자마다 살인하는 자니"(요일 3:15)라고 쓴다.

그 외에도 예수님은 형제들과 화해하고, 가능하면 그들의 분노와 경멸을 진정시키라고 가르치신다. 여기서 율법에 대한 예수님의 이해는 더 진전된다. 예수님은 이미 살인과, 살인으로 이어지는 분노와, 무심함을 낳는 경멸을 금하셨다. 이제는 형제들 안에 있는 분노를 막아야 한다고 말씀하신다(23-24절). 그런 다음 원수들 안에 있는 분노 역시 막아야 한다고 말씀하신다(25-26절).

혹 예수님이 "예물을 제단에 드리려다가 '네가' 형제를 원망할 만한 일이 있는 것이 생각나거든…"(그분은 나중에 그렇게 하신다. 참고. 막 11:25)이라고 말씀하시리라 예상할지 모르겠다. 그러나 예수님은 그 이상을 요구하신다. "그러므로…'[네가]' 네 형제에게 원망 들을 만한 일이 있는 것이 생각나거든 예물을 제단 앞에 두고" 가라고 요구하신다(23-24절). "그러므로"[운(*oun*)]는 예수님이 앞에서 하신 말씀으로부터 결론을 끌어내고 계심을 의미한다. 즉 살인과 분노와 경멸을 삼간다면, 그는 가능하면 '다른 사람들' 안에서도 그것을 막아야 한다는 것이다. 만일 제단에서, 즉 하나님과의 화해와 하나님께서 주시는 은혜를 찬양하는 장소에서 예물을 드리려다가 분노한 형제가 생각난다면, 그 형제와 화해하고 그의 은혜를 구해야 한다. 사안은 아주 긴급하므로 그는 (아마도 과장되게) 예물을 제단에 그대로 두고 가야 한다. 다시 돌아와서 그 예물을 드릴 수 있고 하나님은 그것을 받으실 것이다.

마태는 그 형제의 마음 상함이 합당한지 부당한지 드러내지 않는다. 그 형제는 사소한 어떤 것 때문에 기분이 상했을 수도 있는데, 그렇다면 그의 분함은 무의미하다. 그럼에도 관계가 깨어진 것이 생각난다면, 화해를 구해야 한다.

25-26절에 나오는 마지막 시나리오는 가장 도전적이다. 지금까지는 예수님이 가족이든 이웃이든 동료 신자들, 즉 '형제'와 관련된 분노와 경멸, 갈등을 설명하셨다. 그런데 이제는 적수, 즉 법적 상대[안티디코스(*antidikos*)]와의 화해를 명하신다. 다시 한 번 예수님은 누가 옳은지에 관한 질문을 무시하신다. 충돌 자체가 그분의 관심사다.

예수님은 재정적인 이유로 어떤 제자를 법정으로 데려가는 적을 상상하신다. 대수롭지 않게 법정에 가는 사람은 아무도 없다. 문제가 확대되고, 갈등은 최고조에 이르렀고, 누구도 그 소송이 어떻게 끝날지 알지 못한다.

아마도 자신의 결백을 확신하는 사람은 후퇴할 의향이 없을 것이므로, 예수님의 명령은 온갖 오만한 본능에 반대한다. 기회가 남아 있을 때, 법정에 가는 도중이라도, 판사가 "너"에게 불리한 판결을 하여 너를 옥에 가두지 않도록 "급히 사화하라"(혹은 친구가 되라). 어떤 면에서 이는 상황 판단이 빠른 조언이다. 비극적인 손실을 막기 위해 조치를 취하라는 것이다. 더 깊이 있게 보자면, 예수님은 제자들에게 분노와 오만을 그치고 화평을 이루라고 말씀하신다. 제자가 분노를 그칠 수 있다면, 그는 부당해 보이는 법적 싸움 중이라도 원수와 화해할 수 있을 것이다.

응답

"살인하지 말라"라는 명령은 지키기가 아주 쉬워 보인다. 그러나 근거 없는 분노, 원한을 품은 말, '바보'나 '쓸모없는 놈' 같은 욕설도 살인이라면, 살인자들은 도처에 있다. 거기서 더 나아가 제자들은 화난 형제들 그리고 적들과도 화평을 이루어야 한다. 어떤 사람들은 싸움을 즐기기에, 화평을 이루는 것이 불가능할지도 모른다(롬 12:18). 간혹 시도를 멈춰야 할 때도 있지만(딛 3:10), 노력은 꼭 필요하다.

화평을 이루려면 힘든 일을 해야 한다. 죄를 고백하고, 실수를 인정하고, 자기변명을 하지 않고, 분노를 물리치는 법을 배워야 한다(잠 15:1; 29:8). 예수님처럼 비합리적인 분노, 궁극적으로 하나님을 향하는 듯한 분노를 견뎌야 한다. 다윗은 단지 하나님께 기름 부음을 받았다는 이유로 사울로부터 미움을 받았다. 예수님은 다윗의 말을 다른 말로 바꾸어 "그들이 이유 없이 나를 미워하였다"(요 15:25, 참고. 시 35:19; 69:4)라고 말씀하신다.

예수님이 성전에서 보여주시듯이(마 21:12-13) 의로운 분노는 분명히 있다. 마가복음 7:18과 9:19이 예증하듯 경건한 분노도 있다. 그러나 예수님은 "노하기를 더디"하신다(출 34:6; 약 1:19). 그분의 분노는 불의, 위선, 불신 때문에 타오르는 것이지 개인적인 학대가 아니다. 예수님은 극심한 고통을 당할 때 양처럼 그것을 받아들일 뿐 보복하지 않으셨다(벧전 2:23). 우리의 분노는 보통 그 반대다. 빠르고 개인적이고 옹졸하다. 우리의 분노가 하나님의 분노를 닮기 바란다.

이처럼 예수님의 가르침은 필수적이면서도 동시에 도달 불가능해 보인다. 다행히도 주님은 우리의 약함을 알고 우리를 용서하신다. 그리스도의 사역으로 인해 그분은 우리의 죄에 따라 우리를 다루지 않으신다(시 103:1-14).

5장

27 또 간음하지 말라 하였다는 것을 너희가 들었으나 28 나는 너희에게
이르노니 음욕을 품고 여자를 보는 자마다 마음에 이미 간음하였느
니라 29 만일 네 오른 눈이 너로 실족하게 하거든 빼어 내버리라 네 백
체 중 하나가 없어지고 온몸이 지옥에 던져지지 않는 것이 유익하며
30 또한 만일 네 오른손이 너로 실족하게 하거든 찍어 내버리라 네 백
체 중 하나가 없어지고 온몸이 지옥에 던져지지 않는 것이 유익하니라
27 "You have heard that it was said, 'You shall not commit adultery.'
28 But I say to you that everyone who looks at a woman with lustful
intent has already committed adultery with her in his heart. 29 If your
right eye causes you to sin, tear it out and throw it away. For it is
better that you lose one of your members than that your whole body be
thrown into hell. 30 And if your right hand causes you to sin, cut it off
and throw it away. For it is better that you lose one of your members
than that your whole body go into hell.

31 또 일렀으되 누구든지 아내를 버리려거든 이혼 증서를 줄 것이라

하였으나 32 나는 너희에게 이르노니 누구든지 음행한 이유 없이 아내를 버리면 이는 그로 간음하게 함이요 또 누구든지 버림받은 여자에게 장가드는 자도 간음함이니라

31 "It was also said, 'Whoever divorces his wife, let him give her a certificate of divorce.' 32 But I say to you that everyone who divorces his wife, except on the ground of sexual immorality, makes her commit adultery, and whoever marries a divorced woman commits adultery.

단락 개관

마태복음 5:27-32은 예수님의 두 번째와 세 번째 대조로 구성된다. "너희가 들었으나"와 "나는 너희에게 이르노니"가 대조를 이룬다. 두 가지 대조는 제7계명과 함께 육체적 정절과 결혼의 정절이 필요함을 살핀다. 그 표현은 아주 생생하고 요구들은 금욕적이다. 음욕을 품지 말라는 명령(28절)은 20-26절에서 소개된 주제, 즉 진심이 담긴 올바른 이유로 올바른 행동을 해야 한다는 주제를 이어간다. 살인하지 않는 것이 분노하지 않는 것을 뜻한다면, 간음하지 않는 것은 음욕을 품지 않는 것을 뜻한다. 그러나 예수님은 32절에서 경솔한 이혼을 금할 때, 율법에 대한 문자적 혹은 엄밀한 순종으로 인해 하나님의 뜻을 어길 수 있고, 심지어 그것을 용이하게 할 수도 있음을 주목하신다. 율법이 말하는 대로 "이혼 증서"(31절)를 주면서 악한 이혼을 정당화할 수 있다.

문학적인 면에서 29-30절은 생생하고, 기억하기 쉽고, 시적이고, 대립적이다. 유사한 표현이 18:8-9에 나온다. 순회 설교자인 예수님은 여러 차례 다양한 문맥에서 많은 말씀을 하셨다.

단락 개요

Ⅲ. 첫 번째 설교: 예수님 나라의 제자도(5:1-7:29)

B. 예수님이 참된 의를 탐구하시다(5:17-48)

3. 정욕과 순결(5:27-30)

4. 이혼과 재혼(5:31-32)

27-30절과 31-32절은 같은 구조를 보인다. 인용구에 뒤이어 "너희가 들었[다]"라는 어구가 나온다. 예수님은 "[그러나] 나는 너희에게 이르노니"라고 덧붙이면서 율법의 남용을 꾸짖고 그 결과를 언급하신다. 29-30절을 보면, 음욕에 빠지는 이들은 그들의 영혼을 위태롭게 한다. 32절을 보면, 이유 없이 하는 이혼은 간음을 야기할 수 있다.

주석

5:27-30 예수님은 혼전 성관계나 다른 죄들보다 간음을 더 단호하게 금하신다. 간음이 가장 심한 성적 죄였기 때문이다. 또 그 문화에서는 대부분의 사람이 10대에 결혼하고, 미망인은 젊다면 빨리 재혼했다. 대부분의 사람에게 혼전 성관계는 선택할 수 있는 사안이 아니었다.

제10계명은 율법이 법적인 정절 이상을 목표로 함을 보여준다. 제7계명은 명예를 지키고 자손을 보는 데 관심을 가지는 것보다 더 높은 것을 목표로 한다.

28절의 "음욕을 품고"("with lustful intent")는 헬라어 프로스 토 에피뒤메사이 아우텐(*pros to epithymēsai autēn*)을 느슨하게 번역한 것이다. 에피뒤메사이라는 동사는 부정사고, 프로스 다음에 뒤따르는 부정사는 목적을 나타낸다. 따라서 28절은 때로 '강한 욕정을 느끼기 위해 여자를 보는 자마다'(KJV, 참고. NASB)로 번역된다. 실제로 음흉한 시선은 간음의 의미가 있지만, 그것이 다가 아니다. 헬라어에서는 대명사 아우텐(*autēn*)이 동사의 주어인지 목적어인지 분별되지 않는다. 그러므로 그 어구는 이렇게 번역될 수도 있다. '여자가 음욕을 느끼도록 그 여자를 보는 자마다.' 제자가 음욕 가득한 시선과 생각에 빠지는 것은 분명히 죄다. 나아가 음욕을 선동하는 것, 다른 사람들이 간음을 생각하도록 옷을 입거나 행동하는 것 역시 죄다.

소통의 대가이신 예수님은 "음욕을 피하라!"라고 말씀하지 않으신다. 대신 "음욕이 가득한 눈을 빼버리라! 욕심 많은 손을 찍어버리라!"라고 명하신다. 온전한 몸으로 지옥에 가는 것보다 불구의 몸으로 천국에 가는 편이 더 낫다. 영적으로 영원히 고통을 겪는 것보다 오늘 육체적으로 고통을 겪는 편이 더 낫다. 사지 절단을 생각하면 저절로 움츠러들듯이, 성적 죄를 생각하면서도 움츠러들어야 한다.

5:31-32 31절은 신명기 24:1을 인용한다. 신명기 24장의 목표는 이혼을 규제하고, 경솔한 이혼의 고삐를 억제하고, 여자가 이혼으로 겪을 손해를 제한하는 것이다. 모세는 남자가 아내와 이혼할 때, 재혼하여 그 문화에서 결혼이 허락하는 보호를 누릴 자유를 언명하는 증서를 주어야 한다고 말했다.

창세기 2:24-25은 평생의 결혼 생활이 결혼의 이상이라고 가르친다. 신명기는 그러한 규범의 위반을 규제하고 억제한다. 예수님 시대에 이혼은 아주 흔했고, 일부 랍비는 거의 모든 이유에서 이혼을 허용함으로써 사실상 이혼을 장려했다. 예수님은 "이혼하지 말라"라고 말씀하신 다음 "음행 때문인 경우를 제외하고"라고 덧붙이신다. (고린도전서 7장은 버려짐을 두 번째 예외로 명시한다.) 이곳의 "음행"은 포르네이아(*porneia*)를 번역한 것으로, 이는 남녀 사이의 모든 성적 죄, 결혼 밖에서의 모든 성관계를 아우른다(레 18:22; 20:13; 삿 19:22-26; 롬 1:24-27; 고전 5:1-13; 6:9).

간음은 이혼을 정당화한다. 배타적이고 온전한 정절 서약을 명백하게 위반한 것이기 때문이다. 간음은 보통 감정적인 배신이 심해진 이후에 따라온다. 슬프게도 부당한 이혼은 또 다른 죄를 초래한다. 우발적으로 이혼한 남자는 단정한 아내를 간음으로 이끈다(32절). 만약 이혼이 가난을 야기한다면, 이는 매춘으로 이어질 수도 있다. 나아가 누군가 제대로 이혼하지 않고 재혼하면 이 역시 죄다.

응답

간음은 눈과 마음에서 시작된다. 욥은 이를 알았다. "내 눈과 약속하였나니 어찌 처녀에게 주목하랴." 그는 또한 "여인에게 유혹되[지]" 않으려 했다(욥 31:1-9). 유혹을 '받는' 것은 죄가 아니다. 예수님도 유혹을 받았지만 죄를 짓지 않으셨다(히 4:15). 의인은 유혹을 받을 때 죄악된 생각에 빠지거나 그 생각에 따라 행동하는 대신 그것을 물리친다.

서구 사회는 성적 순결에 우호적이지 않다. 청년들의 성욕이 왕성하다고 단정하고 혼전 성관계와 동거를 당연시한다. 그 사회의 목표는 성적 순결을 고취하는 것이 아니라 불결의 결과를 통제하는 것이다. 자극적인 오락물, 광고, 옷이 음욕을 불러일으킨다. 매력적인 사람에게 관심을 기울이는 것은 죄가 아니다. 악한 공상을 하는 것이 죄다. 매력적으로 옷을 입는 것은 좋지만, 유혹적으로 옷을 입는 것은 죄가 된다. 예수님은 성적 욕구를 일깨우는 희롱을 금하신다. 대중적인 의견과는 반대로, '캐주얼 섹스'(casual sex, 어쩌다 만난 사람과의 성행위-옮긴이 주)와 '레크리에이션 섹스'(recreational sex)는 부적절한 명칭이다. 루이스 스미디스(Lewis Smedes)는 이렇게 말했다. "두 육체가 성관계로 연합할 때 두 인격이 연합한다…그 영혼이 그 행위 안에 있다."[82] 육체적 친밀함은 영혼의 친밀함을 수반한다(고전 6:16-17).

82 Lewis Smedes, *Sex for Christians: The Limits and Liberties of Sexual Living*, rev. ed. (Grand Rapids, MI: Eerdmans, 1994), 110-111. 《크리스천의 성》(두란노).

음욕의 치료법은 만족이다. 이는 성경이 자주 칭찬하는 것이다(전 5:10-12; 빌 4:11-12). 결혼한 남자는 아내에게 만족해야 한다. 그는 '이 사람이 하나님께서 정하고 내게 주신 여자다'라 생각하고, 아내 안에 있는 온갖 좋은 것과 축복을 귀하게 여겨야 한다. 그는 창세기 2:24-25을 따라, 가족과 친구를 두 번째 자리에 두고 아내에게 평생 충실할 것이다. 남편과 아내는 의지와 마음과 머리의 하나 됨을 몸의 하나 됨으로 확정한다.

남편과 아내의 정절은 그 자체를 넘어 그리스도와 교회의 하나 됨을 암시한다(엡 5:25-32). 이스라엘을 향한 하나님의 사랑은 남편과 아내 사랑의 원천이자 전형이다. 호세아는 하나님을 대신하여 하나님의 신부 이스라엘에게 이렇게 말한다. "내가 네게 장가들어 영원히 살되 공의와 정의[로]… 네가 여호와를 알리라"(호 2:19-20). 신자들이 하나님의 신실한 사랑을 경험하면, 그것은 우리 안에서의 신실한 사랑을 격려하는 동시에 그렇게 사랑하도록 힘을 준다.

5장

33 또 옛 사람에게 말한바 헛맹세를 하지 말고 네 맹세한 것을 주께 지
키라 하였다는 것을 너희가 들었으나 34 나는 너희에게 이르노니 도
무지 맹세하지 말지니 하늘로도 하지 말라 이는 하나님의 보좌임이요
35 땅으로도 하지 말라 이는 하나님의 발등상임이요 예루살렘으로도
하지 말라 이는 큰 임금의 성임이요 36 네 머리로도 하지 말라 이는 네
가 한 터럭도 희고 검게 할 수 없음이라 37 오직 너희 말은 옳다 옳다,
아니라 아니라 하라 이에서 지나는 것은 [1)]악으로부터 나느니라

33 "Again you have heard that it was said to those of old, 'You shall
not swear falsely, but shall perform to the Lord what you have sworn.'
34 But I say to you, Do not take an oath at all, either by heaven, for
it is the throne of God, 35 or by the earth, for it is his footstool, or by
Jerusalem, for it is the city of the great King. 36 And do not take an oath
by your head, for you cannot make one hair white or black. 37 Let what
you say be simply 'Yes' or 'No'; anything more than this comes from
evil.[1]

1) 또는 악한 자로

1 Or *the evil one*

단락 개관

마태복음 5:21-48 내내 예수님은 하나님의 계명을 설명한 다음, 그 계명 자체를 넘어 하나님께서 의도하시는 의를 강조하신다. 21-26절에서는 살인을 넘어 살인으로 몰아가는 분노와 경멸을 경계하신다. 27-32절에서는 간음의 동기가 되는 음욕과, 제7계명을 어기도록 조장하는 법적인 학대, 즉 경솔한 이혼을 살피신다. 33-37절에서는 맹세에 관한 예수님의 가르침이, 법을 피하면서 순종을 지연시키는 율법에 관련된 또 다른 얕은꾀를 드러낸다. 이 단락은 17-20절에 나오는 계획된 예수님의 말씀을 계속해서 살핀다. 예수님이 율법과 예언자의 참된 의미를 설명하고, 율법에 대한 순종을 포함하지만 본질적으로 율법적이지는 않은 의로 제자들을 이끎으로써, 율법과 예언자를 완전하게 하려고 오셨다는 것이다. 항상 그렇듯이, 예수님은 행위를 넘어 마음을 강조하신다(8, 28절; 6:21).

단락 개요

Ⅲ. 첫 번째 설교: 예수님 나라의 제자도(5:1-7:29)
B. 예수님이 참된 의를 탐구하시다(5:17-48)
5. 맹세와 정직(5:33-37)

주석

5:33-37 이 단락은 제9계명과 함께 사람들이 아주 어려워하는 정직함에 관심을 둔다. 혀는 거짓 증언, 거짓말, 험담, 비방, 과시, 아첨, 저주 등의 죄를 짓는다. 예수님은 거짓된 주장과 약속을 저지하기 위해 만든 관습인 맹세에 초점을 맞추신다. 맹세와 약속과 계약은 모두 같은 목표가 있다. 사람들이, 특히 그렇게 하지 못하도록 유혹받는 상황에서, 약속을 지키도록 유도하는 것이다.

하나님은 이스라엘 자손에게, 하나님을 증인으로 삼아 진실을 말한다고 맹세함으로써 그들의 진실성을 보증하라고 가르치셨다. 그분은 "너희는 내 이름으로 거짓 맹세함으로 네 하나님의 이름을 욕되게 하지 말라 나는 여호와이니라"(레 19:12)라고 명령하셨다. "또 사람이 여호와께 서원하였[으면]…그가 입으로 말한 대로 다 이행할 것이니라"(민 30:2, 참고. 신 23:21; 삼상 12:3; 잠 29:24)라고도 말씀하셨다. 이스라엘 자손은 하나님을 증인으로 언급으로써, 그들이 맹세를 지키지 못하면 그분께 심판과 복수를 요청했다. 따라서 율법은 적어도 죄의 영향을 통제하고 완화한다. 이혼과 맹세와 재산에 관한 율법이 하나님의 온전한 뜻을 서술하지는 않는다. 그저 죄의 영향을 제어할 뿐이다.

예수님은 그 가르침을 "헛맹세를 하지 말고 네 맹세한 것을…지키라"(마 5:33)라고 요약하신다. 제자는 특히 다른 사람들이 그들에게 의지하고 있다면, 환경이 변하거나 맹세를 지키는 일이 실질적인 손실을 가져온다 해도, 약속을 지켜야 한다.

예수님 시대의 랍비들은 맹세의 목적을 무효로 만드는 체계를 만들었다. 그들은 어떻게 맹세하느냐에 따라 맹세가 구속력이 있을 수도 있고 없을 수도 있다고 가르쳤다. 예루살렘'으로' 맹세하면 구속력이 없지만, 예루살렘'을 향해' 맹세하면 구속력이 있다는 것이다. '성전'으로 맹세하면 구속력이 없지만, 성전의 '금'으로 맹세하면 구속력이 있다는 것이다. 희생제사의 '제단'으로 맹세하면 구속력이 없지만, 제단 위의 '제물'로 맹세하면

구속력이 있다는 것이다.[83]

이는 예수님 당시 어떤 교사들이 하나님의 말씀을 조작했던 방식을 실례로 보여준다. 그들은 도전적인 율법을 읽으면 그것을 다루기 쉬운 것으로 축소시켰다. "네 이웃을 네 몸과 같이 사랑하라"라는 말을 들으면 모든 사람을 똑같이 여기지 않도록(눅 10:29) "이웃"을 재정의했다. 그들은 간음을 삼갔지만, 자유롭게 이혼한 다음 다른 여자를 취할 권리를 주장했다. 그들이 맹세와 비슷한 무언가를 했을 때 예수님은 맹세 자체를 중단시키셨다. "도무지 맹세하지 말지니"(마 5:34a).

랍비의 가르침은 맹세의 목적을 왜곡시켰다. 정직을 보증하기 위해 하나님을 부르는 대신, '부정직하게' 말할 때 하나님의 벌을 피하기 위해 맹세했다. 맹세가 더 이상 아무것도 보증하지 못했기 때문에, 예수님은 구속력 있었던 하나님의 이름을 부르는 맹세와, 구속력 없는 그렇지 않은 맹세의 피상적인 구분을 없애셨다. 누군가가 '무엇으로' 맹세하든 그것이 하나님을 지칭하는 것이라고 예수님이 말씀하신다. 하늘로 맹세하면(34b절) 그는 하나님께 호소하는 것이다. 하늘이 하나님의 보좌이기 때문이다. 땅으로 맹세해도(35a절) 하나님께 호소하는 것이다. 땅이 그분의 발등상이기 때문이다. 예루살렘으로 맹세해도(35b절) 하나님께 호소하는 것이다. 그것이 큰 임금의 성이기 때문이다. 자신의 머리카락으로 맹세해도(36절) 하나님께 호소하는 것이다. 그분이 우리의 머리를 다스리시기 때문이다. 어떤 맹세든 하나님을 증인으로 부르는 것이다. 그분이 모든 것, 우리의 머리카락까지도 창조하고 유지시키고 계시기 때문이다.

제자는 그냥 진리를 말해야 한다. 에세네파는 이렇게 선언했다. "하나님이(하나님에 대한 맹세가) 없으면 믿을 수 없는 사람은 이미 정죄를 받고 있다"(Josephus, *Jewish Wars* 2.135, 괄호는 원문). 예수님은 우리의 말이 아주 진실

83 맹세에 대한 랍비의 규제들 견본으로는 Mishnah, Sanhedrin 3:2 and Shevu'ot 3:1-7:8을 보라. 이 주석은 전반적으로 *The Mishnah: A New Translation* (New Haven, CT: Yale University Press, 1988)에 있는 Jacob Neusner의 번역을 사용한다.

해야 하며 맹세는 불필요하다고 가르치신다. 단순한 긍정 혹은 부정으로 충분해야 한다. 제자는 아주 믿을 만한 사람이므로 누구도 그에게 더 이상 묻지 않는다.

이는 다음과 같은 질문을 낳는다. 어떤 맹세도 하지 않는 것이 최선이라면 하나님은 왜 맹세를 하셨는가? 그분은 아브라함에게 "내가 나를 가리켜 맹세하노니…내가 네게 큰 복을 주고"(창 22:16-17, 참고. 창 9:9-11; 시 95:11; 119:106; 132:11; 눅 1:68, 73; 행 2:27-31; 히 6:17)라고 말씀하셨다. 하나님은 왜 예수님이 금하신 것을 하셨는가? 존 스토트(John Stott)는 그것이 "그분의 신뢰성을 높이기 위해서가 아니라…우리의 믿음을 끌어내고 확고히 하기 위한 것이었다"[84]라고 설명한다. 다시 말해 하나님은 그분 자신이 약속을 지키도록 촉구하기 위해서 맹세를 하신 것이 아니다. 그분의 신뢰성이 의심스러운 것도 아니다. 그러나 인간은 거짓말을 너무 많이 듣기 때문에 의심하는 법을 배운다. 우리 자신이 약속을 지키지 않고 다른 사람들도 그렇기 때문에, 우리는 반쯤은 하나님 역시 거짓되다고 생각한다. 그래서 하나님은 우리를 위해 그분의 말씀을 보증하기 위해 자신을 낮추신다.

나아가 하나님께서 맹세를 '하셨고', 예수님이 한때 맹세하며 '말씀하셨고'(마 26:63-64), 율법이 맹세를 '허용했고', 예수님이 맹세를 '금하신' 것을 고려할 때, 성경이 요구하는 것은 무엇인가? 대답은 다양하다. 초기 재세례파 같은 문자주의자들은 맹세를 하지 않는다. 그 결과 그들은 군인이 되거나 공직을 맡을 수 없다. 게다가 그들은 공식적인 상황에서 "맹세합니다" 대신 "하겠습니다"라는 식으로 자신들의 말을 조정한다.

루터(Luther)와 칼빈은 공적인 말과 사적인 말을 구별함으로써 성경의 증언을 조화시켰다. 그들에 따르면, 사적으로는 제자들이 아주 완벽하게 진리를 말해야 하므로 맹세의 필요가 사라진다. 그러나 예수님이 맹세하며 말씀하셨고, 하나님께서 그분이 신뢰할 만한 분임을 몰랐던 이들을 위해

84 John R. W. Stott, *Christian Counter-Culture: The Message of the Sermon on the Mount* (Downers Grove, IL: InterVarsity Press, 1978), 101. 《존 스토트의 산상수훈》(생명의말씀사).

맹세하셨으므로, 제자는 그들을 모르는 사람들에게 보증하기 위해 맹세할 수 있다. 똑같은 이유로 바울은 맹세하며 하나님을 그의 증인으로 요청했다(롬 1:9; 고후 1:23; 살전 2:10). 따라서 제자들은 '그들이 믿을 만한지 알 수 없는 사람들을 위해' 맹세할 수 있다. 마찬가지로 법정에서나 군인이 되거나 정무직을 맡기 위해서 맹세할 수 있다. 상업적인 면에서는 계약을 체결할 수 있다. 이는 세속적인 맹세와 유사하다.

그럼에도 불구하고 맹세 같은 관습의 존재 자체는 거짓말, 속임수, 경솔한 말이 흔하고 또 파괴적임을 보여준다. 맹세는 잘해야 사람들을 잠시 멈추게 하고 더 사려 깊게 말하게 한다.[85] 그러나 천국에서는 "예"(yes)가 "예"(yes)를 의미해야 한다. 그것으로 끝이다(마 5:37, 새번역). 제자는 그 자체로 아주 진실해야 하므로 맹세, 서약, 약속은 불필요하다. 그 이상의 것은 "악으로부터" 다시 말해 악습 혹은 "악한 자로부터", 사탄 자체로부터[86] 나온다.

응답

만약 '하나님'의 맹세가 인간이 거짓말을 '듣는' 데 익숙함을 드러낸다면, 맹세, 서약, 약속은 우리 역시 거짓을 '말하는' 데 익숙함을 드러낸다. 우리가 맹세하고 약속하는 까닭은, 좋게 말해서, 우리가 경솔하기 때문이다. 아이가 부모에게 약속을 요구한다면, 부모는 그것을 기소장으로 들어야 한다. 그것은 그 아이가 아버지의 말을 완전히 신뢰할 수 없음을 드러내기 때문이다. 아버지의 승낙이 항상 승낙을 의미하지는 않았던 것이다. 이상적으로, 부모의 말은 아이가 절대 보증을 생각하지 않을 정도로 매우 신뢰

85 그렇기는 하지만, 신약에 나오는 대부분의 맹세는 경솔하다(마 14:7; 23:16-18; 26:72; 행 23:12-21).

86 헬라어는 문자적으로 "악으로부터"라고 말한다. 어느 쪽이든 가능하다.

할 만해야 한다. 마찬가지로 모든 제자는 누구도 그에게 약속을 요구하지 않을 정도로 신뢰할 만한 사람이 되는 것을 목표로 삼아야 한다.

슬프게도, 목표가 포괄적인 정직함이라면 모두가 실패를 대면할 수밖에 없다. "혀는 능히 길들일 사람이 없나니"(약 3:8). 우리가 절대 거짓말이나 험담을 하지 않는다 해도, 경솔하게 말하기는 쉽다. 또 진리가 필요할 때 침묵하기도 하고, 혹은 진리를 너무 형편없이 이야기해서 그 힘이 상실되기도 한다. 말은 성스럽기 때문에 우리는 "말하기는 더디" 하고, 모든 단어를 심사숙고해서 사용해야 한다(약 1:19).

예수님의 가르침은 모든 사람을 혀와 대면시킨다. 누구나 지키지 못할 약속을 한 다음, 그것을 어긴다. 누구나 진리를 왜곡하거나 파손한다. 우리가 언제 약속을 어기기가 가장 쉬운지 숙고해보라. 힘 있는 사람과 한 약속을 어기보다는 아이들처럼 힘없는 이들에게 한 말을 어기는 경우가 훨씬 많다. 눈에 보이는 약속들(가르침)보다는 눈에 보이지 않는 약속(돌봐야 하는 의무)을 더 잘 어긴다.

누구도 혀에 통달하지 못한다. 누구도 깨끗한 마음을 갖지 못하기 때문이다. 그래서 이 말씀은 우리를 선생 예수님에게서 구주 예수님에게로 이끈다. 사역을 시작할 때 하나님의 말씀을 선포한 분이, 그 말씀에 불순종한 이들을 위해 속죄의 희생제물로 자신의 생명을 주셨다.

38 또 눈은 눈으로, 이는 이로 갚으라 하였다는 것을 너희가 들었으나
39 나는 너희에게 이르노니 1)악한 자를 대적하지 말라 누구든지 네 오
른편 빰을 치거든 왼편도 돌려 대며 40 또 너를 고발하여 속옷을 가지
고자 하는 자에게 겉옷까지도 가지게 하며 41 또 누구든지 너로 억지
로 오 리를 가게 하거든 그 사람과 십 리를 동행하고 42 네게 구하는
자에게 주며 네게 꾸고자 하는 자에게 거절하지 말라

38 "You have heard that it was said, 'An eye for an eye and a tooth for
a tooth.' 39 But I say to you, Do not resist the one who is evil. But if
anyone slaps you on the right cheek, turn to him the other also. 40 And
if anyone would sue you and take your tunic,[1] let him have your cloak
as well. 41 And if anyone forces you to go one mile, go with him two
miles. 42 Give to the one who begs from you, and do not refuse the one
who would borrow from you.

43 또 네 이웃을 사랑하고 네 원수를 미워하라 하였다는 것을 너희가
들었으나 44 나는 너희에게 이르노니 너희 원수를 사랑하며 너희를 박

해하는 자를 위하여 기도하라 45 이같이 한즉 하늘에 계신 너희 아버
지의 아들이 되리니 이는 하나님이 그 해를 악인과 선인에게 비추시
며 비를 의로운 자와 불의한 자에게 내려주심이라 46 너희가 너희를
사랑하는 자를 사랑하면 무슨 상이 있으리요 세리도 이같이 아니하느
냐 47 또 너희가 너희 형제에게만 문안하면 남보다 더하는 것이 무엇
이냐 이방인들도 이같이 아니하느냐 48 그러므로 하늘에 계신 너희 아
버지의 온전하심과 같이 너희도 온전하라

43 "You have heard that it was said, 'You shall love your neighbor and
hate your enemy.' 44 But I say to you, Love your enemies and pray for
those who persecute you, 45 so that you may be sons of your Father
who is in heaven. For he makes his sun rise on the evil and on the good,
and sends rain on the just and on the unjust. 46 For if you love those
who love you, what reward do you have? Do not even the tax collectors
do the same? 47 And if you greet only your brothers,[2] what more are
you doing than others? Do not even the Gentiles do the same? 48 You
therefore must be perfect, as your heavenly Father is perfect.

1) 또는 악을

1 Greek *chiton*, a long garment worn under the cloak next to the skin *2* Or *brothers and sisters*. In New Testament usage, depending on the context, the plural Greek word *adelphoi* (translated "brothers") may refer either to *brothers* or to *brothers and sisters*

단락 개관

마태복음 5:38-48은 율법 해석에 관한 가르침의 결론이다. 그 가르침에 주의를 기울이는 이들은 "서기관…보다 더 [나은]"(20절) 의를 따를 것이다. 다섯 번째와 여섯 번째 2행 대구는 계속해서 그들이 이전에 들은 것과 예수님의 말씀을 비교한다. 2행 대구는 다양한 방식으로 제자들이 의를 더 깊이 이해하도록 밀어붙인다. 첫 번째와 두 번째 대구는, 제자들에게 행동을 넘어 마음의 동기를 보라고, 살인과 간음에서 그리로 몰고 가는 분노와 음욕을 보라고 재촉한다. 그 다음 쌍은 율법과 관련된 관습들, 즉 이혼 증서와 맹세를 검토한다. 이는 악을 저지하기 위해 모세가 정한 것이다. 불행히도 이스라엘은 그 반대를 허용할 때까지, 심지어 용이하게 할 때까지 그것을 왜곡했다.

마지막 두 대조는 학대에 대한 두 가지 접근을 대조한다. 엄격한 정의 규정은 "눈에는 눈"을 요구한다. 그러나 하나님 나라에서 제자들은 그들의 권리를 버리고 자신들을 착취하고 학대하는 이들을 사랑한다(38-42절). 대략적으로 말하면 이렇다. 옛 규정은 "눈에는 눈"이라고 말했다. 즉 모든 죄는 동등한 보응을 받을 만하다. 그러나 예수님은 "악한 자를 대적하지 말라"라고 말씀하신다. 예수님은 몇 가지 짤막한 장면들로 이 원리를 확장하신다. 제자는 모욕적인 구타에 대적하지 않고, 옷 하나를 빼앗기면 2개를 주고, 로마 군인이 2킬로미터의 도움을 청하면 4킬로미터를 간다. 요약하자면 모든 사람의 요구를 들어준다.

43-48절에 나오는 마지막 대조는, 제자들을 '학대하는' 사람에게서 그들에게 해를 입히'려 하는' 원수에게로 옮겨간다. 앞에서처럼 이 가르침에도 네 가지 층이 있다. 첫째, 간단한 명령이 있다. 원수를 사랑하고 그들을 위해 기도하라. 둘째, 이유를 말씀하신다. 하나님께서 해와 비를 악인과 선인 둘 다에게 내리시듯이, 그것이 하나님의 방법이다. 셋째, 다른 진부한 말씀을 하신다. 죄인들도 호의에 대해서는 호의로 돌려준다는 것이다. 제자들에게는 더 높은 기준이 있다. 마지막으로, 그 기준은 하늘에 계신 아버

지의 온전한 성품이다.

단락 개요

Ⅲ. 첫 번째 설교: 예수님 나라의 제자도(5:1-7:29)

B. 예수님이 참된 의를 탐구하시다(5:17-48)

6. 악을 선으로 갚음(5:38-42)

7. 원수 사랑(5:43-48)

주석

5:38-42 38-42절에 나오는 예수님의 가르침은 평범한 인간의 성향과 충돌한다. 또 표면적으로 다른 성경 말씀들 그리고 가정의 의무(아래를 보라)에 대한 개념과도 모순된다. 적절한 해설은, 그 본문이 자체의 무게를 갖도록 하면서 또 다른 성경 말씀들로 오해를 막는 것이다.

그러므로 우리는 38절의 동해보복법(lex talionis, 同害報復法)이 그 자체로 선하다고 단언한다. "눈에는 눈"은 율법에서 세 번 나온다(출 21:23-25; 레 24:19-20; 신 19:21). 모세의 형벌 규정 중 한 요소인 그것은, 악을 벌하면서 과도한 복수를 금하기 위한 명확하고 공정한 원리를 제시한다(창 4:23-24). 예를 들어 그것의 완벽한 정의는, 위증자에게 그의 거짓말로 인해 다른 사람이 받은 바로 그 벌을 받게 하는 법에서 드러난다(신 19:16-21). 동해보복법은 다른 고대 법전들이 명시하듯, 도둑이 불구가 되거나 사형당하지 않도록 규정한다. 오히려 도둑은 2배로 갚아서, 정확히 그들이 얻은 것을 잃고 피해자는 정확히 그들이 잃은 것을 얻는다. 그 외에도 로마서 13:4은,

권세자들이 악을 행하는 자들을 벌해야 한다고 말한다. 그러나 사적으로는 동해보복법이 복수심을 키울 수 있다. 피해자는 적이 그들이 당한 모든 고통을 당하게 하려고 이를 갈 수 있다. 이 문맥에서 예수님은 "악한 자를 대적하지 말라"라고 말씀하신다.

"대적하지 말라"가 절대적인 원칙일 수는 없다. 예수님은 사탄을 대적하셨다(마 4:1-11). 야고보와 베드로는 마귀를 대적하라고 명령했고(약 4:7; 벧전 5:9), 바울은 필요할 때 엘루마와 베드로를 대적했다(행 13:8-12; 갈 2:11). 구약에서 하나님은 이스라엘 지도자들에게 침략하는 나라를 대적하라고 명령하셨다(삼하 5:6-25).

우리는 악한 자들이 예수님을 괴롭힐 때 그분이 어떻게 하셨는지 관찰함으로써, 예수님의 말씀을 가장 잘 이해할 수 있다. 예수님은 거짓 고소를 당할 때 침묵하셨다(마 26:63; 요 19:9-11). 모욕당하고 맞을 때 보복하지 않으셨다(마 26:67; 27:30; 벧전 2:23). 그러므로 제자는 유혹에 맞서야 하고, 권세자들은 침략군에 맞서야 하고, 모든 사람이 약한 자를 잡아먹는 이들에 맞서야 하지만, 제자는 개인적으로 해를 입을 때 맞서지 않는다. 예수님은 세 가지 면에서 그분의 요지를 실례를 들어 보여주신다.

첫째, "누구든지 네 오른편 뺨을 치거든 왼편도 돌려대며"(마 5:39). 오른손으로 때리는 사람이 상대방의 오른편 뺨을 때리는 것은 그의 얼굴만이 아니라 명예를 손상시키는 백핸드 타격일 것이다. 예수님은 이렇게 명령하는 이유를 밝히지 않으신다. 때린 사람이 수치를 느끼거나 회개할 것이라고 말씀하지도 않으신다. 그저 이것이 그리스도의 방식이다.

둘째, 속옷을 가지고자 고소한 사람이 있다면, 제자는 겉옷도 포기해야 한다(40절). 율법은 튜닉, 즉 속옷의 압류는 허용하지만 겉옷은 아니다. 그것은 더 무겁고 필수적이기 때문이다(출 22:26-27; 신 24:12-13). 이는 과장처럼 보인다(참고. 마 5:29-30). 겉옷과 속옷을 모두 포기하는 것은 적절하지도 않고 안전상의 문제도 있을 수 있다. 요지는 제자들이 자신을 방어하는 데 힘을 쓰지 않는 것이다. 바울이 쓰듯이, 사기를 당하는 편이 더 낫고, 방어는 하나님께서 하시도록 두는 게 맞다(고전 6:7, 참고. 롬 12:19-21).[87]

예수님의 세 번째 실례에 대해 이야기하자면, 로마 군인은 그들의 장비를 들고 2킬로미터에 이르는 천 걸음을 함께 가도록 유대인들을 압박할 힘이 있었다. 화나고 부당한 상황이지만, 이스라엘을 그들의 지배 아래 두고 더럽힌 로마 군인들은 조수로 동행하라고 이스라엘 사람들에게 강요할 수 있었다. 이에 대해 예수님은 인자하게 대응하라고, 4킬로미터까지 짐을 들고 가라고 명하신다(마 5:41). 이 명령은, 스스로를 보호하려는 제자들의 천성에 맞서서 명예와 권리를 위해 싸우는 일을 멈추라고 요구한다. 명예와 권리를 위해 싸우는 것이 인간의 본성이지만, 예수님의 본성은 변호하시는 하나님을 신뢰하는 것이다.

마지막으로, 예수님은 빌려달라고 간청하는 누구에게나 주어야 한다고 말씀하신다(42절). 이 마지막 명령은 학대를 처리하는 데서 친절을 베푸는 데로 옮겨간다. 어떤 면에서 예수님은 그저 모세의 말을 다시 하신다. 모세는 궁핍한 형제들에게 무제한으로 너그럽게 빌려주라고 이스라엘에게 말했다. 애굽에서의 종살이와 하나님의 긍휼에 대한 경험이 그들에게 관대함을 가르쳤다(출 22:21-27). 이와 마찬가지로 예수님의 제자는 어려운 이들에게 나누어 주어야 한다. 이 명령 역시 무제한이다. 그래서 남용의 가능성에 대한 질문을 불러일으킨다. 분명 누구도 자기 가족에게 음식이 부족할 때까지 나누어 주어서는 안 되며(딤전 5:8), 경솔한 나눔은 의존성을 키울 수 있다. 하지만 이러한 점들이 관대하라는 명령을 없앨 수는 없다. 여호와가 관대하시므로 그분의 백성도 그래야 한다.

5:43-48 마태복음 5:39-41에서 예수님은 제자들에게 그들을 때리거나 고소하는 이들을 대하는 법을 설명하셨다. 44-47절의 원수도 비슷해 보이지만, 이들은 '의도적으로' 해를 끼치려 한다. 원수들은 악의를 품고 의도적으로 상처를 입힌다.

87 바울은 고린도후서 10-12장에서 스스로를 변호하지만, 그의 동기는 이기적이지 않다. 그는 고린도 교인들이 그를 신뢰할 '필요가 있기' 때문에 자신에 대해 해명한다.

마지막 대조는 다른 사람의 잘못된 성경 인용을 비판한다는 면에서 다른 5개의 대조와 차이가 있다. "네 이웃을 사랑하[라]"라는 명령은 율법의 일부다(레 19:18). 그러나 "네 원수를 미워하라"는 그렇지 않다. 물론 그러한 개념이 예수님의 청중에게 익숙했지만 말이다. 당시 쿰란 공동체 규칙은 그러한 생각에 힘을 실었고(1QS I, 4, 10–11; IX, 21–26), 어떤 시편들은 그것을 요구하는 것으로 이해되었다. 그러나 "행악자의 집회를 미워하[는]"(시 26:5) 것이나 하나님을 미워하는 자를 미워하는 것(시 139:21)은 원수를 미워하는 것과 다르다.

원수를 미워하는 것이 사람들에게 흔하다면 원수를 사랑하는 것은 그렇지 않다. 그 개념은 부분적으로 율법과 병행되지만(레 19:33-34) 계속 무조건 원수를 사랑하고 그들을 위해 기도하라는 명령은 새롭다.[88] 사랑과 기도는 서로를 강화하는 명령이다. "더 사랑할수록 더 기도하고, 더 기도할수록 더 사랑한다."[89] 사랑과 기도의 연관성은 원수 사랑이 감정에 좌우되지 않는다는 견해에 의문을 제기한다. 사실 원수에 대한 사랑과 기도는 그들을 향한 감정을 변화시킨다. 사랑이 감정에 좌우되지 않을 '수도 있지만', 꼭 그런 것은 아니다. 로마서 12:9-10에서 바울은 그리스도인에게 진정한, 형제 같은 애정 어린 사랑을 보이라고 명령한다. 하나님은 감정을 가진 인간을 창조하셨으므로 우리는 감정적으로 사랑한다.

이 사랑에 대한 두 가지 전형이 있다. 예수님은 원수들이 그분을 십자가에 못 박고 조롱한 그 순간에 십자가에서 그들을 위해 기도하셨다(눅 23:32-37).[90] 뿐만 아니라 아버지는 선한 자에게든 악한 자에게든 차별 없이 "그 해"("his sun")를 비추고 비를 내리신다.[91] "너희 아버지의 아들이 되리니"

88 두 명령 다 헬라어에서 현재 명령형이다. 현재 시제는 계속되는 행동을 의미한다.

89 Carson, *Matthew*, 192.

90 Stott, *Christian Counter-Culture*, 119.

91 그냥 '해'가 아니라 "그분의 해"임을 주목하라. 해는 주님의 것이다. 해가 주는 것은 그분이 주시는 것이다.

라는 어구는 사랑으로 아들의 신분을 '얻음'을 암시하지 않는다. 오히려 아버지가 사랑하시듯 사랑할 때, 그것이 아들 됨을 '입증'한다. 아들은 아버지를 닮는다.

그 다음 예수님은 이어지는 4개의 수사적 질문을 하신다(마 5:46-47, 참고. 16:8-12). 친절에 친절로 반응하는 데 상이 있는가? 그렇지 않다. 세리(반역한, 부정한 유대인)와 이방인들도 그렇게 하지 않는가? 맞다. 그들도 그렇게 한다[헬라어 의문사 '우키'(*ouchi*)는 그 사실을 더 분명히 한다]. 예절에는 보상이 없다.

예수님은 "온전하라"라고 결론 내리신다. 구약에서 '온전하다'[타민(*tamim*)]는 흠이 없거나, 도덕적으로 올바르거나, 도덕적으로 온전한 것을 의미할 수 있다. 신약에서는 그 단어[텔레이오스(*teleios*)]가 성숙하거나 완전한 것을 의미한다. 이는 하나님의 율법에 순종하는 것을 포함한다. 그 외에도 신자들은 하나님께서 거룩하신 것처럼 거룩하고, 그분이 긍휼하신 것처럼 긍휼하고, 그들의 아버지가 사랑이 많으신 것처럼 사랑이 많다. 알프레드 플러머(Alfred Plummer)는 이렇게 말한다. "선을 악으로 갚는 것은 악이다. 선을 선으로 갚는 것은 인간적이다. 악을 선으로 갚는 것은 하나님 같은 것이다. 하나님이 사랑하시듯 사랑하는 것이 도덕적인 완벽함이다."[92]

92 Alfred Plummer, *An Exegetical Commentary on the Gospel according to St. Matthew* (1910; repr., Grand Rapids, MI: Eerdmans, 1956), 89.

응답

예수님의 명령들은 점점 더 힘들어진다. 예수님은 제자들에게 먼저 사랑하는 배우자에게 충실하라 하시고(5:31-32), 두 번째로 이웃들에게 정직하라 하시고(33-37절), 세 번째로 해를 끼치는 이들에게 자비를 베풀라 하시고(38-42절), 네 번째로 '의도적으로' 해를 끼치는 원수들에게 친절하라 하시고(43-47절), 마지막으로 아버지처럼 온전하라 말씀하신다(48절). 그 명령은 우리를 위축시킨다. 하나님께서 초월적이시기에, 하늘에 계시기에 그렇다. 그러나 그분이 가까이 계시기에, 우리의 아버지시기에 실현 가능하다. 우리는 루터가 왜 이 설교가 사람을 전도 전의 절망과 십자가로 이끈다고 언급했는지 알 수 있다. 예수님의 기준에 이를 수 있는 사람은 아무도 없기 때문에 모두 그분의 속죄가 필요하다.

이 단락은 또한 제자들에게 하나님을 본받으라고 가르친다(참고. 엡 4:32-5:2). 이것 역시 힘에 부친다. 그럼에도 하나님은 우리의 아버지다. 우리는 믿음으로 그분의 가족이 되어, 성령의 사역으로 아들과 연합한다. 따라서 그분이 요구하는 가족의 닮음은 그분이 만들어내신다.

1 사람에게 보이려고 그들 앞에서 너희 의를 행하지 않도록 주의하라
그리하지 아니하면 하늘에 계신 너희 아버지께 상을 받지 못하느니라
1 "Beware of practicing your righteousness before other people in order
to be seen by them, for then you will have no reward from your Father
who is in heaven.

2 그러므로 구제할 때에 외식하는 자가 사람에게서 영광을 받으려고
회당과 거리에서 하는 것같이 너희 앞에 나팔을 불지 말라 진실로 너
희에게 이르노니 그들은 자기 상을 이미 받았느니라 3 너는 구제할 때
에 오른손이 하는 것을 왼손이 모르게 하여 4 네 구제함을 은밀하게
하라 은밀한 중에 보시는 너의 아버지께서 갚으시리라
2 "Thus, when you give to the needy, sound no trumpet before you, as
the hypocrites do in the synagogues and in the streets, that they may be
praised by others. Truly, I say to you, they have received their reward.
3 But when you give to the needy, do not let your left hand know what
your right hand is doing, 4 so that your giving may be in secret. And
your Father who sees in secret will reward you.

5 또 너희는 기도할 때에 외식하는 자와 같이 하지 말라 그들은 사람
에게 보이려고 회당과 큰 거리 어귀에 서서 기도하기를 좋아하느니라
내가 진실로 너희에게 이르노니 그들은 자기 상을 이미 받았느니라
6 너는 기도할 때에 네 골방에 들어가 문을 닫고 은밀한 중에 계신 네
아버지께 기도하라 은밀한 중에 보시는 네 아버지께서 갚으시리라
5 "And when you pray, you must not be like the hypocrites. For they
love to stand and pray in the synagogues and at the street corners, that
they may be seen by others. Truly, I say to you, they have received their
reward. 6 But when you pray, go into your room and shut the door and
pray to your Father who is in secret. And your Father who sees in secret
will reward you.

7 또 기도할 때에 이방인과 같이 중언부언하지 말라 그들은 말을 많이
하여야 들으실 줄 생각하느니라 8 그러므로 그들을 본받지 말라 구하
기 전에 너희에게 있어야 할 것을 하나님 너희 아버지께서 아시느니
라 9 그러므로 너희는 이렇게 기도하라
하늘에 계신 우리 아버지여 이름이 거룩히 여김을 받으시오며
10 나라가 임하시오며 뜻이 하늘에서 이루어진 것같이 땅에서도 이루
어지이다
11 오늘 우리에게 [1)]일용할 양식을 주시옵고
12 우리가 우리에게 [2)]죄 지은 자를 사하여 준 것같이 우리 죄를 사하
여 주시옵고
13 우리를 시험에 들게 하지 마시옵고 다만 [3)]악에서 구하시옵소서
[4)](나라와 권세와 영광이 아버지께 영원히 있사옵나이다 아멘)
14 너희가 사람의 잘못을 용서하면 너희 하늘 아버지께서도 너희 잘
못을 용서하시려니와 15 너희가 사람의 잘못을 용서하지 아니하면 너
희 아버지께서도 너희 잘못을 용서하지 아니하시리라

7 "And when you pray, do not heap up empty phrases as the Gentiles
do, for they think that they will be heard for their many words. 8 Do not
be like them, for your Father knows what you need before you ask him.
9 Pray then like this:
"Our Father in heaven,
hallowed be your name.[1]
10 Your kingdom come,
your will be done,[2]
    on earth as it is in heaven.
11 Give us this day our daily bread,[3]
12 and forgive us our debts,
    as we also have forgiven our debtors.
13 And lead us not into temptation,
    but deliver us from evil.[4]
14 For if you forgive others their trespasses, your heavenly Father will
also forgive you, 15 but if you do not forgive others their trespasses,
neither will your Father forgive your trespasses.

16 금식할 때에 너희는 외식하는 자들과 같이 슬픈 기색을 보이지 말
라 그들은 금식하는 것을 사람에게 보이려고 얼굴을 흉하게 하느니라
내가 진실로 너희에게 이르노니 그들은 자기 상을 이미 받았느니라
17 너는 금식할 때에 머리에 기름을 바르고 얼굴을 씻으라 18 이는 금
식하는 자로 사람에게 보이지 않고 오직 은밀한 중에 계신 네 아버지
께 보이게 하려 함이라 은밀한 중에 보시는 네 아버지께서 갚으시리라
16 "And when you fast, do not look gloomy like the hypocrites, for they
disfigure their faces that their fasting may be seen by others. Truly,
I say to you, they have received their reward. 17 But when you fast,

anoint your head and wash your face, 18 that your fasting may not be seen by others but by your Father who is in secret. And your Father who sees in secret will reward you.

1) 또는 내일 양식을 2) 헬, 빚진 자를 탕감하여 준 것같이 우리의 빚도 탕감하여 주시옵고 3) 또는 악한 자에게서도 4) 고대 사본에, 이 괄호 내 구절이 없음

1 Or *Let your name be kept holy*, or *Let your name be treated with reverence 2* Or *Let your kingdom come, let your will be done 3* Or *our bread for tomorrow 4* Or *the evil one; some manuscripts add For yours is the kingdom and the power and the glory, forever. Amen*

단락 개관

예수님은 제자들의 의가 서기관과 바리새인의 의를 넘어서야 한다고 선언하신다. "천국에 들어가지 못하[는]"(마 5:20) 일이 없도록 말이다. 어떤 시각에서 보면 5:21-6:34은 그렇게 넘어서는 의를 정의한다. 제자는 율법의 의도를 발견함으로써 서기관을 넘어선다. 율법에 옳지 않은 시각으로 접근하면 그 의도를 이해하기 힘들다(5:21-48). 또 제자는 외식 없이 주님을 위해 의를 행함으로써 바리새인을 넘어선다(6:1-18). 예수님이 6장에서 바리새인을 언급하지 않으시는 것은 사실이지만, 6:1-18의 외식하는 자는 23:13-37의 외식하는 자와 유사하며 그곳에서 바리새인을 여섯 번 부르신다. 6장과 23장의 공통된 주제는 의를 향한 욕망, "보이려고"(6:1, 5, 16) 의를 내보이는 성향이다.

경건한 유대인은 의로워지려고 애썼다. 영향력 있는 중간기 문서인 토비트서는 "금식과 자선과 의가 동반되어야 선한 기도입니다"(토비트 12:8, RSV)라고 말했다. 마태복음 6장도 같은 말을 하지만, 가장 중요한 원리는 의다. 즉 자선, 기도, 금식에서 의 자체가 드러난다. 제자와 외식하는 자의

차이는 실천보다 의도에 있다. 외식하는 자는 '보이기를' 바란다. 그러나 제자는 유일한 청중, 모든 것을 보시는 그들의 아버지를 위해 산다.

외식하는 자에 대한 책망에는 긍정적인 의도도 있다. 예수님이 제자들에게 나누고 기도하고 금식하는 법을 가르치시기 때문이다. 제자는 경건을 공개적으로 드러내지 않는다. 외식하는 자는 가난한 자를 위해서라기보다는 자신의 명성을 위해 가난한 이들에게 나눈다. 제자들은 나누고 기도하고 금식할 때 그들이 하는 일에 거의 신경 쓰지 않는다. 자신의 개인적인 이미지나 공적인 이미지에 주의를 기울이지 않는다. 의는 공연이 아니라 자발적인 행동이다.

단락 개요

Ⅲ. 첫 번째 설교: 예수님 나라의 제자도(5:1–7:29)

C. 예수님이 위선적인 신앙과 진실한 신앙을 분석하시다(6:1–18)

1. 구제(6:1–4)
2. 기도(6:5–15)
3. 금식(6:16–18)

6장은 주제를 언급하면서 시작된다. "사람에게 보이려고 그들 앞에서 너희 의를 행하지 않도록 주의하라 그리하지 아니하면 하늘에 계신 너희 아버지께 상을 받지 못하느니라"(1절). 병행 관계가 1-18절을 하나로 묶는다.

각 세부 단락은 경건한 행위로, "구제할 때에"(2절), "기도할 때에"(5절), "금식할 때에"(16절)로 분류된다. 그 다음 하지 말아야 할 것이 뒤따른다. 나팔을 불지 말고, 큰 거리 어귀에서 기도하지 말고, 슬픈 기색을 보이지 말라. 두 번째로 반복되는 말이 있다. 외식하는 자는 "보이려고" 의를 실천한다(1, 5, 16절). 외식하는 자가 사람의 칭송을 목표로 한다면, 그들은 그것을 얻을 것이다. 사람들이 그들을 칭송하겠지만 하나님은 그러지 않으실 것이다(2, 5, 16절). 그 다음 각 단락은 제자들에게 은밀하게 구제하고, 기도하고, 금식하라고 권한다. 마지막으로 각 단락은 반복되는 어구로 마무리된다. "은밀한 중에 보시는 너의 아버지께서 갚으시리라"(4, 6, 18절).

구조적으로 주기도문은 은밀한 기도에 대한 해설을 확장한 것이다. 기도에 대한 단락의 길이는 그 중요성을 전달한다. 기도는 호칭(address)과 두 단락으로 구성되어 있고, 각 단락에는 세 가지 연결되는 간구가 있다. 첫 세 가지는 하나님 중심적이고, 뒤의 세 가지는 인간 중심적이다.

주석

6:1-18 첫 절에서 예수님은 그분의 원리를 말씀하신다. "사람에게 보이려고 그들 앞에서 너희 의를 행하지 않도록 주의하라." 그런 다음 관습적으로 행하는 세 가지 의로운 행위를 밝히신다. 구제와 기도와 금식이다.

거리에서 나팔을 부는 것은(2절) 과장처럼 들리지만, 그리스-로마의 후원자들은 그들의 기부에 대해 인정을 구했다. 그들이 세운 건물과 도로에 자기 이름을 새겨 넣었고, 특히 나팔 소리가 들렸을 법한 축제 기간에 구제를 했다.

"너는 구제할 때에 오른손이 하는 것을 왼손이 모르게 하여"(3절)란, 제자는 아무리 칭찬받을 만하더라도 그들의 행동을 거의 의식하지 말아야 한다는 의미다. 그들은 홍보에 관심을 두지 말아야 한다. 하지만 모든 경건한 실천을 숨기는 것은 불가능하다. 어쨌든 예수님도 "너희 빛이…비치게 하여"(5:16)라고 말씀하셨다. 성경 역시 다윗의 공개적인 나눔(대상 22장)과 예수님이 베푸신 공개적인 나눔을 찬성한다. 제자들이 기도하거나 구제할 때 사람들은 어쩔 수 없이 보게 된다(눅 21:1-4). 따라서 예수님은 공개적인 '행위'가 아니라 자아가 동기가 된 종교적 '전시'를 금하신 것이다.

기도에 관한 첫 번째 해설 역시, 회당과 큰 거리 어귀에서 서서 기도함으로써 대중의 인정을 받고자 하는 욕망을 책망한다. 당시 회당에서 기도하는 것은 정상이었지만 거리에서 하는 기도는 그렇지 않았다. 그러나 주목받기를 간절히 원하는 사람이 지정된 기도 시간에 거리에 있을 수는 있었다.[93] 다시, 대중의 주목을 받기 위해 하는 기도에 대한 상은 대중의 주목이지 그 이상은 아니다.

6장

예수님은 진실한 기도를 위한 몇 가지 지침을 제시하신다. 제자는 은밀한 곳에 들어가 문을 닫고 은밀한 중에 계시는 아버지께 기도한다. 덧붙이자면, 보통의 집에는 방이 한두 개 있었으므로, 여기서 "방"[타메이온(*tameion*)]은 아마 창고나 벽장을 가리킬 것이다.

진실한 기도는 내밀하지만, 그렇다고 공개적으로 기도하는 것이 죄는 아니다. 다시 말하지만 예수님은 공개적인 행동을 금하지 않으신다. 그분이 금하시는 것은 자기중심적인 전시다. 엘리야, 에스라 그리고 사도와 같은 경건한 지도자들은 큰 영향을 미치기 위해 공개적으로 기도했다(왕상 18:36-37; 스 9:1-10:5; 행 1:24-26; 4:23-31; 13:3; 14:23; 20:36; 21:5). 또 작은 집과 붐비는 성읍에서 홀로 있기는 아주 어려웠다. 그럼에도 기도는 본질적으로 하나님과의 개인적이고 내밀한 소통이다. 그래서 예수님은 보통 기도하기 위해 물러가셨다(마 14:23; 막 1:35). 예수님이 이렇게 사람 없는 데서 기도하셨기 때문에, 제자들은 기도하는 법을 가르쳐달라고 요청해야 했다(눅 11:1).

유대인들이 공개적으로 기도함으로 실수를 범했다면, 이방인들은 하나님을 조종하려는 목표로 기도함으로써 실수를 범했다. 이방인들은 집요하게 계속 기도하면 마치 신들이 결국은 들을 것처럼 "중언부언"했다. 마구 지껄이고 장황하게 말을 늘어놓음으로써 신이 기도를 듣기를, 즉 기본적으로 무관심한 신들이 마음을 움직여 듣기를 바랐던 것이다(마 6:7). 문제

93 Joachim Jeremias, *New Testament Theology*, trans. John Bowden (New York: Scribner's, 1971), 187. 《예레미아스 신약신학》(CH북스).

는 반복 자체가 아니다. 예수님도 반복하셨고(마 26:44), 오랜 시간 기도하셨고(눅 6:12), 끈질기게 기도하라고 권면하셨다(눅 18:1-8). 문제는 의미 없는 반복과, 마치 잡다한 신들이 깨어나기를 기다리는 듯이 그들을 불러내는 것이다(왕상 18:20-29). 진실한 기도는 단순하고 자신감 있다. "구하기 전에 너희에게 있어야 할 것을…너희 아버지께서 아시느니라"(마 6:8)라는 확신에 의지한다. 그분이 행동하시도록 알려드리거나 깨울 필요가 없다.

마태는 하나님의 선의를 확고히 하고 나서 주기도문을 기록한다. 이는 그리스도가 하신 기도의 내용이 아니라(참고. 요 17장), 사람이 드려야 할 기도의 본보기다. 마태가 정리한 기도는 누가가 정리한 기도보다 더 길고 리듬감 있다.

이 모범 기도문은 가족적이고 공동체적이다. 제자는 하나님을 개인적으로 "우리 아버지여"라 부른다. 구약은 아주 드물게 하나님을 "아버지"(신 32:6; 시 103:13)라 부른다. 그러나 하나님을 직접적으로 "우리 아버지여"라 부르는 것은 새롭다. 유대 문서들은 주님이자 주권자이신 하나님의 초월성을 강조한다. 반면 "아버지"는 내재성을 암시한다. 그분은 인격적이고 만날 수 있는 분이다. 예수님은 마가복음 14:36에서 하나님을 "아바"라 부르시고, 바울은 로마서 8:15과 갈라디아서 4:6에서 이를 모든 신자에게로 확대한다. "아바"는 하나님이 친숙하고 가까이 계시다는 의미를 심화한다.

"하늘에 계신"이라는 어구는 하나님의 초월성을 드러낸다. "하늘에 계신…아버지여"는 제자들이 인격적이고 사랑이 많으신, 초월적이고 내재적이신 하나님께 기도함을 확고히 한다. 기도는 '나의 아버지'나 그냥 '아버지'가 아니라 "우리 아버지"께 드려진다.

"이름이 거룩히 여김을 받으시오며"를 이해하려면 각 용어의 정의가 필요하다. "거룩히 여김을 받[다]"는 하기아조(*hagiazō*)를 번역한 것으로, 이는 보통 '신성화하다'(sanctify)라는 뜻이다. 그런데 하나님은 이미 거룩하시므로, 이 간구는 하나님께서 거룩하신 분으로 알려지고 여겨지도록 구하는 것이다. 하나님의 "이름"은 에밀리나 마크같이 그분에게 주어진 이름표가 아니라 그분의 성품, 그분의 속성이다. 따라서 첫 간구는 제3계명처럼, 넓은 의미와 좁은 의미가 있다.[94] 좁은 의미로 그것은 하나님의 이름이 절대 욕설이나 무의미한 추임새로 사용되는 것이 아니라, 경건하게 사용되기를 간구한다. 넓은 의미로는, 그리스도인이라 불리는 자들이 아주 신실하게 행동하기를, 그래서 세상이 그분께 영광 돌리기를 간구한다. 좁은 의미로 "거룩히 여김을 받으시오며"는, 기도가 마땅히 선하고 거룩하신 분께 경배를 드리면서 시작함을 나타낸다.

6장

"나라가 임하시오며"(10a절)라는 간구는 "이름이 거룩히 여김을 받으시오며"와 겹친다. 제자가 사랑 많고 공의로우신 하나님께서 정말로 그들을 인도하시는 것처럼 살 때 하나님의 이름을 영화롭게 하기 때문이다. 다시, "나라가 임하시오며"에도 좁은 의미와 넓은 의미가 있다. 좁은 의미로, 제자들은 하나님의 다스림이 그들 안에서 나타나기를 기도한다. 더 넓게는, 하나님께서 교회와 세상을 다스리시기를 기도한다. 이 간구는 전도, 사회 정의, 가정의 회복 등을 포함한다. 이는 그리스도가 다시 오실 때 아버지께서 모든 영광 가운데 그분의 나라를 임하게 하시기를 구한다. 또 그 나라가 이 시대에 드러나기를 구한다.

"뜻이…이루어지이다"(10b절) 역시 앞의 간구와 겹친다. 하나님 나라가 임할 때 그분의 뜻이 이루어질 것이다. '하나님의 뜻'은 성경에서 두 가지 주요한 의미가 있다. (1) 그분이 드러내신 도덕적 뜻으로, 그분의 계명이나 규율을 일컫는다. (2) 역사에 대한 그분의 뜻으로, 그분의 판결이나 목적을 일컫는다. 제자는 이 모두의 의미에서 하나님의 뜻이 이루어지도록 기도해야 한다. 그들은 자신과 교회와 세상이 하나님의 도덕적 뜻을 알고 행하기를 기도한다. 또 이 세상을 향한 그분의 목적이 이루어지도록 간구한다. 처음에는 하나님께서 명령하신 것을 알고 행하도록 기도한다. 두 번째는 그분의 뜻을 분별하고 그 뜻에 맞추는 지혜를 달라고 기도한다. "뜻이…이루어지이다"는 또한 종말론적이다. 제자는 예수님의 재림을 위해 기도한

94 John M. Frame, *The Doctrine of the Christian Life*, A Theology of Lordship (Phillipsburg, NJ: P&R, 2008), 487-488. 《기독교 윤리학》(P&R).

다. 재림은 하늘에서처럼 땅에서도 전적으로 그분의 계획이 완수될 때를 가리킨다.

그 다음 모범 기도문은 하나님의 영광을 찬미하는 데서 인간의 필요를 말하는 데로 옮겨간다. 예수님은 제자들에게 그들 자신을 위해 기도하라고 명함으로써, 자신의 필요를 하나님께 내놓는 것이 가능한 정도가 아니라 옳다는 것을 입증하신다. 제자는 먼저 "일용할 양식"을 위해 기도한다. 당시 빵은 삶에서 가장 중요한 것, 즉 생존을 위한 필수품이었다. "일용할"[에피우시오스(*epiousios*)]로 번역된 단어는 아주 드물어서, 그 정확한 의미에 대해서는 의심이 남는다. 이는 그날의 양식을 구하는 아침 기도인가, 아니면 다음 날의 양식을 구하는 저녁 기도인가? 어느 쪽이든 제자는 공급해 주시기를 하나님께 기도한다. 이 겸손한 기도는 검소하게 사는 이들, 생필품에 만족하는 이들과 "가난한 이들이 가장 자연스럽게 하는" 기도다.[95] 바울은 이 생필품을 "먹을 것과 입을 것"으로 정의하는데, 여기서 "입을 것"은 의복과 주거지를 포함한다(딤전 6:8-10). 이는 탐욕에 대한 성경의 경고와 일관성이 있다(신 17:16-17; 왕상 10장; 눅 12:13-21). 일해야 하는 필요는 여전히 있지만(살후 3:10), 제자는 "우리의 손이 행한 일을 견고하게 하소서"(시 90:17)라고 하나님께 구한다.

"우리 죄[오페일레마타(*opheilēmata*), debts]를 사하여 주시옵고"는 처음에는 재정과 관련된 것처럼 들린다. ESV의 빚(debt)은 갚지 않은 대출금을 뜻하기 때문이다. 신약에서 이곳 외에 오페일레마(*opheilēma*)가 사용된 유일한 구절인 로마서 4:4에서 그 단어는 금융 부채나 의무를 가리킨다. 또 70인역(신 24:10)과 헬라 문헌에서도 빚을 가리킨다. 그러나 누가가 정리한 주기도문은 "죄"(sin)로 해석한다. "빚"은 은유임에 틀림없다. 인간이 하나님께 돈을 빚질 수 없기 때문이다. 인간은 하나님께 사랑과 예배와 순종을 빚졌고(마 22:37-40; 롬 1:21; 13:8-10), 성경은 인간이 하나님께 이런 것들을 드리지 못

95 Keener, *Matthew*, 222

하는 것을 죄 혹은 빚이라 부른다. 따라서 예수님은 제자들에게 실패할 때 아버지께 용서를 구하라고 명령하신다. 이는 사소한 권면이 아니다. 예수님이 죄인들에게 자비를 구하라고 가르치시므로, 그들은 그것을 받으리라 기대할 수 있다.

"우리가 우리에게 죄 지은 자를 사하여 준 것같이"는 간구하는 자가 다른 사람을 용서한다면, 그리고 용서해야만 하나님께서 용서하신다는 의미일 가능성이 있다. 예수님이 "너희가 사람의 잘못을 용서하면 너희 하늘 아버지께서도 너희 잘못을 용서하시려니와"(마 6:14-15)라고 말씀하실 때 역시 이런 의미인가? 이러한 이해의 문제는, 이 해석이 하나님의 긍휼이 인간의 긍휼에 달린 것으로 만듦으로써 마태의 책 전체와 모순된다는 것이다. 오히려 마태는 그 반대로 말한다. 예수님은 구원하기 위해 오셨지, '사람들이 적절하게 행동하면' 구원하기 위해 오신 것이 아니다. 예수님은 자기 몸을 대속물로 주셨다. 그분은 사람들이 어떤 전제 조건을 완수하면 그들을 대속하겠다고 말씀하지 않으신다. 용서를 하나님의 조건적인 은총으로 부르는 것은 복음의 은혜로움을 부인하는 것이다. 용서받지 못한 종의 비유에서 아주 분명하게 나타나는 그 개념은(18:23-35), 용서받은 이들이 다른 사람들을 용서해야 한다는 것이다. 제자는 은혜를 경험한 후에 은혜를 나타낸다. 은혜를 베풀지 않는 이들은 자신이 그것을 맛본 적이 없음을 입증한다.

하나님은 회개하는 자를 용서하신다. 그리고 하나님께서 사람들을 용서하기 위해 어떤 대가를 치르시는지 아는 사람은 다른 사람들을 용서할 것이다. 예수님은 사람들에게 용서를 얻는 법을 가르치지 않으신다. 오히려 벌을 피하려는 얄팍한 바람과 반대되는 진정한 회개를 반복해서 가르치신다. 누군가 자신이 범한 바로 그 죄로 다른 사람을 정죄한다면(롬 2:1-3), 그는 하나님의 은혜를 거의 알지 못함을 증명하는 셈이다. 존 스토트는 이렇게 표현한다.

> 만일 하나님께 범한 죄의 극악무도함을 보도록 우리 눈이 열린다

> 면, 다른 사람들이 우리에게 가한 해는 그에 비해 아주 사소하게 보일 것이다. 반면에 다른 사람들의 죄에 대해 과장된 시각을 갖는다면, 그것은 우리가 우리 죄를 축소하고 있음을 입증하는 것이다.[96]

"우리를 시험에 들게 하지 마시옵고"라는 간구는 논리적으로 죄 사함에 대한 간구 뒤에 나온다. 회개는 "다시는 죄를 범하지 [않으려는]"(요 5:14) 마음을 포함한다. 죄에서 해방되고자 한다면, 그 세력에서 해방되려는 마음도 있어야 한다.

같은 사건이 시험으로 보일 수도 있고 유혹으로 보일 수도 있다. 페이라스모스(*peirasmos*)는 둘 다를 아우른다. 여호와는 아브라함을 시험하셨고 그는 시험을 통과했다(창 22:1-18). 그분은 이스라엘도 시험하셨는데 그들은 실패했다(민 14:22; 출 16:1-28; 17:1-7). 시험은 불가피하고, 하나님은 가끔 직접 그분의 백성을 시험하신다. 이 시험들은 성장의 기회가 된다(창 22:1-18; 약 1:2-4).[97] 그러므로 이러한 간구는 시험을 없애달라는 간구일 수 없다. 오히려 실패할 것 같은 시험에서 주권적으로 보호해달라는 간구에 가깝다(고전 10:13). 일용할 양식과 지혜를 구하는 기도에서 그렇듯(약 1:5), 진실한 제자는 하나님께 도움을 구하는 동시에 그분과 함께 일한다. 신자는 시험을 마주하고 심지어 그것들로 인해 기뻐하기도 하지만, 유혹에 대해서는 피해 달아난다(고전 6:18; 10:14; 딤전 6:11; 약 1:2).

마지막 구절 "악에서 구하시옵소서"에도 난제가 있다. 먼저 "구하시옵소서"는 '시험을 겪지 않게 해주소서'라는 의미일 수도 있고, '시험에 맞닥뜨릴 때 해를 입지 않게 해주소서'라는 의미일 수도 있다. 사전적으로, 신학적으로, 경험적으로 두 가지 개념 모두 타당하다. 또 "악"은 추상적인 힘일 수도 있고, 의인화된 악 즉 악한 자일 수도 있다. 다시 한 번 둘 다 타당

96 Stott, *Christian Counter-Culture*, 149-150.

97 Daniel M. Doriani, *James*, REC (Phillipsburg, NJ: P&R, 2007), 34-38. 《야고보서》(부흥과개혁사).

하며 어느 한쪽을 배제할 근거가 거의 없다.

예배에 익숙한 송영 "나라와…아버지께 영원히 있사옵니다"는 초기 사본에는 나오지 않는다. 그러므로 진짜가 아닌 것이 거의 확실하기 때문에 ESV에는 그 부분이 없다.

예수님은 제자들이 경건한 슬픔을 위해 금식을 하리라 전제하신다. 그래서 '금식한다면'이 아니라 "금식할 때에"(마 6:16)라고 말씀하신다. 성경은 금식과 기도를 연결시킨다. 제자들은 하나님과 그분이 주시는 상을 위해 은밀하게 금식하지, 자신의 행동을 과시하기 위해 하지 않는다(18절). 그러므로 제자는 금식할 때 "슬픈 기색을 보이지" 말아야 한다. 이는 모든 금식을 숨겨야 한다는 의미가 아니다. 성경은 공동적인 금식을 언급한다(행 13:2, 3; 14:23).

금식은 기도와 회개와 간구에 전념하기 위해 육체적인 욕구를 부인하는 것이다. 금식은 모든 욕구를 채우려는 경향과 싸우는 것이다. 누구도 빵만으로는 살지 못함을 인식하는 것이다. 금식할 때 몸은 약해지고, 영은 누구도 자기의 힘만으로 살지 못함을 기억한다. 제자는 하나님을 향한 갈망을 키우고, 세상을 향한 갈망을 줄이기 위해 금식한다.[98]

98 John Piper, *A Hunger for God: Desiring God through Fasting and Prayer* (Wheaton, IL: Crossway, 1997), 14-45. 《하나님께 굶주린 삶》(복있는사람).

응답

기도

6:2-4에 대한 올바른 반응은 분명해 보이므로, 이 주석은 기도와 시험과 금식에 초점을 맞추려 한다. 6장에서 예수님은 제자들에게 인격적이고, 가족적이고, 하나님 중심적이고, 적절하게 자기중심적인 기도 방법을 가르치신다. 성경은 또한 신자들에게 서로를 위해 기도하라고 권면한다(약 5:16). 하지만 신자는 먼저 하나님 나라에 초점을 두고 그들의 적절한 필요는 그 다음에 구한다. 아버지가 인간의 필요를 아신다는 사실이 개인적인 기도의 근거다. 주님은 "우리가 그분을 가르쳐야 할 정도로 무지하지 않으시고, 우리가 설득해야 할 정도로 주저하지도 않으신다."[99] 그러나 인간의 기도가 하나님을 가르치거나 깨우지 않는다면, 우리는 왜 기도하는가? 칼빈은 신자들이 "그분을 찾도록 스스로를 일깨우기 위해"[100] 기도한다고 말한다. 따라서 기도는 하나님으로 하여금 예상 밖의 행동을 하시도록 이끈다는 의미에서 역사를 바꾸지는 않지만, 기도하는 사람을 바꿈으로 현실을 변화시킨다. 모범 기도문은 단순히 하나님께서 기도에 따라 일하시도록 움직이게 하는 기술이 아니다. 하나님께서 일하시기 위해 자구와 상황이 꼭 맞아야 할 필요는 없다. 아버지는 믿음에서 나오는 간구를 들으신다.

시험

시험 혹은 유혹에 관한 성경의 가르침에는 분명한 역설이 있다. 시험은 불가피하지만, 제자는 시험에서 구해주시기를 기도한다. 그러나 이 메시지

99 Stott, *Christian Counter-Culture*, 144.

100 John Calvin, *Commentary on a Harmony of the Evangelists, Matthew, Mark, and Luke*, trans. William Pringle, 3 vols. (1845-1846; repr., Grand Rapids, MI: Baker, 2003), 1:314.

는 그리 독특하지 않다. 성경은 전쟁이 불가피하지만 그리스도인이 평화를 위해 기도할 수 있다고 말한다(마 24:6; 딤전 2:2). 또 제자는 박해를 기뻐하면서도 그것을 피한다(마 5:10-12; 10:23). 이 시대의 고투가 끝날 때까지 제자들은 긴장 상태에서 살아간다.[101] 마태복음 6:13은 제자들에게 거룩함을 요구하는 동시에 시험이 아주 많다는 것 또한 인정한다. 제자는 공정하고, 사랑을 행하고, 거룩하도록 애써야 한다. 사실 제자는 '더 거룩한 척'하지 않으면서 다른 사람보다 거룩하기를 열망한다. 그들은 절대 경건이 쉽다고 생각하지 않는다. 제자는 항상 극심한 시험에서 구해달라고 아버지께 구한다.

금식

예수님은 제자들이 진실하고 겸손하게 금식하리라 전제하신다. 공개적으로 드러내기 위한 종교 행위는 "하나님을 이용하고" 교만을 키운다.[102] 규칙을 만들고 다른 사람들에게 그것을 부과하는, 오만하고 율법적인 종교가 있다. 또 "몸을 괴롭게 하는" 자의적 종교가 있다. 바울은 그것이 방종을 멈추는 데 "조금도 유익이 없[다]"고 지적한다(골 2:20-23). 정의상 참된 제자는 완전한 위선자일 수는 없지만, 사람들에게 보이려고 위선적으로 행동할 수 있다. 예수님은 신자들에게 하나님을 기쁘시게 하고 무리는 못 본 척하라고 말씀하신다. 인간의 칭찬을 위해 애쓰는 사람이 있다면, 그는 그것을 얻을지 모르지만 그 이상 아무것도 얻지 못할 것이다. 모든 것을 보고 상주시는 하나님을 위해 은밀히 선을 행하는 편이 더 낫다.

101 Carson, *Matthew*, 207-208.

102 Martin Luther, quoted by James M. Kittelson, *Luther the Reformer: The Story of the Man and His Career* (1986; repr., Minneapolis: Fortress, 2003), 93.

19 너희를 위하여 보물을 땅에 쌓아 두지 말라 거기는 좀과 동록이 해
하며 도둑이 구멍을 뚫고 도둑질하느니라 20 오직 너희를 위하여 보물
을 하늘에 쌓아 두라 거기는 좀이나 동록이 해하지 못하며 도둑이 구
멍을 뚫지도 못하고 도둑질도 못하느니라 21 네 보물 있는 그곳에는
네 마음도 있느니라

19 "Do not lay up for yourselves treasures on earth, where moth and
rust[1] destroy and where thieves break in and steal, 20 but lay up for
yourselves treasures in heaven, where neither moth nor rust destroys
and where thieves do not break in and steal. 21 For where your treasure
is, there your heart will be also.

22 눈은 몸의 등불이니 그러므로 네 눈이 [1)]성하면 온몸이 밝을 것이요
23 눈이 나쁘면 온몸이 어두울 것이니 그러므로 네게 있는 빛이 어두
우면 그 어둠이 얼마나 더하겠느냐

22 "The eye is the lamp of the body. So, if your eye is healthy, your
whole body will be full of light, 23 but if your eye is bad, your whole

body will be full of darkness. If then the light in you is darkness, how great is the darkness!

24 한 사람이 두 주인을 섬기지 못할 것이니 혹 이를 미워하고 저를 사랑하거나 혹 이를 중히 여기고 저를 경히 여김이라 너희가 하나님과 재물을 겸하여 섬기지 못하느니라

24 "No one can serve two masters, for either he will hate the one and love the other, or he will be devoted to the one and despise the other. You cannot serve God and money.[2]

25 그러므로 내가 너희에게 이르노니 목숨을 위하여 무엇을 먹을까
무엇을 마실까 몸을 위하여 무엇을 입을까 염려하지 말라 목숨이 음
식보다 중하지 아니하며 몸이 의복보다 중하지 아니하냐 26 공중의
새를 보라 심지도 않고 거두지도 않고 창고에 모아들이지도 아니하
되 너희 하늘 아버지께서 기르시나니 너희는 이것들보다 귀하지 아니
하냐 27 너희 중에 누가 염려함으로 그 [2)]키를 한 자라도 더할 수 있겠
느냐 28 또 너희가 어찌 의복을 위하여 염려하느냐 들의 백합화가 어
떻게 자라는가 생각하여 보라 수고도 아니하고 길쌈도 아니하느니라
29 그러나 내가 너희에게 말하노니 솔로몬의 모든 영광으로도 입은
것이 이 꽃 하나만 같지 못하였느니라 30 오늘 있다가 내일 아궁이에
던져지는 들풀도 하나님이 이렇게 입히시거든 하물며 너희일까보냐
믿음이 작은 자들아 31 그러므로 염려하여 이르기를 무엇을 먹을까 무
엇을 마실까 무엇을 입을까 하지 말라 32 이는 다 이방인들이 구하는
것이라 너희 하늘 아버지께서 이 모든 것이 너희에게 있어야 할 줄을
아시느니라 33 그런즉 너희는 먼저 그의 나라와 그의 의를 구하라 그
리하면 이 모든 것을 너희에게 더하시리라

25 "Therefore I tell you, do not be anxious about your life, what you will

eat or what you will drink, nor about your body, what you will put on. Is not life more than food, and the body more than clothing? 26 Look at the birds of the air: they neither sow nor reap nor gather into barns, and yet your heavenly Father feeds them. Are you not of more value than they? 27 And which of you by being anxious can add a single hour to his span of life?[3] 28 And why are you anxious about clothing? Consider the lilies of the field, how they grow: they neither toil nor spin, 29 yet I tell you, even Solomon in all his glory was not arrayed like one of these. 30 But if God so clothes the grass of the field, which today is alive and tomorrow is thrown into the oven, will he not much more clothe you, O you of little faith? 31 Therefore do not be anxious, saying, 'What shall we eat?' or 'What shall we drink?' or 'What shall we wear?' 32 For the Gentiles seek after all these things, and your heavenly Father knows that you need them all. 33 But seek first the kingdom of God and his righteousness, and all these things will be added to you.

34 그러므로 내일 일을 위하여 염려하지 말라 내일 일은 내일이 염려할 것이요 한 날의 괴로움은 그날로 족하니라

34 "Therefore do not be anxious about tomorrow, for tomorrow will be anxious for itself. Sufficient for the day is its own trouble.

1) 헬, 순전하면 2) 또는 목숨을

1 Or *worm*; also verse 20 *2* Greek *mammon*, a Semitic word for money or possessions *3* Or *a single cubit to his stature*; *a cubit* was about 18 inches or 45 centimeters

단락 개관

마태복음 6:19-34은 계속해서 제자의 의를(5:20) 살핀다. 5:21-48이 제자가 어떻게 서기관의 가르침을 능가할 수 있는지 보여주고, 6:1-18이 그들의 동기가 바리새인을 뛰어넘는 법을 묘사한다면, 6:19-24은 하나님을 향한 그들의 충성을 다룬다. 마태복음 6:24은 돈, 즉 맘몬을 신성을 가진 경쟁자라 부른다. "너희가 하나님과 재물을 겸하여 섬기지 못하느니라." 엄밀히 말해 이는 청중에게 하나님을 선택하라는 요구가 아니지만, 마태복음 전체에서 볼 때에는 그렇게 하라는 것이다. 그 다음 열 절은 하나님을 섬기려는 결단이 함의하는 바를 말한다. 예수님은 계속 나아가면서 이유와 실례를 덧붙이며, 제자들은 염려해서는 안 된다고 반복해서 결론 내리신다(25, 27, 28, 31, 34절). 이 단락은 하나님께서 공급하신다는 약속과 그 결론을 지지하는 장엄한 신학적 진술 때문에(32-34절) 인기가 많다.

단락 개요

Ⅲ. 첫 번째 설교: 예수님 나라의 제자도(5:1-7:29)
- D. 참된 신자는 하나님을 신뢰한다(6:19-34)
  - 1. 맘몬이 아닌 하나님을 섬긴다(6:19-24)
  - 2. 걱정하기보다는 하나님을 신뢰한다(6:25-34)

마태복음 6:19-21은, 마태복음의 모든 요소가 그렇듯, 치밀한 구조로 되어 있으면서 시적이다. 이 패턴은 예수님의 전형적인 방식이다. 표1은 필자가 헬라어를 아주 문자적으로 번역한 것이다. 주요한 접속사는 강조체로 구분했다.

1	부정적인 명령		땅에 있는 보물을 귀하게 여기지 말라	
2	이유 1		거기는 좀과 동록이 해한다(2+1)	동의평행법
3	이유 2	**그리고**	거기는 도둑이 구멍을 뚫고 도둑질한다(1+2)	
4	긍정적인 명령	**그러나**	하늘에 있는 보물을 귀하게 여기라	
5	이유 1		거기는 좀과 동록이 해하지 못한다(2+1)	동의평행법
6	이유 2	**그리고**	거기는 도둑이 구멍을 뚫지도 못하고 도둑질도 못한다(1+2)	
7	마지막 이유	**왜냐하면**	네 보물 있는 그곳에는 네 마음도 있기 때문이다	

표1. 마태복음 6:19-21 개요

2행과 3행이 1행에 나오는 부정적 명령의 이유를 제시하고, 5행과 6행이 4행에 나오는 긍정적 명령을 설명하는 것에 주목하라. 1행과 4행은, 2, 5행과 3, 6행처럼 반의(antithetical, 反義)평행구다. 2, 3행은 5, 6행처럼 동의(synonymous, 同義)평행구다. 1-3행 전체는 4-6행 전체와 대조를 이룬다. 마지막으로 7행은 1행과 4행의 이유를 제시한다.

분석가들은 6:22-23에서도 유사한 구조를 발견할 것이다. 모든 것을 나열하는 것은 지루할 테지만, 6:24의 개요는 유익하다(표2).

주의 깊은 독자들은 6:24이 문법적으로 말해서 규범적이지 않고 해석의 여지를 넓힌다는 것을 알아챌 것이다. 본문의 마지막 명령은 6:20의 첫 단어 "쌓아 두라"[테사우리제테(*thēsaurizete*), treasure]다. 하지만 담화 전체에서 예수님은 분명 청중에게 하나님을 섬기라고 요구하신다. 주요한 도전은 그 선택의 엄중함이다. 인간은 흔히 다수에 충성하려 한다. 독자들은 "하나님이냐, 돈이냐? 둘 다 섬길 것이다. 실제로 하나님께서 신앙심 깊은 이들에

논지		한 사람이 두 주인을 섬기지 못할 것이다	
이유	**왜냐하면 혹**	이를 미워한다	반의평행법
	그리고	저를 사랑한다	반의평행법
대안	**혹**	이를 중히 여긴다	
	그리고	저를 경히 여긴다	반의평행법
결론		너희가 하나님과 재물을 겸하여 섬기지 못한다	

표2. 마태복음 6:24 개요

게 재물을 주시지 않는가!"라며 반대할지 모른다. 그러나 예수님은 그러한 질문 배후의 전제를 들추어내실 것이다.

이 해설은 6:19–21과 6:22–23의 논리적 연관성은 건너뛰었다. 그것은 아래 주석 부분에 더 잘 맞기 때문이다. 6:25-34의 개요는 더 쉽다. 예수님은 여러 가지 이유를 제시하며 "염려하지 말라"[메 메림나테(*mē merimnate*)]라고 되풀이해서 명령하신다. 이 단락이 더 길기 때문에 다음의 개요는 압축하여 다른 말로 바꾸었다(표3).

명령 1, 2, 4로 시작해서, 시적 평행법이 계속 나온다. 이유 2, 4, 5는 동의 평행법이고, 이유 6과 결과 1은 반의평행법으로 보인다. 또한 6:19-24처럼 전체 구조에서 다시 충성의 문제를 다루는 하나의 절정에 이른다(6:33의 명령 3). 그것은 그 나라인가 아니면 물질적 부(富)인가의 문제다. 6:19–24과는 달리, 6:25–34은 실제적인 후기, 조금 아리송하고 다른 것들보다는 폭넓은 명령으로 마무리된다. "그러므로 내일 일을 위하여 염려하지 말라 내일 일은 내일이 염려할 것이요 한 날의 괴로움은 그날로 족하니라."

명령 1	목숨을 위하여, 음식, 음료, 의복을 염려하지 말라
이유 1	목숨이 음식과 의복보다 중하다
이유 2	새들이 애쓰지 않아도 하나님께서 새를 먹이시고, 너희는 그보다 더 귀하다
이유 3	염려는 “키를 한 자”도 더하지 못한다
이유 4	하나님께서 백합을 예쁘게 입히므로 사람들도 입히신다
이유 5	하나님께서 하루만 사는 들풀을 입히는 것처럼 믿음이 작은 자도 입히신다
명령 2	먹을 것이나 마실 것, 입을 것을 구하며 염려하지 말라
이유 6	이는 다 이방인들이 구하는 것이다
(생략)	이방인들이 이것을 구하는 까닭은 하나님을 믿지 않기 때문이다. 그러나 제자들은 그렇지 않다. 왜냐하면
이유 7	너희 아버지께서 이 모든 것이 너희에게 있어야 할 줄을 아시기 때문이다.
명령 3	먼저 하나님의 나라와 그의 의를 구하라
결과 1	그리하면 이 모든 것을 너희에게 더하실 것이다
명령 4	그러므로 내일 일을 위하여 염려하지 말라
이유 8	내일은 내일의 괴로움이 있을 것이다.

표3. 마태복음 6:25-34 개요

주석

6:19-24 6장은 하나님과 경쟁하는 두 신, 두 가지 주된 우상, 즉 명성(1-18절) 그리고 돈과 그것으로 얻는 안전(19-34절)에 대한 예수님의 논평으로 해석할 수 있다. 예수님은 "보물을 땅에 쌓아 두지 말라"라는 직접적인 금령으로 시작하신다. 그것을 헛수고라 하신다. 좀과 동록(두 가지 동인)은 한 가지 일, 즉 그것을 망가뜨리는 일을 한다. 그리고 도둑(한 가지 작인)은 두 가지 일을 한다. 즉 구멍을 뚫고 도둑질한다. 비축은 죄악되고 이기적이고 어리석다. 천과 금속을 망가뜨리는 좀과 동록으로 대변되는 자연의 힘은 서서히 재산을 집어삼킨다. 그 외에도 악의적인 사람들이 서로의 것을 훔친다. 보물은 하늘에 쌓는 편이 더 낫다. 거기서는 무엇도 그것을 해할 수 없다. 보물이 하나님과 함께 있을 때 안전한 것처럼 제자들 역시 그들의 보물을 주님께 의탁할 때 더 안전하다. 마음이 그 보물을 따라가기 때문이다. "네 보물 있는 그곳에는 네 마음도 있느니라"(21절).

19-21절과 22-23절의 연관성은 확실하지 않다. 예수님은 21절에서 마음을 언급하며 눈에 보이는 행동에서 눈에 보이지 않는 마음으로 옮겨가신다. 복음서에서 마음은 한 사람의 존재 핵심을 나타낸다. 거기에 깊은 신념이 있고, 거기에서 삶의 방향이 결정된다. 성경에서 "눈"은 동일한 의미를 지닌다. 예를 들어 시편 119:36-37은 이렇게 말한다. "내 '마음'을 주의 증거들에게 향하게 하시고 탐욕으로 향하지 말게 하소서 내 '눈'을 돌이켜 허탄한 것을 보지 말게 하시고 주의 길에서 나를 살아나게 하소서"(참고. 시 119:10, 18). 따라서 마태복음 6:22의 "눈"은 21절의 "마음"같은 역할을 할 수 있다. 예수님은 사람의 핵심부가 "성하면"(healthy) 그의 "온몸이 밝을 것이요"(22절)라고 말씀하신다. 그러나 그렇지 않으면 그의 "온몸이 어두울 것이[다]"(23절). 건강한 눈은 잘 보고 삶의 방향을 알려준다. 그러나 만약 "네게 있는 빛이 어두우면 그 어둠이 얼마나 더하겠느냐."

예수님은 분명 제자들이 재물이 아니라 그 나라에 시선을 고정하기 바라시지만, 그 눈이 무엇을 하느냐에서 그 눈이 어떤 지위를 가지고 있느냐로 관심을 옮기신다. 고대 동식물학자들은 눈에서 빛이 나온다고 생각했으므로, 예수님은 눈이 성하면 온몸에 빛을 비추어 삶 전체의 방향을 제시한다고 말씀하신다. 다시 말해 예수님은 보물을 비축하는 외적인 행동에서 그 근원, 즉 불신앙으로 옮겨가신다. 믿지 않는 이들은 아버지이신 하나님을 모르는데 비축하려는 유혹을 물리칠 수 있겠는가?

이러한 신학적인 관점이 분명 타당하지만, 원래의 독자들은 아마 예수님의 말씀을 다른 식으로 들었을 것이다. "눈이 나쁘면"(23절)이라는 어구는 옵탈모스…포네로스(*ophthalmos*…*ponēros*, '눈이 악하다')를 번역한 것이다. '악한 눈'(evil eye)은 유대와 그리스-로마 문화의 관용어로, 질투하거나 아까워하는 마음을 의미했다. 악한 눈은 다른 사람의 소유를 부러워하며 바라본다(마 20:15; 눅 11:34; 막 7:22; 신 15:9 70인역, 참고. 집회서 14:10; 31:13). 반대로 '선한 눈'[아가토스 옵탈모스(*agathos ophthalmos*)]은 자선을 나타낸다(참고. 신 28:54, 56; 잠 23:6, 참고. 집회서 29:8, 10). 이와 일관되게 "성하면"(22절)으로 번역된 단어는 하플루스(*haplous*)로, 숨은 동기가 없다는 의미의 '순전한'을 뜻할 수 있다. 어원이 같은 단어들이 고린도후서 8:2, 9:13, 야고보서 1:5에서는 '관대한 것'을 뜻한다. 마태복음 6:22-23에 대한 이러한 해석을 따른다면, 우리는 예수님이 사람들에게 그들의 눈을 바른 것에 고정하라고 권면하고 계심을 본다.

22-23절에 대한 두 가지 해석 모두 정당해 보인다. 눈이 보물에 고정되었다면, 마태는 독자들이 그들 속에 있는 무엇이 그렇게 하게 만드는지 물어보기를 바란다. 그는 또한 잘못된 방식으로 바라보고 굴복하는 것에 대해 경고한다. 따라서 예수님은 진단하시는 동시에 권면하신다. 두 가지 해석 모두 어휘 용례와 문맥에도 들어맞는다.

존 스토트는 24절에서 예수님이 제자들을 "두 가지 보물…과 두 가지 눈 사이에서의 선택" 배후로 데리고 가서 두 주인 중 하나를 택하는 더 근본적인 선택을 제시하시는 것에 주시한다.[103] 문화적 맥락은 고용이 아니라 노예 제도다. 두 고용주에게 고용되어 일할 수는 있지만 두 주인에게 '속할' 수는 없다. 주인은 어느 때든 종이 그 자리에 있을 것과 종의 섬김을 요구할 수 있기 때문이다. "단일(single) 주인과 전일(full-time) 근무가 노예 제도의 본질이다."[104] 누구도 하나님과 맘몬, 두 신을 섬길 수는 없다. 각각 절대적인 충성을 요구하기 때문이다.[105] 예수님은 돈의 이름을 '맘몬'으로 고르심으로써 그분의 요지를 강화하신다. '맘몬'은 "신뢰받는 것" 혹은 "사람이 신뢰하는 것"이라는 뜻이다.[106] 그 이름은 돈을 신뢰하는 경향이 있는 사람들에게 잘 들어맞는다. 욥기 31:24은 사람이 금을 "내 소망…내 의뢰하는바"라고 부르는 것이 죄라고 언급한다. 잠언 30:8-9에서 아굴은, 자신이 하나님을 버리지 않도록 부자가 되지 않게 해달라고 기도한다(참고. 시 62:10; 렘 9:23; 겔 28:5; 호 13:6). 예수님은 삼인칭에서(마 6:22-24a) 이인칭으로(24b절) 옮겨감으로써 그 요지를 강화하신다. "너희가 하나님과 재물을 겸하여 섬지기 못하느니라."

6장

6:25-34 "그러므로"는 24절에서 결론을 끌어낸다. 사람이 돈이 아니라 하나님을 섬긴다면, "목숨" 혹은 목숨을 위해 꼭 필요한 먹을 것, 마실 것,[107] 입을 것에 대해 염려해서는 안 된다. 하나님께서 생명을 주실 것을 안다면, 하늘에 보물을 쌓고 하나님을 섬긴다면, 염려가 있을 자리가 없다. 베드로는 "너희 염려를 다 주께 맡기라. 이는 그가 너희를 돌보심이라"(벧전 5:7)라고 덧붙인다.

"목숨을 위하여…염려하지 말라[즉 '걱정하지 말라']"라는 명령이 노동이나

103 Stott, *Christian Counter-Culture*, 158.

104 R. V. G. Tasker, *The Gospel according to St. Matthew: An Introduction and Commentary*, TNTC (Grand Rapids, MI: Eerdmans, 1961), 76.

105 경쟁하는 신으로서의 돈에 대해서는, 참고. Jacques Ellul, *Money and Power*, trans. LaVonne Neff (Downers Grove, IL: InterVarsity Press, 1984), 94-97; Craig L. Blomberg, *Neither Poverty nor Riches: A Biblical Theology of Material Possessions*, NSBT 7 (Grand Rapids, MI: Eerdmans, 1999).

106 "맘몬"은 아마 아람어 아만(*'aman*, 신뢰)에서 비롯되었을 것이다. "맘몬"은 관련된 실질 명사, 즉 사람이 신뢰하는 것이다. 그것은 경쟁 신으로서의 돈에 대한 아주 적절한 용어다.

107 일부 사본에는 "마실 것"이 빠져 있지만, 사본상의 증거는 그것이 원문일 것임을 보여준다. 마실 것은 6:31에서는 확실하게 언급된다.

계획, 사전 준비를 금하지는 않는다. 경솔함과 게으름은 어리석은 자의 표지다. 계획은 지혜로운 것이다(잠 6:6-11, 참고. 창 41장). 나아가 바울은 고린도후서 11:28에서 교회들을 위한 "염려"를 인정하고, 분명 그것을 죄가 아니라 부담으로 본다. 그러므로 죄 짓지 않으면서 염려하는 일이 가능하다. 그러나 예수님은 돈에 대한 열정과 주님에 대한 불신을 나타내는, 물질적 필요에 대한 불안과 강박에 대해서는 경고하신다.

주권자 주님은 그분의 모든 피조물을 돌보신다. 그분이 새를 먹이고 꽃에 옷을 입히신다면, 피조물의 맨 꼭대기에 있는(창 1장) 인간을 먹이고 입히실 것은 분명하다. 예수님은 자신과 논의하도록 사람들을 초청하는 수사적 질문을 좋아하셨다(마 6:25-28). 첫째, 목숨이 그것을 지탱시키는 음식과 의복보다 중요하지 않은가? 중요하다. 둘째, 하나님께서 새를 먹이신다면, 일은 하지만 씨를 뿌리거나 추수하거나 음식을 저장하는 체계적인 계획이 없는 새를 먹이신다면, 더 소중한 사람들을 돌보지 않으시겠는가? 돌보실 것이다. 셋째, 염려가 이루어낼 수 있는 것이 있느냐? ESV는 누가 염려함으로 '수명을 단 한 시간이라도 더할'(27절) 수 있겠느냐고 묻는다. 헬라어는 '누가 염려함으로 그 목숨/키[헬리키아(*hēlikia*)]를 한 자[페퀴스(*pēchys*)]라도 더할 수 있겠느냐'라고 묻는다. 페퀴스는 한 규빗, 즉 46센티미터(참고. 요 21:8; 계 21:17)였다. 헬리키아는 높이나 나이의 단위였다. 페퀴스가 '시간'을 의미하는 경우는 거의 없었다. 호라(*hōra*)가 '시간'을 뜻했다. 만약 마태복음 6:27 본문밖에 없다면, 그것은 웃긴 아이러니일 것이다. 누구든 키에 대해 염려함으로 46센티미터를 자라게 할 수 있는가? 그러나 누가가 누가복음 12:25에서 같은 질문을 인용한 다음 12:26에서 페퀴스를 "작은 일"이라 부른다면, 이는 '수명'이라는 해석을 지지한다. 어떻든지, 염려함으로 키가 30센티미터 자라는 것 같은 놀라운 일도 이룰 수 없고, 한 시간 더 사는 것 같은 작은 일도 이룰 수 없다. 염려는 우리에게 아주 자연스럽지만, 불합리하다.

제자는 화초들을 보며 그것들로부터 배워야 한다(마 6:28-30). 인간은 일하며 염려한다. 새는 일하지만 염려하지 않는다. 들꽃은 일하지도 않고 염려하지도 않는다. 꽃은 아무것도 하지 않음에도, 이스라엘의 가장 화려한 왕 솔로몬조차도 그들의 옷과 겨를 수 없다. 구약에서 꽃과 풀은 일반적으로 목숨의 짧음과 연약함을 나타낸다(시 37:2; 103:15-16; 사 40:6-8). 그러나 예수님은 그 은유를 뒤바꾸신다. 꽃은 인생의 짧음만을 가르치지 않는다. 만약 하나님께서 들꽃도 아낌없이 돌보신다면, 그분의 자녀를 "영원부터 영원까지"(시 103:13-17) 지키실 것임도 가르친다.

6장

마태복음 6:31-32은 주제를 되풀이한다. 제자는 먹을 것이나 마실 것, 입을 것을 염려해서는 안 된다. 살아 계신 하나님은 그리스-로마 신들과 같지 않기 때문이다. 그 신들은 변덕스럽게 인간에게 고통을 주었다. 그러나 적절한 선물로 그들의 호의를 회복시킬 수도 있었다. 그들의 신이 그러하기에 이방인들이 염려하는 것은 논리적이다. 그러나 아버지는 선물을 요구하지 않고 오히려 그들에게 주신다. 앞에서 신자와 이방인을 대조한(5:47; 6:7) 예수님은 이제 그들의 추구를 구별하신다. 이방인은 논리적으로 물질적 욕구를 따라가지만, 아버지는 자녀에게 무엇이 필요한지를 아실뿐 아니라 그것을 공급하신다. 때문에 그들은 "먼저 그의 나라와 그의 의를 구[할]" 수 있고, 아버지는 "그리하면 이 모든 것을 [그들에게] 더하[실]" 것이다(33절). "더하시리라"는 하나님께서 삶에 필요한 모든 것을 공급하신다는 의미다. 계획과 노동의 필요는 여전히 있지만, 노동자들은 염려하지 않고 신뢰할 것이다.

누구든 먼저 하나님과 그분의 나라를 구하면 하나님께서 그의 필요를 채운다고 약속하신다. 이는 기도하면 공급하겠다는 거래가 아니라 약속이다. 누구든 먼저 하나님을 구하면 하나님께서 그들의 염려를 없애주실 것이다. 그 약속은 하나님 나라를 구하는 법을 설명하지는 않는다. 성경 나머지 부분이 그 부분을 채워준다. 그 나라를 구하는 것은 주로 그 왕을 사랑하고 구하는 것이고 그 나라가 임하도록 기도하는 것이다. 삶의 모든 영역에서 그분의 통치에 굴복하는 것이고 그분의 통치와 복음을 널리 선포하는 것이다. 사회적으로나 개인적으로 그분의 의를 목표로 하는 것이고 지역적으로, 국가적으로, 국제적으로 그것을 추구하는 것이다. 하나님의 통치와 의는 사랑으로 이야기하려는 마음만큼 친숙하다. 동시에 세상의 가장 어두운 곳에서 과부와 고아와 방어할 수 없는 이들을 돌보는 기관과 함께하는 것만큼 국제적이다.

예수님은 이렇게 요약하며 결론 내리신다. "그러므로" 즉 아버지께서 공급하실 것이므로 "내일 일을 위하여 염려하지 말라." 그 다음 인상적인 의인화로 "내일 일은 내일이 염려할 것이요"라고 덧붙이신다. 그러고 나서 상식적인 금언 "한 날의 괴로움은 그날로 족하니라"(34절)로 마무리하신다. 신자들의 경우에는 염려할 이유가 없고 염려에는 유익이 없다. 매일 독특하고 예상을 넘어서는 그날의 악이 있다. 그러니 왜 내일에 대해 염려하는가? 매일 그날의 고충이 있고 그날의 공급이 있으니, 당장의 문제를 견디는 것이 더 낫지 않을까?

응답

제자들이 맘몬 대신 하나님을 택하면 어떤 행동과 태도가 뒤따른다. 그러한 제자는 너그럽고 염려가 없을 것이다. 솔로몬은 재물이 날아간다고 말했다. "허무한 것에 주목하[면]…날아가리라"(잠 23:4-5). 땅에서는 어떤 보물도 안전하지 못하므로, 보물은 해를 입을 수 없는 하늘에 비축하는 것이 지혜롭다. 이는 믿음의 시험이다. 살아 계신 하나님께서 그곳을 통치하신다고 믿어야만 하늘에 재물을 비축할 것이다. 현실적인 무신론자는 더 큰 곳간을 짓고, 신자는 하나님께 대하여 부요하다(눅 12:15-21). 그러한 신자는 나그네와 고아와 과부를 돌보고(레 19:34; 약 1:27), 가난한 이들과 음식을 나누는(잠 22:9; 딤전 6:18) 즐겨 내는 자(고후 9:6-7)다. 누가복음 16:9에서 예수님은 놀랍게도 제자들에게 맘몬을 통해 "친구를 사귀라"라고 말씀하신다. 보답할 수 있는 동료가 아니라 가난한 자, 맹인, 저는 자들에게 재물을 나누고 거저 줌으로써 재물로 친구를 사귈 수 있다(눅 14:12-14).

예수님은 보통 확실히 이해시키기 위해 그분의 가르침이 함축하는 바를 충분히 설명하지만, 숙련된 청자들이 무언의 함의를 탐구할 여지는 남겨두신다. 마태복음 6:19-34에서는 좀 더 교훈적으로 "염려하지 말라"를 되풀이하며 하나님을 신뢰해야 하는 이유를 거듭 덧붙이신다. 아마도 이곳에서는 반복이 꼭 필요한 것 같다. 아주 많은 사람이 자신들의 믿음을 부정하고 염려함으로 스스로에게 상처를 입히기 때문이다. 그럼에도 청중은 예수님이 어떻게 추론하시는지 알아채고 그것을 다른 영역들에 적용할 수 있다. 예를 들어, 예수님의 방식은 기본적인 신학 진리를 말씀하고 다시 말씀한 다음(예를 들어, 하나님께서 그분의 창조 세계를 돌보신다), 그것을 다양한 예로 설명하신다. 그러한 접근이 오늘날 도덕적 이슈들을 어떻게 조명할 수 있을까? 예를 들어 하나님께서 남자와 여자를 창조하셨다. 그 다음은 무엇인가? 다시, 하나님은 이스라엘이 애굽에서 나그네였을 때 그들을 돌보셨다. 그 다음은 무엇인가?

이 단락은 또한 해석자들의 성향을 시험한다. 칼빈주의적 성향의 신학적 해석자는 21-23절에 명시된 마음이라는 이슈에 초점을 맞추는 경향이 있다. 거룩함에 열중하는 도덕적 해석자는 예수님이 우리 눈이 어디를 향하는지 질문하시는 것에 집중한다. 얼마나 많은 해석자가 신학적인 시각과 도덕적인 시각 둘 다를 취할 것인가? 그 구절은 두 가지 이슈를 강조한다. 첫째, 만약 누구든 물질적인 것에서 눈을 뗄 수 없다면 목사는 "당신 마음이 어디에 있습니까?" 하고 질문해야 한다. 둘째, 사람들은 잘못된 곳에, 즉 다른 사람들의 소유물에 시선을 둠으로써 그들 영혼을 해롭게 한다. 평안은 하나님의 섭리를 믿고 그분의 공급하심에 만족할 때 임한다.

마지막으로, 예수님의 질문에 주목하라. 하나님께서 수명이 짧은 들꽃도 그렇게 아름답게 입히신다면, "하물며 너희일까 보냐 믿음이 작은 자들아"(30절). "믿음이 작은 자들아"는 헬라어의 한 단어 올리고피스토이(작은 믿음)의 번역이다. 인간 염려의 근원은 믿음 없음이다. 제자는 '믿음이 없지' 않다. 그들은 믿음이 작은 자들이다. 그러나 더 크고 강한 믿음으로 자라면 근거 없는 믿음에서 해방되어 평안을 누릴 수 있다.

1 비판을 받지 아니하려거든 비판하지 말라 2 너희가 비판하는 그 비
판으로 너희가 비판을 받을 것이요 너희가 헤아리는 그 헤아림으로
너희가 헤아림을 받을 것이니라 3 어찌하여 형제의 눈 속에 있는 티는
보고 네 눈 속에 있는 들보는 깨닫지 못하느냐 4 보라 네 눈 속에 들보
가 있는데 어찌하여 형제에게 말하기를 나로 네 눈 속에 있는 티를 빼
게 하라 하겠느냐 5 외식하는 자여 먼저 네 눈 속에서 들보를 빼어라
그 후에야 밝히 보고 형제의 눈 속에서 티를 빼리라

1 "Judge not, that you be not judged. 2 For with the judgment you
pronounce you will be judged, and with the measure you use it will be
measured to you. 3 Why do you see the speck that is in your brother's
eye, but do not notice the log that is in your own eye? 4 Or how can
you say to your brother, 'Let me take the speck out of your eye,' when
there is the log in your own eye? 5 You hypocrite, first take the log out
of your own eye, and then you will see clearly to take the speck out of
your brother's eye.

6 거룩한 것을 개에게 주지 말며 너희 진주를 돼지 앞에 던지지 말라
그들이 그것을 발로 밟고 돌이켜 너희를 찢어 상하게 할까 염려하라
6 "Do not give dogs what is holy, and do not throw your pearls before
pigs, lest they trample them underfoot and turn to attack you.

7 구하라 그리하면 너희에게 주실 것이요 찾으라 그리하면 찾아낼 것
이요 문을 두드리라 그리하면 너희에게 열릴 것이니 8 구하는 이마다
받을 것이요 찾는 이는 찾아낼 것이요 두드리는 이에게는 열릴 것이
니라 9 너희 중에 누가 아들이 떡을 달라 하는데 돌을 주며 10 생선을
달라 하는데 뱀을 줄 사람이 있겠느냐 11 너희가 악한 자라도 좋은 것
으로 자식에게 줄 줄 알거든 하물며 하늘에 계신 너희 아버지께서 구
하는 자에게 좋은 것으로 주시지 않겠느냐
7 "Ask, and it will be given to you; seek, and you will find; knock, and
it will be opened to you. 8 For everyone who asks receives, and the
one who seeks finds, and to the one who knocks it will be opened. 9 Or
which one of you, if his son asks him for bread, will give him a stone?
10 Or if he asks for a fish, will give him a serpent? 11 If you then, who
are evil, know how to give good gifts to your children, how much more
will your Father who is in heaven give good things to those who ask
him!

12 그러므로 무엇이든지 남에게 대접을 받고자 하는 대로 너희도 남
을 대접하라 이것이 율법이요 선지자니라
12 "So whatever you wish that others would do to you, do also to them,
for this is the Law and the Prophets."

단락 개관

마태복음 6장과 7장의 연관성은 분명하지 않아서, 학자들은 여러 가지 방식으로 그 단락들을 연결시킨다. 해그너는 7:1에서 "상대적으로 갑작스런 끊김"과, 7:7-11과 앞 구절 혹은 뒷 구절과의 "실제적인 연관성 없음"을 살핀다.[108] 모리스는 단단하지만 대조를 이루는 연관성을 본다. "예수님은 자신의 일에 대한 부정적인 태도(염려)에서 다른 사람들에 대한…부정적인 태도로 향하신다."[109] 키너, 브루너(Bruner) 등은 비판에 대한 명령을 주기도문, 특히 "우리 죄를 사하여 주시옵고"(6:12-15)와 연결시킨다.[110] 브루너는 "비판하지 말라"를 다섯 번째 복 "긍휼히 여기는 자는 복이 있나니"(5:7)의 반대로 본다. 또 긍휼과 보복 금지라는 주제의 연관성을 짚는다(5:38-48; 9:13; 12:7).[111]

마태복음에서 명확한 연관성의 부재에 관한 다양한 의견은 확실한 것을 찾기 힘들다는 뜻이다. 7:1-12의 시작 부분에 연결어가 없는 것은 적어도 두 가지 방식으로 기능할 수 있다. 몇몇 학자는 7:1-12이 제자들에게 다른 사람들을 대하는 법을 가르친다는 데 동의한다. 이는 제자들이 (1) 율법(5:21-48) (2) 세상(6:1-34) (3) 이웃(7:1-12)과 관계 맺는 방식으로 진행됨을 암시한다. 그 왕의 제자는 두려움이 없고(6:24-34), 비판하지 않는다(7:1-6). 필요가 생기면 구하기만 하면 된다(7:7-11).[112]

마태복음 7:1-12은 또한 독자들에게 5:1-6:34의 명령과 이상을 다루는 법을 가르친다. 예수님의 가르침을 다른 사람들을 비판하는 데 쓰지 말라

108 Hagner, *Matthew*, 1:168-173.

109 Morris, *Matthew*, 164.

110 Keener, *Matthew*, 239-240.

111 Frederick Dale Bruner, *Matthew: A Commentary*, rev. ed., vol. 1, *The Christbook, Matthew 1-12* (Grand Rapids, MI: Eerdmans, 2004), 337.

112 Wright, *Jesus and the Victory of God*, 291.

는 것이다(1-6절). 대신 제자는 따라갈 능력을 달라고 하나님께 구해야 한다(7-11절). 그런 다음 하나님과의 올바른 관계에 대한 요청으로 설교가 마무리된다(13-29절). 이러한 제안들 각각에 장점이 있고, 유사점들이 있다. 7:1-12은 이웃(1-6, 12절) 그리고 하나님(7-11절)과 관계 맺는 올바른 방법을 서술한다.

지나가는 말로 하자면, 우리는 학자들이 7:7-11 같은 구절을 근거로 마태와 누가가 예수님의 말씀이 담긴 같은 자료("Q")를 접했다고 받아들이는데 주목할 수 있다. 산상수훈의 상당 부분이 누가복음의 다양한 위치에서 나온다. 마태복음 7:7-11은 다른 위치에 나오지만 몇몇 문장의 자구가 동일하므로(참고. 눅 11:9-13), 복음서 저자들이 같은 자료를 인용했을 가능성이 높은 것 같다.

단락 개요

Ⅲ. 첫 번째 설교: 예수님 나라의 제자도(5:1-7:29)
  E. 예수님이 제자의 도리를 외치시다(7:1-12)
    1. 꼭 필요하지 않다면 비판하지 말라(7:1-6)
    2. 구하라, 찾으라, 문을 두드리라(7:7-12)

산상수훈 전체가 그렇듯 7:1-6은 구조가 탄탄하다. 6:34이 자신의 일에 대한 부정적인 태도인 염려를 금한다면, 7:1은 다른 사람들의 일에 대한 부정적인 태도인 비판을 금한다. 세상 사람들은 자신의 윤리적 상대주의를 위해 예수님의 지지를 얻으려고 "비판하지 말라"라는 명령을 이용하지만, 1-5절의 올바른 개요는 그러한 오류를 바로잡는다. 갈런드는 이렇게 언급한다. "'비판하지 말라'라는 명령은 일상의…행동에 도전하기 때문에 청자의 주의를 끈다."[113] 1-3절의 시적 구조는 쉬워서 충분히 따라갈 만하다. "비판을 받지 아니하려거든 비판하지 말라"라는 명령은 서곡이다. 로마서 2:1에서 되풀이되는 그 이유는, 다른 사람들을 비판하는 데 사용된 기준이 그 자신에게도 적용된다는 것이다(2절). 3절에 따르면, 비판은 자기 속에 있는 들보는 무시한 채 형제의 눈 속에 있는 티에 시선을 고정하는 터무니없는 태도다. 4-5절의 교차대구 구조가 예수님의 의도를 보여준다.

7:4b 나로 네 눈 속에 있는 티를 빼게 하라
　7:4c 보라(ESV에는 없음, 개역개정에는 맨 처음에 나옴)
　　7:4d 네 눈 속에 들보가 있는데
　　　7:5 외식하는 자여 먼저…빼어라
　　7:5b 네 눈 속에서 들보를
　7:5c 그 후에야 밝히 보고
7:5d 형제의 눈 속에서 티를 빼리라(필자의 번역)[114]

이 개요가 옳다면, 예수님은 제자들에게 다른 사람을 책망하기 전에 먼저 자신을 평가하고 고치라고 가르치신다. "비판하지 말라"는 여든 절에 이르는 가르침의 뒤를 잇고 있으므로, 예수님은 그분의 가르침을 다른 사람들을 책망하는 데 사용하지 말라고 제자들에게 지혜롭게 경고하시는 셈이다. 그 반대로 "먼저 네 눈 속에서 들보를 빼어라." 반대로 보이는 명령인 "거룩한 것을 개에게 주지 말며"가 이 단락을 마무리 짓는다.

예수님은 "비판하지 말라"라고 언명하신 다음, 그분의 명령에 주의를 기울여야 할 이유를 제시하신다. 첫째, 하나님께서 사람의 심판자이므로 누구도 그 역할을 빼앗을 권리가 없다(1절). 둘째, 다른 사람을 비판하는 사람

113 Garland, *Reading Matthew*, 85.

114 참고. 같은 책.

은 누구든 하나님과 사람 모두에게 그에 상응하는 비판을 요청하는 것이다(2-3절). 셋째, 자신을 정확하게 볼 수 있는 사람은 없는데, 어째서 다른 사람의 결점을 찾아서 비판하려 하는가?(4-5절) 이웃을 비판하기보다는 하나님께 자기 죄를 없애달라고 구해야 한다(7-11절).

7-11절은 세 부분으로 나뉜다. 이 구절은 7-8절의 탄탄한 병행으로 시작한다. 제자들이 구하고 찾고 문을 두드릴 때, 하나님께서 주시고, 제자들이 찾아내고, 하나님께서 문을 열어주신다. 그 다음 인간의 신실함을 나타내는 두 가지 사례가, 덜한 데서 더한 데로 나아가는 형식으로 하나님의 신실하심을 증명한다. 죄악된 아버지도 아들에게 돌이 아닌 빵을 주고 뱀이 아닌 생선을 준다면, 하늘 아버지는 당연히 "구하는 자에게 좋은 것으로 주시지" 않겠는가?(9-11절)

12절은 7-11절과 명확하게 연결되지는 않는다. 그리스도의 이 말씀은 그분이 전하신 가르침의 요약이자 결론 역할을 할 가능성이 높아 보인다.

주석

7:1-6 예수님이 "비판하지 말라"라고 말씀하실 때 이는 평가를 금하는 것이 아니라 성급하고 습관적인 비난을 막으시는 것이다. 제자는 먼저 자신에 대한 평가로 시작해야 한다. 예수님은 요한복음 7:24에서 대위법을 써서 "외모로 판단하지 말고 공의롭게 판단하라"라고 말씀하신다. 실제로 마태복음 7:15-16에서 예수님은 "거짓 선지자들을 삼가라"라고 경고할 때 판단 혹은 비판을 요구한다. 18:15에서 "네 형제가 죄를 범하거든 그 사람과만 상대하여 권고하라"라고 명할 때, 이는 형제가 죄를 지었다는 '비판'을 요구한다. 나아가 예수님도 서기관과 바리새인을 외식하는 자, 맹인 된 인도자, 회칠한 무덤, 뱀이라고 부르며 직접 비판하신다(23:12-33). 모세와 사도들 역시 언약 공동체의 지도자들이 거짓 선생이나 예언자를 평가하고 그들에게 맞서며(신 13:1-11; 요일 4:1, 참고. 갈 2:11), 필요하다면 그들을 모

임에서 내보내야 한다는(행 20:28-29; 딤전 1:3-4; 6:3-5) 데 동의한다. 마지막으로, 하나님은 이스라엘을 보호하고 분쟁을 해결하고 법을 집행하도록 재판관들을 임명하셨다(출 18:13-26; 삼상 7:16). 그분은 공정함(레 19:15)과 뇌물에서 자유로운 것(신 10:17; 16:19)을 포함하여 그러한 일을 위한 원칙을 세우셨다.

예수님은 비판하지 말라는 명령 앞에 그 이유를 제시하신다. "비판을 받지 아니하려거든." 수동태('비판을 받다')에서 행위자가 성경에 언급되지 않을 때 보통 그 행위자는 하나님이며, 여기서 '신적 수동태'라는 표현이 나온다. 따라서 다른 사람을 비판하는 사람은 하나님께 자신을 비판해달라고 요청하는 것이다. 그들이 다른 사람들에게 사용하는 잣대를 하나님께서 그들에게 사용하실 것이다. 나중에 바울은 판단하는 사람은 핑계 댈 수 없다고 설명한다. "그대는 남을 심판하는 일로 결국 자기를 정죄하는 셈입니다. 남을 심판하는 그대도 똑같은 일을 하고 있기 때문입니다"(롬 2:1, 새번역). 다른 사람을 책망할 만큼 하나님의 기준을 충분히 잘 아는 사람이라면, 그가 그 기준을 어길 때 정죄를 받는다. 만약 우리가 형제를 정죄하고 똑같은 일을 행한다면, 우리는 핑계 댈 수 없다(마 7:2).

제자는 다른 사람들을 비판하기보다는 자신의 죄에 주의를 기울여야 한다. 그들 눈 속에 있는 것이 크게 다가와야 한다(4-5절). 자기 눈에 도코스(*dokos*), 즉 바닥이나 지붕에 고정시킬 만큼 큰 나무 기둥 같은 것이 튀어나와 있는데, 형제의 눈 속에 있는 카르포스(*karphos*), 즉 티나 작은 조각을 겨냥하는 것은 불합리하다. 제자는 외식하는 자가 되지 않도록 먼저 자신의 죄를 살펴야 한다. 슬프게도 사람들은 자신의 죄는 축소하고 다른 사람의 죄는 확대한다. 다른 사람의 죄는 널리 알리고 자신의 죄는 놓친다. 사실 죄는 그것을 몰아낼 수 있도록 그 자신에게 크게 보여야 한다. 그 다음 다른 사람들의 죄에 주의를 기울일 수 있다.

"거룩한 것을 개에게 주지 말며"(6절)라는 어구는 대립되는 해석을 하게 한다. 그것은 액면 그대로 받아들여지지 않는 역설적 표현이거나, 1-5절과 대조되는 표현이다. 만약 대조라면, 6절은 1-5절에 대한 가능한 오해를 방지한다. 제자는 비판하지 말아야 하지만(1-5절), 데이비드 터너(David Turner)가 말하듯, "정말 악한 사람들을 의식하지 못하는" 일은 없어야 한다. 그 나라는 진주와 같아서(13:45-46) "악한 사람들"에게 던져 주어서는 안 된다. 그들은 그것에 '폭력적으로' 반응할 것이다. 복음은 전진해야 하지만, "그 과정은 변화가 많고" 양극화를 초래하므로 제자들은 늘 조심해야 한다.[115] 이러한 시각은 10:16의 선교에 관한 도전에 나오는 예수님의 경고와 일맥상통한다. "뱀같이 지혜롭고." 브루너는 처음에 여기서 둔감하고 마음이 닫힌 사람들을 전도하려는 시도에 대한 온화한 경고를 감지했다.[116] 예수님은 가끔 그 말씀을 주지 않음으로써(13:10-13; 요 19:9-11) 혹은 물러남으로써(마 10:14, 23, 참고. 암 8:3) 그분 자신의 조언을 따르시는 듯 보인다. 잠언 23:9이 말하듯이, 미련한 자는 분별 있는 가르침을 "업신여[긴다]." 왜 하나님의 진리를 조롱하는 이에게 노출시키겠는가?

그러나 이러한 시각은 문제가 있다. 첫째, 하나님의 말씀은 예수님이 명령하신 대로(마 13:3-9; 28:18-20) 보통 널리 알려진다. 둘째, 액면 그대로 받아들이면 7:6은 1-5절과 모순된다. 예수님은 심판을 금한 후에, 이제 제자들에게 어떤 사람들을 개와 돼지로 판단하라고 가르치시는 것인가? "돼지"와 "개"는 그 문화에서 아주 경멸적인 단어였다. 실제로 여러 문화에서 남자가 여자를 돼지나 개로 부르는 것은 문제의 소지가 있는 일일 것이다. (하지만 성경은 믿지 않는 이들을 개라 부르기도 한다. 마 15:26; 빌 3:2; 계 22:15.) 이 때문에 마태복음 7:6은 교훈적인 역설일 가능성이 있다. 만약 너희의 비판을, 너희가 개, 돼지로 생각하는 사람들에게 던지는 진리의 진주로 여긴다면, 그 돼지들은 너희의 지혜를 짓밟고 개들은 돌이켜 너희를 찢어 상하게 할 것이라는 의미다. 이것이 그럴 듯한 이유는, 예수님이 가끔 교훈적인 역

115 David L. Turner, *Matthew*, BECNT (Grand Rapids, MI: Baker Academic, 2008), 206-207. 《BECNT 마태복음》(부흥과개혁사).

116 이는 브루너의 마태복음 주석 첫 판에 나오는 그의 견해다(1987). 그러나 그는 개정판에서 스스로 다른 견해로(그 진술이 아이러니하다는) 바로잡는다(2004); 참고. Bruner, *Matthew*, 1:275.

설을 사용하시고(눅 15:7), 신약이 모든 사람을 향한 광범위한 복음 선포를 명하고 실증하기 때문이다(24:47; 행 2장; 10장; 13-20장; 24장; 26장).

두 시각 다 각각의 매력이 있다. 둘 다 어떤 진리를 말하기 때문이다. 만약 마태복음 7:6이 대조라면, 그것은 비판적인 태도가 옳지 않지만 비판은 여전히 필수적임을 뜻한다. 만약 그 구절이 역설이라면, 그것은 제자들에게 절대 거들먹거리지 말라고, 절대 다른 사람을 경멸하지 말라고 경고한다.

7:7-11 예수님의 말씀은 우아한 시 같다. "구하라 그리하면…주실 것이요 찾으라 그리하면 찾아낼 것이요 두드리라 그리하면…열릴 것이니." 그러나 또 다른 문학적 층이 있다. 이 어구는 아버지로 시작하고 끝난다. "구하라 그리하면 [아버지께서] 주실 것이요"로 시작하고 "하늘에 계신 너희 아버지께서 구하는 자에게…주시지 않겠느냐"로 끝난다.

"구하라", "찾으라", "문을 두드리라"라는 명령은 현재 시제로, 제자들이 계속 구해야 함을 나타낸다. 성경은 끈질기고 진심어린 기도를 하라고 자주 권면한다(렘 29:13; 눅 18:1-8; 요 14:13-14). 요점은 모든 요청을 다 들어달라고 하나님을 지치게 만드는 것이 아니라, 인간 자녀가 아버지에게 계속 구하듯이 끊임없이 하늘 아버지께 구하는 것이다.

"구하라", "찾으라", "문을 두드리라"는 긴급성이 강화되는 듯 보인다. "구하라"는 모든 간청에 대한 일반적인 표현이고, "찾으라"는 그 추구가 달성하기 힘든 것임을 암시한다. "문을 두드리라"는 장애를 암시한다. 문이 닫혀 있으므로 누군가가 열어야 한다. 세 가지 명령은 세 가지 약속으로 이어진다. 구하는 자는 받을 것이고, 찾는 자는 찾아낼 것이고, 두드리는 자에게 문이 열릴 것이다. 예수님은 가정의 유비를 통해 확실성을 더하신다. 아버지는 자녀에게 돌이 아니라 떡을, 뱀이 아니라 생선을 준다. 악한 아버지라 할지라도 말이다. 이기적이고 죄 많은 아버지도 일반적으로 자녀를 부양한다면, 하늘에 계신 아버지는 "구하는 자에게 좋은 것으로 주시지 않겠느냐"(11절).

7:12 황금률은 적극적인 형식과 소극적인 형식으로 모든 종교 전통에 알려져 있다. 저명한 랍비 힐렐(Hillel)은 그것을 소극적으로 말했다. "너희에게 혐오스러운 것은 이웃에게 행하지 말라. 그것이 온 율법이다."[117] 예수님의 결론 "이것이 율법이요 선지자니라"는 7:12과 22:40을 연결시키고, 그것을 "네 이웃 사랑하기를 네 자신과 같이 사랑하라"라고 말하는 레위기 19:18에 대한 주해로 확고히 한다. 헬라어는 그 명령이 포괄적이고, 어조가 강하고, 적극적이고, 지속적임을 나타낸다. "무엇이든지 다른 사람이 너희에게 해주기를 바라는 대로 너희도[휘메이스(*hymeis*)] '계속해서' 다른 사람을 위해 할 수 있는 모든 것을[판타 호사(*panta hosa*)] 해야 한다"(필자의 번역). "너희도"는 강조의 의미가 있다. 제자는 다른 아무도 하려 하지 않을지라도 다른 사람들을 도울 것이다. 그 명령은 현재형이다. 그 의무는 지속된다. 그 명령의 범위는 제한이 없다. 따라서 예수님의 설교는 다시 한 번 제자들에게, 마태 내러티브의 마지막 장들에 드러난 그들의 죄성, 연약함, 구원의 필요성을 보여준다.

응답

마태복음 6장은 "염려하지 말라"(6:34)라는 금지 규정으로 끝나고, 7장은 "비판하지 말라"(1절)라는 금지 규정으로 시작한다. "염려하지 말라"는 자신의 일을 향한 부정적인 태도를 금하고, "비판하지 말라"는 다른 사람들을 향한 부정적인 태도를 금한다.[118] 6:33에서 예수님은 "너희는 먼저 그의 나라와 그의 의를 구하라"라고 말씀하셨다. 그리고 7:1에서 그 요점을 정련하신다. 제자는 다른 사람들의 불의를 비판하는 대신, 먼저 자신의 불의

117 Babylonian Talmud, Shabbat 31a; I. Epstein, trans., *The Babylonian Talmud* (London: Soncino Press, 1978).

118 Morris, *Matthew*, 164.

를 다루어야 한다(7:1-5). 그리스도인도 판단을 해야 하지만(요 7:24), 자신의 죄를 유념하고 아주 겸손히 그렇게 해야 한다(갈 6:1). 율법을 이용해서 다른 사람들을 정죄하는 지나친 비판(롬 14:3-4, 10-13; 15:7)을 피하고, 심판자이신 하나님의 역할을 맡으려는 야망을 버려야 한다.[119]

하지만 마음을 꿰뚫는 메시지를 듣고서 그것을 들어야 하는 친구들을 떠올리는 것은 인간 본성이다. 그 충동은 사랑에서 나온 것일 수도 있고, 회피적인 것일 수도 있다. 설교가 끝나면 신자들은 종종 목사에게 "강력한 설교였어요. 목사님, 제 친구가 와서 들었으면 좋았을 텐데요"라고 말한다. 그러면 목사는 부드럽게 그 대화의 초점을 바꾸어 "네, 우리 모두 하나님의 말씀을 들어야 하죠. 그렇죠?"라고 대답할 수 있을 것이다.

"비판하지 말라"는, 예수님의 말씀 중에서 가장 유명하고 가장 분명한 명령이 된 것 같다. 역설적으로, 편협한 이들을 향한 노골적인 경멸과 함께 모든 매체에서 억수 같은 비판과 비난이 쏟아진다. 이는 자기 표출적인 개인주의와 "마음 가는 대로 해!"라는 거듭되는 명령이 지배하는 세속화 시대에서, 보이는 것만큼 모순되지 않다. 비판하거나 질책하거나 더 나쁘게는, (표면적으로) 꼭 누구에게 해를 끼치지는 않는 선에서 자유롭게 선택한 행동을 금하는 사람은, 자아실현의 복음을 공격하고 '생명, 자유 그리고 행복 추구'를 향한 기원을 방해하는 것처럼 보인다. 성경적인 근거가 있는 비판은, 그것이 외부의 권위, 다른 사람들의 열정과 꿈에 대해 감히 거부하는 권위를 부과하기 때문에 나쁘게 보이기도 한다. 성경과 교회는 어떤 자유로운 선택, 즉 혼전 동거, 자유로운 이혼, 성적 실험, 어쩌면 도박까지도, 부당하고 착취적이며 해롭다고 말한다. 하지만 시대의 지배적인 사고방식은, 그것이 해롭지 않다면, 그리고 동의하는 성인들 사이에서 일어난다면, 마음이나 열정을 표현하는 어떤 진실한 행동도 좋다고 주장한다.[120] 만약 그리스도인들이 해롭지 않은 합의한 행동을 반대한다면, 그들은 판단적이고 통제적이

119 Stott, *Christian Counter-Culture*, 177.

며 편견이 아주 심하거나 혐오스러운 사람으로까지 취급당할 것이다.

하지만 그리스도인들은 겉으로 해롭지 않아 보이는 행동이 파괴적일 수 있다고 대응한다. 간접흡연은 한때 해롭지 않다고 여겨졌다. 수백만 명이 혼전 성관계에 대해 같은 입장을 취한다. 사회적 데이터가 성경을 지지하는데도 말이다. 호감이 가고 겉으로 해롭지 않아 보이는 행동을 금하는 교회의 목표는, 행복을 금하거나 통제하려는 것이 아니다. 교회는, 세상이 작동하는 방식을 알고 그에 따라 법칙을 제정한 하나님이 실제로 계시다고 믿는다. 그래서 살아 계신 하나님께서 이스라엘에게 "내가 오늘 네 행복을 위하여 네게 명하는 여호와의 명령[을]…지[키라]"(신 10:12-13)라고 권면하셨다.

마태복음 7:7-11은 6:9-13의 모범 기도문으로 돌아가서 기도에 관해 제자들이 던지는 세 가지 질문에 답한다. 하나님께서 그들의 필요를 아시는가? 그렇다(6:32). 그분이 응답하시는가? 그렇다(7:7-8). 그분은 우리의 행복에 무관심하신가, 아니면 마음을 쓰시는가? 후자다. 그분은 좋은 선물들을 주신다(7:9-11).

칼빈은 황금률이 정의의 의무를 다시 말한다고 썼다. 그는 사람들이 자신을 위한 정의를 요구하면서도 "고의적으로 정의를 자기 발아래 두고 짓밟기" 때문에 다툼이 일어난다고 가르쳤다. 개인적이든 국가 간이든 전쟁은 그런 식으로 시작된다. 칼빈의 글은, 자신들에게 "주어져야 하는 것을 자세하고 기발하게 설명"할 수 있는 사람들을 말할 때 자신을 염두에 두고 있을 수 있음을 암시한다. 슬프게도 우리는 다른 사람들의 권리에 그리 부지런하지 않다.[121] 여기서 다시, 예수님의 메시지에 대한 철저한 해설은 독자로 하여금, 절대적 순종에 대한 희망을 버리고, 죄에 대한 긍휼을 구하고, 예수님의 죽음과 부활이라는 마태복음의 절정을 향해 나아가게 한다.

120 이러한 관점은, 한 성인이 다른 사람에게 자신에게 해를 가하라고 요구하는 전혀 터무니 없지만은 않은 상황을 평가하느라 어려움을 겪는다. 자살을 원하는 사람이 인육을 먹는 사람을 만난다고 가정해보라. 그는 자살을 원하는 사람의 '용역'에 대해 그의 가족에게 대가를 지불하겠다고 제안한다. 자기 표출적인 개인주의는 그들이 협정을 맺는 것을 논리적으로 금할 수 있을까?

121 Calvin, *Harmony of the Evangelists*, 1:355.

13 좁은 문으로 들어가라 멸망으로 인도하는 문은 크고 그 길이 넓어
그리로 들어가는 자가 많고 14 생명으로 인도하는 문은 좁고 길이 협
착하여 찾는 자가 적음이라
13 "Enter by the narrow gate. For the gate is wide and the way is easy[1]
that leads to destruction, and those who enter by it are many. 14 For the
gate is narrow and the way is hard that leads to life, and those who find
it are few.

15 거짓 선지자들을 삼가라 양의 옷을 입고 너희에게 나아오나 속에
는 노략질하는 이리라 16 그들의 열매로 그들을 알지니 가시나무에서
포도를, 또는 엉겅퀴에서 무화과를 따겠느냐 17 이와 같이 좋은 나무
마다 아름다운 열매를 맺고 못된 나무가 나쁜 열매를 맺나니 18 좋은
나무가 나쁜 열매를 맺을 수 없고 못된 나무가 아름다운 열매를 맺을
수 없느니라 19 아름다운 열매를 맺지 아니하는 나무마다 찍혀 불에
던져지느니라 20 이러므로 그들의 열매로 그들을 알리라
15 "Beware of false prophets, who come to you in sheep's clothing but

inwardly are ravenous wolves. 16 You will recognize them by their
fruits. Are grapes gathered from thornbushes, or figs from thistles?
17 So, every healthy tree bears good fruit, but the diseased tree bears
bad fruit. 18 A healthy tree cannot bear bad fruit, nor can a diseased tree
bear good fruit. 19 Every tree that does not bear good fruit is cut down
and thrown into the fire. 20 Thus you will recognize them by their fruits.

21 나더러 주여 주여 하는 자마다 다 천국에 들어갈 것이 아니요 다만
하늘에 계신 내 아버지의 뜻대로 행하는 자라야 들어가리라 22 그날에
많은 사람이 나더러 이르되 주여 주여 우리가 주의 이름으로 선지자
노릇 하며 주의 이름으로 귀신을 쫓아내며 주의 이름으로 많은 권능
을 행하지 아니하였나이까 하리니 23 그때에 내가 그들에게 밝히 말하
되 내가 너희를 도무지 알지 못하니 불법을 행하는 자들아 내게서 떠
나가라 하리라
21 "Not everyone who says to me, 'Lord, Lord,' will enter the kingdom
of heaven, but the one who does the will of my Father who is in heaven.
22 On that day many will say to me, 'Lord, Lord, did we not prophesy
in your name, and cast out demons in your name, and do many mighty
works in your name?' 23 And then will I declare to them, 'I never knew
you; depart from me, you workers of lawlessness.'

24 그러므로 누구든지 나의 이 말을 듣고 행하는 자는 그 집을 반석 위
에 지은 지혜로운 사람 같으리니 25 비가 내리고 창수가 나고 바람이
불어 그 집에 부딪치되 무너지지 아니하나니 이는 주추를 반석 위에
놓은 까닭이요 26 나의 이 말을 듣고 행하지 아니하는 자는 그 집을 모
래 위에 지은 어리석은 사람 같으리니 27 비가 내리고 창수가 나고 바
람이 불어 그 집에 부딪치매 무너져 그 무너짐이 심하니라

24 “Everyone then who hears these words of mine and does them will
be like a wise man who built his house on the rock. 25 And the rain fell,
and the floods came, and the winds blew and beat on that house, but it
did not fall, because it had been founded on the rock. 26 And everyone
who hears these words of mine and does not do them will be like a
foolish man who built his house on the sand. 27 And the rain fell, and
the floods came, and the winds blew and beat against that house, and it
fell, and great was the fall of it.”

28 예수께서 이 말씀을 마치시매 무리들이 그의 가르치심에 놀라니
29 이는 그 가르치시는 것이 권위 있는 자와 같고 그들의 서기관들과
같지 아니함일러라
28 And when Jesus finished these sayings, the crowds were astonished
at his teaching, 29 for he was teaching them as one who had authority,
and not as their scribes.

1 Some manuscripts *For the way is wide and easy*

단락 개관

산상수훈은 결단하라는 요청으로 마무리된다. 예수님은 자주 그러듯이 비유로 가르치는데, 여기서는 대안이 되는 길 혹은 선택지를 제시하는 네 가지 이미지를 사용하신다. 직접적으로 명령하지 않고 가능성을 제시한 후 어디에 이를 수 있는지 설명하신다. 예수님은 그분의 요지를 요약함으로써가 아니라, 어렵지만 더 좋은 길을 선택하여 자신을 따르라고 호소하며 그 나라의 삶에 관한 메시지를 끝맺으신다.

예수님은 이 설교에 아주 선명한 정책 강령들을 끼워 넣으신다. "그러므로 하늘에 계신 너희 아버지의 온전하심과 같이 너희도 온전하라"(5:48). "한 사람이 두 주인을 섬기지 못할 것이니…너희가 하나님과 재물을 겸하여 섬기지 못하느니라"(6:24). "너희는 먼저 그의 나라와 그의 의를 구하라 그리하면 이 모든 것을 너희에게 더하시리라"(6:33). 마태복음 7:13-27은 또 다른 정책 강령이 아니라, 명목뿐인 신앙과 전력을 다하는 제자도의 차이를 '분별'하고 후자를 택하라는 간청이다.

단락 개요

Ⅲ. 첫 번째 설교: 예수님 나라의 제자도(5:1–7:29)
  F. 예수님이 결단하라고 외치시다(7:13–27)
    1. 두 가지 길(7:13–14)
    2. 두 가지 나무(7:15–20)
    3. 그리스도를 부르는 두 가지 방식(7:21–23)
    4. 두 가지 토대(7:24–27)
  G. 예수님의 권위(7:28–29)

이 단락은 네 부분으로 나뉘어 A-B-B-A 구조를 이룬다. 첫 번째 부분과 마지막 부분은 두 가지 선택지를 제시한다. 먼저 첫 번째 부분은 두 가지 길을 묘사한다(7:13-14). 첫 번째 길은 넓고 편하고 사람들이 많이 다니지만 멸망으로 인도하는 반면, 두 번째 길은 좁고 불편하고 사람들이 잘 다니지 않지만 생명으로 인도한다. 마지막 부분에는 두 가지 토대 위에 지은 두 집이 그려진다(24-27절). 반석 위에 지은 집은 폭풍우를 이겨내지만, 모래 위에 지은 다른 집은 폭풍우로 인해 무너진다. 두 부분 모두 청자나 독자가 더 힘든 길로 가고 반석 위에 집을 지음으로써, 예수님의 가르침을 완수하리라 믿는다.

두 번째와 세 번째 부분은 두 종류의 예언자와, 주님을 부르는 두 가지 방식이 있다고 암시하지만 명확하게 말하지는 않는다(15-23절). 두 부분은 부정적인 것만 제시함으로써 경고의 역할을 한다. 15-20절에서 예수님은 "거짓 선지자들을 삼가라"라고 선언하며, 겉모습이 아닌 열매로 그들을 알아보라고 말씀하신다. 마찬가지로 21-23절은 예수님을 "주여"라고 부르는 많은 사람이 거짓되다고 선언한다. 예수님은 거짓 고백에 초점을 맞추신다. 그것은 심판 날에 쓸모없을 것이다.

13-27절에 담긴 각각의 비유에는 경고가 있다. 많은 사람이 멸망으로 인도하는 길로 간다(13절). 거짓 예언자가 나타날 것이다(15절). 그리고 병든 나무는 잘리고 불에 던져질 것이다(19절). 그분은 거짓되게 예수님의 이름을 부르는 자들에게 "내가 너희를 도무지 알지 못하니"라고 하면서 그들을 돌려보내실 것이다(23절). 예수님은 위선과 피상적인 헌신의 엄청난 결과를 밝히신다. 명시적이든 암시적이든 각 부분은 또한 제자들에게 올바른 길로, 참 예언자에게로, 진정한 고백으로, 영속적인 토대로 나아가라고 권고한다.

그런 다음 간단한 에필로그가 설교의 뒤를 잇는다.

주석

7:13-14 시편 1편은 "죄인들의 길"과 "의인들의 길"을 대조한다(시 1:1, 6). 더 일찍 모세는 이스라엘에 "내가 생명과 사망[을]…네 앞에 두었은즉…생명을 택하고"(신 30:19, 참고. 신 11:26; 수 24:15)라고 말했다. 예수님은 명령으로 시작하신다. "좁은 문으로 들어가라"(마 7:13). 넓고 편한 길은 "많[은]" 사람을 멸망으로 인도하기 때문이다.

중요한 사본상의 변형이 마태복음 7:14 서두에 나온다. 그 절은 티(*ti*) 혹은 호티(*hoti*)로 시작한다. 즉, 그 문이 '얼마나' 좁은지 혹은 그 문이 좁기 '때문에'다. '얼마나'(티)가 좀 더 나은 사본의 지지를 받지만, '때문에'가 예수님의 전형적인 말투를 따른다는 점에서 지혜로운 번역이다.[122] 그러므로 많은 사람이 더 편하기 때문에 멸망으로 이르는 길로 간다. 좁은 길은 더 어렵지만 생명으로 인도한다.

7장

생명으로 인도하는 문이 좁은 까닭은 예수님이 어떤 행동들을 금하시기 때문이다. 그분은 5:34, 36, 39, 42, 6:3, 7, 16, 19, 25, 31, 34, 7:6에서 "하지 말라"라고 명령하신다. 이러한 금지는 행위를 제한하거나 선택지를 좁힌다. 예수님은 또한 어떻게 생각하고 어떻게 생각하지 말아야 할지 가르치며 신학적 선언을 하신다. 많은 사람이 할 수 있다고 생각하지만, 주님은 "한 사람이 두 주인을 섬기지 못할 것이니"(6:24)라고 경고하신다. "염려하지 말라"라고 명령하면서 염려가 필수적이라고 생각하는 모든 사람을 바로잡으신다. 예수님은 다수의 생각과 감정을 금하시는데, 이는 생각의 자유를 강조하는 사회에서 '어렵다.'

예수님은 멸망으로 인도하는 길로 들어가는 자가 "많고"라고 언급하신다(13절). 8:11에서는 "많은" 사람이 종말론적 잔치에 온다고 말씀하실 것이다. 이러한 대조적인 모습은 7:13이 구원받는 사람의 최종 비율을 예측하는(그래서 낙관적인 종말론을 반대하는) 것이 아님을 보여준다. 오히려 예수님은 제자의 삶이 금욕적임을 다시 말씀하신다. 먼저 좁은 문을 찾아 들어간 다음 어려운 길을 가는 동안 인내해야 한다. 그 결정은 인기가 없고 그 걸음은 쉽지 않다.

122 본문 비평의 원칙은, 더 어려운 읽기를 선호하는 것이다. 필사자가 어려운 원문 해독을 수정했을 가능성은 있지만, 그 반대가 일어날 가능성은 없기 때문이다. 그 원칙은 나름 타당하지만, 더 어려운 해독이 의미가 통하지 않거나 저자의 일반적인 방식과 어울리지 않는다면 선호되지 않는다. 예수님에게는 특유의 표현 방식들이 있다. 마태복음 5-6장에서 예수님은 "때문에"라는 의미의 '호티'를 30회 사용하시고, '때문에'가 확실히 이곳에 어울린다. 참고. Craig L. Blomberg, *A Handbook of New Testament Exegesis* (Grand Rapids, MI: Baker Academic, 2010), 21-24.

7:15-20 좁은 문을 찾아 협착한 길을 따라가는 일은 충분히 힘겹다. 그런데 거짓 예언자들이 어려움을 더한다. 구약에서 익숙한 이러한 인물들은 하나님을 대변한다며 잘못된 주장을 편다. 하나님께서 인도하시는 참 예언자는 과거와 현재와 미래의 사건들을 묘사하고 평가한다. 그들은 사람들에게 회개를 요청하고 아픈 진리를 분명히 전한다. 이는 반역하는 백성들이 듣고 싶어 하지 않는 것이다. 이스라엘은 예언자들에게 이렇게 말했다. "우리에게 바른 것을 보이지 말라 우리에게 부드러운 말을 하라 거짓된 것을 보이라 너희는 바른 길을 버리며 첩경에서 돌이키라 이스라엘의 거룩하신 이를 우리 앞에서 떠나시게 하라"(사 30:10-11). 역대하 18:1-27은 거짓 예언자들이 스스로 하나님을 대변한다고 생각할 수 있음을 생생하게 입증한다. 그러나 슬프게도 그들은 백성들이 듣고 싶어 하는 말을 한다(딤후 4:3). 그들은 "평강하다, 평강하다 하나 평강이 없[다]."(렘 8:11). 오늘날에는 그들이 진리를 왜곡하는 번영을 선포한다.

예수님은 "삼가라" 즉 '조심하라'[프로세코(*prosechō*)]라고 말씀하신다. 거짓 예언자들은 좋아 보이고 그들의 말은 좋게 들리지만, 그들은 "노략질하는 이리"(15절)다. "노략질하는"은 하르팍스(*harpax*)의 번역으로, 보통 사취하거나 갈취하는 이들을 가리킨다. 이는 거짓 예언자들이 속임수로 상당한 이익을 얻을 수 있음을 상기시킨다. 거짓 선생들은 돈을 사랑하지만(딤전 6:3-10), 장로들은 그래서는 안 된다[딛 1:7, 참고. 행 20:33; 암 7:12-13(전체 문맥에서)].

예수님은 제자들에게 주의를 기울이라고 가르친 다음, 무엇에 주의를 기울여야 하는지 말씀하신다. "그들의 열매로 그들을 알지니"(16a, 20절)를 두 번 반복하는데, 둘 다 강조하기 위해 "열매"를 앞에 두신다. 그리고 몇 가지 유비로 그 요점을 확장하신다. 처음 두 가지 유비는 사람들이 어떤 식물과 다른 식물을 잠시 혼동한다고 전제한다. 그러나 올바로 식별하면 누구도 가시나무에서 포도를, 엉겅퀴에서 무화과를 딸 것이라 기대하지 않는다(16b절). 다시 중요한 요점은 열매다. 나무는 본성대로 열매를 맺는다. 다르게 할 수 없다. 나무 혹은 사람은 분명히 식별할 수 있지만, "그것이 반드시 쉽거나 빠르지는 않다."[123] 결국 무화과나무 비유에서(눅 13:6-9) 주인은 4년간 나무를 시험해보고 나서 판결을 내린다.

좋은 열매는 좋은 나무에서 나오고, 병든 나무는 썩은 열매를 맺는다. 거짓 예언자들은 잠시 멀리서 속일 수 있지만 그들의 열매가 결국 그들의 성격을 드러낸다. 바울은 디모데후서 2장에서 거짓된 지도자들에 대해 비판하면서, 거짓 선생은 말다툼을 일으키고(딤후 2:14), 경건하지 않은 행위를 퍼트리고(2:16), 신실한 이들을 휘젓고(2:18), 논란, 다툼, 분열을 일으킨다고(2:23) 경고한다.

분별 있는 식물학자는 병든 나무를 잘라 불에 태운다.[124] 이는 거짓 예언자들을 처형해야 한다는 의미가 아니다. 신약에서 이단에 대한 형벌은 처형이 아니라 제명이다. 이와 마찬가지로, 지도자에 대한 지속적인 비난의 형벌은 죽음이 아니라 소통을 끝내는 것이다(딛 3:10). 교회는 현세적인 권위가 아니라 영적 권위를 가진다. 교회는 거룩하지만 국경이 없는 나라다(벧전 2:9-10). 그 무기는 물리적이지 않고 영적이다(엡 6:10-20).

7:21-23 세 번째 이미지는 두 번째 이미지를 보완한다. 좋은 나무는 그 열매로 알 수 있지만, 가짜 제자가 예언하거나 귀신을 쫓아내거나 "권능"을 행하는 것[22절, 뒤나미스(*dynamis*)는 일반적으로 기적을 가리킨다]도 가능하다. 그들은 그 모든 것을 예수님의 이름으로 하지만 아버지의 뜻을 행하지 못한다. 예수님을 "주"라고 부르기도 하지만, 그들은 그분을 모르고 그분도 그들을 알지 못하신다. 이는 가상의 상황이 아니다. 유다도 예언하고 귀신을 쫓아내지만 예수님은 그를 "멸망의 자식"(즉 '영원한 죽음의 자식', 요 17:12 KJV)이라고 부르신다.

마태복음 7:16-20이 좋은 열매의 필요성을 강조했다면, 7:21-23은 좋

123 Carson, *Matthew*, 228.

124 예수님은 그런 나무들을 악하고[포네로스(*ponēros*)], 썩은[사프로스(*sapros*)] 것이라고 하신다.

은 열매를 올바로 판단해야 한다고 주장한다. 그 행동이 참으로 선하다면, 그것은 하나님의 기준(그분의 율법과 가치)을 충족하고, 올바른 동기(하나님과 이웃을 사랑)를 가지며, 올바른 목표(하나님의 영광과 창조 세계의 선)를 추구해야 한다. 출발점은 믿음이다.

첫 장면은 두 가지 길을 명시하고, 두 번째 장면은 두 가지 열매를, 세 번째 장면은 두 가지 운명을 명시한다. 슬프게도 "많은 사람이" "그날에" 그들의 신앙고백과 주목할 만한 행동 목록에 대한 거짓된 확신을 품고 올 것이다. "그날"은 사실상 우리가 아는 바와 같이 마지막 날, 최후 심판의 날, 세상의 끝을 가리키는 전문 용어다(참고. 마 24:22; 눅 10:12; 딤후 4:8, 그리고 사 24:21; 25:9; 26:1; 27:1로부터). 많은 사람이 "주여 주여"라고 말하겠지만, 그분은 "내가 너희를 도무지 알지 못하니 불법을 행하는 자들아 내게서 떠나가라"(마 7:23)라고 말씀하실 것이다.

회의론자들은 예수님의 길이 정말 어렵다고 불평할지 모른다. 그분은 먼저 "아름다운 열매"를 요구한 다음, 신앙고백이나 위대한 공적으로 충분하지 않다고 말씀하신다. 그러나 예수님의 요지는 분명하다. 사람들이 예수님을 "주"라고 부르고 나서도 믿음 없이 놀라운 종교 활동에 참여할 수 있다는 것이다.

예수님을 "주"라고 부르는 것은 좋다. 특히 그 의도가 그저 존경심을 보이는 부름(8:2, 6, 21)이 아니라 이스라엘의 하나님께 마땅한 영광을 돌리는 것일 때 그렇다. 하지만 예수님은 베드로가 마태복음 16:22에서 입증하듯이, 그 호칭이 공허할 수 있음을 아신다. 그분을 "주"라 부르면서 믿음이나 사랑 없이 그분의 이름으로 위대한 일을 행하는 것이 가능하다. 중요한 것은 믿음이다. 바울은 "믿음을 따라 하지 아니하는 것은 다 죄니라"(롬 14:23)라고 경고한다. 존 프레임이 말하듯이, "우리의 주된 일(그리고 그것은 일이다)은 예수님을 믿는 것, 예수님을 정말로 믿는 것이다"[125] 하나님을 사

125 Frame, *Doctrine of the Christian Life*, 917; 참고. 329. 마태복음 22:37-38에서 예수님은 하나님을 사랑하는 것을 "크고 첫째 되는 계명"이라고 부르신다.

랑하는 것 역시 같은 가치를 가지므로(마 22:37-38), 하나님에 대한 믿음과 하나님에 대한 사랑은 근본적으로 하나다.

이 단락 배후에는 실질적인 암시적 기독론이 있다. 첫째, 예수님은 "주"라고 부를 만한 분이다. 둘째, 하나님은 독특한 의미에서 그분의 아버지다. 그래서 예수님은 하나님을 그저 '아버지'나 '우리 아버지'가 아니라 '내 아버지'라고 부르실 수 있다. 무엇보다 예수님은 자신이 인류를 심판할 것이라고 전제하신다. 예수님은 사람들의 생각과 위선을 알기에(9:4; 12:25; 22:18; 23:13-33), 모든 사람을 공정하게 심판하실 것이다. 그분은 그분의 나라에서 불법을 행하는 자들을 제거하기 위해 천사들을 보내실 것이고(13:41), "각 사람이 행한 대로" 보상하실 것이다(16:27). 심판 날에 모든 육체를 불러내어 "자기 영광의 보좌" 앞에 서게 하실 것이다(19:28; 25:31). 그곳에서부터 영원한 복 혹은 화를 선언하실 것이다. 악한 자들에 대한 심판이 시작되고 예수님이 "불법을 행하는 자들아 내게서 떠나가라"라고 말씀하실 때, 그 판결은 악한 자에 대한 형벌의 본질이 하나님 및 그분의 아들 예수님과의 분리임을 전제한다(7:23; 25:34, 41).

7:24-27 마지막 비유는 대조는 물론 결단의 요청도 제시한다. 두 종류의 토대가 있고, 두 종류의 건축업자가 다른 토대, 즉 모래 아니면 반석 위에 집을 세운다. 건조한 날씨에는 둘 다 견고해 보이지만, 큰 비와 바람과 급류가 몰려오면 그 토대의 질이 드러난다. 반석 위에 지은 집은 튼튼하게 서 있는 반면, 모래 위에 지은 집은 완전히 무너져버릴 것이다.

마지막 단락은 "그러므로 누구든지 나의 이 말을 듣고 행하는 자는"으로 시작하지만, 헬라어의 단어 순서를 주목할 만하다. "누구든지 나, 이 말을 듣고 행하는 자는" 지혜로운 사람과 같다.[126] 이는 우리가 예수님의 말씀을 들을 때 독특한 의미에서 '그분을' 들음을 암시한다. 사람들이 이야기를

126 두 번역 다 타당한 것 같다. 일인칭 대명사 속격인 헬라어 단어 무(*mou*)는 소유격이나 직접 목적어가 될 수 있기 때문이고, 듣다[아쿠오(*akouō*)] 같은 감각 동사의 직접 목적어는 속격을 취하기 때문이다.

나눌 때에는 그들의 말과 인격 사이에 간격이 있다. 사람들은 잘못 말하고, 과장하고, 거짓말한다. 그들이 따르지 않는 법을 지지하고, 그들이 소유하지 않은 성격이나 특성들을 극찬한다. 그들은 마음을 바꾸고 모순된 말을 한다. 아주 멋진 말을 한 다음 자신이 한 말을 잊어버린다. 이렇듯 말하는 사람과 그들의 말 사이에는 간격이 있다. 예수님은 그렇지 않다. 그분의 말씀은 그분의 마음, 성품, 행위를 완벽하게 나타낸다.[127] 그분의 말씀을 듣는 것은 '그분을' 듣는 것이다. 예수님은 그분이 하는 말씀을 정확히 아시고, 정확히 그것이시고, 그것을 행하신다. 그러므로 특히 예수님의 정체성과 성품을 고려할 때, 예수님의 말씀대로 행하는 지혜로운 사람은 "반석 위에" 난공불락의 "집"을 짓는다(24절). 그분의 말씀을 듣지 못하는 것은 모래 위에 집을 짓고 시험이 올 때 붕괴를 초래하는 것이다. 그래서 예수님은 청중에게 올바른 토대를 선택하라고 권고하신다. 예수님을 듣고 예수님께 주의를 기울이는 것이 반석 위에 집을 짓는 것이다.

7:28-29 27절에서 산상수훈이 마무리된다. 마태복음의 각 가르침 단락(5-7장; 10장; 13장; 18장; 24-25장)의 끝은 사실상 "예수께서…마치시매"라는 동일한 방식으로 완결된다. 이곳에서 마태는 그 가르침에 대한 반응, 즉 예수님의 권위에 대한 놀람을 묘사한다. 서기관들은 계속 가장 중요한 랍비들을 인용하는 반면, 예수님은 그분 자신의 권위로 말씀하신다. "내가 진실로 너희에게 이르노니."

127 W. D. Davies, *The Setting of the Sermon on the Mount* (Cambridge: Cambridge University Press, 1966), 94은, 예수님의 윤리적 가르침이 "그 말씀을 하시는 그분의 삶과 동떨어져 있지 않다…그것은 그분 안에 인격화되어 있다"라고 언급한다.

응답

설교의 윤리적 내용은 6:34 혹은 7:12에서 끝난다. 그런 다음 7:13-27은 모든 사람에게 예수님의 가르침으로 무엇을 해야 할지 말한다. 그분은 어려운 길을 계획하시지만, 그 길로 가는 것이 옳다(13-14절). 나아가 진짜 제자도는 그 행위의 생명력으로 입증된다(15-20절). 선한 행동은 구원의 결과이자 증거다. 행위가 구원할 수 없지만 살아 있는 믿음은 행동해야 한다. 아돌프 슐라터(Adolf Schlatter)는 이렇게 썼다.

> 내가 믿음이 있다는 '말'이 나를 죄, 죄책, 형벌에서 자유롭게 할 수는 없을 것이다. 내가 하는 말이 어떻게 나를 구원할 수 있을까? 내게 믿음이 있다는 '말'이 아니라, 내가 믿음을 행사하는 것이 나를 구원하고…내게 하나님의 은혜를 가져다주고, 하나님 앞에서 내 의다…하나님께서 내게 생명을 주셨다. 그것은 그분이 내 속에 행동할 수 있는, 변하지 않으며 꼭 행동해야 하는 의지를 심으셨다는 뜻이다.[128]

21-23절은 종교적으로 열심을 내는 이들로 정신이 번쩍 들게 한다. 예수님은 예언하셨고, 귀신을 쫓아내셨고, 기적을 행하셨고, 제자들도 똑같은 일을 하도록 위임하셨다(10:7-8). 하지만 그 모든 것을 하고 예수님을 "주"라 부르면서도 "내가 너희를 도무지 알지 못하니 불법을 행하는 자들아 내게서 떠나가라"라는 말씀을 들을 수 있다. 믿음이나 사랑 없는 '종교'는 재물이나 호색이나 권력에 헌신하는 것만큼 위험하다(계 11:8; 13:1-18). 하나님과 분리된, 오만하고 사랑 없고 믿음 없는 교회 활동이 있다. 그 종

128 Adolf Schlatter, in Walter A. Elwell and Robert W. Yarbrough, *Encountering the New Testament: A Historical and Theological Survey*, 3rd ed. (Grand Rapids, MI: Baker Academic, 2013), 339, 강조는 덧붙인 것.

교인들은 예수님을 알지 못하고 그분도 그들을 알지 못하신다.

산상수훈 전체를 볼 때, 우리는 이상적인 반응은 더 넓은 맥락인 마태복음 전체에 달려 있음을 본다. 산상수훈은 율법을 엄격히 따르는 느낌일 수 있지만 독립적인 설교가 아니다. 그것은 예수님의 삶, 죽음, 부활에 관한 마태의 이야기에 잘 들어맞는다. 율법을 주신 예수님이 율법을 위반한 자들의 몸값으로 자신을 주신다. 그분은 서 있는 것이 가장 중요했을 때 그분을 위해 서 있지 못했던 제자들을 위해 자신을 주셨다.

산상수훈 끝부분에서 예수님은 일련의 질문들을 제기하신다. 너희는 어떤 문으로 들어갔느냐? 너희는 어떤 길로 가느냐? 너희는 어떤 열매는 맺느냐? 너희는 어떤 나무냐? 너희는 진심으로 나를 '주'라고 부르느냐? 너희의 종교적인 행동은 하나님에 대한 사랑과 그분이 너희를 아시는 데서 나온 것이냐? 너희 집을 반석 위에 지었느냐? 마태복음 7:24은 이 반석을 예수님의 말씀을 듣고 행하는 것과 연결시킨다. 그러나 다른 데서 성경은 하나님께서 그분의 언약 백성에게 반석이요 피난처가 되신다고 말한다(시 31:2-3; 42:9; 62:1-7; 78:35; 92:15; 94:22; 95:1 등). 지혜로운 독자는 "무엇이 내 반석인가? 누가 내 반석인가?"라고 질문한다. 그들은 마태복음을 읽어 나가면서 16:13-18에서 베드로가 예수님을 예언자나 교사 그 이상이라고 고백할 때 명확한 답에 이른다. 그분은 그리스도, 살아 계신 하나님의 아들이다.

8장

1 예수께서 산에서 내려오시니 수많은 무리가 따르니라 2 한 나병 환
자가 나아와 절하며 이르되 주여 원하시면 저를 깨끗하게 하실 수 있
나이다 하거늘 3 예수께서 손을 내밀어 그에게 대시며 이르시되 내가
원하노니 깨끗함을 받으라 하시니 즉시 그의 나병이 깨끗하여진지라
4 예수께서 이르시되 삼가 아무에게도 이르지 말고 다만 가서 제사장
에게 네 몸을 보이고 모세가 명한 예물을 드려 그들에게 입증하라 하
시니라

1 When he came down from the mountain, great crowds followed
him. 2 And behold, a leper[1] came to him and knelt before him, saying,
"Lord, if you will, you can make me clean." 3 And Jesus[2] stretched out
his hand and touched him, saying, "I will; be clean." And immediately
his leprosy was cleansed. 4 And Jesus said to him, "See that you say
nothing to anyone, but go, show yourself to the priest and offer the gift
that Moses commanded, for a proof to them."

1 Leprosy was a term for several skin diseases; see Leviticus 13 *2* Greek *he*

단락 개관

마태복음 8:1-4은 마태복음에서 기적 내러티브가 두드러지는 구간을 시작한다. 기적은 예수님의 주되심, 그분이 창조 세계를 지배하심, 그분의 구속하시는 능력, 그분이 베푸시는 사랑의 은혜를 반복해서 나타낸다. 기적은 다양한 필요를 가진 다수의 사람을 어루만지고, 이를 통해 마태는 예수님이 하신 일의 표본을 제시한다(참고. 서론의 '마태복음 설교하기' 중 '기적 해석하기').

이 단락의 구조는 단순하다. "산"에서 내려온 예수님이 한 나병 환자를 만나 그의 병을 고치고, 치료되었음을 확인받도록 제사장에게 보내신다. 더 중요한 것은, 마태가 앞의 설교와 병 고침을 연결한다는 것이다. "예수께서 산에서 내려오시니"(8:1)는 그 구체적인 사실보다 암시적 연결이 더 인상적이다. 마태복음 7:24-29은 예수님 말씀의 권위를 거듭 언급하고, 그런 다음 8:1-9:8은 예수님이 말씀으로 병을 고치신다고 되풀이한다. 8:1-4에서 예수님은 "깨끗함을 받으라"라는 한 마디(헬라어로)로 나병 환자를 고치신다. 8:5-13에서는 한 백부장이 예수님께 "말씀으로만 하옵소서 그러면 내 하인이 낫겠사옵나이다"(8절)라고 요청한다. 예수님이 한 마디 하시자 그렇게 된다(13절). 이후 예수님은 말씀으로, 병든 자들을 고치시고(16절), 귀신을 쫓아내시고(31-32절), 죄를 사하신다(9:2). 따라서 5-7장과 8-9장은 가르침과 병 고침에 나타난 예수님의 일관된 능력을 입증한다. 말씀 사역과 활동 사역은 하나다.

단락 개요

Ⅳ. 예수님의 권위 아래서 그 나라가 성장하다(8:1-11:1)

A. 표적과 대화(8:1-9:38)

1. 나병 환자를 고치시다(8:1-4)

주석

8:1-4 산상수훈은 무리가 예수님의 가르침에 놀라는 장면으로 끝난다. "그 가르치시는 것이 권위 있는 자와 같[았기]" 때문이다(7:28-29). 회의론자는 어디서 그분이 성경을 해석하는 권위를 얻으셨는지, 또 어디서 "진실로 내가 너희에게 이르노니"라고 선언하고 단지 그렇게 말씀했기 때문에 그 말이 참인 듯 행동하는 권위를 얻으셨는지 질문할 수도 있다. 마태복음에서 예수님에게 권위가 있는 까닭은, 그분이 그리스도, 다윗의 자손, 임마누엘이기 때문이다. 그리고 그분은 기적들을 통해 자신의 주장을 확립하신다.

기적은 건강을 회복하는 것 이상의 일을 한다. 병자를 이스라엘 공동체 안으로 복귀시키기도 한다. 신체에 장애가 있는 사람은 법적으로 여호와의 총회에 들어갈 수 없었다(신 23:1). 나병 환자는 이스라엘 진영 밖에서 혼자 살아야 했다(레 13:45-46). 예수님 시대에 맹인, 다리 저는 사람, 귀먹은 사람, 말 못 하는 사람은 2급 이스라엘 자손이었다. 질병이나 장애는 그 사람이 하나님과 분리되어 있음을 입증한다고 많은 사람이 믿었다. 하나님은 그 자체로 완벽한 분이기 때문이다.[129] 그러나 예수님은 장애인, 나병 환자, 맹인을 고칠 때, 신체적인 건강을 주실 뿐 아니라 사회적으로도 회복시키신다. 이는 그분이 거부당한 이들과 버림받는 이들을 하나님의 가족으로 환영하심을 보여준다. 맹인, 귀먹은 사람, 나병 환자는 깨끗하지 않다. 예수님이 그들에게 직접 손을 대고 고치실 때, 그들은 전인적으로 깨끗해지고 구원받는다.

마태복음 8장은 예수님이 "산에서 내려오[셨을]" 때, 수많은 무리가 그분을 따랐다고 기록한다(1절). 그리고, 보라! 한 나병 환자가 무리에서 나와서 그분에게 다가가 경의를 표하며 절한다. 아마 무리는 나병 환자가 그들 사이에 있음을 알아차리자마자 양 갈래로 갈라졌을 것이다. 나병 환자와 접촉하면 부정해지기 때문이다.[130] 그는 무릎을 꿇고 정중하게 간청한다. "주여 원하시면 저를 깨끗하게 하실 수 있나이다"(2절). 나병은 불치병으로 여겨졌지만(왕하 5:7), 그는 예수님에게 병 고치는 능력이 있다고 믿는다. 그 요청은 겸손하다. 그는 "원하시면"[131]이라고 말하며, 예수님에게 그렇게 하실 능력과 결단할 권위가 있음을 인정한다. 예수님은 즉시 응답하신다. 손을 내밀어 그에게 대며 "내가 원하노니 깨끗함을 받으라"(마 8:3)라고 말씀하신다. ESV는 그 말의 극단적인 간결함을 포착해낸다("I will; be clean"). 헬라어에서 그 간구는 여섯 단어고 대답은 두 단어다["Willing, (be) clean!"]. 그리고 즉시 그가 나았다.

문학적인 면에서 마태는 오로지 대화와 행동만 기록한다. 그는 나병 환자의 내적 상태나 예수님의 감정, 무리의 반응에 대해서는 아무 말도 하지 않고 독자가 그 장면을 상상하도록 한다. 그 나병 환자는 확신이 있었을까? 의심했을까? 그는 분명 대담하게 행동한다. 그러나 일정한 거리를 유지한다. 오히려 예수님이 손을 내밀면서 상황을 종료하신다. 무리는 소름이 끼쳤을 수도 있다. 예수님은 나병 환자에게 손을 댐으로써 자신을 부정하게 만드시려는 것인가? 그러나 그 나병 환자 안에서 소망이 끓어올랐으리라.

129 Wright, *Jesus and the Victory of God*, 191-192. 사탄 혹은 마귀가 질병의 근원이라는 견해에 대해서는, 참고. Edwin Yamauchi, "Magic or Miracle? Diseases, Demons and Exorcisms", in *The Miracles of Jesus*, ed. David Wenham and Craig L. Blomberg, Gospel Perspectives 6 (Sheffield: JSOT, 1986), 115-126.

130 "나병"은 오늘날 '나병'이라 일컫는 한센병을 비롯한 몇 가지 피부병을 아우른다. 오늘날 같은 진단이 없었기 때문에 고대인들은 여러 질병을 하나의 이름으로 불렀다.

131 이는 그리스도인이 드리는 기도의 올바른 자세를 나타낸다.

손을 대는 행동은 성례에 준하는, 곧 치료받으리라는 약속이었을 것이다. 그리고 생각해보라. 건강한 사람이 그에게 손을 댄 지 얼마나 오래 되었겠는가!

둘이 접촉했지만, 예상과는 반대로, 예수님에게 그 나병 환자의 부정함이 영향을 미치지 않는다. 오히려 예수님의 순결함과 건강이 나병 환자에게 영향을 미친다. 접촉과 기적은 사회적으로 배제된 이들을 향한 예수님의 사랑과 능력을 드러낸다. 병 고침은 그분의 능력과 긍휼을 보여준다. 나병 환자는 성읍 외부, 즉 고향에서 멀리 떨어진 그들만의 거주지에서 살았으므로, 예수님은 병 고침 이상의 일을 하신 것이다. 그분은 육체적으로 사회적으로 그를 온전히 구원하신다. 예수님은 병이 나았음을 입증하고 건강한 사회로 되돌아올 권리를 보장받기 위해 제사장에게 몸을 보이라고(4절) 명령하신다.

응답

마태복음 8:1-4은 예수님의 능력, 긍휼, 결단력, 사회적 회복에 대한 관심을 보여준다. 그리스도인은 병 고침을 통해 사회적 행동을 할 동기를 얻는다. 예수님이 몸과 영혼과 사회적 지위 모두에 관심을 두시기 때문이다. 예수님은 기적을 통해 굶주린 자를 먹이시고, 병든 자를 고치시고, 버림받은 자와 힘없는 이들의 지위를 회복시키신다. 그분이 계속해서 몸과 영에 전념하시므로, 교회도 이런 관심을 가져야 한다.

마태는 "원하시면 저를 깨끗하게 하실 수 있나이다"라는 나병 환자의 주장에 암시된 것 외에 그의 믿음에 대해 아무 말도 하지 않는다. 그는 확신했을까, 의심했을까? 아무도 모른다. 아무도 알 필요가 없기 때문이다. 결정적인 요소는 나병 환자에게 있는 믿음의 질이 아니라 그 믿음의 대상이다. 예수님을 믿는 약한 믿음이 다른 무언가를 믿는 강한 믿음보다 우월하다.

5 예수께서 가버나움에 들어가시니 한 백부장이 나아와 간구하여 6 이
르되 주여 내 하인이 중풍병으로 집에 누워 몹시 괴로워하나이다 7 이
르시되 내가 가서 고쳐주리라 8 백부장이 대답하여 이르되 주여 내 집
에 들어오심을 나는 감당하지 못하겠사오니 다만 말씀으로만 하옵소
서 그러면 내 하인이 낫겠사옵나이다 9 나도 남의 수하에 있는 사람이
요 내 아래에도 군사가 있으니 이더러 가라 하면 가고 저더러 오라 하
면 오고 내 종더러 이것을 하라 하면 하나이다 10 예수께서 들으시고
놀랍게 여겨 따르는 자들에게 이르시되 내가 진실로 너희에게 이르노
니 [1]이스라엘 중 아무에게서도 이만한 믿음을 보지 못하였노라 11 또
너희에게 이르노니 동 서로부터 많은 사람이 이르러 아브라함과 이삭
과 야곱과 함께 천국에 [2]앉으려니와 12 그 나라의 본 자손들은 바깥
어두운 데 쫓겨나 거기서 울며 이를 갈게 되리라 13 예수께서 백부장
에게 이르시되 가라 네 믿은 대로 될지어다 하시니 그 즉시 하인이 나
으니라

5 When he had entered Capernaum, a centurion came forward to him,
appealing to him, 6 "Lord, my servant is lying paralyzed at home,

suffering terribly." 7 And he said to him, "I will come and heal him."
8 But the centurion replied, "Lord, I am not worthy to have you come
under my roof, but only say the word, and my servant will be healed.
9 For I too am a man under authority, with soldiers under me. And I
say to one, 'Go,' and he goes, and to another, 'Come,' and he comes,
and to my servant,[1] 'Do this,' and he does it." 10 When Jesus heard this,
he marveled and said to those who followed him, "Truly, I tell you,
with no one in Israel[2] have I found such faith. 11 I tell you, many will
come from east and west and recline at table with Abraham, Isaac, and
Jacob in the kingdom of heaven, 12 while the sons of the kingdom will
be thrown into the outer darkness. In that place there will be weeping
and gnashing of teeth." 13 And to the centurion Jesus said, "Go; let it be
done for you as you have believed." And the servant was healed at that
very moment.

1) 어떤 사본에, 이스라엘 중에서라도 2) 헬, 기대어 누우려니와(유대인이 음식 먹을 때에 가지는 자세)

1 Or *bondservant* *2* Some manuscripts *not even in Israel*

단락 개관

이는 마태복음에 나오는 두 번째 기적 내러티브다. 우리는 이미 예수님이 기적을 베풀기 위해 선택하신 이들이 인상적이라는 것에 주목했다. 8:1-4의 나병 환자 이후에 한 백부장이 나아온다. 버림받은 자 다음에 압제자가 나온다. 다른 복음서들처럼 마태복음도 계속해서 특별히 버림받은 자들과 보잘것없는 자들과 이방인들을 포함할 것이다. 예수님은 중풍병자와 백부장에게 은혜를 베푸신 후에, 베드로의 장모(8:14-16), (아마도) 이방인의 땅에서 귀신 들린 두 사람(8:28-34), 중풍병자(9:1-8), 죽은 소녀와 혈루증을 앓는 여자(9:18-26), 두 맹인(9:27-31), 말 못 하는 사람(9:32-34)을 고치신다. 이 사람들이 눈에 띄었다는 암시는 없다. 사실 그 사회에서 장애를 낳는 질병은 가난을 초래했다. 예수님이 베푸신 기적의 범위 역시 인상적이다. 그분은 병을 고치시고, 자연을 길들이시고(8:23-27), 악한 영을 쫓아내시고(8:28-34), 죄를 사하신다(9:1-8). 어떤 방법으로 그렇게 하시는가? 손을 대거나(8:1-4) 한 마디 말씀으로(8:5-13) 하신다.

단락 개요

Ⅳ. 예수님의 권위 아래서 그 나라가 성장하다(8:1-11:1)
  A. 표적과 대화(8:1-9:38)
    2. 백부장의 하인을 고치시다(8:5-13)

백부장의 하인을 고치신 사건은 '담화 이야기' 혹은 '선언 이야기'다. 그러한 내러티브에서 중요한 요점은 사건이 아니라 사건 중간이나 이후에 나오는 담화다. 베드로와 바울의 설교가 전형적인 사례다.[132] 담화 이야기는 복음서와 사도행전에 흔하다. 기적과 만남은 신학적인 서술로 이어진다.

이 사건은 백부장이 예수님께 자기 하인의 병을 고쳐달라고 간청하는

132 William W. Klein, Craig L. Blomberg, and Robert L. Hubbard Jr., *Introduction to Biblical Interpretation* (Dallas: Word, 1993), 270-271. 《성경 해석학 총론》(생명의말씀사); Daniel M. Doriani, *Getting the Message: A Plan for Interpreting and Applying the Bible* (Phillipsburg, NJ: P&R, 1996), 62-64. 《해석, 성경과 삶의 의미를 찾다》(성서유니온선교회).

것으로 시작된다(8:5-6). 예수님은 가서 그 사람을 고쳐주겠다고 제안하신다(7절). 백부장은 그 제안의 일부를 거절한다. 그는 예수님을 자기 집으로 모실만한 사람이 아니다. 예수님이 한 마디 하신다면 그것으로 충분할 것이다(8절). 그도 권위를 가진 사람이기에 명령하는 자의 말로 충분할 것임을 안다(9절). 예수님은 놀라신다. 이스라엘의 누구도 그런 믿음을 갖지 못했다(10절). 나아가 백부장의 믿음은 이방인들의 회합과 이스라엘 자손 방출의 징조다. 그들은 심판을 받을 것이다(11-12절). 예수님은 말씀하신 후에 백부장을 보내며 그 하인의 병을 고쳐주신다(13절).

주석

8:5-13 이 사건은 갈릴리 북쪽 끝에 있는 예수님의 작전 기지인 가버나움에서 일어난다(5절). 가버나움은 교차로에 있는 무역 도시였고, 따라서 로마가 그곳에 세무서를 둔 것은 타당했다. 수비대가 그곳을 지켰는데, 그 백부장 가운데 한 명이 예수님께 다가와 간청한다. 백부장은 이스라엘에 주둔하는 로마 군대의 실무 장교였다. 그들은 60-80명으로 구성된 기본 전투 부대를 지휘하고 훈련시켰다. 백부장은 로마 군대의 핵심 병력이었다. 가장 경험 많고, 유능하고, 견문이 넓은 군인으로, 사병에서 장교가 된 이들이었기 때문이다. 고위급 장교들은 보통 상류층 출신이었다. 백부장들은 두 종류의 장교로 이루어져 있었는데 한 종류가 정규병 중의 우두머리였다.[133] 백부장들은 신을 믿지 않는 제국을 위해 일하는 이들이었으므로, 백부장이 예수님께 접근한 일은 긴장을 유발했을 것이다.

당연히 일부 백부장은 다른 이들보다 여러모로 나았다. 누가복음 7:1-10은 이 사람을 선한 사람이라고 기록한다. 유대 장로들은 "그가 우리 민

133 현대 서구의 군대에 비유하자면, 그들은 대장 같지만 하사와도 비슷했다.

족을 사랑하고 또한 우리를 위한 회당을 지었나이다"(눅 7:5)라고 말하며, 그를 위해 간청한다. 그러나 마태복음에서 그는 그냥 군인일 뿐이다.

백부장은 그의 하인이 "중풍병으로 집에 누워 몹시 괴로워하나이다"(마 8:6)라면서 자신의 걱정을 이야기한다. 그 질병은 불가사의해도, 감정은 그렇지 않다. 백부장은 20년간 복무하는 동안 법적으로 결혼할 수 없었다. 첩은 용인되었으나 아내나 가족은 용인되지 않았다. 그들은 정규병들과 친하게 지낼 수 없었고 고위급 장교들보다는 사회적으로 열등했으므로, 백부장의 가장 가까운 가족은 하인이었을 것이다. 이것이 전형적인 둘로스(*doulos*)가 아닌 파이스(*pais*)가 사용된 것을 설명해준다. 파이스는 보통 '자녀' 즉 내 자녀를 뜻하지만 사랑받는 종을 암시할 수도 있다.

요청을 들은 예수님은 에고 엘톤 테라퓨소 아우톤(*egō elthōn therapeusō auton*)이라고 대답하신다. ESV는 이를 "내가 가서 고쳐주리라"(I will come and heal him, 7절)라고 번역하지만, "내가 가서 고쳐줄까?"라고 번역하는 것도 문법적으로 완벽하다. 원문 헬라어에는 구두점이 없어서 "내가 갈까?"를 찬성하는 주장도 있다. 백부장이 예수님께 절대 그의 하인을 고쳐달라고 요청하지 않음을 주목하라. 1-4절의 나병 환자처럼 그는 명확하게 도움을 요청하지 않고 말한다. 그래서 예수님이 물으신다. "내게 오라고 하는 것이냐?" 그분은 백부장이 자기 입장을 밝히기를 바라신다.

백부장의 대답이 예수님을 놀라게 한다. 그가 예수님이 손을 대심으로써가 아니라 그분 안에 있는 더 깊은 권위로 병을 고치신다고 생각하기 때문이다. 백부장은 "나는 감당하지 못하겠사오니"라고 하면서, 오시겠다는 예수님의 제안이 필요하지 않다고 말한다. "다만 말씀으로만 하옵소서 그러면 내 하인이 낫겠사옵나이다"(8절). "나는 감당하지 못하겠사오니"는 더 문화적이거나 더 개인적인 의미일 수 있다. 문화적으로 그 백부장은 율법을 준수하는 유대인인 예수님이 '부정한' 이방인의 집에 들어오고 싶어 하지 않을 것이라 추정한다. 그러나 개인적인 의미도 배제할 수 없다. 아마도 그는 예수님의 크심을 언뜻 보고 자신이 아랫사람임을 직감적으로 안 것 같다.

백부장은 군대에서의 경험을 바탕으로, 하나님의 권위와 군대 권위의 유사점을 끌어내며 자기 생각을 밝힌다. 로마의 이데올로기는 황제가 신하들에게 권위를 행사하는 명령 체계의 꼭대기에 있다고 여겼다. 백부장이 그의 부대에게 명령할 때 그는 황제를 대변했다. 백부장은 자신이 신하들에게 명령할 때 그가 부재중일 때도 그들이 지시받은 대로 오고가는 것에서 유사점을 추론한다(8-9절). 예수님도 똑같이 하실 수 있다. "말씀으로만 하옵소서 그러면 내 하인이 낫겠사옵나이다"(8절). 이는 정확한 번역이지만, 미세하게 모호한 부분이 있다. "말씀으로만 하옵소서"에서 "말씀"은 직접 목적격이 아니라 도구를 나타내는 여격이다. 다시 말해 그는 예수님께 '말씀으로 하소서'(speak by a word)라고, 그분의 말씀을 도구로 삼아 고쳐달라고 요청하고 있다. 예수님께는 그분의 대리인들에게 그분의 말씀대로 행하라고 명령할 힘이 있다. 백부장은 예수님이 손을 댐'으로써'가 아니라 손을 대는 것'과 함께' 병을 고치실 수 있음을 깨닫는다. 예수님의 능력은 그분이 계신 장소에 제한을 받지 않는다. 하나님의 아들이신 그분은 전능하고 편재하며 원하는 대로 능력을 나타내실 수 있다. 백부장은 이를 언뜻 보고 예수님이 자기 집에 오실 필요가 없음을 깨달은 것이다.

아주 인간적으로, 예수님이 놀라신다. "이스라엘 중 아무에게서도 이만한 믿음을 보지 못하였노라"(10절).[134] 예수님은 이를 이방인들이 종말론적 메시아 잔치에 포함된다는 징후로 판단하신다. 그때 그들은 최고의 동료일 수 있는 "아브라함…과 함께 천국에 앉[을]" 것이다(11절). 여호와는 이방인들이 아브라함과 함께할 그날을 오랫동안 예언하셨다. 그 안에서 "땅의 모든 족속이…복을 얻을 것이라"(창 12:3). 이사야는 하나님께서 모든 민족의 얼굴을 가린 덮개를 제거하고 사망을 영원히 멸하며 동서로부터 온, 즉 온 땅에서 온 "모든 얼굴에서" 눈물을 씻기시는, 온 백성을 위한 잔치를

134 칼빈은 예수님의 놀람이 "하나님께 적용될 수 없다"고 말한다. "그것은 새롭고 예상 밖의 것에서 생겨나기 때문이다. 그러나 그것은 그리스도 안에 존재할 수 있다. 그분은 우리 육체를 입으셨기 때문이다"(*Harmony of the Evangelists*, 1:382).

예언했다(사 25:6-9; 43:5; 56:3-8, 참고. 시 107:3).

그러나 백부장의 믿음이 비할 데 없다면, 이스라엘의 믿음은 어디에 있는가? 슬프게도 "그 나라의 본 자손들은 바깥 어두운 데 쫓겨[난다]"(12a절). 따라서 마태복음은 이방인들이 이스라엘을 대체하고, 이스라엘의 믿음 없는 자들은 심판을 받고 그 나라에서 쫓겨나는 그날을 예시한다. 세상의 빛이신 하나님과 분리되면 그분의 빛에서도 분리된다(시 118:27; 요일 1:5). 이는 "울며 이를 갈게 되[는]"(12b절) 데로 이어질 것이다. 동일한 어구가 8:12, 13:42, 50, 22:13, 24:51, 25:30에 나오는데, 항상 "울며"와 "이를 갈게 [됨]" 앞에 정관사가 있다. 애곡은 슬픔을 강력하게 표현한 것으로, 정관사가 붙은 표현("the weeping")은 가장 심한 눈물과 울음, 하나님과 최종적으로 분리됨으로 인한 비통함을 나타낸다.[135]

예수님은 말씀을 마치고 나서 그 백부장을 집으로 보내신다. "가라 네 믿은 대로 될지어다." 그리고 그 하인이 그 시간에 나았다(13절).

135 Nigel Turner, *Syntax*, vol. 3 of *A Grammar of New Testament Greek*, by James Hope Moulton, Wilbert Francis Howard, and Nigel Turner (Edinburgh: T&T Clark, 1963), 173.

응답

우리는 나병 환자가 어떤 의미로 예수님께 절하고 그분을 "주"라 불렀는지 정확히 알 수 없고, 백부장이 무엇을 믿었는지도 정확히 알 수 없다. 하지만 8장은 예수님에게 신적 능력이 있고 무소부재하시다고 말하며 그분을 올바른 믿음의 대상으로 삼는다. 예수님께는 병을 고치고 구원하는 능력이 있다. 그분은 "당신의 도움을 기대할 이유가 있습니다"라고 차마 말할 수 없는 이들을 위해 자비를 베푸신다. 예수님의 병 고치는 은혜는 유대인을 넘어 이방인에게까지 미쳐서 이방인들도 믿음으로 메시아의 잔치에 들어갈 수 있다. 그러나 8장은 다가올 역전을 예시한다. 이방인들이 그 나라에 들어갈 때 믿음 없는 이스라엘 자손은 고통스럽게도 영원히 괴로움을 받는 곳으로 쫓겨날 것이다(11-12절).

8장은 또한 나병 환자처럼 백부장도 절대 예수님께 행동을 요청하지 않음을 보여준다. 마태가 그리는 예수님은 모든 사람에게 믿음으로 병 고침을 요청하라고 권하신다. 결국 백부장은 자신이 하는 일을 통해 예수님을 올바로 이해했다. 이는 다른 사람들 역시 그들의 직업을 통해 하나님께서 일하시는 방식에 대한 힌트를 얻으라고 영감을 준다. 공학, 사업, 교육, 법, 의료, 육아 등 모든 것을 믿음의 눈으로 바라보면, 하나님의 지혜와 힘과 돌보심과 희생적인 사랑을 발견할 수 있다.

14 예수께서 베드로의 집에 들어가사 그의 장모가 열병으로 앓아누운
것을 보시고 15 그의 손을 만지시니 열병이 떠나가고 여인이 일어나서
예수께 수종들더라 16 저물매 사람들이 귀신 들린 자를 많이 데리고 예
수께 오거늘 예수께서 말씀으로 귀신들을 쫓아내시고 병든 자들을 다
고치시니 17 이는 선지자 이사야를 통하여 하신 말씀에 우리의 연약한
것을 친히 담당하시고 병을 짊어지셨도다 함을 이루려 하심이더라
14 And when Jesus entered Peter's house, he saw his mother-in-law
lying sick with a fever. 15 He touched her hand, and the fever left her,
and she rose and began to serve him. 16 That evening they brought to
him many who were oppressed by demons, and he cast out the spirits
with a word and healed all who were sick. 17 This was to fulfill what
was spoken by the prophet Isaiah: "He took our illnesses and bore our
diseases."

18 예수께서 무리가 자기를 에워싸는 것을 보시고 건너편으로 가기를
명하시니라 19 한 서기관이 나아와 예수께 아뢰되 선생님이여 어디로

가시든지 저는 따르리이다 20 예수께서 이르시되 여우도 굴이 있고 공
중의 새도 거처가 있으되 인자는 머리 둘 곳이 없다 하시더라 21 제자
중에 또 한 사람이 이르되 주여 내가 먼저 가서 내 아버지를 장사하게
허락하옵소서 22 예수께서 이르시되 죽은 자들이 그들의 죽은 자들을
장사하게 하고 너는 나를 따르라 하시니라

18 Now when Jesus saw a crowd around him, he gave orders to go over
to the other side. 19 And a scribe came up and said to him, "Teacher,
I will follow you wherever you go." 20 And Jesus said to him, "Foxes
have holes, and birds of the air have nests, but the Son of Man has
nowhere to lay his head." 21 Another of the disciples said to him, "Lord,
let me first go and bury my father." 22 And Jesus said to him, "Follow
me, and leave the dead to bury their own dead."

단락 개관

마태복음 1-4장이 처음부터 독자들에게 예수님의 유일무이한 지위를 밝힌다면, 그분의 기적은 이스라엘에게 그분이 오셨음을 알린다. 마태복음 4:23은 "예수께서 온 갈릴리에 두루 다니사 그들의 회당에서 가르치시며 천국 복음을 전파하시며 백성 중의 모든 병과 모든 약한 것을 고치시니" 라고 요약한다. 그 결과로 "그의 소문이…퍼[지고]" 고통에서 벗어나고자 "수많은 무리가 [그분을] 따[랐다]"(4:24-25). 산상수훈 이후 잇따라 나오는 기적들이 수많은 무리를 모은다(8:1-18). 8:17은 기적과 하나님의 종이 베푸시는 구원 사역을 연결한다. 그러고 나서 8:19-22에서 두 사람이 제자 되기를 열망하며 무리 가운데서 나온다.

단락 개요

Ⅳ. 예수님의 권위 아래서 그 나라가 성장하다(8:1-11:1)
A. 표적과 대화(8:1-9:38)
3. 베드로의 장모와 더 많은 사람을 고치시다(8:14-17)
4. 예수님을 따르는 일의 대가(8:18-22)

8:14-22은 두 가지로 구성된다. 첫째, 예수님의 기적 기사가 그 의미에 대한 간결한 해석으로 이어진다. 둘째, 마태는 기적이 제자도에 대한 관심을 자극한다는 것을 보여준다. 14-16절에서 예수님은 베드로의 장모를 고쳐주신 다음, 모여든 군중의 병을 고쳐주신다. 17절은 이를 이사야 53장의 성취로 설명한다. 무리가 에워싸자 예수님은 그 지역을 떠나신다. 그 다음 예수님을 따르겠다고 나오는 두 사람을 만나신다. 첫 번째 사람은 빠르게 약속하고, 두 번째 사람은 주저한다. 마태는 제자도에 대한 그분의 부르심에 그들이 어떻게 응답했는지 말하지 않는다.

주석

8:14-17 마태는 1-13절에서 예수님이 낯선 두 사람을 고치신 이야기를 서술한 후에, 조금 더 개인적인 병 고침을 이야기한다. 베드로와 안드레는 예수님에게 제2의 고향인 가버나움에서(마 4:13; 8:5) 동쪽으로 8킬로미터 떨어진 벳새다 출신이다(요 1:44). 베드로의 장모는 그와 함께 사는데 열병을 앓고 있다(참고. 고전 9:5). 랍비 규정이 금하는 일임에도 불구하고 예수님은 그녀의 손을 만지신다. 병 고침은 완벽하고 즉각적이다. 베드로의 장모는 곧바로 일어나 그분을 수종들기 시작한다(눅 4:39).

예수님의 초기 기적들에 관한 기록은, 기적의 가장 중요한 특징을 드러낸다. 기적은 자비롭고, 병이 치료되고, 즉시 효과가 나타난다(마 8:3, 13, 26). 예수님은 손을 대거나(3, 15절) 말씀으로(8, 13, 16, 26, 32절) 직접 병을 고치신다. 이는 주문, 마술적인 도구, 후각 효과로 불법 거래를 하는, 치료자라 주장하는 이들과 대조된다(토비트 6:7-18). 요세푸스(Josephus)는 베스파시아누스 황제 앞에서 행해졌던 악령 쫓는 의식을 이렇게 묘사한다.

> 그는 악령이 들린 사람의 콧구멍에…뿌리가 있는 반지를 끼웠다. 그 다음 그 콧구멍을 통해 악령을 끌어냈다. 곧바로 그 남자가 쓰러지자 그는…솔로몬을 언급하고, (솔로몬이) 작성한 주문을 외우며…악령이 다시 그 안으로 돌아가지 않도록 내쫓았다…그는 물이 가득 찬 컵이나 대야를 조금 떨어진 곳에 놓고, 악령에게 그 사람에게서 나가면 그것을 뒤집어엎으라고 명령했다. 이렇게 하여 구경꾼들로 악령이 그 사람에게서 떠났음을 알게 하려는 것이었다(*Antiquities* 8.46-49).

예수님은 이런 행동들을 전혀 하지 않으신다. 특별한 목적을 위한 드문 예외가 있긴 하지만(막 6:5-6; 8:22-26), 예수님은 단순하게, 즉시, 효과적으로 병을 고치신다. 당연히 사람들이 그분께로 모여든다. 마태복음 8:16은 그분이 귀신 들린 자들, 귀신 들림으로 인해 병을 앓는 이들을 고치셨다고 알려준다.

그런 다음 17절은 예수님이 보이신 능력의 행위를 설명하기 위해 이사야 53:4을 인용한다. 요한과 그가 나타낸 표징의 경우처럼, 마태는 이 기적들이 이사야 52:13-53:12이 말하는 고난 받는 종의 사역을 가리킨다고 믿는다. 첫 번째 종의 노래에서는 공동체 이스라엘이 보이지만, 이사야 50:4-9과 52:13-53:12은 갈수록 개인 종을 바라본다. 그는 물리적 타격을 당하고 외적 손상을 입을 것이다(사 50:6-7; 52:14; 53:2). 고통과 멸시를 당할 것이고(53:3), 도수장으로 끌려가는 어린양 같을 것이다(53:7). "그가 채찍에 맞음으로 우리가 나음을 입[도록]"(53:5-6), 그의 죽음은 죄를 대속하는 죽음일 것이다. 이사야 53장 전체가 밀접한 관련이 있는 까닭은, 신약이 구약에서 한 절을 인용할 때 독자는 그 본문의 문맥도 관련이 있음을 전제해야 하기 때문이다. 거듭 이사야 53장을 의지하는 마태는, 분명 이사야 53장 전체를 염두에 두고 있다. 예를 들어 예수님은 재판 중에 침묵하신다(마 27:14, 참고. 사 53:7). "그의 무덤이…부자와 함께 있었도다"(사 53:9, 참고. 마 27:57-60). 그분은 많은 사람이 "의롭게" 여겨지도록 그들을 의롭게 하실 것이다(사 53:11, 참고. 마 20:25-28).

이사야 53:5-6에서는 대속이 두드러지므로, 이사야 53:4의 인용문 "우리의 연약한 것을 친히 담당하시고 병을 짊어지셨도다"는 그 문맥 안에 두어야 한다. 성경은 질병이 직간접적으로 죄로 인해 야기된다고 전제한다. 마태복음 8:17과 이사야 53:4의 번역이 다르긴 하지만, 마태는 70인역이 아니라 히브리어 본문에서 그 구절을 가져온다. 그 히브리어 단어들은 마태가 "자유롭고 충실하게" 번역했다고 델리취(Delitzsch)가 말할 정도로 그 폭이 넓다. 이사야 53:4은 인간의 죄에 뒤따르는 악에 관심을 기울이고, 예수님은 죄와 죄가 야기하는 슬픔과 질병을 포함한 "온갖 형태의 악을 없애려" 하신다.[136] 이사야 53장은 예수님이 슬픔과 질병을 야기한 죄를 속함으로써 그렇게 하신다고 예언한다.

따라서 마태는 예수님의 병 고침 사역이 그분의 대속적 죽음의 한 부분이라고 말한다. 이 대속이 질병을 야기하는 죄(요한복음 9장에 따르면, 반드시 병자의 죄는 아닌)를 제거함으로써 병 고침을 위한 기초를 마련한다. 그래서 이사야와 마태복음이 속죄와 병 고침을 연결한다. 예수님은 죄를 속할 때, 인류를 질병을 비롯한 죄의 영향력에서 구하는 권리를 얻으신다. 나중에 마태복음 11장은 이사야 35장을 인용할 텐데, 이사야 35장 역시 기적과 메시아 시대를 연결한다. 그 시대는 죄로부터의 자유와 육체적 회복이 함께

136 Franz Delitzsch, *Commentary on the Old Testament*, trans. James Martin, vol. 7, Isaiah (Grand Rapids, MI: Eerdmans, 1976), 2:315-316.

하는 때다(사 29:18-20; 32:1-4; 35:3-10). 예수님의 구원 사역에는 통합성이 있다. 그분의 속죄는 죄를 가리고 죄의 결과를 제거하기 시작한다. 따라서 어떤 사람도 그 병 고침에 온전히 접근하지 못한다 해도, 속죄에 병 고침이 있다고 말할 수 있다.

8:18-22 기적들로 인해 가버나움에 너무 많은 무리가 모이자, 예수님은 제자들에게 갈릴리 건너편으로 가기를 명하신다(18절). 그곳에서 두 남자가 예수님의 제자가 되겠다고 나선다. 첫 번째 사람인 서기관은 정중하게 예수님을 "선생님"으로 부르지만, "어디로 가시든지 저는 따르리이다"라고 선언하며 과도한 자신감을 드러낸다(19절). 예수님은 그분이 말씀하는 것을 제대로 아는지 질문하신다. 굴이 있는 여우와 거처가 있는 새가 인자보다 더 안전하고 안락하기 때문이다. 그분과 함께하면 어느 날이든 "내 머리를 어디다 두지?"라고 질문하며 마무리할 수 있다. 마태는 그 남자의 대답을 알려주지 않는다. 독자는 그 이야기가 어떻게 끝나는지 궁금해 하거나, 침묵이 만들어낸 간격 속으로 들어와 '그가' 그 이야기를 어떻게 마무리했을지 상상할 수 있다.

첫 번째 서기관이 너무 빠르게 약속을 했다면, "제자 중에 또 한 사람"이라 불리는 그 다음 남자는 너무 주저한다(21절). 그는 제자의 임무를 중단했다가 아버지 장례를 치르는 중요한 임무를 처리한 후에 다시 시작하겠다고 제안한다. "제자"는 열두 사도를 가리키는 전문 용어거나, 추종자를 가리키는 느슨한 용어일 수 있다. 이 "제자"는 예수님을 "주"라 부르지만 조건부로 자신을 드린다. 여기서는 유대 관습에 대한 지식이 꼭 필요하다. 자녀는 명예롭게 부모의 장례를 치를 의무가 있었지만, 이 사람의 아버지는 살아 있는 것이 거의 확실하다. 장례는 죽은 후 24시간 내에 치렀다. 따라서 만약 그의 아버지가 막 돌아가셨다면 아들은 여기에서 예수님과 대화를 나누는 것이 아니라 당연히 장례식에 참석해 있을 것이다. 그러므로 그 남자는 예수님을 따라 나서는 일을 나이든 아버지가 돌아가실 때까지 아마도 몇 년 동안 미루고 싶었던 것 같다.

예수님은 타협을 용납하지 않으신다. "죽은 자들이 그들의 죽은 자들을 장사하게 하고 너는 나를 따르라"(22절). 헬라어에서 "나를 따르라"는 현재 명령형으로서 계속되는 의무를 의미하는 반면, "[장사]하게 하고"는 부정 과거 동사로서 결단력 있는 행동을 요구한다(이 경우). 만약 그 동사들이 강렬한 효과를 낸다면, "죽은 자들이…장사하게 하고"는 그 효과를 2배로 만든다. 정의상 '육체적으로' 죽은 사람은 아무것도 할 수 없는 반면, '영적으로' 죽은 사람은 여러 가지 일을 한다. 예수님은 '영적으로' 죽은 이들이 '육체적으로' 죽은 이의 장례 같은 사회적 임무를 처리하는 경향이 있다고 암시하신다. 그러나 예수님의 오심이 일상의 의무를 유예시킨다. 부모의 장례는 아마도 자녀가 져야 할 최고의 사회적 책임이겠지만, 참 제자는 그리스도의 부르심에 헌신하기 위해 모든 의무를 내려놓는다.

마태는 다시 독자가 깔끔한 해결에 안주할 수 없도록 이야기를 결말 없이 둔다. 그 혹은 그녀가 이야기를 마무리해야 한다.

응답

모든 기적 기사가 그렇듯, 8:14-17은 예수님의 능력과 은혜를 드러낸다. 나아가 마태는 예수님의 병 고치는 능력이 고난 받는 종으로서의 그분의 역할에서 비롯됨을 나타낸다. 예수님이 죄를 대속하는 제물로 자신을 바칠 때, 그분은 또한 질병을 포함한 그 죄의 모든 결과를 다루신다(사 53:4-6). 이 때문에 예수님은, 전부는 아니지만 이스라엘 수많은 사람의 병을 고치신다. 야고보서 5:13-20이 명하듯이, 오늘날도 병 고침을 위해 간청할 수 있지만 (일부 가르침과 반대로) 병 고침은 받으려는 사람의 믿음이 아니라 하나님의 뜻에 달려 있다. 그분은 바울과 디모데 같은 신실한 종들의 병을 고치지 않기로 하셨던 분이다(고후 12:7-10; 딤전 5:23).

제자가 되려는 두 사람의 기사는 오늘날의 제자들과 직접적인 관련이 있다. 첫째, 두 사람은 예수님을 만나는 모든 사람에게 제자도의 대가를 계산하라고 요청한다. 둘째, 예수님은 모든 사람에게 그분을 따름으로써 결단성 있게 행하라고 도전하신다. 그에 미치지 못하는 것은 영적으로 죽은 자처럼 행동하는 것이다.

이 단락은 신자들에게 제자도를 벅차면서도 영광스러운 시도로 보라고 가르친다. 또 스스로를 제자로 부르는 독자들에게 질문하기도 한다. 당신은 어떤 종류의 '제자'인가? 피상적인가? 자기기만에 빠져 있는가? "저는 주님을 따르겠지만, 먼저…"라고 말하겠는가? 오늘날 사람들은 그 문장을 어떻게 끝내는가? 진정한 제자의 인생 경로는 어떠한가? 제자도의 끝이 얼마나 불투명한지 주목하라. 참된 제자는 어디서 잘지 혹은 얼마나 많은 일상의 의무를 포기해야 하는지 알지 못할 수 있다. 그리스도인 지도자나 목사, 교사, 전도자, 신학생조차도 온전한 제자가 되라는 부르심에 망설일 수 있는가?

한 신학교 교수가 여러 가지 이유로 목회 사역에 헌신하기를 주저하는 경건하고 재능 있는 마지막 학년 신학생들과 일련의 대화를 나누었다. 얼마 후, 재능 있는 1학년 학생들이 가득한 헬라어 주해 수업 시간이었다. 그날 수업은 교수의 우레 같은 선언으로 시작되었다. "이곳에 앉아 사역에 대해 생각하지 마세요. 사역에 헌신하세요. 여러분이 자격 없고, 미숙하고, 경험이 없다고 생각하나요? 물론 그렇습니다. 그것이 여러분이 여기 있는 이유입니다. 그러나 3년 동안 망설이다 보험설계직으로 가느라 여러분의 시간을 낭비하지 마세요. 그리스도의 부르심을 들었다면 마음에 새기십시오." 15년 후, 그 수업을 들었던 한 학생이 교수에게 그의 격노를 상기시키며 이렇게 알려주었다. "그 수업을 들었던 모두가 아직 전임으로 교회를 섬기고 있습니다."

23 배에 오르시매 제자들이 따랐더니 24 바다에 큰 놀이 일어나 배가
물결에 덮이게 되었으되 예수께서는 주무시는지라 25 그 제자들이 나
아와 깨우며 이르되 주여 구원하소서 우리가 죽겠나이다 26 예수께서
이르시되 어찌하여 무서워하느냐 믿음이 작은 자들아 하시고 곧 일어
나사 바람과 바다를 꾸짖으시니 아주 잔잔하게 되거늘 27 그 사람들이
놀랍게 여겨 이르되 이이가 어떠한 사람이기에 바람과 바다도 순종하
는가 하더라

23 And when he got into the boat, his disciples followed him. 24 And
behold, there arose a great storm on the sea, so that the boat was being
swamped by the waves; but he was asleep. 25 And they went and woke
him, saying, "Save us, Lord; we are perishing." 26 And he said to them,
"Why are you afraid, O you of little faith?" Then he rose and rebuked
the winds and the sea, and there was a great calm. 27 And the men
marveled, saying, "What sort of man is this, that even winds and sea
obey him?"

단락 개관

예수님이 갈릴리 바다로 이동하실 때 큰 폭풍이 일어 그들의 목숨을 위협한다. 큰 파도가 쳤지만, 예수님은 제자들이 깨워 도움을 청할 때까지 주무신다. 하지만 주님이 그들의 두려움을 꾸짖고 한 마디 말로 폭풍을 잠잠하게 하시자, 제자들은 "이가 어떠한 사람이기에"라고 묻게 된다.

이 사건은 몇 가지를 알려준다. 첫째, 예수님이 폭풍 가운데서도 지쳐서 주무실 때 그것은 그분의 인성을 드러낸다. 둘째, 그분의 첫 '자연 기적'인 이 사건은 제자들로 예수님이 누구인지 질문하게 만든다. 셋째, 이 구절은 적어도 공관복음에 관련된 어떤 이슈를 보여준다. 늘 그렇듯이 마태의 기사에는 마가복음이나 누가복음에 나오는 세부 사항이 없다. 사건의 순서와 그 장면의 대화는 의문을 제기할 만큼 그리고 그 사건이 각 복음서에 독특한 풍미를 줄 만큼 차이가 있다.

단락 개요

Ⅳ. 예수님의 권위 아래서 그 나라가 성장하다(8:1–11:1)

A. 표적과 대화(8:1–9:38)

5. 폭풍을 잠잠하게 하시다(8:23–27)

주석

8:23-27 이야기는 그리 위험해 보이지 않는 여행 기록으로 시작된다. 예수님과 제자들이 그들의 "배"(23절)에 올랐다. 갑자기 폭풍이 인다. 갈릴리 바다는 지형 때문에 갑작스럽게 심한 폭풍이 일기 쉬웠다. 고되게 일한 날이었고, 예수님은 너무 피곤한 나머지 배에서("고물에서 베개를 베고", 막 4:38이 알려준다) 주무신다. 폭풍이 언덕을 넘어 배를 덮는 사나운 파도가 내리치는데도 계속 주무신다(마 8:24). 4명의 제자는 배를 소유한 어부였다. 그들이 문제가 있는 배를 탔을 리도 없고, 폭풍의 심각성을 과대평가하거나 과소평가하지도 않았을 것이다. 그들은 폭풍이 배와 자신들의 목숨을 위협한다고 판단하고는 계속 주무시는 예수님을 깨운다.

어떤 유형의 신앙은 이 드라마에서 생명력을 없앤다. 그 신앙은 예수님이 주무시는 척하고 계시거나, 인간으로서는 잠이 들었지만 하나님으로서는 깨어 있어서, 제자들이 배울 준비가 될 때 행동할 준비를 하고 계셨다고 말한다. 이 신앙은 예수님이 그곳에 계시기 때문에 진짜 위험이나 드라마는 없다고 말한다. 그러나 진짜 성육신은 진짜 주무셨고 진짜 위험했음을 의미한다.

제자들이 예수님을 깨울 때 그들은 (헬라어로) 세 단어로 말한다. "주여(Lord), 구원하소서, 우리가 죽겠나이다"(25절). 마가복음 4:38은 "선생님이여(Teacher) 우리가 죽게 된 것을 돌보지 아니하시나이까"(헬라어로 여섯 단어)라고 되어 있다. 누가복음 8:24은 "주여(Master), 주여, 우리가 죽겠나이다"(세 단어)라고 기록한다. 3개의 기사가 기본적인 내용에 대해서는 의견이 같다. 제자들이 예수님을 깨우고 그분을 부르며 "우리가 죽겠나이다"라고 말한다. 그러나 제자들은 예수님을 "주"(Lord)라고 불렀을까? 아니면 "선생님" 혹은 "주"(Master)라고 불렀을까? 그들의 기분은 어땠을까? 마태복음의 "주여 구원하소서"가 암시하듯이 약간의 희망을 품었을까? 마가복음에서처럼 "우리를 돌보지 아니하시나이까"라면서 은근히 예수님을 원망했을까? 아니면 누가복음에서처럼 그저 "우리가 죽겠나이다"라고 말하며 반쯤은 죽으리라 예상했을까?

다시 한 번 각 복음서는 예수님이 깨어나 폭풍을 꾸짖으며 멈추게 하시고, 제자들에게 질문하시고, 제자들은 놀라 예수님이 어떤 분인지 묻는다는 데 의견을 같이한다. 그러나 차이가 있다. 마가복음과 누가복음에서 예수님은 먼저 폭풍을 꾸짖은 다음 제자들에게 왜 두려워하고 믿음이 없느냐고 물으신다. 마태복음에서는 예수님이 제자들에게 질문한 다음 폭풍을 잠잠케 하신다. 마태는 질문을 앞에 둠으로써 예수님이 기적 전에 믿음을 끌어내셨음을 암시한다. 마가와 누가가 예수님의 질문을 기적 후에 둘 때 그것은 책망에 가까워 보인다. 마치 그분은 이렇게 말씀하시는 것 같다. "내가 방금 보여준 능력, 이전에도 볼 수 있었던 능력을 봤는데도, 너희는 어찌하여 무서워하느냐?" 이는 복음서들을 나란히 둘 때에만 드러나는 차이다.

예수님이 제자들에게 하시는 말씀의 자구 역시 서로 다르다. 약간 과장하면, 미묘한 차이가 나타난다. 마태복음은 "어찌하여 무서워하느냐 믿음이 작은 자들아[올리고피스토이]"라고 말한다. 즉 '두려워할 이유가 없다. 믿음만 더 가져라'라는 뜻이다. 마가복음은 "어찌하여 이렇게 무서워하느냐 너희가 어찌 [아직도, 우포(*oupō*)] 믿음이 없느냐"라고 말한다. 물론 '아직도'가 그들이 결국 믿을 것을 암시하기는 하지만, 그들은 자신의 믿음 없음에 직면해야 한다. 누가복음에는 "너희 믿음이 어디 있느냐"라고 되어 있다. 즉 '너희 믿음을 찾아 쓰라'는 것이다.

마지막으로 제자들의 반응도 나뉜다. 마태복음에서는 제자들이 놀라고, 마가복음에서는 심히 두려워하고, 누가복음에서는 두려워하고 놀란다.

전문 주석들은 공관복음의 차이를 조사하며, 어떻게 저자들이 문학적, 신학적 목표에 이르기 위해 그들의 자료를 사용하는지 고찰한다(참고. 서론). 이는 과도할 수도 있고, 좀 더 간결한 주석에는 그 내용을 위한 공간이 부족하기도 하다. 우리는 마태복음과 누가복음이 거의 두루마리의 최대치 길이까지 이르렀음을 기억해야 한다. 요한복음 21:25이 언급하듯이, 복음서는 사건들의 대략을 제시하는 선별된 문서다. 폭풍이 이는 동안 제자들이 실제로 예수님을 "주"아니면 "선생님"으로 불렀는지 묻는 것은 잘못된 지도다. 그들은 아마 세 호칭은 물론 그 이상으로 말했을 것이다. 목숨을 위협하는 폭풍 속에서 배에 탄 13명은 분명 수백 마디의 말을 했을 것이다. 각 복음서는 그 장면을 대략적으로 묘사하기 위해 일부를 선택한다. 그 대략은 차이가 있고 어떤 패턴들이 있다. 마가복음 기사("[아직도] 믿음이 없느냐?")는 제자들에게 조금 더 매정하다. 이는 마가복음의 전형적인 특징이다. 마가는 제자들의 아둔함을 강조하는 경향이 있다. 마태의 기사는 조금 더 긍정적이다. "믿음이 작은 자들아"는 마태의 말투다(참고. 마 6:30; 14:31). 그 단어 자체가 제자들을 믿음이 성장해야 하는 사람으로 분류한다.

제자들은 왜 무서워하는가? 파도가 배를 덮었고 죽음이 곧 닥칠 것 같은데 예수님이 주무셨기 때문이다. 그러나 마태는 그들이 더 잘 알았다고 암시한다. 능력 있는 예수님이 계셨다. 그분이 폭풍을 꾸짖으시니 "아주 잔잔하게" 되었다. 폭풍의 규범을 거스르는 초자연적이고 즉각적인 잔잔함이었다.

"그 사람들"은 제자들에게 붙이기에는 색다른 명칭이지만(27절), 이는 무력한 인간과 예수님을 대조한다. 폭풍조차도 순종하는 것으로 보아,[137] 그분은 그 능력으로 인해 "이이가 어떠한 사람이기에"[문자적으로, '이는 어떤 종류인가?'(Of what sort is this?)다. 그 단어는 안트로포스(*anthrōpos*)가 아니라 포타포스(*potapos*)다]라는 질문을 할 수밖에 없게 만든다.

137 접속사는 보통 "…때문에"로 번역되는 '호티'다. 이곳에서 그것은 "…로 보아"를 의미한다. 결론으로 이어지는 증거가 있기 때문이다.

응답

현대 독자는 먼저 예수님이 그분의 백성을 두려움에서 해방하시는, 능력이 많은 구세주임을 기억해야 한다. 예수님은 주님이고 구원하실 수 있다. 그분은 주무신다 해도 행동할 준비가 되어 있다. 예수님의 질문을 들으라. "너는 왜 두려워하느냐? 두려워할 타당한 이유가 있느냐?" 모든 사람이 자신의 두려움에 대해 질문해야 한다. "내가 두려워하는 것이 옳은가? 나는 믿음으로 살고 있는가?" 이러한 질문이 타당한 이유는 하늘에 올라가신 주님이 항상 가까이 계시기 때문이다.

제자들이 나중에 되돌아볼 기회가 있을 때 그들은 자신의 두려움이 불필요했음을 알 것이다. 그러나 마태는 그 일을 독자들에게 넘긴다. 귄터 보른캄(Gunther Bornkamm)은 이 본문에서 마태가 교회의 이미지를 작은 배로 소개한다고 전한다. 그것은 터툴리안이 그의 논문 《세례에 관하여》(*On Baptism*) 12장에서 명백히 한 것이다. 제자들은 예수님을 따르는 일의 스트레스를 표현하고, 예수님이 폭풍을 잠잠하게 한 것은 그분이 주시는 평안을 예시한다는 것이다.[138] 바다에서 일어난 폭풍이 은유이기 전에 진짜 사건임에 모두 동의한다면, 이러한 영적 해석은 최소한 제자도가 아주 위험한 것임을 지적하는 데서만 옳다. 예수님의 선하심과 신적 능력은 제자들의 믿음과 견고함과 평안의 기초다.

138 Gunther Bornkamm, "The Stilling of the Storm in Matthew", in G. Bornkamm, G. Barth, and H. J. Held, *Tradition and Interpretation in Matthew*, trans. Percy Scott (Philadelphia: Westminster, 1963), 52-57.

28 또 예수께서 건너편 가다라 지방에 가시매 귀신 들린 자 둘이 무덤
사이에서 나와 예수를 만나니 그들은 몹시 사나워 아무도 그 길로 지
나갈 수 없을 지경이더라 29 이에 그들이 소리 질러 이르되 하나님의
아들이여 우리가 당신과 무슨 상관이 있나이까 때가 이르기 전에 우
리를 괴롭게 하려고 여기 오셨나이까 하더니 30 마침 멀리서 많은 돼
지 떼가 먹고 있는지라 31 귀신들이 예수께 간구하여 이르되 만일 우
리를 쫓아내시려면 돼지 떼에 들여보내주소서 하니 32 그들에게 가라
하시니 귀신들이 나와서 돼지에게로 들어가는지라 온 떼가 비탈로 내
리달아 바다에 들어가서 물에서 몰사하거늘 33 치던 자들이 달아나 시
내에 들어가 이 모든 일과 귀신 들린 자의 일을 고하니 34 온 시내가
예수를 만나려고 나가서 보고 그 지방에서 떠나시기를 간구하더라

28 And when he came to the other side, to the country of the Gadarenes,[1]
two demon-possessed[2] men met him, coming out of the tombs, so
fierce that no one could pass that way. 29 And behold, they cried out,
"What have you to do with us, O Son of God? Have you come here to
torment us before the time?" 30 Now a herd of many pigs was feeding

at some distance from them. 31 And the demons begged him, saying,
"If you cast us out, send us away into the herd of pigs." 32 And he said
to them, "Go." So they came out and went into the pigs, and behold,
the whole herd rushed down the steep bank into the sea and drowned
in the waters. 33 The herdsmen fled, and going into the city they told
everything, especially what had happened to the demon-possessed men.
34 And behold, all the city came out to meet Jesus, and when they saw
him, they begged him to leave their region.

1 Some manuscripts *Gergesenes*; some *Gerasenes* *2* Greek *daimonizomai* (demonized); also verse 33; elsewhere rendered *oppressed by demons*

단락 개관

예수님의 그 다음 기적은 새로운 영역, 즉 악한 영의 영역에 대한 주권을 입증한다. 바다에서의 폭풍처럼, 이 사건은 3개의 공관복음에 모두 나온다. 역시 마태복음의 기사가 가장 짧다. 이 구절은 다음과 같은 질문을 하게 한다. 귀신 들린다는 것이 무엇인가? 이것이 복음서에서는 흔한데 성경 다른 곳에서 드문 이유는 무엇인가?[139] 왜 귀신들은 예수님과 맞서는가? 귀신들은 예수님에 대해 무엇을 알고, 그것을 어떻게 아는가? 그들은 왜 돼지 떼에게 들어가고 싶어 하는가? 예수님은 왜 그것을 허락하시는가? 독자들은 재산의 파기를 어떻게 생각해야 하는가? 그 사건은 어디에서 일어났으며, 그 지역 주민은 왜 예수님이 떠나시기를 바라는가?

139 아마도 구원 사역의 시작과 그 왕의 오심이 이 세상 왕의 극심한 반격을 불러일으켰을 것이다.

대략적인 내용은 명료하다. 예수님이 가다라 지방에 오시자 귀신 들린 자 둘이 예수님과 맞선다. 그분이 누구인지 큰 소리로 말하면서 심판을 미루어달라고 간청한다. 자신들이 쫓겨날 것을 예상한 귀신들은 돼지 떼에게 들어가게 해달라고 요청한다. 귀신들이 들어가자 돼지들이 자멸한다. 그 소식이 시내에 전해지자 주민들이 예수님께 떠나달라고 간청한다.

단락 개요

IV. 예수님의 권위 아래서 그 나라가 성장하다(8:1-11:1)

A. 표적과 대화(8:1-9:38)

6. 귀신들을 쫓아내시다(8:28-34)

주석

8:28-34 예수님은 폭풍을 잠잠하게 한 후, 갈릴리 바다의 남동쪽 해안에 내리신다. 그곳은 남동쪽으로 몇 킬로미터 떨어진 이방인 도시 가다라가 다스리는 영토였다.[140] 이는 돼지가 있었던 이유를 설명해준다.

140 마태복음, 마가복음, 누가복음 본문은 그 성읍의 이름에서 중요한 차이를 보인다. 사본들은 가다라, 거라사, 게르가사라고 지명을 밝히는데, 마태복음에 대한 최상의 판독은 가다라고, 마가복음에 대한 최상의 판독은 거라사다. 거라사는 더 크고 더 잘 알려져 있었지만 호수에서 더 멀어서, 지방 지리를 잘 모르는 이방인을 위해 글을 쓴 마가는 그것을 사용한 반면, 더 잘 아는 유대인을 위해 글을 쓴 마태는 더 작지만 더 가까운 가다라라고 적었다고 보는 것이 합리적이다. 가다라는 그 호수까지 이르는 지역을 다스렸다. 비유로 말하자면, 청중의 지식에 따라 어떤 사건이 필라델피아나 윌로우 그로브에서, 시카고나 엘진에서 일어났다고 적절히 말할 수 있을 것이다. 사본상의 이형에 대해서는 참고. Bruce Metzger, *A Textual Commentary on the Greek New Testament* (Stuttgart: United Bible Societies, 1971), 23-24.

"귀신 들린 자" 둘이 예수님을 만난다(28절). 마가와 누가는 한 사람만 언급한다. 아마도 마태는 두 사람이 있었음을 알고 그렇게 말하는 반면, 마가와 누가는 두 사람 중 더 중요한 이에게 초점을 맞추는 것 같다.[141] "귀신 들린"은 다이모니조마이(*daimonizomai*)의 번역이며, "들린"은 기본적으로 귀신들이 행사하는 강력하고 파괴적인 통제를 전달하기 위해 바꾼 표현이다. 그 사람들은 전통적으로 귀신들이 많은 시간을 보내는 곳인 무덤 사이에 살고, 아주 사나워서 아무도 그 길로 지나갈 수 없다. 마가복음 5장은 사람들이 그 (선두에 있는) 사람을 통제하려고 하면 그가 쇠사슬을 끊어버린다고, 또한 돌로 자기 몸에 상처를 내며, 자신을 "군대"라 부른다(이는 그가 자기 이름과 정체성을 잃어버렸다는 표지다)고 덧붙인다.

"이에" 그 사람들은 예수님을 만나 맞서서, 그분을 "하나님의 아들"이라 부르면서 그분이 자신들과 무슨 상관이 있는지[티 헤민 카이 소이(*ti hēmin kai soi*), '우리와 당신 사이에 무엇이 있습니까?'] 강력하게 묻는다(마 8:29). 그들이 예수님을 어떻게 생각하는지 말하기는 불가능하다. "하나님의 아들"이라는 칭호는 위인들에 대해서도 사용할 수 있었다. 그러나 이 귀신들은 예수님을 그들의 주인이자 심판자로 알고 저항하려 한다. 그에 반해 배에 있던 사람들은(27절), 예수님이 누구인지 궁금해 하지만 그분을 신뢰한다(불완전하게). 반면 귀신들은 그분을 알지만 미워한다.

귀신들은 심판이 다가오고 있음을 알고, 예수님이 그들을 구원하기 위해서가 아니라 괴롭히기 위해서[바사니조(*basanizō*)] 오셨다고 생각한다. 그들은 심판을 위해 정해진 때[카이로스(*kairos*)]가 아직 멀다고 알고 있거나 그렇게 추측한다(29절). 이렇듯 그들은 자신의 운명을 알지만, 자비를 구하는 쪽보다는 지연시키는 쪽을 택한다. 예수님이 자신을 그 사람들에게서 쫓아낼 것을 감지한 귀신들이 예수님께, 적어도 가짜 존경심으로, 멀리서 먹

141 일부 비평가는 유대법이 2명의 증인을 요구하기 때문에 마태가 그 수를 2배로 늘렸다고 주장한다. 그러나 그것이 마태의 목표라면, 마태는 왜 세 번 그 증인을 2배로 늘리고(8:28-34; 9:27-31; 20:29-34) 그 이상은 하지 않는가?

이를 먹고 있는 돼지 떼에게 보내달라고 애원한다(30-31절). 그 사람들의 입술을 통해 나온 이 요청은 매우 독특한데, 마태는 이것에 대해 설명하지 않는다. 귀신들이 몸을 열망한 것일까? 그들은 하나님의 모든 피조물, 돼지까지도 미워하는 것일까? 그들은 전전긍긍하는 전략에서 다른 전략으로, 예수님이 누구인지 소리 지르는 데서 돼지 떼에게 들어가게 해달라고 간청하는 데로 급히 옮겨간 것일까? 아니면 이것은 부정한 영이 부정한 동물을 열망한다는 마태의 아이러니일까?

예수님은 그들의 요청에 응하시지만, 돼지들은 응하지 않는다.[142] 귀신들이 그 사람들을 떠나 돼지 떼에게로 들어가자, '보라'("behold", ESV 참고, 개역개정에는 없음), 돼지들이 바다로 뛰어들어 죽는다(32절). 결국 귀신들은 원하던 바를 얻고도 얻지 못한다. 이 장면은 귀신들이 '어떤' 특별한 지식을 가지고 있을지 모르지만, 그리 많이 알고 있지는 않음을 암시한다. 사실 인간은 귀신들에 대해 잘 알지 못한다. 그들은 분명 악의적이고 강력한 영이며, 하나님과 인류의 적이다.

샌더스(E. P. Sanders)는 어떤 학자들이 그 사건을 심리적인 문제로 설명한다고 언급한다. 그들은 귀신 들린 것을 정신병으로 보고 예수님이 "정신적인 제안으로" 그 사람들을 고치신다고 믿는다. 그들의 해석에서는, 그 사람이 "제정신으로" 돌아갈 때 무슨 까닭인지 "발작을" 일으킨다. 이것이 돼지들을 불안하게 만들어 공황 상태에 빠지게 해서 그 돼지들이 "절벽으로 돌진했다." 샌더스는 이렇게 논평한다. "이런 설명은 설득력이 없다고 본다. 그것을 제의한 이들이 돼지 떼를 발작을 일으키게 함으로써 공황 상태에 빠지게 하려 했다는 것은 의심스럽다. 그 이야기는 이성적인 설명이 아니다."[143]

마태는 현장이 있던 사람들 역시 그 사건을 올바로 해석하는 데 어려움

142 다시 한 번, 예수님이 단 한 마디 "가라"로 행동을 취하신다.

143 E. P. Sanders, *The Historical Figure of Jesus* (New York: Penguin, 1993), 158.

을 겪음을 보여준다. 돼지를 치던 자들은 시내로 뛰어 들어가 (단어 하나하나 그대로 번역하면) "이 모든 일과 귀신 들린 자들의 일을 고[했다]"(33절). 번역은 이를 매끈하게 만들어 돼지 치던 자들이 '특히 일어난'(ESV) 혹은 '일어난 것을 포함한'(NIV, NASB) 모든 일을 보고했다고 말한다. 분명 카이(*kai*)는 '다시 말해'를 의미할 수 있고 이는 '특히'라는 번역으로 이어질 수 있다. 그러나 '포함한'이 문법적으로 더 낫고, 이는 그 반응의 가장 논리적인 재구성을 지지한다. 돼지 떼를 치던 자들이 시내로 들어가, 돼지 떼를 잃은 것에 대한 비난을 면하는 식으로, 즉 예수님이 그렇게 했다는 그 흥미진진한 이야기를 충분히 전한다. 그러나 책임이 있는 돼지 치던 자들에게 "중요한 이야기는 돼지 떼를 잃은 것이었다." '포함한'이라는 번역은 그들이 귀신 들린 사람들 '역시' 언급한다는 의미다.[144] 재산을 잃은 것에 대한 이러한 염려는 마을 사람들의 행동을 가장 잘 설명해준다. 예수님은 귀신 들린 자들을 길들이고 그들의 길을 열어줌으로써 그들에게 큰 기여를 하셨다. 그러나 그들은 예수님을 강력하지만 예측 불가능하다고 생각했다. 그래서 "온 시내가 예수를 만나려고 나가서 보고…떠나시기를 간구하더라"(34절).

반응은 실망스럽지만 충격적이지 않다. 그들이 보기에 예수님은 재산에 대해 마땅히 있어야 할 관심이 부족하다. 사람보다 물건에 더 관심이 있는 것이 사람들의 방식이다. 예수님은 구원을 다른 모든 가치보다 앞에 두고, 그 때문에 환영받지 못하신다.

144 Morris, *Matthew*, 211.

응답

다시 한 번 우리는 예수님의 능력과 구원의 목적을 본다. 마태는 그분의 위대한 사역에 이방인들이 무관심하다는 것을 알려준다. 마가와 누가는 예수님이 그 사람을 위해 하신 일을 선포하도록 그를 위임하신다고 덧붙인다. 그분은 이런 식으로 나중에 그리스도를 선포할 길을 예비하신다. 마태복음에서 강조점은 인간들의 무정함과 대비되는 예수님의 보살핌에 있다. 마태는 사려 깊은 독자들에게 교훈을 준다. 능력이 많고 선하신 예수님을 신뢰하고 그분의 가치관을 우리의 것으로 삼는 것이야말로 지혜롭다는 사실이다.

9장

1 예수께서 배에 오르사 건너가 본 동네에 이르시니 2 침상에 누운 중
풍병자를 사람들이 데리고 오거늘 예수께서 그들의 믿음을 보시고 중
풍병자에게 이르시되 작은 자야 안심하라 네 죄 사함을 받았느니라
3 어떤 서기관들이 속으로 이르되 이 사람이 신성을 모독하도다 4 예
수께서 그 생각을 아시고 이르시되 너희가 어찌하여 마음에 악한 생
각을 하느냐 5 네 죄 사함을 받았느니라 하는 말과 일어나 걸어가라
하는 말 중에 어느 것이 쉽겠느냐 6 그러나 인자가 세상에서 죄를 사
하는 권능이 있는 줄을 너희로 알게 하려 하노라 하시고 중풍병자에
게 말씀하시되 일어나 네 침상을 가지고 집으로 가라 하시니 7 그가
일어나 집으로 돌아가거늘 8 무리가 보고 두려워하며 이런 권능을 사
람에게 주신 하나님께 영광을 돌리니라

1 And getting into a boat he crossed over and came to his own city.
2 And behold, some people brought to him a paralytic, lying on a bed.
And when Jesus saw their faith, he said to the paralytic, "Take heart,
my son; your sins are forgiven." 3 And behold, some of the scribes said
to themselves, "This man is blaspheming." 4 But Jesus, knowing[1] their

thoughts, said, "Why do you think evil in your hearts? 5 For which is easier, to say, 'Your sins are forgiven,' or to say, 'Rise and walk'? 6 But that you may know that the Son of Man has authority on earth to forgive sins"—he then said to the paralytic—"Rise, pick up your bed and go home." 7 And he rose and went home. 8 When the crowds saw it, they were afraid, and they glorified God, who had given such authority to men.

1 Some manuscripts *perceiving*

단락 개관

예수님이 중풍병자를 낫게 하시는 기사는 세 복음서에 모두 나오는데, 또 마태의 기사가 다른 두 기사보다 더 짧다(마태복음은 126단어, 마가복음은 196단어, 누가복음은 212단어). 마가와 누가는, 무리가 예수님을 에워싸고 있었기 때문에 중풍병자의 친구들이 그를 예수님께 데려갈 수 없어서 지붕을 뚫고 구멍을 내어 친구를 달아 내렸다고 밝힌다. 그 결과로 누가와 마가의 내러티브에는 거의 동일한 세 가지 주제가 있다. 죄를 사하시는 예수님의 권위, 중풍병자와 친구들의 두드러진 믿음, 그리고 그와 대조되는 서기관과 바리새인의 설명할 수 없는 적대감이다. 마태복음의 관심은 죄를 사하시는 예수님의 권세에 있다.

마태복음 8:28-34에서 귀신 들린 자들을 고치신 사건은 예수님이 어디에서든 환영받지 못한다는 것을 암시한다. 이 사건은 2:1-12을 제외하면 이스라엘에서 예수님을 반대하는 첫 번째 징후지만, 이곳에서의 반대와 의심은 곧 만연하는 주제가 된다(참고. 9:3, 11, 14, 24, 34).

단락 개요

Ⅳ. 예수님의 권위 아래서 그 나라가 성장하다(8:1-11:1)
A. 표적과 대화(8:1-9:38)
7. 중풍병자를 고치고 그의 죄를 사하시다(9:1-8)

주석

9:1-8 늘 그렇듯이, 이야기는 여행 기록으로 시작한다. 예수님이 바다를 건너 제2의 고향 가버나움으로 돌아오신다(1절). '그리고 보라'("and behold", ESV 참고, 개역개정에는 없음)라는 어구는 극적인 사건을 위해 독자를 준비시킨다. "침상에 누운 중풍병자를 사람들이 데리고 오거늘"(2절). 누가는 이 날 예수님께 병을 고치는 능력이 있었다고 알려준다. 인파가 집을 가득 메워서 예수님은 중풍병자와 그 친구들에게 다가가기가 어려웠다. 그러자 친구들이 지붕에 구멍을 뚫어 중풍병자를 그리로 달아 내림으로써 예수님이 칭찬하시는 믿음을 보인다. 중풍병자가 그렇게 매달려 있을 때 예수님이 그에게 말을 거신다. "네 죄 사함을 받았느니라." 그들은 병 고침을 원했는데 왜 예수님은 죄를 사해주셨을까? 마가복음과 누가복음에서 그 결과는 여러 면에서의 극적인 긴장을 일으킨다. 마태복음에서는 모든 시선이 예수님께 고정된다. 마가와 누가는 중풍병자와 친구들의 믿음을 드러내고, 마태는 예수님이 그들의 믿음을, 즉 중풍병자와 친구들의 믿음을 보셨다고 말한다. 예수님은 또 부드럽게 말씀하신다. "작은 자야 안심하라 네 죄 사함을 받았느니라"(2절). 죄에 해당하는 단어[하마르티아(*hamartia*)]는 의미의 범위가 넓고 복수형이다. '모든' 죄가 사함을 받았다.[145]

중풍병자는 병 고침을 받으러 왔기 때문에 심히 당황한 듯하지만, '보라'(개역개정에는 없음) 서기관들은 격분하며 마음속으로 "이 사람이 신성을 모독하도다"(3절)라고 생각한다. 얼굴과 몸의 언어를 읽는 데 능숙한 예수님은 그들의 생각을 "아시고"[146] 물으신다. "너희가 어찌하여 마음에 악한 생각을 하느냐"(4절). 예수님이 신성을 모독한다는 생각은 분명 악인데, 그들은 왜 그렇게 생각하는가?

이 장면은 예수님과 중풍병자가 전에 전혀 만난 적이 없음을 전제한다. 중풍병자가 개인적으로 예수님께 죄를 지었고 예수님이 그의 죄를 사하셨다면 주목할 만한 어떤 일도 일어나지 않았을 것이다. 그러나 그들이 이날 처음 만났다면 개인적인 범죄는 있을 수 없다. 그러면 예수님이 왜 낯선 사람의 죄를 사하시는지 질문해야 한다. 그 중풍병자는 어떻게 그분께 죄를 지었는가? 예수님이 평범한 사람이었다면 그는 그분에게 죄를 지을 수 없었을 것이다. 그러나 모든 죄는 그분에게 '범한' 것이다. 그분만이 모든 인간의 죄를 사하실 수 있다(사 43:25). 그러므로 서기관들은 예수님이 "네 죄 사함을 받았느니라"라고 말씀할 때 그분이 암시적으로 신성을 주장하신다는 것을 깨닫는다. 물론 성전의 제사장이 낯선 사람에게 "네 죄 사함을 받았느니라"라고 말할 수 있다. 그러나 그곳은 가버나움이고, 예수님은 제사장이 아니고, 중풍병자는 죄로 인한 희생제물을 가져오지 않았다. 따라서 예수님이 신이심을 믿지 않는 서기관들은 신성모독을 들은 것이다.

예수님은 그 질문에 반문으로 답하신다. "네 죄 사함을 받았느니라 하는 말과 일어나 걸어가라 하는 말 중에 어느 것이 쉽겠느냐"(마 9:5). 답은 분명하지 않다. 물리적으로 둘 다 '말하기' 쉽다. 논리적인 시각에서는 '네 죄 사함을 받았느니라'라고 말하는 편이 더 쉽다. 그것은 거짓임을 입증할 수 없는 반면 '일어나 걸어가라'는 거짓임을 입증할 수 있기 때문이다. 그러나 신학적으로는 '네 죄 사함을 받았느니라'보다는 '일어나 걸어가라'가 더 쉽

145 이 구절과 그 병행 구절 그리고 누가복음 7:36-50은 예수님이 개인의 죄를 사하시는 유일한 구절들이다.

146 일부 사본은 "보다"[이돈(*idōn*)] 대신 "알다"[에이도스(*eidōs*)]이다(ESV는 '보다', 개역개정은 '알다'-옮긴이 주).

다. 앞의 말은 신성을 주장하고 뒤의 말은 병 고치는 능력을 주장하기 때문이다. 하지만 예수님에게는 둘 다 쉽고 그분은 그것을 입증하신다. "그러나 인자가 세상에서 죄를 사하는 권능이 있는 줄을 너희로 알게 하려 하노라." 그런 다음 중풍병자에게 "일어나 네 침상을 가지고 집으로 가라"라고 말씀하신다. 그리고 그가 일어나 집으로 간다(6-7절).

근본적으로 예수님은 자신이 신성을 주장한다고, 그 사람의 죄를 사했다고, 서기관들이 죄의 결과라고 생각했을(요 9장) 그 병을 고침으로 그것을 입증했다고 선언하신다. 중풍병자가 집으로 돌아가고 이야기가 끝난다. 중풍병자와 친구들은 만족하고, 서기관은 침묵한다.

기적 장면들은 보통 여행, 장소, 현장에 있는 사람들로 시작하고 증인들의 반응으로 끝난다.[147] 마태는 무리가 (1) 두려워하며 (2) 이런 권능을 사람에게 주신 하나님께 영광을 돌린다고 말한다. 마태복음 전체에서 이는 긍정적이지만 불완전하다. 두려워하며 하나님께 영광을 돌리는 것은 옳지만, 중간의 어구는 재고하지 않을 수 없다. 기적은 예수님의 신성을 입증하는데, 무리는 예수님을 하나님의 권세를 받은 '사람'이라 부른다. 역사적으로 말해서, 무지한 무리가 즉시 옳은 결론을 끌어내리라 기대할 수는 없다. 그러나 문학적-신학적 시각에서 마태복음 전체를 읽을 때, 무리와 서기관들은 예수님의 '권세'만이 아니라 그분의 '신성'을 인식해야 했다. 슬프게도 무리는 절대 그들의 호의적이지만 얄팍한 성향을 뛰어넘지 못한다(마 9:33-34; 27:15-23). 그리고 종교 지도자들처럼 서기관의 비난받을 만한 침묵은 의심, 적대감, 살인으로 발전할 것이다(12:38; 15:1-2; 20:18-19; 21:15-16; 27:41-43).

147 Doriani, *Getting the Message*, 64-69.

응답

그리스도인 지도자들에게 이 내러티브는 너무 익숙해서 극적인 사건으로 보이지 않는다. 그러나 교사들은 상상력을 가지고 성경 내러티브에 다시 들어갈 필요가 있다. 그러면 예수님이 "일어나 네 침상을 가지고"라고 말씀하실 때의 극적인 긴장을 감지할 수 있을 것이다. 그 남자가 일어나면, 예수님이 하나님이고 죄를 사하는 권세를 가지신 것이기 때문이다. 그렇지 않으면, 그분은 정말로 신성모독자다. 중풍병자가 일어나 집으로 갈 때, 예수님의 신성이 확증되고, 이에 대한 몇 가지 반응이 가능하다.

첫째, 이 단락은 예수님이 사랑과 믿음과 예배의 대상이 될 만한 분임을 드러낸다. 그분은 우리의 믿음을 보고 그로 인해 움직여 행동하신다. 예수님은 사람들에게 그들이 원하는 것(병 고침)을 주지만, 먼저 그들에게 필요한 것(죄 사함)을 주신다. 그러나 야고보서 5:13-16이 나타내듯이 그 둘은 묶여 있다.

둘째, 예수님은 먼저 죄를 사하고 그 다음 병을 고치신다. 사람들이 죄 사함을 구하는 것이 꼭 필요하기 때문이다. 믿음으로 죄 사함을 구할 때, 예수님은 죄를 사하시고 그들을 아들로 삼아주시고('기운을 내라, 내 아들아', 마 9:2) 생명을 주신다. 중풍병자의 병을 고친 사건은 자녀의 죄를 사하시고, 그들을 의롭다 하시고, 영광스럽게 하시는 그분의 권세를 공개적으로 드러내는 것이다.

셋째, 이 이야기는 하나님의 대행자들이 눈에 띄면, 특히 거짓되게 스스로를 하나님의 대행자로 믿는 사람들과 구별되어 눈에 띄면 반대에 맞닥뜨릴 것임을 암시한다. 서기관들은 회개하고 믿었어야 했다. 혹은, 회개와 믿음에 이르는 것이 과정일 수 있으므로, 믿음에 가까워지기 시작할 만큼 자신을 의심했어야 했다. 이는 기독교의 왜곡을 포함한 거짓 종교가 그리스도와 그분 백성의 엄청난 적임을 상기시킨다. 오늘날의 회의주의자는 대부분의 면에서 그 서기관들과 거리가 멀지만, 모든 사람이 예수님의 신성과 권세와 은혜의 증거에 마음을 열어야 하며, 모두가 회개하고 믿어야 한다.

9 예수께서 그곳을 떠나 지나가시다가 마태라 하는 사람이 세관에 앉
아 있는 것을 보시고 이르시되 나를 따르라 하시니 일어나 따르니라
9 As Jesus passed on from there, he saw a man called Matthew sitting
at the tax booth, and he said to him, "Follow me." And he rose and
followed him.

10 예수께서 마태의 집에서 [1)]앉아 음식을 잡수실 때에 많은 세리와 죄
인들이 와서 예수와 그의 제자들과 함께 [1)]앉았더니 11 바리새인들이
보고 그의 제자들에게 이르되 어찌하여 너희 선생은 세리와 죄인들과
함께 잡수시느냐 12 예수께서 들으시고 이르시되 건강한 자에게는 의
사가 쓸 데 없고 병든 자에게라야 쓸 데 있느니라 13 너희는 가서 내가
긍휼을 원하고 제사를 원하지 아니하노라 하신 뜻이 무엇인지 배우라
나는 의인을 부르러 온 것이 아니요 죄인을 부르러 왔노라 하시니라
10 And as Jesus[1] reclined at table in the house, behold, many tax
collectors and sinners came and were reclining with Jesus and his
disciples. 11 And when the Pharisees saw this, they said to his disciples,

"Why does your teacher eat with tax collectors and sinners?" 12 But
when he heard it, he said, "Those who are well have no need of a
physician, but those who are sick. 13 Go and learn what this means: 'I
desire mercy, and not sacrifice.' For I came not to call the righteous, but
sinners."

14 그때에 요한의 제자들이 예수께 나아와 이르되 우리와 바리새인
들은 금식하는데 어찌하여 당신의 제자들은 금식하지 아니하나이까
15 예수께서 그들에게 이르시되 혼인집 손님들이 신랑과 함께 있을
동안에 슬퍼할 수 있느냐 그러나 신랑을 빼앗길 날이 이르리니 그때
에는 금식할 것이니라 16 생베 조각을 낡은 옷에 붙이는 자가 없나니
이는 기운 것이 그 옷을 당기어 해어짐이 더하게 됨이요 17 새 포도주
를 낡은 가죽 부대에 넣지 아니하나니 그렇게 하면 부대가 터져 포도
주도 쏟아지고 부대도 버리게 됨이라 새 포도주는 새 부대에 넣어야
둘이 다 보전되느니라

14 Then the disciples of John came to him, saying, "Why do we and
the Pharisees fast,[2] but your disciples do not fast?" 15 And Jesus said
to them, "Can the wedding guests mourn as long as the bridegroom is
with them? The days will come when the bridegroom is taken away
from them, and then they will fast. 16 No one puts a piece of unshrunk
cloth on an old garment, for the patch tears away from the garment, and
a worse tear is made. 17 Neither is new wine put into old wineskins. If
it is, the skins burst and the wine is spilled and the skins are destroyed.
But new wine is put into fresh wineskins, and so both are preserved."

1) 헬, 기대어 누우려니와(유대인이 음식 먹을 때에 가지는 자세)

1 Greek *he* *2* Some manuscripts add *much*, or *often*

단락 개관

마태를 부르시는 장면은 예수님이 주도권을 쥔다는 점에서 다른 열두 제자를 부르시는 장면과 비슷하다(마 4:18-22; 10:1-4). 하지만 마태복음에 나오는 다른 부르심들과 달리 마태는 홀로 부르심을 받고, 사회적으로 따돌림 당하는 신분이며, 동료들을 예수님께로 데려옴으로써 즉시 제자처럼 행동한다는 점에서 차이가 있다. 이 기사는 9:12-13에 나오는 계획된 삼중 선언 때문에 주목할 만하다. 그것은 예수님이 병든 자를 고치기 위해, 긍휼을 베풀기 위해, 죄인을 부르기 위해 오셨다는 것이다.

세 공관복음 모두 중풍병자를 고친 직후이자 금식에 관한 질문 이전에 마태를 부르신 이야기를 배치한다. 이 세 내러티브는 예수님의 사역에 대한 다양한 반응을 제시한다. 중풍병자는 믿음이 있고, 서기관들은 믿음이 없고, 세리는 믿음이 있다. 나아가 요한의 제자들이 진실한 질문을 가지고 와서 솔직한 답변을 얻는데(9:14-17; 11:2-6), 이는 잘못 이해했거나 진실하지 못한 질문을 던지는 서기관이나 바리새인들과 비교된다(12:9–14; 15:1–9; 16:1–4). 예수님은 그들에게 간접적으로 대답하거나 대답하지 않으신다(15:3–9; 16:2–4).

단락 개요

Ⅳ. 예수님의 권위 아래서 그 나라가 성장하다(8:1–11:1)
  A. 표적과 대화(8:1–9:38)
    8. 마태를 부르고 죄인들과 함께 잡수시다(9:9–13)
    9. 금식할 시간이 없음(9:14–17)

마태를 부르시는 장면은 담화 이야기다. 이는 갑작스럽게 마태를 부르시고 그가 즉각적으로 반응하는 모습으로 시작한다. 그는 자기 자리를 떠나 예수님을 따르고 예수님과 자기 동료들을 위해 잔치를 연다. 마태는 죄인들의 잔치와 성도의 금식을 연결시킨다. 바리새인과 요한의 제자들은 금식하는데 왜 예수님은 금식하지 않으시는가? 이에 대해 예수님은 신랑이 있는 동안 혼인 잔치에서 마음껏 먹는지 그렇지 않은지 질문하면서 반박하신다. 지금은 아니지만 이제 곧 금식할 때가 올 것이다.

주석

9:9-13 예수님은 중풍병자에게서 떠난 후(1-8절), 마태라는 세리를 만날 수 있는 길로 가신다. 원문의 "마태라 하는"은, 마치 마태가 그 이야기에서 자기 이름을 생략하는 쪽으로 반쯤 기울어 있는 듯이 그 문장에 덧붙어 있다. (마가복음과 누가복음의 병행 본문은 그를 레위라 부르므로, 그는 성경에서 2개의 이름을 가진 사람 중 하나다.) 마태는 아마 수리아와 애굽으로 연결되는 주요 도로나 갈릴리 바다 언저리를 지나는 물품들에 대한 세금을 징수했을 것이다. 세리는 현대 서구 나라들의 국세청 직원과 차이가 있다. 그들은 로마 점령군의 대리인이었으므로 한편으로 반역자였다. 그들에게는 세금을 부과하는 물품의 가치를 (과대)평가하는 권력이 있었기 때문에 상대적으로 부유했다. 그들은 부유한 협력자이자 이방인들과 정기적으로 접촉했기 때문에, 이스라엘에서는 버림받은 부류에 속했다.

예수님과 마태 둘 다 가버나움 출신이었으므로 마태는 예수님을 알았을 것이다. 그러므로 그 부르심은 보이는 것만큼 갑작스럽지는 않다. 하지만 예수님이 "나를 따르라"라고 말씀하실 때 마태는 즉시 일어나 따른다. 따르라는 명령은 계속되는 행동을 요구하는 현재 시제이므로, 마태의 행동은 결정적이며 영구적이다. 누가복음 5:28은 마태가 암시한 바를 말한다. 그는 "모든 것" 즉 그의 재산, 그의 일, 그의 동료를 놓아두고 일어나 예수님을 따랐다.

마태는 예수님과 함께 움직이는 제자이자 사도의 삶을 시작했지만, 동료들을 버리지는 않는다. 마태복음 9:10은 예수님이 "많은 세리와 죄인들"과 함께 "집에서" 식사하시는 모습을 기록하고, 마가복음 2:15과 누가복음 5:29은 마태/레위가 '자기' 집에서 잔치를 열었다고 자세히 기록한다[개역개정은 "마태의 집"(마 9:10)이라고 되어 있음-옮긴이 주]. 당시 문화에서 식탁에 비스듬히 기대는 것은 수용과 깊은 우정의 표시였다. 그 식사는 예수님, 마태의 친구들 그리고 다른 "죄인들"을 불러 모았다. 바리새인들에게 "죄인들"은 평판이 좋지 않은 일을 하는 부정한 사람들이었다. 그러므로 함께 하는 식사는 예수님이 그들을 받아들이시는 은혜의 강력한 표지지만, 그 때문에 바리새인들은 제자들에게 왜 그분이 "세리와 죄인들과 함께 잡수시느냐"(마 9:11)라고 묻는다.[148] 우리는 마태복음 전체를 읽으면서 예수님이 죄인들과 함께 드시는 것을 보게 되는데, 그것은 예수님이 죄인들이 있는 곳에 '머물기'를 바라지는 않지만 그들이 있는 곳에서 그들을 '받아주시기' 때문이다. 만남, 회개, 믿음이 도덕적 변화에 대한 요청에 앞선다. 예수님은 계속 그분의 기준을 설명하며 사람들을 자신에게로 부르시지만, 구원의 논리에서는 하나님의 사랑 선언이 율법 선언문보다 앞선다.

예수님은 그들의 질문을 듣고 세 가지로 답하신다.

첫째, 예수님은 "건강한 자에게는 의사가 쓸 데 없고 병든 자에게라야 쓸 데 있[다]"(12절)라고 말씀하신다. 예수님은 이스라엘이 그분을 영적 의사로 보기를 요구하신다. 전형적인 의사와는 달리 그분은 자신에게 나아오는 병든 자를 받아줄 뿐 아니라 죄인들이 있는 곳에서 그들을 부르기도 하신다. 예수님은 "건강한 자"[호이 이스퀴온테스(*hoi ischyontes*), 12절]라고 말씀할 때, 그리고 뒤에서 "의인"(13절)이라고 말씀할 때, 바리새인들에게 하나님께서 그들을 보시는 대로가 아니라 그들이 그들 자신을 보는 대로 말

148 "잡수시다"[에스티에이(*esthiei*)]라는 동사는 현재 시제로, 그들이 이를 일회성이나 우연한 사건이 아니라 예수님의 의도적인 태도로 본다는 것을 암시한다.

씀하신다. 어떤 면에서 예수님이 뜻하는 바는, 죄인들은 그분을 필요로 하기 때문에 그들과 시간을 보내시지만, 바리새인들은 그들의 생각에 따르면 그렇지 않다는 것이다. 그러나 만약 바리새인들이 상습적으로 예수님을 반대하고 비판한다면, 그들이 건강하거나 '의'로운가? 예수님은 바울이 말하듯, 의인은 하나도 없음(롬 3:10)을 아신다. 그래서 예수님은 의인을 위해 오시지 않았다. 죄인들만 있기 때문이다. 예수님은 병든 자를 위해 와서 그들의 의사로서 모두가 그분을 보도록 초청하셨다. 때때로 전형적인 의사처럼 사람들이 자신에게로 오기를 기다렸지만, 집과 거리에서 그들에게 다가가기도 하셨다.

둘째, 예수님은 "내가 긍휼을 원하고 제사를 원하지 아니하노라"(13a절)라고 말씀하신다. 여기서 "제사"는 "하나님의 계명에 대한 엄격한 순종"을 나타낸다.[149] 바리새인들은 순종이 긍휼보다 더 중요하다고 믿는 이들을 대표한다. 그러나 하나님은 죄인들과 언약을 맺으셨으므로 긍휼이 우선한다.

그래서 예수님은 세 번째로 "나는 의인을 부르러 온 것이 아니요 죄인을 부르러 왔노라"(13b절)라고 말씀하신다. 이는 예수님의 성육신과 사역의 목적에 대한 주요한 선언이다(참고. 5:17; 20:28; 눅 19:10; 딤전 1:15). 그분은 죄인들을 자신에게로 부르기 위해 오셨다.

9:14-17 마태는 잔치에 관한 질문에서 금식에 관한 질문으로 옮겨간다. 요한의 제자들이 왜 예수님의 제자들은 금식하지 않느냐고 질문한다(14절). 질문은 도전적이지만 분위기는 다르다. 예수님과 요한이 협력자이기 때문이다. 금식은 율법을 준수하는 유대인들 사이에서 경건과 헌신의 표지였고, 신구약 중간기 문헌은 금식을 고통 혹은 애도와 연결시킨다(마카베오1서 3:47; 마카베오2서 13:12; 유딧 8:6). 그러나 예수님은 그분의 시대를 혼인 잔치, 즉 축하해야 할 시간에 비유하신다. 신랑이신 예수님이 계시는 혼인

149 Hagner, *Matthew*, 1:239.

잔치에서 금식하는 사람은 없지 않은가?(참고. 요 3:29).[150] 그러나 곧 신랑을 "빼앗길" 것이므로 그때 그분의 제자들이 "금식할 것이[다]"(마 9:15). 이는 예수님의 운명에 관한 이른 암시다. 증거는 이미 나타나고 있다. 요한은 옥에 갇혔고, 유대 지도자들은 예수님께 등을 돌리기 시작했다. 예수님이 죽으실 때, 이후 제자들이 사명을 받고 사역을 시작할 때(행 9:3-9; 13:2-3), 그때가 금식할 때다.

예수님은 옷을 깁고 포도주 가죽 부대를 깁는 가난한 이들에게서 끌어온 소박한 실례들로 마무리하신다. 주님은 낡은 옷에 새 옷감을 덧대는 것은 어리석다고 말씀하신다. 그렇게 하면 천이 찢어질 것이다. 또 아직 발효 중인 새 포도주를 터질 것 같은 낡은 가죽 부대에 넣지도 않는다. 새 언약이라는 새 포도주는 새 그릇에 넣어야 마땅하다(17절). 옛 형식과 습관은 예수님이 가져오시는 은혜와 기쁨의 나라를 담을 수 없다. 따라서 금식은 그 중요성이 약해질 수 있다.

응답

9:9-13에서 예수님은 그분 사역의 표지인, 받아들이는 사랑과 변화시키는 사랑이 결합된 실례를 보여주신다. 예수님은 마태가 세리일 때 그를 불러 사랑하시고 그는 예수님의 제자가 된다. 예수님은 죄인을 받아들인 다음 그 죄인을 변화시키신다. 예수님의 본은 모든 친밀한 관계의 지침서다.

변화시키는 사랑이 진정한 사랑이다. 변화시키는 사랑은 사랑하는 사람이 그 자신을 위해 최고의 모습이 되기를 원한다. 그러나 변화시키는 사랑이 건강하게 유지되기 위해서는 받아들이는 사랑이 필요하다. "변화시키는 사랑이 없는 받아들이는 사랑은 방종으로 빠지고 결국 방치한다. 받아

150 "…사람은 없지 않은가?"는 헬라어 표현을 반영한 것이다. 이는 "없다"라는 대답을 예상한다.

들이는 사랑이 없는 변화시키는 사랑은 조르고 결국 거부한다."[151] 변화시키는 사랑은 당당하게 사람들이 자신의 기준을 충족시켜야 한다고 주장할 수 있다. 그러나 계속 개선을 요구하면서 절대 받아들이지 않는 사랑은 건강하지 못하다.

예수님은 마태를 부르고 세리이자 협력자인 그의 친구들과 함께 식사하며, 받아들이는 사랑과 변화시키는 사랑의 실례를 보여주신다. 동시에 "나를 따르라"라고 요청하시고, 마태는 자신의 옛 삶을 떠난다. 예수님은 죄인들이 있는 곳에서 그들을 사랑하지만, 그곳에 내버려두지는 않으신다.

우리 가정 역시 두 종류의 사랑이 모두 필요하다. "변화시키는 사랑이 없는 받아들이는 사랑은 방종이며 방치로 이어진다." 그것은 사랑하는 사람을 성숙으로 이끄는 수고를 하지 않는다. 반면 받아들이는 사랑 없는 변화시키는 사랑은 비판적이며 결점에 초점을 맞춘다.[152]

이 단락은 또한 그분 백성의 사랑을 키우고 열망을 일깨우는 그리스도에 대한 멋진 이미지를 보여준다. 예수님은 병든 자에게 의사가 되시고, 잃어버린 자를 찾으시고, 긍휼을 사랑하시며, 그 존재로 축하 행사를 요구하시는 신랑이다.

151 '받아들이는 사랑'과 '변화시키는 사랑'이라는 표현은 William F. May, quoted in Michael Sandel, *The Case against Perfection: Ethics in the Age of Genetic Engineering* (Cambridge, MA: Belknap Press of Harvard University Press, 2007), 50에서 나온 것이다.

152 Sandel, *The Case against Perfection*, 58. Sandel은 Nathaniel Hawthorne의 이야기 "반점"(The Birth Mark)에 대한 William May의 논평을 인용한다.

9장

18 예수께서 이 말씀을 하실 때에 한 관리가 와서 절하며 이르되 내 딸
이 방금 죽었사오나 오셔서 그 몸에 손을 얹어주소서 그러면 살아나
겠나이다 하니 19 예수께서 일어나 따라가시매 제자들도 가더니 20 열
두 해 동안이나 혈루증으로 앓는 여자가 예수의 뒤로 와서 그 겉옷 가
를 만지니 21 이는 제 마음에 그 겉옷만 만져도 구원을 받겠다 함이라
22 예수께서 돌이켜 그를 보시며 이르시되 딸아 안심하라 네 믿음이
너를 구원하였다 하시니 여자가 그 즉시 구원을 받으니라 23 예수께서
그 관리의 집에 가사 피리 부는 자들과 떠드는 무리를 보시고 24 이르
시되 물러가라 이 소녀가 죽은 것이 아니라 잔다 하시니 그들이 비웃
더라 25 무리를 내보낸 후에 예수께서 들어가사 소녀의 손을 잡으시매
일어나는지라 26 그 소문이 그 온 땅에 퍼지더라

18 While he was saying these things to them, behold, a ruler came in
and knelt before him, saying, "My daughter has just died, but come and
lay your hand on her, and she will live." 19 And Jesus rose and followed
him, with his disciples. 20 And behold, a woman who had suffered from
a discharge of blood for twelve years came up behind him and touched

the fringe of his garment, 21 for she said to herself, "If I only touch his
garment, I will be made well." 22 Jesus turned, and seeing her he said,
"Take heart, daughter; your faith has made you well." And instantly[1]
the woman was made well. 23 And when Jesus came to the ruler's
house and saw the flute players and the crowd making a commotion,
24 he said, "Go away, for the girl is not dead but sleeping." And they
laughed at him. 25 But when the crowd had been put outside, he went
in and took her by the hand, and the girl arose. 26 And the report of this
went through all that district.

27 예수께서 거기에서 떠나가실새 두 맹인이 따라오며 소리 질러 이
르되 다윗의 자손이여 우리를 불쌍히 여기소서 하더니 28 예수께서 집
에 들어가시매 맹인들이 그에게 나아오거늘 예수께서 이르시되 내가
능히 이 일 할 줄을 믿느냐 대답하되 주여 그러하오이다 하니 29 이에
예수께서 그들의 눈을 만지시며 이르시되 너희 믿음대로 되라 하시니
30 그 눈들이 밝아진지라 예수께서 엄히 경고하시되 삼가 아무에게도
알리지 말라 하셨으나 31 그들이 나가서 예수의 소문을 그 온 땅에 퍼
뜨리니라
27 And as Jesus passed on from there, two blind men followed him,
crying aloud, "Have mercy on us, Son of David." 28 When he entered
the house, the blind men came to him, and Jesus said to them, "Do
you believe that I am able to do this?" They said to him, "Yes, Lord."
29 Then he touched their eyes, saying, "According to your faith be it
done to you." 30 And their eyes were opened. And Jesus sternly warned
them, "See that no one knows about it." 31 But they went away and
spread his fame through all that district.

32 그들이 나갈 때에 귀신 들려 말 못 하는 사람을 예수께 데려오니
33 귀신이 쫓겨나고 말 못 하는 사람이 말하거늘 무리가 놀랍게 여겨
이르되 이스라엘 가운데서 이런 일을 본 적이 없다 하되 34 바리새인
들은 이르되 그가 귀신의 왕을 의지하여 귀신을 쫓아낸다 하더라

32 As they were going away, behold, a demon-oppressed man who was
mute was brought to him. 33 And when the demon had been cast out,
the mute man spoke. And the crowds marveled, saying, "Never was
anything like this seen in Israel." 34 But the Pharisees said, "He casts
out demons by the prince of demons."

9장

35 예수께서 모든 도시와 마을에 두루 다니사 그들의 회당에서 가르
치시며 [1]천국 복음을 전파하시며 모든 병과 모든 약한 것을 고치시니
라 36 무리를 보시고 불쌍히 여기시니 이는 그들이 목자 없는 양과 같
이 고생하며 기진함이라 37 이에 제자들에게 이르시되 추수할 것은 많
되 일꾼이 적으니 38 그러므로 추수하는 주인에게 청하여 추수할 일꾼
들을 보내 주소서 하라 하시니라

35 And Jesus went throughout all the cities and villages, teaching in
their synagogues and proclaiming the gospel of the kingdom and
healing every disease and every affliction. 36 When he saw the crowds,
he had compassion for them, because they were harassed and helpless,
like sheep without a shepherd. 37 Then he said to his disciples, "The
harvest is plentiful, but the laborers are few; 38 therefore pray earnestly
to the Lord of the harvest to send out laborers into his harvest."

1) 헬, 그 나라의 복음을

1 Greek from that hour

단락 개관

마태복음 9:18-38은 절망적인 상황에서도 나타나는 예수님의 '능력'과 다양한 탄원자들을 향한 예수님의 '자비'를 강조하는 기사를 보여준다. 이곳에서 마태는 예수님에게 병 고침을 받겠다고 놀라운 결심을 한 인물들을 개략적으로 알려준다. 마태는 관리와 말 못 하는 사람의 영적 상태는 말하지 않지만, 혈루증을 앓는 여자와 맹인들의 믿음은 강조한다. 고단한 삶으로 녹초가 된 그 여자는 예수님의 특별한 축복을 듣는다. 예수님은 아주 열심히 그분을 따라온 두 맹인에게 자신의 믿음을 고백할 기회를 주신다. 이것이 마태복음의 핵심 주제다.

단락 개요

Ⅳ. 예수님의 권위 아래서 그 나라가 성장하다(8:1-11:1)
- A. 표적과 대화(8:1-9:38)
  - 10. 죽은 소녀를 일으키고 아픈 여자를 고치시다(9:18-26)
  - 11. 맹인을 고치시다(9:27-31)
  - 12. 말 못 하는 사람에게서 귀신을 쫓아내시다(9:32-34)
  - 13. 정황: 일꾼이 필요함(9:35-38)

마태복음 9:18-34은 세 번째 기적들을 제시한다. 수혜자는 남성과 여성, 부자와 가난한 자다. 그들은 홀로 혹은 짝을 지어, 또 확신하거나 절망하며 나아온다. 어떤 사람은 예수님을 가로막고(18절), 또 어떤 사람은 예수님께 몰래 다가간다(20절). 두 사람은 그분을 따라가고(27-28절), 또 다른 사람은 그분께로 끌려온다(32절). 예수님은 이들에게 베푼 기적들을 통해 새로운 영역에서, 즉 죽은 자, 만성 질환자, 맹인, 말 못 하는 자를 위해 능력을 행사하신다.

그 순환은 2개의 요약문으로 끝난다. 9:35은 4:23에서 거의 동일한 진술로 시작한 긴 단락을 마무리한다. "예수께서 [이스라엘을] 두루 다니사 그들의 회당에서 가르치시며 천국 복음을 전파하시며 모든 병…을 고치시니라." 이 수미상관(inclusio)은 5-7장의 가르치고 선포하는 사역과 8-9장의 병 고침 사역을 통합시킨다. 이렇듯 예수님의 말씀과 사역은 서로를 입증하고 보완한다. 그분은 제자들에게든 귀신에게든 창조 질서에게든 권위 있게 말씀하고 행하신다. 4:23-9:35은 분명 사본상 한 단위지만, 9:35-38은 5-9장과 10-12장을 연결시키기도 한다. 따라서 9:35-38은 5-9장을 마무리 짓고 10장을 소개하는 경첩 같은 본문이다.

9장

주석

9:18-26 첫 두 기적은 서로 얽혀 있고 유사성과 함께 대조되는 것들도 보여준다. 이 이야기는 세 공관복음에 다 나오는데, 마가와 누가의 기사가 훨씬 길고, 마태의 기사에는 다수의 세부 내용이 빠져 있다. 각 기사들 사이의 한 가지 차이에 대해서는 언급이 필요하다. 마가복음과 누가복음에서 그 소녀는 아버지가 예수님께 도착했을 때 거의 죽기 직전이었다. 예수님과 아버지가 집으로 가고 있을 때 소녀가 죽었다는 소식이 들린다(막 5:23, 35; 눅 8:42, 49). 마태복음에서는 아버지가 예수님께 와서 그 딸이 "방금 죽었[다]"고 말한다. 각 복음서는 예수님이 그 소녀에게 이르셨을 때 그 소녀가 죽어 있었다는 주요한 사실에서는 의견이 일치한다. 우리는 마태의 보고가 거의 변함없이 가장 짧다는 것을 언급했다. 그는 세부 사항들을 생략하고, 사건들을 단축하고, 중재인들의 역할을 생략한다(참고. 마 8:5-8; 눅 7:1-6). 그것이 마태의 방식이다.[153]

한 이야기를 다른 이야기에 끼워 넣을 때('삽입'이라 불림), 그 둘은 서로를 설명한다(참고. 막 3:20-35; 5:21-43; 11:12-25). 이곳에서 마태는 두 가지 심각한 사례를 묘사한다. 한 소녀가 죽었고, 한 여인은 12년 동안 혈루증을 앓고 있다. 여인의 병을 고치는 일이 벅차 보인다면, 소녀의 소생은 불가능하다. 따라서 그 여인의 치유는 소녀에게 희망을 준다.

마태복음 9:18은 예수님이 말씀하실 때 "한 관리"가 와서 예수님 앞에서 존경심을 표하며 무릎 꿇는 모습을 묘사한다. 주제로 볼 때, 이는 바리새인들이 예수님이 죄인들과 함께 식사하시는 것을 반대했던 10-13절과 연결된다. 예수님께는 죄인들과 함께 식사하시는 것이 일종의 방침이었고, 더욱이 '죄인'에 대한 '그분의' 정의로 볼 때 그분은 '매' 끼니마다 죄인들과 드셨다. 그분은 바리새인들에게 "내가 긍휼을 원하고 제사를 원치 아니하노라"라는 말의 뜻을 "가서…배우라"고 하셨다(13절). 그런 다음 율법이 부정하다고 여기고, 그분의 관심을 받을 만하지 않은 여자들에게 긍휼을 베푸신다.

회당장(막 5:22; 눅 8:41)이 예수님께 도움을 구한다는 것은 놀라운 일이다. 그러나 그의 상황은 절망적이고, 이스라엘의 지도층이 한마음으로 예수님에게 적대적인 것은 아니며, 예수님은 잘 알려진 치유자였다. 마가복음 5:42은 그 소녀가 열두 살이라고 언급한다. 당시는 아이의 거의 절반이 성인이 되기 전에 죽었지만, 죽음의 아픔은 어느 시대든 마찬가지다. 딸이 방금 죽었음에도 아버지는 예수님께 간청하고 그분은 응답하신다. 제자들은 증인으로서 함께한다.

만성 혈루증을 앓는 여인이 그 여정을 가로막는다. 계속 피를 흘리는 그녀는 의식적으로 부정하다. 그녀는 평범한 가정생활이나 사회관계나 공예배를 누릴 수 없었다. 이 여인과의 접촉은 다른 사람까지 부정하게 만들기

153 작가와 강연자는 간혹 공간의 제한 때문에 압축을 하게 된다. 만약 두 사람이 부상을 입은 사람을 안전한 곳으로 데려오면, 기사는 주된 운반인만 언급할 수 있다. 다섯 사람의 배심원이 동일한 말을 하면, 보고서는 공정하게 "배심원이 결론짓기를…"이라고 말할 수 있다. 그 결론을 몇몇 발표자들로부터 이끌어내지만 누구도 인용하지 않으면서 말이다.

때문이다(레 15:25-28). 때문에 그녀는 "예수의 뒤로 와서 그 겉옷 가를 만지니 이는 제 마음에 그 겉옷만 만져도 구원을 받겠다 함이라"(마 9:20-21). 여인의 믿음은 필사적이며 혼란스러워 보인다. 지금까지 회복을 위해 온갖 수단과 방법을 다 썼지만 더 가난해졌을 뿐이다(막 5:25-26; 눅 8:43). 그녀는 자신이 손을 대는 모든 사람을 (의식적으로) 오염시킬 것을 알면서도, 절박함에 군중을 헤치고 예수님께 손을 댄다. 또한 예수님께 능력이 있으므로 그분의 뜻이나 어떤 관계를 떠나서 그분의 옷을 만지는 것만으로 병이 나을 것이라는 미신적인 생각을 품은 듯 보인다.[154] "겉옷 가"[크라스페돈(*kraspedon*), 20절]라는 단어는 인상적이다. 그것은 예수님 겉옷의 끝 부분을 의미할 수도 있지만, 아마도 유대인들이 민수기 15:38-41에 따라 율법을 준수할 것을 상기시키기 위해 옷자락 끝에 단 술을 나타낼 것이다. 만약 그렇다면, 우리는 예수님이 정결법을 따르신다는 것과 함께, 그 여인이 예수님의 축복을 받기 위해 기꺼이 그것을 무시한다는 것을 알 수 있다.

여인의 행동은 예수님의 안락함을 무시하는 것으로 이해될 수 있었지만, 마태는 그녀의 접촉을 감지하고 돌이킨 예수님이 긍휼을 베풀며 "딸아 안심하라 네 믿음이 너를 구원하였다"(22절)라고 말씀하신다고 전한다. 예수님은 자비롭게도 그녀의 접촉을 믿음의 표지로 판단하신다. 그리고 격려하신다. "안심하라." 이후 사회로 복원시키고, "딸"이라 부르며 가족에게로 가게 하신다. 여자의 믿음이 "[그녀를] 구원하였다"라고 '선언하며' 그 믿음을 칭찬한 다음, 그녀를 '낫게 하신다.' 이는 보통 '구원하다'로 번역되는 소조라는 동사를 번역한 것이다. 이 동사는 영어의 '구원하다'(save)와 어휘적 범주가 유사하다. 이는 영혼을 영원히 구원하는 것이나 물리적 구조로 구원하는 것을 의미할 수 있다(마 8:25; 14:30; 막 6:56; 눅 17:19). 영어에서도 헬라어에서도, "주께서 내가 열여덟 살 때 나를 구원하셨다"라거나 "안전요원이 그 아이의 생명을 구원했다"라고 말할 수 있다. 두 언어에서 모두

154 겉옷 자락을 붙잡는 것은 열렬한 간청의 표지일 수 있었지만(삼상 15:27), 그녀는 그 자신을 숨기려 하고 있으므로 이곳에서는 그런 의미는 아닐 것 같다.

예수님은 영생을 주심으로써, 그리고 병에서 낫게 하심으로써 구원하신다(소조). 신체적인 치유가 그녀의 목표이고 예수님은 그 병을 고치시지만, 마태는 예수님이 그 이상을 하신다고 암시한다. 믿음이라는 수단을 통해 예수님은 영원한 구원도 주신다.

누가복음 8:47은 그 여인이 자기 병의 성격 때문에 숨기기 원했을 것이라고 언급한다. 그러나 예수님은 그녀와 대면하여 이야기하고 싶어 하신다. 여인이 만약 미신적인 생각을 키웠다면, 예수님이 그것을 없애신다. 예수님은 그녀를 자신과 동일시하신다. 사람들이 그녀를 알았다면, 그녀가 건강해졌다는 예수님의 선언은 그녀가 사회로 돌아간다는 신호이기도 하다.

이내 예수님과 그 아버지와 제자들이 소녀의 집에 도착한다. 마태는 단 몇 마디로 그 정황을 전달한다. 피리를 부는 자들과 통곡하는 이들을 포함한 직업적인 애도자들이 이미 와 있었다. 가난한 가정은 한두 명의 유급 통곡자를 두었겠지만, 시끄러운 무리가 예수님을 만난다(23절).

예수님은 그 공간을 정리하고 모두 몰아내며, 소녀는 죽지 않고 잔다고 말씀하신다. 무리는 조롱하며 웃는다. 그들은 소녀가 죽은 사실을 안다. 성경에서 잠은 죽음에 대한 흔한 완곡어법이다(왕상 1:21; 요 11:11; 고전 15:6, 18). 이 부분에서 그것은 적절해 보인다. 예수님이 곧 그 소녀를 일으키실 것이기 때문이다. 마가는 예수님이 5명의 증인을 데리고 소녀에게 가서 손을 잡고 이름을 부른 후 일으켜 세우시니 소녀가 걷기 시작했다고 언급한다. 자세하지는 않지만, 마태의 기사는 여전히 죽음에 대한 예수님의 권세와 소녀에 대한 그분의 다정함을 이야기한다. 예수님이 "들어가사 소녀의 손을 잡으시매" 소녀가 일어난다(25절).

예수님께는 죽은 자를 일으키는 일이 자는 사람을 깨우는 것보다 더 어렵지 않다. 그럼에도 이는 흔한 일이 아니며, 그 일은 널리 알려진다(26절). 아주 드물게 예언자들도 죽은 자를 살렸지만(왕상 17:17-24; 왕하 4:17-37), 그들은 기도로, 쉽지 않게 그렇게 했다. 이에 반해 예수님은 이곳에서 기도하지 않으신다. 손을 대고 말씀하시고 끝이었다. 최소한 예수님의 독특한 권세, 능력, 긍휼이 두 여자에게 작동한다. 한 여자는 어리고 한 여자는 성인이며, 한 여자는 가난하고 한 여자는 부유하게 태어났지만, 예수님은 즉시 각각의 여자를 고쳐주신다.

9:27-31 맹인을 고치시는 경우는 예수님의 기적 중 가장 흔하지만, 성경에서 맹인을 고친 사람은 아무도 없다.[155] 성경은 '하나님께서' 맹인의 눈을 뜨게 하신다고 말한다. 출애굽기 4:11은 누가 보게 하거나 못 보게 하느냐고 묻는다. "나 여호와가 아니냐." 시편 146:8은 "여호와께서 맹인들의 눈을 여시며"라고 선언한다. 맹인을 고치는 것은 메시아의 일이기도 하다. 이사야 42:7에 따르면, 하나님의 종이 "눈 먼 자들의 눈을 밝[힐]" 것이다. 고대에는 사람들이 맹인의 눈을 뜨게 하는 것을 위대한 치료라고 여겼다.[156] 따라서 못 보던 사람이 보게 되는 것은 예수님이 메시아이심을 암시하는 최고의 사역이다.

9장

어느 날 예수님이 길을 따라 걸으시는데, 두 맹인이 따라오며 그들을 불쌍히 여겨달라고 외치기 시작한다. 예수님과 함께 걷는 것이 맹인들에게는 간단한 일이 아니었고, 예수님을 "다윗의 자손이여"라고 부르는 것으로 보아, 그들은 제자가 되려는 것처럼 보인다(27절, 참고. 8:18-22). 그들은 "다윗의 자손"이라는 호칭이 무리를 흥분시킨 길을 떠나, 예수님을 따라 "집"(아마도 그분이 머무셨던 집)으로 들어간다. 그때 예수님이 그들에게 질문하신다. "내가 능히 이 일 할 줄을 믿느냐." 그 질문은 그들이 믿음을 고백하도록 허락하고, 그들은 그렇게 한다. "주여 그러하오이다"(28절). 예수님은 네 번째로(참고. 8:3, 15; 9:25, 29) 만지며 병을 고쳐주신다.

"너희 믿음대로"(29절)는 예수님이 그들의 믿음이 허용하는 만큼 고치신다는 의미가 아니다. 오히려 그들이 예수님을 믿었기에 구한 것을 받을 것이다. 그 다음 예수님은 한 가지를 요구하신다. "아무에게도 알리지 말라."

155 행 9:10-19이 가능한 예외지만, 바울의 실명은 일시적이다. 바울은 아나니아가 그에게 안수할 때 고침을 받지만, 고치시는 분은 아나니아가 아니라 하나님이라고 암시한다.

156 Keener, *Matthew*, 306.

아직은 예수님이 누구인지 드러낼 때가 아니지만, 그분의 기적은 너무 많은 주의를 끌었다. 그러나 그들의 순종은 그들의 믿음과 일치하지 않아 모든 사람에게 소문을 퍼뜨린다(31절).

9:32-34 마지막 기적은 또 다른 심각한 장애를 해결하지만, 이 기적은 맹인들을 고치시는 장면과 뚜렷하게 대조된다. 맹인들은 모든 주도권을 쥐고 (주로) 제자처럼 행동한다. 반면 말 못 하는 사람은 "귀신 들려" 있기 때문에(32절) 완전히 수동적이다. 이는 귀신을 쫓아내야 하는 일이다. 근본적인 문제는 귀신이 장악하고 있는 것이고, 말을 못하고 (아마도) 듣지 못하는 것은 그로 인한 결과다.[157] 손을 대는 행동도 없고, 대화도 없고, 이곳에서는 기적 자체가 "유일한 작은 요소"다. 마태의 초점은 반응에 있다.[158] 무리가 놀란다. 서기관들이 가르쳤을 때는 "아무 일도 일어나지 않았지만" 예수님이 말씀하시자 "귀신이 달아나고, 폭풍이 잠잠해지고…죽은 자가 일어났다." 이는 그 나라가 임했음을 증명한다.[159] 그러나 바리새인들은 또 다른 시각을 가지고 있다. 그들은 예수님의 초자연적인 능력을 인정하지만 그 근원에 대해 이의를 제기하며, 귀신의 왕의 능력으로 귀신을 제어한다고 예수님을 비난한다(참고. 12:22-30 주석).

9:35-38 예수님은 세 가지 방식으로 답하신다. 첫째, 예수님은 사탄과 함께 일하지 않으신다. 그분은 그 나라를 선포하고 시작하신다. 그것은 가르침과 병 고침에서 나타난다(35절, 참고. 4:23-25 주석). 둘째, 예수님은 매우 지친 무리를 불쌍히 여기며 행동하신다. 그분은 그들을 어리석은 자들과

157 코포스(*kōphos*)는 분명 많은 경우에 귀가 먹은 것을 가리키고(마 11:5; 막 7:32-37), 듣지 못하는 것과 말을 못하는 것은 흔히 함께 나타난다.

158 R. T. France, *The Gospel according to Matthew: An Introduction and Commentary*, TNTC (Grand Rapids, MI: Eerdmans, 1985), 173.

159 George Eldon Ladd, *The Presence of the Future: The Eschatology of Biblical Realism*, rev. ed. (Grand Rapids, MI: Eerdmans, 1974), 166.

무력한 자들에게 절대적으로 필요한 목자 없는 양에 비유하신다(36절). 그분의 표현은 아주 심각한 상황을 암시한다. "기진함"(helpless)은 립토(*rhiptō*)의 번역으로, '힘없이 누워 있는'을 의미하며, "고생하며"(harassed)는 '괴롭힘을 당한' 혹은 '약탈당한'이라는 뜻의 스퀼로(*skyllō*)를 번역한 것이다. 그 묘사는 에스겔 34:1-16을 암시한다. 이 구절은 이스라엘의 실패한 목자들에게 "화 있을진저"라고 선언하는데, 하나님께서 그들을 심판하실 것이다. 끝에서는 하나님께서 직접 자기 양 떼를 인도한다고 약속하신다. 요한복음 10장은 예수님을 선한 목자라 부르는 반면, 마태복음 9장에서 그분은 목자가 되어야 하는 바리새인들이 비난만 하고 있을 때 목자 팀을 모집하신다(34-38절). 이스라엘의 종교 지도자들은 무리를 보살피는 데 실패하지만, 예수님은 목양하는 제자들을 일으키신다(37-38절).

예수님은 기진한 무리, 풍성한 수확, 일꾼의 부족 등 필요와 기회를 묘사하신다. 그리고 바리새인들을 책망하신다. 그들은 양들을 이끌지 못할 것임을 입증했다. 그러고 나서 주님은 아버지께 추수할 일꾼들을 보내주시길 기도하라고 하신다. 이제 제자들을 보냄으로써 세력을 키울 때가 왔다.

응답

9:18-26의 사건들은 예수님에 대해 두 가지를 밝힌다. 첫째, 우리는 그분의 긍휼과 능력을 모두 본다. 강하면서도 긍휼이 많은 사람은 거의 없다. 강한 사람은 모진 경향이 있고, 약한 사람은 긍휼히 여기는 경향이 있다. 그러나 예수님은 두 가지 모습을 다 보여주기에 믿음과 사랑을 받으실 만한 분이다. 둘째, 그 단락은 예수님의 신성을 암시한다. 그분의 권세로 죽은 소녀를 살릴 때, 주님은 하나님께서 하시는 일을 한다. 영원히 살 수 없는 사람들은 하나님의 은혜를 구하고 그분을 찬양한다. 그런데 예수님은 둘 다 하지 않으신다. 그분이 하나님의 아들이고 바로 하나님이기 때문이다. 이 두 여자를 치유할 때 예수님은 한편으로는 완벽한 능력과 자신감을

보여줌으로써, 그리고 다른 한편으로는 완벽한 긍휼과 인내를 보여줌으로써 모든 사람을 뛰어넘으신다. 분명 그분은 우리가 믿고 본받을 만한 분이다. 또한 그분에게는 죽은 자를 일으키는 능력이 있으므로 우리는 어느 상황에서도 소망을 가질 수 있다. 절망은 신자에게 낯선 것이어야 한다.

예수님이 맹인들을 고치시는 장면 역시 영혼들을 향한 자비와 육체를 치유하는 능력을 보여준다. 그분이 자비를 베풀어 그들을 만짐으로 그들이 보게 된다. 모든 필요를 그분께로 가져가는 것이 옳다. 예수님이 그 백성을 돌보시기 때문이다. 사람들은 위로받기 위해 자신의 슬픔을 가족과 친구들에게로 가져가는데, 마땅히 그럴 만하다. 그러나 신자는 슬픔과 필요를 하나부터 열까지 예수님께로 가져가야 한다.

예수님이 긍휼과 자비를 보이시므로 신자들은 그들이 본 것을 본받아야 한다. 예수님은 하나님의 성품을 정확하게 드러내시며, 하나님은 사람들을 그리스도의 형상으로 다시 만드신다(히 1:3; 엡 4:24). 그러므로 그리스도의 능력을 가진 자는 없지만, 제자는 할 수 있는 대로 그리스도 같은 긍휼과 자비를 실천해야 한다. 어떤 사람들에게는 이것이 쉽고 자연스럽고, 어떤 사람들에게는 도전이다. 그리스도의 본은 예수님의 방식은 물론 그분의 구체적인 도움을 포함할 수 있다. 그분은 귀를 기울이시고, 만지시고, 믿음의 고백을 끌어내시고("내가 능히 이 일 할 줄을 믿느냐", 마 9:28), 축복하신다("딸아 안심하라", 22절). 이것들 역시 제자에게 길을 나타낸다.

18-33절은 믿음의 성격을 묘사하며 믿음의 성장을 격려한다. 혈루증을 앓는 여인의 믿음은 불완전하지만, 예수님은 병을 고치고 그녀를 축복하신다. 맹인들의 믿음은 확고하다. 예수님은 그들로 믿음을 고백하게 하고 고쳐주시지만, 슬프게도 그들의 믿음은 순종으로 이어지지 못한다. 귀신에게 억압당하는 사람의 경우, 친구들이 그를 위해 믿음을 행사한다. 그는 그럴 수 없기 때문이다. 예수님은 분명 불완전한 믿음에 호의적으로 반응하신다. 한편 예수님을 찾는 가난한 이들은 그분이 긍휼히 여기며 능력이 있다고, 기꺼이 구원하려 하시고 구원하실 수 있다고 믿는다.

34-38절은 예수님의 자비가 반대와 조롱을 야기한다는 것을 보여준다.

그러나 예수님은 인내하며 더 많은 일꾼을 세우신다. 사람들을 뽑는 그분의 방법은 교훈적이다. 그분은 자원하는 자를 요구하지도 않으시고, 활동하지 않는 것의 심각한 결과도 말씀하지 않으신다. 그분은 "청하[라]"고 말씀하시고, 아버지와 성령께서 그분이 10장에서 부르실 이들을 움직이게 하신다. 죄책감을 자극하는 것은 자원자를 일으키고 인력 충원의 구멍을 메울 수 있지만, 기도와 하나님의 일하심은 열매를 맺고 인내할 수 있게 하는 진정한 부르심으로 이어진다.

[1] 예수께서 그의 열두 제자를 부르사 더러운 귀신을 쫓아내며 모든 병
과 모든 약한 것을 고치는 권능을 주시니라 [2] 열두 사도의 이름은 이
러하니 베드로라 하는 시몬을 비롯하여 그의 형제 안드레와 세베대의
아들 야고보와 그의 형제 요한, [3] 빌립과 바돌로매, 도마와 세리 마태,
알패오의 아들 야고보와 다대오, [4] 1)가나나인 시몬 및 가룟 유다 곧
예수를 판 자라

[1] And he called to him his twelve disciples and gave them authority
over unclean spirits, to cast them out, and to heal every disease and
every affliction. [2] The names of the twelve apostles are these: first,
Simon, who is called Peter, and Andrew his brother; James the son of
Zebedee, and John his brother; [3] Philip and Bartholomew; Thomas and
Matthew the tax collector; James the son of Alphaeus, and Thaddaeus;[1]
[4] Simon the Zealot,[2] and Judas Iscariot, who betrayed him.

1) 아람어에서 온 말로 열심당원이란 뜻이다

1 Some manuscripts *Lebbaeus*, or *Lebbaeus called Thaddaeus* *2* Greek *kananaios*, meaning *zealot*

단락 개관

마태복음 8-9장은 주로 예수님이 능력으로 행하신 일들을 묘사했다. 예수님은 갈릴리를 가로지르며 그 나라를 선포하시고, 병든 자를 고쳐주시고, 귀신을 쫓아내시고, 죽은 자를 살리셨다. 무리의 필요는 그분의 용량을 넘어섰다. 성육신한 그분은 공간과 시간의 제약을 받으시기 때문이다. 대의는 큰데 일꾼은 적다. 그러므로 함께 일할 일꾼들을 부르고 훈련시키고 위임할 때가 왔다. 예수님은 그분의 사절로 열두 제자를 불러 더러운 귀신과 질병을 다스리고 그것을 내쫓는 권세를 주신다.

단락 개요

Ⅳ. 예수님의 권위 아래서 그 나라가 성장하다(8:1-11:1)
B. 두 번째 설교: 제자들이 예수님을 따라 선교하러 가다 (10:1-11:1)
1. 예수님이 제자들을 불러 선교하게 하시다(10:1-4)

주석

10:1-4 마태복음 28:18-20이 대위임령이라면, 10:1-15은 첫 번째 위임령이다. 마태복음 9:35은 예수님이 회당에서 가르치시며, 그 나라의 복음을 전파하시고, 모든 병과 약한 것을 고치셨다고 알려준다. 10장에서 예수님은 사도들을 불러 그들도 거의 똑같이 하라고 위임하신다. 회당에서 가르치는 것만 빠졌다. 그들의 선교는 많은 필요를 충족시켰다. 그들은 기진

한 이들, 지도자 없는 이스라엘의 양들을 지켰다(9:36). 그들의 선교에는 위대한 목적이 있다. 그 나라를 선포하고 선포에 대한 증거를 제시하는 것이다(10:1, 7-8). 그리고 그들의 선교는 위대한 임무를 수행하는 것이다. "추수할 것은 많되 일꾼이 적으니"(9:37).

예수님의 '방식'은 주인에게 추수할 일꾼을 보내달라고 기도하는 것이다. 누가복음 6:12은 마태가 전제한 바를 말한다. 예수님이 일꾼들을 택하기 전에 물러가 그들을 위해 "밤이 새도록" 기도하신 것이다. 마가복음 3:14은 예수님이 "자기와 함께 있게 하시[려고]" 그들을 부르신다고 말한다. 마태는 그들을 부르신 것을 예수님이 일하시는 상황에 둠으로써, 그분의 선교를 확장하는 데 그들이 중요함을 강조한다. 제자의 수(열둘)는 그들이 이스라엘 회복의 선봉 혹은 대표임을 암시한다.[160]

열두 사도는 자원자가 아니다. 예수님이 더 많은 제자들 가운데서 그들을 '부르신다'. 그들은 '제자' 혹은 '학습자'지만, 학생 이상이다. 그들은 사도로 위임받는다(1절). 예수님은 그들에게 권능[엑수시아(*exousia*), authority]을 주신다. 이는 재능보다 더 깊이 있고 능력보다 더 광대하다. 권능은 명령할 권리, 지위를 행사할 권리를 암시한다. 예수님은 사도들을 임명하시고, 그 권능으로 그들의 일을 하게 하신다. 그분의 능력을 부여하시고, 그들이 책임을 감당하도록 훈련시키신다.

마태복음 10:1-4은 제자들에 관해 거의 밝히지 않는다. 신약성경과 그 외의 자료들을 찾아봐도 몇몇에 대해서는 별로 알려진 것이 없다. 시몬 베드로와 그의 형제 안드레는 어부다. 종종 그 그룹의 대변자 역할을 하는 베드로는 야고보, 요한과 함께 수제자 중 하나가 된다. "우레의 아들"(막 3:17) 야고보와 요한 역시 형제다. 자기 배를 소유할 만큼 부유했던(마 4:22; 눅 5:11) 그들은 대제사장의 집과도 친분이 있어서 그곳에 들어갈 수 있었다(요 18:15-16). 야고보는 첫 순교자가 된다. 신뢰할 만한 교회 전승에 따

160 Craig S. Keener, *The Historical Jesus of the Gospels* (Grand Rapids, MI: Eerdmans, 2009), 246-247.

르면, 한 복음서와 세 서신과 요한계시록의 저자인 요한은 예루살렘 멸망 이후 에베소에서 사역했다. 나머지 사도들에 대한 정보는 미미하다. 안드레는 원래 세례 요한의 제자였다(요 1:40). 도마는 요한복음 11:16, 14:5, 20:24-29에서 끈질긴 충성심, 기꺼이 고난 받으려는 자세, 회의적 태도, 믿음을 드러낸다. 레위로도 불린(막 2:14) 세리 마태는 마태복음 9:9-13에서 부르심을 받는다. 열심당원 시몬과 가룟 유다는 로마에 저항하여 반란을 일으켰을 수 있지만 확실하지는 않다. "가룟"이라는 표현은 아마도 '단검을 쓰는 사람'이라는 뜻의 라틴어 시카리(sicarii)에서 나온 듯하지만, 그의 고향 마을인 그리욧이나 염색업자였던 그의 직업과 관련될 가능성이 더 높다. "가룟"이 무슨 뜻이든, 유다는 부패한 회계 담당자이고 모든 복음서가 말하듯이 예수님을 배반한다.

응답

이 단락은 하나님의 부르심에 있는 필수적인 속성을 보여준다. 첫째, 하나님은 사역을 하도록 사람들을 부를 때 그분의 의도를 알리지 않으신다. 이 열두 사도에게는 이스라엘에서 가장 뛰어나다고 할 만한 것이 하나도 없다. 그들은 자원자도 아니고 특별히 잘 배우는 성향이거나 열정적이지도 않다. 예수님이 감정적인 호소를 하신다는 암시도 없다. 죄책감이나 두려움을 자극하지도 않으신다. 그분은 "네가 가지 않으면 누가 갈까? 그러면 하나님의 선교에 어떤 일이 일어날까?"라고 질문하지 않으신다. 하나님은 지도자가 될 이들을 불러 예수님 곁에 둠으로써 그분과 함께 보고 배우도록 준비시키신다. 곧 그들은 그분이 말씀하고 행하시듯 말하고 행한다.

예수님이 "선택하여 부르신다"는 것 외에는 이 열둘의 선택을 설명할 말이 없다.[161] 남자가 12명이 있다는 것이 교회 리더십에 대한 상호보완주의적 입장(complementarian position)을 입증하지는 않지만, 그것이 중요하지 않은 것도 아니다. 특히 바울이 여행 동료로 이름을 언급한 이들이 그렇듯(바나바, 실라, 누가, 디모데, 디도, 요한 마가, 에바브라, 에바브라디도), 첫 선교사들과 사도행전의 교회 개척자들 역시 남자였기 때문이다. 복음주의적 평등주의는 예수님의 남성 사도 선택이 전례를 세우신 것이라는 사실을 부인한다.[162] 그들은 예수님이 여성 사도나 지도자, 여행 동료를 받아들이지 않았던 당시 문화를 수용하신 것이라고 말한다. 그러나 이 논거는 예수님이 종종 문화적 관습에 저항하셨다는 사실을 잊고 있다. 그분은 나병 환자와 접촉하시고, 창녀와 친구가 되시고, 신성시되는 안식일 전통을 산산조각 내셨다. 수많은 문화적 규범에 저항했는데, 왜 성 역할에서는 멈추셨는가? 더욱이 그 평등주의 입장은 논리적으로 예수님에 대한 비판을 수반한다. 그들은 여성 안수가 도덕적 문제라고 주장하고, 그 도덕적 문제가 쟁점이 되면 예수님이 사회적 관습에 굴복하셨다고 주장한다. 복음주의자들은 그들의 사회적 가르침이 예수님의 사랑과 공의에 대한 신학적 확신과 일관성이 있도록 확실히 해야 한다.

161 Dietrich Bonhoeffer, *The Cost of Discipleship*, trans. R. H. Fuller, rev. ed. (New York: Macmillan, 1963), 227. 《현대인을 위한 제자도의 대가》(프리셉트).

162 비복음주의의 기독교 평등주의자들은 갓 생겨난 남성 지배층이 초기 여성 리더십에 관한 정보를 숨겼다는 혐의를 제기하며 복음서 기사들을 반박한다. 참고. Elisabeth Schüssler Fiorenza, *In Memory of Her: A Feminist Theological Reconstruction of Christian Origins* (New York: Crossroad, 1983), 40-92.

5 예수께서 이 열둘을 내보내시며 명하여 이르시되 이방인의 길로도
가지 말고 사마리아인의 고을에도 들어가지 말고 6 오히려 이스라엘
집의 잃어버린 양에게로 가라 7 가면서 전파하여 말하되 천국이 가까
이 왔다 하고 8 병든 자를 고치며 죽은 자를 살리며 나병 환자를 깨끗
하게 하며 귀신을 쫓아내되 너희가 거저 받았으니 거저 주라 9 너희
전대에 금이나 은이나 동을 가지지 말고 10 여행을 위하여 배낭이나
두 벌 옷이나 신이나 지팡이를 가지지 말라 이는 일꾼이 자기의 먹을
것 받는 것이 마땅함이라 11 어떤 성이나 마을에 들어가든지 그 중에
합당한 자를 찾아내어 너희가 떠나기까지 거기서 머물라 12 또 그 집
에 들어가면서 평안하기를 빌라 13 그 집이 이에 합당하면 너희 빈 평
안이 거기 임할 것이요 만일 합당하지 아니하면 그 평안이 너희에게
돌아올 것이니라 14 누구든지 너희를 영접하지도 아니하고 너희 말을
듣지도 아니하거든 그 집이나 성에서 나가 너희 발의 먼지를 떨어 버
리라 15 내가 진실로 너희에게 이르노니 심판 날에 소돔과 고모라 땅
이 그 성보다 견디기 쉬우리라

5 These twelve Jesus sent out, instructing them, “Go nowhere among

the Gentiles and enter no town of the Samaritans, 6 but go rather to the
lost sheep of the house of Israel. 7 And proclaim as you go, saying,
'The kingdom of heaven is at hand.'[1] 8 Heal the sick, raise the dead,
cleanse lepers,[2] cast out demons. You received without paying; give
without pay. 9 Acquire no gold or silver or copper for your belts, 10 no
bag for your journey, or two tunics[3] or sandals or a staff, for the laborer
deserves his food. 11 And whatever town or village you enter, find out
who is worthy in it and stay there until you depart. 12 As you enter the
house, greet it. 13 And if the house is worthy, let your peace come upon
it, but if it is not worthy, let your peace return to you. 14 And if anyone
will not receive you or listen to your words, shake off the dust from
your feet when you leave that house or town. 15 Truly, I say to you, it
will be more bearable on the day of judgment for the land of Sodom
and Gomorrah than for that town.

1 Or *The kingdom of heaven has come near* *2* *Leprosy* was a term for several skin diseases; see Leviticus 13 *3* Greek *chiton*, a long garment worn under the cloak next to the skin

단락 개관

마태복음 10:5-15은 예수님의 두 번째 가르침 단락, 즉 사도들의 선교를 다루는 단락을 시작한다. 이 부분은 이스라엘에서의 그들의 임무를 서술하지만, 18절에 나오는 더 광범위한 선교를 예상하기도 한다. 처음에는 예수님이 이스라엘 내에서만 일하도록 사도들에게 권능을 부여하신다. 그러나 예수님이 부활하신 후 그들은 세상으로 갈 것이다. 그들이 일하는 방식은 8-9장에 대략적으로 제시된, 예수님이 일하시는 방식이다. 사도들은 제한적으로 준비하여, 확실한 계획이나 분명한 양식 없이 간다. 그들은 이동하면서 사도들을 받아들이고 그들이 전하는 평안의 인사를 받아들일 신실한 이스라엘 자손을 찾는다.

단락 개요

Ⅳ. 예수님의 권위 아래서 그 나라가 성장하다(8:1–11:1)

B. 두 번째 설교: 제자들이 예수님을 따라 선교하러 가다 (10:1–11:1)

2. 제자들은 예수님의 사역 방식을 따른다(10:5–10)

3. 제자들은 자격 있는 집에 머문다(10:11–15)

예수님의 본은 10장의 가장 두드러진 특징이며 10장의 구조를 결정한다.[163] 활동 범위에서, 예수님이 먼저 이스라엘로 가셨으므로 제자들 역시 그래야 한다(10:5-6). 메시지에서, 예수님이 그 나라를 선포하셨으므로(4:17) 열두 사도 역시 그렇게 한다(10:7). 그 나라가 임한 증거에서, 예수님은 병든 자를 고치시고(4:23), 죽은 자를 살리시고(9:18-26), 나병 환자를 깨끗하게 하시고(8:1-4), 귀신을 쫓아내셨다(8:28-34). 사도들도 똑같이 할 것이다(10:8). 사역 방식에서, 예수님이 값없이 기적을 베푸셨으므로 제자들도 그렇게 한다(10:8). 식량을 공급받는 것 역시, 예수님과 열두 사도 모두 너그러운 후원자에게 의지한다(10:9-10). 지리적으로, 예수님은 계속 이동하셨고(눅 4:43) 사도들 역시 그래야 한다(마 10:11-15).

163 이 개요는 Doriani, *Putting the Truth to Work*, 205을 따른 것이다.

주석

10:5-15 예수님은 그분의 사절이자 대리인으로서(5-6절) 사도들[아포스톨로이(*apostoloi*)]을 보내며[아포스텔로(*apostellō*)] 이방이 아닌 이스라엘로 가라고 지시하신다. 이스라엘을 새롭게 하겠다는 목표는 3년 동안 이어진 예수님 사역의 우선순위였다. "이방인들이 도움을 거부하지는 않지만" 그 나라들을 섬기는 경우는 가끔씩 있었고 부차적이었다.[164] 어쨌든 이사야는 이스라엘을 이방의 빛(사 42:6; 49:6)이라 불렀다. 마찬가지로 바울도 "먼저는 유대인에게요 그리고 헬라인에게로다"(롬 1:16; 2:9-10)라고 복음의 확산을 설계한다. 이스라엘의 반응이 실망스럽긴 하지만, 하나님은 그분의 백성을 버리지 않으실 것이다. 그럼에도 베드로와 바울 둘 다 하나님께서 이스라엘의 복을 믿는 이방인에게로 확대하셨다고 선언한다. 베드로는 이스라엘의 복을 이방인에게 속하는 것으로 생각한다. 이스라엘은 "택하신 족속…왕 같은 제사장들…거룩한 나라"(벧전 2:9-10)가 된다. 로마서 5-8장에서 바울은 모든 신자가 동일한 복을 받는다고 쓴다. 그들은 하나님께서 입양하신 자녀로, 그분과의 평화를 누리고 그분의 의를 공유하고 그분에게 나아간다.

예수님이 그러셨듯이, 사도들은 "천국이 가까이 왔다"(7절)라고 선언한다. 그 나라가 임한다는 것은 예수님의 부활 이후에도 여전히 전할 메시지다(행 1:3; 8:12; 14:22; 19:8; 20:25; 28:31). 그 나라를 선포하는 것은, 장차 임할 하나님의 통치가 이 시대로 침투했음을 선언하는 것이다. 그래서 제자들은 그들이 사는 내내 그 나라를 위해 일할 수 있다.

예수님처럼 사도들의 행위도 그들의 말을 증명한다(8절). 그들은 예수님이 하셨던 것을 본 대로 할 것이다. "병든 자를 고치며"는 모든 기적을 아우르는 것이므로 포괄적인 명령이다. "죽은 자를 살리며"는 암시된 능력을 생각하면 매우 놀라운 명령이다. "나병 환자를 깨끗하게 하며"는, 그 병

164 인용과 이어지는 분석의 일부는 Garland, *Reading Matthew*, 112에서 나온 것이다.

이 환자를 사회에서 소외시킨다는 점에서 사회적으로 의미 있는 명령이다. "귀신을 쫓아내되"는 인간 고통의 보이지 않는 뿌리를 다루기 때문에 예사롭지 않은 명령이다. 사도들은 그 능력을 얻기 위해 돈을 내지도 않고 아무것도 하지 않는다. 그들은 값없이 엄청난 능력을 받았으므로 값없이 그 능력을 나누어야 한다. 이것이 하나님 종들의 규범이다. 섬김에 대한 대가를 청구하는 것(즉각적인 치료에 대해 많은 돈을 청구할 수 있다)은, 하나님이 베푸시는 구속의 은혜로운 성격을 저버리는 것이다.

그 다음, 예수님은 그들이 앞으로 선교를 할 때 양식이 부족할 것이라고 말씀하신다. 그들은 돈이나 물자를 얻지 않고 짐 없이 다닐 것이다(9-10절). 그들은 하나님께서 이스라엘 마을에 있는 그분의 합당한 종들을 통해 필요를 채우시리라 믿고 다녀야 한다(11절). 대부분의 번역본이 '가지다'(take 또는 get)로 번역하지만, '금을 얻지 말고'("acquire no gold", ESV)는 탁월한 번역이다. 헬라어는 크타오마이(*ktaomai*)로, 보통 '얻다' 혹은 '입수하다', '소유권을 행사하다'라는 의미다(눅 18:12; 행 1:18; 8:20; 22:28; 살전 4:4). 요점은 사도들이 여행을 떠나기 전에 기금을 모으거나 식량을 마련하려고 기다려서는 안 된다는 것이다(마 10:9-10). 예수님이 금이나 은, 두 벌 옷이나 신이나 지팡이를 금할 때, 그들을 맨발로 돈 없이 보내시는 것이 아니다. 마가복음 6:8이 들고 가는 것 혹은 가지고 가는 것을 의미하는 흔한 동사 아이로(*airō*)를 사용하듯이, 열두 사도는 그들에게 있는 것을 가지고 갈 수 있다. 예수님은 재정적 후원과 물자를 얻기 위해 여정을 미루는 것을 금하신다. 그분은 한 벌 옷이 아니라 두 벌 옷을 금하신다. 이는 또한 비교적 짧은 여행일 것이다. 갈릴리와 유대는 아주 작은 지방이다. 게다가 그 땅은 겨우 몇 킬로미터 떨어진 작은 마을들로 가득했다. 이후의 선교 여행들에서는 다른 절차가 필요할 것이다. 예수님이 누가복음 22:35-36에서 말씀하시듯이, 그들은 수천 킬로미터를 횡단하고 메마른 땅들을 지나면서 하나님을 믿지 않는 성읍들을 다닐 것이다. 그러나 이때도 제자들은 어디에서나 신실한 이스라엘 자손을 찾기를 기대하며, 부지런히 이 마을에서 저 마을로 이동한다.

합당한 집이 그들을 돌보고 하나님의 평안을 받을 것이다. 제자들은 각 마을이나 성읍에 들어갈 때 신중한 조사[엑세타조(*exetazō*)]를 하면서 경건한 주인을 찾을 것이다. 경건한 주인들은 그 전령들과 그 나라가 임했다는 메시지를 열렬히 환영할 것이다. 제자들은 일단 환영받으면, 그 마을을 떠날 때까지 거처를 바꾸어서는 안 된다(마 10:11). 그들은 "이 집이 평안할지어다"(눅 10:5) 같은 인사를 할 것이다. 어떤 집이 사도를 받아들이면 그는 그곳에 계속 머물고 하나님의 평안이 그 집에 임할 것이다. 그렇지 않으면 그 집은 하나님의 평안을 빼앗기고 그 제자는 옮겨간다.

"가정에 해당되는 것은 마을에도 똑같이 적용되었다."[165] 사도들이 합당한 집을 찾지 못하면 그들은 발에서 "먼지를 떨어 버[려야]" 한다. 그렇게 제자들을 거부한 마을은 어디든 소돔과 고모라보다 더 큰 심판을 받을 것이다(15절). 발에서 먼지를 떨어 버리는 것은 거절을 나타내고, 유대인 여행자들의 관습을 묘사한다. 그들은 이방 땅이나 사마리아를 가로질러 간 후, 마치 오염된 것을 제거하려는 듯이 옷에서 그 땅의 먼지를 떨어 버렸다. 그러므로 '유대인' 마을의 먼지를 떨어 버리는 것은 그 주민을 이교도와 우상 숭배자로 여기는 것이다. 믿음 없는 성읍은 소돔과 고모라보다 더 무서운 심판을 받을 것이다. 그 악명 높은 지역은 적어도 몰랐다고 주장할 수 있었지만, 이스라엘 자손은 그럴 수 없다. 그들에게는 하나님의 계시가 있기 때문이다(눅 12:47-48; 롬 3:2; 히 2:1-3).

165 Carson, *Matthew*, 286.

응답

마태복음 10:5-15은 그리스도인의 삶에 대한 여러 함의를 담고 있다. 이 단락은 복음이 먼저 유대인에게 가고 그 다음 헬라인에게 가는 것을 분명히 보여준다(5-6절). 주님은 나중에 원래 이스라엘에게 의도하셨던 복을 온 세계로 확대하실 것이다. 이 단락은 또한 하나님의 구원을, 전 세계적인 통치라는 그분의 더 광범위한 사역 안에 둔다(7절). 그 영과 교회가 그분의 가장 가까운 대행자이기는 하지만, 예수님은 그분의 사절들에게 능력과 권세를 부여하신다(8절). 이는 또한 교회 재정의 기본 원리를 확립한다. 복음은 값이 없으므로, 그 혜택도 값없이 나누어 주어야 한다. 그 다음 하나님의 대행자들은 그들을 지원하는 하나님의 백성을 신뢰해야 한다. 그것이 하나님의 백성이 해야 하는 일이다(9-14절). 마지막으로, 이 단락은 사람들에게 그들이 받은 빛에 반응하라고 요청하며, 그렇게 하지 않으면 심판이 임한다고 경고한다(15절).

이방인 사역에 대한 일시적인 금지는 부활 후 명백하게 해제되는데, 이는 추가적인 설명이 필요하다. 예수님은 몇 가지 이유에서 사도들에게 이스라엘에 머물러 있으라고 말씀하신다. 첫째, 이스라엘은 하나님의 약속과 예언을 받았으므로 그 메시지는 먼저 그들에게 가야 한다. 둘째, 편견을 가진 사도들은 이방인들을 위해 사역할 준비가 되어 있지 않다(마 15:21-28; 눅 9:52-55). 누가 경멸하는 사람들을 위해 사역할 수 있을까? 바울이 쓰듯이 "사랑이 없으면 내가 아무것도 아니[다]"(고전 13:2). 그는 빌립보 교인들에게 "너희가 내 마음에 있음이며"(빌 1:7)라고 말한다. 사도들이 이방인들에 대해 그렇게 말할 수 있을 때 그들과 사역할 준비가 될 것이다.

마지막으로, 예수님이 사도들에게 그분의 목적지, 메시지 특히 그분의 방식을 본받으라고 할 때, 그리스도를 닮는 것이 제자도의 한 가지 특징임을 드러내신다. 하나님은 그 나라를 모두에게 주실 때 제자들을 통해 그렇게 하신다. 그들은 값없이 주며, 폭넓게 다니고, 하나님의 백성을 통해 전해지는 하나님의 공급을 신뢰한다.

16 보라 내가 너희를 보냄이 양을 이리 가운데로 보냄과 같도다 그러
므로 너희는 뱀같이 지혜롭고 비둘기같이 순결하라 17 사람들을 삼가
라 그들이 너희를 공회에 넘겨주겠고 그들의 회당에서 채찍질하리라
18 또 너희가 나로 말미암아 총독들과 임금들 앞에 끌려가리니 이는
그들과 이방인들에게 증거가 되게 하려 하심이라 19 너희를 넘겨 줄
때에 어떻게 또는 무엇을 말할까 염려하지 말라 그때에 너희에게 할
말을 주시리니 20 말하는 이는 너희가 아니라 너희 속에서 말씀하시
는 이 곧 너희 아버지의 성령이시니라 21 장차 형제가 형제를, 아버지
가 자식을 죽는 데에 내주며 자식들이 부모를 대적하여 죽게 하리라
22 또 너희가 내 이름으로 말미암아 모든 사람에게 미움을 받을 것이
나 끝까지 견디는 자는 구원을 얻으리라 23 이 동네에서 너희를 박해
하거든 저 동네로 피하라 내가 진실로 너희에게 이르노니 이스라엘의
모든 동네를 다 다니지 못하여서 인자가 오리라

16 "Behold, I am sending you out as sheep in the midst of wolves, so
be wise as serpents and innocent as doves. 17 Beware of men, for they
will deliver you over to courts and flog you in their synagogues, 18 and

you will be dragged before governors and kings for my sake, to bear
witness before them and the Gentiles. 19 When they deliver you over,
do not be anxious how you are to speak or what you are to say, for what
you are to say will be given to you in that hour. 20 For it is not you who
speak, but the Spirit of your Father speaking through you. 21 Brother
will deliver brother over to death, and the father his child, and children
will rise against parents and have them put to death, 22 and you will be
hated by all for my name's sake. But the one who endures to the end
will be saved. 23 When they persecute you in one town, flee to the next,
for truly, I say to you, you will not have gone through all the towns of
Israel before the Son of Man comes.

24 제자가 그 선생보다, 또는 종이 그 상전보다 높지 못하나니 25 제자
가 그 선생 같고 종이 그 상전 같으면 족하도다 집 주인을 바알세불이
라 하였거든 하물며 그 집 사람들이랴

24 "A disciple is not above his teacher, nor a servant[1] above his master.
25 It is enough for the disciple to be like his teacher, and the servant like
his master. If they have called the master of the house Beelzebul, how
much more will they malign[2] those of his household.

1 Or *bondservant*; also verse 25 *2* Greek lacks *will they malign*

단락 개관

마태복음 10:13-15에서 예수님은 일부 이스라엘 자손이 사도의 메시지를 거절할 것이라고 경고하셨다. 예수님은 먼저 그 말씀을 퇴짜 놓을 사람들에게 초점을 맞추신다. 16-23절은 거절의 결과를 말한다. 예수님은 사도들에게 지혜로워야 한다고 권면하시며, 회당에서 법정에서 가정 안에서의 괴롭힘을 예상하라고 경고하신다. 동시에 그들을 격려하기도 하신다. 협박 아래서도 그들은 성령을 힘입어 계속 아버지를 대변할 것이다. 박해를 받는다면, 스승의 삶을 공유하고 있음을 알게 될 것이다(24-25절). 예수님은 실제적인 조언도 주신다. 사도들은 항상 기민해야 한다. 박해를 받을 때는 안전한 곳으로 도망가야 할지도 모른다.

단락 개요

Ⅳ. 예수님의 권위 아래서 그 나라가 성장하다(8:1-11:1)
　B. 두 번째 설교: 제자들이 예수님을 따라 선교하러 가다 (10:1-11:1)
　　4. 제자들은 곧 닥칠 고난에 대비한다(10:16-21)
　　5. 제자들은 피하고 예수님을 본받으며 인내한다(10:22-25)

마태복음 10:16-25은 하나님의 대행자들이 직면하는 어려움들을 묘사하는 독립적인 진술로 시작하고 마무리된다. 두 진술 사이에 박해에 대한 경고와 끝까지 견디라는 권면이 두 번 반복된다. 이 단락은 사도들의 행동에 대한 조언으로 시작한다. 그들은 "뱀같이 지혜롭고 비둘기같이 순결[해야]" 한다(16절). 첫 번째 경고와 권면은, 사도들에게 "사람들을 삼가라"라고 경고한다. 사람들이 세 가지 일, 즉 그들을 공회에 넘겨주고 회당에서 채찍질하고 임금들 앞으로 끌고 갈 것이기 때문이다. '하지만' 그들은 이방인들에게 증언할 것이다(17-18절). '이러한 어려운 일이 일어날 때' 사도들은 무슨 말을 할지 염려할 필요가 없다. 하나님께서 그들 속에서 말씀하실 것이다(19-20절).

두 번째 경고와 권면은, 가족들의 배신에 대한 것이다. 그들은 죽음과 광범위한 미움에 맞닥뜨릴 것이다. 하지만 끝까지 견디는 자는 구원을 받는다(21-22절). 어떤 동네에서든 '이러한 어려운 일이 일어날 때' 사도들은 다른 동네로 피해야 한다. 시간이 짧기 때문이다(23절). 이 단락은, 그들의 선생이 그러셨듯이, 어려움들을 예상하라는 조언으로 마무리된다(24-25절).

주석

10:16-25 예수님은 사도들을 이스라엘 전체로 보내시지만, 그들은 먹이를 찾아다니는 이리 가운데로 가는 양처럼 연약하고 무방비 상태다(16절). 그들은 "뱀 같이 지혜[로워야]" 하는데, 이는 위험을 피하기 위해 자신을 숨기거나 변장하는 것이다. 그러나 "비둘기같이 순결하[기]"도 해야 한다. 비둘기는 순진하고 두려움을 모르는 것으로 알려져 있었으므로, 두 번째 이미지는 첫 번째 명령을 제한한다. 제자들은 조심해야 하지만, 지나치게 망설이느라 아무 말도 아무 행동도 못하는 어리석음에 빠지지는 말아야 한다.

또한 사도들은 "사람들을 삼가[야]"(beware) 한다. 그들이 사도들을 공회에 넘길 것이기 때문이다. 예수님은 사도들을 보호하겠다거나 이리를 막아주겠다고 약속하지 않으신다. 그들은 공회에 넘겨지고, 회당에서 채찍질당하고, 총독 앞에 끌려갈 것이다(17-18절). "넘겨 주[다]"는 수난 내러티브에서 흔히 '배신하다'로 번역되는 파라디도미(*paradidōmi*)를 번역한 것이다. "공회"(courts)는 쉬네드리온(*synedrion*, 복수형)을 번역한 것으로, 전도자들은 지방 사법 기관에 더하여 회당 앞에(예루살렘의 대 산헤드린이 아니라) 출두할 것이다. 그곳에서 법적으로 허가받은 형벌인 채찍질을 당할 거라 예상할 수 있다. "공회"와 "회당"은 둘 다 유대 맥락을 가정한다. 그러나 "이방인들에게 증거가" 될 가능성은, 예수님이 선교의 확장을 예견하신다는 것을 나타낸다.[166]

그들은 권세자 앞에서도 여전히 증언할 것이다. 이방인 총독 앞에 서는 것은 아주 두려운 일이지만, "예수님은 그들이 염려할 일은…어떻게 스스로를 구원할까가 아니라 무엇을 선포할까라고 생각하신다."[167] 시련 가운데서도 사도들은 무슨 말을 해야 할지 알 것이다. 성령이 그들을 통해 말씀하실 것이기 때문이다(19-20절). 성령에 대한 언급은 마태복음에서 흔치 않고(3:11; 12:28, 31), 도움에 대한 확신은 제한된다. 예수님은 게으르거나 잘 잊어버리는 화자에게 물리적인 구원이나 도움을 약속하지 않으신다. 그분이 약속하시는 것은 공회에서 성령의 능력으로 행하는 증언이다. 이는 사도행전 23-26장과 그 이후 교회 역사에서 성취된 약속이다.

사법적인 반대는 따로 떨어진 현상이 아니다. 예수님의 대행자들은 그 이름으로 인해 "모든 사람에게 미움을 받을 것"이다. 고통스럽게도 그들의 가족이 배신하고 대적하여 그들을 "죽게" 할 것이다(마 10:21-22a). 마태는 10:35-36과 24:9에서 이 경고를 되풀이한다. 앞에서처럼, 경고 뒤에 격려가 뒤따른다. "끝까지 견디는 자는 구원을 얻으리라"(마 10:22b). '견디다'[휘포메노크(*hypomenōk*)]라는 동사는 일반적으로 적극적이기보다는 소극적이다(롬 12:12; 히 10:32-34; 12:2, 7). "끝까지"는 수명이 다할 때까지 혹은 그 시대

166 학자들은 마태복음 10장이 열두 사도의 당면한 과업에서 다가올 이방인 선교로 옮겨가는 것을 보고, 그 장을 합성된 장으로 생각하게 되었다. 예수님은 한 번에 몇 시간 동안, 또는 며칠 동안도(15:32) 가르치셨으므로, 복음서들은 그 메시지를 압축해야 했다. 이 구절은 마태가 예수님이 여러 설교에서 전하신 선교에 관한 가르침을 모았음을 나타낼 수 있다. 이 견해를 지지하는 두 가지 추가적인 요점은 다음과 같다. 첫째, 마태복음 10장의 내용이 누가복음 6장, 8-10장, 12장, 21장에 흩어져 있다. 둘째, 마태복음에서 예수님은 처음에는 이방인들에게 가는 것을 금하시지만, 10:18에서 이방인들 가운데서의 사역을 묘사하신다.

167 Garland, *Reading Matthew*, 115.

의 끝까지를 의미할 수 있다. 마태복음 10장에는 분명 종말론적 언급이 있다. 이 주제는 마태복음 24장, 마가복음 13장, 누가복음 21장의 종말론적 담화에서 다시 나온다. 그러나 문맥은 수명이 다할 때까지를 암시한다. 제자도는 그리스도를 향한 최고의 충성을 포함한다. 그것은 필요하면 그분을 위해 기꺼이 죽는 것이다. 그러나 사도들은 무모한 영웅적인 모습으로 죽음을 초래하지는 않을 것이다. 박해를 받을 때, 그들은 안전하고 자유롭게 선포할 다른 동네로 피해야 한다(10:23a). 예수님은 그분 자신의 조언을 따르신다. 그분은 박해받을 때 물러나시고(12:15; 14:13), 도발적인 요지를 불투명하게 두기 위해 비유로 전해야 할 때를 아신다.

예수님과 그분의 사도들이 계속 움직이는 까닭은 대의가 시급하기 때문이다. "이스라엘의 모든 동네를 다 다니지 못하여서 인자가 오리라"(10:23b). 이 어려운 말은 다양하게 해석된다. 회의론자들은 예수님이, 자신이 몇 달 내에 종말론적 영광 가운데 올 것이라고 잘못 믿었다고 말한다. 일부 복음주의자들은, 주후 70년 로마 군대가 예루살렘을 박살 낼 때 예수님이 믿지 않는 이스라엘을 심판하러 오시는 것이라고 말한다. 다른 이들은, 그분의 오심이 그분을 이스라엘의 왕이요 만유의 주로 드러낼 죽음, 부활, 승천 이후에 있을 것이라고 본다. 뒤의 두 시각 중 하나를 선택하기는 어렵지만, 이 두 시각에는 장점이 있다.[168] 어떤 해석을 하든, 결말은 분명하다. 제자들은 끈질기게 견뎌야 한다.

제자들은 고난 가운데서 그들의 선생을 따른다. "제자가 그 선생보다, 또는 종이 그 상전보다 높지 못하나니"(24절). 예수님은 누가복음 6:40과 요한복음 13:16, 15:20에서 이 말씀을 되풀이하신다. 대적들이 그 선생을 바알세불의 종이라 매도한다면, 그의 종들도 비방할 것이다. 바알세불[문자적으로 '집의 주'(Lord of the house)]은 사탄의 이름인데, 바리새인들이 마태복음 12:24-27에서 그것을 예수님께 적용한다. 주님이 그러한 욕을 들었다면,

168 Carson은 일곱 가지 주요 선택지를 검토한다(*Matthew*, 290-293).

제자들도 마찬가지일 것이다.

응답

예수님은 "보라 내가 너희를 보냄이"라고 말씀하시므로(10:16), 어떤 적대감도 "그 전령이 예수님으로부터 보냄 받았다는 확신을 약화시킬 수" 없다.[169] 사도들은 미움을 받든, 사법적인 위협이나 폭력을 당하든, 아버지의 성령이 필요한 시간에 함께하신다고 확신하며 끝까지 견딘다. 예수님은 열두 사도가 어떤 반대나 죽음까지도 이겨내도록 준비시키고 생존에 대해 조언해주신다. 많은 어려움이 예상되기 때문에 지혜로워야 한다. 박해를 받는다면 달아나야 하지만 선포는 계속되어야 한다.

어려움과 인내 모두 그 선생의 종이라는 사도들의 정체성으로부터 나온다. 그리스도를 본받는 것은 마태복음에서 두드러진 주제인데, 10장보다 더 강력하게 드러나는 곳은 없다. 예수님은 기민하시고 기꺼이 위험을 감수하시고 기꺼이 물러나시기 때문에, 정해진 시간까지 살아 계신다. 제자들 역시 그렇게 한다. 예수님은 그분이 가셨던 곳, 즉 이스라엘로 제자들을 보내신다. 또한 그 나라가 임했다는 메시지를 주신다. 그분의 방법도 공유하신다. 그분의 말씀을 입증하는 행위와 기적을 값없이 나누어 주신다.

본받는 것은 흉내 이상이며 명령보다 깊다. 예수님은 사랑받는 선생이다. "제자가 그 선생…같으면 족하도다"(25절)는 절제된 표현이다. 제자들은 선생을 신뢰하고 그분과 같이 살고 또 그들은 하나이기 때문에, 선생처럼 된다. 아버지는 제자들이 그분과 같이 되는 것이 그들의 운명이라 선언하시고, 그렇게 해주기 위해 그분의 영을 부어주신다.

169 Bonhoeffer, *Cost of Discipleship*, 236.

26 그런즉 그들을 두려워하지 말라 감추인 것이 드러나지 않을 것이
없고 숨은 것이 알려지지 않을 것이 없느니라 27 내가 너희에게 어두
운 데서 이르는 것을 광명한 데서 말하며 너희가 귓속말로 듣는 것을
집 위에서 전파하라 28 몸은 죽여도 영혼은 능히 죽이지 못하는 자들
을 두려워하지 말고 오직 몸과 영혼을 능히 지옥에 멸하실 수 있는 이
를 두려워하라 29 참새 두 마리가 한 [1)]앗사리온에 팔리지 않느냐 그
러나 너희 아버지께서 허락하지 아니하시면 그 하나도 땅에 떨어지
지 아니하리라 30 너희에게는 머리털까지 다 세신바 되었나니 31 두려
워하지 말라 너희는 많은 참새보다 귀하니라 32 누구든지 사람 앞에서
나를 시인하면 나도 하늘에 계신 내 아버지 앞에서 그를 시인할 것이
요 33 누구든지 사람 앞에서 나를 부인하면 나도 하늘에 계신 내 아버
지 앞에서 그를 부인하리라

26 “So have no fear of them, for nothing is covered that will not be
revealed, or hidden that will not be known. 27 What I tell you in the
dark, say in the light, and what you hear whispered, proclaim on the
housetops. 28 And do not fear those who kill the body but cannot kill
the soul. Rather fear him who can destroy both soul and body in hell.[1]

29 Are not two sparrows sold for a penny?[2] And not one of them will fall to the ground apart from your Father. 30 But even the hairs of your head are all numbered. 31 Fear not, therefore; you are of more value than many sparrows. 32 So everyone who acknowledges me before men, I also will acknowledge before my Father who is in heaven, 33 but whoever denies me before men, I also will deny before my Father who is in heaven.

1) 동전의 명칭

1 Greek *Gehenna* *2* Greek *assarion,* Roman copper coin (Latin *quadrans*) worth about 1/16 of a *denarius* (which was a day's wage for a laborer)

단락 개관

마태복음 10:26-33은 이스라엘로 나가는 제자들을 향한 명령(10:5-25)에 바로 뒤이어 나온다. 거기서 예수님은 벅찬 메시지를 전하셨다. 제자들은 약간의 훈련을 받고, 겨우 준비된 채로, 그 나라의 도래를 선포하고 많은 기적으로 그 능력을 드러내기 위해 나갈 것이다. 신실한 이들은 그들을 받아들이겠지만, 나머지는 그렇지 않을 것이다. 실제로 그들은 미움, 시련, 배신, 채찍질 심지어 죽음까지도 겪을 것이다. 그들에게는 엄청난 과업과 더불어 복된 운명이 놓여 있다. 그리스도처럼 되는 것이다.

인간의 본성을 아는 예수님이 이제 그분의 제자들을 권면하고 격려하기 시작하신다(26-33절). 주님은 "두려워하지 말라"라고 말씀하신다. 사람들은 그 몸을 죽일 수 있어도 영혼을 죽이지는 못한다. 참새까지도 돌보는 하나님께서 분명 제자들을 돌보실 것이다. 제자가 그들의 사역으로 예수님을 시인하면, 예수님은 아버지 앞에서 그들을 시인하실 것이다.

단락 개요

Ⅳ. 예수님의 권위 아래서 그 나라가 성장하다(8:1-11:1)

B. 두 번째 설교: 제자들이 예수님을 따라 선교하러 가다 (10:1-11:1)

6. 제자들은 계속 두려워하지 않는다(10:26-31)

7. 제자들은 그리스도를 시인한다(10:32-33)

마태복음 10:26-33은 6:25-34과 비슷하다. 6장에서 예수님은 "염려하지 말라"라는 말씀을 반복하시고, 10:26, 28, 31에서는 "두려워하지 말라"라는 말씀을 반복하신다. 주님은 두 번 다 하나님의 방식으로 그분과 이치를 따져보라고 제자들에게 요청하신다. 10장에서 반복되는 세 명령의 문법은 조금 달라서, ESV 번역은 자구 선택에서 약간의 차이로 그것을 전달한다. 두 번째와 세 번째 명령은 얽혀 있다(참고. 표4)

	명령	이유
10:26-27	"그런즉 그들을 두려워하지 말라"	모든 것이 드러날 것이다.
10:28-30	"몸[을] 죽[이는] 자들을 두려워하지 말고"	더 큰 두려움이 있다. 하나님은 지옥에서 몸과 영혼을 멸하실 수 있다.
		하나님은 참새도 보살피시고 사람의 머리털까지 보살피시므로, 분명 그분의 제자들도 보살피신다.
10:31	"[그러므로] 두려워하지 말라"	"너희는" 참새와 머리털보다 "귀하[다]."
		누구든지 사람 앞에서 예수님을 시인하면 예수님이 하늘에 계신 아버지 앞에서 그를 시인하실 것이다.

표4. 마태복음 10:26-31의 명령들

주석

10:26-33 "두려워하지 말라"라는 명령은 역설이라 할 정도로 대담하다. 예수님은 하나님께서 보내신 이들을 미워하고, 배신하고, 채찍질하고, 죽이는 사람들을 "두려워하지 말라"라고 말씀하신다. 그들은 '죽일' 때 그 이상 아무것도 할 수 없기 때문이다. 그들이 행하는 악이 지금은 숨겨져 있지만 심판 날에 드러날 것이다. 예수님은 항상 오해받을 위험에 노출되었으므로, 종종 귓속말을 하셨다(27절). 그러나 하늘 아버지는 모든 것을 드러내는 날, 새로워진 창조 세계를 향해 외치실 것이고, 모든 이성적인 피조물이 그분의 말씀을 들을 것이다(26-27절; 계 14:6).

그러므로 "몸은 죽여도" 더 이상 아무것도 할 수 없는 "자들을 두려워하지 말[라]"(마 10:28). 그렇다. 죽음에 대한 두려움은 강력하지만, 사도들은 "하나님에 대한 두려움으로 죽음에 대한 두려움을 극복해야 한다."[170] 만약 사람에게 삶의 덧없음과 영원이 헤아릴 수 없이 지속됨을 감지할 눈이 있다면, 그들은 왕의 분노가 아니라 하나님의 심판을 두려워할 것이다. 주님을 두려워하는 것은 지혜의 근본인 반면, 사람을 두려워하는 것은 올무다(잠 1:7; 9:10; 29:25). 죽음을 예상하는 것은 힘겨운 일이지만, 영원한 죽음을 예상하는 것이 훨씬 더 절망적이다(마 10:28). 그것만으로 이 해설은 영혼멸절설을 암시할 수 있지만, 예수님은 심판 날이 "영벌"(마 25:46, 참고. 마 5:27-30 그리고 막 9:48)로 이어진다고 분명하게 선언하신다.

예수님은 마태복음 10:29-31에서, 영원이라는 주제에서 하나님의 더 작은 피조물로 옮겨가신다. 하나님은 가치가 거의 없는 참새조차 그것의 생사를 지켜보신다. 나아가 사람의 머리털같이 하찮은 것도 보살피신다. 그렇다면 그분은 분명 자신의 백성을 보살피실 것이다.

마태복음 10:32-33은 공적인 신앙고백의 중요성에 대한 독립적인 진

170 같은 책, 242.

술일 수 있다. 실제로 그 진술은 누가복음 12:1-9에서 다른 상황에 나온다. 그러나 이 문맥에도 잘 들어맞는다. 제자들은 인간의 분노를 두려워하지 않기 때문에 하나님을 두려워하고 사랑한다고 공개적으로 시인하거나 고백한다[호몰로게오(*homologeō*)]. 그들은 육적인 생명을 걸 정도로 그분을 신뢰함으로써, 하늘에 계신 아버지를 신뢰한다는 것을 입증한다. 반대로 그 사명을 버리는 것, 두려워하며 침묵 가운데 사는 것은, 사실상 아버지를 부인하는 것이다. 예수님은 이 진술로 그분이 인류의 심판자임도 암시하신다.

응답

성경은 백 번 정도 "두려워하지 말라"라고 말한다. 이는 성경에서 가장 흔한 명령이다. 성경은 이와 더불어 왜 두려워하지 말아야 하는지와 무엇을 두려워하지 말아야 하는지도 설명한다. 즉, 음모나 수치, 모욕, 미움, 재정적 손실, 전쟁, 무엇보다도 죽음을 두려워하지 말아야 한다. 하나님은 종종 그분의 백성에게 두려움을 재정리하라고 말씀하신다. "그들이 두려워하는 것을 너희는 두려워하지 말며"(사 8:12; 벧전 3:14, 문자적 번역). 제자들은 그들이 두려워하는 것의 목록(뱀, 대중 앞에서 노래하기, 외로움, 암, 투옥)을 만든 다음 이 가운데 어느 것이 타당한지 물어야 한다. 예수님은 미움과 채찍질과 죽음이 무서울 수 있음을 인정하면서도, 제자들의 증언을 멈추게 하는 두려움을 무시하고 죽음에 대한 두려움에서 벗어나 계속 나아가라고 명령하신다. 디트리히 본회퍼(Dietrich Bonhoeffer)는 감옥에서 이렇게 썼다. "여전히 사람을 두려워하는 이들은 하나님을 두려워하지 않고, 하나님을 두려워하는 이들은 더 이상 사람을 두려워하지 않는다."[171]

마태복음 10장은 또한 그리스도를 고백하는 것이 무슨 의미인지도 명

171 같은 책.

확히 한다. 그리스도를 고백하는 것은 "예수는 주님이[시다]"(롬 10:9, 새번역) 같은 말을 포함하지만, 그것을 일관성 있는 행동으로 입증해야 한다. 그래서 제자는 그분의 뜻을 행할 때, 특히 그 일이 위험할 때 그리스도를 고백한다. 이는 그리스도가 십자가에서 죽은 후 부활했으며 "주 안에서 죽는"(계 14:13) 자들에게 생명을 주실 것이라는 확신을 보여준다.

바울, 야고보, 베드로, 스데반 등은 그리스도를 위해 기꺼이 죽는 복된 모습을 보여주었다. 이는 다른 이들 역시 담대함을 갖게 하는 동기가 된다. 로마의 역사가 루시안(Lucian)은 속임수에 넘어갔다는 이유로 그리스도인들을 경멸했지만, 그들의 담대함은 인정해야 했다. "불쌍한 이들이…자신들이 죽지 않을 것이라고…확신했다…(그래서) 그들은 죽음을 경멸한다."[172] 이는 사람들이 얻고자 하는 비난이다. 예수님이 그분을 위해 희생하는 모든 자를 인정하시기 때문이다.

172 Lucian of Samosata, *The Passing of Peregrinus*, paragraph 13. In *Lucian*, vol. 5, translated by A. M. Harmon, LCL 302 (Cambridge, MA: Harvard University Press, 1936).

10:34 내가 세상에 화평을 주러 온 줄로 생각하지 말라 화평이 아니요
검을 [1]주러 왔노라 35 내가 온 것은 사람이 그 아버지와, 딸이 어머니
와, 며느리가 시어머니와 불화하게 하려 함이니 36 사람의 원수가 자
기 집안 식구리라 37 아버지나 어머니를 나보다 더 사랑하는 자는 내
게 합당하지 아니하고 아들이나 딸을 나보다 더 사랑하는 자도 내게
합당하지 아니하며 38 또 자기 십자가를 지고 나를 따르지 않는 자도
내게 합당하지 아니하니라 39 자기 목숨을 얻는 자는 잃을 것이요 나
를 위하여 자기 목숨을 잃는 자는 얻으리라

10:34 "Do not think that I have come to bring peace to the earth. I have
not come to bring peace, but a sword. 35 For I have come to set a man
against his father, and a daughter against her mother, and a daughter-in-
law against her mother-in-law. 36 And a person's enemies will be those
of his own household. 37 Whoever loves father or mother more than me
is not worthy of me, and whoever loves son or daughter more than me
is not worthy of me. 38 And whoever does not take his cross and follow
me is not worthy of me. 39 Whoever finds his life will lose it, and

whoever loses his life for my sake will find it.

40 너희를 영접하는 자는 나를 영접하는 것이요 나를 영접하는 자는
나를 보내신 이를 영접하는 것이니라 41 선지자의 이름으로 선지자를
영접하는 자는 선지자의 상을 받을 것이요 의인의 이름으로 의인을
영접하는 자는 의인의 상을 받을 것이요 42 또 누구든지 제자의 이름
으로 이 작은 자 중 하나에게 냉수 한 그릇이라도 주는 자는 내가 진
실로 너희에게 이르노니 그 사람이 결단코 상을 잃지 아니하리라 하
시니라

40 "Whoever receives you receives me, and whoever receives me
receives him who sent me. 41 The one who receives a prophet because
he is a prophet will receive a prophet's reward, and the one who
receives a righteous person because he is a righteous person will
receive a righteous person's reward. 42 And whoever gives one of these
little ones even a cup of cold water because he is a disciple, truly, I say
to you, he will by no means lose his reward."

11:1 예수께서 열두 제자에게 명하기를 마치시고 이에 그들의 여러 동네에서 가르치시며 전도하시려고 거기를 떠나가시니라

11:1 When Jesus had finished instructing his twelve disciples, he went on from there to teach and preach in their cities.

1) 헬, 던지러

단락 개관

마태복음 10:34-11:1은 선교에 관한 예수님의 담화를 마무리 짓는다. 이 부분은 예수님의 나라가 무엇을 가져오는지 명확히 한다. 기대와는 달리, 메시아는 즉시 평화, 번영, 신실의 시대가 시작될 것이라고 알리지 않으신다(사 11장; 60-66장; 욜 3:18; 암 9:13). 행복한 시대가 올 테지만, 먼저 예수님은 화평이 아니라 검을 가져오신다. 이곳에서 검은 심판이 아니라 선택을 나타낸다. 결단은 심지어 가정 내에서도 분열을 일으킨다. 어떤 사람은 그리스도를 택하고, 다른 사람은 어둠을 택하기 때문이다(마 6:22-24). 이 본문은 그리스도를 택하는 것이 그분께 최고의 사랑을 드리는 것임을 확고히 한다. 이 본문은 또한 그 가르침의 서두로 돌아간다. 첫 부분에서 예수님은 제자들에게 먼저 이스라엘로 가서 환영하는 성읍을 찾으라고 말씀하셨다(10:5-6, 11-13). 이제는 그들을 환영한 모든 사람이 받을 보상을 알려 주신다(10:40-42).

10장

단락 개요

Ⅳ. 예수님의 권위 아래서 그 나라가 성장하다(8:1–11:1)
  B. 두 번째 설교: 제자들이 예수님을 따라 선교하러 가다 (10:1–11:1)
    8. 제자들은 가족, 자기 목숨보다 그리스도를 사랑한다 (10:34–39)
    9. 예수님은 자신을 섬기는 자들을 영화롭게 하신다(10:40–42)
    10. 사역을 계속 이어가시다(11:1)

마태복음에 나오는 예수님의 가르침 대부분이 그렇듯이, 10:34-42도 구조가 탄탄하다. 해석자는 점진적인 진행과 시적 병행을 알아차릴 것이다. 이 부분은 세 단락으로 되어 있다. 첫 번째 단락은 분열을 초래하는 예수님의 선교를 알려준다(34-36절), 두 번째 단락은 제자들의 절대적인 충성심을 묘사한다(37-39절).[173] 세 번째 단락은 예수님을 지지하는 이들이 받을 보상을 이야기한다(40-42절).

조금 더 자세히 말하자면, 이 부분은 예수님의 목적에 관한 3개의 진실로 시작한다. 그분은 (1) 화평을 주기 위해 오시지 않았고 (2) 검을 주러 오셨으며 (3) 가정을 분열시키러 오셨다. 그분은 이 분열을 세 가지 방식으로 증명하신다. 아들이 아버지와 맞서고, 딸이 어머니와 맞서며, 며느리가 시어머니와 맞선다. 그래서 제자는 "집안"에 원수가 있을 것이다(34-37절).

문법적으로는, 일련의 명사적 분사들(과 1개의 관계대명사)에 세 주제를 다루는 병행 진술들이 걸려 있다. 첫 번째 분사는 가족보다 그리스도께 더 충성하는 것을 다룬다. 두 번째는 개인적인 안락보다 그리스도께 더 충성하는 것을 묘사한다. 세 번째는 그분의 종들을 향한 예수님의 충성이 그분이 주시는 보상에 드러남을 묘사한다.

- 예수님은 분열을 가져오신다: 가족보다 예수님께 더 충성함

  아버지나 어머니를 나보다 더 '사랑하는 자'는 내게 합당하지 아니하고
  아들이나 딸을 나보다 더 '사랑하는 자'도 내게 합당하지 아니하며

- 예수님은 최고의 사랑을 요구하신다: 개인적인 안락보다 예수님께 더 충성함

  자기 십자가를 지고 나를 따르지 않는 '자'도 내게 합당하지 아니하니라
  자기 목숨을 얻는 '자'는 잃을 것이요
  나를 위하여 자기 목숨을 잃는 '자'는 얻으리라

173 필자의 표현은 Turner, *Matthew*, 274을 반영한 것이다.

- 예수님은 그분의 종을 영화롭게 하신다: 예수님이 주시는 보상에서 드러나는 그분의 충성

  너희를 영접하는 '자'는 나를 영접하는 것이요
  나를 영접하는 '자'는 나를 보내신 이를 영접하는 것이라
  선지자를 영접하는 '자'는 선지자의 상을 받을 것이요
  의인을 영접하는 '자'는 의인의 상을 받을 것이요
  '누구든지'…작은 자…에게 냉수 한 그릇이라도 주는 '자'는…상을 잃지 아니하리라

주석

10:34-11:1 "내가…온 줄로…아니요…왔노라"라는 표현은 예수님의 선재하심을 넌지시 알려주고, 그분에게는 계획과 목표가 있으며 그분이 자신의 사역 경로를 예견하심을 암시한다. 예수님은 평강의 왕이며, 평안을 주신다. 평화를 이루는 자를 복 있다고 하시며, 그분에게는 칼이 필요하지 않다(사 9:6; 요 14:27; 마 5:9; 26:51-53). 하지만 예수님은 먼저 검을 가져오신다. 참된 평화를 얻기 위해서는 악과 싸우는 것이 필요하며, 그 세력은 싸움 없이 그들의 지위를 빼앗기지 않을 것이다. 많은 유대인이 메시아가 평화와 번영의 시대를 가져올 것이라고 믿었지만, 어떤 이들은 저주와 종말론적 심판을 예상했다. 이곳에서 예수님은 그분을 따르는 이들에게 임할 어려움을 예언하신다.

첫 번째 문제는 회심하지 않은 가족 구성원들로 인해 일어난다. 예수님은 가정에 높은 가치를 부여하지만(마 5:27-32; 19:4-9), 최고의 가치를 부여하지는 않으신다. 마가복음 3:21과 요한복음 7:1-5에서 예수님도 가정 문제를 겪으신다. 예수님의 어머니와 형제들이 그분의 정체성을 놓고 고심한다. 그리스도인 회심자들 역시 반대에 맞닥뜨린다. 《성 페르페투아와 펠리시타스의 순교》(*The Martyrdom of St. Perpetua and Felicitas*)가 그 실례를 보여준다.

페르페투아는 "황제의 안녕을 위한 희생제사를" 거부하여 체포되었을 때 스물두 살의 아기 엄마였다.[174] 그녀를 가장 괴롭게 한 사람은 아버지였다. 아버지는 그녀에게 가족을 위해 믿음을 버리라고 간청했다. 수많은 문화에서 가족의 유대는 최고의 우선순위를 가지지만, 예수님은 "[가족을] 나보다 더 사랑하는 자는 내게 합당하지 아니하고"(37절)라고 말씀하신다.

자녀는 부모를 공경하고 충성해야 한다. 더욱이 예수님 당시 자녀들은 보통 결혼 초기에 부모와 함께 살았으므로, 이는 신앙에 관한 갈등을 가속화시켰을 것이다. 본질적인 부분의 차이도 고통스럽지만, 가족 중 일부가 예수님을 따르고 일부는 명예나 부를 추구한다면 갈등은 불가피하다. 가족의 유대가 파열될 수 있다. 그리스도를 섬기는 것이 가족과의 화평보다 더 중요하다. 예수님은 이를 누가복음 14:26에서 냉엄하게 (그리고 과장되게) 말씀하신다. "무릇 내게 오는 자가 자기 부모와 처자와 형제와 자매와 더욱이 자기 목숨까지 미워하지 아니하면 능히 내 제자가 되지 못하고."

최고의 사랑과 충성에 대한 예수님의 요구는 두 번째 도전으로 이어진다. 갈등이 생기면 제자는 개인적인 안락보다, 심지어 목숨 자체보다 그리스도를 향한 충성을 선택해야 한다. 요아킴 예레미아스(Joachim Jeremias)는 "자기 십자가를 지고"(마 10:38)는 처형당하는 것 이상을 가리킨다고 주장했다. 사형수가 자신의 처형 도구를 어깨에 메었을 때에 그는 법적 권리나 법적 보호도 없는, 사람 취급도 못 받는 버림받은 사람으로, "무력한 경멸과 조롱의 대상으로" 피에 굶주린 군중을 마주했다.[175] 십자가는 가장 끔찍한 처형을 의미한다. 슬프게도 열두 사도조차 그리스도를 위해 고난 받을 준비를 갖추지 못했다. 그분이 잡히셨을 때 대부분 도망갔기 때문이다. 베드로는 살기 위해 심지어 예수님을 모른다고 부인했다(26:56, 69-75). 예수님은 제자들에게 그분이 하셨던 것처럼 하라고 요청하신다. 그들은 죽

174 "The Martyrdom of St. Perpetua and Felicitas", from *The Acts of the Christian Martyrs*, trans. Herbert Musurillo (Oxford: Oxford University Press, 1972).

175 Jeremias, *New Testament Theology*, 242.

을 준비를 해야 한다. 그렇게 죽을 때, 그들은 현재에 그리고 영원히 산다(10:39).

예수님은 제자들에게 많은 것을 요구하지만, 그분 역시 그들에게 충성을 다할 것이라고 약속하며 선교 담화를 마무리하신다. 그분은 큰 희생과 사소한 섬김에도 보답하실 것이다. 또 "너희를 영접하는 자는 나를 영접하는 것이요"라고 말씀하시며, 그들의 사역과 삶이 그분의 사역과 삶 그리고 그분을 보내신 아버지와 연합되어 있다는 것을 확실히 해주신다. 어떤 이들이 예수님의 이름으로 말한다는 이유로 사도를 박해한다면, 다른 이들은 예수님을 위해 그들을 영접한다. 모든 사람이 순회 설교자는 아니지만, 평범한 제자가 선교를 후원할 때 그들은 예언자와 의인의 상을 받는다. 사람들은 예수님의 대행자를 대하는 것처럼 예수님을 대한다. 그들이 그분의 이름으로 그분의 일을 하기에, 이것이 옳다.

예수님은 10:42에서 그 원리를 확대하신다. 사도들을 섬기는 일이 선하다면, "작은 자"를 섬기는 것 또한 그렇다. 예수님은 분명 아이들을 돌보시므로, 아이들이 제자일 수 있다. 따라서 작은 자 중 하나를 위한 "냉수 한 그릇"은 문자적인 것으로 볼 수 있다. 그러나 주석가들은 보통 42절의 "작은 자"는 예수님을 따르는 자들 중 가장 초라한 이들을 나타낸다고 해석한다. 가장 작은 사람을 향한 가장 작은 친절, 가장 작은 몸짓이 상을 받는다. "냉수 한 그릇"은 문자적으로도 의미가 통하지만, 또한 10:11-13에 그려진 더 깊은 환대를 가리킬 수도 있다.

예수님은 담화를 끝내고(11:1), 제자들에게서 이스라엘 사람들에게로 옮겨가신다. 그래서 마태는 사도들에게서 예수님께로 다시 주의를 돌린다.

응답

사람들은 예수님이 기적을 통해 신성을 드러내시고, 가르칠 때 인성 혹은 지혜를 드러내신다고 생각하지만, 예수님의 가르침 역시 주 예수님을 향한 믿음을 요구한다. 마태복음 10:34-42은 그분의 선재하심과 구원하시는 목적을 단언한다. 그분은 어떤 일들을 하시기 위해 "왔[다]." 그분은 가정에서의 충성을 넘어서는 배타적인 충성을 요구하시고, 목숨 자체보다 그분을 사랑해야 한다고 명하신다. 사람들이 그분 안에서 생명을 찾기 때문이다. 마지막으로, 그분은 모든 선한 일을 보고 상주시는 심판자다.

"자기 십자가를 지고 나를 따르[라]"라는 명령이 가장 눈에 띄는 것 같지만, 이는 오늘날 교회에서 호소력을 잃었다. 교회는 십자가를 사랑하기 때문에 그것을 길들이고 예쁘게 장식했다. 교회 십자가들은 화려하다. 땅 위에 떠 있고 목과 귀에 걸려 있다. 십자가의 공포, 수치, 두려움은 사라졌다. 십자가는 이제 더 이상 처형 도구가 아니다. 그러나 수백만의 그리스도인이 날마다 실제적인 위협에 직면해 있으므로, 신자들은 십자가를 예수님과 함께 고난 받겠다는 의지의 상징으로 회복시켜야 한다.

예수님은 제자들에게 큰 희생을 요구하신다. 10:40-42에서 그분은 각각의 크고 작은 일을 보고 상주겠다고 약속하시고, 이것은 충분한 동기 부여의 요인이 된다.

11장

2 요한이 옥에서 그리스도께서 하신 일을 듣고 제자들을 보내어 3 예
수께 여짜오되 오실 그이가 당신이오니이까 우리가 다른 이를 기다리
오리이까 4 예수께서 대답하여 이르시되 너희가 가서 듣고 보는 것을
요한에게 알리되 5 맹인이 보며 못 걷는 사람이 걸으며 나병 환자가
깨끗함을 받으며 못 듣는 자가 들으며 죽은 자가 살아나며 가난한 자
에게 복음이 전파된다 하라 6 누구든지 나로 말미암아 실족하지 아니
하는 자는 복이 있도다 하시니라

2 Now when John heard in prison about the deeds of the Christ, he
sent word by his disciples 3 and said to him, "Are you the one who is
to come, or shall we look for another?" 4 And Jesus answered them,
"Go and tell John what you hear and see: 5 the blind receive their sight
and the lame walk, lepers[1] are cleansed and the deaf hear, and the dead
are raised up, and the poor have good news preached to them. 6 And
blessed is the one who is not offended by me."

1 Leprosy was a term for several skin diseases; see Leviticus 13

단락 개관 및 개요

V. 반대에 직면해도 그 나라는 성장한다(11:2-13:58)
  A. 요한과 예수님(11:2-19)
    1. 요한이 예수님의 신분을 의심하다(11:2-3)
    2. 예수님이 자신의 신분을 확인해주시다(11:4-6)

마태복음 10:16-39에서 예수님은 시련과 박해와 저항을 예고하셨다. 11장은 세례 요한이 투옥의 시련을 겪는 장면으로 시작한다. 11-12장의 특징은 10장의 내용을 성취하는 실망스러운 일들이 이어진다는 것이다. 지도자들은 반대를 표하고 요한은 의심을 드러낸다. 요한은 감옥에서 예수님이 정말 메시아인지 묻는다. 예수님은 이사야 29, 35, 42장에서 여러 부분을 인용하며 답하신다. 이 구절은 사실상 마태복음 10장의 경고를 배가시킨다. 예수님의 길을 예비한 세례 요한이 박해를 당해야 한다면, 누가 시련을 피할 수 있겠는가?

이는 비평가들이 진본으로 여기는 본문으로, '당혹성의 기준'을 충족한다. 요한이 의심을 표하는 것은 당혹스러워 보이기 때문에, 교회는 그것을 날조할 수 없을 것이다. 이 본문은 가난한 자들에게 그 나라를 선포하는 주제들과도 일관성이 있는데(마 5:3; 눅 6:20), 그 내용은 예수님에 대한 전통적인 자격도 아니고, 이후 기독교 신학의 흔적도 아니다. 보수적인 학자들은 복음서에 다소 당황스러운 수많은 기사가 있다는 데 동의한다. 복음서는 예수님이 한낱 목수에 불과했다고, 요한은 의심을 품었다고, 예수님이 우셨다고, 베드로가 그분을 배반했다고, 이런 것들이 사실이기 때문에 예수님이 십자가에서 죽으셨다고 기록한다. 복음서들의 목표는 기독교의 사회적 지위를 극대화하는 것이 아니라 예수님에 관한 진리를 말하는 것이다.

주석

11:2-6 요한은 회개와 그 나라의 도래 그리고 자기보다 큰 분이 오실 것을 선포했다. 그러면서 회개와 곧 하나님께서 하실 일을 대비하기 위한 세례를 베풀었다(3:1-12). 그러나 11장에서 요한은, 로마를 위해 갈릴리를 통치하던 분봉왕 헤롯의 부도덕한 행동을 규탄한 이유로 감옥에서 고생하고 있다. 헤롯은 요한을 두려워했고, 그의 말에 귀 기울였고, 그를 무기한으로 옥에 가두었다. 감옥에서 요한은 예수님께 제자들을 보내 "오실 그이가 당신이오니이까"라고 묻는다(2-3절). 요한은 예수님을 하나님의 어린양으로, 곧 오실 분으로, 하나님의 아들로 생각했지만(요 1:29-34), 감옥이 그에게 의심을 불어넣었다.

신학자들은 간혹 요한이 진짜 의심하지는 않았다고, 그의 질문은 발견적 학습을 위한 어떤 기술이라고 주장하지만, 그의 의심은 진짜로 들리고 예수님은 그것을 진짜 질문으로 여기신다. 그분은 요한의 제자들에게 메시지를 주신다. "가서…요한에게 알리되"(4절). 구약의 엘리야 내러티브는 신실한 예언자도 의심을 품을 수 있음을 보여준다(왕상 18-19장). 감옥은 몸과 영혼을 짓밟으므로, 약하고 한계 상황에 있는 인간은 고통을 당할 때 의심하기 쉽다.

요한에 대한 예수님의 이후 언급은 친절하지만(마 11:7-19), 예수님의 첫 언급에는 예언자적 어조가 있다. 예수님은 근본적으로 이렇게 말씀하신다. "[나는 메시아가 하리라고 예언자들이 말한 그것을 행하고 있다.] 맹인이 보며 못 걷는 사람이 걸으며 나병 환자가 깨끗함을 받으며 못 듣는 자가 들으며 죽은 자가 살아나며 가난한 자에게 복음이 전파된다"(4-5절).

이 목록에는 흥미로운 특징이 있다.

첫째, 복음서에 몰두한 독자들에게는 기적의 목록이 익숙하겠지만, 더 넓은 문맥에서는 그렇지 않다. 구약성경에서는 맹인이 보지 못하고, 죽은 자가 살아나는 경우도 두 번밖에 없다. 나아가 4b-5절의 동사들은 모두 현재 시제다. 이는 요한의 제자들이 그 기적들을 보고 들을 만큼 오랫동안 예수님과 함께 머물렀음을 암시한다(4b절).

둘째, 5절은 기적을 언급하는 이사야 29, 35, 42장의 인용문을 합친 것이다. 또 그 세 장 모두 하나님의 심판을 예고하지만 예수님은 심판에 대한 언급을 건너뛰신다. 요한은 "도끼가 나무뿌리에 놓였으니"(마 3:10)라며 임박한 심판을 예언했었다. 아마도 예수님이 심판을 무시하신 것이 요한을 불안하게 만들었을 것이다. 그러나 심판은 포기된 것이 아니라 연기된 것이다.

셋째, 8-9장에서처럼 예수님은 말씀과 사역을 연결시키신다. 기적들은 말씀으로 이어진다. "가난한 자에게 복음이 전파된다"(5절).

예수님은 "누구든지 나로 말미암아 실족하지 아니하는 자는 복이 있도다"(6절)라고 마무리하신다. 예수님은 자주 사람들을 실족시키시지만, 칼빈이 올바르게 언급하듯이, 사람들은 자신의 실족에 대해 질문하고 평가하며 그것들과 씨름해야 한다.[176] 누군가 예수님으로 인해 실족한다면 먼저 스스로를 돌아보아야 한다. 6절의 수사적 효과는 요한에 대한 가벼운 꾸짖음과, 이후 세대들을 위한 교정 혹은 축복이다. 실제로 예수님으로 인해 실족하지 않고 그분을 즐거워하는 것이 복이다.

176 Calvin, *Harmony of the Evangelists*, 2:10-11.

응답

독자들은 이 단락을 통해 예수님이 다가올 메시아의 사역에 대한 예언자의 기사를 성취하심을 본다. 그분은 무작위로 행동하지 않으신다. 여호와는 이사야와 요한 같은 예언자들을 움직여 그분의 길을 예비하게 하셨다.

나아가 예수님은 가난한 자들에게 복음을 전파하시는데, 이는 여전히 신실한 목자들의 임무다. 서구에서 기독교를 받아들이는 사람은 교육을 받은 사람과 부유한 사람의 비중이 더 크다. 그러므로 교육을 받은 부류에 속하는 목회자들이 자신과 비슷한 부류에게 관심을 기울이는 것은 어쩌면 자연스럽고 당연하다. 그러나 예수님은 무리와 함께 머무셨다. 그분은 절대 그들을 버리지 않으셨으므로 그분의 사람들 역시 그래야 한다.

오스 기니스(Os Guinness)는 의심에 관한 함축적인 논문에서 이렇게 언급했다. "의심은 믿음의 반대가 아니고, 불신과 똑같은 것도 아니다. 의심은 믿음과 불신 '사이에' 매달려 있는 마음 상태다."[177] 의심하는 사람들을 단순하게 비난할 수는 없다. 너무 많은 예언자와 시편 기자가 그러한 비난이 가능한 의심을 했다(왕상 19장; 시 22:1; 42:9; 요 20:24-29). 그리고 예수님은 요한과 도마처럼 의심하는 자들을 다정하게 대하신다. 그러면서 그들을 바로잡고 확실한 믿음으로 나아가게 하신다.

177 Os Guinness, *Doubt* (Batavia, IL: Lion Publishing, 1976, 1987), 19, 강조는 저자의 것

7 그들이 떠나매 예수께서 무리에게 요한에 대하여 말씀하시되 너희
가 무엇을 보려고 광야에 나갔더냐 바람에 흔들리는 갈대냐 8 그러면
너희가 무엇을 보려고 나갔더냐 부드러운 옷 입은 사람이냐 부드러운
옷을 입은 사람들은 왕궁에 있느니라 9 그러면 너희가 어찌하여 나갔
더냐 선지자를 보기 위함이었더냐 옳다 내가 너희에게 이르노니 선지
자보다 더 나은 자니라 10 기록된바

보라 내가 내 사자를 네 앞에 보내노니 그가 네 길을 네 앞에 준비
하리라

하신 것이 이 사람에 대한 말씀이니라 11 내가 진실로 너희에게 말하
노니 여자가 낳은 자 중에 [1]세례 요한보다 큰 이가 일어남이 없도다
그러나 천국에서는 극히 작은 자라도 그보다 크니라 12 [1]세례 요한의
때부터 지금까지 천국은 침노를 당하나니 침노하는 자는 빼앗느니라
13 모든 선지자와 율법이 예언한 것은 요한까지니 14 만일 너희가 즐겨
받을진대 오리라 한 엘리야가 곧 이 사람이니라 15 귀 있는 자는 들을
지어다

7 As they went away, Jesus began to speak to the crowds concerning

John: "What did you go out into the wilderness to see? A reed shaken
by the wind? 8 What then did you go out to see? A man[1] dressed in soft
clothing? Behold, those who wear soft clothing are in kings' houses.
9What then did you go out to see? A prophet?[2] Yes, I tell you, and more
than a prophet. 10 This is he of whom it is written,
"'Behold, I send my messenger before your face,
who will prepare your way before you.'
11 Truly, I say to you, among those born of women there has arisen
no one greater than John the Baptist. Yet the one who is least in the
kingdom of heaven is greater than he. 12 From the days of John the
Baptist until now the kingdom of heaven has suffered violence,[3] and the
violent take it by force. 13 For all the Prophets and the Law prophesied
until John, 14 and if you are willing to accept it, he is Elijah who is to
come. 15 He who has ears to hear,[4] let him hear.

16 이 세대를 무엇으로 비유할까 비유하건대 아이들이 장터에 앉아
제 동무를 불러 17 이르되
우리가 너희를 향하여 피리를 불어도 너희가 춤추지 않고 우리가
슬피 울어도 너희가 가슴을 치지 아니하였다
함과 같도다 18 요한이 와서 먹지도 않고 마시지도 아니하매 그들이
말하기를 귀신이 들렸다 하더니 19 인자는 와서 먹고 마시매 말하기를
보라 먹기를 탐하고 포도주를 즐기는 사람이요 세리와 죄인의 친구로
다 하니 지혜는 그 [2)]행한 일로 인하여 옳다 함을 얻느니라
16 "But to what shall I compare this generation? It is like children sitting
in the marketplaces and calling to their playmates,
17 "'We played the flute for you, and you did not dance;
we sang a dirge, and you did not mourn.'

18 For John came neither eating nor drinking, and they say, 'He has a demon.' 19 The Son of Man came eating and drinking, and they say, 'Look at him! A glutton and a drunkard, a friend of tax collectors and sinners!' Yet wisdom is justified by her deeds."[5]

1) 헬, 또는 침례 2) 어떤 사본에, 자녀들로

1 Or *Why then did you go out? To see a man...* *2* Some manuscripts *Why then did you go out? To see a prophet?* *3* Or *has been coming violently* *4* Some manuscripts omit *to hear* *5* Some manuscripts *children* (compare Luke 7:35)

단락 개관

이 단락은 예수님과 그분의 제자들에게 무관심한 이스라엘의 모습을 계속 살핀다. 마태복음 10:40은 예수님의 제자들을 영접하는 이들은 모두 그분을 영접한 것이라고 말했다. 그러나 이스라엘 자손은 대부분 요한과 그의 제자 심지어 예수님조차 무시했다. 11:2-3에서 요한은 예수님께 자신의 의심을 가져왔고, 예수님은 그것에 대해 대답해주셨다. 학자들은 가끔 4-6절에 나오는 예수님의 대답을 책망으로 해석한다. 그러나 그분의 책망은 분명하고 날카롭다. 베드로에게 "사탄아 내 뒤로 물러가라"라고 하셨고, 바리새인들에게 "외식하는 자들, 독사"라 하셨다. 7-19절은 요한에 대한 좀처럼 사라지지 않는 의심을 제거한다. 예수님이 그를 하나님의 예언자로, 그 나라에서 큰 자로, 새로운 계시의 조짐으로 칭찬하시기 때문이다. 예수님은 책망하시지만 그것은 "이 세대"(16절)를 향해 있다. 그들은 요한의 금욕 생활을 거부하고 그가 "귀신이 들렸다"(18절)고 주장한다. 그러나 예수님이 오셔서 잔치에 가서 먹고 마시며 축하하자, 먹기를 탐하고 포도주를 즐기는 자라 칭한다. 그 사람들의 비위를 맞추기는 어렵다.

단락 개요

V. 반대에 직면해도 그 나라는 성장한다(11:2-13:58)

A. 요한과 예수님(11:2-19)

3. 예수님이 요한을 예언자이자 그 나라의 대행자로 칭찬하시다(11:7-15)

4. 예수님이 변덕스러운 세대를 책망하시다(11:16-19)

마태복음 11:7-19은 두 부분으로 나뉜다. 첫 번째 부분은 요한을 칭찬하고, 두 번째 부분은 요한과 예수님 모두에게 등 돌린 세대를 비판한다.

예수님은 이어지는 6개의 수사적 질문을 사용하여, 요한이 예언자면서 예언자 이상이라고 말씀하신다(7-9절). 그는 하나님의 전령이며 주를 위한 길을 예비한다(10절). 그러므로 여자에게서 난 자 중에 요한보다 더 큰 이가 없다(11절). 그럼에도 요한은 폭력에 시달린다. 이는 너무나 전형적이다. 폭력적인 사람들은 항상 그 나라를 공격하기 때문이다(12절). 하지만 요한은 언약 역사에서 전환점을 나타낸다. 그는 예수님을 위해 길을 예비하는 두 번째 엘리야다(13-14절).

예수님은 귀를 기울이라는 권면 후에(15절), 그분의 세대를 짜증을 잘 내는 어린아이에 비유하신다. 이들은 친구들과 함께 장터에 앉아 있지만 놀려고 하지 않는다. 침울한 아이를 기쁘게 할 수 있는 것은 아무것도 없는 것처럼, 예수님의 세대를 기쁘게 할 것도 없다. 요한이 와서 금욕을 실천하자 그들은 "귀신이 들렸다"는 혐의를 제기한다. 인자가 와서 잔치에 참여하자 포도주를 즐기는 사람이라고 칭한다(16-19절). 예수님은 "지혜는 그 행한 일로 인하여 옳다 함을 얻느니라"(19절)라고 결론 내리신다. 지혜처럼 예수님도 거부당할 테지만 언젠가 그분의 행동이 그분의 옳음을 입증할 것이다.

주석

11:7-15 이 구절은 몇 개의 수사적 질문으로 시작한다. 수사적 질문은 날카로운 책망을 전달할 수도 있지만(16:8-11), 여기서 그 질문들은 요한에 대한 올바른 시각을 갖도록 이끈다. 11:3에 나오는 요한의 질문이 그에 대한 의심을 품게 한다면, 예수님이 그것을 바로잡으신다.

예수님은 먼저 왜 사람들이 요한을 보러 광야(가벼운 일이 아니다)를 가로질러 가는지 질문하신다(7절; 3:1). 그들은 쉽게 흔들리는 수생 식물인 가느다란 갈대를 보러 갔는가? 그렇지 않다. 요한은 하나님의 예언자로, 대중의 의견이나 위협에 쉽게 움직이지 않는 사람이다. 마찬가지로 부드러운 옷을 입은 사람을 보러 가는 사람도 없었다. 요한은 굵은 베옷을 입었지만, 요점은 더 광범위하다. 이스라엘에는 두 종류의 예언자, 즉 하나님의 예언자와 왕을 섬기는 예언자가 있었다. 몇몇 경건한 왕은 참된 예언자의 자문을 환영했다. 다윗에게는 나단이 있었고, 히스기야에게는 이사야가 있었다(삼하 7-12장; 왕하 19-20장). 그러나 왕에게 듣기 원하는 말을 '예언'하고 대가를 받는 예언자들도 많았다. 미가야에 맞선 아합의 예언자들의 경우가 이를 적나라하게 보여준다(왕상 22:1-35, 참고. 암 7:12-16). 왕궁의 예언자들은 부드러운 옷과 부드러운 메시지가 있는 부드러운 삶을 살았다. 요한은 그렇지 않았다.

요한은 예언자면서 예언자 이상이다. 예언의 원천이자 대상이기 때문이다. 그는 말라기 3:1과 4:5에서 마지막 문서의 예언자가 예고한 두 번째 엘리야다. 엘리야처럼 그는 예수님을 소개한다. 요한은 또한 예수님의 신성을 입증한다. 말라기는 그가 메시아가 아니라 '주'의 길을 준비할 것이라고 말한다(말 3:1; 마 3:3; 11:10).

요한은 또한 "여자가 낳은 자 중에"(11a절) 가장 크다. 그는 새로운 방식의 예언자들이 시작됨을 나타내고, 새로운 시대를 안내하는 첫 번째 사람이다. 칼 크라엘링(Carl Kraeling)은 (이후의) 한 랍비 문서가 어떤 구절에서 요셉과 모세를 묘사하며 "그보다 더 큰 이가 없다"라는 어구를 사용하는 것을 언급한다. 요점은 둘 다 문자적으로 가장 크다는 것이 아니라 각각이 특정한 방식으로 크다는 것이다. 이것이 마태복음에서의 "…보다 큰 이가 일어남이 없도다"의 의미라면, 그것은 어느 지점에서 요한이 가장 큰지 질문해야 한다는 의미다.[178]

요한이 그렇게 크다면, 어떻게 예수님은 "천국에서는 극히 작은 자라도 그보다 크니라"(11b절)라고 말씀하실 수 있는가? 그들의 믿음이 더 커서가 아니라, 이후에 사는 이들은 예수님의 사역을 끝까지 보고 그에 대한 더 완전한 계시를 얻을 것이기 때문이다.

12절은 어렵고, 무엇이 올바른 번역인지에 대한 논란이 있다. 필수 용어들의 의미가 분명하지 않기 때문이다. 모든 번역이 앞의 절반 "세례 요한의 때부터 지금까지 천국은"에 대해서는 의견이 같다. 그 다음에 변이형이 시작된다.

ESV: "폭력에 시달리고, 폭력을 행사하는 사람은 힘으로 그것을 빼앗는다."

NIV: "폭력을 당하고, 폭력적인 사람들이 그것을 급습한다."

NIV 1984: "힘 있게 전진하고 있고, 힘 있는 사람들이 그것을 손에 넣는다."

NLT: "힘 있게 전진하고 있고, 폭력적인 사람들이 그것을 공격하고 있다."

예수님의 말씀에 대한 해석은 적어도 세 가지 의문을 제기한다. 첫째, 그 나라는 가해지는 물리력으로 인해 고통 받는가, 아니면 그 나라가 강력하게 행동을 취하는가? 둘째, 강압적인 사람들이 그것을 움켜쥐는가, 아니면 폭력적인 사람들이 그것을 공격하는가? 전반적으로, 그 나라가 강력하게

178 Carl H. Kraeling, *John the Baptist* (New York: Scribner's, 1951), 139.

전진한다는 개념인가, 아니면 폭력에 시달린다는 것인가? 수수께끼는 현재 시제 동사 비아조마이(*biazomai*)로 시작된다. 형태상으로 그 동사는 중간태나 수동태를 취할 수 있다. 중간태는 '폭력을 쓰다' 혹은 '밀고 들어가다'라는 뜻이고, 수동태는 '폭력에 시달리다'라는 뜻이다. 통계적으로 중간태가 더 흔하므로 '힘 있게 전진하고 있다'라는 번역이 더 가능성 있다. 그 행의 앞 절반이 긍정적이라면 두 번째 부분도 긍정적이라 예상된다. 그러나 명사 비아스테스(*biastēs*)는 항상 '폭력적인 사람'을 뜻하고(아마도 이곳만 제외하고는), 동사 하르파조(*harpazō*)는 (거의) 이익을 위해 '붙잡다' 혹은 '쥐다'라는 뜻이다. 이 때문에 아마도 NLT 번역이 가장 가능성 있을 것 같다. 그 개념은, 요한의 투옥이 시사하듯 폭력적인 사람들이 그 나라를 약탈함에도, 5절이 암시하듯 그 나라가 힘 있게 전진하고 있다는 것이다.[179] 이는 10:16-39에 나오는, 사도들에게 닥칠 위험에 대한 예수님의 예언과 병행을 이룬다.

이것이 옳긴 하지만 다른 번역에도 장점이 있다. ESV, RSV, KJV, NASB, CSB에 더하여 대부분의 주석가들이 진실한 무언가를 말한다. 즉 그 나라가 폭력에 시달리고, 폭력적인 사람들이 그 나라와 그 나라 사람들을 붙잡으려 한다는 것이다. NIV(1984)는 격려가 되는 주장을 한다. 그 나라가 전진하고 있으므로, 그 나라에 들어간 사람들은 열성과 확신으로 담대하게 행동해야 한다는 것이다.[180] 이것이 누가복음 16:16의 의미다. 이 구절은 그 나라가 전진하고 있고, "모두 거기에 억지로 밀고 들어간다"(새번역)라고 말한다. 그러나 누가복음의 배경, 문법, 용어는 상당히 다르다. 예수님이 누가복음에서는 그 나라 사람들에게 담대한 행동을 요청하시지만, 마태복음에서는 그렇지 않다. 마태복음에서 예수님은 요한이 경험했듯이, 폭력에 대비하라고 제자들에게 경고하신다(10:16-39; 11:2; 14:1-12).

13-15절은 요한에 대한 칭찬으로 돌아간다. 13절의 표현은 특이하다.

179 Carson, *Matthew*, 309-310.

180 Ladd, *Presence of the Future*, 158-164.

예수님의 말씀에서 "선지자"가 "율법"에 앞서고, 둘 다 예언한다고 말한다. 요지는 명백하다. 요한까지 구약 전체가 예언했고, 그는 말라기 3:1-3에 예고된 엘리야다. 그는 그 중심에 계신 예수님과 함께 새 언약과 주의 날의 시작을 알린다. "만일 너희가 즐겨 받을진대"(마 11:14)는, 그 진리가 인간의 받아들임 여하에 달려 있다는 뜻이 아니다. 그러나 새로운 진리가 임할 때 올바른 태도는 꼭 필요하다. 그래야 익숙한 생각과 방식을 넘어 움직일 수 있다. "귀 있는 자는 들을지어다"(15절) 역시 근본적으로 동일한 생각을 밝힌다.[181]

11:16-19 비유와 그림 이미지의 달인이신 예수님이 요한으로부터 그를 평가하는 대중으로 옮겨가신다. 예수님은 그분의 세대를, 그럴듯한 놀이를 제안해도 앉아서 아무것도 하지 않으려는 아이들에 비유하신다. 예수님은 그분 자신과 요한을, 놀이 친구가 될 만한 이들을 불러내는 아이에 비유하신다. 그들은 가상 결혼식을 위해 음악을 연주하고 춤을 추자고 하지만, 아이들은 거절한다. 장례식을 위해 만가를 불러도, 무기력한 친구들은 그 역시 거절한다(16-17절). 그들을 기쁘게 하는 것은 아무것도 없다. 그들을 움직이게 하는 것도 없다.

게임이나 공상이 침울한 아이를 기쁘게 할 수 없는 것처럼, 예수님의 세대를 기쁘게 할 수 있는 것도 아무것도 없다. 요한이 와서 이스라엘의 죄로 인해 금식하며 금욕을 행했을 때(9:14), 그들은 "[그가] 귀신이 들렸다"고 주장했다. 요한은 금식하며 회개를 요청했고, 큰 무리가 그의 말을 들으러 왔지만, 그를 '따랐던' 사람은 거의 없다. 무리는 요한을 존경했으므로, "[그가] 귀신에 들렸다"는 말이 사탄을 섬긴다는 고발일 수는 없다. '그는 제정신이 아니다'라거나 '그는 광신도다'(참고. 막 3:21) 정도의 의미일 것이다. 더 관대하게는, 가능성이 없긴 하지만 "귀신"[다이모니온(*daimonion*)]이 부정적인

181 같은 표현이 마태복음 13:9, 43에 나온다.

함의 없이 영이라는 고전적인 헬라어의 의미를 가지고 있을 수도 있다. 이 경우라면 요한이 그 특유의 영, 즉 다른 누구도 아닌 그를 이끄는 영을 가지고 있다는 것인 듯하다.

더 나쁜 것으로, 예수님이 오셔서 잔치에서 온갖 사람들과 함께 먹고 마셨을 때 그들은 그분을 먹기를 탐하고 포도주를 즐기는 사람이라고 불렀다(19절). 이는 심각한 비난이다. 성경이 술 취함과 과도함에 대해 수십 번 경고하고(잠 31:4-5; 사 5:22-23), 신명기 21:18-21은 술 취함을 반역과 연결시키기 때문이다. 그 문화에서 "죄인의 친구"는 덧붙은 비난이다. 친구들은 믿음, 관심사, 가치관, 목표를 공유했다. 사람들은 죄인의 친구는 그들의 생활 방식을 공유하리라 믿었다(눅 15:1-2). 그러나 예수님은 회개하고 그분을 따르는 죄인들의 친구가 되어줄 때마다 그 나라가 침입한다는 것을 아신다. 그래서 성자보다 죄인이 더 많은 잔치에 참석하신다.

이렇듯 그 백성은 금욕을 행한다며 요한을 매도하고, 방탕한 삶을 산다며 예수님을 경멸했다. 무엇도 그들을 만족시키지 못했다. 그들은 예수님과 함께 춤추지도 않았고 요한과 함께 애도하지도 않았으므로, 예수님은 그들을 얻으려는 직접적인 시도를 포기하신다. 그분은 자신을 지혜에 비유하신다. "지혜는 그 행한 일로 인하여 옳다 함을 얻느니라"(마 11:19). 이 경우 옳다 함을 얻는 것은 의롭다는 선언이 아니라(롬 3-8장), 정당성을 입증 받는 것이다(눅 7:29; 10:29). 종교 지도자들은 마태복음 9장부터 계속 예수님을 비난했지만, 그분은 언젠가 그분의 행동이 그분이 옳다는 것을 입증하리라 주장하시고 결국 그렇게 된다.

응답

마태복음 11:7-19은 몇 가지 면에서 신자들에게 교훈을 준다. 첫째, 이 구절은 가장 강력한 지도자라도 감당하기 힘든 압박감 아래서는 의심을 품을 수 있음을 보여준다. 둘째, 이에 대해 예수님은 부드럽게 알려주시고(4-5절), 바로잡으시고(6절), 요한을 축복하신다(7-11절). 알려주고, 바로잡고, 축복하는 것은 목자들에게 좋은 본이 된다. 셋째, 예수님은 부드러운 옷, 힘 있는 이들 사이에서의 부드러운 사역에 대한 유혹이 있을 테지만, 복 받는 길은 힘겹다고 예언자와 목사에게 암시적으로 경고하신다(참고. 7:13-14). 넷째, 그 나라가 능력으로 임하지만(11:12a; 눅 16:16), 폭력적인 사람들이 그 나라를 공격한다. 제자들은 굳게 설 각오를 해야 한다. 다섯째, 이 단락은 자기반성을 요청한다. 독자들에게 이렇게 질문하라고 요구한다. 나는 들을 귀가 있는가? 나는 듣고 있는가?(마 11:15) 아니면 춤추지도 않고 애도하지도 않는 심술부리는 아이 같은가?(16-19절) 여섯째, 몇몇 사람은 달가워하지 않을 것이다. 그들은 요한의 금욕을 기이하게 여기고 예수님의 기쁨을 과도하게 여긴다. 그들은 회개하려 하지 않기 때문에 결국 심판에 맞닥뜨린다. 하지만 받아들여질 희망이 거의 없을지라도(15절), 하나님의 대행자들은 선포해야 한다(20-24절). 그리고 거절에 대비해야 한다. 마지막으로, 7-19절은 만약 요한이 주의 길을 준비하는 사자라면, 예수님이 메시아임을 보여준다. 이 세상의 아이들은 그분의 곡조에 맞춰 춤을 추어야 하고, 그 도성은 회개하고 믿어야 한다.

20 예수께서 권능을 가장 많이 행하신 고을들이 회개하지 아니하므로
그때에 책망하시되 21 화 있을진저 고라신아 화 있을진저 벳새다야 너
희에게 행한 모든 권능을 두로와 시돈에서 행하였더라면 그들이 벌써
베옷을 입고 재에 앉아 회개하였으리라 22 내가 너희에게 이르노니 심
판 날에 두로와 시돈이 너희보다 견디기 쉬우리라 23 가버나움아 네가
하늘에까지 높아지겠느냐 음부에까지 낮아지리라 네게 행한 모든 권
능을 소돔에서 행하였더라면 그 성이 오늘까지 있었으리라 24 내가 너
희에게 이르노니 심판 날에 소돔 땅이 너보다 견디기 쉬우리라 하시
니라

20 Then he began to denounce the cities where most of his mighty
works had been done, because they did not repent. 21 "Woe to you,
Chorazin! Woe to you, Bethsaida! For if the mighty works done in
you had been done in Tyre and Sidon, they would have repented long
ago in sackcloth and ashes. 22 But I tell you, it will be more bearable
on the day of judgment for Tyre and Sidon than for you. 23 And you,
Capernaum, will you be exalted to heaven? You will be brought

down to Hades. For if the mighty works done in you had been done in Sodom, it would have remained until this day. [24] But I tell you that it will be more tolerable on the day of judgment for the land of Sodom than for you."

단락 개관 및 개요

V. 반대에 직면해도 그 나라는 성장한다(11:2–13:58)
  B. 예수님이 그 세대를 책망하고 초청하시다(11:20–30)
    1. 예수님이 회개하지 않는 이스라엘 고을들에 경고하시다 (11:20–24)

마태복음 11:20-24에서 예수님은 그분의 능하신 행동을 목격하면서도 회개하지 않는 도성들을 맹렬하게 비난하신다. 이 구절은 그분의 사역에 저항한 세 도성, 고라신, 벳새다, 가버나움의 이름을 밝힌다. 예수님의 가르침에는 경고, 과실에 대해 그들에게 책임이 있다는 질책, 결과에 대한 언급이 있다. 각 부분의 형태는 아주 유사하다.

첫째, 각 도성의 이름이 명시되고 "화 있을진저"라고 경고가 주어진다. 그리고 조건문이 뒤를 잇는다. 조건절은 "너희에게 행한 모든 권능을" 두로나 시돈이나 소돔에서 "행하였더라면"으로 시작되고, 귀결절은 그들이 "회개하였으리라"(21절) 혹은 "그 성이 오늘까지 있었으리라"(23절)로 마무리된다. 결과적으로 "심판 날에" 이스라엘의 믿지 않는 도성들보다 그러한 이방 도성들이 더 견디기 쉬울 것이다(22-24절).

주석

11:20-24 복음서는 예수님이 그들이 서술한 것 외에도 아주 많은 기적을 행하셨음을 암시한다(4:24; 8:16). 예수님은 이름이 밝혀진 세 도성 근처에서 수많은 기적을 행하셨다. 가버나움은 그분에게 제2의 고향이었고(4:13; 8:5; 막 2:1), 고라신은 아마도 가버나움에서 3.2킬로미터 정도 떨어져 있었을 것이며, 벳새다는 베드로와 안드레, 야고보, 요한의 고향이었다. 이 도성들은 특별히 예수님께 적대적이지도 않았지만(나사렛은 적대적이었다, 참고. 눅 4:16-30), 특별히 수용적이지도 않았다.

예수님은 고라신과 벳새다에 "화 있을진저"라고 외치신다. "화 있을진저"라는 표현에는 분노와 연민이 포함되어 있다. 이는 다가올 심판을 선포하지만, 회개에 대한 소망을 암시하기도 한다. 더욱이 이스라엘의 세 갈릴리 성읍에 대한 심판이 구약의 세 이방 성읍에 대한 심판보다 더 무거울 것이다. 이스라엘이 좀 더 많이 알기 때문이다(눅 12:47-48). 그들은 메시아 예수님의 지위를 입증하는 기적들을 보았음에도 대부분 회개하지 않는다. 두로와 시돈은 이스라엘 북쪽 국경에 있는 쌍둥이 도성이다. 이 두 도성은 우상을 숭배했지만, 일반적으로 이스라엘에 적대적이지 않았고, 시돈 사람 한 명이 엘리야와 동맹을 맺기도 했다(왕상 17:8-24). 그들이 예수님의 기적을 보았다면 "베옷을 입고 재에 앉아"(마 11:21) 회개했을 것이다. 베옷은 슬픔이나 애도의 뜻을 표현하기 위해 입는 거친 옷이다. 재에 앉거나 눕는 것은 큰 슬픔을 표현한다. 이 둘은 함께 엄청난 슬픔, 이 문맥에서는 죄에 대한 슬픔을 나타낸다. 그러나 이스라엘은 그러한 죄 의식이 없었고 따라서 회개하지 않았다.

가버나움을 향한 경고는 더 강력하다. 가버나움은 예수님을 가장 잘 알면서도, 하늘로 올라가는 대신 "음부에까지 낮아[질]" 것이다. 예수님의 능하신 사역을 무시했기 때문이다. 소돔은 악함과 성도착으로 악명이 높았지만(창 19장), 예수님의 표현은 이사야 14장에서 가져온 것이다. 그 구절은 부와 무기에 대한 자부심과 타락과 억압으로 인해 바벨론을 기소한다.

바벨론의 특징적인 분위기는 "내가 하늘에 올라…지극히 높은 이와 같아지리라"라고 자랑하는 교만이다. 그러나 하나님은 바벨론을 "스올 곧 구덩이 맨 밑에 떨어짐"을 당하게 하겠다고 맹세하신다(사 14:13-15). 가버나움은 소돔이나 바벨론보다 더 큰 심판을 받을 것이다. 그들보다 더 큰 계시를 받았기 때문이다(요 9:41).

응답

이스라엘 도성들을 향한 경고는 몇 가지 반응을 불러일으킨다. 첫째, 이 구절은 모든 독자에게 그들에게 맡겨진 계시에 반응하여 회개하고 믿고 예수님을 따르라고 요청한다. 둘째, 하나님은 인류의 심판자며 그 일을 할 자격이 있다. 그분은 사람의 말과 행동과 마음을 아신다. 뿐만 아니라 존재하는 모든 것과 있을 수 있는 모든 일을 아신다. 예수님이 이방 땅에서 사역하셨다면 그곳에서 일어난 일들까지도 말이다. 셋째, 그분은 몇몇 사람들에게 더 많은 빛을 비추고 그에 따라 모든 사람을 심판하신다. 하늘에는 기쁨의 등급이 있고 지옥에는 괴로움의 등급이 있다(마 12:41; 23:14 ESV 난외주). 넷째, 앞의 요지는 개인의 책임을 가리키지만, 도성들에 대한 언급은 주님이 개인은 물론 사회도 평가하신다는 것을 서구 개인주의자들에게 상기시킨다. 다섯째, 가장 많은 지식을 가진 이들이 하나님의 계시에 가장 많이 저항할 수 있다. 하지만 예수님은 계속해서 냉담한 이들에게 다가가신다. 사람들이 말씀에 어떻게 반응할지 혹은 성령이 어떻게 움직이실지 분별하기는 불가능하기 때문이다. 그러므로 신실한 전도자들은 계속해서 그 나라를 선포한다.

25 그때에 예수께서 대답하여 이르시되 천지의 주재이신 아버지여 이
것을 지혜롭고 슬기 있는 자들에게는 숨기시고 어린아이들에게는 나
타내심을 감사하나이다 26 옳소이다 이렇게 된 것이 아버지의 뜻이니
이다 27 내 아버지께서 모든 것을 내게 주셨으니 아버지 외에는 아들
을 아는 자가 없고 아들과 또 아들의 소원대로 계시를 받는 자 외에는
아버지를 아는 자가 없느니라 28 수고하고 무거운 짐 진 자들아 다 내
게로 오라 내가 너희를 쉬게 하리라 29 나는 마음이 온유하고 겸손하
니 나의 멍에를 메고 내게 배우라 그리하면 너희 마음이 쉼을 얻으리
니 30 이는 내 멍에는 쉽고 내 짐은 가벼움이라 하시니라

25 At that time Jesus declared, "I thank you, Father, Lord of heaven
and earth, that you have hidden these things from the wise and
understanding and revealed them to little children; 26 yes, Father, for
such was your gracious will.[1] 27 All things have been handed over to me
by my Father, and no one knows the Son except the Father, and no one
knows the Father except the Son and anyone to whom the Son chooses
to reveal him. 28 Come to me, all who labor and are heavy laden, and I

will give you rest. 29 Take my yoke upon you, and learn from me, for
I am gentle and lowly in heart, and you will find rest for your souls.
30 For my yoke is easy, and my burden is light."

1 Or *for so it pleased you well*

11장

단락 개관

이 지점까지 마태복음 11장은 대체로 부정적이었다. 먼저 요한의 투옥과 그의 의심을 이야기한다(1-6절). 요한을 칭찬하지만, 이스라엘이 전반적으로 그와 예수님을 거부했음을 인정한다(7-19절). 그래서 예수님은 귀 먹은 도성들을 책망하시고, 임박한 심판을 경고하신다(20-24절). 그러나 25-30절에서는 어조가 바뀌고, 요한에게 대답함으로써 간접적으로 예수님이 정말 "오실 그이"(3절)임을 선언하신다.

예수님은 선택의 신비를 통해 이스라엘의 실망스러운 반응을 설명하신다. 아버지는 기쁜 뜻대로 행하시며, 학식 있는 이들에게는 자신을 숨기고 어린아이들에게는 나타내신다. 아들 역시 특권을 갖는다(25-27절). 하지만 예수님은 주목할 만한 복음 초대장으로, 이스라엘과 마태의 독자들에게 자신을 내어주신다. 그분은 쉼과 온화한 가르침을 얻기 위해 "내게로 오라"고 초대하신다(28-30절).

단락 개요

V. 반대에 직면해도 그 나라는 성장한다(11:2-13:58)
  B. 예수님이 그 세대를 책망하고 초청하시다(11:20-30)
    2. 예수님이 아버지의 나타내심을 묘사하시다(11:25-27)
    3. 예수님이 자신에게 와서 쉬라고 모두를 초청하시다 (11:28-30)

마태복음 11:25-30은 세 부분으로 구성된다. 첫째, 예수님은 아버지가 그분을 어린아이들에게는 나타내지만 지혜로운 자들에게는 숨기신 것에 감사한다(25-26절). 둘째, 예수님은 아버지 외에는 누구도 아들을 알지 못하고, 아들 외에는 누구도 아버지를 알지 못한다고 선언하신다(27절). 셋째, 예수님은 쉼과 가르침을 얻기 위해 누구든 그분에게로 오라고 초대하신다(28-30절).

마태복음 11:25-27은 경첩 단락이다. 이 구절에서 예수님은 자신을 숨기고 나타내신 것에 대해 아버지를 찬양한다(25-26절). 그 숨김은, 예수님의 선교에 대한 저항(10:16-39)과 이스라엘의 무관심(11:16-20)을 부분적으로 설명한다. 또한 예수님이 왜 사람들을 당황하게 하시는지 설명한다. "아버지 외에는 아들을 아는 자가 없고"(27절). 그러나 그 구절은, 하나님께서 자신을 나타내기도 하신다고 말하는데 이는 제자도를 향한 부르심으로 이어진다. 예수님은 열두 사도를 자신에게로 부르셨고, 이제 "수고하고 무거운 짐 진 자들아 다 내게로 오라"(28-30절)라고 말씀하신다.

주석

11:25-30 첫 어구 "그때에"는, 심술부리는 아이들(16-19절)과 믿지 않는 갈릴리 도성들(20-24절), 역시 예수님을 거부한 "지혜롭고 슬기 있는 자들"(25절)을 연결시킨다. 예수님은 그들의 믿지 않음에 대해 하나님께 감사함으로써 그들이 왜 믿지 않는지 설명하신다. 지혜로운 자들은 이미 모든 것을 안다고 전제하기 때문에 그 나라에 대한 예수님의 계시를 거부한다. 그들은 자신이 성경 해석 규칙을 따르고 있으며, 위대한 선생들의 메시지에 통달했다고 확신하고, 예수님을 배제하는 종교 체계를 만들었다.

"지혜[로운]…자들"의 사고방식은 폐쇄적이지만, "어린아이들"은 가르침에 열려 있다(25절). 문제는 지식 자체가 아니라, 자신은 배울 것이 하나도 없다고 생각하는 오만이다. 그들은 적어도, 그들의 전통을 어기고 이스라엘을 위한 영광 대신 하나님을 위한 고난을 이야기하는 아비 없는 목수로부터는 배울 것이 전혀 없다고 생각한다. 그들에게는 들을 귀가 없다(15절). 그래서 "천지의 주재이신 아버지"께서 그들에게 자신을 숨기셨다(25절).

이는 다른 데서 드러난 패턴, 하나님은 "지혜자에게 지혜를 주시고 총명한 자에게 지식을 주시는도다"(단 2:21)라는 구절을 뒤집는다. 마태복음 13:11-15에서도 예수님은 "무릇 있는 자는 받아 넉넉하게 되되"라고 말씀하신다. 그러나 이곳에서 예수님은 아버지께서 "어린아이들"에게 자신을 나타낸다고 말씀하신다. 따라서 핵심은 어린 것이 아니라 아이 같은 심령이다. "아이들"은 요한복음 13:33, 갈라디아서 4:19, 요한일서 2장에 나오는 믿음이 작은 자들을 가리킨다. 아이들은 도움과 가르침이 필요하다는 것을 알기 때문에 귀를 기울인다. 이상적인 신자는 아이의 마음과 어른의 머리를 가지고 있다.[182] 따라서 예수님은 진리를 숨기고 나타내시는 "은혜로운 뜻"(새번역)에 대해 아버지를 찬양한다(마 11:26).

182 C. S. Lewis, *Mere Christianity* (San Francisco: HarperSanFrancisco, 1996), 77. 《순전한 기독교》(홍성사).

지혜로운 자들에게는 장로들로부터 넘겨받은 전통이 있지만, 예수님께는 "아버지께서…내게 주[신]"(27절) 계시가 있다. 이는 그분이 "어린 아이들"에게 나타내신 것이다. 마태는 16-19절의 다루기 힘든 아이들과 25-27절의 수용적인 아이들을 나란히 배치한다. 하나님은 원하는 대로 자신을 나타내시고, 예수님은 "이 세대"가 믿지 않는 것에 대한 책임이 있다고 확신하신다(16-19절). 심지어 그들은 자신이 지혜롭다고 생각하기 때문에 가르침에 저항한다(25절; 고전 1:26-31). 그러나 예수님은 아버지가 그들에게 계시를 숨기신 것에 대해 감사한다. 출애굽기에서처럼, 반역자들은 자신의 마음을 완악하게 하고, 하나님도 그들의 마음을 완악하게 하신다.

사람들은 하나님의 선택을 "은혜로운"(마 11:26, 새번역) 것이 아닌 불공평한 것으로 판단하는 경향이 있다. 사람들은 무슨 근거로 하나님께서 다른 사람이 아닌 어떤 사람을 선택하시는지 묻는다. 하나님께서 그분의 진리를 어떤 사람에게는 나타내고 다른 사람들에게는 나타내지 않으시는 것은 부당하지 않은가? 불공평하다는 고발은 정의의 두 가지 의미를 구별하지 못한 데서 생긴다. '응보적' 정의는 각 사람에게 받아 마땅한 것을 준다. 그 이상도 그 이하도 아니다. '분배적' 정의는 모든 당사자를 동일하게 대한다. 하나님은 절대 모든 사람에게 동등하게 선물을 나누어 주지 않으신다. 태어난 시간과 장소, 정신적, 신체적, 감정적 힘의 다양함이 이를 입증한다. 거듭남과 긍휼의 은혜도 비슷하다. 성경에 따르면 모든 육체가 하나님 앞에서 유죄다. 그분은 누구도 불공정하게 대하지 않으시고, 누구에게도 그들이 받아 마땅한 것보다 덜 주지 않으신다. 그분은 택함 받은 자들에게 더 주시지만, 이는 불공평한 것이 아니라 은혜로운 것이다.

11-12장 전체는 예수님을 제대로 이해하기가 어렵다는 것을 보여준다. 세례 요한조차 흔들렸다.[183] 마태복음 11:27은 그 이유를 설명한다. "아버지 외에는 아들을 아는 자가 없고." 아버지를 아는 것도 똑같다. "아들과

183 Garland, *Reading Matthew*, 132-134. 다음 두 단락은 대략적으로 Garland를 따른 것이다.

아들의 소원대로 계시를 받는 자 외에는 아버지를 아는 자가 없느니라." 예수님이 아버지와의 내밀한 삶에 대해 암시하시듯이, 아버지와 아들이 서로를 아는 것은 독특한 앎이다. 이는 인간에 불과한 이들을 차단하는 듯 보인다. 어쩌면 신앙과 전도를 방해하는 것처럼 보일 수도 있다.

그러나 놀랍게도, 하나님의 숨김에 관한 예수님의 가르침은 곧바로 믿음으로 나아오라는 가장 전면적인 초청으로 이어진다. 그분은 이전에 열두 사도를 초청하셨고, 제자도의 헌신에 관한 그분의 가르침(5:10–12; 7:13–14; 10:34–39)은 잠재적인 제자들을 단념시켜야 했다. 그러나 지금 예수님은 "수고하[는]…자들아 다 내게로 오라"라고 하면서 세 가지 혜택을 제시하신다(11:28-30, 참고. 집회서 51:23-27). 먼저 쉼을 약속하신다. "내가 너희를 쉬게 하리라…쉼을 얻으리니"(마 11:28-29). 그런 다음 그들의 선생(과 그들의 교육 과정)이 되겠다고 제안하신다. "내게 배우라." 마지막으로 쉬운 멍에와 가벼운 짐을 약속하신다(30절). 이는 설명이 필요하다.

"멍에"는 일반적으로 짐을 지는 것을 암시한다. 농가의 가축과 노동자들은 무거운 짐을 나를 수 있도록 목과 어깨에 멍에를 메었다. 구약에서 하나님은 이스라엘에게서 압제의 멍에를 벗기겠다고 약속하신다(사 10:27; 14:25). 멍에를 부과하실 수 있는 분이 있다면, 바로 하나님(혹은 율법)일 것이다. 자세히 들여다보면, 멍에의 제안은 신성에 대한 암시적인 주장이다(참고. 아래의 '응답'). 더욱이 예수님의 가르침은 쉬워 보이지 않는다. 그분은 분노나 욕정 없는 마음, 하나님 같은 완전함, 무제한의 자기희생을 요구하신다(마 5:21-48; 10:5-39). 하지만 그분의 멍에는 쉽다. 그분은 하나님 뜻의 목표와 내용을 제대로 묘사하신다. 부담스러운 율법을 제거하고(12:7-8; 23:4) 어리석은 구멍을 잘라내신다(15:1-6; 19:3-9). 마지막으로 그분의 가르침은 사람들의 상황에 어울린다. 사람들은 그분이 가르치시듯이 미움을 버리고 서로 용서하고 부모와 배우자를 공경할 때 잘 살 수 있다.

응답

마태복음 11:25-30은 아주 교훈적이다. 첫째, 하나님께서 하신 모든 일에 대해 그분께 감사하라고 가르친다. 어떤 사람들에게는 자신을 나타내시고, 다른 사람들에게는 그렇게 하지 않으시는 그분의 주권적인 결정에 대해서도 말이다. 하나님은 "내가 긍휼히 여길 자를 긍휼히 여기고 불쌍히 여길 자를 불쌍히 여기리라"(롬 9:15, 참고. 출 33:19)라고 말씀하셨다. 예수님이 이 진리에 대해 아버지께 감사하시므로, 그분을 따르는 모든 자도 그래야 한다. 하나님의 은혜에 대해 감사하고, 그분의 주권적인 결정에 안달하지 말아야 하는 것이다. 둘째, 이스라엘의 불신(마 11:16-24)이 예수님을 좌절시키지도 않고 침묵시키지도 않음을 주목해야 한다. 그분은 계속 그분의 일을 하며 "내게로 오라"라는 가장 전면적인 제안을 하신다. 그분은 아버지가 수많은 "들을 귀"(새번역)를 열어주시리라 믿는다. 셋째, 25-27절은 의심이나 불신이 생겨날 때 우리 자신을 포함해서 모든 사람에 대해 인내심을 가지라고 가르친다. 아버지 외에는 누구도 아들을 알지 못함을 기억하라. 넷째, 예수님은 그분을 따르는 자들에게 그분의 모든 가르침에 주의를 기울이라고 권면하신다. 그것이 하나님께서 그분의 형상대로 창조하신 사람들에게 잘 어울리기 때문이다. 우리는 그분의 방식대로 일할 때 가장 좋은 성과를 낸다.

마지막으로, 25-27절은 하나님의 아들이자 사람의 교사이신 예수님을 믿으라고 촉구한다. 회의론자들은 이 절들을 사도 요한의 벼락 혹은 유성이라고 부른다. 공관복음보다는 요한복음처럼 들리는 고립된 가르침 단락이기 때문이다. 문체와 신학적 이유로, 회의론자들은 이 구절을 가짜라고 말한다. 그들은 예수님이 아버지와의 하나 됨이라는 자의식을 소유하실 수 있는지 의심한다. 또한 그분이 자신을 하나님으로 알 수 있다는 것도 부인한다. 이 논리는 요한복음 전체의 진정성에 의구심을 제기할 것이다. 실제로 많은 비판적인 학자들이 요한복음의 역사적 가치를 부인한다.

그러나 예수님이 자신을 하나님으로 아신다는 증거는 공관복음에도 아주 많다. 그분은 예배를 받아들이시고(눅 17:16), 제자들이 자신을 "하나님의 아들"(마 14:33; 16:16)이라 칭하는 것을 허락하신다. 자신의 권위로 죄를 사하고(9:2), 병을 고치신다(20:30-34). 이 단락 직전에 예수님은 사람의 영원한 운명이 그분에 대한 응답에 달려 있다고 선언하시고(10:32-33), 제자들은 가족보다도, 목숨 자체보다도 그분을 사랑해야 한다고 주장하셨다(10:37-39). 그리고 잠시 후 그분이 성전보다 크며 율법의 최종적인 해석자라고 선언하실 것이다(12:1-8//막 2:23-28). 이러한 요지들은 단지 공관복음에 만연한 기독론의 표본일 뿐이다.[184] 논리적으로 비평가들은 사복음서를 다 거부하든지, 아니면 마태복음 11:25-27이 진본이라고 인정해야 한다. 더 중요한 것은 모든 듣는 자가 예수님의 주장을 듣고, 그분의 제안을 받아들이고, 그분을 따르는 것이다.

11장

184 Craig L. Blomberg, *Jesus and the Gospels: An Introduction and Survey*, 2nd ed. (Nashville: B&H Academic, 2009), 467-478; I. Howard Marshall, *The Origins of New Testament Christology*, 2nd ed. (Downers Grove, IL: InterVarsity Press, 1990). 《신약 기독론의 기원》(CLC).

1 그때에 예수께서 안식일에 밀밭 사이로 가실새 제자들이 시장하여
이삭을 잘라 먹으니 2 바리새인들이 보고 예수께 말하되 보시오 당신
의 제자들이 안식일에 하지 못할 일을 하나이다 3 예수께서 이르시되
다윗이 자기와 그 함께 한 자들이 시장할 때에 한 일을 읽지 못하였느
냐 4 그가 하나님의 전에 들어가서 제사장 외에는 자기나 그 함께 한
자들이 먹어서는 안 되는 진설병을 먹지 아니하였느냐 5 또 안식일에
제사장들이 성전 안에서 안식을 범하여도 죄가 없음을 너희가 율법
에서 읽지 못하였느냐 6 내가 너희에게 이르노니 성전보다 더 큰 이가
여기 있느니라 7 나는 자비를 원하고 제사를 원하지 아니하노라 하신
뜻을 너희가 알았더라면 무죄한 자를 정죄하지 아니하였으리라 8 인
자는 안식일의 주인이니라 하시니라

1 At that time Jesus went through the grainfields on the Sabbath. His
disciples were hungry, and they began to pluck heads of grain and to
eat. 2 But when the Pharisees saw it, they said to him, "Look, your
disciples are doing what is not lawful to do on the Sabbath." 3 He said
to them, "Have you not read what David did when he was hungry, and

those who were with him: 4 how he entered the house of God and ate
the bread of the Presence, which it was not lawful for him to eat nor for
those who were with him, but only for the priests? 5 Or have you not
read in the Law how on the Sabbath the priests in the temple profane
the Sabbath and are guiltless? 6 I tell you, something greater than the
temple is here. 7 And if you had known what this means, 'I desire
mercy, and not sacrifice,' you would not have condemned the guiltless.
8 For the Son of Man is lord of the Sabbath."

9 거기에서 떠나 그들의 회당에 들어가시니 10 한쪽 손 마른 사람이 있
는지라 사람들이 예수를 고발하려 하여 물어 이르되 안식일에 병 고
치는 것이 옳으니이까 11 예수께서 이르시되 너희 중에 어떤 사람이
양 한 마리가 있어 안식일에 구덩이에 빠졌으면 끌어내지 않겠느냐
12 사람이 양보다 얼마나 더 귀하냐 그러므로 안식일에 선을 행하는
것이 옳으니라 하시고 13 이에 그 사람에게 이르시되 손을 내밀라 하
시니 그가 내밀매 다른 손과 같이 회복되어 성하더라 14 바리새인들이
나가서 어떻게 하여 예수를 죽일까 의논하거늘

9 He went on from there and entered their synagogue. 10 And a man was
there with a withered hand. And they asked him, "Is it lawful to heal
on the Sabbath?"—so that they might accuse him. 11 He said to them,
"Which one of you who has a sheep, if it falls into a pit on the Sabbath,
will not take hold of it and lift it out? 12 Of how much more value is a
man than a sheep! So it is lawful to do good on the Sabbath." 13 Then
he said to the man, "Stretch out your hand." And the man stretched it
out, and it was restored, healthy like the other. 14 But the Pharisees went
out and conspired against him, how to destroy him.

단락 개관

마태복음 12장에서는 예수님과 이스라엘 지도자들 사이의 갈등이 깊어진다. 두 번의 안식일 논쟁이 그것을 입증한다. 첫 번째 논쟁은 자연스럽게 일어나지만, 두 번째 논쟁은 우연이 아니다. 첫 어구인 "그때에"는 그 논쟁들을 11장과 연결시킨다. 11장에서는 사람들이 요한("귀신이 들렸다", 11:18)은 물론 예수님("먹기를 탐하고 포도주를 즐기는 사람", 11:19)도 퇴짜 놓았고, 갈릴리의 도성들은 회개하지 않았다(11:20-24). 그럼에도 예수님은 "다" 내게로 와서 나의 쉬운 멍에를 메라고 초청하셨다(11:25-30). 12장은 예수님의 멍에와 바리새인의 멍에를 암시적으로 비교한다. 예수님의 멍에는 쉽다. 약간의 노력이 들더라도 제자들이 안식일에 자기 힘으로 먹도록 하신다. 그분의 규율은 자비롭기 때문이다(1-8절). 그런 다음 예수님은 은혜롭게도 안식일에 손 마른 사람을 고쳐주신다. 바리새인들은 그것이 죄라고 생각하지만, 예수님에게는 그것이 쉬운 결정이었다. "안식일에 선을 행하는 것이 옳[기]" 때문이다(9-14절).

단락 개요

V. 반대에 직면해도 그 나라는 성장한다(11:2-13:58)
  C. 안식일 갈등(12:1-14)
    1. 예수님이 안식일에 제자들이 한 행동을 변호하시다(12:1-8)
    2. 예수님이 안식일에 한 사람을 고치시고 이로 인해 음모가 일어나다(12:9-14)

마태복음 12:1-14은 '담화 이야기' 즉, 내러티브 틀 안에 놓인 교훈적인 구절이다. 예수님의 제자들이 밭 사이를 걸어가며 이삭을 잘라 먹는다. 그러자 바리새인들이 안식일 규정을 어겼다고 비난한다(1-2절). 예수님은 다윗이 제사장들을 위해 성별된 빵을 먹었을 때도 이와 비슷하게 행동했다고 대답하신다(3-4절). 나아가 제사장들도 성전에서 일함으로 안식일을 "범[하고]", 무엇보다 "성전보다 더 큰 이가 여기 있[다]"(5-6절). 다윗과 제사장들 모두 "죄가 없[었다]." 이는 바리새인들이 "나는 자비를 원하고 제사를 원하지 아니하노라"(7절)라는 원리에 따라 성경을 제대로 읽었다면 알았을 것이다. 또한 인자이신 예수님은 "안식일의 주인"(8절)이다. 그 후에 예수님은 "그들의 회당에서" 손 마른 사람을 만나신다. 예수님은 그 사람을 고쳐줌으로 다시 (그들 기준에서) 안식을 어기실 것인가?(9-10절) 예수님은 "안식일에 선을 행하는 것이 옳으니라"라고 답하며 그를 고쳐주시고(11-13절), 이로 인해 바리새인들은 더 심한 반감을 갖는다(14절).

주석

12:1-8 이스라엘 자손은 안식일을 "유쾌한 기쁨과 휴식"의 날로 여기며, 제4계명을 즐겼다.[185] 안식일은 하나님의 선물이자 그 민족의 정체성에 꼭 필요한 것이었다. 그것이 그들을 이방인들과 구별시켜주었다. 예수님은 안식일을 폐지하지도 않으시고, 그것을 무시하는 것을 허락하지도 않으신다. 바리새인들처럼 그분도 "무죄"하고 "옳[은]"(lawful) 것을 추구하신다(7, 12절). 그러나 예수님과 바리새인은 옳은 행동에 대한 생각이 다르다. 바리새인들은 율법의 울타리가 되는 많은 전통을 가지고 있다. 안식일에 걸을 수 있는 한도가 1킬로미터라면, 그들은 그것을 더 어렵게 만들어 율법을 어기

185 Philo, *On the Life of Moses* 2.211, in *The Works of Philo*, trans. C. D. Yonge (Peabody, MA: Hendrickson, 1993), 509.

지 않도록 0.5킬로미터 이상은 금했다. 그들의 전통에 성경과 동등한 권위를 부여하고, 하나님께서 시내산에서 모세에게 율법과 전통을 모두 주셨다고 믿었다(미쉬나, 아보트 1:1). 하지만 예수님은 이와 다르게 율법을 해석하셨기 때문에 갈등은 당연했다.

예수님과 제자들이 안식일에 밀밭 사이로 걸어갈 때 갈등이 시작된다. 시장했던 제자들은 밭 가장자리를 지나가면서, 잘 익은 이삭을 잘라 비빈 다음 겉껍질을 벗겨서 먹었다(1절; 눅 6:1). 율법은 이를 허용했지만(신 23:24-25), 바리새인들은 아마도 그것을 안식일에 수확과 타작을 하는 것으로 본 것 같다. 그들의 생각에 그것은 죄다(마 12:2).[186]

예수님은 "다윗이…시장할 때에 한 일을 읽지 못하였느냐"(3절)라고 응수하신다. 물론 바리새인들은 그 이야기를 읽었다. 예수님의 말뜻은 그들이 그 이야기로부터 배우지 못했다는 것이다. 예수님은 공관복음에서 바리새인들에게 열 번 '읽지 못하였느냐'라고 물으신다. 이는 그들이 (1) 율법 혹은 (2) 그분에 관한 성경의 증언을 이해했는지 물으시는 것이다.[187] 바리새인들은 성경 자체가 전하는 해석의 열쇠를 놓쳤기 때문에 율법을 이해하지 못한다.

예수님은 바리새인들을 바로잡아주신다. 예수님과 제자들처럼 다윗과 그의 친구들도 허기를 달래기 위해 율법을 어긴 것처럼 보인다(3-4절). 사무엘이 다윗에게 기름을 붓고 얼마 후, 사울이 그를 질투하여 죽이려 했다(삼상 19-20장). 다윗은 결국 사울을 피해 식량이나 무기도 없이 도망쳤다. 그는 놉으로 이동했고, 그곳에서 일단의 제사장들이 그를 도우려 했다. 그에게는 식량이 없었고, 제사장들은 "진설병" 외에 먹을 것이 하나도 없었다. 율법에 따르면 그 빵은 제사장 외에는 누구도 먹을 수 없지만, 다윗의

186 랍비 전통은 특히 안식일에 추수나 수확을 금했다. 참고. Mishnah, Shabbat 7-8, Neusner translation.

187 동사는 항상 아나기노스코(*anaginōskō*)이고, 표현은 조금씩 다르다. 참고. 마 12:3, 5//막 2:25, 눅 6:3; 마 19:4; 마 21:16; 마 21:42//막 12:10; 마 22:31-32//막 12:26. 참고. Doriani, *Putting the Truth to Work*, 51-54.

다급함을 본 제사장들은 그 빵을 주었다(삼상 21:1-6). 본문은 제사장이나 다윗을 질책하지 않는다. 그들은 무죄하다(마 12:7). 이것이 암시하는 바는, 제사장들이 여호와의 기름 부음을 받은 자 다윗을 도운 것이 옳다면, 예수님도 그분의 제자들이 먹도록 해주시는 것이 옳다는 것이다. 그 역시 하나님께 기름 부음을 받으신 분이기 때문이다.

예수님은 성전 봉사에 관련한 두 번째 증거를 제시하신다. 다시 그분은 "너희가…읽지 못하였느냐"(5-6절)로 시작하신다. 제사장들은 가르치고 기도하고 또 그날을 모독하거나 더럽히는[베벨로오(*bebēloō*)] 듯 보이는 동물들을 도살하며 안식일에 아주 열심히 일한다. 하지만 그들은 "무죄"하다. 율법은 제사장들이 성전 봉사를 하도록 요구하기 때문이다. 이는 율법에 우선순위가 있음을 확고히 해준다. 다윗의 곤경은 인간의 필요가 안식일 법을 대체함을 보여주고, 제사장들의 봉사는 예배가 안식보다 우선함을 입증한다.

예수님은 "성전보다 더 큰 이가 여기 있느니라"(6절)라고 덧붙이며 보다 깊게 들어가신다. 이는 신성에 대한 또 다른 암시다. 성전은 하나님께서 이스라엘 안에 임재하심을 나타냈다. 그런데 예수님 자체가 이스라엘 안에 임재하시는 하나님이므로, 그분은 성전보다 더 크다. 성전 봉사가 합법적이라면, 예수님에 대한 섬김 역시 합법적이다. 다윗의 배고픔을 채워주는 것이 옳다면, 예수님 제자들의 배고픔을 채워주는 것 또한 옳다. 그분 역시 하나님께 기름 부음을 받으셨기 때문이다.

바리새인들이 예수님에 대한 사법권을 가지고 있지는 않았지만, 예수님은 자신이 안식일을 어겼다는 그들의 기소에 반박하며 자비롭게도 그들에게 성경을 해석하는 열쇠를 주신다. 그분의 가르침은 제자들과 무리에게도 도움이 된다. 어떤 안식일 규정도 하나님 사랑과 이웃 사랑을 약화시켜서는 안 된다. 어떤 규정도 성전 의례보다 자비가 우선함을 부정해서는 안 된다. 모든 율법은 하나님의 자비를 드러내기 위해 존재한다.

"나는 자비를 원하고 제사를 원하지 아니하노라"(7절)라는 말씀에서 "제사"는 제사 자체와 관련된 종교 의식을 나타낸다. "나는 자비를 원하고"는 호세아 6:6의 인용으로, 마태는 9:13에서도 이 구절을 인용했다. 호세아서에서 자비는 헤세드(*hesed*), 즉 언약에 신실한 것이다. 호세아의 요지는 신실하지 못함에 대해 제물을 바치는 것보다는 신실함이 더 낫다는 것이다. 사울은 오래 전에 우연히 그 요지를 실제로 보여주었다(참고. 삼상 15:1-24). 그러므로 자비는 친절을 베푸는 정도가 아니다. 그것은 언약하시는 하나님을 아는 것이다. 호세아 6:6의 시 평행구는 "인애"를 "하나님을 아는 것"과 나란히 배치한다. 호세아는 이렇게 말한다.

> 나는 인애〔헤세드, 보통 '자비'로 번역되는〕를 원하고 제사를 원하지
> 아니하며
> 번제보다 하나님을 아는 것을 원하노라

자비는 친절을 베푸는 것 정도가 아니다. 자비는 언약의 하나님을 아는 것이다. 그것이 우리로 항상 올바른 행동, 그분의 도덕적 탁월함과 일치하는 행동을 하게 한다. 출애굽기 34:6에서 여호와는 자신을 나타내면서 "자비롭고 은혜롭고 노하기를 더디하고 인자와 진실이 많[다]"고 선언하신다. 예수님은 아버지의 자비와 은혜와 사랑을 알기에 안식일에 자비롭게 행동하는 것이 옳음을 아신다. 따라서 예수님의 제자들은 안식일에 먹을 수 있다.

예수님은 인자인 자신이 "안식일의 주인"(8절)이라고 담대하게 결론 내리신다. 바리새인들은 수세기 동안 안식일을 연구했지만, 예수님은 그분이 그날을 지키는 올바른 방법을 결정할 것이라고 선언하신다. 다시 한 번 예수님은 자신이 하나님임을 선언하시고, 그분의 신적 특권을 주장하신다. 그분은 다윗보다 크시고, 성전보다 크시고, 비할 데 없는 율법 해석자다.

12:9-14 1-8절의 가르침은 불가피하게 바리새인들을 괴롭힌다. 예수님이 "그들의 회당" 다시 말해 유대인의 회당(참고. 4:23)에 들어가실 때 또 다른 논쟁이 불거지는 것은 놀랄 일이 아니다. "보라", 거기 한쪽 손 마른 사

람이 서 있다.[188] 바리새인들이 분명히 알듯이, 예수님은 이미 안식일에 사람들의 병을 고치셨다(막 1:21-28; 요 5:1-18). 그들은 분명 그분이 그 사람의 병을 고치시리라 예상한다. 기적은 그분이 방금 변호하신 대로 자비를 베푸는 행위기 때문이다(마 9:13; 12:7). 그러나 그들은 지켜보며 기다리지 않는다. 대신 "안식일에 병 고치는 것이 옳으니이까"라고 질문한다. 이는 대립하려는, 아마도 "그들이 예수를 고발[할]"(10절) 수 있게 행동하도록 몰아가려는 의도인 듯하다.

예수님은 흔히 질문에 질문으로 응수하신다. 특히 그 의도가 적대적이라면 말이다(15:1-3; 눅 14:1-5; 요 18:33-34). 게다가 예수님은 대답할 때 종종 상대가 스스로 추론하도록, 터무니없는 것을 제안하신다. 먼저 "너희 중 누가 (x 혹은 y, z을 할 것인가?)"라며 질문을 제기하신다.[189] 그것이 정확히 이곳에서 일어난다. 예수님은 직접적인 답변 대신 반문하신다. "너희 중에 어떤 사람이 양 한 마리가 있어 안식일에 구덩이에 빠졌으면 끌어내지 않겠느냐"(마 12:11). 소중한 동물을 하루 종일 구덩이에 둘 사람은 아무도 없을 테고, 사람은 양보다 "[훨씬] 더 귀하[다]." 그러므로 "안식일에 선을 행하는 것이 옳[다]"(12절).

그 사람의 병을 고치는 것이 옳으므로, 예수님은 즉시 그렇게 하신다(13절). 슬프게도 바리새인들의 전통은, 안식일에 병을 고치는 것은 노동이므로 생명을 위협하는 상황을 제외하고는 제4계명을 어기는 것이라고 말했

188 고전적으로 "보라"(behold)로 번역되는 이두(*idou*)는, 보통 마태복음에서 번역되지 않는다(ESV, 개역개정 등). 마태복음에서 60회 이상 나오는 "보라"는 강조의 한 형태인데, 이곳에서는 이미 긴장 상태이므로 번역되는 것이 더 맞아 보인다. "보라! 예수님이 그를 고치실까?"

189 참고. "너희 중에 누가" 한밤중에 도착한 배고픈 친구를 돕지 않겠는가?(눅 11:5), "너희 중에 누가" 염려함으로 수명을 한 시간이라도 더할 수 있겠는가?(마 6:27; 눅 12:25), "너희 중에 누가" 아버지가 아들에게 빵이 아닌 돌을 주겠는가?(마 7:9), "너희 중에 누가" 안식일 내내 우물에 빠진 소를 내버려두겠는가?(눅 14:5), '너희 중 누가' 밭을 가는 종에게 같이 앉아서 먹으라고 할 것인가?(눅 17:7). 또한 누가복음 14:28. Kenneth Bailey는 이 "너희 중에 누가" 질문이 항상 터무니없는 것을 상정한다고 말한다. 누군가가 이렇게 하는 것을 "상상할 수 있겠는가?" 참고. Kenneth E. Bailey, *Poet and Peasant and Through Peasant Eyes: A Literary-Cultural Approach to the Parables of Luke*, combined ed. (Grand Rapids, MI: Eerdmans, 1990), 121. 《중동의 눈으로 본 예수님의 비유》(이레서원).

다. 이는 생명을 위협하는 상황이 아니었다. 그러므로 바리새인들은 예수님을 율법을 위반한 자로 판단하고, "어떻게 하여 예수를 죽일까 의논[했다]"(14절).

어떤 면에서 이것이 훨씬 더 터무니없다. 예수님이 어떤 '일'을 행하셨는가? 그분은 그 사람에게 손을 내밀라고 말씀하실 뿐 그를 건드리지도 않았다(13절). 바리새인들은 '말씀으로' 한 사람을 고쳤다는 이유로 예수님을 죽이기로 결심한다. 누가 말하는 것이 안식일을 어기는 것이라고 했는가? 뿐만 아니라 유대인들은 수세기 동안 올바른 안식일 준수에 대해 논의했는데, 누구도 토론 상대자를 죽이려고 하지 않았다. 또한 하나님께서 예수님의 사역을 지지하지 않았다면, 예수님이 그를 고치도록 하셨을까? 바리새인들은 사람이 양보다 귀하다는 데 동의한다. 이유는 질투밖에 없다. "바리새인들은 예수님처럼, 대중의 마음을 얻으려는 이들이었다." 그들에게는 정치적 권한이나 사법적 권한이 없었다. 그런데 예수님이 대중의 마음을 얻음으로써 그들의 "안전과 권력"을 위협하신다. 이것이 그들을 격분하게 만든다.[190] 그들은 또한 이렇게 반응하는 이유도 주장할 수 있다. 9:32-34 주석과 12:22-30 주석에서 언급하듯이, 바리새인들은 예수님의 초자연적인 능력을 인정하지만 그 근원에 이의를 제기한다. 그분에게 초자연적인 능력이 있는데 안식일에 일을 함으로써 죄를 짓는다면, 아마도 그는 사탄의 대행자일 것이다.

190 Keener, *Matthew*, 357-359.

응답

마태복음 12:1-14은 몇 가지 신실한 반응을 이끌어낸다. 첫째, 복음서는 "나는 자비를 원하고 제사를 원하지 아니하노라" 같은 성경 자체의 원리에 따라 읽어야 한다. 고전적으로 올바른 읽기에는 읽기, 묵상, 기도, 본문 살아내기라는 네 가지 서로 중복되는 요소가 있다. 올바른 읽기는 느리고 기도와 연관되며 행동을 자극한다. 이 단락에서 예수님은 성경을 해석하는 성경의 원리를 실천하신다. 예수님은 다윗의 비상조치와 성전 제사장들이 매주 하는 일을 통해 제4계명을 해석하신다. 제자들도 같은 방식으로 성경을 해석해야 한다.

더 간단한 것으로, 둘째, 예수님이 자비를 원하시므로 하나님을 따르는 이들도 모두 그래야 한다. 셋째, 예수님처럼 그분을 따르는 이들도 안식일에 선을 행해야 한다. 넷째, 예수님은 사람이 하나님의 창조 세계에서 가장 귀하다고 말씀하신다. 따라서 제자들은 모든 면에서 동물이나 사물보다 사람을 귀하게 여긴다. 다섯째, 바리새인들은 터무니없는 분노에 대해 스스로 반성해야 한다. 누군가가 과민 반응을 보일 때 이유를 묻는 것이 좋다. 부러움이나 경쟁의식이 있는가? 인간이 만든 어떤 우상이 위험에 처했는가? 마지막으로, 이 단락은 다시 그리스도의 탁월성, 즉 성경에 통달한 모습, 자비, 선을 행하겠다는 결심, 주되심, 말씀의 능력을 보여준다.

15 예수께서 아시고 거기를 떠나가시니 많은 사람이 따르는지라 예수
께서 그들의 병을 다 고치시고 16 자기를 나타내지 말라 경고하셨으니
17 이는 선지자 이사야를 통하여 말씀하신바
18 보라 내가 택한 종 곧 내 마음에 기뻐하는바 내가 사랑하는 자로
다 내가 내 영을 그에게 줄 터이니 그가 심판을 이방에 알게 하리라
19 그는 다투지도 아니하며 들레지도 아니하리니 아무도 길에서 그
소리를 듣지 못하리라 20 상한 갈대를 꺾지 아니하며 [1]꺼져가는 심
지를 끄지 아니하기를 심판하여 이길 때까지 하리니 21 또한 이방
들이 그의 이름을 바라리라
함을 이루려 하심이니라

15 Jesus, aware of this, withdrew from there. And many followed him,
and he healed them all 16 and ordered them not to make him known.
17 This was to fulfill what was spoken by the prophet Isaiah:
18 "Behold, my servant whom I have chosen,
my beloved with whom my soul is well pleased.
I will put my Spirit upon him,

and he will proclaim justice to the Gentiles.

19 He will not quarrel or cry aloud,

nor will anyone hear his voice in the streets;

20 a bruised reed he will not break,

and a smoldering wick he will not quench,

until he brings justice to victory;

21 and in his name the Gentiles will hope."

1) 또는 연기 나는 삼대를

단락 개관

마태복음 12:15-21은 12장 전반에 걸친 행동에서 벗어난다. 마태는 이사야서에 비추어 사건에 대한 논평을 한다. 마태복음 12:1-14에서 예수님은 안식일에 한 사람을 고쳐줌으로, 바리새인들이 그분을 죽이려는 음모를 꾸미도록 유도하셨다. 유대 랍비들은 안식일 준수의 세부 사항들에 거의 의견이 같지 않았으므로, 살인에 대한 생각은 심각한 과잉 반응에 해당한다. 15-21절은 예수님이 잠시 물러나시지만 무리가 그분을 따르고 있음을 알려준다. 마태는 예수님의 병 고침 사역을 해석하는 것은 물론 마태복음 12장의 사건들을 균형 있는 시각으로 보여주기 위해 이사야 42:1-4을 인용한다. 이스라엘 지도자들의 실패에도 불구하고 여호와는 그분의 종을 통해 그 목적을 성취하실 것이다. 그분의 종은 택함 받고, 사랑 받으며, 성령 충만하고, 온유하시다. 그분은 조용하고 온유하지만, 이길 때까지 심판할 것이며 이방인들의 소망이 되실 것이다.

단락 개요

V. 반대에 직면해도 그 나라는 성장한다(11:2-13:58)

D. 계시와 반대(12:15-45)

1. 예수님의 이방 사역이 이사야서를 성취하다(12:15-21)

마태복음 12:15-21은 1-14절의 사건들에 대해 두 가지로 반응한다. 첫째, 예수님은 바리새인들을 떠나려 하고 부분적으로 성공하신다(15-16절). 둘째, 마태는 예수님에 대한 부정적인 반응이 하나님의 종으로서의 탁월성을 약화시키지도 않고 하나님의 구속 목적을 무효화하지도 않음을 보여주기 위해 이사야 42:1-4을 인용한다.

이사야서 인용문은, 마태가 각색한 대로 교차 대구법으로 되어 있다. 주제는 이스라엘이 그분을 인정하든 하지 않든, 하나님께서 그분의 종을 기뻐하신다는 것이다.

(A) 그분은 택함 받고, 사랑 받으며, 하나님께서 흡족해 하신다(마 12:18a).

(B) 이방인들에게 심판을 선포하기 위해 하나님의 영이 그분에게 임한다(18b절).

(C) 그분은 온화하게 말씀하신다. 다투거나 외치거나 목소리를 높이지 않으신다(19절).

(C′) 그분은 온화하게 행동하신다. 상한 갈대를 꺾지 않으시며, 꺼져가는 심지를 끄지 않으실 것이다(20a절).

(B′) 그분은 이길 때까지 심판하신다(20b절).

(A′) 그분은 민족들의 소망이다(21절).

주석

12:15-21 예수님은 바리새인들이 자신을 죽이려는 음모를 꾸미고 있음을 알고 물러나신다. 반대가 심해질 때 종종 그러시듯이 말이다(15절; 14:13; 15:21). 예수님이 바리새인들로부터 거리를 두려는 의도인지 모든 사람으로부터 거리를 두려는 의도인지 마태는 말하지 않지만, 무리는 그것을 용인하지 않는다. 그들은 예수님을 따르고, 예수님은 그들의 병을 고쳐주면서 자신의 위치를 비밀로 하라고 하시는데, 아마도 효과가 없을 것이다(참고. 9:30-31). 마태는 때로 예수님이 아주 많은 수의 병자를 고치신다는 것을 알려준다(4:24; 8:16; 12:15-16). 병 고침의 동기는 긍휼이다(9:36; 14:14).

헬라어에는 없지만, ESV는 12:17에서 새로운 문장을 시작할 때 '이것은'(this)을 덧붙여 "이것은…이루시려는 것이었다"(새번역)라고 말한다. 그 번역은 18-21절이 자신을 숨기시려는 예수님의 바람(16절)에 대한 것만이 아니라 12장 전체에 대한 논평임을 암시한다.

이사야서 인용문은 마태복음에만 나오며 그의 가장 긴 구약 인용문이다. 마태복음 12장의 문맥에서 볼 때, 이사야 42장은 예수님이 바리새인들에게서 물러나신 까닭이, 그분은 온유하고 필요하지 않는 한 싸우지 않으실 것이기 때문이라고 설명한다. 그러나 이 구절은 예수님의 물러나심에 대해서만 설명하는 것이 아니다. 마태는 이곳에서 예수님 능력의 근원으로 성령을 언급하고, 이방인이 그분의 사역 대상이라고 선언하며, 유대인들의 오해에 맞서 그분의 정체성을 주장한다.

마태의 이사야 인용문은 예수님의 사역에 맞게 개작한, 히브리 성경의 의역이다. 예를 들어 이사야 42:1은 그 종이 "정의를 베풀" 것이라고 말하지만, 마태복음 12:18은 그분이 "심판을…알게 하리라"라고 말한다. 이는 상황에 들어맞는다. 예수님은 지상 사역에서 정의를 선언하지만, 이후에 다시 올 때 정의를 베푸실 것이기 때문이다.

인용문은 첫 번째 종의 노래인 이사야 42장이 이중적으로 성취됨을 감지한다. 이사야 41:9에서 하나님은 이스라엘을 "나의 종"이라고 부르시지만, 노래가 진행되면서 그 종은 오히려 한 개인처럼 보이기 시작한다. 이로 인해 블롬버그는 "이사야가 애초부터 개인으로의 이해와 공동체로의 이해 둘 다를 염두에 두고 있었던 것"은 아닌가 생각한다.[191] 키너는 종의 노래 진행을 이렇게 요약한다. "하나님의 종 이스라엘이 그 임무에 실패해서(42:18-19), 하나님께서 그분 백성의 안식을 회복하기 위해 이스라엘 안에서 한 사람을 택하신다(49:5-7). 이 사람이 그분의 백성이 받아 마땅한(52:13-53:12) 그 형벌을 받을 것이다(참고. 40:2)." 이는 마태복음 전체에 대한 "해석학적 열쇠"를 제공한다. 종의 노래에 나온 표현은 예수님이 누구인가를 확고하게 해준다. 즉, 이사야 42:1은 마태복음 3:17의 "내 마음에 기뻐하는바 내가 사랑하는 자로다"에 영향을 미친다. 마태는 종의 노래를 인용함으로써 예수님의 선교가 언약 역사에 근거해 있음을 보여준다. 또 이사야 42장은 예수님의 겸손하고 비전투적인 방식을 설명해준다. 그분은 전사도 아니고 정치적인 구세주도 아니다.[192] 마지막으로, 세상이 예수님을 경멸하더라도 아버지는 그분을 기뻐하신다.

이 단락은 예수님에 관한 다섯 가지 필수적인 질문에 답한다. 또 그것들 대부분은 마태복음 12장 후반부의 논의를 대비한다.

첫째, 예수님은 누구인가? 무리는 그분이 다윗의 자손인지 물을 것이다(23절). 18절은 미리 대답한다. 그분은 하나님께서 택하신 종, 하나님께서 기뻐하고 사랑하시는 분이다.

둘째, 그분 능력의 근원은 무엇인가? 바리새인들은 그분의 능력이 바알세불에게서 온다고 기소할 것이다(24절). 그러나 마태는 하나님의 영이 예수님께 권능을 주셔서 "심판을 이방에 알게"(18b절) 하시며 그 나라가 임하게 하신다(28절)고 말한다.

셋째, 그분은 무엇을 하시는가? 이방인들에게 심판을 알게 하시고, 이길

191 Blomberg, "Matthew", in *Commentary on New Testament Use*, 42.

192 Keener, *Matthew*, 360-361.

때까지 심판하신다. 또 그분의 나라를 가져오시고, 사탄을 결박하신다(28-29절).

넷째, 그분은 어떻게 이런 일들을 하시는가? 온화하게 말씀하고 행동하신다. 바리새인들이 예수님을 죽이려고 계획할 때, 그분은 먼저 그들을 죽이려고 꾀하지 않고 오히려 물러나 조용히 병을 고치고 가르치는 사역을 이어가신다. 그분은 약한 자들, 상한 갈대, 꺼져 가는 심지를 다정하게 대하신다. 갈대는 이스라엘의 습지와 강기슭에서 풍성하게 자랐다. 너무 풍성하고 흔해서 가치가 없어 보이기도 하지만, 갈대 전체를 잘라 피리나 펜을 만들 수 있었다. 그러나 상한 갈대는 가치가 없었다. 그럼에도 예수님은 그것을 꺾지 않으신다. 등불의 꺼져가는 심지도 끄지 않으실 것이다.

12장

다섯째, 그분의 선교 범위는 어디까지인가? 이때 예수님은 이방인들에게 심판을 알게 하시고, 이후에는 이길 때까지 심판하실 것이다. 이는 이방인에게 소망을 가져다준다. 예수님의 가르침이 선한 영향력을 끼치는 동안(노예 제도를 반대하고, 문맹률을 낮추고, 의료 서비스를 발전시키며) 그분의 행위는 세상에 심판(justice)을 선포하지만, 그분이 말씀하시는 심판은 아마 더 좁은 의미일 것이다. 하나님의 기준은 정의로우므로 정의의 길을 제시하는 동시에 사람들에게 그들의 불의를 해명하도록 요구한다. 역설적이게도, 이는 좋은 소식이다. 그분이 사람들에게 해명을 요청할 때 회개도 요청하시기 때문이다. 이는 복음으로 이어지고, 이방인들을 향한 예수님의 관심은 대위임령에서 절정에 이른다(28:18-20, 참고. 2:1-12; 8:5-13; 15:21-28).

응답

마태복음 12:15-21은 신약 기독론, 그리고 자연스럽게 신앙과 예배에 많은 영향을 미친다. 예수님은 하나님께서 택하시고 사랑하시고 기뻐하시는 종으로, 이방인들의 소망이자 정의의 근원이다. 이 본문에서 눈에 띄는 것은, 대적들은 물론 약한 자들, 세상의 상한 갈대들을 향한 예수님의 온화함이다.

예수님에 관한 이 모든 것을 누리려면 스스로를 상한 갈대로 여겨야 한다. 아마도 신자와 불신자라는 두 부류의 상한 갈대가 있을 것 같다. 불신자들은 영적 필요에 눈뜨고 믿음으로 이어지기까지 고민하도록 하나님께서 그들을 밀어붙이실 때까지 예수님에 대한 관심이 거의 없다. 하나님께서 어떤 사람을 상하게 하실 때 복음은 더 이상 하나의 이야기가 아니라 생명이 된다. 리처드 십스(Richard Sibbes)가 말하듯이, "복음이 진짜 복음이 된다."[193] 모든 사람이 상한 갈대, 꺼져가는 심지다. 아브라함, 다윗, 베드로, 바울 같은 영웅들도 그렇다. 예수님은 약한 이들은 물론 강해 보이는 이들에게도 온화하시다.

마지막으로, 마태는 예수님이 자신이 누구인지, 무엇을 해야 하는지, 어떻게 그 일을 할지 정확히 아신다고 암시한다. 그러한 명확성이 구원으로 이어진다. 그것은 또한 그분의 백성도 그들이 누구인지, 이 땅에서 무엇을 해야 하는지, 어떻게 그것을 해야 하는지 알게 해준다.

193 Richard Sibbes, *The Bruised Reed* (Edinburgh: Banner of Truth Trust, 1998), 3-6, 인용 4.

22 그때에 귀신 들려 눈멀고 말 못 하는 사람을 데리고 왔거늘 예수께
서 고쳐주시매 그 말 못 하는 사람이 말하며 보게 된지라 23 무리가 다
놀라 이르되 이는 다윗의 자손이 아니냐 하니 24 바리새인들은 듣고
이르되 이가 귀신의 왕 바알세불을 힘입지 않고는 귀신을 쫓아내지
못하느니라 하거늘 25 예수께서 그들의 생각을 아시고 이르시되 스스
로 분쟁하는 나라마다 황폐하여질 것이요 스스로 분쟁하는 동네나 집
마다 서지 못하리라 26 만일 사탄이 사탄을 쫓아내면 스스로 분쟁하는
것이니 그리하고야 어떻게 그의 나라가 서겠느냐 27 또 내가 바알세불
을 힘입어 귀신을 쫓아내면 너희의 아들들은 누구를 힘입어 쫓아내느
냐 그러므로 그들이 너희의 재판관이 되리라 28 그러나 내가 하나님의
성령을 힘입어 귀신을 쫓아내는 것이면 하나님의 나라가 이미 너희에
게 임하였느니라 29 사람이 먼저 강한 자를 결박하지 않고서야 어떻
게 그 강한 자의 집에 들어가 그 세간을 강탈하겠느냐 결박한 후에야
그 집을 강탈하리라 30 나와 함께 아니하는 자는 나를 반대하는 자요
나와 함께 모으지 아니하는 자는 헤치는 자니라 31 그러므로 내가 너
희에게 이르노니 사람에 대한 모든 죄와 모독은 사하심을 얻되 성령

을 모독하는 것은 사하심을 얻지 못하겠고 32 또 누구든지 말로 인자
를 거역하면 사하심을 얻되 누구든지 말로 성령을 거역하면 이 세상
과 오는 세상에서도 사하심을 얻지 못하리라

22 Then a demon-oppressed man who was blind and mute was brought
to him, and he healed him, so that the man spoke and saw. 23 And all
the people were amazed, and said, "Can this be the Son of David?"
24 But when the Pharisees heard it, they said, "It is only by Beelzebul,
the prince of demons, that this man casts out demons." 25 Knowing
their thoughts, he said to them, "Every kingdom divided against itself is
laid waste, and no city or house divided against itself will stand. 26 And
if Satan casts out Satan, he is divided against himself. How then will
his kingdom stand? 27 And if I cast out demons by Beelzebul, by whom
do your sons cast them out? Therefore they will be your judges. 28 But
if it is by the Spirit of God that I cast out demons, then the kingdom of
God has come upon you. 29 Or how can someone enter a strong man's
house and plunder his goods, unless he first binds the strong man?
Then indeed he may plunder his house. 30 Whoever is not with me is
against me, and whoever does not gather with me scatters. 31 Therefore
I tell you, every sin and blasphemy will be forgiven people, but the
blasphemy against the Spirit will not be forgiven. 32 And whoever
speaks a word against the Son of Man will be forgiven, but whoever
speaks against the Holy Spirit will not be forgiven, either in this age or
in the age to come.

33 나무도 좋고 열매도 좋다 하든지 나무도 좋지 않고 열매도 좋지 않
다 하든지 하라 그 열매로 나무를 아느니라 34 독사의 자식들아 너희
는 악하니 어떻게 선한 말을 할 수 있느냐 이는 마음에 가득한 것을

입으로 말함이라 35 선한 사람은 그 쌓은 선에서 선한 것을 내고 악한
사람은 그 쌓은 악에서 악한 것을 내느니라 36 내가 너희에게 이르노
니 사람이 무슨 무익한 말을 하든지 심판 날에 이에 대하여 심문을 받
으리니 37 네 말로 의롭다 함을 받고 네 말로 정죄함을 받으리라
33 "Either make the tree good and its fruit good, or make the tree bad
and its fruit bad, for the tree is known by its fruit. 34 You brood of
vipers! How can you speak good, when you are evil? For out of the
abundance of the heart the mouth speaks. 35 The good person out of
his good treasure brings forth good, and the evil person out of his
evil treasure brings forth evil. 36 I tell you, on the day of judgment
people will give account for every careless word they speak, 37 for
by your words you will be justified, and by your words you will be
condemned."

단락 개관

마태복음 12:22-37은 바리새인들과의 갈등을 심화시킨 놀랄 만한 병 고침으로 시작한다. 바리새인들은 모든 지점에서 예수님을 반대하는 데 열중하는 듯 보인다. 예수님이 바알세불의 힘으로 악한 영을 쫓아낸다고 바리새인들이 혐의를 제기하자, 예수님은 먼저 그 혐의에 반박한 다음 자기 입장을 해명하신다. 그분은 귀신을 쫓아내심으로써 그분의 나라를 임하게 하고 사탄의 집을 약탈하신다(22-30절). 한편 바리새인들의 지독한 기소는 그들의 부패를 드러낸다. 나쁜 열매는 나쁜 나무에서 열리고, 악한 사람이 악한 말을 한다. 병 고침과 영적 해방을 사탄의 일이라고 하는 것은 악한 일이다. 바리새인들은 그들의 말에 대해 책임을 져야 할 것이다(33-37절).

공관복음 중에서 마태복음은 보통 사건들을 가장 압축적으로 기술하지만, 이곳에서 마태의 기술이 단연코 가장 길다. 마태가 이 복음서를 쓰고 있을 때 예수님이 사탄과 결탁했다는 혐의가 여전히 유포되고 있었다면 그는 그것을 반박해야 했다. 12장은 이후 예수님에 대한 유대인의 격렬한 비판과 어울린다. 유대 자료들은 예수님이 기적을 행하셨음을 부인하지는 않는다. 대신 그분이 주술이나 흑마법을 쓴다고 기소한다. 율법은 마법을 중죄로 여겼다(신 13:1-5). 예수님은 마태복음 12장의 사건들이 영적 전쟁이라고 설명하신다. 바리새인들은 다윗의 아들이자 하나님의 전사인 예수님을 중상 모략함으로써 그들이 사탄과 동류임을 드러낸다.

단락 개요

V. 반대에 직면해도 그 나라는 성장한다(11:2–13:58)
  D. 계시와 반대(12:15–45)
    2. 예수님이 눈멀고 말 못 하는 사람을 고치시고 이로 인해 논란이 생기다(12:22–24)
    3. 예수님이 모순된 비난을 논박하시다(12:25–28)
    4. 예수님이 자신의 힘과 성령의 사역을 밝히시다(12:29–32)
    5. 예수님이 악한 말은 악한 근원에서 나온다고 진단하시다(12:33–37)

마태복음 8:5-13과 12:1-14처럼, 12:22-37은 중요하지만 짧은 내러티브 안에 있는 담화 세트다. 내러티브는 단 한 절이다. 누군가 예수님께 귀신 들린 사람을 데려오고 예수님은 빠르고 완벽하게 그를 고쳐주신다(22절). 무리는 놀라고 이 사람이 다윗의 자손이 아닐까 생각한다(23절). 바리새인들은 경멸적인 기소로 반응한다. 그분이 사탄의 대행자라는 것이다(24절). 예수님은 그들의 생각을 알고 그들이 틀렸음을 입증하신다(25절). 어조는 대립적이지만, 형식은 친숙하다. 예수님은 강력한 이미지를 만들어내신다. 스스로 분쟁하는 곳은 집이 분열되어 황폐해지고 강한 자가 결박되고 더 강한 자가 그의 소유를 강탈한다고 한 다음(26-28절), 결론을 이끌어내신다. 그 나라가 임했고, 그분은 강한 자를 결박하시고, 그의 세간을 강탈하신다(28-29절).

만약 22절이 행동이고, 23-29절이 그 의미에 관한 논의라면, 30-37절은 반응하라는 요청이다. 여기에는 그분과 함께하라는 요청(30절)과 그렇게 하지 않는 자를 향한 이중적인 경고가 포함된다. 예수님은 바리새인들의 적대감이 위험하게도 용서받을 수 없는 죄에까지 이를 수 있다고 주의를 주신다(31-32절). 그 다음, 바리새인들이 아주 명백하게 선을 행한 예수님을 어떻게 공격할 수 있냐고 궁금해 하는 사람이 있다면, 그분은 악한 말이 악한 마음에서 나온다고 설명하신다(33-37절).

주석

12:22-30 "그때에"로 마태의 기사가 시작된다. "그때에"는 '이 일이 곧바로 뒤따랐다'는 것이 아니라 '이후에'라는 뜻이다. 마가복음에서는 사건의 순서가 약간 다르므로, 마태가 예수님에 대한 반대라는 주제를 전개하기 위해 사건들을 정리한 것 같다.

기사는 귀신이 장악한 한 사람으로 시작된다. 마태는 귀신이 그를 눈멀고 말 못 하게 만들었다고 암시할 뿐 분명하게 설명하지는 않는다. 그 사람은 도와달라고 말할 수도 없고 도움을 얻으려고 살필 수도 없지만, 누군가 그를 예수님께로 데려오고 그분이 고쳐주신다(22절). 마태는 예수님이 어떻게 병을 고치셨는지 자세한 설명은 하지 않고, 반응에만 주의를 기울인다. 사람들이 놀라서 "이는 다윗의 자손이 아니냐"(23절)라고 묻는다. 질문의 형태는 불확실성을 표현한다. 예수님의 능력과 권세 있는 태도가 그분을 대변하는 듯하지만, 그분의 가난과 고르지 않은 평판은 그분에게 불리하게 작용한다. 그에 반해 바리새인들은 그분이 다윗의 자손이 '아니라고' 확신한다. 그들은 예수님이 율법을 어겼다고 생각한다. 그러므로 그분은 죄인이며 하나님의 은혜를 누릴 수 없다. 그들은 예수님의 능력은 부인할 수 없으므로(누구도 그럴 수 없다) 그 근원을 의심한다. 초자연적인 능력의 근원은 두 가지밖에 없기 때문에, 그들은 예수님이 "귀신의 왕 바알세불"(참고. 마 10:25)을 힘입었음에 틀림없다고 판단한다. 기적은 구해내기 위함이 아니라 속이기 위함이라는 것이다.

바리새인들의 말을 들은 예수님은 그들의 생각을 아시고, 논리적인 주장으로 그들의 기소를 무너뜨리신다. 예수님은, 사탄이 자신의 영역을 무너뜨리도록 누군가에게 권한을 주었다고 생각하는 것은 터무니없다고 말씀하신다. 그리고 시적 병행으로 그 말을 되풀이하심으로 요점을 강화하신다(25절).

- "스스로 분쟁하는 나라마다 황폐하여질 것이요"
- "스스로 분쟁하는 동네나 집마다 서지 못하리라"

이어지는 2행 시는 이 이미지들을 가까이에 있는 그 질문에 적용한다. "사탄이 사탄을 쫓아내면"은 '만약 사탄이 그의 대행자 예수님을 통해 역시 그의 대행자들인 귀신을 쫓아내면'이라는 뜻이다. 만약 그렇다면 그는 실제로 자신과 분쟁하는 것이므로 그 나라는 서지 못할 것이다(26절). 논거는 사탄이 악하지만 완전히 비이성적이지는 않다고 전제한다. 어떤 군주가 협력자들이 서로에게 반감을 품게 하겠는가? 예수님은 그 사람을 귀신들에게서 해방시키셨으므로 결코 사탄의 대행자일 수 없다. 그러므로 하나님께서 그분 능력의 근원임에 틀림없다.

27절에서 예수님은 어떤 바리새인들도 귀신을 쫓아냈다고 전제하는 논증을 덧붙이신다.[194] 그들은 어떻게 귀신을 몰아내는가? 바리새인들은 귀신을 쫓아내는 사람이 사탄의 친구가 아니라고 입증하거나 판단할 것이다. 그리고 그들이 그렇게 하지 않으면, 예수님도 그러지 않으신다.

28절은 자기 방어에서 적극적인 가르침으로 옮겨가는 결론을 끌어낸다. "그러나 내가 하나님의 성령을 힘입어 귀신을 쫓아내는 것이면 하나님의 나라가 이미 너희에게 임하였느니라." 몇 가지 요점은 언급할 만하다. 첫째, 헬라어에서 "내가"는 강조하는 것이다. 예수님이 직접 귀신을 쫓아내고 그 나라를 가져오신다는 것이다. 둘째, 성령에 대한 언급은 독자를 18절로 다시 데려간다. 하나님이 그분의 종에게 주신 영이(사 42장) 이제 예수님께 능력을 주신다. 셋째, 마태는 아마도 강조하기 위해, 그의 전형적인 용어인 '천국'이 아닌 "하나님의 나라"라는 표현을 사용한다.[195] 마지막으로, "임하였느니라"는 프타노(*phthanō*)를 번역한 것으로, 보통 '도착하다' 혹은 '최근에 오다'라는 뜻의 동사다. 여행자의 도착을 묘사하는 이 표현은 예수님이 그때 그 나라를 가져오신다는 것을 암시한다.

나아가 마태복음 12:29은 예수님을 신적인 용사로 제시한다(사 49:22-25). 그분은 사탄을 섬기지 않는다. 오히려 사탄을 정복하신다. 사탄은 예수님께 권한을 부여하지 않는다. 오히려 예수님이 사탄에 대한 권한을 행사하신다. 예수님은 사탄의 영역에 몰래 들어가는 것이 아니라 정문을 통해 들어가 직접적으로 맞서신다. 그 이미지는 사탄도 강하지만 예수님이 더 강하심을 나타낸다. 그분이 사탄의 영역에 침입해서 그를 결박하고, 그에게 속박된 남자와 여자를 포함한 모든 재산을 강탈하신다. 예수님의 논증은 하나님께서 예수님의 선교 가운데 능력으로 세상에 들어오셨음을 입증한다.

앞의 논의는 적어도 이 지점까지 예수님을 지켜본 이들을 위해 타협안을 없앤다. 예수님은 사기꾼이거나 다윗의 자손이다. 그분은 협잡꾼이거나

194 참고. 8:14-17 주석. 이곳에서는 *Antiquities*에서 요세푸스가 묘사한 축사에 관한 기사를 인용한다.

195 마태는 "천국"을 32회 쓰고, "하나님의 나라"를 12:28; 19:24; 21:31, 43에서 4회 쓴다. 바꾸어 쓴 이유에 대해서는 합의가 되지 않는다. 그러나 많은 사람이 "하나님의 나라"가 강조를 위해 사용되었다고 생각한다.

구세주다. "나와 함께[혹은 '나에게 우호적인'] 아니하는 자는 나를 반대하는 자요"란, 결단의 때라는 의미다(30절). 중립은 없다. 예수님과 함께하지 않으면 바리새인들의 헛소리를 지지하는 편이 낫다. "모으[다]"와 "해치[다]"는, 목자 혹은 추수꾼을 가리킬 것이다. 어느 쪽이든 결과는 동일하다. 누구든 하나님의 양떼나 그분의 수확물을 모으지 않으면 그 행동하지 않음이 사실상 둘 다에 손상을 입힐 것이다.[196]

12:31-32 엄밀히 말하면, 31-32절은 용서를 구하는 사람 모두에게 용서의 선물을 주겠다고 한다. 한 가지 예외만 있다. 이 구절은 신성모독에 대한 경고 역할을 한다. 예수님은 "모든 죄와 모독은 사하심을 얻되"(31a절)라고 시작하지만, "성령을 모독하는 것은 사하심을 얻지 못하겠고"(31b절)라고 덧붙이신다. 예수님은 전통적으로 용서할 수 없는 죄라 불리는, 이 불길한 행동을 정의하시지는 않는다. 이는 단순히 악랄한 죄가 아니다(살인처럼). "모든 죄"가 용서받을 수 있기 때문이다. 성령을 모독하는 것에는 분명 독특한 특징이 있다. 예수님은 바리새인들이 그분을 모독할 때 거의 성령에 대한 모독에 이른다고 경고하신다(32절).

차이는 성령 특유의 사역에 달려 있다. 성령은 죄를 깨닫게 하고, 예수님의 인격과 사역을 증언한다(요 16:7-14). 예수님을 거절하는 것은 최종적이지 않지만, 그분에 대한 성령의 증언을 거부하는 것은 최종적이다. 무지의 죄는 용서받을 수 있다. 신성모독자이자 박해자면서 사도였던 바울의 사례가 이를 입증한다(딤전 1:12-17; 행 8:1-3; 9:1-4). 이는 성령을 모독하는 것이 고의적인 행동이어야 함을 암시한다. 히브리서 6:4-6과 요한일서 2:18-24은, 그것이 신성모독자가 듣기도 하고 느끼기도 한 모든 증거에도 불구하고 정신이 맑은 상태에서 침착하게 예수님을 거절하는 것임을 암시

196 마가복음 9:40에서 예수님은 그 표현을 뒤바꾸신다. "우리를 반대하지 않는 자는 우리를 위하는 자니라." 그러나 마가복음에서는 상황이 전혀 다르다. 제자들은 그들과 같은 일을 하는 자들의 충성을 의심하고 있었다.

한다.[197] 두 구절 모두 진리에 대한 광범위한 지식을 가진 사람을 묘사한다. 그들은 "한 번 빛을 받고 하늘의 은사를 맛보고 성령에 참여한바 되고 하나님의 선한 말씀과 내세의 능력을 맛보고도 타락"했다(히 6:4-6). 그들은 그 사실들을 듣고 진리의 선함을 맛본 후에 그것을 차 버렸다. 요한일서 2:18-24 역시, 그리스도에 대한 심오한 지식을 소유한 공동체를 버린 사람들에 관한 것이다. 바리새인들은 예수님의 사역을 보고 그분을 악하다고 판단함으로 극악무도한 죄를 짓지만, 아직 성령을 모독하지는 않는다. 그것은 성령이 분명하게 증언하는 그리스도에 대한 증거를 거부하는 것이며, 용서받을 수 없다(참고. 요 14:17, 26). 그리스도에 대한 모든 증거를 체험하고 그 무게를 느낀 다음 그것을 차 버리고 다시 회개하기는 불가능하다(히 6:4-6).

대안으로, 용서받을 수 없는 죄에 대한 '유연한' 개념은 불신 그 자체를 용서받을 수 없는 죄라고 주장한다. 믿지 않으면 용서를 구하지 못하기 때문이다. 그러나 이 용서받을 수 없는 죄는 회개하자마자 용서받을 수 있게 된다. 이러한 견해는 마태를 제대로 대변하지 못한다. 바리새인들은 믿지 않지만 이 죄를 범하지는 않았다. 그들은 이 큰 죄를 지을 위험에 처해 있다. 예수님을 사탄의 대행자로 판단하는 동안에는 예수님을 신뢰할 수 없기 때문이다. 신성모독은 치명적이지만 용서받지 못하는 죄는 아니다. 이 바리새인들은 그것에 대한 충분한 지식을 가지고 있지 못하다. 예를 들어, 부활이 아직 오지 않았으므로 그들의 죄책은 제한된다.

용서받을 수 없는 죄에 대한 경고는 두려움을 불러일으킬 수 있지만 여기에는 소망이 담겨 있다. 하나님의 능력으로 보호하심을 받는(벧전 1:1-5) 제자들은 그 죄를 범할 수 없고, 믿지 않는 사람이 그 죄를 범할 가능성은 거의 없다. 바리새인들은 예수님께 지독하게 저항하기는 하지만 (아직) 그 죄를 범하지는 않았다. 회개와 용서의 소망이 남아 있다. 실제로 사도행전

197 G. C. Berkouwer, *Sin* (Grand Rapids, MI: Eerdmans, 1971), 320-343.

은 어떤 제사장들과 바리새인들이 회개한 것을 기록한다(행 6:7; 15:5).

12:33-37 예수님이 귀신을 쫓아내신 일이 어떻게 22-24절의 비난을 낳을 수 있는지 의아해 하는 사람이 있다면, 예수님은 33-37절에서 그 현상을 설명하신다. 좋지 않은 나무에서 좋은 않은 열매가 자라듯이, 악한 말은 악한 마음에서 비롯된다. "나무도 좋고…나무도 좋지 않고"는 '나무가 좋다고 혹은 좋지 않다고 가정해보라'라는 의미일 수 있다. 즉, "나무가 좋으면 그 열매도 좋고 나무가 나쁘면 그 열매도 나쁘다"(33절, 새번역).

독사는 좋은 것은 아무것도 할 수 없고, 바리새인들은 좋은 말은 어떤 것도 할 수 없다. 누구든 옳은 말이나 친절한 말을 할 수 있으므로, 그 의미는 그들이 영적으로 좋거나 진실된 말은 아무것도 할 수 없다는 것이다. 마음은 존재의 핵심이며 중요한 확신의 근거지므로, 마음이 그리스도에 대한 경멸로 넘쳐흐른다면 말과 행동이 뒤따를 것이다. 어느 쪽이든 나무의 열매는 그 본성을 드러낸다. 나무는 그 본성에 따라 열매를 맺기 때문이다(34-35절).

모든 말은 마음을 드러낸다. 무의미하고 무익한 말[레마 아르곤(*rhēma argon*)]은 물론 신성모독도 그렇다. 심지어 농담과 수다도 마음을 드러내고, 도움을 주거나 상처를 주는 힘이 있다. 예수님은 이렇게 결론 내리신다. "네 말로 의롭다 함을 받고 네 말로 정죄함을 받으리라"(37절). 심판 날에 하나님은 각 사람의 마음과 말을 평가하실 것이다. 그것이 행동만큼이나 마음을 드러내기 때문이다. 이는 행위로 의롭다 함을 얻는다는 것이 아니다(참고. 25:31-46). 오히려 '정죄함을 받다'[카타디카조(*katadikazō*)]와 병렬이 되려면 '의롭다 함을 받다'[디카이오오(*dikaioō*)]는 사법적인 용법이어야 한다(새번역은 "너

198 Calvin, *Harmony of the Evangelists*, 2:82.

199 디카이오오(*Dikaioō*)는 마태복음 11:19; 누가복음 7:29, 35; 16:15에서 "정당성을 입증하다"라는 의미다. 마태복음 12:37과 누가복음 18:14에서는 "하나님 앞에서 법적으로 의롭다고 여겨지다"라는 뜻이며, 누가복음 10:29에서도 그런 의미일 수 있다.

는 네가 한 말로, 무죄 선고를 받기도 하고, 유죄 선고를 받기도 할 것이다"로 되어 있음-옮긴이 주). 칼빈은 "의롭다 함"을 받는다는 것은 "의롭게 되다"가 아니라 "의롭다고 여겨지다"라는 의미여야 한다고 말했다. 선한 사람은 "하나님의 법원에서 무죄 판결을 받기" 때문이다. 따라서 말이 의롭다 함을 받는 근거가 아니라, 순결한 말이 죄책을 없앤다. "우리는 우리 혀로 인해…정죄를 받지 않기" 때문이다.[198] 37절에서 "의롭다 함을 받고"의 용례는 바울스럽다. 복음서에는 '의롭다 함을 받다'가 흔하지 않다.[199]

엄밀히 말해서 36-37절은 22-35절과 어떤 언어학적이나 문법적 연관성이 없는 독립적인 진술이다. 그러나 강조의 의미가 있는 "내가 너희에게 이르노니"는 5:48, 6:24, 11:19, 18:20, 35, 25:30, 46에서도 나오는 최고의 진술처럼 읽힌다. 이는 바리새인들의 끔찍한 말에 대한 마지막 발언으로 적절하다.

응답

예수님의 말씀을 듣는 자들에게 중간 지대는 없다. 그분은 사기꾼이거나 구세주다. 사람들은 한쪽 편이 되어야 한다. "나와 함께 아니하는 자는 나를 반대하는 자"(12:30)이기 때문이다. 아무것도 하지 않는 것은 그분에게 반대하는 것이다. 예수님을 선한 사람 혹은 교사, 예언자, 치유자라 부르고 그것으로 충분하다고 생각해서는 안 된다. 물론 구도자에게는 꼼꼼하게 살피고 제자도의 대가를 계산할 시간이 있어야 하지만, 일단 논점이 명확해지면 마음이 굳어지고 썩지 않도록 미루지 말고 성령의 증언을 인정하고 회개하고 믿고 예수님을 따라야 한다. 그러고 나서 좋은 열매인 사랑의 행동과 은혜로운 말이 있는지 스스로를 점검하며, 좋은 말과 행동이 흘러나오게 해야 한다.

이 단락은 또한 준엄한 경고를 보낸다. 바리새인들이 명백한 긍휼과 능력의 행위에 대해 예수님을 정죄할 수 있다면, 우리는 무엇에 대해서든 정죄 받을 수 있다. 더 나쁜 것은, 비방자들이 자신이 하나님의 일을 한다고 생각할 수 있다는 점이다. 나쁜 사람들이 잘못된 고소를 하는 경우, 피고인의 악함 때문이 아니라 고소인의 악함 때문이라는 것을 알면 도움이 된다. 예수님과 함께 고난당하는 것은 고통스럽지만 결코 해롭지는 않다.

마지막으로, 목회적인 면에서, 모든 사람이 용서받을 수 없는 죄에 대한 가르침을 통해 교훈을 얻어야 할 것이다. 하나를 제외한 모든 죄를 용서받을 수 있고 용서받았다는 것은 좋은 소식이다. 이는 이 죄를 지을까 염려하는 사람은 누구도 결코 그렇지 않으리라는 것을 암시한다. 사실, 용서받지 못하는 죄에 대해 염려하는 것은 성령이 일하신다는 징표다. 그 죄를 범한 사람은 이러한 가르침으로 불안해하지 않을 것이다. 따라서 모든 청중, 모든 죄인이 그리스도를 통해 자비를 얻어야 한다.

12장

38 그때에 서기관과 바리새인 중 몇 사람이 말하되 선생님이여 우리
에게 표적 보여주시기를 원하나이다 39 예수께서 대답하여 이르시되
악하고 음란한 세대가 표적을 구하나 선지자 요나의 표적밖에는 보
일 표적이 없느니라 40 요나가 밤낮 사흘 동안 큰 물고기 뱃속에 있었
던 것같이 인자도 밤낮 사흘 동안 땅 속에 있으리라 41 심판 때에 니느
웨 사람들이 일어나 이 세대 사람을 정죄하리니 이는 그들이 요나의
전도를 듣고 회개하였음이거니와 요나보다 더 큰 이가 여기 있으며
42 심판 때에 남방 여왕이 일어나 이 세대 사람을 정죄하리니 이는 그
가 솔로몬의 지혜로운 말을 들으려고 땅 끝에서 왔음이거니와 솔로몬
보다 더 큰 이가 여기 있느니라

38 Then some of the scribes and Pharisees answered him, saying,
"Teacher, we wish to see a sign from you." 39 But he answered them,
"An evil and adulterous generation seeks for a sign, but no sign will be
given to it except the sign of the prophet Jonah. 40 For just as Jonah was
three days and three nights in the belly of the great fish, so will the Son
of Man be three days and three nights in the heart of the earth. 41 The

men of Nineveh will rise up at the judgment with this generation and
condemn it, for they repented at the preaching of Jonah, and behold,
something greater than Jonah is here. 42 The queen of the South will rise
up at the judgment with this generation and condemn it, for she came
from the ends of the earth to hear the wisdom of Solomon, and behold,
something greater than Solomon is here.

43 더러운 귀신이 사람에게서 나갔을 때에 물 없는 곳으로 다니며 쉬
기를 구하되 쉴 곳을 얻지 못하고 44 이에 이르되 내가 나온 내 집으로
돌아가리라 하고 와 보니 그 집이 비고 청소되고 수리되었거늘 45 이
에 가서 저보다 더 악한 귀신 일곱을 데리고 들어가서 거하니 그 사람
의 나중 형편이 전보다 더욱 심하게 되느니라 이 악한 세대가 또한 이
렇게 되리라
43 "When the unclean spirit has gone out of a person, it passes through
waterless places seeking rest, but finds none. 44 Then it says, 'I will
return to my house from which I came.' And when it comes, it finds the
house empty, swept, and put in order. 45 Then it goes and brings with it
seven other spirits more evil than itself, and they enter and dwell there,
and the last state of that person is worse than the first. So also will it be
with this evil generation."

단락 개관

"그때에…말하되"는 마태복음 12:38-45을 바리새인과의 갈등에 대한 앞의 기사(1-30절)와 연결시킨다. 9-13절과 22절의 기적 바로 후에, 표적에 대한 요청을 한다는 것은 잘못된 것처럼 보인다. 부분적으로 병행되는 구절인 마가복음 8:11과 누가복음 11:16은 탄원자들이 예수님을 시험하고 있다고 언급한다. "우리에게 표적 보여주시기를 원하나이다"라는 말은 어리석거나 악할 수 있다. 방금 두 가지 표적이 눈앞에서 일어났다. 그런데도 표적을 볼 수 없었다는 것인가? 어쩌면 이렇게 놀리는 것 같다. "당신의 하찮은 병 고침은 보았소. 이제 스스로를 입증하십시오."

"이 악[한]…세대"라는 어구는 마태복음 12:38-42을 12:43-45과 연결시킨다. 두 단락은 다르긴 하지만, 심히 종교적인 관심사를 가진 세대와 놀라울 정도로 종교적 어리석음을 가진 세대에 대해 말한다. 표적이 소용돌이치고 땅 위에 꽉 차 있지만, 이 세대는 그것을 볼 수도 없고 들을 수도 없다(13:13-15).

단락 개요

V. 반대에 직면해도 그 나라는 성장한다(11:2-13:58)
  D. 계시와 반대(12:15-45)
    6. 예수님이 표적을 더 보여달라는 요청을 거절하시다(12:38-42)
    7. 예수님이 죄인들에게 회개하지 않을 때의 결과를 경고하시다(12:43-45)

바리새인들이 예수님께 표적을 구하자, 그분은 먼저 그것을 "악하고 음란한 세대"의 열매라고 부른 다음 그들의 요청을 거절하신다(12:39). 이어지는 행들에는 이제는 익숙한 시적 반복과 변주곡이 있다. 예수님은 먼저 자신을 요나와 비교하신다.

요나가 밤낮 사흘 동안 큰 물고기 뱃속에 있었던 '것같이'
인자'도' 밤낮 사흘 동안 땅 속에 있으리라

그 다음 예수님은 11:21-24을 상기시키며, 이 세대를 더 많은 믿음을 보여준 언약 공동체 밖의 청중과 비교하신다.

'니느웨 사람들이'
　　일어나 이 세대 사람을 정죄하리니
　　이는 그들이 요나의 전도를 듣고 회개하였음이거니와
　　요나보다 더 큰 이가 여기 있으며

'남방 여왕이'
　　일어나 이 세대 사람을 정죄하리니
　　이는 그가 솔로몬의 지혜로운 말을 들으려고 땅 끝에서
　　왔음이거니와
　　솔로몬보다 더 큰 이가 여기 있느니라[200]

12:43-45의 마지막 행들은 예수님 말씀의 시작 부분과 수미상관을 이룬다. "악하고 음란한 세대"는 표적을 구하고(39절), "이 악한 세대"는 여전히 귀신의 권력 안에 있다(45절).

200 예수님 가르침의 시적 요소들이 그 의미에 영향을 미치지 않을지도 모르지만, 그분이 시인처럼 가르치고자 하시므로 주의를 기울일 만하다. 또한 형태가 예수님의 예술 사랑에 대한 더 많은 통찰을 제공한다면 그것은 중요하다.

주석

12:38-42 잠시 후 서기관과 바리새인 몇 사람이 최근 사건들에 '대응하여'(ESV는 "answered", 개역개정은 "말하되"), 공손하게 예수님을 "선생님이여"라고 부르며 그들을 위해 기적적인 표적을 보여달라고 요청한다(38절). 그 요청은 터무니없거나 위선적이거나 조작적으로 보인다. 예수님이 방금 한쪽 손 마른 사람과, 귀신으로 인해 눈멀고 말 못 하는 사람을 고쳐주셨기 때문이다. 독자는 예수님의 대적들이 그들을 믿게 만들 수 있는 표적들을 받아들일지 궁금하다. 병행 본문인 마가복음 8:11과 누가복음 11:16은 탄원자들이 그분을 시험하려 한다고 전한다. 마태복음 16:1의 유사한 사건에서는 바리새인들과 사두개인들이 "하늘로부터 오는 표적"을 구한다. 이는 아마도 그들이 하나님이 주셨다는 결론을 내릴 수밖에 없는 아주 극적인 표적을 원한다는 의미인 것 같다(아래를 보라). 그러나 그들이 예수님을 시험하고 있다는 기록은 4:6을 생각나게 한다. 그곳에서 사탄은 믿지 않을 수 없게 만들 장관 같은 기적을 행하도록 예수님을 유혹했다.

예수님은 거절하며 "악하고 음란한 세대가 표적을 구하나"(39a절)라고 답하신다. 이는 서기관과 바리새인 전체를 가리키는데, 그들을 영적으로 신실하지 못한 자들이라 부르신다. 표적은 자비로운 선물이다. 예수님은 명령을 받고 기적을 행하신 적이 한 번도 없다(참고. 서론의 '마태복음 설교하기' 중 '기적 해석하기'). 이스라엘이 모세에게 물을 요구했을 때 모세는 그들이 하나님과 다투며 시험하고 있다고 말했다(출 17:2, 7).

예수님은 계속해서 말씀하신다. "선지자 요나의 표적밖에는 보일 표적이 없느니라"(마 12:39b). 문법에 따르면 "요나의 표적"은 두 가지 중 하나를 의미한다. 그것은 요나가 행한 표적일 수도 있고[근원에 대한 속격(a genitive of source)], 요나 자신이라는 표적[설명적 속격(an epexegetical genitive)]일 수도 있다. 요나서는 그 의미를 분명하게 해준다. 요나는 니느웨에서 표적을 보이지 않았고 기적도 행하지 않았다. 그저 임박한 심판을 선포했다. 그 내러티브에서는 요나 자체가 표적이다. 그가 표적인 까닭은, 바다 괴물[혹은 "큰

12장

물고기", 케토스(*kētos*), 40절]의 뱃속에서 사흘 밤낮을 살다가 살아서 니느웨에 나타났기 때문이다. 그는 하나님을 믿지 않는 그곳에서 발언 기회를 얻어 자신이 하나님의 사자임을 입증했다.

요나와 비슷하지만 그보다 더 크신 부활하신 예수님이 표적이고 언제나 표적이 되실 것이다. 예수님이 땅 속에서 "밤낮 사흘 동안" 있다가 살아서 나타났을 때, 그분의 존재는 그분이 하나님의 아들임을 증명했다(40절). 그분은 서기관과 바리새인들에게 자신을 제시하시지만, 그분은 그들이 구하는 표적이 아니다. 그것은 수수께끼 같은 표적, 근본적으로 그들에게 보이지 않는 표적이다. 그들은 그들의 말대로, 예수님이 하시는 일이 하나님으로부터 온 것이라는 반론의 여지가 없는 증거를 원하기 때문이다. 그러나 그들이 성령의 증언을 거부하는 한, 그들의 눈을 감는 한, 결코 충분한 표적을 보지 못할 것이다(31-32절; 13:13).

따라서 두로와 소돔이 갈릴리가 예수님께 반응하지 못한 것에 대해 그들을 심판하듯이(11:21-24), 니느웨 사람들이 같은 이유로 이스라엘 지도자들을 심판할 것이다. 니느웨는 요나의 설교를 듣고 회개했지만, 서기관들과 바리새인들은 기적을 보고 설교를 듣고도 회개하지 않을 것이기 때문이다(12:41). 어떤 측면에서 "남방 여왕", 즉 스바의 여왕(왕상 10:1-10)은 니느웨와 정반대다. 니느웨 사람들은 요나를 받아들였지만, 이 여왕은 솔로몬을 찾아 길고 고된 여행을 했다. 여왕은 큰 지혜를 가진 사람의 말을 들으러 왔지만, 예수님에게는 더 큰 지혜가 있는데 이스라엘 지도자들은 그분을 버린다.

선생들과 바리새인들은 왜 예수님과 그분의 기적에 저항하는가? 그들은 무엇을 더 원할 수 있을까? 최고의 대답은 그 무엇도 그들을 만족시키지 못하리라는 것이다. 그들은 예수님의 인기와 능력을 부러워하며, 그분이 그들을 대신할지도 모른다고 생각한다(마 27:18; 요 11:47-48). 그들의 둔감함에 대한 더 유연한 설명들도 있다. 혹 그들은 인간 수혜자가 존재하지 않는 표적을 찾는 것일지도 모른다. 인간들은 조작될 수 있기 때문이다. 아니면, 신명기 13장을 따라 예수님이 사람들을 현혹시키는 자의 기준을 충족한다고 믿는 것인지도 모른다.[201] 사실 누구도 명확하게 예수님이 사람들을 다른 신들을 경배하도록 이끌었다고 기소하지 못하지만, 예수님 시대에 유대인들은 범죄를 폭넓게 정의했다. 개인이나 공동체를 하나님에게서 떠나게 이끈 누구든, 사람들을 현혹하는 자인 메시스(mesith)일 수 있다. 만약 예수님이 율법을 무시한 죄인이었다면(참고. 마 12:22-30 주석), 그분의 말씀과 행동은 사람들을 잘못된 방향으로 이끌었을 것이다. 닐(D. Neale)이 지적하듯이 복음서에서 예수님이 받으시는 대우는, 율법과 전통이 메시스라고 부르는 이들이 받아야 하는 대우와 거의(완벽하지는 않지만) 똑같다. 유대 지도자들은 반복해서 예수님을 그분의 말로 함정에 빠뜨리려 하는데, 이는 미쉬나가 메시스의 경우에 허용하는 것이다(산헤드린 7:10). 예수님의 재판에 무고한 자를 보호하는 예방책이 없는 것도 유사하다. 메시스는 동정 없는 대우를 받아야 했기 때문이다. 마지막으로, 예수님이 마태복음 10:19-21에서 제자들의 박해를 묘사하기 위해 사용하시는 표현은 신명기 13:6, 9의 메시스 단락과 유사하게 들린다. 그러나 이것이 서기관과 바리새인의 마음에 있었다 해도 그들에게 면죄부를 주지는 않을 것이다.

12:43-45 마지막 단락은 앞의 주제들, 즉 그리스도의 능력만으로 악한 영들을 쫓아낼 수 있다는 주제로 돌아온다(12:28). 그분이 일하실 때, 중립은 불가능하다(30절).[202] 이 단락은 더럽거나 악한 영이 자발적으로 어떤 사람을 떠나는 것을 상상하는 짧은 비유로 보는 것이 가장 좋다. 어떤 이유에서든 어떤 영이 떠난다고 '가정하면', 혹은 '만약' 어떤 영이 그 사람을 떠난다면, 그 다음 어떤 일이 일어나겠는가? 그 영은 "물 없는 곳", 즉 광야, 귀신에게 어울리는 곳으로 간다(마 4:1; 토비트 8:3). 그런데 안식을 누리지 못한다. 사람이 살지 않는 곳에서는 손상을 입힐 수 없기 때문이다.[203] 그동

201 이 단락의 나머지 부분은 D. Neale, "*Was Jesus a Mesith*? Public Response to Jesus and His Ministry", *TynBul* 44/1 (1993): 89-101을 따른 것이다.

202 Morris, *Matthew*, 328.

안 원래의 주인이 빈 집처럼 있다. 귀신을 대신한 것이 아무것도 없었으므로, 비어 있는 채 새 거주자를 맞을 준비를 하고 있다. 원래의 귀신은 쉽고 매력적인 표적을 보고, 그 귀신보다 더 악한 일곱 귀신을 모집하여 그곳으로 거처를 정한다.[204] 그래서 그 사람의 곤경은 이전보다 악화된다. 새 주인을 받아들이지 못했기 때문이다. 그러나 만약 예수님이 들어가서 그 집의 참된 왕이 주권적인 통치를 하셨다면, 그분이 이 최종적인 비극적 상태[타 에스카타(*ta eschata*)]를 막으셨을 것이다. 이 단락은 모든 사람에게, 특히 무리에게, 건성으로 하는 회심과 믿음은 절대 충분하지 않다고 경고한다. 부분적인 회심이 귀신을 쫓아낸다면, 그 집은 "빈 채로 있어서는" 안 된다. "새로운 주인이 거처를 삼아야 한다." 그리고 새로운 빛이 그곳을 비추어야 한다. 그러면 그가 자유로울 것이다.[205]

마지막 행 "이 악한 세대가 또한 이렇게 되리라"는, 39절로 돌아가서 예수님이 서기관들과 바리새인들에게 경고하고 계심을 보여준다. 그들은 악한 귀신 일곱이 차지한 집과 닮았다. 이것이 그들이 사탄의 일을 하는 이유다. 그들은 사탄처럼 예수님을 유혹하여 극적인 표적을 행함으로 십자가를 피하게 하려 한다(4:5-6; 12:38; 16:1). 사탄처럼 그들은 예수님을 죽일 모의를 한다(12:14; 21:45-46; 23:32-35). 그들은 "탐욕과 악독이 가득"하고(눅 11:39), 지옥의 자식이다(마 23:15).

203 이 단락은 Joachim Jeremias, *The Parables of Jesus*, trans. S. H. Hooke (London: Scribner's, 1972), 197-198을 따른 것이다.

204 동사는 카토이케오(*katoikeō*)로, 어딘가에 정착하여 산다는 함의를 갖는다. 이는 귀신(이곳) 혹은 하나님(엡 3:17)에 대해 쓸 수 있다.

205 Jeremias, *New Testament Theology*, 154.

응답

마태복음 12:38-45은 모든 사람에게 회개하고 예수님을 믿으라고 요청한다. 예수님은 하나님이 그분을 보내셨다는 충분한 증거 이상을 주셨다. 믿지 않는 것은 유죄다. 니느웨 사람들이 요나의 심판 메시지를 듣고 회개했다면, 어떤 여왕이 솔로몬의 지혜를 듣기 위해 수개월 여행했다면, 예수님의 사역을 직접 본 유대인과 그 기사를 읽은 이방인들은 얼마나 더 회개하고 믿어야겠는가?

요나보다 더 큰 이와 솔로몬보다 더 큰 이에 대한 이중적인 언급은, 예수님이 이스라엘 영웅들의 사역을 어떻게 뛰어넘으시는지를 요약해준다.[206] 예수님은 회개하라는 강력한 요청을 하시는 면에서 요나보다 크다(41절). 그분은 나라들을 끌어들이는 지혜에서 솔로몬을 능가한다(42절). 그분은 또한 영원하시므로 아브라함보다도 크다(요 8:53-56). 그분은 하늘과 땅 사이의 관문이기 때문에(1:51, 참고. 창 28:12), 또 영생하도록 솟아나는 샘물을 주시기 때문에(요 4:12-14) 야곱보다 크다. 그분은 모세를 능가한다. 그분이 율법보다는 은혜와 진리의 언약을 시작하시기 때문에(1:17), 하늘에서 내려오는 생명을 주는 떡을 주시기 때문에(6:32-35), 또 그분이 지으신 집에 대해 신실하시기 때문이다(히 3:1-6, 이곳에서 히브리서 전체를 고찰할 수 있다).

12장

그러나 요나와 스바에게는 그 이상이 있다. 니느웨의 회개와 스바 여왕의 탐구는 이방인 신자들의 이야기다. 누구든 회개하고 용서를 받고 예수님의 지혜를 구할 수 있다. 하나님은 니느웨와 스바 여왕을 위해 하신 일을 믿음을 가진 이방인과 유대인들에게 하실 것이다. 아마도 교회는 심지어 요나 같아서, 마지못해 하지만 결국 순종하고 그래서 예수님보다

206 Doriani, *Putting the Truth to Work*, 50.

덜 고귀하지만 여전히 그분과 같은 길에 있을 것이다.[207] 그래서 마태복음 12장은 구도자들에게 예수님을 받아들이라고 촉구하고, 신자들에게 그분을 널리 선포하라고 권한다.

207 Sidney Greidanus, *The Modern Preacher and the Ancient Text: Interpreting and Preaching Biblical Literature* (Grand Rapids, MI: Eerdmans, 1988), 179-181. 《성경 해석과 성경적 설교》(여수룬); John H. Stek, "The Message of the Book of Jonah", *CTJ* 4/1 (1969): 39.

12장

46 예수께서 무리에게 말씀하실 때에 그의 어머니와 [1)]동생들이 예수
께 말하려고 밖에 섰더니 47 한 사람이 예수께 여짜오되 보소서 당신
의 어머니와 [1)]동생들이 당신께 말하려고 밖에 서 있나이다 하니 48 말
하던 사람에게 대답하여 이르시되 누가 내 어머니이며 내 [1)]동생들이
냐 하시고 49 손을 내밀어 제자들을 가리켜 이르시되 나의 어머니와
나의 [1)]동생들을 보라 50 누구든지 하늘에 계신 내 아버지의 뜻대로 하
는 자가 내 형제요 자매요 어머니이니라 하시더라

46 While he was still speaking to the people, behold, his mother and his
brothers[1] stood outside, asking to speak to him.[2] 48 But he replied to
the man who told him, "Who is my mother, and who are my brothers?"
49 And stretching out his hand toward his disciples, he said, "Here are
my mother and my brothers! 50 For whoever does the will of my Father
in heaven is my brother and sister and mother."

1) 또는 형제들

1 Or *brothers and sisters*; also verses 48, 49 *2* Some manuscripts insert verse 47: *Someone told him, "Your mother and your brothers are standing outside, asking to speak to you"*

단락 개관

마태복음 12:46-50은 심한 갈등 말미에 있다. 예수님이 눈멀고 말 못 하고 귀신 들린 한 사람을 고쳐주시자(12:21), 사람들은 놀라서 "이는 다윗의 자손이 아니냐"라고 물었다(22-23절). 그러나 바리새인들은 그것을 속임수로 판단하고, 예수님이 귀신의 왕으로서 귀신을 쫓아낸다고 주장했다. 예수님은 그것은 터무니없다고 하시며, 무리에게 "나와 함께 아니하는 자는 나를 반대하는 자요"(24-30절)라면서 선택해야 한다고 말씀하셨다. '나와 함께하느냐, 나를 반대하느냐?'라는 질문은 예수님의 가족이 왔을 때에도 여전히 그대로 있다. 그분은 사람들이 가득한 집 안에서 가르치고 계시는데, 그들은 즉시 그분과 이야기하기를 원하는 듯 보인다[46-47절(ESV 난하주)]. 그분은 "누가 내 어머니이며 내 동생들이냐"(48절)라는 질문으로 대응하신다. 그리고 제자들을 가리키며 말씀하신다. "나의 어머니와 나의 동생들을 보라"(49절).

대부분의 사본과 본문비평가들이 47절을 포함함에도 불구하고 ESV는 47절을 생략하고 그 내용을 주에 둔다. 47절은 대체로 46절을 되풀이하지만 그 의미를 더 쉽게 해준다. 47절은 예수님이 마지막 말씀을 하실 때 예수님의 가족이 그분이 계신 곳이 아닌 집 밖에 있음을 보여준다(48-50절).

단락 개요

V. 반대에 직면해도 그 나라는 성장한다(11:2-13:58)

E. 예수님이 자신의 진짜 가족을 묘사하시다(12:46-50)

주석

12:46-50 예수님이 집 안에서 무리에게 말씀하고 계실 때 그분의 가족이 찾아온다. 그들은 그분과 이야기하고 싶어 하지만, 무리가 빽빽이 들어차 있어서 그분에게 다가가지 못한다. 그의 어머니와 동생들이 예수께 말하려고 밖에 서 있다는 말이 전해진다(46절). 그 요청은 악의가 없어 보인다. 그런데 예수님은 왜 그것을 무시하시는가? 분명 예수님의 가족은 그분이 가르치기를 멈추고 당장 그들에게 오기를 원한다. 마치 자신들이 그분의 시간과 의제를 통제하는 듯, 고집을 부리는 것 같다. 그들은 그분의 일을 경시하는가? 마가와 요한은 그렇다고 시사한다.

12장

마가복음 3:31-35은 마태복음 12:46-50과 똑같은 사건을 기록하고 있으며, 설명도 유사하다. 그러나 마가는 겨우 열 절 앞에서 이전의 무리가 그분을 둘러쌌을 때 그 가족이 "그를 붙들러 나오니 이는 그가 미쳤다 함일러라"(막 3:21)라고 기록한다. 이와 유사하게 요한복음 7:1-5에서는 그 형제들이 그분의 능력과 명성을 조롱했다. 요한은 "그 형제들까지도 예수를 믿지 아니함이러라"라고 덧붙인다. 이러한 가족의 초상화가 예수님의 질문과 대답의 맥락이다.

> 누가 내 어머니이며 내 동생들이냐 하시고 손을 내밀어 제자들을 가리켜 이르시되 나의 어머니와 나의 동생들을 보라 누구든지 하늘에 계신 내 아버지의 뜻대로 하는 자가 내 형제요 자매요 어머니이니라 하시더라(마 12:48-50)

첫째, 예수님은 가족들이 그분을 방해하게 두지 않으신다. 그분은 영적 가족보다 생물학적 가족에게 우선권을 두지 않으신다. 5-12장에 정의된 대로 그분의 뜻을 행하는 자는 누구든지 그분의 가족이다. 이 진술은 육체적인 가족보다 하나님 나라의 구성원과 하나님의 가족을 우선시하는 예수님의 방식과 전적으로 일치한다. 8:21-22에서 그분은 노부모를 돌보는 것 같은 가족의 의무를 제자도보다 우선에 두는 사람은 영적으로 죽었다고 말씀하셨다. 10:37에서는 "아버지나 어머니를 나보다 더 사랑하는 자도 내게 합당하지 아니하고"(참고. 눅 14:26)라고 말씀하셨다. 그리스도에 대한 사랑은 다른 모든 사랑을 대체해야 한다. 하나님의 나라와 가족이 상충될 때 그 나라가 이긴다. 영적 유대가 더 지속적이기 때문이다.

둘째, 누구든 예수님의 영적 가족이 될 수 있다. 아버지의 뜻을 행하는 사람은 누구나 예수님의 가족이다. 이는 행위로 얻는 구원이 아니다. 예수님은 "아버지의 뜻을 행하는 자가 내 가족에 들어간다"고 말씀하지 않으신다. 그러나 그분을 사랑하고 신뢰하라는 부르심에서 시작하여 하나님께 순종하는 것이 하나님 가족의 표지다. 이 가르침은 간접적으로 예수님 자신을 가리킨다. 아버지의 뜻을 행하는 것이 예수님 가족의 구별된 표지라면, 그분은 그 아버지의 뜻을 가르치시는 분이다. 그리고 그 뜻의 핵심은 '이 명령들을 따르라'가 아니라 '나를 따르다'다(마 4:19; 8:22; 9:9; 10:38; 16:24; 19:21; 눅 18:22; 요 1:43; 10:27; 12:26; 21:19-22).

응답

마태복음 12:46-50은 예수님을 있는 그대로 받아들이고, 그분을 충성스럽게 따르며, 그분을 믿고, 그분 안에서 정체성을 찾아야 한다고 말한다. 부계, 지리, 성, 그리고/혹은 직업을 통해 자신의 정체성을 규정하는 것이 대부분의 문화의 관습이다. 문화마다 표지가 다를 수도 있다. 북미의 경우 업적, 교육, 재정 상태, 취미도 포함된다. 예수님은 우리에게 영적으로 자신의 정체성을 규정하라고 가르치신다. 당신의 하나님은 누구인가? 당신은 누구를 따르는가?

1 그날 예수께서 집에서 나가사 바닷가에 앉으시매 2 큰 무리가 그에
게로 모여들거늘 예수께서 배에 올라가 앉으시고 온 무리는 해변에
서 있더니 3 예수께서 비유로 여러 가지를 그들에게 말씀하여 이르시
되 씨를 뿌리는 자가 뿌리러 나가서 4 뿌릴새 더러는 길 가에 떨어지
매 새들이 와서 먹어버렸고 5 더러는 흙이 얕은 돌밭에 떨어지매 흙이
깊지 아니하므로 곧 싹이 나오나 6 해가 돋은 후에 타서 뿌리가 없으
므로 말랐고 7 더러는 가시떨기 위에 떨어지매 가시가 자라서 기운을
막았고 8 더러는 좋은 땅에 떨어지매 어떤 것은 백 배, 어떤 것은 육십
배, 어떤 것은 삼십 배의 결실을 하였느니라 9 귀 있는 자는 들으라 하
시니라

1 That same day Jesus went out of the house and sat beside the sea.
2 And great crowds gathered about him, so that he got into a boat and
sat down. And the whole crowd stood on the beach. 3 And he told them
many things in parables, saying: "A sower went out to sow. 4 And as he
sowed, some seeds fell along the path, and the birds came and devoured
them. 5 Other seeds fell on rocky ground, where they did not have much

soil, and immediately they sprang up, since they had no depth of soil,
6 but when the sun rose they were scorched. And since they had no root,
they withered away. 7 Other seeds fell among thorns, and the thorns
grew up and choked them. 8 Other seeds fell on good soil and produced
grain, some a hundredfold, some sixty, some thirty. 9 He who has ears,[1]
let him hear."

10 제자들이 예수께 나아와 이르되 어찌하여 그들에게 비유로 말씀하
시나이까 11 대답하여 이르시되 천국의 비밀을 아는 것이 너희에게는
허락되었으나 그들에게는 아니되었나니 12 무릇 있는 자는 받아 넉넉
하게 되되 없는 자는 그 있는 것도 빼앗기리라 13 그러므로 내가 그들
에게 비유로 말하는 것은 그들이 보아도 보지 못하며 들어도 듣지 못
하며 깨닫지 못함이니라 14 이사야의 예언이 그들에게 이루어졌으니
일렀으되

> 너희가 듣기는 들어도 깨닫지 못할 것이요 보기는 보아도 알지 못
> 하리라 15 이 백성들의 마음이 완악하여져서 그 귀는 듣기에 둔하
> 고 눈은 감았으니 이는 눈으로 보고 귀로 듣고 마음으로 깨달아 돌
> 이켜 내게 고침을 받을까 두려워함이라

하였느니라 16 그러나 너희 눈은 봄으로, 너희 귀는 들음으로 복이 있
도다 17 내가 진실로 너희에게 이르노니 많은 선지자와 의인이 너희가
보는 것들을 보고자 하여도 보지 못하였고 너희가 듣는 것들을 듣고
자 하여도 듣지 못하였느니라

10 Then the disciples came and said to him, "Why do you speak to them
in parables?" 11 And he answered them, "To you it has been given to
know the secrets of the kingdom of heaven, but to them it has not been
given. 12 For to the one who has, more will be given, and he will have
an abundance, but from the one who has not, even what he has will be

taken away. 13 This is why I speak to them in parables, because seeing
they do not see, and hearing they do not hear, nor do they understand.
14 Indeed, in their case the prophecy of Isaiah is fulfilled that says:
"“‘You will indeed hear but never understand,
and you will indeed see but never perceive.”
15 For this people's heart has grown dull,
and with their ears they can barely hear,
and their eyes they have closed,
lest they should see with their eyes
and hear with their ears
and understand with their heart
and turn, and I would heal them.'
16 But blessed are your eyes, for they see, and your ears, for they hear.
17 For truly, I say to you, many prophets and righteous people longed to
see what you see, and did not see it, and to hear what you hear, and did
not hear it.

18 그런즉 씨 뿌리는 비유를 들으라 19 아무나 [1)]천국 말씀을 듣고 깨
닫지 못할 때는 악한 자가 와서 그 마음에 뿌려진 것을 빼앗나니 이는
곧 길 가에 뿌려진 자요 20 돌밭에 뿌려졌다는 것은 말씀을 듣고 즉시
기쁨으로 받되 21 그 속에 뿌리가 없어 잠시 견디다가 말씀으로 말미
암아 환난이나 박해가 일어날 때에는 곧 넘어지는 자요 22 가시떨기에
뿌려졌다는 것은 말씀을 들으나 세상의 염려와 재물의 유혹에 말씀
이 막혀 결실하지 못하는 자요 23 좋은 땅에 뿌려졌다는 것은 말씀을
듣고 깨닫는 자니 결실하여 어떤 것은 백 배, 어떤 것은 육십 배, 어떤
것은 삼십 배가 되느니라 하시더라
18 "Hear then the parable of the sower: 19 When anyone hears the word

of the kingdom and does not understand it, the evil one comes and snatches away what has been sown in his heart. This is what was sown along the path. 20 As for what was sown on rocky ground, this is the one who hears the word and immediately receives it with joy, 21 yet he has no root in himself, but endures for a while, and when tribulation or persecution arises on account of the word, immediately he falls away.[2]
22 As for what was sown among thorns, this is the one who hears the word, but the cares of the world and the deceitfulness of riches choke the word, and it proves unfruitful. 23 As for what was sown on good soil, this is the one who hears the word and understands it. He indeed bears fruit and yields, in one case a hundredfold, in another sixty, and in another thirty."

1) 헬, 그 나라의 말씀을

1 Some manuscripts add here and in verse 43 *to hear* *2* Or *stumbles*

단락 개관

마태복음 13장은 사도의 다섯 주요 가르침 토막 중 세 번째며, 이 위치에 완벽하게 들어맞는다. 12장에서는 바리새인들이 왕 예수님을 중상 모략했고, 가족은 그분을 의심했다. 따라서 예수님이, 왜 그분의 나라가 무시되고 반대를 받고 와해되는지와, 그래도 어째서 여전히 변혁의 능력을 가지고 있는지를 설명하시는 것은 적합하다.

씨 뿌리는 자의 비유는 천국을 씨를 뿌리는 농부에 비유한다. 물리적인 씨가 열매를 맺거나 맺지 못하거나 할 수 있듯이, "천국 말씀"도 마찬가지로 씨처럼 약하게 와서 쉽게 거부당한다. 이 비유는 씨가 열매를 맺지 못할 수 있는 세 가지 경우를 분류한다. 마음이 굳은 사람은 그것을 무시하고, 약한 이들은 거짓된 헌신을 하고, 두 마음을 품은 이들은 천국과 세상을 둘 다 사랑하려 한다. 천국을 거부하는 세 가지 경우가 있듯이, 천국 역시 세 단계, 즉 뿌린 씨의 30배, 60배, 100배의 열매를 맺는다. 이 결말은 12장에서 목격한 반대에도 불구하고 독자로 하여금 천국의 승리에 대한 소망을 품게 한다.

단락 개요

V. 반대에 직면해도 그 나라는 성장한다(11:2–13:58)

F. 세 번째 설교: 그 나라에 대한 비유(13:1–52)

1. 그 나라는 씨 뿌리는 자와 같은데, 그 씨는 고르지 않은 열매를 맺는다(13:1–9)
2. 주: 비유가 어떤 사람들에게는 주어지고 다른 사람들에게서는 빼앗는다(13:10–17)
3. 씨 뿌리는 자 비유 해설(13:18–23)

씨 뿌리는 자의 비유(13:1-9)는 등장인물이 사람이 아닌 씨와 밭이라는 점에서 이후의 공관복음 비유들 대부분과 다르다. 씨 뿌리는 자가 주인공이고, 나머지는 세 경우 중 하나로 신실하지 못하게 반응하거나, 점증하는 세 단계까지 신실하게 반응한다.

비유는 농경 사회에 친숙한 단순한 개념들, 즉 씨, 가라지, 돌밭, 좋은 땅, 뿌리, 결실이 없거나 결실이 많은 노동을 사용한다. 그리고 그 의미는 분명 현대의 독자들에게도 친숙하다. 그러나 귀를 기울이라는 요청과 설명해달라는 간청은, 예수님이 그 이야기를 설명하실 필요가 있었음을 드러낸다.

당황한 제자들은 비유 자체가 아니라 비유로 말씀하고자 하시는 그분의 결정에 대한 설명을 요구한다. 결국 예수님은 둘 다 설명하신다.

형태상 10-17절에 담긴 예수님의 가르침은 또다시 시적이지만, 요지는 간단하다. 첫째, 비유가 제자들에게는 "천국의 비밀"을 제시하지만 다른 사람들에게서는 그것을 빼앗는다. 비유에는 또한 징벌의 요소가 있어서, 보고 듣는 듯 보이나 그렇지 않는 이들에게는 진리를 감춘다. 이는 이사야의 말씀을 성취하는 것으로, 이사야는 믿지 않는 이들이 "듣기는 들어도 깨닫지 못할" 것이라서 절대 고침 받지 못한다고 선언했다(14-15절).

18-23절에서 예수님은 씨 뿌리는 자의 비유를 설명하겠다고 제안하신다. 그분의 주해는 씨 뿌리는 자가 아니라 듣는 자들을 강조하는 듯 보이지만, 씨 뿌리는 자에게 응답해야 하는 의무가 중앙의 하나님 같은 인물을 중심으로 그 해석을 통합한다. 예수님의 관심은 누군가가 "천국 말씀을 [들을]"(19절) 때 그 말씀이 어떤 효과를 가져오느냐다. 예수님은 세 번 "말씀을 듣고"(20, 22, 23절)라고 말씀하신다. 뒤에 가서야, 즉 밀과 가라지 비유에 대한 해설에서야 예수님은 그분이 좋은 씨를 뿌리는 자임을 밝히신다(37절). 그런 식으로 마태는 그 두 비유를 연결한다.

주석

13:1-9 "그날"(1절)이라는 어구는 천국 비유들과 12장의 논쟁을 연결시킨다. 12장에서는 예수님이 "귀신의 왕"을 힘입어 귀신을 쫓아낸다고 바리새인들이 그분을 고발했다(12:24). 예수님은 그 기소는 터무니없다고, 그들의 악한 말은 악한 마음에서 나왔다고 반박하셨다(12:25-45). 12:46에서는 예수님의 어머니와 형제들이 찾아와서 그들 역시 예수님의 지지자가 아님을 입증했다(12:46-50). 12:38["그때에", 토테(*tote*)]의 느슨한 시간 표시는 12장이 며칠에 걸쳐 이어졌을 수 있음을 시사한다. 하지만 사건들은 주제별로 연결된다.[208] 바리새인들이 예수님을 의심한 까닭은 그분이 안식일에

병을 고치셨기 때문이다. 그들은 그것을 심각한 죄로 판단했다. 그러나 제자들은 예수님을 신뢰했다. 이러한 불일치는 질문을 촉발할 수밖에 없다. 어떻게 이스라엘의 영적 지도자들이 하나님의 예언자인 예수를 반대할 수 있을까? 어떻게 예수님은 그분의 정체를 입증하는 표적을 행하시고도 그러한 반대에 맞닥뜨릴 수 있을까?

열성 반대자들에 대해 제자들이 실망하든 말든, 무리는 여전히 예수님을 사랑한다. 바닷가에서 그분에게 모여든 인파를 만난 예수님은 해안가에 있는 배에 올라 말씀을 전할 공간을 찾으신다(13:1-2).

예수님의 비유는 씨 뿌리는 자로 시작한다(3-9절). 그분의 방법은 오늘날에는 이상해 보이지만, 당시 문화에서는 전형적이지는 않더라도 그럴 듯했다.[209] 농부는 때로 씨를 흩뿌린 다음 밭을 갈았다. 토양과 상태는 다양했고, 씨는 어디든 떨어졌다. 새들은 길 위의 씨를 마구 삼켰고, 돌들 위에서 자란 식물은 빨리 시들었으며, 가시 사이에서 자란 식물은 숨이 막힌 반면, 좋은 땅에 떨어진 씨는 놀랄 만한 수확을 냈다. 10 대 1의 수익률이 꽤 성공적이었던 시대에, 그 산출량은 예수님의 청중을 놀라게 했다. 이는 옥수수 한 대에 15개의 자루가 달렸거나 토마토가 수백 개 달린 것처럼, 보통의 결과를 훨씬 뛰어넘는 수치다. 비유는 "귀 있는 자는 들으라"(9절)라는 경구로 끝난다. 이에 독자는 '내가 들을 귀가 있는가?' 하고 궁금해진다.

13:10-17 그 교훈은 훈련을 잘 받은 그리스도인들에게는 익숙하지만, 당시 제자들은 어안이 벙벙했다. 그래서 예수님께 왜 비유로, 왜 모호하고 상징적인 언어로 말씀하시냐고 묻는다(10절). 누가복음 8:9에서 제자들은 "이 비유의 뜻을 물[었고]", 마가복음 4:10에서는 그저 "그 비유들에 대하여 물[었다]." 예수님은 결국 세 공관복음서에서 다 그 비유'와 함께' 그분

208 마태복음 10장에서 보았듯이, 복음서 저자는 공통된 주제에 관한 가르침들을 모아 한곳에 실었을 수 있다.

209 Klyne R. Snodgrass, *Stories with Intent: A Comprehensive Guide to the Parables of Jesus* (Grand Rapids, MI: Eerdmans, 2008), 166-167.

의 방식을 설명하시므로, 우리는 그들이 둘 다에 대해 의심을 품었다고 추정할 수 있다.

예수님은 비유가 어떤 이들에게는 주어지고 어떤 이들에게는 주어지지 않기 '때문에', "천국의 비밀을 아는 것이 너희에게는 허락되었으나 그들에게는 아니되었[기]"(마 13:11)[210] 때문에 비유로 이야기하신다고 말씀하신다. "너희에게"와 "그들에게"는 강조의 의미가 있어서, 이 둘의 대조를 강렬하게 만든다. "…허락되었으나…아니되었나니"는 둘 다 신적 수동태다. 다시 말해 하나님께서 그분의 제자들에게는 그 나라의 비밀을 전하고 다른 이들에게는 숨기기로 결정하셨다. 성경에서 "비밀"(mystery)은 신적 비밀로, 하나님께서 드러내고자 하시는 묵시적 진리인 듯하다. 래드(Ladd)는 그 나라의 신비를 이렇게 요약했다. "이제 예수님의 인격과 사역 가운데 계시로 사람들에게 주어진 새로운 진리는, '다니엘서에 예언된 대로 묵시적 권능으로 마침내 임하는 그 나라가, 실제로 먼저 숨겨진 형태로 세상에 들어와서 사람들 안에서 그리고 그들 가운데서 은밀하게 역사하고 있다는 것이다.'"[211]

비유로 말씀하시겠다는 결정은 하나님의 주권과 인간의 책임을 다룬다. 예수님은 비유로 가르침으로써, 그분의 비밀을 어떤 사람들에게는 드러내고 다른 사람들에게는 드러내지 않시는 하나님의 주권적인 결정을 반영하신다. 그분은 비유를 사용함으로써 "있는 자"에게 더 주시고 "없는 자"에게서는 가져가신다(12절). "있는 자"와 "없는 자"는 두 번 언급된다. 인접한 문맥에서 제자들에게는 "허락"된 반면 바리새인들에게는 "아니되"었다(참고. 11절). 그 수가 수십억에 달하는 마태의 청중 역시 갖거나 갖지 못한다. 씨 뿌리는 자의 비유는 계속해서 많은 사람이 그 말씀을 듣고 반응하지 못한다고 선언한다. 분명 대부분의 이스라엘 자손이 자신을 신실하다고 여

210 "…때문에"는, 인용부호 역할을 할 수 있는 '호티'를 번역한 것이다. 그러나 이곳에서는 '때문에'가 옳아 보인다. 제자들은 "어찌하여"라고 묻고 그분은 "…때문에"라고 대답하신다.

211 Ladd, *Presence of the Future*, 225, 강조는 저자의 것.

겼지만, 대부분이 사실 그렇지 않았다. 마태의 독자들 다수가, 하나님께서 그들을 그분의 백성 안에 포함시키신다고 종종 그릇되게 믿는다. 하지만 그 말씀을 듣고 불순종하고 열매를 맺지 못하면 그들은 구원받지 못한다.

인접 문맥에서 예수님의 대적들은 예수님의 비유를 "빼앗[긴다]." 그들은 더 이상 분명한 가르침을 듣지 않는다. 모든 것이 이해하기 힘든 이야기들로 그들에게 온다. 유대 지도자들은 예수님을 별난 이야기꾼으로 묵살한다. 그러나 비유는 신실한 이들에게 주어진다. 그 비유들은 생생하고 기억하기 좋다. 현실에 근접하지만, 도발적인 방식으로 현실을 비튼다. 씨 뿌리는 자의 비유처럼 결말이 열린 비유들은, 듣는 이로 하여금 생각하게 하고 그들이 직접 그 이야기를 끝내도록 유도한다. 비유는 듣는 이들에게 그들의 입장을 다시 생각할 기회를 줄 수 있다. 마지막으로 수많은 비유가, 농담들처럼, 청중의 신경을 거슬리게 하고 생각을 유발하는 뜻밖의 결말에 이른다.

11-12절은 천국의 비밀을 드러내는 데서 하나님의 주권적인 뜻을 강조한다. 하지만 예수님은 눈멀고 귀먹고 냉담한 청중을 벌하기 위해 비유로 이야기한다고 말씀할 때(13-15절), 인간의 책임도 인정하신다. 비유는 불신의 뒤를 잇는다. 예수님은 "그들이 보아도 보지 못하며 들어도 듣지 못하[기]"(13절) 때문에 비유로 말씀하신다. 유대 지도자들은 기적을 보고 가르침을 듣고 예수님을 사탄의 대행자라 부른다. 이는 비난받을 만한 행위며, 비유가 적당한 벌이다. 아모스 8:11는 이스라엘이 언약을 거부했기 때문에 하나님께서 "기근을 땅에 보내리니 양식이 없어…여호와의 말씀을 듣지 못한 기갈이라"라고 경고한다. 기갈은 절대적이지는 않다. 예수님이 여전히 말씀하시기 때문이다. 그러나 그분은 비유를 통해 일부의 마음은 굳게 하시고 다른 이들은 깨닫게 하신다.

그 지도자들이 하나님의 계시를 거부했기 때문에 예수님은 더 이상 분명하게 말씀하지 않으신다. 비유는 그분이 말씀하시는 그 순간에 예수님의 계시를 숨긴다. 이는 이사야서를 성취하는 것이다. 이사야는 이스라엘에게 "너희가 듣기는 들어도 깨닫지 못할 것이요…이 백성들의 마음이 완악하여져서"라고 말했다. 그들의 눈이 닫혔기 때문에 주님은 그들에게 볼 수 있는 아무것도 주지 않고, 그들이 돌아와 고침 받을 소망을 제거하셨다(마 13:14-15; 사 6:9-10).

예수님은 그분의 비유를, 이사야의 예언 사역의 재현으로 보신다. 사악한 아하스 왕이 해로운 영향을 미치고(사 7-8장) 유다는 불신의 흐름을 타는 가운데, 하나님은 그분의 메시지가 그들의 눈을 닫고 마음을 완악하게 할 것임에도 불구하고, 이사야에게 예언의 임무를 맡기셨다. 한번 진리를 거부하면, 다음번에는 더 쉽게 진리에서 돌아선다. 예수님 당시에도 같은 반복이 있었다. 이스라엘 자손은 회개가 불가능할 때까지 회개를 택하지 않는다(마 13:15).

마태복음과 마가복음 둘 다 하나님의 주권과 인간의 책임을 단언하면서도 상호보완적인 시각을 제시한다. 마태는 예수님이 이스라엘의 영적 무감각을 벌하기 위해 "그들이 보아도 보지 못하며 들어도 듣지 못하[기에(호티)]"(13절) 비유로 말씀하심을 강조한다. 마가복음 4:11-12은 예수님이 비유로 말씀하시는 것은, "그들로 보기는 보아도 알지 못하며…돌이켜 죄사함을 얻지 못하게 하려[히나(*hina*)]"라고 말한다. 따라서 마태의 비유는 마음대로 선택한 죄로 인한 벌처럼 들리는 반면, 마가의 비유는 일부에게는 자신을 드러내시고 다른 이들에게는 드러내지 않으시는 하나님의 주권적 결정의 반영처럼 들린다.

둘 다 맞다. 예수님이 비유로 말씀하시는 것은, '불신 때문'이기도 하고 '불신을 확정 짓기 위해서'이기도 하다. 마태와 마가 둘 다 비유는 예수님의 제자들에게 주어지고 귀먹은 청중에게는 숨기기 위한 비밀이라고 주장한다. 마태는 비유가 불신을 벌함을 강조하는 반면, 마가는 비유들이 이해하지 못하게 만든다고 말하지만, 두 복음서 모두 두 원리를 단언한다. 불신자들은 자신들의 마음을 완악하게 하기로 선택하지만, 예수님은 자신을 숨기고 그들을 완악하게 함으로써 그들의 불신을 벌하신다. 복음서 저자들에게 하나님의 주권과 인간의 책임은 양립할 수 있는 것이다. 하지만 예수님의 주된 목표는 제자들에게 복을 주어서, 그들이 "많은 선지자와 의인이…보고자”(16-17절) 했던 것을 보게 하시는 것이다.

13:18-23 예수님은 비유로 말씀하는 이유를 설명한 후에, 씨 뿌리는 자 비유를 해석해주신다. 예수님은 네 가지 밭이 네 종류의 청중 혹은 더 정확하게는 열매를 맺고 열매를 맺지 않는 두 가지 유형과 열매 맺지 못하는 세 부류를 나타낸다고 설명하신다. 비판적인 학자들은 비유에 대한 마태의 알레고리적 해석을 반대하며, 그것을 진본이 아닌 추가된 것으로 판단한다. 그 반대는 대체로 심미적인 것으로 보이는데, 문학 비평가들이 일반적으로 알레고리를 열등한 형태로 여기기 때문이다. 크레이그 블롬버그의 《비유해석학》(*Interpreting the Parables*, 생명의말씀사)은 복음서 자체를 따르는 신학자들이 20세기까지 일반적으로 비유를 알레고리로 해석했고 근본적으로 그렇게 하는 것이 옳았음을 보여준다. 물론 거리낌 없는 해석자들이 비유의 너무 많은 특징을 알레고리화하기는 했지만 말이다.[212] 마태복음에서 비유에 대한 알레고리적 해석은 바로 예수님으로부터 시작된다. 예수님이 말씀하신 대부분의 비유가, 소수의 비유적 요소를 가진 낮은 수준의 알레고리다. 그래서 왕이나 주인 혹은 아버지는 하나님을 나타낼 수 있고, 선하고 나쁜 종은 제자와 불신자를 나타낼 수 있다(참고. 18:23-35; 20:1-16; 21:33-41). 이 원리들은 합리적인 알레고리적 해석을 허용한다.[213]

비유는 농담이나 양파에 비유할 수 있다. 비유에는 보통 농담처럼 청중이 알아차리거나 놓치는 결정적인 구절이 있다(20:1-16; 21:33-46). 또는 양파처럼 청중이 천천히 벗기는 의미의 층들이 있을 수 있다. 이 특정한 비유는 양파처럼 보인다. 예수님이 그것을 두 번 해석하며 두 번째 경우에 의미 있는 요소를 덧붙이시기 때문이다. 18-23절에서 예수님은 밭을 해

212 Craig L. Blomberg, *Interpreting the Parables*, 2nd ed. (Downers Grove, IL: IVP Academic, 2012), 33-81. 《비유해석학》(생명의말씀사). Blomberg는 알레고리적 해석에 대한 확고한 반대자들이 그들의 주해에서 그것을 실행함을 보여준다.

213 Blomberg, *Interpreting the Parables*, 197-449; Snodgrass, *Stories with Intent*, 15-31, 164-165.

석하면서, 그것을 사람들이 말씀에 반응하는 방식과 비교하신다. 37절에서는 씨 뿌리는 자가 "인자"라고 덧붙이신다.

아주 단순하게, 그 비유는 씨가 같아도 결과는 밭에 따라 달라짐을 보여 준다. 이 단계에서 그 비유는 노동의 결과가 노동자나 그 방법보다는 외적인 요소들에 더 의존한다고 말한다.

더 중요한 것으로, 밭은 네 청중, 즉 예수님의 말씀에 대한 네 가지 유형의 반응을 나타낸다. 길에 떨어져 새들이 먹어 버린 씨는 "천국 말씀을 듣고 깨닫지 못[하는]" 사람을 나타낸다. 이 경우 "악한 자가 와서 그 마음에 뿌려진 것을 빼앗[는다]"(19절). "마음에 뿌려진"이라는 어구는 진지한 선포가 있었음을 의미하는 듯하다. 마음은 존재의 핵심을 나타내기 때문이다. 말씀인 그 씨는 뿌리를 내렸어야 했다. 그러나 씨가 딱딱한 땅에 놓인 것처럼 그 말씀은 완고한 마음에 놓여서, 결국 악한 새로 대변되는 사탄이(참고. 계 18:2) 그것을 빼앗는다.

돌밭에 있는 씨는 싹은 트지만 즉시 죽는다는 점에서, 피상적인 청중을 나타낸다. 이러한 영적 열성주의자는 "말씀을…기쁨으로 받[지만]" "그 속에 뿌리가 없[다]." 클라인 스노드그라스가 지적하듯이 "사람들은 기쁨으로 말씀을 받고도 여전히 마음의 완고함이라는 죄를 지을 수 있다."[214] 아마도 그들은 천국이 심리적 혹은 경제적 혜택을 주리라 기대하는 것 같다. 그러나 그 사람의 신앙은 그를 하나님이 아닌 창조된 것들과 연결시킨다. 이 청중은 하늘이 맑을 때는 견디지만, "말씀으로 말미암아 환난이나 박해가 일어날" 때는 흔들린다(마 13:20-21). 21절의 "넘어[지다]"에 해당하는 헬라어는 스칸달리조(*skandalizō*)로, 종종 기분이 상하는 것을 의미한다[어원이 같은 명사 스칸달론(*skandalon*)은 덫 혹은 범죄의 원인을 뜻한다]. 따라서 '기분이 상하다'가 의미가 통한다. 이 청중은 아마도 평안과 번영을 약속했지만 어려움을 가져오는 어떤 종교에 속았다고 생각하고 믿음을 버릴 것이다.[215] 어

214 Snodgrass, *Stories with Intent*, 176.

쨌든 그는 환난을 예상하지 않았고 환난이 왔을 때 떠났다.

가시떨기 사이에 떨어진 씨는 관심을 가지고 말씀을 듣지만 경쟁하는 관심사들에 빠져서, "세상의 염려와 재물의 유혹에 말씀이 막혀" 열매를 맺지 못한다(22절). 어떤 해석자들은 이를 열매를 맺지 못하는 신자로 여긴다. 예수님이 그가 듣지 못한다거나 넘어진다고 명시하지 않으시기 때문이다. 그러나 '열매 맺지 못하는 신자'라는 범주는 예수님에게 생경하다. 그분은 "좋은 나무마다 아름다운 열매를 맺고"(7:17, 참고. 12:33-36; 요 15:1-8)라고 주장하시기 때문이다. 박해가 앞의 그룹을 좌절시켰다면, 번영은 이 그룹을 방해한다.

마지막으로, 말씀이 좋은 땅에 떨어진다. 좋은 땅은 듣고 깨닫고 기대 이상의 열매를 맺는 사람을 나타낸다(마 13:23). 말씀이 뿌리를 내리면 열매를 많이 맺는다. 간단히 말해서, 네 가지 밭은 아무것도 듣지 못하는 사람, 가짜로 듣는 사람, 열매를 맺지 못하는 청자, 열매 맺는 신자를 차례로 묘사한다. 비유는 예수님께 어떻게 반응해야 하는지 물어보라고 청중을 권한다.

예수님이 37절에서 자신이 씨 뿌리는 자라고 덧붙이실 때, 우리는 그 비유에서 또 다른 의미의 층을 본다. 만약 예수님이 씨 뿌리는 분이라면, 그분은 말씀할 때마다 말씀을 뿌리신다. 그 비유는 또한 천국이 어떻게 작동하는지 드러낸다. 천국은 씨처럼 숨겨진 형태로, 힘이나 강요 없이 세상에 들어간다. 강력한 군대가 아니라 씨처럼 임한다. 천국은 정말로 현존하지만 아직 온전히 현존하지는 않는다. 많은 이들이 이것에 걸려 넘어진다. 그 나라가 도래했다면, 왜 이렇게 약해 보이는가? 왜 그 나라는 존중, 회심자, 자원을 위해 싸우는가? 예수님은 그 이유는 설명하지 않은 채 그 나라가 잠시 그래야 한다고 말씀하신다. 절망할 필요가 없다. 예수님은 그 씨가 풍성한 수확을 얻을 것이라고 약속하신다.

215 Morris, *Matthew*, 346-347.

응답

이 비유에 대한 한 가지 올바른 반응은, 앞에서 마태의 독자들 대부분이 자신이 하나님의 양떼에 속한 것으로 착각하고 있다고 언급했을 때 부각되었다. 열매를 맺지 못하면 하나님께 속해 있지 않다는 것을 그들은 알아야 한다. 교회는 사람들이 "결실 있는 삶을 수반하지 않는" 긍정적인 반응이 "구원하는 믿음"이라고 꿈꾸게 해서는 안 된다.[216]

이 비유는 청중에게 그들이 어떻게 말씀을 듣고 있는지 숙고하라고 촉구한다. 더 긴 비유들에는 보통 권력자 즉 아버지나 왕과, 이와 대비되는 종속된 이들 즉 신실한 이와 신실하지 못한 이가 있다. 그런데 씨 뿌리는 자의 비유는 세 가지 '종속된 것', 즉 별개의 방식으로 신실하지 못한 세 가지 열매 맺지 못하는 밭이 있다는 점에서 독특하다. 이 비유는 그리스도인 지도자들이 종종 말하듯이, 청중에게 다음과 같은 질문을 하게 한다. "나는 어떤 종류의 밭인가? 귀가 먹었는가, 산만한가, 열매를 맺지 못하는가, 아니면 열매를 많이 맺는가? 나는 어떤 부류의 청자가 되고 싶은가?" 우리가 요청하면, 주님이 들을 귀와 깨닫는 마음을 주신다. 그러나 귀먹은 채로 있기가 쉽다. 산만한 청중은 재물과 쾌락이 그들의 충성을 요구할 것임을 알아야 한다. 그리고 신실한 청중은 더 많은 열매를 맺기 위해 지혜와 은혜를 구해야 한다.

비유는 독자들에게 그 나라의 방식에 맞추라고 요구한다. 그 나라는 의기양양한 힘이나 짓밟는 군대와 함께 오지 않고, 씨처럼 부드럽게 온다. 하나님의 일하심은 느리고 온화하다. 씨처럼 그것은 쉽게 으깨지거나 무시된다. 우리는 귀 기울이고 이를 받아들여야 한다.

이러한 개인적인 반응 너머에 우주적인 교훈이 있다. 하나님은 항상 말씀하시고 그분의 피조물은 반응한다. 이스라엘, 교회, 민족들, 천사들, 심지

216 Snodgrass, *Stories with Intent*, 176.

어 동물까지도 반응한다. 실제로 열등한 피조물들이 기꺼이 순종하는 모습으로 인간들을 부끄럽게 만든다.

마지막으로 13장은 하나님의 택하심과 인간의 책임에 대한 비밀을 알려준다. 예수님은 천국의 비밀을 어떤 사람들에게는 주고 다른 이들에게는 주지 않기로 결정하신다. 칼빈이 말하듯이, 하나님은 "그분이 자유롭게 택하신 이들"이 깨닫게 하신다. 다른 이들은 눈이 멀었지만, 책임은 그들의 몫이다. "이 눈멂이 자발적이기" 때문이다.[217] 이는 주권적인 선택과 인간의 자유의 수수께끼를 풀지 못한다. 이는 또한 성경의 다른 데서도 단언한다. 출애굽기는 바로가 마음을 완악하게 했다고도 말하고, 하나님께서 그의 마음을 완악하게 하셨다고도 말한다(출 4:21-11:10). 로마서 9장은 성경의 다른 본문들만큼 하나님 선택의 자유를 단호하게 주장한 다음, 로마서 10장에서 복음이 값없이 주어짐과 믿으라는 요청을 단호하게 말한다(참고. 창 50:19-20; 삿 14:1-4; 사 10:5-7; 요 11:49-52). 택함 받은 이들은 말씀의 선물과 그것을 들을 능력을 주신 것에 대해 감사해야 한다. 누구도 열매 맺지 못하는 밭의 역할을 맡지 않아야 한다. 모든 사람이 자신들이 말씀에 주의를 기울일 책임이 있음을 알아야 한다.

요약하자면, 성부와 성자께서 온갖 종류의 밭, 즉 사람들 가운데서 말씀을 뿌리고 계신다. 많은 사람이 직접적인 악의 세력 때문이든, 일시적이고 피상적인 믿음의 평안함 때문이든, 관심 있어 하는 청자가 제자도의 요구를 견딜 수 없기 때문이든, 신실하지 못하게 반응할 것이다. 그러나 엄청난 수의 제자들이 많은 열매를 맺는 믿음과 순종으로 반응한다. 그래서 그 나라는 반대에도 불구하고 하나님께서 계획하신 대로 크게 자라날 것이다.[218]

217 Calvin, *Harmony of the Evangelists*, 2:107-108.

218 Blomberg, *Interpreting the Parables*, 291-292.

24 예수께서 그들 앞에 또 비유를 들어 이르시되 천국은 좋은 씨를 제
밭에 뿌린 사람과 같으니 25 사람들이 잘 때에 그 원수가 와서 곡식 가
운데 가라지를 덧뿌리고 갔더니 26 싹이 나고 결실할 때에 가라지도
보이거늘 27 집 주인의 종들이 와서 말하되 주여 밭에 좋은 씨를 뿌리
지 아니하였나이까 그런데 가라지가 어디서 생겼나이까 28 주인이 이
르되 원수가 이렇게 하였구나 종들이 말하되 그러면 우리가 가서 이
것을 뽑기를 원하시나이까 29 주인이 이르되 가만 두라 가라지를 뽑다
가 곡식까지 뽑을까 염려하노라 30 둘 다 추수 때까지 함께 자라게 두
라 추수 때에 내가 추수꾼들에게 말하기를 가라지는 먼저 거두어 불
사르게 단으로 묶고 곡식은 모아 내 곳간에 넣으라 하리라

24 He put another parable before them, saying, “The kingdom of heaven
may be compared to a man who sowed good seed in his field, 25 but
while his men were sleeping, his enemy came and sowed weeds[1]
among the wheat and went away. 26 So when the plants came up and
bore grain, then the weeds appeared also. 27 And the servants[2] of the
master of the house came and said to him, ‘Master, did you not sow

good seed in your field? How then does it have weeds?’ 28 He said to them, ‘An enemy has done this.’ So the servants said to him, ‘Then do you want us to go and gather them?’ 29 But he said, ‘No, lest in gathering the weeds you root up the wheat along with them. 30 Let both grow together until the harvest, and at harvest time I will tell the reapers, “Gather the weeds first and bind them in bundles to be burned, but gather the wheat into my barn.”’”

31 또 비유를 들어 이르시되 천국은 마치 사람이 자기 밭에 갖다 심은
겨자씨 한 알 같으니 32 이는 모든 씨보다 작은 것이로되 자란 후에는
풀보다 커서 나무가 되매 공중의 새들이 와서 그 가지에 깃들이느니라
31 He put another parable before them, saying, “The kingdom of heaven
is like a grain of mustard seed that a man took and sowed in his field.
32 It is the smallest of all seeds, but when it has grown it is larger than
all the garden plants and becomes a tree, so that the birds of the air
come and make nests in its branches.”

33 또 비유로 말씀하시되 천국은 마치 여자가 가루 서 말 속에 갖다 넣어 전부 부풀게 한 누룩과 같으니라

33 He told them another parable. “The kingdom of heaven is like leaven that a woman took and hid in three measures of flour, till it was all leavened.”

34 예수께서 이 모든 것을 무리에게 비유로 말씀하시고 비유가 아니
면 아무것도 말씀하지 아니하셨으니 35 이는 선지자를 통하여 말씀하
신바

내가 입을 열어 비유로 말하고 창세부터 감추인 것들을 드러내리라

함을 이루려 하심이라
34 All these things Jesus said to the crowds in parables; indeed, he
said nothing to them without a parable. 35 This was to fulfill what was
spoken by the prophet:[3]

"I will open my mouth in parables;
I will utter what has been hidden since the foundation of the world."

36 이에 예수께서 무리를 떠나사 집에 들어가시니 제자들이 나아와
이르되 밭의 가라지의 비유를 우리에게 설명하여주소서 37 대답하여
이르시되 좋은 씨를 뿌리는 이는 인자요 38 밭은 세상이요 좋은 씨는
1)천국의 아들들이요 가라지는 악한 자의 아들들이요 39 가라지를 뿌
린 원수는 마귀요 추수 때는 세상 끝이요 추수꾼은 천사들이니 40 그
런즉 가라지를 거두어 불에 사르는 것같이 세상 끝에도 그러하리라
41 인자가 그 천사들을 보내리니 그들이 그 나라에서 모든 넘어지게
하는 것과 또 불법을 행하는 자들을 거두어 내어 42 풀무 불에 던져 넣
으리니 거기서 울며 이를 갈게 되리라 43 그때에 의인들은 자기 아버
지 나라에서 해와 같이 빛나리라 귀 있는 자는 들으라
36 Then he left the crowds and went into the house. And his disciples
came to him, saying, "Explain to us the parable of the weeds of the
field." 37 He answered, "The one who sows the good seed is the Son
of Man. 38 The field is the world, and the good seed is the sons of the
kingdom. The weeds are the sons of the evil one, 39 and the enemy
who sowed them is the devil. The harvest is the end of the age, and the
reapers are angels. 40 Just as the weeds are gathered and burned with
fire, so will it be at the end of the age. 41 The Son of Man will send his
angels, and they will gather out of his kingdom all causes of sin and
all law-breakers, 42 and throw them into the fiery furnace. In that place

there will be weeping and gnashing of teeth. 43 Then the righteous will
shine like the sun in the kingdom of their Father. He who has ears, let
him hear.

44 천국은 마치 밭에 감추인 보화와 같으니 사람이 이를 발견한 후 숨
겨 두고 기뻐하며 돌아가서 자기의 소유를 다 팔아 그 밭을 사느니라
44 "The kingdom of heaven is like treasure hidden in a field, which a
man found and covered up. Then in his joy he goes and sells all that he
has and buys that field.

45 또 천국은 마치 좋은 진주를 구하는 장사와 같으니 46 극히 값진 진
주 하나를 발견하매 가서 자기의 소유를 다 팔아 그 진주를 사느니라
45 "Again, the kingdom of heaven is like a merchant in search of fine
pearls, 46 who, on finding one pearl of great value, went and sold all that
he had and bought it.

47 또 천국은 마치 바다에 치고 각종 물고기를 모는 그물과 같으니
48 그물에 가득하매 물 가로 끌어내고 앉아서 좋은 것은 그릇에 담고
못된 것은 내버리느니라 49 세상 끝에도 이러하리라 천사들이 와서 의
인 중에서 악인을 갈라내어 50 풀무 불에 던져 넣으리니 거기서 울며
이를 갈리라
47 "Again, the kingdom of heaven is like a net that was thrown into the
sea and gathered fish of every kind. 48 When it was full, men drew it
ashore and sat down and sorted the good into containers but threw away
the bad. 49 So it will be at the end of the age. The angels will come out
and separate the evil from the righteous 50 and throw them into the fiery
furnace. In that place there will be weeping and gnashing of teeth.

13장

51 이 모든 것을 깨달았느냐 하시니 대답하되 그러하오이다 52 예수께
서 이르시되 그러므로 천국의 제자된 서기관마다 마치 새것과 옛것을
그 곳간에서 내오는 집주인과 같으니라
51 "Have you understood all these things?" They said to him, "Yes."
52 And he said to them, "Therefore every scribe who has been trained
for the kingdom of heaven is like a master of a house, who brings out
of his treasure what is new and what is old."

53 예수께서 이 모든 비유를 마치신 후에 그곳을 떠나서 54 고향으로
돌아가사 그들의 회당에서 가르치시니 그들이 놀라 이르되 이 사람의
이 지혜와 이런 능력이 어디서 났느냐 55 이는 그 목수의 아들이 아니
냐 그 어머니는 마리아, 그 형제들은 야고보, 요셉, 시몬, 유다라 하지
않느냐 56 그 누이들은 다 우리와 함께 있지 아니하냐 그런즉 이 사람
의 이 모든 것이 어디서 났느냐 하고 57 [2)]예수를 배척한지라 예수께서
그들에게 말씀하시되 선지자가 자기 고향과 자기 집 외에서는 존경을
받지 않음이 없느니라 하시고 58 그들이 믿지 않음으로 말미암아 거기
서 많은 능력을 행하지 아니하시니라
53 And when Jesus had finished these parables, he went away
from there, 54 and coming to his hometown he taught them in their
synagogue, so that they were astonished, and said, "Where did this man
get this wisdom and these mighty works? 55 Is not this the carpenter's
son? Is not his mother called Mary? And are not his brothers James
and Joseph and Simon and Judas? 56 And are not all his sisters with us?
Where then did this man get all these things?" 57 And they took offense
at him. But Jesus said to them, "A prophet is not without honor except
in his hometown and in his own household." 58 And he did not do many
mighty works there, because of their unbelief.

1) 헬, 그 나라의 2) 또는 예수로 말미암아 넘어진지라

1 Probably *darnel*, a wheat-like *2* Or *bondservants*; also verse 28 *3* Some manuscripts *Isaiah the prophet*

단락 개관

이 단원은 마태복음 13장에 나오는 여덟 가지 비유 중 일곱 가지를 탐구할 것이므로, 전 시리즈의 개관이 어울릴 것 같다. 주해자들은 13장의 개요에 대해, 즉 '비유가 7개인가, 8개인가? 비유들은 어떻게 정리되어 있는가? 주요 비유들에 대한 해석이 왜 그 비유 자체와 분리되어 있는가?'에 대해 의견이 다양하다. 이 주석은 8개의 비유가 있으며 둘씩 짝을 지어 정리되어 있다고 판단한다. 나아가 예수님은 앞의 네 비유, 즉 씨 뿌리는 자, 가라지, 겨자씨, 누룩 비유는 무리에게 이야기하시고(34절), 뒤의 네 비유는 은밀하게 제자들과 나누신다(36절).

첫 두 비유인 씨 뿌리는 자와 가라지 비유는 예수님이 가르치실 때의 일정하지 않은 결과를 묘사한다. 예수님은 제자들을 위해 은밀하게 두 비유를 해석해주시지만, 마태는 독자들이 엿듣게 해준다. 예수님은 그 다음 6개의 비유는 해석하지 않으신다. 어떻든 나머지 6개의 비유는(마찬가지로 둘씩 짝을 이루는) 그 나라에 최고의 가치가 있음을 다시 주장한다. 그것은 작게 시작하지만 놀랄 만한 절정에 이른다(31-33절). 그것을 우연히 발견하든 오래 찾아다닌 후에 발견하든, 모든 사람이 가질 만한 가치가 있다(44-46절). 또 그 나라는 많은 사람에게 생명을 주고 공유할 진리를 제시하는 엄청난 효과가 있다(47-52절). 어떻든 이 각각의 주제는 씨 뿌리는 자의 비유를 기반으로 한다.

여덟 가지 비유 모두 그 나라를 묘사하는데, 그중 다섯 가지, 즉 가라지, 보물, 진주, 물고기, 서기관 비유가 마태복음에만 나온다. 예수님은 나머지

비유들의 기초를 탄탄하게 하기 위해 첫 쌍을 해석해주신다. 씨 뿌리는 자 비유와 가라지 비유는 그 나라의 비밀을 묘사한다. 즉, 그 나라는 도래했지만 아직 악을 근절하지 못했거나 본격적으로 오지 않았다. 가라지 비유는, 하나님 나라가 자라는 동안 사탄의 나라 역시 자란다고 덧붙인다. 사탄이 하나님의 밭에 나쁜 씨를 뿌리기 때문이다. 나아가 만약 씨 뿌리는 자의 비유가 어떤 사람들은 피상적인 열정으로 말씀에 반응하여 누가 믿는지 확실하지 않음을 가르친다면, 가라지 비유는 이 시대에는 선과 악이 '절대' 완벽하게 분리되지 '않을' 것이라고 덧붙인다.

그 다음 비유들을 그 나라를 아주 작은 겨자씨와 숨겨진 누룩에 비유한다(31-33절). 그것들처럼 그 나라는 처음에는 작고 천천히 움직이는 듯 보이지만 스며드는 영향력이 있어서, 그 최종 크기는 모든 기대를 넘어선다. 아주 작은 씨가 쉴 수 있는 나무가 되고, 누룩은 그것이 닿는 모든 것을 변화시킨다.

감추인 보화와 진주 비유는 크기에 상관없이 그 나라는 최고의 가치가 있다고 덧붙인다(44-46절). 그것을 우연히 발견하든 찾아다니든, 그것은 모든 사람이 가질 만한 가치가 있다. 마지막 두 가지 비유는 예수님께서 베푸시는 가르침의 효과를 묘사한다. 그것은 많은 사람에게 생명을 주고(47-50절), 그것 안에서 훈련받은 "서기관마다" 그 진리를 나누어야 한다(52절).

비유 담화는 52절에서 끝나지만, 나사렛에서 예수님이 거부당하시는 기사가 그분의 가르침을 분명히 보여준다(53-58절). 그 말씀은 종종 단단한 땅에 떨어져서, 예수님이 그것을 가져다주실 때 많은 사람이 그 나라에 가치를 두지 못한다. 마지막 비유는 첫 번째 비유와 북엔드를 이룬다. 둘 다 그 나라가 자라는 방식을 명시하기 때문이다.

단락 개요

V. 반대에 직면해도 그 나라는 성장한다(11:2-13:58)
  F. 세 번째 설교: 그 나라에 대한 비유(13:1-52)...
    4. 밀과 가라지 비유(13:24-30)
    5. 겨자씨 비유(13:31-32)
    6. 누룩 비유(13:33)
    7. 주: 비유는 예언을 성취한다(13:34-35)
    8. 밀과 가라지 비유 해설(13:36-43)
    9. 감추인 보화 비유(13:44)
    10. 값진 진주 비유(13:45-46)
    11. 그물 비유와 해석(13:47-50)
    12. 주: 그 나라의 속성에 대한 깨달음과 가르침(13:51-52)
  G. 예수님이 고향에서 무시당하시다(13:53-58)

13장

주석

13:24-30 | 밀과 가라지 이 비유 바로 앞에 있는 네 가지 밭에 대한 해설(13:18-23)은, 그 말씀이 다양한 반응을 일으킬 것을 가르친다. 가라지 비유는 신자와 불신자가 이 시대 내내 함께 살아갈 것이라고 덧붙인다. 가벼운 수수께끼이기는 하지만, 요점은 분명하다. 만약 씨 뿌리는 자의 비유가 천국 선포가 저항에 부딪친다고 가르친다면, 가라지 비유는 그 선포가 효과적일 때라도 원수, 즉 "악한 자의 아들들"이 그 주인의 밭에 나쁜 씨를 뿌림으로 그것을 뒤엎으려 한다고 덧붙인다.

예수님은 천국을, 자기 밭에 좋은 밀을 심는 농부에 비유하신다. 그러나 그 주인의 사람들이 자는 동안 "그 원수가 와서 곡식 가운데 가라지를 덧뿌[렸다]"(24-25절). "가운데"는 아나 메손(*ana meson*)의 번역으로, 두 단어 모두 '중간에/한가운데'를 뜻하는데, 이중 표현은 그 원수의 심한 악감정을 암시한다. 가라지는 이스라엘의 곡물 밭을 병들게 하는 독초인 지자니아(*zizania*)다. 어린 풀은 밀처럼 보여서 그 배신이 처음에는 감지되지 않는다. 그 가라지가 자랄 때까지, 밀과 가라지의 뿌리는 뒤얽힌다. 종들이 그것의 뿌리를 뽑아도 되는지 묻지만, 주인은 거부한다. 한쪽을 캐내면 다른 하나도 죽을 것이다. 그래서 그 둘은 추수 때까지 함께 자라야 한다. 하지만 추수 때 추수꾼들이 그것들을 분리할 것이다. 그들은 가라지를 모아 묶어서 불태우고, 밀은 주인의 곳간에 넣을 것이다(26-30절).

예수님이 그 비유를 나중에 설명하시기는 하지만, 씨 뿌리는 자의 비유를 알면 어떤 요지는 분명하다. 그 나라가 도래했지만 처음부터 반대에 직면한다. 좋은 씨와 나쁜 씨는 좋은 사람과 나쁜 사람을 나타내는데(참고. 19-23절; 호 10:12; 렘 4:3-4), 추수 때까지 함께 자란다. 이는 구약에 나오는 종말론적 심판에 대한 은유다(렘 50:16; 51:33; 욜 3:13).

13:31-33 | 겨자씨와 누룩 비유 겨자씨와 누룩 비유는 둘 다 천국이 처음에는 얼마나 작고 심지어 하찮아 보이기까지 하는지를 알려준다. 그러나 초라한 시작이 놀랄 만한 절정에 이른다. 그 나라는 밭에 심은 겨자씨 같다. 겨자씨는 아주 작다. 직경이 1.6-2.1밀리미터로 당시 경작되는 씨 중 가장 작았다. 하지만 유럽의 겨자 묘목은 2.4-3.7미터까지 자랐다.[219] 비유에서 그 식물은 예상을 넘어서서 새들이 그 가지에 둥지를 틀 만큼 큰 나무가 된다.

이 비유는 몇 가지 요점을 제시한다. 첫째, 천국은 작게 출발하지만 아주 크게 자란다. 둘째, 그 나라의 초라한 시작과 그 절정 사이에는 유기적 관

219 비슷하게 나무처럼 되는 관목을 보자면, 흔한 라일락과 철쭉이 6미터까지 자랄 수 있는 관목이다.

계가 있다. 셋째, 새가 가지에 둥지를 트는 세부 내용은 에스겔 17:23-24을 암시한다. 이 구절에서 하나님은 이스라엘에, 그곳에 거주하는 모두에게 안전을 제공하는 나무 하나를 심겠다고 약속하신다. 에스겔의 요지는 주님이 이스라엘을 옮겨 심으신다는 것이었지만, 예수님의 비유에서 그 이미지는 또한 그분이 이방인들을 포함할 것임을 암시한다. 둥지를 튼 새는 거처를 찾아 이스라엘에 온 이방인들에 대한 이미지일 수 있기 때문이다(겔 31:6; 단 4:12, 20-21).

겨자씨가 그 나라에 대한 놀라운 은유라면, 누룩은 불쾌할 수 있다. 누룩이 상징적으로 사용될 때 보통 오염을 나타내기 때문이다(마 16:1, 11; 고전 5:6-8; 갈 5:9). 실제로 이 경우가 그러하므로 어떤 해석자들은 예수님이 악이 그 나라를 오염시킬 위험에 관한 경고를 되풀이하고 계시다고 주장한다(마 13:24-30). 그러나 이 경우는 그런 것 같지 않다. 첫째, 누룩이 반드시 오염의 상징인 것은 아니다(참고. 레 7:13; 23:15-18). 둘째, 상징의 의미는 유동적이다. 예를 들어, 성경에서 물은 씻기고(고전 6:11; 히 10:22), 갈증을 해소하고(요 4:7-15), 익사시킨다(창 6-7장; 사 8:5-8). 이와 유사하게 성경은 예수님과 사탄 둘 다를 사자에 비유한다(계 5:5; 벧전 5:8). 다양한 기능을 하는 상징의 의미는 문맥이 결정한다. 마태복음 13장에서 그 문맥은 그 나라의 성장과 가치다.

누룩 비유는 일하고 있는 한 여자를 묘사한다. 그 여자는 누룩을 넣은 반죽을 가루가 가득한 우묵한 그릇에 넣는다. 여자는 야심이 있다. 가루 "서 말"은 약 22킬로그램에 맞먹는다. 요지는 이중적이다. 적은 양의 누룩이 다량의 반죽을 부풀려 변화시키듯이, 천국도 그것이 손을 대는 모든 것을 변화시킨다. 그것은 안에서부터 천천히 유기적으로 변화를 가져온다. 나아가 작은 시작과 원대한 마무리는 자연스러운 연관성이 있다.

13:34-35 예수님이 무리에게 첫 네 가지 비유를 제시하신 후에, 마태는 예수님의 방침을 묘사한다. 그분은 비유가 아니면 그들에게 아무것도 말씀하지 않으심으로, 시편 78편에 나오는 예언자의 말을 성취하신다. 분명

"비유가 아니면…아무것도"는 과장이지만, 마태복음 13-25장에서 비유는 지배적인 문학 형식이다.

13:36-43 | 밀과 가라지 비유 해설 이 비유는 천국이 임했으며, 씨 뿌리는 자인 예수님이 그것을 선포하고 계신다고 전제한다. 그리고 하나님 나라와 이 시대의 통치자들이 시간이 끝날 때까지 나란히 존재한다고 덧붙인다. 그런 다음 예수님이 모든 것을 심판하고 그분의 영원한 질서가 임함을 알리실 것이다.

제자들은 깨닫지 못하기 때문에 예수님께 "가라지의 비유를 우리에게 설명하여 주소서"라고 간청하고 예수님은 그렇게 하신다(36절).

첫째, "좋은 씨를 뿌리는 이는 인자"다(37절). 예수님이 씨를 뿌리는 이다. 그분은 계속해서 좋은 씨, 즉 복음을 뿌리신다. 그분은 이야기들로 씨를 뿌리신다. 그 나라는 힘이나 최후통첩이나 부대와 함께 오지 않고, 상상에 대한 "비폭력적인 호소"와 함께 온다.[220]

둘째, "밭은 세상"이다(38a절).

셋째, "좋은 씨는 천국의 아들들"이다(38b절). 앞에서 예수님은 좋은 씨를 "천국 말씀"으로 규정하셨다(19절). 그 비유들을 종합해 볼 때, 예수님이 세상 전역에 그분의 사람들과 그분의 진리를 흩뿌리고 계심을 가르치는 것 같다.

넷째, "가라지는 악한 자의 아들들"이다(38c절). 사탄은 하나님의 회복계획을 망치기 위해 땅 전역에 그의 아들들을 흩뿌려 간접적으로 그 나라에 저항한다. 이 비유는 예수님을 모욕하고 그분을 죽일 음모를 꾸민 이들의 악의에 관해 설명한다. 이 세상에는 하나님의 일과 사람들을 말살하는 악이 있다. 악의적인 이들은 그날까지, 즉 하나님의 사자들이 가라지를 뿌리째 뽑아 불태우고 의인들이 해와 같이 빛날 때까지 세상을 괴롭힐 것이

220 Paul Ricoeur, "Toward a Hermeneutic of the Idea of Revelation", *HTR* 70/1-2 (1977): 37.

다(40-43절).[221]

어떤 해석자들은 이 비유를 다르게 본다. 그들은 원수가 이미 식물이 심겨진 밭에 그의 씨를 뿌림을 주목한다. 그들은 이것이 사탄이 예수님을 뒤따르면서 예수님이 교회를 세우신 후에 그 교회를 망치는 것을 뜻한다고 생각한다. 어거스틴은 이 비유가 교회 안에 가짜 그리스도인을 두려는 사탄의 계획을 묘사한다고 말했다. 이런 시각에서는 사탄이 교회를 오염시킴으로써 그리스도의 사역을 망치려는 시도를 한다. 따라서 지도자들은 거짓되게 그리스도를 주장하며 교회를 오염시키는 위선자들을 조심해야 한다.[222] 이와 유사하게, 칼빈은 그 비유가 "부도덕한 삶을 사는 사람들…나쁜 사람과 위선자"가 교회에 섞여, 그리스도의 "거룩한 회중"을 더럽힘을 경고하고 있다고 생각했다. 나아가 권징이 절대 교회에서 모든 위선자를 없애지는 못할 것이다. 따라서 "바로잡을 수 없는 사람들의 그러한 잘못은 견뎌야 한다."[223] 교회를 완전히 순결하게 만들려는 시도는 실패할 것이므로, 지도자들은 지금은 교회 안의 악을 견디며 심판을 예수님께 맡겨야 한다.

이 견해의 지지자들이 제시하는 원리들은 상당 부분 옳다. 누구도 교회에서 불신자를 모두 제거할 수는 없다. 마찬가지로 거짓 신앙고백도 존재한다. 그러나 이러한 개념들은 이 비유의 요지가 아니다. 예수님이 필수적인 설명을 하실 때, 그분은 "밭은 교회요"가 아니라 "밭은 세상이요"(38절)라고 말씀하신다.[224] 그 나라는 교회보다 더 광범위하다. 교회가 그 나라

221 Davies and Allison, *Matthew*, 2:431.

222 Augustine, *Sermon 73 on Matthew* 13, trans. Edmund Hill, in *The Works of Saint Augustine: A Translation for the 21st Century*, vol. III/3, *Sermons III (51-94) on the New Testament* (Brooklyn, NY: New City Press, 1991), 291-293.

223 Calvin, *Harmony of the Evangelists*, 2:118-120.

224 마태복음 13:41은 인자가 그분의 천사들을 보내어 그분의 나라에서 악행자들을 근절시키게 하실 것이라고 말한다. 그러나 마태는 절대 그 나라가 교회라고 말하지 않는다. 그 나라는 하나님이 다스리시는 영역으로, 이는 13:41에 나오는 악도 포함한다.

의 집중 구역이며 선봉이지만 그 나라 전체는 아니다. 하나님 나라는 교회를 포괄하지만, 사업, 정부, 학교, 가정도 포괄한다. 그 나라가 전진하는 어디서든 우주적 투쟁을 만난다. 복음과 그 나라가 가는 곳 어디서든 사탄이 저항한다.

요약하자면, 예수님은 그분의 진리를 계속 흩뿌리시는 씨 뿌리는 이다. 나쁜 씨를 뿌리는 원수는 마귀다. 심판에 관한 흔한 성경의 은유인 추수(계 14:14-20)는 시대의 끝이며, 추수꾼은 하나님의 천사들이다. 이들은 가라지를 모아 불태우도록, 다시 말해 "그 나라에서 모든 넘어지게 하는 것과 또 불법을 행하는 자들"을 제거하고 "풀무 불에 던져놓[도록]" 보냄 받는 이들이다. 그 악인들은 "거기서 울며 이를 갈게" 될 것이다(40-42절). 그때에 "의인들은…해와 같이 빛[난다]"(43절).

요지는 분명하다. 교회를 심으신 주님은, 의인이 소망하는 만큼 빨리 악을 근절하는 않지만, 교회를 보호하신다는 것이다. 우리가 감지하든 못하든, 아버지는 정해진 때까지 의인들을 보호하신다. 블롬버그는 그 비유가 가르치는 세 가지 요점을 보여주는데, 비유에 나오는 각 인물, 즉 하나님, 나쁜 씨, 좋은 씨에 상응하는 것이다. "하나님은 세상에서 의인과 악인이 공존하도록 허용하시는데, 때로 겉으로는 거의 서로 구분이 되지 않는다."[225] 선택된 시간에 악인들은 심판받고 죽임을 당하는 반면, 의인들은 하나님의 존전에서 영원히 빛날 것이다. 나아가 이 비유는 긍정적인 해결을 향해 나아간다. 처음에는 가라지가 승리하는 듯 보이지만, 우리는 밀이 살아남고 마침내 농부가 그의 작물을 수확하여 보존하는 것을 알게 된다. 따라서 이 비유는 장애물에서 그 나라로, 그 나라의 성장으로, 그 나라의 완성으로 움직인다(27-30절).[226]

225 Blomberg, *Interpreting the Parables*, 247.

226 같은 책, 247-248.

13:44-52 | 제자들을 위한 네 가지 비유 예수님은 제자들과만 있을 때 계속해서 가르치신다. 예수님이 그 나라가 도래했지만 부분적이라고 계속해서 설명하실 때, 놀라운 유비가 보이기 시작한다. 비유들은 여러 면에서 연결된다. 보화 비유와 진주 비유는 그 나라의 숨겨짐과 성장을 탐구한다. 보화와 누룩은 둘 다 "감추인" 것이며, 진주와 겨자씨는 둘 다 작다. 보화와 진주 비유는 둘 다 귀한 어떤 것을 다루는 특징이 있는데, 어떤 대가를 치르더라도 사람이 그것을 찾아 습득한다.

'보화 비유'(44절)는 어떤 문화적 맥락을 전제한다. 이스라엘 자손들에게는 은행도 없었고, 귀중품들을 안전하게 보관할 장소도 없었다. 도둑이나 침략군이 위협하면, 사람들은 보화를 토분 안에 묻었을 것이다. 주인이 돌아오지 않으면, 그 보화는 비유에 나오는 일꾼이 하듯이 누군가가 우연히 발견할 때까지 땅 속에 그대로 있다. 그는 그것을 발견하자 땅 속에 숨겨두고, 모든 것을 팔아 그 밭을 샀다.

일꾼의 행동은 윤리적으로 의심스러워 보이지만, 그 문화에서 밭에서 일하는 사람들은 이야기 속 남자처럼 행동할 수 있었다.[227] 비유는 개의치 않고, 그 나라가 한 사람이 소유한 모든 것만큼의 가치가 있다고 분명히 가르친다. 그것을 얻기 위해 재정적으로 어떤 지불을 하는 사람은 없지만, 그 나라를 살 수 있다면 어떤 값도 과도하지 않을 것이다(눅 19:1-10). 일꾼은 모든 것을 팔아 그 밭을 사고, 예수님이 인정하신다. 그 나라가 약하고 작아 보인다 해도, 그 가치는 한이 없다.

'진주 비유'(마 13:45-46)도 유사하지만, 일꾼은 우연히 보화를 발견하는 반면 진주 상인은 오랫동안 찾다가 목표에 이른다. 보화 비유가 그 나라를 경이로움에 비유한다면, 이 비유는 세심한 탐구의 절정에 비유한다. 그 나라를 면밀하게 조사하고 비판적으로 분석한 후 그는 놀랄 만한 가치를 본다. 두 비유 다 그 나라가 손이 닿는 곳에 있지만 그것을 얻기 위해서는 다

227 J. Duncan M. Derrett, *Law in the New Testament* (London: Darton, Longman & Todd, 1970), 1-16.

른 모든 것을 버려야 한다고 암시한다.[228]

'물고기 비유'(47-50절)는 이전 비유들의 주제를 전개해가면서, 담화를 결론으로 향하게 한다. 이 비유는 두 가지 독특한 특징이 있다. 즉 즉각적인 해석이 있는 유일한 비유며, 그 해석은 밀과 가라지 비유의 해석과 같고 50절은 42절과 동일하다.

예수님은 갈릴리 바닷가에 서 있는 사람들에게 익숙하게 들리는 장면을 묘사하신다. 한 어부가 그물을 던져 각종 물고기가 그물에 가득 차도록 물고기를 모아들인다(47절). 그 물고기들은 분류되지 않은 상태이므로, 사람들이 앉아 물고기를 나눈다. 좋은 물고기는 그릇에 담고 좋지 않은 물고기는 내버린다(48절). 예수님은 가라지 비유에서 얻은 교훈을 빠르게 되풀이하신다. 이 시대의 끝에 하나님의 천사들이 의인과 악인을 분리할 것이다.

이전 비유들이(44-46절) 지극히 귀중한 것 하나를 얻는 것의 중요성을 언명했다면, 물고기 비유는 가라지 비유의 주제로 되돌아간다. 이 시대에는 선과 악이 섞여 있지만, 이 시대가 끝날 때 하나님이 그것들을 분리하신다는 것이다. 예수님은 50절에서 42절의 진술을 똑같이 반복함으로써 맹렬한 심판이 올 것을 강조하신다. 그 다음 이미지가 보여주듯이, 불이 멸망시키지는 않는다. 악인들은 "울며 이를 갈게" 되는 곳으로 간다.[229]

좋은 물고기가 무엇인지 찾으려 한다면, 다른 비유들이 대답해준다. 좋은 물고기는 좋은 밭처럼, 흩뿌려진 씨인 예수님의 말씀을 받아들여 풍성한 열매를 맺는 이들이다(23절). 그 나라의 비밀이 그들에게 주어졌다. 그들은 그것을 들을 귀가 있고, 그 나라가 모든 기대를 능가할 것을 알기에 그것을 얻기 위해 모든 것을 포기한다.

일부 해석자는 '서기관 비유'(52절)를 잠언이라 부른다. 하지만 가까이에 있는 비유들처럼, 이는 "천국의…서기관마다…같으니라"로 시작하여, 그

228 Wright, *Jesus and the Victory of God*, 242.

229 동일한 어구가 8:12; 13:42, 50; 22:13; 24:51; 25:30에도 나온다. 구절마다 명사 둘 다에 정관사가 있다. 참고. 8:5-13 주석(8:12에서).

나라를 묘사하고 비교한다. 예수님은 마무리하며 제자들에게 "이 모든 것을 깨달았느냐"라고 질문하신다. 그들은 그 나라의 놀라운 형태와 최고의 가치, 작은 시작과 장대한 결말을 이해하는가? 그들은 정확히 이해했다기보다는 열정 가득한 마음으로 "그러하오이다"(51절)라고 대답한다. 그들이 그 개념을 제대로 이해하지 못했음은 이어지는 장들에서 분명해질 테지만, 예수님은 그들의 확신을 받아주신다. 그분은 그들에게 도전하는 대신, 다른 사람들을 위해 그들의 지식을 사용하라고 요구하신다. "그러므로 천국의 제자 된 서기관마다 마치 새것과 옛것을 그 곳간에서 내오는 집주인과 같으니라"(52절). 복음서에서 대부분의 서기관은, 확고하게 예수님을 반대한 박식한 유대인 교사들이다. 그러나 "제자 된", 즉 "훈련받은"[마테튜테이스(*mathēteutheis*)]은 좋은 것이다. 하나님의 가르침을 받고 예수님이 묘사하신 대로 그 나라에 헌신한다면 말이다. 예수님은 그러한 서기관을, 새 진리와 옛 진리를 나누는 집 주인[오이코데스포테스(*oikodespotēs*)]에 비유하신다. "새" 것은 예수님이 주신 가르침, 특히 그 나라의 진리들일 것이다. "옛" 것은 옛 언약의 검증된 진리들일 것이다. "급진주의자와 보수주의자 둘 다에 해당하는 유혹은, 한쪽에 지나치게 높은 가치를 부여하고 다른 쪽을 너무 가볍게 여기는 것이다."[230] 좋은 교사는 옛것이든 새것이든 위대한 진리들을 사랑한다.

13장

13:53-58 | 나사렛에서 거부당하심 예수님은 가르침을 마친 후 나사렛을 향해 떠나신다. 제자들은 예수님의 위임을 듣고 깨닫고 받아들였다. 예수님은 일부는 귀를 닫을 것이라고 말씀하셨는데, 그 다음 장면에서 그분의 고향 사람들이 바로 그 귀먹음을 입증한다. 그분은 그곳에 도착하자마자 회당에서 가르치기 시작하신다. 그 동사[에디다스켄(*edidasken*), 미완료시제]는 사람들이 반응하기 시작할 때 그분이 잠시 말씀하셨음을 암시한다. 그들은

230 Morris, *Matthew*, 363.

이어지는 6개의 수사적 질문을 내뱉는다.

> 이 사람의 이 지혜와 이런 능력이 어디서 났느냐 이는 그 목수의 아들이 아니냐 그 어머니는 마리아, 그 형제들은 야고보, 요셉, 시몬, 유다라 하지 않느냐 그 누이들은 다 우리와 함께 있지 아니하냐[231] 그런즉 이 사람의 이 모든 것이 어디서 났느냐(54-56절).

이곳에서 중립적인 놀람의 어조를 찾기는 어렵지만, 마태는 그들이 "예수를 배척한지라"(57절, 동사는 스칸달리조이며 11:6; 13:21에도 나온다)라고 언급한다. 54절에서 마태는 그들의 경멸의 이유를 암시한다. "놀라"[에크플레소(*ekplēssō*)]라는 단어는 7:28과 22:33에도 나온다. 7:28에서는 무리가 예수님의 권위에 놀라고, 22:33에서는 그분의 탁월함에 깊은 인상을 받은 것 같다. 이곳에서 그분의 가르침은 그들이 받아들이기에는 너무 강력해 보인다. 나아가 그들은 그분의 지혜와 능력의 행위의 '근원'에 대해 두 번(처음과 마지막에) 묻는다. 그들은 사탄과의 결탁도 의심하는 것인가?(참고. 12:24) 분명 그들은 이러한 특성들이 그 가족에게는 없다고 말한다. 모든 사람이 그분의 어머니, 형제, 누이가 특별한 사람이 아님을 안다. 그들은 그저 목수, 장인, 건축업자일 뿐이다.[232] 그분을 소유한 땅도 없다. 자랑할 만한 제사장이나 랍비도 없다. 그들은 그분을 누구라고 생각하는가? 그들은 예수님의 혈통, 익숙함, 그분의 지혜, 권위, 능력 등 모든 것을 반대한다. 하지만 그분의 권세를 느끼고 놀람으로 반응하면서 그분의 독특함을 "무심코 증명한다."[233] 요한복음 6:41-42이 비슷한 순간을 묘사한다. 그곳에

231 "형제들"(이곳에서 그중 4명의 이름이 언급된다)과 "누이들"이 일반적인 의미임은 부정할 이유가 없다. 이들은 예수님의 의붓 형제자매다. 마리아가 계속 처녀였다는 성경적 증거는 없다. 사실, 마리아는 경건한 아내로서 남편과 정상적인 관계를 누렸을 것이다.

232 "목수"로 번역된 테크톤(*tektōn*)은 나무나 돌과 금속으로 작업하는 장인이다.

233 Hagner, *Matthew*, 1:405.

서는 "유대인들"이 예수님의 주장에 대해 수군거리며, "이는 요셉의 아들[이]…아니냐…자기가 지금 어찌하여…하느냐"라고 말한다.

슬프게도 예수님의 형제들마저 그분을 믿기가 어렵다(요 7:3-5). 그러나 그들은 회개하는 반면, 나사렛 주민들은 (전반적으로) 그렇게 하지 않는다. 그래서 예수님은 익숙함이 사람들의 눈을 멀게 하는 것에 관한 잠언을 만들어내신다. "선지자가 자기 고향과 자기 집 외에서는 존경을 받지 않음이 없느니라"(마 13:57). 마태는 "그들이 믿지 않음으로 말미암아"(58절) 예수님이 그곳에서 기적을 거의 행하지 않으셨음을 인정한다. 예수님은 나사렛에서 기적을 행하실 수 있었다. 그분은 뒤섞인 군중의 병을 고치거나 먹일 때처럼 불신자들을 위해 기적을 행하신다. 그러나 회의론자들을 제압하기 위해서 기적을 행하신 적은 없다(참고. 16:1-4; 눅 23:6-12).

응답

마태복음 13:53-58은 주제 면에서, 예수님이 12:22-32에서 밝히고 씨 뿌리는 자의 비유에서 다루는 부당한 회의론 및 불신과 수미상관을 형성한다. 제자들은 저항을 예상해야 하고(13:3-9), 나사렛에서 바로 그러한 저항이 나타난다. 그럼에도 비유들은 희망을 불어넣는다. 그 나라는 아주 작은 씨에서 큰 나무로 자랄 것이다(31-32절). 그 나라는 비길 데 없는, 가진 모든 것, 존재하는 모든 것만큼의 가치가 있는 보화다(44-46절). 예수님은 값을 매길 수 없는 보화로 우리의 온전한 헌신을 받으실 만한 분이다. 이것이 이 장의 전반적인 요지라면, 특정 비유들은 다른 반응들을 촉구한다.

가라지 비유에서 예수님은 악한 자들은 "풀무 불"에 가고 "의인들은…해와 같이 빛나리라"라고 경고하신다(40-43절). 유혹이나 갈등이나 성격상의 결함들도 그 약속을 좌절시키지 못한다. 구원받은 이들은 하나님을 보고 그분처럼 될 것이기 때문이다(요일 3:2). 그때까지 인내가 원칙이다. 그 나라가 임했지만 악이 남아 있기 때문이다. 들을 귀가 있는 모든 사람은 그들의 왕을 따르고, 그들이 흔들릴 때 은혜를 위해 그분을 의지할 것이다.

겨자씨 비유와 누룩 비유는 그 나라가 작고 압박을 받는 것처럼 보일 때 절망하지 말라고 제자들에게 권고한다. 그 나라는 작게 시작하지만 모든 것을 변화시킬 때까지 자랄 것이다. 거의 모든 복음 사역은 작게 시작한다. 기업과 나라와 대의도 작게 출발한다. 소수가 폭발적으로 자라지만 대부분은 어느 순간에 하찮아 보인다. 그 나라는 초라하게 시작하지만 안에서부터 커지며 자라난다. 그 나라가 자라가므로 신실한 이들은 인내해야 할 것이다.

보화 비유와 진주 비유는 그 나라의 우월한 가치를 주장한다. 우연히 예수님과 마주치든, 최고의 종교나 철학을 찾든, 그 나라는 철저한 조사를 환영한다. 그것은 우리의 통제 안에 있지만, 그것을 얻기 위해서는 다른 모든 것을 버려야 한다.

마지막 비유들은 행동하라는 요청으로 이어진다. 심판 날이 있을 것이고, 인간은 그것에 대비해야 한다. 행동하지 않는 데는 결과가 뒤따르기 때문이다. 그동안 모든 제자는 그 왕과 그분의 나라를 아주 귀하게 여겨야 한다.

1 그때에 분봉 왕 헤롯이 예수의 소문을 듣고 2 그 신하들에게 이르되
이는 [1)]세례 요한이라 그가 죽은 자 가운데서 살아났으니 그러므로 이
런 능력이 그 속에서 역사하는도다 하더라 3 전에 헤롯이 그 동생 빌
립의 아내 헤로디아의 일로 요한을 잡아 결박하여 옥에 가두었으니
4 이는 요한이 헤롯에게 말하되 당신이 그 여자를 차지한 것이 옳지
않다 하였음이라 5 헤롯이 요한을 죽이려 하되 무리가 그를 선지자로
여기므로 그들을 두려워하더니 6 마침 헤롯의 생일이 되어 헤로디아
의 딸이 연석 가운데서 춤을 추어 헤롯을 기쁘게 하니 7 헤롯이 맹세
로 그에게 무엇이든지 달라는 대로 주겠다고 약속하거늘 8 그가 제 어
머니의 시킴을 듣고 이르되 [1)]세례 요한의 머리를 소반에 얹어 여기서
내게 주소서 하니 9 왕이 근심하나 자기가 맹세한 것과 그 함께 [2)]앉은
사람들 때문에 주라 명하고 10 사람을 보내어 옥에서 요한의 목을 베
어 11 그 머리를 소반에 얹어서 그 소녀에게 주니 그가 자기 어머니에
게로 가져가니라 12 요한의 제자들이 와서 시체를 가져다가 장사하고
가서 예수께 아뢰니라

1 At that time Herod the tetrarch heard about the fame of Jesus, 2 and he

said to his servants, "This is John the Baptist. He has been raised from
the dead; that is why these miraculous powers are at work in him."
3 For Herod had seized John and bound him and put him in prison for
the sake of Herodias, his brother Philip's wife,[1] 4 because John had
been saying to him, "It is not lawful for you to have her." 5 And though
he wanted to put him to death, he feared the people, because they held
him to be a prophet. 6 But when Herod's birthday came, the daughter
of Herodias danced before the company and pleased Herod, 7 so that he
promised with an oath to give her whatever she might ask. 8 Prompted
by her mother, she said, "Give me the head of John the Baptist here on
a platter." 9 And the king was sorry, but because of his oaths and his
guests he commanded it to be given. 10 He sent and had John beheaded
in the prison, 11 and his head was brought on a platter and given to the
girl, and she brought it to her mother. 12 And his disciples came and
took the body and buried it, and they went and told Jesus.

1) 헬, 또는 침례 2) 헬, 기대어 누우려니와(유대인이 음식 먹을 때에 가지는 자세)

1 Some manuscripts *his brother's wife*

단락 개관 및 개요

VI. 무리와 지도자들 사이에서 제자들을 훈련하시다(14:1-20:34)
  A. 헤롯이 세례 요한을 죽이다(14:1-12)
    1. 요한에 대한 헤롯의 죄책감(14:1-2)
    2. 헤롯이 분별없이 요한을 처형하다(14:3-12)

세례 요한의 죽음은 이어지는 불길한 사건 중 하나다. 마태복음 12장의 시작에서, 일부 바리새인들은 예수님과 제자들을 비판했다(12:1-8). 얼마 후 예수님은 안식일에 회당에서 한쪽 손 마른 사람을 고치셨고, 이로 인해 바리새인들은 "예수를 죽일" 음모를 꾸미게 된다(12:9-14). 또한 예수님은 "귀신 들려 눈멀고 말 못 하는 사람"을 해방시키셨는데, 이는 예수님이 마귀와 결탁했다는 기소로 이어졌다(12:22-32). 이후 예수님은 비유로 그분의 말씀이 열매를 맺을 것이라고 약속하셨지만, 그들은 귀먹은 청중이라고도 예언하셨다(13:1-52). 이는 예수님의 고향에서도 마찬가지였다(13:53-58). 본문에서 예수님은 첫 협력자 세례 요한이 이유 없이 살해당했음을 알게 된다(14:1-12). 그 나라의 적은 오래 전부터 예수님을 죽이기로 마음먹었지만, 요한의 처형은 적어도 일부는 이를 행동으로 옮길 것임을 보여준다. 더 반갑지 않은 사건들이 뒤를 잇는다. 이 시기 동안, 무리는 아무것도 파악하지 못하고, 유대 지도자들은 폭행을 가할 것이라 위협하고, 제자들은 아주 힘들고 느리게 앞으로 나아간다(14:13-17:20).

분봉 왕 헤롯은 요한의 죽음에 관한 보고를 듣고 예수님이 부활한 요한이라는 미신적 두려움에 빠진다(14:1-2). 이 단락의 나머지 부분은 요한의 사악하고 불합리한 참수를 묘사하는 회상 장면이다(3-11절). 요한의 충성스러운 제자들이 그의 시체를 가져다가 제대로 장례를 치렀다는 것이 그나마 위로가 되는 장면이다(12절).

주석

14:1-12 마태는 "그때에" 분봉 왕 헤롯이 예수의 소문을 듣는다고 말한다(1절).[234] 이 분봉 왕은 헤롯 안디바로, 헤롯 대왕의 작은아들이다. 이 작은 헤롯은 갈릴리와 페레아(Perea) 지역을 통치했지만 유대를 통치하는 않았다. 그는 막연한 의미로 왕으로 불렸을 수 있다(9절). 예수님의 사역 대부분이 그의 땅에서 일어났다. 헤롯 안디바는 그의 아버지보다 작은 영토를 차지했고 기량도 부족했지만, 아버지를 닮긴 했다. 헤롯가에는 유대인과 에돔인의 피가 흘렀다. 로마에 우호적이었던 그들은 로마의 뜻을 따랐고 로마의 목적을 위해 일했다. 유대 율법에 대한 그들의 관심은 피상적이었고, 되도록 유대인 부하들을 불쾌하게 하는 일을 피하고자 했다. 부유하고, 오만하고, 사람을 죽이려 들고, 여러 번 같은 이름을 쓰는 경향이 있던 헤롯가는 그들이 원하는 대로 종종 근친상간으로 결혼했다. 14장에 언급된 두 여자는 헤로디아와 그녀의 딸 살로메다. 헤로디아는 삼촌인 헤롯 빌립과 이혼한 후 또 다른 삼촌 헤롯 안디바와 결혼했고, 헤롯 빌립과의 사이에서 살로메를 낳았다. 헤롯 안디바 역시 헤로디아와 결혼하기 위해 배우자였던 파사엘리스와 이혼했다. 살로메는 성인이 되자(헤롯 안디바를 위해 춤을 추었을 때는 아마 열네 살이었을 것이다), 헤롯 대왕이 또 다른 여인에게서 낳은 아들, 따라서 헤롯 안디바와 이복 형제였던 분봉 왕 빌립과 결혼했다. 이 결혼으로 그녀는 "엄마의 숙모이자 동서가 되었다."[235] 이 아찔한 사건들은 결혼을 언약으로 보는(말 2:14) 성경의 시각과 상충되고, 혈족에 관한 레위기 율법도 어겼다(레 18:16; 20:21). 요한은 감히 헤롯에게 그의 결혼이 "옳지 않다"고 말했고, 헤롯은 결국 그것 때문에 요한의 목을 베었다(마 14:4, 9, 11).

요한의 죽음에 관한 기록은 주제 면에서 14장에 어울린다. 세례 요한이

234 헬라어는 크로노스(*chronos*)가 아니라 카이로스(*kairos*)다.

235 F. F. Bruce, *New Testament History* (New York: Doubleday, 1969), 20-31, 258-264. 《신약사》(CLC); Morris, *Matthew*, 370.

죽은 후 헤롯은 예수님의 기적에 관한 소문을 듣는다. 혼란 속에서 이 기적들을 설명하려던 중에 "이는 세례 요한이라…죽은 자 가운데서 살아났으니"(2절)라고 추측한다. 나쁜 신학과 양심의 가책으로 인해 그런 결론에 이른 것이다. 그는 부활을 확실하게 믿지만, 그에게 있던 초자연주의는 미신적이고 헛된 것이었다.

예전에 요한이 헤롯에게 그의 최근 결혼이 "옳지 않다"(4절)고 말했을 때, 그것은 특히 그의 새 아내이자 과거의 처제(마태는 3절에서 그녀를 "그 동생 빌립의 아내"라고 부른다. 그녀는 실제로 동생의 아내였고, 그 결혼이 합법적으로 끝나지 않았기 때문이다)를 불쾌하게 만들었다. 결국 헤롯은 요한을 체포하고 옥에 가두어 마침내 죽였다.

이 사건들에 관한 복음서 기사들 사이에는 상충되는 면이 있다. 마태는 헤롯이 "요한을 죽이려" 했지만 "무리가 그를 선지자로 여기므로 그들을 두려워하[여]"(5절) 주저했다고 말한다. 마가복음 6:20은 헤롯이 가끔 요한을 찾았다고 기록하며, "헤롯이 요한을…두려워하여 보호하며…그의 말을…달갑게 들음이러라"라고 덧붙인다. 헤롯은 요한을 보호하는 동시에 죽이고 싶어 했다. 그의 예언이 말썽을 일으켜도 그를 보호하려고 했기 때문이다(마 14:5; 막 6:20).[236] 헤롯은 분명 요한이 전하는 메시지의 한 부분은 미워하고 다른 부분들은 달갑게 들었을 것이다. 모든 역사가가 그 민감한 폭군을 잘 안다. 그는 사랑하는 이들을 죽인 다음 그 죽음을 슬퍼한 사람이다. 헤롯 안디바의 아버지 헤롯 대왕도 똑같은 짓을 했다. 큰 죄인들이 의인을 존경하고, 더 고결한 길에 대해 듣고 싶어 하고, 덕목을 추구하지는 않으면서 어쭙잖게 덕목을 바랄 수 있다는 것은 모든 목회자가 아는 사실이다. 그 기사들을 종합해보면 완벽하게 말이 된다.

상식적으로는 이해가 되지 않을지 몰라도, 요한의 죽음은 헤롯왕의 역사에 잘 들어맞는다. 헤롯가는 방탕하고 무질서했다. 술 파티의 관능적인

236 사실 안디바가 첫 아내 파사엘리스와 이혼한 일은 정치적 문제를 낳았다. 그녀의 아버지 나바트의 아레타스 4세는 그를 공격하여 그의 자존심을 상하게 만들었다. 참고. Josephus, *Antiquities* 18.109-115.

한 요소였던 춤은, 안디바에게 깊은 인상을 남겼다.[237] 동방의 강한 통치자의 방식에 영향을 받은(에 5:3) 그는 헤로디아의 딸에게 "무엇이든지 달라는 대로 주겠다"고 맹세한다(마 14:7). 어머니와 상의한 후 그녀가 요한의 머리를 요구하자 "왕이 근심하나 자기가 맹세한 것과 그 함께 앉은 사람들 때문에 주라 명[한다]"(9절).[238] 분명 헤롯은 경솔한 맹세를 했다. 그렇게 하지 말았어야 했다. 맹세를 했어도 그것을 지키지 말았어야 했다. 그러나 죄는, 이곳에서는 술 취함과 욕정이, 사람을 어리석게 만든다. 뿐만 아니라 헤롯은 약한 사람이었고, "대부분의 약한 사람들처럼 약하다고 여겨질까 봐 두려워했다."[239] 결국 그는 요한을 처형했다. 이는 유대법 위반이다. 유대법은 재판 없는 처형을 금했고, 목을 베는 규정이 없었다.

요한의 죽음은 그가 무고했기에 분별없는 결정이고, 그가 중요한 인물이기에 비극적인 사건이며, 그와 예수님의 연관성을 생각할 때 불길한 일이다. 둘 다 하나님의 부르심을 받은 예언자다. 둘 다 "회개하라 천국이 가까이 왔느니라"(3:2; 4:17)라고 선포하며 사역을 시작한다. 둘 다 큰 무리를 끌어내고 그 무리에서 제자들을 모은다. 둘 다 정치 지도자들의 비이성적인 반대를 불러일으킨다. 두 경우 다, 사람들이 그들을 예언자로 여기기 때문에 적대적인 지도자들이 그들의 표적 해치기를 주저한다(14:5; 21:26). 그러나 헤롯이 주님을 위해 길을 준비한(3:3) 요한을 죽일 때, '요한의 운명은 예수님 죽음의 전조인가' 하는 생각이 든다. 아마 그럴 것이다. 예수님은

237 헤롯은 유대인들을 다스렸지만, 그의 사고방식은 그리스-로마 통치자와 더 비슷했다. 생일 파티에서는 으레 술에 취했고, 그것은 한 가지 문제였다. 참고. Josephus, *Against Apion* 2.204. 참고. 또한 Josephus, *Jewish Wars* 2.29. 또한 왕실의 일원을 초대하여 전부 남자인 군중 앞에서 춤을 추라고 하는 기이한 행동은 물론, 그녀가 원하는 것은 무엇이든 주겠다는 헤롯의 신중하지 못한 맹세도, 그가 술에 취해 있었다는 것을 설명해준다. 참고. Keener, *Matthew*, 399-401.

238 Josephus, *Antiquities* 18.115에 따르면, 머리를 가져오는 것은 죽었다는 증거다. 목을 베는 것은 성경적인 관행이 아니지만, 고대인들은 그것을 알았다(삼상 17:51; 31:9). 슬프게도 이런 식의 전시가 연회를 망치지는 않았던 것 같다. 유대의 왕 알렉산더 얀네우스(Alexander Jannaeus, 주전 103-76)는 후궁들과 공개적으로 잔치를 벌이며, 더 잔인한 살생을 하는 죄를 지었다. 참고. *Antiquities* 13.379-380.

239 E. H. Plumptre, *The Gospel According to St. Matthew*, 202, cited in Carson, *Matthew*, 387.

요한이 죽었다는 소식을 듣고 그 지역을 떠나신다(13절)

응답

요한의 죽음은 예수님 죽음의 전조다. 그러나 차이가 있다. 요한의 죽음은 부당하고 불합리한 반면, 이제 곧 다가올 예수님의 죽음은 부당하지만 의미심장하다. 요한의 죽음은 아무 목적이 없다. 그러나 예수님의 죽음에는 목적이 있다. 악한 사람들이 하고 싶은 대로 하지만, 하나님의 계획을 성취한다. 이 아무 죄 없는 사람이 헛되이 죽지 않고 많은 사람의 죄를 위해 죽어야 한다는 것이다.

또한 마태복음 14:1-12은, 예수님이 말씀하셨듯이, 경건한 이들이 "의를 위하여 박해를 받[을]" 것임을 입증한다(5:10-12). 하나님의 대사들은 미움을 받고, 배신당하고, 매질을 당하고, 무고하게 죄인 취급 받고, 죽임당할 것이다(10:16-22). 모든 예언자와 그리스도의 협력자들도 이런 일을 당한다. 요한은 둘 다였다. "제자가 그 선생보다…높지 못하[므로]"(10:24), 예수님의 제자들은 어느 때든 어느 나라에서든 이런 대우에 대비해야 한다. 인기가 법을 무시하는 폭군들을 저지하지는 못할 것이다. 법적으로 정당하다 해도 말의 자유가 항상 보장되지는 않는다. 모든 제자는 "누구든지 자기 십자가를 지고 나를 따르지 않는 자도 능히 내 제자가 되지 못하리라"라는 예수님의 경고를 기억해야 한다(눅 14:27). 의인에게는 항상 적이 있을 것이고, 그분의 종이 드러날수록 해를 당할 가능성은 더 커진다. 그러나 보이지 않는 사람들도 그들의 역할이 있다. 요한의 제자들은 예언자가 아니었지만, 그에게 헌신했기에 그의 시체를 가져다가 장례를 치르고 모든 것을 예수님께 아뢰며 온갖 위험을 무릅썼다.[240]

성경은 진심으로 맹세해야 하고, 맹세한 것은 반드시 지켜야 한다고 강조한다(레 19:12; 민 30:1-2; 신 23:21-23; 행 5:4). 의인은 해를 입더라도 맹세를 지킨다(시 15:4). 그러나 나발을 죽이겠다는 다윗의 맹세가 실현되지 않은 사례는, 맹세를 지키는 것이 죄를 짓는 경우라면 그렇게 해서는 안 된다는 것을 보여준다. 다윗은 죽이겠다고 맹세했지만 아비가일이 그를 멈추게 했고, 그는 그 중재에 대해 하나님을 찬양했다(삼상 25:1-35).[241] 이 원리는 사제, 수사, 수녀가 독신을 맹세했어도 결혼할 자유가 있다는 마르틴 루터의 결정 배후에 있다.

핵심으로 돌아와서, 우리는 성경이 죽음의 슬픔, 악의 부조리함, 죄의 부조리함에 숨김없이 직면하는 것을 본다. 예수님과 사도들은 종종 제자들이 불의와 악의를 예상해야 한다고 경고한다. 그중 일부가 우상숭배, 하나님에 대한 혐오, 복음에 대한 분노에서 비롯되는 박해다. 악의에는 다양한 표적이 있지만 간혹 아무런 표적이 없기도 하다. 무작위로 표출되는 미움과 분노가 누구든 공격할 수 있다. 지혜로운 제자는 대비해야 한다. 분별력 있는 불신자 역시 똑같이 할 테지만, 그의 출발점은 요한의 죽음이 아니라 예수님의 죽음과 부활일 것이다.

240 제대로 장례를 치르는 것은 가족이나 협력자들의 소중한 의무다. 제대로 장례를 치르지 못하는 것은 대부분의 문화에서 큰 수치다. 참고. 삼상 17:44-47; 31:8-13; 마 8:21-22; 그리고 일반 문서에서 예를 들어, Sophocles의 희곡 *Antigone*.

241 Frame, *Doctrine of the Christian Life*, 500-503.

14장

13 예수께서 들으시고 배를 타고 떠나사 따로 빈 들에 가시니 무리가
듣고 여러 고을로부터 걸어서 따라간지라 14 예수께서 나오사 큰 무
리를 보시고 불쌍히 여기사 그중에 있는 병자를 고쳐주시니라 15 저
녁이 되매 제자들이 나아와 이르되 이곳은 빈 들이요 때도 이미 저물
었으니 무리를 보내어 마을에 들어가 먹을 것을 사 먹게 하소서 16 예
수께서 이르시되 갈 것 없다 너희가 먹을 것을 주라 17 제자들이 이르
되 여기 우리에게 있는 것은 떡 다섯 개와 물고기 두 마리뿐이니이다
18 이르시되 그것을 내게 가져오라 하시고 19 무리를 명하여 잔디 위에
[1]앉히시고 떡 다섯 개와 물고기 두 마리를 가지사 하늘을 우러러 축
사하시고 떡을 떼어 제자들에게 주시매 제자들이 무리에게 주니 20 다
배불리 먹고 남은 조각을 열두 바구니에 차게 거두었으며 21 먹은 사
람은 여자와 어린이 외에 오천 명이나 되었더라

13 Now when Jesus heard this, he withdrew from there in a boat to a
desolate place by himself. But when the crowds heard it, they followed
him on foot from the towns. 14 When he went ashore he saw a great
crowd, and he had compassion on them and healed their sick. 15 Now

when it was evening, the disciples came to him and said, "This is a desolate place, and the day is now over; send the crowds away to go into the villages and buy food for themselves." 16 But Jesus said, "They need not go away; you give them something to eat." 17 They said to him, "We have only five loaves here and two fish." 18 And he said, "Bring them here to me." 19 Then he ordered the crowds to sit down on the grass, and taking the five loaves and the two fish, he looked up to heaven and said a blessing. Then he broke the loaves and gave them to the disciples, and the disciples gave them to the crowds. 20 And they all ate and were satisfied. And they took up twelve baskets full of the broken pieces left over. 21 And those who ate were about five thousand men, besides women and children.

1) 헬, 기대어 누우려니와(유대인이 음식 먹을 때에 가지는 자세)

단락 개관

문학적인 면에서 마태복음 14:13-21은 앞 단락과 대조된다. 앞 단락은 헤롯 "왕"(9절)이 예언자 요한의 살해에서 절정에 이른 방탕한 연회를 주최했다. 13-21절에서는 '왕'이신 예수님이 그분을 따르는 큰 무리 가운데서 병자를 고쳐준 다음, 떡과 물고기로 차린 간단한 식사로 전혀 다른 연회를 베푸신다. 헤롯의 살인 동기는 색욕과 오만이었다. 예수님의 동기는 긍휼이다. 그 긍휼로 인해 병자를 고쳐주시고 궁핍한 군중을 먹이신다.

단락 개요

VI. 무리와 지도자들 사이에서 제자들을 훈련하시다(14:1-20:34)
B. 예수님이 오천 명을 먹이시다(14:13-21)

5천 명을 먹이신 사건은, 시간 순서 면에서가 아니라 주제 면에서 요한 참수 사건의 뒤를 잇는다.[242] 예수님은 요한의 죽음과 헤롯의 빗나간 관심을 듣고는, 더 황량한 지역으로 물러나신다. 무리가 그분을 따르고, 그곳에서 기적이 펼쳐진다. 예수님은 그들을 보고 "불쌍히 여기사…병자를 고쳐주[셨다]"(마 14:14). 긴 하루가 끝나자 제자들은 예수님께 무리를 흩으시라고 강권하지만, 예수님은 먼저 그들을 먹이겠다고 결심하신다(15-16절). 예수님은 그들이 가진 작은 것, 떡 5개와 물고기 2마리를 배가시켜서 앉아 있는 무리에게 나누어 주신다. 모두 배불리 먹고도 큰 바구니들에 음식이 남았다(17-20절). 구조적으로 볼 때, 이 단락에서 극도로 절제된 결론 부분이 눈에 띈다. 마태는 어떤 반응이나 견해나 이해도 기록하지 않는다. 마태복음으로부터 우리가 알 수 있는 한, 무리는 조용히 떠났다.

14장

주석

14:13-21 예수님은 헤롯의 빗나간 관심을 안 후에, "따로 빈 들로"(13a절) 물러나신다. 예수님은 혼자 있기를 원하셨지만 무리가 '그분'을 원한다. 그들은 "걸어서" 예수님을 따라가서 예수님보다 먼저 목적지에 도착한다(13b

242 14:1의 "그때에"와 14:13의 "예수께서 들으시고"[아쿠사스 데(*akousas de*)의 번역]라는 시간적인 언급은 명확하지 않다.

절).[243] 예수님은 해안으로 가서 "큰 무리"를 보신다. 그중에는 병자도 있어서 예수님은 그들을 "불쌍히 여기사" 고쳐주신다(14절).

마태가 밝히는 기적의 동기는 대부분 긍휼이다. 예수님은 필요를 보면 공감하신다. 고통당하는 사람이 도움을 요청하든 하지 않든, 불쌍히 여기고 행동을 취하신다. 예수님의 기적은 자비로 인한 행동이다. 불쌍히 여기기 때문에 무리의 병을 고치시고(9:36), 배고픈 자들을 먹이시고(15:32), 맹인이 볼 수 있게 해주시고(20:34), 과부의 외아들을 살리신다(눅 7:11-15).

저녁이 되자 제자들이 예수님께 말한다. "이곳은 빈 들이요 때도 이미 저물었으니 무리를 보내어 마을로 들어가 [제각기] 먹을 것을 사 먹게 하소서"(마 14:15). 재귀대명사 '제각기'("themselves", 개역개정에는 없음)는 강력하다. 제자들은 무리가 '각자' 음식을 '사러' 가야 한다고 생각한다. 그들의 판단에 따르면, 예수님은 무리를 위해 충분히 하실 만큼 하셨다. 이제 그들이 스스로를 보살필 때다.

예수님은 이 말에 반대하신다. "갈 것 없다." 이어지는 명령은 헬라어에서 강조의 의미가 있다. "'너희가' 먹을 것을 주라"(16절). 요한복음 6:6은 예수님이 그들을 "시험하고자" 그렇게 말씀하셨다고 덧붙인다. 그들은 예수님이 불가능한 것을 요구하신다고 판단한다. "우리에게 있는 것은 떡 다섯 개와 물고기 두 마리뿐이니이다"(마 14:17).

떡과 물고기는 아마도 그들이 개인적으로 비축한 양식인 듯하고, 전체를 먹이기에는 턱없이 부족하다. 요한복음 6:9은 그들에게 작은 물고기와 더 좋지 않은 곡물인 보리로 만든 떡이 있었다고 기록한다. 또한 떡과 물고기를 가지고 있던 한 소년[파이다리온(*paidarion*), 아이 혹은 어린 노예]을 언급하지만, 그 소년은 제자들이 이미 아는 아이일 수 있다.[244] 공관복음은 마치

243 갈릴리 바다는 우묵한 부분 마닥에 자리 잡고 있어서, 누구든 배를 좇을 수 있고, 바람이 배를 거슬러 불면 다른 사람들이 목적지에 먼저 도착할 수 있었다.

244 아이가 예수님 앞에 홀로 서서 자기 음식을 내놓는 그림은 믿기 어렵다. 아이는 가족과 함께 있었을 것이다. 부모가 아이를 광야에 홀로 보냈겠는가?

이것이 제자들의 음식인 것처럼 말한다. 예수님은 "너희가 먹을 것을 주라"라고 하시고, 마태복음 14:17과 누가복음 9:13에서 그들은 "우리에게 있는 것은 떡 다섯 개…뿐이니이다"라고 말한다.[245] 다시 말해 그들은 충분히 가지고 있지 않았다. 마가복음 6:37과 요한복음 6:7에서는 8개월치 임금인 200데나리온으로도 충분한 음식을 사지 못할 것이라고 덧붙인다.

떡 5개와 물고기 2마리로는 많은 사람을 먹일 수 없다. 하지만 예수님의 손에서 그것이 충분해진다. 예수님은 "그것을 내게 가져오라"(마 14:18)라고 말씀하고 사람들을 잔디(19절, 마가는 막 6:39에서 "푸른 잔디"라고 언급한다) 위에 "앉히[신다]." 혹은 비스듬히 기대게 하시는데[아나클리노(*anaklinō*)], 이는 연회에서 사람들이 취하는 자세다.

14장

예수님은 유대 가정에서 일어나는 통상적인 행동으로, 떡을 가져다 축사하고 "떡을 떼어 제자들에게 주시매 제자들이 무리에게 주[었다]"(19절). 이 과정을 통해 제자들은 예수님이 작은 것을 충분하게 하시는 증거를 손으로 느낄 수 있었다. 제자들은 무리가 스스로 알아서 먹기 원했지만, 예수님이 그들 모두를 먹이셨다.[246]

무리는 배부르게 먹었는가? 제자들은 모두를 먹이고 "남은 조각을 열두 바구니에 차게" 모았다(20절). "바구니"[코피노스(*kophinos*)]에 해당하는 단어는 크고 무거운 용기를 의미한다. 남은 음식은 아주 많았다. 이는 부활 외에 사복음서 모두에 기록된 유일한 기적이다. 사건의 규모는 눈이 부시다. 기적 후에는 보통 사람들이 놀라거나, 예수님을 예언자라 부르거나, 하나님을 찬양한다. 그런데 마태는 그런 반응을 기록하지 않는다(21절). 그들은

245 "우리에게 있는 것은 떡…뿐이니이다"에서 마태와 누가는 마가와 의견이 다르다. 마가복음에서 예수님은 "너희에게 떡 몇 개나 있는지 가서 보라"라고 요구하신다. 그들은 알아보고 "떡 다섯 개와 물고기 두 마리"(막 6:38)라고 말한다. 따로 읽으면 예수님의 말씀이, 그들이 회수할 수 있는 것을 찾아오라는 요구일 수 있다. 마태복음과 누가복음은 둘 다 축약한 기사일 것이다. 그러나 세 기사 모두를 "너희가 가진 것을 내게 가져오라"라고 말씀하시는 것으로 읽을 수 있다.

246 "주다"[헬. 디도미(*didōmi*)]의 시제가 마태복음에서는 부정과거지만, 마가복음에서는 미완료다. 이는 예수님의 손에서 음식이 배가되어 그것을 계속 제자들에게 주고 계심을 암시할 수 있다.

그저 먹고 이동했는가? 내러티브 안에서 침묵은 그들이 의미 있는 말을, 깨우친 말이든 어리석은 말이든, 하지 않았다는 것을 나타낸다. 11-13장에는 예수님의 말씀이나 행동에 대한 잘못된 반응이 많이 기록되어 있다(11:16-24; 12:33-45; 13:11-17, 53-58). 여기에는 아무것도 없다. 그러나 요한의 보완적인 기사에서는, 무리가 예수님을 메시아로 결정짓고 강제로 왕으로 삼으려 한다(요 6:14-15). 요한복음 6:22-34은 떡을 더 만들어달라고 설득하는 끈질긴 시도를 묘사한다. 따라서 각 복음서는 사람들이 사건의 의미를 오해했다는 데 동의한다.

마태는 이상적인 독자에게 예수님에 관한 몇 가지를 가르친다. 첫째, 그분은 사람들의 필요를 보신다. 둘째, 그분은 사람들을 불쌍히 여기신다. 셋째, 그분은 사람들의 필요를 채우실 수 있다. 그분의 손에서 빈약한 자원이 충분해질 것이다. 마태복음 14장에서 예수님은 당시 필수적인 음식이었던 떡을 공급하신다. 넷째, 사람들은 적어도 예수님의 공급에 대해 그분께 감사해야 한다. 이상적으로는, 그 행동의 의미를 가늠해야 한다. 마태는 헤롯과 예수님의 식사를 나란히 놓음으로써 평범한 왕과 예수님을 비교한다. 헤롯이 왕궁에서 주색 연회를 열었다면, 예수님은 들판에서 굶주린 평민들을 먹이신다. 헤롯의 파티는 육욕에서 살인으로 기울어졌다. 예수님은 가르침에서 병 고침으로, 그리고 음식 공급으로 옮겨가신다. 명예에 대한 뒤틀린 관심이 헤롯의 동기였지만, 예수님의 동기는 긍휼이었다. 이 모든 것은 그분을 향한 충성으로 이어져야 한다.

응답

기적에 대한 실제 반응과 이상적인 반응은 늘 대조된다. 이 본문에서 목격자들의 침묵은 그 자체가 일종의 주석이다. 서론에서 언급했듯이, 회의론자들은 마태의 기록에 대해 반초자연적인 해설을 제시한다. 그러나 성경을 사실로 받아들이면, 복음서에는 실제 목격자들의 의견이 없기에 독자들이 그 사건의 의미를 찾게 된다. 복음서, 특히 요한복음은 신실한 독자들에게 기적에서 상징적인 의미를 기대하라고 가르친다.[247] 많은 기적이 비유 역할을 한다. 비유가 교훈적인 허구인 반면 기적은 교훈적인 사실이라는 점만 제외하면 말이다. 일부 학자들은 예수님이 떡을 떼실 때 주의 만찬을 떠올리고, 음식을 배가시키실 때 메시아 잔치를 내다보기도 한다. 라이트는 광야에서 기적적으로 먹이신 것을, 출애굽을 생각나게 하면서 예수님을 두 번째 모세로 제시하는 것으로 이해한다.[248]

요한은 예수님의 기적적인 식사를 출애굽 이후의 만나와 연결시킨다(요 6:31, 참고. 출 16장). 요한복음에서 예수님은 "나는 생명의 떡이니 내게 오는 자는 결코 주리지 아니할 터이요 나를 믿는 자는 영원히 목마르지 아니하리라"(요 6:35)라고 선언하신다. 예수님은 생명의 원료인 떡을 배가시킴으로써, 그분이 "세상에 생명을 주[심]"을 보여주신다(6:33).

그러나 마태는 만나나 광야를 언급하지 않는다. 오히려 그는 마태복음 14:20에서 남은 음식을 모은 것을, 출애굽기 16:19-21에서 남겨두는 것을 금지한 것과 대조한다. 그렇다면 마태의 해석은 무엇인가? 만약 그가 독자들에게 그리스도의 인격과 사역에 대해 가르치려 한다면, 그 가르침은 암시적이다. 그것은 더 큰 내러티브 안에 박혀 있다. 그러나 아주 쉽게 볼 수 있는 것이 있다. 이날 무리의 무관심은 사건들을 예루살렘에서의 마

247 Pennington, *Reading the Gospels Wisely*, 183-210.

248 Wright, *Jesus and the Victory of God*, 168, 193.

지막 주로 나아가게 한다는 것이다. 그 기간에 이스라엘의 무관심은 적대감으로 바뀌고, 예수님의 공급은 그분이 육체적 삶을 지탱하게 하는 떡 이상을 주실 때 절정에 이른다.

마태복음 14:1-33을 한 묶음으로 보면, 우리는 하나님의 일하심에 대한 세 가지 반응을 발견할 수 있다. 헤롯은 하나님의 말씀을 대변하는 예언자를 죽인다. 무리는 배불리 먹지만 기적을 경험한 것에 대해 아무 말도 하지 않는다. 그러나 예수님이 폭풍 가운데서 제자들을 구해주실 때 그들은 "진실로 하나님의 아들이로소이다"(33절)라고 고백할 것이다. 제자들은 지금까지도 같은 말을 한다.

22 예수께서 즉시 제자들을 재촉하사 자기가 무리를 보내는 동안에
배를 타고 앞서 건너편으로 가게 하시고 23 무리를 보내신 후에 기도
하러 따로 산에 올라가시니라 저물매 거기 혼자 계시더니 24 배가 이
미 [1)]육지에서 수 리나 떠나서 바람이 거스르므로 물결로 말미암아 고
난을 당하더라 25 밤 사경에 예수께서 바다 위로 걸어서 제자들에게
오시니 26 제자들이 그가 바다 위로 걸어오심을 보고 놀라 유령이라
하며 무서워하여 소리 지르거늘 27 예수께서 즉시 이르시되 안심하라
나니 두려워하지 말라

22 Immediately he made the disciples get into the boat and go before
him to the other side, while he dismissed the crowds. 23 And after he
had dismissed the crowds, he went up on the mountain by himself to
pray. When evening came, he was there alone, 24 but the boat by this
time was a long way[1] from the land,[2] beaten by the waves, for the wind
was against them. 25 And in the fourth watch of the night[3] he came to
them, walking on the sea. 26 But when the disciples saw him walking on
the sea, they were terrified, and said, “It is a ghost!” and they cried out

in fear. 27 But immediately Jesus spoke to them, saying, "Take heart; it
is I. Do not be afraid."

28 베드로가 대답하여 이르되 주여 만일 주님이시거든 나를 명하사
물 위로 오라 하소서 하니 29 오라 하시니 베드로가 배에서 내려 [2)]물
위로 걸어서 예수께로 가되 30 바람을 보고 무서워 빠져가는지라 소리
질러 이르되 주여 나를 구원하소서 하니 31 예수께서 즉시 손을 내밀
어 그를 붙잡으시며 이르시되 믿음이 작은 자여 왜 의심하였느냐 하
시고 32 배에 함께 오르매 바람이 그치는지라 33 배에 있는 사람들이
예수께 절하며 이르되 진실로 하나님의 아들이로소이다 하더라
28 And Peter answered him, "Lord, if it is you, command me to come to
you on the water." 29 He said, "Come." So Peter got out of the boat and
walked on the water and came to Jesus. 30 But when he saw the wind,[4]
he was afraid, and beginning to sink he cried out, "Lord, save me."
31 Jesus immediately reached out his hand and took hold of him, saying
to him, "O you of little faith, why did you doubt?" 32 And when they
got into the boat, the wind ceased. 33And those in the boat worshiped
him, saying, "Truly you are the Son of God."

34 그들이 건너가 게네사렛 땅에 이르니 35 그곳 사람들이 예수이신 줄
을 알고 그 근방에 두루 통지하여 모든 병든 자를 예수께 데리고 와서
36 다만 예수의 옷자락에라도 손을 대게 하시기를 간구하니 손을 대
는 자는 다 나음을 얻으니라
34 And when they had crossed over, they came to land at Gennesaret.
35 And when the men of that place recognized him, they sent around
to all that region and brought to him all who were sick 36 and implored
him that they might only touch the fringe of his garment. And as many

as touched it were made well.

1) 어떤 사본에, 바다 가운데 있어 2) 어떤 사본에, 예수께 가려고 물 위로 걸어가다가

1 Greek *many stadia, a stadion* was about 607 feet or 185 meters *2* Some manuscripts *was out on the sea 3* That is, between 3 A.M. and 6 A.M. 4 Some manuscripts *strong wind*

단락 개관

바다에서의 폭풍은 5천 명을 먹이신 일 직후에 일어난다. 무리와 제자들 모두 예수님이 많은 사람을 먹이실 때 그분의 능력과 긍휼을 목격했지만, 누구도 그 사건의 의미를 파악하지는 못한다. 요한은 떡에 마음이 사로잡힌 무리가 예수님을 왕으로 삼으려 하는 것을 기록한다(요 6:15). 예수님은 제자들이 이 일에 관여하지 않기를 바라며 호수 건너편으로 가라고 명하신다. 그리고 홀로 기도하기 위해 산에 올라가신다. 기도하기에 적합한 시간이다. 종교 지도자와 정치 지도자 모두 적대적이고(마 12:22-42; 14:1-13), 무리는 이해하지 못하고(13:10-15), 제자들은 배우는 게 더디다(15:10-20).

이 단락은 전략적으로 중요한 질문을 던진다. 첫째, 회의론자들이 예수님과 베드로가 실제로 물 위를 걸었는지 의심할 때, 신자들은 왜 베드로가 잠깐 걸은 것이 마태복음에는 나오고 마가복음에는 나오지 않는지 질문해야 한다. 둘째, 해석의 역사는 교회가 이 단락을 모순되게 사용한다는 것을 보여준다. 독실한 독자들은 베드로의 용기나 대담함에 사로잡히지만 보통 그 사건을 도덕적인 이야기로 축소한다. 교사들은 베드로를 도덕적인 실례로 쓸 때, 그로부터 반대되는 교훈을 끌어낸다. 어떤 사람들은 베드로가, 예수님을 따라 걸음으로써 과감하게 하나님을 위해 큰일을 행하여 영광을 맛본 전형적인 예라고 말한다. 또 다른 사람들은 무모한 행동에 대해 베드로를 꾸짖는다. 그가 예수님에게서 눈을 떼어 목숨을 잃을 뻔했다는 것이

다. 그러므로 독자들은 베드로의 오만과 주제넘음을 조심해야 한다고 경고한다. 베드로의 행동에 대한 이러한 해석들은 모순되어 보이지만, 그들의 접근법은 동일하다. 둘 다 14:22-33을 베드로에 관한 이야기로 읽거나 적용한다. 그러나 마태에게는 예수님이 주인공이다.

이 기적은 복음서에서 흔치 않은 배치 안에 기록된다. 마태복음과 마가복음(6:45-52), 요한복음(6:16-21)에는 나오고 누가복음에는 나오지 않는다. 그리고 셋 가운데 마태만이 베드로가 물 위를 걸은 일을 묘사한다.

단락 개요

VI. 무리와 지도자들 사이에서 제자들을 훈련하시다(14:1–20:34)
　C. 예수님이 물 위를 걸으시다(14:22–33)
　D. 계속되는 예수님의 치유 사역(14:34–36)

이 단락은 두 부분으로 나뉜다. 첫 번째 부분에서, 예수님은 큰 폭풍을 만난 제자들에게 가기 위해 파도 위를 걸으신다(14:22-27). 두 번째 부분에서, 예수님은 베드로에게 파도 위로 걸어오라고 명령한 다음, 처음에는 잘 걷다가 겁에 질려 가라앉기 시작한 베드로를 구해주신다(28-33절). 공통된 맥락은 그분의 신성을 암시하는 예수님의 능력이며, 이로 인해 제자들은 "진실로 하나님의 아들이로소이다"(33절)라고 고백한다.

주석

14:22-27 첫 번째 부분이 시작될 때, 예수님은 무리로부터 자신과 제자들을 떼어놓으신다(22-23절). 그런 다음 긴 철야 기도를 위해 물러나신다. 복음서는 종종 공식적인 공공장소에서든 비공식적인 사적 상황에서든 기도하시는 예수님을 보여준다. 기도 복음서라고도 불리는 누가복음은, 예수님이 세례 받을 때(눅 3:21), 사역이 많아지기 전에(5:16), 열두 제자를 뽑기 전에(6:12), 변화산상에서(9:28), 제자들이 기도하는 법을 묻기 전에(11:1) 기도하셨다고 기록한다. 기도는 마태복음에서도 흔한 주제며(마 6:5-13; 19:13; 21:13; 26:36, 41), 네 복음서 모두에서 예수님 사역의 필수적인 부분으로 그려진다.

예수님이 제자들에게 호수를 건너가라고 명령하시고, 그들이 출발한다. "육지에서 수 리" 노를 젓고 항해하던 중 "바람이 거스르므로"(14:24) 진행을 멈춘다. 배는 육지에서 멀러 떨어져 있고, 선체와 돛은 파도와 역풍으로 인해 흔들렸다. 하지만 이는 위기가 아니다. 제자 가운데 4명이 어부이기 때문에 바람과 어둠에는 익숙하다. 그러나 25절이 예수님이 밤 사경에 오신다고 말할 때 문제가 감지된다. 밤 사경은 해 뜨기 전 세 시간을 말한다. 제자들은 해질녘에 출발했으므로(23절), 적어도 아홉 시간을 폭풍을 거슬러 노를 저으며 호수 위에서 사투를 벌였던 것이다. 요한복음 6:19은 그 시간 내내 노를 저어 4-6킬로미터를 갔다고 말한다. 노력은 부족하지 않았다.[249] 마가는 제자들이 "힘겹게 노"를 저었다(막 6:48 NASB 난외주) 또는 '노로 안간힘을 썼다'(NIV)고 말한다. 제자들의 끈기는 인정해주어야 한다. 예수님이 그들에게 호수 건너편으로 가라고 하셨고 그들은 노력했다. 하지만 거의 움직이지 못하고 폭풍 속에서 몇 시간을 힘들게 수고한 후, 예수님이 "바다 위로 걸어 제자들에게 오[신다]"(마 14:25). 예수님은 "놀[란]"

249 그 호수는 남북이 27킬로미터, 동서가 13킬로미터였다. 그들은 사투를 벌인 것에 비해 많이 움직이지는 못했지만, 해안에서는 멀리 떨어져 있었다.

그들에게 "나[다]"라고 말씀하며 안심시키신다(26-27절).

제자들이 처음에는 그것을 감지하지 못하지만, 이 행동은 그리스도의 신성을 입증한다. 주님은 폭풍을 부르시고, 폭풍으로부터 그분의 백성을 구해주신다(출 9:22-26; 왕상 18:20-19:12; 시 18:15-19; 욘 1-2장). 욥은 하나님께서 "바다 물결을 밟으시며"(욥 9:8)라고 말하는데, 이곳에서 예수님이 물결 위를 걸으며 폭풍을 밟으신다. 한낱 인간은 할 수도 해본 적도 없는 일이다. 하지만 제자들은 이것을 따질 상황이 아니다. 긴 시간의 노역에 지치고 진이 빠진 그들은 "바다 위로 걸어서" 다가오는 흐릿한 형체를 보고 무서워한다. "유령이라" 외치며 두려워 소리 지른다(마 14:26).

성경은 악한 영의 존재를 인정하지만 유령은 인정하지 않는다. 그러나 유령에 대한 '믿음', 그 시대의 흔한 믿음을 정확하게 알려준다(삼상 28장; 눅 24:37-39). 그리스-로마 문화에서 유령이 임박한 죽음의 전조로 해석되는 것을 볼 때, 아마 제자들은 죽음이 다가오고 있다고 생각했을 것이다.

예수님은 바로 그것을 바로잡으신다. "안심하라 나니 두려워하지 말라"(마 14:27). "나니"("It is I")는 에고 에이미(*egō eimi*, I am)의 번역이다. 이 짧은 표현은 두 가지 해석이 가능하다. 이는 자기인식일 수도 있고, 신성의 주장일 수도 있다. 현대 영어에서, 누군가가 친구 집의 문을 두드리면 신원 확인은 이렇게 이루어진다. 집 주인이 "누구세요?"하고 묻는다. 방문객은 주인이 자신의 목소리를 잘 알고 있으리라는 믿음 하에 "나예요"(It is I)라고 대답한다. 예수님 당시 "누구세요?"에 대한 올바른 대답은 "나다"(I am)였다. 따라서 에고 에이미의 첫 해석은 "나다. 안심해라"다.

그러나 성경은 다양한 읽기를 위해 기록되었고, 신실한 독자는 "나다"가 주님의 이름이라는 것을 안다. 창세기에서 하나님은 "나는 전능한 하나님이라[엘 샤다이(*'el shadday*)]"(창 17:1)라고 말씀하신다. 이사야에서는 "나는 나를 위하여 네 허물을 도말하는 자니"(사 43:25, 참고. 51:12; 52:6)라고 말씀하신다. 또 "나는 여호와라 나 외에 다른 이가 없나니"(사 45:5, 18, 참고. 호 13:4)라고 말씀하신다. 무엇보다 출애굽기 3장에서 그분은 "나는 네 조상의 하나님이니 아브라함의 하나님, 이삭의 하나님, 야곱의 하나님이니라"(출

3:6), 그리고 마지막으로 "나는 스스로 있는 자이니라"(I AM WHO I AM)라고 선언하신다(출 3:13-14). 예수님은 특히 요한복음에서 '나는…이다'라는 어구를 사용하신다. 그분은 "내가 곧 길이요 진리요 생명이니", "아브라함이 나기 전부터 내가 있느니라(I am)"(요 14:6; 8:58) 등 다수의 선언을 하신다. 제자들은 그 순간 신성에 대한 주장을 이해할 수 없었지만, 노련한 독자는 그 구절을 살피며 예수님이 자존하시는 하나님, 바람과 파도의 주님임을 인식해야 한다. 주님의 제자들은 "안심하[고]" 그들의 두려움을 꾸짖어야 한다.

현대의 제자들은 종종 이 사건을 알레고리화한다. 예수님이 폭풍 가운데 있는 제자들에게 오신 것처럼, 폭풍 가운데 있는 우리에게 오신다는 것이다. 모든 오독이 그렇듯, 여기에는 진실의 일면이 있다. 성경 자체가 하나님께서 과거에 하셨던 일에서 일반화를 끌어낸다('알레고리화하다'라는 단어를 피하기 위해). 하나님께서 애굽에서 이스라엘을 데리고 나오셨을 때, 그 백성은 홍해가 갈라진 사이를 지났다(출 14장). 이사야는 "네가 물 가운데로 지날 때에 내가 너와 함께할 것이라"(사 43:2)라고 일반화한다. 그러나 이러한 알레고리적 읽기는 마태복음 14:22-33이 영감을 주는 이야기이기 전에 실화라는 중요한 사실을 모호하게 만든다. 예수님은 문자적으로 제자들의 얼굴에 물을 튀기고 몇 시간 동안 그들의 배를 꼼짝 못하게 한 폭풍이 일 때 물 위로 열두 제자에게 걸어가신다. 나아가 알레고리적 읽기는 예수님이 그 호수에서 하신 일에서 '나를 위해 하시는 일'로 너무 빨리 뛰어오른다. 그러한 이동은 타당하지만 부차적이다. 마태는 독자들이 '그분이 나를 위해 무엇을 하실까?'라고 묻기 전에 '이분이 누구신가?'라고 묻기를 바란다.

14:28-33 성경 내러티브는 종종 서로를 해석해주는 본문 맥락 안에 들어 있다(삿 17-21장; 왕상 4-11장; 마 19:16-20:16; 눅 5:17-6:11). 떡을 배가시킨 주님이 바다를 잠잠하게 하시고 파도 위를 걸으신다. 베드로가 잠시 물 위를 걸은 일 역시 이 원리를 보여준다. 앞에서 언급했듯이, 교사들은 베드로

를 상반된 방식으로 해석한다. 어떤 사람들은 그가 자만과 허영으로 물 위를 걷게 해달라고 요청했다고 말한다. 그가 흔들려 곧바로 물에 빠지려 할 때 교훈은 분명해 보인다. 베드로가 물 위로 걸어 예수님께 가고자 한 욕망은 가당찮은 것이며, 피해야 할 실례라는 것이다. 베드로가 "주여 만일 주님이시거든"(그는 그 인물이 예수님이라는 것조차 확신하지 못하고 있다!), "나를 명하사 물 위로 오라 하소서"(14:28)라고 말할 때, 그는 충동적으로 보인다. 하지만 그의 논리는 타당하다. 만약 예수님이 물 위로 걸으실 수 있다면, 나 역시 그럴 수 있다. 마태는 제자가 그들의 선생을 닮아야 한다고 자주 언급한다. 8-9장에서 예수님은 제자들이 보는 데서 말씀과 일을 섞으신다. 그런 다음 열두 사도에게 첫 선교를 위임하시고, 정확히 그분이 하는 것을 본 대로 하라고 말씀하신다. 예수님이 먼저 이스라엘에 가셨으므로 제자들도 그래야 한다(마 10:5-6). 예수님은 값없이 병자를 고쳐주고(4:23), 죽은 자를 살리고(9:18-26), 나병환자를 깨끗하게 하고(8:1-4), 귀신을 쫓아낸 다음(8:28-34), 제자들에게도 똑같이 하라고 말씀하셨다(10:8).

이렇듯 예수님은 제자들이 그분의 본을 따르기를 기대하신다. 나아가 베드로가 물 위로 걸어가게 해달라고 한 요청이 아니라 의심한 것을 꾸짖으신다.[250] 정확하게 말하면 예수님이 베드로에게 오라고 명하시고, 베드로가 간다. 베드로가 배 밖으로 내려가는 데 얼마나 큰 용기가 필요했을까! 29절의 "내려"는 카타바이노(*katabainō*)의 번역으로, 보통 '내려가다'라는 뜻이다. 예수님과 제자들을(거기다 물고기나 화물도) 수송할 만큼 큰 배의 갑판은 수면에서 수 미터 위에 있다. 비교적 안전한 배에서 어둡고 들썩거리는 파도를 향해 몇 발 아래쪽으로 뛰어드는 일이 얼마나 위압적이었을까. 베드로는 엄청난 믿음의 행동으로 그 걸음을 내딛어 "물 위로 걸어서 예수께로 [갔다]"(29절).

그런데 슬프게도, 물 위로 내려가서는 예수님에게서 눈을 뗀다. "바람

250 France, *Gospel according to Matthew*, 239.

을 보고 무서워 빠져가는지라 소리 질러 이르되 주여 나를 구원하소서 하니"(30절). 바람을 보는 것은 그 영향, 즉 파도와 물보라를 보는 것이며 그 소리를 듣는 것이다. 공기와 물의 포효, 범포 혹은 그의 옷이 찢어지면서 나는 소리들이 두려움을 일으킨다. 베드로는 겁에 질려 허둥대며 물에 빠지기 시작한다. 점점 믿음이 약해지지만(31절), 베드로는 바른 일을 한다. 그는 예수님께 소리친다. "주여 나를 구원하소서"(30절). 그러자 예수님이 그렇게 하신다. "즉시 손을 내밀어 그를 붙잡으시며"(31절).

이는 예수님이 바다에서 폭풍이 일 때 제자들을 구해주신 두 번째 사례다. 첫 번째는, 제자들이 잠이 든 예수님을 "주여 구원하소서 우리가 죽겠나이다"(8:25)라고 간청하며 깨웠다. 헬라어에서는 단 세 단어다. "주여 구원하소서 우리가-죽겠나이다"[퀴리에, 소손, 아폴뤼메타(*kyrie, sōson, apollymetha*)]. 두려움에 압도당한 제자들이 예수님을 깨웠다. 그들의 말은 마치 예수님께 아무것도 기대하지 않은 것처럼, 자신들이 물에 빠져가고 있음을 그분께 알리고 싶은 것처럼 들릴 수 있다. 그러나 "구원하소서"라는 간청은 그들이 무언가를 기대했음을 보여준다.

두 번째 폭풍은 첫 번째 사례와 닮았다. 베드로는 소리칠 때(14:30) 첫 번째 폭풍우 때와 거의 똑같은 표현으로, "주여 나를 구원하소서"[퀴리에, 소손메(*kyrie, sōoson me*)]를 쓴다. 두 번 다 예수님이 질문하신다. 첫 번째 경우 그분은 "어찌하여 무서워하느냐 믿음이 작은 자들아"(8:26)라 하셨고, 이곳에서는 "믿음이 작은 자여 왜 의심하였느냐"(14:31)라고 하신다. 또 예수님이 베드로와 다시 배로 들어가기 전에 왜 그가 의심했는지 질문하신 것을 주목하라. 마치 해결책이 도착하기 전에 그 문제에 대한 해결책을 알 수 있다고 암시하시듯이 말이다. 그의 믿음은 작았지만, 그 믿음이 예수님을 의지하는 것이었다면 그것으로 충분할 것이다.

베드로는 두려움에 굴복하여 예수님에게서 눈을 뗐지만, 그것은 마태의 요점이 아니다. 요점은 베드로(혹은 인간)의 실패가 아니라 그 내러티브의 전제다. 실제로 모든 성경 내러티브가 죄인들의 행동을 기록한다. 마태의 메시지는 '베드로가 실패했으니 베드로처럼 되지 말라'가 아니다. 이 단락은 예수님이 베드로를 버리지 않으셨으므로 베드로의 실패가 참사를 가져오지 않았음을 가르친다. 베드로는 예수님에게서 눈을 뗐지만, 예수님은 절대 베드로에게서 눈을 떼지 않으셨다. 베드로가 안전했던 것은, 그가 예수님에게서 눈을 뗐을 때에도 예수님은 계속해서 그를 지켜보셨기 때문이다. 베드로가 가라앉기 시작하자 예수님이 그를 붙잡으셨다(31절). 누가는 다른 모든 성경처럼 그의 복음서가 메시아의 고난과 영광을 묘사한다고 선언한다(눅 24:24-27). 마태복음 역시 예수님이 주인공이라는 것은 의심의 여지가 없다.

14:22-33의 주제가 교만과 흔들림을 피하라는 경고라고 생각하는 것이 주요한 실수다. 제자들의 실패는 이 단락의 교훈을 위한 배경이지 교훈 자체가 아니다. 이 단락은 예수님이 제자들을 위협적인 폭풍우에서 구해주신 일을 통해 그분의 능력, 긍휼, 신성을 보여준다. 그분은 제자들의 믿음이 강하든 의심으로 얼룩져 흔들리든 구해주신다. 그러므로 마태는 눈앞에 닥친 상황을 두려워하지 말고, 능력 많고 은혜로우신 구세주를 신뢰해야 한다고 말한다.

베드로는 완벽하게 제자들을 대변한다. 믿음과 의심 둘 다 그 안에 있다. 그는 믿음이 '작은' 자다. 즉, 예수님께로 걸어가고 그분을 신뢰할 만큼의 믿음은 있지만 그분을 온전히 신뢰할 만큼의 믿음은 없다. 그의 믿음은 예수님이 그와 함께 일하실 수 있을 만큼 강하지만, 예수님이 그와 함께 일하셔야 할 정도로 연약하다. 베드로가 천천히 힘겹게 성숙에 이른다는 점에서 그는 전형적인 제자다.

이 사건은 예수님이 베드로를 배로 이끌어 함께 오르신 다음, 바람이 그치면서 마무리된다(32절). 그러고 나서 "배에 있는 사람들이 예수께 절하며" "진실로 하나님의 아들이로소이다"라고 말한다(33절). 지난 번 폭풍 후에는 제자들이 "이이가 어떠한 사람이기에"(마 8:27) 하고 물었다. 그들은 확신하지 못했다. 지금은, 비록 그들이 하는 말을 거의 이해하지 못하지만, 그분의 신성을 고백하고 예배한다. 그래서 기적이 표적이 된다.

14:34-36 14장은 예수님의 계속되는 사역에 대한 짧은 요약으로 마무리된다. 예수님과 제자들이 마침내 게네사렛 땅에 이르자, 그곳 주민들이 곧바로 예수님을 알아보고 근방에 두루 알린다. 반응은 즉각적이다. 전 지역에서 병자 무리가 예수님께로 온다. 그들은 예수님의 옷자락에라도 손을 대도록 간구하고, 온전히 치유된다(참고. 9:20-22).[251]

이 요약은 예수님의 사역 범위는 물론, (아직) 제자가 아님에도 아주 많은 사람의 병을 고치시도록 이끈 그분의 능력과 긍휼을 드러낸다. 이 정도 규모의 무리라면 그중에는 분명 부정하다고 여겨지는 이들도 있었을 것이다. 예수님은 이전처럼(8:1-4), 그들과의 접촉을 두려워하지 않으신다. 그분이 그들을 통해 부정하게 되지 않고, 오히려 그들이 그분을 통해 깨끗하게 되기 때문이다. 이는 이스라엘을 향한 그분의 사랑을 나타낸다. 또한 논리적으로 다음 단락에서 깨끗한 것과 부정한 것에 관해 바리새인과 갈등하시는 장면으로 이어진다(15:1-20).

251 동사는 디아소조(*diasōzō*)로, 병 고침에 대한 주요 동사의 강조 형태며 온전한 나음을 나타낸다.

응답

마태복음 14:22-33은 교회가 예수님의 인격과 사역에 관해 더 잘 알게 해준다. 그분에게는 하나님의 아들로서 바람과 파도를 장악할 힘이 있다. 이 단락은 그분을 믿으라고 권한다. 또 복음서를 자세히 살필 때, 폭풍우나 어려움이 아니라 예수님께 시선을 고정하라고 요청한다. 앞에서 예수님은 바다에서 일어난 위협적인 폭풍을 말씀으로 잠잠하게 하셨다. 그때 제자들은 "이이가 어떠한 사람이기에 바람과 바다도 순종하는가"(8:27)라고 질문했다. 이번에는 "진실로 하나님의 아들이로소이다"(14:33)라고 고백한다. 그리스도의 인격이 이 장면의 기반이다. 예수님의 행동은, 그분이 누구인지 알아야 하지만 잘 알지 못하는 사람들을 위해서도 그분의 신성과 능력과 긍휼을 입증한다. 우리는 먼저 이 기적이 예수님이 누구인지 드러내는 것에 시선을 맞추어야 한다. 그것을 확실히 손에 쥘 때 예수님이 오늘날 제자들을 위해 하실 수 있는 것을 가늠할 수 있다.

이 단락은 신앙생활에 대해 몇 가지 도전을 한다. 첫째, 예수님은 그분의 친구들이 원하는 대로 능력을 행사하지는 않으신다. 그분은 사경이 될 때까지, 그들이 속이 뒤틀리고 의심이 생겨나는데도 노를 붙들고 안간힘을 쓰며 기다리게 하셨다. 제자들은 할 수 있는 만큼 예수님을 따랐고 호수를 건너가라는 그분의 명령에 순종하려 했다.

31절에 나오는 호칭 "믿음이 작은 자여"의 개념은 인상적이다(헬라어로는 호격인 한 단어 '올리고피스토이'다). 예수님이 물 위로 제자들에게 오셨을 때, 베드로에게는 예수님께로 걸어갈 믿음은 있었지만 예수님께 계속 시선을 고정할 만큼의 믿음은 없었다. 인생이 그렇다. 신자들은 예수님을 따르다가 이내 흔들린다. 전진하다가 곧 시동이 꺼져버린다. 제자들은 예수님을 아는 모든 이에게 속한 것을 온전히 소유하려 할 때, 용감하지만 두려워한다. 베드로는 "믿음이 작은" 자, 믿지만 의심하는 자였다. 믿음과 믿음 없음 사이에서 주저했다. 베드로의 믿음은 약했지만 자라고 있었다. 결국 베드로는 교회를 이끌고 제자를 모으고 그들을 가르쳐 예수님이 명령하신 모든 것에 순종하게 할 만큼 강해졌다(28:18-20).

마태복음 14:22-33은 간혹 삶의 폭풍 가운데서 예수님이 우리에게 오심을 확신시키는 데 쓰이곤 한다. 이것이 옳은가? 마태의 청중은 성령의 중재를 통해 예수님이 부활 후 나타나서 "내가 세상 끝날까지 [지금까지도] 너희와 항상 함께 있으리라"(28:20)라고 하시는 말씀을 제대로 듣는다. 예수님이 문자적인 모든 폭풍 가운데, 직접적이고 물리적인 구원을 위해 임하시지는 않는다. 하지만 능력과 긍휼이 많으신 예수님을 제대로 안다면, 그 지식이 제자를 마비시키는 두려움에서 해방시켜주어야 한다. 모든 박해나 질병에서 구해주고 안락함을 보장하겠다는 약속은 없지만(히 11:34-37), 예수님은 "두려워하지 말라"라고 말씀하신다. 이 명령은 마태복음에 8회 나오는데, 매번 예수님의 임재에 대한 약속과 연결된다(마 1:20; 10:26-31; 14:27; 17:7; 28:5, 10). 예수님의 임재가 우리의 두려움을 가라앉혀야 한다.

마가복음 6장에 나오는 병행 구절은 "두려워하지 말라"라는 예수님의 명령을, 5천 명을 먹이신 데서 배우지 못한 제자들의 실패와 연결시킨다. 예수님이 폭풍을 잠잠하게 하고 그들과 함께 배에 오르신 후, 우리는 "제자들이 마음에 심히 놀라니 이는 그들이 떡 떼시던 일을 깨닫지 못하고 도리어 그 마음이 둔하여졌음이러라"(막 6:51-52)라는 말씀을 읽는다.

"그들이 떡 떼시던 일을 깨닫지 못하고"라는 인정이 시선을 사로잡는다. 마가는 극심한 공포를 느끼는 제자들을 비난하는 것인가? 누가 그러한 폭풍에서 침착할 수 있을까? 하지만 마가는 그들을 꾸짖는다. 그들이 떡 떼시던 일을 이해하지 못했기 때문에 "그들의 마음이 둔하여졌[다]." 다시 말해 5천 명을 먹이신 일에서 올바른 결론을 이끌어냈다면, 폭풍이 그들을 두렵게 하지 않았을 것이다. 하지만 5천 명을 먹이신 사건을, 전혀 다르고 공포스러운 상황에 적용하라고 열두 제자에게 기대하는 것은 부당해 보인다.

주님은 신자들이 그분과 그분의 방식을 알기를 기대하신다(사 1:2-3; 렘 9:23-24; 빌 3:8-10). 그분의 성품과 방식은 절대 변하지 않는다. 따라서 하나님은 그분의 과거 행동으로부터 결론을 끌어내어 그것을 현재에, 심지어 폭풍이나 질병, 가난, 미움, 박해, 전쟁으로 인한 고통 가운데도 적용하기를 기대하신다. 우리는 또한 예수님이 그분의 제자들을 즉시 구해내지 않으시는 것에 주목한다. 그분은 몇 시간을 지체하신다. 긍휼이 풍성한 주님이 지체하셔야 한다면 이유가 있다.

마가가 열두 제자가 떡에 관한 일을 깨닫지 못했다고 말할 때, 그는 거의 마태복음에서 암시된 것을 말한다. 연이은 성경 내러티브들은 종종 서로를 해석해준다(삿 17-21장; 왕상 4-11장; 마 19:16-20:16; 눅 5:17-6:11). 떡을 배가시킨 주님은 바다를 잠잠하게 하실 수 있다. 그것이 제자들의 마음에 자리 잡았어야 했다. 예수님의 능력과 긍휼이 삶의 모든 상황에 말을 걸어온다. 예수님이 물 위를 걸을 수 있다면, 그분은 모든 고통에서 구원하실 수 있다. "안심하라 나니"라고 말씀하는 동일한 예수님이 "내가 세상 끝날까지 너희와 항상 함께 있으리라"(마 28:20)라고, "내가 결코 너희를 버리지 아니하고 너희를 떠나지 아니하리라"(히 13:5)라고도 말씀하신다. 이 말씀을 붙들고 흔들리지 않으면 우리는 확신을 가지고 "주는 나를 돕는 이시니 내가 무서워하지 아니하겠노라 사람이 내게 어찌하리요"(히 13:6)라고 말할 수 있다.

1 그때에 바리새인과 서기관들이 예루살렘으로부터 예수께 나아와
이르되 2 당신의 제자들이 어찌하여 장로들의 전통을 범하나이까 떡
먹을 때에 손을 씻지 아니하나이다 3 대답하여 이르시되 너희는 어찌
하여 너희의 전통으로 하나님의 계명을 범하느냐 4 하나님이 이르셨
으되 네 부모를 공경하라 하시고 또 아버지나 어머니를 비방하는 자
는 반드시 죽임을 당하리라 하셨거늘 5 너희는 이르되 누구든지 아버
지에게나 어머니에게 말하기를 내가 드려 유익하게 할 것이 하나님께
드림이 되었다고 하기만 하면 6 그 부모를 공경할 것이 없다 하여 너
희의 전통으로 하나님의 말씀을 폐하는도다 7 외식하는 자들아 이사
야가 너희에 관하여 잘 예언하였도다 일렀으되

8 이 백성이 입술로는 나를 공경하되 마음은 내게서 멀도다 9 사람
의 계명으로 교훈을 삼아 가르치니 나를 헛되이 경배하는도다

하였느니라 하시고

1 Then Pharisees and scribes came to Jesus from Jerusalem and said,
2 "Why do your disciples break the tradition of the elders? For they do
not wash their hands when they eat." 3 He answered them, "And why

do you break the commandment of God for the sake of your tradition?
4 For God commanded, 'Honor your father and your mother,' and,
'Whoever reviles father or mother must surely die.' 5 But you say, 'If
anyone tells his father or his mother, "What you would have gained
from me is given to God,"[1] 6 he need not honor his father.' So for the
sake of your tradition you have made void the word[2] of God. 7 You
hypocrites! Well did Isaiah prophesy of you, when he said:
8 "'This people honors me with their lips,
but their heart is far from me;
9 in vain do they worship me,
teaching as doctrines the commandments of men.'"

10 무리를 불러 이르시되 듣고 깨달으라 11 입으로 들어가는 것이 사람
을 더럽게 하는 것이 아니라 입에서 나오는 그것이 사람을 더럽게 하
는 것이니라 12 이에 제자들이 나아와 이르되 바리새인들이 이 말씀을
듣고 [1)]걸림이 된 줄 아시나이까 13 예수께서 대답하여 이르시되 심은
것마다 내 하늘 아버지께서 심으시지 않은 것은 뽑힐 것이니 14 그냥
두라 그들은 맹인이 되어 맹인을 인도하는 자로다 만일 맹인이 맹인
을 인도하면 둘이 다 구덩이에 빠지리라 하시니 15 베드로가 대답하여
이르되 이 비유를 우리에게 설명하여주옵소서 16 예수께서 이르시되
너희도 아직까지 깨달음이 없느냐 17 입으로 들어가는 모든 것은 배로
들어가서 뒤로 내버려지는 줄 알지 못하느냐 18 입에서 나오는 것들은
마음에서 나오나니 이것이야말로 사람을 더럽게 하느니라 19 마음에
서 나오는 것은 악한 생각과 살인과 간음과 음란과 도둑질과 거짓 증
언과 비방이니 20 이런 것들이 사람을 더럽게 하는 것이요 씻지 않은
손으로 먹는 것은 사람을 더럽게 하지 못하느니라
10 And he called the people to him and said to them, "Hear and

understand: 11 it is not what goes into the mouth that defiles a person,
but what comes out of the mouth; this defiles a person." 12 Then the
disciples came and said to him, "Do you know that the Pharisees were
offended when they heard this saying?" 13 He answered, "Every plant
that my heavenly Father has not planted will be rooted up. 14 Let them
alone; they are blind guides.[3] And if the blind lead the blind, both will
fall into a pit." 15 But Peter said to him, "Explain the parable to us."
16 And he said, "Are you also still without understanding? 17 Do you not
see that whatever goes into the mouth passes into the stomach and is
expelled?[4] 18 But what comes out of the mouth proceeds from the heart,
and this defiles a person. 19 For out of the heart come evil thoughts,
murder, adultery, sexual immorality, theft, false witness, slander.
20 These are what defile a person. But to eat with unwashed hands does
not defile anyone."

1) 또는 실족

1 Or *is an offering* *2* Some manuscripts *law* *3* Some manuscripts add *of the blind*
4 Greek *is expelled into the latrine*

단락 개관

서기관, 바리새인과의 갈등은 예수님 공적 사역의 고질적인 특징이다. 서기관과 바리새인으로부터의 적대적인 질문과 고소는, 마태복음 9:3의 신성모독이라는 비난으로 시작하여 지속적으로 다가온다. 그들은 계속해서 예수님은 왜 죄인들과 함께 먹느냐고(마 9:11), 왜 그분의 제자들은 금식하지 않느냐고(9:14) 말한다. 나아가 예수님은 안식일을 무시한 것과(12:2) 귀신과 결탁하여 귀신을 쫓아낸 것(9:34; 12:24)으로 비난받으신다. 예수님은 5:20에서 그분의 제자들이 서기관과 바리새인의 의를 능가해야 한다고 선언할 때 이러한 갈등을 인정하셨다. 제자들은 율법을 더 잘 이해함으로써(5:17-48) 그리고 사람이 아니라 하나님을 기쁘시게 하기 위해 옳은 일을 행함으로써(6:1-18) 그렇게 할 수 있다.

15장의 도입부는 고의적인 질문을 암시한다. "바리새인과 서기관들이 예루살렘으로부터 예수께 나아와" 왜 그분의 제자들은 "장로들의 전통"을 위반하는지 질문하고(1-2절), 예수님은 대답하지 않으신다. 대신 반박하신다. 실제로 죄가 있는 것은 '그들'이라고 하신다. 그들의 전통이 하나님의 율법을 무효로 만들기 때문이다(3-6절). 그들은 입술로는 하나님을 공경하지만, 대부분 그 전통으로 하나님의 명령을 대신함으로써 말과 행동으로는 그분을 공경하지 않는 위선자들이다(7-9절). 예수님의 응수는 그들의 기분을 상하게 할지 모르지만, 필요한 공격이다(10-13절). 맹인 인도자는 그런 꼬리표를 붙여야 하고, 그들의 가르침은 반박당해야 한다(14-20절).

14-17장에는 기적과 가르침과 갈등이 번갈아 나온다. 15장에는 전형적인 갈등이 특징적으로 나타난다. 질문들이 반문을 낳으며, 각 진영이 추론을 제시한다. 예수님은 적수를 침묵시키기보다는 그분을 따르는 이들을 가르치는 데 더 열중하신다. 그러면서 두 가지 중요한 주장을 하신다. 첫째, 그분이 종교 전통을 위반하시지만 그에는 타당한 이유가 있다. 그들이 자주 하나님의 율법을 무효로 만들기 때문이다. 둘째, 그분은 정결법을 무시하시는데, 그 이유는 사람을 더럽히는 것은 사람에게 들어가는 것이 아

니고 나오는 것이기 때문이다.

단락 개요

VI. 무리와 지도자들 사이에서 제자들을 훈련하시다(14:1-20:34)

E. 예수님과 장로들의 전통(15:1-20)

마태복음 15:1-20은 세 부분으로 나뉜다. 서기관 및 바리새인들과의 논쟁(1-9절), 무리에게 주시는 교훈(10-11절), 제자들에게 주시는 교훈(12-20절)이다. 1-2절에서는 예루살렘으로부터 온 사절들이 예수님께 전통을 위반하는 것에 관해 질문한다. 그들은 증거를 제시한다. 그분의 제자들이 먹기 전에 손을 씻지 않은 것이다. 예수님은 반문과 기소로 응답하신다. "너희는 어찌하여 너희의 전통으로 하나님의 계명을 범하느냐"(3절). 예수님은 그들이 자녀들로 하여금 어려운 부모를 돕지 못하게 하는 전통을 지킴으로써 "네 부모를 공경하라"라는 주요한 법을 어긴다고 추론하신다(4-5절). 그들의 가르침과 실천이 하나님의 말씀을 넘어서거나 무효로 만들기 때문에 모두 악하다(6절). 이사야는 외식하는 자들의 세 가지 행태를 예언했다. (1) 마음이 아니라 입술로 하나님을 공경하고 (2) 헛되이 하나님을 경배하고 (3) '그들의 가르침'에 '하나님의 율법'과 같은 지위를 부여한다는 것이다(7-9절).

이 단락의 두 번째 부분에서는 예수님이 무리를 모아 무엇이 사람을 더럽히고 더럽히지 않는지 설명하신다(10-11절). 마지막 부분에서는 제자들이 가르침에 대한 설명을 듣고자 그분께 나아온다. 그들은 예수님께 혐의를 제기하는 것으로 들릴 수 있는 질문, 즉 그분이 바리새인들을 불쾌하게 하셨다고 말하면서도 그분의 가르침에 귀 기울인다(12절). 예수님은 근본적으로 "그냥 두라"라고 대답하신다. 그분은 나쁜 식물을 뽑고 맹인 교사들을 폭로하셔야 한다(13-14절). 베드로가 설명을 간청하자 예수님은 사람에게 들어가는 것이 아니라 사람에게서 나오는 것이 그를 더럽힌다고 반복해서 말씀하신다(15-20절).

주석

15:1-9 14:13-36에서 독자들은 예수님이 하나님의 아들이자, 창조 세계의 주, 그 백성의 치유자이심을 보았다. 그러나 서기관과 바리새인은 예수님을 신중하지 못한 랍비로 보고, 그들의 전통을 무시한 것에 대해 설명을 요구한다. 예수님의 시각에서 볼 때, 그들의 전통은 불필요한 것들이다.

장면은 취조의 느낌이 있다. "바리새인과 서기관들이 예루살렘으로부터 예수께 나아와." 그들이 험준한 지역 145킬로미터를 걸어 왔다면, 이 질문을 중요하게 여겼음에 틀림없다. 예수님의 제자들은 왜 먹기 전에 손을 씻지 않음으로 전통을 깨는가? "범하나이까"는 현재 시제이므로, 이는 서기관과 바리새인이 그것을 정책으로 본다는 것을 암시한다. 그것은 사소하고 우연적인 위반이 아니라 주기적 가르침으로 인한 상습적인 위반이라는 것이다. 그들의 관심은 위생 문제가 아니다. 그들은 성막에서 섬기는 제사장들을 위한 정결 의식(출 30:17-21)을 확대하여, 율법 주위에 울타리를 세워 그것을 모든 사람에게 적용했다. 주후 2세기에 이전 시대 구전 율법을 성문화한 미쉬나에는 몇 쪽에 걸쳐 올바른 씻기 규정이 담겨 있다.

서기관들은 그들의 전통에 오늘날 청중에게는 낯선 무게를 부여한다. 그들에게 '전통'은 오랫동안 실천되고 사랑받는(혹은 유익한) 관습이다. 그러나 대부분의 랍비와 많은 유대인이 하나님께서 시내산에서 모세에게 그들의 전통을(구전 율법으로도 알려진) 주셨다고 믿었다. 실제로 미쉬나의 첫 단락이 바로 그렇게 말한다.

> 모세가 시내산에서 율법을 받아 그것을 여호수아에게 맡기고, 여호수아가 장로들에게 맡기고, 장로들이 예언자들에게 맡기고, 예언자들이 그것을 대 회당(Great Synagogue)에 맡겼다. 그들은 세 가지를 말했다. 심판에 신중하라. 많은 제자를 일으켜 세우라. 율법에 울타리를 치라. (아보트 1:1, Danby 번역)

권세자들은 예수님이 그들의 전통 전체를 무시한다고 의심한다. 하나님께서 시내산에서 직접 그 전통을 모세에게 주셨다면, 그것을 위반하는 것은 죄다. 그러나 예수님은 전통을 다르게 보신다. 그분은 그들의 가르침을 "사람의 계명"이라 부르며, "하나님의 계명"과 "너희의 전통"을 대조하신다(마 15:3, 9). 예수님은 그분의 실천을 변호하지 않고 대신 그들에게 질문하신다. "너희는 어찌하여 너희의 전통으로 하나님의 계명을 범하느냐"(3절). 다시 말해 그분은 그들의 '전통'이 '하나님의 율법'을 무효화하기 때문에 그것을 깨신다.

예를 들어 "하나님이 이르셨으되 네 부모를 공경하라 하시고"라는 명령이 있고, 나아가 부모를 비방하는[카콜로게오(*kakologeō*)] 자녀는 반드시 죽여야 한다(4절, 출 21:17 인용).[252] 그러나 그들의 전통은 자녀가 부모에게 '망신 주는' 것을 허용한다. 특히 한 랍비 전통은 재산에 '하나님께 드림이 되었다'라는 뜻의 '고르반'이라는 꼬리표를 붙이는 것을 허용했다(막 7:11-12). 그러한 재산은 '여전히 그 주인의 관리 아래 있다 해도' 건드릴 수 없었다(마 15:5). 이는 금세 왜곡되었다. 즉 자녀가 궁핍한 부모를 도울 수 있는 자원을 하나님께 바쳤다고 선언함으로써 부모를 부양하지 않는 것이 허용되었다. 따라서 "전통"이 하나님의 말씀을 무효화했다(6절).

서기관과 바리새인은 이보다 더 잘 안다. 그들은 부모, 특히 나이 든 부모를 공경해야 한다고 강조한다. 하나님의 말씀과 그분의 성품이 윤리의

252 성경에 명시된 대부분의 사형이 그렇듯 이는 새 언약 안에서 폐지된다. 하지만 그 명령은 부모를 향한 악한 말의 심각성을 강조한다.

첫 번째 원칙을 세운다. 그러나 서기관과 바리새인은 '하나님의 진리'를 전통들이 표현한 '유용한 관습'으로 바꾸었다. 하나님께 재산을 바치는 합리적인 전통이 그 실례다. 시간이 흐르면서, 사람들은 그 전통을 조작하거나 부당하게 이용하기 시작했다. 전통이 하나님의 율법을 보완하는 것을 넘어 그것을 대신하기 시작했다. 이사야는 이를 외식이라 칭하고, 예수님도 동의하신다. "이사야가 너희에 관하여 잘 예언하였도다…이 백성이 입술로는 나를 공경하되 마음은 내게서 멀도다"(7-8절). 예수님은 이사야가 "너희"에 관해 예언한다고 선언하신다. 서기관과 바리새인 역시 이스라엘처럼 하나님과 그분의 언약에 대해 무지하기 때문이다(사 28-29장). 바리새인들에게는 좋은 말씀은 있지만, 믿음도 좋은 행동도 없었다. 나아가 그들은 하나님을 예배한다고 주장하면서도, 하나님의 아들이 '그들의' 전통을 무시한다는 이유로 비난한다.

마태복음 15:9에 나오는 "교훈을 삼아 가르치니"라는 어구는 강조를 위해 반복된다. 헬라어는 그들이 '사람의 계명으로 가르침으로 삼아 가르치니'[디다스콘테스 디다스칼리아스(*didaskontes didaskalias*)]라고 말한다. 바울 서신에서 디다스칼리아가 나오는 거의 모든 곳에서, "교훈"은 일반적으로 권위 있는 말씀이라는 의미를 갖는다(딤전 4:6, 13-16). 요점은, 바리새인들은 그들의 교훈을 아주 많이 생각하고 예수님에 대해서는 충분히 생각하지 못한다는 것이다.

15:10-11 먹기 전 정결 예식에 관한 규율은 신학자들에게는 불가사의하고 적절하지 않은 일처럼 보인다. 그러나 이스라엘의 목자인 예수님은 사람들에게 음식, 정결, 부정에 관한 가르침이 필요하다는 것을 알기 때문에 그들에게 "듣고 깨달으라"(10절)라고 명하신다. 바리새인은 정결과 부정에 관한 규정을 배가시키므로 그것들을 무시하는 것이 옳다. 그럼에도 자신을 더럽히는 것이 여전히 가능하다. 예수님은 이렇게 언급하신다. "입으로 들어가는 것이 사람을 더럽게 하는 것이 아니라 입에서 나오는 그것이 사람을 더럽게 하는 것이니라"(11절). 이는 예수님의 첫 청중에게 놀라운 말

씀이다. 모세 율법은 부정한 사람과 접촉하거나 부정한 음식을 먹으면 더러워질 수 있다고 말하기 때문이다(레 11장). 그러나 예수님의 말씀은 사실이다. 우연한 접촉이나 먹는 것이 사람을 부정하게 만들지는 않는다. 중상하는 말(마 15:19)이 잘못된 음식을 먹는 것보다 더 입술을 더럽힌다. 마가복음 7:19은 그렇게 말함으로써 예수님이 "모든 음식을 깨끗하다 하[셨다]"라고 말한다. 마태는 여기에서 명확하게 이 결론을 말하지 않지만, 교회는 서서히 그 이슈를 성공적으로 다룰 것이다(행 15장; 롬 14장; 딤전 4장).

15:12-20 자신들이 독실한 선생이라 여겼던 이들에 대한 오랜 존경의 짐을 진 제자들이 예수님께 "바리새인들이 이 말씀을 듣고 걸림이 된 줄 아시나이까"(12절)라고 알린다. 영향력 있는 지도자를 존중하지 않는 것은 바람직하지 않지만, 예수님은 그것이 필연적이라고 판단하신다. 제자들과 우리는 이들이 믿을 수 없는 선생임을 분별해야 한다. 예수님은 그들을 좋지 않은 식물과 맹인 인도자에 비유하신다.

먼저 이렇게 시작하신다. "심은 것마다 내 하늘 아버지께서 심으시지 않은 것은 뽑힐 것이니." 식물 은유는 성경에서 긍정적으로도 사용될 수 있고 부정적으로도 사용될 수 있다(렘 1:10; 전 3:2). 시편은, 복 있는 사람은 하나님의 율법을 즐거워하기 때문에 "시냇가에 심은 나무" 같다고 말하며 시작한다(시 1:1-3, 또한 사 60:21). 이에 반해 하나님은 나쁜 식물을 뽑으시고(신 29:28; 사 5:1-7; 렘 11:15-17; 12:1-4), 예수님은 바리새인이 그런 식물이라고 하신다.

둘째, 이 서기관과 바리새인은 "맹인을 인도하는 자"다. 맹인에게 인도자가 필요하다는 것은 모든 사람이 안다. 하지만 맹인이 다른 맹인을 인도하겠다는 제안은 얼마나 터무니없는가. 바로 바리새인이 그렇다. 맹인이 맹인을 인도하면 결국 둘 다 구덩이에 빠질 것이다(마 15:14).

이제 제자들과 예수님만 있는 듯 보인다. 베드로는 보통 은유(15절에서 느슨한 의미에서 "비유"로 불리는)를 설명해달라고 예수님께 요청한다. 예수님은 "너희도 아직까지 깨달음이 없느냐"라고 꾸짖은 후 자세하게 설명하신다.

예수님의 말씀은 반복과 A-B-B-A 구조가 특징이다. 그분은 처음과 마지막에, 음식이나 씻지 않은 손은 아무도 더럽게 하지 못한다고 말씀하신다. 부정한 것을 섭취한다 해도, 그것은 해를 입히지 않고 몸에서 나간다(17, 20절). 이어서 더럽히는 것은 들어가는 것이 아니라 사람에게서 나오는 것임을 두 번 선언하신다. "입에서 나오는 것들은 마음에서 나오[기]" 때문이다(18절). 그리고 다시 되풀이하신다. "마음에서"(from the heart)와 "마음에서"(out of the heart) "악한 생각", 악한 행동, 악한 말이 나온다.

신약의 수많은 죄 혹은 악덕 목록처럼 19절은 율법의 두 번째 목록과 비슷하다. 예수님은 제5계명과 제10계명(부모 공경과 탐심을 다루는)을 생략하고, 살인과 도둑질을 한 번, 성적인 죄들("간음과 음란")과 말의 죄("거짓 증언과 비방")을 2배로 언급하신다. 19절에 나오는 모든 죄는 복수형으로, 죄가 다양한 방식으로 나타난다는 것을 암시한다.

마태는 간음과 음란을 둘 다 언급하며 성적인 죄를 강조함으로써 바울과 병행을 이룬다(롬 1:24-32; 고전 6:9-10; 갈 5:19-21). 당시 로마 제국에서는 성적인 죄가 만연했다. 예수님은 지혜롭게도 가장 심각한 죄인 간음을 금한 다음, 전반적인 음란을 막으신다. 예수님은 또 거짓 증언과 비방을 언급하신다. 악덕 목록은 종종 말의 죄를 강조한다(마 23:7-12, 16-22; 롬 3:10-14; 약 3:1-12; 벧전 3:10).

예수님은 마태복음 15:18-20에서 무엇이 사람을 더럽히는지 세 번 검토하신다. 첫째, 입에서 나오는 것이 사람을 더럽힌다(18절). 둘째, 19절에 열거된 모든 죄가 사람을 더럽힌다. 셋째, "씻지 않은 손으로 먹는 것은 사람을 더럽게 하지 못[한다]"(20절). 예수님은 악한 생각, 도둑질, 비방이 사람을 더럽힌다고 말씀하면서, 예상되는 차례를 뒤바꾸신다. 예수님이 "마음에서 나오는 것은 악한 생각"이라고 할 때, 우리는 더럽혀진 '사람'이 악한 '생각'을 품고 있다는 뜻으로 예상하지만, 오히려 악한 '생각'이 '사람'을 더럽힌다고 말씀하신다.

악한 생각, 말, 행동은 두 가지 면에서 사람을 더럽힌다. 이는 그에게 거룩함이 부족하다는 것을 나타낼 뿐 아니라 불의를 더 깊어지게 한다. 악한 생각이 비방, 거짓말, 신성모독, 악한 계획의 표현으로 이어질 때, 죄가 깊어져서 그를 거칠게 만든다. 그리고 악한 말들이 악한 행동으로 분출될 때 그를 훨씬 더 거칠게 만든다. 살인은 악한 생각에서 비롯되지만, 실제로 살인하는 사람은 단지 생각만 품은 사람보다 더 타락했다. 죄는 강력한 지배력을 가지고 있다. 그 홈은 갈수록 더 깊게 파인다.[253]

예수님은 그 선생들에게 직접적으로 반대하며 마무리하신다. "씻지 않은 손으로 먹는 것은 사람을 더럽게 하지 못하느니라"(20절). 누구도 외적인 규율을 지킴으로 정결함을 얻지 못하고, 누구도 그러한 규율을 무시한다고 해서 정결을 잃지 않는다. 중요한 것은 존재의 핵심인 마음이다. 마음이 인간의 감정, 열정, 동기 그리고 죄의 근원이다. 마음이 악한 생각을 낳고, 악한 행동이 뒤따른다.

예수님은 그렇게 말씀하심으로써, 율법을 바르게 해석했다는 서기관들의 주장을 단호하게 거부하신다. 그분은 율법이 무엇을 가르치는지 아시지만, 그들은 모른다. 그분은 율법을 해석하시고, 율법을 구현하시고, 율법을 성취하시고, 율법의 모든 위반을 바로잡으신다. 이스라엘 지도자들은 그분을 신뢰하지 않기 때문에 이것들을 전혀 보지 못한다.

253 Doriani, *Putting the Truth to Work*, 109.

응답

믿음의 응답은 예수님이 바리새인들을 무너뜨리신 것에 대한 감탄으로 시작되는 것이 아니라, 개인적인 죄의 고백으로 시작된다. 누구든 자신의 전통을 신뢰할 수 있다. 누구든 율법주의에 잠시 손을 댈 수 있다. 누구든 여기저기에 규칙을 덧붙일 수 있다. 누구든 자신의 순종으로 하나님의 은혜를 얻는 꿈을 꿀 수 있다. 개신교도들은 성경 외의 전통에 대해 로마 가톨릭을 비판한다. 마땅히 그럴 만하지만, 개신교도들 역시 그들의 관습을 사랑하고, 총애하는 저자와 신경에 오랜 시간 제2정경의 지위를 부여할 수 있다. 전통은 하나님의 말씀을 무효화하는 경향이 있다. 전통은 거룩한 말씀에 대한 권위 있는 해석의 역할을 함으로써 우위를 점한다. 모든 전통에 이런 경향이 있으므로, 그리스도인들은 항상 그들의 전통을 성경적 분석 아래 두어야 한다.

전통 규범은 우리를 속일 수 있다. 그 규범은 거룩함을 추구하고 규정하는 데 엄격하고 진지해 보일 수 있다. 사실 전통은 하나님과 그 거룩함의 엄중함에 제한을 둠으로써, 삶을 수월하게 해줄 수 있다. 많은 전통이 "이렇게 해. 그러면 끝날 거야. 여기 당신이 필요로 하는 규율이 있어"라고 속삭인다. 그렇게 함으로써, 고결해지고 그리스도를 닮아가야 하는 도덕적 행위자의 책임이 사라진다.

15:1-20에서 예수님은 자신이 율법의 최고 해석자라고 주장하신다. 서기관과 바리새인이 분명 모든 것을 놓치지는 않았지만, 너무 많이 놓쳤다. 모든 실수의 뿌리는 예수님께 저항한 것이다. 예수님은 마음 상태가 중심 문제임을 강조하며, 그분에 대한 믿음과 사랑에 초점을 둔 마음을 찾으신다.

21 예수께서 거기서 나가사 두로와 시돈 지방으로 들어가시니 22 가나
안 여자 하나가 그 지경에서 나와서 소리 질러 이르되 주 다윗의 자손
이여 나를 불쌍히 여기소서 내 딸이 흉악하게 귀신 들렸나이다 하되
23 예수는 한 말씀도 대답하지 아니하시니 제자들이 와서 청하여 말
하되 그 여자가 우리 뒤에서 소리를 지르오니 그를 보내소서 24 예수
께서 대답하여 이르시되 나는 이스라엘 집의 잃어버린 양 외에는 다
른 데로 보내심을 받지 아니하였노라 하시니 25 여자가 와서 예수께
절하며 이르되 주여 저를 도우소서 26 대답하여 이르시되 자녀의 떡을
취하여 개들에게 던짐이 마땅하지 아니하니라 27 여자가 이르되 주여
옳소이다마는 개들도 제 주인의 상에서 떨어지는 부스러기를 먹나이
다 하니 28 이에 예수께서 대답하여 이르시되 여자여 네 믿음이 크도
다 네 소원대로 되리라 하시니 그때로부터 그의 딸이 나으니라

21 And Jesus went away from there and withdrew to the district of Tyre
and Sidon. 22 And behold, a Canaanite woman from that region came
out and was crying, "Have mercy on me, O Lord, Son of David; my
daughter is severely oppressed by a demon." 23 But he did not answer

her a word. And his disciples came and begged him, saying, "Send her
away, for she is crying out after us." 24 He answered, "I was sent only to
the lost sheep of the house of Israel." 25 But she came and knelt before
him, saying, "Lord, help me." 26 And he answered, "It is not right to
take the children's bread and throw it to the dogs." 27 She said, "Yes,
Lord, yet even the dogs eat the crumbs that fall from their masters'
table." 28 Then Jesus answered her, "O woman, great is your faith! Be it
done for you as you desire." And her daughter was healed instantly.[1]

1 Greek *from that hour*

단락 개관

마태복음 15:1-20은 무엇이 사람을 더럽히는지에 관한 질문을 다루었다. 예루살렘에서 온 서기관과 바리새인은 예수님의 제자들이 씻지 않은 손으로 먹음으로써 스스로를 더럽혔다고 주장했지만, 예수님은 마음의 방향이 사람을 깨끗하거나 부정하게 만든다고 지적하면서(11, 17-20절) 반박하신다. 사람에게 들어가는 것이 아니라 사람에게서 나오는 것이 그 사람을 부정하게 만든다. 예수님이 이방인의 땅인 두로와 시돈 근처로 이동하실 때, 그 대화는 간접적으로 계속된다. 어떤 설명에 따르면 그 지역은 부정을 유발하는 곳이다. 그곳에서 예수님은 수로보니게 여자를 만나시는데, 예수님의 기준에 따르면 그 여자는 서기관이나 바리새인보다 정결하다. 이스라엘 선생들은 예수님을 비난했지만, 이 여자는 그분을 "주"와 "다윗의 자손"이라 부르며 확고한 믿음을 보여준다.

이곳에서 예수님은, 앞에서 언급된 혼자 있고자 하는 바람을 따라 열두 제자를 이스라엘 밖으로 데리고 나오신다(마 14:23; 15:21). 그러나 곧바로 자기 딸을 고쳐달라고 간청하는 가나안 여자 한 명을 만나신다. 전개되는 예수님과의 만남은 (1) 제자들의 편견 (2) 참된 믿음의 성격 (3) 예수님의 능력 (4) 예수님의 선교의 너비를 보여준다.

단락 개요

VI. 무리와 지도자들 사이에서 제자들을 훈련하시다(14:1–20:34)

F. 예수님이 가나안 여자의 딸을 고치시다(15:21–28)

15장

이 내러티브는 대부분 대화로 이루어진다. 여자는 예수님을 세 번 부르면서 애처롭게 그러나 분명하게 자기 딸을 고쳐달라고 애원한다. 처음의 침묵이 제자들에 의해 어리석게 채워진 후, 예수님이 세 번 답하신다. 여자는 매번 예수님을 "주"라 부르고(15:22, 25, 27), 예수님이 매번 "대답[하신다]"(24, 26, 28절). 그런 다음 마태는 예수님이 바로 그 시간에 그 소녀를 고치셨음을 알려준다.

이 장면은 추구의 방식을 따른다.[254] 여자는 장애물들, 일부는 예수님이 직접 놓으신 장애물들을 마주하지만(참고. 19:16-22; 요 3:1-8), 굴하지 않고 목표에 이른다.

마태복음 15:21-28과 8:5-13은 아주 유사한 구조를 보인다.[255] 두 본문 다 심하게 고생하는 귀하디귀한 '자녀'를 위해 이방인이 간청하는 장면으로 시작한다. 두 요청 모두 예상 밖의 것이고, 탄원자들은 끈질기게 예수님

254 Robert Tannehill, *The Narrative Unity of Luke-Acts: A Literary Interpretation* (Philadelphia: Fortress, 1986), 1:111-112.

255 이 부분은 Hagner, *Matthew*, 2:400을 따른 것이다.

을 붙잡는다. 예수님은 그들의 큰 믿음을 칭찬하고 요청을 들어주신다.

주석

15:21-28 지난 장면이 게네사렛에서 일어났든(14:34) 가버나움에서 일어났든, 두로와 시돈 지방에서 48킬로미터 떨어진 곳이었다. 여기서도 역시 예수님이 홀로 계실 곳을 찾기 힘들다. 가나안 여자 한 명이 그들을 알아보고 뒤에서 계속 소리친다. "주 다윗의 자손이여 나를 불쌍히 여기소서 내 딸이 흉악하게 귀신 들렸나이다"(15:22). 그 여자는 내세울 것이 없었기 때문에 자비를 간청한다. 맹인과 다리 저는 자는 개인적인 잘못 없이 고통을 받은 반면, 이 경우는 더 암울해 보인다. 사람들은 무작위로 귀신의 권세에 빠지지 않는다. 누군가가 악의 세력으로 가는 길을 열었다.

권세자들은 예수님을 전통을 범하는 자라 불렀지만, 그 여자는 그분을 세 번이나 "주"라고 부른다. "주"는 '님'(Sir)을 의미할 수도 있지만, 여자는 그분을 이스라엘의 소망이자 세상의 소망인 메시아, '그녀 자신의' 메시아로 믿는 듯하다.

절박한 사정이 있는 여자는 매우 끈질기게 간청한다. 예수님을 발견하고는 계속 도와달라고 소리친다[에크라젠(*ekrazen*), 미완료 시제]. 처음에 예수님은 "한 말씀도 대답하지 아니하[셨지만]" 그녀는 계속한다. 짜증난 제자들이 예수님께 강권한다. "여자가 우리 뒤에서 소리를 지르오니 그를 보내소서"(23절).

예수님은 그들에게 동의하시는 듯 보인다. 그 여자는 언약 공동체 밖에 있고 그분의 도움을 받을 권리가 없다. 예수님도 "나는 이스라엘 집의 잃어버린 양 외에는 다른 데로 보내심을 받지 아니하였노라"(24절)라고 인정하신다. 이는 이상하게 들린다. 예수님은 이전에도 이방인을 위한 사역을 하셨기 때문이다(8:5-13). 나아가 갈릴리 사람의 절반이 이방인이었을 것이므로, 예수님이 많은 무리와 함께 일하실 때마다 이방인들은 틀림없이 있었을 것이다. 궁극적으로 예수님은 모든 민족을 제자로 삼을 계획이지만(28:18-20), 이스라엘에서 시작하고 제자들에게 똑같이 하라고 명령하신다(10:5-6). 그러나 지금 예수님은 그 여자를 퇴짜 놓으면서 용기를 시험하신다.

여자는 더 가까이 다가와 무릎 꿇고 "주여 저를 도우소서"(15:25)라고 간청하지만, 예수님은 날카롭게 대답하신다. "자녀의 떡을 취하여 개들에게 던짐이 마땅하지 아니하니라"(26절). 아마도 제자들은 예수님이 수그러들지 않는 여자의 콧대를 꺾으시는 것을 기뻐했을 것이다. 그들은 하나님의 자녀고 그 여자는 개다. 예수님에게 그녀를 위한 몫은 없다![256]

예수님의 말싸움, 특히 바리새인들과의 말싸움에는 패턴이 있지만, 이 사건은 그것을 벗어난다.[257] 여자는 예수님의 힐책을 받아들이면서도 밀고 나간다. "주여 옳소이다마는 개들도 제 주인의 상에서 떨어지는 부스러기를 먹나이다"(27절). 이는 겸손하지만 강력한, 완벽한 응수다.

예수님은 이제 정상적으로 최종 답변을 하실 것이다. 아마도 제자들은 완벽한 응수를 예상했을 테지만, 그런 일은 일어나지 않는다. 대신 예수님은 마지못해 동의하신다. 여자에게 "네 믿음이 크도다"라고 칭찬하고 요청을 들어주신다. 바로 그때 그녀의 딸이 나았다(28절).

예수님은 왜 처음에 이 여자를 피하셨는가? 믿음을 시험하신 것이다. 그런데 그녀가 인내하며 더 강하게 매달리자 결국 공개적으로 칭찬하신다(참고. 8:10). 이 사건은 제자들에게도 도전을 준다. 그들은 예수님이 결정적인 진술을 하는 가나안 여자에게 항복하시는 것을 보고 주춤했음에 틀림없다. 만약 그 만남이 제자들에게 충격을 주었다면, 그들에게는 충격이 필요했

256 유대인들이 이방인을 "개"로 부르는 경우는 자주 있었다. 이 개는 반려동물이 아니라, 쓰레기더미를 뒤지는 동물이다. 그 개들은 무엇이든 먹었기 때문에 부정한 동물이었다. 예수님은 퀴온(*kyōn*)이 아니라 지소사[원래의 뜻보다 더 작은 개념이나 친애(親愛)의 뜻을 나타내는 접사-편집자 주] 퀴나리온(*kynarion*)을 쓰면서 불쾌함을 완화시키시는 것 같다.

257 David Daube, *The New Testament and Rabbinic Judaism* (Peabody, MA: Hendrickson, 1956), 171-177.

다. 그들은 분명 이방인과 여자에 대해 편견을 품고 있었기 때문이다.

회의적인 학자들은 이 사건을, 예수님을 각성시키는 것으로 볼지도 모른다. 예수님이 이 여자를 통해 이방인들도 믿음을 가질 수 있음을 알게 되었다고 믿으면서 말이다. 신약성경은 어떤 무대에서 예수님의 제한된 지식을 보여주지만(막 5:31; 마 24:36), 그분은 사실상 아버지의 계획이나 그분 자신의 임무에 대해 무지하지 않으시다. 나아가 계보에서부터 대위임령까지 마태는 예수님이 먼저 이스라엘에 가시는 것은 물론 그분이 모든 민족의 구세주이심을 언급한다(참고. 1:3, 5; 2:1-12; 10:18; 28:19). 복음서에서 큰 믿음을 가진 첫 번째 사람은 백부장이고(8:5-13), 두로와 시돈이 가버나움보다 더 수용적이다(11:21-24).

예수님이 먼저 이스라엘에 가신 까닭은 하나님께서 그들에게 약속과 언약을 주셨기 때문이다(롬 9장). 그러나 원칙은 항상 "먼저는 유대인에게요 그리고 헬라인에게로다"(롬 1:16, 참고. 마 10:6, 18; 행 13:14; 14:1; 17:1, 10, 17)였다. 예수님은 이방인 선교에 대해 충분히 알고 계신다. 이 사건에서 예수님은 가나안 여자가 말로 그분을 물리치는 것을 허용하시는데, 이는 제자들과 독자들의 편견을 드러내고 바로잡기 위해서다. 예수님은 그 가나안 여자에게 결정적인 발언을 하게 함으로써 제자들이 생각하지 않을 수 없게 만드신다. 또한 마태가 아무런 언급도 하지 않을 때 그는 독자들 역시 생각하지 않을 수 없게 만든다. 그렇다면 어떤 의미에서 그 기적은 해석되지 않은 비유 같다. 청중이 그 길을 찾아가야 한다.

응답

이 단락은 몇 가지 면에서 믿음의 삶에 영향을 미친다. 첫째, 이 단락은 예수님을 이방인과 유대인 모두의 구세주로 드러낸다. 마태는 곧 유대 그리스도인이 이방인들에게 가서 그들을 가르치고 세례를 주어야 한다고 덧붙인다. 유대인과 이방인 사이에 차이가 없다. "누구든지 주의 이름을 부르는 자는 구원을 받으리라"(롬 10:12-13). 그러므로 예수님에게는 여전히 대사들이 필요하다. 둘째, 우리는 이곳에서 믿음에 대한 감동적인 초상을 발견한다. 그러한 믿음은 예수님을 좇고, 장애물과 싸우고, 자비와 그분의 주권적인 은혜를 간청한다. 누구든 믿음으로 예수님께 나올 때 그분은 그의 말을 들으실 것이다. 셋째, 제자들의 행동은 편견이 얼마나 흔한지 보여준다. 다른 사람들의 편견은 찾기 쉽지만 자신의 편견을 발견하기란 쉽지 않다. 따라서 분별과 회개는 모든 사람에게 필요하다.

29 예수께서 거기서 떠나사 갈릴리 호숫가에 이르러 산에 올라가 거
기 앉으시니 30 큰 무리가 다리 저는 사람과 장애인과 맹인과 말 못하
는 사람과 기타 여럿을 데리고 와서 예수의 발 앞에 앉히매 고쳐주시
니 31 말 못 하는 사람이 말하고 장애인이 온전하게 되고 다리 저는 사
람이 걸으며 맹인이 보는 것을 무리가 보고 놀랍게 여겨 이스라엘의
하나님께 영광을 돌리니라

29 Jesus went on from there and walked beside the Sea of Galilee. And
he went up on the mountain and sat down there. 30 And great crowds
came to him, bringing with them the lame, the blind, the crippled, the
mute, and many others, and they put them at his feet, and he healed
them, 31 so that the crowd wondered, when they saw the mute speaking,
the crippled healthy, the lame walking, and the blind seeing. And they
glorified the God of Israel.

32 예수께서 제자들을 불러 이르시되 내가 무리를 불쌍히 여기노라
그들이 나와 함께 있은 지 이미 사흘이매 먹을 것이 없도다 길에서 기

진할까 하여 굶겨 보내지 못하겠노라 33 제자들이 이르되 광야에 있어
우리가 어디서 이런 무리가 배부를 만큼 떡을 얻으리이까 34 예수께서
이르시되 너희에게 떡이 몇 개나 있느냐 이르되 일곱 개와 작은 생선
두어 마리가 있나이다 하거늘 35 예수께서 무리에게 명하사 땅에 [1]앉
게 하시고 36 떡 일곱 개와 그 생선을 가지사 축사하시고 떼어 제자들
에게 주시니 제자들이 무리에게 주매 37 다 배불리 먹고 남은 조각을
일곱 광주리에 차게 거두었으며 38 먹은 자는 여자와 어린이 외에 사
천 명이었더라 39 예수께서 무리를 흩어 보내시고 배에 오르사 마가단
지경으로 가시니라

32 Then Jesus called his disciples to him and said, "I have compassion
on the crowd because they have been with me now three days and
have nothing to eat. And I am unwilling to send them away hungry,
lest they faint on the way." 33 And the disciples said to him, "Where
are we to get enough bread in such a desolate place to feed so great a
crowd?" 34 And Jesus said to them, "How many loaves do you have?"
They said, "Seven, and a few small fish." 35 And directing the crowd
to sit down on the ground, 36 he took the seven loaves and the fish, and
having given thanks he broke them and gave them to the disciples, and
the disciples gave them to the crowds. 37 And they all ate and were
satisfied. And they took up seven baskets full of the broken pieces left
over. 38 Those who ate were four thousand men, besides women and
children. 39 And after sending away the crowds, he got into the boat and
went to the region of Magadan.

1) 헬, 기대어 누우려니와(유대인이 음식 먹을 때에 가지는 자세)

단락 개관

예수님은 이방인 지역으로 깊숙이 들어간 후에, 갈릴리 즉 대부분 이방인 지역인 동쪽으로 돌아오신다(참고. 마 15:29-31 주석). 그곳에서 이스라엘에서 하신 것처럼 공개적으로 병을 고쳐주신다. 그 사역이 며칠간 계속되면서 무리 안에서 식량이 떨어지기 시작한다. 그들을 굶겨 보내고 싶지 않은 예수님이 작은 양의 떡과 물고기를 배가시켜 4천 명을 먹이신다. 예수님의 동기는 긍휼이다. 그 기적은 그분의 능력을 입증하고, 그분의 신성을 암시하며, 하나님을 향한 찬양을 낳는다(31절).

비평가들은 때로, 기적적으로 먹이신 일은 한 번 있었는데 약간 상이한 설명을 들은 복음서 저자들이 두 사건이 있었던 것으로 오해했다고 주장한다. 반초자연주의자들은 두 사건 모두 꾸며낸 것이라고 할 것이다. 또 어떤 이들은 마태가 신학적인 이유로 두 번째 기적을 지어냈다고 말한다. 그러나 만약 복음서 저자들이 허구를 만들어냈다면 복음서의 신뢰성은 돌이킬 수 없을 만큼 손상을 입을 것이다. 만약 그들이 누구도 기억해낼 수 없는 엄청난 공개적 이야기들을 발표했다면, 복음서는 마땅히 신빙성을 잃을 것이다.

단락 개요

Ⅵ. 무리와 지도자들 사이에서 제자들을 훈련하시다(14:1-20:34)

G. 예수님이 많은 사람을 고치고 4천 명을 먹이시는 데서 절정에 이르다(15:29-39)

이 단락은 두 부분으로 나뉜다. 첫째, 예수님이 갈릴리로 돌아가서 큰 무리를 맞이하고 각종 질병에 시달리는 사람들을 고쳐주신다(15:29-31). 병자와 고침 받은 자들의 목록은, 순서가 다르기는 하지만, 다리 저는 사람, 맹인, 장애인, 말 못 하는 사람으로 똑같다. 병 고침에 관한 전반적인 기록은 곧바로 구체적인 한 사건, 즉 4천 명을 먹이신 사건으로 이어진다. 무리는 식량이 떨어질 때까지 예수님과 함께 있었다. 그 내러티브는 단도직입적이고, 5천 명을 먹이신 사건과 아주 흡사하다. 예수님이 굶주린 이들을 불쌍히 여기시지만 구할 수 있는 음식이 없다(32-33절). 예수님은 제자들에게 있던 적은 양의 음식들을 배가시키신다(34-36절). 모두 배불리 먹고도 남은 조각이 있다(37절). 마태는 먹은 사람의 수를 명시하고, 예수님은 옮겨 가신다(38-39절).

주석

15:29-31 예수님이 드디어 갈릴리 호숫가 지역으로 돌아오신다. 서쪽은 유대인의 땅이고 동쪽은 이방인의 땅이다. 예수님은 동쪽으로 가신 듯하다. 마가복음 7:31은 예수님이 동쪽 데가볼리로 이동하셨다고 기록한다. 게다가 마태복음 15:33이 멀리 떨어져 있었다고 언급하므로, 더 건조하고 인구가 적은 데가볼리와 어울린다. 예수님은 호숫가에서 이방인들에게로 가르치고 병 고치는 사역을 확장하신다. "산에 올라가 거기 앉으시니"는 산상수훈을 연상시킨다. 보통 랍비는 가르치기 위해 앉기 때문에, 예수님은 아마 말씀 선포와 병 고치는 사역을 함께 하고 계신 듯하다(29절).

큰 무리가 예수님께 병자, 즉 다리 저는 사람, 맹인, 장애인, 말 못 하는 사람과 "기타 여럿"(30절)을 데리고 온다. 설명은 간단하지만 구체적이다. 말 못 하는 사람이 말하고, 장애인이 온전하게 되고, 다리 저는 사람이 걸으며, 맹인이 본다. 이는 공개적이고 입증할 수 있는 기적이다(31절). 몸을 숨기고 있는 밤에는 따뜻한 말의 능력이나 진정시키는 손길에도 아무 일이 일어나지 않는다. 기형의, 장애가 있는, 생명이 없는 팔다리가 힘을 되찾는다. 쇠약한 근육이 불룩해지고, 신경이 재생되고, 뼈가 붙고, 힘줄이 다시 생긴다. 특히 시력의 회복이 두드러진다. 이는 예수님이 행하신 가장 흔한 기적이지만, 성경 전체에서 예수님만이 맹인을 고치신다. 하나님만이 시력을 회복시키신다(시 146:8).

15:32-39 병 고침은 예상보다는 길게 사흘 동안 지속된 듯 보이고, 그 사이 무리에게서 식량이 떨어졌다. 그들은 집에 가야 하지만, 예수님은 그들이 "길에서 기진할까 하여 굶겨 보내지" 못하신다(32절). 그분은 "내가 무리를 불쌍히 여기노라"라고 말씀하신다. 자비와 긍휼이 겹친다. 긍휼[스플랑크니조마이(*splanchnizomai*)]이 감정, 예수님과 고통 받는 자들의 정서적인 결합을 불러일으킨다(마 9:36; 14:14; 20:34). 예수님은 자비[엘레오(*eleeō*)]를 구하는 간청을 듣고 병을 고쳐주기도 하신다(9:27; 15:22; 17:15; 20:30-31). 성경은 부당하게 고난 받는 이들에 대한 슬픔 그리고 궁핍한 이들에 대한 하나님의 자비를 연민과 연결한다.

제자들은 애처롭게 "광야에 있어…어디서 이런 무리가 배부를 만큼 떡을 얻으리이까"(33절) 하고 묻는다. 질문은 실망스럽다. 예수님이 아주 최근에 "여자와 어린이 외에 오천 명"(14:21)을 먹이셨기 때문이다. 그것이 몇 달 전의 일일지라도, 그 놀라운 기적을 절대 잊어서는 안 된다. 나아가 독자들의 경험으로 보자면 (누구도 묵살해서는 안 되는) 그 기적은 겨우 5분 전에(읽는 시간으로) 일어났다!

제자들의 이러한 모습은 이어지는 실망스러운 일들 가운데 첫 번째다. 16, 17, 20장에서 제자들은 예수님의 죽음에 대한 예언을 받아들이지 못한다. 또한 예수님은 어린아이들을 영접하라고 하셨지만, 제자들은 아이들이 오는 것을 금한다(18:5; 19:13). 그들은 십자가 죽음 직전에도 예수님을 실망시킬 것이다.

놀랍게도, 예수님은 그들의 분별없는 모습을 무시하신다. 먼저 떡 7개와 작은 생선[전형적인 이크뒤스(*ichthys*)보다는 지소사 이크뒤디아(*ichthydia*)] 두어 마리를 얻고, 무리를 앉게 하신다. 이어서 감사 기도를 드리고, 떡을 떼어, 나누어 주라고 지시하신다. "떼어…주시니"라는 동사들의 미완료 시제는, 예수님이 무리를 먹이시는 데 약간의 시간이 걸렸음을 암시한다(15:35-36). 그러나 남은 조각을 모은 광주리가 입증하듯이 모두 배불리 먹는다(37절).

어떤 세부 사항들은 해설이 필요하다. 첫째, 15:36(그리고 14:19)의 표현은 26:26과 비슷하다. 각 경우, 예수님은 떡을 들어 감사기도 혹은 축사를 하고 떼어 제자들에게 주시지만, 병행되는 부분들이 무엇을 뜻하는지 확신하기는 불가능하다. 남은 음식에 관한 세부 사항들 역시 해설이 필요하다. 마태는 14:20에서 열두 바구니(ESV는 "baskets") 그리고 15:37에서 일곱 광주리(ESV는 "baskets")를 기록한다. 열둘을 이스라엘 지파의 상징으로 보고, 일곱을 완전수로 보는 이들도 있다. 특히 첫 번째 기적이 이스라엘에서 있었고 두 번째 기적이 데가볼리에서 있었다면 그것이 가능하기는 하지만, 증거는 상징주의가 아니라 사실에 근거한 보도를 향해 있다. 첫째, 그 수가 상징적이라면, 마태는 절대 그 가치를 암시하지 않는다. 둘째, 기적들이 데가볼리에서 일어났다 해도, 마태는 그것을 아무렇지도 않게 여긴다. 마가는 데가볼리를 언급하고 마태는 언급하지 않는다. 셋째, 광주리가 14:20에서는 코피노스(*kophinos*, 개역개정은 "바구니")로, 15:37에서는 스퓌리스(*spyris*, 개역개정은 "광주리")로 다르게 표현된 것은, 목격자의 디테일함을 보여준다. 마태는 각기 다른 두 종류의 바구니를 기억하는 것이다. 넷째, 예수님은 그 사건들을 회상할 때, 그 수가 아니라 하나님의 공급에 초점을 두신다(16:9-10). 때로 숫자는 그냥 숫자다.

사역을 마무리한 예수님은 무리를 흩은 다음 마가단으로 가신다. 그곳은 이스라엘에 있을 것으로 추정되는 알려지지 않은 곳인데, 바리새인과 사두개인들이 거기서 예수님을 만난다.

응답

이 단락은 주로 예수님의 능력과 긍휼을 보여준다. 고통과 위험이 가득한 세상에서 예수님이 사랑 많으신 우리의 주님, 그 긍휼을 행동으로 보이시는 분임을 기억하는 것은 지혜로운 일이다. 이곳에서 그분은, 무리가 이동 중에 쓰러지지 않도록 손수 먹이신다. 또한 이방인들은 물론 이스라엘 자손들의 영적 필요를 보며 긍휼을 느끼신다. 그분의 애가를 깊이 생각해보라. "예루살렘아 예루살렘아…" 예수님이 자신의 백성을 그 날개 아래로 모으기를 얼마나 갈망하셨는가(23:37). 결국 그분은 죽음, 부활, 성령을 보내심으로 그렇게 하셨다. 예수님의 긍휼은, 모든 사람에게 그래야 하는 것처럼, 행동으로 이어진다. 그러나 상처 입은 사람을 볼 때 먼저 공감해야 한다. 예수님은 사람들의 궁핍함과 깨어진 상처를 보신다. 심판이 아니라 자비로 보신다. 제자들에 대해 그러셨던 것처럼 공감이 뒤따른다. 긍휼은 즉각적이고 개인적인 행동으로, 혹은 잘 계획된 공동의 시도로 그 자체를 보여줄 수 있다.

긍휼은 예수님이 제자들의 실수를 무시할 때 보여주신 관용의 사촌이다(15:33-34). 그들이 광야 어디에서 음식을 찾을 수 있겠냐고 질문할 때 얼마나 실망하셨을까! 그러나 더 이상 말씀하지 않고 인내와 은혜를 보이신다. 항상 그렇듯이, 예수님의 성품은 경건한 열망을 알려주고 불어넣는다.

1 바리새인과 사두개인들이 와서 예수를 시험하여 하늘로부터 오는
[1)]표적 보이기를 청하니 2 예수께서 대답하여 이르시되 너희가 저녁에
하늘이 붉으면 날이 좋겠다 하고 3 아침에 하늘이 붉고 흐리면 오늘은
날이 궂겠다 하나니 너희가 날씨는 분별할 줄 알면서 시대의 [1)]표적
은 분별할 수 없느냐 4 악하고 음란한 세대가 [1)]표적을 구하나 요나의
[1)]표적밖에는 보여줄 [1)]표적이 없느니라 하시고 그들을 떠나가시니라

1 And the Pharisees and Sadducees came, and to test him they asked
him to show them a sign from heaven. 2 He answered them,[1] "When
it is evening, you say, 'It will be fair weather, for the sky is red.'
3 And in the morning, 'It will be stormy today, for the sky is red and
threatening.' You know how to interpret the appearance of the sky, but
you cannot interpret the signs of the times. 4 An evil and adulterous
generation seeks for a sign, but no sign will be given to it except the
sign of Jonah." So he left them and departed.

5 제자들이 건너편으로 갈새 떡 가져가기를 잊었더니 6 예수께서 이르

시되 삼가 바리새인과 사두개인들의 누룩을 주의하라 하시니 7 제자
들이 서로 논의하여 이르되 2)우리가 떡을 가져오지 아니하였도다 하
거늘 8 예수께서 아시고 이르시되 믿음이 작은 자들아 어찌 떡이 없으
므로 서로 논의하느냐 9 너희가 아직도 깨닫지 못하느냐 떡 다섯 개로
오천 명을 먹이고 주운 것이 몇 바구니며 10 떡 일곱 개로 사천 명을
먹이고 주운 것이 몇 광주리였는지를 기억하지 못하느냐 11 어찌 내
말한 것이 떡에 관함이 아닌 줄을 깨닫지 못하느냐 오직 바리새인과
사두개인들의 누룩을 주의하라 하시니 12 그제서야 제자들이 떡의 누
룩이 아니요 바리새인과 사두개인들의 교훈을 삼가라고 말씀하신 줄
을 깨달으니라

5 When the disciples reached the other side, they had forgotten to bring
any bread. 6 Jesus said to them, "Watch and beware of the leaven of
the Pharisees and Sadducees." 7 And they began discussing it among
themselves, saying, "We brought no bread." 8 But Jesus, aware of this,
said, "O you of little faith, why are you discussing among yourselves
the fact that you have no bread? 9 Do you not yet perceive? Do you not
remember the five loaves for the five thousand, and how many baskets
you gathered? 10 Or the seven loaves for the four thousand, and how
many baskets you gathered? 11 How is it that you fail to understand
that I did not speak about bread? Beware of the leaven of the Pharisees
and Sadducees." 12 Then they understood that he did not tell them to
beware of the leaven of bread, but of the teaching of the Pharisees and
Sadducees.

1) 또는 이적 2) 또는 이는 우리가 떡을 가져오지 아니하였음이로다

1 Some manuscripts omit the following words to the end of verse 3

단락 개관

예수님이 4천 명의 무리를 기적으로 먹이신 일(15:32-39)은 바리새인과 사두개인의 표적 요구(16:1-12)와 밀접한 관련이 있다. 예수님이 방금 표적을 보이셨는데, 그들은 무엇을 더 원하는 것일까? 마태는 그들의 요구를 "시험"(1절)이라고 칭한다. 따라서 그것은 진실하지 못하다. 예수님은 그들을 꾸짖은 다음 제자들에게 경고하신다. 제자들은 처음에는 오해하지만, 예수님이 여러 수사적 질문들을 쏟아내시자 마침내 바리새인과 사두개인의 가르침에는 부패가 만연해 있음을 이해하기 시작한다.

바리새인과 사두개인이 묶인 것은 색다르다. 그들은 근본적인 주제들에 대해 의견이 다르기 때문이다. 바리새인은 초자연주의자로, 부활을 믿고 그리스-로마의 영향력에 저항한다. 사두개인은 각 의견에 대해 바리새인과 반대 입장을 취한다. 그러나 그들은 예수님께 반대하는 데 힘을 모았고, 예수님이 지적하시는 것들은 그들이 공통적으로 갖고 있는 모습이다.

단락 개요

Ⅵ. 무리와 지도자들 사이에서 제자들을 훈련하시다(14:1-20:34)
- H. 바리새인과 사두개인들이 표적을 요구하다(16:1-4)
- I. 바리새인과 사두개인들의 누룩(16:5-12)

이 본문은 두 단락으로 나뉜다. 첫째, 종교 지도자들이 악한 요청을 하자 예수님이 꾸짖으신다(16:1-4). 둘째, 예수님은 그것을 기회로 삼아 제자들에게 "바리새인과 사두개인들의 누룩"에 대해 가르치신다(5-12절). 이 본문은 다음과 같이 전개된다. 바리새인과 사두개인들이 예수님을 시험하여 표적을 청한다(1절). 예수님은 그들이 날씨의 표적은 읽지만 시대의 표적은 읽지 못한다고 응수하신다(2-3절). 악한 세대가 표적을 구한다. 그러나 그들은 아리송한 "요나의 표적"(4절)밖에 받지 못할 것이다. 이후 제자들은 다시 이동하는데 여정을 위해 떡을 가져오는 것을 잊어버린다(5절). 예수님은 제자들에게 유대 지도자들에 대해 경고하시지만 그들은 요지를 놓친다(6-7절). 예수님의 수사적 질문이 그들을 찌르고 열두 제자는 깨닫기 시작한다(8-12절).

주석

16:1-4 이 단락은 표적을 바라는 잘못된 욕구로 시작한다. 5천 명을 먹이신 사건은 침묵으로 끝났다. 무리는 "배불리 먹[었지만]"(14:20), 예수님께 감사하거나 하나님을 찬양하는 등 그들의 생각을 복부 위로 끌어올리지 못했다. 4천 명을 먹이신 사건 역시 침묵으로 끝나지만 여파는 더 좋지 않다. 예수님이 위치가 알려져 있지 않은 마가단으로 이동하신 후, 바리새인과 사두개인들이 "하늘로부터 오는 표적"을 보여달라며 예수님을 시험한다. 이것이 하나님으로부터 오는 표적을 가리키든, 하늘에서의 표적을 가리키든, 그 요청은 진실하지 못하다. 예수님이 막 표적을 보이셨으므로 그것은 "악하[다]."

표적에 대한 요구는, 아이러니하게도 그 자체가 이 세대의 악함에 대한 표지다. 그들은 "요나의 표적" 외에는 아무것도 받지 못할 것이다. 요나의 표적은 요나 자체였다(참고. 12:38-40). 요나는 니느웨 사람들에게 표적이나 기적을 보여주지 않았다. 설교만 했다. 그러나 큰 물고기 속에서 사흘 밤낮을 살고 니느웨에 나타나 말씀을 전함으로 자신이 하나님의 대사임을 입증했기 때문에 요나 자체가 표적인 것이다. 마찬가지로 예수님이 무덤에서 사흘을 계신 후 다시 사람들 앞에 나타났을 때, 그분은 하나님의 아들이라는 표적이 되신다.

그래서 예수님은 표적 보이기를 거부하신다. 바리새인들은 표적을 보았지만 거부했다. 그들은 예수님이 하나님으로부터 오셨다는 어떤 증거를 받아들일까?(신 18:18-22) 그들은 예수님이 말씀하시거나 행하신 어떤 것이든 그분을 반대하는 데 사용했고 사용할 것이다. 부활은 그 다음 표적이자 최종적인 표적이 될 것이다.

16:5-12 예수님의 적이 냉소적인 불신으로 눈이 멀어 있다면, 그분의 친구들은 연약한 믿음과 우둔한 머리로 반쯤 눈이 멀어 있다. 제자들은 "건너편"(아마 갈릴리 바다의 동편)에 도착해서야 떡 가져오기를 잊은 것을 깨달았다. 인구가 적은 지역에서 그런 실수는 문제를 야기할 수 있었다.

예수님은 그것을 기회로 삼아 제자들에게 대적들의 "누룩"을 주의하라고 경고하신다. 누룩은 스며드는 영향력이 있고 모든 것을 변화시킨다. 성경에서 누룩은 보통 부정적이다(고전 5:6; 갈 5:9). 누룩은 질병이나 전염병, 죄처럼 확산되는 것을 암시한다. 어이없게도, 열두 제자는 예수님이 그들을 꾸짖으며, 그들의 종교적 적의 누룩을 쓰지 말고 떡을 구우라고 요구하신다고 생각한다! 그들의 문자주의는 아주 실망스러운 수준이고, 예수님은 그들을 바로잡으셔야 했다. 떡과 관련한 그들의 두려움은, 예수님에 대해 아는 것을 적용하지 못하는 비참한 상태를 보여준다(마 16:8). 그분은 이전에 필요할 때 떡을 배가시킨 적이 있으므로 음식에 대한 염려는 필요 없다(9-10절). 예수님은 예전에 이렇게 말씀하셨다. "너희는 먼저 그의 나라…를 구하라 그리하면 이 모든 것을 너희에게 더하시리라"(6:33). 그러나 그들은 잊었고, 이번이 처음도 아니다(14:15-17; 15:33, 참고. 신 8:3-5; 막 6:52).

칼빈은 지혜롭게 이렇게 썼다. "한두 번 하나님의 능력을 경험한 이후에도 앞날에 대해 그 능력을 불신하는 이들은 모두 불신의 죄를 짓는 것이다. 믿음은…우리 마음속에서 하나님의 선물에 대한 기억을 소중히 여기기 때문이다."[258] 실망하신 예수님이 제자들에게 연이은 6개의 수사적 질문

258 Calvin, *Harmony of the Evangelists*, 2:283-284.

16장

을 하시는데, 모두 찌르는 힘이 있다. 문학적 장치로서 수사적 질문은 청중이 답을 알아야 한다고 전제한다. 결국 제자들은 알 것이다. 비록 '작을지언정' 그들에게는 믿음이 있고, 예수님이 그것으로 일하시기 때문이다. 예수님은 교훈을 단순한 산문으로 축소하기보다는 반복함으로써 설명하신다. 그분은 제자들로 하여금 생각하게 하시고, 결국 그들은 이해한다(마 16:12). "믿음이 작은"이라는 어구가 나올 때 그것은 온화한 바로잡음이다. 제자들은 예수님과 함께 있고 그분이 그들과 함께 계시다. 그들은 그분에게서 배울 것이다.

응답

종교 지도자들과 제자들 모두 예수님이 보이신 표적의 의미를 파악하지 못하지만, 그들 사이에는 근본적인 차이가 있다. 바리새인과 사두개인들은 '그들을' 만족시킬 만큼의 표적을 원한다. 그러나 그들은 이미 예수님을 거절했으므로 그 무엇에도 만족하지 못할 것이다. 그들은 그분을 찾기 위해서가 아니라 시험하기 위해 온다. 그런 심령으로는 그리고 하나님의 영이 없이는 절대 믿지 못할 것이다. 예수님은 그들이 믿을 만큼의 표적을 행하셨다. 성경에는 여전히 예수님의 말씀과 행하심에 대한 충분한 기록이 있고, 그것들은 믿음을 주기에 충분하다. 하나님의 약속에 대한 보증으로 하나님께 표적을 구하는 것은 죄가 아니지만, 그분 자신을 입증하라고 요구하는 것은 죄다(출 17:7; 시 78:18-20; 마 4:7). 예수님이 14-15장에서 행하신 기적들을 표적으로 받아들이지 않는다면, 어떤 것도 표적으로 받아들이지 못할 것이다. 어떤 것도 바리새인과 사두개인들의 마음을 움직여 믿게 하지 못할 것이다. 그분이 행하시는 모든 것이 그들의 불신을 키울 것이다. 문제는 우둔함이 아니라 눈이 먼 것이다. 그들은 날씨를 예측하기 위해 "하늘[을]…분별할" 줄은 알면서 "시대의 표적은 분별할" 수 없다(16:2-3, 참고. 12:38-39). 엄청난 지적 능력을 가졌지만, 받아들이려는 마음이 없다면 분별하지 못한다.

첫 부분에 나타난 제자들의 모습은 실망스러워 보인다. 그러나 그들은 예수님을 믿는다. 그래서 그들의 무지는 비난받을 만하지만 구제 불능은 아니다. 그들은 이해하고 믿기 원하기에 결국 그렇게 한다. 진짜 믿음은 아무것도 이해되지 않더라도 끝까지 예수님과 함께한다. 그리고 그분이 끝까지 함께하신다. 제자들은 이곳에서 작은 걸음을 내딛고, 16:13-20이 보여주듯이 또 다른 걸음을 내디딜 준비를 할 것이다.

13 예수께서 빌립보 가이사랴 지방에 이르러 제자들에게 물어 이르
시되 사람들이 인자를 누구라 하느냐 14 이르되 더러는 [1]세례 요한,
더러는 엘리야, 어떤 이는 예레미야나 선지자 중의 하나라 하나이다
15 이르시되 너희는 나를 누구라 하느냐 16 시몬 베드로가 대답하여 이
르되 [2]주는 그리스도시요 살아 계신 하나님의 아들이시니이다 17 예
수께서 대답하여 이르시되 바요나 시몬아 네가 복이 있도다 이를 네
게 알게 한 이는 혈육이 아니요 하늘에 계신 내 아버지시니라 18 또 내
가 네게 이르노니 너는 [3]베드로라 내가 이 반석 위에 내 교회를 세우
리니 음부의 [4]권세가 이기지 못하리라 19 내가 천국 열쇠를 네게 주리
니 네가 땅에서 무엇이든지 매면 하늘에서도 매일 것이요 네가 땅에
서 무엇이든지 풀면 하늘에서도 풀리리라 하시고 20 이에 제자들에게
경고하사 자기가 그리스도인 것을 아무에게도 이르지 말라 하시니라
13 Now when Jesus came into the district of Caesarea Philippi, he asked
his disciples, "Who do people say that the Son of Man is?" 14 And they
said, "Some say John the Baptist, others say Elijah, and others Jeremiah
or one of the prophets." 15 He said to them, "But who do you say that I
am?" 16 Simon Peter replied, "You are the Christ, the Son of the living

God." 17 And Jesus answered him, "Blessed are you, Simon Bar-Jonah!
For flesh and blood has not revealed this to you, but my Father who is
in heaven. 18 And I tell you, you are Peter, and on this rock[1] I will build
my church, and the gates of hell[2] shall not prevail against it. 19 I will
give you the keys of the kingdom of heaven, and whatever you bind on
earth shall be bound in heaven, and whatever you loose on earth shall
be loosed[3] in heaven." 20 Then he strictly charged the disciples to tell
no one that he was the Christ.

1) 헬, 또는 침례 2) 헬, 당신은 3) 베드로는 곧 반석이란 뜻 4) 헬, 대문이

1 The Greek words for *Peter* and *rock* sound similar *2* Greek *the gates of Hades* *3* Or *shall have been bound... shall have been loosed*

단락 개관

마태복음 15-16장은 연이은 실망스러운 일을 기록한다. 15:1-20에서는 바리새인과 서기관들이 예수님이 "장로들의 전통"을 준수하지 않으시는 것에 대해 질문한다. 그 다음 등장하는 한 이방인 여자는 제자들보다 예수님의 선교를 더 잘 이해하는 듯 보인다(15:21-28). 이후 바리새인과 사두개인들이 예수님을 시험하지만, 제자들은 그들에 대한 예수님의 경고를 거의 따라가지 못한다(16:1-12). 이곳에서 예수님은 자신이 누구인지에 관한 방해받지 않는 대화를 하기 위해 제자들을 한쪽으로 데리고 가신다. 이 단락은 간결하고 협력적인 대화다. 최고의 지점은 "주는 그리스도시요 살아 계신 하나님의 아들이시니이다"(16절)라는 베드로의 고백이다. 이에 대해 예수님은 "너는 베드로라 내가 이 반석 위에 내 교회를 세우리니"(18절)라고 응답하신다. 이는 세심한 연구가 필요한 진술이다.

단락 개요

VI. 무리와 지도자들 사이에서 제자들을 훈련하시다(14:1–20:34)
J. 베드로가 예수님이 그리스도라고 고백하다(16:13–20)

예수님이 "사람들이 인자를 누구라 하느냐"라고 물으시자, 제자들은 대부분이 예언자로 여긴다고 정확하게 답한다(16:13-14). 그 다음 예수님이 "너희는 나를 누구라 하느냐"라고 재촉하시자, 베드로가 위대한 고백을 한다(15-16절). 예수님은 베드로를 축복하고(17절) 그가 장차 맡을 역할을 설명하면서도(18-19절), 제자들에게 침묵하라고 명하신다(20절).

주석

16:13-20 13절에서 예수님은 전에도 그러셨던 것처럼, 제자들을 한쪽으로 데리고 가신다. 그들은 가버나움에서 북쪽으로 40킬로미터 가량 떨어진, 이스라엘 국경 바로 안쪽에 있는 빌립보 가이사랴로 간다. 이곳 주민과 정서는 전반적으로 이방인에 가까웠다. "가이사랴"는 그 도시가 가이사에게 헌정되었음을 나타내고, 그 지역에서는 판(Pan) 숭배가 흔했다. 따라서 제자들은 이교도들이 가이사와 판을 칭송하는 곳에서 그리스도를 고백한 것이다.

예수님은 "사람들이 인자를 누구라 하느냐"(13절)라고 물으신다. 예수님이 질문한 까닭은 제자들을 기자가 아니라 증인으로 대하고 계시기 때문이다.[259] 그리스도인은 "인자"를 직함으로 듣지만, 당시 그 용어는 뚜렷한 정의나 그것에 부여된 기대가 없었다. 때문에 예수님이 그 단어에 그분의 정의를 주입하실 수 있었다.[260]

제자들은 무리가 그분을 예언자로 여긴다고 말한다(14절, 참고. 눅 7:16). 그들은 예수님을 미친 사람(막 3:21) 혹은 속임수를 쓰는 선동가(요 11:47-48), 사탄의 부하(마 12:24)라고 판단하는 비평가들을 무시한다. 예수님은 "너희는 나를 누구라 하느냐"(마 16:15)라고 제자들을 재촉하신다. 헬라어는 "너희"를 두 번 사용하며, 특별히 강조하기 위해 맨 앞에 둔다. 예수님은 사실상 이렇게 질문하신다. "너희는 어떠냐? 너희는 어떻게 말하느냐?"

베드로는 "주는 그리스도시요 살아 계신 하나님의 아들이시니이다"(16절)라고 대답한다. 그는 예수님을 하나님께 기름 부음을 받은 이, 메시아로 인정한다. 신약에서 "그리스도"는 예수님의 두 번째 이름 그 이상이다. 이는 메시아, 즉 '기름 부음을 받은 이'를 뜻하는 호칭이다. 마태에게도 그렇고(참고. 1:1; 1:17; 11:2; 22:42), 바울에게도 그렇다.[261] 구약에서 기름 부음은 제사장, 왕 그리고 다른 전략적인 역할을 준비시켰으므로, "기름 부음 받은 자"로 지명되는 것이 가능했다(출 29:29; 레 6:22; 삼상 16:13). 그러나 많은 사람에게 "메시아"이신 예수님은 다윗의 또 다른 자손, 하나님의 통치를 가져오는 통치자를 의미했다. 유대인들은 메시아가 언젠가 이스라엘을 회복할 것이라고 믿었다. 그것이 무엇을 의미하는지에 대해 많은 견해가 있기는 했지만 말이다.[262]

비평가들은 마태가 "살아 계신 하나님의 아들"이라는 어구를 덧붙였다

16장

259 Everett F. Harrison, *A Short Life of Christ* (Grand Rapids, MI: Eerdmans, 1968), 151.

260 Stein, *Method and Message*, 136-139, 146-150. Stein은 그 용어의 구약과 신구약 중간기 용례를 추적하여, 어떤 독자들에게 전달했을 법한 의미를 묘사하고 그것이 메시아나 다윗의 아들 같은 용어의 의미는 거의 없었음을 보여준다.

261 Matthew W. Novenson, *Christ among the Messiahs: Christ Language in Paul and Messiah Language in Ancient Judaism* (New York: Oxford University Press, 2012). Novenson은 바울이 "그리스도"를 거의 예수님의 두 번째 이름으로 사용했다는 개념에 반박하며, 그것이 "기름 부음을 받은"이라는 뜻이고 "에피파네스"나 "아우구스투스"처럼 존경을 나타내는 호칭의 역할을 했음을 보여준다.

262 James H. Charlesworth, *The Messiah: Developments in Earliest Judaism and Christianity* (Minneapolis: Fortress, 1992), 3-35; M. de Jonge, "The Earliest Christian Use of *Christos*: Some Suggestions", *NTS* 32/3 (1986): 329-333.

고 주장한다. 병행 구절에서 마가나 누가는 그 어구를 포함시키지 않았기 때문이다. 그러나 다른 복음서들은 다른 환경에서 예수님을 하나님의 아들이라 칭하므로, 위조된 것이라 볼 수 없다(막 3:11; 5:7; 15:39; 눅 1:35).

베드로는 그가 아는 것보다 더 잘 말한다. 이어지는 베드로의 반응으로 볼 때 그는 예수님의 신성을 알아보지 못한다. 예수님이 자신의 죽음을 예고하실 때 감히 그분을 바로잡으려 하니 말이다(마 16:21-22). 나중에 베드로는 예수님이 완전한 신, 아버지의 독생자이자 아버지와 동등한 분임을 깨달을 것이다.

예수님은 "이를 네게 알게 한 이는 혈육이 아니요 하늘에 계신 내 아버지시니라"(17절)라고 하면서 베드로의 고백을 축복하신다. 하나님의 계시는 베드로에게 "거룩한 기쁨"을 준다.[263] 예수님은 계속해서 이렇게 말씀하신다. "너는 베드로라 내가 이 반석 위에 내 교회를 세우리니 음부의 권세가 이기지 못하리라"(18절). 예수님은 베드로의 고백 위에 그분의 교회를 세우실 것이다.

"음부의 권세가 이기지 못하리라"라는 어구는 몇 가지 의미로 받아들여진다. 어떤 사람들은 그것을 교회가 절대 패배하지 않으리라는 증거로 여긴다. 마태는 교회가 끝까지 견딜 것이라고 전제하지만(28:18-20), 이곳에서의 '대문'(16:18 난하주)은 다른 의미를 갖는다. 그 단어는 때로 비유적으로 쓰이지만(욥 38:17; 사 38:10), 보통은 도시나 성전이나 감옥으로 들어가는 입구다(눅 7:12; 행 3:10; 12:10). 대문은 '방어하는' 구조물이다(창 22:17; 신 3:5).[264] 그러므로 예수님은 지옥의 방어가 교회의 전진을 막지 못할 것이라고 말씀하시는 것이다. 교회는 예수님이 메시아이자 하나님의 아들이라는 고백을 통해 전진하며 퍼져나갈 것이다. 예수님이 교회의 창시자요 교회를 세우는 분이지만, 베드로도 역할이 있다. "베드로"라는 이름[페트로스

263 Morris, *Matthew*, 421.

264 어떤 사람들은 "대문"을, 물을 방류하여 교회를 익사시키려고 위협하는 수문이라고 설명하기도 한다.

(*petros*), 마 16:18, 참고. 10:2; 요 1:42]은 '바위' 혹은 '바위로 된'이라는 뜻이다. 베드로든 그의 고백이든, 교회의 토대가 된다.

예수님은 "이 반석 위에 내 교회를 세우리니"라고 말씀하실 때 조금 다른 단어를 사용하신다. '너는 페트로스라 이 페트라(*petra*) 위에…세우리라.' 이는 베드로와 교회의 반석 사이에 공간을 만든다. 예수님은 "네 위에 내 교회를 세우리라"가 아니라 "이 반석 위에"라고 말씀하신다. "이 반석"은 베드로와 관련이 있기는 하지만, 베드로와 별개다. 우리는 곧 그 사람과 반석의 차이를 발견한다. 예수님은 베드로에게 천국 열쇠를 주신 후(아래를 보라), 자신이 예루살렘에서 어떻게 죽어야 하는지 설명하신다(마 16:21). 베드로는 예수님께 항변한다. 방금 하나님의 아들이라 불렀던 분께 "이 일이 결코 주께 미치니 아니하리이다"(22절)라고 말한다. 이에 예수님이 베드로를 꾸짖으신다. "사탄아 내 뒤로 물러가라 너는 나를 넘어지게 하는 자로다"(23절). "넘어지게 하는 자"는 범죄의 원인, 유혹, 덫을 의미하는 스칸달론의 번역이다.

변화를 주목하라. 처음에 베드로는 교회의 반석이다. 이제 그는 유혹하는 자, 대적이다. 따라서 베드로의 지위는 그가 하는 말에 달려 있다. 베드로가 십자가를 금할 때 그는 걸림돌이다. 예수님을 그리스도라고 선포할 때 그는 반석이다. 따라서 베드로는 교회의 토대가 아니다. 예수님은 마태복음 21:42에서 이사야 28:16과 시편 118:22을 인용하며 자신을 모퉁이의 머릿돌로 가리키실 것이다. 고린도전서 3:11에서 바울은 예수님을 교회의 유일한 토대로 명시한다. 나중에 바울은 하나님께서 그분의 "권속"을 "사도들과 선지자들의 터", 친히 모퉁잇돌이 되신 그리스도 예수 위에 세우셨다고 쓴다(엡 2:19-20). 마지막으로 요한계시록 21:14은 새로운 예루살렘을 하나가 아닌 "열두 기초석"으로 묘사하는데, 그것은 "어린양의 열두 사도"다.

베드로의 고백 후에 예수님은 "내가 천국 열쇠를 네게 주리니"(마 16:19)라고 약속하신다. 이는 미래 시제다. 베드로는 바로 뒤에 그가 아직 예수님이 약속하시는 열쇠를 받을 준비가 되지 않았음을 드러낸다(21-23절). 그리스도는 계속해서 "네가 땅에서 무엇이든지 매면 하늘에서도 매일 것이요 네가 땅에서 무엇이든지 풀면 하늘에서도 풀리리라"(19절)라고 말씀하신다. 어떤 사람들은 이 말이, 제자들이 어떤 행동을 금하거나(매다) 허용하는(풀다) 권세를 가질 것을 뜻한다고 믿는다. 이러한 시각은 유대의 맥락에 잘 들어맞는다. 유대 문화에서는 랍비가 행동 규율을 규정했다. 샴마이 학파는 엄격함으로, 즉 매는 것으로 잘 알려져 있었고, 힐렐 학파는 관대함으로, 즉 푸는 것으로 잘 알려져 있었다. "무엇이든지"로 번역된 헬라어 대명사는 중성이므로 윤리적인 판결을 가리킬 수 있다. 그러나 이 입장을 반대할 세 가지 이유가 있다. 첫째, 윤리라는 주제는 문맥에 없다. 둘째, 중성 대명사는 헬라어에서 사람을 가리킬 수 있다. 셋째, 18:15-18의 병행 구절은 사람을 가리킨다. 그곳에서 예수님은, 제자라고 주장하면서도 계속해서 죄를 짓는 사람들을 파문하라고 교회에 지시하며 "무엇이든지 너희가 땅에서 매면…무엇이든지 너희가 땅에서 풀면…"이라고 덧붙이신다. 사도들은 회개하지 않는 자들을 차단해야 하지만 회개하는 자들은 받아들여야 한다.[265] 23장에서 예수님은 "천국 문을 사람들 앞에서 닫[는]"(마 23:13) 서기관들과 바리새인들에게 "화 있을진저"라고 소리치신다. 바리새인들에게는 율법은 있었지만 복음이 없었기 때문이다. 누가복음 11:52과 더불어 이러한 구절들은 매고 푸는 것이 율법이 아니라 사람을 가리킨다는 것을 보여준다.

열쇠는 문을 열고 닫는다. 매거나 푸는 것은 출입을 막거나 허용하는 것이다. 천국 열쇠는 천국 문을 열거나 닫는다. 베드로는 사도행전 2-10장에서 회개하고 예수님을 믿으라고 선포할 때 그렇게 한다. 수천 명이 회개하고 믿고 그 나라에 들어간다(행 2:14-42; 10:34-48). 그러나 베드로의 메시지를 거부하면 그 나라에 들어가지 못한다(4:5-31; 8:18-23).

이는 마태복음 16:19b의 번역으로 이어진다. 그 구절은 문자적으로 이

265 Morris, *Matthew*, 426; G. Dalman, *The Words of Jesus: Considered in the Light of Post-Biblical Jewish Writings and the Aramaic Language* (Edinburgh: T&T Clark, 1902), 213-217.

렇게 읽힌다. "네가 땅에서 무엇이든지 매면 하늘에서도 '매일 것이요'(shall have been bound) 네가 땅에서 무엇이든지 풀면 하늘에서도 '풀리리라'(shall have been loosed)." 그런데 이런 식으로 번역하는 번역본은 거의 없다. 아마도 그것이 어색한 영어이기 때문일 것이다(헬라어 역시 어색하다).[266] 대부분의 번역본처럼 ESV는 이렇게 해석한다. "매일 것이요(will be bound)…풀리리라(will be loosed)." 헬라어 에스타이 데데메논…에스타이 렐뤼메논(*estai dedemenon…estai lelymenon*)은 우회적인 미래 완료다. 즉 '…이다'(to be)의 미래 시제가 '매다'와 '풀다'에 대한 완료 수동태 분사와 결합했다. 이 어구들은 두 가지 논쟁으로 이어진다. 첫째, 이 우회적인 미래 완료에 대한 바른 해석은 무엇인가? 둘째, 사도 권위의 범위는 어디까지인가?

만약 "너희가 무엇이든지 매면…매일 것이요(will be bound)"가 옳은 해석이라면, 예수님은 모든 사도의 행동이 하나님의 행동과 완벽하게 일치한다고 말씀하시는 것일 수 있다. 극단적으로, 이는 예수님이 그분의 권위를 베드로와 그의 후임자들에게 위임해서 그들이 무엇을 하든 하나님께서 확정하신다는 의미일 것이다. 베드로가 매거나(비난하거나) 풀면(용서하면), 하나님께서 따르신다. 아니면 예수님은 베드로(와 어쩌면 다른 이들)가 하나님의 뜻과 완벽하게 일치하여, 그가 매는 무엇이든지 하나님 역시 매신다고 의미하셨을 수 있다. 첫 번째 제안은 하나님께서 인간의 뜻을 따라간다. 두 번째는 사도들과 이후 지도자들의 실수를 무시한다.

다른 한편으로, 만약 완료 시제가 전통적인 힘을 보유하고 있다면 본문은 분명하다. 완료 시제는 과거 행동이 지속적인 영향을 미치거나 그 정황이 지속되는 것을 나타낸다.[267] 헬라어 문법학자들은 완료 시제가 "문맥으로 분별되는 것을 제외하면"[268] 꼭 시간을 언급하지는 않으면서 정황을 묘사한다고 말한다. 이곳에서 문맥은 시간에 관한 단서를 가지고 있다. 예수

266 France, *Gospel according to Matthew*, 256.

267 완료 시제의 고전적인 의미는 신약에서 시들해진다. 어떤 동사들의 경우 완료 시제는 현재 시제와 비슷하다. 그리고 완료 분사는 형용사처럼 기능할 수 있다. Turner, *Syntax*, 81-82.

님은 그분의 교회를 세우'겠다'고, 베드로에게 열쇠를 주'겠다'고 말씀하시므로, 우리는 미래 완료 수동태에 충분한 무게를 줄 수 있다. 예수님은 베드로가 주는 메시아이자 하나님의 아들이라고 사도로서 '선포할 때' 그 열쇠를 사용하신다. 베드로는 누가 천국에 들어가고 누가 들어가지 못하는지 결정하지 않는다. 그는 복음을 선포할 때 하나님께서 이미 결정하신 것을 '다시 말하고' 선언한다. 누군가가 회개하고 예수님을 믿으면, 죄 사함을 받고 그 문이 열려서 하나님의 나라에 들어간다.[269] 누구든 예수님을 거부하면 그 문은 닫힌다.

마태복음을 살피면서 우리는 예수님이 모든 사도에 대해 이를 염두에 두고 계심을 본다. 그분은 사람을 낚는 어부가 되도록 그들을 부르시고(마 4:19), 유대인과 이방인에게 그 나라의 좋은 소식을 전하라고 지시하셨다(10:5-23). 부활 후에는 사도들에게 모든 민족을 제자 삼으라고 맡기실 것이다(28:18-20). 예수님은 16:19과 18:18에서 아주 유사한 표현으로 천국 열쇠를 주신다. 16:19에서는 예수님이 "내가 천국 열쇠를 네게 주리니"라고 말씀하실 때 대명사 "네게"가 단수다. 16:18-19에서 예수님은 막 예수님이 누구인지 선언한 '베드로'에게, 그 열쇠를 주겠다고 말씀하신다. 그러나 18:15-18에서는 예수님이 사도 '모두'에게, 그들이 교회를 보살피고 죄인들을 훈육하기 때문에 그들이 매고 푸는 권세를 가진다고 말씀하신다.[270]

예수님은 다시 오실 때까지 천국 열쇠를 사도들에게 그리고 이어지는

268 Carson, *Matthew*, 424, Daniel B. Wallace, *Greek Grammar beyond the Basics: An Exegetical Syntax of the New Testament* (Grand Rapids, MI: Zondervan, 1996), 572-582.

269 "풀다"에 해당하는 헬라어 뤼오(*lyō*)는 신약에서 절대 정확하게 "용서하다"의 의미가 아니지만, 70인역 이사야 40:2과 집회서 29:2에서는 그 의미다.

270 예수님은 16:19에서는,

네가[단수] 땅에서 무엇이든지 매면 하늘에서도 매일 것이요
네가[단수] 땅에서 무엇이든지 풀면 하늘에서도 풀리리라

라고 하시는 반면, 18:18에서는 이렇게 말씀하신다.

무엇이든지 너희가[복수] 땅에서 매면 하늘에서도 매일 것이요
무엇이든지 [너희가(복수)] 땅에서 풀면 하늘에서도 풀리리라

교회 지도자 세대에게 맡기셨다(딤후 2:2). 그들이 복음을 선포하고 제자 삼을 때, 신자들에게 그 문을 열고 불신자들에게 그 문을 닫는다. 마태복음 16장에서 제자들은 여전히 미숙하므로 예수님은 그들에게 "자기가 그리스도인 것을 아무에게도 이르지 말라"(20절)라고 요청하신다. 나중에 예수님은 그 금령을 해제하실 것이다.

응답

교회는 세계 모든 지역으로, 한때 굳건하게 닫힌 듯 보였던 땅까지 계속 확대된다. 앤드류 월스(Andrew Walls)는 기독교가 항상 "특별한 신앙이자 보편적인 신앙"이었다고 언급한다. 기독교의 메시지는 하나지만, 다양한 시간, 장소, 문화에 맞게 적용되고 구체화된다. 기독교는 항상 하나님의 아들 예수 그리스도를 토착화하고 항상 높인다.[271]

목회자들은 복음을 선포할 때 매고 푼다. 설교할 때 그들은 하나님께서 이미 선언하신 것을 다시 말한다. 그래서 그들이 회개하고 믿는 사람은 모두 그 나라를 상속받는다고 말할 때, 그들의 죄와 상관없이 이미 하나님께서 푸신 것을 푼다. 반대로 어떤 교사가 매면, 그는 교회와 그 나라에서 불신자와 회개하지 않은 자를 차단한다. 따라서 설교자는 용기를 가질 책임과 근거가 있다. 그는 예수님이 주신 복음을 '다시 선언한다.' 그리고 듣는 이들은 모두 주의를 기울일 이유가 있다. 신실한 설교자는 모든 사람에게 어떻게 하나님 나라에 들어가 죄 사함을 받을 수 있는지 말함으로써 하나님을 대변한다.

271 Andrew F. Walls, *The Missionary Movement in Christian History: Studies in the Transmission of Faith* (Maryknoll, NY: Orbis, 1996), 24-27. 《세계 기독교와 선교 운동》(IVP); Mark Noll, *From Every Tribe and Nation: A Historian''s Discovery of the Global Christian Story* (Grand Rapids, MI: Baker Academic, 2014), 90-98. 인용은 Walls에 대한 Noll의 요약에서 한 것이다.

21 이때로부터 예수 그리스도께서 자기가 예루살렘에 올라가 장로들
과 대제사장들과 서기관들에게 많은 고난을 받고 죽임을 당하고 제삼
일에 살아나야 할 것을 제자들에게 비로소 나타내시니 22 베드로가 예
수를 붙들고 항변하여 이르되 주여 그리 마옵소서 이 일이 결코 [1)]주
께 미치지 아니하리이다 23 예수께서 돌이키시며 베드로에게 이르시
되 사탄아 내 뒤로 물러 가라 너는 나를 넘어지게 하는 자로다 네가
하나님의 일을 생각하지 아니하고 도리어 사람의 일을 생각하는도다
하시고

21 From that time Jesus began to show his disciples that he must go to
Jerusalem and suffer many things from the elders and chief priests and
scribes, and be killed, and on the third day be raised. 22 And Peter took
him aside and began to rebuke him, saying, "Far be it from you, Lord![1]
This shall never happen to you." 23 But he turned and said to Peter, "Get
behind me, Satan! You are a hindrance[2] to me. For you are not setting
your mind on the things of God, but on the things of man."

24 이에 예수께서 제자들에게 이르시되 누구든지 나를 따라오려거든
자기를 부인하고 자기 십자가를 지고 나를 따를 것이니라 25 누구든지
제 목숨을 구원하고자 하면 잃을 것이요 누구든지 나를 위하여 제 목
숨을 잃으면 찾으리라 26 사람이 만일 온 천하를 얻고도 제 목숨을 잃
으면 무엇이 유익하리요 사람이 무엇을 주고 제 목숨과 바꾸겠느냐
27 인자가 아버지의 영광으로 그 천사들과 함께 오리니 그때에 각 사
람이 행한 대로 갚으리라 28 진실로 너희에게 이르노니 여기 서 있는
사람 중에 죽기 전에 인자가 그 왕권을 가지고 오는 것을 볼 자들도
있느니라

24 Then Jesus told his disciples, "If anyone would come after me, let
him deny himself and take up his cross and follow me. 25 For whoever
would save his life[3] will lose it, but whoever loses his life for my sake
will find it. 26 For what will it profit a man if he gains the whole world
and forfeits his soul? Or what shall a man give in return for his soul?
27 For the Son of Man is going to come with his angels in the glory of
his Father, and then he will repay each person according to what he has
done. 28 Truly, I say to you, there are some standing here who will not
taste death until they see the Son of Man coming in his kingdom."

1) 헬, 당신께

1 Or "[May God be] *merciful to you, Lord!*" *2* Greek *stumbling block* *3* The same Greek word can mean either *soul* or *life*, depending on the context; twice in this verse and twice in verse 26

16장

단락 개관

마태복음 16:13-20에서 베드로는 예수님이 그리스도라고 고백했다. 예수님은 베드로의 고백을 축복한 다음, 제자들에게 누구에게도 말하지 말라고 당부하셨다. 21-28절에서 우리는 그 이유를 알게 된다. 베드로에게는 메시아의 삶에 대한 올바른 개념이 없었다. 그래서 "이때로부터" 예수님은 메시아의 역할이 무엇인지 정의하기 시작하신다. 21-23절에서 예수님은 자신이 죽임 당하기 위해 예루살렘으로 가야 한다고 밝히신다. 베드로는 그 말에 대해 예수님께 항변하지만, 예수님은 베드로 역시 죽기까지 그분을 따를 준비를 해야 한다고 답하신다. 24-28절에서 예수님은 제자의 삶은 그분의 삶을 따르는 것이라고 가르치신다.

서두의 어구 "이때로부터 예수 그리스도께서…비로소…"는 신약에서 두 번 나오는데, 이곳과 4:17이다. 그 두 표현은 예수님 사역의 두 단계를 묘사하는 것 같다. 그분은 4:17부터 16:20까지 그 나라를 선포하시고, 그 다음 16:21부터 28:20까지 그분의 죽음과 부활을 설명하신다.

단락 개요

Ⅵ. 무리와 지도자들 사이에서 제자들을 훈련하시다(14:1-20:34)
- K. 예수님이 자신의 메시아 사역을 설명하시다(16:21-28)
  - 1. 십자가의 필요성(16:21-23)
  - 2. 십자가와 제자도(16:24-28)

예수님이 예루살렘에서 이스라엘의 지도자들 손에 죽을 것이라고 예고하시자(마 16:21), 베드로는 "그런 일은 일어날 수 없습니다"(참고. 22절)라고 항변한다. 예수님은 베드로를 바로잡은 다음(23절) 제자도를 설명하신다(24-26절). 예수님을 따르는 것이란, 자신을 부인하고 그분의 죽음과 같은 죽음을 받아들이는 것이다. 이런 식으로 목숨을 잃는 자들이 목숨을 얻는다. 나아가 예수님은 모든 사람의 행위에 따라 그들에게 보상하실 것이다. 이 보상은 그들이 기대하는 것보다 빨리 올 것이다(27-28절).

주석

16:21-23 16절에서 베드로는 예수님을 "그리스도요 살아 계신 하나님의 아들"로 고백했다. 베드로는 예수님을 하나님께 기름 부음을 받은 구원자, 메시아로 믿는다. 하지만 예수님이 그분의 구원을 설명하기 시작하실 때, 우리는 베드로가 얼마나 많이 배워야 하는지 본다. 첫째, 예수님은 그분이 고난 '받을 것이다'가 고난 '받아야 한다'고 말씀하신다(21절). 그분의 고난은 우연한 것이 아니라 필수적이다. 둘째, 그분은 예루살렘에서 하나 된 이스라엘의 지도자들, 즉 장로들과 대제사장들과 서기관들의 손에 고난당하실 것이다(21절). 장로들은 나이와 경험과 명성이 있는 이들이다. 대제사장들은 가장 높은 한 명의 대제사장과 많은 평범한 제사장들 사이에 있는 이들이다. 서기관들은 율법의 내용과 적용을 담당하는 전문 직업인이다. 헬라어는 이 세 부류 사람들을 다 묶는 하나의 정관사를 사용한다. 이들이 함께 통제하고 함께 예수님을 십자가에 못 박을 것이기 때문이다.

21절에서 예수님은 일어나야 하는 네 가지 일을 드러내신다. 첫째, 예수님은 하나님의 도성인 수도 예루살렘에 가셔야 한다. 둘째, 고난을 받으셔야 한다. 셋째, 죽임 당하셔야 한다. 마태는 20:19과 26:2에서 그 방식과 십자가 죽음을 밝힌다. 예수님은 단순히 죽는 것이 아니라 사람들이 그분을 '죽일' 것이다. 그분은 사형에 처해질 것이다. 넷째, 예수님은 사흘째 되는 날에 살아나실 것이다. 이는 신적 수동태로, 하나님이 그 행위자다.

이 말씀을 들은 베드로는 예수님을 한쪽으로 데리고 가서 항변한다. "그리 마옵소서"는 간결한 헬라어 힐레오스 소이(*hileōs soi*)의 번역으로, 문자적으로 '자비가 있기를'이다. 이는 '하나님께서 자비를 베푸셔서 당신께 그러한 일이 일어나지 않기를' 혹은 '그렇게 말하는 당신에게 하나님께서 자비를 베푸시기를'을 의미할 수 있다. 70인역의 병행 구절은 그 어구가 아마도 '하나님께서 그런 일이 일어나지 않게 하시기를'을 의미할 것이라고 암시한다. 만약 그렇다면 베드로는 "이 일이 '결코' 주께 미치지 '아니하리이다'"(16:22)라고 말할 때 같은 말을 되풀이한 셈이다.[272] 그 순간 그 생각은 베드로에게 아주 불쾌하다. 물론 그것을 받아들이는 법을 배워야 하겠지만 말이다.

우리는 20절에서 예수님이 왜 제자들에게 그분의 정체에 대해 침묵하라고 명령하셨는지 안다. 베드로는 그리스도에 대해 잘못된 개념을 가지고 있고 순종적인 학생도 아니다. 베드로는 예수님을 메시아, 하나님의 아들로 고백했지만 너무 확신에 찬 나머지, 22절에서 예수님을 한쪽으로 잡아당겨 그분이 틀렸다고 말한다. 이러한 베드로를 예수님이 역으로 꾸짖으신다. "사탄아 내 뒤로 물러가라"(23절). 베드로는 예수님의 죽음에 반대함으로써, 자신도 모르게 예수님이 아버지의 계획을 거절하기 바라는 사탄과 손잡았다. 베드로는 하나님처럼 생각하지 않고 사탄처럼, "사람"처럼 생각하여 예수님을 넘어지게 한다. "넘어지게 하는 자"는 스칸달론의 번역으로, 덫을 물리게 하는 나뭇가지나 (더 가능성 있는 것으로) 걸림돌을 말한다. 베드로가 '어떤 사람인가'는 베드로가 '어떤 말을 하는가'에 달려 있다. 그가 그리스도를 고백할 때, 그는 교회를 받치는 반석이다. 그러나 그리스도께 항변할 때는, 사탄의 편을 드는 걸림돌이 된다.

16:24-28 그리스인들은 십자가에 못 박히는 이들을 치욕스럽게 생각했다. 로마인들은 십자가에 못 박히는 이들을 범죄자와 무력한 사람으로 보

272 "결코…아니하리이다"를 강조체로 한 것은, 강조하는 이중 부정 우 메(*ou mē*)를 반영한 것이다.

왔고, 유대인들은 하나님의 저주를 받은 사람으로 보았다. 그러나 예수님은 24절에서 그분의 고난을 그분을 따르는 '누구든' 겪어야 할 것으로 보신다. 이 절에는 '따라오라', '부인하라', '지라'라는 3개의 명령이 있다. 모두 현재 시제로, 제자들은 그것에 계속 주의를 기울여야 한다는 것을 암시한다. 그분을 따르는 이는 "자기를 부인[할]" 것이다. 즉 소유, 권력, 사람들의 호의에 대한 욕구를 내려놓을 것이다.[273] 나아가 제자는 "자기 십자가를" 질 것이다. 이는 그저 순종하라는 요청이 아니라 필요할 때 고난 받음으로 자신을 부인하라는 요청이다.

전체적으로 볼 때, 마태는 제자들에게 예수님이 하시는 모든 말씀을 믿고, 예수님이 명령하시는 모든 것에 순종하고, 예수님이 행하시는 모든 것을 본받으라(인간에게 맞는 방식으로)고 요구한다. 이는 대가가 큰 일이지만 보상이 있으며, 예수님은 25-28절에서 자기를 부인하고 그분을 따라야 할 네 가지 이유를 말씀하신다.

16장

첫째, 누구도 자기 목숨을 구원할 수 없다. 대신 "나를 위하여 제 목숨을 잃으면 찾으리라"(25절). 그 나라를 위해 목숨을 바친 선교사 짐 엘리엇(Jim Elliot)는 1949년 일기에 이렇게 썼다. "잃을 수 없는 것을 얻기 위해 지킬 수 없는 것을 주는 자는 바보가 아니다." 모든 사람이 죽는다. 이 세상에서의 삶을 영원히 유지할 수 있는 사람은 아무도 없다. 그러나 그리스도 안에서 죽는 이들은 영원히 그분과 함께 산다. 둘째, 세상을 얻지만 영혼 혹은 목숨을 잃으면 아무 유익도 없다(26절). 생명 자체의 가치를 넘어서는 이득은 없고, 어떤 것을 지불해도 생명은 살 수 없다. 생명은 하나님께서 예수님을 믿는 이들에게 주시는 선물이다. 셋째, 예수님은 다시 와서 "각 사람이 행한 대로" 갚으실(27절) 것이다. 이는 행위로 구원받는다는 제안이 아니라 주께서 선행을 잊지 않으신다는, 보상받지 못하는 희생은 없으리라는 약속이다. 넷째, 예수님이 영광 가운데 돌아오실 것이다(27-28절).

273 John Calvin, *Institutes of the Christian Religion*, ed. John T. McNeill, trans. Ford Lewis Battles, LCC (Philadelphia: Westminster, 1960), 1:691 (1.7.2).

예수님은 "여기 서 있는 사람 중에 죽기 전에" 인자가 그 왕권을 가지고 오는 것을 볼 자도 있다고 덧붙이신다. 이런 수수께끼 같은 말은, 언뜻 보기에는 예수님이 한 세대 안에 이 세상이 끝나리라 예상하신다는 의미로 보인다. 그러나 그러한 결론은 미래에 대한 예수님의 의견이 완벽하게 틀렸음을 전제한다. 분명 그분의 진술은 예수님의 통치를 드러내는 어떤 일이 한 세대 내에 일어난다고 약속한다. 한 세대쯤 지나서 두 사건이 예수님의 나라를 드러낼 것이다. 첫째, 교회가 이스라엘에서뿐 아니라 이방인들 가운데서도 빠르게 확장될 것이다. 둘째, 예수님이 예언하신 대로 로마인들이 이스라엘을 심판할 것이다. 두 사건 모두 28절을 성취한다.[274]

응답

마태복음 16:21-28은 예수님의 죽음과 부활이 구원 계획에 필수임을 드러낸다. 신약 전체가 이에 동의한다. 빈 무덤에 있던 천사들은 이렇게 말했다. "인자가 죄인의 손에 넘겨져 십자가에 못 박히고 제삼일에 다시 살아나야 하리라"(눅 24:7). 오순절에 베드로는 예수님이 "하나님께서 정하신 뜻과 미리 아신 대로"(행 2:23) 죽으시고 다시 사셨다고 언급한다. 히브리서는 예수님이 "흠 없는 자기를 하나님께 드[려]" 신자들을 "깨끗하게 하고" "살아 계신 하나님을 섬기[도록]" 그들을 자유롭게 하셨다고 말한다(히 9:14, 참고. 롬 5:9; 엡 1:7; 2:13; 히 10:19; 13:20; 벧전 1:2; 요일 1:7).

이 단락은 또한 제자도에 대해 분명하게 알려준다. 베드로는 제자가 되었지만 무지와 잘못된 확신으로 괴로워할 수 있음을 (고통스럽게) 보여준다. 제자는 한순간 옳지만 그 다음 순간 옳지 않을 수 있다. 그런 실수를 피하기 위해서는 "듣기는 속히 하고 말하기는 더디" 해야 하며, 우리 생각을

274 Hagner, *Matthew*, 2:485-487.

"하나님의 일"에 고정하려고 힘써야 한다(약 1:19; 마 16:23). 제자는 잠시 놀라울 정도로 둔할 수 있지만 예수님은 그들을 참아주신다. 결국 베드로는 그가 16장에서 거부하는 모든 것을 받아들일 것이다. 그는 나중에 "그리스도도 너희를 위하여 고난을 받으사 너희에게 본을 끼쳐 그 자취를 따라오게 하려 하셨느니라"(벧전 2:21)라고 쓴다. 그리스도의 십자가는 "하나님의 일"(마 16:23)의 중심이다. 십자가와 빈 무덤 없는 기독교는 없다. 그리스도인이 많은 점에서 의견이 다를 수 있지만 이 부분에서는 아니다.

많은 그리스도인이 예수님이 죄인들을 위해 죽으신 것에는 감사하면서 그분을 따르는 데서는 뒷걸음질 칠 수 있다. 교회는 사람들을 끌어들이는 데 지나치게 열중한 나머지, 예수님의 지키기 힘든 말씀을 희석시키고 희생하라는 부르심은 삭제할 수 있다. 교회는 직원과 자원과 프로그램들을 정비하고 찾아오는 이들을 손님으로 대하며 매력적인 서비스를 제공할 수 있다. 모든 프로그램이 탁월하지는 않더라도, 그러한 교회들은 영적 소비자들에게 호소하며 소비자 중심주의 접근법을 취할 수 있다. 그러나 우리는 십자가 군병들이다.

1 엿새 후에 예수께서 베드로와 야고보와 그 형제 요한을 데리시고 따
로 높은 산에 올라가셨더니 2 그들 앞에서 변형되사 그 얼굴이 해같이
빛나며 옷이 빛과 같이 희어졌더라 3 그때에 모세와 엘리야가 예수와
더불어 말하는 것이 그들에게 보이거늘 4 베드로가 예수께 여쭈어 이
르되 주여 우리가 여기 있는 것이 좋사오니 만일 주께서 원하시면 내
가 여기서 초막 셋을 짓되 하나는 주님을 위하여, 하나는 모세를 위하
여, 하나는 엘리야를 위하여 하리이다 5 말할 때에 홀연히 빛난 구름
이 그들을 덮으며 구름 속에서 소리가 나서 이르시되 이는 내 사랑하
는 아들이요 내 기뻐하는 자니 너희는 그의 말을 들으라 하시는지라
6 제자들이 듣고 엎드려 심히 두려워하니 7 예수께서 나아와 그들에게
손을 대시며 이르시되 일어나라 두려워하지 말라 하시니 8 제자들이
눈을 들고 보매 오직 예수 외에는 아무도 보이지 아니하더라

1 And after six days Jesus took with him Peter and James, and John
his brother, and led them up a high mountain by themselves. 2 And he
was transfigured before them, and his face shone like the sun, and his
clothes became white as light. 3 And behold, there appeared to them
Moses and Elijah, talking with him. 4 And Peter said to Jesus, "Lord, it

is good that we are here. If you wish, I will make three tents here, one
for you and one for Moses and one for Elijah." 5 He was still speaking
when, behold, a bright cloud overshadowed them, and a voice from the
cloud said, "This is my beloved Son,[1] with whom I am well pleased;
listen to him." 6 When the disciples heard this, they fell on their faces
and were terrified. 7 But Jesus came and touched them, saying, "Rise,
and have no fear." 8 And when they lifted up their eyes, they saw no
one but Jesus only.

9 그들이 산에서 내려올 때에 예수께서 명하여 이르시되 인자가 죽은
자 가운데서 살아나기 전에는 본 것을 아무에게도 이르지 말라 하시
니 10 제자들이 물어 이르되 그러면 어찌하여 서기관들이 엘리야가 먼
저 와야 하리라 하나이까 11 예수께서 대답하여 이르시되 엘리야가 과
연 먼저 와서 모든 일을 회복하리라 12 내가 너희에게 말하노니 엘리
야가 이미 왔으되 사람들이 알지 못하고 임의로 대우하였도다 인자도
이와 같이 그들에게 고난을 받으리라 하시니 13 그제서야 제자들이 예
수께서 말씀하신 것이 [1)]세례 요한인 줄을 깨달으니라

9 And as they were coming down the mountain, Jesus commanded
them, "Tell no one the vision, until the Son of Man is raised from the
dead." 10 And the disciples asked him, "Then why do the scribes say
that first Elijah must come?" 11 He answered, "Elijah does come, and
he will restore all things. 12 But I tell you that Elijah has already come,
and they did not recognize him, but did to him whatever they pleased.
So also the Son of Man will certainly suffer at their hands." 13 Then the
disciples understood that he was speaking to them of John the Baptist.

1) 헬, 또는 침례

1 Or *my Son, my* (or *the*) *Beloved*

단락 개관

인쇄기가 발명된 후 출판사들이 고안한 장별 분할은, 연결된 단원들을 확고하게 분리된 것으로 암시함으로써 해석자들을 오도할 수 있다. 마태는 서로를 해석해주는 사건들을 나란히 배치하여, 독자가 그 연결을 발견하도록 하는 것을 좋아한다. 마태복음 16-17장이 좋은 예다. 16장에서 베드로는 예수님이 그리스도이자 하나님의 아들이라고 고백한다. 예수님은 이에 동의하고 곧바로 메시아에 대한 베드로의 오해를 바로잡기 시작하신다. 그분은 예루살렘에 가서 고난 받고 죽임당하고 사흘째 되는 날 살아나셔야 한다. 나아가 제자들은 그분의 발자취를 따라야 한다. 예수님을 따르려는 사람은 "자기를 부인하고 자기 십자가를 지고 나를 따[라야]" 한다(16:24). 그런 다음 예수님은 몇 가지 방식으로 메시지를 누그러뜨리신다. 예수님을 위해 목숨을 잃으면 자기 목숨을 찾을 것이다. 예수님이 다시 오실 때 신실한 제자들에게 보상해주실 것이다(16:25-28). 예수님은 죽음을 겪어야 하지만 영광도 맛보신다(17:1-5). 고난 받는 아들과 영광스러운 아들은 한 분이다.

예수님의 변모 기사는 단도직입적이다. 아버지는 은혜롭게도 예수님과 그분의 가장 가까운 제자들에게 그들이 가장 필요로 할 때 예수님의 영광과 아버지의 은총의 표지를 주신다. 그 사건은 상징주의로 가득하지만 주요 사건과 요지는 단순하다. 예수님은 고난에도 불구하고 영광스러운 아들이시므로, 제자들은 그분의 말씀을 들어야 한다. 제자들은 이를 이해하려고 애쓰며 조금이나마 앞으로 나아간다(17:9-13).

변모 사건은 세 공관복음에 모두 나온다. 마가복음이 (이례적으로) 가장 짧다. 누가복음만이 모세와 엘리야가 곧 예루살렘으로 떠나는 것에 관해 예수님과 이야기하는 것과 제자들이 간신히 깨어 있었음을 언급한다. 마태만이 제자들이 두려워 엎드린 것을 기록한다. 반초자연주의자들은 그 기사를 적절하지 못한 자리에 있는 부활 내러티브(그들은 이것 역시 허구라고 믿는다)로 혹은 16:28을 장식하는 허구의 환상으로 여겨 묵살한다. 조금 더 전문적인 복음주의 주석가들은 그 비평가들을 비판한다.

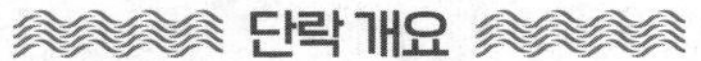

단락 개요

VI. 무리와 지도자들 사이에서 제자들을 훈련하시다(14:1-20:34)

L. 변모(17:1-13)

1. 예수님이 영광 가운데 빛나다(17:1-4)
2. 아버지가 기쁨을 전하시다(17:5-6)
3. 제자들이 깨달으려고 애쓰다(17:7-13)

16:16-28에서 제자들은 아주 놀라운 계시를 듣는다. 예수님은 메시아이자 하나님의 아들이다. 그분은 지속되는 교회를 세우고 그 열쇠를 제자들에게 맡기실 것이다. 하지만 그분의 길, 그리고 그들의 길에는 고난, 심지어 죽음이 있고 그 이후 영광에 이를 것이다. 엿새 후, 예수님이 베드로와 야고보와 요한을 데리고 산에 올라가서 그분의 영광을 살짝 보여주신다(17:1-2). 모세와 엘리야가 예수님과 이야기를 나눌 때, 베드로는 그가 얼마나 이해하지 못하는지를 드러낸다(3-4절). 그러나 아버지가 구름 속에서 핵심적인 사실을 선언하신다. "이는 내 사랑하는 아들이요…그의 말을 들으라"(5절). 예수님은 구름과 소리에 놀라 엎드린 제자들을 일으켜 두려움을 몰아내신다(6-8절). 그리고 본 것을 아무에게도 말하지 말라고 명하신다. 그들에게는 그 계시를 완전히 소화할 자원이 부족하기 때문이다(9절). 하지만 그들은 어떤 것들은 이해하기 시작한다(10-13절).

주석

17:1-13 예수님이 가장 가까운 제자들을 이끌고 잠시 동안 정체불명의 높은 산으로 올라가신다. "엿새 후에"라는 언급은 죽음에 대한 예고와 그분의 영광에 대한 이 증거가 연결되어 있음을 확고히 해준다(1절). 산은 모세(출 3-4장; 19-20장; 34장)와 엘리야(왕상 19장) 모두에게 계시의 장소였고, 예수님은 기도하려 산에 가신다(마 14:23; 눅 6:12).

예수님이 성육신하신 내내 인간 육체가 그분의 영광을 가리지만, 변모 사건은 "그 얼굴이 해같이 빛나며"로 신적 위엄을 가지신 예수님을 드러낸다. 그분의 옷까지 경이로운 모습과 어울린다(마 17:2). 베드로는 평생 그 사건을 기억할 것이다(벧후 1:16-18). 그것이 유일무이한 사건이기에 마땅히 그래야 한다. 모세가 시내산에서 주님과 함께 40일을 보낸 후 그의 얼굴은 '반사되고 색이 바랜' 영광으로 광채가 났다(출 34:28-35). 구속받은 이들 역시 새로운 창조 세계에서 영원히 그리스도의 영광을 반영할 수 있다(요일 3:2). 그러나 이 경우 예수님은 내재된 영광으로 빛나신다.

그 변모가 예수님에게는 재확인의 의미라면, 제자들에게는 계시의 의미가 있다. 이들은 나중에 그 사건이 예수님의 성육신 이전 영광을 떠올려주는 장면(요 1:14; 17:5, 참고. 빌 2:5-7)이자, 다가올 영광을 미리 보여주는 것(계 1:14-16; 19:12)임을 깨달을 것이다.[275] 아버지는 예수님이 고난당하는 메시아이자 영광의 주임을 제자들에게 확인시켜주기 위해 그 사건을 설계하셨다. 구원 사역이 완성될 때 신자들은 예수님의 성육신과 죽음을 통해 백성을 위한 희생의 크기를 온전히 보게 될 것이다.

그 산에서 모세와 엘리야가 나타나 예수님과 이야기를 나눈다.[276] 두 사

275 Carson, *Matthew*, 437.

276 복음서에서 모세와 엘리야의 이름을 언급할 때, 그것은 육체적인 죽음 이후에도 사람들이 정체성을 간직함을 보여준다. 신성으로의 흡수나 집단적인 인간 영혼은 없다.

람 모두 구속사에서 주요한 역할을 하는데 각자가 아니라 함께 나온다. 먼저, 그들은 율법과 예언자를 대표한다. 둘째, 둘 다 한 시대를 만드는 역할을 했다. 모세는 이스라엘을 애굽에서 이끌고 나와 한 나라가 되게 했고, 엘리야는 이스라엘 대부분이 바알 숭배에 굴복했을 때 갱신을 위해 일했다. 셋째, 둘 다 이 세상으로부터 색다른 '출애굽' 혹은 떠남을 경험했다. 모세는 하나님과 단둘이 있는 어느 산에서 죽었고, 하나님은 엘리야를 불 수레로 하늘로 데리고 가셨다. 넷째, 둘 다 하나님의 특별한 계시를 받았다. 마지막으로, 둘 다 그리스도의 선조(forerunners)였다.

마태는 그 세 사람이 함께 이야기를 나눈다고만 기록한다. 누가는 그들이 예수님이 "예루살렘에서 이루실 일"(새번역)에 대해, 즉 그분의 떠나가심[엑소도스(*exodos*)]에 말한 것(눅 9:31)을 포함한다. 요컨대 그들의 주제는 예수님의 죽음이다. 실제로 예수님은 모세가 예고했던(신 18:15-18) 대(great) 예언자며, 하나님의 백성을 그분께서 인도함으로 엘리야의 사역을 마무리 지으신다.

베드로는 황홀하지만 혼란스럽다. 이렇게 예수님의 신성이 드러나는 상황에 있는 것이 기쁘지만 올바른 반응을 찾느라 애쓰고 있다. 그는 경배하는 마음으로 "주께서 원하시면 내가 여기서 초막 셋을 짓되"(마 17:4)라고 제안한다. 그 제안은 경의를 표하는 것이지만(그는 "주"로 시작한다), 잘못된 판단이었다. 세 분은 그곳에 계속 머물지 않으실 것이다. 예수님은 예루살렘으로 향하시고(눅 9:31, 53), 베드로는 결국 그것을 이해하게 된다(행 2:14-41).

베드로가 허둥대는 동안, 아버지는 빛난 구름을 보내서 그들을 "덮으[신다]." 즉, 그들 모두를 감싸신다. 이를 보며 마태의 독자들은 이스라엘이 애굽에서 탈출한 후 이스라엘을 인도하고 보호했던 영광스럽고 빛나는 구름을 기억할 것이다(출 13-14장). 그 구름은 하나님께서 자신을 드러내셨던 것이고, 회막에 들어가실 때 그 앞에 있던 것이다(출 33장; 40장). 아버지는 그 구름으로 세 가지를 드러내신다. 첫째, 예수님은 아버지의 사랑하는 아들이다. 둘째, 다른 사람들은 그렇지 않다 해도 아버지는 아들을 기뻐하신다(마 12:24; 15:1-2; 16:1). 셋째, 제자들은 그분의 말을 들어야 한다. 특히 문맥이 암시하듯, 그분이 자신의 고난과 죽음과 부활을 예언하실 때 그래야 한다(17:5).

환상과 함께 임한 그 소리는 경배자에게 깊은 인상을 주지만, 제자들을 심히 두렵게 만든다(6절). 이는 구약에서 신의 현현에 대한 흔한 반응이었고(창 17:3; 28:17; 단 8:17), 사도들은 이곳과 요한계시록 1:17에서 영광중에 계신 예수님을 볼 때 그것을 되풀이한다. 성경은 두 종류의 두려움을 언급한다. 하나님의 임재 가운데서 구원받은 이들이 갖는 경외와, 하나님의 임재 가운데서 악한 자들이 느끼는 공포다. 첫 번째는 보통 "두려워하지 말라"라는 권고를 듣는다. 이곳에서 예수님은 엎드린 제자들에게 부드럽게 손을 대며 일으키면서 "두려워하지 말라"(마 17:7)라고 안심시키신다. 다른 이들은 계속 두려움 가운데 있다(마 28:4-5). 이 장면은 그 세 사람이 눈을 들어 예수님만 보는 것으로 끝난다. 모세와 엘리야는 떠났기 때문이다.

마태는 모든 시선이 예수님을 향하도록 기교 있게 마무리한다. 그것은 마땅해 보인다. 모세와 엘리야는 예수님과 동시대의 인물이 아니라 선조이기 때문이다. 기민한 독자는 신명기 18:15-22을 기억해낼지도 모르겠다. 그곳에서 모세는, 하나님의 음성과 현현으로 이스라엘이 두려워 떨 때 그들이 예언자를 통해 하나님을 대신하여 말하게 해달라고 요구했던 것을 상기시켰다. 모세가 바로 그 예언자였다(출 19:18-19). 하지만 모세 역시 "너희는 그의 말을 들을지어다"(신 18:15, 참고. 마 17:5)라고 말하며, 그와 같은 또 다른 예언자를 예고했다.

예수님이 모세보다 우월하시다는 것은, 마태가 전개하는 '예수님이…보다 크심'이라는 주제를 이어간다. 그분은 신실함 면에서 아담과 이스라엘보다 크시고(4:1-11), 의로움 면에서 서기관과 바리새인보다 크시고(5:17-6:18), 세례 요한보다 크시고(11:11-15), 성전보다 크시고(12:3-6), 요나(12:41)와 솔로몬(12:42)보다 크시다. 요한복음과 히브리서도 동의한다. 요한은 예수님이 야곱, 세례 요한, 아브라함보다 크신 분이라고 쓴다(요 4:12-14; 5:33-36; 8:53-58). 히브리서 1-12장은 예수님이 예언자, 천사, 모세, 제사장, 믿음의 영웅들보다 우월하심을 계속해서 제시한다.

변모의 경험은 강렬하기도 하고 부드럽기도 하다. 예수님의 신성이 빛을 발하고 아버지의 음성이 천둥소리 같지만, 예수님은 그 세 사람을 어루만지며 두려움을 진정시키신다. 그럼에도 불구하고 베드로와 야고보와 요한은 아직 그들이 경험한 것을 이해하지 못하고, 그렇기 때문에 예수님은 마지막 때를 위해 부활 때까지 "본 것을 아무에게도 이르지 말라"라고 명하신다(마 17:9, 참고. 마 8:4; 9:30; 16:20). 제자들은 죽음과 부활, 고난과 영광의 연합을 파악하기까지 정확하게 그 변모의 기적을 선포할 수 없다. 그들이 이야기한다 해도 누가 그 말을 믿겠는가? 누가 그들을 이해하겠는가? 부활 이후에야 그 변모가 이해될 것이다.

변모는 예수님이 메시아라는 제자들의 확신에 힘을 주지만, 다음과 같은 질문을 불러일으키기도 한다. "그러면(운, 주로 '그러므로') 어찌하여 서기관들이 엘리야가 먼저 와야 하리라 하나이까"(17:10). '그러므로'는 제자들이 추론을 끌어내고 있음을 의미한다. 만약 예수님이 메시아라면, 서기관들이 그분보다 앞서 오리라고 말한 엘리야는 어디에 있는가? 아마도 엘리야를 보고(3절) 그러한 질문이 생겼겠지만 그 이상이 있다. 말라기가 이스라엘을 회복하기 위해 엘리야가 돌아온다고 예언하기 때문에(말 4:5-6) 그에 대한 관심이 높았던 것이다(마 16:14; 요 1:21). 또 만약 엘리야가 메시아가 오기 전에 "모든 일을 회복"한다면, 왜 예수님은 고난과 죽음에 대해 말씀하시는가?(마 16:21-17:9) 요컨대 예수님이 메시아라면 엘리야는 어디에 있는가?

예수님은 "엘리야가 과연 먼저 와서 모든 일을 회복[할]" 것이지만, "사람들이 알지 못하고" 그를 "임의로" 대했다고 대답하신다(11-12절). 예수님이 말씀하시는 "엘리야"는, 엘리야이자 전신으로 온 세례 요한이다. 예수님은 서기관들의 생각을 상당 부분 지지하시지만 다는 아니다. "엘리야", 즉 요한이 와서 이스라엘을 회복해야 하지만, 그들이 생각하는 순서대로는 아니다. 요한이 왔을 때 백성은 결국 그를 거부했다. 나아가 만약 전신인 요한이 학대를 당했다면, 예수님이 더 나은 운명을 기대하실 수 있을까? 그래서 예수님은 "인자도 이와 같이 그들에게 고난을 받으리라"(12절)

라고 말씀하신다. 그러자 예수님이 세례 요한에 대해 말씀하고 계심을 "제자들이…깨[닫는다]"(13절). 오래지 않아 예수님은 인자가 고난당하고 죽임을 당해야 함을 반복해서 말씀하실 것이다(22-23절). 그렇다면 그들이 변모를 기억하는 것이 얼마나 중요한가.

응답

무엇보다도, 변모는 그리스도의 신성을 드러내 보인다. 그 신성은 모든 인류를, 주일과 다른 모든 날에, 개인적으로 공적으로 그분을 알고 그분을 예배하도록 이끌어야 한다. 둘째, 예수님이 주님이므로 제자들과 모든 사람이 그분의 말씀을 들어야 한다. 특히 그분의 말씀이 소중히 여겨온 생각에 도전을 하실 때도 말이다. 셋째, 이 단락은 우리가 그분의 거룩하심과 우리의 죄 가운데서 그분을 만날 때 그리스도에 대한 두려움을 생각하게 한다. 히브리서는 신자들이 "경건함과 두려움으로 하나님을 기쁘시게 섬길지니 우리 하나님은 소멸하는 불이심이라"(히 12:28-29)라고 경고한다. 하나님의 위엄과 거룩하심은 모든 사람, 신자들까지도 하나님을 두려워하도록 이끈다. 하지만 불신자들은 마땅히 그분의 진노와 심판을 두려워해야 하는 반면, 신자들은 부드러운 손길과 "두려워하지 말라"라는 위로의 말을 기대해야 한다.

14 그들이 무리에게 이르매 한 사람이 예수께 와서 꿇어 엎드려 이르
되 15 주여 내 아들을 불쌍히 여기소서 그가 간질로 심히 고생하여 자
주 불에도 넘어지며 물에도 넘어지는지라 16 내가 주의 제자들에게 데
리고 왔으나 능히 고치지 못하더이다 17 예수께서 대답하여 이르시되
믿음이 없고 패역한 세대여 내가 얼마나 너희와 함께 있으며 얼마나
너희에게 참으리요 그를 이리로 데려오라 하시니라 18 이에 예수께서
꾸짖으시니 귀신이 나가고 아이가 그때부터 나으니라 19 이때에 제자
들이 조용히 예수께 나아와 이르되 우리는 어찌하여 쫓아내지 못하였
나이까 20 이르시되 너희 믿음이 작은 까닭이니라 진실로 너희에게 이
르노니 만일 너희에게 믿음이 겨자씨 한 알 만큼만 있어도 이 산을 명
하여 여기서 저기로 옮겨지라 하면 옮겨질 것이요 또 너희가 못할 것
이 없으리라 21 [1)](없음)

14 And when they came to the crowd, a man came up to him and,
kneeling before him, 15 said, "Lord, have mercy on my son, for he
has seizures and he suffers terribly. For often he falls into the fire, and
often into the water. 16 And I brought him to your disciples, and they

could not heal him." 17 And Jesus answered, "O faithless and twisted generation, how long am I to be with you? How long am I to bear with you? Bring him here to me." 18 And Jesus rebuked the demon,[1] and it[2] came out of him, and the boy was healed instantly.[3] 19 Then the disciples came to Jesus privately and said, "Why could we not cast it out?" 20 He said to them, "Because of your little faith. For truly, I say to you, if you have faith like a grain of mustard seed, you will say to this mountain, 'Move from here to there,' and it will move, and nothing will be impossible for you."[4]

1) 어떤 사본에, 21절 '기도와 금식이 아니면 이런 유가 나가지 아니하느니라'가 있음

1 Greek *it* *2* Greek *the demon* *3* Greek *from that hour* *4* Some manuscripts insert verse 21: *But this kind never comes out except by prayer and fasting*

단락 개관

세 공관복음 모두 괴로워하는 소년의 치유를 변형 바로 다음에 배치한다. 이는 암시적으로 예수님의 영광과 그 소년을 고치지 못하는 제자들의 무능함을 날카롭게 대조한다. 그들의 실패가 실망스러운 까닭은, 제자들이 이전에 귀신을 장악하는 능력을 보여주었기 때문이다(마 10:1). 그들이 보인 무능의 뿌리는 믿음 부족이다.

마태의 기사는 마가의 기사보다 상당히 짧고 강조점도 다르다. 마가는 아이의 고통을 생생하고 자세하게 묘사하지만 강조점은 아버지가 보인 믿음의 변화 과정이다. 반면 마태는 제자들의 믿음 없음과 그들에 대한 예수님의 실망을 강조한다. 예수님은 또한 귀신을 지배하는 그분의 권세를 입증하고(마태복음에서는 마지막으로), 믿음에 관한 말씀을 덧붙이신다.

ESV는 마태복음 17:21이라고 부르는 구절을 복제하지 않는다(참고. 17:20 ESV 난외주). 이는 대부분의 초기 헬라어 사본에 나오지 않기 때문이다. 그 내용은 마가복음 9:29에 나온다.

단락 개요

VI. 무리와 지도자들 사이에서 제자들을 훈련하시다(14:1-20:34)
  M. 귀신 들린 소년을 고치시다(17:14-20)
    1. 예수님이 귀신과 맞닥뜨리고 꾸짖으시다(17:14-18)
    2. 기도의 능력(17:19-20; 최상의 초기 사본들에는 17:21이 없음)

17장

이 단락은 단도직입적이다. 아버지가 아들을 위해 도움을 간청하고, 선생님이 계시지 않는 동안 드러났던 제자들의 무능을 언급한다. 예수님은 "믿음이 없[는]" 세대를 애통한 후에 소년을 고쳐주신다.

주석

17:14-20 변형 사건 후 예수님과 베드로, 야고보, 요한은 산에서 내려와 무리를 만난다. 그 무리에서 한 사람이 나와 예수님 앞에서 무릎 꿇고[277] 간청한다. "주여 내 아들을 불쌍히 여기소서 그가 간질로 심히 고생하여 자주 불에도 넘어지며 물에도 넘어지는지라"(15절). "간질"은 셀레니아조마

277 "꿇어 엎드려"에 해당하는 헬라어는 고니페테오(*gonypeteō*)로, 경배가 아니라 간청의 자세를 암시하는 단어다.

이(*selēniazomai*)의 번역으로, 신약에서 이곳과 4:24에만 나온다.[278] 복음서에서 늘 그렇듯이, 그 단어는 구체적인 질병이 아니라 증상을 묘사한다. 소년은 자기 파괴적인 발작에 시달리고 있다. 그는 아무데나 넘어지는 것이 아니라 불과 물속으로 넘어진다. 생물학적 요인이 무엇이든 귀신의 활동이 그것을 악화시키는 것이다.

예수님이 계시지 않을 때 그 아버지는 소년을 제자들에게 데리고 왔었다. "내가 주의 제자들에게 데리고 왔으니 능히 고치지 못하더이다"(17:16). 비난의 암시는 마가복음에서 더 강력하다. "내 아들을 선생님[헬라어는 예수님을 가리키는 단수]께 데려왔나이다…내가 선생님의 제자들에게 내쫓아달라 하였으나 그들이 능히 하지 못하더이다"(막 9:17-18). 그 아버지가 마가복음 9장에서 제자들의 무능을 강조한다면, 예수님은 마태복음 17장에서 그들의 믿음 없음에 주목하신다. 그분은 17절에서 그들을 "믿음이 없[는]…세대"라고 부르시고, 20절에서는 "믿음이 작은" 까닭에 그들이 귀신을 쫓아낼 수 없었다고 말씀하신다. 제자들이 진전하지 못하는 모습은 14-17장 내내 지배적인 주제다. 제자들은 예수님의 권능에 대해 잊어버렸고(마 14:16-21; 15:33), 전전긍긍하며 의심했고(14:26-31), 예수님의 가르침을 오해했으며(15:15-16; 16:4; 17:4), 진리를 찾는 자들을 몰아냈다(15:23).

소년의 아버지는 예수님의 제자들을 그분의 대리인으로 여긴다(16절). 선생이 없을 때에는 대리인들이 선생의 일을 해야 한다. 실제로 그들은 과거에 병을 고치고 귀신을 쫓아냈다(10:8; 눅 9:6; 10:17). 그러나 지금은 귀신이 그 질병의 배후에서 기세등등하게 저항하고 있다.

이 사건은 예수님의 정서를 살짝 들여다보게 한다. 그들의 믿음 없음은 그분을 몹시 화나게 했다. "믿음이 없고 패역한 세대여 내가 얼마나 너희와 함께 있으[리요]"(마 17:17). 예수님은 마태복음 다른 데서도 실망감과 속상함을 표현하시지만(12:39; 16:4), 마가복음에서는 특히 날카롭다(막 3:5; 8:12,

278 헬라어 셀레네(*selēnē*)는 "달"(moon)을 의미하므로, Morris는 "정신 이상"(lunatic)으로 번역한다.

17-21). 예수님은 30년 동안 믿음 없는 이들과 사셨고, 제자들의 분명한 퇴보가 그분을 괴롭힌다. "내가 얼마나 너희와 함께 있으[리요]"는 예수님이 성육신 이전에 존재하셨으며 그리로 돌아가고 싶어 하심을 암시하기도 한다.

예수님은 그분의 실망을 제쳐두고, 명령으로 그 소년을 고치고 귀신을 쫓아내신다. 제자들은 "우리는 어찌하여 쫓아내지 못하였나이까"(마 17:18-19)라며 의아해한다. 그들은 자신의 실패가 이해되지 않는다. 어쨌든 이전에는 유사한 임무를 처리했었으니 말이다. 무엇이 잘못되었는가?

예수님이 "너희 믿음이 작은 까닭이니"(20절)라고 대답하신다.[279] 슬프게도 그분의 대답이 추가적인 질문들을 불러일으킨다. 제자들이 퇴보했는가? 그들은 현재의 믿음 대신 과거의 은사와 경험에 의지하고 있는가? 아니면, 이는 내쫓는 데 더 많은 권능이 필요한 더 강력한(그들에게 계급이 있다면) 귀신인가?

이 구절은 공관복음의 의견 차이를 바라보는 한 시각을 제시한다. 마태는 제자들의 '작은 믿음'에 대한 그 특유의 관심을 통해 그 사건을 설명한다. 그의 용어는 신약에서 이곳에서만 사용된 올리고피스티안(*oligopistian*)이지만, 열두 제자에 대한 그의 거의 독특한 용어인 "믿음이 작은 자들"[올리고피스토스(*oligopistos*), 마태복음 밖에서는 단 한 번만 사용됨]과 흡사하다. 마가 역시 믿음을 중심에 두지만, 그는 제자들이 아니라 그 아버지의 믿음에 집중한다. 아버지의 확신은 제자들이 자기 아들을 고치지 못함으로 인해 흔들렸다. 그래서 예수님을 만났을 때 "무엇을 하실 수 있거든 우리를 불쌍히 여기사 도와주옵소서"(막 9:22)라고 간청한다. 예수님은 불안에 주목하고 "할 수 있거든"이라고 그의 말을 다시 인용하신다. 다른 말로 하면, "할 수 있거든이 무슨 말이냐?[280] 문제는 내 능력이 아니라 너의 믿음이다. 믿는 자에

17장

279 많은 본문이 "믿음이 작은"(올리고피스티안) 대신 "불신"[아피스티안(*apistian*)]으로 되어 있다. "믿음이 작은"은 가장 오래되고 가장 믿을 만한 본문의 표현이다.

280 성경 헬라어에는 인용 부호가 없다. 과도하게 문자적으로 번역하면, 예수님은 "그 할 수 있거든"(The if you can)이라고 말씀하신다. 정관사("the")는 그 구절을 실사로 만든다. 그러면 "'할 수 있거든'이라는 말에 대해…"라는 의미다.

게는 모든 것이 가능하다"(참고. 막 9:23). 아버지의 대답은 전형적이다 "내가 믿나이다. 나의 믿음 없는 것을 도와주소서"(막 9:24). 어렵게 믿음에 이르게 되는 것에 대한 주제는 마가복음 8:22-26에도 나온다. 마태와 마가의 기사는 상호보완적이다. 각각 믿음에 이르는 어려운 길을 다룬다. 마가는 외부인의 여정을 강조하는 반면, 마태는 열두 제자의 여정에 초점을 둔다.

예수님은 격려로 마무리 지으신다. 제자들의 믿음이 작긴 하지만 그것으로 충분하다. 당시 문화에서 경작되는 씨 가운데 가장 작은 겨자씨 한 알만큼의 믿음이 산을 뿌리째 뽑아 "여기서 저기로" 옮길 수 있다. 믿음으로 불가능한 것은 없다(마 17:20). 산을 옮기는 것은 하나님의 능력, 혹은 불가능해 보이는 것을 하는 믿음에 대한 은유다(참고. 사 40:4; 49:11; 막 11:23). 이는 원하는 것은 무엇이든 하는 날것의 능력이 아니라, 하나님이 뜻하시고 인가하신 것을 하는 능력이다.

응답

놀랍게도, 우리는 제자들에 대한 예수님의 실망, 심지어 격분을 주시하며 자유를 누린다. 워필드(B. B. Warfield)는 인성을 입은 주님이 "죄 없는 인간 정서를 모두" 경험하신다고 썼다. 예수님은 복음서에서 "아주 다양한 감정"을 드러내시는데, 그것들 중 다수가 우리를 미혹시키는 "격정으로만 알려진" 것들이다.[281] 하지만 예수님은 병자들을 볼 때, 또 죄와 죽음을 슬퍼할 때, 긍휼과 연민을 경험하신다. 예수님이 한숨을 쉬거나, 신음 소리를 내거나, 울거나, 심지어 화를 낼 때, 그것은 제자들을 자유롭게 해주어서 그들도 모든 감정을 진실하게 표현할 수 있다.

마태복음 17:14-20은 믿음에 관한 성찰을 돕는다. 제자들에게는 믿음

281 B. B. Warfield, "On the Emotional Life of Our Lord", in *The Person and Work of Christ* (Phillipsburg, NJ: P&R, 1970), 93.

이 거의 없었기 때문에 그 소년을 고칠 수 없었다. 믿음의 성장은 몹시 힘들고 더딜 수 있다. 예수님은 제자들에게 병을 고치고 귀신을 장악하는 권세를 주셨지만, 무언가가 잘못되었다. 그들의 믿음이 약해졌거나 초라해졌다. 혹 그들이 습관이나 공식을 의지하고 기도는 게을리 했을지도 모른다. 하지만 작은 믿음도 진실로 하나님을 바라본다면 쓸모가 있다. 중요한 질문은 믿음의 대상이다. 작은 믿음이라도 하나님을 의지한다면 충분하다. 그분을 통해 믿음이 산을 옮길 수 있듯이, 믿음으로 "못할 것이 없[다]"(20절)

22 갈릴리에 모일 때에 예수께서 제자들에게 이르시되 인자가 장차
사람들의 손에 넘겨져 23 죽임을 당하고 제삼일에 살아나리라 하시니
제자들이 매우 근심하더라

22 As they were gathering[1] in Galilee, Jesus said to them, "The Son of
Man is about to be delivered into the hands of men, 23 and they will
kill him, and he will be raised on the third day." And they were greatly
distressed

24 가버나움에 이르니 [1)]반 세겔 받는 자들이 베드로에게 나아와 이르
되 너의 선생은 반 세겔을 내지 아니하느냐 25 이르되 내신다 하고 집
에 들어가니 예수께서 먼저 이르시되 시몬아 네 생각은 어떠하냐 세
상 임금들이 누구에게 관세와 국세를 받느냐 자기 아들에게냐 타인에
게냐 26 베드로가 이르되 타인에게니이다 예수께서 이르시되 그렇다
면 아들들은 세를 면하리라 27 그러나 우리가 그들이 실족하지 않게
하기 위하여 네가 바다에 가서 낚시를 던져 먼저 오르는 고기를 가져
입을 열면 돈 한 세겔을 얻을 것이니 가져다가 나와 너를 위하여 주라

하시니라

24 When they came to Capernaum, the collectors of the two-drachma
tax went up to Peter and said, "Does your teacher not pay the tax?"
25 He said, "Yes." And when he came into the house, Jesus spoke to
him first, saying, "What do you think, Simon? From whom do kings
of the earth take toll or tax? From their sons or from others?" 26 And
when he said, "From others," Jesus said to him, "Then the sons are free.
27 However, not to give offense to them, go to the sea and cast a hook
and take the first fish that comes up, and when you open its mouth
you will find a shekel.[2] Take that and give it to them for me and for
yourself."

1) 반 세겔은 성전세로 바치는 금액

1 Some manuscripts *remained 2* Greek *stater*, a silver coin worth four drachmas or approximately one shekel

17장

단락 개관

마태복음 17장은 그리스도의 인격과 사역을 보여주는 두 가지 짧은 사건으로 끝난다. 먼저 22-23절은, 예수님이 사람들의 손에 넘겨져 죽임을 당한 다음 살아나셔야 함을 되풀이해서 말한다. 예언은 근본적으로 16:21과 유사하다. 두 번째 단락에서는 세리들이 예수님과 제자들에게서 세금을 걷으려 한다. 예수님은 피할 수 있음에도 세금을 내신다.

단락 개요

Ⅵ. 무리와 지도자들 사이에서 제자들을 훈련하시다(14:1-20:34)
N. 예수님이 다시 자신의 죽음을 예언하시다(17:22-23)
O. 예수님이 성전세를 내시다(17:24-27)

주석

17:22-23 이 절들은 예수님이 두 번째 죽음을 예언하신 시간도 장소도 명시하지 않는다. 예수님은 변모 후에 그저 "갈릴리에" 계신다. 이 단락은 서른 절 내에 나오는, 예수님의 고난에 대한 세 번째 예언이다(참고. 마 16:21; 17:12, 22-23). 첫 번째와 마지막 예언은 유사하다. 반복은 습득의 원천이기 때문이다. 두 예언 모두 예수님이 죽임 당하고 셋째 날에 부활하셔야 한다고 말한다. 첫 번째 예언은 시간과 행위자를 밝히고, 마지막 예언은 예수님이 "사람들의 손에 넘겨질[인계될, ESV는 "delivered"]" 것이라고 말한다. '인계되다'는 '이양하다'(hand over)나 불길한 의미의 '넘겨주다'(betray)보다 순한 의미를 가질 수 있다.

마가와 누가 둘 다 제자들이 "깨닫지 못하고"(막 9:32; 눅 9:45)라고 기록하는 반면, 마태는 "제자들이 매우 근심하더라"(마 17:23)라고 말한다. 분명 그들은 예수님이 죽을 것이라는 말씀은 듣지만, 살아날 것이라는 말씀은 듣지 않는다.

17:24-27 때가 되어 예수님과 그 제자들이 가버나움에 온다. 어떤 세리가 베드로에게 접근하여 예수님이 성전세를 내시는지 묻는다(24절). 이스라엘은 세금이 비쌌지만 성전세는 덜 부담스러웠다. 그 돈은 성전과 제사

장과 그들의 종을 부양하는 데 쓰였고, 액수는 대략 이틀치 임금이었다.

세리에게는 예수님이 성전세를 내는지 궁금해 할 이유가 있다. 첫째, 그것은 의무가 아니다. 둘째, 예수님과 제자들이 기본적으로 그러했던 것처럼, 구호금으로 살아가는 이들은 성전세를 내라는 요구를 받지 않는다. 셋째, 사두개인들은 성전세를 반대한 반면 에세네파는 성전세를 냈지만 평생 한 번만 냈다. 성전이 부패했다고 여겼기 때문이다. 예수님은 이스라엘 선생들과 충돌했으므로 성전에 대한 그분의 태도가 불분명했을 수 있다. 마지막으로, 제사장은 성전세를 내지 않았고 아마도 랍비도(그들은 예수님을 랍비라고 여기므로) 내지 않았을 것이다. 그래서 그 세리들은 예수님이 성전세를 내는지 묻고, 베드로는 "내신다"라고 말한다(24-25a절).

그 대화를 우연히 들었든 초자연적으로 알았든, 예수님은 베드로가 집에 도착하기를 기다리다 다음과 같은 질문으로 선수를 치신다. "세상 임금들이 누구에게 관세와 국세를 받느냐 자기 아들에게냐 타인에게냐." 대답은 명백하다. "타인에게니이다." 예수님은 "그렇다면 아들들은 세를 면하리라"라고 결론 내리신다(25b-26절).

세리들은 모든 사람이 세를 내지는 않는 것을 이해했다. 거지는 가진 게 없었고, 왕족들은 면제되었고, "격분한 랍비"를 대면하고 싶어 하는 사람은 없었다.[282] 왕의 아들들은 세를 내지 않는 이들 목록에서 높은 순위에 있었다. 그래서 예수님은 그분이 왕의 아들이므로 세를 내야 할 의무에서 면제된다고 주장하시는 듯하다. 그러나 예수님은 '아들'이 아니라 "아들들"이라고 말씀하신다. 이는 왕이 그의 아들들 '모두'를 제외함을 의미할 수 있다. 또 예수님이 그분의 제자들을 '하나님의 아들들'이라 부르고 계심을 나타낼 수 있다. 둘 다 타당한 것 같다.[283]

282 Derrett, *Law in the New Testament*, 252-254; Alan Storkey, Jesus and Politics: *Confronting the Powers* (Grand Rapids, MI: Baker Academic, 2004), 220-224.

283 신학적으로 말해서, 예수님은 제사장이기 때문에 그리고 성전이 가리키는 분으로서 성전보다 크기 때문에 성전세 내는 것을 거부하실 수 있었다.

예수님은 종종 권세자들의 기분을 상하게 하지만 절대 불필요하게 그렇게 하지는 않으므로, 성전세를 내기로 하신다. 불행히도 예수님에게 돈이 없다. 하지만 그분은 갈릴리 바다 근처에 계시고, 어부였던 베드로는 아직 장비를 가지고 있다. 예수님이 베드로에게 바다에 가서 낚시를 던져 "먼저 오르는 고기를 가져 입을 열면 돈 한 세겔을 얻을 것이니"라고 명하신다. 한 세겔은 나흘치 임금으로 예수님과 베드로가 성전세를 내는 데 필요한 정확한 금액이었다(27절). 독자들은 베드로가 순종하여 물고기를 잡아 성전세를 냈을 거라 추정할 수 있다.

응답

마태는 예수님이 스스로를 정의하실 때 그 말씀을 들어야 한다고 독자들에게 상기시킨다. 하나님의 아들이자 구세주인 그분은 사역을 완성하기 위해 배반과 죽음을 겪으셔야 한다.

물고기와 동전에 관한 이 경이로운 일은 예수님의 방식에 관해 두 가지를 가르친다. 첫째, 그분은 불필요한 공격을 피하신다. 그래서 성전세를 내고 성전 당국자들을 존중하신다. 둘째, 물고기 입 안에 있는 돈의 풍성한 은혜는 예수님이 그분의 자녀를 어떻게 돌보시는지 보여준다. 왕이 그 가족을 돌보시기 때문에 우리는 관대할 수 있다.

18장

1 그때에 제자들이 예수께 나아와 이르되 천국에서는 누가 크니이까
2 예수께서 한 어린아이를 불러 그들 가운데 세우시고 3 이르시되 진
실로 너희에게 이르노니 너희가 돌이켜 어린아이들과 같이 되지 아니
하면 결단코 천국에 들어가지 못하리라 4 그러므로 누구든지 이 어린
아이와 같이 자기를 낮추는 사람이 천국에서 큰 자니라
1 At that time the disciples came to Jesus, saying, “Who is the greatest
in the kingdom of heaven?” 2 And calling to him a child, he put him
in the midst of them 3 and said, “Truly, I say to you, unless you turn
and become like children, you will never enter the kingdom of heaven.
4 Whoever humbles himself like this child is the greatest in the kingdom
of heaven.

5 또 누구든지 내 이름으로 이런 어린아이 하나를 영접하면 곧 나를
영접함이니 6 누구든지 나를 믿는 이 작은 자 중 하나를 실족하게 하
면 차라리 연자 맷돌이 그 목에 달려서 깊은 바다에 빠뜨려지는 것이
나으니라

5 "Whoever receives one such child in my name receives me, 6 but
whoever causes one of these little ones who believe in me to sin,[1] it
would be better for him to have a great millstone fastened around his
neck and to be drowned in the depth of the sea.

7 실족하게 하는 일들이 있음으로 말미암아 세상에 화가 있도다 실족
하게 하는 일이 없을 수는 없으나 실족하게 하는 그 사람에게는 화가
있도다 8 만일 네 손이나 네 발이 너를 [1)]범죄하게 하거든 찍어 내버리
라 장애인이나 다리 저는 자로 [2)]영생에 들어가는 것이 두 손과 두 발
을 가지고 영원한 불에 던져지는 것보다 나으니라 9 만일 네 눈이 너
를 [1)]범죄하게 하거든 빼어 내버리라 한 눈으로 영생에 들어가는 것이
두 눈을 가지고 지옥 불에 던져지는 것보다 나으니라
7 "Woe to the world for temptations to sin![2] For it is necessary that
temptations come, but woe to the one by whom the temptation comes!
8 And if your hand or your foot causes you to sin, cut it off and throw
it away. It is better for you to enter life crippled or lame than with two
hands or two feet to be thrown into the eternal fire. 9 And if your eye
causes you to sin, tear it out and throw it away. It is better for you to
enter life with one eye than with two eyes to be thrown into the hell[3] of
fire.

10 삼가 이 작은 자 중의 하나도 업신여기지 말라 너희에게 말하노니
그들의 천사들이 하늘에서 하늘에 계신 내 아버지의 얼굴을 항상 뵈
옵느니라 11 [3)](없음) 12 너희 생각에는 어떠하냐 만일 어떤 사람이 양
백 마리가 있는데 그중의 하나가 길을 잃었으면 그 아흔아홉 마리를
산에 두고 가서 길 잃은 양을 찾지 않겠느냐 13 진실로 너희에게 이르
노니 만일 찾으면 길을 잃지 아니한 아흔아홉 마리보다 이것을 더 기

빼하리라 14 이와 같이 이 작은 자 중의 하나라도 잃는 것은 하늘에 계
신 너희 아버지의 뜻이 아니니라

10 "See that you do not despise one of these little ones. For I tell you
that in heaven their angels always see the face of my Father who is
in heaven.[4] 12 What do you think? If a man has a hundred sheep, and
one of them has gone astray, does he not leave the ninety-nine on the
mountains and go in search of the one that went astray? 13 And if he
finds it, truly, I say to you, he rejoices over it more than over the ninety-
nine that never went astray. 14 So it is not the will of my[5] Father who is
in heaven that one of these little ones should perish.

1) 또는 실족 2) 헬, 생명에 3) 어떤 사본에, 11절 '인자가 온 것은 잃은 자를 구원하려 함이니라'가 있음

1 Greek *causes…to stumble*; also verses 8, 9 *2* Greek *stumbling blocks* *3* Greek *Gehenna* *4* Some manuscripts add verse 11: *For the Son of Man came to save the lost* *5* Some manuscripts *your*

18장

단락 개관

마태복음 18장은 "천국에서는 누가 크니이까?"라는 질문으로 시작한다. 뮤지컬에서 적절한 때에 적합한 노래가 등장하는 것처럼, 이 단락은 마태가 가르침과 대화와 여행과 기적을 통합하는 바로 그 순간에 복음서 내러티브를 앞으로 나아가게 한다. 각 단락은 적합한 순간에 나온다. 산상수훈(5-7장)은 많은 무리가 예수님을 따르기 시작하여 그 나라에 수반된 것이 무엇인지 알아야 할 때 그 나라의 기준을 서술한다. 선교 담화에서(10장) 예수님은 제자들을 보내며 그들이 어떻게 행동해야 하는지 말씀하신다. 10장에 나오는 박해에 대한 경고는 11-12장에 나오는 실제 반대를 대비

한다. 천국 비유(13장)는 예수님을 향한 적대감을 설명하는 동시에, 그것과 상관없이 천국은 분명하게 자란다는 것을 약속한다. 14-17장에서 예수님은 공동체를 세워가면서 공동체 생활의 표지로서 마땅히 필요한 겸손, 의, 용서를 강조하신다. 그런 다음 마태복음 18:1-14에서 첫 두 주제를 전개하신다.

이 단락은 어린아이[파이디온(*paidion*)]와 "작은 자"[미크로스(*mikros*)]를 각각 4회와 3회 언급한다. 예수님은 겸손을 아이의 훌륭한 덕목으로 밝히면서 어린아이 같은 겸손을 천국의 특징으로 언급하신다. 단락의 나머지 부분에서는 나이가 어리든 믿음이 어리든 어린아이와 작은 자를 대하는 바른 방법을 그리스도인 공동체에게 가르치신다.

단락 개요

VI. 무리와 지도자들 사이에서 제자들을 훈련하시다(14:1-20:34)
  P. 네 번째 설교: 그 나라의 공동체 생활(18:1-35)
    1. 큼과 겸손(18:1-4)
    2. 누구도 죄를 짓게 하지 않음(18:5-9)
    3. 잃어버린 양 비유(18:10-14)

마태복음 18:1-2은 배경을 설정하고, 그 장의 주제를 알리는 "누가 크니이까"라는 질문을 던진다. 그 질문은 잘못된 판단에서 나온 것이다. 어린아이 같은 겸손이 천국에서 큰 자의 표지이기 때문이다(3-4절). 이는 연령 면에서든 신학적인 면에서든 어린아이와 "작은 자"를 바르게 대하는 법에 관한 가르침으로 이어진다. 첫째, 누군가를 죄로 이끄는 것은 악이지만, 특히 "작은 자"의 경우가 그렇다(5-9절). 둘째, 누구도 하나님의 작은 자를 멸시해서는 안 된다. 그들을 존중하는 한 가지 방법은 그들이 길을 잃을 때 찾아내는 것이다(10-14절).

주석

18:1-4 18장은 "천국에서는 누가 크니이까"(1절)라는 제자들의 질문으로 시작하는데, 이는 단 한 번으로 끝나지 않는다. 예수님은 한 어린아이를 그들 가운데 세우고, 그런 질문은 그들이 믿음이 있는지 없는지 생각하게 만드는 질문임을 암시하신다. 그들이 "돌이[키지]" 혹은 회개하지[스트레포(*strephō*)] 않는다면, 절대(헬라어는 강조하는 이중 부정이다) 천국에 들어가지 못할 것이다(3절). 그들은 누가 큰지 궁금해 하는 대신, "이 어린아이와 같이" 자기를 낮추어야 한다(4절). 성경은 어린아이는 무조건 무고하다고 주장하지 않지만, 어린아이들은 스스로 도움이 필요하다는 것을 잘 알기에 제자들에게 필요한 겸손의 전형적인 예가 된다.

"돌이켜"(혹은 회개하다)라는 동사는 수동태로 되어 있다. 이 절은 "너희가 '변화되어' 어린아이들과 같이 되지 아니하면 결단코 천국에 들어가지 못하리라"라고 번역할 수 있다. 그 신비를 보라. 모든 사람이 회개하라는 명령을 받지만(마 4:17), 하나님만이 마음을 변화시키실 수 있다. 우리는 '변화되어야' 한다. 예레미야는 이스라엘이 (문자적으로 번역하면) '내가 돌이켜지도록 나를 돌이키소서' 혹은 '내가 회복되도록 나를 회복시키소서'라고 기도할 때 그들을 축복한다(렘 31:18). 하나님이 행하셔야 하고, 우리는 그분과 함께 행해야 한다.

18:5-9 어린아이처럼 되면 어린아이를 반갑게 맞아들이기도 할 것이다. 아이를 잘 대하는 것은 예수님을 잘 대하는 것이다(5절). 그러나 작은 자들이 죄를 짓도록 이끌면, 그 작은 자들이 땅에서 얼마나 짧게 살았든, 신앙 연수가 얼마나 어리든, 그것은 하나님의 진노를 부르는 일이다. 차라리 죽

18장

는 것이 나을 것이다(6절). 나아가 예수님은 누군가가 죄를 짓도록 유혹하는 "그 사람에게는 화가 있도다"라고 선언하신다(7절; "화가 있도다"에 대해서는 23장을 보라). 다른 사람들이 죄를 짓도록 유혹하지 않으려면 그 사람 속에 있는 죄도 미워해야 한다(마 18:7-9). 건강한 몸과 악한 영혼으로 "지옥 불에 던져지는 것"보다는, 손이나 발이나 눈을 상하게 하여 한 눈으로 혹은 "장애인이나 다리 저는 자로 영생에 들어가는 것"이 더 나을 것이다(8-9절, 손과 발을 자르는 것에 관한 은유에 대해서는 참고. 5:27-30 주석).

18:10-14 10절에서 예수님은 작은 자들을 올바르게 대해야 한다는 주제로 돌아오신다. 참된 공동체는 하나님께서 그렇게 하시듯이 그들을 존중한다. 하나님은 그들을 보호하기 위해 천사들을 보내기까지 하신다(10절). 아버지는 그들 중 하나라도 멸망하는 것을 보고 싶어 하지 않으신다(14절).

잃은 양의 비유는(12-13절) 마태복음과 누가복음에 다 나오지만, 문맥은 확실하게 다르다. 누가복음에서는 예수님이 "죄인들"을 영접하신 것에 대해 투덜거리는 바리새인들의 비판에 답하기 위해 그 이야기를 하신다(눅 15:1-2). 예수님은 자신이 선한 목자가 하는 대로 행한다고 말씀하신다. 선한 목자는 잃어버린 양을 찾는다. 목자가 성공하면, 하늘에 있는 천사들이 죄인들이 회개한 것을 기뻐한다(15:3-7). 누가복음 15장에서 잃어버린 양은 율법과 언약을 거부한 이스라엘 자손을 나타낸다. 주제는 복음 전도다. 마태복음 18:1-14의 주제는 하나님께서 "작은 자"를 돌보시는 것이다. 누구도 그들을 죄에 빠지게 하거나(5-9절) 경멸해서는 안 된다(10절). 참된 목자는 잃어버린 자를 찾아다니고 그들을 찾으면 기뻐한다. 문맥에서 작은 자들을 찾는 목자는, 하나님(14절의 초점) 혹은 공동체의 지체들(5-10절의 초점) 혹은 둘 다일 수 있다.

천국이 어린아이들처럼 스스로를 낮추는 이들의 것이라면(1-4절), 하나님께서 그들을 지키기 위해 천사들을 지정한다면(10절), 그분이 그들 중 하나라도 멸망하지 않기를 원한다면(14절), 그들이 길을 잃을 때 그분은 행동하실 것이다. 또 제자들이 항상 작은 자들을 영접하고 존중하며 그들이 걸려 넘어질 만한 일을 전혀 하지 않는다면, 그들은 길 잃은 작은 자들을 찾을 것이다. 주님이 그분의 백성'을 통해' 그들의 백성'을 위해' 돌보시므로 둘 다 사실이다. 우리는 잃어버린 양을 찾을 책임이 있다(갈 6:1; 약 5:19-20).

비유는 색다른 어구, 즉 "너희 생각에는 어떠하냐"(마 18:12)로 시작한다.[284] 예수님은 사실상 이렇게 질문하신다. "내가 묘사하는 상황에서 어떤 일이 일어나야 한다고 생각하느냐? 어떤 목자에게 양 백 마리가 있는데 한 마리가 처진 것을 알았다고 가정해보라. 그는 아직 아흔아홉 마리 양이 있다고 기뻐할까? 아흔아홉 마리를 두고 잃어버린 한 마리를 찾지 않겠느냐?"(참고. 12절).[285] 그는 분명 그렇게 할 것이다. 양을 발견할 때까지 계속 찾아다닐[286] 것이고, "길을 잃지 아니한 아흔아홉 마리보다"(13절) 되찾은 그 한 마리 양을 더 기뻐할 것이다. 물론 아흔아홉 마리도 중요하다. 그러나 목자는 길 잃은 그 한 마리를 찾을 때 기뻐한다.

284 대부분의 초기 마태복음 사본에는 마태복음 18:11이 없다. ESV는, 18:11의 "인자가 온 것은 잃은 자를 구원하려 함이니라"가 누가복음 19:10에서 온 것이며 마태복음 원본의 일부가 아니라고 결론 내리는 다수의 원문 분석자들에게 동의한다.

285 헬라어는 부정 의문사 우키[*ouchi*]를 쓰는데, 이는 수사적인 기능을 한다. "그는 찾을 것이다. 그렇지 않겠는가?"

286 "계속 찾다"는 현재 시제로의 전환을 반영한 것으로, 아마도 계속되는 행동을 나타내는 듯하다.

응답

길을 잃는 데는 한 가지 이상의 이유가 있다. 믿음 없이 죽은 이후 영원히 길을 잃을 수도 있고, 살아 있는 동안 불신 때문에 길을 잃을 수도 있다. 그러나 믿음이 작은 자는 다른 의미에서 길을 잃을 수 있다. 구원받았지만 공동체 밖에 있거나 죄에 빠져 혼란스러울 수 있다. 예수님은 신자들에게 어떤 의미에서든 길을 잃은 이들을 찾으라고 권고하지만, 이곳에서 첫 번째 요청은, 아버지께서 "이 작은 자 중의 하나라도 잃[지]"(마 18:14) 않기를 원하시기 때문이다.

예수님은 하나님께서 그분의 백성을 돌보시는 것에 관한 네 가지 진술을 하신다. 첫째, 하나님은 우리를 개인별로 한 명씩 돌보신다. 둘째, 하나님은 우리가 길을 잃을 때 찾으신다. 셋째, 예수님은 우리가 돌아올 때 크게 기뻐하신다. 마지막으로, 그분은 그분의 백성들을 '위해' 그분의 백성을 '통해' 돌보신다. '우리'는 잃어버린 자들을 찾을 책임이 있다.

이 비유는 위대한 성경의 주제에 다가간다. 시편 100:3은 "우리는…그의 백성이요 그의 기르시는 양이로다"라고 선언한다. 시편 23:1은 "여호와는 나의 목자시니 내게 부족함이 없으리로다"라고 하며 기뻐 날뛴다. 이사야 40:11은 여호와께서 "목자같이 양떼를 먹이시며 어린 양을 그 팔로 모[으실]" 것이며 그들을 그분 마음에 간직하신다고 언급한다. 하나님은 "이스라엘의…목자"(창 49:24, 참고. 민 27:17)다. 그분은 다윗에게 "네가 내 백성 이스라엘의 목자가 되며"(삼하 5:2)라고 말씀하신다. 이스라엘의 지도자들이 실패할 때 여호와는 하나님의 능력으로 그분의 양떼를 목양할 통치자를 약속하신다(미 5:2-4). 예수님이 그 목자다. 그분은 "선한 목자"(요 10:11, 14)다. 히브리서 13:20은 그분을 "큰 목자"라 부른다. 베드로는 그분을 그분 아래 있는 목자인 장로들이 자기의 일을 보고해야 하는 "목자장"이라 부른다(벧전 5:1-5). 하나님은 직접 또 우리를 통해 크고 작은 그분의 백성들을 목양하신다.

15 네 형제가 [1]죄를 범하거든 가서 너와 그 사람과만 상대하여 권고
하라 만일 들으면 네가 네 형제를 얻은 것이요 16 만일 듣지 않거든
한두 사람을 데리고 가서 두세 증인의 입으로 말마다 확증하게 하라
17 만일 그들의 말도 듣지 않거든 교회에 말하고 교회의 말도 듣지 않
거든 이방인과 세리와 같이 여기라 18 진실로 너희에게 이르노니 무엇
이든지 너희가 땅에서 매면 하늘에서도 매일 것이요 무엇이든지 땅에
서 풀면 하늘에서도 풀리리라 19 진실로 다시 너희에게 이르노니 너희
중의 두 사람이 땅에서 합심하여 무엇이든지 구하면 하늘에 계신 내
아버지께서 그들을 위하여 이루게 하시리라 20 두세 사람이 내 이름으
로 모인 곳에는 나도 그들 중에 있느니라

15 "If your brother sins against you, go and tell him his fault, between
you and him alone. If he listens to you, you have gained your brother.
16 But if he does not listen, take one or two others along with you,
that every charge may be established by the evidence of two or three
witnesses. 17 If he refuses to listen to them, tell it to the church. And if
he refuses to listen even to the church, let him be to you as a Gentile

and a tax collector. 18 Truly, I say to you, whatever you bind on earth shall be bound in heaven, and whatever you loose on earth shall be loosed[1] in heaven. 19 Again I say to you, if two of you agree on earth about anything they ask, it will be done for them by my Father in heaven. 20 For where two or three are gathered in my name, there am I among them."

1) 어떤 사본에, 네게 죄를

1 Or *shall have been bound...shall have been loosed*

단락 개관

마태복음 18:10-14은 제자들에게 그들 중 하나가 길을 잃을 때 무엇을 해야 할지 가르친다. 15-17절은 형제가 '네게'(개역개정 난하주) 죄를 범함으로 길을 잃을 때 어떻게 할지 가르친다. 이 단락은 "천국에서는 누가 크니이까"(1절)라는 서두의 질문에 영향을 받는다. 예수님은 큰 자는 "어린아이들과 같이"(3절) 겸손하다고 대답하신다. 큰 자는 또한 어린아이들을 영접하고 그들을 죄로 이끄는 일은 아무것도 하지 않는다(4-6절). 아버지가 그런 어린아이들을 사랑하시기 때문에 그들을 경멸하거나 그들에게 해를 끼쳐서는 안 된다(10절). 그럼에도 진실한 혹은 표면적인 제자들 모두 서로에게 해를 끼치고 서로에게 죄를 짓는다. 15-20절은 그러한 죄를 다루는 법을 교회에 알려준다. 목표는 교회의 평안과 순결이다.

단락 개요

VI. 무리와 지도자들 사이에서 제자들을 훈련하시다(14:1–20:34)

P. 네 번째 설교: 그 나라의 공동체 생활(18:1–35)

4. 죄 지은 형제에 대한 적절한 대처법(18:15–20)

이 본문의 전반부는 갈등을 다루는 절차처럼 보인다. 한 형제가 다른 형제에게 죄를 범하면, 피해를 입은 형제는 다음과 같은 단계를 따라야 한다. 가서 그의 잘못을 말하는데 혼자서 그렇게 하라. 목표는 그 죄인을 얻는 것이다(마 18:15). "만일 들으면"에서 나타나듯 그 결과가 불분명하기 때문에 좋은 결과를 얻기 위해 애써야 한다. 본문의 논리는 그 형제가 어느 단계에서든 듣고 회개하면 문제가 종료된다는 것을 전제한다. 그렇지 않으면, 피해자는 확증을 위해 증인들을 데리고 간다(16절). 만약 그 죄인이 몇 명의 증인도 거부하면, 피해를 입은 형제는 "교회에 말[해야]" 한다(17절). 만약 교회의 말도 듣지 않으려 하면 그는 이방인처럼, 외부인처럼 된다.

예수님은 권징의 과정을 철저하게 설명하시는 것이 아니라, 화해가 점점 커지게 하는 원리를 제시하고 계신다. 그 일이 저절로 되지 않고 어렵다는 것을 아는 예수님은, 제자들이 혼자 그 일을 행하지 않음을 확신시키신다. 그들이 공의로운 판단을 할 때 아버지가 그들과 함께하시며(18절), 화해를 위한 고뇌에 찬 기도를 들으신다(19절). 실제로 교회가 이러한 조취를 취할 때 하늘에 올라간 그리스도가 그들과 함께 거하실 것이다(20절).

주석

18:15 예수님은 "네 형제가 죄를 범하거든 가서 너와 그 사람과만 상대하여 권고하라"라고 선언하신다. 각 부분마다 해설이 필요할 것 같다. "네 형제가 죄를 범하거든"은 문자적으로 '네 형제가 죄를 범할 때'다. 형제들은 서로에게 죄를 범한다. 예수님은 여기서 그것을 다루는 방법을 설명하신다. '…거든'에 해당하는 헬라어는 에안(*ean*)으로, 주로 일반적인 조건을 말한다. 즉 형제가 다른 형제에게 죄를 지을 '때마다' 혼자 가서 문제를 설명하고 피해를 입힌 그 형제를 얻으라는 것이다. 예수님은 계속 이어지는 대면을 마음속에 그리지 않으신다. 주제는 죄다. 짜증나는 일이나 골칫거리, 결례, 사소한 잘못이 아니다. 그 문제가 결국 증인 소환과 교회 앞에서의 공판을 포함할 수 있으므로, 그 지침은 지역 공동체 안에 있는 신자들을 마음에 두고 있다.

관심은 '네게' 범한 죄에 있지, 누군가 범할 수 있는 모든 죄에 있지 않다. 이어지는 절들은 이 화해 과정에 그 죄에 대한 증인과 결국 교회 전체가 개입할 수 있음을 보여준다. 나아가 갈라디아서 6:1은 교회 지도자들이 어떤 죄든 다룰 수 있음을 시사한다. 바울은 "만일 무슨 범죄한 일이 드러나거든" "신령한" 이들이 "온유한 심령으로 그러한 자를 바로잡[아야]" 한다고 말한다. 야고보 역시 "형제들"이 "진리를 떠난" 어떤 죄인도 돌아서게 할 책임이 있다고 말한다(약 5:19-20). 하지만 예수님은 피해자와 피해를 입힌 자 두 사람으로 시작하신다. 제자들은 누군가 그들에게 죄를 지을 때 행동을 취해야 한다.

전체는 아니지만 대부분의 초기 사본에는 마태복음 18:15에 "네게"라는 어구가 없다. 본문 비평은 보통 더 짧은 본문이 선호된다고 말한다. 필사자들이 가끔 여백에 명확하게 만드는 표현을 덧붙여 본문에 영향을 미쳤기 때문이다. 우리는 한 필사자가 "네 형제가 죄를 범하거든"에 '네게'를 덧붙였을 수 있다고 생각할 수 있다. 모두가 어떤 죄든 대면할 자유가 있다고 믿는 혼란스러운 상황을 피하기 위해서 말이다. 그러나 '네게'가 본문에 속해 있다고 믿을 이유들이 있다. 첫째, '네게'는 원문 계열 대부분의 사본에 나온다. 둘째, 중요한 어구의 추가가 대부분의 사본에 퍼졌을 가능성보다, '네게'가 일부 사본에서 떨어졌을 가능성이 훨씬 크다. '네게'에 해당하는 헬라어 단어는 아주 짧아서, 정확히 "죄"에 해당하는 더 긴 헬라어의 끝부분인 것처럼 들린다. 일단의 필사자들은 때로 한 사람이 읽을 때 그것을 받아썼으므로, 소리의 유사성이 일부 사본들에서 어떤 단어들의 생략을 가장 잘 설명해준다.

예수님 명령의 근거를 숙고해보라. 누군가 '네게' 죄를 범한다면, 내가 가야 한다. 그 사건을 직접 경험한 내가 가장 잘 이해하고 있기 때문이다. 더욱이 모든 제자는 평화 즉 화해를 추구할 책임이 있다. 바울은 "할 수 있거든 너희로서는 모든 사람과 더불어 화목하라"(롬 12:18)라고 쓴다. 피해자는 골을 내거나, 험담을 하거나, 자기편을 모을 권리가 없다. 예수님은 "가[라]"라고 말씀하신다.

피해자는 가서 그 죄를 책망한다. "권고하라"[엘렝코(*elenchō*)]로 번역된 헬라어 동사는, 수사와 조사 혹은 증거와 유죄 판결의 영역에 속하는 단어다. 그 둘은 겹친다. 조사가 먼저 진행된다. 그것이 죄를 드러내면 책망이 뒤따른다.

대화는 사적이다. "너와 그 사람과만"(마 18:15) 상대하는 대화다. 이는 대화와 회개를 허용한다. 공개적인 책망은 대립을 유발한다. 인신공격처럼 느껴져서 방어와 수치심으로 이어질 수 있다. 목표가 "네 형제를 얻[는]" 것이라면, 사적인 대화가 가장 좋다.

예외가 있다. 공적인 사람이 공적인 죄를 범했을 때는 공적인 책망이 적합하다. 많은 사람을 미혹할 수 있기 때문이다. 갈라디아서 2장에서 베드로(게바라 불리는)는 이방인들과 함께 먹었지만 그 다음 "할례자들"이 두려웠기 때문에 그들과 자신을 분리시켰다. 할례자들은, 여전히 할례와 음식과 이방인들과의 분리에 관한 율법을 지켰던 유대 그리스도인들이었다. 베드로는 이방인들이 믿음으로 깨끗해졌음을 혹은 거룩해졌음을 알았으므로(행 10-11장), 이는 복음을 위협한 일관성 없는 행위이자 위선의 사례였다. 그의 행동은 이방인들이 하나님과 올바른 관계를 맺기 위해 무언가를 해야 한다는, 즉 음식 율법을 지켜야 한다는 것을 암시했다. 베드로의 행동이 복음 자체를 건드렸기 때문에 바울은 "모든 자 앞에서" 베드로를 책망해야 한다고 결정했다(갈 2:11-16).[287]

우리에게 마태복음 18:15밖에 없다면 대립이 쇄도할 수도 있다. 그러나 16절은 그 문제가 타당하게 증인들을 부를 만큼 중요함을 암시한다. 예수님은 앞의 5:23-24에서, 예배자가 하나님께 예물을 드릴 때 어떤 문제가 그를 중단시킬 만큼의 무게를 가진 것이 틀림없음을 암시하셨다.

18:16-17 이 절들은 회개하지 않는 문제를 다룬다. 신자들이 죄를 대면할 때 목표는 그 죄인이 회개하도록 설득하는 것이다. 불행히도 많은 사람이 회개에 더디다. 목회적 경험에 따르면, 죄가 클수록 설득하러 가는 형제가 고집과 눈먼 자기 의를 만날 가능성이 더 크다.

첫 단계가 실패하면, 피해자는 "한두 사람을 데리고 가서 두세 증인의 입으로 말마다 확증[해야]"(16절) 한다. 공적인 경우에, 이 증인들은 그 죄를 본 이들이다. 사적인 범죄의 경우에, 증인들은 화해의 시도가 있었지만 아무 효과도 없었음을 증언할 수 있다. 이 과정은 근거 없는 고발로부터 무고한 자를 보호한다. 예수님은 신명기 19:15을 인용하신다. 예수님과 그 사도들에게도 모세의 두 증인 요구가 적용된다. 모세 율법에 나오는 이 공동체 형성의 요소는 여전히 유효하다.

만약 그 죄인이 형제라고 주장하기는 하지만 여전히 반응하지 않으면, 교회가 그 문제를 다룬다.[288] 만약 그가 교회의 말에도 주의를 기울이지 않으면, "이방인과 세리와 같이 여기라"(마 18:17). 물론 예수님은 복음을 전

287 디모데전서 5:17-20이 유사해 보인다. 바울은 지도자들에 대한 근거 없는 고발을 금한 다음, 디모데에게 계속해서 죄를 짓는 이들을 "모든 사람 앞에서" 책망해야 한다고 말한다. 이는 "나머지 사람들로 두려워하게" 하려는 것이다. "범죄한 자들"에 대한 선행사는 장로들인 듯하다. 따라서 장로들이 경솔한 고발로부터 보호를 받을 만하기는 하지만, 그들이 죄를 범한다면 공개적인 비판을 받는다.

288 세 단계로 된 절차는 동시대 유대 자료에도 나온다. Davies, *Sermon on the Mount*, 221이하.

할 때 죄인들 그리고 마태 자신을 포함한 세리들을 맞아들이신다(마 9:10-13; 눅 15장). 그러나 여기에서 믿는다고 고백하는 신자는 입증할 수 있는 죄를 범한 후에도 회개하지 않으려 한다. 예수님은 빠른 순종으로 이어지는 겸손이 그 나라 삶의 표지라고 방금 말씀하셨으므로(마 18:4, 참고. 눅 18:14), 회개하지 않는 자는 스스로를 외부인으로 규정하는 것이다. 그러므로 모든 단계가 실패하면, 제자 공동체는 "믿는다고 고백하면서 습관적으로 죄를 짓는 제자와 공개적으로 분리해야 한다."[289] 이 길의 이상적인 방향은 죄인이 이어지는 상황의 무게를 보고 자기 경로를 바꾸는 것이다. 출교(exocommunication)는 처벌을 위한 것이 아니라 교정을 위한 것이다(고전 5:1-11).

출교는 또한 믿는다고 고백하는 신자들이 순진한 탈선을 하지 않도록 하나님의 양떼를 보호한다(롬 16:17-18). 그리스도인은 일하고 전도할 때 불가피하게 죄인들과 어울린다(고전 5:9-10). 그러나 제자들은 계속 죄를 지으면서 스스로를 신자라 부르는 자들과 어울려서는 안 된다(5:11). 누군가가 그를 외부인으로 규정하는 행동을 선택한다면, 교회는 그에 맞게 대해야 한다. 출교로 이어지더라도, 복음과의 새로운 만남을 통한 화해의 소망은 여전히 있다.

18:18-20 이 절들은 회개하지 않는 자들을 내쫓은 지도자들을 안심시킨다. 예수님은 그분의 권위로 이렇게 단언하신다. "진실로 너희에게 이르노니 무엇이든지 너희가 땅에서 매면 하늘에서도 매일 것이요 무엇이든지 땅에서 풀면 하늘에서도 풀리리라"(18절). 16:19에서처럼 문자적인 번역은 이렇게 읽을 수 있다. "무엇이든지 너희가 땅에서 매면 하늘에서도 '매일 것이요(shall have been bound)' 무엇이든지 땅에서 풀면 하늘에서도 '풀리리라(shall have been loosed.)'"(18:18).[290] '매는' 것은 그 나라에 들어가지 못하게

289 Keener, *Matthew*, 454.

290 강조체로 두 어구에 나오는 헬라어 동사들은 에스타이 데데메나(*estai dedemena*)와 에스타이 렐뤼메나(*estai lelymena*)로, "매일 것이요"와 "풀리리라"로 해석된다. 참고. 마태복음 16:13-20.

막는 것이다. '푸는' 것은 들어가도록 허용하는 것이다. 지도자들은 냉담한 죄인들에게 "회개하지 않으면 우리는 당신을 영생의 상속자로 여길 수 없습니다"라고 경고할 때 '맨다.' 그들은 또 "하나님은 회개하는 죄인들을 기꺼이 맞아주십니다"(참고. 눅 15:7, 10)라고 말할 때 '푼다.' 선생들이 그렇게 말할 때 그들은 단지 하나님께서 선언하신 것을 다시 말하는 것이다. 목사들이 회개하지 않는 사람을 교회에서 추방하거나, 회개하는 사람들(그들이 어떤 죄를 범했든)에게 공동체 지체로서의 자격을 부여할 때, 그들은 복음을 '다시 선언한다.' 회개하지 않는 사람은 그 나라에 자리가 없다. 특히 몇 번의 경고에도 불구하고 계속 그렇게 한다면 말이다. 참된 신자는 자신의 죄에 직면하고 그것을 회개한다. 회개하지 않는 것은 불신의 표지다.

마태는 장로나 감독을 언급하지 않지만, 이후의 책들에서 장로나 감독이 교회가 흠이 없도록 보증해야 함을 보여준다. 바울은 에베소 장로들에게 그들 자신과 "온 양떼"를 지키는 일을 맡겼다. "성령이 그들 가운데 여러분을 감독자로 삼고 하나님이 자기 피로 사신[혹은 '얻은'] 교회를 보살피게[혹은 '목양하게']" 하셨다(행 20:28). 사도행전 20:29-30에 따르면, "이리"가 생겨나 거짓을 가르치고 그들 자신을 위해 제자들을 찾을 것이다. 장로는 교리적이고 도덕적인 일탈에서 양떼를 보호한다.

이 일은 힘들기만 하고 보상을 받지 못하기 때문에, 예수님은 지도자들에게 확신을 주신다. 그분은 두 제자가 "땅에서 합심하여 무엇이든지 구하면 하늘에 계신 내 아버지께서 그들을 위해 이루게 하시리라"(마 18:19)라고 약속하신다. 포퓰리즘 기독교는 이 말씀을 관념적이고 절대적인 약속으로 주장하는 경향이 있다. 극단적인 형태로, 어떤 사람들은 굳은 믿음으로 마음을 합한다면 하나님께서 건강이나 번영을 위한 간구에 응답하시게 할 수 있다고 생각한다. 이러한 어리석음은 하나님의 주권을 도둑질할 뿐 아니라 해석의 제1원리를 위반한다. 문맥상 예수님은, 지도자들이 권징을 하는 중에 어떤 행동 방침에 합의하고 아버지께 그것을 지지해달라고 기도할 때 도와주겠다고 약속하신 것이 분명하다. "무엇이든지"는 프라그마(*pragma*)의 번역으로, 보통 어떤 문제, 과업, 일 심지어 분쟁까지도 가리킨다. 따라서 예수님은, 교회가 그리스도의 신부답게 행하기 위해 두세 사람이 그분의 이름으로 모일 때 아버지의 임재를 약속하신다. 교회는 하나님의 은혜로 유지되고, 회개로 그 은혜를 되찾고, 거룩함에 이르려고 노력함으로써 그 은혜를 영화롭게 한다.

응답

예수님은 마태복음에서 세 번 그분의 임재를 약속하시는데, 모두 중대한 시점이다. 탄생 내러티브는 예수님을 임마누엘, 즉 "자기 백성을 그들의 죄에서 구원"하기(마 1:21) 위해 우리와 함께하시는 하나님으로 선언한다. 부활 이후 그분은 교회가 모든 민족을 제자로 삼을 때 "내가…너희와 항상 함께 있으리라"(28:18-20)라고 약속하신다. 예수님은 교회 지도자들이 회개와 공의가 실현되는 공동체를 위해 애쓸 때 그들과 함께하신다.

형제를 얻는 일이 고귀하기는 하지만, 많은 사람이 18:15-17의 지침을 따르기를 주저한다. 사람들은 갈등과 실패와 보복을 두려워한다. 특히 그 죄인이 힘이 있거나, 화를 잘 내거나, 독선적일 때 그렇다. 그러나 우리는 그 문제를 완전히 뒤집어 생각할 수 있다. 누군가가 책망을 어떻게 들을까 묻기보다는 "내가 책망을 어떻게 받아들일까?"를 질문해야 한다. 잠언 9:8-9은 이렇게 가르친다. "지혜 있는 자를 책망하라 그가 너를 사랑하리라 지혜 있는 자에게 교훈을 더하라 그가 더욱 지혜로워질 것이요." 모든 사람이 죄를 짓는다. 그러므로 모든 사람이 교정을 받아들여야 한다. 모세는 책망을 사랑의 행위로 표현한다. "너는 네 형제를 마음으로 미워하지 말며 네 이웃을 반드시 견책하라"(레 19:17).

예수님의 가르침이 엄격한 방식을 제시하는 듯 보이지만, 그 본문에 필수적인 전제가 새겨져 있다. 첫째, 교회는 죄를 근절하는 과업을 진지하게 생각해야 한다(참고. 마 18:6-9). 둘째, 이후의 단계들로 이어지는 문제는 사소하지도 않고 주관적이지도 않다. 그것은 증인들을 필요로 하고, 교회의 관심을 받을 만큼 크고 공적인 일이다.

서구 교회는 너무 오랫동안 죄와 대면하는 고통스럽지만 필수적인 과업을 평가 절하했다. 사람들은 일반적으로 권위보다는 오히려 자기 내면의 나침반을 존중한다. 서구는 표현하는 개인주의의 지배를 받고 있다. 그것은 각 사람이 독특하며 유일무이한 통찰과 직관을 가지고 있다고 말한다. 나아가 성취감을 얻기 위해 각 사람은 자기 내면의 통찰, 감정, 충동을 표현해야 한다. 이것들이 도덕적인 무게를 가진다. 사람들은 자기 내면의 목소리를 따라 행동해야 한다고 믿는다. 자기 길에 대한 탐구가 곧 규범이 된다.[291] 표현주의가 지배하는 문화에서, 죄에 대한 책망은 환영받지 못하기만 하는 것이 아니다. 그것은 가혹하고, 거슬리고, 모욕적이고, 심지어 불합리하다고 여겨진다. 자기 인식 및 자아실현 계획과 충돌할 수 있기 때문이다. 더욱이 서구 기독교의 분열을 고려할 때, 징계를 받는 성인은 쉽게 거기로부터 달아날 수 있다. 결과적으로 권징은 힘들기만 하고, 무기력하고, 성과도 없다. 그럼에도 불구하고 예수님은 장로들이 죄와 대면함으로 여전히 "하나님의 양무리를 [칠]"(벧전 5:2) 책임이 있다고 명령하신다.

291 Charles Taylor, *Sources of the Self: The Making of the Modern Identity* (Cambridge, MA: Harvard University Press, 1989), 368-390. 《자아의 원천들》(새물결플러스).

21 그때에 베드로가 나아와 이르되 주여 형제가 내게 죄를 범하면 몇
번이나 용서하여 주리이까 일곱 번까지 하오리이까 22 예수께서 이르
시되 네게 이르노니 일곱 번뿐 아니라 일곱 번을 일흔 번까지라도 할
지니라

21 Then Peter came up and said to him, "Lord, how often will my
brother sin against me, and I forgive him? As many as seven times?"
22 Jesus said to him, "I do not say to you seven times, but seventy-seven
times.

23 그러므로 천국은 그 종들과 결산하려 하던 어떤 임금과 같으니
24 결산할 때에 만 [1)]달란트 빚진 자 하나를 데려오매 25 갚을 것이 없
는지라 주인이 명하여 그 몸과 아내와 자식들과 모든 소유를 다 팔아
갚게 하라 하니 26 그 종이 엎드려 절하며 이르되 내게 참으소서 다 갚
으리이다 하거늘 27 그 종의 주인이 불쌍히 여겨 놓아 보내며 그 빚을
탕감하여주었더니 28 그 종이 나가서 자기에게 백 [2)]데나리온 빚진 동
료 한 사람을 만나 붙들어 목을 잡고 이르되 빚을 갚으라 하매 29 그

동료가 엎드려 간구하여 이르되 나에게 참아주소서 갚으리이다 하
되 30 허락하지 아니하고 이에 가서 그가 빚을 갚도록 옥에 가두거늘
31 그 동료들이 그것을 보고 몹시 딱하게 여겨 주인에게 가서 그 일을
다 알리니 32 이에 주인이 그를 불러다가 말하되 악한 종아 네가 빌기
에 내가 네 빚을 전부 탕감하여주었거늘 33 내가 너를 불쌍히 여김과
같이 너도 네 동료를 불쌍히 여김이 마땅하지 아니하냐 하고 34 주인
이 노하여 그 빚을 다 갚도록 그를 옥졸들에게 넘기니라 35 너희가 각
각 마음으로부터 형제를 용서하지 아니하면 나의 하늘 아버지께서도
너희에게 이와 같이 하시리라

23 "Therefore the kingdom of heaven may be compared to a king who
wished to settle accounts with his servants.[1] 24 When he began to settle,
one was brought to him who owed him ten thousand talents.[2] 25 And
since he could not pay, his master ordered him to be sold, with his wife
and children and all that he had, and payment to be made. 26 So the
servant[3] fell on his knees, imploring him, 'Have patience with me, and
I will pay you everything.' 27 And out of pity for him, the master of that
servant released him and forgave him the debt. 28 But when that same
servant went out, he found one of his fellow servants who owed him a
hundred denarii,[4] and seizing him, he began to choke him, saying, 'Pay
what you owe.' 29 So his fellow servant fell down and pleaded with
him, 'Have patience with me, and I will pay you.' 30 He refused and
went and put him in prison until he should pay the debt. 31 When his
fellow servants saw what had taken place, they were greatly distressed,
and they went and reported to their master all that had taken place.
32 Then his master summoned him and said to him, 'You wicked
servant! I forgave you all that debt because you pleaded with me.
33 And should not you have had mercy on your fellow servant, as I had

mercy on you?' 34 And in anger his master delivered him to the jailers,[5] until he should pay all his debt. 35 So also my heavenly Father will do to every one of you, if you do not forgive your brother from your heart."

1) 금은의 중량 2) 은전의 명칭

1 Or *bondservants*; also verses 28, 31 *2* A *talent* was a monetary unit worth about twenty years' wages for a laborer *3* Or *bondservant*; also verses 27, 28, 29, 32, 33 *4* A *denarius* was a day's wage for a laborer *5* Greek *torturers*

단락 개관 및 개요

Ⅵ. 무리와 지도자들 사이에서 제자들을 훈련하시다(14:1-20:34)
P. 네 번째 설교: 그 나라의 공동체 생활(18:1-35)
5. 용서에 대한 질문(18:21-22)
6. 용서하고자 하는 마음을 불러일으키는 비유(18:23-35)

예수님의 비유들이 반드시 비유 해석 이론을 따르지는 않는다. 마태복음 18:21-35이 그에 딱 맞는 사례다. 어떤 이론가들은 비유는 단 한 가지 요점만 있는데, 이 비유는 여러 가지 요점이 있다고 말한다. 또 어떤 사람들은 비유는 독자들에게 그 의미에 관한 불확실성을 남기지만, 35절은 그 이야기의 요점을 분명하게 선언한다고 한다. 즉, 마음이 상한 제자가 진심으로 용서해야 한다는 것이다. 이론가들은 비유들이 알레고리적이지 않다고 말하지만, 예수님은 이 이야기에 나오는 인물들이 특정 사람들을 대변한다고 말씀하신다. 왕은 하늘 아버지고, 종들은 서로의 마음을 상하게 한 형제들을 의미한다.

이 비유는 앞 단락과 밀접한 관련이 있다. 예수님은 제자들에게 죄로 인한 문제들을 해결하라고 요구하신다. 한 형제가 다른 형제에게 죄를 범한다면, 피해자는 그 죄인을 회개로 이끌려고 애써야 한다. 그것이 실패하면 증인들을 데리고 간다. '그것도' 실패하면, 권징이 그 뒤를 잇는다. 현대의 독자들은 그 절차가 '작동하지 않으면' 어떤 일이 일어나느냐고 질문하기 쉽지만, 베드로는 그것이 '작동하면' 어떤 일이 일어나느냐고 질문한다. 그는 몇 번이나 용서해야 하는가?(21절) 예수님은 '무한히'라고 대답하신다(22절). 이것이 어렵다는 것을 아는 예수님은 동기를 유발하는 비유 하나를 이야기하신다. 등장인물은 왕, 한 쌍의 채무자, 이구동성으로 말하는 증인들이다(23-35절).

주석

18:21-35 베드로는 15-20절의 가르침을 제법 잘 이해하지만, 한 가지 질문이 있다. 한 형제가 죄를 범한 다음 회개해서 용서해주었는데 이후에 그가 베드로의 자비를 악용한다면 어떻게 해야 하는가? 누군가가 그에게 반복해서 죄를 짓는다면 어떻게 해야 하는가? "주여 형제가 내게 죄를 범하면 몇 번이나 용서하여주리이까 일곱 번까지 하오리이까"(21절). 베드로는 아마 자신이 관대하다고 생각했을 것이다. 유대교는 용서를 강조했지만, 랍비들은 때로 그러한 용서를 세 가지 계획적인 죄의 경우로 제한했다. 그 회개가 진실하지 못할 수 있기 때문이다.[292]

예수님은 "일곱 번뿐 아니라 일흔일곱 번까지(seventy-seven times)"(22절, ESV, 새번역 난하주)라고 대답하신다. 많은 번역이 "일곱 번을 일흔 번까지"(seventy times seven, KJV, NASB, RSV, 개역개정)로 해석하지만, 이 경우 77과

292 Keener, *Matthew*, 456-457.

490의 차이는 무의미하다. 우리는 줄곧 복수를 계획하며 용서의 의무가 완료되기를 기다리면서 일곱까지 셀 수 있다. 그러나 범죄의 횟수가 수십 혹은 수백에 이르면, 용서는 삶의 방식이 되거나 피해자가 폭발하거나 물러난다. 베드로와 예수님 둘 다 용서가 어렵다는 것을 안다. 베드로는 용서를 제한하고 싶어 한다. 그러나 예수님은 제자들이 계속 용서할 수 있도록 동기를 부여하고 싶어 하신다. 그래서 용서하지 않는 종에 관한 비유를 이야기하신다.

만약 우리가 유대 문화와 서구 문화의 차이를 인식한다면, 이 이야기는 단도직입적이다. 예수님이 말씀하시는 비유는 "그 종들과 결산하려 하던"(23절) 어떤 왕을 묘사한다. 계산은 "만 달란트 빚진"(24절) 자로 시작한다. 이는 어마어마한 금액이다. 신약 시대에 한 달란트는 귀금속, 주로 은 약 34킬로그램에 해당하는 무게 단위다. 따라서 만 달란트는 은 34만 킬로그램에 해당한다. 더 명확히 하자면, 한 달란트는 6천 데나리온과 동일하다. 한 데나리온은 꽤 괜찮은 하루 임금이었다. 한 달란트는 유능한 노동자의 20년 치 임금에 해당했다. 수학적으로 만 달란트는 20만 년 혹은 6천만 일 동안 번 임금에 맞먹는다. 예수님이 오늘날 말씀하신다면, 그 종이 왕에게 100억 달러를 빚졌다고 말씀하실 것 같다. 그 세상에서 상환은 불가능하지만 처벌이 불가능하지는 않다. 왕은 채무자와 그의 가족, 소유를 팔아 손실의 일부를 복구하라고 명령한다(25절).

팔라는 말은 그 남자가 종임을 암시한다. 로마 제국의 노예 제도는, 16-19세기 유럽과 아메리카의 노예 제도와 달랐다. 인종에 기반한 것도 아니었고 반드시 평생 가는 것도 아니었다. 종들은 보통 자유인과 함께 일했고 같은 임금을 받았다. 재산을 소유하고 책임 있는 지위를 얻을 수도 있었다. 안전을 확보하거나 교육받을 기회 혹은 시 재무관 같은 책임 있는 지위를 얻기 위해 종으로 자기 몸을 판 이들도 소수 있었다. 왕실 재무관이 종일 수 있고, 어마어마한 부채가 쌓였을 수도 있다.[293] 요세푸스는 팔레스타인(유대, 사마리아, 갈릴리)의 연간 총 세금 양을 8천 달란트로 기록했다(*Antiquities* 12.175). 오늘날로 치면, 이 종은 중앙 정부로부터 수십 억 달러를 횡령한 재무관쯤 될 것이다.

어처구니없게도 종은 주인에게 참아달라고 간청한다. "내게 참으소서 다 갚으리이다"(26절). 왕은 그의 요청을 한참 넘어선다. 동정심이 이끌려[294] 그 빚을 부실 채권이라 부르며 없애준다. 그는 그를 "놓아 보내며 그 빚을 탕감하여주었[다]"(27절). 단번에 문제가 사라진다.

거의 동시에 그 종이 "자기에게 백 데나리온 빚진 동료 한 사람을 만[났다]." 그는 "빚을 갚으라"(28절)라면서 동료의 목을 조르기 시작한다. 두 가지 해설이 필요하다. 첫째, "만나"[휴리스코(*heuriskō*)]는 "의도적으로 찾아서" 위치를 알아내는 것 혹은 우연히 무언가를 "마주치다"라는 의미일 수 있다(BDAG). 그 정의 역시 변명의 여지가 없다. 채무자를 의도적으로 찾았다면 그는 악랄하다. 우연히 만났다면 그는 반사적으로 무자비한 태도를 취한다. 둘째, 한 데나리온이 꽤 넉넉한 하루 임금임을 고려할 때, 백 데나리온은 상당한 빚이다. 대략 4개월 동안 번 임금이다. 그러나 왕은 방금 훨씬 많은 빚, 60만 배 이상의 빚을 탕감해주었다.

두 번째 종은 여전히 목이 졸린 채 "엎드려 간구하여 이르되 나에게 참아주소서 갚으리이다"(29절)라고 말한다. 이 호소는 첫 번째 사람이 왕 앞에서 자비를 구한 것과 거의 동일하다. "내게 참으소서 다 갚으리이다"(26절). 이러한 유사성은 모두에게 분명하지만 첫 번째 종에게는 그렇지 않다. 그는 "빚을 갚도록"(30절) 동료 종을 채무자 감옥에 내던진다. 이를 본 다른 종들이 그것을 왕에게 보고하고, 왕은 다시 그 종을 소환하여 말한

293 Richard Horsley, "Slavery in the Greco-Roman World", *Semeia* 84 (2001): 41-55; M. I. Finley, *Ancient Slavery and Modern Ideology* (New York: Viking, 1980), 93-122. 《고대 노예제도와 모던 이데올로기》(민음사); P. R. C. Weaver, *Familia Caesaris: A Social Study of the Emperor's Freedmen and Slaves* (Cambridge: Cambridge University Press, 1972); Bruce W. Winter, "St. Paul as a Critic of Roman Slavery in 1 Corinthians 7:21-23", Παύλεια 3 (1998): 339-354; S. S. Bartchy, "Slavery", in *ISBE*, 4:539-546.

294 그 동사는 스플랑크니조마이이다. ESV의 "pity"(연민)은 형용사 pitful(한심한) 같은 열등함의 어감을 제거한다면 받아들일 만하다. 그 동사에는 동정하고 긍휼히 여기는 감정이 들어 있다. "긍휼"이 보통 더 나은 번역으로 보인다. 참고. 마 9:36; 14:14; 15:32, 20:34.

다. "악한 종아 네가 빌기에 내가 네 빚을 전부 탕감하여주었거늘 내가 너를 불쌍히 여김과 같이 너도 네 동료를 불쌍히 여김이 마땅하지 아니하냐"(32-33절). 헬라어의 단어 순서는 "악한 종아, '그 모든 빚'을 내가 탕감해주었다"로 읽힌다. '그 모든 빚'이 앞쪽에 온 것은 강조를 위해서다. 첫 번째 종은 믿을 수 없을 만큼 많이 용서받았으므로, 많이 용서해야 했다(참고. 눅 7:40-47). 화가 난 주인은 "그 빚을 다 갚도록"(마 18:34) 그를 옥졸들에게 넘긴다. 그 빚을 다 갚는 것은 불가능하다. 따라서 그 남자는 종신형이다.

예수님이 그 왕이 하나님을 나타낸다고 밝히신 것을 고려할 때(35절), 이 비유는 하나님에게 감정의 영역이 있음을 암시한다. 신학자들은 그것을 인정하기를 주저한다. 변동이 심한 감정은 하나님의 변함없으심과 상충되는 듯 보이기 때문이다. 전문 지식이 없는 독자들은 창백해진다. 인간의 감정은 탈선하는 경향이 있기 때문이다. 그러나 감정을 제대로 정의한다면, 우리는 하나님에게 감정적인 영역이 있다고 단언할 수 있다. 로버트 로버츠(Robert Roberts)는 감정을 "관심에 기반한 해석"[295]이라 부른다. 다시 말해 감정은 우리가 사건들에 깊은 관심을 가질 때 따라 나온다. 케빈 밴후저(Kevin Vanhoozer)는 하나님께서 언약적이고 관심에 기반한 해석을 하신다고 주장한다.[296] '언약적'이란 하나님의 감정이 신실하고 안정적이며, 창조 세계와 인간에 대한 관심에 근거를 두고 있다는 뜻이다. 그분의 감정은 바뀌거나 달라지지 않는다(약 1:17). 그분은 악에 대해 한 번은 화를 내고 그 다음에는 심드렁하고 그러지 않으신다. 그분은 올바르고 일관되게 선과 악에 '관심'이 있다. 옳은 것들에 관한 옳은 방식에 관심을 가지신다. 그분의 감정은 질서가 잡혀 있다. 무자비한 종의 냉담하고 어리석은 행위는 하나님을 화나게 하고 마땅히 그럴 만하다.

295 Robert C. Roberts, *Spiritual Emotions: A Psychology of Christian Virtues* (Grand Rapids, MI: Eerdmans, 2007), 11-26.

296 Kevin J. Vanhoozer, *Remythologizing Theology: Divine Action, Passion, and Authorship* (New York: Cambridge University Press, 2010), 398-416.

예수님은 비유의 교훈에 대해 의심의 여지를 남기지 않으신다. "너희가 각각 마음으로부터 형제를 용서하지 아니하면 나의 하늘 아버지께서도 너희에게 이와 같이 하시리라"(35절). 이는 등장인물들을 드러낸다. 왕은 하나님 아버지를 나타낸다. 그분은 사람들을 불러 죄에 대해 설명하라고 하시고, 구하는 자들에게 자비를 베푸시고, 용서받은 자들에게 용서하라고 요구하신다. 첫 번째 빚진 자는 "너희", 즉 자비를 입지만 자비를 베풀지는 않는 베드로와 모든 제자다. 엄청난 빚은 죄인들이 하나님께 진 빚을 나타낸다. 마지막으로, "형제"는 동료 제자에게 그리 대단하지 않은 빚을 진 제자다.

사람들은 이야기를 들을 때 두 가지 충동, 즉 동일시하고 평가하려는 충동을 느낀다. 다시 말해 우리는 가능하면 이야기에서의 누군가와 자신을 동일시하고, 이야기의 등장인물들을 평가한다. 평가자들은 첫 번째 종을 역겹다고 느낀다. 왕이 은혜롭게도 엄청난 빚을 탕감해주지만, 그는 거기서 아무것도 배우지 못한다. 동일시에 관한 질문은 더 어렵다. 독자들은 왕과 동일시할 수는 없다. 하나님을 나타내기 때문이다. 그러면 다른 두 인물만 남는다. 첫 번째 종 혹은 그가 목을 조른 종이다. 비유는 독자들에게 첫 번째 종, 즉 목을 조르는 사람과 동일시하라고 몰고간다. 베드로와 그 종처럼 우리는 죄 때문에 하나님께 엄청난 빚을 졌다. 베드로와 그 종처럼 우리는 하나님의 자비가 함축하는 바를 이해하지 못한다. 얼마나 많이 용서받았든, 우리는 용서하기를 주저한다. 베드로처럼 우리는 한도를 원한다. 첫 번째 종처럼 용서하기보다는 용서받고 싶어 한다. 예수님은 이러한 성향에 도전하신다. 하나님이 "빚…전부"를 탕감하신다면, 우리는 더 적은 빚을 탕감해주어야 마땅하다. 용서 받은 자는 용서하기 때문이다.

응답

신실한 제자는 용서에 관한 질문을 던진다. 용서에 한도가 있는가? 신자는 은혜를 악용하는 이들의 학대를 참는, 만만한 사람들이 되어야 하는가? 분명 하나님의 은혜를 받은 자들은 은혜를 다른 사람들에게 이르게 한다. 제자는 "하나님이 그리스도 안에서 너희를 용서하심과 같이"(엡 4:32) 용서해야 한다. 예수님은 또한 하루에 일곱 번이라도 "만일 네 형제가 죄를 범하거든 경고하고 회개하거든 용서하라"(눅 17:3-4)라고 선언하신다.

그러나 용서는 복잡하다. 예수님은 '값없이' 용서를 베푸시지만(눅 23:34), 용서에는 '대가와 조건'이 딸려 있다. 대가는 그리스도의 피다. 조건은 죄인이 회개해야 하는 것이다(눅 17:4; 24:47). 인간들도 비슷한 방식으로 용서한다(똑같지는 않지만). 우리는 마음으로부터 값없이 용서한다(마 18:35). 그 대가는 상한 감정과 복수하고 싶은 욕구를 내려놓는 것이다. 자비로운 사람들은 하나님의 진노가 아니라 자비를 구한다(롬 12:19-21).

이상적으로, 죄인은 값없이 회개하고 피해자는 값없이 용서한다. 그러나 죄인이 회개하지 않으려 하면 어떻게 되는가? 피해자가 마음으로 용서한다 해도 그 일이 마무리되지 않는다. 예수님은 때로는 용서하라고만 하시고, 때로는 죄인이 회개'하면' 용서하라고 하신다(참고. 마 6:14-15; 눅 17:4). 우리는 용서의 주관적인 요소와 객관적인 요소를 구별함으로써 이러한 명령들의 조화를 이룬다. 죄를 지은 사람을 사랑하고 그를 위해 기도하고 그와 화평을 추구함으로써 '주관적으로'(마음속으로) 그를 용서한다. 그러나 '객관적으로' 용서하기 위해서는 그 죄인이 회개해야 한다.[297] 마음속으로 용서한 이후에도 그는 죄인에게 회개하도록 요청해야 할 것이다(마 18:15; 레 19:17).

하지만 누군가가 "뉘우쳤어"라고 말한다 해도 화해의 객관적인 측면이 불완전할 수 있다. 어느 날 갑자기 내 차가 없어졌다고 가정해보자. 사흘 후 이웃집 사람이 내 차를 몰고 있는 것을 알아챘다. 그를 찾아가 다그치자 "뉘우치고 있어요. 용서해주세요"라고 말한다. 나는 기꺼이 "용서할게요. 차를 돌려주세요"라고 말한다. 하지만 그가 차를 돌려주려 하지 않으

297 David Powlison은 종종 그 주간적인 요소를 용서의 '태도'로, 객관적인 요소를 용서의 '행동'이라 이름 붙인다.

면, 그 일은 마무리되지 않는다. 중상모략의 경우도 마찬가지다. 중상모략을 한 사람이 회개했다면, 그는 자신의 거짓말을 바로잡고 그로 인해 망가뜨린 명성을 회복시키려고 애써야 한다. 필자의 경험으로는, 가장 나쁜 사람은 보통 회개에 가장 관심이 없거나 자신의 죄에 직면하는 능력이 가장 부족하다. 그들은 자신의 죄는 의식하지 못하고 자신들의 고통만 마음에 품는데, 그것은 실제보다 상상일 때가 많다. 불량배와 거짓말쟁이, 학대범은 흔히 양심이 약하거나 마비되어 있어서 회개할 능력이 거의 없다(딤전 4:2). 실제로 회개는 성령이 개입하지 않으시면 불가능하다.

바울은 "할 수 있거든 너희로서는 모든 사람과 더불어 화목하라"(롬 12:18)라고 쓴다. 화해는 힘든 일이기 때문에 조건이 필요하다. 한쪽이 일방적으로 화해할 수는 없다. 따라서 "용서하고 잊어!"라는 말은 '잊어'의 의미에 따라 진실일 수도 있고 거짓일 수도 있다(성경에는 "용서하고 잊어!"라는 말씀이 없다). 용서는 고통을 주는 죄를 '문자적으로' 잊을 것을 요구하지 않는다. 하나님께서 예레미야 31:34에서 우리의 죄를 더 이상 기억하지 않는다고 말씀하실 때, 그 죄를 '문자적으로' 잊는다는 의미가 아니다. 그분은 모든 것을 기억하신다. 심한 트라우마는 근절되지 않는다. 제자는 누군가를 용서할 때 정의를 구현하겠다는 생각은 '잊지만' 어떤 일도 일어나지 않은 척할 필요는 없다. 누군가가 우리를 짓밟도록 두는 것은 덕목이 아니다. 뿐만 아니라 예수님은 제자들에게 스스로를 보호하라고 가르치신다. "이 동네에서 너희를 박해하거든…피하라"(마 10:23). '용서하고 조치를 취하라'가 '용서하고 잊어라'보다 더 나은 요약이다. 죄를 지은 사람을 '용서하는' 것과 그와 '거리를 두는' 것 모두 정당하다(딛 3:10).

그러나 이러한 개선 과정이 절대 요점을 모호하게 해서는 안 된다. 예수님은 엄청난 대가를 치르고 값없이 우리를 용서하셨다. 그러므로 우리도 진심으로 형제를 용서해야 한다. 우리는 주님을 본받아, 분노와 복수하고자 하는 욕망을 내려놓고 하나님께서 우리에게 하시는 것처럼 자비를 풀어야 한다.

1 예수께서 이 말씀을 마치시고 갈릴리를 떠나 요단강 건너 유대 지경
에 이르시니 2 큰 무리가 따르거늘 예수께서 거기서 그들의 병을 고치
시더라

1 Now when Jesus had finished these sayings, he went away from
Galilee and entered the region of Judea beyond the Jordan. 2 And large
crowds followed him, and he healed them there.

3 바리새인들이 예수께 나아와 그를 시험하여 이르되 사람이 어떤 이
유가 있으면 그 아내를 버리는 것이 옳으니이까 4 예수께서 대답하여
이르시되 사람을 지으신 이가 본래 그들을 남자와 여자로 지으시고
5 말씀하시기를 그러므로 사람이 그 부모를 떠나서 아내에게 합하여
그 둘이 한몸이 될지니라 하신 것을 읽지 못하였느냐 6 그런즉 이제
둘이 아니요 한몸이니 그러므로 하나님이 짝지어주신 것을 사람이 나
누지 못할지니라 하시니 7 여짜오되 그러면 어찌하여 모세는 이혼 증
서를 주어서 버리라 명하였나이까 8 예수께서 이르시되 모세가 너희
마음의 완악함 때문에 아내 버림을 허락하였거니와 본래는 그렇지 아

니하니라 9 내가 너희에게 말하노니 누구든지 음행한 이유 외에 아내
를 버리고 다른 데 장가드는 자는 간음함이니라

3 And Pharisees came up to him and tested him by asking, "Is it lawful
to divorce one's wife for any cause?" 4 He answered, "Have you not
read that he who created them from the beginning made them male
and female, 5 and said, 'Therefore a man shall leave his father and his
mother and hold fast to his wife, and the two shall become one flesh'?
6 So they are no longer two but one flesh. What therefore God has
joined together, let not man separate." 7 They said to him, "Why then
did Moses command one to give a certificate of divorce and to send her
away?" 8 He said to them, "Because of your hardness of heart Moses
allowed you to divorce your wives, but from the beginning it was not
so. 9 And I say to you: whoever divorces his wife, except for sexual
immorality, and marries another, commits adultery."[1]

10 제자들이 이르되 만일 사람이 아내에게 이같이 할진대 장가들지
않는 것이 좋겠나이다 11 예수께서 이르시되 사람마다 이 말을 받지
못하고 오직 타고난 자라야 할지니라 12 어머니의 태로부터 된 고자도
있고 사람이 만든 고자도 있고 천국을 위하여 스스로 된 고자도 있도
다 이 말을 받을 만한 자는 받을지어다

10 The disciples said to him, "If such is the case of a man with his wife,
it is better not to marry." 11 But he said to them, "Not everyone can
receive this saying, but only those to whom it is given. 12 For there are
eunuchs who have been so from birth, and there are eunuchs who have
been made eunuchs by men, and there are eunuchs who have made
themselves eunuchs for the sake of the kingdom of heaven. Let the one
who is able to receive this receive it."

13 그때에 사람들이 예수께서 안수하고 기도해주심을 바라고 어린아
이들을 데리고 오매 제자들이 꾸짖거늘 14 예수께서 이르시되 어린아
이들을 용납하고 내게 오는 것을 금하지 말라 천국이 이런 사람의 것
이니라 하시고 15 그들에게 안수하시고 거기를 떠나시니라
13 Then children were brought to him that he might lay his hands on
them and pray. The disciples rebuked the people, 14 but Jesus said,
"Let the little children come to me and do not hinder them, for to such
belongs the kingdom of heaven." 15 And he laid his hands on them and
went away.

1 Some manuscripts add *and whoever marries a divorced woman commits adultery*; other manuscripts *except for sexual immorality, makes her commit adultery, and whoever marries a divorced woman commits adultery*

단락 개관

마태복음 18-20장은 제자도의 기초와 특성과 열정을 묘사한다. 예수님 가르침의 네 번째 단락인 마태복음 18장은 겸손과 죄와 용서에 집중한 다음 "예수께서 이 말씀을 마치시고…떠나"(19:1)로 마무리된다. 그럼에도 "큰 무리가 따르거늘 예수께서 거기서 그들의 병을 고치시더라"(2절). 거의 동시에 예수님은 다시 가르치기 시작하시는데, 이번에는 가정에 관한 가르침이다. 어떤 바리새인들이 예수님을 "시험하여" "사람이 어떤 이유가 있으면 그 아내를 버리는 것이 옳으니이까"(3절)라고 질문하면서 가르침이 시작된다. 다시 말해 남자가 어떤 이유든 아내와 이혼할 수 있는가? 과장해서 말하자면, 그들은 사람이 행하고 나서 여전히 스스로 의롭다고 여길 수 있는 일이 얼마나 적은지 묻는 것이다. 그러나 그것은 잘못된 질문이다. 바리새인들은 이혼의 조건을 찾는 대신, 창조주의 의도, 즉 평생의 신의

(4-8절)를 기억해야 한다. 예수님이 어린아이들을 축복하시는 것은(13-15절) 막간의 에피소드처럼 보이지만, 이는 예수님이 가정에서 약한 지체들, 아내와 어린아이들에게도 관심을 가지고 계심을 계속해서 보여준다.

바리새인들이 최소한의 기준을 궁금해 하는 동안, 그 다음 장면에서는 한 부자가 자신이 바칠 수 있는 최대치와 그것을 통해 하나님의 은총을 보장받을 수 있는지 묻는다. 영생을 보장받기 위해서는 어느 정도의 신실함을 입증해야 하는가?(16절) 예수님은 그 청년에게 모든 것을 팔고 그분을 따르라고 말씀하시지만 청년은 거부한다. 이에 반해 그런 희생을 한 제자들은 어떤 보상을 받을 수 있는지 베드로가 묻는다. 예수님은 베드로에게 보상과 영생을 약속하면서도 보상에 대한 과도한 관심을 경고하신다. "먼저 된 자로서 나중 되고 나중 된 자로 먼저 될 자가 많[기]" 때문이다(30절). 그 다음 노동의 보상에 대해 너무 많이 생각하는 일꾼들은 주인에 대한 사랑을 잃을 수 있음을 비유로 말씀하신다. 마찬가지로 제자들이 보상에 대해 지나치게 생각할 때, 그 나라에서 나중이 될 수 있다(20:1-16). 예수님의 죽음에 대한 세 번째 예고는 논리적으로 이곳에 잘 들어맞는다(20:17-19). 예수님은 자신의 목숨을 줄 때 결코 최소한의 길을 찾지도, 보상을 부여잡지도 않으신다.

마태복음 18-20장 내내 예수님은 그 나라의 모습을 대략적으로 그려주신다. 제자들은 작은 자들(18:1-14; 19:13-15), 죄를 범한 형제들(18:15-35), 배우자(19:3-12), 귀하게 여기는 소유물(19:16-26)과의 관계에서 스스로를 입증해야 한다. 하지만 예수님은 옳은 일을 '행하는 것'과 그 '동기'에 대해 동일한 관심을 보이신다. 제자는 사람들을 기쁘게 하는가, 자신을 기쁘게 하는가? 아니면 하나님을 기쁘시게 하는가?

단락 개요

VI. 무리와 지도자들 사이에서 제자들을 훈련하시다(14:1-20:34)
 Q. 이혼에 대한 질문(19:1-12)
 1. 예수님이 해이한 이혼 충동을 바로잡으시다(19:1-9)
 2. 예수님이 제자들의 반응을 바로잡으시다(19:10-12)
 R. 예수님이 어린아이들을 환영하시다(19:13-15)

적대적인 질문으로 인해 예수님은 결혼과 이혼에 관해 가르치시게 된다. 장면은 2개의 대화로 펼쳐진다. 첫째, 바리새인들이 예수님께 이혼에 관해 논란이 많은 질문을 제기한다(19:3). 예수님은 예상치 못한 방식으로 대답하시고, 그들은 반대한다(4-7절). 다시 예수님이 그들의 반대를 반박한 다음, 결혼과 이혼에 관한 최종적인 논평을 덧붙이신다(8-9절). 이후 제자들이 예수님의 최종적인 가르침에 반대하지만(10절), 그분이 바로잡으신다(11-12절).

19장

주석

19:1-3 큰 무리가 갈릴리에서부터 예수님을 따르고, 예수님은 그들의 병을 고치신다(1-2절). 이때 어떤 바리새인들이 이혼에 관한 랍비식 질문으로 예수님을 "시험[한다]." 로마인 청중을 위해 집필했을 마가는 이방인들이 이해할 용어로 질문을 표현한다. "사람이 아내를 버리는 것이 옳으니이까"(막 10:2). 그러나 유대인 독자들을 위해 글을 쓰고 있는 마태는 신명기 22장과 24장의 용어로 이 질문을 표현한다. 노예 제도의 경우처럼, 신명기는 이혼을 억제하고 규제하지만 금하지는 않는다.[298] 신명기 24장은 제

한을 명시하면서, 남자가 아내와 이혼하는 것을 허용한다. '만약' 아내가 수치스러운 일을 했다면, '만약' 남자가 아내에게 재혼을 허용한다는 증서를 써준다면, '만약' 아내가 재혼할 경우 그녀를 절대 되찾지 못함을 남자가 이해한다면, '그러면' 그는 아내와 이혼할 수 있다(신 24:1-4).

바리새인들은 하나님께서 신명기 24장에서 이혼을 규제하신다는 것을 알지만, 어떤 악행이 법적으로 이혼을 가능하게 하는지 궁금해 한다. 그들은 "사람이 어떤 이유가 있으면 그 아내를 버리는 것이 옳으니이까"(마 19:3)라는 질문으로 예수님을 시험한다. 아마도 그들은 위험한 발언으로 예수님을 함정에 빠뜨리고자 한 것 같다(마 14:1-12에 나오는 헤롯에 대한 요한의 비판을 기억하라). 하지만 그들은 진심으로 신명기 24:1-4을 깊이 생각한다. 이 구절은 큰 죄를 제외하고는 이혼을 금하는가, 아니면 남편이 정당하다고 여기는 "어떤 이유가 있으면"(NIV '무엇이든지 이유만 있으면', NJB '어떤 구실이든') 이혼을 허용하는가?

바리새인들의 논의는 "그에게 수치 되는 일이 있음을 발견하고 그를 기뻐하지 아니하면"(신 24:1)이라는 절에서 모호함이 감지되었기에 나온 것이다. 바리새인들에게는 2개의 학파가 있었다. 샴마이의 추종자들은 "수치 되는 일"은 중대한 범죄, 특히 성적인 부정을 암시할 수 있는 행동이 틀림없다고 주장했다. 힐렐의 추종자들은 "수치 되는 일"을 남편을 불쾌하게 만드는 모든 일을 의미한다고 여겼다.[299]

주후 2세기 랍비의 지혜를 모은 미쉬나는 예수님 시대 이후로 알려진 입장을 알려준다. "샴마이 학파는 '남자는 부정한 행실에서 그 근거를 찾았을 때에만 아내와 이혼해야 한다'고 말한다. 성경이 '그에게 수치 되는 일이 있음을 발견하고'라고 말하기 때문이다"(기틴 9:10, Neusner 번역). 이는 간통의 가능성을 암시하는 행동을 포함할 것이다. 미쉬나는 "거리에서 빙

298 신명기 22:13-19과 22:28-29은 어떤 남자의 악행은 이혼할 권리를 박탈한다고 명시한다.

299 그들에게는 다른 질문들도 있었다. 만약 아내가 수치스러운 일을 한다면 이혼은 선택인가, 법에 규정된 것인가? 율법은 남편이 이혼할 수 있는 권리를 강조하는가, 아니면 이혼한 아내의 보호를 강조하는가?

빙 도는 것"을 언급하는데, 이는 이상하긴 해도 악의가 없어 보이지만 여성들이 세상과 격리된 시대에는 부도덕하게 보일 수 있는 행동이다.

바리새인들이 이혼 사유를 많이 만들어 "공공연한 스캔들"이 될 때까지 자주 아내와 이혼하는 동안, 힐렐 추종자들은 그 범위를 넓게 잡았다.[300] 그들은 "'아내가 그의 [음식]을 망쳤다 해도' 이혼을 허용했다. 성경이 '그에게 수치 되는 일이 있음을 발견하고'라고 말하기 때문이다"(기틴 9:10, Neusner 번역). 이는 힐렐이 가정에서의 무능함을 이혼의 타당한 근거로 판단했음을 의미할 수 있다. 혹은 부엌을 거룩하게 유지하지 못하는 것도 이혼을 초래했던 것 같다. 그것이 거룩함을 향한 남자의 추구를 방해했기 때문이다. 극단적으로, 저명한 랍비 아키바(Akiva)는 "그녀보다 더 예쁜 사람을 찾았다 해도" 이혼이 허용된다고 말했다. 그는 "그를 기뻐하지 아니하면"이라는 어구에서 그 근거를 찾았다(기틴 9:10, Neusner 번역). 신구약 중간기의 책 집회서도 25:26에서 거의 그만큼 느슨하다(NJB). "시키는 대로 하지 않는 여자는 인연을 끊고 보내버려라"(공동번역). KJV는 더 문자적으로 이렇게 해석한다. "만약 그녀가 당신이 원하는 대로 가지 않으면 당신과 접촉하지 못하도록 끊어버리고, 이혼 증서를 주고 가게 하라", 즉 그녀와 이혼하라. 이렇게 바리새인들은 이혼 사유를 늘렸다.

19:4-6 예수님의 대답은 수사적으로 시작된다. "읽지 못하였느냐"(5절, 참고. 마 12:3-5; 21:16). 그 질문은 바리새인들이 성경을 부적절하게 공부하고 있음을 암시한다. 그들은 창세기 1-2장의 창조 기사에 언급된, 결혼을 향한 하나님의 목적을 찾기보다는, 원하지 않는 결혼을 피하기 위해 그들에게 허용되는 규칙들을 찾고 있었다. 예수님은 창세기를 인용하면서 바리새인들에게 호소하신다. 그들이 이른 문서들에 더 무게를 두었기 때문이다.

300 David Hill, *The Gospel of Matthew*, NCBC (Grand Rapids, MI: Eerdmans, 1972), 280. 자칭 바리새인이었던 요세푸스는 두 번 이혼했다. 그는 사람들이 이혼할 많은 이유를 발견한다고 무심하게 말한다(Antiquities 4.253).

예수님은 하나님께서 "본래"(ESV는 "from the beginning") 사람을 "남자와 여자"(마 19:4, 참고. 창 1:27)로 지었다고 상기시키신다. 처음부터 사람들은 성적으로 상호보완적이었다. 창조 때 아담과 하와는 성적인 존재였고, 벌거벗었고, 결혼했다. "하나님이 그들에게 복을 주시며" "생육하고 번성하여"라고 하셨다(창 1:28; 2:25). 여호와는 남자와 여자에게 결혼 언약 안에서 하나가 되고 번성하도록 복을 주시고 초청하시고 명령하셨다(말 2:14). 이 구절은 예수님이 동성애나 동성 결혼을 다루신 적이 없다고 주장하는 이들을 바로잡는다. 예수님이 명시적으로 동성애나 동성 결혼을 평가하지 않으신 것은 사실이지만, 마태복음 19:4-5에서 예수님은, 하나님께서 사람을 남자와 여자로 창조하셨고 그들에게 결혼하라고 명령하셨다고 말한다. 따라서 그분은 결혼에 대한 하나님의 설계를 한 남자와 한 여자의 결합으로 단언하신다.

예수님은 계속해서 이렇게 말씀하신다. "그러므로 사람이 그 부모를 떠나서 아내에게 합하여 그 둘이 한몸이 될지니라"(5절). 이는 건강한 결혼의 세 요소를 명시한다. 즉 가족이라는 단위, 인격적인 유대, 성적 연합이다. 사람이 부모를 떠나면, 남편과 아내의 유대는 다른 모든 것을 대체한다. 특히 부모와 자녀의 관계를 대체한다. 이스라엘에서 신혼부부는 흔히 남편의 부모와 함께 살았다.[301] 그러나 결혼의 기본적인 특징으로 인해, 모세는 아내가 그들의 가족을 떠나는 그때 남편에게도 그들의 가족을 떠나라고 명령한다. 남자는 자기 아버지의 집에 아내를 둠으로써 그녀를 그의 아버지의 권위 아래 두어서는 안 된다. 그는 새 가정을 위해 물리적이고 정서적인 공간을 만들어야 한다. (결혼식은 신부를 건네줌으로써 이를 드러낸다. 아버지가 딸의 손을 그녀의 남편에게 건네줄 때, 딸은 아버지의 돌봄과 권위에서 떠난다.)

"합하여"는 콜레테세타이(*kollēthēsetai*)의 번역으로, 문자적으로는 '접착제로 붙이다'이다. 결혼을 잘 한 부부는 그들의 연합을 깨지 않을 것이다. 그

301 J. Duncan M. Derrett, *Jesus Audience* (New York: Seabury, 1973), 37-38.

들은 애정과 신실함을 지키는 평생의 동반자로, 서로 간의 유대를 강화하며 작은 구멍은 고쳐가면서 살 것이다. 그들은 더 오래된 혼인 서약(troth), 무조건적으로 지속되는 충실함, 신뢰, 안정, 충성을 추구한다.[302] 평생 충실하겠다는 서약은 논리적으로 성적 연합에 선행한다. 그것이 성행위와 출산의 배경이 되기 때문이다. 이 연합은 "한몸"이 암시하듯 성적이다. 떠나고 합하고 한몸이 되는 것은, 그 연합의 모든 측면, 즉 정서적, 의지적, 정신적, 육체적, 사회적, 영적, 성적, 재정적 심지어 지리적 연합까지 포함한다.

남편과 아내가 한몸이 되었으므로, 그리고 하나님의 일하심이 인간의 연합 배후에 있으므로, 사람에게는 그 연합을 깨뜨릴 권리가 없다(6절). 하나님의 법과 임재가 결혼을 지지하고 확정하므로, 그분은 제자들이 근거도 없는 의지로 그들의 결혼 서약을 무효화하는 것을 허용하지 않으신다. 이 지점에서 '무과실' 이혼에 관련한 국가들의 법은 하나님의 법과 충돌한다.

성경에서 결혼은 한 남자와 한 여자 사이의 언약이자 변치 않는 배타적 헌신이다. 결혼은 '우리가 둘 다 사랑하는 한'이 아니라 '우리가 둘 다 살아 있는 한' 지속된다. 하나님께서 직접 그 유대를 만들고 증인이 되신다(잠 2:16-17; 말 2:14). 바리새인들은 분명 결혼을 계약과 유사한 것으로 본다(계약은 신약 시대 이전에 로마 제국에서 흔했다). 유대 율법에서는 이혼할 권한이 전적으로 남편에게 있다. 아내가 의무를 수행하지 못하면 남편이 그 결혼을 끝낼 수 있었다(참고. 마 19:1-3 주석).

"그러므로 하나님이 짝지어주신 것"(6절)은 결혼에 대한 하나님의 관심을 선언한다. 19장에서 예수님은 가시적인 믿음의 공동체 내에 있는 사람들에게 말씀하신다. 그 공동체 내에서 하나님은 신자들을 결혼으로 짝지어주신다. 그러나 결혼은 또한 창조 질서이자 하나님께서 모든 인류에게 주신 것이기도 하다. 그러므로 하나님께서 사람들을 향한 아버지 같은 마음으로(5:45) 결혼을 주셨다고 말할 수 있다. 그분은 특별히 언약 가정 내

302 James H. Olthuis, *I Pledge You My Troth: A Christian View of Marriage, Family, Friendship* (New York: Harper & Row, 1975).

에서 결혼을 확정하고 견고하게 하신다.

19:7-9 바리새인들은 이혼에 대한 예수님의 입장이 그들의 생각보다 엄격함을 깨닫고 “그러면 어찌하여 모세는 이혼 증서를 주어서 버리라 명하였나이까”(7절)라고 대응한다. 다시 말해 예수님이 신명기 24장에서 이혼을 다루는 모세 율법을 무효화하시려는 것인지 묻는다.

그러나 예수님은 그들을 바로잡으신다. 하나님도, 모세도 이혼을 ‘명령하지’ 않았다. 오히려 “너희 마음의 완악함 때문에 아내 버림을 허락하였[다]”(8절). 하나님은 이혼을 ‘허용하고 용인하셨다.’ 그분은 이혼의 결과를 완화시키고 그 빈도를 줄이기 위해, 이혼을 규제하고 제한하셨다. 그러나 그분은 이혼을 미워하시며, 이혼을 명하거나 의도하지 않으셨다(말 2:16 NASB). 예수님은 “본래는 그렇지 아니하니라”(8절)라고 결론 내리신다.

이혼 자체가 항상 죄악된 것은 아니지만, 그것은 항상 죄와 실패의 결과다. 분명 성경은 이혼을 ‘명령하지’ 않는다(어떤 랍비는 간음이 이혼을 불가피하게 만들었다고 생각했지만). 신명기도 마찬가지다. 단지 남편이 이혼을 결심했을 때 그가 따라야 할 절차를 규정했다. 마태복음 5:33-37에서 보았듯이, 율법은 죄를 억제하기 위해 어떤 행동(맹세)을 용인하고 규제했다. 그러나 이상은 한결 같은 진실성이어서, 맹세의 필요성은 시들해진다. “눈에는 눈”이 억제되지 않은 복수에 대한 개선책이지만(창 4:23-24), 다른 뺨을 돌려대는 자비가 하나님의 이상이다. 따라서 이곳에서 하나님은, 규제된 이혼이 부주의한 이혼보다 덜 위험하기 때문에 이혼을 용인하고 규제하신다. 그러나 창세기로부터 이어지는 이상은 평생 동안 이어지는 결혼이다.

이혼의 근거에 관한 오늘날 그리스도인들의 논쟁 때문에, 마태복음 19장의 기본적인 요지를 놓칠 수 있다. 모든 것이 무너져 내릴 때, 신자는 ‘이혼의 근거가 무엇인가?’라는 질문으로 껑충 뛰지 않을 것이다. 오히려 그들의 맹세, 그들의 사랑, 하나님의 은혜를 기억하고, 결혼을 다시 세우는 아주 힘들지만 정말 멋진 과업을 시작할 것이다. 예수님이 “누구든지 음행한 이유 외에 아내를 버리고 다른 데 장가드는 자는 간음함이니라”(9절)라고 말씀하실 때, 그분은 이혼을 권하기보다는 제지하고 싶어 하신다. 한 경우만 제외하고, 이혼과 재혼은 간음하는 것이다. 나아가 5:32은 음행한 이유 외에 아내와 이혼하는 사람은 '그 아내'로 하여금 간음하게 하는 것이라고 말한다. 이것이 암시하는 바는, 근거 없는 이혼 후의 재혼은 간음으로 보인다는 것이다.

이혼에 관한 질문들은 방대한 문헌을 낳았을 만큼 복잡하다. 이 주석은 몇 가지 핵심에 초점을 맞출 것이다. 첫째, 다시 말하지만, 예수님의 목표는 결혼의 영속성을 단언하는 것이다. 그분은 '무엇이 이혼할 수 있는 정당한 이유인가?'가 옳은 질문이 아니라고 짚어냄으로써 바리새인들의 방향을 바꾸셨다. 오히려 모두 결혼의 본질에 주의를 기울여야 한다. 결혼은 남편과 아내의 온전하고 지속적인 연합이다. 그러므로 음행의 경우만 제외하고, 이혼은 사실상 일종의 간음이다.

"음행"("sexual immorality")이라는 단어는 헬라어 포르네이아(*porneia*)의 번역으로, 이는 "각종 수용할 수 없는 성관계"(BDAG)를 아우른다. 음란(요 8:41), 간음, 동성애, 수간(레 18:23), 근친상간(고전 5:1), 매춘(고전 6:13, 16) 등이 이에 포함된다. "이 모든 죄는 결혼한 사람이 행할 때 간음이다."[303]

결혼이 본질적으로 영속성을 지향하기는 하지만, 음행으로 고통 받는 사람은 배우자와 이혼해야 할지도 모른다. 이러한 이혼의 특권은 분명 재혼할 권리를 수반하는 듯 보인다. 문화적인 맥락과 정경의 맥락을 고려한다면 말이다. 먼저 구약에서 음행은 사형의 벌을 받았음을 기억하라. 그러므로 음행은 결혼 생활을 끝내는 요인이 될 수 있었다. 로마는 유대인들이 누군가를 처형하는 것을 금했다(드문 예외를 제외하고). 결과적으로 많은 1세기 랍비들이, 하나님께서 의도하셨듯이, 아내가 음행을 하면 남자에게 아

303 Frame, *Doctrine of the Christian Life*, 774-775. 절대 질문을 회피할 사람이 아닌 Frame은, 음란물을 소비하는 것과 자위는 혼자 하는 행위이므로 일반적으로 간음으로 여겨지지 않는다고 판단한다. 하지만 그것들이 "정상적인 부부간의 성관계를 대체하게" 된다면 간음일 수 있다. 결혼이 파경에 이르는 경우 건전한 목회적 판단이 필수적이다.

내와 이혼하라고 요구했다. 그 면에서 미쉬나는, 아내가 음행하면 "그녀는 (남편에게) 부정할 것이다"라고 말한다(소타 5:1, Neusner 번역). 요컨대 음행으로 인해 이혼할 권리는 토론의 여지조차 없었다. 나아가 그러한 유대 문화에서 합법적으로(하지만 비극적으로) 이혼한 남자와 여자는 자유롭게 재혼했다. 더 정확히 말하면, 마태복음 5:31이 알려주듯이 율법은 이혼할 때 남자가 아내에게 이혼 증서를 줄 것을 요구했다. 그 결혼을 끝냈다는 증서는 동시에 그 여자에게 재혼을 허가해주었다. 미쉬나의 기틴 9:3에 대한 뉴스너(Neusner)의 번역을 보면, 이혼 증서 본문은 이렇게 되어 있다.

> "자, 당신은 어떤 남자와도 허용됩니다."
> 유다(R. Judah)가 말한다. "당신이 원하는 누구와도 결혼할 수 있다는 이 이혼 문서, 해임장, 해방 증서를 드립니다."
> 해방 증서 본문은 〔다음과 같다〕. "자, 당신은 자유입니다. 당신은 당신 자신의 〔소유〕입니다."

또 신명기 24:1-4과 마태복음 5:31-32 모두 이혼한 여자가 경제적 필요로 인해 이혼 직후 재혼할 것이라 예상 혹은 추정한다. 그러므로 해석적 관점에서, "음행한 이유 외에"라는 구절은 이혼과 재혼 모두에 적용된다.[304] 뿐만 아니라 그 배경은 주제가 단지 이별이 아니라 이혼임을 보여준다. 몇몇 학자는 예수님이 이혼이 아니라 이별을 허용하시므로 재혼은 불가능하다고 주장한다. 19:9에서 "버리고"(ESV는 "divorce")로 번역된 아폴뤼오(*apolyō*)는 '이별하다'라는 의미일 수 있다는 것이 사실이다. 그러나 아폴뤼오는 바리새인들이 3절에서 "버리는"(divorce)에 사용한 단어며, 한 단어는 짧은 구절에서 같은 의미를 유지해야 한다. 문맥이 새로운 의미를 요구하지 않는다면 그러한데, 9절은 요구하지 않는다.

304 John Murray, *Divorce* (Philadelphia: Presbyterian and Reformed, 1953), 40; Carson, *Matthew*, 470-471.

19:10-12 제자들은 이혼에 대한 예수님의 규제에 멈칫하며 이렇게 말한다. "만일 사람이 아내에게 이같이 할진대 장가들지 않는 것이 좋겠나이다"(10절). 다시 말해 남자가 옳거나 필요하다고 판단할 때 아내와 이혼할 수 없다면, "장가들지 않는 것이 좋겠나이다"라는 말이다. 헬라어 우 쉼페레이(*ou sympherei*)는 '그것은 이롭지 않다' 혹은 '그것은 유익하지 않다'라는 뜻이다. 그 용어는 심사숙고의 의미가 담긴 수사법이므로 사도들은 적어도 숙고하는 척한다. 유대의 도덕 전통은, 모든 남자는 심신이 건강하다면 결혼할 것이라 상정했다. 구약은 절대 자발적인 독신을 명령하지 않는다.[305] 그런데 제자들이 감지하듯이, 이혼에 대한 예수님의 규제는 그들이 의무적이라 생각하는 결혼을 이롭지 않은 것으로 만든다. 그들이 이혼할 마음이 없다 해도, 이혼이라는 대안은 힘겨운 결혼 생활의 도피처를 제공한다. 그들이 보기에 그것은 남자들로 결혼을 진행하도록 해주는 필수적인 보호 장치다. 다른 한편, 이혼에 대한 예수님의 규제가 남자들로 하여금 결혼을 그만두게 할 수도 있다. 따라서 하나님은 모든 남자가 결혼하기를 바라시므로, 예수님은 그분이 실제로 의미하는 것을 말씀하지 않으시거나 아니면 그분의 가르침이 잘못된 것 같다.

예수님은 그들의 사고 과정을 수정하는 대신, 그들의 말을 액면 그대로 받아들이고 사실상 이렇게 말씀하신다. "너희가 옳을지도 모른다. 처음부터 이혼을 생각하고 있다면, 결혼 생활로부터의 분명한 탈출로가 있어야 한다고 생각한다면, 아마도 결혼하지 않는 편이 나을 것이다." 결혼은 평생의 언약이며, 그 언약을 지키겠다고 다짐하지 않는 이들은 그러한 서약을 해서는 안 된다. 그러므로 모든 사람이 결혼해야 하는 것은 아니다.[306] 예수님에 따르면 "사람마다 이 말을 받지 못하고 오직 타고난 자라야"(11절)

19장

305 Glen H. Stassen and David P. Gushee, *Kingdom Ethics: Following Jesus in Contemporary Context* (Downers Grove, IL: IVP Academic, 2003), 301.

306 Q. Quesnell, "'Made Themselves Eunuchs for the Kingdom of Heaven' (Mt 19,12)", *CBQ* 30 (1968): 335-358.

한다. 신체적으로 어쩔 수 없이 독신인 이들도 있는데, 그들은 "태로부터 된 고자"다. 또 "사람이 만든 고자"도 있다. 이는 아마도 왕비 가까이에서 일하는 왕실 관리들을 말하는 것 같다. 나아가 "천국을 위하여 스스로 된 고자"도 있다. 예수님은 5:29에서 한쪽 눈을 빼는 것을 옹호하지 않는 것처럼 거세를 옹호하지 않으신다. 이는 영적인 고자로, 그 나라를 위해 자유롭게 헌신하기 위해 결혼을 포기한 사람들이다.

바울이 고린도전서 7장에서 쓰듯이, 독신은 사역에 어떤 자유를 가져다준다. 사실상 모든 사도와 구약의 영웅들이 결혼을 했으므로 독신이 의무일 수는 없다. 실제로 결혼을 폄하하는 것은 심각한 잘못이다(딤전 4:1-3; 히 13:4, 참고. 골 2:20-23). 그러나 그 나라 사역을 위해 독신을 선택할 수 있다. 로버트슨 매퀼킨(Robertson McQuilkin)은 이렇게 말한다. "독신과 관련한 두 가지 오해가 있다. 독신으로 있는 것이 심각한 죄라는 것과, 독신이 결혼보다 더 거룩한 상태라는 것이다."[307] 하나님의 섭리와 은사는 다양하다. 예수님은 제자들에게 그것이 그들의 생각을 뒤엎더라도, 그분의 자문을 받아들이라고 명령하신다. "이 말을 받을 만한 자는 받을지어다"(마 19:12).

19:13-15 습득은 반복에서 비롯된다. 이 절들은, 얼마 지나지 않아 예수님이 작은 자들의 소중함에 대해 하시는 두 번째 말씀이다(참고. 마 18:1-6). 제자들은 이전의 교훈을 기억하거나 적용하지 못한다. "안수하고 기도해 주[시기]"를 바라며 부모들이 아이를 예수님께 데려오자, 제자들이 꾸짖는다(19:13). 그러자 예수님이 제자들을 막으신다. "어린아이들[이]…내게 오는 것을 금하지 말라 천국이 이러한 사람의 것이니라." 예수님은 그들에게 안수하고 떠나가신다(19:14-15).

문화마다 지위의 높고 낮음, 공경 받는 사람과 공경 받지 못하는 사람의 개념이 있다. 어린아이들에게는 낮은 지위를 부여하기가 쉽다. 그리스-로

307 Robertson McQuilkin, *An Introduction to Biblical Ethics* (Wheaton, IL: Tyndale, 1989), 197.

마법이 그랬다. 심지어 부모에게 원하지 않는 아기를 버리거나 유기할 권리도 주었다. 어떤 이들은 높은 사망률을 고려할 때, 부모가 아이에게 애착을 갖지 않으려 했다고 주장한다. 하지만 이는 미심쩍다. 어린 아기를 잃고 슬퍼하는 부모들에 대한 기사도 있기 때문이다.

성경은 계속해서 어린아이의 소중함을 말한다(시 127편; 128편). 이곳에서 예수님은 말보다 행동으로 그것을 강화하신다. 무리는 보통 예수님을 예언자로 여겼기 때문에(마 16:14; 21:11), 유대 부모들이 아이를 축복해달라고 그분께 데리고 오는 것은 놀랍지 않다. 그러나 제자들은 예수님을 성가시게 해서는 안 된다고 생각한다. 신분이 낮은 탄원자를 예수님에게서 떼어놓으려 한 것은 이번만이 아니다. 맹인 거지들이 예루살렘으로 들어가는 예수님께 도움을 요청할 때도 비슷한 일이 일어나고, 그곳에서도 예수님은 가던 길을 멈추고 도와주신다(20:29-34). 바울은 이렇게 말한다. "우리가 아직 연약할 때에…그리스도께서 경건하지 않은 자를 위하여 죽으셨도다"(롬 5:6). 바울은 속죄를 염두에 두고 있지만, 약한 자들에게 주시는 예수님의 최종적인 선물은 새로운 것이 아니다. 그분은 계속해서 어린아이들을 비롯하여, 끝에 있는 이들, 가장 약한 자, 고립된 자들을 돌보신다. 세례의 시기에 대해 어떤 입장이든, 제자들은 동의해야 한다. 예수님은 어린아이들을 받아주시고 축복하시고 그 나라가 그들의 것이라고 말씀하신다.

응답

교회는 이혼과 재혼의 문제를 놓고 심하게 분열되어 있다. 5세기 초부터 로마 가톨릭 교회는 일반적으로 어떤 상황에서도 이혼이 허용되지 않는다는 입장이었다. 물론 드문 사례로 결혼을 무효화하는 경우는 있겠지만 말이다. 이에 반해 동방정교회는 행음만큼이나 중대한 죄를 지었다면 목회자의 지도하에 이혼과 재혼을 허용한다. 아테나고라스 코키나키스(Athenagoras Kokkinakis)는 불륜은 "상호간의 신뢰와 사랑과 믿음의 유대"를 파괴하므로, "결혼 생활의 여지가 없어진다"라고 말한다. 다른 죄들도 "결혼의 연합"을 무효화할 유사한 힘이 있다. 그는 "육체적 죽음이 부부 사이의 유대를 끊을 수 있는 유일한 자연적 원인이듯이, 도덕적 죽음도 같은 결과를 낳는다"라고 결론 내린다.[308] 그러므로 동방정교회는 다른 이유들로 이혼을 승인하는 것 역시 고려한다. 이에는 배신 혹은 살인 미수, 남편의 동의 없는(그리고 아마도 아버지의 강요로 일어나는) 낙태, 발기불능, 지속적인 유기, 정신 이상, 변절이 포함된다.[309] 정교회 지도자들은 때로 학대와 조정하기 어려운 불화로도 이혼을 허용한다.[310]

고전적인 복음주의 개신교의 입장은 이혼의 두 가지 근거를 밝히는데, 그것은 음행과, 불신자나 죄를 짓고 회개하려 하지 않음으로 불신자처럼 행동하는 이에게서 고의적이고 돌이킬 수 없는 버림을 받는 것이다(마 19:9; 고전 7:15-16).[311] 그러나 책임감 있고 보수적인 개신교도들은 다음의 모든 가능한 입장을 취한다. (1) 이혼이나 재혼은 절대 허용되지 않는다. (2) 이혼은 절대 정당화되지 않지만, 회개 후 재혼은 허용된다. (3) 이혼은 음행의 경우에만 정당화되지만, 재혼은 절대 허용되지 않는다. (4) 음행의 경우 이혼이 허용되고 무고한 쪽만 재혼할 수 있다. (5) 음행과 버림받은 이후 무고한 쪽이 이혼하고 재혼할 수 있다. (6) 음행과 버림받는 경우 이외에, 신체적인 학대도 이혼의 근거가 된다. 배우자나 자녀의 생명이나 안전을 보호하는 것이 필수적이기 때문이다. (7) 이 세 가지 죄 외에, 근본적으로 결혼 서약을 위반한 경우 결혼을 끝낼 수 있다. 따라서 개신교도들은 동의 없는 낙태, 극심한 정신적 학대, 결혼 서약의 또 다른 위반인 물질적

308 Athenagoras Kokkinakis, *Parents and Priests as Servants of Redemption: An Interpretation of the Doctrines of the Eastern Orthodox Church on the Sacraments of Matrimony and Priesthood* (New York: Morehouse, 1958), 47.

309 같은 책, 54.

310 Theodore Mackin, *Divorce and Remarriage* (New York: Paulist, 1984), 373-374; David Clyde Jones, *Biblical Christian Ethics* (Grand Rapids, MI: Baker Academic, 1994), 181-183.

311 Frame, *Doctrine of the Christian Life*, 777-781.

인 부양을 하지 않는 것을 명시할 수 있다.[312] 지속적이고 심각한 '중독'도 때로 유기의 한 형태로 이해된다. 알코올이나 마약, 포르노, 도박에 빠진 배우자는 보통 기본적인 결혼 생활의 의무를 저버리기 때문이다.

그러한 시각에서 데이비드 인스턴-브루어(David Instone-Brewer)는 출애굽기 21:10-11에 따르면, 의식주, 신체적 친밀감을 비롯하여 결혼 생활의 필수적인 것들을 제공하지 못하는 것이 이혼의 근거가 된다고 주장했다.[313] 그 본문은 다음과 같다. "만일 (남편이) 다른 여자에게 장가들지라도 그 여자의 음식과 의복과 동침하는 것은 끊지 말 것이요 그가 이 세 가지를 책임지지 않으면, 여자는 속전을 내지 않고 거저 나가게 할 것이니라." 어려움은 그 본문이, 정상적인 결혼이 아닌 물질적 학대에 대한 유혹이 심한 일부다처제를 규제하고 있다는 것이다. 데이비드 존스(David Jones)는 그 증거를 따져본 후에 이렇게 결론 내린다. "항상 이혼을 반대하는 확고한 이유가 있다." 하지만 "하나님은 모든 끔직한 결혼 형태들로 언약에 충실하지 못하는 것을 미워하신다." 그리고 존스는 충실하지 못하는 이에 "음행자, 버린 자, 상습적인 학대자"가 포함된다고 결론 내린다.[314]

이러한 입장은 잠시 해석학적 분석이 필요하다. 마태복음 19장은 이혼할 수 있는 한 경우를 허용한다. 성적인 부정의 경우다. 우리는 쉽게 그 이유를 알 수 있다. 음행은 몸과 영혼으로 배타적인 평생의 충성 맹세를 객관적이고 실체적으로 위반하는 것이다. 육체적인 음행은 보통 정신적인 음행 이후에 일어난다. 음행자는 행동할 계획을 세우고 그것이 정당하다고, 배우자가 더 이상 사랑과 충성을 받을 만하지 않다고 결론짓는다. 나아가 음행은 거짓말, 불만 품기, 사랑의 결핍, 물리적인 이별 등 결혼 서약에 대한 배신과 죄의 그물망 안에서 일어난다.

312 이 선택지들의 요약은 Stassen and Gushee, *Kingdom Ethics*, 282을 따른 것이다.

313 David Instone-Brewer, *Divorce and Remarriage in the Bible: The Social and Literary Context* (Grand Rapids, MI: Eerdmans, 2002). 《성경 속의 이혼과 재혼》(아가페출판사).

314 Jones, *Biblical Christian Ethics*, 177-204, 인용 204.

그러므로 바울이 고린도전서 7:10-15에서 믿지 않는 배우자에게서 버림받는 것이 이혼의 또 다른 근거를 이룬다고 말할 때, 이는 예수님께 반박하는 것인가? 그렇지 않다. 바울은 새로운 상황을 다룬다. 마태복음 19장에서 예수님은 표면적으로든 가시적으로든 신자였던 유대인에게 말씀하셨다. 반면 바울은 신자와 불신자의 결혼을 다루는데, 이는 이혼의 2차적인 이유를 초래한다. 한쪽이 떠나는데 돌아오라고 강요할 역량이 없을 때, 버려진 쪽은 무엇을 할 수 있을까? 배우자가 알 수 없는 지역과 관계로 영원히 떠나면 결혼은 끝난다.

그러나 버림을 이혼의 2차적인 근거로 덧붙일 때, 다른 가능성도 떠오른다. 정교회와 복음주의 신학자들은 흔히 배우자나 자녀의 살해 시도, 지속되는 폭력, 낙태를 아주 근본적으로 결혼을 위반하는 것으로 판단했다. 이는 타당한 것 같다. 생명 보존은 가장 근본적인 사회적 명령이기 때문이다.

그러나 신학자들은 이혼의 또 다른 근거들을 제안했다. 1643년 존 밀턴(John Milton)은 멋지지만 불행한 결혼을 한 평신도 신학자의 입장에서, 성격 차이가 이혼의 근거라고 주장했다. 밀턴은 개신교 결혼 이론을 기반으로 삼았는데, 그 이론은 출산이 아니라 우정이 결혼에서 가장 중요하다고 판단함으로써 전통적인 가톨릭 사상에 반대했다. 그것이 옳다면, 밀턴은 우정의 부재가 이혼의 이유여야 한다고 추론한 것이다.[315] 그러나 성격 차이는 어쩔 수 없이 주관적이다. 2명의 죄인이 매일 함께 살면서 완벽하게 혼인 서약을 지킬 수는 없다. 그들은 결국 가볍지만 커 보일 수 있는 그들의 언약 위반을 극복해야 한다.

데이비드 인스턴-브루어는 《성경의 이혼과 재혼》(*Divorce and Remarriage in the Bible*)에서 밀턴처럼 이혼에 대한 성경적 근거의 의미 있는 확장을 제시한다. 인스턴-브루어의 실질적인 작업은 칭찬과 비판을 모두 받았다. 특히 쉬운 이혼의 길을 열어준 것에 대해 그러했는데, 이는 정확히 예수님이

315 John Milton, *The Doctrine and Discipline of Divorce* (London, 1643).

19장에서 반대하신 것이다. 하지만 그는 필수적인 질문과 씨름한 것에 대해 칭찬받을 만하다. 음행과 유기가 결혼의 필수적인 요소를 위반하기 때문에 이혼의 타당한 근거라면, 결혼의 기본을 위반하는 다른 경우 역시 이혼의 근거라고 하는 것이 옳지 않은가? 남자가 아내와 아이의 뼈를 부러뜨리고 그들을 죽이겠다고 위협한다면? 남편의 의견에 반하여 태아를 죽이는 아내라면? 남편의 도박 중독으로 심각하게 빈곤해진 여자라면? 결혼하고 2년 후 "다시는 나한테 손대지 말아요"라고 말하면서 절대 수그러들지 않는 아내라면? 이 질문들 어느 것도 가설이 아니다. 고통스러운 질문들은 아주 많고, 목사들은 자주 그런 질문들에 맞닥뜨린다.[316]

어떤 계명들은 다른 계명들보다 더 무게가 있는 것이 분명하다. 제6계명은 다른 모든 사회적 명령의 기초이므로, 살인 미수와 큰 부상이나 죽음에 이를 수 있는 수위의 폭력은, 아마도 유기의 규정 아래에서 결혼을 끝낼 이유들로 보인다. 다시 말해 폭력적인 쪽이 불가피하게 유기를 야기하는 것이다.

그리스도인 지도자는 하나님께서 이혼을 미워하신다는 것과 예수님이 자율적이고 우발적인 이혼을 금하신다는 것을 기억할 것이다. 우리는 예수님이 바리새인들을 바로잡으신 것을 기억하며, 성적 부정과 유기를 이혼의 '가능한' 근거로 본다. 그런 다음, 성경이 근본적으로 모든 상황에서의 올바른 행동을 명시하는 판례법 책이 아님을 인식해야 한다. 예를 들어 심한 폭력은 고통 받는 사람들에게 목숨을 보존하기 위해 떠나라고 요구하는 듯 보인다. 존스가 말하듯이, 지속적인 폭력은 "남편과 아내가 이룬 연합의 바로 핵심"을 공격한다. 그 외에도 지도자들은 결혼 서약을 무시하는 다른 객관적인 행동들에 대해 기도하면서 숙고할 수 있다.[317] 우리는 내

316 필자는 최근에 마지막 질문에 맞닥뜨렸다. 출산 후 아내가, 더 이상 남편과의 모든 신체 접촉은 끝났다고 선언했다. 그 남편은 15년 동안의 금욕 이후 유혹에 굴복했다. 이 경우 핵심적인 문제는 무엇인가? 외도한 남편인가, 아니면 충실하지 못함으로 남편을 또 다른 부정으로 이끈 아내인가? 결혼이 끝나면 어느 쪽에 재혼할 자유가 있는가?

317 Jones, *Biblical Christian Ethics*, 202-204.

내 경솔한 이혼, 마음대로 하는 이혼, 자율적인 이혼을 거부했다. 이혼이 하나님의 이상을 위반하기 때문이다. 그러므로 남편이나 아내, 친구나 가족은 하나님께서 합하신 것을 나누지 말아야 한다.

신학적으로 또 문맥상으로 결혼과 이혼에 관한 이 가르침은 윤리적 가르침에서 고립된 단원이 아니다. 서론에서 언급한 대로 18-20장은 제자의 삶을 묘사한다. 대략적으로 말하면, 그 부분은 제자들을 아주 고된 그리스도의 길로 소환한다. 그분은 십자가에서 최고의 것, 즉 그분의 생명 자체를 주셨다. 따라서 제자들은 힘겨운 상황을 피하기보다는 그들의 선생님처럼 전력을 다해야 할 것이다.

주: 신약 시대의 문화적 상황은 대체로 성경 규범을 약화시키는 법들을 만드는데 영향을 미쳤다. 2020년 서구 민주 국가들도 비슷한 상황에 있는 것 같다. 이는 질문들을 제기한다. 성직자는 결혼식에서 교회법과 국가의 법을 따라 집례함으로써, 교회는 물론 국가의 대리인 역할을 해야 하는가? 만약 성직자가 국가의 대리인 역할을 하는 데 동의한다면, 국가가 그들에게 결혼에 대한 성경적 기준이 아니라 시민적 기준을 충족시키는 예식을 집례하라고 요구할 때 어떻게 반대할 수 있을까? 국가가 결혼을 참석자들이 어떻게 선택하는지에 따라 정의되는 계약으로 볼 때, 목사는 정당하게 국가를 위해 결혼식을 집례할 수 있을까?

16 어떤 사람이 주께 와서 이르되 선생님이여 내가 무슨 선한 일을 하
여야 영생을 얻으리이까 17 예수께서 이르시되 어찌하여 선한 일을 내
게 묻느냐 선한 이는 오직 한 분이시니라 네가 생명에 들어가려면 계
명들을 지키라 18 이르되 어느 계명이오니이까 예수께서 이르시되 살
인하지 말라, 간음하지 말라, 도둑질하지 말라, 거짓 증언 하지 말라,
19 네 부모를 공경하라, 네 이웃을 네 자신과 같이 사랑하라 하신 것이
니라 20 그 청년이 이르되 이 모든 것을 내가 지키었사온대 아직도 무
엇이 부족하니이까 21 예수께서 이르시되 네가 온전하고자 할진대 가
서 네 소유를 팔아 가난한 자들에게 주라 그리하면 하늘에서 보화가
네게 있으리라 그리고 와서 나를 따르라 하시니 22 그 청년이 재물이
많으므로 이 말씀을 듣고 근심하며 가니라

16 And behold, a man came up to him, saying, “Teacher, what good
deed must I do to have eternal life?” 17 And he said to him, “Why do
you ask me about what is good? There is only one who is good. If you
would enter life, keep the commandments.” 18 He said to him, “Which
ones?” And Jesus said, “You shall not murder, You shall not commit

adultery, You shall not steal, You shall not bear false witness, 19 Honor
your father and mother, and, You shall love your neighbor as yourself."
20 The young man said to him, "All these I have kept. What do I still
lack?" 21 Jesus said to him, "If you would be perfect, go, sell what you
possess and give to the poor, and you will have treasure in heaven; and
come, follow me." 22 When the young man heard this he went away
sorrowful, for he had great possessions.

23 예수께서 제자들에게 이르시되 내가 진실로 너희에게 이르노니 부
자는 천국에 들어가기가 어려우니라 24 다시 너희에게 말하노니 낙타
가 바늘귀로 들어가는 것이 부자가 하나님의 나라에 들어가는 것보다
쉬우니라 하시니 25 제자들이 듣고 몹시 놀라 이르되 그렇다면 누가
구원을 얻을 수 있으리이까 26 예수께서 그들을 보시며 이르시되 사람
으로는 할 수 없으나 하나님으로서는 다 하실 수 있느니라 27 이에 베
드로가 대답하여 이르되 보소서 우리가 모든 것을 버리고 주를 따랐
사온대 그런즉 우리가 무엇을 얻으리이까 28 예수께서 이르시되 내가
진실로 너희에게 이르노니 세상이 새롭게 되어 인자가 자기 영광의
보좌에 앉을 때에 나를 따르는 너희도 열두 보좌에 앉아 이스라엘 열
두 지파를 심판하리라 29 또 내 이름을 위하여 집이나 형제나 자매나
[1)]부모나 자식이나 전토를 버린 자마다 여러 배를 받고 또 영생을 상
속하리라 30 그러나 먼저 된 자로서 나중 되고 나중 된 자로서 먼저 될
자가 많으니라
23 And Jesus said to his disciples, "Truly, I say to you, only with
difficulty will a rich person enter the kingdom of heaven. 24 Again I tell
you, it is easier for a camel to go through the eye of a needle than for a
rich person to enter the kingdom of God." 25 When the disciples heard
this, they were greatly astonished, saying, "Who then can be saved?"

26 But Jesus looked at them and said, “With man this is impossible,
but with God all things are possible.” 27 Then Peter said in reply, “See,
we have left everything and followed you. What then will we have?”
28 Jesus said to them, “Truly, I say to you, in the new world,[1] when
the Son of Man will sit on his glorious throne, you who have followed
me will also sit on twelve thrones, judging the twelve tribes of Israel.
29 And everyone who has left houses or brothers or sisters or father
or mother or children or lands, for my name’s sake, will receive a
hundredfold[2] and will inherit eternal life. 30 But many who are first will
be last, and the last first.

1) 어떤 사본에는, ‘부모나’ 아래에 ‘아내나’가 있음

1 Greek *in the regeneration* *2* Some manuscripts *manifold*

19장

단락 개관

마태복음 18-20장은 하나의 가르침 단락이다. 본문에는 혼자 하시는 말씀(18:2-35)과 대화(19:1-30)가 둘 다 들어 있지만, 이들이 나타내는 주제는 다음과 같이 변함없다. 누가 하나님 나라의 구성원인가? 그들과 하나님의 관계 표지는 무엇인가? 또 서로간의 관계 표지는 무엇인가? 그들은 어떻게 주님의 길로 걷는가?

18장은 “천국에서는 누가 크니이까”라는 질문으로 시작했다. 예수님은 먼저 누가 천국에 ‘들어가는지’ 평가한 다음 천국에서 일어나는 삶의 방식들을 묘사하셨다. 이후의 대화들은 누가 천국의 삶에 관한 예수님의 가르침을 ‘받을 수 있는지’ 묻는다(19:11). 바리새인일까?(1-9절) 제자들일까?(10-12절) 어떤 부자일까?(16-24절) 다시 제자들일까?(19:25-20:28)

단락 개요

Ⅵ. 무리와 지도자들 사이에서 제자들을 훈련하시다(14:1-20:34)

S. 영생에 대한 질문(19:16-30)

1. 예수님이 선한 일과 영생에 대한 혼란을 바로잡으시다 (19:16-22)
2. 예수님이 섬김에 대한 보상의 혼란을 바로잡으시다 (19:23-30)

마태복음 19:16-30은 네 부분으로 나뉜다. 어떤 남자가 예수님께 질문한다. 그 남자가 길게 예수님의 대답을 거부한다. 예수님이 그 거부에 대해 논하신다. 제자들이 그분의 논평에 대해 질문한다. 더 구체적으로 말하면 다음과 같다.

- 어떤 부자가 영생을 얻으려면 무엇을 해야 하는지 예수님께 질문한다(16절).
- 예수님은 결국, 소유를 팔아 가난한 자들에게 주고 자신을 따르라고 대답하신다(21절).
- 그가 거부한다. 예수님은 부자가 그 나라에 들어가는 것이 어렵다고 말씀하신다(24절).
- 제자들이 어리둥절하여 예수님께 질문한다. 그 다음 베드로가 자신이 모든 소유를 버린 것을 언급하며, 보상을 받을 수 있는지 보상을 받을지 질문한다(25-27절).
- 예수님은 베드로에게 보상을 약속해주신다(28-30절).

주석

19:16-20 젊고 부유한 한 남자가(20, 22절) 진심어린 질문을 가지고 예수님께 다가온다. "선생님이여 내가 무슨 선한 일을 하여야 영생을 얻으리이까"(16절).[318] 그 질문은 헬라어에서 조금 모호하다. 이는 두 가지 방식으로 번역될 수 있다. 즉 '영생을 얻기 위해 내가 무슨 선한 일을 할까요?' 혹은 '영생을 얻기 위해 내가 행할 선은 무엇일까요?'이다. 누가복음 18:18의 부정과거 분사[티 포이에사스(*ti poiēsas*), '무엇을 하여야'(having done what?)]는 그가 무엇을 해야, 그것을 했을 때 확실히 영생을 얻는지 질문한다는 것을 보여준다.

핵심 질문은 '내가 무엇을 할까요?'이다. 본질적으로 그 사람은, 영생을 얻기 위해 무언가를 하라고 지시하거나 명령해달라고 예수님께 요청하고 있다. 그는 예수님께 행해야 할 한 가지 큰일을 달라고 요구하고 있거나,[319] 그가 선을 더 잘 알고 행할 수 있도록 선을 정의해달라고 요청하고 있다. '선'(the good)은 명령이나 성격의 특성을 이끌어낼 수 있다. '무엇을 할까요?'라는 질문은 '무엇을 해야 할지 알려주세요!'라는 명령형이거나, '도대체 무엇을 할까요?'라는 진지한 질문일 수 있다.[320]

그 남자의 정확한 마음가짐이 어떠하든, 통찰력 있는 독자는 그 남자가 예수님이 "너희가 돌이켜 어린아이들과 같이 되지 아니하면 결단코 천국에 들어가지 못하리라"(마 18:3-4, 참고. 19:14)라고 하면서 요구하셨던 어린

19장

318 마가는 그가 예수님께 달려왔다고 말한다(막 10:17). 누가는 그가 "관리"였다고 말한다(눅 18:18). 그는 보통 "부자 청년 관리"라고 불린다. 어느 본문도 그를 그렇게 부르지 않지만 말이다. 모든 기사를 융합하면 그는 "부자이자 열정적인 젊은 관리"다.

319 〈아버지, 나는 내 모든 삶을 아오니〉라는 찬송의 3절이 바로 그 질문을 묵상하는 듯하다. "나는 서두르며 왔다갔다 하는/ 불안정한 의지를 가지지 않으리 / 행할 큰일을 / 아니, 알아야 할 비밀을 찾으리."

320 동사 포이에소(*poiēsō*)의 형태는 미래 직설법이나 부정과거 가정법일 수 있다. "무엇을 할까요?"는 타당하게 둘 중 하나로 번역된다. 그러나 그 동사가 미래 직설법이라면, 질문은 "앞으로 내 의무가 무엇인가요?"다. 그 동사가 부정과거 가정법이라면, 그것은 조금 심사숙고의 의미가 있는 "내가 행하기로 결정해야 하는 선은 무엇인가요?"다.

아이 같은 겸손과는 거리가 멀다는 것을 안다. 그는 교만 때문에 자신의 생각보다 천국에서 더 멀리 있으므로 겸손해져야 하며, 이 사건이 그렇게 한다.[321] 게다가 자신의 상황에 대한 판단도 정확하지 않다. 그는 자신이 하나님을 기쁘시게 하기 위해 무엇을 더 해야 한다고 믿는다. 그에게 필요한 것은, 그가 하나님을 기쁘시게 할 수 없다는 사실을 아는 것이다.

그는 하나님의 은총을 얻기 위해 요구되는 것은 '무엇이든' 행할 수 있다고 믿는다. 그는 "분명 율법의 요구 외에, 그의 구원을 보장받을 수 있는, 그가 할 수 있는 선한 일이 있다고 생각한다."[322] 아니면 그는 '하나님께 빚지고 있는' 것을 알기 원한다. 그가 그것을 행할 때 하나님께서 '그에게' 생명을 '빚질' 수 있도록 말이다. 마가와 누가는(마태와 달리) 서두에서 그가 던지는 질문에서 또 다른 차원의 혼란을 드러낸다. "선한 선생님이여 내가 무엇을 하여야 영생을 얻으리이까[inherit]"(막 10:17; 눅 18:18). 그는 사람이 행위가 아니라 관계로 인해 상속을 받는다는 것을 모르는가? 자녀는 그들의 고용주가 아니라 부모로부터 상속을 받는다. 그러나 마가는 그의 교만과 혼란 너머에, 매력적인 열정이 있다고 말한다. 그는 예수님께 "달려와서" "꿇어 앉[고]" 예수님은 "그를 보시고 사랑하[셨다]"(막 10:17, 21).

예수님은 "무슨 선한 일을 하여야"라는 질문에 또 다른 질문 "어찌하여 선한 일을 '내게' 묻느냐[323] 선한 이는 오직 한 분이시니라"(마 19:17)로 응답하신다. 예수님은 그분이 선한 것 혹은 그 사람을 위한 답을 가지고 있음을 부인하지 않으신다. 그러나 그를 잠시 멈추게 하고 그의 방향을 바꾸고자 하신다. 그는 자신이 "선생님"이라고 부르는 분을 아는가? 그는 무엇을 해야 하는지 발견하도록 전통이 자신을 율법 쪽으로 보낼 것이라 생각한다. 그는 예수님이 다른 무언가를 말씀하시리라 기대하는가? 만약 그렇다

321 Plummer, *Matthew*, 263.

322 Carson, *Matthew*, 477.

323 헬라어는 그 문장에서 "내게"를 앞쪽에 둠으로써 강조한다.

면 이유가 무엇인가?

예수님은 "선한 이는 오직 한 분이시니라"라고 주장할 때, 자신이 선을 아는 것이나 선하다는 것을 부인하지 않으신다.[324] 그러나 그가 예수님에 대해 어떻게 생각하는지 숙고하도록 그 사람을, 그리고 독자를 몰아붙이신다. 그런 다음 그 사람이 자신을 재평가하도록 이끄신다. 그는 자신의 행동을 자랑스러워하고 자신의 능력을 확신하는 것 같다. 자신을 '선하다'고까지 여길 수도 있다. 그러나 선에 대한 그의 개념은 충분하지 못하다고 앨런 맥닐(Alan McNeile)이 주장한다. "그는 그것을 양적인 것으로, 확실한 하나의 행동이나 일련의 행동들로 이룰 수 있는 것으로 여겼기 때문이다."[325] 그러므로 예수님은 그를 이기기 위해, 그가 '선'이 무슨 의미인지 안다는 것조차 의심하게 만들려고 선에 대한 개념을 뒤엎으신다. 카슨은 그 사람이 예수님께 선한 행동을 묻지만, "영생을 얻기 위해 요구되는 선함을…충분히 이해하지 못하고 있다"라고 쓴다. 하나님만이 그런 의미에서 선하시기 때문이다.[326]

따라서 예수님은 간접적으로 그 사람을 위해 그리고 그 사람처럼 생각하는 모든 사람을 위해 움직이신다. 그분은 "네가 생명에 들어가려면 계명들을 지키라"라고 선언하신다. 그 사람은 "어느 계명이오니이까"라고 묻는다. 예수님은 제6, 7, 8, 9계명과 제5계명을(이 순서로) 언급한 다음 레위기 19:18 "네 이웃을 네 자신과 같이 사랑하라"를 덧붙이신다. 이 목록은 주목할 만하다.

우리는 예수님이 하나님을 향한 율법(처음 네 계명)과 내면을 향한 율법(제1계명과 제10계명) 둘 다를 생략하신 것에 주목한다. 그분은 눈에 드러나는 것들만 열거하신다. 나아가 그 목록은 더 위대한 일을 더 많이 할 수 있다

324 B. B. Warfield, "Jesus' Alleged Confession of Sin", *PTR* 12 (1914): 127-228.

325 Alan Hugh McNeile, *The Gospel according to St. Matthew* (1915; repr. Grand Rapids, MI: Baker, 1980), 277.

326 Carson, *Matthew*, 477.

는 꿈을 지운다. 하나님께서 율법에서 드러내신 것보다 더 하기는 불가능하다. 그것이 그분의 성품과 선함을 최대한으로 표현하기 때문이다. 살인을 금하신 것은, 그분이 생명을 주시기 때문이다. 간음을 금하신 것은, 그분의 백성이 신실하지 못할 때에도 그분은 신실하시기 때문이다. 도둑질(과 탐심)을 금하신 까닭은, 그분이 관대하시기 때문이다. 거짓 증언을 금하신 까닭은, 그분은 항상 진실을 알고 진실을 말씀하시기 때문이다. 자녀에게 부모를 공경하라고 하시는 까닭은, 부모를 그분의 형상으로 만들고 부모에게 그분 같은 역할을 줌으로써 그들을 영광스럽게 만드셨기 때문이다(엡 3:14-15). 이웃 사랑을 요구하시는 까닭은, 하나님께서 사랑이며 성육신을 통해 우리의 이웃이 되셨기 때문이다(요일 4:8, 16; 눅 1:68). 누가 그 이상을 할 수 있겠는가?

위대한 공적을 행하고자 하는 그 사람의 관심은 헛되다. 그럼에도 그의 질문은 유익하다. 아주 많은 사람이 그와 같은 질문을 하고, 그런 심령으로 순례와 같은 위대한 탐구를 시작하기 때문이다.[327] 마태복음 19장이 그의 실수를 암시한다면, 다른 성경은 그 요지를 명확하게 해준다. 선'하지' 못하면 누구도 선을 '행할' 수 없다. "못된 나무가 아름다운 열매를 맺을 수 없느니라"(마 7:18). 바울은 "육신에 있는 자들은 하나님을 기쁘시게 할 수 없느니라"(롬 8:8)라고 주장한다. 자만한 그 사람은 이런 것을 전혀 보지 못하고, 예수님도 아직 그것에 대해 말씀하지 않으신다.

처음에는 예수님의 방법이 당황스러워 보인다. 예수님은 자기 힘과 순종을 신뢰하는 사람에게 강해지고 율법에 순종하라고 말씀하신다. 그 사람이 지킬 수 있다고 생각하는 계명들을 열거하시고, 자기 성찰을 하게 하는 제1계명과 제10계명은 생략하신다. 실제로 예수님이 그분의 계명들을 마무리하실 때, 그 청년의 확신은 여전하다. 그는 예수님께 "이 모든 것을 내가 지키었사온대 아직도 무엇이 부족하니이까"(마 19:20)라고 말한다.

327 수많은 사람이 하나님의 은총이나 보상을 구하며 매년 영적 순례를 길에 오른다.

"내가 지키었사온대"가 오만하게 들린다면, "아직도 무엇이 부족하니이까"는 애처롭게 들린다. 이는 나란히 배치되어 도덕적 자만심과 함께 영적 절망을 나타낸다.

19:21-22 우리는 5:21-48에 나오는 예수님의 논평을 통해 그분이 그 사람의 주장을 믿지 않으신다는 것을 알 수 있다. 예수님이 설명하시듯이 사람은 그 율법을 지키지 못한다. 모든 사람이 여러 부분에서 또 전체적으로 죄가 있다. 사람은 자신의 혀조차 길들이지 못한다(약 3:8). 나아가 율법의 한 부분을 위반하는 사람은 전체를 범하는 것이다(2:10-11). 하지만 예수님은 그 부자 청년이 허풍을 떨도록 두신다. 예수님이 이렇게 말씀하며 놀란 척하시는 것을 상상할 수 있다. "미안하네! 자네가 이미 그 모든 것을 행했다는 것을 알아차리지 못했네. 그런데 자네가 고집하니, 한 가지만 더 시도해보게나. '네가 온전하고자 할진대 가서 네 소유를 팔아 가난한 자들에게 주라 그리하면 하늘에서 보화가 네게 있으리라 그리고 와서 나를 따르라'(마 19:21)."

19장

이 문맥에서 "온전하고자"(텔레이오스)는, 70인역에서 보통 그러듯이, 전적으로 하나님께로 향하는 것 혹은 완전히 헌신한 것을 의미하는 듯하다. 그래서 70인역은 노아(창 6:9-10)와 다윗(왕상 11:4)이 '완전'(텔레이오스)했다고 말하며, 그 마음을 다른 신들에게로 돌린 솔로몬은 그렇지 않았다고 말한다(8:61; 11:4).[328] 그러므로 예수님이 보시기에, 가난한 자들에게 소유를 나누어 주는 것은 하나님을 그의 채무자로 만드는 행동이 아니라 그분을 향한 완전한 충성의 표지다. 그 부자는 더 덜한 사랑을 물리치는, 하나님을 향한 순수한 사랑이 부족하다(고전 13:1-10). 그가 모든 것을 판다면, 그는 제자로서 "규제가 없는 그 다음 걸음을 걸을 것이다. 즉 예수님을 따를 것이다."[329] 모든 것을 팔라는 명령은 그 사람을 돈에서 떠나 예수님께로 가

328 R. Schippers, "Goal", in *NIDNTT*, 2:60.

게 할 수 있다. 그가 하나님께 드릴 수 있는 최고의 섬김은 예수님을 따르는 것이다. 다시 한 번, 우리는 예수님이 암시적으로 신성을 주장하시는 것을 듣는다. 그 사람은 더 많은 일이 필요하다고 생각한다. 그런데 사실 그에게 필요한 것은 은혜에 근거한, 예수님과의 관계다.

모든 것을 팔고 주라는 명령은 이 사람과 이 경우에만 특별하다. 모든 것을 팔라는 명령은 보편적이지 않지만, 전적으로 헌신하라는 부르심은 보편적이다. "개별적인 계명들을 지키는 것은…하나님의 절대적인 주장에 자발적으로 항복하는 것을 대신하지 못한다. 그것이 복음의 부르심이 부과하는 것이다."[330] 공식적으로 율법을 준수하는 일은 "절대적인 항복" 없이는 쓸모가 없다.[331] 주님은 어중간한 순종을 용인하지 않으신다. 사람은 예수님을 따르면서 다른 대의를 따를 수 없다. 맘몬이든(마 6:24) 임종이 가까운 아버지든(8:21) 말이다.

가난한 자들에게 나누어 주는 일은 이웃을 사랑하라는 명령을 성취한다. 율법과 예언자는 가난한 자를 억압하는 것을 금하고 이스라엘 자손에게 그들을 보살피라고 명령한다(출 22:22; 신 14:28-29; 27:19; 렘 7:6-7). 더욱이 여호와가 몸소 가난한 자를 보살피신다(신 10:18; 시 82:3; 호 14:3). 시편 68편은 이렇게 주장한다. "그의 거룩한 처소에 계신 하나님은 고아의 아버지시며 과부의 재판장이시라"(시 68:5). 만약 하나님께서 가난한 자들을 보살피신다면, 그분을 알고 그분의 길을 따르는 자들도 똑같이 해야 한다. 더 중요한 것으로, 예수님은 "팔아…주라…따르라"라고 말씀하면서 첫 두 명령으로 옮겨가신다. 영생을 얻으려면, 다른 신들에게 절하지 말고, 어떤 우상도 만들지 말아야 한다. 그러나 부는 교만해지고 하나님을 잊도록 사

329 McNeile, *Matthew*, 279.

330 William L. Lane, *The Gospel according to Mark*, NICNT (Grand Rapids, MI: Eerdmans, 1974), 367.

331 Carson, *Matthew*, 479. Carson과 Lane 둘 다 꼭 필요한 주장을 하지만, 둘 다 "항복"이라는 단어를 쓰므로, 해설이 필요하다. '하나님께 항복한다'고 말하는 것은, 어떤 집단에서 흔하기는 하지만 성경적이지 않다. 항복은 전쟁에서 '진' 후에 '적'에게 한다. 이는 우리와 하나님의 관계에는 적용되지 않는다.

람들을 유혹한다(신 8:11-20).

이 지점까지 예수님은 그 사람이 완벽하게 순종했다는 주장을 그대로 두셨다. 그러나 이제 그에게 도전할 때가 왔다. 예수님이 그에게 모든 것을 팔고 따르라고 말씀하시자 그 사람은 자신의 실수를 본다. 그가 귀를 기울인다면 "영생을 얻[을]"(마 19:16) 것이다. 그는 온전해지고(혹은 완벽해지고)[332] "하늘에서 보화가…있[을]"(21절) 것이다. 그의 재산을 팔아 가난한 자들에게 주는 일은, 가난한 자에게 좋고 그에게는 더 좋을 것이다.

슬프게도 그 사람은 거부한다. "그 청년이 재물이 많으므로 이 말씀을 듣고 근심하며 가니라"(22절). 그는 하나님이나 이웃보다 그의 재물을 더 사랑한다(마 22:34-40). 당시에는 재물이 가난한 자들은 알 수 없는 안전을 가져다주었다. 부자 청년은 그것을 포기하지 않기로 한다. 그가 터덜터덜 걸어 나갈 때, 그의 근심이 나중에 그가 재고하도록 밀어붙이리라는 소망만 남긴다. 잠언 18:10-11은 이렇게 말한다. "여호와의 이름은 견고한 망대라 의인은 그리로 달려가서 안전함을 얻느니라 부자의 재물은 그의 견고한 성이라 그가 높은 성벽같이 여기느니라."

19:23-26 부자 청년은 예수님께 무엇을 해야 할지 알려달라고 요청했고, 예수님은 결국 그렇게 하셨다. 예수님은 그에게 한 가지 과업을 주셨는데 그것은 대과업이다. 전 존재로 하나님을 사랑하고 이웃을 자신처럼 사랑하라고 요청하셨기 때문이다. 그가 떠나고, 예수님은 제자들에게 과장된 표현으로 경고하신다. 부자가 천국에 들어가기 어렵다고 말씀한 다음, 그 불가능함을 이렇게 묘사하신다. "낙타가 바늘귀로 들어가는 것이 부자가 하나님의 나라에 들어가는 것보다 쉬우니라"(23-24절). 낙타는 "가장 큰 것으로 알려진 동물"이었고, 바늘은 "그의 세상에서 가장 작고 흔한 구멍"이

332 헬라어 텔레이오스는 죄가 없는 것으로서가 아니라 흠 없음, 완벽함 혹은 성숙함으로서의 완전을 나타낸다(마 5:48).

었다.[333] 족장들과 신실한 왕들에게서 부와 하나님의 은총이 연결되는 성경 내러티브들을 아는 제자들은 놀랐다. 하나님의 은총을 누리는 부자들이 구원받기가 어렵다면, 보통 사람은 어떻게 되는가?

그러나 예수님은 앞에서 부자들의 위험을 지적하셨다. "재물의 유혹에 말씀이 막[힐]"(13:22) 수 있다. 마찬가지로, 바울도 부르심 받은 사람 중에 "육신의 기준으로 보아서"(고전 1:26, 새번역) 지혜롭거나 권력 있는 사람이 많지 않다고 말한다. 제자들은 부를 하나님께서 복 주시는 것의 표지로 여기지만, 예수님은 그것을 "영적 진보에 방해가 되는 것"이라 칭하신다.[334]

놀란 제자들이 "그렇다면 누가 구원을 얻을 수 있으리이까"(마 19:25)라고 묻는다.[335] 예수님은 "사람으로는 할 수 없으나 하나님으로서는 다 하실 수 있느니라"(26절)라고 답하신다. 여호와께 너무 어려운 일은 없다(창 18:14; 렘 32:17, 27; 눅 1:37). 만약 부자와 힘 있는 자와 오만한 자가 회개한다면, 그들 역시 "하나님의 나라에 들어[갈]" 수 있다. 누가복음 19:1-10에서 삭개오(모든 것을 팔라는 요구를 받지는 않은)가 정확히 그렇게 한다. 그는 하나님의 부르심을 듣고 회개하고 자신의 재물을 희생했다. 그러자 구원이 그 집에 임했다. 누가복음의 삭개오는 이 부자와 대조된다. 마태복음에는 경건한 부자의 본으로 아리마대 요셉이 있다(마 27:57). 그리고 예수님은 비유를 통해 뛰어난 가치가 있는 한 가지, 즉 천국을 위해 자신이 가진 모든 것을 기쁘게 판 두 사람을 묘사하신다(13:44-46). 따라서 부자도 구원 '받을 수 있다.'

19:27-30 예수님의 논평과 함께 그 부자가 떠나자, 베드로에게 한 가지 생각이 번뜩인다. 부자는 자신의 재물 내주기를 거부했지만, 베드로는 이

333 Blomberg, *Neither Poverty nor Riches*, 139.

334 Morris, *Matthew*, 493.

335 영생을 얻는 것(마 19:16), 하나님의 나라에 들어가는 것(19:24), 구원을 얻는 것(19:25)은 같은 것을 의미한다.

렇게 짚어 말한다. "우리가 모든 것을 버리고 주를 따랐사온대 그런즉 우리가 무엇을 얻으리이까"(27절). 베드로는 그 반대를 본다. 그 부자가 하지 않은 것을 제자들은 했다. 그들은 하나님의 은총을 받을 만하지 않은가?

베드로의 관찰은 탐욕스러운 동시에 통찰력이 있다. 제자들의 사회 경제적 지위를 볼 때 그들이 꽤 부유했음을 알 수 있다. 마태는 세리였고, 야고보와 요한은 예수님이 부르셨을 때 그들의 배를 소유할 만큼의 자금이 있었다(9:9; 4:21-22; 눅 5:1-11). "그런즉 우리가 무엇을 얻으리이까"는 돈 버는 데만 관심이 있는 것처럼 들리지만, 예수님은 제자들을 꾸짖지 않으신다. 그들은 희생을 했다. 더욱이 주제는 일시적이 아닌 영원한 보상이므로, 예수님의 대답이 그 수준에 맞춰진다. "내가 진실로 너희에게 이르노니"는 그분의 약속이 중요함을 언명한다. 새로운 세상에서 예수님의 제자들은 "열두 보좌에 앉아 이스라엘 열두 지파를 심판"할 것이다. 그리고 예수님을 위해 희생하는 모든 사람이 "여러 배를 받고 또 영생을 상속[할]" 것이다(마 19:28-29). 예수님은 종종 제자도의 대가를 강조하신다. "자기 십자가를 지고 나를 따르지 않는 자도 내게 합당하지 아니하니라"(10:38, 참고. 5:10-12). 그러나 이곳에서 예수님은 여러 번 그분이 모든 희생에 대해 보상할 것이라고 언급하신다.

예수님은 모든 것을 새롭게 하겠다고 약속하신다. 그때 제자들은 그분과 함께 다스리는 특권을 누릴 것이다. 나아가 그들은 관계의 부를 누릴 것이다(19:29). 이 약속들은 그분의 보상이 공평함 이상일 것임을 베드로에게 확신시켜준다.

"세상이 새롭게 되어"(28절)는 팔링게네시아(*palingenesia*)의 번역으로, 재생 혹은 회복을 뜻한다. 인자가 그분의 보좌에 앉을 때 창조 세계를 새롭게 하고 회복하실 것이다. 그분은 창조 세계를 저주에서 해방하시고, 죄와 슬픔, 눈물, 질병, 죽음을 없애실 것이다(계 21장). 구속받은 이들은 해처럼 빛날 것이다(마 13:43). 그때 제자들은 그리스도와 함께 다스리며 "이스라엘 열두 지파를 심판[할]"(19:28) 것이다. 이는 사도들(눅 22:30) 혹은 모든 제자(고전 6:2)가 최종 심판에서 어떤 역할을 하리라는 뜻일 수 있다. 어떤 구절도 이에 무엇이 수반되는지 명시하지 않는다. 신자들은 국가 이스라엘을 심판할 것인가? 아니면 교회? 혹은 세상? 성경은 보통 심판을 하나님(롬 12:19) 혹은 예수님(마 25:31-46)의 일로 칭한다. 그분이 그 나라들, 양과 염소 둘 다 심판하실 것이다. 아마도 사도들은 주님이 심판하실 때 의견을 같이할 것 같다.

정보가 부족해서 해석적 결론을 내리기는 어렵다. 그러나 성경에서 '심판하다'[크리노(*krinō*)]는 종종 '다스리다' 혹은 '잘 이끌다'라는 의미다(70인역 삿 6-8장; 11장; 시 9:4, 8). 같은 개념이 신구약 중간기의 책 솔로몬의 시편(*Psalms of Solomon*) 한 부분에 나온다. 이 책은 예수님 시대의 유대인에게 많은 영향을 미쳤다. 거기서 다윗 왕의 아들이 먼저 이스라엘의 적들을 산산조각 내어 심판하고(솔로몬의 시편 17:21-25), 그 다음 주님이 거룩하게 하신 백성을 '심판한다'(솔로몬의 시편 17:26). 제자들이 무엇을 하든, 그들은 최종 심판자나 통치자도 아니고, 열외로 취급되지도 않을 것이다. 어쨌든 마지막 행은 전체 구절과 함께 특정 보상이 아니라 영생의 선물을 강조한다.

하지만 예수님은 "먼저 된 자로서 나중 되고 나중 된 자로서 먼저 될 자가 많으니라"(마 19:29-30)라고 경고하신다. 이 진술은 아리송하지만, 어떤 기대의 반전이 있으리라는 것을 분명하게 말한다. 예수님이 20:1-16에서 이야기하시는 비유가 그 반전의 특성과 이유를 묘사해준다.

응답

이 메시지에 대한 응답은 주석 곳곳에 간간이 섞여 있다. 이곳에서는 몇 가지 요점만 강조하고자 한다. 첫째, 사람들은 당연히 하나님의 은총과 영생을 원한다. 19장은 누구도 모두에게 요구되는 기본적인 순종을 넘어설 수 없다고 가르친다. 예수님은 더 많이 행하지 말고 더 분명히 보라고 오만한 사람들을 밀어붙이신다. 그들은 그들 자신을 어떻게 생각하는가? 선하지 않으면 누구도 선을 행할 수 없다. 그들은 예수님에 대해 어떻게 생각하는가? 도덕적 슈퍼히어로에게 보상하시는 분이라고 생각하는가? (예수님은 우리의 헌신에 보상해주시지만 그것은 우리가 보상을 벌기 때문이 아니다.)

이 단락은 또한 이중 충성의 문제를 다룬다. 누구도 예수님을 따르면서 다른 대의를 따를 수 없다. 맘몬이든(마 6:24) 임종이 가까운 아버지든(8:21) 말이다. 모든 것을 팔고 주라는 명령은 이 단락에만 특별하지만, 많은 사람이 부에 속는다. 모든 사람이 전적인 헌신을 보여주어야 한다. 몇몇은 맘몬을 나누어 줌으로써 그것을 물리쳐야 한다(눅 12:13-34).

1 천국은 마치 품꾼을 얻어 포도원에 들여보내려고 이른 아침에 나간
집 주인과 같으니 2 그가 하루 한 [1]데나리온씩 품꾼들과 약속하여 포
도원에 들여보내고 3 또 [2]제삼시에 나가 보니 장터에 놀고 서 있는 사
람들이 또 있는지라 4 그들에게 이르되 너희도 포도원에 들어가라 내
가 너희에게 상당하게 주리라 하니 그들이 가고 5 [3]제육시와 [4]제구
시에 또 나가 그와 같이 하고 6 [5]제십일시에도 나가 보니 서 있는 사
람들이 또 있는지라 이르되 너희는 어찌하여 종일토록 놀고 여기 서
있느냐 7 이르되 우리를 품꾼으로 쓰는 이가 없음이니이다 이르되 너
희도 포도원에 들어가라 하니라 8 저물매 포도원 주인이 청지기에게
이르되 품꾼들을 불러 나중 온 자로부터 시작하여 먼저 온 자까지 삯
을 주라 하니 9 제십일시에 온 자들이 와서 한 [1]데나리온씩을 받거늘
10 먼저 온 자들이 와서 더 받을 줄 알았더니 그들도 한 [1]데나리온씩
받은지라 11 받은 후 집 주인을 원망하여 이르되 12 나중 온 이 사람들
은 한 시간밖에 일하지 아니하였거늘 그들을 종일 수고하며 더위를
견딘 우리와 같게 하였나이다 13 주인이 그중의 한 사람에게 대답하여
이르되 친구여 내가 네게 잘못한 것이 없노라 네가 나와 한 [1]데나리
온의 약속을 하지 아니하였느냐 14 네 것이나 가지고 가라 나중 온 이

사람에게 너와 같이 주는 것이 내 뜻이니라 15 내 것을 가지고 내 뜻대
로 할 것이 아니냐 내가 선하므로 네가 악하게 보느냐 16 이와 같이 나
중 된 자로서 먼저 되고 먼저 된 자로서 나중 되리라
1 “For the kingdom of heaven is like a master of a house who went out
early in the morning to hire laborers for his vineyard. 2 After agreeing
with the laborers for a denarius[1] a day, he sent them into his vineyard.
3 And going out about the third hour he saw others standing idle in
the marketplace, 4 and to them he said, ‘You go into the vineyard too,
and whatever is right I will give you.’ 5 So they went. Going out again
about the sixth hour and the ninth hour, he did the same. 6 And about
the eleventh hour he went out and found others standing. And he said to
them, ‘Why do you stand here idle all day?’ 7 They said to him, ‘Because
no one has hired us.’ He said to them, ‘You go into the vineyard
too.’ 8 And when evening came, the owner of the vineyard said to his
foreman, ‘Call the laborers and pay them their wages, beginning with
the last, up to the first.’ 9 And when those hired about the eleventh hour
came, each of them received a denarius. 10 Now when those hired first
came, they thought they would receive more, but each of them also
received a denarius. 11 And on receiving it they grumbled at the master
of the house, 12 saying, ‘These last worked only one hour, and you have
made them equal to us who have borne the burden of the day and the
scorching heat.’ 13 But he replied to one of them, ‘Friend, I am doing
you no wrong. Did you not agree with me for a denarius? 14 Take what
belongs to you and go. I choose to give to this last worker as I give to
you. 15 Am I not allowed to do what I choose with what belongs to me?
Or do you begrudge my generosity?’[2] 16 So the last will be first, and the
first last.”

1) 은전의 명칭 2) 오전 아홉시 3) 정오 열두시 4) 오후 세시 5) 오후 다섯시

1 A *denarius* was a day's wage for a laborer *2* Or *is your eye bad because I am good?*

단락 개관

마태복음 19:16-30과 20:1-16을 언어학적으로 연관시켜주는 것은 접속사 '왜냐하면'[가르(*gar*), for, 개역개정에는 없음]뿐이지만, 두 단락은 밀접하게 연관되어 있다. 베드로가 보상에 대해 묻고, 그분을 따르는 자들은 영생과 함께 그에 수반되는 보상을 얻을 것임을 알게 되었다. 하지만 예수님은 아리송하게 "먼저 된 자로서 나중 되고 나중 된 자로서 먼저 될 자가 많으니라"(마 19:30)라고 경고하신다. 20:1-16의 비유는 이 진술을 설명한다. 예수님은 누구도 요점을 놓치지 않도록, 거의 동일한 금언으로 비유를 마무리하신다. "이와 같이 나중 된 자로서 먼저 되고 먼저 된 자로서 나중 되리라"(20:16). 앞에서처럼 이 연구는 13:18-23과 13:37-43에 나오는 대로, 비유를 해석하기 위한 예수님의 단서를 따를 것이다. 천국 비유들처럼 이 비유는 낮은 수준의 알레고리로 해석된다. 비유에는 하나님과 제자들 그리고 다른 청중을 나타내는 주요 인물들이 등장한다.[336]

단락 개요

VI. 무리와 지도자들 사이에서 제자들을 훈련하시다(14:1-20:34)

T. 은혜와 보상에 대한 비유(20:1-16)

비유는 마치 실제 사건을 서술하듯 펼쳐진다. 한 농부가 추수하는 날 내내 일꾼들을 고용하는데, 이는 마지막 시간까지 계속된다. 일꾼들은 한 시간, 세 시간, 여섯 시간, 아홉 시간, 열두 시간 일한다(20:1-7). 해가 저물어 청지기는 마지막에 고용된 사람부터 품삯을 지불한다. 주인은 마지막에 고용된 이들에게 놀라울 정도로 관대하지만 맨 처음 고용된 이들에게는 합당한 합의를 지킬 뿐이어서, 이의가 제기된다(8-14절). 이 주인이 불평하는 일꾼들을 바로잡듯이 예수님은 베드로와, 보상에 대한 잘못된 이해나 관심을 가진 이들을 바로잡으신다(15-16절).

주석

20:1-16 마태는 예수님을 보상에 대한 질문과 과도한 관심의 문제를 다루기 위해 비유를 만드시는 분으로 그린다. 포도 수확 시기에 일손 부족에 맞닥뜨린 한 지주가 일용 노동자들을 고용한다. 그는 "이른 아침"에 시작한다. 이는 첫 번째 집단은 대략 동틀 때부터 해질녘까지 하루 꼬박 열두 시간을 일했다는 의미다(1-2절). 그는 일꾼들에게 기준 임금인 한 데나리온을 지불하겠다고 제안한다(한 사람은 대략 주당 4데나리온으로 보통의 가정을 부양할 수 있었다).

시간이 지나면서 지주는 일꾼들을 더 부른다. 그는 노동 시장에 가서 제삼시와 제육시와 제구시에 놀고 있는 사람들을 찾아 그들에게 "상당하게" 지불하겠다고 약속한다(3-5절). 제십일시에도 노는 사람을 고용하여 자신의 포도원으로 보낸다(6-7절).

날이 저물자, 주인은 청지기에게 마지막에 고용된 이들부터 시작하여 삯을 지불하라고 지시한다(8절). 비유에는 보통 실제 세상으로부터의 전환

336 Blomberg, *Interpreting the Parables*, 33-81.

이 있다. 마지막에 온 일꾼들에게 한 시간 일한 것에 대해 하루치의 삯을 주겠다는 주인의 결정이 그러한 전환이다. 차례로 삯을 받았는데 온종일 일한 이들까지 모두 "한 데나리온씩을 받[았다]"(9절). 앞의 일꾼들에 대한 관대함을 보면서 기대를 가졌던 그들은 "주인을 원망[했다]"(11절).

논의를 위해 근사치로 한 데나리온을 200달러로 정해보자. 하루 종일 힘들게 일한 일꾼들은 놀라운 장면이 펼쳐지는 것을 지켜본다.

- 어떤 일꾼들은 한 시간 일하고 200달러를 받는다.
- 어떤 이들은 세 시간 일하고 200달러, 시간당 67달러를 받는다.
- 다른 이들은 여섯 시간 일하고 200달러, 시간당 33달러 넘게 받는다. 여전히 후한 삯이다.
- 네 번째 그룹은 아홉 시간 일하고 역시 200달러를 받는다. 이는 시간당 22달러가 넘고, 역시 후하다!

하루 종일 일한 그룹은 이전 일꾼들이 아주 후하게 받은 것에 주목하면서 "[자신들은] 더 받을 줄 알았[다]"(10절). 그런데 모든 사람이 한 데나리온을 받는다. 청지기가 자신들에게도 똑같이 한 데나리온을 주자, 그들은 "주인을 원망[했다]." 그들은 "종일 수고하여 더위를 견딘"(11-12절) 이들이다. 아주 힘든 상황에서 열두 시간 일했지만, 단 한 시간 일한 이들보다 더 받지 못했다.

주인이 그들을 바로잡는다. "친구여 내가 네게 잘못한 것이 없노라 네가 나와 한 데나리온의 약속을 하지 아니하였느냐 네 것이나 가지고 가라"(13-14절). 일꾼들은 정당한 불평을 하지 못한다. 그들은 손해 본 것 없이 합의한 대로 정당한 삯을 받았다. 하지만 주인은 해명을 덧붙인다. "내 것을 가지고 내 뜻대로 할 것이 아니냐 내가 선하므로 네가 악하게 보느냐"(15절).

비유에 나오는 주인은 하나님을 나타내고, 일꾼들은 베드로 그리고 하나님을 섬기며 보상을 기대하는 이들을 나타낸다(19:16, 27). 예수님은, 하나님은 항상 공평하지만 그렇다고 사람들이 기대하는 것을 항상 주지는 않는다는 것을 전하기 위해 이 이야기를 만드신다. 마태복음 19:16-30에서 예수님은 그분을 따르는 모든 사람이 "영생을 상속"받는다(19:29)고 말씀하셨다. 인간이 받을 수 있는 최고의 혜택은 상속, 즉 벌어들인 돈이 아니라 받은 선물이다. 하나님께서 그렇게 관대하다면, 그분은 절대 자녀들에게서 그들의 몫을 빼앗지 않으실 것이다(20:14). 하지만 제자들은 불평하는 것으로 유명하다. 맞다. 사람들은 하나님께서 관대하시다고 생각하면서도, 왜 그분은 다른 사람에게 '더 관대하신가'에 주목한다. 실제로 어떤 제자들은 더 강하고, 더 현명하고, 더 건강하고, 이는 그들의 삶을 더 좋아 보이게 만든다. 비유에서 일꾼들이 반대할 때, 주인은 자신의 뜻대로 행할 수 있다고 올바르게 답한다. 그는 결코 불공평하지 않기 때문이다.

비유는 "내가 후하기 때문에, 그것이 당신 눈에 거슬리오?"(15절, 새번역, ESV는 "Do you begrudge my generosity?")로 마무리된다. 이를 문자적으로 번역하면 다음과 같다. "내가 선하므로 네가 악하게 보느냐"(개역개정, 참고. ESV 난외주 "Is your eye bad because I am good?"). 유대 문화는 물론 헬라 문화에서도, '악한 눈'[포네로스 오프탈모스(*ponēros ophthalmos*)]은 시기하거나 억울해 하는 마음, 다른 사람들의 소유를 부러워하는 마음을 나타냈다(6:22-23; 막 7:22; 신 15:9 70인역, 참고. 집회서 14:10; 31:13).

비유는 거울, 즉 실재를 반영한 이야기다. 이 비유는 포도원 주인을 하나님에 비유한다. 주인이 자기 돈으로 관대함을 베풀 권리를 가지듯이, 하나님께도 은총을 주실 권리가 있다. 비유는 또한 베드로를 투덜거리는 일꾼에 비유한다. 포도원 일꾼들이 주인의 관대함에 대해 부당하게 불평하듯이, 베드로도 자신의 희생에 따르는 보답에 대해 부당하게 질문한다. 그는 모든 것을 버리고 예수님을 따랐지만(마 19:27), 하나님께서 그를 학대하고 계시다고 불평하는 것일까? 마태복음 20:16은 그 이야기와 베드로 둘 다에 대한 예수님의 논평이다. 비유에서 마지막에 고용된 일꾼들은 자비로운 처우에서 "먼저" 되고, 처음으로 고용된 이들은 "나중" 된다. 그들이 학대를 받아서가 아니라 그들이 그렇다고 '생각하기' 때문이다.

예수님은 비유가 "나중 된 자로서 먼저 되고 먼저 된 자로서 나중 되리라"(16절)라는 진술을 설명하게 하신다. 베드로는 천국에서 먼저 된 자 가운데 있지만, 자신의 희생으로 무엇을 얻을까를 질문할 때 마치 하나님께서 그에게 '빚지신' 것처럼 하나님으로부터 받을 것을 물음으로써 나중 될 위험을 무릅쓰고 있다.

응답

하나님을 위해 열심히 일한다고 생각하는 사람들은, 베드로처럼, 하나님께서 그들에게 무언가를 빚지고 계시다는 생각을 겨우 억누르며 보상에 관해 질문할 수 있다. 예수님은 이 세상에서도 오는 세상에서도 모든 희생에 보상하겠다고 말씀하시지만(19:28-30), 보상에 대한 지나친 관심은 위험하다.

클레르보의 베르나르(Bernard of Clairvaux)는 만약 우리가 하나님께 순종한 것에 대해 보상을 요구한다면, 하나님보다 보상을 사랑하는 것이라고 말했다. "하나님을 사랑하는 영혼은 그가 사랑하는 그 하나님이 아닌 다른 보상을 구하지 않는다. 다른 무언가를 요구한다면, 그는 분명 그 다른 것을 사랑하는 것이지 하나님을 사랑하는 것이 아니다." 제자들이 섬길 때 보상을 주시한다면, 하나님에 대한 사랑은 약해진다. 그러면 먼저 예수님을 섬겼다 해도, 그분의 나라에서 나중 된 자신을 발견할 것이다. 자기중심적인 관심사가 커지면서 그분에 대한 사랑이 줄어들었기 때문이다(20:16). 우리는 하나님의 놀라운 사랑을 잊을 수 있고, 그럴 때 우리의 영혼이 쇠약해진다.

하지만 하나님의 공정함에 관한 질문은 여전히 남아 있다. 어떤 제자들은 상대적으로 더 무거운 짐을 지기 때문이다. 비유는 공평함을 묻는 제자들을 부드럽게 바로잡는다. 그리고 누구도 자신이 받아 마땅한 것보다 적게 받지 않음을 강조한다. 모두 은혜롭게 선물 혹은 유산으로 영생을 받는다. 하나님께서 어떤 이들에게 훨씬 많이 주신다 해도 누가 불평할 수 있는가? 그분에게는 원하는 대로 선물을 주실 권리를 있다. 그분이 특히 더 관대하시다고 우리가 질투할 수 있는가?

응보적 정의와 분배적 정의의 구분이 도움이 될 수 있다. 하나님은 항상 응보적 정의의 기준을 충족하신다. 그분은 절대 사람이 받아 마땅한 것보다 덜 주지 않으신다. 그러나 항상 분배적 정의를 실행하지는 않으신다. 그분은 모든 사람에게 똑같은 은총을 나누어 주지 않으신다. 어떤 사람들은 다른 사람들보다 은혜를 더 받지만, 그것은 그의 특권이지 불평등이 아니다. 하나님은 그분의 관대함으로, 우리가 받을 수 없는 선물을 주시고 받아 마땅한 벌을 주지 않으신다. 누구도 그것이 불공평하다고 할 수 없다. 우리는 바리새인들이 하나님의 자비에 반대하리라 예상한다. 이 비유는 바리새인처럼 행동하는 우리가 하나님의 관대하심에 멈칫거릴 수 있음을 암시한다. 어떤 제자가 노동과 보상을 곱씹고 있다면, 그는 하나님의 사랑과 은혜를 축소하기 때문에 그 나라에서 나중이 될 위험이 있다. 제자들은 보상을 위해 예수님을 섬겨서는 안 된다. 그것은 우리의 과열된 꿈 가운데 결국 하나님께서 우리에게 '빚지고' 계시다고 판결하는 것이다. 누구도 우리가 섬기는 예수님 자체보다 섬김에 대한 보상을 더 생각해서는 안 된다.

비유에서는 모든 일꾼이 같은 삯인 한 데나리온을 받는다. 최저 생활 임금인 한 데나리온은 영생을 나타낸다. 신자들은 그 은혜 안에서 안식할 수 있다.

17 예수께서 예루살렘으로 올라가려 하실 때에 열두 제자를 따로 데
리시고 길에서 이르시되 18 보라 우리가 예루살렘으로 올라가노니 인
자가 대제사장들과 서기관들에게 넘겨지매 그들이 죽이기로 결의하
고 19 이방인들에게 넘겨주어 그를 조롱하며 채찍질하며 십자가에 못
박게 할 것이나 제삼일에 살아나리라

17 And as Jesus was going up to Jerusalem, he took the twelve disciples
aside, and on the way he said to them, 18 "See, we are going up to
Jerusalem. And the Son of Man will be delivered over to the chief
priests and scribes, and they will condemn him to death 19 and deliver
him over to the Gentiles to be mocked and flogged and crucified, and
he will be raised on the third day."

20 그때에 세베대의 아들의 어머니가 그 아들들을 데리고 예수께 와
서 절하며 무엇을 구하니 21 예수께서 이르시되 무엇을 원하느냐 이르
되 나의 이 두 아들을 주의 나라에서 하나는 주의 우편에, 하나는 주
의 좌편에 앉게 명하소서 22 예수께서 대답하여 이르시되 너희는 너희
가 구하는 것을 알지 못하는도다 내가 마시려는 잔을 너희가 마실 수

있느냐 그들이 말하되 할 수 있나이다 23 이르시되 너희가 과연 내 잔
을 마시려니와 내 좌우편에 앉는 것은 내가 주는 것이 아니라 내 아버
지께서 누구를 위하여 예비하셨든지 그들이 얻을 것이니라 24 열 제자
가 듣고 그 두 형제에 대하여 분히 여기거늘 25 예수께서 제자들을 불
러다가 이르시되 이방인의 집권자들이 그들을 임의로 주관하고 그 고
관들이 그들에게 권세를 부리는 줄을 너희가 알거니와 26 너희 중에는
그렇지 않아야 하나니 너희 중에 누구든지 크고자 하는 자는 너희를
섬기는 자가 되고 27 너희 중에 누구든지 으뜸이 되고자 하는 자는 너
희의 종이 되어야 하리라 28 인자가 온 것은 섬김을 받으려 함이 아니
라 도리어 섬기려 하고 자기 목숨을 많은 사람의 대속물로 주려 함이
니라

20 Then the mother of the sons of Zebedee came up to him with her
sons, and kneeling before him she asked him for something. 21 And he
said to her, "What do you want?" She said to him, "Say that these two
sons of mine are to sit, one at your right hand and one at your left, in
your kingdom." 22 Jesus answered, "You do not know what you are
asking. Are you able to drink the cup that I am to drink?" They said to
him, "We are able." 23 He said to them, "You will drink my cup, but
to sit at my right hand and at my left is not mine to grant, but it is for
those for whom it has been prepared by my Father." 24 And when the
ten heard it, they were indignant at the two brothers. 25 But Jesus called
them to him and said, "You know that the rulers of the Gentiles lord it
over them, and their great ones exercise authority over them. 26 It shall
not be so among you. But whoever would be great among you must be
your servant,[1] 27 and whoever would be first among you must be your
slave,[2] 28 even as the Son of Man came not to be served but to serve,
and to give his life as a ransom for many."

1 Greek *diakonos 2* Or *bondservant,* or *servant* (for the contextual rendering of the Greek word *doulos,* see Preface)

단락 개관

마태복음 20:17-28은 19:16-20:16의 주제들과 구별되는 듯 보이지만, 사실은 그 주제들을 완성한다. 19-20장의 사건들은 예수님이 예루살렘으로 이동하실 때 일어난다(19:1-2). 이어지는 만남들이 제자도의 대가를 설명한다. 바리새인들은 먼저 그들이 아내에게 얼마나 '적게' 베풀어도 되는지 질문하면서도 여전히 자신은 의로운 사람이라고 여긴다(19:3-12). 이에 반해 한 부자는 하나님의 은총과 영생을 보장 받기 위해 얼마나 '많이' 해야 하는지 묻는다(19:16-20). 예수님은 그에게 모든 것을 팔아 가난한 자들에게 주고 그분을 따르라고 말씀하시지만, 그는 망설인다(19:21-22). 이를 본 베드로는 자신은 예수님을 따르기 위해 모든 것을 '버렸다'고 주장한다. 부자의 질문이 타당하다고 생각한 베드로는, 자신의 섬김에 대해서는 어떤 보상을 받을 수 있는지 궁금해 하기 시작한다. 예수님은 베드로에게 다른 많은 복 중에서도 영생을 상속받는다고 약속하면서도, 보상에 대한 그러한 의문은 위험할 수 있다고 경고하신다(19:27-30; 20:16). 예수님이 곧 예루살렘에서 십자가에 못 박히신다는 예언은(20:17-19) 경첩 구절이다. 이 구절은 제자도의 대가에 관한 가르침을 마무리하고, 예수님의 죽음에 관한 마태의 담화를 시작한다. 예수님은 제자의 삶이 대가가 크다고 생각하면서도(4:18-20; 16:24-25; 19:21), 그분 자신에게 요구하는 만큼 그들에게 요구하지는 않으신다. 그분은 조롱당하고 채찍질당하고 십자가에 못 박히실 것이다(20:19).

예수님은 제자들이 그분처럼 고난을 예상하기 원하시지만, 그분의 고난은 유일무이하다. 예수님은 "제삼일에 살아나[실]" 것이다(20:19). 나아가 그분의 고난은 대속적인 희생이다. "자기 목숨을 많은 사람의 대속물로 주[실]"(20:28) 것이기 때문이다.

단락 개요

VI. 무리와 지도자들 사이에서 제자들을 훈련하시다(14:1-20:34)
U. 예수님의 죽음에 대한 세 번째 예고(20:17-19)
V. 예수님이 큼과 섬김에 관한 오류를 바로잡으시다(20:20-28)

이 단락은 예수님의 십자가 죽음에 관한 꽤 상세한 예고로 시작된다. 예수님은 그분의 부활도 예언하신다(20:17-19). 야고보와 요한의 어머니는 고난이라는 주제를 무시한다(20:20-21). 그녀는 대신 보상에 관한 베드로의 이전 질문으로 되돌아간다(19:27-29). 베드로가 제자들이 예수님을 따른 것에 대해 무엇을 받느냐고 질문했을 때 예수님은 열두 보좌를 언급하셨다(19:28). 야고보와 요한과 그들의 어머니는 그들이 어떤 자리를 차지할지 알고 싶어 한다. 예수님은 그 질문이 오해에서 비롯된 것이라고 대답하신다. 다른 원리들이 그분의 나라를 다스리기 때문이다(20:22-24). 이방인들 가운데서는 통치자들이 권세를 휘두르지만, 예수님 나라에서는 큰 자가 섬기러 온다. 예수님이 섬김을 받기 위해서가 아니라 자기 목숨을 많은 사람의 대속물로 주려고 오신 것처럼 말이다(20:25-28). 20:25-28의 시적 병행에 대한 해설은 해당 단락의 주석에 있다.

주석

20:17-19 예수님은 이전에 16:21, 17:12, 17:22-23에서 자신의 죽음을 예고하셨다. 이곳에서의 예언은 조금 더 상세하다. 예수님은 배반당하고, 유죄 판결을 받고, 조롱당하고, 채찍질당하고, 십자가에 못 박힌 다음, 삼일 만에 살아나실 것이다. 동역자의 배신, 불법 행위, 육체적 고통이라는 명백한 문제 외에도, 조롱과 십자가 죽음은 심히 수치스러울 것이다. 명예가 아주 중요한 그 문화에서 이는 특히 위압적이다. 그 예언은 예수님을 군사적 메시아로 보는 제자들의 믿음을 없앨 수 있지만, 그 다음 단락은 그들의 확신이 흔들리지 않음을 보여준다.

20:20-28 제자들이 사라지고 한 어머니가 무대를 차지하면서 20절은 급격한 단절처럼 보이지만, 실제로 제자들이 침묵한 것 같지는 않다. 그들은 예수님이 처음 그분의 죽음을 예고하셨을 때 거부했다(16:22; 17:23). 야고보와 요한의 어머니가 한 질문은 예수님의 예언을 더 무시한 것으로 보인다.

야고보와 요한의 어머니는 그 아들들을 주의 나라에서 주의 우편과 좌편에 앉게 해달라고 대담하게 요청한다(21절). 뒤에서 우리는 예수님의 우편과 좌편에 누가 있는지 알게 된다. 그분 옆에는 십자가에 못 박힌 두 폭도가 있다. 야고보와 요한의 어머니는 그것이 아닌 다른 것을 생각하고 있다. 왕의 양옆은 영예로운 자리다.

이 질문은 어리석고 이기적이지만, 믿음에서 나온 것이다. 그 어머니는 예수님이 왕으로 다스리실 것이라 믿기 때문에 그분의 나라에서 영예로운 자리를 부탁한다. 믿음에서 그들이 '차지할 자리'를 부탁한 것이다. 다른 한편으로, 그 어머니는 예수님이 곧 통치하시리라 기대한다. 그러면서 십자가에 관한 말씀은 무시한 채 자기 아들들이 다른 제자들보다 위에 있기를 바란다.

예수님이 야고보와 요한의 어머니보다는 그들에게 대답하시므로, 우리는 그들이 어머니를 부추겨 간청하게 했다고 추정할 수 있다. 예수님은 그들을 바로잡는 동시에 질문도 하신다. “너희는 너희가 구하는 것을 알지 못하는도다 내가 마시려는 잔을 너희가 마실 수 있느냐.” 그들은 “할 수 있나이다”(22절)라고 잘못된 주장을 한다.

그리스도와 함께 영광을 누리는 것은 그분의 고난에 참여하는 것이다. 예수님이 그들에게 “내가 마시려는 잔을…마실” 수 있냐고 질문할 때 말씀하신 것처럼 말이다. “잔”은 고난, (그리고 구약에서 종종) 진노, 보응, 형벌을 나타낸다(사 51:17-18; 렘 25:27-29; 계 18장). 여호와는 예레미야에게 쓴 잔의 은유로 심판을 선언하라고 말씀하신다. “너는 내 손에서 이 진노의 술잔을 받아가지고 내가 너를 보내는바 그 모든 나라로 하여금 마시게 하라 그들이 마시고 비틀거리며 미친 듯이 행동하리니 이는 내가 그들 중에 칼을 보냈기 때문이니라”(렘 25:15-16).

예수님은 십자가를 마주했을 때 겟세마네에서 두 번 “이 잔”이 지나가기를 간구하신다. 다시 한 번 그 잔은 하나님의 진노를 나타낸다. 이번에는 예수님이 그 백성을 위해 하나님의 진노의 잔을 마신다. 야고보와 요한은 그 잔을 마실 수 없다. 그들의 확신은 근거가 없고, 이후 군인들이 겟세마네에서 예수님을 붙잡는 순간 그들에게 잔이 다가올 때 금세 실패한다. 그러나 그들은 결국 그 잔을 마신다. 야고보는 초기 기독교 순교자이고(행 12:1-2), 요한은 나이가 들어 투옥과 유배를 당한다(계 1:9). 그러나 마태복음에서 그 형제는 아직 미성숙하다. 예수님은 인내하며 그들을 무지에 머무르도록 두신다. 그러면서 그들이 그 잔을 마시겠지만, 그 나라에서 누가 어떤 지위를 차지할지는 아버지가 결정해야 한다고 말씀하신다(마 20:23). 그 분기점은, 예수님이 제자들에 대해 인내하신다는 것과 함께, 그분이 아버지께 종속되어 있음을 드러낸다. 이 주제는 요한복음에서 두드러지지만 이곳 마태복음에도 나온다.

다른 열 제자가 우연히 이 대화를 듣고 분개하자, 예수님이 그들 모두를 부르신다. 그분은 먼저 큼에 대한 이방인들의 생각과 그분의 생각을 대조하신다. “이방인의 집권자들이 그들을 임의로 주관하고…”(25절). 예수님은 꾸짖는 것이 아니라 묘사하고 계신다. 통치자들은 신하의 숫자로 큼을 측정한다. 로마인들은 자신이 소유한 노예의 수를 셌고, 현대 서구인들은 조직도에 기댄다. 그러나 하나님은 다르게 측정하신다.

그 다음 네 행은 시적 병행의 관례를 따른다.

너희 중에 누구든지 크고자 하는 자는
　너희를 섬기는 자(servant)가 되고[337]
너희 중에 누구든지 으뜸이 되고자 하는 자는
　너희의 종이 되어야 하리라
인자가 온 것은 섬김을 받으려 함이 아니라
　도리어 섬기려 하고
　자기 목숨을 많은 사람의 대속물로 주려 함이니라

진행에 주목하라. 큰 자는 섬기는 자다. 으뜸은 종이다. 가장 위대한 인자는 자기 목숨을 대속물로 준다. 마지막 행이 절정이다.

이 단락은 마태복음의 어느 단락 못지않게 신학적으로 풍성하다. 네 가지 주제에 대한 해설이 필요할 것 같다. 첫째, 예수님은 세상의 기준과 반대되는 기준을 제시하신다. 큼은 섬기는 데 있다. 통치자는 자기 목숨을 준다. 둘째, 예수님은 그분의 삶이 우리 삶의 본이라고 말씀하신다. 우리는 우리 목숨을 "대속물"로 줄 수 없지만, '…하신 것처럼'[호스페르(*hōsper*), "even as", 개역개정에는 없음]은 제자들이 그분이 하신 것처럼, 섬김을 통해 큼을 추구할 수 있고 추구해야 한다는 것을 나타낸다. 예수님이 선두에서 신성으로 행동하실 때, 우리는 그분을 믿는다. 그분이 선두에서 인성으로 행동하실 때, 우리는 그분을 본보기로 삼는다. 우리는 어떤 측면에서는 본받을 수

337 이곳에서 "섬기는 자"라는 용어는, 더 흔한 둘로스(종)가 아니라 디아코노스(*diakonos*)다. 이는 '집사' 혹은 '목사'로 번역될 수도 있다. 헬라어 단어는 목사라는 단어에 포함될 수 있는 권위를 암시하지 않으므로, "섬기는 자"가 좋은 번역이다. 다음 연의 "종"은 둘로스를 번역한 것이다.

있고, 어떤 측면에서는 그럴 수 없다. 그리스도인의 삶 대부분은 그 둘을 구별하는 능력에 달려 있다.

첫 두 요지가 예수님과 제자들의 공통성을 강조한다면, 그 다음 두 가지는 차이를 강조한다. 셋째, 그러므로 독자들은 "인자가 온 것은…자기 목숨을…주려 함"의 구조를 주목해야 한다. 짧은 어구 "온 것은"은 공관복음에 몇 차례 나오는데, 이는 예수님의 선재하심과 성육신의 목적 둘 다를 암시한다. 우리가 예수님의 탄생을 성육신이라 부르는 까닭은, 그분이 태어나기 전에 다른 데서 존재하셨기 때문이다. 그분은 계획에 따라 신적 사명을 성취하기 위해 오셨다. 그분은 "죄인을 불러 회개시키러"(눅 5:32) 오셨다. 그분은 "잃어버린 자를 찾아 구원하려"(19:10) 오셨다. 그분은 "세상을 심판하려 함이 아니요 세상을 구원하려"(요 12:47) 오셨다. 그분은 "죄인을 구원하시려고 세상에 임하셨다"(딤전 1:15).

넷째, 예수님은 자기 목숨을 "많은 사람의 대속물로 주려고"(28절) 오셨다. "대속물"은 쌍을 이루는 '구속'과 함께, 속죄에 대한 신약의 주요한 용어들 중 하나다. 대속 혹은 구속은 포로를 해방시키기 위해 값을 지불하는 것이다. 예수님 시대에 왕은, 전쟁에서 포로로 잡힌 장군이나 친족의 몸값을 지불했다. 종을 해방시키기 위해서도 몸값을 지불했을 것이다. 예수님은 그분의 백성을 죄의 속박과 그 속박의 결과에서 구속하기 위해, 돈이 아니라 '자신'을 내놓으신다. 출애굽기에서 하나님은 애굽의 노예로 있던 이스라엘을 구속하며 "내가…노역에서 너희를 건지며…너희를 내 백성으로 삼고 나는 너희의 하나님이 되리니"(출 6:6-7)라고 말씀하셨다. 시편 130:8에서는 여호와가 "이스라엘을 그 모든 죄악에서 속량하시리로다"라고 말씀하신다.

예수님은 자신의 죽음이 대속물이 될 것이라고 말씀하신다(마 20:28). 앞에서 언급했듯이 "대속물"(ransom)은 신약이 예수님의 대리 속죄를 묘사하는 방식 중 하나다. 이는 그분이 십자가에서 자기 백성을 위해 자신을 희생제물로 드릴 때 성취되었다. 로마서 3장에서 바울은 믿음으로 의롭게 되는 것과 구속을 연결시킨다. 바울은 하나님께서 죄인들에게 낯선 의를 주셨다고 말한다. 그것은 "예수 그리스도를 믿음으로 말미암아 모든 믿는 자에게" 미치는 의다(롬 3:21-23). 따라서 신자는 "그리스도 예수 안에 있는 속량으로 말미암아 하나님의 은혜로 값없이 의롭다 하심을" 얻는다. 이 예수는 "하나님이 그의 피로써 믿음으로 말미암는 화목제물로 세우[신]" 분이다(3:24-25).

바울은 의롭다 하심, 화목제물, 구속이라는 용어를 비슷한 의미로 사용하고 구별하지 않는다. 그리스도가 죄를 속하기 위해 피의 희생제물로 자신을 드리셨을 때 일어난 일을 묘사하기 위해 그 용어들을 호환하는 것이다. 하지만 "대속물"은 희생제물이나 속죄, 의롭다 함, 화목제물의 동의어 정도가 아니다. 대속물은 예수님 사역의 특정 요소들을 묘사한다.[338]

대속물이라는 개념은, 인간의 상태를 스스로 자신을 해방시킬 수 없는 노예 상태나 포로 상태에 비유한다. 예수님은 죄책과 유죄 선고와 죽음을 포함하여 죄, 죄의 권세, 죄의 결과에서의 해방을 얻어내신다. 그분은 (금전이 아닌) 값, 즉 그분의 "보배로운 피"(벧전 1:19)라는 값을 치름으로써 그렇게 하신다.

몸값이 지불된 사람은 새 주인의 것이다. 사도행전은 예수님이 "자기 피로" 그분의 백성을 "사[셨다]" 혹은 '획득하셨다'고 말한다. 고린도전서는 그 독자들이 "값으로 산 것"[339]이므로 "사람들의 종이 되지 말라"라고 선언한다(고전 6:20; 7:23). 예수님은 제자들을 죄와 그 권세에서 해방하신다. 그들이 어떤 상황이든 누구도 영적 노예가 아니다. 제자들은 자유롭다. 대신 그들은 주님께 속한다. 주님은 그들을 악한 주인에게서 해방시켜서 고귀한 섬김으로 들어가게 하신다.

예수님은 "많은 사람의 대속물"(28절)로 자기 목숨을 주기 위해 오셨다.

338 Leon Morris, *The Apostolic Preaching of the Cross* (Grand Rapids, MI: Eerdmans, 1955), 9-59.

339 사도행전 20:28에서 바울은 페리포이에오(*peripoieō*)를 쓴다. 이곳에 사용된 중간태의 이 동사는 무언가를 '획득하다' 혹은 '취득하다', '얻다'라는 의미다. 고린도전서에서 바울은 무언가를 사는 것에 대한 평범한 용어 아고라조(*agorazō*)를 쓴다.

헬라어는 뤼트론 안티 폴론(*lytron anti pollōn*)이다. 첫 번째 단어는 매입 대금을 뜻한다. 두 번째 단어는 일반적으로 대리와 교환을 나타내는 전치사다. 예수님은 다른 사람들을 대신하여, 위해서, 대리하여 자기 목숨을 주셨다. 예수님이 치르신 희생의 목적은 "많은 사람"이다. "많은 사람"은 이사야 53:11과 그 문맥에서 파생된 꽤 흔한 관용구다. 이사야는 하나님의 고난받는 종을 묘사하면서 "나의 의로운 종이…많은 사람을 의롭게 하며 또 그들의 죄악을 친히 담당하리로다"[340]라고 쓴다. 따라서 "많은 사람"은 하나님께 구속된 이들이다. 로마서 5:12-17에서 "많은 사람"은 다시 하나님께 구속된 백성을 나타낸다.

응답

예수님은 많은 사람을 위해, 그들의 죄를 대신 담당하는 이로서 자기 목숨을 주려고 오셨다. 그분은 구속받는 사람이 마시지 않도록 그분 자신이 진노의 잔을 마셨다. 한낱 인간은 그 잔을 마실 수 없다. 잔이 비워져야 한다면, 예수님이 하셔야 했다. 이것이 성육신의 목적이며, "인자가 온" 이유다.

성취된 이 예언에 대한 적절한 반응은 기뻐하는 믿음과 헌신이다. 기뻐하는 믿음은 그리스도가 완성하신 사역 때문이다. 헌신은 그분이 그러셨듯이, 다른 사람들을 사랑하기로 결단하는 데서 드러난다.

성경의 다른 많은 본문처럼, 이 본문도 예수님을 섬기는 지도자로 그린다. 기껏해야 경건한 지도자들은, 신자들에게 활기를 불어넣고, 무심한 이들에게 동기를 부여하고, 반항하는 이들을 설득한다. 이를테면 다윗의 삶이 보여주듯이 말이다. 지도자들은 이슈들을 틀에 끼워서, 옳은 것이 옳게 들리게, 주저하는 이들에게는 타당하게 들리게, 적들에게는 견딜 만한 것

340 유대 저술가들은 때로 이스라엘, 하나님의 택한 백성, "많은 사람"이라고 불렀다. 참고. Keener, *Matthew*, 487-488; Wright, *New Testament and the People of God*, 259-268.

으로 들리게 만든다. 야고보와 요한이 아직 알지 못하는 올바른 지도력은, 오랜 노고, 힘든 결정, 꾸준한 반대를 수반한다. 권위는 일반적으로 고통도 초래한다. 성경이 말하는 순서는 고난 다음에 영광이다(눅 24:26; 히 2:9-10; 벧전 4:13-5:1). 그러므로 인도해달라는 요청은 곧 수고와 고난을 요청하는 것이다. 그리스도인 지도자는 이 원리를 기억해야 한다.

29 그들이 여리고에서 떠나 갈 때에 큰 무리가 예수를 따르더라 30 맹
인 두 사람이 길가에 앉았다가 예수께서 지나가신다 함을 듣고 소
리 질러 이르되 주여 우리를 불쌍히 여기소서 다윗의 자손이여 하니
31 무리가 꾸짖어 잠잠하라 하되 더욱 소리 질러 이르되 주여 우리를
불쌍히 여기소서 다윗의 자손이여 하는지라 32 예수께서 머물러 서서
그들을 불러 이르시되 너희에게 무엇을 하여주기를 원하느냐 33 이르
되 주여 우리의 눈 뜨기를 원하나이다 34 예수께서 불쌍히 여기사 그
들의 눈을 만지시니 곧 보게 되어 그들이 예수를 따르니라

29 And as they went out of Jericho, a great crowd followed him. 30 And
behold, there were two blind men sitting by the roadside, and when
they heard that Jesus was passing by, they cried out, "Lord,[1] have
mercy on us, Son of David!" 31 The crowd rebuked them, telling them
to be silent, but they cried out all the more, "Lord, have mercy on us,
Son of David!" 32 And stopping, Jesus called them and said, "What do
you want me to do for you?" 33 They said to him, "Lord, let our eyes be

opened." [34] And Jesus in pity touched their eyes, and immediately they recovered their sight and followed him.

1 Some manuscripts omit *Lord*

단락 개관

마태복음 20:29-34은, 예수님이 제자들을 훈련하는 데서(14-20장) 예루살렘에서의 사역(21-28장)으로 옮기시면서 시작된다. 예수님은 여리고를 경유하여 예루살렘으로 여행하는 순례자들과 합류하신다. 이 단락 역시 예수님의 '계획된' 긍휼, 즉 많은 사람을 위해 자기 목숨을 주시는 것과, 그분이 두 맹인의 외침을 들을 때 보이신 '자발적인' 긍휼을 연결시킨다.

마태는 맹인 두 사람이라 말하고, 마가와 누가는 한 사람이라고 말한다. 보통 마태가 숫자 면에서 더 정확하다(참고. 마 8:28; 막 5:2; 눅 8:27). 아마도 한 사람이 다른 사람보다 목소리가 크거나 두드러진 것 같다. 마가복음 10:46은 선두에 있던 사람의 이름을 바디매오라고 언급한다. 사건 세부사항의 가벼운 차이는 증인들이 별도로 글을 쓰는 경우 정상적인 것이다.

단락 개요

Ⅵ. 무리와 지도자들 사이에서 제자들을 훈련하시다(14:1-20:34)
  W. 장면 전환: 예루살렘으로 가는 길에 맹인 두 사람을 고치시다(20:29-34)

예수님이 여리고에서 예루살렘으로 이동하신다(20:29). 맹인 두 사람이 그분이 가까이 계심을 알고 자신을 불쌍히 여겨달라고 외친다(30-31절). 예수님은 그들의 말을 들으시고, 그들을 만지시고, 고쳐주시며, 그들은 예수님을 따른다(32-34절).

주석

20:29-34 여리고에서 예루살렘으로 가는 길은 위험할 수 있었지만, 유월절 전에는 무리 때문에 안전했고 거지들에게는 자선을 바라는 좋은 장소가 되었다(참고. 눅 18:35). 예수님은 의도적으로 피하던 무리와 합류하신다(마 12:15; 14:13). 맹인 두 사람이 예수님이 지나가신다는 말을 듣고 "주여 우리를 불쌍히 여기소서 다윗의 자손이여"(20:30)[341]라고 소리 지르기 시작한다. 그들의 말은 간단하지만 효과적이다.

그들의 말 중에서 "주여"[퀴리오스(*kyrios*)]는 아마 예수님의 신성에 대한 고백이 아니라 존경을 담은 단어일 것이다(참고. 21:11). 그러나 "다윗의 자손이여"는 그들이 예수님을 오실 이, 다윗의 계승자, 하나님 나라의 통치자로 알고 있음을 보여준다(삼하 7장; 마 21:9). 그들은 또한 자신의 필요를 인정하고 예수님에게 고치실 능력이 있음을 고백하며 자비를 구하고 있다.

앞에서는 제자들이 어린아이들을 예수님께 오지 못하게 했다(19:13-15). 이곳에서는 무리가 그 맹인들을 꾸짖으며 조용히 시킨다. 두 그룹 모두 예수님이 하셔야 할 더 중요한 일이 있다고 생각한다. 이를테면 로마를 타도하고 그분의 나라를 수립하는 것이다. 그러나 예수님은 "많은 사람"(20:28)과 궁핍한 소수를 돌보신다. 그 나라에서는 약한 자와 소외된 자들을 돌보는 것이 우선순위다.

341 동사 파라고(*paragō*)는 현재 시제다. 이는 "예수께서 지나가신다"라는 직접적인 소식을 상기시키는 것 같다.

끈질김은 믿음의 표지다. 두 맹인은 잠잠하라는 무리에게 주의를 기울이지 않는다. 오히려 같은 단어들로 더 강렬하게[메이존(*meizon*), '더 크게' 혹은 '반복해서'] "주여 우리를 불쌍히[mercy] 여기소서 다윗의 자손이여"(31절)라고 소리 지른다. 자비는 성경에서 몇 가지 의미를 지닌다. 즉 자비의 행위, 자비의 감정, 언약적 관계의 자비, 죄 사함의 자비가 있다. 하나님은 이런 각각의 속성을 보여주신다. 하나님의 형상으로 창조된 제자들도 예수님이 이날 그렇게 하셨듯이 이 네 가지를 보여주려고 노력한다. 그분은 자비 혹은 긍휼 혹은 연민을 느끼고(스플랑크니조마이, 34절) 맹인들을 볼 수 있게 해줌으로써 그것에 따라 행하신다. 죄 사함의 자비는 마태복음의 앞뒤에서 두드러지고, 하나님과 그분 백성의 관계에서 나온다.

예수님은 맹인들의 외침을 듣고 멈춰서 "너희에게 무엇을 하여주기를 원하느냐"(32절)라고 물으신다. 예수님은 분명 그들의 필요를 아시며, 그분의 질문은 그분이 하실 수 있다는 것을 암시한다. 이는 모세나 엘리야, 엘리사, 베드로, 바울이 하는 말이 아니다. 그들은 '하나님의' 뜻과 능력으로 병을 고친다고 주장한다. 예수님은 그저 행하겠다고 말씀하시는데, 이는 그분의 신성을 암시한다. 예수님에게는 '그분의' 뜻과 능력으로 병을 고칠 능력과 자유가 있다. 두 맹인은 "주여 우리의 눈 뜨기를 원하나이다"(33절)라고 대답한다. 예수님은 불쌍히 여기며 그렇게 하신다. 그들을 고쳐주신 까닭은 "그들의 곤경을 측은히 여기셨기" 때문이다.[342] 예수님은 그 사람들의 슬픔을 느끼시고, 그것이 그분을 움직여 행동하시게 한다. 그 맹인들은 "곧 보게 되어…예수를 따[른다]"(34절).

342 Calvin, *Harmony of the Evangelists*, 1:432.

응답

두 맹인은 세 가지 면에서 제자의 삶을 보여준다. 그들은 예수님께 병을 고칠 능력과 권세가 있음을 확신하고 요청한다. 누구도 그들이 예수님을 찾는 것을 막지 못한다. 그리고 예수님이 고쳐주시자 즉시 그분을 따른다. 이 단락은 예수님의 성품도 드러낸다. 그분의 동기는 자비지만, 그분의 권세와 능력으로 행하신다.

길가에 있는 보잘것없는 두 사람보다는 그분의 사명에 집중하셔야 한다고 생각하는 무리와는 달리, 예수님은 그분의 거대한 사명은 물론 약하고 힘없는 이들의 필요에도 주의를 기울이신다. 이 단락은 개인적으로 또 교회로서 하나님 백성의 긍휼 사역에 대한 강력한 근거가 된다.

1 그들이 예루살렘에 가까이 가서 감람산 벳바게에 이르렀을 때에 예
수께서 두 제자를 보내시며 2 이르시되 너희는 맞은편 마을로 가라 그
리하면 곧 매인 나귀와 나귀 새끼가 함께 있는 것을 보리니 풀어 내게
로 끌고 오라 3 만일 누가 무슨 말을 하거든 주가 쓰시겠다 하라 [1)]그
리하면 즉시 보내리라 하시니 4 이는 선지자를 통하여 하신 말씀을 이
루려 하심이라 일렀으되

5 시온 딸에게 이르기를 네 왕이 네게 임하나니 그는 겸손하여 나
귀, 곧 멍에 메는 짐승의 새끼를 탔도다 하라

하였느니라 6 제자들이 가서 예수께서 명하신 대로 하여 7 나귀와 나
귀 새끼를 끌고 와서 자기들의 겉옷을 그 위에 얹으매 예수께서 그 위
에 타시니 8 무리의 대다수는 그들의 겉옷을 길에 펴고 다른 이들은
나뭇가지를 베어 길에 펴고 9 앞에서 가고 뒤에서 따르는 무리가 소리
높여 이르되 호산나 다윗의 자손이여 찬송하리로다 주의 이름으로 오
시는 이여 가장 높은 곳에서 호산나 하더라 10 예수께서 예루살렘에
들어가시니 온 성이 소동하여 이르되 이는 누구냐 하거늘 11 무리가
이르되 갈릴리 나사렛에서 나온 선지자 예수라 하니라

1 Now when they drew near to Jerusalem and came to Bethphage, to
the Mount of Olives, then Jesus sent two disciples, 2 saying to them, "Go
into the village in front of you, and immediately you will find a donkey
tied, and a colt with her. Untie them and bring them to me. 3 If anyone
says anything to you, you shall say, 'The Lord needs them,' and he will
send them at once." 4 This took place to fulfill what was spoken by the
prophet, saying,

5 "Say to the daughter of Zion,
'Behold, your king is coming to you,
humble, and mounted on a donkey,
on a colt,[1] the foal of a beast of burden.'"

6 The disciples went and did as Jesus had directed them. 7 They brought
the donkey and the colt and put on them their cloaks, and he sat on
them. 8 Most of the crowd spread their cloaks on the road, and others
cut branches from the trees and spread them on the road. 9 And the
crowds that went before him and that followed him were shouting,
"Hosanna to the Son of David! Blessed is he who comes in the name of
the Lord! Hosanna in the highest!" 10 And when he entered Jerusalem,
the whole city was stirred up, saying, "Who is this?" 11 And the crowds
said, "This is the prophet Jesus, from Nazareth of Galilee."

1) 또는 즉시 돌려보내리라 하라 하시니

1 Or *donkey, and on a colt*

단락 개관

마태복음 21:1-11은 전통적으로 '개선 입성식'이라는 이름이 붙어 있다. 예수님 당시 개선 입성식은 승리의 행진과 비슷했다. 장군이 포위 작전이나 전쟁을 통해 점령한 도시로 들어갈 때 혹은 왕이 자기 영토에 있는 도시를 방문할 때 이러한 행진을 했다. 정복자가 어떤 도시에 들어갈 때, 그는 군마나 병거에 타고 사람들은 환영하며 그 앞뒤에서 걸었다. 나중에 그는 지역 사원을 방문할 수도 있었다. 예수님의 입성은 이러한 전형적인 모습과 아주 일부만 비슷하다.[343] 그분도 무언가를 타고 들어가지만, 종마가 아니라 나귀에 타신다. 로마인들이 개선 입성식으로 여겼다면, 그것을 왜 허용했겠는가? 그리고 예수님이 그렇게 이해하셨다면, 왜 그분은 울면서 예루살렘의 멸망을 예언하시겠는가?(눅 19:41-44)

교회 전통은 이날을 종려 주일이라 부른다. 요한복음 12장에서, 사람들이 예수님을 이스라엘의 왕으로 맞이하며 종려나무 가지를 흔든다고 언급하기 때문이다(요 12:13). 요한복음 12:16은 "제자들은 처음에 이 일을 깨닫지 못하였다"고 단언하고, 순진한 교회 전례들은 아직도 복음서 내러티브들의 어두운 함의를 놓칠 수 있다.

마태는 그 사건이 스가랴의 예언, 즉 "네 왕이 네게 임하나니 그는…나귀…를 탔도다"(마 21:5)를 성취한다고 말한다. 크레이그 키너는 지혜롭게도, 마태가 "예수님을 왕으로 그려내는 동시에 그분이 가지신 왕권의 의미를 재해석한다"라고 언급한다.[344] 무리는 예수님을 열렬히 환영하면서, 그분 앞길에 자신의 겉옷을 펴고 소리치며 하나님을 찬양한다. 하지만 그들은 예수님을 "갈릴리…에서 나온 선지자"(21:11)로 칭할 뿐이다.

그 입성은 마태의 내러티브에서 중심이 되는 사건이다. 앞 단락에서

343 David R. Catchpole, "The 'Triumphal' Entry", in *Jesus and the Politics of his Day*, ed. Ernst Bammel and C. F. D. Moule (Cambridge: Cambridge University Press, 1984), 319-325.

344 Keener, *Matthew*, 489.

여리고에서 예루살렘으로 이동하던 예수님은 그분을 "다윗의 자손이여"(20:30-31)라고 부르는 맹인들을 만나신다. 예수님이 입성 하루 전에 그들을 고쳐주신 일은 사람들의 기대를 부추겼을 것이다. 21:9에서 무리는 20:30-31을 되풀이하며 "호산나 다윗의 자손이여"라고 외친다. 그러나 권세자들은 그 찬양을 반대하고(21:15-16), 예수님과 이스라엘 당국 사이에 일련의 논쟁들이 시작된다(21:23-46).

21장의 첫 세 단락은 예수님의 정체성과 의제를 드러내는 상징적인 행동들로 이루어진다. 예수님은 호산나 찬양을 받으며 나귀를 타고 예루살렘에 들어가셔서(1-11절), 성전에서 돈 바꾸는 사람들을 몰아내시고(12-17절), 무화과나무를 저주하신다(18-19절). 성경에는 상징적인 행동이 흔하다. 이사야는 이스라엘에 임할 수치의 상징으로 옷을 벗고 맨발로 다녔다(사 20장). 예레미야는 임박한 심판을 나타내기 위해 이스라엘 지도자들 앞에서 새 옹기를 깨뜨렸다(렘 19장). 호세아는 이스라엘이 범한 영적 매춘의 상징으로 창녀와 결혼했다(호 1-2장). 마태복음 21장의 상징주의에 대한 해석 역시 아주 중요하다.

단락 개요

Ⅶ. 예루살렘에서 일어난 갈등과 가르침(21:1-23:39)

A. 예루살렘 입성과 그 결과(21:1-27)

1. 나귀를 타고 환호를 받으며 예루살렘으로 가시다(21:1-8)
2. 다윗의 자손이자 예언자로 칭송받으시는 예수님(21:9-11)

이 단락은 예수님이 예루살렘에 가까이 가서(마 21:1) 제자들에게 그분이 택한 나귀를 찾아오라고 지시하시는(2-3절) 모습으로 시작한다. 마태는 이 일이 성경을 성취한다고 언급한 후에(4-5절), 그 나귀를 데리고 와서 준비하는 제자들의 신실한 행동을 서술한다(6-7절). 예수님이 나귀를 타고 도성에 들어가시자, 무리가 겉옷과 나뭇가지와 호산나로 그분께 영광을 돌리며 찬양한다(8-9절). "온 성"이 예수님이 누구인지 묻자, 무리는 그분을 예언자(새번역)라 부른다(10-11절).

주석

21:1-11 예수님은 로마 도로를 통해 예루살렘에 들어가시는데, 그 도로는 여리고에서 시작하여 해수면 아래 260미터에서부터 그 위로 760미터까지 27킬로미터를 오르는 길이었다. 그 길은 감람산을 넘어갔는데, 감람산은 성전 위쪽에 있어서 그곳에서 장관을 이루는 도성의 전경을 볼 수 있었다(1절). 스가랴 14:3-4은 여호와가 이스라엘을 그 압제자들에게서 구할 때 감람산 위에 서실 것이라고 예언했다.

예수님은 보통 도보로 여행했지만, 그 도성에 가까이 와서 감람산에 이르렀을 때 제자들에게 그분을 위한 동물을 끌고 오라고 하신다. 구체적으로, 두 제자를 보내며 근처 마을에 들어가 "나귀"와 "나귀 새끼"를 찾아 자신에게 끌고 오라고 명하신다. 만일 "누가 무슨 말을 하거든" 그들은 "주가 쓰시겠다"라고 말해야 하고, 그러면 그가 그 동물들을 보낼 것이다(마 21:2-3). 제자들은 지시받은 대로 행한다(6절).

이는 예수님이 집 밖에 나귀가 있는 초자연적인 환상을 보신 기적은 아닌 것 같다. 아마도 예수님이 한 다락방에서 제자들과 함께 최후의 만찬을 하도록 마련하신 것처럼(막 14:12-16), 그 동물을 빌리도록 준비해놓으신 것 같다. 그분은 상징적인 행동을 계획하신다. 즉, 스가랴 9:9에 따라 나귀를 타고 예루살렘에 들어가시는 것이다. 그 구절은 "네 왕이 네게 임하나니…겸손하여 나귀…를 탔도다"라고 말한다. 예수님은 이로써 정체를 숨기는 데서 드러내는 데로 옮겨가기 시작하신다.

"주가 쓰시겠다"(마 21:3)라는 말은 자기 계시의 일부일 수도 있고 아닐 수도 있다. "주"란, 주 하나님 야훼께서 그분의 목적에 그 동물을 필요로 하신다는 의미일 수 있다. 혹은 예수님이 자신을 "주"라 부르고 계실 수도 있다. 이는 신기한 일이다. 예수님은 편하게 자신을 주라 부르지 않으시지만, 이 단락은 예외일 가능성이 있다. 다른 한편, 이때는 자기 계시가 늘어나는 시기다. 대문자 없는 헬라어 단어 퀴리오스는 다른 식으로 보는 것이 최선일지도 모른다. 퀴리오스는 어떤 동물의 주인을 포함하여 주인을 칭하는 흔한 헬라어 단어이므로, 예수님이 제자들에게 바라시는 것은 이 동물의 주인이 그것을 필요로 한다고 말하는 것일지도 모른다. 다시 말해, 그 주인이 예수님의 수행단 중에 있고 예수님의 목적을 아는 그가 자신의 나귀를 드렸다는 것이다. 이 견해를 뒷받침하며, 예수님은 제자들이 그 동물을 가져가려다가 반대에 부딪칠 것을 예상하실 때 '그 주인'이 아니라 "누가 무슨 말을 하거든"이라고 말씀하신다. 그 주인이 예수님과 함께 있고 그 동물과 함께 있지 않다면 이는 의미가 통한다.[345]

예수님이 훈련되지 않은, 아무도 타본 적 없는 나귀 새끼를 타고 조용히 예루살렘으로 들어오시는 것은 놀라운 일이다. 이는 상징적인 행동이다. 모든 것의 주인이신 예수님이 이 동물의 주인이 되신다. 그리고 이전에 아무도 그 동물을 타지 않았으므로, 이는 예수님이 왕이심을 암시한다. 오직 왕만이 왕의 말을 탈 수 있기 때문이다. 나귀는 또한 예수님이 평화의 왕이

345 Leon Morris는 *Matthew*, 519-520에서 이 견해를 제시한다. Morris가 언급하듯이, 누가복음 19:33은 그의 견해와는 반대로 제자들이 "나귀 새끼를 풀 때에 그 임자들[문자적으로, '주인들']"이 반대했다고 언급한다. 그러나 나귀의 주인이 한 명 이상일 수 있으므로, 한 주인은 그분과 함께 있지만 다른 이들은 그렇지 않았을 가능성이 있다. 이 견해는, 마태와 마가가 주인들을 언급하지 않은 점에 주목하면 더 가능성이 있다. 마가복음 11:3-5은 "만일 누가 너희에게 왜 이렇게 하느냐 묻거든 주가 쓰시겠다 하라"로 시작한다. 그 다음 제자들이 나귀 새끼를 풀자 "거기 서 있는 사람 중 어떤 이들이['주인'은 아닌] 이르되 나귀 새끼를 풀어 무엇하려느냐" 하고 말했다. 마가가 '주인'이 아니라 '그곳에 서 있는 사람'으로 언급한 것은, 아마 그들이 주요한 주인이 아니었기 때문인 것 같다. 마가처럼 마태도 주인을 언급하지 않고, 그 역시 "만일 누가['주인'이 아닌] 무슨 말을 하거든"으로 시작한다. 이는 추측으로 보일 수 있지만, 그 동기는 예수님이 자신에 대해 말씀하시는 방식에 대한 복음서의 증언을 존중하고자 하는 마음이다. 앞에서 언급했듯이, 이 본문만 예외일 가능성이 있지만, 예수님은 절대 일상적으로 자신을 '주'라 칭하지 않으신다. 특히 공관복음에서는 예수님의 명백한 신성 주장이 거의 없고, 그 배경은 독자로 하여금 그 사건의 중대성에 충분히 집중하게 한다(예를 들어, 마 16:13-17; 20:20-28; 28:16-20).

심을 암시한다. 왕과 장군은 보통 군마를 탄다. 어린 나귀를 타고 전쟁에서 싸우거나, 적을 공포에 떨게 하거나, 적에게 강타를 퍼붓는 사람은 없다.

셋째, 나귀는 예수님이 예언을 성취하기 위해 오신다는 것을 나타낸다. 마태는 "이는 선지자를 통하여 하신 말씀을 이루려 하심이라"(4절)라고 쓴다. 그는 스가랴에서 한 문장을 인용하는데, 아마도 독자들이 나머지를 알 것이라 기대했을 것이다. 스가랴 9:8-12은 겸손하게 "나귀를 타시나니 나귀의 작은 것 곧 나귀 새끼"를 타고 오는 한 왕의 손으로 하나님께서 예루살렘을 해방하실 것이라고 예언한다. 스가랴에서 하나님은 그분의 집과 도성과 나라를 지키겠다고 약속하신다. 어떤 압제자도 그 땅으로 행군하지 못할 것이다(슥 9:8). 그래서 그는 이렇게 말한다. "예루살렘의 딸아 즐거이 부를지어다 보라 네 왕이 네게 임하시나니…겸손하여서 나귀를 타시나니"(9:9). 그 왕이 올 때 여호와가 예루살렘에서 병거와 군마와 활을 제거하실 것이다. 그분은 이스라엘과 맺은 언약으로 인해 모든 나라에 화평을 선포하실 것이다. 예루살렘이 '기뻐해야' 하는 까닭은, 그들의 왕이 온화하고 평화롭게 오고 있으며 "바다에서 바다까지" 모든 나라를 다스릴 것이기 때문이다(9:10-12). 마태는 그 왕이 나귀를 타고 온화하게 온다는 예언은 인용하지만, 바다에서 바다까지 다스린다는 예언은 생략한다. 아마도 아직 그리스도가 세상 전역을 다스리심을 드러내 보일 때가 아니기 때문일 것이다. 그래서 그분은 자신을 평화의 왕으로 제시하신다. 무리는 이 모든 것을 거의 이해하지 못할지라도, 인상적인 축하로 경의를 표한다.

무리 가운데 누군가가 스가랴서에 대한 언급을 감지했든 아니든, 예수님이 그 도성에 들어오실 때 축하가 터진다. 메시아에 대한 소망은 최근 몇 년 동안 매우 높았고, 유월절에는 더 고조되었다. 예수님은 방금 그분의 능력을 보여주셨다(마 20:34). 사람들은 그분을 "다윗의 자손"이라 불렀고(20:30-31), 무리는 오랫동안 예언자라 불렀다. 그날 그들은 예수님을 왕으로 여기며 경의를 더한다.

제자들은 그 왕이 안장 없이 타지 않도록 나귀 위에 그들의 겉옷을 얹는다(21:7).[346] 무리는 서둘러 왕의 나귀 앞 쪽으로 "그들의 겉옷을 길에 [펀다]"(8절). 마치 열왕기하 9:13에서 사람들이 예후를 위해 그렇게 했던 것처럼 말이다. 그들은 또 왕이 탄 나귀의 발이 땅에 닿지 않도록 "나뭇가지를 베어 길에 펴[기도]" 한다(마 21:8). 주전 165년 시몬 마카베오(Simon Maccabeus)가 예루살렘을 해방시켰을 때 이스라엘이 종려나무 가지로 축하했던 것처럼 말이다(마카베오상 13:51).

예수님과 함께 그 도성에 들어가는 무리는 즉흥적인 행진을 시작하며 "호산나 다윗의 자손이여 찬송하리로다 주의 이름으로 오시는 이여"(9절)라고 소리친다.[347] 시편 118:25에 나오는 "호산나"는 원래 도와달라는 외침, 즉 '하나님이여, 우리를 구원하소서'라는 뜻이었다. 그것이 하나님께 드리는 찬양의 외침이 되었다. 이 구절에서 "그것은 '하나님 구원하소서'…(혹은) '메시아 왕께 찬양을'이라는 뜻이다."[348] 그렇게 사람들이 하나님께서 오실 이, 다윗의 자손, 예수님, 즉 메시아를 통해 그들을 구원하시리라는 소망을 외친다. 이러한 주장은 이후에 민족주의적 어조를 띨 수 있다.[349] 그러나 예수님은 곧 그분의 나라가 땅이나 언어나 국경이 없는 나라 혹은 백성이라고 가르치신다(마 21:43).

무리가 예수님을 "다윗의 자손이여"라고 부를 때, 그들은 이스라엘의 적을 말살하고 이스라엘을 로마에서 해방시킬 다윗 같은 왕을 상상한다. 예수님 시대의 기도는, 하나님께 메시아로서 다윗의 자손을 일으키셔서 "공의롭지 않은 통치자를 멸하고, 예루살렘에서 이방인을 몰아내고" 공의로

346 비평가들은 "그 위에 타시니"라는 어구를 중요시하면서, 마태가 스가랴 9:9을 잘못 해석하여 예수님이 새끼와 어미 둘 다에 타셨다고 생각한 것에 대해 비웃는다. 그러한 비평이 타당하려면 마태가 히브리어와 시적 병행에 무지해야 한다. 그러나 마태는 둘 다에 익숙하다. 더욱이 "그"(ESV는 "them")는 그 동물들이 아니라 겉옷들을 가리킨다고 보는 것이 합리적이다. 마지막으로, 만약 마태가 그 사건을 목격했다면 그 비평 전체가 사라진다. 참고. 또한 Blomberg, "Matthew", in *Commentary on the New Testament Use*, 63-66.

347 "소리 높여 이르되"[에크라존(*ekrazon*)]라는 동사는 미완료시제로, 그들이 잠시 그것을 계속 한다는 것을 암시한다.

348 Hagner, *Matthew*, 2:595.

349 이와 유사하게 "하나님, 아메리카를 축복하소서"도 아마 도움을 구하는 기도로 시작되었을 테지만, 보통 하나님이 "아메리카의 편"이라는 헛된 가정이 된다.

다스리게 해달라는 간구였다.[350] 대부분의 무리는 오해하고 있다. 예수님을 통한 군사적 승리를 바라는 그들의 소망은, 아마 그들 중 일부를 찬양하는 데서 돌이켜 며칠 내에 그분의 피를 요구하는 데로 향하게 할 것이다.

2:3에서처럼 예수님이 도착하셨다는 말이 그 도성을 뒤흔든다(21:10). 예루살렘은 유월절을 위한 순례자들로 꽉 차 있다. 주로 갈릴리에서 온 예수님을 둘러싼 무리는 흥분한 듯 보인다.[351] 지도자들은 당황한다(눅 19:37-39). 마태복음 21:10은 도성 전체가 "이는 누구냐" 하고 묻는다고 말하는 듯하다. 무리는 "갈릴리 나사렛에서 나온 선지자 예수라"(11절)라고 대답한다. 이는 안 좋은 대답이 주어진 중요한 질문처럼 들린다. 그러나 전반적으로 그들의 대답은 틀렸다기보다는 충분하지 못하다.

예수님'은' 예언자다.[352] 실제로 "예언자"(새번역)라는 단어는 오랫동안 기다리던 그 예언자(참고. 요 7:40), 다시 말해 말과 행동이 뛰어나고 기적도 행하고(엘리야나 엘리사처럼) 하나님을 대변하기도 하는(이사야나 예레미야처럼) 모세 같은 예언자(신 18:15-18, 새번역)를 가리킬 수 있다. 그러나 만약 "예언자"가 긍정적으로 들린다면, "나사렛에서"는 그렇지 않다. 나사렛에서는 선한 것이 나오지 않기 때문이다(요 1:46). 더 중요한 것으로, 마태는 이미 독자들에게 "예언자"는 충분하지 않다고 말했다. 그러나 '사람들'은 예수님을 예언자라고 말한다(마 16:13-14, 새번역).

무리는 예수님을 찬양할 때도 그분을 과소평가하므로, 그 웅장한 장면은 혼란으로 끝난다. 예수님은 기적을 행하지도 전쟁을 시작하지도 않으신다. 대신 성전으로 들어가신다. 예수님의 눈물에 대한 누가의 기록은 마태가 암시하는 바를 자세히 설명해준다. 누가는 예수님이 예루살렘에 가

350 위경 솔로몬의 시편 17:21-32에서. *The Apocryphal Old Testament*, ed. H. F. D. Sparks (Oxford: Clarendon, 1984), 678-679.

351 이는 예수님 앞뒤에 있는 이들이 같은 길로 그 도성으로 들어갔음을 전제한다. 갈릴리 사람들은 사마리아를 피하려고 여리고 도로로 이동했고, 예수님은 갈릴리에서 가장 많은 사역을 하셨다.

352 참고. Wright, *Jesus and the Victory of God*, 147-197.

까이 갔을 때 우셨다고 기록한다. 사람들이 무엇이 그들에게 평화를 가져다주는지 알았다면 좋았겠지만, 그것은 그들이 보지 못하도록 숨겨져 있다. 그들은 로마를 몰아낼 다윗의 자손을 원한다. 그래서 "호산나"를 들은 그 도성이, 며칠 뒤에 "그를 십자가에 못 박으소서"를 들을 것이다. 그들은 하나님의 메시아를 통해 평화를 깨닫는 대신 정치적이고 군사적인 구원자를 의지한 결과, 반역하고 실패하며 로마의 진노를 마주한다(눅 19:41-44).

마태복음 전체를 볼 때, 이 단락은 예수님을 이스라엘이 상상하는 대로가 아니라 그분의 모습 그대로 묘사한다. 그들은 전쟁을 하는 예언자와 왕을 원하지만, 예수님이 나귀를 타신 것을 주목하지 않는다. 그분은 왕이며 스스로를 정의하실 것이다. 마태는 예수님이 십자가를 택하신 왕, '로마인들을 죽이기'보다는 '로마에 의해 죽임당하는' 쪽을 택하신 왕이라고 말한다. 왕이신 그분은 세속 권력을 버리고 대신 십자가에서 죽으신다. 그분의 통치는 영적이고 간접적이며, 교회와 가정과 학교 같은 중재자들과 기관들을 통해 이루어진다. 그것은 보통 하나님의 보편적인 섭리를 통해 움직이지만, 하나님의 직접적인 개입으로 임하기도 한다. 우리는 예수님이 이 시대에 오실 때 왕이신 그분을 알아야 한다. 예수님은 마지막 날에 정권을 쥐고 군마를 타고 오실 것이다(계 19:11-21). 그때까지 그분은 나귀를 타고 온화하게 오신다. 적을 죽이심으로써가 아니라 그들을 위해 죽으심으로써 구원하신다.

응답

마태복음 21:1-11은 무엇보다도, 예수님이 왕이며, 그분과 그분의 통치를 정의하실 권리가 있음을 가르친다. 사람들은 예수님에 대한 복음서의 일부 묘사를 다른 묘사들보다 더 좋아한다. 오늘날 그들은 "가서 더 이상 죄를 짓지 말라"와 "네 십자가를 지고 나를 따르라"라고 말씀하시는 예수님보다, 죄인들과 함께 식사하며 "네 죄가 사함 받았다"라고 말씀하시는 예수님을 더 좋아한다. 또한 예배를 요구하는 고난 받고 부활하신 예수님보다, 선생 예수님(그 인도하심을 따를지 말지 내가 선택할 수 있는)을 더 좋아한다. 그들은 예수님이 왜 그렇게 밀고 들어오시는지 의아해 한다. 왜 그분은 사람들이 그분의 예배자가 아니면 적이 되어야 한다고 말씀하시는가? 왜 하나님은 그분에 대한 나의 반응에 그렇게 관심이 많으신가? 왜 우리는 다정하면서도 적당히 먼 이웃일 수는 없는가? 왜 그분은 세상을 만드신 다음 거닐며 우리가 하고 싶은 대로 하도록 내버려두는, 이신론자들이나 쾌락주의자들의 신처럼 되실 수 없는가? 그러나 성경이 말하는 대로 하나님이 인격이라면, 그분이 다르기를 '바란다고' 해서 그렇게 되지는 않는다. 그분은 그분의 모습 그대로 계신다. 인격적이고 관심을 보이시는 분, 강력하고 정의롭고 자비로우신 분이다. 그리고 그분은 군마가 아니라 나귀를 타고 오신다. 적을 죽이기 위해서가 아니라 그들을 대신하여 죽기 위해 오신다.

이러한 가장 중요한 교훈에 더하여, 1-3절은 주이신 예수님이 어린 나귀와 그 어미를 포함하여 결국 모든 것을 소유하고 지배하심을 보여준다. 그분이 훈련되지 않은 나귀 새끼를 타실 때 우리가 보는 것처럼 말이다. 마지막으로 7-11절은 예수님이 예루살렘에 들어오실 때 이스라엘이 경의를 표하는 모습을 지지한다. 그때 이스라엘은 그분이 예언자 이상임을 독자들에게 상기시킨다. 그러므로 모든 하나님의 백성은 그분이 온화한 왕이라는 것을 알고 그들의 왕께 경의를 표해야 한다.

12 예수께서 성전에 들어가사 성전 안에서 매매하는 모든 사람들을
내쫓으시며 돈 바꾸는 사람들의 상과 비둘기 파는 사람들의 의자를
둘러 엎으시고 13 그들에게 이르시되 기록된바 내 집은 기도하는 집이
라 일컬음을 받으리라 하였거늘 너희는 강도의 소굴을 만드는도다 하
시니라

12 And Jesus entered the temple[1] and drove out all who sold and bought
in the temple, and he overturned the tables of the money-changers and
the seats of those who sold pigeons. 13 He said to them, "It is written,
'My house shall be called a house of prayer,' but you make it a den of
robbers."

14 맹인과 저는 자들이 성전에서 예수께 나아오매 고쳐주시니 15 대제
사장들과 서기관들이 예수께서 하시는 이상한 일과 또 성전에서 소리
질러 호산나 다윗의 자손이여 하는 어린이들을 보고 노하여 16 예수께
말하되 그들이 하는 말을 듣느냐 예수께서 이르시되 그렇다

어린 아기와 젖먹이들의 입에서 나오는 찬미를 온전하게 하셨나이다

함을 너희가 읽어본 일이 없느냐 하시고 17 그들을 떠나 성 밖으로 베
다니에 가서 거기서 유하시니라
14 And the blind and the lame came to him in the temple, and he healed
them. 15 But when the chief priests and the scribes saw the wonderful
things that he did, and the children crying out in the temple, "Hosanna
to the Son of David!" they were indignant, 16 and they said to him, "Do
you hear what these are saying?" And Jesus said to them, "Yes; have
you never read,

"'Out of the mouth of infants and nursing babies
you have prepared praise'?"

17 And leaving them, he went out of the city to Bethany and lodged
there.

18 이른 아침에 성으로 들어오실 때에 시장하신지라 19 길가에서 한 무
화과나무를 보시고 그리로 가사 잎사귀 밖에 아무것도 찾지 못하시고
나무에게 이르시되 이제부터 영원토록 네가 열매를 맺지 못하리라 하
시니 무화과나무가 곧 마른지라
18 In the morning, as he was returning to the city, he became hungry.
19 And seeing a fig tree by the wayside, he went to it and found nothing
on it but only leaves. And he said to it, "May no fruit ever come from
you again!" And the fig tree withered at once.

20 제자들이 보고 이상히 여겨 이르되 무화과나무가 어찌하여 곧 말
랐나이까 21 예수께서 대답하여 이르시되 내가 진실로 너희에게 이르
노니 만일 너희가 믿음이 있고 의심하지 아니하면 이 무화과나무에게
된 이런 일만 할 뿐 아니라 이 산더러 들려 바다에 던져지라 하여도
될 것이요 22 너희가 기도할 때에 무엇이든지 믿고 구하는 것은 다 받

으리라 하시니라
20 When the disciples saw it, they marveled, saying, "How did the fig
tree wither at once?" 21 And Jesus answered them, "Truly, I say to you,
if you have faith and do not doubt, you will not only do what has been
done to the fig tree, but even if you say to this mountain, 'Be taken up
and thrown into the sea,' it will happen. 22 And whatever you ask in
prayer, you will receive, if you have faith."

23 예수께서 성전에 들어가 가르치실새 대제사장들과 백성의 장로들
이 나아와 이르되 네가 무슨 권위로 이런 일을 하느냐 또 누가 이 권
위를 주었느냐 24 예수께서 대답하시되 나도 한 말을 너희에게 물으
리니 너희가 대답하면 나도 무슨 권위로 이런 일을 하는지 이르리라
25 요한의 [1]세례가 어디로부터 왔느냐 하늘로부터냐 사람으로부터냐
그들이 서로 의논하여 이르되 만일 하늘로부터라 하면 어찌하여 그를
믿지 아니하였느냐 할 것이요 26 만일 사람으로부터라 하면 모든 사람
이 요한을 선지자로 여기니 백성이 무섭다 하여 27 예수께 대답하여
이르되 우리가 알지 못하노라 하니 예수께서 이르시되 나도 무슨 권
위로 이런 일을 하는지 너희에게 이르지 아니하리라
23 And when he entered the temple, the chief priests and the elders
of the people came up to him as he was teaching, and said, "By what
authority are you doing these things, and who gave you this authority?"
24 Jesus answered them, "I also will ask you one question, and if you
tell me the answer, then I also will tell you by what authority I do these
things. 25 The baptism of John, from where did it come? From heaven
or from man?" And they discussed it among themselves, saying, "If we
say, 'From heaven,' he will say to us, 'Why then did you not believe
him?' 26 But if we say, 'From man,' we are afraid of the crowd, for

they all hold that John was a prophet." 27 So they answered Jesus, "We do not know." And he said to them, "Neither will I tell you by what authority I do these things.

1) 헬, 또는 침례

1 Some manuscripts add *of God*

단락 개관

마태는 몇 개의 단원으로 예루살렘에서 일어난 예수님의 마지막 주 사건들을 정리한다. 예수님은 우레와 같은 환호를 받으며 예루살렘에 들어간 후 성전을 시찰하신다. 상인들을 내쫓고 그들의 상을 둘러엎으면서 성전을 심판하신다. 그리고 성전의 올바른 목적을 "기도하는 집"으로 선언하신다(마 21:12-13). 이러한 심판을 통해 맹인과 저는 자들이 성전에 들어오도록 하고, 그곳에서 그들을 고쳐주신다(14절). 이로 인해 대제사장들과 서기관들이 '노한다'(15절). 그들은 어린이들이 예수님을 "다윗의 자손이여"라고 부르며 열렬하게 찬양하는 것에 반대한다(15절). 또 그분이 "무슨 권위로" 이런 일들을 하는지 묻기도 한다(23절). 이에 대해 예수님은 세 가지로 답하신다. 첫째, 어린이들의 찬양을 받아들이고 인정하신다(16절). 둘째, 무화과나무를 저주하신다. 그 무화과나무는 특히 열매를 맺지 못한다는 점에서 이스라엘을 상징하므로, 이는 성전과 그 수호자들에 대한 심판까지 의미한다(18-19절). 셋째, 그분의 권위에 대한 질문에 대답하려 하지 않는데, 이는 이스라엘의 제사장들과 장로들이 그분께 질문하는 지위를 가지고 있음을 부인하시는 것이다(23-27절).

단락 개요

Ⅶ. 예루살렘에서 일어난 갈등과 가르침(21:1-23:39)

A. 예루살렘 입성과 그 결과(21:1-27)

3. 성전 정화와 심판(21:12-17)
4. 무화과나무를 저주하시다(21:18-22)
5. 의심받는 예수님의 권위(21:23-27)

예수님은 성전에 들어가서 그곳 상인들을 쫓아낸 다음(21:12), 그 이유를 설명하신다. 성전은 장사를 하는 곳이 아니라 "기도하는 집"이다(13절). 마태는 사건들을 나란히 배치함으로써, 이것이 올바른 목적으로 성전을 해방하는 것임을 암시한다. 맹인과 저는 자들이 예수님께 나아오고, 예수님은 성전에서 그들을 고쳐주신다(14절). 어린이들은 그분을 다윗의 자손으로 찬양한다(15절). 대제사장들과 서기관들은 특히 어린이들을 보고 노하며 예수님께 그 아이들을 조용히 시켜야 한다고 암시하며 묻는다. 그분은 그들의 말을 거부하고 성을 떠나신다(16-17절).

다음 날 아침 예수님이 시장한 채로 돌아오는 길에, 잎이 무성하지만 열매는 없는 무화과나무를 보신다. 예수님이 저주하시자 나무는 곧 말라버린다. 기묘하게도 제자들은 예수님이 그 나무를 저주하신 '이유'가 아니라 '방법'을 묻는다. 예수님의 대답은 제자들이 해야만 하는 질문의 답이다(18-22절). 권세자들 역시 그분의 이유가 아니라 그들의 절차에 초점을 맞추며 잘못된 질문을 한다. 그는 어디서 성전에서 행동할 권위를 얻는가? 그러나 예수님은 대답하려 하지 않으신다(23-27절).

주석

21:12-17 성전 청결 사건을 그 문맥에 두는 것은 꼭 필요하다. 유월절이 며칠 남지 않아 순례자들이 예루살렘으로 줄지어 들어온다. 많은 사람이 갈릴리에서부터 왔고, 그들은 예수님과 함께 예루살렘에 들어오면서 예수님을 예언자이자 다윗의 자손으로 환호하며 맞이한다. 예수님은 먼저 성전을 방문하신다. 자주 그렇듯이, 마가는 마태가 생략하는 세부 사항들을 전한다. 마가복음 11:11은 예수님이 "모든 것을 둘러보시고" 그 다음 "때가 이미 저물매" 열두 제자와 함께 성을 떠나셨다고 언급한다. "둘러보[다]"가 빠르게 훑어본 것이든 철저한 조사를 의미하든, 마가는 예수님이 성전을 정화하기 전 저녁에 묵상하실 시간이 있었다고 말한다. 마가가 깊은 묵상을 암시한다면, 마태는 직접적인 행동을 묘사한다. 예수님은 성전에 들어가서 상인들을 내쫓고 그들의 상을 둘러엎은 다음, 이유를 설명하신다. 그들이 하나님의 집을 "강도의 소굴"로 만들었다는 것이다. 그것은 '폭도의 동굴'로 번역될 수도 있다(마 21:12-13).

차례차례 설명해보자. 첫째, 돈을 바꾸는 것 자체가 부도덕하지는 않다. 여행자들은 희생 제사를 드리고 절기를 지키기 위해 동물을 사려 했을 테고, 그러기 위해 그들의 돈을 성전의 돈으로 바꾸어야 했다. 문제는, 예수님이 이사야와 예레미야를 인용하며 설명하시듯이, 상업 자체가 아니라 성전 경내에서의 상업이다. "기록된바 내 집은 기도하는 집이라 일컬음을 받으리라 하였거늘 너희는 강도의 소굴을 만드는도다"(13절).

"기도"는 공예배, 즉 성전에서 드리는 기도와 찬양과 가르침과 헌물에 대한 제유법이다. 상인들이 바가지를 씌웠을 가능성이 있지만, 예수님은 '사는 자들과 파는 자들'을 내쫓으시므로 불법 행위가 유일한 문제는 아닐 수 있다. 문제는 성전의 목적이 오염된 것이다. 장사와 동물들의 소음은 기도와 예배와 가르침의 배경인 침묵을 방해한다. 랍비의 논평들이 정확하다면, 얼마 전에 대제사장 가야바가 희생제물로 바칠 동물 매매 장소를 예루살렘 근처 골짜기에서 성전 경내 이방인의 뜰로 옮겼다. 이는 마가복음

11:17에 추가된 어구를 설명해줄 것이다. 성전은 "만민이 기도하는 집"이어야 한다는 것이다.

예수님이 말씀하신 구약 인용의 배경은 꼭 필요하다. 이사야 56장은 누구도, 고자나 이방인도, "여호와께서 나를 그의 백성 중에서 반드시 갈라내시리라"(사 56:3)라고 말해서는 안 된다고 선언한다. 여호와는 언약을 지키는 이들에게 이렇게 말씀하신다. "내가…기도하는 내 집에서 그들을 기쁘게 할 것이며…이 집은 만민이 기도하는 집이라 일컬음이 될 것임이라"(56:7). 성전 장사의 논리가 무엇이든, 그것은 이방인들의 예배를 어렵게 만들고 이사야의 말씀을 무시한다. 예수님은 이사야를 인용함으로써, 그분의 행동이 그 예언자가 예언한 메시아의 축복을 가져온다고 암시적으로 주장하신다. 나아가 성전이 "하나님이 정하신 목적"을 되찾으려면 예수님의 "파괴적인 행동"이 꼭 필요하다.[353]

성전이 더 이상 만민이 기도하는 집이 되지 못하면, 그곳은 "강도의 소굴"(마 21:13)이 된다. 학자들은 문제가 돈 바꾸는 사람들의 타락이라는 것에 대해 의심한다. (다시 말하지만) 예수님이 파는 것과 사는 것 둘 다를 반대하시고, 그들에 대한 불평의 기록이 없기 때문이다.[354] 제사장들의 승인을 받은 상인들이 이방인들에게서 하나님을 예배할 권리를 빼앗고 있는 것이 확실하다. 예레미야 7장에 나오는 "강도의 소굴"이라는 어구 역시 교훈적이다. 그 문맥에서 여호와는 이스라엘을 강력하게 비난하신다.

> 너희가 도둑질하며 살인하며 간음하며…다른 신들을 따르면서…이 집에 들어와서 내 앞에 서서 말하기를 우리가 구원을 얻었나이다 하느냐 이는 이 모든 가증한 일을 행하려 함이로다…이 집이 너희

353 Blomberg, "Matthew", in *Commentary on the New Testament Use*, 67.

354 참고. Keener, *Matthew*, 497; Hagner, *Matthew*, 2:600; Martin Goodman, *State and Society in Roman Galilee*, A.D. 132-212 (Totowa, NJ: Rowman & Allanheld, 1983), 57-59. Goodman은 돈 바꾸는 사람들이 랍비의 "가능성 있는 사악한 직업"(59) 목록에 나오지 않는다고 기록한다.

눈에는 도둑의 소굴로 보이느냐(렘 7:9-11)

예레미야 시대에 죄를 지은 사람들은 마치 성전이 하나님의 보호와 은총을 보장한다는 듯이 그것을 부적으로 여기며 "여호와의 성전"을 외쳤다(렘 7:4-7). 예레미야와 예수님은 이스라엘 자손을, 도둑질하고 죽이고 우상을 따른 다음 마치 성전이 안전한 동굴이나 은신처인 양 그곳으로 후퇴하는 도둑들에 비유한다. 이는 성전의 목적을 완전히 뒤집은 것이다.

그 외에 레스테스(*lēstēs*, "강도")는 보통 '폭도'를 의미하므로, 마태의 어구 스펠라이온 레스톤(*spēlaion lēstōn*)은 합리적으로 "강도의 소굴"이나 '폭도의 소굴'로 번역될 수 있다. 슬프게도 성전의 수호자로 보이는 이들이 누구보다 하나님께 대항한다. 그들은 성전에서 이방인들을 배제함으로써, 성전이 예배 처소라기보다는 이스라엘의 상징임을 보여준다. 성전은 그들에게 "민족주의의 요새", 민족주의 반역자의 근거지가 되었다.[355]

누가도 이 문제를 유사하게 이해하는데, 이 장면에서 그가 덧붙인 말로 인해 분명히 드러난다. 누가복음 19:42-44에서 예수님은 예루살렘이 "평화에 관한 일"을 알지 못한다고 애통하며 로마의 손에 참패당할 것을 예언하신다. 예수님은 이곳에서 분명한 이스라엘의 민족주의가 로마에 대한 반역으로 이어져 이후 40년 동안 황폐할 것이라고 예고하신다. 유대인 전사들이 예레미야나 예수님으로부터 아무것도 배우지 못한 결과, 이후에 성전을 그들의 요새로 택하여 성전이 그들을 지켜줄 것이라고 바랄 것이다. 그러나 그 상상은 성전을 왜곡하는 것이고, 하나님은 성전을 영화롭게 하지 않으실 것이다.[356]

예수님은 상인들을 내쫓고 그들의 상을 엎음으로써, 스스로를 성전의

355 C. K. Barrett, "The House of Prayer and the Den of Thieves", in *Jesus und Paulus: Festschrift für Werner Georg Kümmel zum 70*, ed. E. E. Ellis and E. Grässer (Göttingen: Vandenhoeck & Ruprecht, 1978), 16-20.

356 Wright, *Jesus and the Victory of God*, 413-420.

주인이자 심판자라고 주장하신다. 그분의 맹렬한 비난은 예언적이기도 하며, 성전이 올바른 역할을 하도록 회복시키라는 요청은 제사장적이기도 한다.

예수님으로 인해 맹인과 저는 자들이 들어오도록 성전 문이 다시 열리고, 주님은 그들을 고쳐주신다(마 21:14). 레위기는 맹인과 다리 저는 제사장이 어떤 희생제물을 바치는 것을 금하는 듯 보인다. 어떤 유대인들은 신체 장애인의 성전 출입을 완벽하게 금하고 싶어 하지만, 예수님은 그것을 회복시키신다. 예수님은 상인들은 내쫓고 상한 자들을 환영하심으로써, 어떤 권세자들이 허용한 이들은 쫓아내고 다른 권세자들이 쫓아낸 것은 허용하신다.

벼락이라도 맞은 것처럼 놀란 제사장들이, 성전 구역에서 큰소리로 예수님을 찬양하고 있는 어린이들에게로 향한다. 그러면서 "그들이 하는 말을 듣느냐"(15-16a절)라고 질문한다. 그러나 예수님은 어린이들을 변호하신다. "어린 아기와 젖먹이들의 입에서 나오는 찬미를 온전하게 하셨나이다 함을 너희가 읽어본 일이 없느냐"(16b절). 이는 시편 8편의 인용으로, 그 시편은 "여호와 우리 주여 주의 이름이 온 땅에 어찌 그리 아름다운지요… 어린아이들과 젖먹이들의 입으로 권능을 세우심이여 이는 원수들…을 잠잠하게 하려 하심이라"(시 8:1-2)로 시작한다. 예수님이 "너희가 읽어본 일이 없느냐"라고 질문하실 때, 그것은 '이것을 올바르게 숙고해본 적이 없느냐'라는 의미다. 하나님은 어린아이들이 그분을 찬양하도록 임명하셨다. 예수님이 하나님의 아들이자 인자이므로 어린아이들이 그분을 찬양하는 것은 합당하다.

21:18-22 다음 날 아침 예수님이 예루살렘으로 돌아오신다. 시장한 예수님은 잎이 무성한 무화과나무를 보고 살피신다. 잎사귀 외에는 아무것도 찾지 못하자 그 나무를 저주하며 "이제부터 영원토록 네가 열매를 맺지 못하리라"라고 말씀하신다. 놀랍게도 그 나무는 즉시 말라버린다(18-19절). 구약에는 심판의 기적이 많지만, 이 사례를 제외하면 예수님의 기적은 치

유와 은혜를 가져온다.[357]

무화과나무를 저주하신 일은 상징적이다. 마태는 마가복음 11:13이 지적하듯이, "이는 무화과의 때가 아님"을 유대인 독자들이 알고 있으리라 전제한다. 무화과나무는 유월절 시기에 잎이 나고 작은 열매들이 보이기 시작하는데 나중에 차차 익을 것이다. 아직은 덜 익었지만 아주 조금은 먹을 수 있다. 잎은 무성하지만 열매가 없는 그 나무는 실물 교육 자료가 된다.

예언자들은 무화과나무를 열매 없는 이스라엘의 상징으로 사용한다. 미가 7:1-2에서 예언자는 포도원과 나무에서 열매를 얻으러 왔지만 포도송이가 없고 "내 마음에 사모하는 처음 익은 무화과가 없도다"라고 애통한다. 미가는 곧바로 그 은유를 해설한다. "경건한 자가 세상에서 끊어졌고" 그 땅이 그가 갈망하는 정의가 아니라 폭력으로 가득하다는 것이다. 예수님은 무화과나무를 저주할 때, 회개를 요청함으로 심판에 대한 상징적인 행동을 하는 예언자 같은 역할을 하신다(참고. 렘 19:1-11).

예수님은 그 무화과나무를 심판할 때, 이스라엘 자손 전체가 아니라 잎은 무성하지만 열매 없는 나무처럼 살아 있는 듯하나 열매가 없는 이들에게(마 13:22) 심판을 예고하신다. 예수님은 방금 성전을 살펴보고 부족함을 발견하셨다. 예배의 광경, 즉 제사장들, 음악, 희생 제사, 빛나는 건물은 장엄하지만 열매가 없다. 지도자들은 이방인들의 예배를 방해하고, 그들의 왕을 죽일 음모를 꾸민다. 정말로 그곳은, 그들의 종교 공연에도 불구하고, 하나님께 반역하는 이들의 소굴이 되었다.

그 나무가 말라버리자, 제자들이 "무화과나무가 어찌하여 곧 말랐나이까"(21:20) 하고 묻는다. 우리는 그들이 '방법'이 아니라 '이유'를 물으리라 예상하지만, 열두 제자는 종종 예수님이 보여주시는 메시지의 잘못된 요소들에 주의를 기울인다(참고. 19:27; 20:21). 그분은 그들이 유사한 힘을 얻는 데 관심이 있음을 감지하고, 그들의 초점을 옮기며 대답하신다. 예수님

357 예수님이 거라사의 귀신 들린 사람에게서 귀신을 쫓아내신 후, 그들이 돼지들에게 들어가 돼지들이 물에 빠져 죽지만(눅 8:26-33), 누가는 그들의 죽음을 예수님이 아니라 귀신의 탓으로 돌린다.

은 "내가 진실로 너희에게 이르노니"라고 강하게 시작한 다음, 적극적으로 "만일 너희가 믿음이 있고" 소극적으로 "의심하지 아니하면"으로, 하나님을 신뢰하라고 촉구하신다. 신약에서 흔한 주제인 믿음은 고전적으로 구원을 얻는 하나님에 대한 믿음이지만, 이곳에서 그것은 권능을 부여하는 힘이다. 제자는 믿음으로 "이 산더러 들려 바다에 던져지라 하여도 될 것이[다]"(21:21).

예수님은 예루살렘에 대한 심판에서 갑자기 기도의 능력으로 옮겨가신 것이 아니다. "이 산"이라는 어구는 이 본문 외에 두 번 그리고 마가복음 병행 구절에 나오는데, 매번 특정 산을 가리킨다.[358] 예수님이 말씀하실 때 감람산과 성전산 둘 다 보였을 것이다. 만약 예수님이 성전산을 가리킨 것이라면, 그분은 믿음으로 헛된 종교라는 은유적 산을 움직이게 할 수 있다고 말씀하시는 것이다. 기도는 강력하다. "너희가 기도할 때 무엇이든지 믿고 구하는 것은 다 받으리라." "너희가…믿고"는 남용을 막는다. 악한 기도에는 능력이 없다.

21:23-27 예수님은 성전에서 상인들을 내치면서 그 이유를 설명하기 위해, 그들도 권위를 인정하는 성경에 호소하셨다(13절). 그러나 지위가 높은 그룹인 대제사장들과 장로들은, 예수님의 가르침을 가로막으며 질문할 때 그들 자신의 권위에 호소한다. 그들은 '그가 옳은가?'라고 스스로에게 묻는 대신, 그분께 "누가 이 권위를 주었느냐"라고 묻는다. 구체적으로 "네가 무슨 권위로 이런 일을 하느냐 또 누가 이 권위를 주었느냐"(23절)는 것이다.

권세자들은 아마 예수님을 함정에 빠뜨렸다고 생각했을 것이다. 만약 예수님이 인간의 권위를 끌어대면 그들은 '우리가 인간 권위자들이다'라고 주장할 수 있다. 만약 예수님이 그 권위가 하나님으로부터 왔다고 주장하면, 그분을 신성모독으로 고소할 수 있다. 그러나 예수님은 그들의 질문에

21장

358 마태복음 17:1-2에서 그 산은 변화산이다. 요한복음 4:21에서 그 산은 그리심산으로 이곳은 그때 예수님이 서 계셨던 마을 위로 어렴풋이 보였다(요 4:5).

질문으로, 그들의 딜레마에 딜레마로 답하신다. 예수님은 그들이 그분의 질문, 즉 요한의 세례(그리고 더 폭넓은 사역)가 하늘(하나님)로부터 왔는지 사람으로부터 왔는지에 대답하면 그들의 질문에 대답하실 것이다(24-25a절). 이는 그 권세자들을 함정에 빠뜨린다. 만약 그들이 "하늘로부터"라고 말하면 예수님은 요한이 그분을 지지한 것을 끌어댈 수 있다. 그래서 그들은 "하늘로부터"라고 말할 수 없다. 그러나 그들은 "사람으로부터"라고도 말할 수 없다. 사람들이 요한을 예언자로 여기기 때문이다(25b-27절). 근본적인 문제는 그들이 충분히 입증된 예수님의 권위를 인정하려 하지 않는 것이다. 따라서 권세자들은 예수님께 대답하지 않고, 예수님도 그들에게 답하지 않으신다. 그들은 이미 주어진 계시를 거부하기 때문에 더 받지 못한다(13:10-17).

응답

마태복음 21:12-27은 신실한 제사장, 즉 하나님의 세계 선교를 이해하고, 자신의 지위나 자기 자신을 지키는 데 헌신하기보다는 그 선교에 헌신하는 지도자를 요구한다. 그러나 이어지는 짧은 에피소드들은 사건들 각각에 반응하라고 제안한다.

'성전 청결 사건'(12-14절)은 부패한 성전, 특히 이방인들을 배제한 것에 대한 예수님의 반응을 보여준다. 신실한 청중은 성전의 뒤를 이은 교회가 모든 인종, 방언, 문화, 사회적 계급을 받아들여야 한다는 것을 안다. 제자들은 스스로의 편견과 관습을 반성하고, 모두를 받아들이는 방법을 마련해야 할 것이다.

'어린이들의 찬양'(15-16절)은 진실한 예배의 아름다움을 보여준다. 아이의 예배는 순수하고, 아마도 깊이가 없긴 하겠지만, 순결하고 의심이나 신학적 난제(악의 문제나 예정과 자유 의지)에 대한 관심이 없다. 아이들이 송영이나 "예수 사랑하심은"을 즐겁게 거리낌 없이 찬양하는 모습은 성인들에게 어떻게 예수님을 찬양해야 하는지 가르친다. 어린아이들에게 하나님을 찬양하도록 가르치는 것은 복된 일이다.

'무화과나무 저주'(18-19절)는 상황이나 사람이 아무리 건강해 보이더라도 열매가 없으면 소용없다는 것을 보여준다. 신자들은 성령이 주시는 열매를 맺고 영적인 삶으로 그것을 표현해야 한다(7:17-20). 겉모습이 어떠하든 예루살렘의 죽은 정통(그리고 로마의 다신론적 무신론)은 무너져야 하고, 교회는 자신의 자리에서 일어나 하나님께서 찾으시는 열매를 맺어야 한다(21:43). 참된 제자는 열매를 맺는다. 그러므로 그들은 열매 맺는 데 방해가 되는 것, 즉 나쁜 친구, 무익한 버릇, 훈련 부족, 두려움, 편안함에 대한 사랑을 제거한다. 그런 다음 하나님께서 원하시는 결실 있는 삶을 추구한다. 많은 사람, 교회, 종교 운동이 예수님이 저주하시는 무화과나무 같다. 그들에게는 실체 없는 형식만 있다. 예수님이 모든 사람과 종교 기관을 검열하실 것이다. 그리스도와의 연합을 가져오는 믿음을 통해, 우리는 열매가 풍성한 그리스도인의 삶을 누릴 수 있다.

'제자들의 잘못된 질문'(20-22절), 즉 예수님이 그 나무를 저주하신 이유가 아니라 방법을 묻는 질문은, 예수님이 종종 질문한 대로 대답하지 않고 다른 데로 방향을 돌리신다는 것을 보여준다. 이곳에서 예수님은 사람들이 했어야 하는 질문에 답하신다. 그분은 저주하는 능력에 관한 질문을 무시하고, 믿음의 능력을 설명하신다. 방법론적으로, 이는 교사들에게 학생들을 위해 질문을 거부하거나 방향을 바꾸거나 제련하는 본을 보여준다. 객관적으로 그리스도는 신실한 기도를 칭찬하신다. 그 기도는 큰일을 이룰 수 있다(21-22절).

'성전 제사장들'(23-27절)이 예수님의 행동을 반대할 때, 그들의 항의는 흔한 형태를 취한다. 그들은 사명이 아니라 영역에 대해, 공정성이 아니라 자격에 대해 묻는다. 그들은 공식적인 범주로, 백성을 향한 섬김이 아니라 권위, 자격, 직무를 생각한다. 어떤 문제에 이해관계가 있는 이들이 어떤 행동을 반대할 때, 그들은 종종 그 문제 자체에서 절차에 관한 질문으로 옮겨간다. 그들은 결정의 속도나 실행 방식에 반대한다. 누가 이렇게 말하는지, 이곳에 있는지, 그렇게 할 권리를 가지고 있는지 질문한다. '무엇이 옳은가'에서 '누가 권리가 있는가'로, '진리와 정의'에서 '적절한 절차'로 옮겨간다. 사실 마태는 예수님 권위의 근원을 드러냈다. 그분은 이스라엘의 왕이고 진짜 제사장이다. 그분은 "하늘과 땅의 모든 권세"(28:18-20)를 가지고 계신다.

28 그러나 너희 생각에는 어떠하냐 어떤 사람에게 두 아들이 있는데
맏아들에게 가서 이르되 얘 오늘 포도원에 가서 일하라 하니 29 대답
하여 이르되 아버지 가겠나이다 하더니 가지 아니하고 30 둘째 아들에
게 가서 또 그와 같이 말하니 대답하여 이르되 싫소이다 하였다가 그
후에 뉘우치고 갔으니 31 그 둘 중의 누가 아버지의 뜻대로 하였느냐
이르되 둘째 아들이니이다 예수께서 그들에게 이르시되 내가 진실로
너희에게 이르노니 세리들과 창녀들이 너희보다 먼저 하나님의 나라
에 들어가리라 32 요한이 의의 도로 너희에게 왔거늘 너희는 그를 믿
지 아니하였으되 세리와 창녀는 믿었으며 너희는 이것을 보고도 끝내
뉘우쳐 믿지 아니하였도다

28 "What do you think? A man had two sons. And he went to the
first and said, 'Son, go and work in the vineyard today.' 29 And he
answered, 'I will not,' but afterward he changed his mind and went.
30 And he went to the other son and said the same. And he answered, 'I
go, sir,' but did not go. 31 Which of the two did the will of his father?"
They said, "The first." Jesus said to them, "Truly, I say to you, the tax

collectors and the prostitutes go into the kingdom of God before you.
32 For John came to you in the way of righteousness, and you did not
believe him, but the tax collectors and the prostitutes believed him. And
even when you saw it, you did not afterward change your minds and
believe him.

33 다른 한 비유를 들으라 한 집 주인이 포도원을 만들어 산울타리로
두르고 거기에 즙 짜는 틀을 만들고 망대를 짓고 농부들에게 세로 주
고 타국에 갔더니 34 열매 거둘 때가 가까우매 그 열매를 받으려고 자
기 종들을 농부들에게 보내니 35 농부들이 종들을 잡아 하나는 심히
때리고 하나는 죽이고 하나는 돌로 쳤거늘 36 다시 다른 종들을 처음
보다 많이 보내니 그들에게도 그렇게 하였는지라 37 후에 자기 아들을
보내며 이르되 그들이 내 아들은 존대하리라 하였더니 38 농부들이 그
아들을 보고 서로 말하되 이는 상속자니 자 죽이고 그의 유산을 차지
하자 하고 39 이에 잡아 포도원 밖에 내쫓아 죽였느니라 40 그러면 포
도원 주인이 올 때에 그 농부들을 어떻게 하겠느냐 41 그들이 말하되
그 악한 자들을 진멸하고 포도원은 제 때에 열매를 바칠 만한 다른 농
부들에게 세로 줄지니이다

33 "Hear another parable. There was a master of a house who planted a
vineyard and put a fence around it and dug a winepress in it and built a
tower and leased it to tenants, and went into another country. 34 When
the season for fruit drew near, he sent his servants[1] to the tenants to
get his fruit. 35 And the tenants took his servants and beat one, killed
another, and stoned another. 36 Again he sent other servants, more than
the first. And they did the same to them. 37 Finally he sent his son to
them, saying, 'They will respect my son.' 38 But when the tenants saw
the son, they said to themselves, 'This is the heir. Come, let us kill

him and have his inheritance.' 39 And they took him and threw him
out of the vineyard and killed him. 40 When therefore the owner of
the vineyard comes, what will he do to those tenants?" 41 They said to
him, "He will put those wretches to a miserable death and let out the
vineyard to other tenants who will give him the fruits in their seasons."

42 예수께서 이르시되 너희가 성경에 건축자들이 버린 돌이 모퉁이의
머릿돌이 되었나니 이것은 주로 말미암아 된 것이요 우리 눈에 기이
하도다 함을 읽어 본 일이 없느냐 43 그러므로 내가 너희에게 이르노
니 하나님의 나라를 너희는 빼앗기고 그 나라의 열매 맺는 백성이 받
으리라 44 이 돌 위에 떨어지는 자는 깨지겠고 이 돌이 사람 위에 떨어
지면 그를 가루로 만들어 흩으리라 하시니

42 Jesus said to them, "Have you never read in the Scriptures:

"'The stone that the builders rejected
    has become the cornerstone;[2]
this was the Lord's doing,
    and it is marvelous in our eyes'?

43 Therefore I tell you, the kingdom of God will be taken away from
you and given to a people producing its fruits. 44 And the one who falls
on this stone will be broken to pieces; and when it falls on anyone, it
will crush him."[3]

45 대제사장들과 바리새인들이 예수의 비유를 듣고 자기들을 가리켜
말씀하심인 줄 알고 46 잡고자 하나 무리를 무서워하니 이는 그들이
예수를 선지자로 앎이었더라

45 When the chief priests and the Pharisees heard his parables, they
perceived that he was speaking about them. 46 And although they were

21장

seeking to arrest him, they feared the crowds, because they held him to be a prophet.

1 Or *bondservants*; also verses 35, 36 *2* Greek *the head of the corner* *3* Some manuscripts omit verse 44

단락 개관

예수님과 이스라엘 지도자들 간 충돌의 절정은 몇 단계를 거친다. 예수님의 예루살렘 입성으로 시작되어, 그분이 성전을 심판하실 때 악화되고, 성전 구역에서 권세자들과 논쟁하실 때 강화되며, 그분의 넘겨짐, 재판, 십자가 죽음으로 끝난다. 성전 심판 이후, 성전의 권세자들은 예수님께 "무슨 권위로" 이 구역에서 행동하느냐고 묻는다. 예수님은 대답을 거부하면서도 비유들을 통해 완곡하게 그 접촉을 이어가신다.

첫 번째 비유는 제사장들과 장로들을, 아버지를 위해 일하겠다고 약속하지만 아무것도 하지 않는 아들에 비유한다. 두 번째 비유는 제사장들과 장로들을, 세를 내지 않으려 하는 소작농들에 비유한다. 그들은 주인의 사절들을 모욕하고 죽이고 마침내 감히 아들까지 죽여서 주인을 진노하게 만든다. 청중은 그들이 그렇게 했으므로 죽어 마땅하다고 주장한다. 예수님이 교훈을 자세히 설명하신다. "하나님의 나라를 너희는 빼앗기고 그 나라의 열매 맺는 백성이 받으리라"(마 21:43). 예수님이 바로 그들에 대해 말씀하신다는 것을 알아채자, 지도자들은 회개하는 대신 그분을 잡으려고 마음먹는다(45-46절).

단락 개요

VII. 예루살렘에서 일어난 갈등과 가르침(21:1-23:39)
B. 예수님이 비유를 통해 유대 지도자들과 맞서시다(21:28-22:14)
1. 두 아들 비유(21:28-32)
2. 악한 포도원 농부 비유(21:33-46)

두 비유 모두 메시아를 거부하는 유대 지도자들을 책망한다. 궁극적으로 그 비유들은 하나님의 아들을 거부하는 누구에게든 주어지는 경고다. 세부 내용들이 상당히 다르기는 하지만, 두 비유는 구조적인 유사성을 보인다. 각각의 비유에 권위를 가진 남자, 즉 상당한 보유 자산을 가진 아버지 혹은 농장주가 있다. 그 권위 있는 인물은 타당한 근거가 있는 행동을 시작한다. 아버지는 두 아들을 일하도록 보내고, 지주는 포도원을 만든 다음 소작농들로부터 세를 받으려 한다. 두 비유 모두, 아들이든 소작농이든 주인의 기대에 미치지 못한다. 첫 번째 비유에서 불순종하는 아들은 인정받지 못하고, 두 번째 비유에서 악한 소작농은 벌을 받는다.

주석

21:28-32 첫 번째 비유는 명료하다.[359] (ESV에서는 첫 번째 아들이 거부한 다음 마음을 바꾸어 순종하고 다른 아들이 가겠다고 하고 가지 않지만, 개역개정에서는 그 반대

359 이는 ESV가, 세 가지 널리 입증된 형태가 있는 마태복음 21:29-31의 헬라어 본문을 정확하게 풀었다고 전제한다. 참고. Metzger, *Textual Commentary*, 55-56.

다. 번역은 개역개정에 맞추었다-옮긴이 주) 예수님은 제사장들과 장로들에게 한 아버지와 두 아들을 평가하라고 요구하신다. 한 아들은 포도원에서 일하라는 아버지의 말에 "아버지 가겠나이다"라고 말하지만 아무것도 하지 않는다. 그러나 당시 모든 관습과는 반대로, 다른 아들은 아버지의 포도원에서 일하기를 단호히 거부하지만 이후에 뉘우치고 간다. 그렇다면 "누가 아버지의 뜻대로 하였느냐"(28-31절). 답은 분명하다. 행동이 말보다 중요하고, 행실이 약속보다 중요하기 때문이다.

교훈은 해석하기 쉽다. 순종을 거부한 다음 뉘우친 아들은, 하나님을 거부했지만 그 다음 믿은 모든 사람을 나타낸다. 이는 회개한 이스라엘 자손이나 회개한 이방인, 혹은 둘 다를 가리킬 수 있다. 일하겠다고 했지만 그렇게 하지 않은 아들은 이스라엘의 종교 지도자들을 상징한다.[360] 그 지도자들은 기꺼이 섬기려는 듯 보였지만, 예수님이 오셨을 때 그분을 거부하고 하나님을 섬기겠다는 약속을 어겼다.

예수님은 "세리들과 창녀들이 너희보다 먼저 하나님의 나라에" (바로 그 때) 들어간다고 결론 내리신다(31절). 세리와 창녀라는 범주는 오늘날보다 그 당시에 더 부정적으로 들렸다. 세리는 자기 민족을 배반하여 부자가 되었고, 창녀는 끊임없이 계속되는 죄 가운데서 살았다. 둘 다 만성적인 죄를 상징한다. 그러나 이 버림받은 이들이 회개하고 믿어 하나님 나라에 들어간다.

지도자들의 실패는 그들이 요한의 증언도 받았기 때문에 더 나쁘다. 그들은 그를 믿지 않았다. 그가 그들의 관심을 끌었을 "의의 도로" 왔음에도 말이다(32절). 그들은 죄인들이 요한의 메시지를 믿는 것을 보았을 때도 흔들리지 않았다. 비난받을 만하게도 그렇게 했다.

360 첫 독자들은 아마, 처음에는 거부하지만 나중에 간 아들을 작은아들과 연관시켜 생각하고, 두 번째 아들을 큰아들과 연관시켜 생각했을 것이다. 일반적인 전제에 따르면, 작은아들들은 나약하고 반항하는 반면, 큰아들은 세상을 많이 알고 정통적이고 위선적일 수 있다. Derrett, *Law in the New Testament*, 116-119.

21:33-46 두 번째 비유는 이사야 5장 그리고 (아마도) 시편 80편을 기반으로 한 것 같다. 이사야는 한 예언자의 시각에서 이스라엘 역사를 이야기한다. 처음에 하나님은 이스라엘을 잘 준비된 포도원으로 대변되는 삶으로 부르셨다. 그분은 그분의 나라에 필요한 모든 것을 주셨지만 그 나라는 들포도만 맺었다. 그래서 주인은 그 포도원이 황폐해지도록 내버려둔다(사 5:1-7).

예수님의 비유에서 잘 준비된 포도원은 하나님께서 이스라엘에게 주신 것들을 나타내고, 이야기의 나머지 부분은 이스라엘의 반응을 묘사한다. 땅, 산울타리, 즙 짜는 틀, 망대가 있다는 것은 농장에 필요한 것은 다 있는 것이다(마 21:33). 실제 세상에서 여호와는 이스라엘을 애굽에서 구했을 뿐만 아니라 그들에게 언약, 율법, 땅, 사랑은 물론 그들을 보호하고 가르치는 왕과 예언자들도 주셨다. 그들은 필요한 모든 것을 가졌다.

이 비유는 세 공관복음에서 모두 같은 위치에 나온다(마태복음에만 두 아들의 비유가 있다). 그 비유들은 여러 작은 차이를 보이지만, 세 가지가 중요해 보인다. 첫째, 마태복음과 누가복음에서는 소작농들이 포도원에서 아들을 내친 다음 죽이는 반면, 마가복음에서는 그 순서가 뒤바뀐다. 따라서 마태복음과 누가복음에서는 상속자를 죽이기 전에 그의 재산을 빼앗는다. 둘째, 마태복음 21:40-41에서는 이스라엘 지도자들이 그들 자신에게 심판을 선언한다. 셋째, 마태만이 이스라엘 지도자들을 향한 예수님의 말씀을 기록한다. "그러므로 내가 너희에게 이르노니 하나님의 나라를 너희는 빼앗기고 그 나라의 열매 맺는 백성이 받으리라"(43절). 각 경우마다 마태의 기사는 이스라엘 지도자들의 책임과 그들이 받는 벌이 정당하다는 것을 강조한다.

비유에서 주인은 울타리, 즙 짜는 틀, 망대로 포도원을 세우고 그것을 신뢰받는 소작농들에게 세로 주고 떠난다(33절). 세는 수확의 일부분이었을 텐데, 몇 년이 지나자 수확은 곧 풍성해졌다. 주인은 법에 따라 세를 거두기 위해 대리인들을 보내서 그의 지분과 소유권을 확인한다(34절). 비유는 소작농들이 내야 할 것을 내지 않으려 했다고 명시하지는 않지만, 주인의

21장

사절들에게 폭력을 행사한 것을 보건대 그렇게 추정된다. 주인의 종들이 오자, 그들은 "하나는 심히 때리고 하나는 죽이고 하나는 돌로 쳤[다]"(35절). 주인은 처음보다 더 많은 종을 보내지만, 소작농들은 이전처럼 "그렇게" 한다(36절).

이 지점에서 이야기는 신빙성을 버리고 알레고리로 옮겨간다. 실제 주인은 아들을 그런 위험 속으로 보내지 않을 것이기 때문이다. 비유에서 주인은 "그들이 내 아들은 존대하리라"(37절)라고 생각하고 아들을 보낸다. 슬프게도 그들은 아들을 보고도 재고하지 않는다. "이는 상속자니 자 죽이고 그의 유산을 차지하자"(38절)라고 말하며 서로 폭력을 선동한다. 이는 모든 법, 모든 형태의 예의와 상식을 위반하는 너무나 충격적인 행동이다. "자"[듀테(*deute*)]는 권고의 의미다("Come on!"). 이 악한 사람들은 악을 행하도록 서로를 부추긴 다음, 그것을 결정하고 계획한 뒤, 상속자의 재산을 빼앗고 죽임으로써 실행한다(참고. 롬 1:32). 이 지점까지 주인은 놀라운 인내를 보이지만, 소작농들은 거기서 잘못된 교훈을 끌어낸다. 이제 곧 주인이 올 것이다. 예수님이 물으신다. "포도원 주인이 올 때에 그 농부들을 어떻게 하겠느냐?"

여기서 예수님의 비유 이야기가 끝나고 그분의 해석이 시작되므로, 우리의 해석도 시작될 것이다. 비유에는 알레고리적 요소가 있다. 주인은 하나님을 나타내고, 소작농은 이스라엘의 지도자들이나 가장 심각했을 때의 이스라엘을 나타낸다. 종은 예언자를, 아들은 하나님의 아들 예수님을 나타낸다.

이야기는 이스라엘의 역사를 개괄한다. 하나님께서 새로운 나라를 세우고 그들에게 필수적인 모든 것을 공급하셨다. 그러나 그분이 의의 열매를 거두기 위해 종들, 즉 예언자들을 보내셨을 때 그들은 그 예언자들을 학대하고 죽였다. 그 다음 이야기는 돌아봄에서 내다봄으로 이동한다. 예수님이 비유에서 예고하시듯이, 이스라엘 지도자들은 먼저 하나님께서 사랑하시는 아들이자 상속자인 예수님을 내치고 죽인다. 이는 그들이 곧 예수님을 어떻게 처리할지를 두 가지로 보여준다. 그들은 예수님을 신성모독으로 기소(마 26:65)하고 그 도성에서 추방할 것이다. 농부들은 그 아들을 내칠 때 자신들이 포도원을 장악했다고 주장한다. 이는 제사장들이 예수님께 누가 그들의 성전에서 행동할 권위를 주었냐고 질문하는 순간과 비슷하다. 이스라엘 지도자들은 곧 그 비유가 예언한 대로 행동하여, 하나님의 아들을 죽임으로써 그들의 반역을 위기 국면에 이르게 할 것이다.

비유로 돌아와서, 우리는 그 소작농들이 상속자가 죽으면 포도원 관할권을 가질 수 있다고 상상하는 모습을 본다. 그러나 주인은 단호하게 무력으로 소작농들과 맞선다. 예수님은 그 지도자들이 결론을 끌어내게 하신다. "그러면 포도원 주인이 올 때에 그 농부들을 어떻게 하겠느냐"(마 21:40). 그들은 그 이야기에 휘말려 스스로에게 유죄 판결을 내린다. "그 악한 자들을 진멸하고[361] 포도원은…다른 농부들에게 세로 줄지니이다"(41절). 이곳에서 예수님은 그분이 성전의 문을 닫고 무화과나무를 저주하셨을 때 이미 '보여주셨던' 것을 '말씀하신다.' 곧 심판이 임한다는 것이다.

지도자들은 올바른 결론을 끌어내지만, 이론에서 실천으로 옮겨가는 데는 실패한다. 그래서 다시 예수님이 "읽어본 일이 없느냐"(42절)라고 질문하신다. 다른 말로 바꾸면 이렇다. "이해가 안 되느냐? '너희가' '너희의' 비참한 최후를 예언한 성경을 성취하고 있음을 보지 못하느냐?"

예수님은 이렇게 결론 내리신다. "건축자들이 버린 돌이 모퉁이의 머릿돌이 되었나니 이것은 주로 말미암아 된 것이요 우리 눈에 기이하도다"(42절, 시 118:22-23 인용). 이는 석공이 머릿돌에 적합한 모양과 무게를 가진 돌을 찾아 커다란 돌무더기를 뒤지는 이미지다. 건축자들은 돌을 하나하나 검토한 다음, 결국 그들이 사용했어야 하는 돌을 버린다.

이 이미지는 서구 문화에는 낯설다. 그들은 오히려 과즙이 풍부한 과일은 무시하고 대신 썩은 과일을 고르는 것을 생각할 수 있다. "머릿돌"[케팔레 고니아(*kephalē gōnia*)] 역시 수수께끼다. 이는 기초가 되는 머릿돌을 의미하

361 번역은 21:41의 드문 표현을 조금 모호하게 만든다. 지도자들은 주인이 카쿠스 카코스(*kakous kakōs*)를 멸할 것이라고 말한다. 문자적으로 이는 그가 악한 자들을 악하게 멸할 것이라는 의미다.

거나, 아치의 둥근 부분을 연결하는 갓돌을 의미할 수 있다. 사람 위에 떨어질 수 있으므로 갓돌을 암시하는 듯 보이고, 사람들이 거기에 걸려 넘어질 수 있으므로 머릿돌을 떠오르게도 한다(마 21:44). 확실한 것은 알 수 없고, 증거가 "머릿돌"을 지지하지만 어느 쪽이든 그것은 중요한 돌이다. 건축자들은 분명 꼭 맞는 돌, 그들이 거부한 돌이 그들을 으스러뜨릴 때 자신의 무능함에 대한 대가를 치를 것이다.

비유가 말하듯이, 이스라엘 지도자들은 예수님이 메시아일 수 있을지 점검한다. 그러나 그들은 아니라고 결론 내린다. 그는 죄인이다. 그러나 무리를 끌어들이니 위험하다. 또 그들의 지도력을 위협하기도 하므로, 그들은 그가 죽어야 한다고 결의한다.

"건축자들이 버린 돌이 모퉁이의 머릿돌이 되었나니"는 시편 118:22을 인용한 것인데, 그 시편은 역경에 직면하여 하나님의 변함없는 사랑과 도우심을 찬양하는 시다. 이는 아마도 다윗과 연관된 왕의 시편으로 보인다. 저자는 필요와 거부를 안다. 하나님께서 이전에 임하셨지만 다시 여호와가 필요하다(시 118:10-25). 인용은 적절하다. 예수님이 거부당하셨으므로 곧 임할 아버지의 구원이 필요하기 때문이다.

한편, 예수님의 적들은 심판을 받을 것이다. "하나님의 나라를 너희는 빼앗기고 그 나라의 열매 맺는 백성이 받으리라"(43절). 유대 지도자들은 언약에 관련한 책무를 잃을 것이다. 이스라엘 지도자들이 예수님을 죽이는 일을 주도했음을 지적하는 것은 반유대주의가 아니다. 복음서에서 거의 모든 역할이 유대인에게 주어진다. 예수님을 거부하는 이스라엘 자손은 그 나라를 빼앗기고, 그 나라는 유대인 사도들에게 그리고 유대인과 이방인들로 구성된 교회에 주어진다.

드디어 제사장들과 바리새인들이 예수님이 "자기들을 가리켜 말씀하심"(45절)인 줄을 깨닫는다. 그들은 자신들의 지위를 지키기 위해 예수님을 체포하고자 하지만, 그분이 무리에게 인기가 있다는 점이 방해가 된다. 하지만 이 단락에는 희미한 소망의 빛이 있다. 무리는 아직 "예수를 선지자로" 알고 있다(46절). 나아가 시편 118편의 인용은, 예수님이 하나님 집의 머릿돌로 인식되고 장차 인식될 것임을 상기시킨다. 시편 118편이 말하듯이, 하나님의 사랑은 "영원하다"(시 118:4, 29). 역설적으로, 이 돌을 거부한 것 그리고 그 다음 받아들인 것이 이스라엘의 소망이 된다. 예수님을 거부한 일이, 이스라엘을 향한 하나님의 복을 세상에 베푸는 하나님 나라를 시작하게 한다. 이는 로마서에서 뚜렷이 보인다. 거기서 바울은 하나님께서 이전에 이스라엘에게 하신 수많은 약속을 인용하고, 그것들이 이제 예수님에 대한 믿음을 통해 교회의 것이 된다고 선언한다. 예를 들어, 로마서 4:1-8에서 바울은 믿음으로 의롭게 됨(창 15:6)과 죄 사함(시 32편)을 제시한다. 또 로마서 5:1-5에서는 하나님과의 화평(사 32:17; 53:5), 환난 가운데 소망(시 23:6; 25:20), 성령의 선물(욜 2:28-29)을 약속한다.

응답

두 아들의 비유는 두 가지 교훈을 준다. 첫째, 누구든 회개하고 믿고 그 나라에 들어갈 수 있다. 둘째, "하겠습니다" 혹은 "믿습니다"라고 '말하는 것'으로는 절대 충분하지 않다. 말만으로 구원받을 수 있는가? 그렇지 않다. 말과 행동으로 믿음을 행사해야 하나님의 은혜를 받고 그분의 평화 가운데 거한다. 중요한 것은 실천하는 헌신이다(갈 6:15; 고전 7:19). 모든 종교 조직에 신자인 척하는 사람과 위선자가 있다. 그들의 영적 상태가 인간에게는 보이지 않을지 모르지만 하나님은 그들을 아신다. 그분은 그들에게 회개 혹은 심판을 제안하신다. 독자들은 각자 질문해야 한다. "나는 어떤 아들인가? 그저 아버지를 위해 일하겠다고 말만 하는가, 아니면 실제로 그 일을 하는가?"

21장

포도원 비유는 신학을 말하고, 경고하고, 충고한다. 이 비유는 예수님이 사람들에게 거부당하지만 아버지께서 높이신, 하나님의 상속자인 그 아들이라고 가르친다. 비유는 모든 사람에게 예수님에 대해 검토하고 그분을 인정하라고, 그분의 포도원/나라에서 신실하게 살든 아니면 그분의 진노에 직면하라고 요청한다.

이 비유가 경고인 까닭은, 예수님에 대해 검토하고 나서 그분을 거부하고, 회개하라는 부르심을 무시하고, 할 수만 있다면 그분을 죽이는 것이 최선이라고 판단한 사람들을 보여주기 때문이다(참고. 마 21:45-46). 또 이 비유가 충고인 까닭은, 주인은 우리가 열매를 맺도록 필요한 모든 것을 제공했다고 말하기 때문이다. 그런데 열매가 없다면 우리는 하나님 참된 가족이 아니므로 그 특권을 빼앗길 것이다(7:17-20; 21:43).

이 비유가 충고인 또 다른 이유는, 모든 사람이 예수님을, 하나님께서 인류에게 복을 주시는 근거로 보도록 인도하기 때문이다. 비유는 모든 독자에게 이렇게 질문한다. "당신은 예수님이 누구인지 아는가? 그분은 당신의 머릿돌인가? 당신은 그분을 위해 살고 열매를 맺는, 국경 없는 나라에 속해 있는가? 당신은 그분이 마땅히 찾으시는 열매를 드리는가?" 마지막으로, 이 비유는 내부자들이 하나님의 음성을 듣지 못할 수 있음을 보여준다. 그럼에도 두 비유는 회개를 요청한다. 아들들도 회개할 수 있고, 소외받는 자들도 하나님이 받으실 만한 영적 열매를 드릴 수 있다.

1 예수께서 다시 비유로 대답하여 이르시되 2 천국은 마치 자기 아들
을 위하여 혼인 잔치를 베푼 어떤 임금과 같으니 3 그 종들을 보내어
그 청한 사람들을 혼인 잔치에 오라 하였더니 오기를 싫어하거늘 4 다
시 다른 종들을 보내며 이르되 청한 사람들에게 이르기를 내가 오찬
을 준비하되 나의 소와 살진 짐승을 잡고 모든 것을 갖추었으니 혼인
잔치에 오소서 하라 하였더니 5 그들이 돌아보지도 않고 한 사람은 자
기 밭으로, 한 사람은 자기 사업하러 가고 6 그 남은 자들은 종들을 잡
아 모욕하고 죽이니 7 임금이 노하여 군대를 보내어 그 살인한 자들을
진멸하고 그 동네를 불사르고 8 이에 종들에게 이르되 혼인 잔치는 준
비되었으나 청한 사람들은 합당하지 아니하니 9 네거리 길에 가서 사
람을 만나는 대로 혼인 잔치에 청하여 오라 한대 10 종들이 길에 나가
악한 자나 선한 자나 만나는 대로 모두 데려오니 혼인 잔치에 손님들
이 가득한지라

1 And again Jesus spoke to them in parables, saying, 2 "The kingdom
of heaven may be compared to a king who gave a wedding feast for
his son, 3 and sent his servants[1] to call those who were invited to the

wedding feast, but they would not come. 4 Again he sent other servants,
saying, 'Tell those who are invited, "See, I have prepared my dinner,
my oxen and my fat calves have been slaughtered, and everything is
ready. Come to the wedding feast."' 5 But they paid no attention and
went off, one to his farm, another to his business, 6 while the rest seized
his servants, treated them shamefully, and killed them. 7 The king was
angry, and he sent his troops and destroyed those murderers and burned
their city. 8 Then he said to his servants, 'The wedding feast is ready,
but those invited were not worthy. 9 Go therefore to the main roads and
invite to the wedding feast as many as you find.' 10 And those servants
went out into the roads and gathered all whom they found, both bad and
good. So the wedding hall was filled with guests.

11 임금이 손님들을 보러 들어올새 거기서 예복을 입지 않은 한 사람
을 보고 12 이르되 친구여 어찌하여 예복을 입지 않고 여기 들어왔느
냐 하니 그가 아무 말도 못하거늘 13 임금이 사환들에게 말하되 그 손
발을 묶어 바깥 어두운 데에 내던지라 거기서 슬피 울며 이를 갈게 되
리라 하니라 14 청함을 받은 자는 많되 택함을 입은 자는 적으니라
11 "But when the king came in to look at the guests, he saw there a man
who had no wedding garment. 12 And he said to him, 'Friend, how did
you get in here without a wedding garment?' And he was speechless.
13 Then the king said to the attendants, 'Bind him hand and foot and
cast him into the outer darkness. In that place there will be weeping and
gnashing of teeth.' 14 For many are called, but few are chosen."

1 Or *bondservants*; also verses 4, 6, 8, 10

단락 개관

예수님이 대중의 환호를 받으며 예루살렘에 들어가고 뒤이어 성전과 그곳 지도자들을 심판하시자, 지도자들은 그분께 이의를 제기한다. 그분을 찬양하는 어린이들을 잠잠하게 하라고 말하고, 그분이 무슨 권위로 행동하는지 묻는다. 예수님은 그것이 그분의 사명에 대한 보다 광범위한 거부의 표지임을 인지하고, 세 가지 비유로 답하신다.[362] 악한 소작농 비유와 왕의 혼인 잔치 비유는 서로 닮았다. 둘 다 종이나 백성들에게 학대 혹은 거절당하는 지도자(주인 혹은 왕)가 등장한다. 백성들은 주인의 아들을 죽이거나 수치를 주고, 주인/왕은 범법자들을 죽인다. 그들의 죽음은 특권의 상실, 즉 하나님의 포도원 안에 있는 집 혹은 하나님의 잔치에 마련된 자리의 상실을 나타낸다. 두 번 다 한 그룹의 실패는 다른 그룹에게 기회를 준다. 그들이 포도원을 얻거나 잔치에 참여할 것이다.

혼인 잔치 비유는 누가복음의 큰 잔치 비유(눅 14:12-24)와도 비슷하다. 그 비유들은 본질적인 것을 건드린다. 잔치가 준비되고 손님을 초청하지만, 손님들이 마지막 순간에 축하의 기회를 걷어찬다. 주인은 잔치가 계속될 수 있도록, 소외받는 자들을 부르기 위해 종들을 보낸다. 그러나 두 비유는 배경과 대부분의 세부 사항들에서 갈라진다. 예를 들어 주인은 "어떤 사람"인가, 왕인가? 식사는 저녁 식사인가, 혼인 잔치인가? 초대받은 손님들은 변명을 하는가, 폭력적으로 변하는가? 원래의 손님들은 조용히 사라지는가, 멸망당하는가? 예수님은 순회 교사였으므로, 아마도 여러 기회에 같은 중요한 비유를 그 순간에 맞게 개작하여 전하셨을 것이다.

362 마 22:1의 헬라어는 "대답하시며 예수님이 다시 말씀하셨다"로 시작한다.

단락 개요

Ⅶ. 예루살렘에서 일어난 갈등과 가르침(21:1-23:39)

B. 예수님이 비유를 통해 유대 지도자들과 맞서시다(21:28-22:14)

3. 혼인 잔치 비유(22:1-14)

비유에서 왕은 아들을 위해 혼인 잔치를 연다. 첫 번째 부분에서 왕은 초대장을 보내지만, 초대받은 손님들이 잔치에 참석하려 하지 않음으로써, 그 다음 두 번째 초청도 거부함으로써, 그리고 마지막으로 왕의 전령들을 학대하고 모욕하고 죽임으로써 규범을 위반한다(마 22:2-6). 두 번째 부분에서는 왕이 대응한다. 그는 살인자들을 죽이고 그들의 도성을 불사른 다음, 종들에게 명하여 "악한 자나 선한 자"를 만나는 대로 모으고 혼인 잔치 자리를 채우라고 말한다(7-10절). 세 번째 부분에서, 왕은 적절하지 못한 옷을 입고 혼인 잔치에 참석한, 새로운 손님 중 한 사람에게 다가가 말을 건다. 그 사람은 자기 방어를 하지 못하고, 왕은 그를 쫓아낸다(11-13절). 예수님은 "청함을 받은 자는 많되 택함을 받은 자는 적으니라"(14절)라고 결론 내리신다.

주석

22:1-14 예수님은 천국을 혼인 잔치에 비유하신다. 그러나 그 비유가 그 나라를 정의하지는 않는다. 오히려 예수님의 상황에 맞는 그 나라의 여러 측면들을 묘사한다. 그 나라가 임했고, 그 나라는 아들을 위해 혼인 잔치를 준비하는 왕에 비유된다. 지금처럼 그때도 행사 이전에 초대장이 있었고

손님들은 참석을 약속했다. 그러므로 왕은 이미 손님들을 초청했다. 왕의 종들이 흩어져 시간이 되었다고 말할 때 그들은 그 초청을 받아들인 상태였다. 그런데 이상하게도 손님들이 "오기를 싫어[했다]"(3절). 이러한 무례함은 결혼 축하와 관련한 모든 규범을 어기는 일이다. 그럼에도 왕은 참을성 있게 종들을 더 보내서 호화로운 식사를 묘사하면서 다시 초청한다. 저녁은 시작일 뿐이다[4절, 그런데 아리스톤(*ariston*)이라는 단어는 보통 아침이나 점심 만찬을 뜻함, 개역개정은 "오찬"]. 왕실 혼인 잔치는 며칠 동안 계속되기도 했다.

몇몇 손님은 "돌아보지도 않고", 아무 일도 없었다는 듯 일상적인 농사와 장사에 전념한다(5절). 다른 손님들은 적대적이다. 그들은 "종들을 잡아 모욕하고 죽[인다]"(6절).[363] 왕은 그의 위엄을 무시한 것은 물론 그들의 무분별한 폭력에 격분한다. 종합해 보면 그 행동들은 반역을 의미한다. 왕의 진노는 행동으로 이어진다. 그는 "군대를 보내어 그 살인한 자들을 진멸하고 그 동네를 불사[른다]"(7절).

비유는 무언가를 상징한다. 앞에서, 특히 13:18-23, 13:36-43, 18:21-35에서 언급했듯이, 예수님은 청중이 그 비유들을 해석하도록 직접 가르치신다. 그 왕은 하나님 아버지를 나타낸다. 아들은 예수님, 왕의 아들이자 신랑을 나타낸다(참고. 9:15; 25:1-10; 엡 5:31-32). 혼인 잔치는 메시아의 잔치다(사 25:6). 무관심한 손님은, 예수님과 그분이 선언하신 그 나라를 무시하는 수많은 이스라엘 자손을 나타낸다. 요한복음 1:11이 말하듯이, "자기 땅에 오매 자기 백성이 영접하지 아니하였[다]." 그러나 그 이상이 있다. 적대적인 초대 손님들은, 예수님을 미워하여 죽이려고 음모를 꾸민 유대 지도자들을 나타낸다(마 21:15; 22:15; 26:3-4). 따라서 이 비유는 예수님에 대한 거부, 어떤 점에서는 실망스럽고 다른 점에서는 잔인무도한 거부를 묘사한다.

이러한 의견에 대해 학자들은 대부분 동의하지만, 일부는 왕의 폭력이

363 "모욕하고"는 휘브리조(*hybrizō*)의 번역으로, 학대와 무례 둘 다를 암시하거나 난폭한 인격적인 무시를 암시한다.

혐오스럽다고 본다. 얀 램브레히트(Jan Lambrecht)는 "이러한 충격적인 특징들에 항의할" 수밖에 없다고 쓴다.[364] 심지어 복음주의자인 하워드 마샬(I. Howard Marshall)도 비유들에 나오는 가혹한 심판 장면에 당혹스러움을 표한다. "예수님이 말씀하신 수많은 비유에서, 주인공이 자격 없는 종들에게 끔찍한 형을 선고한다."[365] 마리안 블리컨스태프(Marianne Blickenstaff)는 폭력적인 결말을 보고 그 비유를 급진적으로 재해석한다. 22:11에서 적절하지 않은 옷을 입은 사람은 용맹스럽게 폭군에 저항하고 나서, 하나님을 믿기 때문에 계속 잠잠히 있다(10:17-20).[366]

이 해석자들은 하나님의 진노에 대한 묘사보다는 하나님의 진노 자체를 반대하는 것일지도 모른다. 사실 예수님의 이미지는 율법과 예언서에 흔한 심판 표현에 많이 의지하고 있다(신 13:12-16; 렘 34:1, 22; 37:8-10; 암 1:4, 12). 역사적으로, 왕들은 반역하는 도성들을 정복하거나 간혹 그곳을 불태우기 위해 군대를 보냈다(Josephus, *Jewish Wars* 6.249-266). 신학적으로, 그 비유는 죄, 특히 이스라엘의 반역에 대한 하나님의 진노를 묘사한다. 하나님은 죄에 대해 정당한 분노를 발하시고, 이는 성경에서 지울 수 없는 주제다. 모든 "경건하지 않음과 불의"가 하나님의 진노를 불타게 하지만(롬 1:18), 이곳에서 하나님의 계시를 거부한 것은 특히 분노할 일이다(사 5:24-25). 회개하지 않는 죄인들은 하나님의 진노를 경험한다(출 32:11; 대하 24:18; 스 8:22; 시 59:13; 78:59; 렘 7:20; 롬 1:18; 12:19; 엡 5:6; 계 14:10).

그러나 비유는 진노와 함께 자비도 보여준다. 왕은 자격 없는 반역자들

364 Jan Lambrecht, *Out of the Treasure: The Parables in the Gospel of Matthew* (Louvain: Peeters, 1991), 128. Lambrecht는 그 끔찍한 특성을, 예수님이 말씀하신 비유 자체가 아니라 마태의 비유 해석 탓으로 본다. 참고. 129-136.

365 I. Howard Marshall, *Beyond the Bible: Moving from Scripture to Theology* (Grand Rapids, MI: Baker Academic, 2004), 66-67. 참고. 24:36-51에 대한 응답 단락에 나오는, Marshall과 지옥에 관한 언급.

366 Marianne Blickenstaff, *'While the Bridegroom Is with Them': Marriage, Family, Gender and Violence in the Gospel of Matthew* (London: T&T Clark, 2005), 46-77. Blickenstaff는 현명하게 자신의 해석을 "나의 견해"라 칭하고, 자신이 가장 명백한 해석에 저항하고 있다고 언급한다.

을 처리하지만, 잔치는 여전히 준비된 상태다(마 22:8). 그는 종들을 보내면서 "네거리 길에 가서 사람을 만나는 대로 혼인 잔치에 청하여 오라"(9절)라고 명한다. 그들이 순종하여 많은 "악한 자나 선한 자"를 모은 결과 "혼인 잔치"에 손님이 "가득[하다]"(10절). 다시 한 번, 독자들이 이전 비유들의 해설을 따르면 이야기는 쉽게 해석된다. 하나님께서 종들을 보내서 그분의 관심 밖에 있는 듯한 모든 사람, 즉 죄악된 이스라엘 자손, 이방인, 왕과는 동떨어진 사람들을 가리지 않고 초청하신다. "네거리 길"(ESV는 "main roads")은 많은 사람이 거주하는 모든 장소를 나타낸다. 이는 복음이 값없이 전해진다는 것을 나타내고, 잔치는 예수님이 새롭게 하신 세상에서 누리는 영원한 생명을 나타낸다.

하나님께서 "악한 자나 선한 자"를 모두 부르신다면, 그분의 초대는 조항이나 전제 조건이 없다. 잔치의 초대장을 '얻기 위해' 할 수 있는 일은 아무것도 없다. 바울의 용어로 말하자면, 하나님은 공적이나 자격증이나 혈통이 아니라 은혜로만, 믿음으로만, 그리스도 안에서만 구원하신다. 그러나 '전제 조건'이 없다 해도, 11-13절이 보여주듯이 그 나라의 삶에는 '요구 조건'이 있다. 혼인 잔치의 자리가 가득 차자, 왕이 손님들을 훑어보기[테아오마이(*theaomai*)] 시작하고, 적절한 "예복"(11절)을 입지 않은 한 사람을 바라본다. 왕은 그 사람에게 "어찌하여…여기 들어왔느냐"라고 질문한다. 대답하지 못한 채 말없이 서 있는 그를 왕의 사환들이 바깥 어두운 데로 내던진다. 그는 거기서 슬피 울며 이를 갈 것이다(어두운 데, 슬피 우는 것, 이를 가는 것에 대해서는 참고. 8:5-13 주석).

거리에서 막 들어온 사람에게 어떻게 예복을 기대할 수 있느냐고 질문할지 모르겠다. 그러나 해석자는 압축된 이야기에서 놓친 세부 사항들을 추적하는 대신 주된 요점에 주의를 기울여야 한다. 그 비유는 예수님의 주된 요점 가운데 하나를 다시 말한다. 그 나라는 전제 조건 없이 주어지는 선물이지만 그 나라의 삶은 요구가 많다는 것이다. 그 선물은 응답, 즉 의와 열매 맺음을 요구한다(마 5:20; 21:41, 43). 실제로 그 요소와 가장 비슷한 것이, 쌍둥이 비유가 나오는 누가복음 14장에 있다. 누가복음 14:16-24에서 그 비유 자체는 요구 사항을 언급하지 않지만, 그 다음 절들이 가장 강력한 표현으로 그것을 언급한다. 예수님이 그분을 따르는 자들에게 자기 십자가를 지고 자신이 가진 모든 것을 버리라고 하실 때 말이다(눅 14:25-33). 이 비유에서 그리고 바울서신과 요한계시록에서, 참된 제자는 합당한 옷을 입는다. 바울서신에서 그 옷은 그리스도의 의다. 요한계시록에서 그 옷은 개인적인 의, "성도들의 옳은 행실"(계 19:8)이다. 두 측면 다 필요하며, 첫 번째는 반드시 두 번째로 이어진다.

응답

하나님은 온갖 종류의 사람을 그분의 잔치에 초대하신다. 예수님 시대에는 하나님께서 이스라엘 자손들, 특히 종교적인 이들과 율법을 준수하는 이들을 부르셨음이 분명해 보였다. 그러나 예수님이 그 나라의 도래를 알리실 때 역전이 일어난다. 그 왕에게 우호적으로 보였던 지도자들과 율법을 준수하는 유대인들이 모든 관심을 거둔다. 그들은 '주의를 기울이지 않는다.' 더 나쁘게, 일부는 적대적이고 심지어 죽이려고까지 한다. 그러나 하나님은 전령들을 보내며 혼인 잔치에 계속 사람들을 초대하신다. 예수님이 첫 번째 전령이었고, 그 다음 열두 제자, 그 다음 복음을 전하는 수백만 명 이상의 사람들이다. 혼인 잔치는 오늘 그리고 영원히 하나님 나라의 한 장소를 나타낸다. 시대가 지나면서 정밀한 적용은 변한다 해도 그 비유는 그대로 유지된다.

오늘날 22:3-6에서 원래 초청받은 손님과 가장 유사한 이들은 종교적인 이스라엘 자손이 아니라, 그리스도인이라고 여기지만 얼마 지나지 않아 믿음에서 떠나는 명목상 그리스도인이다. 어떤 사람들은 그리스도인의 행동에서 실패들을 감지한다. 또 다른 이들은 윤리적이든 신학적이든 성경적인 가르침에 반대한다. 그리고 많은 이들이 제자도가 너무 힘들다는 것을 깨닫는다.

그럼에도 예수님의 사자들은 계속해서 그 나라의 좋은 소식을 널리 알리고, 역사가 입증하듯 가장 들을 것 같지 않은 사람들이 듣는다. 하나님 나라로 오라는 요청은 "네거리 길"(9절)에서 널리 알려진다. 그것은 잔치 자리가 가득 찰 때까지 "악한 자나 선한 자"(10절) 모두에게 전해진다. 여기서 필자는 문화적 변화에 직면한다. 독자들이 하나님의 정의와 자신의 죄에 대한 강한 의식을 가지고 있으면, 복음이 값없이 무조건적으로 주어지는 것을 당연히 믿기 어렵다. 사람들은 마땅히 의아해 한다. '왜 거룩하신 하나님께서 나같이 자격 없는 사람과 관계를 맺고 싶어 하시지?' 그러나 현대의 많은 사람이 스스로를 경탄할 만하고, 엄청나고, 평균 이상으로 훌륭하다고 인정하므로, 대부분 '하나님은 당연히 나를, 나조차도 놀라운 나를 원하시지'라고 생각한다. 그래서 복음이 값없이 주어지는 것이 더 이상 놀랍지 않아 보인다. 실제로 어떤 이들은 하나님께서 영원히 그들과 함께 보내기를 '원하지 않으신다면' 놀라움을 느낄 것이다. 그러나 이러한 문화적 시각에도 불구하고, 거룩하신 주님이 죄인들을 그분께로 초대하시는 것은 여전히 믿기 어려운 일이다.

하나님은 우리가 아주 선해서가 아니라 그분이 은혜롭기 때문에 우리를 부르신다. 그분은 조항이나 전제 조건 없이 "악한 자나 선한 자"를 모두 부르신다. 복음 초대장을 받기 위해 할 수 있는 일은 아무것도 없다. 하나님께서 은혜로만, 믿음으로만, 그리스도 안에서만 구원하신다. 그러나 진정한 믿음은 절대 따로 떨어져 있지 않다. 그것은 고귀한 성품과 선한 행동의 근원이기 때문이다.

15 이에 바리새인들이 가서 어떻게 하면 예수를 말의 올무에 걸리게
할까 상의하고 16 자기 제자들을 헤롯 당원들과 함께 예수께 보내어
말하되 선생님이여 우리가 아노니 당신은 참되시고 진리로 하나님의
도를 가르치시며 아무도 꺼리는 일이 없으시니 이는 사람을 외모로
보지 아니하심이니이다 17 그러면 당신의 생각에는 어떠한지 우리에
게 이르소서 가이사에게 세금을 바치는 것이 옳으니이까 옳지 아니하
니이까 하니 18 예수께서 그들의 악함을 아시고 이르시되 외식하는 자
들아 어찌하여 나를 시험하느냐 19 세금 낼 돈을 내게 보이라 하시니
[1)]데나리온 하나를 가져왔거늘 20 예수께서 말씀하시되 이 형상과 이
글이 누구의 것이냐 21 이르되 가이사의 것이니이다 이에 이르시되 그
런즉 가이사의 것은 가이사에게, 하나님의 것은 하나님께 바치라 하
시니 22 그들이 이 말씀을 듣고 놀랍게 여겨 예수를 떠나가니라

15 Then the Pharisees went and plotted how to entangle him in his
words. 16 And they sent their disciples to him, along with the Herodians,
saying, “Teacher, we know that you are true and teach the way of God
truthfully, and you do not care about anyone’s opinion, for you are not

swayed by appearances.[1] 17 Tell us, then, what you think. Is it lawful
to pay taxes to Caesar, or not?" 18 But Jesus, aware of their malice,
said, "Why put me to the test, you hypocrites? 19 Show me the coin for
the tax." And they brought him a denarius.[2] 20 And Jesus said to them,
"Whose likeness and inscription is this?" 21 They said, "Caesar's."
Then he said to them, "Therefore render to Caesar the things that are
Caesar's, and to God the things that are God's." 22 When they heard it,
they marveled. And they left him and went away.

23 부활이 없다 하는 사두개인들이 그날 예수께 와서 물어 이르되
24 선생님이여 모세가 일렀으되 사람이 만일 자식이 없이 죽으면 그
동생이 그 아내에게 장가들어 형을 위하여 상속자를 세울지니라 하였
나이다 25 우리 중에 칠 형제가 있었는데 맏이가 장가들었다가 죽어
상속자가 없으므로 그 아내를 그 동생에게 물려주고 26 그 둘째와 셋
째로 일곱째까지 그렇게 하다가 27 최후에 그 여자도 죽었나이다 28 그
런즉 그들이 다 그를 취하였으니 부활 때에 일곱 중의 누구의 아내가
되리이까

23 The same day Sadducees came to him, who say that there is no
resurrection, and they asked him a question, 24 saying, "Teacher, Moses
said, 'If a man dies having no children, his brother must marry the
widow and raise up offspring for his brother.' 25 Now there were seven
brothers among us. The first married and died, and having no offspring
left his wife to his brother. 26 So too the second and third, down to
the seventh. 27 After them all, the woman died. 28 In the resurrection,
therefore, of the seven, whose wife will she be? For they all had her."

29 예수께서 대답하여 이르시되 너희가 성경도, 하나님의 능력도 알지

못하는 고로 오해하였도다 30 부활 때에는 장가도 아니 가고 시집도
아니 가고 하늘에 있는 천사들과 같으니라 31 죽은 자의 부활을 논할
진대 하나님이 너희에게 말씀하신바 32 나는 아브라함의 하나님이요
이삭의 하나님이요 야곱의 하나님이로라 하신 것을 읽어보지 못하였
느냐 하나님은 죽은 자의 하나님이 아니요 살아 있는 자의 하나님이
시니라 하시니 33 무리가 듣고 그의 가르치심에 놀라더라
29 But Jesus answered them, "You are wrong, because you know neither
the Scriptures nor the power of God. 30 For in the resurrection they
neither marry nor are given in marriage, but are like angels in heaven.
31 And as for the resurrection of the dead, have you not read what was
said to you by God: 32 'I am the God of Abraham, and the God of Isaac,
and the God of Jacob'? He is not God of the dead, but of the living."
33 And when the crowd heard it, they were astonished at his teaching.

34 예수께서 사두개인들로 대답할 수 없게 하셨다 함을 바리새인들이
듣고 모였는데 35 그중의 한 율법사가 예수를 시험하여 묻되 36 선생
님 율법 중에서 어느 계명이 크니이까 37 예수께서 이르시되 네 마음
을 다하고 목숨을 다하고 뜻을 다하여 주 너의 하나님을 사랑하라 하
셨으니 38 이것이 크고 첫째 되는 계명이요 39 둘째도 그와 같으니 네
이웃을 네 자신같이 사랑하라 하셨으니 40 이 두 계명이 온 율법과 선
지자의 강령이니라
34 But when the Pharisees heard that he had silenced the Sadducees,
they gathered together. 35 And one of them, a lawyer, asked him a
question to test him. 36 "Teacher, which is the great commandment
in the Law?" 37 And he said to him, "You shall love the Lord your
God with all your heart and with all your soul and with all your mind.
38 This is the great and first commandment. 39 And a second is

like it: You shall love your neighbor as yourself. 40 On these two
commandments depend all the Law and the Prophets."

41 바리새인들이 모였을 때에 예수께서 그들에게 물으시되 42 너희는
그리스도에 대하여 어떻게 생각하느냐 누구의 자손이냐 대답하되 다
윗의 자손이니이다 43 이르시되 그러면 다윗이 성령에 감동되어 어찌
그리스도를 주라 칭하여 말하되

44 주께서 내 주께 이르시되 내가 네 원수를 네 발 아래에 둘 때까
지 내 우편에 앉아 있으라 하셨도다

하였느냐 45 다윗이 그리스도를 주라 칭하였은즉 어찌 그의 자손이 되
겠느냐 하시니 46 한 마디도 능히 대답하는 자가 없고 그날부터 감히
그에게 묻는 자도 없더라

41 Now while the Pharisees were gathered together, Jesus asked them a
question, 42 saying, "What do you think about the Christ? Whose son is
he?" They said to him, "The son of David." 43 He said to them, "How is
it then that David, in the Spirit, calls him Lord, saying,

44 "'The Lord said to my Lord,
"Sit at my right hand,
until I put your enemies under your feet"'?

45 If then David calls him Lord, how is he his son?" 46 And no one was
able to answer him a word, nor from that day did anyone dare to ask
him any more questions.

1) 은전의 명칭

1 Greek *for you do not look at people's faces* *2* A *denarius* was a day's wage for a laborer

단락 개관

요한은, 예수님이 나사로를 살리신 후 대제사장들과 바리새인들이 "모든 사람이 그를 믿을 것이요 그리고 로마인들이 와서 우리 땅과 민족을 빼앗아 가리라"라고 하며 걱정하는 모습을 기록한다. 그들이 결의한 해결책은 예수님을 죽이는 것이다(요 11:45-57). 그러나 무리는 예수님을 흠모하며 그분을 예언자라 판단한다. 마태복음 22:15-40에서 이스라엘 지도자들은, 예수님을 함정에 빠지게 하여 그 인기를 떨어뜨리거나(15-22절) 그분을 반대할 근거를 더 얻기 위해(23-40절) 예수님께 질문을 던진다.

마태는 예루살렘에서 일어난 예수님의 마지막 주 사건들을 몇 개의 단원으로 정리한다. 첫째, 예수님이 그 도성에 들어가서 성전을 심판하신다(마 21:1-27). 둘째, 예수님이 이스라엘의 상태를 진단하는 세 가지 비유를 말씀하신다(21:28-44). 대제사장들과 바리새인들은 그 비유들이 자신의 죄를 밝힌다는 것을 깨닫지만 회개하기보다는 예수님을 잡겠다고 결심한다(21:45-46). 먼저, 질문들로 "예수를…올무에 걸리게" 하려 한다(22:15-46).

단락 개요

Ⅶ. 예루살렘에서 일어난 갈등과 가르침(21:1-23:39)
- C. 유대 지도자들이 예수님께 질문하다(22:15-46)
  1. 가이사에게 내는 세금(22:15-22)
  2. 부활 때의 결혼 생활(22:23-33)
  3. 가장 큰 계명(22:34-40)
  4. 다윗의 자손(22:41-45)
  5. 결론: 침묵하는 질문자들(22:46)

마태복음 22:15-46은 적당한 길이로 이어지는 4개의 논쟁 대화로 구성된다. 앞의 두 논쟁의 구조는 동일하고, 뒤의 두 논쟁은 상당히 유사하다. 그 대화들에는 여섯 가지 요소가 있다. 즉 질문자의 신원, 질문 받는 이의 호칭, 질문, 질문 받는 이의 응수, 답변, 질문자의 반응이다.

데이비드 도브(David Daube)는 이 4개의 질문이 랍비 전통에서 발견되는 네 가지 유형의 탐구에 들어맞는다고 주장한다. 세금에 관한 질문은 "지혜", 즉 법적 문서의 올바른 해석과 연관된다. 부활에 관한 질문은 "속된 것", 즉 믿음에 대한 조롱과 연관된다. 가장 큰 계명에 관한 질문은 "땅의 방식", 즉 도덕적 질문과 연관된다. 예수님의 질문은 "전설", 즉 모순되어 보이는 본문들에 대한 해석과 연관된다. 이를 통해 유대인 독자들은 예수님이 모든 형태의 논의에 정통하심을 알았을 것이다.[367]

학자들은 공관복음 사이의 문학적 상관성을 주장할 때 15-46절 같은 구절에 호소한다. 이곳에서 마태와 마가는 유사한 단어, 동일한 순서로 동일한 질문들을 기록한다.

367 Daube, *New Testament and Rabbinic Judaism*, 159-160.

본문	질문하는 그룹	호칭	질문 주제	응수	답변	반응
15-22절	바리새인들, 헤롯 당원들	선생님	세금 내는 것	어찌하여 나를 시험하느냐	가이사에게 바치라	모두 놀람
23-33절	사두개인들	선생님	부활	너희는 하나님의 능력을 알지 못한다	나는 아브라함의 하나님이요…	모두 놀람
34-40절	바리새인들, 율법사	선생님	가장 큰 계명	—	주 하나님을 사랑하라, 네 이웃을 사랑하라	—
41-46절	예수님	—	그리스도가 누구의 자손이냐	그러면 이 성경 구절을 설명해 보라	다윗의 자손	감히 예수님께 질문하는 자가 없다

표5. 마태복음 22:15-46의 네 가지 논쟁 대화

주석

22:15-22 | 예수님과 가이사 바리새인들은 말로 예수님을 "올무에 걸리게" 할 최고의 방법을 "상의[한다]." 그들은 "자기 제자들을 헤롯 당원들과 함께" 보낸다. 헤롯 당원들은 헤롯 왕조와 로마의 통치를 지지하는 이들이다. 따라서 '바리새인들과 헤롯 당원들'은 이상한 조합이다. 바리새인들은 순결주의자이자 분리주의자인 반면, 헤롯 당원들은 로마 및 로마의 꼭두각시 왕들과 결탁하여 권력과 특권을 얻으려 하기 때문이다. 예수님에 대한 공통된 반감 외에는 그들을 통합시키는 것이 아무것도 없다. 그러나 바리새인들이 헤롯 당원들에게는 체제 전복적으로 들리는 대답을 끌어내는 질문을 할 수 있다면, 아마도 골치 아픈 그들의 예언자를 없앨 수 있을 것이다.

그들은 정중한 호칭과 아첨으로 시작한다. "선생님이여 우리가 아노니 당신은 참되시고 진리로 하나님의 도를 가르치시며 아무도 꺼리는 일이 없으시니 이는 사람을 외모로 보지 아니하심이니이다"(16절). 그들의 동기가 무엇이든, 바리새인들과 헤롯 당원들은 정확하게 예수님을 "진실하며, 진리에 신실하며, 두려움이 없고, 사람을 차별 대우하지 않는 사람"으로 네 가지 면에서 짧게 찬양한다.[368] 모리스의 용어 "두려움이 없고"[우 멜레이 소이 페리 우데노스(*ou melei soi peri oudenos*)]의 헬라어는, '누구에게도 마음을 쓰지 않는다' 혹은 '누구도 당신에게 중요하지 않다'로 번역할 수도 있다. 예수님은 한 사람을 기쁘게 하기 위해서나 다른 사람의 기분을 상하게 하지 않으려고 그분의 가르침을 조정하지 않으신다. 마지막 어구 "사람을 외모로 보지 아니하심이니이다"는 문자적으로 '사람들의 얼굴을 보지 않는다'이다. 적들은 그분이 용기 있고 타협하지 않으심을 인지함에도, 그것을 그분을 반대하는 데 사용하기로 마음먹는다. 그들은 헤롯 당원들 앞에서 정치

368 Morris, *Matthew*, 555.

적으로 스스로를 유죄로 만드는 진술을 하게 해서 그분을 올무에 걸리게 하려 한다. 그들의 질문은 이것이다. "가이사에게 세금을 바치는 것이 옳으니이까 옳지 아니하니이까"(17절).

문제의 세금은 인두세[켄손(*kēnson*)]로, 그 값(보통 하루 품삯인 한 데나리온)보다는 그 성격 때문에 더 경멸당했다. 그것은 이스라엘 자손이 로마 땅에 산다는 이유로 로마에 바치는 수수료였다. "옳으니이까"라는 말은, 이방인들에게 세금을 내는 것이 성경 율법, 즉 신명기 17:15이 암시하는 바를 위반하는지 아닌지 예수님이 공표하시기를 원한다는 의미일 수 있다.

바리새인들과 헤롯 당원들은 분명 자신들이 괜찮은 딜레마를 만들었다고 생각할 것이다. 예수님이 그 질문에 어떻게 대답하든 위상을 상실하실 것이다. 만약 세금을 내야 한다고 하면, 그것을 혐오하고 불법으로 생각하는 사람들의 신뢰를 잃으실 것이다. 반대로 세금을 내지 말라고 하면, 로마 권세자들이 선동죄로 그분을 체포하거나 처형까지 할 수 있다. 양 진영 모두 덮칠 준비를 하고 서 있다. 그분이 세금을 내라고 말씀하시면 그것은 로마와 결탁한다는 신호이므로 바리새인들이 항의할 테고, 세금을 내지 말라고 말씀하시면 그것은 로마에 대한 반역의 신호이므로 헤롯 당원들이 항의할 것이다.

그러나 예수님은 "그들의 악함"을 감지하고 "외식하는 자들아 어찌하여 나를 시험하느냐"라고 물으신다(마 22:18). 이어서 "세금 낼 돈을 내게 보이라"라고 요청하신다. 그들이 데나리온 하나를 가져오자 "이 형상과 이 글이 누구의 것이냐"라고 물으신다(19-20절).

그들은 "가이사의 것이니이다"라고 인정한다. 예수님은 "그런즉 가이사의 것은 가이사에게, 하나님의 것은 하나님께 바치라"(21절)라고 결론 내리신다.

예수님은 반문함으로써(자주 그러시듯이) 논의를 재구성하신다. 그분은 세금으로 내는 동전을 보여달라고 요청함으로써 올바른 주제를 제시하신다. 동전에는 정보가 가득하다. 동전에는 지도자들의 형상과 간결한 모토가 담겨 있다.

먼저 그들이 '동전을 주조하는 것'을 주목하라. 동전은 로마 체제의 일부였다. 엄밀히 따지면 황제가 그 동전의 주인이었다. 이스라엘 자손은 동전을 사용할 때 그것을 받아들였다(아마도 마지못해서). 로마의 도로와 수로처럼 동전이 무역을 편하게 해주었기 때문이다. 다른 한편, 문제의 동전인 티베리우스의 은 데나리온에는 모욕적인 글이 새겨져 있었다. 한쪽 면에는 "신성한 아우구스투스의 아들, 티베리우스 시저 아우구스투스"[369]라고 쓰여 있었다. 티베리우스 황제가 신성한 시저의 아들이라면 그 역시 신성하다. 뒷면에는 "폰티펙스 맥시무스"(Pontifex Maximus), 즉 대사제의 칭호가 새겨져 있었다. 따라서 그 동전은 황제에 대한 경의 혹은 황제 숭배를 지지했다. 로마인들은 유대인들을 황제 숭배에서 면제해주었지만, 예수님은 "가이사에게…바치라"라고 말씀할 때 여전히 분별을 요구하신다. 가이사가 물과 도로와 동전을 제공한다면, 그 혜택을 받는 이들은 그 수수료를 로마에 내야 한다. "바치라"라고 번역된 동사는 아포디도미(*apodidōmi*)로, '주다, 지불하다, 갚다'의 의미가 있다(21절). 예수님은 세금을 낸다는 일반적인 단어[디도미(*didōmi*)] 대신 아포디도미를 사용하심으로써, 세금을 내는 것이 가이사의 것을 그에게 되돌려주는 것임을 암시하신다.[370]

사람들은 나라에 세금을 내고 경의를 표하고 타당한 법에 순종함으로써 해야 할 바를 행한다. 그러나 다른 많은 나라들처럼 로마는 스스로를 찬미한다(계 13:1-5). 하나님의 백성은 우상숭배를 거부하고, 하나님께 합당한 경배와 충성과 순종을 드린다(마 22:21). 그래서 예수님은 올무를 피하실 뿐 아니라 명확한 지침을 제시하신다. 무리는 놀라고 바리새인들과 헤롯 당원들은 패배하여 물러난다.

369 Keener, *Matthew*, 524-525.

370 Davies and Allison, *Matthew*, 3:216. 참고. Lane, *Mark*, 424; *Everett Ferguson, Backgrounds of Early Christianity* (Grand Rapids, MI: Eerdmans, 1987), 70-71. 《초대 교회 배경사》(은성).

응답

"가이사에게…하나님께 바치라"라는 선언은 제자들에게 정부에 그들의 세금을 내라고 가르친다. 제자는 가능할 때마다 순종하고, 세금을 내고, 개인적으로 존경할 만하지 않더라도 권세자들에게 그들의 '직책'에 합당한 경의를 표해야 한다(롬 13:1-7; 벧전 2:13-17). 그러나 황제와 왕과 (이후의) 강력한 국가는 스스로를 신격화하고, 인간보다는 하나님께 적합한 형태의 충성을 요구하는 경향이 있다(계 13장). 삼위일체 하나님은 예배와 절대적인 순종을 받기에 합당하시지만, 인간은 그렇지 않다. 그러므로 교회는 "하나님의 것은 하나님께 바치라"(마 22:21)라고 제한하는 명령이 필요하다. 이는 분별을 요구한다.

잠시 멈추어 논쟁 중 예수님의 전략에 주목해보자. 늘 그렇듯이 그분은 적대적인 질문에 직접적으로 답하지 않으신다. 그분은 우수한 반문을 제기함으로써 의제를 되찾고 재구성하신다. 또 어떻게 해서든 진리를 말씀하는데, 불필요한 공격을 야기하지 않고 매력적이고 마음을 사로잡는 방식으로 그렇게 하신다.

주석

22:23-33 | 부활 때의 결혼 생활 바리새인들이 실패하자 이번에는 사두개인들이 시도한다(23절). 사두개인들은 "부활이 없다 하[며]" 부활을 터무니없어 보이게 만들려는 의도로 질문을 던진다. 바리새인들처럼 그들도 공손하게 "선생님이여"라고 하면서 시작한다. 그들은 "사람이 만일 자식이 없이 죽으면 그 동생이 그 아내에게 장가들어 형을 위하여 상속자를 세울지니라"(24절)라고 명시하는 율법을 인용한다. 신명기 25:5-6(또한 창 38:8-9)은 형 아내의 첫 아들이 "그 죽은 형제의 이름을 잇게 하여 그 이름이 이스라엘 중에서 끊어지지 않게 할 것이니라"라고 말한다.

사두개인들은 그 명령을 이행하기 위한 일곱 번의 헛된 시도를 상상한다. 한 가정에 칠 형제가 있다. 맏이가 한 여자와 결혼하고 자식 없이 죽는다. 일곱 형제 모두 아이를 키우려고 시도하지만 하나하나 자식 없이 죽고, 모두 자식 없이 죽을 때까지 그 밑의 동생이 형의 아내를 물려받는다. 사두개인들은 "부활 때에 일곱 중의 누구의 아내가 되리이까"라고 질문한다(마 22:25-28).

그 가설은 아마 부활에 대한 믿음이 틀렸음을 입증하려는 의도의 허구일 것이다.[371] 하지만 만약 한 여자에게 이생에서 7명의 남편이 있었다면, 그 여자는 내세에도 남편이 일곱일까? 아니면 여섯과는 헤어질까? 그 이야기는 내세가 이생과 아주 닮았다고 잘못된 가정을 한다.

예수님은 사두개인들에게 그들이 "성경도, 하나님의 능력도 알지 못하는 고로" 자신을 속이고[플라나스테(*planasthe*), 재귀용법으로] 있다고 말씀하신다(29절). 먼저, 의인들의 부활은 있다(30절; 눅 14:14; 요 11:25-26). 이사야 26:19은 "주의 죽은 자들은 살아나고 그들의 시체들은 일어나리이다…땅이 죽은 자들을 내놓으리로라"라고 선언한다. 욥기 19:25-27은 "내가 알기에는 나의 대속자가 살아 계시니…내 가죽이 벗김을 당한 뒤에도 내가 육체 밖에서 하나님을 보리라"라고 크게 기뻐한다.

사두개인들은 죽은 자를 살리고 창조 세계를 새롭게 하시는 하나님의 능력을 과소평가한다. 이 세상의 외형이 소멸될 때, 신자들은 죄나 좌절, 아픔, 눈물에서 자유로운 완벽한 집에서 살 것이다(고전 7:31; 계 21:4, 8). 그러나 현재 알려진 대로의 결혼 생활은 끝날 것이다. "부활 때에는 장가도 아니 가고 시집도 아니 가고 하늘에 있는 천사들과 같으니라"(마 22:30). 이는 설명이 필요하다. 첫째, 그 문화에서 남자는 아내를 얻음으로써 "장가" 들었고 여자는 아버지가 "시집"을 보냈다. 그러므로 (과도하게) 정확하게 말하면, 30절은 결혼식은 더 이상 없을 테지만 결혼 생활이 끝나지는 않을

371 이 지역에 수혼제도가 있었다는 기록은 없다.

것이라고 말한다. 하지만 결혼식이 없으면 결혼 생활도 없음을 암시한다.

둘째, "천사들과 같으니라"라는 말은 사람들이 육체에서 분리되고 성의 구별이 없으리라는 의미가 아니다. 성경은 천사들의 본질에 대해서보다는 천사들의 역할에 대해 더 많이 드러낸다. 성경에서 천사의 형태는 다양하다. 천사는 인간의 형태를 취할 수 있다(창 18:2-22; 눅 24:4). 물론 빛이 나거나(마 28:3), 보이지 않을 수 있지만(민 22:31; 왕하 6:17) 말이다. 또 모두 남자 이름이나 대명사를 취한다. 이 구절은 천사가 결혼을 하지 않는다고 단언하고 출산을 하지 않음을 암시하므로, 인간도 부활 때에 똑같을 것이라고 하는 듯하다.

하지만 셋째, "세상이 새롭게"(팔링게네시아, 마 19:28) 될 것이다. 하나님께서 창조 세계를 재건하고 온전하게 하실 때(벧후 3:11-13), 이 세상과의 연속성이 어느 정도 있을 것이다. 하나님을 향한 음악과 찬양이 있을 것이고(계 5:9; 15:3), 우리가 예수님과 잔치를 할 것이므로 음식도 있을 것이다(마 8:11; 계 19:9). 사람들이 해방되고 만족하고 잘 쉴 것이다(롬 8:18-23; 히 4:1-11).

사두개인들이 이 모든 것을 놓친 까닭은, 모세오경 외에 모든 것의 권위를 부정할 뿐 아니라 모세오경 역시 잘못 해석하기 때문이다. "읽어보지 못하였느냐"[마 22:32(ESV는 31절), 참고. 12:3; 19:4]는 읽지 않는 것이 아니라 '부주의한' 읽기를 책망한다. 예수님은 (그들의 정경에서) 출애굽기 3:6을 검토하시고, 하나님께서 신실함으로 족장들을 죽게 하지 않았다는 증거를 밝혀냄으로써 그들을 바로잡으신다. 하나님은 "아브라함의 하나님", 이삭과 야곱의 하나님'이었다'고 하지 않으시고 "…이요"라고 말씀하신다(마 22:32). 만약 여호와가 아브라함의 하나님'이라면', 아브라함은 살아 있고, 하나님은 이 첫 생의 수십 년을 너머 신자들을 보호하고 계속해서 그들에게 하신 모든 약속을 지키신다.

무리는 이 말을 듣고 "놀[란다]"(33절). 예수님이 사두개인들보다 한 수 위에 계시기 때문이다. 누가는 사두개인 중 일부가 "선생님 잘 말씀하셨나이다"(눅 20:39)라고까지 말한다고 기록한다. 놀람이나 빠른 칭찬이 믿음으로 연결되지는 않지만, 예수님의 기량과 권위에 대한 인정은 그 방향으로 한 걸음 다가가게 할 수 있다.

응답

이 단락은 위대한 진리를 전한다. 첫째, 여호와는 영원히 그 백성의 하나님이다. 그분은 그들을 영원히 아신다. 둘째, 그분은 신자들에게 죽음 이후의 생명, 이생과의 연속성과 불연속성을 모두 가진 생명을 주신다(요 20-21장). 그러나 예수님이 결혼 생활이 끝난다고 선언하시는 듯하니, 의문이 생긴다.

성적 만족은 말할 것도 없이 결혼 생활이 끝난다는 사실은, 사람들의 마음을 괴롭힌다. 그것은 우리 첫 생의 관계나 기억까지도 사라진다는 의미인가? 예수님은 그렇게 말씀하지 않으신다. 아마 결혼 생활이 끝나는 것은 친밀한 관계가 '중단되기' 때문이 아니라, 그 관계가 '확산되기' 때문일 것이다. 인간은 비밀을 누설하거나 잘못 처리하기 쉽기 때문에, 자신의 비밀스러운 생각을 드러내기를 주저한다. 신뢰가 깨지는 일이 흔하다면 오히려 경계심을 갖는 것이 나은 방법일 수 있다. 그러나 죄가 소멸되면 모든 관계가 안전해진다. 지금은 부부 관계와 가장 친한 친구 관계에서만 특별한 신뢰가 가능할 것이다. 땅에서는 몸만이 아니라 우리의 은밀한 생각들도 당연히 개인적인 것이다. 그러나 피터 크리프트(Peter Kreeft)는 이렇게 말한다. "하늘에서 우리는 부끄러움 없이 자발적으로 서로의 비밀을 공유한다. 성도의 교제에서, 영혼의 문란함은 미덕이다."[372] 이것이 결혼 생활이 끝나는 이유일 것이다. 나아가 만일 출산이 중단된다면 결혼의 필요가 사라진다. 특히 고전적인 가톨릭의 가르침에 따라 출산이 부부 관계의 중요한 목적이라면 말이다.

하지만 '성별'은 영원히 있을 것이다. 몸과 영혼 모두 남자는 영원히 남

372 Peter Kreeft, "Is There Sex in Heaven", http://www.peterkreeft.com/topics/sex-in-heaven.htm.

자일 것이고 여자는 영원히 여자일 것이다. 사람은 정신과 육체가 통합되어 있으므로, 남성성과 여성성이 몸과 영혼 모두에 스며든다. 성 분화는 사회적 관습이 아니라 창조주의 설계이므로 그것은 계속되어야 한다.[373] 바울의 말 "그리스도 예수 안에서…남자와 여자가 없습니다"(갈 3:26-28, 새번역)는 존재론이 아니라 구원론에 적용된다. 사람들은 한결같이 남성성이나 여성성의 본질 혹은 독특한 색조를 가진다. 이런 의미에서 관계는 여전히 성적이다.

그러나 새로운 창조 세계에 성교가 있을까? 구원받은 자들이 신체를 가진 남성과 여성일 것이므로 그럴 가능성이 있다. 크리프트에 따르면, 새로운 창조 세계에서는 성교를 하는 어떤 이유들을 배제할 수 있다. 생물학적 충동, 결혼에 대한 확정, 출산 같은 것들 말이다. 크리프트는 한 가지 타당한 이유가 남아 있을 수 있다고 단언한다. 그것은 "인격적인 사랑을 표현하고자 하는 욕구"다. 하지만 그는 그럴 것 같지 않다고 판단한다. "두 몸이 함께하는 어설픈 황홀경보다 사랑을 표현하는 더 적절한 방식"을 예상하기 때문이다. 나아가 "땅에서 이루어지는 배우자 사이의 가장 만족스러운 성교조차도 그들의 사랑 '전체'를 완벽하게 표현할 수 없다." 그는 유비로 그것을 설명한다. "하늘에서 성교의 가능성이 현실화되지 않는다면, 그것은 오로지 땅의 연인들이 성교를 하는 동안 사탕을 먹지 않는 것과 같은 이유 때문일 것이다. 훨씬 좋은 것이 있기 때문이다…사탕은 아이들이 가장 좋아하는 것이다. 아이들이 어떻게 사탕을 무의미하게 만들 만큼 강렬한 즐거움을 상상할 수 있겠는가?" 그래서 크리프트는 성적 연합을 기대하지 않는다. 우리가 상상할 수 없을지라도, 더 좋은 형태의 연합, 사랑을 표현하는 더 좋은 방식, 더 큰 즐거움이 있을 것이기 때문이다.

사람들은 자신들이 큰 기쁨을 얻는 것에 관해서 유사한 질문을 한다. 새로운 창조 세계에 골프와 카약이 있을까? 아이스크림과 과카몰리(아보카도

373 Thomas Aquinas의 경구 "은혜는 본성을 파괴하지 않고 완벽하게 한다"가 여기에 적용된다.

와 토마토, 양파, 레몬즙 등을 함께 으깨서 만든 소스-편집자 주)는? 새로운 음악과 발명품은? 강요가 아니라 좋아서 잠을 자거나 경쟁하는 것이 가능할까? 주님이 우리의 유익과 그분의 영광을 위해 그것들을 원하신다면 그럴 수 있다. 그렇지 않다면, 우리는 그것들을 그리워하지 않을 것이다. 그분이 더 큰 기쁨을 주실 것이기 때문이다. 슬픔이나 상실감은 있을 수 없다. 우리는 새로운 창조 세계에 만족할 것이기 때문이다. 그것은 보상이라기보다는 하나님께서 우리를 위해 창조하신 집이다.[374] 세부적인 것들에 대해서라면, 사두개인들이 이생에서 내세를 추론하지 못한 것을 기억하라. 바울의 말을 들으라. "하나님이 자기를 사랑하는 자들을 위하여 예비하신 모든 것은 눈으로 보지 못하고…사람의 마음으로 생각하지도 못하였다"(고전 2:9).

주석

22:34-40 | 가장 큰 계명 예수님이 사두개인들을 침묵시키셨음을 들은 바리새인들이 다른 질문으로 예수님을 시험한다. 율법과 신학에 능통한 "율법사"가 공손하게 질문한다. "선생님 율법 중에서 어느 계명이 크니이까"(34-36절). 랍비들이 이 질문에 대해 논의하면, 어떤 이들은 사랑이라 주장하고 또 어떤 이들은 부모에게 순종하는 것이라 주장한다. 따라서 예수님이 어떻게 말씀하시든 불가피하게 일부는 그분에게 동의하지 않을 것이다. 그러나 올무는 더 강해진다. 하나님께서 이스라엘에 '열' 계명을 주셨고, 유대인은 전통으로 603개를 더 포함시켰다. 예수님이 어떤 율법을 가장 크다고 하든 나머지를 무시한다는 비난을 받으실 수 있었다.

최근에 두 번, 예수님은 권세자들의 직접적인 질문에 대답하려 하지 않으셨다. 대신 질문에 질문으로 답하셨다(마 21:23-27; 22:15-22). 그렇게 함

374 John Portmann, *Sex and Heaven: Catholics in Bed and at Prayer* (New York: Palgrave Macmillan, 2003), 2.

으로써 의제를 되찾고 덫을 피하신다. 그러나 이번에는, 동기는 그렇지 않다 해도, 질문이 훌륭해서 예수님이 직접적으로 답하신다. "네 마음을 다하고 목숨을 다하고 뜻을 다하여 주 너의 하나님을 사랑하라 하셨으니 이것이 크고 첫째 되는 계명이요"(37-38절). 이 대답은 신명기 6:5을 약간 변형한 인용이다(다음 단락을 보라). 경건한 유대인은 매일 신명기 6:5을 암송한다. 이는 분명 절정에 해당하는 진술이다. 원문의 문맥에서 모세는 바로 전에 십계명을 포함하여 하나님과 이스라엘 사이의 언약을 돌아보았다(신 4:1-5:21). 그런 다음 "이스라엘아 듣고"로 그 명령을 소개하고(6:3-4), 뒤이어 그것을 기억하라고 요청한다(6:7-15).

그 명령은 구속받은 이들에게 능력을 다해 하나님을 사랑하라고 요청한다. 신명기는 마음과 뜻(soul)과 '힘'을 명시한다. 마태복음 22:37은 마음과 목숨(soul)과 '뜻'(mind)을 말하는 반면, 누가복음 10:27과 마가복음 12:30은 마음과 목숨과 '뜻'과 '힘'을 나열한다. 예수님이 '뜻' 혹은 '힘'을 말씀하시는지 '뜻과 힘'을 말씀하는지 질문하는 것은 핵심을 놓치는 것이다. 예수님은 제자들에게 존재의 핵심으로, 즉 마음으로 또 정신, 신체, 감정의 모든 능력으로 하나님을 사랑하라고 명하신다. 마음은 핵심 가치와 헌신을 나타내고, 뜻은 생각과 계획을 의미한다. '뜻'에 해당하는 히브리어 단어는 없으므로, 구약은 종종 생각을 나타낼 때 히브리어 단어 '마음'을 사용한다. 따라서 '뜻'을 추가한 것은 히브리어를 헬라어로 옮길 때 자연스러운 해석일 수 있다. 힘은 몸과 의지의 에너지다. 여기에 다른 모든 인간의 능력, 즉 감정, 기억, 유머, 창의성도 덧붙일 수 있다.

그 율법사는 예수님께 가장 큰 계명을 알려달라고 요구하는데, 예수님이 하나가 아니라 2개의 율법을 말씀하심으로써 옆길로 벗어난 것처럼 보일 수 있다. 그러나 예수님이 말씀하시듯이 그 둘은 연결되어 있다. 요한일서 4:19-21은 하나님 사랑이 필연적으로 우리를 이웃 사랑으로 이끈다고 언급한다. "하나님을 사랑하는 자는 또한 그 형제를 사랑할지니라." 하나님 사랑은 이웃 사랑의 지속적인 동기다. 나아가 하나님을 사랑하는 사람은 세상을 바라보는 그분의 시각을 받아들인다. 그러한 사람은 다른 사람들을 하나님께서 보시듯 보고, 예수님이 그들을 대하시듯 대한다.

율법과 예언서는 하나님 사랑과 이웃 사랑에 "달려 있[지만]"(마 22:40, 새번역), 사랑이 다른 율법들을 폐지하지는 않는다. 그것들 사이에 충돌이 없기 때문이다. 정의와 신실이 더 무게가 있지만, 십일조 같은 더 가벼운 명령도 하나님을 사랑하는 법을 가르친다(마 23:23). 사랑은 율법 위에 있지 않고 율법 내에서 최고의 지위를 가진다. 그것은 가장 큰 계명이지만, 유일한 계명은 아니다.[375] 예를 들어 사랑이 안식일과 관련된 규정(12:1-8)보다 크다 해도, 사랑과 안식은 반대되지 않는다. 오히려 안식일 법을 제대로 지키는 것이 하나님과 사람에 대한 사랑을 키운다. 그래서 안식일이 인간의 필요를 채우는 자유를 포함하여 참된 안식을 줄 때, 이웃 사랑과 율법에 순종하는 것은 하나로 합쳐진다. 진정한 사랑과 순종은 하나로 합쳐진다. 율법은 하나님의 자녀에게 사랑하는 '법'을 가르친다. 그들은 예배와 그분의 이름을 바르게 사용하는 것을 통해 그분을 사랑한다. 그들은 부모를 공경하고, 목숨을 보호하고, 결혼과 소유를 존중하고, 이웃에 대해 진실을 말하고, 이웃의 재산을 탐내기보다는 기꺼이 그들의 유익을 바람으로써 이웃을 사랑한다.

22장

응답

제1계명은 우리에게 주님을 '사랑하라'고 명한다. 하나님을 '섬기라'거나 '순종하라'거나 '두려워하라'고 하지 않고, 이 모든 것에도 장점이 있기는 하지만 그분을 '사랑하라'고 한다. 예수님이 사랑을 말씀하신 까닭은, 우리의 자유롭고 자발적인 섬김만이 그분을 온전히 기쁘시게 하기 때문이다. "하나님은 사람들이 억지로 하는 섬김을 거부하고, 자유롭고 자발적인 예

375 Douglas Moo, "Jesus and the Authority of the Mosaic Law", *JSNT* 20 (1984): 3-11.

배를 원하신다."[376] 따라서 하나님께 순종하려는 남자나 여자나 아이는 먼저 그분을 사랑해야 한다. 조나단 에드워즈(Jonathan Edwards)는 이에 동의하며 종교적 정감(religious affection)을 신자의 삶의 핵심으로 삼는다. 참된 신앙은 사랑에 근거하고, 믿음은 사랑을 통해 역사하고(갈 5:6), 사랑은 행위를 통해 그 자체를 증명한다(요일 3:16-18). 미국군의 편지와 일기는 오직 워싱턴을 향한 보편적인 애정만이 그 군대를 지탱시켰음을 나타낸다.[377] 교회에 대한 하나님의 사랑은 훨씬 더 그렇고, 그분을 향한 응답으로서의 사랑이 교회를 지탱시킨다.

해석자들은 이론과 실천 둘 다를 기억해야 한다. 이론적으로 우리는 사랑을 떠나서는 하나님의 계명을 이해할 수도 없고 순종할 수도 없음을 깨닫는다. 그 계명들은 하나님과 사람을 사랑하는 법을 가르친다. 하나님의 명예를 더럽히거나 사람에게 상처를 주는 율법 이해는 어떤 것이든 분명 잘못이다. 그러나 구체적으로, 옆집의 역겨운 사람을 사랑하는 것보다 개념으로 이해되는 이웃 사랑이 더 쉽다는 것을 기억해야 한다.[378]

주석

22:41-46 | 다윗의 자손 예수님의 뛰어난 답변을 들은 바리새인들이 그분을 올무에 걸리게 하겠다는 생각을 버리자, 이제 예수님이 질문하신다(41절). 그것은 갈등의 한 가지 뿌리에 다가가는 신학적인 수수께끼다. 그들이 갖고 있는 메시아 개념은 문제가 있었으므로(그들 안에 있는 시기심과 함께), 그것은 그들과 예수님 사이의 갈등으로 이어졌다. 예수님은 "그리스도

376 Calvin, *Harmony of the Evangelists*, 3:57-58.

377 Richard Brookhiser, *Founding Father: Rediscovering George Washington* (New York: Free Press, 1996), 17-45.

378 Morris, *Matthew*, 564.

에 대하여 어떻게 생각하느냐 누구의 자손이냐"라고 물으신다. 다시 말해, 메시아는 어떤 위대한 인물의 자손인가? 그들은 "다윗의 자손"(42절)이라는 표준적인 대답을 한다. 이는 잘 알려진 본문인 사무엘하 7:12-14, 이사야 11:1-10, 예레미야 23:5에 기초한다. 그 표준은 진실이지만 불완전하다. 메시아는 예수님이 보여주시는 대로 다윗 계열의 왕 그 이상이기 때문이다.

예수님은 만약 메시아가 다윗의 '자손'이라면, 다윗이 왜 "성령에 감동되어" 그분을 "주"라 칭하는지 물으신다(마 22:43). 다윗은 어떻게 "주께서 내 주께 이르시되 내가 네 원수를 네 발 아래 둘 때까지 내 우편에 앉아 있으라 하셨도다"라고 말할 수 있었을까?(44절, 시 110:1을 인용하여) 질문은 효과적이다. 바리새인들이 예수님의 전제를 받아들이기 때문이다. 그 전제는 다윗이 하나님의 영이 이끄시는 대로 시편 110편을 썼다는 것이다. 나아가 많은 유대인이 시편 110편을 메시아 시편으로 이해했다. 다른 말로 바꾸면 그 질문은 다음과 같다. "다윗은 어떻게 메시아 시편에서, 이스라엘의 하나님께서 다윗이 '내 주'라고 부르는 누군가에게 말씀하셨다고 말할 수 있는가? 나아가 주께서 다윗의 주에게 그분 권위의 다음 자리인 그분 우편에 앉으라고 하셨다. 너희는 이것을 어떻게 설명하느냐?"

그러한 권위를 가진 이 '다윗의 주'는 누구인가? 왜 다윗 왕은 하나님의 영에 의해, 그의 통치를 넘어서는 통치를 할 이가 오실 것을 예언했는가? 그분은 하나님께서 원수를 물리칠 때까지 하나님의 우편에 앉아 계실 것이다(시 110:1; 마 22:44). 그분은 원수를 다스릴 때까지 "권능의 규"를 가지실 것이다(시 110:2). 예수님은 이 사람이 다윗의 자손이라면, 다윗이 어떻게 그를 "주"라 부를 수 있는지 물으신다(마 22:45). 더욱이 이 주는 또한 "멜기세덱의 서열을 따라 영원한 제사장"(시 110:4)이기도 하다. 그런데 다윗의 자손은 아론 계통에서 나오는 제사장이 아니고, 멜기세덱은 계승자가 없었다.

바리새인들은 이 질문 어느 것에도 대답할 수 없지만, 예수님은 하실 수 있다. 그분이 바로 하나님의 아들이므로 그분이 다윗의 주다(마 3:17; 16:16;

17:5). 예수님은 모든 원수를 물리치실 것이며, 이미 멜기세덱 계통을 재개하셨다(히 7:1-17). 바리새인들은 가르치고 기도하고 희생 제사를 드리는데(말 2:7; 대하 30:27; 히 5-10장), 예수님은 멜기세덱으로부터 나온 제사장으로서 그 세 가지를 다 행하신다.

이 단락은 바리새인은 물론 교회에도 중요하다. 이곳에서 예수님은 어떤 왕이나 제사장, 예언자에 대한 기대를 넘어서는 옛 언약 성경을 읽고, 그분 안에서 그 성취를 발견하라고 제자들에게 가르치시기 때문이다. 신약은 다른 어떤 구절보다 시편 110편을 많이 인용하는데, 그것은 타당한 이유가 있다. 그 시편에서 다윗 왕은 그가 "주"라 부르는 더 큰 왕이 오실 것을 예언한다. 그래서 예수님은 그분의 질문에 대한 답을 암시하신다. 메시아는 누구의 자손인가? 그분은 다윗의 자손이며 하나님의 자손, 하나님의 종이자 우리의 왕이다.

이 사건은 바리새인이 아무 말도 하지 않는 것으로 끝난다(마 22:46). 그 침묵은, 제대로 배우지 못했지만 진 적이 없는 갈릴리 사람 예수에 대한 마지못한 존경을 무언으로 표현하는 것이다. 슬프게도 그들의 침묵은 그들 대부분에게 효력이 없다. 그들이 스스로 겸손해져서 예수님을 선생으로 인정하고 "우리에게 설명하여 주소서"(13:36)라고 말했다면 좋았을 것이다.

응답

메시아에 대한 오해가 바리새인들이 예수님에 대해 가졌던 적대감(시기심 역시 한몫을 한다)의 주요 원인이다. 그러나 이스라엘의 지도자들은 예수님을 올무에 걸리게 할 작정으로 어려운 질문을 한 반면, 그분은 그들이 귀 기울이기만 한다면 해방시키기 위해 어려운 질문을 하신다. 그들의 질문은 적대적이지만, 그분의 질문은 진리와 은혜로 이어진다. 그러나 그들은 그 길을 거부하고, 결국 23장과 26장으로의 이행이 불가피해진다.

예수님의 질문은 바리새인들을 어리둥절하게 하지만, 마태는 독자들을 아무것도 모르는 상황에 두지 않는다. 1-3장이 이미 예수님을 아브라함의 자손, 다윗의 자손, 기름 부음 받은 이로 명시했다(1:1). 그러나 그분에게는 더 많은 역할, 더 깊은 역할이 있다. 그분은 성령으로 잉태되셨고, 임마누엘이며, 하나님께서 사랑하시는 아들이다(1:20, 23; 3:17). 그분은 구세주이자 왕, 이스라엘의 목자다(1:21; 2:2, 6). 신자들이 성경을 읽으며 그리스도에 관해 더 배우려 하고, 그분을 더 깊이 믿고 더 온전하게 사랑하려는 모습은 참으로 아름답다.

1 이에 예수께서 무리와 제자들에게 말씀하여 이르시되 2 서기관들과
바리새인들이 모세의 자리에 앉았으니 3 그러므로 무엇이든지 그들이
말하는 바는 행하고 지키되 그들이 하는 행위는 본받지 말라 그들은
말만 하고 행하지 아니하며 4 또 무거운 짐을 묶어 사람의 어깨에 지
우되 자기는 이것을 한 손가락으로도 움직이려 하지 아니하며 5 그들
의 모든 행위를 사람에게 보이고자 하나니 곧 그 경문 띠를 넓게 하며
옷 술을 길게 하고 6 잔치의 윗자리와 회당의 높은 자리와 7 시장에서
문안 받는 것과 사람에게 랍비라 칭함을 받는 것을 좋아하느니라 8 그
러나 너희는 랍비라 칭함을 받지 말라 너희 선생은 하나요 너희는 다
형제니라 9 땅에 있는 자를 아버지라 하지 말라 너희의 아버지는 한
분이시니 곧 하늘에 계신 이시니라 10 또한 지도자라 칭함을 받지 말
라 너희의 지도자는 한 분이시니 곧 그리스도시니라 11 너희 중에 큰
자는 너희를 섬기는 자가 되어야 하리라 12 누구든지 자기를 높이는
자는 낮아지고 누구든지 자기를 낮추는 자는 높아지리라

1 Then Jesus said to the crowds and to his disciples, 2 “The scribes and
the Pharisees sit on Moses’ seat, 3 so do and observe whatever they tell

you, but not the works they do. For they preach, but do not practice.
4 They tie up heavy burdens, hard to bear,[1] and lay them on people's
shoulders, but they themselves are not willing to move them with their
finger. 5 They do all their deeds to be seen by others. For they make
their phylacteries broad and their fringes long, 6 and they love the place
of honor at feasts and the best seats in the synagogues 7 and greetings
in the marketplaces and being called rabbi[2] by others. 8 But you are not
to be called rabbi, for you have one teacher, and you are all brothers.[3]
9 And call no man your father on earth, for you have one Father, who is
in heaven. 10 Neither be called instructors, for you have one instructor,
the Christ. 11 The greatest among you shall be your servant. 12 Whoever
exalts himself will be humbled, and whoever humbles himself will be
exalted.

1 Some manuscripts omit *hard to bear* *2* *Rabbi* means *my teacher*, or *my master*; also verse 8 *3* Or *brothers and sisters*

단락 개관

모든 지도자는 고결하게 보이고 싶어 한다. 종교 지도자들 역시 경건하게 보이기 원한다. 그래서 외식하기 쉽다. 마태복음 23장은 예수님을 무리와 제자들을 위해 서기관들과 바리새인들의 외식을 강하게 책망하시는 분으로 소개한다. 그것은 무리와 제자들이 잘못된 지도자들을 따르지 않도록 하기 위함이다. 예수님의 메시지는 분명하다. "그들처럼 되지 말라."

어떤 학자들은 예수님 시대(제2성전기 유대교로 불리던 시기)의 문헌이 바리새인들에 대해 더 호의적인 입장을 허용한다고 주장한다. 그들은 바리새인들이 믿음과 은혜와 언약에 관심이 있었고, 신약이 보여주는 것보다 덜 율법적이었다고 말한다. 반면에 초기 랍비 문헌 모음집인 미쉬나는 아주 율법적으로 보인다. 나아가 복음서와 사도행전에는 바리새인들에 대한 미묘한 묘사들이 나타난다. 누가복음 13:31은 어떤 바리새인들이 예수님의 안위를 살폈음을 보여준다. 사도행전 6:7은 많은 제사장이 복음을 믿었다고 증거하고, 사도행전 15:5은 어떤 바리새인들이 예루살렘 공의회의 일원이었다고 말한다. 요한복음 9:13-16에서는 바리새인들이 예수님이 하나님께로부터 왔는지 아닌지 논의하는데, 일부가 예수님 편을 든다. 하지만 서기관들과 바리새인들은 예수님을 올무에 걸리게 하려 한다(눅 11:53-54). 복음서 역시 그들이 예수님을 의심스러워하는 동시에 부러워했다고 기록한다. 그들은 그분이 악행을 저질렀다고 생각하고 죽이려 했다. 마태복음 21-22장에서는 바리새인과 사두개인, 제사장, 서기관, 장로가 예수님과 맞서 신학적인 전쟁을 벌이고, 26-27장에서는 그분을 죽인다.

미쉬나는 외식과 법이 요구하는 순종을 강조하고, 경건에 대한 명예와 보상을 구하는 일의 위험을 경고한다(소타 22b; 아보트 1:16). 본질적으로 마태복음 23장은 그들에게는 그들 자체의 자문이 필요했음을 드러낸다. 1절은 예수님이 실제로 무리와 제자들 앞에서 서기관들과 바리새인들을 비판하셨다고 말한다. 일부 서기관들과 바리새인들이 참석하기는 했지만, 예수님은 '모든 사람'이 듣기를 바라셨다. 23장의 저주는 시적 반복과 생생한 어휘 때문에게 바로 이해가 되지만, 그것의 주요한 목적은 23장의 구조가 보여주듯이, 죄인들을 책망하는 것이기보다는 무죄한 이들에게 경고하는 것이다.

단락 개요

Ⅶ. 예루살렘에서 일어난 갈등과 가르침(21:1-23:39)

D. 서기관들과 바리새인들을 향한 저주(23:1-39)

1. 서기관들과 바리새인들의 그릇된 리더십에 대한 경고 (23:1-12)

마태복음 23장은 경고(1-12절), 저주(13-31절) 그리고 조상의 죄의 분량을 '채울지', 그 죄들을 회개할지 결단하라는 요청(32-39절) 이렇게 세 단락으로 구성된다. 1-12절의 경고는 다시 네 부분으로 나뉜다.

2-3절은, 바리새인이 하는 말에 주의를 기울이되 그들이 행하는 대로는 하지 말라는 권면(아이러니인 듯한)으로 시작한다.

4-7절은, 바리새인들의 행동을 묘사한다. 그들은 사람들에게 무거운 짐을 지우면서 결코 돕지 않는다(4절). 그들은 "사람에게 보이려고" 선을 행한다(5절). 또한 상석과 공개적인 존경의 인사를 아주 좋아한다(6-7절).

8-10절은, 그와 대조적으로 제자들은 서로를 "랍비"가 아닌 "형제"로 칭해야 한다고 말한다(8절). 하나님께서 그들의 아버지므로, 그들은 사람을 "아버지"라 불러서는 안 된다(9절). 그리스도가 그들의 지도자다(10절).

11-12절은, 제자가 스스로를 높이지 말고 오히려 자신을 낮추면 하나님께서 그들을 높이신다는 원리를 말한다.

주석

23:1-12 23장은 경고다. 거짓된 지도자들은 '아버지'와 '선생' 같은 호칭과 명예를 사랑하지만, 주님의 명예는 빼앗는다. 그분이 아버지고 선생이기 때문이다(8-9절). 그들은 자신을 선생이라고 주장하지만 구원을 더 어려워 보이게 만들고 그럼으로써 사람들의 면전에서 하나님 나라로 가는 문을 닫아버린다(13-15절). 그들은 하나님의 진리를 하찮게 만든다. 그들의 일부 가르침은 잘못된 것이며(16-22절), 또 어떤 가르침은 진실하지만 무의미하다(23-24절). 그들은 부패했고, 하나님의 예언자들을 박해했다(25-36절).

예수님은 거짓 지도자들의 지위로 시작하신다. 그들은 "모세의 자리"에 앉아서 권위를 주장한다(2절). 헬라어로는 '모세의 자리에 서기관들과 바리새인들이 앉았다'이다. 이는 그들이 '스스로' 모세의 자리에 '앉았음'을 암시한다. 그들은 자신이 모세의 후계자라고 주장한다. 그러나 하나님께서 그들을 임명하셨는가?

그럼에도 예수님은 제자들에게 "무엇이든지 그들이 말하는 바는 행하고 지키되" 그들의 행동은 따르지 말라고 명령하신다. 그들은 설교하는 대로 실천하지 않기 때문이다(3절). 구조는 시적이다(필자의 번역).

(A) 모세의 자리에 그들이 앉았다.
  (B) 그러므로 무엇이든지 그들이 '말하는' 바는
    (C) 행하고 지키라
    (C′) 그러나 하지 말라(행하거나 지키지 말라)
  (B′) 그들이 '하는 행위'는
(D) 그들은 말만 하고 행하지 않기 때문이다.

"무엇이든지"는 2개의 헬라어 단어(판타 호사)를 번역한 것으로, 이는 "그들이 말하는 '이것저것 모두' 순종하라"로 번역될 수 있다(3절). 예수님이 그들의 가르침 상당 부분을 비판하시므로, 이는 예수님이 반어적으로 말씀하시는 것이 아닌지 의아스럽다. 반어법이란, 말하는 사람이 어떤 말을 하는데 뜻은 그 반대인 것이다. 대화에서 문맥과 목소리의 어조는, 반어법을 분명하게 만든다. 만약 억수 같은 비가 쏟아지는데 누군가가 "소풍 가기에 '완벽한' 날이군!"이라고 말한다면, 우리는 그것이 반어적임을 안다. 글로 된 역설은 가늠하기가 어렵다. 일반적으로 어떤 문장이 반어적일 때는 그 단락의 나머지 부분이 그 내용과 반대되는 경우다. 예를 들어보자. 셰익스피어의 저명한 연설 "친구여, 로마인들이여, 동포들이여"에서, 마크 안토니는 줄리어스 시저의 죽음을 애도하면서 "브루투스는 명예로운 사람이다"라고 '말한' 다음 그의 주장을 반박한다. 브루투스는 명예롭지만, 포로를 붙잡고 그 몸값으로 부자가 된다. 브루투스는 명예롭지만, 시저를 비방한 다음 살해했다. 안토니는 브루투스가 명예롭다고 '말하지만', 그 말의 '뜻'은 브루투스가 불명예스럽다는 것이다.[379]

예수님도 때때로 반어적으로 말씀하시므로(눅 15:7), 반어법은 그분의 수사법 목록 안에 있다. 그래서 "무엇이든지 그들이 말하는 바는 행하고"라는 예수님의 칭찬은 반어적으로 받아들이는 것이 타당하다. 랍비의 가르침은 무겁고, 그들을 따르는 자들은 "지옥 자식"이다(마 23:4, 13-15). 그러나 예수님의 가르침은 가볍고, 그분의 나라로 가는 문을 열어준다(11:28-30; 25:21, 23, 34). 그러므로 누구도 바리새인들의 가르침을 따라서는 안 된다.[380]

예수님은 서기관들과 바리새인들의 문제, 모든 지도자와 특히 종교 지도자들에게 흔한 문제들을 열거하신다. 첫째, 그들은 말하는 대로 행하지 못한다. 그들은 다른 사람들은 함부로 대하면서 자신에게는 관대하다. 그들은 해야 하는 일을 말하고, 마치 그 말로 충분하다는 듯이 그것을 전혀 행하지 않는다(23:3).

둘째, 그들은 자신의 규율로 다른 사람들에게 짐을 지우지만 그들을 돕

379 William Shakespeare, *Julius Caesar*, act 3, scene 2.

380 Jeremias, *New Testament Theology*, 210; Carson, *Matthew*, 532.

기 위해 손가락 하나 까딱하지 않는다(4절). 그리스도의 자비가 없다면, 율법은 이미 무거운 짐이다(행 15:10, 28). 랍비들은 "율법 주위로 울타리를 침"으로써 그들의 노력을 더 무겁게 만든다(미쉬나, 아보트 1:1, Danby 번역). 그들의 울타리는 율법의 위반을 막으려는 정교한 규정과 결의적인 판결 세트다.[381] 만약 안식일에 3.2킬로미터 걷는 것이 죄라면, 울타리의 원리는 "1.6킬로미터도 걷지 말라"라고 말한다. 그래서 제자들은 바리새인들의 관행을 피해야 한다. 대신 모든 선생은 그들 자신의 법을 따르고 다른 사람들도 그렇게 하도록 도와야 한다.

셋째, 서기관들과 바리새인들은 인정과 박수를 구한다. 그들은 "사람에게 보이[려고]"(마 23:5) 선을 행한다. 예수님 당시의 사람들은 명예를 사랑했다. 플루타르크(Plutarch)는 "해롭지 않게 자신을 칭찬하는 법에 관하여"라는 제목의 책을 쓰기도 했다. 서기관들과 바리새인들은 의롭다는 평판, 연회에서 최고의 자리에 앉는 영예(주인 가까이에), 예배 때 최고의 자리에 앉는 영예(아마도 율법 두루마리 가까이에, 6절)를 원한다. 서기관들과 바리새인들은 옷을 통해, 즉 넓은 경문 띠와 긴 옷술을 통해 '그들의 경건을 과시한다'(5절). 경문은 율법의 핵심 구절을 아주 작게 적어 담은 작은 상자다. 율법을 준수하는 유대인들은 팔과 이마에 그것을 찬다. 이는 고통스러운 직해주의로, 이스라엘 자손에게 하나님의 율법을 이마에 붙이라고 명한 가르침을 따른 것이다(신 6:8). 바리새인들은 이 경문과 옷술을 눈에 잘 띄게 부착했다(민 15:37-38). 마태는 소위 악을 물리치는 부적 혹은 마법을 가리키는 헬라어 단어[필라크테리온(*phylaktērion*)]를 사용한다. 이는 마치 옷을 제대로 입으면 하나님의 복을 받을 수 있다는 듯이, 그들의 과시가 미신적임을 암시한다.

또한 서기관들과 바리새인들은 대중의 인사와 '내 선생' 혹은 '내 스승'

381 결의론(casuistry)은 가능한 상황에서 올바른 행동 방침을 명시하려 한다. 그것은 다음과 같은 형태를 따른다. 즉, '이런 일이 일어나면, 이렇게 하라.' 성경에도 결의론이 있으므로 결의론 자체는 선한 것일 수 있다. 그러나 어떤 랍비들은 모든 예측 가능한 상황에 대한 올바른 행동 방침을 명시하려 했다.

을 의미하는 '랍비' 같은 칭호를 아주 좋아한다. 서기관들이나 랍비들은 높은 권위를 주장했다. 미쉬나가 "서기관의 말"은 "(기록된) 율법의 말"보다 더 권위가 있다고 말했기 때문이다(산헤드린 11:3).

예수님은 제자들에게 그 반대로 하라고 말씀하신다(8-10절). 그러나 이스라엘 지도자들의 방식들을 일일이 언급하며 피하라고 명령하지는 않으신다. 오히려 그 지도자들이 호칭과 명예를 사랑하는 것을 바로잡으신다. 제자들이 교만을 피한다면, 아마 다른 문제들도 서서히 줄어들 것이다.

예수님은 그분의 메시지를 강화하기 위해 되풀이하신다. 그분은 세 가지 유사한 호칭, 즉 "랍비"와 "아버지"와 "지도자"를 금하신다. 자구는 다르다. 첫 번째와 마지막 것에 대해서는 "칭함을 받지 말라"라고 말씀하신다. "아버지"에 대해서는 "…하지 말라"라고 말씀하신다. 따라서 선생은 호칭을 '구해서는' 안 되고, 학생은 그것을 '제공해서는' 안 된다. 첫 번째 명령은 강조되어 있다. "너희는" 랍비라 칭함을 받아서는 안 된다. 따라서 예수님은 가르치라고 제자들을 훈련시킨 다음(마 13:52; 28:20), 그들에게 그 호칭을 피하라고 말씀하신다! 이유는 이중적이다. 모든 신자에게 선생은 그리스도 한 분이다(23:10). 또 새 언약에서는 근본적인 평등이 강조된다. "너희는 다 형제니라"(8절). 신자는 전문가들의 중재 없이 하나님과 그분의 말씀에 다가간다(렘 31:31-34). 요지는 "그리스도인 공동체에 선생이 있는 것을 부인하는 것이 아니라, 오히려 어떤 사람들을 다른 사람들보다 높이는 것과 자연스럽게 그러한 구별을 수반하는 교만에 맞서 장벽을 세우는 것이다."[382]

예수님은 제자들에게 문자적인 아버지를 공경하지 말라고 하시는 게 아니다. 그러나 하나님의 영적 가정에는 한 아버지, 하나님이 계시다. 그리고 한 지도자 혹은 교사인 예수 그리스도가 계시다. 교회에는 한 선생과 한 아버지가 계시다. 인간의 호칭들은 그 사실을 모호하게 하기도 하고 교만

382 Hagner, *Matthew*, 2:660.

을 조장하기도 한다.

성경은 종종 주님이 교만한 자를 낮추신다고 말하지만, 여기서는 누가복음 14:11과 18:14에서처럼 예수님이 신자들에게 자신을 낮추라고 요구하신다. 자신을 낮추는 것은, 죄와 죄성과 약함의 고백을 포함한다. 그러면 하나님께서 낮아진 이들을 높이신다(참고. 약 4:10). 마태복음 23:11의 가장 큰 자가 종이 되는 것에 대해서는, 20:20-28 주석을 참고하라.

응답

그리스도인 지도자들은 23장의 주제를 묵살하고 싶을지 모른다. 이 장의 비판이 더 이상 존재하지 않는 사람과 환경을 다루기 때문에 '나는 불경하고 부담스러운 규칙을 만들어내는 서기관이 아니야. 나는 사람들에게 보이려고 선을 행하고 그것을 신뢰하는 바리새인이 아니야'라고 생각할 수 있다. 아주 본질적으로, 진정한 제자는 바리새인이 아니다. 우리는 우리 죄를 애통해 하고 회개하며 그리스도를 믿는다. 그러나 성경은 거짓 종교와 자만심 강한 지도자들의 위험을 자주 언급함으로써, 누구도 예수님의 관심사를 무시하지 못하게 한다. 서기관들과 바리새인들의 어떤 모습은 오늘날 종교 지도자들에게도 흔한 유혹을 보여준다.

보통 사람들은 영웅을 흠모하며 그들과 동일시하는 경향이 있고, 지도자들은 과찬을 좋아한다. 그러나 그리스도인 지도자들은 오직 하나님께 영광을 돌리는 데 열심을 내야지 자신을 위해 그것을 주장해서는 안 된다. 교회는 그들의 목사를 높이기 쉽기 때문에, 목사들은 자신에게 관심이 쏠리지 않게 하고, 성도들이 직접 하나님께 찬양을 드리도록 애써야 한다. 과시는 종교적인 사람들이 지속적으로 유혹을 받는 부분이다. 예수님이 제자들에게 "사람에게 보이고자" 기도하거나 헌금하거나 금식하지 말라고 경고하신 것을 기억하라. 선행은 하나님께 영광이 되어야 한다(마 5:16; 6:1-18). 지도자들은 가능하면 그들의 선행을 숨겨야 한다.

우리는 예수님의 경고를 말 그대로 취함으로써 시작할 수 있다. 교회는 지도자들을 '아버지'나 '내 선생'이라 불러서는 안 된다. 가톨릭이 사제를 '신부'(Father)라고 칭함으로써 위험을 자초한다면, 개신교는 숭배 받는 분이라는 뜻의 '목사님'(Reverend)이라는 호칭으로 위험을 자초한다. 요지는 모든 호칭이 나쁘다는 것이 아니다. 다윗을 '왕'이라 부르거나 베드로와 바울을 '사도'라 부르는 것은 사실을 말하는 것이다. 누군가를 목사, 장로, 집사, 교사로 부르는 것이 반드시 해롭지는 않지만, 조심할 필요는 있다.[383] 지도자들은 마땅히 존경받아야 하고, 하나님은 교사, 아버지, 지도자, 구세주, 친구로 마땅히 절대적인 경배를 받으셔야 한다.

383 필자는 사람들에게 필자를 '댄'(Dan)이라 부르라고 부탁하고 목사, 교수, 박사라는 호칭은 허용한다. 이런 호칭들이 나의 역할과 내가 받은 교육을 표시해주기 때문이다. 그러나 'Reverend'는 허용하지 않는다.

13 화 있을진저 외식하는 서기관들과 바리새인들이여 너희는 천국 문
을 사람들 앞에서 닫고 너희도 들어가지 않고 들어가려 하는 자도 들
어가지 못하게 하는도다 14 1)(없음) 15 화 있을진저 외식하는 서기관
들과 바리새인들이여 너희는 교인 한 사람을 얻기 위하여 바다와 육
지를 두루 다니다가 생기면 너희보다 배나 더 지옥 자식이 되게 하는
도다

13 "But woe to you, scribes and Pharisees, hypocrites! For you shut the
kingdom of heaven in people's faces. For you neither enter yourselves
nor allow those who would enter to go in.[1] 15 Woe to you, scribes and
Pharisees, hypocrites! For you travel across sea and land to make a
single proselyte, and when he becomes a proselyte, you make him
twice as much a child of hell[2] as yourselves.

16 화 있을진저 눈 먼 인도자여 너희가 말하되 누구든지 성전으로 맹
세하면 아무 일 없거니와 성전의 금으로 맹세하면 지킬지라 하는도다
17 어리석은 맹인들이여 어느 것이 크냐 그 금이냐 그 금을 거룩하게
하는 성전이냐 18 너희가 또 이르되 누구든지 제단으로 맹세하면 아무

일 없거니와 그 위에 있는 예물로 맹세하면 지킬지라 하는도다 19 맹
인들이여 어느 것이 크냐 그 예물이냐 그 예물을 거룩하게 하는 제단
이냐 20 그러므로 제단으로 맹세하는 자는 제단과 그 위에 있는 모든
것으로 맹세함이요 21 또 성전으로 맹세하는 자는 성전과 그 안에 계
신 이로 맹세함이요 22 또 하늘로 맹세하는 자는 하나님의 보좌와 그
위에 앉으신 이로 맹세함이니라

16 “Woe to you, blind guides, who say, ‘If anyone swears by the temple,
it is nothing, but if anyone swears by the gold of the temple, he is
bound by his oath.’ 17 You blind fools! For which is greater, the gold or
the temple that has made the gold sacred? 18 And you say, ‘If anyone
swears by the altar, it is nothing, but if anyone swears by the gift that
is on the altar, he is bound by his oath.’ 19 You blind men! For which
is greater, the gift or the altar that makes the gift sacred? 20 So whoever
swears by the altar swears by it and by everything on it. 21 And whoever
swears by the temple swears by it and by him who dwells in it. 22 And
whoever swears by heaven swears by the throne of God and by him
who sits upon it.

23 화 있을진저 외식하는 서기관들과 바리새인들이여 너희가 박하와
회향과 근채의 십일조는 드리되 율법의 더 중한바 정의와 긍휼과 믿
음은 버렸도다 그러나 이것도 행하고 저것도 버리지 말아야 할지니라
24 맹인 된 인도자여 하루살이는 걸러 내고 낙타는 삼키는도다

23 “Woe to you, scribes and Pharisees, hypocrites! For you tithe mint
and dill and cumin, and have neglected the weightier matters of the
law: justice and mercy and faithfulness. These you ought to have done,
without neglecting the others. 24 You blind guides, straining out a gnat
and swallowing a camel!

25 화 있을진저 외식하는 서기관들과 바리새인들이여 잔과 대접의 겉
은 깨끗이 하되 그 안에는 탐욕과 방탕으로 가득하게 하는도다 26 눈
먼 바리새인이여 너는 먼저 안을 깨끗이 하라 그리하면 겉도 깨끗하
리라
25 "Woe to you, scribes and Pharisees, hypocrites! For you clean the
outside of the cup and the plate, but inside they are full of greed and
self-indulgence. 26 You blind Pharisee! First clean the inside of the cup
and the plate, that the outside also may be clean.

27 화 있을진저 외식하는 서기관들과 바리새인들이여 회칠한 무덤 같
으니 겉으로는 아름답게 보이나 그 안에는 죽은 사람의 뼈와 모든 더
러운 것이 가득하도다 28 이와 같이 너희도 겉으로는 사람에게 옳게
보이되 안으로는 외식과 불법이 가득하도다
27 "Woe to you, scribes and Pharisees, hypocrites! For you are like
whitewashed tombs, which outwardly appear beautiful, but within
are full of dead people's bones and all uncleanness. 28 So you also
outwardly appear righteous to others, but within you are full of
hypocrisy and lawlessness.

29 화 있을진저 외식하는 서기관들과 바리새인들이여 너희는 선지자
들의 무덤을 만들고 의인들의 비석을 꾸미며 이르되 30 만일 우리가
조상 때에 있었더라면 우리는 그들이 선지자의 피를 흘리는 데 참여
하지 아니하였으리라 하니 31 그러면 너희가 선지자를 죽인 자의 자
손임을 스스로 증명함이로다 32 너희가 너희 조상의 분량을 채우라
33 뱀들아 독사의 새끼들아 너희가 어떻게 지옥의 판결을 피하겠느냐
34 그러므로 내가 너희에게 선지자들과 지혜 있는 자들과 서기관들을
보내매 너희가 그중에서 더러는 죽이거나 십자가에 못 박고 그중에서

더러는 너희 회당에서 채찍질하고 이 동네에서 저 동네로 따라다니며
박해하리라 35 그러므로 의인 아벨의 피로부터 성전과 제단 사이에서
너희가 죽인 바라갸의 아들 사가랴의 피까지 땅 위에서 흘린 의로운
피가 다 너희에게 돌아가리라 36 내가 진실로 너희에게 이르노니 이것
이 다 이 세대에 돌아가리라
29 "Woe to you, scribes and Pharisees, hypocrites! For you build the
tombs of the prophets and decorate the monuments of the righteous,
30 saying, 'If we had lived in the days of our fathers, we would not
have taken part with them in shedding the blood of the prophets.'
31 Thus you witness against yourselves that you are sons of those who
murdered the prophets. 32 Fill up, then, the measure of your fathers.
33 You serpents, you brood of vipers, how are you to escape being
sentenced to hell? 34 Therefore I send you prophets and wise men and
scribes, some of whom you will kill and crucify, and some you will
flog in your synagogues and persecute from town to town, 35 so that on
you may come all the righteous blood shed on earth, from the blood of
righteous Abel to the blood of Zechariah the son of Barachiah,[3] whom
you murdered between the sanctuary and the altar. 36 Truly, I say to
you, all these things will come upon this generation.

37 예루살렘아 예루살렘아 선지자들을 죽이고 네게 파송된 자들을 돌
로 치는 자여 암탉이 그 새끼를 날개 아래에 모음같이 내가 네 자녀
를 모으려 한 일이 몇 번이더냐 그러나 너희가 원하지 아니하였도다
38 보라 너희 집이 황폐하여 버려진바 되리라 39 내가 너희에게 이르노
니 이제부터 너희는 찬송하리로다 주의 이름으로 오시는 이여 할 때
까지 나를 보지 못하리라 하시니라
37 "O Jerusalem, Jerusalem, the city that kills the prophets and stones

those who are sent to it! How often would I have gathered your children together as a hen gathers her brood under her wings, and you were not willing! 38 See, your house is left to you desolate. 39 For I tell you, you will not see me again, until you say, 'Blessed is he who comes in the name of the Lord.'"

1) 어떤 사본에, 14절에 막 12:40과 눅 20:47과 유사한 구절이 있음

1 Some manuscripts add here (or after verse 12) verse 14: *Woe to you, scribes and Pharisees, hypocrites! For you devour widows' houses and for a pretense you make long prayers; therefore you will receive the greater condemnation* *2* Greek *Gehenna*; also verse 33 *3* Some manuscripts omit *the son of Barachiah*

단락 개관

한 가지 반복구가 마태복음 23:13-39의 가장 두드러지는 특징이다. 예수님은 "화 있을진저"("Woe to you")라고 일곱 번 외치시는데, 여섯 번은 똑같이 "화 있을진저 외식하는 서기관들과 바리새인들이여"가 반복된다. 유사한 내용과 표현의 또 다른 "화 있을진저" 세트가 누가복음 11:37-54에 있다. "화 있을진저"라는 어구는 고대 정복의 노래에 처음 나오고(민 21:29), 그 다음 예언서에 나온다(렘 13:27; 48:46; 겔 16:23; 암 5:18; 습 2:5). 누가복음의 저주가 처음이고 마태가 주제 상의 이유로 그것을 각색하고 재배치한 것인지, 그 반대인지에 대해서는 논란이 있다. 그러나 그 저주는 두 상황에 다 완벽하게 어울린다. 또한 두 저주는 순회 설교자인 예수님이 한 번 이상 다루신 주제를 각기 독자적으로 기록한 것임을 시사할 만큼 완전히 다르다.

마태복음 23장은 해석자들에게 의미심장한 도전을 준다. 첫째, 그들은 핵심 용어인 '화 있을진저'(woe)와 '외식하는 자'(hypocrite)를 정의해야 한다.

둘째, 예수님의 청중과 마태와 현대 독자들 사이의 연관성을 따져야 한다.

먼저, '화 있을진저'는 경고이자 책망이다. 이는 악을 규탄하는 동시에 애통한다. 죄에 대한 의분과 함께, 임박한 심판을 포함한 그 결과에 대한 비탄이나 슬픔을 표현한다. '화 있을진저'는 하나님께서 심판'하실 것'이라고 말하기에 아직 심판을 피할 시간이 있다. 만약 그 외식하는 자들이 회개한다면 하나님은 누그러지실 것이다.[384] '외식하는 자'와 관련해서는, 예수님의 용례와 영어의 용례를 반드시 구별해야 한다. 일반 영어에서, 외식하는 자는 어떤 말을 하고 그것과 다르게 행동하는 사람일 수 있다. 모든 외식하는 자들이 일관성이 없지만, 일관성이 없는 모든 사람이 외식하는 자는 아니다. 모든 인간은 약하고 두려워하고 자주 잊기 때문에 일관성이 없다. 세심한 영어 용례에서, 외식하는 자는 특히 도덕적 문제나 종교적 문제에 대해 의도적으로 속인다. 외식하는 자는 비도덕적인 목표를 추구하면서 속이거나 오도하려 한다. 그러나 '외식하는 자'는 복음서에서 다소 다른 의미를 가진다. 서기관들과 바리새인들이[385] 간혹 고의적으로 속이는 죄를 짓는지는 모르지만, 그들은 오히려 먼저 자신을 속이고 그 결과로 다른 사람들을 속이는 듯 보인다. 그들은 (이런 식으로 말할 수 있다면) '진실된' 외식하는 자들이다. 그들의 종교 행위는 너무 엄격해서 그들이 가장하고 있다고 할 수 없다. 예수님은 그들이 교인 한 사람을 얻기 위해 바다와 육지를 두루 다니고(15절), 약간의 쓸모가 있는 잡초의 십일조까지 드린다(23절)고 말씀하신다. 그들은 심지어 일주일에 두 번씩 금식을 하기도 한다(눅 18:12). 하지만 불행히도 그들의 회심자들은 지옥 자식이다(마 23:15).

해석자들은 이 단락에 나오는 다섯 부류의 청중을 다루어야 한다. 예수님이 말씀하실 때 그분에게는 세 부류의 청중, 즉 서기관들과 바리새인들, 무리, 제자가 있다. 이들은 마태의 원 청중과는 전혀 다르고, 현대 독자들

384 Craig L. Blomberg, *Matthew: An Exegetical and Theological Exposition of Holy Scripture*, NAC (Nashville: B&H, 1992), 191.

385 마태는 "서기관들" 앞에 정관사를 거의 쓰지 않으므로, 이 장에서도 대부분 정관사를 생략한다.

과도 다르다. 원래의 청중과 이후 정경 독자들 사이의 구속사적, 문화적 간극은 그 어느 부분보다 23장에서 더 크다.

원래의 세 청중과 관련하여, 우리는 1절에서 예수님이 "무리와 제자들에게"(1절) 말씀하신다는 것을 볼 수 있다. 그러나 이후의 절들은 그분이 서기관들과 바리새인들을 향하여 말씀하신다고 말한다. "화 있을진저 외식하는 서기관들과 바리새인들이여"(13, 15, 23절). 이는 모순이 아니다. 예수님은 무리에게, 제자들에게, 그리고 우연히 그곳에 있는 어떤 서기관들이나 바리새인들에게도 말씀하신다. 서기관들과 바리새인들은 예수님의 강력한 경고가 필요하다. 그분의 맹렬한 표현은 그들의 독선적인 안주를 붕괴시킬 수 있었다. 실제로 일부 서기관과 바리새인은 듣고 회개한다(요 3:1; 19:39; 행 15:5). 무리도 예수님의 경고가 필요한데, 그들이 율법에 대한 서기관들의 '지식' 때문에 그들을 숭배하고, 순종의 '실천' 때문에 바리새인들을 숭배하기 때문이다. 잘못된 영웅을 흠모하는 일은 치명적일 수 있으므로, 예수님은 거짓 지도자들을 향한 그 세대의 숭배를 무너뜨리려 하신다. 서기관들과 바리새인들의 피상적인 순종과 연관된 경고는, 제자들의 섬김이 마음에서 흘러나와야 한다는 예수님의 주장을 이어간다(마 5:8, 28; 6:21; 12:34; 13:15; 15:8, 18-19; 18:35; 22:37).

서론에서 말했듯이 마태의 첫 독자가 주로 유대인 그리스도인이었다면, 그들 역시 23장이 필요했다. 그들도 주로 신실함을 율법의 용어로 해석하는 랍비들을 알았고 아마도 반사적으로 그들을 존경했을 것이다.

그러나 현대의 교사와 독자들에게 해석학적 도전이 가장 크다. 둘 다 바리새인들과는 별 관련이 없다. 살아 있는 사람 중에 그들과 공통점이 많은 사람은 거의 없다. 그로 인한 위험은 이중적이다. 평범한 독자는 그들과 거리가 멀어 보이는 본문은 묵살하는 반면, 교사들은 존재하지 않는 연관성을 보기 때문에 부당하게 잘못된 그룹을 책망할 수도 있다.

예수님의 참된 제자는 정의상 바리새인 같은 외식의 죄를 대놓고 지을 수 없다. 오늘날 살아 있는 사람 중에 바리새인들과 정확히 똑같은 견해를 가진 사람은 없다. 그들이 그랬던 것처럼 예수님의 삶을 목격하고 그것을 거부한 사람은 없다. 나아가 참된 신자는 그들의 회심자를 지옥 자식으로 만들지 않는다. 바리새인들은 마음 깊은 데서부터 오만하고 율법적이지만(눅 18:9-14), 예수님을 따르는 자들은 그분을 신뢰한다(마 9:28; 18:3-4; 21:22). 하지만 그 저주는, 그들의 본성을 거스르면서 외식을 행하는 제자들에게 2차적으로 적용된다. 바울이 갈라디아서 2:11-14에서 말하듯이, 베드로는 잠시 외식에 빠졌다. 모든 사람이 일관성이 없으므로, 모든 사람에게 마태복음 23장이 필요하다. 그럼에도 작정하고 본격적으로 외식하는 제자는 없으므로, 오늘날의 교사들은 부당하게 신자들을 매도하지 않도록 조심해야 한다.

그러나 그 순간으로 돌아가서 우리는 예수님이 예언자이자 심판자 역할을 이행하시는 것을 본다(겔 3:16-21). 일곱 번의 저주는 서기관들과 바리새인들에게 임박한 심판을 경고하고 회개를 요청한다.[386]

단락 개요

Ⅶ. 예루살렘에서 일어난 갈등과 가르침(21:1-23:39)

D. 서기관들과 바리새인들을 향한 저주(23:1-39).

2. 서기관들과 바리새인들을 향한 일곱 번의 저주(23:13-36)

3. 이스라엘의 반역을 애도하시다(23:37-39)

일곱 번 이어지는 저주의 개요에 대해서는 의견이 다양하지만, 도널드 해그너(Donald Hagner)는 일곱 번의 저주가 "타락의 무르익음"을 암시한다고

386 만약 예수님과 이스라엘 지도자들의 다툼을 영적 전쟁으로 해석할 수 있다면, 예수님은 그들을 멸하시려는 것이 아니라 그들의 부대를 떠나 그분의 부대에 합류하도록 설득하시려는 것이다.

분석한다. 그는 세 쌍의 저주에 뒤이어 일곱 번째에 절정의 말씀이 나온다고 본다. 첫 번째와 두 번째는, 서기관들과 바리새인들이 그들을 헌신적으로 추종하는 자들에게 해를 입혀 천국에 들어가지 못하게 하고(마 23:13), 그들이 "유죄 판결을 받도록"(참고. 15절) 한 것을 묘사한다. 세 번째와 네 번째는 그들의 가르침이 맹세의 핵심을 놓친 것과(16-22절), 가장 중요한 것을 "빛바래게 한 것"에 대해(참고. 23-24절) 책망한다. 다섯 번째와 여섯 번째는 바리새인의 외형주의를 묘사한다. 서기관들은 외적인 청결을 추구함으로써 내적 청결의 필요를 모호하게 만들고(참고. 25-26절), "외부의 경건이 내부의 불결함을 숨기게" 한다(참고. 27-28절). 서기관들의 일곱 번째이자 최고의 죄는 "하나님의 전령들을 거부한" 것이다(참고. 29-36절).[387] 이 단락은 회개에 대한 요청으로 마무리된다(37-39절).

주석

23:13-14 예수님은 심령이 가난한 자들에게 천국의 삶을 제시함으로써(5:3), 수고하고 무거운 짐 진 자들에게 "내게로 오라"라고 말씀함으로써(11:28), 그분의 말씀을 널리 알림으로써(13:3-52), 회개하고 믿는 자들의 죄를 사함으로써(16:15-19; 18:15-18), 천국으로 가는 문을 여신다. 그러나 서기관들과 바리새인들은 "천국 문을 사람들 앞에서 닫고", 그들도 들어가지 않고 다른 사람들도 들어가지 못하게 한다(23:13). 무엇보다 나쁜 것은, 그들이 메시아를 비난하고, 중상모략하고, 심판하고, 메시아의 죽음을 승인함으로써 그렇게 한다는 것이다(9:33-34; 11:19; 12:24; 27:62). 둘째, 그들이 지지자들에게 하나님의 은혜를 얻기 위해 선을 행해야 한다고 직접적으로 가르치지는 않았을지 모르지만, 그럼에도 그들은 구원을 협력 작업으로

387 Hagner, *Matthew*, 2:666-667.

해석한다. 그들은 하나님께서 언약을 제정하고 율법을 주셨다고 믿는다. 그 율법은, 그들이 정의하는 대로 옳은 길을 택하고 따른다면 구원을 이루기에 충분한 안내서다. 그들은 신인 협력설의 신봉자다. 은혜(아주 비슷한)로 시작하지만 은혜를 자기 것으로 만들기 위한 인간의 노력으로 끝난다.

마태복음 23:14은 가장 오래되고 신뢰할 만한 신약 사본에는 없다. 그 내용은 마가복음 12:40과 누가복음 20:47에 나온다. 그 절이 마태복음에 나올 경우 때로는 23:13 앞에 때로는 그 뒤에 나오는데, 이는 필사자들이 그것이 어디에 속하는지 알지 못했음을 암시한다.

23:15 예수님이 다시 "화 있을진저"라고 외치신다. 서기관들과 바리새인들이 "교인 한 사람을 얻기 위하여" 바다와 육지를 두루 다니지만 그런 다음 "너희보다 배나 더 지옥 자식이 되게 하[기]" 때문이다. 1세기에는 유대인이 선교 활동을 많이 했다. 요세푸스와 필로 둘 다 변증의 목적이 있었다. 바리새인들 역시 그들의 관습을 따르도록 동료 유대인들을 끌어들이기 위해 노력했다. 그러나 그들은 거짓 종교를 권했기 때문에 그들의 회심자는 불행한 결말을 맞게 되어 있었다. "배나 더"는 그들이 바리새인들의 시각에 훨씬 더 열성적이 되었다는 의미일 수 있다. 아니면 2배의 몫은 그저 충분한 양을 의미할 수 있다. 어느 쪽이든, 그들의 가르침은 "예수 메시아에 대한 여지를 남기지 않았으므로 메시아의 나라에 들어가게 할 가능성이 없다."[388]

23:16-22 예수님의 냉혹한 표현에 멈칫하는 사람들도 있다. 그들이 아는 예수님은 아주 온화하고 상냥해서 누군가를 지옥 자식이나 눈 먼 인도자, 맹인, 회칠한 무덤이라고 부를 수 없다. 그러나 예수님은 감정적이지 않고 솔직하시다. 예수님은 "사람의 속에 있는 것을 아셨[고]"(요 2:25), 아버지

388 Carson, *Matthew*, 538.

가 그분에게 모든 육체를 심판하도록 위임하셨다(마 16:27; 25:31-46). 심판이 임한다면, 그렇다고 말하는 것은 가혹하기보다는 오히려 정직하다. 확실한 파멸에 직면해서도 침묵하는 것이 훨씬 나쁜 일이기 때문이다. 하나님은 복음을 통해 적들에게까지 은혜를 확대하시지만(롬 5:10), 그 은혜를 받기 위해 그들은 자신의 상태를 알아야 한다. 오로지 맹인만이(마 23:16, 17, 19) 모든 맹세가 하나님의 임재 가운데서 일어난다는 사실을 보지 못한다.

예수님은 5:33-37에서 맹세가 필요하지 않다고 말씀하셨다. 제자들은 아주 정직해야 하므로 '예'나 '아니오'로 말하는 것으로 충분하고, 맹세하고자 하는 마음은 없어진다. 이곳에서 예수님은 자기 생각대로 하는 바리새인들을 평가하신다. 그들은 맹세를 하고, 그들 생각에 구속력이 있는 맹세와 구속력이 없는 맹세를 세밀하게 구분한다. 예수님은 그들의 구별을 도덕적인 눈멈 상태에서의 연구라고 비난하신다. 성전으로 맹세하는 것과 성전의 금으로 맹세하는 것이 무엇이 다른가?(23:16-17) 성전의 금이 성전 자체보다 맹세를 위해 더 무게가 있을 수 있는가? 그렇지 않다. 하나님의 임재로 인해 둘 다 거룩하다. 어떻게 제단으로 하는 맹세는 "아무 일 없[다]"고 하고, "그 위에 있는 예물"로 하는 맹세는 효력이 있다고 말할 수 있는가?(18절) 예물이 제단 자체보다 더 무거울 수 있는가? 예물을 거룩하게 해주는 것이 제단이다.

요지는 그 선생들이 반대로 하고 있다는 것이 아니다. 전체적인 기획이 부패했고 부패하게 만든다는 것이다. 맹세가 쓰임새가 있다면, 그것은 사람들로 약속하고 서약하기 전에 두 번 생각하게 만든다는 것이다. 맹세는 사람으로 하여금 진지하게 생각하게 한다. 하나님이 계시다면 누구도 가볍게 그분을 증인으로 들먹이지 않는다. 맹세가 하나님의 이름을 끌어대지 않는다 해도 모든 맹세는 그렇다. 성전이 하나님의 집이고 하늘이 그분의 보좌고 땅이 그분의 창조 세계다(20-22절). 누가 맹세하든 하나님이 증인이다. 어떤 사람이 마치 자기 어머니의 인생이 하나님보다 위대한 것처럼 '어머니의 산소를 두고' 맹세할 수 있다. 그러나 하나님께서 그 어머니에게 생명을 주셨고, 그 어머니의 날수를 세셨다. 하나님은 인간이 하는 모든 말을 보고 들으시므로, 그 사실만으로도 충분히 정직할 수 있어야 한다. 엄숙한 단언이 중요하지만, 증인을 대동하고 하는 말이 다른 말보다 더 중요하다는 개념 자체가 이미 인간이 타락했다는 증거다. 진실을 말한 다음 말을 멈추면 된다.

23:23-24 서기관들과 바리새인들은 정직한 말의 핵심을 놓친 것처럼, 그들이 하나님과 사회에 진 빚에 대한 핵심도 놓쳤다. 율법은 제사장들과 가난한 이들에게 분배하기 위해, 하나님께 곡물과 기름, 술, 초태생 동물의 십일조를 드리는 원리를 세웠다(레 27:30; 신 14:22-29). 그것은 약간의 쓸모가 있는 약초의 십일조는 요구하지 않는다. 박하와 회향과 근채는, 따로 섭취하지는 않고 가끔 양념에 쓰이는 향 좋은 풀들이다. 향이 좋은 풀의 십일조를 드리는 것이 악하지는 않다(마 23:23). 풀에는 주의를 기울이지만 "율법의 더 중한바 정의와 긍휼과 믿음"을 무시하는 것이 비난받을 일이다. 지도자들은 이것도 행하고 저것도 무시하지 말았어야 했다(23절). 예수님은 율법을 평가 절하하지 않으신다. "하나님은 그분의 백성에게 명령하시는 분 훨씬 이상이다. 그러나 그 이하는 아니다."[389] 시편 19:7-11은 율법이 "마음을 기쁘게 하고" "눈을 밝게 하[도록]" 이끈다는 것을 우리에게 상기시킨다.

23장

하나님의 율법은 그분의 정의와 긍휼과 믿음을 표현한다는 점에서 탁월하다. 하나님을 사랑하는 사람은 그분의 도덕적 탁월성을 드러내는 율법을 지킨다. 그분의 정의는 형법에서 분명히 드러난다. 위증하는 자는 그의 거짓 증언이 피해자에게 부과할 만큼의 벌을 받는다(신 19:16-19). 도둑은 피해자에게 2배로 배상함으로써, 정확히 그들이 취한 것을 잃고 피해자는 정확히 그들이 잃은 것을 얻는다(출 22:7, 9). 율법은 뉘우치는 도둑이 훔친 것을 되돌려주고 거기에 5분의 1을 더한다는 점에서 자비롭다(레 6:4-5).

389 John Piper, *Future Grace* (Sisters, OR: Multnomah, 1995), 143. 《장래의 은혜》(좋은씨앗).

또한 율법은 모든 사람이 형제나 자매를 지키는 신실한 사회를 만든다. 가난한 사람이 수확의 몫을 받고(룻 2장), 돌보는 사람은 앞뒤를 가리지 않는 사람을 보호한다(신 22:8). 모든 면에서 율법은 하나님의 정의와 긍휼과 믿음을 가리킨다.[390] 율법은 우리를 이기적인 데서 인류와의 연대로 이끈다. 이는 대단한 일이다. 한편, 죽은 동물과의 접촉이 불결함을 유발한다는 것을(레 11:24-25, 39-40) 아는 랍비들은 우유에 빠져 바로 죽은 하루살이에게 그 율법이 적용되는지 묻는다. 그들에게는 부정한 동물 중 가장 작은 하루살이에 관한 규정은 있지만(레 11:23, 41), 은유적인 낙타(부정한 동물 중 가장 큰 것, 마 23:24)는 삼킨다.[391]

23:25-26 그 다음, 서기관들과 바리새인들은 "잔과 대접의 겉은 깨끗이 하되 그 안에는 탐욕과 방탕으로 가득하게"(25-26절) 한다. 이는 손과 잔과 접시의 의식적 정결함에 관한 랍비들의 논의를 비판하는 것처럼 들린다. 정결에 대한 과도한 관심이 마가복음 7:1-4과 마태복음 15:1-20의 주제다. "겉은 깨끗이 하되"는 거룩함의 겉모습을 나타낸다. 마음이 "탐욕과 방탕으로 가득"하다면(23:25) 겉모습이 겸손한 것이 무슨 소용인가? 만약 그들의 안, 즉 마음이 깨끗하다면 겉모습은 자연스럽게 해결될 것이다. 예수님은 "무리와 제자들에게"(1절) 말씀하고 계시므로, 그분이 공식적으로 바리새인들을 향해 말씀하실 때도 마태의 청중 전체에게 먼저 안을 깨끗하게 하라는 명령을 확대하는 것이 합리적이다. 그 주제는 7:15-20, 12:33-35, 15:10-20에도 나온다. 요한복음 3:1-21, 로마서 8:5-8, 갈라디아서 5:16-25, 야고보서 4:1-8도 다른 표현으로 그 주제를 탐구한다. 문화적으로 나타나는 모습이 의식적 정결이든, 공손의 방식이든, 예의 바른 행동 규범이든, 겉으로 좋게 보이고 안은 무시하려는 유혹을 받는다.

390 Doriani, *Putting the Truth to Work*, 243.

391 Davies and Allison, *Matthew*, 3:296.

제자는 서기관과 바리새인의 실수에 빠지지 않도록 조심해야 한다.

23:27-28 마찬가지로, 외식하는 서기관들과 바리새인들은 "회칠한 무덤 같으니 겉으로는 아름답게 보이나 그 안에는 죽은 사람의 뼈와 모든 더러운 것이 가득하[다]"(27절). 당시에는 매년 유월절 기간마다 무덤을 흰색으로 칠했으므로, 예수님이 말씀하고 계실 때도 그 일이 진행되고 있었을 것이다. 유대인들은 무의식적으로 무덤 위로 걸어 스스로를 더럽히는 일이 없도록 무덤을 그렇게 칠했다. 따라서 그러한 미화(美化)는 흔히 있는 일이었다. 그러나 슬프게도 바리새인들은 사람들을 더 심하게 더럽혔다. 적절하게 표시해둔 무덤은 사람들에게 거리를 두라고 알림으로써 그들을 지켜준다. 그러나 바리새인들은 반대로 했다. "그들은 자신들이 만든 세세한 규정들로 아주 도덕적으로 보였지만 실상은 사람들을 오염시키고 있었다."[392] 그들은 깨끗하고 율법을 준수하는 듯 보였지만 그 율법을 왜곡했다. 그들의 왜곡은 그들 스스로를 악하게 만들고 나아가 자기 제자들도 타락시켰다.

23:29-36 그 다음, 서기관들과 바리새인들은 "선지자들의 무덤을 만들고 의인들의 비석을 꾸[민다]." 마치 그들이 그 예언자들을 섬기는 것처럼 말이다(29절). 이스라엘의 의로운 영웅(다윗 같은)을 위한 비석이나 무덤[므네메이아(*mnēmeia*)]은 당시 그들을 섬긴다는 가시적인 표현이었다(행 2:29). 그러나 서기관들과 바리새인들은 지도자들이 떠난 후에만 그들을 칭송하는 유감스러운 집단에 합류했다. 그들은 "[우리 조상들이] 선지자의 피를 흘[렸다]"라고 인정할 때 무심코 그와 똑같이 고백한다. 그들은 "우리는…참여하지 아니하였으리라"(마 23:30)라고 주장하지만, 예수님은 그들이 스스로를 속인다는 것을 아신다. 그들은 "우리…조상"이라고 언급함으로써 자신이 "선지자를 죽인 자의 자손"임을 인정한다(31절). 지금까지 서기관들과

23장

392 Carson, *Matthew*, 542.

바리새인들은 예수님에게 적대적이었다. 주말쯤에 그들은 그분을 죽이는 일을 도울 것이다(27:62).

이스라엘에는 반역과 폭행의 역사가 있다. 이전의 예언자들처럼, 예수님도 그들에게 그들의 일을 마무리하고 심판을 위해 무르익으라고 신랄하게 권고하신다. "너희 조상의 분량을 채우라"(마 23:32-33, 참고. 렘 44:25-27; 암 4:4-5, 12). 세례 요한은 예레미야, 에스겔, 때로는 모세까지 포함하는 계통, 멸시당하고 살해된 예언자 계통의 마지막 예언자였다(마 14:1-12). 예수님은 계속해서 예언자들을 보내실 것이고, 그들은 계속 예언자들을 박해하고 채찍질할 것이다(23:34). 예수님은 아벨로부터 바라갸의 아들 사가랴까지 "의로운 피가 다"(35절) 이 세대로 돌아갈 것이라고 마무리하신다.

아벨은 의를 위해 죽은 최초의 사람이었다. 그의 피가 정의를 호소했다(창 4:1-12). 구약에서 많은 사람이 사가랴라는 이름을 가지고 있는데, 예수님은 아마도 성전 뜰 안에서 죽임 당한 제사장 사가랴를 가리키시는 것 같다(대하 24:20-22; 이 구절에는 "스가랴"로 되어 있다-옮긴이 주). 이는 연대순로 볼 때 구약의 마지막 살인은 아니다. 그러나 구약성경의 순서상 역대기가 히브리 성경의 마지막에 있으므로, 아벨과 사가랴는 히브리어 구약성경 처음과 마지막에 기록된 멸시받고 죽임당한 의인이다.

23:37-39 예수님은 32-36절에서 수사적 폭풍의 절정에 이른 후에, 37-39절에서 온화하게 애가와 은혜를 제시함으로 마무리하신다. 외식하는 자들은 그 조상들의 죄를 채울 수도 있고, 회개하고 하나님께로 돌아갈 수도 있다. 회개하면 예수님은 받아주실 것이다. 그분은 "예루살렘아 예루살렘아 선지자들을 죽[인]…자여…내가 네 자녀를 모으려 한 일이 몇 번이더냐"(37절)라고 외치며 그들을 갈망하신다. "예루살렘"이 두 번 나온 것은 그 감정의 다정함과 깊이를 보여준다. 그들이 예수님을 원한다면 그분은 자녀를 대하는 어머니 같으실 것이다.

악한 유대인들도 그들에게 닥칠 비참한 일을 피할 수 있지만, 그들은 먼저 예수님을 찬송해야 한다(38-39절). 그들이 율법에 관해 어떤 논의를 하든 가장 큰 문제는 '예수님이 메시아인가 아닌가'이다. 예수님을 인정하고 "찬송하리로다 주의 이름으로 오시는 이여"(39절)라고 선포할 때까지, 그들에게는 평안도 없고 심판에서 벗어나지도 못할 것이다. 그렇게 하지 않으면 다시 그분을 보지 못할 것이다.

응답

독자들은 왜 "이 세대"가 모든 "의로운 피"에 대한 책임을 져야 하는지 의아할지 모른다(23:35-36). 왜냐하면, 순교자들의 피가 수세기 동안 수많은 도시에서 흘렀기 때문이다. 마태복음에서 주제들을 발전시키곤 하는 요한계시록에 힌트가 나온다. 요한계시록 17:1-6에서 요한은 바벨론의 음녀가 성도들과 순교자들의 "피에 취한" 것을 본다(계 17:6). 나중에 바벨론이 멸망한 후, 요한은 그 안에서 "선지자들과 성도들…의 피"를 본다(18:24). 따라서 예루살렘과 바벨론 둘 다 모든 순교자의 피에 책임이 있다. 이는 하나님의 모든 적들 가운데 숨겨진 연대가 있으므로 타당하다. 마찬가지로 요한계시록 11장은 "큰 성…[비유적으로] 소돔이라고도 하고 애굽이라고도 하니 곧 그들의 주께서 십자가에 못 박히신 곳"(11:8)에 누워 있는 하나님 증인들의 시체에 대한 환상이다.

따라서 바벨론, 소돔, 애굽, 예루살렘 모두 예수님과 그분의 증인들을 죽인 죄가 있다. 우리는 그 이유를 볼 수 있다. 예루살렘은 최악일 때 거짓 종교를 나타낸다. 애굽은 최악일 때 잔혹하고 억압적인 정부를 구현한다. 바벨론과 소돔은 최악일 때 부와 호색의 우상을 대변한다. 예루살렘과 애굽과 바벨론 모두 참된 종교를 반대한다. 거짓 종교, 잔혹한 정부, 물질주의가 연합하여 예수님 및 그분의 대변자들과 맞선다. 할 수 있었다면 하나님을 죽였을 것이고, 할 수 있다면 하나님의 대변자를 죽일 것이기 때문에 그들은 심판 받아 마땅하다. 교회는 지도자들을 존경해야 하지만, 거짓 종교 지도자들에 대한 성경의 무수한 경고를 잊어서는 안 된다. 그들은 "지옥의 판결을 피[할]" 수 없다(마 23:33). 성경에서는 각 개인이 그들의 결정에 대한 책임을 진다. 그리고 함께 심판을 받는 공동의 연대가 있다(수 7장).

서기관들과 바리새인들은 회개하고 예수님을 찬송하거나 아니면 하나님의 심판을 마주해야 한다. 예수님이 "왕권을 가지고" "아버지의 영광으로 그 천사들과 함께" 오실 때 모든 육체가 그분을 볼 것이다(마 16:27-28). 그날 모두가 그분을 "주"라 부를 것이다(빌 2:9-11). 어떤 이들은 그들의 심판자 앞에서 떨 것이고, 또 다른 이들은 그들이 사랑하는 구세주를 맞이할 것이다(마 24:50-51; 25:21-30, 46). 예수님은 바리새인들을 독사, 지옥 자식, 외식하는 자라고 부르신다. 아니 복합적인 눈먼 상태로부터 그들을 흔들어 떨어뜨리기 위해 그 이상으로 거칠게 말씀하신다. 그들은 눈이 멀었는데도 그것을 깨닫지 못한다(요 9:40-41). 때로는 가혹한 표현으로 가혹한 진리를 말해야만 한다. 목표가 영적으로 잠자는 사람을 임박한 운명에서 깨우는 것이라면, 그것은 사랑의 행위다.

우리는 진정한 제자는 본격적으로 외식하는 자일 수 없다고 언급했다. 하지만 마태복음 23장은 제자들에게 하시는 말씀이므로(마 23:1), 우리는 분명 외식에 대해 들을 필요가 있다. 외식하는 자들은 사람에게 보이기 위해(6:5, 16) 혹은 영광을 얻기 위해(6:2, 5, 16; 23:6-7; 눅 11:43) 행동한다. 그들은 어떤 명령이든, 사소해 보이는 것도 나쁜 영향을 미치는 듯한 것도 따르려고 무엇이든 한다(마 23:23; 눅 13:10-17). 그에 반해 제자는 누가 보느냐 아니냐를 신경 쓰지 않는다. 그에게는 공적인 실천이든 사적인 실천이든 똑같다. 한 분의 청중을 위해 살기 때문이다. 그는 어린아이와 동년배와 윗사람을 같은 방식으로 대한다. 외식하는 자들은 사람들에게 보이려고 정해진 시간에 기도한다. 제자는 하루 종일 은밀하게, 여럿이 아닌 한 분이 들으시도록 기도한다. 말씀을 가르치는 모든 사람은 이와 같은 마음과 정신으로 행해야 한다.

1 예수께서 성전에서 나와서 가실 때에 제자들이 성전 건물들을 가리
켜 보이려고 나아오니 2 대답하여 이르시되 너희가 이 모든 것을 보지
못하느냐 내가 진실로 너희에게 이르노니 돌 하나도 돌 위에 남지 않
고 다 무너뜨려지리라

1 Jesus left the temple and was going away, when his disciples came to
point out to him the buildings of the temple. 2 But he answered them,
"You see all these, do you not? Truly, I say to you, there will not be left
here one stone upon another that will not be thrown down."

3 예수께서 감람산 위에 앉으셨을 때에 제자들이 조용히 와서 이르되
우리에게 이르소서 어느 때에 이런 일이 있겠사오며 또 주의 임하심
과 세상 끝에는 무슨 징조가 있사오리이까 4 예수께서 대답하여 이르
시되 너희가 사람의 미혹을 받지 않도록 주의하라 5 많은 사람이 내
이름으로 와서 이르되 나는 그리스도라 하여 많은 사람을 미혹하리라
6 난리와 난리 소문을 듣겠으나 너희는 삼가 두려워하지 말라 이런 일
이 있어야 하되 아직 끝은 아니니라 7 민족이 민족을, 나라가 나라를
대적하여 일어나겠고 곳곳에 기근과 지진이 있으리니 8 이 모든 것은
재난의 시작이니라

3 As he sat on the Mount of Olives, the disciples came to him privately,
saying, "Tell us, when will these things be, and what will be the sign of
your coming and of the end of the age?" 4 And Jesus answered them,
"See that no one leads you astray. 5 For many will come in my name,
saying, 'I am the Christ,' and they will lead many astray. 6 And you
will hear of wars and rumors of wars. See that you are not alarmed, for
this must take place, but the end is not yet. 7 For nation will rise against
nation, and kingdom against kingdom, and there will be famines and
earthquakes in various places. 8 All these are but the beginning of the
birth pains.

9 그때에 사람들이 너희를 환난에 넘겨주겠으며 너희를 죽이리니 너
희가 내 이름 때문에 모든 민족에게 미움을 받으리라 10 그때에 많은
사람이 실족하게 되어 서로 잡아주고 서로 미워하겠으며 11 거짓 선지
자가 많이 일어나 많은 사람을 미혹하겠으며 12 불법이 성하므로 많은
사람의 사랑이 식어지리라 13 그러나 끝까지 견디는 자는 구원을 얻으
리라 14 이 천국 복음이 모든 민족에게 증언되기 위하여 온 세상에 전
파되리니 그제야 끝이 오리라

9 "Then they will deliver you up to tribulation and put you to death, and
you will be hated by all nations for my name's sake. 10 And then many
will fall away[1] and betray one another and hate one another. 11 And
many false prophets will arise and lead many astray. 12 And because
lawlessness will be increased, the love of many will grow cold. 13 But
the one who endures to the end will be saved. 14 And this gospel of the
kingdom will be proclaimed throughout the whole world as a testimony
to all nations, and then the end will come.

1 Or *stumble*

단락 개관

복음서 구절 중에서 마태복음 24장과 병행 본문인 마가복음 13장, 누가복음 21장만큼 전혀 다른 해석을 낳는 구절은 거의 없다. 대중적인 주해의 한 노선은 그리스도의 임박한, 아마도 몇 년 이내의 재림 징표를 얻기 위해 본문을 연구한다. 어떤 회의적인 해석은, 예수님이 하나님의 종말론적 나라의 임박한 도래를 잘못 믿었다고 판단한다. 기독교 묵시 신앙을 조롱하려는 이들은, 세속주의자들 역시 핵전쟁이나 환경 재해를 통해 '익숙한 형태로 세상의 종말'을 예견하도록 상기시킬 것이다. 마태복음 24장을 올바르게 해석하려면, 본문의 문맥과 구조와 한계를 확고히 하면서, 제자들이 던지는 질문들과 예수님이 그들에게 대답하시거나 대답하지 않으시는 것을 이해해야 한다.

더 넓은 본문 단위인 24-25장은 세 부분으로 나뉜다. 24:1-3에서는 제자들이 성전 건물을 응시할 때, 예수님은 그 성전이 파괴될 것이라 선언하시고, 제자들은 그에 관해 질문한다. "어느 때에 이런 일이 있겠사오며 또 주의 임하심과 세상 끝에는 무슨 징조가 있사오리까"(마 24:3). 대략적으로 말해 24:4-35에서 예수님은 "이 세대"(24:34)에 일어날 성전 붕괴를 위해 제자들을 대비시키신다. 그런 다음 24:36-25:46에서 시대의 종말에 대해 논평하신다.

단락 개요

Ⅷ. 다섯 번째 설교: 곤경, 인내, 종말(24:1-25:46)
  A. 정황과 질문(24:1-3)
  B. 재난(24:4-14)

마태복음 24:1-3은, 예수님이 성전 파괴를 예언하시고 제자들은 그 예언을 해설해달라고 요청하면서 설교의 배경을 설명한다. 4-14절에 나오는 성전 파괴 예언에 대한 해설은 이중적인 경고로 시작된다. 제자들은 누구에게도 미혹되어서는 안 되고, 사건들이 그들 주위에서 소용돌이치더라도 두려움에 굴복해서는 안 된다. 그들은 그리스도가 재림했다는 주장을 무시해야 한다. 전쟁과 지진과 기근은 "재난"이 시작되었다는 표지지만 성전의 종말은 아니다(4-8절). 환난과 미움과 배교와 거짓 예언자들의 미혹이 모두 일어나야 한다. 불법이 성하고 사랑이 식을 것이다. 제자는 끝까지 견뎌야 한다. 그 끝은 "천국 복음"이 모든 민족에게 선포된 후에 온다(9-14절).

주석

24:1-14 24장은 예수님이 성전 경내를 떠나시는 장면으로 시작된다. 그곳에서 유대 지도자들과 벌였던 언쟁은 서기관들과 바리새인들에 대한 길고 맹렬한 비난으로 이어졌다(22:15-23:37). 예수님이 감람산을 향해 떠나실 때(24:3) 제자들이 다가와 성전 건물들을 가리킨다(1절). 마가는 마태가 암시하는 바를 명확하게 말한다. 그들은 예루살렘 도성과 장려한 성전 건물들에 눈에 부신다. "보십시오! 얼마나 굉장한 돌입니까! 얼마나 굉장한 건물들입니까!"(막 13:1, 새번역). 이에 예수님이 강조하며 답하신다. "내가 진실로 너희에게 이르노니 돌 하나도 돌 위에 남지 않고 다 무너뜨려지리라"(마 24:2). 성전 건물은 유명한 건축가였던 헤롯 대제의 거대 프로젝트 가운데 하나로, 매우 화려했다. 수천 톤 무게의 거대한 돌들이 그 도성 주위로 벽을 만들었고, 성전의 광택 나는 대리석 벽은 금박으로 장식되었다.

예수님은 성전의 아름다움과 운명을 모두 아신다. "돌 하나도 돌 위에"는 완벽한 파괴를 암시한다(2절). 목적지인 감람산에 이르자, 제자들은 예수님께 설명을 요구한다. "어느 때에 이런 일이 있겠사오며 또 주의 임하심과 세상 끝[즉, '종료']에는 무슨 징조가 있사오리이까"(3절). 영어 번역본은 2-3개의 질문으로 읽힐 수 있다. 제자들은 아마 한 가지 질문을 하고 있다고 생각했을 것이다. 그들은 분명 성전 멸망과 세상 끝과 그리스도의 오심이 함께 일어나리라 예상하기 때문이다. 그러나 헬라어 문장은 2개의 의문사에 걸려 있다. "어느 때에[포테(*pote*)] 이런 일이 있겠사오며 또 주의 임하심과 세상 끝에는 무슨[티(*ti*)] 징조가 있사오리이까."

예수님은 제자들에게 두 단계로 답하시는데, 34-36절에서 명확한 중단이 보인다. 34절은 "내가 진실로 너희에게 말하노니 이 세대가 지나가기 전에 이 일이 다 일어나리라"라고 말한다. "세대"가 보통 그렇듯이 시간을 가리킬 때, 그것은 40년까지의 시한을 암시한다. 대부분의 역사가는 예수님의 죽음을 주후 30년 가까이로 보고, 베스파시아누스(Vespasian)는 주후 70년의 유대인 폭동 이후 예루살렘과 그 성전을 완전히 파괴했다. 따라서 성전은 그 예언 이후 40년 즉 한 세대 만에, 적어도 몇 명의 사도는 살아 있는 동안에 무너졌다.

예수님은 말씀의 능력을 엄숙하게 선언한 후에(35절), 36절에서 그분의 오심과 세상 끝의 시기에 관한 두 번째 질문으로 옮겨가신다. "그러나 그 날과 그때는 아무도 모르나니." 성경에서 "그날"("that day")은 인간 역사의 끝, 세상의 마지막 날을 의미하는 전문 용어일 수 있다.[393] 이는 마태복음 7:22, 26:29, 마가복음 13:32, 14:25, 누가복음 10:12, 21:34, 요한복음 14:20, 16:23, 로마서 2:16, 데살로니가전서 5:4, 데살로니가후서 1:10, 디모데후서 1:12, 18; 4:8에서 명확히 세상의 마지막 날, 심판 날을 의미한다.

만약 (1) 제자들의 질문과 (2) 예수님이 그들에게 답변하시는 방식에 대한 이 평가가 옳다면, 마태복음 24:3-35은 예수님이 죽으신 후 한 세대 안에 적어도 부분적으로 성취되었다. 그분의 예언들이 미래에 두 번째로 성취된다 해도, 그것들 역시 예수님의 죽음부터 로마 전쟁까지의 세대를 묘

393 이 어구는 성경에 200회 이상 나온다. 구약성경 역사서는 물론 사도행전에서 이 어구는 아주 자주 무언가 일어나는 날을 의미한다. 예언서에서는 보통 하나님께서 행동하실 미래의 날을 의미한다. 이사야 25:9; 27:12-13; 28:5; 29:18에서는 심판 날을 의미하는 듯 보인다.

사한다. 3-35절은 제자들이 "끝까지 견디는" 것을 도와서 "구원을" 받도록(13절) 주후 30-70년의 사건들을 예언한다. 24:36-25:46에서 예수님은 그분이 재림할 때를 아는 사람은 아무도 없다고 주장하신다. 그러므로 제자들은 항상 그분의 재림을 주시하고 대비해야 한다(24:42-44; 25:10, 13).

이 설명이 정확하다면, 거짓 그리스도, 거짓 예언자, 전쟁, 기근, 지진, 전 세계적인 복음 선포에 대한 예언은 먼저 예루살렘 멸망 이전 시기를 가리킨다(24:4-14). 마태복음 24:36-25:13은 예수님이 불시에, 그날의 전조가 되는 연속적인 사건들 없이 재림하실 것이라고 계속해서 강조한다. 그러나 24:9-23에서 "그때에"가 6회 사용된 것, 그리고 16절에서 결정적으로 사용된 것은 시기에 대한 관심을 나타낸다. 이것이 타당한 까닭은, 예수님이 어린 교회를 위해 아주 위험한 시기를 묘사하고 계시기 때문이다(참고. 9, 10, 14, 16, 21, 23절).

예수님은 24-25장 내내 무슨 일이 있어도 끝가지 신실하라고 제자들에게 계속 권면하시지만, 그분의 전략은 다르다. 두 번째 부분에서, 그분은 교회에 표징을 찾지 말고 항상 준비하라고 말씀하신다. 첫 번째 부분에서는 독자들에게 표징을 찾으라고 말씀하시므로, 그들은 멸망의 가증한 것, 즉 로마 군대(참고. 24:15-20 주석)가 성전에 들어올 때 살기 위해 도망할 준비를 할 것이다(24:15-21).

틀을 잡았으니 하나씩 주석을 시작해보자. 예수님은 "너희가 사람의 미혹을 받지 않도록 주의하라"(4절)로 시작하신다. 이 경고가 꼭 필요한 까닭은, 거짓 그리스도와 거짓 예언자가 일어나 많은 사람을 미혹할 "표적과 기사"를 행할 것이기 때문이다(11, 24절). 제자들은 옳은 사건들에 주의를 기울여야 한다. 거짓 그리스도(5절)와 거짓 예언자(11절)는 하나님을 대변한다거나 자신이 구원자라고 주장한다. 요세푸스의 작품들이 보여주듯이, 실제로 거짓 예언자와 가짜 구원자가 주후 30년부터 70년까지 많이 일어나 사람들을 속였다.[394]

394 Josephus, *Jewish Wars* 2.259-263; 6.285-289; *Antiquities* 20.97-98.

어떤 한 사람이 그리심산에 무장한 많은 무리를 모았는데, 빌라도가 그와 다른 지도자들을 죽였다.[395] 자칭 예언자로 엘리야처럼 요단강을 가르겠다고 약속한 드다는 수많은 지지자의 마음을 끌어 모았는데, 유대의 총독 파두스가 그의 목을 베었다.[396] 한 익명의 이집트인(아마도 유대 혈통의)은 꽤 큰 무리를 이끌고 예루살렘 바깥쪽에 이르러, 그의 명령에 예루살렘 성벽이 무너져서 자신의 군대가 그 도성으로 들어갈 수 있을 것이라고 장담했다.[397] 요세푸스는 또 클라우디우스와 네로가 통치하고 파두스와 벨릭스와 베스도가 로마의 총독일 때 유대에는 로마에 반역한 주창자들로 가득 찼는데, 그들은 종종 신적 영감과 능력을 주장했다고 기록했다.[398] 심지어 로마가 예루살렘을 포위한 동안에도 한 '예언자'가 저주를 외치며 임박한 구원을 선포했다.[399]

요세푸스 작품의 같은 단락은, 이스라엘의 예언자들과 카리스마 있는 지도자들이 종종 폭행을 가한다며 위협했고 항상 폭력적인 보복을 당했다고 기록한다. 같은 시기에 전쟁과 전쟁의 소문이 제국 전체에 나타났다(6절). 하지만 전쟁이 종말의 표징은 아니다. 어느 시대든 나라와 나라가 싸우고, 전쟁이 끓고 타오르고 터지기 때문이다(7절). 기근과 지진도 마찬가지다. 과학자들은 매년 20회의 큰 지진(리히터 척도가 7.0 혹은 그 이상)과 대략 20만 회의 작은 지진(4.0 혹은 그 이상)이 일어난다고 추산한다. 로마의 역사가 타키투스(Tacitus, 주후 56-120년)는 주후 70년 이전에 안디옥, 브루기아, 라오디게아에서 일어났던 큰 지진을 기록했다.[400] 기근 역시 주후 50년경

395 Josephus, *Antiquities* 18.85-87.

396 같은 책, 20.97-99.

397 같은 책, 20.169-172; Josephus, *Jewish Wars* 2.261-263. 참고. 또한 행 21:38.

398 Josephus, *Antiquities* 20.167-168; *Jewish Wars* 2.252-270.

399 Josephus, *Jewish Wars* 6.285-309.

400 Tacitus, *The Annals*, trans. John Jackson (Cambridge, MA: Harvard University Press, 1925-1937), 3:401 (12.58.3) 그리고 4:151 (14.27.1).

글라우디오 통치 말기에 발생했다.[401] 그러나 이러한 곤경들 어느 것도 종말이 가까이 온다는 것을 나타내지는 않는다. 그것은 "재난의 시작"이다(8절).

물리적인 재해 외에도 사도들과 제자들은 그리스도를 위해 환난과 미움과 죽음을 당할 것이다(9절, 참고. 5:10-12; 10:16-39; 16:24). 사도행전은 스데반과 요한의 형제 야고보가 그들의 증언 때문에 죽임을 당했으며(행 7:54-60; 12:1-5), 바울이 자주 옥에 갇히고 때로는 처형의 위기에 놓이기도 했으며, 네로가 주후 68년 로마 화재 이후 수많은 그리스도인을 살해했다고 기록한다. 예수님은 이 모든 적대가 수많은 사람을 신앙과 그 공동체로부터 "실족"시킬 것이라고 계속해서 말씀하신다(마 24:10). 히브리서 6:4-6과 요한일서 2:18-24도 같은 말을 한다.

마지막 세 가지 요점, 불법의 성행, 사랑의 상실, 온 세상에 복음이 선포되는 것은 주후 70년 이전의 그 시기를 추적하기가 더 어려워 보인다. 이 세 가지 중 마지막 것은 교훈적이지만 분명 예루살렘이 멸망하기 전에 복음이 "온 세상에 전파되[지]"(마 24:14) 않아 보이기 때문이다. 하지만 심지어 이것도 주후 70년까지 부분적으로 성취되었다. 첫째, "세상"[오이쿠메네(*oikoumenē*)]이라는 단어는 종종 고대 여행자들에게 알려진 모든 장소가 아니라 문명화된 세상을 의미한다. 둘째, 예수님은 복음이 제자도를 통해 깊이 뿌리 내린다고 하신 것이 아니라, 그저 복음이 전파될[케뤼소(*kēryssō*)] 것이라고 말씀하신다. 셋째, 성경은 적어도 복음이 어떤 의미에서 몇십 년 안에 제국 전체에 선포되었다고 기록한다. 천하 각국에서 온 사람들이 오순절에 베드로의 설교를 들었다(행 2:5). 바울은 로마인들의 믿음이 온 세상에 알려졌다고 쓴다(롬 1:8). 골로새서에서는 복음이 "온 천하에서도" 열매를 맺고 있다고 언급한다(골 1:6, 23). 마지막으로 빌립은 에디오피아 내시를 전도하는데(행 8:26-40), 호메로스(Homer)와 헤로도토스(Herodotus)는 에디오피아를 "땅끝"[402]이라 불렀다.

401 많은 고대 자료들이 그렇듯 사도행전 11:27-30에서도 이를 언급한다.

이 시점에서 독자는 이 해설이 너무 긍정적으로 증명하려 든다고 의심할지 모른다. 마태복음 24:5-14의 모든 것이 정말 40년 내에 성취되었는가? 예를 들어 분명히 세상의 대부분이 주후 70년까지 복음을 듣지 못했다. 동의한다. 그러나 예언은 종종 이중적으로 성취된다. 이사야 7장의 임마누엘 예언은 이사야 시대에도 또 예수님이 태어나실 때도 성취되었다. 사무엘하 7장에 나오는 다윗의 후손에 관한 예언도 마찬가지다. 솔로몬이 그것을 성취했고, 예수님이 다시 더 완전하게 성취하셨다. 우리는 마태복음 24장의 예언들을 검토하고, 다는 아니더라도 대부분이 이중적으로 성취되었다는 것을 보여줄 수 있다. 예를 들어 바울서신과 요한일서, 요한계시록 모두 거짓 선생과 예언자와 구원자들이 일어나 많은 사람을 속이고 마지막 미혹하는 자에서 절정에 이를 것이라고 예언한다(살후 2:1-12; 요일 2:18; 4:1-6; 계 13:11-18). 분명 모든 민족을 제자 삼는 과업은 주후 70년까지 완벽하게 성취되지 않았다. 불법과 사랑 부족과 배교의 문제 역시 남아 있고, 전천년주의자들과 대부분의 무천년주의자들이 동의하듯이, 그것은 재림 전에 심해질 것이다. 무엇보다 모든 세대가 "끝까지 견디는 자는 구원을 얻으리라"(마 24:13)라는 것을 기억할 필요가 있다. 이 주석은 하나님께서 그분의 양떼를 지키시고(요 10:28-29), 그분의 백성 가운데서 이루는 일을 완성하시고(빌 1:6), 하나님의 구원이 온전히 드러날 때까지 그들을 보호하신다고(벧전 1:3-5) 단언한다. 하지만 마태복음 24:13은 또한 끝까지 믿음을 지키는 것이 신자의 의무라고도 단언한다.

402 Tannehill, *Narrative Unity of Luke-Acts*, 2:108-109.

응답

미래에 관한 예수님의 가르침은 다음에 일어날 일에 대한 호기심을 풀어주는 것 이상의 일을 한다. 미래는 매번 현재에 있는 제자들에게 말한다. 예수님은 제자들에게 미혹을 받지 말라고 네 번 경고하시고(마 24:4, 5, 11, 24), 거짓 그리스도와 거짓 예언자들에 대해 세 번 주의를 주신다(5, 11, 24절). 이 반복되고 연관된 경고의 목적은 속임수를 피하도록 제자들을 준비시키는 것이다. 끝까지 견디고 구원받기 위해서는 이것이 꼭 필요하다(4, 11, 13절). 거짓 선생과 거짓 그리스도의 관련성이 당연한 것은, 대부분의 이단이 기독론적 오류 혹은 이설로 시작하거나 끝나고, 이설이 잘못된 길로 가는 주된 방식이기 때문이다. 이단을 피하기 위해서는, 건전한 기독론과 구원론을 가지는 것이 꼭 필요하다. 하지만 사랑이나 하나님의 율법에 대한 존중이 없어지는 것 역시 큰 위험 요소다(12절; 계 2:1-7). 지혜로운 제자는 교리적 오류를 살피지만, 동시에 예배와 기도와 묵상적 성경 읽기 등의 영적 훈련에도 열심을 낼 것이다. 다른 사람에 대한 사랑으로 이어지는 주님에 대한 사랑, 그분의 율법에 대한 순종, 고귀한 "천국 복음[을] 모든 민족에게"(마 24:14) 선포하고자 하는 소망을 키우기 위해서다.

이 단락은 또한 두려움에 굴복하지 말고 재앙과 박해와 환난을 예상하라고 경고함으로써 제자들이 끝까지 견디도록 준비시킨다. 이 모든 것은 많은 사람을 그 나라로 이끌고, 그 시민들이 견디며 예수님이 돌아오실 때 기쁘게 환영할 수 있도록 보살피려는 아주 중요한 목적에 잘 들어맞는다.

15 그러므로 너희가 선지자 다니엘이 말한바 멸망의 가증한 것이 거
룩한 곳에 선 것을 보거든 (읽는 자는 깨달을진저) 16 그때에 유대에
있는 자들은 산으로 도망할지어다 17 지붕 위에 있는 자는 집 안에 있
는 물건을 가지러 내려가지 말며 18 밭에 있는 자는 겉옷을 가지러 뒤
로 돌이키지 말지어다 19 그날에는 아이 밴 자들과 젖 먹이는 자들에
게 화가 있으리로다 20 너희가 도망하는 일이 겨울에나 안식일에 되지
않도록 기도하라 21 이는 그때에 큰 환난이 있겠음이라 창세로부터 지
금까지 이런 환난이 없었고 후에도 없으리라 22 그날들을 감하지 아니
하면 모든 육체가 구원을 얻지 못할 것이나 그러나 택하신 자들을 위
하여 그날들을 감하시리라 23 그때에 사람이 너희에게 말하되 보라 그
리스도가 여기 있다 혹은 저기 있다 하여도 믿지 말라 24 거짓 그리스
도들과 거짓 선지자들이 일어나 큰 [1]표적과 기사를 보여 할 수만 있
으면 택하신 자들도 미혹하리라 25 보라 내가 너희에게 미리 말하였노
라 26 그러면 사람들이 너희에게 말하되 보라 그리스도가 광야에 있다
하여도 나가지 말고 보라 골방에 있다 하여도 믿지 말라 27 번개가 동
편에서 나서 서편까지 번쩍임같이 인자의 임함도 그러하리라 28 주검

이 있는 곳에는 독수리들이 모일 것이니라

15 "So when you see the abomination of desolation spoken of by the
prophet Daniel, standing in the holy place (let the reader understand),
16 then let those who are in Judea flee to the mountains. 17 Let the
one who is on the housetop not go down to take what is in his house,
18 and let the one who is in the field not turn back to take his cloak.
19 And alas for women who are pregnant and for those who are nursing
infants in those days! 20 Pray that your flight may not be in winter or
on a Sabbath. 21 For then there will be great tribulation, such as has
not been from the beginning of the world until now, no, and never will
be. 22 And if those days had not been cut short, no human being would
be saved. But for the sake of the elect those days will be cut short.
23 Then if anyone says to you, 'Look, here is the Christ!' or 'There he
is!' do not believe it. 24 For false christs and false prophets will arise
and perform great signs and wonders, so as to lead astray, if possible,
even the elect. 25 See, I have told you beforehand. 26 So, if they say to
you, 'Look, he is in the wilderness,' do not go out. If they say, 'Look,
he is in the inner rooms,' do not believe it. 27 For as the lightning comes
from the east and shines as far as the west, so will be the coming of the
Son of Man. 28 Wherever the corpse is, there the vultures will gather.

29 그날 환난 후에 즉시 해가 어두워지며 달이 빛을 내지 아니하며 별
들이 하늘에서 떨어지며 하늘의 권능들이 흔들리리라 30 그때에 인
자의 징조가 하늘에서 보이겠고 그때에 땅의 모든 족속들이 통곡하
며 그들이 인자가 구름을 타고 능력과 큰 영광으로 오는 것을 보리라
31 그가 큰 나팔소리와 함께 천사들을 보내리니 그들이 그의 택하신
자들을 하늘 이 끝에서 저 끝까지 사방에서 모으리라

29 "Immediately after the tribulation of those days the sun will be
darkened, and the moon will not give its light, and the stars will fall
from heaven, and the powers of the heavens will be shaken. 30 Then
will appear in heaven the sign of the Son of Man, and then all the tribes
of the earth will mourn, and they will see the Son of Man coming on
the clouds of heaven with power and great glory. 31 And he will send
out his angels with a loud trumpet call, and they will gather his elect
from the four winds, from one end of heaven to the other.

32 무화과나무의 비유를 배우라 그 가지가 연하여지고 잎사귀를 내면
여름이 가까운 줄을 아나니 33 이와 같이 너희도 이 모든 일을 보거든
2)인자가 가까이 곧 문 앞에 이른 줄 알라 34 내가 진실로 너희에게 말
하노니 이 세대가 지나가기 전에 이 일이 다 일어나리라 35 천지는 없
어질지언정 내 말은 없어지지 아니하리라
32 "From the fig tree learn its lesson: as soon as its branch becomes
tender and puts out its leaves, you know that summer is near. 33 So also,
when you see all these things, you know that he is near, at the very
gates. 34 Truly, I say to you, this generation will not pass away until
all these things take place. 35 Heaven and earth will pass away, but my
words will not pass away.

1) 또는 이적 2) 또는 때가

24장

단락 개관

마태복음 24:15-35의 올바른 해석은 24-25장의 틀을 파악하는 데 달려 있다. 그것은 우리가 24:1-14의 개관에서 제시한 것이다. 요점을 다시 말하자면, 24장에서 예수님은 간혹 주후 70년 이전 "이 세대" 내에 일어나야 하는 사건들을 예언하신다(24:34). 예수님 예언의 상당 부분이 이중적으로 성취되는 것으로, 사도들의 세대와 그리스도의 재림 이전 시대 둘 다에 적용된다. 또 그 단락에는 모든 시대에 적용되는 원리가 있다. 항상 거짓 예언자, 거짓 그리스도, 전쟁이 있을 것이다. 신자는 항상 속임수와 두려움과 변덕을 피해야 한다. 15-20절은 특히 주후 30-70년 세대에게 "멸망의 가증한 것"이 예루살렘에 다가오면 도망갈 준비를 하라고 말한다. 그러나 모든 세대가 환난을 견딜 준비를 하고, 그리스도의 비밀스런 재림의 소문에 대한 건전한 회의론을 가져야 한다. 그분이 영광과 능력 가운데 천사들과 함께 오실 때 모든 사람이 알 것이다.

다니엘 7-12장의 예언들은 마태복음 24장에 필수적인 개념들을 제공한다. 즉, 인자가 구름을 타고 오심(단 7:13), 멸망의 가증한 것(8:13; 9:27; 11:31; 12:11), 성전 파괴(9:26), 비할 데 없는 환난(12:1)이 그렇다. 예수님은 그분의 목적을 위해 이러한 개념들을 재구성하신다.

단락 개요

Ⅷ. 다섯 번째 설교: 곤경, 인내, 종말(24:1-25:46)

C. 예루살렘 멸망(24:15-22)

D. 거짓 그리스도들(24:23-28)

E. 인자의 오심(24:29-31)

F. 무화과나무의 비유(24:32-35)

마태복음 24:15-35의 구조는 꼭 직선적이지만은 않다. 속임수, 환난, 거짓 예언자, 거짓 그리스도라는 주제들이 나오고, 사라지고, 다시 나온다. 그 한 가지 이유는 예루살렘에 임할 환난으로부터 복음 시대의 환난으로 그리고 마지막 환난으로 자유롭게 옮겨가는 마태의 성향 때문일 수 있다. 그럼에도 첫 단락은 15-20절에서 주후 70년 이전의 환난을 다루면서 교회는 그때 어떻게 행동해야 하는지 알려준다. 예수님은 여호와가 택하신 자들을 위해 참기 힘든 환난을 감할 것이라고 말씀하신다(21-22절). 그 다음 예수님은 그리스도라고 주장하는 사람, 그분이 어디에 있는지 안다고 주장하는 누구든 믿지 말라고 경고하신다. 그분이 돌아오실 때 그것은 모두에게 분명할 것이기 때문이다(23-28절). 그 다음 예수님은 인자가 택한 자들을 모으기 위해 천사들의 시중을 받으며 오는 것을 묘사하신다(29-31절). 마지막으로, 그분의 예언이 "이 세대" 내에 일어난다고 제자들에게 약속하신다(32-35절).

주석

24:15-20 4-14절은 모든 시대에 적용되는 혼합된 가르침들을 통해 끝까지 견디도록 제자들을 준비시키는 반면, 15-20절에서는 예수님이 예루살렘 멸망 직전에 있을 로마의 포위 공격에 초점을 맞추신다. 예수님은 로마 군대가 예루살렘을 작살내고 약탈하기 전 그 도성을 포위할 때 정확히 어떻게 해야 하는지를 예루살렘에 사는 신자들에게 알려주신다. 로마 군인들은 반란을 진압할 때 죄가 있느냐 없느냐를 세심하게 살피지도 않고 아주 많은 사람을 죽이는 경향이 있었다. 예수님은 긴박한 표현으로, 로마인들이 올 때 "산으로 도망"해야 한다고(16절) 말씀하신다. 겨울에는 겉옷을 가지러 가지도 말고 달려야 한다(18, 20절).

마태와 누가는 그 단락을 시작할 때 상당히 달라 보인다.

- 마태복음 24:15-16: "그러므로 너희가 선지자 다니엘이 말한 멸망의 가증한 것이 거룩한 곳에 선 것을 보거든…그때에 유대에 있는 자들은 산으로 도망할지어다."
- 누가복음 21:20-21: "너희가 '예루살렘이 군대들에게 에워싸이는 것'을 보거든 그 멸망이 가까운 줄을 알라 그때에 유대에 있는 자들은 산으로 도망갈 것이며."

표현은 달라 보이지만 의미는 같다. 유대인 독자들을 위해 쓴 마태는(참고. 서론) 예수님의 말씀 자체를 인용한 듯한 반면, 누가는 그의 이방인 청중을 위해 다른 말로 바꾼다. 다시 말해 마태의 "멸망의 가증한 것"은 누가의 로마 군대다. 그 군대가 "가증한 것"인 까닭은, 황제 숭배에 필수적인 형상들을 가지고 다니기 때문이다. 그것은 멸망을 야기한다. 그 군대는 행낭 안에 우상을 넣은 채로 예루살렘을 포위하고, 그 백성을 굶기고, 도성에 불을 지르고, 성전을 파괴하고, 무고한 주민들과 전투 부대원들을 모두 학살하기 때문이다.[403] 로마의 성전 파괴는, 지역 교회 건물 파괴와 달리, 이스라엘이 두 세기 전 안티오쿠스 에피파네스(Ahtiochus Epiphanes)의 손에 겪었던 것과 같이(참고. 마카베오상 1장) 국가적인 수치였다.

예수님은 교회가 대재앙에서 살아남는 법을 알도록 이 모든 것을 예언하신다. 군대가 다가올 때, "읽는 자는 깨달을진저", 즉시 "산으로 도망"해야 한다(15-16절). 항상 그림 같은 이미지를 좋아하는 예수님은 지붕 위에 서서 로마인들을 보는 한 사람을 상상하신다. 그는 지붕에서 내려와 바로 가야 한다. 귀중품을 챙기려고 집 안으로 들어가서도 안 된다. 목숨이 소유보다 더 귀하기 때문이다. 그 다음 예수님은, 겉옷을 둔 곳에서 멀리 떨어져서 일하는 밭에 있는 사람을 상상하신다. 이 사람도 겉옷을 가지러 한

403 미심쩍지만 유대 열심당원들의 부패를 강조하는 요세푸스의 다른 해석은, 가증한 것을 열심당원들이라고 명시한다. 그들은 자격 없는 대제사장들을 취임시켜서 그들을 장악하고 성전을 군대 본부로 바꾸고 그곳에서 동료 유대인들을 죽였다. 참고. Josephus, *Jewish Wars* 4.147-192; 5.127-172; 6.1-176.

걸음도 가지 말고 즉시 도망쳐야 한다(17-18절). 그날 아이 밴 여자들과 젖먹이는 어미에게 "화"가 있다. 빨리 움직일 수 없기 때문이다. 전쟁 중에는 유아 사망률이 높다(19절). 이스라엘의 겨울은 비교적 온화하지만, 폭풍우가 몰아치므로 육지든 바다든 이동이 더 어렵다. 안식일에는 닫힌 성문과 이동 제한으로 도망이 더 어려워질 것이다. 그래서 신자들은 이러한 방해물들이 없도록 기도해야 한다(20절).

예수님의 조언은 아주 지혜롭다. 사람들은 보통 전쟁 중에 도시로 도망가지만, 이번에는 예루살렘이 특히 위험했다. 주후 68년의 포위 공격이 계속된 후 그 도시를 떠나는 것은 거의 불가능해졌다.[404]

이 예언과 조언은 엄밀하게 예루살렘 파괴 전 그곳 인근에 사는 신자들을 대상으로 한다. 주요한 명령들은 예수님의 재림에 적용되지 않고 적용할 수도 없다. 그분이 오실 때에는 산으로 도망가거나 다른 무엇을 할 기회가 없을 것이다. 믿지 않는 이들은 숨으려 할 테지만 곧 불가능하다는 것을 알게 될 것이고(계 6:16), 신자들은 예수님을 피해 도망가기보다 오히려 그분께 나아가고 싶을 것이다. 임신, 젖먹이 그리고 날씨는 최후 심판날에 중요하지 않을 것이다. 그러나 주후 70년에는 그리스도인들이 로마 군대의 분노를 피해 도망가는 것이 아주 중요했고, 임신과 추운 날씨와 아이들은 난민들의 문제를 가중시킬 것이다.

괄호 안에 있는 "읽는 자는 깨달을진저"(마 24:15)는, 마태의 첫 독자들이 로마인들이 이를 때마다 서서 도망갈 준비를 해야 한다는 의미다. 초기 교회 역사가 유세비우스(Eusebius)는 예루살렘 그리스도인이 도망가서 많은 사람이 목숨을 보존했다고 말한다. 로마인들이 왔을 때 "예루살렘에 있는 교회는…그 도성을 떠나 펠라라는 마을로 이동했다."[405] 펠라(Pella)는 산이라기보다는 작은 언덕에 있다. 이는 진실성을 설명해주는 세부 사항이다.

24장

404 같은책, 4.377-380.

405 Eusebius, *Ecclesiastical History*, trans. C. F. Cruse (Philadelphia: Davis, 1833; repr., Peabody, MA: Hendrickson, 1998), 70-71.

그리스도인들은 순종했지만 완벽하지는 않았다.

24:21-22 이 두 절은 주후 70년과 여러 시대의 교회에 다 적용되는 듯하다. 예수님은 하나님께서 "택하신 자들", 즉 모든 하나님의 백성을 위해 "큰 환난"을 감하기로 했다고 언급하신다. 만약 하나님께서 행동을 취하지 않으셨다면 "모든 육체가 구원을 얻지 못할 것이[다]." 5절과 11절에서 보았듯이, 거짓 예언자와 거짓 그리스도의 문제는(23-27절) 복음 시대 내내 계속된다. "큰 환난"이라는 단어는 예루살렘 멸망 때의 강렬한 시련을 말할 수도 있고, 예수님이 다시 오시기 전 시대에 악이 마지막으로 폭발한 것을 나타낼 수도 있다. 아니면 맹렬한 환난이 없어지지 않는 복음 시대 전체를 나타낼 수도 있다(요 16:33; 벧전 4:12). 그것은 긴 기간과 수많은 비극으로 인해 "큰" 환난이 될 것이다. 요한계시록 7:14이 "큰 환난"이라는 어구를 다시 쓸 때 어마어마한 무리가 흰 옷을 입고 있다. 그들은 하나님의 보좌 앞에서 그분을 찬양하고 위로를 받는다. 그 구절에 시간을 알려주는 표지는 없다. 요한계시록의 다른 구절들처럼 그 구절은 복음 시대를 묘사하는 것으로 보인다.

"큰 환난"(마 24:21)이라는 어구는 비할 데 없는 외상을 묘사하는 듯 보인다. 다른 한편, 우리는 예수님이 과장을 좋아하시는 것을 안다(마 5:29-30; 11:11). 나아가 예루살렘 멸망이 끔찍하기는 했지만, (슬프게도) 정확히 60년 후 이스라엘에서 일어난 바르 코흐바(Bar Kokhba) 반란에 대한 잔혹한 진압을 포함하여 유사한 시련들도 쉽게 떠올릴 수 있다. 홀로코스트나 스탈린과 마오쩌둥 정권 때는, 이스라엘에서 로마인들의 손에 죽임당한 것보다 훨씬 많은 사람이 죽었다. 그에 반해, 기준이 죽은 사람의 비율이라면, 중세에(주로 14세기와 15세기에) 끈질긴 탄압과 끔찍한 대학살로 아프리카와 아시아에서 그리스도인의 거의 90퍼센트가 근절되었음을 우리는 주목한다.[406] 그러므로 언어학적이면서 역사적인 증거는, 24:21-28이 4-14절처럼 교회의 시련 전체를 묘사한다는 것을 나타낸다. 그 점에서 22절은 인간 전체를 말하고, 24절은 전 세계적으로 "택하신 자들"을 말한다. 이것이 옳다면, 예수님은 "그날들", 즉 복음 시대의 날들이[407] 너무 충격적이어서 하나님께서 감해주지 않으시면, "모든 육체가 구원을 얻지 못할 것이[다]"(22절)라고 말씀하신다. 이곳의 "구원"은 '영생을 얻는 것'이 아니라 '죽음으로부터 보호받는 것'을 의미한다. 현대의 재앙을 예언하는 사람들 훨씬 전에, 예수님은 인간이 스스로를 멸종시킬 수 있다는 것을 아셨다. 그 다음, 예수님은 구원받은 이들을 보살피신다. "택하신 자들을 위하여" 그 환난이 감해진다.

4-28절 전체에서 22절은 요약 진술인 듯하다. 바꾸어 말하면, 예수님은 이렇게 말씀하시는 것이다. "너희는 전쟁과 기근과 박해와 미움이 뚜렷한 시련과 고통의 시대에 살고 있다. 처음부터 끝까지 거짓 예언자와 거짓 그리스도가 항상 신자들을 오도할 것이다. 나는 로마 군대가 야기한 위기에 대해 특별한 지침을 주었지만, 모든 시대의 제자들이 시련을 견디고 속이는 자들에게 저항할 준비를 해야 한다. 세상에는 교회와 모든 인류를 멸하기에 충분한 악이 있지만, 내가 택한 자들을 위해 그것을 줄여줄 것이다."

24:23-28 23절에서 예수님은 세 번째로, 속이는 자들의 문제로 돌아가신다. "거짓 그리스도들"은 스스로 구원자라고 주장하지만 그렇지 않다. "거짓 선지자들"은 자기가 하나님을 대변한다고 말하지만 그렇지 않다. 주후 70년 이전 유대에는 수십 명의 거짓 예언자들과, 자신의 손으로 로마로부터의 구원을 약속한 사람들이 있었다. 어떤 거짓 그리스도와 거짓 예언자는, 하나님께서 허락하시면 택하신 자들을 (가상적으로) 미혹할 수 있는 "표적과 기사들"을 보일 것이다(24절). 성경은 분명 악한 세력이 기적을 행할 수 있다고 가르친다. 모세는 이스라엘에게 "이적과 기사를 네게 보이고"

24장

406 Philip Jenkins, *The Lost History of Christianity: The Thousand-Year Golden Age of the Church in the Middle East, Africa, and Asia—and How It Died* (New York: Harper One, 2008), 97-138.

407 이 해석에 따르면, "그날들"은 복음 시대 전체를 의미한다. 이는 신약 저자들이 예수님의 승천과 재림 사이의 기간에 대해 사용하는 "말세"라는 단어를 떠올리게 한다(행 2:17; 딤후 3:1; 약 5:3; 벧후 3:3). 히브리서 1:1-2은 "이 모든 날 마지막에는", 즉 주후 50년과 70년 사이에는 "아들을 통하여 우리에게 말씀하셨으니"라고 말한다.

"다른 신들을 우리가 따라 섬기자"라고 말하는 "선지자"를 처형해야 한다고 가르쳤다(신 13:1-6). 또 요한계시록 12:17-13:18은 용(사탄, 계 12:9)이 땅에서 "큰 이적을 행하[고]" 거짓 예배를 권하는 짐승을 일으켜 세우는 것을 본다(계 13:13-15, 참고. 마 12:22-25). 마태복음 24:24의 경고는 거짓 예언자들이 예수님이 다시 오실 때까지 영향을 끼칠 것임을 나타낸다.

23-31절을 요약하면 다음과 같다. 어떤 이들이 "그리스도가 은밀하게 다시 왔다. 그는 여기 광야에 있다. 아니다, 그는 저기 골방에 있다"(참고. 23, 26절)라고 말할 것이다. 그러한 소문은 터무니없으므로 "믿지 말라"(23절). 하늘 동쪽에서 서쪽까지 가로지르는 번개를 놓치는 것이 불가능한 것처럼, 예수님의 재림을 놓치는 것은 불가능할 것이다(27절). 그분은 천사와 나팔과 함께, 능력과 영광으로, 구름을 타고 오시고, 그때 하나님은 우주를 해체하고 재구성하신다(29-31절).

해석자들은 "주검이 있는 곳에는 독수리들이 모일 것이니라"(28절)라는 말을 이해하려고 분투한다. 가장 간단한 해석으로는, 그것이 27절을 다시 말한다는 것이다. 누구도 번개를 놓치지 못하고 어떤 독수리도 죽은 짐승의 고기를 놓치지 못하듯이, 그리스도의 재림을 놓치는 사람도 없으리라는 것이다.

24:29-31 29절의 해가 어두워지며 별들이 떨어진다는 말은, 예루살렘 멸망과 이 시대의 곤경에서 떠나 오로지 예수님의 재림으로만 방향을 바꾼 듯 보이지만, 경고가 불가피하다. 예언자들도 다양한 대격변의 사건들을 묘사하기 위해 어두워진 해와 떨어지는 별에 대해 말한다. 이사야는 바벨론(사 13:1-20, 특히 13:9-10)과 에돔(34:5-11)의 멸망을 예언하기 위해 그 이미지를 사용한다. 에스겔도 바로와 애굽에 임하는 하나님의 심판을 묘사하기 위해 해와 달과 별이 어두워진다는 같은 이미지를 사용한다(겔 32:7-8). 요엘과 사도행전도 하나님께서 모든 사람에게 그분의 영을 부어주시기 전에 일어나는 갑작스러운 현상에 대해 같은 표현을 사용한다(욜 2:30-31; 행 2:19-20). 예언자들은 세상의 종말에 가장 잘 맞는 표현을 사

용한다. 바벨론과 애굽과 다른 나라들에 닥친 재앙들의 특징이 '그들' 세상 질서의 붕괴였기 때문이다. 그들의 심판은 마지막 심판의 전조였다. 때문에 '세상의 종말'에 쓰이는 표현을 예루살렘 멸망에도 적용할 수 있다.

하지만 마태복음 24:29-31은 인자이신 예수님의 오심을 다루고, 그것이 은밀한 일이 아닐 것이라고 말한다. 우주의 변화가 그분의 재림에 동반될 것이다. 그것은 모든 사람에게 분명히 나타난다. 모든 빛의 근원인 해와 달과 별이 빛을 내지 못할 것이기 때문이다. 흔들리는 "권능"(29절)은 동일한 해와 별이거나, 우주에서 작용하는 모든 가시적인 힘일 수 있다. 이것이 합리적인 까닭은, 신약이 가끔 세상에서 작용하는 보이지 않는 영적 권세들에 대해 말하기 때문이다(롬 8:38; 엡 6:12; 벧전 3:22).

"그때에 인자의 징조가 하늘에서 보이겠고"(마 24:30)는 아마 두 가지 중 하나를 의미할 것이다.[408] 첫째, 인자의 징조는 헬라어 문법에서 설명적 속격으로 알려진 것을 사용하여, 인자 자체를 나타낼 수 있다. 이러한 견해에는 강점들이 있다. 유대 지도자들은 (사악하게) 두 번 예수님께 그들을 위해 "표적" 혹은 "하늘로부터 오는 표적"을 보여달라고 요구한다. 추정컨대 그들이 믿을 수 있는 증거를 구하면서 말이다(마 12:38; 16:1). 예수님은 두 번 다 거절하시고, 두 번 다 설명적 속격을 사용하며 "요나의 표적"만을 제시하신다(12:39; 16:4). 요나는 표적을 보이지 않았다. '그가' 표적이었다. 요나라는 존재 자체가 니느웨 사람들이 본 표적이었다. 같은 방식으로, 이 견해에 따라 예수님 자신이 그분이 인자라는 징조이고 징조가 될 것이다.

두 번째 견해는 "징조"(세메이온)가 종종 일반 헬라 문헌과 70인역에서 깃발 혹은 군기, 기를 의미한다는 사실에 근거하여 주장을 펼친다. 구약에서 깃발은 이사야 11:12, 49:22과 예레미야 4:21, 6:1, 51:27에서 나팔 소리와 함께 "하나님의 백성을 모으기 위한 신호"다.[409] 이는 예수님이 "그의

408 고대의 해석자들은 하늘에 보이는 십자가 같은 문자 그대로의 표징을 기대했다.

409 France, *Gospel according to Matthew*, 344. 이 견해는 T. F. Glasson이 처음 제안했고, 많은 해석자가 채택했다. 참고. Glasson, "The Ensign of the Son of Man (Matt. XXIV.30)", *JTS* 15 (1964): 299-300.

택하신 자들을…모으리라”(마 24:31)라고 하신 말씀에 잘 들어맞는다. 두 견해 모두 그 다음 절인 “그때에 땅의 모든 족속들이 통곡하며”에 들어맞는다. 그들이 통곡하는 까닭은 곧 전지전능하신 심판자 앞에 죄인으로 설 것이기 때문이다.

30-31절은 재림의 근본적인 특징을 선언한다. 첫째, 예수님의 재림은 모두 볼 수 있고 들을 수 있을 것이다. 그분이 나팔 소리와 함께 천사들을 대동하고 영광 가운데 구름타고 오시기 때문이다. 둘째, 그분의 오심은 전 세계적일 것이다. 그분이 땅의 모든 지역에서 택한 자들을 모으기 위해 천사들을 보내실 것이기 때문이다. 셋째, 그리스도는 모든 사람에게 모든 말과 모든 행동에 대한 책임을 물으실 것이다(참고. 12:37; 16:27). 이는 그분의 특권이다. 그분이 하나님이기 때문이다. 그리고 이는 정당하다. 그분이 사람으로서 사람들을 심판하시기 때문이다.

24:32-35 이 구절은 다시 해석자에게 예수님이 예루살렘 성전 멸망을 염두에 두고 계신지, 그분의 재림을 염두에 두고 계신지, 아니면 둘 다인지 질문하게 한다. 예수님은 그림 이미지 즉 비유를 제시하신다(32절의 “비유”는 파라볼레의 번역이다. ESV에서는 “lesson”이다). 새순과 잎이 곧 여름이 올 것을 예고하듯이, “이 모든 일”을 보는 것이 예수님이 “가까이 곧 문 앞에” 이르셨음을 뜻한다(32-33절).

이는, 그리스도가 몇 년 내에 오신다는 어떤 표징들이 나타날 것이라는 약속으로 읽고 싶은 마음이 생긴다. 그러나 그것은 몇 가지 이유에서 의심스럽다. 무엇보다도 예수님이 그때는 아무도 모른다고 말씀하신다(36절). 나아가 신약은 1세기에 그 끝이 이미 가까이 있다고 말한다. 주후 50년경 야고보는 “심판주가 문 밖에 서 계시니라”(약 5:7-9)라고 말하고, 히브리서 10:25은 “그날”이 가까이 있다고 말한다. 요한계시록은 “때가 가까움이라”(계 1:3; 22:10)라는 말로 시작하고 마무리한다. 마찬가지로 신약은 그리스도인들이 “말세”에 산다고 말하지만, 그 용례는 말세가 예수님의 오심으로 시작되었음을 보여준다. 히브리서 1:1-2은 “옛적에 선지자들을 통하여…우리 조상들에게 말씀하신 하나님이 이 모든 날 마지막에는 아들을 통하여 우리에게 말씀하셨으니"(참고. 행 2:17; 딤후 3:1; 약 5:3; 벧후 3:3)라고 말한다. 이는 세 가지로 설명할 수 있다. 첫째, 주님의 시간 개념은 사람과 다르다. 그분께는 천 년이 하루 같다(벧후 3:8-10). 둘째, 예수님의 재림은 구속사의 다음 사건이라는 의미에서 가깝다. 셋째, 그것은 그분이 언제라도 재림하실 수 있다는 의미에서 가깝다. 이 말들은 모두 진실이지만 어느 것도 세상의 끝까지 카운트다운을 시작하지 못한다.

마태복음 24:34은 "이 세대가" 지나가기 전에 "이 일"이 일어난다고 말한다. 마태복음에서 그리고 신약의 다른 책들에서도 "세대"는 주어진 시간에 살아가는 사람들을 의미하므로(마 11:16; 12:39-42; 23:36), "이 세대"는 예수님이 말씀하실 때 살아 있는 사람들을 의미한다. 이곳에서 해석자는 두 가지 선택권이 있다. 예수님이 그분의 재림 시기를 잘못 아신다는 것 또는 24:4-28에 묘사된 환난이 한 세대 내에 일어나리라고 선언하신다는 것이다. 예언은 항상 두 번째 성취의 가능성을 가진 듯하고, 그것은 분명 이곳에 적절해 보인다. 하지만 예수님은 4-33절의 사건들이 적어도 그분 앞에 서 있는 사람들에게 부분적으로 성취된다고 말씀하시는 것 같다. 그분의 이 말씀이 이루어지지 않는 것보다 우주가 녹아내리는 것이 더 쉬울 것이다(35절).

응답

미래에 대한 예수님의 가르침은 가까운 미래와 거대한 미래라는 두 가지 시간 틀을 가지고 있다. 따라서 우리의 응답도 길고 짧은 시간의 틀을 가진다. 장기적으로 이 단락은 지구상에 사는 모든 사람에게, 왕이자 심판자인 예수님이 다시 와서 택한 자들을 모으고 세상의 족속들을 소환하실 것이라고 알려준다. 만약 믿음 없이 죄인으로 그분 앞에 선다면 그들은 애통할 것이다(24:30-31). 따라서 이 단락은 그 다음 단락, 즉 인자를 따름으로써 그분의 오심을 대비하라는 권면으로 이어진다(42-44절). 모든 사람이 예수님께 설명해야 할 것이다.

장기적인 틀이 가장 중요한 적용을 제시한다면, 단기적인 틀은 실제적인 교훈을 준다. 첫째, 제자들은 로마 군대가 이르는 때에 대한 구체적인 지침들에 감사해야 한다. "도망할지어다"는 목숨을 보전해주는 실제적인 조언이다(16절). 소유물을 가지러 들르지 말라고 말씀하실 때, 예수님은 사람이 어떤 물건보다 더 귀하다는 종종 무시되는 원리를 말씀하신다(17-18절). 요지는 분명해 보이지만, 오랜 세월 얼마나 많은 사람이 땅을 포함하여 재산을 위해 죽었는가?

나아가 예수님은 어린 교회에 경고하심으로써 그들의 목자이자 보호자로서 행동하신다. 그분은 교회가 전 세계로 퍼지도록 교회를 지키신다.

13절은 "끝까지 견디는 자는 구원을 얻으리라"라고 선언하고, 15-35절에는 그것을 용이하게 해주는 자료들이 담겨 있다. 예수님은 독자들에게 고난을 예상하라고 경고하신다. 현대의 재앙을 예언하는 사람들 훨씬 전에 예수님은 인간 안에 모든 생명을 말살하기에 충분한 악이 있다고 선언하셨다(22절). 그분은 신자들에게, 속이는 자들을 예상하고 신뢰하지 말라고 가르치신다. 그들의 가르침은 그분의 가르침과 모순된다(23-27절). 이 모든 것에서 하나님 백성의 목표는 신실함을 지킴으로써 그분이 다시 오실 때 아주 기쁘게 그리스도 앞에 설 준비를 하는 것이다. 이는 개인적인 책임이기도 하고 공동적인 책임이기도 하다. 모든 사람이 자신에 대해 책임을 져야 하지만, 신실함은 함께 이루는 것이기도 하다. 신자들은 서로를 지켜보고 바로잡아주고 보호하고 격려해야 한다.

36 그러나 그날과 그때는 아무도 모르나니 하늘의 천사들도, 아들도
모르고 오직 아버지만 아시느니라 37 노아의 때와 같이 인자의 임함도
그러하리라 38 홍수 전에 노아가 방주에 들어가던 날까지 사람들이 먹
고 마시고 장가들고 시집가고 있으면서 39 홍수가 나서 그들을 다 멸
하기까지 깨닫지 못하였으니 인자의 임함도 이와 같으리라 40 그때에
두 사람이 밭에 있으매 한 사람은 데려가고 한 사람은 버려둠을 당할
것이요 41 두 여자가 맷돌질을 하고 있으매 한 사람은 데려가고 한 사
람은 버려둠을 당할 것이니라 42 그러므로 깨어 있으라 어느 날에 너
희 주가 임할는지 너희가 알지 못함이니라 43 너희도 아는 바니 만일
집 주인이 도둑이 어느 시각에 올 줄을 알았더라면 깨어 있어 그 집을
뚫지 못하게 하였으리라 44 이러므로 너희도 준비하고 있으라 생각하
지 않은 때에 인자가 오리라

36 "But concerning that day and hour no one knows, not even the angels
of heaven, nor the Son,[1] but the Father only. 37 For as were the days of
Noah, so will be the coming of the Son of Man. 38 For as in those days
before the flood they were eating and drinking, marrying and giving

24장

in marriage, until the day when Noah entered the ark, 39 and they were
unaware until the flood came and swept them all away, so will be the
coming of the Son of Man. 40 Then two men will be in the field; one
will be taken and one left. 41 Two women will be grinding at the mill;
one will be taken and one left. 42 Therefore, stay awake, for you do not
know on what day your Lord is coming. 43 But know this, that if the
master of the house had known in what part of the night the thief was
coming, he would have stayed awake and would not have let his house
be broken into. 44 Therefore you also must be ready, for the Son of Man
is coming at an hour you do not expect.

45 충성되고 지혜 있는 종이 되어 주인에게 그 집 사람들을 맡아 때를
따라 양식을 나눠 줄 자가 누구냐 46 주인이 올 때에 그 종이 이렇게
하는 것을 보면 그 종이 복이 있으리로다 47 내가 진실로 너희에게 이
르노니 주인이 그의 모든 소유를 그에게 맡기리라 48 만일 그 악한 종
이 마음에 생각하기를 주인이 더디 오리라 하여 49 동료들을 때리며
술친구들과 더불어 먹고 마시게 되면 50 생각하지 않은 날 알지 못하
는 시각에 그 종의 주인이 이르러 51 [1)]엄히 때리고 외식하는 자가 받
는 벌에 처하리니 거기서 슬피 울며 이를 갈리라
45 "Who then is the faithful and wise servant,[2] whom his master has
set over his household, to give them their food at the proper time?
46 Blessed is that servant whom his master will find so doing when he
comes. 47 Truly, I say to you, he will set him over all his possessions.
48 But if that wicked servant says to himself, 'My master is delayed,'
49 and begins to beat his fellow servants[3] and eats and drinks with
drunkards, 50 the master of that servant will come on a day when he
does not expect him and at an hour he does not know 51 and will cut

him in pieces and put him with the hypocrites. In that place there will be weeping and gnashing of teeth.

1) 헬, 쪼개어내고

1 Some manuscripts omit *nor the Son* *2* Or *bondservant*; also verses 46, 48, 50 *3* Or *bondservants*

단락 개관

마태복음 24장은 제자들이 헤롯 성전 건물에 감탄하는 모습으로 시작했다. 예수님이 그 성전이 무너질 것이라고 말씀하시자, 제자들은 그 일이 언제 일어나는지, 그리고 "주의 임하심과 세상 끝에는 무슨 징조가 있[는지]" 물었다(1-3절). 예수님은 성전이 한 세대 안에, 주후 70년경에 멸망한다고 답하셨고 그렇게 되었다. 또한 그에 수반되는 환난을 견디는 법을 알려주셨다. 그러나 그분이 언제 오시는지 또는 "이 세대"가 어떻게 끝나는지는 말씀하시 않으셨다. 징조에 대해서는, 나팔 소리와 천사들과 함께 와서 자신에게 속한 백성을 모으는 그리스도 그분 외에 다른 징조는 없을 것이라고 암시하신다(30절). 예수님은 또한 36절에서 그것을 분명하게 말씀하신다. 아들이 돌아오는 날은 아무도 모른다. 예수님이 알려지지 않은 날, 알려지지 않은 시간에 오실 것이므로, 제자들은 매시간 준비해야 한다. 그러므로 24장은 예수님이 다시 오시는 '때'는 말하지 않고, 오히려 그분이 언제 다시 오시든 '누가' 준비해야 하는지 묘사한다. 따라서 예수님의 방식에 따르면, 그분은 자신에게 주어진 질문은 무시하고 그들이 '해야 할' 질문에 답하신다. 매시간 깨어 있는 신실한 사람은 예수님이 언제 다시 오시든 항상 준비할 것이다.

단락 개요

VIII. 다섯 번째 설교: 곤경, 인내, 종말(24:1-25:46)
  G. 아무도 모르는 날과 시간(24:36-41)
    1. 노아의 때처럼(24:36-39)
    2. 나란히 일하는 일꾼들처럼(24:40-41)
  H. 제자들은 깨어서 계속 준비한다(24:42-25:46)
    1. 깨어 있으라, 인자가 밤에 도둑처럼 오시므로(24:42-44)
    2. 준비하라, 주인이 종들에게 책임을 물을 것이므로(24:45-51)

마태복음 24:36은 이 단락의 논지로 시작한다. 아들이 다시 오는 때는 아버지만이 아신다는 것이다. 네 가지 실례, 즉 작은 비유가 그 뒤를 잇는다. 첫째, 노아의 때에 사람들이 "깨닫지 못[할]" 때 홍수가 왔듯이, 인자도 알지 못할 때 임할 것이다(37-39절). 그분이 오실 때 사람들이 나뉠 것이다. 둘째, 그때 두 사람이 나란히 일을 하지만 한 사람은 데려가고 한 사람은 버려질 것이다(40-41절). 그러므로 예수님은 "깨어 있으라"(42절)라고 명하신다. 셋째, 집 주인이 도둑을 막기 위해 깨어 있어야 하듯이, 제자는 항상 아들의 예기치 않은 재림을 준비하고 있어야 한다(43-44절). 넷째, 제자들은 항상 임무를 수행하는 신실한 청지기 같으므로 주인의 다시 오심이 불쾌하고 두려운 일이 되지 않을 것이다(45-51절).

주석

24:36 예수님은 자그마치 여섯 번 그분의 요점을 밝히는데, 그것을 의심의 여지가 없는 것으로 만드시기 위해서다. 그날이나 그때는 "아무도", 아들조차도 "모[른다]"(36, 42절). 그분은 예상치 못한 때에 오신다(39, 44, 50절). 그분은 사실상 반복해서 "그런즉 깨어 있으라 너희는 그날과 그때를 알지 못하느니라"(마 25:13)라고 결론 내리신다. 몇몇 과도한 문자주의자들은 "날과 때는 모르지만, 월과 연도는 알 수 있다"라고 대답한다. 그러나 이 답변은 핵심에서 벗어난 것이다. 또 사전적으로 "날"이 날짜를 의미할 필요는 없다. 그것은 어떤 기간이나 시대(엡 6:13; 고후 6:2; 요 14:20; 16:23, 26) 혹은 주님의 도래와 심판의 시기(눅 17:30; 롬 2:16; 히 10:25)를 나타낼 수 있고, 그것이 이곳에 들어맞는다.

아들조차도 그때를 알지 못한다는 것은 놀라운 일이다. 만약 예수님이 온전히 하나님이고 하나님이 전지하시다면, 어떻게 그때를 알지 못할 수 있는가? 그러나 예수님은 성육신하심으로 능력이 제한되었다(빌 2:6-8). 전능한 주님이 피곤해서 곤히 잠드셨다(마 8:24). 무소부재한 주님이 한 장소에서 다른 장소로 친히 걸어가셨다(20:29-21:12). 전지한 주님이 "누가 내게 손을 대었느냐"(막 5:30), "너희가 무엇을 그들과 변론하느냐"(9:16), "너희에게 무엇을 하여주기를 원하느냐"(마 20:32) 같은 질문을 하셨다. 만약 예수님이 계속해서 그분의 신적 특권을 행사하셨다면, 어떻게 온전히 인간일 수 있었겠는가? 그래서 예수님은 그때를 모르셨고, 그 다음 이미지가 암시하듯이, 그분의 재림 때 살아 있는 사람들도 모를 것이다.

24:37-39 노아는 죄가 많은 것으로 악명 높았던 세대에 하나님의 심판을 전했다(창 6:5-8, 참고. 집회서 16:6-9). 오랜 시간에 걸친 그의 방주 작업은 그가 진심임을 보여주었지만 아무도 듣지 않았다. 사람들은 "노아가 방주에 들어가던 날까지" 일상생활을 지속했다. 이후 "홍수가 나서 그들을 다 멸[했다]"(마 24:37-39). 이와 마찬가지로 그리스도의 재림 이전까지 사람

들은 측은하게도 그들의 임박한 운명을 모른 채 자기 일을 볼 것이다. 37절과 39절은 "인자의 임함도 그러하리라"라는 행을 되풀이한다. 이 본문에서 "임함"은 파루시아(*parousia*)로, 복음서에서 단 6회 나오는 단어인데 모두 24장에 나온다(참고. 3, 27절). 파루시아는 왕이나 통치자의 방문을 나타내는 "전문적인 표현에 준하는 것"으로, "지역 주민들"이 많은 준비를 한다는 것을 암시하는 표현이었다.[410]

24:40-41 예수님은 또한 한 밭에서 나란히 일하고 있는 두 사람, 혹은 같은 맷돌에서 곡식을 갈고 있는 두 사람을 상상하신다. 맷돌은 양쪽으로 손잡이가 2개여서, 둘이 짝이 되어 각자 손잡이를 반 바퀴씩 잡아당기며 함께 일해야 한다. 예수님이 오실 때, 그들이 밭에서 일하든 맷돌질을 하든, "한 사람은 데려가고 한 사람은 버려둠을 당할 것이[다]"(41절). 이 이미지는, 신자와 불신자가 추수로 갈라질 때까지 밀과 가라지처럼 나란히 살아간다는 원리를 표현한다(마 13:24-30). 대환난 이전 교회의 휴거를 기대하는 미래 신봉자(futurist)의 사고 틀에서는, 데려감은 좋은 것이고 "버려둠"은 비극이다. 그러나 마태의 의도는 그 반대다. 노아의 사례에서 홍수 때문에 죽는 것은 나쁜 일이고, 남겨져서 결국 땅에서 다시 살게 되는 것은 좋은 일이었다.

실제로, 어떤 기독교 문화에서는 그리스도의 재림 이전에 일어나는 신자의 은밀한 휴거 개념이, 창조 세계를 돌보는 일이나 문화적 참여, 일을 통해 하나님과 사람을 섬기는 것에 대한 무관심과 밀접한 연관이 있다. 마태복음 24:37-41은 그러한 개념을 지지하지 않는다. 의심할 여지없이 이 구절은 모든 청중 그리고 특별히 신자들에게 어느 날이든 인자를 만날 준비를 하라고 권면한다. 날마다 하나님을 사랑하고 삶의 모든 영역에서 이웃을 섬기는 것보다 더 준비를 잘 하는 방법이 있겠는가.

410 Keener, *Matthew*, 585; C. Brown, "Present", in *NIDNTT*, 2:898.

24:42-44 이 절들부터 경계의 여러 측면을 살피는 비유들이 시작된다. 마태복음 24:42-25:13은 "그러므로 깨어 있으라"와 "그런즉 깨어 있으라"로 시작되고 끝나는데, 둘 다 지속되는 행동을 암시하는 같은 헬라어 동사(현재 명령법)를 번역한 것이다. 그 다음 24:43에서 예수님은 깨어 있지 못하는 주인을 꾸짖으신다[다시 같은 헬라어 동사 그레고레오(*grēgoreō*)를 사용하여]. 제자들은 계속 깨어 있어야 한다. 어떤 의미에서 그리스도는 도둑과 비슷하다. 도둑이 언제 올지 아무도 모르므로 지혜로운 주인은 계속 깨어 있어야 하고, 인자가 언제 오실지 아무도 모르므로 지혜로운 제자는 계속 깨어 있어야 한다.

24:45-51 충성된 종과 충성되지 못한 종의 비유는, 깨어 있음이라는 주제를 전개하는 세 비유 중 첫 번째다. 45-51절은 우두머리 종의 이미지가 나오는 비유로 읽는 것도 가능하지만, 예수님이 특히 지도자들에게 말씀하시는 것일 가능성이 더 높다. 예수님은 방금 23:13-36에서 외식하는 지도자들을 크게 책망하셨으므로, 충성된 지도자들을 찾고 계시는 것이 어울린다. 나아가 예수님은 24:4-28에서 압제와 속임수에서부터 공동체 내의 압박을 예언하셨고, 성경은 에스겔 34장과 베드로전서 4:12-5:5이 보여주듯이, 압박의 시대에 강력한 지도력이 꼭 필요하다는 것을 증명한다. 그러므로 이 단락은 지도자들에게 초점이 있다.

비유는 "충성되고 지혜 있는 종(둘로스)이…누구냐"라는 질문으로 시작한다. 이곳에서 주인은 우두머리 종이 다른 종들을 관리하도록 맡기고 떠난다. 그의 한 가지 임무는 집에서 때를 맞춰 양식을 나눠 주는 것이다. 주인이 돌아와서 그 종이 일을 잘 하고 있는 것을 보면, 그에게 더 큰 책임을 맡기며 축복할 것이다(24:45-47).

비유들에는 종종 대조되는 아들이나 종이 있다. 그런 맥락에서 예수님은 주인이 더디 오는 것을 비행을 저지를 기회로 여기는 악한 종을 상상하신다(48-49절). 그의 폭식과 과음은, 술 취하지 말라는 성경의 요구는 말할 것도 없고, 사회적 규범도 터무니없이 위반하는 행태다(신 21:20; 눅 21:34; 벧전 4:3). 그는 분명 '깨어 있지' 못하고, 믿을 만한 종이라기보다는 제멋대로인 주인처럼 행세한다. 그는 에스겔 34장의 악한 목자와 마태복음 23장의 외식하는 자들을 따르고 있다. 또 오판하고 있기도 하다. 그에게는 주인의 부재가 비행을 저지를 자유를 주는 것처럼 보인다.

그러나 그 악한 종이 보기에는, 주인이 항상 너무 빨리, 예기치 않은 날과 시각에(50절, 36절을 떠오르게 하는 "날"과 "시각"으로) 온다. 요지는 주인이 돌아올 때에 그 악한 종이 준비가 되어 있지 않다는 것이 아니다. 그는 준비되었던 적이 '전혀' 없다. 우리는 매시간 계속 진실함으로 주인이 돌아올 때를 준비해야 한다. 비유는 또한 깨어 있는 것이 수동적인 것이 아님을 암시한다. 깨어 있는 자들은 주인과 그의 종들을 섬기는 동안 조금도 방심하지 않는다. 다시 말하지만, 이 비유는 지도자들에게 초점을 둔 것 같다. 하지만 마가복음 13:37의 병행 본문은 그 교훈을 "모든 사람에게" 적용한다. "그리스도께서 다시 오실 때 날짜가 맞았는지 아닌지가 아니라 '너는 무엇을 하고 있었느냐'를 물으실 것"[411]임을 모든 사람이 알아야 한다.

악한 종에 대한 심판은 가혹하다. 조각조각으로 자른다는 것(참고. 개역개정 난하주)은, 처형의 종류라면 끔찍한 죽음을 당하는 것이고, 죽음 이후에 일어나는 것이라면 끔찍한 수치를 겪는 것이다. 블롬버그는 민법을 위반한 벌보다는 심판 날에 더 어울리는 듯한 표현으로 보아 종말론을 배경으로 함을 알 수 있다고 말한다. 그 다음, 그 종은 "외식하는 자"가 있는 곳에서 "슬피 울며 이를 갈" 것이다. 이는 최종 심판에 대한 표현이다(마 8:12; 13:42; 22:13).[412] "외식하는 자"라는 어구는 이 단락을 23장과 연결시키고, 외식이 주요한 죄임을 상기시킨다. 주님은 자기 사람들을 학대하고 착취하는 지도자들을 엄중하게 심판하신다.

411 Garland, *Reading Matthew*, 241.

412 Blomberg, *Interpreting the Parables*, 234-235.

응답

마태는 그리스도인에게 예수님이 다시 오시는 연도나 날이나 시간을 알아내려는 시도를 그만두라고 가르친다. 대신 우리는 무슨 일을 하든 매시간 준비해야 한다(24:42, 44). 불신자들은 노아의 세대를 통해 언젠가 회개할 시간이 끝난다는 것을 배워야 한다. 또한 오늘도 하나님께서 그리스도를 통해 자비를 베푸시는 것에 주의를 기울여야 한다.

함께 나란히 일하던 중 한 사람은 데려가고 다른 사람은 버려진다는 예수님의 이미지는, 가족과 친구와 직장 동료에게 그리스도의 복음을 전할 필요성을 상기시킨다. 복음이 타당해 보이지 않는 문화에서 그 과제는 더 어렵지만 역시 필요하다.

36-41절은 모든 사람을 향해 말하지만, 위의 해설은 42-51절이 지도자들에게 초점을 맞춘다고 말했다. 그들은 스스로 깨어서 자신의 보호 아래 있는 양떼를 지키고 키워야 한다. 유혹이 생기는 시기는, 시간이 늘어지고 지도자들이 자기 잇속을 차리면서 궁핍한 사람들은 무시할 기회를 감지할 때다(겔 34장; 유 1:12). 날이 어두워질수록, 마태복음 23:13-36과 24:48-51의 경고에 주의를 기울이는 신실한 교회 지도자들의 필요성은 더 커진다. 23장이 "가혹한…용어로 바리새주의 유대교에 대한 심판을 선언한다면", 24장은 "절대 다른 지도자들도 관대하게 다루지 않는다."[413] 외식하는 자들과 폭력적인 지도자들에 대한 예수님의 책망은, 모든 목사와 장로들이 기억해야 한다. 신실한 종은 주인의 뜻을 행하고 주인의 보상을 받지만, 악한 종은 주인의 신뢰를 남용함으로 진노를 당한다.

벌에 관한 가르침에 대해서도 반응이 필요하다. 오늘날의 독자들은 그것을 반대하기 때문이다. 51절을 문자적으로 해석할 수는 없다. 악한 종은 쪼개진 다음 외식하는 자들과 함께 있기 때문이다. 하지만 정통 신학자들

413 Eduard Schweizer, *The Good News according to Matthew*, trans. David E. Green (Atlanta: John Knox, 1975), 464.

은 전통적으로 24-25장을 포함한 성경이, 심판 날 확고한 기쁨과 확고한 형벌이 있다고 가르치는 것으로 이해했다. 웨스트민스터 신앙고백은 "그 다음 의인은 영원한 생명으로 들어가서" "주님의 임재로부터" 오는 "충만한 기쁨을 받는" 반면, "하나님을 알지 못하고 예수 그리스도의 복음에 순종하지 않은" 악인은 "영원한 고통에 처넣어질 것이다"[414]라고 말한다.

최근 몇십 년 동안 정통 신학자들은 24:51을 순화하려 했다. 어떤 견해는 "쪼개어내고"[디코토메오(*dichotomeō*)]라는 어구가 하나님의 백성에게서 단절되는 것 혹은 배제되는 것을 의미한다고 제안한다. C. S. 루이스(C. S. Lewis)의 《천국과 지옥의 이혼》(*The Great Divorce*, 홍성사)의 사색과 "나를 떠나"(25:41)라는 예수님의 명령을 근거로 하는 다른 견해는, 지옥을 단지 궁핍일 뿐이라고 해석한다. 다시 말해, 벌에 대한 은유는 하나님의 임재와 복의 상실을 나타내지 실제적인 형벌이 아니라는 것이다.[415] 정통 학자인 하워드 마샬은, "문명화된 사람들"의 합의가 지옥에 대한 어떤 개념들을 배제한다는 의견을 밝힌다(참고. 22:1-14 주석). 그는 이렇게 쓴다. "예수님이 말씀하신 수많은 비유에서, 주인공은 자격 없는 종들을 참혹한 운명에 처하게 한다." 마샬은 그 이미지를 받아들일 수 없다. "문명화된 사람들 사이에 있는 인간은 비유의 이미지에 묘사된 것 같은 공포를 저질러서는 안 된다는 보편적인 동의가 있다."[416] 이렇게 말하는 것은, 더 이상 그 본문을 주해하지 않고 판단하기 시작하는 것이다. 성경 신학자들은 성경이 말하는 바가 특별히 좋든 아니든 성경을 따른다. 이 원리는 성경의 가르침이 신학자가 속한 문화의 아주 작은 부분과 충돌할 때 특히 중요하다.

마지막으로, 우리는 24:36-51과 그곳에 나오는 휴거 개념에 근거하여,

414 Westminster Confession of Faith, 33.2. 웨스트민스터 신앙고백은 영어권에서, 아마도 전 세계에서 가장 널리 채택되는 고백이다.

415 참고. William V. Crockett, "The Metaphorical View", in *Four Views on Hell*, ed. William Crockett, rev. ed. (Grand Rapids, MI: Zondervan, 1996), 43-76, 특히 56-61.

416 Marshall, *Beyond the Bible*, 66-67.

신자들이 이 세상에서 충실하게 살아가기를 추구해서는 안 된다는 견해를 거부한다. 오히려 이 본문은 그 반대를 말한다. 즉 날마다 모든 일에서 하나님과 이웃을 섬기는 것이야말로 예수님의 오심을 준비하는 확실한 방법이다.

¹ 그때에 천국은 마치 등을 들고 신랑을 맞으러 나간 열 처녀와 같다
하리니 ² 그중의 다섯은 미련하고 다섯은 슬기 있는 자라 ³ 미련한 자
들은 등을 가지되 기름을 가지지 아니하고 ⁴ 슬기 있는 자들은 그릇
에 기름을 담아 등과 함께 가져갔더니 ⁵ 신랑이 더디 오므로 다 졸며
잘새 ⁶ 밤중에 소리가 나되 보라 신랑이로다 맞으러 나오라 하매 ⁷ 이
에 그 처녀들이 다 일어나 등을 준비할새 ⁸ 미련한 자들이 슬기 있는
자들에게 이르되 우리 등불이 꺼져가니 너희 기름을 좀 나눠 달라 하
거늘 ⁹ 슬기 있는 자들이 대답하여 이르되 우리와 너희가 쓰기에 다
부족할까 하노니 차라리 파는 자들에게 가서 너희 쓸 것을 사라 하니
¹⁰ 그들이 사러 간 사이에 신랑이 오므로 준비하였던 자들은 함께 혼
인 잔치에 들어가고 문은 닫힌지라 ¹¹ 그 후에 남은 처녀들이 와서 이
르되 주여 주여 우리에게 열어주소서 ¹² 대답하여 이르되 진실로 너희
에게 이르노니 내가 너희를 알지 못하노라 하였느니라 ¹³ 그런즉 깨어
있으라 너희는 그날과 그때를 알지 못하느니라

¹ "Then the kingdom of heaven will be like ten virgins who took their
lamps[1] and went to meet the bridegroom.[2] ² Five of them were foolish,

and five were wise. 3 For when the foolish took their lamps, they took
no oil with them, 4 but the wise took flasks of oil with their lamps.
5 As the bridegroom was delayed, they all became drowsy and slept.
6 But at midnight there was a cry, 'Here is the bridegroom! Come out
to meet him.' 7 Then all those virgins rose and trimmed their lamps.
8 And the foolish said to the wise, 'Give us some of your oil, for our
lamps are going out.' 9 But the wise answered, saying, 'Since there
will not be enough for us and for you, go rather to the dealers and buy
for yourselves.' 10 And while they were going to buy, the bridegroom
came, and those who were ready went in with him to the marriage feast,
and the door was shut. 11 Afterward the other virgins came also, saying,
'Lord, lord, open to us.' 12 But he answered, 'Truly, I say to you, I do
not know you.' 13 Watch therefore, for you know neither the day nor
the hour.

1 Or *torches* *2* Some manuscripts add *and the bride*

25장

단락 개관

마태복음 24:36은 예수님의 종말론 담화의 중간 부분을 지배하는 원리를 말한다. 먼저 "그날과 그때는", 즉 그리스도가 재림하시는 날과 때는 "아무도 모르나니 하늘의 천사들도, 아들도 모르고 오직 아버지만 아[신다]"(24:36). 사람들이 알지 못하고 자기 할 일을 하는 동안 홍수가 왔듯이, 주님도 예기치 않게 오실 것이다. "그러므로 깨어 있으라 어느 날에 너희 주가 임할는지 너희가 알지 못함이니라"(24:42). 그분은 밤에 도둑같이 오실 것이다. "이러므로…준비하고 있으라 생각하지 않은 때에 인자가 오리라"(24:44). 그 다음 두 비유는 주님의 재림이 "더디 [온다]"(24:48)고 추정한다. 무책임한 종은 그 틈을 못된 짓을 할 기회로 삼는다. 그러나 주인은 예상보다 일찍 돌아와 벌을 내린다(24:49-51). 열 처녀 비유에서도 신랑이 예상보다 일찍 도착해서 준비하지 못한 처녀들은 거부당한다.

그 비유는 천국을, 혼인 잔치에 오기를 오랫동안 기다린 신랑에 비유한다. 맞으러 나간 열 처녀 사이에 차이가 드러난다. 지혜로운 이들은 긴 시간 기다릴 준비를 하지만, 어리석은 이들은 그렇지 않다. 이야기는 진짜 제자를 지혜로운 처녀에 비유한다. 이들은 필요한 만큼 깨어 기다릴 준비를 한다. 어리석은 처녀들과 피상적인 '제자'는 그렇지 않다. 비유는 시간이 늘어지면 기다림이 어렵다고 전제한다. 깨어 있음은 참된 믿음의 표지다.

이 비유에 대해 지나친 알레고리적 해석들이 있었다. 일부 주석가들은 미련하고 슬기로운 다섯 처녀들이 악 혹은 선을 나타내는 다섯 가지 감각에 해당하며, 10명이 잔 것은 죽음이라고 주장했다.[417] 좀 더 온건한 의견은, 기름이 성령 혹은 선행을 나타낸다고도 말한다. 문학 형식으로서의 알레고리를 과소평가하는 비판적인 학자들은, 알레고리적 요소들이 예수님의 원래 가르침의 일부였음을 부인한다.[418]

단락 개요

Ⅷ. 다섯 번째 설교: 곤경, 인내, 종말(24:1-25:46)

H. 제자들은 깨어서 계속 준비한다(24:42-25:46)

3. 깨어 있으라, 그 나라는 지체하는 신랑 같으므로(25:1-13)

417 Blomberg, *Interpreting the Parables*, 239. Blomberg는 Thomas Aquinas, *Commentary on the Four Gospels*, vol. 1, pt. 3 (Oxford: John Henry Parker; London: J. G. F. & J. Rivington, 1842), 843-851을 인용한다.

블롬버그는 마태복음 25:1-13을 "권위 있는 인물과 그에게 종속된 두 분류의 대조되는 사람들"이 등장하는 단순한 세 요점의 비유라고 부른다. 이 비유에서 신랑은 "당연히 하나님을 상징"한다. 예언자들이 하나님을 이스라엘의 남편으로 제시하기 때문이다(사 54:4-6; 겔 16:7-34; 호 2:19). 예수님은 또한 마태복음 9:15에서 자신을 신랑에 비유하신다. 첫 번째 종속된 이들은 지혜로운 신부 들러리로, 이들은 신랑의 지연에 잘 대비한다. 두 번째 종속된 이들은 어리석은 신부 들러리로, 이들은 준비가 충분하지 못하여 결과를 감수한다.[419]

주석

25:1-13 예수님은 "천국"을, 결혼식 하객이거나 신부 들러리인 "열 처녀"에 비유하신다(1절). 비유는 일반적으로 유대 결혼 관습을 따르는 결혼 축하연을 묘사한다. 결혼식은 하루 종일 이어질 수 있었다. 신랑은 아침 일찍 춤을 추고 나서, 보통 친구 대표들과 함께 집을 떠나 신부의 집으로 갔다. 그곳에서 예식을 치른 후, 노래와 춤이 동반된 결혼 행진으로 신랑의 집으로 돌아와, 정식 결혼식과 뒤따르는 잔치에 참석했다. 그 행진과 결혼식은 보통 밤에 거행되었다. 예수님은 횃불을 든 행진을 마음에 그리신다. "등"은 아마 기름에 적신 낡은 천을 막대기에 두르는 형태일 것이다. "푹 적신 횃불은" 15분 정도 "타올랐을 것이고" 기름이 없는 횃불은 바로 꺼졌을 것이다.[420] 환하게 타오르는 등은 그 행진을 수월하게 해준다.

5명의 슬기 있는 처녀는 기름을 충분히 가져옴으로써 지연되는 상황에

418 예를 들어, Jeremias, *Parables of Jesus*, 171.

419 Blomberg, *Interpreting the Parables*, 197, 238, 241.

420 France, *Gospel according to Matthew*, 351.

대비하지만, 미련한 처녀들은 그렇게 하지 않는다(2-4절). 당시 문화에서 사람들은 일찍 잠을 잤으므로, 그 지연은 졸음 그리고 잠으로 이어진다(5절). 한밤중에 신랑이 오는 소리가 들린다. 이제 결혼 행진에 합류할 때다(6절). "맞으러"에 해당하는 단어[아판테시스(*apantēsis*)]는 주목 받는 사람을 만나 호위하는 상황에 어울린다(행 28:15). 바울은 그리스도의 재림 때 신자들이 그분을 맞이하는 것에 그 단어를 쓴다(살전 4:17). 그 점이 '휴거'에 관한 논의를 해결하거나, 그리스도의 재림 시기에 관한 숨 가쁜 논의를 잠잠하게 하지는 않을 것이다. 예수님은 그분의 가르침이 재림 시기에 관한 정보를 준다는 것을 명백하게 부인하신다. 마태복음 24:36-25:13은 제자들이 예수님의 재림 시기를 알지 못하고 알 수도 없다고 거듭 주장한다. 그러므로 그들은 깨어 준비해야 한다(마 24:44; 25:13).

신랑이 도착한다는 소리가 10명의 신부 들러리를 깨운다. 여분의 기름을 가진 5명은 신랑을 맞이할 준비를 하지만, 다른 이들은 기름이 떨어져서 행진에 합류할 준비를 하지 못한다. 결혼식이 지연되는 일은 흔했으므로 그들의 태만은 과실이다. 미련한 처녀들은 슬기 있는 자들에게 기름을 조금만 나눠 달라고 구걸하지만, 거절당한다(7-8절). 일부 주석가들은 이를 자기중심적이라고 해석한다. 이에 대해 위더링턴(Witherington)은 5명의 슬기 있는 신부 들러리가 나누려 하지 않은 것은 이기적인 것이 아니라, "과업을 완수하기 위해 무엇이 필요할지 아는 준비와 지혜"라고 대응한다.[421] 다시 말해 "우리와 너희가 쓰기에 다 부족할까 하노니"(9절)라는 설명은, 중요한 문화 행사인 그 행진에 대한 우려로 이해하는 것이 가장 좋다.[422] 신부의 친구들 모두가 기름을 다 써버린다면 그 행진을 망칠 것이다.[423] 그래

421 Ben Witherington III, *Matthew*, SHBC (Macon, GA: Smyth & Helwys, 2006), 460.

422 Blomberg, *Matthew*, 598.

423 이형 사본이 그 어조에 약간의 영향을 미친다. 이는 "안 됩니다, 부족하면 안 되니까"[메포테 우크 아르케세(*mēpote ouk arkesē*)]나, "안 됩니다. 틀림없이 충분하지 않습니다"[메포테 우 메 아르케세(*mēpote ou mē arkesē*)]로 읽힌다.

서 미련한 처녀들은 한밤중에 기름을 구하러 다니는 쉽지 않은 일을 하게 된다. 그사이 신랑이 도착한다. 행렬은 그를 따라 혼인 잔치에 들어가고 "문은 닫힌[다]"(9-10절).

다른 처녀들이 필요한 기름을 구했든 아니든, 그들도 결국 와서 "주여 주여 우리에게 열어주소서"(11절)라고 간청한다. 요청이 그렇듯 응답도 7:21-23을 떠오르게 한다. "진실로 너희에게 이르노니 내가 너희를 알지 못하노라"(마 25:12). 직역주의는 이곳에서 해석을 손상시킬 수 있다. 신랑은 문을 열 수도 있었을 것이다. 혼인 잔치는 한 주간 지속될 수 있었으므로, 가끔은 불가피하게 문을 열어야 했다. 그리고 신랑은 그 미련한 처녀들을 안다. 그들도 어쨌든 잔치에 초대받았던 이들이다. "내가 너희를 알지 못하노라"는 말은 그들을 혼인 잔치에 들어가지 못하게 하는 관계의 단절을 확증해준다. 그 처녀들은 결혼 행렬의 구성원으로서 자신의 의무에 불성실하게 행동함으로써 그 관계를 위태롭게 했다. 그들에게는 한 가지 과제가 있었다. 횃불과 기름을 준비하는 것이었다. 그렇게 하지 못한 것은 그들에게 수치스러운 일일 뿐 아니라 신부측 사람들을 모욕하는 것이다. 그들의 태만은 그들이 진짜 친구가 아님을 보여주므로, 신랑은 그들을 금했다.

예수님은 교훈을 상세히 설명하신다. "그런즉 깨어 있으라 너희는 그날과 그때를 알지 못하느니라"(13절). 신랑처럼, 그분은 예상보다 그분의 재림을 더 오래 지연시키신다. 결혼식에서 지연은 흔했고, 시계가 없는 문화에서는 그것이 그리 문제가 되지 않았다. 문제는 시간을 낭비하는 것이 아니라 준비가 부족한 것이다. 졸음도 죄는 아니다. 빛이 부족했던 시대에 사람들은 보통 자정 전에 자러 갔다. 모든 처녀가 잤지만, 5명만 실패했다. 신랑의 지연은 그들에게 무엇이 있었는지 드러냈고 결국 그들을 분리시켰다.

25장

응답

요점은 분명하다. 인자이신 주님이 언제 오시는지 아무도 모르므로(24:36-37), 신실한 종들은 항상 그분을 맞이할 준비를 해야 한다는 것이다. 이 준비는 (역설적으로) "깨어 있으라" 혹은 자고 있을 때도 "깨어 있으라"는 뜻이다.

24-25장은 성경 종말론의 몇 가지 핵심적인 요소를 제시한다. 우리는 그것을 이렇게 요약할 수 있다. 인자는 예기치 못한 때에 다시 오실 것이다(24:42, 44). 예수님은 큰 나팔 소리와 함께 눈에 보이고 귀에 들리게 다시 오실 것이다(24:27, 30-31). 그분은 직접 천사들과 함께 다시 오실 것이다(24:30-31). 그분은 땅에서 살아 있든 아니든 "하늘 이 끝에서 저 끝까지" "그의 택하신 자들", 그분의 백성들을 모으기 위해 오신다(24:31). 예수님은 세상을 심판하기 위해, 그들이 한 말과 행동에 따라 양과 염소를 갈라놓기 위해 오신다(25:31-46; 12:37; 16:27). 따라서 청중은 질문에 직면한다. 주인은 당신을 아시는가, 모르시는가?(7:21-23; 25:12) 주 예수님을 아는 것과 그분이 우리를 아시는 것이 본질이다. 그분이 당신을 아시고 당신이 그분을 알면, 당신은 어느 때든, 심지어 잘 때도 그분을 맞이할 준비를 하며 당신의 삶을 살 것이다.

14 또 어떤 사람이 타국에 갈 때 그 종들을 불러 자기 소유를 맡김과
같으니 15 각각 그 재능대로 한 사람에게는 금 다섯 [1]달란트를, 한 사
람에게는 두 [1]달란트를, 한 사람에게는 한 [1]달란트를 주고 떠났더니
16 다섯 [1]달란트 받은 자는 바로 가서 그것으로 장사하여 또 다섯 [1]달
란트를 남기고 17 두 [1]달란트 받은 자도 그같이 하여 또 두 [1]달란트를
남겼으되 18 한 [1]달란트 받은 자는 가서 땅을 파고 그 주인의 돈을 감
추어 두었더니 19 오랜 후에 그 종들의 주인이 돌아와 그들과 결산할
새 20 다섯 [1]달란트 받았던 자는 다섯 [1]달란트를 더 가지고 와서 이르
되 주인이여 내게 다섯 [1]달란트를 주셨는데 보소서 내가 또 다섯 [1]달
란트를 남겼나이다 21 그 주인이 이르되 잘하였도다 착하고 충성된 종
아 네가 적은 일에 충성하였으매 내가 많은 것을 네게 맡기리니 네 주
인의 즐거움에 참여할지어다 하고 22 두 [1]달란트 받았던 자도 와서 이
르되 주인이여 내게 두 [1]달란트를 주셨는데 보소서 내가 또 두 [1]달란
트를 남겼나이다 23 그 주인이 이르되 잘하였도다 착하고 충성된 종아
네가 적은 일에 충성하였으매 내가 많은 것을 네게 맡기리니 네 주인
의 즐거움에 참여할지어다 하고 24 한 [1]달란트 받았던 자는 와서 이르

되 주인이여 당신은 굳은 사람이라 심지 않은 데서 거두고 헤치지 않
은 데서 모으는 줄을 내가 알았으므로 25 두려워하여 나가서 당신의
[1]달란트를 땅에 감추어 두었었나이다 보소서 당신의 것을 가지셨나
이다 26 그 주인이 대답하여 이르되 악하고 게으른 종아 나는 심지 않
은 데서 거두고 헤치지 않은 데서 모으는 줄로 네가 알았느냐 27 그러
면 네가 마땅히 내 돈을 취리하는 자들에게나 맡겼다가 내가 돌아와
서 내 원금과 이자를 받게 하였을 것이니라 하고 28 그에게서 그 한
[1]달란트를 빼앗아 열 [1]달란트 가진 자에게 주라 29 무릇 있는 자는 받
아 풍족하게 되고 없는 자는 그 있는 것까지 빼앗기리라 30 이 무익
한 종을 바깥 어두운 데로 내쫓으라 거기서 슬피 울며 이를 갈리라
하니라

14 "For it will be like a man going on a journey, who called his servants[1]
and entrusted to them his property. 15 To one he gave five talents,[2] to
another two, to another one, to each according to his ability. Then he
went away. 16 He who had received the five talents went at once and
traded with them, and he made five talents more. 17 So also he who
had the two talents made two talents more. 18 But he who had received
the one talent went and dug in the ground and hid his master's money.
19 Now after a long time the master of those servants came and settled
accounts with them. 20 And he who had received the five talents came
forward, bringing five talents more, saying, 'Master, you delivered
to me five talents; here, I have made five talents more.' 21 His master
said to him, 'Well done, good and faithful servant.[3] You have been
faithful over a little; I will set you over much. Enter into the joy of your
master.' 22 And he also who had the two talents came forward, saying,
'Master, you delivered to me two talents; here, I have made two talents
more.' 23 His master said to him, 'Well done, good and faithful servant.

You have been faithful over a little; I will set you over much. Enter into the joy of your master.’ 24 He also who had received the one talent came forward, saying, ‘Master, I knew you to be a hard man, reaping where you did not sow, and gathering where you scattered no seed, 25 so I was afraid, and I went and hid your talent in the ground. Here, you have what is yours.’ 26 But his master answered him, ‘You wicked and slothful servant! You knew that I reap where I have not sown and gather where I scattered no seed? 27 Then you ought to have invested my money with the bankers, and at my coming I should have received what was my own with interest. 28 So take the talent from him and give it to him who has the ten talents. 29 For to everyone who has will more be given, and he will have an abundance. But from the one who has not, even what he has will be taken away. 30 And cast the worthless servant into the outer darkness. In that place there will be weeping and gnashing of teeth.’

1) 금은의 중량

1 Or *bondservants*; also verse 19 *2* A *talent* was a monetary unit worth about twenty years' wages for a laborer *3* Or *bondservant*; also verses 23, 26, 30

단락 개관

모차르트의 테마와 변주곡 혹은 마일즈 데이비스의 즉흥 연주곡 훨씬 이전에, 예수님이 마태복음 24:36부터 25:30까지 한 신학적 주제에 대해 상세하게 설명하셨다. 마태복음 24:36에서 예수님은 이 시대가 끝날 “날과…때”는 아무도 모른다고 말씀하셨다. 인자가 어느 때든 다시 오실 수 있으므로, 제자들은 항상 “깨어 있[어야]” 한다(마 24:37-42). 예수님이 예기치 않게 다시 오실 것이므로, 그들은 항상 준비해야 한다(24:43-44). 그분이 예상보다 ‘빨리’ 오실 수 있으므로, 그들은 날마다 스스로를 입증해야 한다(24:45-51). 하지만 주인은 예상보다 ‘늦게’ 오실 수도 있으므로, 지혜로운 제자는 그분이 다시 오실 때까지 견디기 위해 준비한다(25:1-13). 마지막으로, 그분이 지체하시는 동안 종들은 의탁하신 일들에 충실하게 행해야 한다(25:14-30).

달란트 비유는 하나님을, 상당한 자원을 종들에게 맡기고 그들이 훌륭한 청지기가 되기를 기대하는 주인으로 묘사한다. 주인은 3명의 종에게 각기 다른 액수를 맡긴다(25:14-15). 훌륭한 두 종은 그들이 받은 것을 배로 늘려서 주인에게 돌려주고 보상과 칭찬을 받는다. 세 번째 악한 종은 그의 달란트로 아무것도 하지 않고, 자신의 게으름을 주인의 엄격함 탓으로 돌린다. 주인은 그를 꾸짖으며 벌하고, 예수님은 악한 자들이 받을 벌에 대해 설명하신다.

단락 개요

Ⅷ. 다섯 번째 설교: 곤경, 인내, 종말(24:1-25:46)
H. 제자들은 깨어서 계속 준비한다(24:42-25:46)
4. 달란트를 신실하게 사용함으로 준비하라(25:14-30)

블롬버그는 달란트 이야기를 복잡한 세 인물 비유라 부른다. 주인은 하나님 같은 권위를 가졌다. 비유에는 맡겨진 돈의 액수만 다른 2명의 신실한 종과, 실패하여 주인을 화나게 하는 신실하지 못한 종이 등장한다. 상세하게 말하자면, 주인은 상당한 금액을 종들에게 맡기고 떠난다. 두 종은 주인의 돈을 2배로 만들지만, 한 사람은 아무것도 하지 않는다(25:16-18). 주인이 돌아와 결산할 때, 신실한 종들은 2배의 칭찬을 받는 반면(19-23절) 마지막 종은 주인의 행위를 탓한다. 긴 마무리 부분은 죄의 결과를 강조한다(24-30절).

주석

25:14-30 비유는 천국을, 여행을 떠나기 전에 3명의 종에게 각각 다섯 달란트, 두 달란트, 한 달란트를 맡기는 사람에 비유한다. 그는 그의 자산을 그만큼의 액수를 다룰 수 있는 "각각 그 재능대로" 나누어 준다(14-15절). 달란트는 그 시대에 가장 큰돈의 단위를 나타낸다. 한 달란트는 보통 은의 무게로 약 34킬로그램이었지만, 그 양은 장소와 시간에 따라 달랐을 수 있다. 한 달란트의 구매력은 6천 데나리온으로, 평범한 노동자의 20년 치 임금에 맞먹는 것이었다. 한 노동자가 100년 동안 힘들게 일해야 다섯 달란트를 벌었다.

그 이미지는 상상이 아니다. 로마 제국에서 종은 때로 큰돈을 다루었다. 그들은 또 자유인들과 같은 임금을 받아서 재산(심지어 다른 종까지)을 모으고 상여금도 받을 수 있었다. 주인은 종들의 성격과 능력을 제대로 판단한다. 처음 두 사람은 "장사", 즉 사업을 해서 그들이 받은 자금을 2배로 만들었다(16-17절). 세 번째 종은 다른 이들과 크게 대비된다. 그는 땅에 구덩이를 파서 "그 주인의 돈을 감추어 두었[다]"(18절). 구덩이에 감추는 것은 돈을 지키는 안전한 방법으로 여겨졌지만, 대금업자와 원시적인 은행은 맡겨진 돈에 대한 이자를 제공했다. 돈을 묻어 두는 것은 손실이 생기지 않을 것을 보장하지만, 이득도 없다.[424]

25장

424 Morris, *Matthew*, 628.

드디어 주인이 돌아와서 "결산"을 한다(19절). 처음 두 사람은 품위 있는 겸손함으로 주인에게 다가간다. 그들은 거의 자신을 언급하지 않으며 공손하게 "주인이여"라고 말한 다음, 수고의 결실을 보여준다. 20절과 22절의 표현은 "다섯"과 "두"라는 숫자를 제외하고 똑같다.

두 종은 같은 결과를 얻는다. 그들은 동일한 말을 하고, 주인은 21절과 23절에서 동일한 네 가지 칭찬을 한다. 첫째, 주인은 인정한다. "잘하였도다"라는 어구는 간결한 헬라어 유(*eu*)의 번역으로, '좋아', '브라보', '잘했어'라는 뜻이다. 둘째, 주인은 그들을 "착하고 충성된" 종으로 칭찬한다. 셋째, 주인은 그들에게 더 많은 책임을 맡긴다. 이는 이미 24:45-47에 표현된 원리를 떠오르게 한다. 주인은 신실한 종을 축복하고 "그의 모든 소유를 맡[긴다]"(참고. 눅 16:10). 그 종에게 "네가 적은 일에 충성하였으매 내가 많은 것을 네게 맡기리니"(마 25:21, 23)라고 말한 것은 미묘하게 역설적이다. 만약 주인이 열 달란트, 즉 네다섯 생애 동안 일한 만큼의 노동을 "적은"이라 칭한다면, 그는 정말로 대단하고 그에게는 신실한 종들에게 맡길 고귀한 임무가 있음에 틀림없다. 넷째, 더 많은 책임이라는 특권 외에 그 주인은 "네 주인의 즐거움에 참여할지어다"라는 보상을 제시한다. 예수님은 이 기쁨을 정의하지 않으시지만, 이곳과 다른 곳에서 그것은 하나님의 임재(눅 15:7, 10; 요 16:20-24)와 하나님의 나라(마 13:44), 부활(28:8; 눅 24:41), 성취(행 20:24), 잔치와 연결된다. 신실한 종들은 주님의 즐거움을 얻는다.

반면 주인과 세 번째 종의 만남은 다르다. 그 종은 받은 달란트로 아무것도 하지 않고 오히려 주인의 성품을 공격함으로써 자신의 무책임함을 변명한다. 거기에 그의 관점에서는 불가능한 상황을 부과한 주인에 대한 비난을 섞는다. "주인이여 당신은 굳은 사람이라 심지 않은 데서 거두고…내가 알았으므로 두려워하여"(마 25:24-25). 그는 그가 힘들게 일하여 이득을 얻으면 주인이 그 결실을 가져가지만, 사업을 하다 잃으면 책임을 물을 것이라 상상했다. 그는 빈약한 자기 합리화를 늘어놓은 후에 "보소서 당신의 것을 가지셨나이다"(25절)라고 마무리한다.

주인은 그가 한 말로 그를 책망한다. 만약 주인이 냉혹하고 요구가 많음을 알았다면, 그는 덜 할 것이 아니라 더 일했어야 했다. 두려움이 정말 그를 무기력하게 만들었다면, 그는 적어도 그의 돈을 "취리하는 자들"에게 맡겼다가 "이자"라도 받았어야 했다(26-27절).

서구 자본주의의 시각으로 이 감정의 분출을 해석하는 것은 오해의 소지가 있다. 이는 근무 마지막 날에 상사에게 불평하는 직원이 아니다. 이는 어떤 권한도 없는데 자신의 의무와 그의 주인 둘 다를 거부하는 종이다. 그가 정말로 주인이 "굳은" 사람이라고 믿는다면, 그는 덜 반항적인 어조를 취해야 한다. 그 종은 무책임한 반역자고, 주인은 그에 맞게 대우한다. 그는 그의 유일한 달란트를 잃고 쫓겨난다(28, 30절).

예수님이 좋아하시는 시적 병행으로 비유가 마무리된다. 마지막 종을 향한 예수님의 책망은 첫 두 종에 대한 칭찬을 뒤집은 것이다. 신실한 이들은 인정을 받고, 칭찬을 듣고, 특권을 얻고, 보상을 받는다. 신실하지 못한 자는 책망을 받고("악하고 게으른 종아") 교정을 받는다. 그런 다음 그는 특권과 한 달란트를 잃고, "바깥 어두운 데"서 벌을 받는다(26-30절). 문제는 요구가 많은 주인이 아니라 벌을 받아 마땅한 악한 종에게 있다.

"그 한 달란트를 빼앗아" 그것을 열 달란트 가진 종에게 주라(28절)는 명령은 현대 독자들에게는 불공평해 보이지만, 근거는 친숙하다. 인간의 모든 소유는 결국 하나님의 것이며, 그분은 원하는 대로 나누어 주실 권리가 있다(마 20:15). 뿐만 아니라 예수님은 이미 자신이 가진 것을 멸시하는 이들은 그들이 가진 작은 것을 잃을 것이라고 말씀하셨다(13:12). 마지막으로, 빼앗김은 공정하고 타당하다. 그 종은 불충과 게으름을 충분히 입증했다. 그가 왜 주인의 자산을 더 낭비해야 하는가? 그래서 그 "무익한 종"은 불충의 결과를 받는다.

예수님은 이 외에 또 다른 벌을 받아야 한다고 덧붙이신다. 그는 "바깥 어두운 데로 내쫓[긴다]"(25:30). 이는 예수님의 일이다. 그분은 "나를 떠나"라고 말씀하신다(41절). 그러한 벌은 하나님의 복된 임재에서 분리되는 것이다. 여기에 예수님은 괴로움을 야기하는 직접적인 벌을 더하신다. "슬피 울며 이를 갈리라"(참고. 41, 46절).

이는 오늘날 인기 있는 가르침이 아니지만 그 진정성에 불리하게 작용하지는 않는다. "하나님의 심판은 구약성경과 제2성전기 유대교에 만연한 주제였다. 예수님이 그것에 대해 말씀하지 않으시는 것이 놀라운 일일 것이다."[425] 오히려 그 묘사의 준엄함이 그 진정성을 입증한다. 교회가 하나님과 궁극적으로 예수님을 "굳은" 주인으로 그리는 비유를 날조했겠는가?

응답

비유의 주요한 요점은 명백하다. 먼저, 하나님은 자신의 자산을 종들에게 맡기고 그들이 그것을 적절하게 잘 사용하기를 기대하시는 주인과 비슷하다. 둘째, 주님은 신실한 종들을 인정하고 칭찬하고 그들에게 보상하실 것이다. 셋째, 주님은 신실하지 못한 종들을 꾸짖고 유죄 선고를 내리고 벌주실 것이다.

비유는 다수의 부수적인 요점을 암시한다. 분명 예수님의 칭찬과 보상의 한 측면은, 달란트를 더 많이 얻고 더 섬기는 특권이다. 타락한 세상에서 지도력에 대한 열정을 보건대, 모든 사람이 그것을 보상이라 부르지는 않을 것이다. 그러나 한 과제를 충실히 이행한 일꾼들에게는 또 다른 더 많은 과제를 수행하도록 권한이 부여되는데, 이는 부담보다는 특권으로 보는 것이 옳다.

블롬버그의 놀라운 작품 《비유해석학》은 이야기의 세부 사항들을 과도하게 해석하지 말라고 독자들에게 경고한다. 나귀는 교회가 아니고, 기름은 성례가 아니다(참고. 서론). 하지만 예수님은 주목할 만한 방식으로 이야기를 하기로 작정하셨다. 주인이 종들에게 상당한 자산을 준다는 사실에 주목하라. 그분은 실제 세상에서도 그분의 종들에게 중대한 임무를 위한

425 Blomberg, *Interpreting the Parables*, 275. 바울 역시 독자들에게 "하나님의 인자하심과 준엄하심"(롬 11:22)에 주목하라고 말한다.

자원을 주심으로, 똑같이 하신다. 인간의 일은 중요하고, 너무 인간적인 상사가 중간 보고서를 읽는다 해도, 예수님의 종들에게는 예수님을 위해 일하고 그분에게 응답하는 특권이 있다.

나아가 두 신실한 종이 전혀 다른 달란트를 받지만 똑같이 충실하게 일하고 주인으로부터 동일한 칭찬을 듣고 동일한 보상을 받는 것을 보면 마음이 따뜻해진다. 주님은 생산하는 양이 아니라, 얼마를 받든 얼마나 신실하게 사용하느냐로 종들을 평가하신다. 예수님은 이렇게 말씀하셨다. "무릇 많이 받은 자에게는 많이 요구할 것이요 많이 맡은 자에게는 많이 달라 할 것이니라"(눅 12:48). 주님은 그분의 뜻대로 많거나 적게 맡기신다. 비유는 그분이 누가 많이 받아야 하고 누가 적게 받아야 하는지 아신다고 암시하는 것 같다.

예수님의 종은 다음과 같이 질문하며 스스로를 살펴야 한다. "주님은 내게 어떤 달란트를 주셨는가? 나는 어떤 훈련을 받았는가? 어떤 멘토들이 나에게 투자했는가? 나는 게으른 청지기인가, 부지런한 청지기인가? 나는 내 달란트를 배가시키는가, 아니면 묻어 두는가? 나는 주님이 내게 더 많이 맡기시도록 행동하는가, 아니면 더 적게 맡기시도록 행동하는가? 나는 주님의 기쁨과 칭찬을 받을 만한 사람인가?"

이 비유는 또한 일에 대한 기독교의 생각을 새롭게 한다. 비유는 일하고 책임감을 갖는 것이 좋다고 전제한다. 심지어 더 많은 일을 보상으로 보기까지 한다. 물론 그 이야기는 일이 새로워진 창조 세계에 존재하는 것이라 전제하지만 말이다. 일은 선하며 만물이 새로워질 때 노동이 변화되고 복을 받을 것이다.

마지막으로, 비유는 예수님에 대한 마태의 또 다른 묘사다. 그분은 어마어마한 자원을 관장하고 그분의 전권 대사로서 그것들을 잘 사용하도록 종들에게 위임하신다. 그분은 모든 것을 지켜보고 평가하며, 누가 그분에게 신실하고 신실하지 못했는지 심판하신다.

31 인자가 자기 영광으로 모든 천사와 함께 올 때에 자기 영광의 보좌
에 앉으리니 32 모든 민족을 그 앞에 모으고 각각 구분하기를 목자가
양과 염소를 구분하는 것같이 하여 33 양은 그 오른편에 염소는 왼편
에 두리라 34 그때에 임금이 그 오른편에 있는 자들에게 이르시되 내
아버지께 복 받을 자들이여 나아와 창세로부터 너희를 위하여 예비
된 나라를 상속받으라 35 내가 주릴 때에 너희가 먹을 것을 주었고 목
마를 때에 마시게 하였고 나그네 되었을 때에 영접하였고 36 헐벗었을
때에 옷을 입혔고 병들었을 때에 돌보았고 옥에 갇혔을 때에 와서 보
았느니라 37 이에 의인들이 대답하여 이르되 주여 우리가 어느 때에
주께서 주리신 것을 보고 음식을 대접하였으며 목마르신 것을 보고
마시게 하였나이까 38 어느 때에 나그네 되신 것을 보고 영접하였으며
헐벗으신 것을 보고 옷 입혔나이까 39 어느 때에 병드신 것이나 옥에
갇히신 것을 보고 가서 뵈었나이까 하리니 40 임금이 대답하여 이르시
되 내가 진실로 너희에게 이르노니 너희가 여기 내 형제 중에 지극히
작은 자 하나에게 한 것이 곧 내게 한 것이니라 하시고

31 “When the Son of Man comes in his glory, and all the angels with
him, then he will sit on his glorious throne. 32 Before him will be

gathered all the nations, and he will separate people one from another
as a shepherd separates the sheep from the goats. 33 And he will place
the sheep on his right, but the goats on the left. 34 Then the King will
say to those on his right, 'Come, you who are blessed by my Father,
inherit the kingdom prepared for you from the foundation of the world.
35 For I was hungry and you gave me food, I was thirsty and you gave
me drink, I was a stranger and you welcomed me, 36 I was naked and
you clothed me, I was sick and you visited me, I was in prison and you
came to me.' 37 Then the righteous will answer him, saying, 'Lord,
when did we see you hungry and feed you, or thirsty and give you
drink? 38 And when did we see you a stranger and welcome you, or
naked and clothe you? 39 And when did we see you sick or in prison
and visit you?' 40 And the King will answer them, 'Truly, I say to you,
as you did it to one of the least of these my brothers,[1] you did it to me.'

41 또 왼편에 있는 자들에게 이르시되 저주를 받은 자들아 나를 떠나
마귀와 그 사자들을 위하여 예비된 영원한 불에 들어가라 42 내가 주
릴 때에 너희가 먹을 것을 주지 아니하였고 목마를 때에 마시게 하지
아니하였고 43 나그네 되었을 때에 영접하지 아니하였고 헐벗었을 때
에 옷 입히지 아니하였고 병들었을 때와 옥에 갇혔을 때에 돌보지 아
니하였느니라 하시니 44 그들도 대답하여 이르되 주여 우리가 어느 때
에 주께서 주리신 것이나 목마르신 것이나 나그네 되신 것이나 헐벗
으신 것이나 병드신 것이나 옥에 갇히신 것을 보고 공양하지 아니하
더이까 45 이에 임금이 대답하여 이르시되 내가 진실로 너희에게 이르
노니 이 지극히 작은 자 하나에게 하지 아니한 것이 곧 내게 하지 아
니한 것이니라 하시리니 46 그들은 영벌에, 의인들은 영생에 들어가리
라 하시니라

41 "Then he will say to those on his left, 'Depart from me, you cursed,
into the eternal fire prepared for the devil and his angels. 42 For I was
hungry and you gave me no food, I was thirsty and you gave me no
drink, 43 I was a stranger and you did not welcome me, naked and you
did not clothe me, sick and in prison and you did not visit me.' 44 Then
they also will answer, saying, 'Lord, when did we see you hungry or
thirsty or a stranger or naked or sick or in prison, and did not minister
to you?' 45 Then he will answer them, saying, 'Truly, I say to you, as
you did not do it to one of the least of these, you did not do it to me.'
46 And these will go away into eternal punishment, but the righteous
into eternal life."

1 Or *brothers and sisters*

단락 개관

마태복음 25:31-46에서 종말론적 담화의 결론은, 심판을 대비하라는 요청에서 심판 자체로 관심을 옮긴다. 이 단락에서 핵심적인 정서는 가난한 자, 굶주린 자, 병든 자, 옥에 갇힌 자에게 베푼 자비에 대한 감동적인 묘사에 있다(35-36절). 나아가 예수님은 모든 선행에는 예상 밖의 깊이가 있다고 말씀하신다. "내 형제 중에 지극히 작은 자"를 보살피는 것이 그리스도를 보살피는 것이며, "이 지극히 작은 자"를 무시하시는 것이 그리스도를 무시하는 것이다(37-40, 44-45절). 이 단락은 어려운 사람들을 돕도록 독자들을 깨울 것이다. 나아가 선을 행했는지의 여부가 누가 양이고 누가 염소인지를 드러낸다(46절).

31-46절의 해석에 대한 학자들의 의견이 항상 같지는 않다. 19세기 자

유주의의 영향을 받은 대부분의 비판적인 학자들은 그 가르침을 궁핍한 자, 특히 "극빈자"[426]에게 자비를 베풀라는 요청으로 여긴다. 오늘날 순진한 독자는 일반적인 자선과 '선을 행하는 것'이라는 단조로운 윤리에 시달릴지도 모른다. 일부 해석자들에게 "내 형제 중에 지극히 작은 자"는 모든 곳에 있는 궁핍한 사람들을 가리킨다. 그러므로 이 단락은 "유대인과 이방인", "예수님의 제자와 불신자들"의 "구분을 없앤다."[427] 그 시각은 자비를 베푸는 행위를 심판의 근거로, 따라서 그 나라에 들어가느냐 제외되느냐에 대한 근거로 확립한다. 지지자들은 그들의 견해가 이웃을 사랑하고 그들에게 선을 행하라는 명령을 따른다고 말한다(레 19:17-18; 마 22:39; 약 2:14-17).

만약 정통파가 이를 행위에 의한 구원으로 여기고 반대한다면, 이 견해의 지지자들은 그것을 보편적인 사랑의 길을 가르치고 보여주신 그리스도께 충성함으로 얻는 구원이라고 답할 것이다. 이 견해에 따르면 "내 형제 중에 지극히 작은 자"는 가장 궁핍한 사람들이다. 프랜스는 "꽤 최근까지 이 구절은 영원한 구원의 근거를 궁핍한 모든 사람에게 베푸는 자비의 행위에 두었다고 여겨졌으며, 그 메시지는 특별히 기독교적 내용이 없는 인도주의 윤리의 한 부류였다"[428]라고 요약한다.

몇십 년 동안 선두적인 신약 학자들은 마태복음과 정경과 정통 기독교를 두고 보다 일관성 있는 해석 작업을 했다. 그들은 마태의 언어로 시작한다. 첫째, 마태는 예수님을 궁핍한 이들을 "내 형제"로 부르시는 분으로 제시하고, 마태복음에서 "형제"는 동료 신자들을 뜻한다(마 5:22-25; 12:48-50; 28:10). 둘째, "지극히 작은 자"는 "작은 자"의 최상급으로, "작은 자"는 마태복음에서 신자들을 나타낸다(10:42; 18:6, 10, 14, 참고. 막 9:42; 눅 17:2). 셋

25장

426 Blomberg, *Interpreting the Parables*, 399.

427 Carson, *Matthew*, 582. 선택지들에 대한 이 개요는 Carson, 582-584과 Garland, *Reading Matthew*, 242-243을 따른 것이다.

428 France, *Gospel according to Matthew*, 355.

째, 마태복음이 앞의 10:42에서 사용했던 "작은 자"는 그 나라를 전하는 자들이다. 이 요점이 옳다면, 영생은 하나님의 전령들을 접대하는 데서 드러나는 언약적 신실함의 결과다. 그들에게 자비를 베푸는 것은 선한 일이지만, 본질적으로 공적 같은 것은 아니다(마 10:11-14, 40-42, 아래).

단락 개요

Ⅷ. 다섯 번째 설교: 곤경, 인내, 종말(24:1-25:46)
　H. 제자들은 깨어서 계속 준비한다(24:42-25:46)
　　5. 인자 앞에서 결산할 것을 준비하라(25:31-46)

마태복음 24:36-51과 요한복음 10:1-10처럼, 마태복음 25:31-46도 비유와 유사한 이미지가 가득한 담화다. 본문은 뒤에서 "임금"으로 불리는 "인자"의 오심으로 시작된다. 그분은 자기 보좌에 앉아 심판하기 위해 모든 민족을 모으신다(31-32절). 또 양과 염소를 분리하신다(33절). 양은 "네 형제 중에 지극히 작은 자"에게 자비를 베풀었고, 염소는 그렇게 하지 않았다(34-45절). 두 그룹 다 놀라움을 표현하는데, 그것은 그들의 운명 때문이 아니라 궁핍한 자들을 향한 그들의 행동이 그렇게 중요한지 알지 못했기 때문이다(37-39, 44절). 이 단락은 각 그룹의 운명에 관한 진술로 마무리된다(46절).

주석

25:31-46 예수님은 먼저, 인자인 그분이 수행하는 천사들과 함께 영광 가운데 올 것이라고 주장하신다(31절). 그분은 "자기 영광의 보좌"에 앉아 심판을 위해 "모든 민족을" 모으실 것이다. 이는 예수님의 부활과 승천 이후(행 1:6-11), 미래에 있을 일이다. 이는 땅으로 직접 돌아오시는 것이며, 그분은 그곳에서 왕으로 보좌에 앉으실 것이다.

그분은 "모든 민족을"(32절) 모으실 것이다. 마태복음에서 "민족"[타 에트네(*ta ethnē*)]은 보통 유대인과 대조되는 이방인을 나타내지만(마 6:32; 10:5, 18; 20:19, 25), 그 용어는 모든 사람을 가리킬 수 있다. 24:9, 14과 28:19에서 그런 의미로 보이며, 그러한 이해는 이곳에서도 타당하다. 만약 심판이 하나님의 전령들을 대우한 것에 달려 있다면, 왜 마태가 이방인들에 대한 예수님의 심판만을 묘사하겠는가? 분명 유대인들 역시 그 나라의 메시지에 반응한 것에 대한 책임을 진다. 게다가 예수님은 이미 마태복음에서 "인자가…각 사람이 행한 대로 갚으리라"(16:27)라고 말씀하셨다.

그분은 목자가 하루의 끝에 양과 염소를 분리시키시는 것처럼 "민족을…각각 구분하[실]" 것이다.[429] 유순하고 소중한 동물이었던 "양"은 하나님의 백성을 나타내는 은유다(시 23편; 100편; 겔 34장). 오른편은 총애하는 쪽이고, 왼편은 냉대를 나타낸다(마 25:33).

임금은 그의 양에게 "내 아버지께 복 받을 자들이여…너희를 위하여 예비된 나라를 상속받으라"(34절)라고 다정하게 축복한다. 상속은 선물이며, 그 나라의 상속은 하나님께서 나중에 생각하신 것이 아니라 그분의 목적이다. 임금은 자기 백성이 그의 통치 안에서 그들의 자리가 미리 정해져 있고 그곳이 안전하다는 것을 알기 바란다. 아퀴나스가 여러 방식으로 말했던 것처럼, 하늘은 섬김에 대한 보상이라기보다는 인간이 그것을 위해 창조된 목표다.[430]

25장

429 목자들은 낮에는 양과 염소를 섞어 둔 다음 그들을 분리한다. 염소는 밤에 훨씬 많은 온기가 필요하기 때문이다.

이 보상의 근거는, 그들이 굶주린 자에게 먹을 것을 주고 목마른 자에게 마시게 하고 나그네를 영접하고 헐벗은 자에게 옷을 입히고 병자들과 옥에 갇힌 자들을 찾아간 것이다. 그 수사법은 서정적이고 개인적이다. "내가 주릴 때에 너희가 먹을 것을 주었고…[내가] 옥에 갇혔을 때에 와서 보았느니라"(35-36절).

"내 형제"는 동료 신자고, "이 지극히 작은 자"는 그 나라의 전령들이다. 이 견해는 35-36절의 구체적인 선행 목록을 아름답게 설명해준다. 10:9-39에서 예수님은 사도들에게 미리 양식을 준비하지 말고 가서 천국을 선포하라고 말씀하셨다. 그들이 양식 없이 갔다면, 어디로 가든 음식과 물과 영접이 필요했을 것이다. 시간이 지나면 옷도 필요했을 것이고, 예수님은 그들에게 시험이 있을 것이라고 예고하셨으므로 옷을 입히고 옥에 찾아가는 것 역시 잘 들어맞는다.[431] 그러므로 최근의 해석자들이 25:34-36을 예수님의 전령들에게 적용하는 것은 옳다.

만약 그것이 모든 궁핍한 이들에게 자비를 베풀라는 감동적인 요청을 앗아간다고 누군가 이의를 제기한다면, 첫 번째 대답은 주해의 목표는 본문이 우리가 좋아하는 것을 말하게 하는 것이 아니라 본문이 말하는 것을 듣는 것이라는 사실이다. 의심의 여지없이 다른 성경들도 모든 사람에게 선을 행하는 것이 옳다고 말한다(갈 6:10). 선한 사마리아인의 비유는 신자들이 한 사람을 '이웃'으로 규정하고 다른 사람은 '이웃이 아니라고' 규정할 수 있다는 것을 부인한다. 제자들은 지나다니면서 이웃을 발견한다(눅 10:29-37). 마태복음 25:35-36은 분명 어떻게 이웃을 사랑할 수 있는지를 실례로 보여준다. 하지만 필요가 한이 없는 세상에서 자기 가족과 하나님의 가정을 우선순위에 두는 것이 옳으며(딤전 5:8; 갈 6:10), 하나님의 가정은 예수님의 전령들을 포함한다. 그럼에도 마태복음 25:35-36은 인간의 가

430 Thomas Aquinas, *Summa Theologica*, ed. and trans. Fathers of the English Dominican Province, 61 vols. (London: Blackfriars, 1964-1981), 2:1; questions 1-5.

431 병문안은 분명하게 들어맞지는 않는다. 그러나 여행자들은 자주 병에 걸렸다.

장 중요한 필요를 열거하므로, 그 필요 목록은 이웃 사랑의 '실례를 보여준다.' 예수님과 바울은 어디서 이웃을 만나든 말로, 또 궁핍한 자들을 향한 긍휼의 행위로 이웃 사랑을 널리 알렸다(눅 7:1-17; 행 14:8-10).

마태복음 25:37-39에 따르면, "의인들"이 놀라움을 표현하는 것은 그들이 받은 복 때문이 아니라 그들 행동의 중요성 때문이다. 그들이 언제 예수님이 굶주리거나 목마른 것을 보고 그분께 음식과 마실 것을 드렸는가? 그들은 살아가면서 자신들이 그리스도를 섬겼다는 것을 깨닫지 못했다. 자발적으로, 자신의 공적을 알지 못한 채 행동했다. 예수님이 그 목록 전체를 되풀이하실 때, 멋진 시처럼 표현된 그들의 긍휼 행위가 다시 독자에게 다가온다. 묘사된 도움의 형태 대부분은 자명하지만, 헐벗은 것과 옥은 해설이 필요하다. "헐벗[은]" 것은 옷을 제대로 입지 못하여 비바람에 노출된 상태를 의미한다. 그 시대에는 옷이 비쌌다. 보통 사람은 옷가지 몇 개, 즉 속옷 두 벌, 겉옷 두 벌, 두꺼운 망토 정도만 있었고, 어떤 사람들은 그마저도 없어서 추운 날씨에 고통을 겪었다. "옥"은 범죄자들이 살며 갱생 과정을 거치는 곳이 아니라, 그들을 벌하거나 처형할 때까지 가두는 곳이었다. 따라서 옥에 찾아가는 일은 극히 드물었고 매우 인도적인 행위였다.

임금은 이렇게 결론 내린다. "내가 진실로 너희에게 이르노니 너희가 여기 내 형제 중에 지극히 작은 자 하나에게 한 것이 곧 내게 한 것이니라"(40절). "임금"이라는 호칭이 중요한 까닭은, 예수님이 인자로 등장하셨기 때문이다. 성경에서 아버지는 보통 모든 육체의 심판자이지만, 이곳에서 그 영예는 아들에게 주어진다.

41절에서 예수님은 왼편에 있는 저주 받은 자 염소에게 말씀하신다. 이 절은 거의 34절을 뒤집은 것이지만, 의미 있는 변이가 있다.

- 내 아버지께 복 받을 자들이여 나아와 창세로부터 너희를 위하여 예비된 나라를 상속받으라 (34절)
- 저주를 받은 자들아 나를 떠나 마귀와 그 사자들을 위하여 예비된 영원한 불에 들어가라 (41절)

첫째, 아버지는 복을 주는 분이지 저주하는 분이 아님을 주목하라. 크리소소톰(Chrysostom)은 그 임금의 목소리로 말한다. "그가 말한다. 나는 너희를 위해 그 나라를 예비했다. 불은 너희가 아니라 '마귀와 그 사자들을 위해' 예비했다. 그러나 너희가 너희 자신을 그 나라에 던졌다. 그것은 (너희의 행위로 인한) 너희의 탓이다."[432] 따라서 축복은 하나님께서 하시는 일이고 저주는 그렇지 않다.

둘째, 복을 받은 이들은 친밀한 관계를 암시하는 나라를 '상속받는' 반면, 저주 받은 이들은 그저 불에 '들어간다.' 두 경우 다 무언가가 예비되어 있지만, 축복은 창세 때부터 예비되어 있고 저주는 그렇지 않다. 아퀴나스에 의하면, 하늘이 인간이 창조된 목표라면, 지옥은 그렇지 않다. 지옥은 끔직한 곳, 불이 있지만 어두움의 장소로 남아 있다(30절). 요점은 문자적으로 어둡고 불이 타는 장소(어떤 사람은 블랙홀로 추측했다)를 찾는 것이 아니라, 축복은 없고 악행과 악인이 받아 마땅한 벌이 있음을 인식하는 것이다(계 21:8).

양과 함께 염소가 있다. 저주받은 자들이 벌을 받는 이유는, 축복받은 자들에게 보상하는 이유와 정반대다. 그들은 누구도 먹이지 않았고, 옷을 입히지 않았고, 영접하지 않았고, 가보지 않았다(마 25:42-43). 저주받은 이들은 추방당한 것에 놀라지도 않고, 회개하고 믿기를 '원한다'고 항변하지도 않는다. 이에 대해 C. S. 루이스는 이렇게 말했다. "지옥의 문은 안쪽이 잠겨 있다." 그들은 자기 선택의 중요성을 알지 못했다고 불평한다. 그러나 그들이 예수님의 작은 자들을 섬기지 못한 것은, 결국 그리스도 그분을 거부하는 것이었다(45절). 그 결과는 영원한 벌이다(46절).

432 John Chrysostom, "The Gospel of Matthew" (Homily 79.2), in *Ancient Christian Commentary on Scripture: New Testament Ib, Matthew 14-28*, ed. Manlio Simonetti (Downers Grove, IL: IVP Academic, 2002), 234.

응답

신학적으로 행위는 증거로 여겨질 뿐 심판의 근거는 아님을 아는 것이 꼭 필요하다. 예수님은 구원받은 자들이 한결같이 선한 말을 하고 선을 행해야 한다고 가르치신다(마 12:37; 16:27). 그리고 그들은 그렇게 한다. 건강한 나무는 좋은 열매를 맺기 때문이다(25:35-43, 참고. 7:17). 표현은 다르지만, 복음서는 믿음으로 구원을 얻는다는 바울에 동의한다. 행위는 믿음의 증거다. 진짜 믿음은 반드시 선행을 낳기 때문이다. 이 원리는 우리 안에서 그리스도의 일하심에 대한 감사와 확신을 불러일으키고, 또 겸손한 자기 평가의 자극제가 되어야 한다.

그것을 도식화하면, 구원과 행위의 관계를 바라보는 네 가지 방식이 있다. 화살표는 '낳는다' 혹은 '그 결과…가 되다'를 의미한다.

1. 행위 → 구원
2. 믿음 + 행위 → 구원
3. 믿음 → 구원
4. 믿음 → 구원 + 행위

첫 번째 견해는 선행이 하나님의 은총을 받음으로써 구원을 낳는다고 말한다. 두 번째 견해는 사람이 믿고 행하면 구원을 얻는다고 말한다. 세 번째 견해는 믿음의 결과가 구원이라고 말한다. 네 번째 견해는 믿음이 구원을 낳고 행위가 뒤따른다고 말한다. 신약 전체는 그리스도인이 믿음으로만 구원받는다고 증언하지만, 진짜 믿음은 절대 홀로 있지 않다. 행위는 영적인 삶의 필연적인 열매다. 좁게 이해하면, 이 단락은 예수님의 전도자들을 잘 대하는 '행위'에 초점을 맞춘다. 하지만 이 단락은 모든 사람에게 선을 행하라고 권한다.

25장은 행위가 믿음을 입증하기 때문에 주님이 모든 사람의 행위를 평가하신다고 말한다. 이에는 근무지에서 하는 일도 포함된다. 그리스도인은 왜 예수님이 자원 봉사 활동만 염두에 두고 계시다고 생각하는가? 예를 들어 식품 기업에서 하는 일은 왜 제외하는가?

사람들은 일을 할 때, 굶주린 자들과 목마른 자들과 병자들을 돌보는 가장 좋은 자리에 있다. 만약 근로자들이 믿음으로 하나님께 그들의 일을 성별하며 고객들을 비롯한 이웃을 사랑하기를 소망한다면, 그 일을 통해 하나님을 섬기게 되고 그분이 그것을 아실 것이다. 레스터 데 코스터(Lester De Koster)에 따르면, 한 사람의 일이 굶주린 자들에게 양식을 주거나, 목마른 자에게 물을 주고, 헐벗은 자에게 옷을 주고, 병자와 옥에 갇힌 자들에게 건강과 인도적인 처우를 하도록 돕는 '어떤' 역할이라도 한다면, 예수님이 기뻐하신다.[433] 예수님은 "내가…옥에 갇혔을 때에 와서 보았느니라"라고 말씀하실 때, 외로운 이들, 버림받은 이들, 소외된 이들을 돕는 모든 사람을 축복하신다. 우리는 이를 통해 교육, 재정, 수송, 행정, 법, 관리 부분에서의 모든 노동이 예수님의 복을 받을 수 있음을 알 수 있다.

대부분의 근로자가 자기 노동의 가치를 찾기가 어렵다고 생각한다. 트럭 운전사는 '농부는 식량을 재배하지만 난 그것을 배달할 뿐이에요'라고 생각하면서, 자신이 사회에 기여하는 바를 축소할 수 있다. 그러나 식품 가공업자, 유통업자, 트럭 운전사가 없다면 사람들은 어디로 가야 할까? 사람들이 소고기를 구하러 캔자스로, 옥수수를 구하러 아이오와로, 감자를 구하러 아이다호로, 밀을 구하러 미네소타로 차를 몰고 갈 것인가? 먹이사슬에 얽혀 있는 모든 사람이 어떤 기여를 한다. 회사는 씨와 비료와 장비를 판매한다. 트럭 운전사, 재고 관리자, 출납원은 그것을 고객에게 배달한다. 모든 사람이 음식을 식탁으로 가져가는 일을 돕고 있으므로, 그들은 저마다의 일을 통해 사람들을 사랑한다. 많은 사람이 이를 보는 데 어려움을 느낀다. 교사들을 생각해보라. 수학 교사는 이전의 대수학 학생들이 지금의 견고한 다리를 건설하는 엔지니어임을 알지 못한다. 미술 교사는 한

433 참고. Lester De Koster, *Work: The Meaning of Your Life: A Christian Perspective*, 2nd ed. (Grand Rapids, MI: Christian's Library, 2010). 《일, 그리고 삶의 의미》(생명의말씀사).

학생이 시각적인 재능을 가진 건축가가 된 것을 알 수 없다. 예수님은 "내가…옥에 갇[혀있다]"고 말씀하실 때, 모든 긍휼 행위를 축복하신다. 그분은 "내가…나그네 되었[다]"고 말씀하실 때, 사람들을 연결해주는 모든 사람, 사람들의 소통을 돕고, 관계를 찾고, 인간성과 정체성을 공유하는 의식을 만들어내는 일을 돕는 모든 사람을 존중하신다.[434] 의사소통이 잘못된 정보, 험담, 공포감 조성을 통해 사람들을 '분리시키기도' 할 수 있는가? 그렇다. 정확히 그 때문에 신자는 그 분야에서 신실하게 일해야 한다. 그러나 일의 타락이 인내를 요구하는 만큼 우리 일의 선함은 소망을 요구한다. 사회는 모든 정직한 소명을 품은 제자들을 필요로 한다.[435]

이 단락은 성경적 종말론의 또 다른 요소들을 제시한다. 본문은 신자들에게 영생을 기대하라고 가르친다. 바울은 "우리가 항상 주와 함께 있으리라"(살전 4:17)라고 쓴다. 제자들은 주님과 함께하는 삶의 예행연습 역할을 하는 기도와 예배를 통해 그날을 준비한다. 마태복음 25:31-46에서 주님이 그 백성에게 그들의 일에 관해 말씀하시고 그들은 심판 날에 응답하는 것을 통해, 우리는 개인적인 정체성이 계속 남아 있음을 알게 된다. 신자는 신성 안으로 흡수되지 않는다. 만약 주님이 우리의 행위를 기억하신다면, 이는 우리가 이 세상에서 하는 일들이 계산되고 우리의 개성이 남아 있다는 것을 의미한다. 그렇다면 이는 사도들이 변형 때 모세와 엘리야를 알아보았듯이, 사람들이 다른 사람을 알아볼 것임을 함축한다(마 17:1-8; 눅 9:28-36, 참고. 눅 16:19-31). 이 단락은 아마도 하늘이 장소라는 사실도 암시하는 듯하다. 하나님의 양이 "나아와" 나라를 상속받고, 염소는 "떠나[간다]"(마 25:34-46, 참고. 7:23). 그래서 의인은 그분이 우리를 위해 예비하신 그 나라에서 하나님 가까이에 있다(25:34).

434 Greg Forster, "Work and the Meaning of Life: Key Insights from Lester DeKoster", in *Educational Pathways Project, Foundational Ideas Tool*, Kern Pastor's Network, 5.

435 Daniel M. Doriani, *Work: Its Purpose, Dignity, and Transformation* (Phillipsburg, NJ: P&R, 2019). 《WORK: 거룩씨가 일하는 법》(한국장로교출판사)

1 예수께서 이 말씀을 다 마치시고 제자들에게 이르시되 2 너희가 아
는 바와 같이 이틀이 지나면 유월절이라 인자가 십자가에 못 박히기
위하여 팔리리라 하시더라
1 When Jesus had finished all these sayings, he said to his disciples,
2 "You know that after two days the Passover is coming, and the Son of
Man will be delivered up to be crucified."

3 그때에 대제사장들과 백성의 장로들이 가야바라 하는 대제사장의
관정에 모여 4 예수를 흉계로 잡아 죽이려고 의논하되 5 말하기를 민
란이 날까 하노니 명절에는 하지 말자 하더라
3 Then the chief priests and the elders of the people gathered in the
palace of the high priest, whose name was Caiaphas, 4 and plotted
together in order to arrest Jesus by stealth and kill him. 5 But they said,
"Not during the feast, lest there be an uproar among the people."

6 예수께서 베다니 나병환자 시몬의 집에 계실 때에 7 한 여자가 매우

귀한 향유 한 옥합을 가지고 나아와서 [1]식사하시는 예수의 머리에 부
으니 8 제자들이 보고 분개하여 이르되 무슨 의도로 이것을 허비하느
냐 9 이것을 비싼 값에 팔아 가난한 자들에게 줄 수 있었겠도다 하거
늘 10 예수께서 아시고 그들에게 이르시되 너희가 어찌하여 이 여자
를 괴롭게 하느냐 그가 내게 좋은 일을 하였느니라 11 가난한 자들은
항상 너희와 함께 있거니와 나는 항상 함께 있지 아니하리라 12 이 여
자가 내 몸에 이 향유를 부은 것은 내 장례를 위하여 함이니라 13 내가
진실로 너희에게 이르노니 온 천하에 어디서든지 이 복음이 전파되는
곳에서는 이 여자가 행한 일도 말하여 그를 기억하리라 하시니라
6 Now when Jesus was at Bethany in the house of Simon the leper,[1]
7 a woman came up to him with an alabaster flask of very expensive
ointment, and she poured it on his head as he reclined at table. 8 And
when the disciples saw it, they were indignant, saying, "Why this
waste? 9 For this could have been sold for a large sum and given to the
poor." 10 But Jesus, aware of this, said to them, "Why do you trouble
the woman? For she has done a beautiful thing to me. 11 For you always
have the poor with you, but you will not always have me. 12 In pouring
this ointment on my body, she has done it to prepare me for burial.
13 Truly, I say to you, wherever this gospel is proclaimed in the whole
world, what she has done will also be told in memory of her."

14 그때에 열둘 중의 하나인 가룟 유다라 하는 자가 대제사장들에게
가서 말하되 15 내가 예수를 너희에게 넘겨주리니 얼마나 주려느냐 하
니 그들이 은 삼십을 달아 주거늘 16 그가 그때부터 예수를 넘겨줄 기
회를 찾더라
14 Then one of the twelve, whose name was Judas Iscariot, went to the
chief priests 15 and said, "What will you give me if I deliver him over

to you?" And they paid him thirty pieces of silver. 16 And from that moment he sought an opportunity to betray him.

1) 헬, 기대어 누우려니와(유대인이 음식 먹을 때에 가지는 자세)

1 Leprosy was a term for several skin diseases; see Leviticus 13

단락 개관

예수님은 마태복음 25장을 마무리하며, 제자들에 대한 가르침의 다섯 번째이자 마지막 단원을 마치셨다. 26장에서는 예수님이 오랫동안 예고하셨던 사건들이 펼쳐지기 시작한다. 예수님이 일어날 것이라 말씀하셨던 대로, 그분이 "대제사장들과 서기관들에게 넘겨지[고]"(20:18), 마태의 내러티브는 그 절정을 향해 움직인다.[436] 25장은 영광중에 계신 예수님을 묘사했고(25:31), 26-28장은 고난당하고 수치를 당한 다음 생명과 권위를 회복하시는 예수님을 보여준다.

436 지금까지 각 내러티브 단락은 가르침 토막으로 끝났다. 그런데 수난 내러티브는 분명한 예외다. 이를 설명하는 세 가지 방식이 있다. 첫째, 그것은 근본적으로 역사 내러티브이므로 마태가 역사로 열고 닫는 것이 합리적이다. 둘째, 우리는 대위임령(28:18-20)을 축약된 가르침 단락으로 볼 수 있다. 셋째, 신약 서신서 전체를 마지막 가르침으로 볼 수 있다.

단락 개요

Ⅸ. 죽음 그리고 부활(26:1-28:20)

A. 예수님에 대한 음모로 장면이 전환되다(26:1-5)

B. 베다니에서 기름 부음을 받음으로 영광을 얻으시다(26:6-13)

C. 유다의 배신 계획으로 거절당하시다(26:14-16)

마태복음 26:1-16은 마태의 수난 내러티브의 예비 단계를 보여준다. 여기에는 네 가지 요소가 담겨 있다. 즉, 예수님이 자신의 죽음을 예고하시고(2절), 지도자들은 그분을 죽일 음모를 꾸미고(3-5절), 한 여인이 장례를 위해 그분께 기름을 붓고(6-13절), 유다가 그분을 배반할 준비를 한다(14-16절). 가장 광범위한 차원에서 볼 때, 이 장은 그분의 사람들을 향한 예수님의 사랑과, 예수님을 향한 그들의 고통스러운 반역을 대조한다.

1-16절에는 2개의 구조가 있다. 첫째, 서두와 말미가 작은 수미상관을 형성한다. 단락이 시작되면서 예수님은 유월절 기간에 "인자가 십자가에 못 박히기 위하여 팔리리라"라고 예언하신다(1-2절). 말미에는 유다가 예수님을 대제사장에게 넘겨줄 채비를 한다(14-16절). 우리는 또한 대조적인 방식으로 예수님께 반응하는 세 인물을 본다. 먼저, 종교 지도자들은 예수님을 죽일 음모를 꾸미고, 끝에서 유다는 그들을 돕겠다고 자원한다. 그에 반해, 중간에 나오는 여인은 사랑으로 하나님의 사랑에 응답하고, 예수님의 희생과 그녀의 희생이 부분적으로 어울린다. 지도자들은 질투로 행동하고, 그 여인은 사랑으로 행동하며, 유다는 탐욕으로 행동한다. 지혜로운 독자들은 예수님께 응답하는 바른 방식과 잘못된 방식을 분별할 것이다.

주석

26:1-2 26장은 각 가르침 단원의 끝에 이어지는 후렴구인 "예수께서 이 말씀을 다 마치시고"를 되풀이하며 시작한다. 이곳에서 그분은 다음과 같은 선언으로 십자가 죽음으로 이어지는 내러티브를 시작하신다. "너희가 아는 바와 같이 이틀이 지나면 유월절이라 인자가 십자가에 못 박히기 위하여 팔리리라"(2절). 예수님이 자신의 죽음을 예언하시므로, 독자는 그분이 수동적인 희생자가 아님을 안다. 그분이 그것을 예언하시고, 그것을 받아들이시고, 그것을 주관하신다.

제자들은 예수님이 십자가 죽음을 계속 주장하심에도, 항상 그 가능성에 저항한다(16:21-23; 17:22-23; 20:17-28). 지금까지도 많은 이들이 왜 예수님이 하나님의 저주 아래 그렇게 수치스럽게 죽으셔야 했는지 의아해 한다. 펼쳐지는 수난 내러티브가 그 질문에 답해줄 것이다.

26:3-5 유대 지도자들은 오랫동안 예수님을 비난했고(9:34) 그분을 죽일 음모를 꾸몄다(12:14, 참고. 막 3:6; 요 7:1; 11:50-53). 일반적으로 적대감은 바리새인들에게서 나왔지만(마 9:11, 34; 12:2, 14, 24; 15:1-2; 16:1; 19:3; 22:15), 26:3은 다른 무리의 반대자들, "대제사장들과 백성의 장로들"을 명시한다. 이는 성전에서 돈 바꾸는 자들을 쫓아내고 가르치신 예수님의 권위를 위심했던 집단이다(21:23). 바리새인들에게는 그 백성들에 대한 영적 권위와 영향력이 있었던 반면, 대제사장들과 장로들에게는 로마에 대한 일시적인 권위와 영향력이 있었다. 바리새인들이 예수님의 죽음을 원했다면, 대제사장들과 장로들은 그것을 성취한 셈이다.

우리는 이 반감의 성격을 규명할 필요가 있다. J. D. 킹스베리의 말을 바꾸어 표현하면, 바리새인들과 서기관들은 예수님이 죄를 사하는 권세를 주장함으로써 신성모독을 한다고 믿는다. 아무도 그분의 능력을 부인할 수 없지만, 그분이 안식일에 병을 고치심으로 그것을 잘못 행사하셨기에, 그 능력은 "사탄과의 결탁"에서 비롯되었음이 분명하다고 여긴 것이다.

나아가 그분은 그분 자신을 "율법과 전통 위에" 두고, 하나님께 인가받은 행위임을 입증하라는 그들의 요청을 묵살하신다. 그분은 내내 그들의 생활 방식을 비난하시고, 이스라엘의 지도자로서 그들의 권위를 약화시키신다.[437] 마지막으로, 그분은 로마 총독을 선동하여 그 나라가 아직 가지고 있던 자치 정부의 남은 부분을 빼앗게 할 격변을 야기할 가능성까지 있어 보인다(요 11:45-53).[438]

요컨대 지도자들은 예수님이 그들이 분노를 표현할 적절한 대상이라고 확신한다. 복음서는 다른 힘도 작동하고 있음을 본다. 그들은 지도자들이 예수님의 권위와 인기를 부러워한다고 기록한다(마 27:18; 막 15:10; 요 11:48). 그분은 또 그들의 외식을 폭로하시고(마 15:1-20; 23:1-36), 그들의 권위를 무시하시며(21:12-27), 그들의 지배권을 위협하신다. 지도자들은 예수님의 인기 때문에 로마인들이 "우리 땅과 민족을 빼앗아" 갈까 봐 두려워한다(요 11:48, 참고. 마 26;5).

대제사장들과 장로들은 대제사장 가야바의 관정에 모여, 예수님을 체포하여 죽일 음모를 꾸민다. 그러나 그들은 "민란이 날까 하노니 명절에는 하지 말라"(3-5절)라고 말하며 조심한다. 마태와 요한은 가야바를 "대제사장"(3절; 요 11:49)이라 부르는 반면, 누가는 "안나스와 가야바"(눅 3:2; 행 4:6)라고 이름을 밝힌다. 상충되는 점은 피상적이다. 로마인들은 안나스를 퇴위시키고 가야바가 그를 대신하게 했다. 가야바는 매일 대제사장의 역할을 하고 로마에 대응했지만, 유대법에서는 대제사장(안나스)이 죽을 때까지 자기 자리를 지킨다.

역설적인 대조가 이 페이지에 가득하다. 예수님은 마태복음 23장에서 지도자들의 외식을 책망하셨는데, 지금 그들이 그 죄를 스스로 입증한다. 모든 육체의 심판자인 예수님이 부당한 판결에 복종하신다. 가야바는 가

437 Jack Dean Kingsbury, *Matthew as Story*, 2nd ed. (Philadelphia: Fortress, 1988), 85.

438 F. F. Bruce, *Jesus: Lord & Savior*, JL (Downers Grove, IL: InterVarsity Press, 1986), 97.

짜 대제사장이다. 그는 18년 동안 로마의 도구 역할을 함으로써 자기 자리를 지켰다. 예수님이 진짜 대제사장이다. 그분은 영원부터 그 자리에 있었지만, 자기 자신을 죄에 대한 최종적인 희생제물로 드림으로써 조만간 그 일을 완수하신다(히 9:22-28). 가야바는 자신도 모르게 하나님을 섬기고, 예수님은 계획적으로 행동하신다. 가야바는 예수님의 인기를 누그러뜨리려고 은밀히 음모를 꾸미고, 예수님은 공개적으로 그분의 고난을 받아들이신다. 가야바는 자신의 직책과 책략이 사건들을 제어할 수 있다고 생각하지만, 예수님이 모든 것을 예언하고 제어하신다. 가야바는 유월절 이후에 행동하고자 하지만, 예수님은 유월절 주간에 그분의 희생 제사를 계획하고 승리하신다.

26:6-13 모든 복음서에 예수님께 향유를 부은 여자의 기사가 있지만, 마태복음 26장과 마가복음 14장, 요한복음 12장은 같은 사건을 묘사하고, 누가복음 7장은 다른 사건이다. 누가복음 7장은 두 가지 점, 한 여자가 시몬이라는 사람의 집에서 예수님께 향유를 부은 것에서만 다른 복음서들과 겹친다. 나머지는 모두 다르다. 누가복음에서는 그 여자가 '죄인'이며, 그녀의 주인은 갈릴리에 사는 바리새인이고, 그녀의 동기는 죄 사함에 대한 감사며, 그 사건은 예수님의 사역 초기에 일어났고, 반응은 죄인이 자신을 만지도록 허용한 예수님에 대한 실망이다. 마태복음과 마가복음과 요한복음에서 그 여자는 '죄인'이 아니며, 주인은 나병환자고, 목표는 장례를 위해 예수님께 향유를 붓는 것이며, 그 일은 유월절 직전에 일어나고, 결과는 재정적인 낭비에 대한 불평이다.

마태복음 26:1-16에서 예수님과 관련된 세 만남의 배열은 시간 순서가 아니라 주제와 관련이 있다.[439] 마태는 "예수께서 베다니…에 계실 때에 한 여자가…[그분께] 나아와서"(6-7절)라고 쓴다. 요한복음 12:1은 그 사건

439 26:3, 14의 "그때에"(then)는 헬라어 단어 토테의 번역으로, 대부분 '다음에'가 아니라 '그때에'다. 26:6의 "…때에"(when)는 헬라어 단어를 번역한 것이 아니고, 헬라어 분사를 번역하는 관습을 따른 것이다.

을 더 앞에 배치한다. "유월절 엿새 전에 예수께서 베다니에 이르시니." 이는 모순이 아니다. 마태는 시간 순서대로 기사를 나열하지 않기 때문이다. 그는 어떤 생각을 밝히기 위해 사람들과 사건들을 나란히 배치한다. 대제사장들과 장로들이 예수님을 죽이려고 모의하고(마 26:3-5), 유다가 그분을 넘겨줄 계획을 하는 동안(14-16절), 헌신적인 한 여자가 그분께 값비싼 향유를 붓는다.

나병환자 시몬(예수님이 고쳐주신 사람으로 추정된다. 그렇지 않다면 그들이 그곳에서 모이지 않았을 것이다)의 집에서 한 여자가 "매우 귀한 향유 한 옥합을" 그분의 머리에 붓는다(7절). 요한복음 12:1-8은 그 여자를, 나사로와 마르다의 자매 마리아라고 명시하고, 그 향유가 300데나리온의 가치가 있다고 언급한다. 300데나리온은 노동자가 약 1년 동안 버는 액수였다. 여자는 그 병을 열어 전부 다 예수님의 머리에 붓는다.

제자들, 요한복음 12:4-6에 따르면 특히 유다가 그 값비싼 과시에 분개하며 투덜거린다. "무슨 의도로 이것을 허비하느냐 이것을 비싼 값에 팔아 가난한 자들에게 줄 수 있었겠도다"(마 26:8-9). 우리는 그 우려를 이해한다. 제자들은 대부분 가난하게 살았고 도처에 가난한 자들이 있었다. 나아가 그들은 예수님의 죽음이 다가오는 그 시간의 특별함을 받아들이지 못했다.

예수님은 그들을 바로잡으며 말씀하신다. "그가 내게 좋은 일을 하였느니라 가난한 자들은 항상 너희와 함께 있거니와 나는 항상 함께 있지 아니하리라"(10-11절). 예수님이 가난한 자들을 위한 자선기금이나 관대함을 평가절하하시는 것이 아니다. 그분은 가난한 자들의 병을 고치고 그들을 먹임으로써, 가난한 자들에게 그분 자신을 주셨다. 그러나 지금은 그분의 임박한 희생에 더 큰 가치를 두신다. 가난은 대수롭지 않은 것도 아니고 가망 없는 문제도 아니라 '계속되는' 문제다. 신명기 15:11이 선언하듯이 "땅에는 언제든지 가난한 자가 그치지 아니하겠으므로…너는 반드시 네 땅 안에 네 형제 중 곤란한 자와 궁핍한 자에게 네 손을 펼지니라." 의인은 날마다 가난한 자에게 나누어 줄 수 있다. 그러나 '이날'은 독특하다. 이날은 그분의 죽음 전, 땅에서의 육체적 임재가 끝나기 전 예수님께 영광을 돌릴 날이다. 그러므로 그 여자가 예수님께 사치스럽게 향유를 붓는 것은 타당하다. 그녀는 유다와 다른 제자들이 파악하지 못하는 것을 파악하고 있다. 그것은 예수님이 곧 제대로 된 장례가 불가능한 식으로 죽으셔야 한다는 것이다.

제자들이 놓친 것을 그녀는 어떻게 알았을까? 이는 복음서에서 조연이 제자들보다 예수님을 더 잘 이해하는 첫 번째 경우가 아니다(참고. 마 15:21-28). 나아가 요한은 이 여자가 마리아라고 밝힌다. 마리아는 누가복음 10:39과 다시 요한복음 11장에서 나사로가 죽은 이후 말씀을 듣던 여자다. 그녀가 예수님의 대속적 죽음을 예견했다고 말할 사람은 없지만, 그녀는 분명 임박한 죽음에 대한 그분의 예언을 받는다. 그녀는 예수님이 자기에게 얼마나 많이 주셨는지 알기에, 자신도 보답하기로 마음먹는다. 그녀의 선물은 예수님의 선물에 비해 매우 작지만 아낌없이 드린 전부였고, 예수님은 "어디서든지 이 복음이 전파되는 곳에서는" 이 일이 기억될 것이라고 약속하신다(마 26:13). 그녀의 행동은, 미리 주어지고 나중에 이해된, 예수님의 구속적 희생의 표지가 된다. 그것으로 인해 그녀는 예수님께 영광을 돌리고, 그 보답으로 예수님도 그녀를 영예롭게 하신다.

26:14-16 그 다음 마태는 아주 간단하게 유다의 배반을 대략적으로 묘사한다. "그때에 열둘 중의 하나…가 대제사장들에게 가서 말하되 내가 예수를 너희에게 넘겨주리니 얼마나 주려느냐 하니"(14-15절). 어떻게 열둘 중의 하나가, 매일 예수님과 함께 이야기하고, 병을 고치고, 걷고, 먹고, 안식했던 사람들 중 하나가 그분을 배반할 수 있는가?

'가룟'(Iscariot)이라는 이름이 '단검을 쓰는 사람' 혹은 폭도를 의미하는 라틴어 시카리에서 파생되었다고 주장하는 사람들도 있다. 그들은 유다가 정치적 극단주의자, '열심당'으로 알려진 급진적 분파의 회원이라고 말한다. 이러한 해석에 따르면, 그는 예수님이 로마에 맞서 반란을 주도하리라 기대했기 때문에 예수님을 따랐다. 그런데 예수님이 로마에 맞서지 않은 것이 괴로워서, 예수님이 죽어야 한다고 판단한다. 또 어떤 이들은 유다가 예수님의 체포를 주선함으로써 예수님이 행동을 취하시도록 압박하려 했다고 주장한다. 어쨌든 그들은 유다가 자신의 정치적 의제 때문에 예수님을 오해하게 되었다고 말한다. 마태는 그러한 제안을 지지하는 아무 말도 하지 않는다. 그는 유다가 돈에 관심이 있었다고만 언급하는데, 이는 요한복음 12장도 강조하는 바다.

복음서 모두 유다가 '단순히' 잘못 판단했을 가능성을 배제한다. 그가 그 제사장들을 찾아냈다. 그들은 그를 유혹하지 않았다. 유다가 예수님을 "넘겨주[겠다]"(ESV는 "deliver")고 제안하는 모습을 마태가 묘사할 때, 그는 수난 내러티브에서 보통 '배신하다'(betray) 혹은 기껏해야 '이양하다'(hand over)를 뜻하는 동사(파라디도미)를 쓴다(마 27:3-4은 배신에 대해 같은 단어를 쓴다). 누가복음 22:3과 요한복음 13:27 둘 다 그 배반 전에 사탄이 유다에게 들어간 것을 기록한다. 요한복음 17:12은 그를 "멸망의 자식"이라 부르는데, 이는 '지옥의 자식'(KJV)으로 번역될 수 있다. 복음서는 모두, 나중에 그가 회개하고 하나님을 우러러보며 그분께로 돌아가는 대신, 내면으로 들어가서 홀로 후회하고 스스로 목을 매고 죽었다고 기록한다(마 27:3-5, 참고. 고후 7:10). 마지막으로, 사도행전 1:15-20은 배신이라는 주제에 관한 다윗의 가장 긴 시편인 시편 69:19-28에 의지하여, 그것을 그리스도에 대한 배신의 이미지로 본다.

복음서는 또한 유다의 동기로 탐욕을 언급한다. 요한은 유다가 제자들의 공동 자금을 들고 다녔는데 그것을 훔쳤다고 말한다(요 12:5-6). 크레이그 키너는 유다가 "예수님이 정복보다는 종 됨을 옹호하신다는 것을 깨닫자…약간의 이득이라도 쟁취하기로 결정한다"[440]고 판단한다. 마태는 유다가 대략 4개월치 임금인 은 30개를 위해 예수님을 배반했다고 기록한다. 30개는 출애굽기 21:32에서 소가 종을 들이받아 죽게 한 것에 대한 형벌

26장

440 Keener, *Matthew*, 611.

이기도 하므로, 예수님에 대한 경멸의 암시가 있다. 유다는 한 여인이 예수님께 향유를 붓는 데 1년치 임금을 썼을 때 발끈한 다음, 그 3분의 1의 대가를 얻기 위해 그분을 배반한다. 그러므로 마태는 마리아의 "타산적이지 않은 관대함"과 유다의 "냉혹하게 계산된 흥정"을 대조하는 것이다.[441] 유다는 돈을 받은 이후부터 계속해서 예수님을 배반할 기회를 찾는다.[442] 그는 예수님을 체포하기 위한 장치를 제공하고, 무리를 두려워했던 권세자들이 예수님을 체포하기 쉽도록 한적한 장소로 그들을 이끌고 갈 것이다.

응답

유다의 배신은 십자가의 신비를 강조한다. 어떻게 제자가 예수님을 배반할 수 있을까? 어떻게 일개 피조물이 창조주에게 등을 돌릴 수 있을까? 어떤 동기로 하나님을 증오할 수 있을까? 유다의 행동은 불가사의하지만, 본질적으로 그것은 모든 불가사의한 인간 반역의 극단적인 사례다. 유다의 탐욕과 배반이라는 타락에도 불구하고, 하나님은 그것을 최종적인 사건들을 위한 촉매로 계획하신다. 이것이 마태의 내러티브가 가리키는 몇 가지 성경의 주제 가운데 하나다.

첫째, 우리는 예수님이 이 땅에서의 마지막 주를 주관하고 계심을 본다. 그분은 유다와 권세자들이 그분 자신에게 행한 모든 일을 예언하고 감독하고 받아들이신다. 다른 방식으로 예수님을 배반하고 다른 결과를 맞이한 베드로는 오순절에 그것을 다음과 같이 설명한다. "그[예수]가 하나님께서 정하신 뜻과 미리 아신 대로 내준바 되었거늘 너희가 법 없는 자들의 손을 빌려 못 박아 죽였으나"(행 2:23).

441 John R. W. Stott, *The Cross of Christ* (Downers Grove, IL: InterVarsity Press, 1986), 57. 《그리스도의 십자가》(IVP).

442 헬라어로는 미완료 시제로, 과거에 계속되던 행동을 나타낸다.

둘째, 바울은 성경 내러티브에 "우리를 깨우치기 위해 기록"된(고전 10:6-12) 부정적인 사례들이 담겨 있다고 언급한다. 따라서 우리는 유다를 통해, 예수님을 믿지 않고 구원의 은혜를 알지 못한 채로 예수님에 대한 모든 증거를 보고 그분의 이름으로 큰일(기적)까지도 할 수 있다는 결론을 얻는다. 예수님도 직접 이렇게 말씀하셨다. "많은 사람이 나더러 이르되 주여 주여 우리가 주의 이름으로 선지자 노릇하며…주의 이름으로 많은 권능을 행하지 아니하였나이까 하리니 그때에 내가 그들에게 밝히 말하되 내가 너희를 도무지 알지 못하니"(마 7:22-23). 탐욕처럼 지극히 평범한 것조차 그리스도와 분리되는 데 기여할 수 있다.

셋째, 권력도 마찬가지다. 마태는 이미 권력자들이 '무엇이 옳은가'가 아니라 '누가 너에게 그 권리를 주었느냐'라고 질문할 수 있음을 암시했다(참고. 21:23). 권력에는 중독성이 있다. 어떤 개혁 운동이 일어날 때 권세자들이 그것을 얼마나 받아들이는가? 그들은 얼마나 자신의 특권을 지키려고 노력하는가? 이는 그리스도인 지도자들도 마찬가지다. 갑자기 종교개혁이 일어났을 때, 초기 교회에 그것을 받아들인 자들 중에 성숙하거나 힘이 있는 이들은 거의 없었다. 유대 지도자들은 권력자들이 자신의 지위를 이용하여 이익을 도모하기가 얼마나 쉬운지를 보여준다.

넷째, 마태가 권세자들, 향유를 부은 여인, 유다에 관한 기사를 나란히 배치한 것은, 제자의 길을 제시하기 위함이다. 제자의 길은 대가가 크고 기억할 만한 사랑의 행동으로 그 자체를 증명하기 때문이다.

마지막으로, 우리는 "이 복음"이 "온 천하에…전파"될 것이라는 마태의 약속을 듣는다(26:13). 예수님께 향유를 부은 "여자"가 그분을 위해 한 일이 희생적인 사랑의 행위로 널리 알려진다. 그 약속에 숨겨진 것은 세상이 예수님의 복음을 알게 된다는 확언이다.

17 무교절의 첫날에 제자들이 예수께 나아와서 이르되 유월절 음식
잡수실 것을 우리가 어디서 준비하기를 원하시나이까 18 이르시되 성
안 아무에게 가서 이르되 선생님 말씀이 내 때가 가까이 왔으니 내
제자들과 함께 유월절을 네 집에서 지키겠다 하시더라 하라 하시니
19 제자들이 예수께서 시키신 대로 하여 유월절을 준비하였더라
17 Now on the first day of Unleavened Bread the disciples came to
Jesus, saying, "Where will you have us prepare for you to eat the
Passover?" 18 He said, "Go into the city to a certain man and say to
him, 'The Teacher says, My time is at hand. I will keep the Passover at
your house with my disciples.'" 19 And the disciples did as Jesus had
directed them, and they prepared the Passover.

20 저물 때에 예수께서 열두 제자와 함께 [1)]앉으셨더니 21 그들이 먹을
때에 이르시되 내가 진실로 너희에게 이르노니 너희 중의 한 사람이
나를 팔리라 하시니 22 그들이 몹시 근심하여 각각 여짜오되 주여 나
는 아니지요 23 대답하여 이르시되 나와 함께 그릇에 손을 넣는 그가
나를 팔리라 24 인자는 자기에 대하여 기록된 대로 가거니와 인자를 파

는 그 사람에게는 화가 있으리로다 그 사람은 차라리 태어나지 아니하
였더라면 제게 좋을 뻔하였느니라 25 예수를 파는 유다가 대답하여 이
르되 랍비여 나는 아니지요 대답하시되 네가 말하였도다 하시니라
20 When it was evening, he reclined at table with the twelve.[1] 21 And as
they were eating, he said, "Truly, I say to you, one of you will betray
me." 22 And they were very sorrowful and began to say to him one
after another, "Is it I, Lord?" 23 He answered, "He who has dipped his
hand in the dish with me will betray me. 24 The Son of Man goes as
it is written of him, but woe to that man by whom the Son of Man is
betrayed! It would have been better for that man if he had not been
born." 25 Judas, who would betray him, answered, "Is it I, Rabbi?" He
said to him, "You have said so."

26 그들이 먹을 때에 예수께서 떡을 가지사 축복하시고 떼어 제자
들에게 주시며 이르시되 받아서 먹으라 이것은 내 몸이니라 하시고
27 또 잔을 가지사 감사기도 하시고 그들에게 주시며 이르시되 너희
가 다 이것을 마시라 28 이것은 죄 사함을 얻게 하려고 많은 사람을 위
하여 흘리는바 나의 피 곧 언약의 피니라 29 그러나 너희에게 이르노
니 내가 포도나무에서 난 것을 이제부터 내 아버지의 나라에서 새것
으로 너희와 함께 마시는 날까지 마시지 아니하리라 하시니라
26 Now as they were eating, Jesus took bread, and after blessing it broke
it and gave it to the disciples, and said, "Take, eat; this is my body."
27 And he took a cup, and when he had given thanks he gave it to them,
saying, "Drink of it, all of you, 28 for this is my blood of the[2] covenant,
which is poured out for many for the forgiveness of sins. 29 I tell you I
will not drink again of this fruit of the vine until that day when I drink it
new with you in my Father's kingdom."

30 이에 그들이 찬미하고 감람산으로 나아가니라

30 And when they had sung a hymn, they went out to the Mount of Olives.

1) 헬, 기대어 누우려니와(유대인이 음식 먹을 때에 가지는 자세)

1 Some manuscripts add *disciples* *2* Some manuscripts insert *new*

단락 개관

율법을 준수하는 유대인이던 제자들은 유월절을 지킬 계획을 세우고, 예수님은 준비를 지시하신다. 식사 중에 예수님이 제자 중 하나가 그분을 배반할 것이라고 밝히신다. 제자들은 움찔한다. 배반은 유다의 선택이지만, 말씀에 기록된 하나님의 필요이기도 하다. 식사가 계속되면서 예수님은 유월절 전통을 따르는 동시에 바꾸어서, 예수님의 임재와 새 언약, 죄 사함, 약속된 그분의 재림에 초점을 둔 새로운 성찬 식사를 제정하신다.

단락 개요

Ⅸ. 죽음 그리고 부활(26:1–28:20)
- D. 주의 만찬을 제정하시다(26:17–30)
  1. 유월절을 준비하시다(26:17–19)
  2. 유다의 배신을 예고하시다(26:20–25)
  3. 표징으로서 주의 만찬을 제정하시다(26:26–30)

이 단락은 유월절 준비(마 26:17-19), 배신자 폭로(20-25절), 주의 만찬 제정(26-30절)으로 나뉜다. 준비는 간단하다. 제자들이 예수님께 식사를 위해 무엇을 원하시는지 묻고, 예수님이 그들에게 말씀하시고, 그들이 그것을 한다. 배신자 폭로에는 다섯 가지 요소가 있다. 예수님이 열둘 중 하나가 그분을 배반할 것이라고 말씀하신다(20-21절). 마음에 걸린 제자들이 각각 "주여 나는 아니지요"(22절) 하고 묻는다. 예수님은 답을 암시하며 배반이 큰 죄라고 말씀한 다음(23-24절), 미묘하게 유다를 배신자로 밝히신다(25절). 주의 만찬 제정은 유월절과 섞여 있다(26-28절). 그 다음 예수님은 그 나라에서 다시 그들과 함께 식사할 것을 약속하신다(29절).

주석

26:17-19 유월절 식사 직전에 예수님은 제자들에게 자신이 배반을 당하고 십자가에 못 박힐 것이라고 말씀하셨다(26:2). 대제사장들은 예수님을 죽일 음모를 꾸미고 있다. 유다는 그분이 법적인 살인을 당하도록 장치를 제공했다. 예수님을 배신했음에도 불구하고 그는 예수님과 함께 유월절을 지킨다. 유월절 준수는 한 주간 동안 지속되며, 하나님께서 이스라엘과 맺으신 언약에 대한 최고의 의식이다. 유월절에는 공적인 요소와 사적인 요소가 있다. 한 가정이(어쩌면 친구들도) 공적인 유월절 의식 전에 함께 사적인 식사를 한다. 이 사적인 식사를 위해, 제사장들이 양을 잡아 준비하고 사람들이 그것을 산다. 포도주와 채소와 쓴 풀과 빵도 산다. 식사 때 아이들은 그 상징들이 무엇을 의미하는지 묻고, 가장은 출애굽 이야기와 여호와가 이스라엘과 맺으신 언약 이야기를 들려준다.

17절은 분명 마지막 식사를 유월절 첫날에 배치하지만, 요한복음 13:1과 18:28은 그것을 유월절 전의 어느 날에 배치하는 듯 보인다. 대부분의 학자는 당시 다른 달력을 사용한 것 때문이라고 본다. 또 어떤 사람들은 명백한 불일치를 하나씩 해결함으로써 요한의 연대표를 공관복음의 연대표 안에 둔다(요 13:1, 27; 18:28; 19:14, 31, 36). 가장 간단하고 아마도 가장 매력적인 듯한 해결책은 프랜스가 요약했다. "정규적인 식사 시간 이전에 죽을 것을 아신 예수님이 의도적으로 은밀하게 하루 일찍 그것을 마련하신다."[443] 문헌의 범위 자체가, 신학이 아니라 성경의 신뢰성을 다루는 그 질문의 어려움을 입증한다.

제자들은 그들의 수장인 예수님께 그 식사를 어떻게 지키기 원하시는지 묻는다. 예수님은 어떤 사람을 찾아 그에게 "선생님 말씀이 내 때가 가까이 왔으니…유월절을 네 집에서 지키겠다 하시더라"라고 말하라고 명령하시고, 그렇게 된다(마 26:17-19). "아무"(ESV는 "certain man")는 헬라어 단어 데이나(*deina*)의 번역으로, 기본적으로 '아무개'라는 의미다. 마태는 이름을 밝히는 것을 피하는데, 이것이 비밀스럽게 들린다면 마가복음 14:12-15이 그것을 보여준다. 마가는 예수님이 물 한 동이를 가지고 가는 사람이라는 표지를 마련하셨다고 기록한다. 그것은 당시 문화에서 남자들이 '절대' 하지 '않는' 행동이었다. 아마도 예수님이 권세자들의 행동을 예상하신 듯하므로, 목표는 마지막 식사를 할 안전한 장소를 마련하는 것이었다. 독자들은 "내 때가 가까이 왔으니"가 예수님의 희생과 부활을 가리킨다는 것을 알아차린다(마 26:18). 그것은 그날의 사건들이 아버지의 주권적인 계획에 따라 전개되고 있음을 뜻한다. 요한은 예수님을 그분의 "때"를 거듭 언급하시는 분으로 제시하는데(요 2:4; 7:6; 12:23), 여기서 마태도 그렇게 한다.

26:20-25 식사가 진행되면서, 예수님이 "내가 진실로 너희에게 이르노니 너희 중의 한 사람이 나를 팔리라"(21절)라고 선언하신다. "내가 진실로 너희에게 이르노니"라는 어구는 엄중한 말을 강조하는 역할을 한다(마 5:18; 6:2; 10:42; 17:20; 21:21). 슬픔에 잠긴 사도들이 "주여 나는 아니지요"라고 묻는다. 헬라어는 메티 에고 에이미, 퀴리에(*mēti egō eimi, kyrie*)다. 문법적으

443 France, *Gospel according to Matthew*, 365.

로, 분사 메티는 "나는 아니지요"로 표현되는 부정적인 대답을 예상한다. 현대 독자들은 제자들이 어느 정도나 자신을 의심하는지, 어느 정도 자신의 충성심을 확인받고 싶어 하는지 알 수 없다. 예수님은 배반자를 명시하려 하지 않으면서도, "나와 함께 그릇에 손을 넣[을]" 친구라고 강조하신다(23절, 유월절에는 모두 음식이 담긴 공동 그릇에 빵을 살짝 적셨다). 친구의 배반은 충격적이고 고통스럽다(시 41:9; 55:12-13).

그 배반은 성경을 성취하는 것이다. "인자는…기록된 대로 가거니와"(마 26:24). 이곳에서 예수님은 구원 계획을 완료하신다. 그분은 그 이름이 "생명책", 즉 "창세 [전에 기록된]"(계 13:8, 참고. 엡 1:3-11) 책에 있는 이들을 구원하신다. 누가복음에서는 예수님이 '반드시' 배반당하여 십자가에 못 박힌 다음 살아나야 한다고 비슷하게 말씀하시는데, 그것은 율법과 예언서에 "기록"되어 있기 때문이다(눅 24:7, 25-27, 44-46). 반역은 역사에 선행하는 계획들을 성취하시는 하나님의 필요다. 하지만 어떤 것도 책임감 있는 첩자처럼 행동하는 유다의 핑계 거리가 되지 못한다. 그래서 예수님은 그에게 끔찍한 "화가 있으리로다"라고 외치신다. 그가 "인자"를 팔아넘기기 때문에, 그는 "차라리 태어나지 아니하였더라면 '제게' 좋을" 뻔했다(마 26:24). 유다는 믿을 이유가 충분한데 믿지 않은 사람의 주목할 만한 사례로, 영원한 형벌을 받는다. 그는 예수님을 살해하려는 음모에 가담하고 회개하지 않는다. 그러므로 심판 때 그의 죄가 적나라하게 드러난 채 홀로 서 있을 것이다.

유다도 다른 사람들처럼 질문해야겠다고 생각하고 "랍비여 나는 아니지요"를 반복한다(다시, 이는 부정적인 답을 기대하는 것이다, 25절). 원래의 청중에게 "랍비"는, 단순히 '님'을 뜻할 수 있는 '주'(퀴리오스)보다 더 확실한 존경을 나타냈다. 하지만 마태의 독자들에게 '랍비'는, 그리스도인이 중시하는 '주'보다 겸손한 호칭이다. 유다에게 예수님은 언젠가는 죽을 사람이자, 그 대의를 위해 유다에게 해를 끼칠 조짐을 보이는 선생이다. 유다는 그 대의를 버리고 거기서 무언가를 얻으려고 결심했으니 말이다.

예수님은 "네가 말하였도다"("네가"는 강조의 표현이다)라고 대답하신다. 그

의미는 '맞다, 네가 직접 말했구나'다. 하지만 그 말은 다른 사람들이 놓칠 수 있을 정도로 온화하다. 잠시 후(마 26:31) 예수님은 제자들에게 그들이 그 밤에 "다 나를 버리리라"라고 말씀하시고 그들이 실제로 그렇게 하지만, 이 실패들이 동일하지는 않다. 베드로는 격렬하게 저항하고 다른 이들도 그와 함께한다. 그들은 충성할 생각이기 때문이다. 그러나 유다는 예수님을 배반할 계획이다. 유다는 예수님이 자신의 계획을 아신다는 것을 눈치 채고 나서, 아마 전술을 바꾸었을 것이다. 권세자들은 명절 후에 예수님을 잡을 계획이었지만(26:4-5), 유다는 더 빨리 행동하기로 결심한다.

26:26-30 식사가 계속되면서 예수님은, 교회가 지금 주의 만찬이라 부르는 것을 제정하신다. 그분은 제자들이 먹고 있는 떡을 조금 가져다가 축복하고 떼어 그들에게 주신다. 그들은 이미 그들의 떡을 축복하고 떼었지만, 예수님이 새로운 표지 혹은 성례를 시작하고 계시므로 감사하며 그것을 받는다.

서구 교회는 그 식사의 의미, 특히 "이것은 내 몸이니라"(26절)라는 예수님 진술의 의미를 놓고 격렬한 논쟁을 벌여왔다. 질문은 해석학적으로 흥미롭지만, 역사와 전통이 그 논쟁들을 주도한다. 수세기 동안 로마 가톨릭교회는 그 성분들이 실제로 그리스도의 몸과 피라는 '실체'가 된다고 생각했다. 맛과 질감의 '성질'이 변하지 않는다 해도 말이다(아리스토텔레스식 용법에서, 성질은 어떤 것의 본질에 필수적인 속성이 아니다). 아주 중대한 결정에서 그 교회는 "이것은 내 몸이니라"를 문자적으로 받아들였다. 그 떡은 예수님의 신체, 말 그대로 그분의 살과 피다(식인주의의 혐의를 초래한). 성만찬은 예수님이 보이신 희생의 재현, 은혜가 임하는 기적이라 여겨졌다. 그것은 은혜의 수단들, 즉 일곱 성찬을 행하는 모두에게 구원을 보증한 성만찬 제도의 핵심에 있는 것이었다.

종교개혁이 성만찬 제도를 비판하자, 주의 만찬이 재해석되었다. 개신교 내에서 여러 학파들이 일어났다. 간단히 말해서, 루터교도는 가톨릭에서 가장 조금 벗어나 "이것은 내 몸이니라"가 예수님이 물리적으로 임재하신다는 의미라고 주장했다. 그 성분들이 그분의 몸이 '되지'는 않더라도, 그 안에, 그것과 함께, 그 아래에 임재하신다는 것이다. 츠빙글리파는 가장 많이 벗어나서 "이것은 내 몸이니라"를 상징적으로 여긴다. 그들은 누가복음 22:19의 "이를 행하여 나를 기념하라"를 인용하여, 그 성분들은 그리스도의 임재를 나타내며 그 식사는 기념하기 위한 것이라고 말했다. 칼빈주의자들은 중간 지대를 찾아, 예수님이 주의 만찬에 실제로, 영적으로 임재하신다고 주장했다.[444]

그 제도에 대한 예수님의 말씀은 네 번 기록되었다. 네 기록 모두 필수적인 요소들이 똑같다. 즉, 예수님이 떡을 떼시고, 포도주를 주시고, 제자들에게 먹으라고 명하신 것이다. 그분은 "이것은 내 몸이니라"라고 말씀하시고, (새) 언약을 언급하시고, 종말론적 잔치를 약속하셨다. 마태와 마가의 정리는 서로 더 흡사하다. 누가복음과 고린도후서가 서로 흡사하듯이 말이다. 예를 들어, 마태복음과 마가복음에서 예수님은 "이것은…많은 사람을 위하여 흘리는바 나의 피 곧 언약의 피니라"(마 26:26-29; 막 14:22-25)라고 말씀하신다. 누가복음과 고린도전서에는 "이를 행하여 나를 기념하라"와 그 잔이 "내 피로 세우는 새 언약"이라는 말씀이 있다(눅 22:15-20; 고전 11:23-26). 이형 사본들과 기사들의 작은 차이가 해석적 과제를 더하지만, 해석 원리가 분명하면 보다 성공적일 것이다.

먼저, 정확한 원문을 접할 수 있는 사람은 아무도 없다. 정경에 네 가지 기록이 있고, 각각 훨씬 길었을 예수님의 말씀에서 핵심들을 기록했다(참고. 서론; 8:23-27 주석). 목표는 아마도 상실되었을 정확한 말(ipsissima verba)이 아니라 예수님의 진짜 목소리(ipsissima vox)를 찾는 것이다. 예수님은 보통 아람어로 말씀하셨으므로 대부분의 기사는 어쨌든 번역일 것이다. 하지만 교회는 예수님의 말씀을 보존하는 데 신경을 썼다. 바울은 자신이 다른 사

444 칼빈이 중간 지대에 있었던 부분적인 이유는, 지도자들이 여전히 츠빙글리를 따랐던 취리히에서 정치적 동맹들이 필요했기 때문이고, 또 개신교 연합을 위해 루터교의 지지를 바랐기 때문이다. 참고. Bruce Gordon, *Calvin* (New Haven, CT: Yale University Press, 2009). 《칼뱅》(IVP).

람들로부터 그 말씀을 '받았고' 그것을 고린도 교인들에게 '전했다'고 말한다(고전 11:23). '받았다'와 '전했다'는 말은 이야기들을 조심스럽게 전달했음을 나타낸다.

해석은 항상 문맥으로 시작한다. 이곳에서는 유월절 식사다. 유월절에는 가장이 떡을 떼어 나누어 주고 그 식사의 의미를 설명한다. 정확히 그대로 예수님이 떡을 가지고 축복하고 떼어 "받아서 먹으라"라고 말씀한 다음 그 의미를 설명하신다. 그 행동이 일반적인 것이라면, 설명은 그렇지 않다.

"이것은 내 몸이니라"를 비유적으로 받아들여야 할 타당한 이유가 있다. 첫째, 예수님은 주로 비유로, 심지어 자신에 대해서도, 말씀하신다. 그분은 "나는 포도나무요"(요 15:5)라고 말씀하시지만, 그분의 몸에서 포도를 따려는 사람은 아무도 없다. 그분은 "내가 문이니"(10:9)라고 말씀하시지만, 그분에게서 경첩을 찾는 사람은 아무도 없다. 유월절 예전(禮典)에는 이런 문장이 포함된다. '이것은 우리 조상들이 애굽 땅에서 나올 때 먹었던 고난의 떡입니다'(참고. 신 16:3). 시작 부분의 '이것은'에도 불구하고, 그들이 말 그대로 모세의 세대가 먹었던 것과 똑같은 떡을 먹고 있다고 생각하는 사람은 아무도 없다. 예수님의 말씀과 유월절 경험을 통해 제자들의 귀는 비유에 맞춰져 있다. 또한 예수님의 몸은 그분이 "이것은 내 몸이니라"라고 말씀하실 때 바로 그곳에 있었으므로, 그 떡이 말 그대로 그분의 신체라고 생각하기란 매우 어렵다. 고린도전서 11:26에 나오는 바울의 말이 의미를 알려준다. "너희가 이 떡을 먹으며 이 잔을 마실 때마다 주의 죽으심을 그가 오실 때까지 전하는 것이니라." 따라서 "이것은 내 몸이니라"는, '이것은 내 몸을 나타내고 내 몸으로 내가 한 일을 선포한다'라는 의미다. 그분은 죄 사함을 위해 자신의 몸을 속죄 제물로 바치신다(마 26:28).

그분이 잔을 가지고 "너희가 다 이것을 마시라 이것은…나의 피…니라"라고 말씀하실 때도 상황은 동일하다(27-28절). 제자들이 포도주를 보고 "이것은…나의 피…니라"라는 말씀을 들을 때, 다시 말하지만 그들에게는 비유로 듣는 것이 자연스럽다. 예수님이 비유를 사랑하시기 때문이다. 예수님이 "너희는 세상의 소금이니"와 "너희는 세상의 빛이라"(마 5:13-14)라고 말씀하셨을 때, 그분의 말씀을 말 그대로 받아들인 사람이 있었는가?(참고. 또한 9:37-38; 12:33; 요 6:35; 8:12; 15:5)[445] 그 포도주는 예수님이 십자가에서 쏟으실 피를 가리킨다. "몸"과 "피"를 비유라고 말한다고 해서, 해석자들이 성찬을 '기념'으로 보는 시각을 가진 츠빙글리주의자에게 동의할 필요는 없다. 칼빈주의자와 루터교도는 그 표현을 비유적으로 여기지만, 그것이 "그분의 선한 뜻"과 "우리를 향한 하나님의 은혜"의 표지를 제공하므로, 성찬을 통해 은혜를 주시는 그리스도의 실제적인 임재를 주장한다.[446]

마지막으로, 예수님은 그 나라가 온전히 임할 때 "내가…너희와 함께 마시는 날"에 다시 그 식사를 기념하겠다고 약속하신다(마 26:29). 종말론적 잔치라는 복된 약속에는 그림자가 있다. 즉, 이 시대에는 이것이 그분의 제자들과 함께 보내시는 마지막 유월절이라는 것이다. 드디어 마태는 찬미로 그 식사가 마무리된다고 말한다. 제자들은 예루살렘을 떠나 그 도성 바로 동쪽에 있는 감람산으로 짧은 거리를 이동한다(30절).

응답

주의 만찬은 믿음의 몇 가지 핵심 요소를 가시적인 형태로 제시한다.

첫째, 예수님은 대속을 위해 자기 목숨을 대신 주신다. 출애굽기 12장에서 제정된 유월절 식사는, 하나님께서 이스라엘의 죄를 덮으셨다는 표지였다. 그것은 그들이 애굽에서 구원받은 것을 상징적으로 재연했다(출 12:26-27). 또 모세 언약과 이스라엘이 한 나라로 시작된 것을 기념했다. 유월절은 이스라엘에 그 언약을 상기시키는 동시에, 이스라엘이 언약법을 위반한 것을 강조했다(24:1-8). 죄는 속죄(혹은 형벌)를 요구하고, 벌은 그에

445 Stein, *Method and Message*, 14-17.

446 *Institutes*, 2:1277 (4.14.1).

합당하게 받아야 한다. 은행가들은 대출 상환금으로 집밥을 받지 않는다. 양이나 소의 피가 인간의 죄를 덮을 수는 없다(히 9:22; 10:4). 그래서 예수님이 많은 사람을 위해서, 그들을 대신해서, 몸값으로 자기 목숨을 주신다(마 20:28).

둘째, 그 만찬은 죄 사함을 선포한다. 죄 사함은, 예수님이 그 식사가 상징하는 죽음을 통해 주시는 것이다(26:28). 예수님은 죄를 위해 고난당하시는 하나님의 어린양이다(요 1:29; 계 5:6).

셋째, 예수님은 "내 아버지의 나라에서…너희와 함께" 포도나무의 이 열매의 새것으로 마실 것이라고 약속할 때, 신자들이 함께 그분의 영원한 구원을 누릴 것이라고 확신을 주신다. 히브리서가 말하듯이 예수님이 "자기를 단번에 제물로 드려 죄를 없이 하[셨다]"면, 그리스도의 완료된 사역이 신자의 구원을 확실하게 해준다(히 9:26-28). 이는 그분이 이루신 일이 뒤바뀔 수 없기 때문에, 그리고 그리스도의 영이 그분의 백성 안에서 계속 일하시기 때문에 사실이다.

주의 만찬이 확신을 불어넣는다면, 유다의 배신은 조심하라고 경고한다. 그분을 제대로 알지도 못하고 사랑하지도 않고 그분께 속하지도 않은 채, 예수님의 말씀을 듣고 예수님을 경험하고 그분의 이름으로 큰일을 행할 수도 있다. 그 경고가 두려움보다는 결단을 촉구하는 쪽으로 우리를 이끌기를 기도한다.

31 그때에 예수께서 제자들에게 이르시되 오늘 밤에 너희가 다 나를
[1]버리리라 기록된바 내가 목자를 치리니 양의 떼가 흩어지리라 하였
느니라 32그러나 내가 살아난 후에 너희보다 먼저 갈릴리로 가리라
33 베드로가 대답하여 이르되 모두 주를 [2]버릴지라도 나는 결코 [3]버
리지 않겠나이다 34 예수께서 이르시되 내가 진실로 네게 이르노니 오
늘 밤 닭 울기 전에 네가 세 번 나를 부인하리라 35 베드로가 이르되
내가 주와 함께 죽을지언정 주를 부인하지 않겠나이다 하고 모든 제
자도 그와 같이 말하니라

31 Then Jesus said to them, "You will all fall away because of me this
night. For it is written, 'I will strike the shepherd, and the sheep of the
flock will be scattered.' 32 But after I am raised up, I will go before you
to Galilee." 33 Peter answered him, "Though they all fall away because
of you, I will never fall away." 34 Jesus said to him, "Truly, I tell you,
this very night, before the rooster crows, you will deny me three times."
35 Peter said to him, "Even if I must die with you, I will not deny you!"
And all the disciples said the same.

36 이에 예수께서 제자들과 함께 겟세마네라 하는 곳에 이르러 제자
들에게 이르시되 내가 저기 가서 기도할 동안에 너희는 여기 앉아 있
으라 하시고 37 베드로와 세베대의 두 아들을 데리고 가실새 고민하고
슬퍼하사 38 이에 말씀하시되 내 마음이 매우 고민하여 죽게 되었으니
너희는 여기 머물러 나와 함께 깨어 있으라 하시고 39 조금 나아가사
얼굴을 땅에 대시고 엎드려 기도하여 이르시되 내 아버지여 만일 할
만하시거든 이 잔을 내게서 지나가게 하옵소서 그러나 나의 원대로
마시옵고 아버지의 원대로 하옵소서 하시고 40 제자들에게 오사 그 자
는 것을 보시고 베드로에게 말씀하시되 너희가 나와 함께 한 시간도
이렇게 깨어 있을 수 없더냐 41 시험에 들지 않게 깨어 기도하라 마음
에는 원이로되 육신이 약하도다 하시고 42 다시 두 번째 나아가 기도
하여 이르시되 내 아버지여 만일 내가 마시지 않고는 이 잔이 내게서
지나갈 수 없거든 아버지의 원대로 되기를 원하나이다 하시고 43 다시
오사 보신즉 그들이 자니 이는 그들의 눈이 피곤함일러라 44 또 그들
을 두시고 나아가 세 번째 같은 말씀으로 기도하신 후 45 이에 제자들
에게 오사 이르시되 이제는 자고 쉬라 보라 때가 가까이 왔으니 인자
가 죄인의 손에 팔리느니라 46 일어나라 함께 가자 보라 나를 파는 자
가 가까이 왔느니라

36 Then Jesus went with them to a place called Gethsemane, and he said
to his disciples, "Sit here, while I go over there and pray." 37 And taking
with him Peter and the two sons of Zebedee, he began to be sorrowful
and troubled. 38 Then he said to them, "My soul is very sorrowful, even
to death; remain here, and watch[1] with me." 39 And going a little farther
he fell on his face and prayed, saying, "My Father, if it be possible,
let this cup pass from me; nevertheless, not as I will, but as you will."
40 And he came to the disciples and found them sleeping. And he
said to Peter, "So, could you not watch with me one hour? 41 Watch

and pray that you may not enter into temptation. The spirit indeed is willing, but the flesh is weak." 42 Again, for the second time, he went away and prayed, "My Father, if this cannot pass unless I drink it, your will be done." 43 And again he came and found them sleeping, for their eyes were heavy. 44 So, leaving them again, he went away and prayed for the third time, saying the same words again. 45 Then he came to the disciples and said to them, "Sleep and take your rest later on.[2] See, the hour is at hand, and the Son of Man is betrayed into the hands of sinners. 46 Rise, let us be going; see, my betrayer is at hand."

1) 또는 나를 인하여 실족하리라 2) 헬, 주를 인하여 실족할지라도 3) 헬, 실족하지 않겠나이다

1 Or *keep awake*; also verses 40, 41 *2* Or *Are you still sleeping and taking your rest?*

단락 개관

주의 만찬에 뒤이어, 예수님의 체포 전에 두 사건이 일어난다. 먼저, 예수님은 제자들이 그날 밤 시험을 만날 때 계속 그분께 충성할 수 없을 것이라고 예언하신다. 그들은 양들처럼 흩어질 것이다. 베드로는 결코 그렇지 않을 것이라고 강하게 항변하지만, 세 번이나 그분을 배신할 것이다. 그럼에도 예수님은 갈릴리에서 제자들과 다시 만나 사도 그룹을 새롭게 꾸리실 것이다.

예수님은 또 겟세마네 동산에서 유혹에 맞닥뜨리신다. 동산은 구원 드라마에서 반복해서 중요한 사건들이 일어나는 곳이다. 에덴에서는, 아담과 하와가 하나님의 음성이 아닌 뱀의 음성을 들은 결과 하나님의 뜻에 대한 순종의 시험에 실패함으로써 구속이 필요해졌다. 겟세마네에서는, 두

번째 아담이신 예수님이 아버지의 뜻에 대한 순종의 시험을 통과하신다. 예수님은 곧 닥칠 희생 제사를 마주하시고, 그것으로 인해 번민할 때 가장 가까운 친구들에게 깨어 자신을 위해 기도해달라고 요청하신다. 예수님은 세 번 고난의 잔에 직면하신다. 그리고 세 번, 가능하면 "이 잔을 내게서 지나가게 하옵소서"라고 간구하신다. 또 세 번, "아버지의 원대로 하옵소서"라고 말씀하신다. 마지막으로, 자신이 그 잔을 마셔야 한다는 것을 받아들이신다. 졸음에 진 제자들은 예수님이 홀로 시험에 직면하시도록 두지만, 그분은 그 배신자가 올 때까지 여전히 신실하시다.

단락 개요

Ⅸ. 죽음 그리고 부활(26:1-28:20)
- E. 마지막 사건들을 준비하시다(26:31-46)
  1. 베드로의 배신을 예고하시다(26:31-35)
  2. 겟세마네에서 기도하시다(26:36-46)

이 단락에는 단계들이 있다. 첫째, 예수님은 제자들이 흩어질 것이고 베드로마저 그분을 부인한다고 예언하신다(마 26:31-35). 둘째, 예수님은 체포될 때까지 유혹에 직면하신다(36-46절). 첫 단계(31-35절)에는 5개의 짧은 부분, 즉 예수님이 하신 세 번의 예언과 베드로가 보인 두 번의 반응이 있다. 첫째로, 모든 제자가 그분을 버릴 것이다. 둘째로, 그럼에도 예수님은 그들보다 먼저 갈릴리로 가실 것이다. 셋째로, 베드로는 자신은 "결코 버리지 않겠나이다"라고 주장한다. 넷째로, 예수님은 베드로가 정말 세 번 그분을 부인할 것이라고 대답하신다. 다섯째로, 베드로가 그 말씀도 부인한다.

두 번째 단계는, 예수님이 열두 제자와 함께 동산에 도착한 다음 깊어지는 고민과 슬픔 속에서 3명을 데리고 가시면서 시작된다(36-38절). 그분은 "이 잔을 내게서 지나가게 하옵소서 그러나…아버지의 원대로 하옵소서"라고 기도한 후 돌아와 제자들이 자고 있는 것을 발견하신다(39-40절). 이는 예수님이 처음과 마지막에 잠들어버린 제자들을 꾸짖는 것과 함께 세 번 반복된다. 그 다음 배신자가 도착한다(41-46절).

주석

26:31-35 예수님은 겟세마네에서 시험에 직면하고 그 시험을 통과하시지만, 제자들은 두 번 시험에 직면하고 두 번 다 실패한다. 겟네마네에서 예수님은 곧 닥칠 자신의 희생 제사를 정면으로 마주하며 제자들에게도 똑같이 하라고 요청하신다. 제자들은 이미 그들 중 하나가 예수님을 배신할 것을 안다. 그분은 "오늘 밤에 너희가 다 나를 버리리라"라고 덧붙이신다. "버리[다]"(스칸달리조)는 '비틀거리게 하다, 기분을 상하게 하다, 불충하다'라는 의미다. 이곳에서 그것은 "부인하[다]"와 병행을 이룬다. 예수님은 강조하신다. "너희가 다 버리리라"(31절). 그 밤, 모든 제자가 예수님을 버릴 것이다.

이는 스가랴 13:7에서 예언되었다. 그 예언자가 "목자를 치면 양이 흩어지려니와"라고 말할 때, 행위자는 하나님이다. "치[다]"는 죽이는 것을 의미한다. 목자는 예수님이고 제자들은 양이다(마 26:31). 하나님께서 예수님의 죽음을 필요로 하는 구원을 계획하셨으므로, 스가랴는 "만군의 여호와"가 그 목자에게 맞서 칼을 드실 것이라고 말할 수 있다. 예수님은 양을 위해 목숨을 버리시지만(요 10:15), 제자들은 치명타를 예견하자 결국 모두 도망간다(참고. 마 13:21).

그럼에도 예수님은 약속으로 제자들을 위로하신다. 그분은 죽은 후 살아나서 양떼와 다시 만나실 것이다(32절). 그들을 갈릴리로 이끌고 다시 그들의 목자가 되실 것이다(16:21; 17:9; 20:19; 28:16-20).

베드로는 늘 하던 대로, 나머지 제자들이 했을 법한 생각을 내뱉는다. 다른 모든 제자가 흔들리더라도 그의 헌신은 확실하다. "나는 결코 버리지 않겠나이다"(33절, "나는"은 강조다). 이 대화의 모든 말에 강조를 나타내는 문법적 표지가 나타난다. 31절의 "너희가 다…버리리라"는, 휘메이스를 써서 "너희"를 두 번 말한다. 33절에서 베드로는 에고(*egō*)로 "나는"을 두 번 언급하고 강한 부정형 우데포테(*oudepote*)를 쓴다. 34절에서 예수님은 "내가 진실로 네게 이르노니 오늘 밤…네가 세 번 나를 부인하리라"라고 선언하신다. 35절에서 베드로는 우 메(*ou mē*)를 사용하여 두배로 부정하며 "내가…주를 부인하지 않겠나이다"라고 주장한다. 물론 베드로는 예수님이 예언하신 대로 세 번 그분을 부인한다. 베드로의 표현이 한 가지 이유를 암시한다. 35절에는 흔한 동사 데이(*dei*)의 드문 가정법이 나온다. 그의 외침은 '내가 죽는 것이 필요하다 해도'라고 번역할 수 있다. 마치 죽음의 위협이 희박한 가능성인 것처럼 말이다. 베드로와 나머지 제자들은 예수님의 임박한 죽음에 대한 반복되는 예언을 진지하게 여기지 않았기 때문에, 곧 다가올 위험에 대비하지 못한다.

26:36-46 그에 반해 예수님은 기도하시고, 가장 가까운 친구인 베드로와 야고보와 요한에게 자신의 슬픔과 준비의 시간에 깨어 함께 기도해달라고 부탁함으로써 준비하신다. 그분은 예루살렘 바로 밖 감람산의 한적한 곳을 고르신다.[447] 그리고 제자들에게 앉아 깨어서 같이 기도해달라고 부탁하신다(36, 38, 41절). 그러나 졸음을 이기지 못한 그들은 사실상 예수님을 버린다.

마태는 예수님이 십자가 죽음에 대한 생각으로 슬퍼하고 고뇌하심을 인정한다. 그리스도가 "죽을 지경"(38절, 새번역, 시 42:5, 11을 암시, 또한 욘 4:9)일 정도로 심히 슬퍼하신다. 여기서 비평가들은 보수주의자들과 같이 이 단

447 지금은 겟세마네 동산이라 불리는 그 장소는 고대 유적지일 수 있지만, 확실하지는 않다.

락을 확실히 일어난 것으로 본다. 그들 혹은 그들의 무리를 혼란스럽게 하거나 수치스럽게 하는 사건들을 조작하지는 않으리라는 것이다. 이곳에서는 교회의 영웅 예수님이 겁을 먹고 흔들리는 듯 보인다. 십자가에서 놓아달라는 간청은 그분이 아버지의 계획에 대한 확신을 잃어버렸다는 뜻인가? 그리스-로마의 이상은 태연히 죽음을 맞이한 소크라테스 같은 순교자의 모습이다. 유대인들 가운데 순교자 마카베오는 눈물을 흘리거나 간청하지 않고, 기뻐하며 죽었다.[448] 그리스도인 순교자들조차 보통 찬양하며 죽었다. 예수님을 약해 보이게 만드는 사건을 누가 조작하겠는가?

평범한 사람으로서 예수님은 육체적인 고통 가운데 죽을 것이라는 전망에 움츠러드신다. 그러나 마태복음 26:38-39은 예수님이 겪으신 고뇌의 더 깊은 근거를 암시한다. 예수님은 얼굴을 땅에 대고 "아버지여…이 잔을 내게서 지나가게 하옵소서"(39절)라고 기도하신다. 구약에서 잔이라는 은유는 분배되는 것, 한 사람이 마셔야 하는 것을 상기시킨다. 또 시편과 예언서, 요한계시록에서 잔은 죄를 향한 하나님의 진노와 죄에 대한 벌을 나타낸다(시 11:6; 75:8; 사 51:17-23; 렘 25:15-28; 계 14:9-11). 요한계시록은 죄 자체와 벌의 의미를 합친다(계 17:3-6; 18:3-6). "잔"은 예수님의 두려움을 설명해준다. 예수님은 죄가 없고 거룩하기 때문에 죄를 혐오하지만, 십자가에 못 박힌 동안 우리 죄를 지신다. 실제로 하나님께서 "죄를 알지도 못하신 이를…죄로 삼으신 것은 우리로 하여금…하나님의 의가 되게 하려 하심이[다]"(고후 5:21). 그분은 이렇게 마태복음 26:28에 언급된 죄 사함을 줄 수 있는 권리를 얻으신다. 예수님은 죄에 대한 벌을 받고 그것과 동일시될 때, 죄를 향한 하나님의 진노와 혐오를 경험하신다(합 1:13). 아버지는 십자가에 달린 아들을 버리시고, 십자가에서 예수님은 아버지와의 완벽한 연합을 잃으신다(참고. 27:45-50 주석).

예수님은 자신의 죽음이 유일무이하다는 것을 아신다. 그것은 대속의

448 Josephus, *Jewish Wars* 1.649-650; 2.150-153.

죽음이므로 인간에게는 죄 사함을 가져다주고 그분에게는 영광을 준다(마 20:25-28). 그것은 많은 열매를 맺지만(요 12:23-36), "육체의 죽음 훨씬 너머까지 가는 이해할 수 없는 개인적인 대가로만 성취될 것이다."[449] 예수님은 순교자로서뿐 아니라 죄를 지신 자, 멜기세덱 같은 제사장이자 영원한 구원의 근원으로서도 죽으신다(히 5:7-10). 그 때문에 예수님은 가장 가까운 친구들에게 깨어서 그분과 같이 기도해달라고 부탁하신다. 그분은 그들이 내내 깨어 있기를 원하시므로 여기서 "깨어"는 현재 시재다.

동산에서 예수님이 드리신 기도는 따뜻하고 겸손하다. "내 아버지여 만일 할 만하시거든"(마 26:32-39). 예수님은 자신의 슬픔을 드러내어 놓아달라고 간청하면서 아버지께 종속되어 있음을 선언하신다. "나의 원대로 마시옵고 아버지의 원대로 하옵소서"(39절)는, 예수님의 생애에 대한 주제 문장이다. 그분은 할 수 있다면 그 잔을 피하겠지만 아버지의 뜻에 복종하신다(38-42절). 그리고 아버지는 예수님의 죽음을 통해 구원을 성취하실 것이다. 예수님은 십자가를 피할 수 없고 그 잔 역시 피할 수 없다. 그것이 새 언약을 세워주기 때문이다(마 20:22-23; 요 18:11).

예수님은 기도의 자리에서 일어나 3명의 제자에게로 돌아와서 그들이 잠든 것을 보신다. 잠은 정상적인 것이고, 심지어 복된 선물일 수도 있다(시 4:8; 127:2; 잠 3:24). 그러나 그것은 또한 나태함(잠 6:10-11; 26:14-15)이나 경계심의 부족(삼상 26:12), 도덕적 혹은 영적 실패(삼하 11:2-13; 살전 5:5-6)의 징후일 수도 있다. 신실한 이들은 잠을 거부해야 할 때를 안다(시 132:1-5). 그래서 예수님은 베드로를 꾸짖으며 "너희가 나와 함께 한 시간도 이렇게 깨어 있을 수 없더냐"(마 26:40)라고 말씀하신다.

예수님은 깨어 기도하라는 명령을 되풀이하시지만, 목적이 바뀐다(41절). 처음에는 그분을 위해 깨어 있기를 원하셨지만, 지금 그들은 그들 자신을 위해 깨어 있어야 한다. 예수님은 여전히 목자로서, 깨어 있는 기도

449 Hagner, *Matthew*, 2:782-783.

만이 그분의 친구들을 그 밤의 시험에서 구해줄 것이라고 경고하신다. 그들은 "시험에 들지 않게" 기도해야 한다. 이는 "시험에 들게 하지 마시옵고"(마 6:13)라는 간구를 상기시킨다. 기도가 꼭 필요한 까닭은, 영은 프로티몬(*prothymon*), 즉 '간절히 바라지만', '원하지만', 육신은 약하기 때문이다. 이 경구는 인간의 상태를 잘 포착해낸다. 우리의 약함은 고귀한 열망을 물리친다. 물론 "육신"은 죄악된 인간 영혼을 가리킬 수 있으므로, 선한 영혼(혹은 마음 혹은 의지)과 악한 육체를 날카롭게 대조해서는 안 된다. 내적 결심과 외적 행동을 구분하는 것은 옳다. 또 육체의 약함에서 기인하는 죄가 영적 약함에서 기인하는 죄보다 더 명확함을 기억하는 것도 옳다. 일반적으로 인간은 육체적으로든 영적으로든 그저 "원하는 바"를 행할 수 없다(롬 7:14-20).

예수님은 첫 번째와 비슷한 두 번째 기도를 위해 떠나신다. 그러나 "만일 내가 마시지 않고는 이 잔이 내게서 지나갈 수 없거든 아버지의 원대로 되기를 원하나이다"(마 26:42, 39절은 "만일 할 만하시거든"이다)라는 어구에서, 십자가를 조금 더 받아들이시는 것을 감지할 수 있다. 두 번째 기도 역시 제자들에게로 가서 "그들의 눈이 피곤[하여]"(43절) 다시 잠든 것을 보시는 것으로 끝난다. 예수님은 자신의 생각에 주의를 기울이며 세 번째 기도를 하신다. 따라서 예수님은 세 번 기도하시고 여전히 신실하시다. 반면 베드로는 기도하지 않고 예수님을 세 번 부인한다.[450]

시간에 상관없이 깨어 있어야 할 때가 있으므로 예수님은 제자들을 부드럽게 꾸짖으신다(45절). 번역이 다양한 까닭은 본문에 두 가지 불확실한 부분이 있기 때문이다. ESV에서 '나중에'(later on)로 번역된 핵심 단어 로이폰(*loipon*)은 대부분의 번역본에서 '아직도'이고 몇몇 번역본에서는 "이제"(개역개정)다. 구두점 역시 확실하지 않다. 그 문장은 '나중에 자고 쉬라'(ESV) 혹은 '이제 자고 또 쉬라'(KJV)라는 명령인가? 아니면 '아직도 자

26장

450 France, *Gospel according to Matthew*, 374.

고 쉬고 있느냐'(NIV, NRSV, NASB)라는 질문인가? 적어도 질문이 흐름에 더 맞다(참고. ESV 난외주). 정확한 의미가 무엇이든, 예수님은 실망하셨고 그분의 어조는 아이러니하다. 제자들은 힘을 달라고 기도할 기회가 있었지만, 계속 잤다. 마지막 순간에는 차라리 자는 편이 나았을 것 같다. 아마도 예수님은 이미 횃불을 보시고, 무장한 무리의 덜커덕 소리를 들으신 것 같다. 예수님의 수난의 때가 다가왔다(요 2:4; 7:30; 12:27; 17:1). 그때 "인자가" 유다의 손에 "팔[린다]"(마 26:45). 하나님의 거룩한 메시아이자 왕이 죄인의 수중에 들어가야 한다는 것이 얼마나 비극인가. 그럼에도 예수님은 머뭇거리지 않으신다. 그분은 제자들을 깨워 그들을 이끌고 배신자를 만나러 가신다(46절).

응답

이 단락은 예수, 그리스도, 구세주, 인자를 바라보라고 독자들을 초대한다. 독자는 그분의 고뇌, 그분의 긴급한 철야 기도를 의식한다. 인간으로서 그분의 필요는 그분이 "나와 함께 깨어 있으라"(마 26:38)라고 간곡히 부탁하실 때 감지할 수 있다. "한 시간도…깨어 있을 수 없더냐"(40절)에서는 그분의 실망도 감지된다. 하지만 자신에 대한 염려가 절대 자기 연민이 되지는 않는다. 예수님은 곧 닥칠 극도의 고통과 죄를 지고 아버지와의 연합을 잃는다는 생각에 신음하실 때에도, 제자들에게 혹독한 시련에 대비해 기도하라고 권면하신다.

예수님의 극심한 고통에 대해서는 설명이 필요하다. 히브리서는 예수님이 인간을 죽음과 죽음에 대한 두려움에서 구하기 위해 우리의 몸, 우리의 피를 공유하신다고 강조한다. 겟세마네에서 그분은 우셨고, 마지막 시험에 직면하셨고, 여전히 신실하셨기에, "받으신 고난으로 순종함을 배[우셨다]"(히 5:7-8). 예수님은 십자가에서 죄를 짐으로써, 은혜와 자비가 충만한, 위대하면서도 공감하는 제사장이 되신다(히 2:14-18; 4:14-16; 5:7-10). 겟세마네에서 예수님은 인간의 약함을 이길 준비를 하신다. 또한 인간의 약함에 공감하는 법을 배우신다. 예수님이 유혹을 마주하고 그것을 거부하시기 때문에, 그분은 우리가 유혹을 마주하고 그것을 받아들일 때 우리를 용서하실 수 있다.

마태복음 26장은 제자들을 비판하라고 요청하는 듯 보인다. 그들은 흔들리고, 어리석은 맹세를 하고, 깨어 기도해야 할 때 잠이 든다. 그들은 두려움에 압도되어 비틀거리고 넘어진다. 그러나 유다와 다른 열한 제자와의 차이는 가혹한 해석을 막는다. 그들은 적어도 충성할 작정이었다. 불완전할지언정 예수님을 믿었기 때문에, 그들이 예수님을 버릴 때 그분은 그들을 버리지 않으신다. 디모데후서 2:11-13에 나오는 바울의 고백이 그 주제를 조명해준다.

> 우리가 주님과 함께 죽었으면, 우리도 또한 그분과 함께 살 것이요,
> 우리가 참고 견디면, 우리도 또한 그분과 함께 다스릴 것이요,
> 우리가 그분을 부인하면, 그분도 또한 우리를 부인하실 것입니다.
> 우리는 신실하지 못하더라도, 그분은 언제나 신실하십니다.
> [왜냐하면] 그분은 자기를 부인할 수 없으시기 때문입니다.(새번역)

이 구절은 구분이 필요하다. 누군가 예수님을 부인하거나 거부하면, 그분도 그 배반자와 의절하실 것이다. 그러나 우리가 '단지' 미쁨이 없는 것이라면, 예수님은 우리에게 여전히 미쁘실 것이다. 여기서 '미쁨이 없는 것'(faithlessness)은 제자가 되겠다는 결심을 따르지 못하는 것을 의미한다. 예수님은 우리가 우리 자신을 아는 것보다 우리를 더 잘 아신다. 베드로는 예수님을 부인하기 직전까지도 자기는 절대 그렇게 하지 않을 것이라고 격렬하게 항의한다.[451] 그러나 예수님은 베드로가 진실하기 원한다는 것을

451 Keener, *Matthew*, 635.

아시고, 믿음으로 그들이 하나가 되기 때문에, 그를 용서하신다.

이 단락에는 그리스도인의 삶에 관한 암시들이 아주 많다. 먼저, 기도의 중요성을 보여준다. 또 성경의 경고에 주의를 기울이고, 성급한 맹세를 하지 말고, 시험을 받을 때 깨어 있어야 할 필요를 가르친다. 그러나 이 교훈들은 신실하게 고난 받으신 그리스도를 바라보고 그분을 사랑하고 신뢰해야 한다는 단 하나의 필요 앞에서는 무색해진다.

47 말씀하실 때에 열둘 중의 하나인 유다가 왔는데 대제사장들과 백
성의 장로들에게서 파송된 큰 무리가 칼과 몽치를 가지고 그와 함께
하였더라 48 예수를 파는 자가 그들에게 군호를 짜 이르되 내가 입맞
추는 자가 그이니 그를 잡으라 한지라 49 곧 예수께 나아와 랍비여 안
녕하시옵니까 하고 입을 맞추니 50 예수께서 이르시되 친구여 네가 무
엇을 하려고 왔는지 행하라 하신대 이에 그들이 나아와 예수께 손을
대어 잡는지라 51 예수와 함께 있던 자 중의 하나가 손을 펴 칼을 빼
어 대제사장의 종을 쳐 그 귀를 떨어뜨리니 52 이에 예수께서 이르시
되 네 칼을 도로 칼집에 꽂으라 칼을 가지는 자는 다 칼로 망하느니라
53 너는 내가 내 아버지께 구하여 지금 열두 군단 더 되는 천사를 보내
시게 할 수 없는 줄로 아느냐 54 내가 만일 그렇게 하면 이런 일이 있
으리라 한 성경이 어떻게 이루어지겠느냐 하시더라 55 그때에 예수께
서 무리에게 말씀하시되 너희가 강도를 잡는 것같이 칼과 몽치를 가
지고 나를 잡으러 나왔느냐 내가 날마다 성전에 앉아 가르쳤으되 너
희가 나를 잡지 아니하였도다 56 그러나 이렇게 된 것은 다 선지자들
의 글을 이루려 함이니라 하시더라 이에 제자들이 다 예수를 버리고
도망하니라
47 While he was still speaking, Judas came, one of the twelve, and with

him a great crowd with swords and clubs, from the chief priests and the
elders of the people. 48 Now the betrayer had given them a sign, saying,
"The one I will kiss is the man; seize him." 49 And he came up to Jesus
at once and said, "Greetings, Rabbi!" And he kissed him. 50 Jesus said
to him, "Friend, do what you came to do."[1] Then they came up and
laid hands on Jesus and seized him. 51 And behold, one of those who
were with Jesus stretched out his hand and drew his sword and struck
the servant[2] of the high priest and cut off his ear. 52 Then Jesus said to
him, "Put your sword back into its place. For all who take the sword
will perish by the sword. 53 Do you think that I cannot appeal to my
Father, and he will at once send me more than twelve legions of angels?
54 But how then should the Scriptures be fulfilled, that it must be so?"
55 At that hour Jesus said to the crowds, "Have you come out as against
a robber, with swords and clubs to capture me? Day after day I sat in
the temple teaching, and you did not seize me. 56 But all this has taken
place that the Scriptures of the prophets might be fulfilled." Then all the
disciples left him and fled.

57 예수를 잡은 자들이 그를 끌고 대제사장 가야바에게로 가니 거기
서기관과 장로들이 모여 있더라 58 베드로가 멀찍이 예수를 따라 대
제사장의 집 뜰에까지 가서 그 결말을 보려고 안에 들어가 하인들과
함께 앉아 있더라 59 대제사장들과 온 공회가 예수를 죽이려고 그를
칠 거짓 증거를 찾으매 60 거짓 증인이 많이 왔으나 얻지 못하더니 후
에 두 사람이 와서 61 이르되 이 사람의 말이 내가 하나님의 성전을 헐
고 사흘 동안에 지을 수 있다 하더라 하니 62 대제사장이 일어서서 예
수께 묻되 아무 대답도 없느냐 이 사람들이 너를 치는 증거가 어떠하
냐 하되 63 예수께서 침묵하시거늘 대제사장이 이르되 내가 너로 살아

계신 하나님께 맹세하게 하노니 네가 하나님의 아들 그리스도인지 우
리에게 말하라 64 예수께서 이르시되 네가 말하였느니라 그러나 내가
너희에게 이르노니 이 후에 인자가 권능의 우편에 앉아 있는 것과 하
늘 구름을 타고 오는 것을 너희가 보리라 하시니 65 이에 대제사장이
자기 옷을 찢으며 이르되 그가 신성모독 하는 말을 하였으니 어찌 더
증인을 요구하리요 보라 너희가 지금 이 신성모독 하는 말을 들었도
다 66 너희 생각은 어떠하냐 대답하여 이르되 그는 사형에 해당하니라
하고 67 이에 예수의 얼굴에 침 뱉으며 주먹으로 치고 어떤 사람은 손
바닥으로 때리며 68 이르되 그리스도야 우리에게 선지자 노릇을 하라
너를 친 자가 누구냐 하더라

57 Then those who had seized Jesus led him to Caiaphas the high
priest, where the scribes and the elders had gathered. 58 And Peter was
following him at a distance, as far as the courtyard of the high priest,
and going inside he sat with the guards to see the end. 59 Now the chief
priests and the whole council[3] were seeking false testimony against
Jesus that they might put him to death, 60 but they found none, though
many false witnesses came forward. At last two came forward 61 and
said, "This man said, 'I am able to destroy the temple of God, and to
rebuild it in three days.'" 62 And the high priest stood up and said, "Have
you no answer to make? What is it that these men testify against you?"[4]
63 But Jesus remained silent. And the high priest said to him, "I adjure
you by the living God, tell us if you are the Christ, the Son of God."
64 Jesus said to him, "You have said so. But I tell you, from now on you
will see the Son of Man seated at the right hand of Power and coming
on the clouds of heaven." 65 Then the high priest tore his robes and
said, "He has uttered blasphemy. What further witnesses do we need?
You have now heard his blasphemy. 66 What is your judgment?" They

answered, "He deserves death." 67 Then they spit in his face and struck
him. And some slapped him, 68 saying, "Prophesy to us, you Christ!
Who is it that struck you?"

69 베드로가 바깥뜰에 앉았더니 한 여종이 나아와 이르되 너도 갈릴
리 사람 예수와 함께 있었도다 하거늘 70 베드로가 모든 사람 앞에
서 부인하여 이르되 나는 네가 무슨 말을 하는지 알지 못하겠노라 하
며 71 앞문까지 나아가니 다른 여종이 그를 보고 거기 있는 사람들에
게 말하되 이 사람은 나사렛 예수와 함께 있었도다 하매 72 베드로가
맹세하고 또 부인하여 이르되 나는 그 사람을 알지 못하노라 하더라
73 조금 후에 곁에 섰던 사람들이 나아와 베드로에게 이르되 너도 진
실로 그 도당이라 네 말소리가 너를 표명한다 하거늘 74 그가 저주하
며 맹세하여 이르되 나는 그 사람을 알지 못하노라 하니 곧 닭이 울더
라 75 이에 베드로가 예수의 말씀에 닭 울기 전에 네가 세 번 나를 부
인하리라 하심이 생각나서 밖에 나가서 심히 통곡하니라

69 Now Peter was sitting outside in the courtyard. And a servant girl
came up to him and said, "You also were with Jesus the Galilean."
70 But he denied it before them all, saying, "I do not know what you
mean." 71 And when he went out to the entrance, another servant girl
saw him, and she said to the bystanders, "This man was with Jesus of
Nazareth." 72 And again he denied it with an oath: "I do not know the
man." 73 After a little while the bystanders came up and said to Peter,
"Certainly you too are one of them, for your accent betrays you."
74 Then he began to invoke a curse on himself and to swear, "I do not
know the man." And immediately the rooster crowed. 75 And Peter
remembered the saying of Jesus, "Before the rooster crows, you will
deny me three times." And he went out and wept bitterly.

1 Or *Friend, why are you here?* *2* Or *bondservant* *3* Greek *Sanhedrin* *4* Or *Have you no answer to what these men testify against you?*

단락 개관

배신, 체포 그리고 재판은 그분 사역의 절정인 죽음과 부활로 이어진다. 예수님이 앞으로 일어날 사건들을 미리 예언하셨지만, 그 가르침을 받아들이지 못한 제자들은 아무런 준비도 되어 있지 않았다. 그들은 분노와 두려움에 몰려 실패하기 쉬운 상태가 되어 있었다. 마태복음에서 거의 모든 주인공이 유대인이므로, 반유대주의적 의제를 고취하기 위해 누군가의 악행을 사용한다는 것은 터무니없는 말이다. 예수님의 첫 제자 모두 유대인이다. 하지만 마태복음 26:57-68의 유대 권세자들은, 27:11-37의 로마 권세자들처럼 예수님의 재판에서 정의를 왜곡한 것에 대한 책임이 있다.

단락 개요

Ⅸ. 죽음 그리고 부활(26:1-28:20)
- F. 예수님이 잡히시다(26:47-56)
  - 1. 배신당하여 입맞춤으로 잡히시다(26:47-50)
  - 2. 폭력의 방식을 거부하시다(26:51-56)
- G. 산헤드린의 심문(26:57-68)
- H. 베드로의 배신(26:69-75)

이 단락에서 예수님은 배신, 체포, 심문 그리고 다시 배신을 겪으신다. 내러티브는 제자의 배신으로 시작하고 마무리되며, 그 사이에서 권세자들의 악행을 이야기한다. 예수님이 예언하셨듯이(마 26:25), 대제사장들과 장로들이 보낸 무장한 무리의 선두에 선 유다가 예수님의 체포를 돕는다(47-50절). 예수님을 따르는 이들 중 하나가 잠시 칼을 휘두르지만 예수님이 그를 꾸짖으신다(51-52절). 그분의 죽음을 예언한 성경이 성취될 때다. 거기다 베드로를 제외한 모든 제자가 예수님을 버린다(53-56절).

무리는 예수님을 대제사장 가야바에게로 끌고 간다. 베드로는 그들을 따라 그 집 뜰에 들어간다(57-58절). 가야바는 예수님을 처형하기 원하지만 근거가 없기 때문에, 거짓되고 무책임한 증인들을 소집한다. 그들의 "증거"가 붕괴되자, 가야바는 예수님에게 사실상 "네가 그리스도냐"라고 물으며 죄를 순순히 인정하라고 몰아간다. 예수님은 근본적으로 "그렇다. 네가 상상하는 그리스도는 아니지만"이라고 대답하신다(참고. 59-64절). 신학적 정교함에는 관심이 없는 가야바가 원하는 것이 있다. 하나님에 대한 모독과 로마에 대한 폭동으로 여겨질 수 있는 진술이다. 그의 친구들이 "그는 사형에 해당하니라"(65-66절)라고 판단하고, 한 차례 수치를 준 후에 예수님을 빌라도에게로 끌고 간다(67-68절; 27:1-2).

가야바가 예수님께 질문할 때 주님은 대제사장의 집 '안에서' 훌륭한 고백을 하신다. 집 '밖에서'는 구경꾼들이 베드로에게 질문하고, 그는 아무것도 고백하지 않는다. 사람들은 베드로를 "예수와 함께" 있었던 사람으로 알아보지만, 베드로는 점점 강하게 세 번 부인한다(26:69-75).

주석

26:47-56 26장 앞부분에서, 예수님은 제자들에게 자신이 곧 십자가에 못 박혀 묻히고(2, 12절), 그들 중 하나가 그분을 배반하고(20-24, 45-46절), 모두가 그분을 "버[릴]" 것이라고(30-35절) 말씀하셨다. 그럼에도 제자들

은 거의 듣지 않았고, 그 다음 실제로도 영적으로도 잠들었다(40-46절). 그들은 예수님의 체포, 재판, 죽음에 대한 대비가 되어 있지 않았다. 유다가 다가오자 예수님은 그를 만나기 위해 피곤해 하는 제자들을 깨우셔야 했다(45-46절).

배신자 유다는 권세자들이 바랐듯이, 밤에, 도성 밖에서, 흠모하는 무리와 멀리 떨어져서 예수님을 조용히 체포할 방도를 알려준다(26:3-5). 이스라엘의 제사장들과 장로들이 보낸 무장한 군중이(요 18:3) 그분을 잡으러 온다. 어둠 때문에 그리고 사진 이전 시대에는 얼굴보다 이름이 더 잘 알려졌기 때문에, 유다는 그 사람들을 예수님께로 이끌 표시로 입맞춤을 선택한다(마 26:48-49, 잠 27:6에 나오는 "원수의 잦은 입맞춤"의 실례를 보여주며).

"랍비여 안녕하시옵니까 하고 입을 맞추니"(마 26:49)로 유다의 등장을 알리는 기록은 아이러니로 가득하다. "안녕하시옵니까"는 평화를 빌지만, 유다는 폭력을 의도한다. "랍비"는 선생님이라는 뜻이지만, 유다는 주님이신 예수님을 부인했다. 입맞춤(뺨을 맞댄)은 애정의 징표이자 진정한 친구가 나누는 인사지만, 유다에게서 애정은 사라졌다.

예수님의 대답은 침착하다. "친구여 네가 무엇을 하려고 왔는지 행하라"(50절). "친구"는 따뜻한 단어 필리아(*philia*)가 아니라, 가까운 벗이 아닌 동료를 나타내는 보다 차가운 헤타이로스(*hetairos*)다. 그 다음 절은 번역이 어렵다. 헬라어 본문 에프호 파레이(*eph'ho parei*)는 문자적으로 '무엇을 하려고 왔는지'를 의미한다. "행하라"라는 단어를 추가하면 이는 "왜 왔느냐"라는 질문이거나, "하러 온 일을 행하라"라는 명령일 수 있다. 체념한 의미의 "네가 이것을 위해 왔느냐" 혹은 실망한 의미의 "그래서 네가 이것을 위해 왔느냐"일 수도 있다.[452] 어느 것이든 그럴 듯하다. 헬라어 원문에 구두점이 없고, 각각이 그 순간의 정서에 들어맞기 때문이다.

452 Hagner, Matthew, 2:789; Raymond E. Brown, *The Death of the Messiah: From Gethsemane to the Grave: A Commentary on the Passion Narratives in the Four Gospels* (New York: Doubleday, 1994), 2:1385-1388. 《메시아의 죽음》(CLC).

모든 복음서에서 예수님이 그 장면을 차분히 장악하신다.[453] 요한복음 18:2-9에서 예수님은 군인들이 도착하자 그들에게 인사하며 "너희가 누구를 찾느냐"라고 물으신다. 그들은 "나사렛 예수라"라고 대답한다. "내가 그니라"라는 예수님의 말씀이 그들을 쓰러뜨린다. 이 말씀은 성경의 위대한 '나는…이다'(에고 에이미) 선언을 떠올려준다(출 3:6-15; 요 8:58). 옴짝달싹 못하는 군인들은 예수님이 깨우실 때까지 그곳에 엎드려 있었다. 그러고 나서 그분은 자신을 체포하고 그분의 사람들을 가게 하라고 명령하신다. 사복음서 모두 누군가가(베드로, 요 18:10이 이를 기록한다) 칼을 뽑아 무리 안에 있는 종 하나의 귀를 자르는 충동적인 행동을 기록한다(마 26:51). 아마도 베드로는 이를 그의 충성과 용기를 증명할 순간으로 본 것 같다. 그 움직임은 용감하지만 무책임하고, 그의 에너지는 재빨리 소멸된다. 누가복음 22:51은 예수님이 그 사람의 귀를 낫게 하신 것을 기록한다. 마태는 예수님이 폭력을 꾸짖으실 때 그분의 평정을 묘사한다. "네 칼을 도로 칼집에 꽂으라 칼을 가지는 자는 다 칼로 망하느니라"(마 26:52). 이 속담은 폭력이 "그것을 행사하는 사람들을 움츠러들게 하는" 경향이 있다는 익숙한 경험을 요약한다.[454] 예수님은 마태복음 7:2과 누가복음 6:38에서 일반 원리를 말씀하신다. "너희가 헤아리는 그 헤아림으로 너희가 헤아림을 받을 것이니라."

예수님에게는 분명 방어를 위한 칼이 필요 없다. 아버지가 아들과 그분의 교회를 보호하신다. 예수님이 체포와 죽음을 피하고자 한다면, 천군을 그분 마음대로 쓰실 수 있다(마 26:53, 참고. 왕하 6;17). 그러나 메시아의 고난을 예언한 성경이 성취될 때가 왔다(마 26:54). 예수님은 자신의 체포를 허용하기로 하신다.

예수님은 폭동을 주도하지도 않으셨고, 절대 폭력을 사용하지도 않으셨다(21:12의 성전 심판을 제외하고). 그런데 그들은 왜 그분을 잡으려고 "칼과 몽

453 Bruce, *Jesus: Lord & Savior*, 98.

454 France, *Gospel of Matthew*, 1013. "간 대로 돌아온다"라는 몇십 년 된 현대의 속담은 거짓말쟁이들이 속고 폭력적인 사람들이 폭력을 당한다는 뜻이다.

치를 가지고" 오는가? 예수님은 육체적으로 위협적이지 않다. 게다가 그분은 날마다 "성전에 앉아 가르쳤[으므로]" 그분을 잡기가 쉬웠을 것이다(26:54-55).

예수님은 체포에 저항하는 대신 이 사건들이 성경을 성취하고 있다고 주장하신다(54, 56절). 반복은 그 원리를 강조한다. 여러 성경 구절이 예수님의 고난과 죽음과 부활을 예언한다. 이전에 제자들은 기꺼이 예수님과 함께 죽겠다고 선언했지만, 그분이 체포될 때 모두 "예수를 버리고 도망[했다]"(35, 56절). 그래서 제자들의 "경솔한 충성 맹세"는 실패한 반면, 성경은 성취된다(31절; 슥 13:7).[455] 예수님은 각각의 사건에서 아버지의 설계를 보신다. 모든 일이 "선지자들의 글을 이루려[고]" 일어난다(마 26:56). "성경은 폐하지 못하[기]" 때문이다(요 10:35).

비평가들은 성경의 성취라는 마태의 주제를, 교회가 사후에 만든 것이라고 비난한다. 논거는 다음과 같다. 초대 교회는 예수님의 죽음을 설명하려 애쓰면서, 그분의 죽음에 대한 예언을 조작하여 그것을 예수님이 말씀하신 것으로 제시했다. 이런 식으로 그들은 그분의 죽음에 대한 충격을 처리했다. 사복음서 가운데 마태복음은 성취라는 주제가 가장 강력하다. 따라서 마태와 그의 공동체가 그 모티브를 만들었거나, 그것으로 예수님의 죽음을 설명하는 데 가장 큰 관심이 있었다. 그래서 예수님의 죽음은 깜짝 놀랄 반전이라는 첫 지위를 잃고, 하나님의 계획이 된다. 다른 복음서들은 이 모티브를 덜 사용하고, 그것을 주로 예수님의 죽음 문제에 적용한다. 회의론자들이 그렇게 말한다. 그러나 그 증거를 신중히 검토해보면, 신약 기사들이 충분히 신뢰할 만하다는 것을 알 수 있다.

요약하면, 신약 안에서 성경의 성취라는 모티브는 주로 두 곳에서 나온다. 첫째, 마태는 종종 어떤 일이 예언자의 말을 이루기 위해 일어났다고 말한다(마 1:22; 2:15, 17, 23; 4:14; 8:17; 12:17; 13:35; 21:4; 27:9). 둘째, 성취 모

455 Garland, *Reading Matthew*, 252.

티브는 마지막 주에, 그리스도의 죽음과 관련하여 가장 흔하다(26:54, 56; 27:9, 35). 이에 반해 3:15, 5:17, 13:14에서 예수님은 자신의 죽음과 관련 없이 의나 율법, 예언의 성취를 보신다.

필자의 계산에 따르면, 예수님은 성경이 성취되어야 한다고 스무 번 말씀하신다.[456] 이 가운데 열세 번이 그분의 죽음과 부활을 가리킨다. 그 구절은 마태복음 26:54, 26:56, 27:9, 27:35,[457] 마가복음 14:49, 누가복음 22:37, 24:44, 요한복음 13:18, 15:25, 17:12, 17:13, 18:32, 19:28이다. 예수님이 다른 주제에 대해 성경의 성취를 말씀하시는 경우는 마태복음 3:15, 5:17, 13:14, 누가복음 4:21, 21:22–24, 22:16, 요한복음 18:9인데, 요한복음 18:9은 그분의 체포와 연관되어 있기는 하다.[458] 따라서 예수님이 하신 성취 선언의 3분의 2가 그분의 죽음을 묘사하고, 각각 수난 내러티브에 나온다.[459]

그러면 예수님의 제자들이나 소위 마태의 공동체가 성취 선언을 만들어냈을까? 그 선언의 유형으로 보아 그랬을 것 같지 않다. 특히 마태가 종종 어떤 것이 성경을 성취한다고 말할 때, '그가' 감지한 성취 중 단 하나만이 어쨌든 예수님의 죽음을 언급한다. 그리고 유다가 토기장이의 밭에 묻힌다는 것에 관련된 마태복음 27:7-10에서 그것은 간접적이다. 나아가 서

456 이 수는 확실하지 않다. 성취를 언급하는 마가복음 15:28(ESV 난외주)이 위조임이 거의 확실하게 때문에, 누가복음 22:37을 한 번 혹은 두 번으로 셀 수 있기 때문에, 그리고 누가복음 21:22-24를 한 번 혹은 두 번으로 셀 수 있기 때문이다. 이 뒤의 두 경우를 필자는 한 번으로 셌다. 또 그 셈은 단어 용례 때문에 복잡하기도 하다. 성취에 대한 가장 흔한 동사 플레로오가 다른 의미들을 가지고, 누가복음 22:37처럼 텔레오(*teleō*)가 '성취하다'라는 의미일 수 있다. 마지막으로, 마태복음 13:14과 갈라디아서 6:2처럼 아나플레로오(*anaplēroō*)가 가끔 '성취하다'를 의미한다.

457 여기서 뒤의 두 구절은 예수님이 직접 말씀하신 것이 아니다.

458 요한복음 18:9은 독특하다. 여기서 예수님이 자신이 체포되는 상황에서 제자들은 놓임 받을 것을 확실히 해주실 때, 요한은 이것이 ('아직' 성경이 아니라) 예수님이 요한복음 6:39에서 말씀하신 바를 성취한다고 말한다. 그 내용은 아버지께서 그분에게 주신 이들 중 하나도 잃어버리지 않으신다는 것이다. 이 말은 예수님이 체포될 때 나오기 때문에 적어도 십자가 죽음과 닿아 있다.

459 이 진술 다수가 특히 유다의 배반을 언급한다. 참고. 마태복음 26:54-56; 마가복음 14:49; 요한복음 13:18; 17:12; 사도행전 1:16.

술자 마태가 성경이 성취되었다고 선언할 때, 나머지 어느 것도(1:22; 2:15, 17; 4:14; 8:17; 12:17; 13:35; 21:4) 십자가 죽음을 언급하지 않는다(8:17은 '약하게' 그것을 암시할 수도 있다). 한편, 예수님이 하신 다섯 번의 성취 선언 중 두 번이 그분의 죽음을 언급한다(26:54, 56은 언급하고 3:15, 5:17, 13:14은 하지 않는다). 따라서 전반적으로 예수님은 그분의 죽음이 성경을 성취한다고 말씀하시는 반면, 서술자 마태는 그렇지 않다.

다른 복음서들 역시 예수님의 성취 선언을 언급한다. 누가복음 다섯 번의 경우와 요한복음 열 번의 경우 중, 네 번을 제외하고 예수님이 직간접적으로 성취에 관한 모든 선언을 하신다. 그 예외는 누가복음 1:20, 요한복음 12:38, 19:24, 19:36이다. 마가복음에서 유일한 성경 성취 선언은 예수님이 하신다. 다시 말하지만, 예수님의 성취 선언 대부분은 십자가 죽음을 언급한다. 즉, 마가복음의 한 번 중 한 번(14:49), 누가복음의 다섯 번 중 두 번(22:37; 24:44), 요한복음의 일곱 번 중 여섯 번(13:18; 15:25; 17:12, 13; 18:32; 19:28)이 그렇다.

진정성에 관한 질문 중 더 중요한 것은, 성취라는 주제가 신약 정경에서 이후에 서서히 사라진다는 것이다. 세 번의 성취 선언, 즉 사도행전 1:16, 3:18, 13:27만이 예수님의 죽음과 닿아 있다. 첫 번째 두 경우는 예상할 수 있다. 누가복음-사도행전이 두 부분으로 된 한 작품이기 때문에 그리고 예수님이 아주 최근에 그분의 죽음이 성경을 성취했다고 말씀하셨기 때문이다. 사도행전 13:27에 나오는 그 다음 언급은 죽음과 부활 둘 다를 염두에 둔다(행 13:26-41). 그 후 성취 본문이 예수님의 죽음을 언급하는 경우는 없다. 대부분은 율법(롬 8:4; 13:8; 갈 5:14; 6:2)이나 특정 율법[행 21:26; 약 2:8, 이곳에서는 동사가 텔레오(*teleō*)]의 완성을 언급한다. 두 경우는 이전 범주에 들어맞지 않는다(약 2:23; 계 10:7, 다시 텔레오).

요약하면 '성경의 성취'라는 주제는 신약에 40회 이상 나온다(43회). 30회 이상(32회)은 복음서에, 그중 상당수(20회)는 예수님의 말씀에, 또 그중 상당수(13회)는 그분의 죽음을 언급한다. 그러므로 그분의 죽음에 관한 예수님의 예언들은 진짜로 보인다. 비평가들은 어떤 말이 다양한 출처에서 입증된다면, 예수님이 출처일 수 있는 초기 교회와 유대교의 가르침과 완전히 다르지만 1세기 상황에 적절하다면, 또 그것이 초기 교회에게 당혹스러워 보일 수 있다면, 진짜일 가능성이 높다고 믿는다. 라이트가 제안한 정제되고 강력한 공식은 이중 유사성과 이중 차이점 원리로 알려져 있다. 크레이그 블롬버그가 그것을 다음과 같이 요약해준다.

> 이 네 갈래의 기준은, 1세기의 첫 3분의 1기간 이스라엘의 유대교 상황에서 타당할 것 같'지만' 보통의 고대 유대인(혹은 유대인-그리스도인)이 지어냈을 것 같지 않은 관행 혹은 관습적인 유대 사상과는 충분히 다른 것'이면서', '또' 예수님의 첫 추종자들 상황에서 타당할 것 같'지만' 보통의 고대 유대인(혹은 이방인) 그리스도인이 만들지 않았을 것 같은 그 다음의 초기 기독교와 충분히 다른 것을 찾는다.[460]

예수님의 죽음에 관한 성취-주제가 담긴 예언은, 이 기준에 완벽하게 들어맞는다. 우리에게는 분명 다양한 증언이 있고, 기독교 창립자의 십자가 죽음은 그 문화에서 가장 당혹스러운 일이다. 가장 중요한 것으로, 이중 유사성과 이중 차이점 기준이 그 말이 진실임을 지지한다. 로마가 유대인들을 십자가에서 죽였으므로 십자가 죽음은 그럴 듯하다. 그러나 십자가에서 죽는 메시아는 전통적인 유대 사상과 전혀 다르다. 나아가 십자가에서 죽는 구세주는 신약 정경에 들어맞지만, 그분이 성경을 성취하기 위해 죽을 것이라는 예수님의 예언은 잘 들어맞지 않는다. 성취에 관한 신약의 '다른' 선언들이 다른 주제를 다루기 때문이다. 마태복음 27:10만이 유일한 예외다. 그러므로 예수님이 그분의 죽음이 성경을 성취한다고 자주 말씀하시기 때문에 그리고 초기 교회가 이러한 예언들을 대수롭지 않게 보

460 Craig L. Blomberg, "Reflections on Jesus' View of the Old Testament", in *The Enduring Authority of the Christian Scriptures*, ed. D. A. Carson (Grand Rapids, MI: Eerdmans, 2016), 672. 참고. 또한 Wright, *Jesus and the Victory of God*, 131-133.

기 때문에, 그 주제가 정말 그분의 것이라는 점은, 회의적인 학자들의 기준으로 보아도, 아주 가능성이 높아 보인다.

26:57-68 제자들이 달아난 후, 무장한 무리가 예수님을 대제사장 가야바에게로 끌고 간다. 서기관들과 장로들이 가까이 있는 상황에서 첫, 아마도 비공식적인, 예수님 재판의 일부가 시작된다. 사복음서 모두 로마인들이 예수님을 선고하고 처형했다고 기록하지만, 모두 그 행동은 성전 권세자들이 예수님을 체포했을 때 시작되었다고 말한다(마 26:47, 57; 요 18:3-12). 이를 기록하는 것은 반유대주의가 아니다. 유대인과 이방인인 모든 권세자들이 예수님을 위협으로 여겼다. 유대 권세자들은 로마인들이 예수님을 벌할 수 있도록 폭동죄로 유죄 판결을 내리는 것이 목표였다. 요세푸스에 따르면, 그들은 주후 62년에 아나니아의 아들 예수에 대해 그렇게 했다. 그가 성전에 맞서는 예언을 하자, 유대 권세자들이 거짓 예언자로 태형을 내렸다. 그런데도 그가 끈질기게 계속하자, 그를 로마인들에게 넘겼고 로마인들이 다시 그에게 태형을 내렸다(참고. 눅 23:16).[461]

잭 킹스베리는 왜 성전 권세자들이 예수님이 죽어 마땅하다고 생각했는지 설명한다. 그들의 견해에 따르면 다음과 같다.

> 예수님은 신성모독적으로, 죄를 사하는 하나님의 특권을 자신에게 귀속시킨다. 그의 놀랄 만한 권위는…사탄과의 결탁에서 비롯된 것이다. 그는 자신을 율법과 전통 위에 둔다. 그는 정말로 하나님의 인증에 따라 행동하는지 입증하라는 타당한 요청을 적대하며 묵살한다. 또 그들의 윤리에 의문을 제기하고 성경 해석자와 하나님의 백성 이스라엘의 지도자로서 그들의 권위를 약화시킨다.[462]

461 Josephus, *Jewish Wars* 6.300-302.

462 Kingsbury, *Matthew as Story*, 85.

무리가 예수님을 버린 까닭은, 다수가 그분의 대의에 온전히 헌신하지 않았기 때문이다(마 11:16-24). 제자들이 이탈한 이유는, 그분의 사명에 대한 예수님의 견해를 받아들이지 않았기 때문이다(16:22). 한편, 자신의 죽음에 관한 예수님의 반복된 예언은 모든 사건에 대한 하나님의 다스림과 목적을 암시한다(16:24; 17:23; 20:18-19).[463]

가야바 앞에서의 재판은, 미쉬나에 표현된 유대법과는 반대로 밤에 진행된다(참고. 26:20). 일부 학자들은 예수님 재판의 불법성과 부당함을 강조한다. 밤에, 성급하게, 증인들에게 질문할 제대로 된 기회도 없이 진행되었기 때문에, 무고한 이에 대한 유죄 판결을 막기 위해 미쉬나가 세운 예방책의 보호를 전혀 받지 못했다. 일부 회의론자들은 이것이 복음서의 진실성에 의구심을 던진다고 말한다. 그러나 이러한 혐의에는 약점들이 있다. 첫째, 미쉬나는 예수님의 재판 100년 이상 후에 편찬되었으므로, 시대착오가 한 가지 위험 요소다. 그러나 미쉬나가 예수님 시대의 규율을 기록했다 해도, 재판을 한 '대제사장들과 장로들'이 유대교 내의 아주 다른 집단들, 즉 서기관들과 바리새인들이 편찬한 규율들을 받아들였다는 확신이 없다. 둘째, 다스리는 이들이 행동해야 한다고 생각한 까닭은, 예수님이 한편으로는 위협적인 군중의 폭력과 다른 한편으로는 로마의 탄압으로 위기를 만들었기 때문이다(요 11:47-53).

나아가 마태는 권세자들이 전적으로 율법을 무시하지는 않음을 보여준다. 공회는 "예수를 죽이려고 그를 칠 거짓 증거를 찾으매 거짓 증인이 많이 왔으나 얻지 못[했다]"(마 26:59-60). 분명 어떤 의미의 적절한 절차는 여전히 지켜진다. 가야바가 그의 증인들이 아무 도움이 되지 않음을 인식하기 때문이다. 이 때문에 그는 전략을 바꾸어 예수님을 직접 심문한다. 아마도 문제는 거짓 증인들이 거짓말을 하는 것이 아니라, 그들이 진실이나 정의와 상관없이 속이 들여다보일 정도로 유죄 판결을 하려 하기 때문인

463 Bruce, *Jesus: Lord & Savior*, 98.

듯하다.

다시, 이는 반유대주의가 아니다. 예수님을 고소한 이들은 유대인이지만 그분을 따르는 이들도 그렇다. 더 중요한 것은, 복음서가 예수님의 죽음에 대해 대제사장들과 장로들이라는 엘리트 집단을 비난한다는 것이다(마태는 27:62에서만 바리새인들을 언급한다). 그러므로 복음서는 "예수님의 죽음을 일부 유대인의 탓으로 돌리고, 또 일부 로마인들의 탓으로 돌린다."[464]

군인들이 예수님을 가야바에게로 데려간다. 그와 함께 서기관과 장로들이 기다린다. 대제사장들과 공회는 예수님을 처형하기를 원한다(26:59). 그러나 중죄에 대한 증거 없이, 그들은 거짓 증언을 한다. 그들은 요한복음 2:19-21에서 예수님이 자신의 죽음과 부활에 대해 하신 예언을 가까스로 왜곡해서 성전에 대한 위협으로 들리게 한다. 이는 아마도 예수님이 최근 성전에서 하신 행동을 보건대 더 불길해 보인다. 그러나 그 증인들은 서로 모순되는 말을 한 것 외에 아무것도 해내지 못한다(마 26:60-61; 막 14:56, 59).

예수님은 내내 침묵하신다(참고. 사 53:7). 함께 작업할 사람이 없는 대제사장은 맹세를 하며, 예수님께 죄를 순순히 인정하라고 요구한다. "내가 너로 살아 계신 하나님께 맹세하게 하노니 네가 하나님의 아들 그리스도인지 우리에게 말하라"(마 26:63). 대제사장은 예수님께 이스라엘의 구원자라고 주장하라고 요구한다. 특히 가야바가 말하는 "하나님의 아들"이라는 어구가, 그가 예수님이 신이라고 주장하는지 묻고 있다는 의미일 필요는 없다. 그 어구가 항상 신성을 의미하지는 않는다(참고. 마 2:15). 하지만 일부 권세자들은 예수님의 말씀과 행동이 신성에 대한 암시적인 주장과 마찬가지임을 안다(요 8:58-59; 10:30-39). 그들은 예수님의 승리의 입성과 성전 청결 사건을 보았고, 오직 하나님만이 하실 수 있는 죄 사함을 그분 자신의 권위로 하시는 것을 들었다(마 9:2-3//눅 5:20-25, 참고. 사 43:25).

그 심문은 예수님을 어려운 상황에 놓는다. 만약 예수님이 자신이 메시

464 Keener, *Matthew*, 646.

아임을 부인한다면, 그분은 풀려나지만 추종자들을 잃고 거짓말쟁이가 될 것이다. 반면 메시아임을 인정한다면, 공회는 그분을 로마 통치에 대한 위험인물(요 19:12)이자 신성모독자로 판단할 수 있다. (신성모독의 혐의가 반드시 신성에 대한 주장을 겨냥하고 있지는 않다. 그 단어는 융통성이 있다.)

예수님은 더 이상 그분의 신성을 숨길 필요가 없으므로 "네가 말하였느니라 그러나 내가 너희에게 이르노니"(마 26:64)라고 대답하신다. "네가 말하였느니라"는 '그렇다. 네 말이 사실이다'라는 의미일 수 있다. 그러나 그 다음 행은 예수님이 그분의 고백을 바로잡거나 단서를 달려는 의도를 보여준다. 예수님은 메시아지만 그들이 상상하는 메시아는 아니다. 대신 그들은 "인자가 권능의 우편에 앉아 있는 것과 하늘 구름을 타고 오는 것을" 볼 것이다(64절). 예수님은 메시아지만 자신에 대해 설명하셔야만 한다.

누군가가 운동 경기장 관중석에서 쓰러졌다고 상상해보라. 비명 소리가 커진다. "이 안에 의사 선생님 계신가요?" 한 아이가 곧바로 아빠를 쳐다보자 주위 사람들이 주목한다. "의사 선생님이세요?" 그 아버지는 박사 학위(Ph. D.)가 있고 아이는 사람들이 그를 '닥터 스미스'라 부르는 것을 알지만, 그는 의사가 아니다. 그가 대답한다. "닥터이긴 합니다만…."

"네가 하나님의 아들 그리스도냐"라고 묻는다면, 정직하게 말하자면 예수님이 "그렇다"라고 말씀하셔야 한다. 하지만 오해의 가능성이 있기에 "그러나"가 필요하다. 그렇다. 예수님은 그리스도다. 그러나 그분은 금박을 입힌 보좌가 아니라 하나님 아버지 우편에 앉으신다. 그분은 군대와 함께가 아니라 구름을 타고 오신다. 예수님은 다스리시지만, 정치권력과의 관계는 간접적이다.

신학적 정교함에 관심이 없는 대제사장은 옷을 찢으며 "그가 신성모독하는 말을 하였[다]"라고 선언한다. 옷을 찢는 것은 큰 슬픔을 나타내지만(창 37:34; 44:13), 어떤 차원에서 그 제사장은 기뻐해야 한다. 예수님이 권세자들의 목표에 아주 적당한 용어로 자기 죄를 인정하셨기 때문이다. 예수님이 스스로를 그리스도라고 고백할 때, 폭동의 혐의를 자초하신다. 어떤 메시아든 황제의 경쟁자일 수 있었으므로, 예수님은 로마법에 따라 죽게 된다. 나아가 예수님이 스스로를 구름 타고 오는 하나님의 아들이라 고백하실 때(단 7:13-14), 그분은 권세자들이 신성모독이라 여길 수 있는 무언가를 인정하시는 것이므로 유대법에 의해서도 죽게 된다.

공회가 동의한다. "그는 사형에 해당하니라"(마 26:66). 한차례 학대와 조롱이 뒤따른다(67-68절). 그 다음 그들이 예수님을 빌라도에게로 끌고 간다. 그러나 내러티브는 베드로에게로 돌아간다. 그는 58절에서 마지막으로 언급되었는데, 그때 대제사장의 집 뜰까지 예수님을 따라가서 일의 끝이 어떻게 되는지 보려고 하인들과 함께 앉아 있었다.

26:69-75 마태는 예수님의 고백과 베드로의 부인을 나란히 배치한다. 이 복음서 저자는 베드로의 부인을 예수님의 고백 다음에 둠으로써, 극적으로 대조한다. "예수님이 심문자들에게 맞서서 아무것도 부인하지 않으시는 동안, 베드로는 질문자들 앞에서 움츠러들어 모든 것을 부인한다."[465] 예수님이 베드로에게 자기 생명을 주시는 동안, 베드로는 예수님과의 어떤 관련성도 부인한다. 심지어 그분을 저주하기까지 하며 "나는 그 사람을 알지 못하노라"라고 맹세한다(74절). 설상가상으로 베드로는 사도이자 열두 지도자라는 위치에서, 예수님의 예언과 경고에도 불구하고, 자신은 오히려 그 반대로 하겠다는 결단에도 불구하고, 예수님을 거듭해서 진지하고 격렬하게 부인한다.

베드로의 부인은, 모든 죄가 그렇듯 혼란스럽기도 하고 이해할 만하기도 하다. 그는 다른 모든 제자가 예수님을 버린다 해도 자신은 절대 버리지 않겠다고 맹세했었다(마 26:33). 그러나 그 시험은 군인을 통해서가 아니라 우회적으로 다가온다. 열두 살 정도의 종 혹은 여종[파이디스케(*paidiskē*)]이 그에게 다가와 "너도 갈릴리 사람 예수와 함께 있었도다"(69절)라고 말한다. 이는 우연인 듯하다. 다른 복음서도 그런 인상을 확인해준다. 마가복음

465 Brown, *Death of the Messiah*, 2:842.

14:66-67에서 그 소녀는 먼저 그를 보고[에이돈(*eidon*)], 그 다음 살펴본다 [엠블레포(*emblepō*)]. 마치 무언가를 발견한 것처럼 말이다. "너도…예수와 함께 있었도다." 요한복음 18:16-17도 그녀가 "너도 이 사람의 제자 중 하나가 아니냐"라고 질문한다고 덧붙인다. 문법적으로 그 질문은 "아니다"라는 부정적인 대답을 예상한다. 그러므로 베드로는 대립이 아니라 놀람을 마주한다. 그러나 가까이에 적대적인 권세자들이 있으니 상황은 위험하다(마 26:70의 "모든 사람 앞에서"를 주목하라). 따라서 베드로의 첫 부인은 가볍다. 그는 모르는 척한다. "나는 네가 무슨 말을 하는지 알지 못하겠노라"(70절).

베드로는 걸어 나가다가 또 다른 여종을 만나는데, 그 역시 베드로를 알아보고 곁에 있는 사람들에게 "이 사람은 나사렛 예수와 함께 있었도다"(71절)라고 말한다. 요한복음 18:25은 다른 사람들도 함께 그가 제자인지 질문한다고 언급한다. 긴장이 고조되자 베드로는 잘못된 길로 간다. 예수님을 한 번 부인한 베드로는 다시 부인한다. 처음에는 이해하지 못하는 척했지만, 이번에는 하나님을 증인으로 부르며 "맹세하고" 부인한다. 처음에는 사실상 "나는 너의 '화제'를 이해하지 못하겠다"라고 말했지만, 지금 그는 "나는 그 '사람'을 알지 못하노라"라고 말한다(70, 72절).

곁에 섰던 사람들의 고발이 심해지면서 베드로는 다시 괴로워진다. "너도 진실로 그 도당이라 네 말소리가 너를 표명한다"(73절). 이는 발음을 지적한 것이 아니라 기소다. 베드로는 이미 "예수와 함께" 있었던 것으로 고발당한 채 서 있다. 세 번째 기소에서는 증거가 등장한다. 예수님과 베드로가 둘 다 갈릴리 사람이라는 것이다. 요한복음 18:26은 가야바의 종 하나가 베드로를, 예수님이 체포될 때 칼을 든 사람으로 인정한다고 덧붙인다. 상황이 심각해졌다. 압박이 심해지면서 베드로의 수사법도 강해진다. 베드로가 "저주하며 맹세하여"라고 말했다는 마태의 기록은, 그가 자신에 대한 저주를 간청하고 있다는 의미다. "내가 예수를 안다면 주께서 나를 저주하고 정죄하시기를 바란다"(참고. 마 26:74). 그 순간 닭이 운다. 이는 예수님의 예언을 떠오르게 했고, 베드로는 통곡하기 시작한다. 그는 달아나지만, 대가는 끔찍하다.

응답

"칼을 가지는 자는 다 칼로 망하느니라"(26:52)가 평화주의를 요구하지는 않는다. 신약은 절대 군인들에게 회개하라거나 무장해제하라고 지시하지 않고(눅 3:14), 로마서 13장은 행정 장관이 공정하게 휘두른다면 칼을 추천한다. 이에 반해 베드로는 일개 시민이다. 예수님은 그분의 나라나 교회의 진전이나 방어를 위해 무력을 사용하는 것을 절대 지지하지 않으신다. 그리스도인 행정 장관은 침략으로부터 그의 백성을 지켜야 하지만, 교회는 거룩하고 국경도 없는 유배자들의 "나라"다(벧전 2:9). 예수님의 이름을 전하기 위해 금속 무기를 사용하는 것은 비뚤어진 생각이다. 제자의 도구는 영적인 것이기 때문이다(엡 6:10-20).

베드로의 실패는 몇 가지 성찰을 하게 한다. 먼저, 그는 성령이나 기도의 도움을 받지 않은 인간 결단의 한계를 보여준다. 제자들이 단지 결단에만 의존한다면 그들은 실패할 것이다.

그 외에 우리는 예수님과 베드로의 대조를 본다. 예수님은 자발적으로 훌륭한 고백을 하시는 반면, 베드로는 두려움 때문에 무력해져서 모든 것을 부인한다. 독자들은 예수님의 용기와 베드로의 비겁함을 본다. 그는 십자가에 대한 예수님의 가르침을 거부했기 때문에(마 16:21-28; 20:17-28), 시험의 때에 준비되어 있지 않았다(26:33). 제자는 목숨을 잃더라도 그분을 고백할 준비를 하라는 예수님의 가르침을 기억해야 한다(10:32-33; 16:24-25).

마태는 또한 실패에 관한 질문을 제기한다. 유다는 예수님을 배반한 후 양심의 가책을 느껴 자살하고, "멸망의 자식"이라는 꼬리표를 얻는다(요 17:12). 베드로 역시 예수님을 배반한다. 그런데 그는 어떻게 제자이자 사도로 회복되었을까? 베드로의 세 번째 부인 이후, 예수님은 다시 베드로를 보시고(눅 22:61-62), 그 사도는 심하게 통곡한다. 우리는 그의 자책을 상상할 수 없다. 예수님은 은혜롭게 베드로를 용서하고 회복시키신다. 이는 아무리 심각한 죄라도 그 죄로 인해 섬길 자격이 박탈되지는 않는다는 것을 보여준다. 베드로가 회복될 수 있다면, 누구든 회복될 수 있다.

보통의 제자들은 이곳에서 수난 내러티브로 들어갈 수 있다. 예수님은 영웅이고, 그분과 우리를 분리시키는 간격은 꽤 크다. 그러나 베드로의 두려움과 극심한 공포와 실패에는 누구든 동질감을 가질 수 있다. 큰 죄를 지은 후 괴로워하는 나에게 예수님이 오신다면, 나 역시 울고 싶을 것이다. 하지만 유다의 죄와 베드로의 죄가 아주 유사해 보이는데, 어떻게 유다는 지옥의 자식이 되고 베드로는 사도로 회복될 수 있는가? 사실 빌라도와 유대 권세자들 역시 그 단어의 느슨한 정의로는 예수님을 배반한다. 차이는 서곡과 여파에, 동기와 반응에 있다. 유다는 '자진해서' 대가를 바라고 예수님을 배반한 다음, 하나님이 아닌 사람에게 자신의 죄책감을 가져간다(마 26:14-16; 27:4). 대제사장들과 장로들은 예수님을 십자가에 못 박을 '음모를 꾸미고'(26:3-4), 그분이 십자가에 달리실 때 '흡족해 한다'(27:41-43). 예수님이 무고하다는 것을 알았던 빌라도는 자신의 경력을 위해 그분에게 '유죄 선고'를 내린다(27:24; 요 18:38). 이에 반해 베드로는 충성'하려고' 한다. 그는 죄를 지은 후 경건한 슬픔에 복받쳐 통곡하며 회개하고, 주님은 그런 그를 용서해주신다. 신자가 회개하면 주님은 모든 죄를 용서해주신다(롬 10:9-12; 고후 7:10).

이 단락은 예수님이 왜 죽으셔야 했는지 일깨워준다. 지도자들에게 경멸당하고 추종자들에게 버림받은 예수님은 철저히 고립되고 어떤 도움도 받지 못하셨다. 이는 그분의 고난과 죽음의 독특성을 더 선명하게 해준다. 예수님은 그렇게나 많고도 부당하게 고난을 받았기 때문에, 모든 인간의 슬픔에 공감하실 수 있다. 원칙적으로 그분은 모든 것을 겪되 홀로 겪으신다. 하지만 영적으로 견디고 육체적으로 다시 일어나신다. 베드로는 모든 사람이 흔들리고 실패한다는 것을 독자들에게 일깨워준다. 예수님만 예외다. 그분은 절대 흔들리거나, 실패하거나, 두려움에 무릎 꿇지 않으신다. 그분은 죽기까지 아버지의 뜻을 받아들이신다. "죽기까지 복종하셨으니 곧 십자가에서 죽으심이라"(빌 2:8). 그분은 자신의 죽음으로 죽음을 이기고, 자신의 부활로 우리에게 생명을 주신다(고전 15:20-23, 54).

1 새벽에 모든 대제사장과 백성의 장로들이 예수를 죽이려고 함께 의
논하고 2 결박하여 끌고 가서 총독 빌라도에게 넘겨주니라
1 When morning came, all the chief priests and the elders of the people
took counsel against Jesus to put him to death. 2 And they bound him
and led him away and delivered him over to Pilate the governor.

3 그때에 예수를 판 유다가 그의 정죄됨을 보고 스스로 뉘우쳐 그 은
삼십을 대제사장들과 장로들에게 도로 갖다주며 4 이르되 내가 무죄
한 피를 팔고 죄를 범하였도다 하니 그들이 이르되 그것이 우리에게
무슨 상관이냐 네가 당하라 하거늘 5 유다가 은을 성소에 던져 넣고
물러가서 스스로 목매어 죽은지라 6 대제사장들이 그 은을 거두며 이
르되 이것은 핏값이라 성전고에 넣어 둠이 옳지 않다 하고 7 의논한
후 이것으로 토기장이의 밭을 사서 나그네의 묘지를 삼았으니 8 그러
므로 오늘날까지 그 밭을 피밭이라 일컫느니라 9 이에 선지자 예레미
야를 통하여 하신 말씀이 이루어졌나니 일렀으되 그들이 그 가격 매
겨진 자 곧 이스라엘 자손 중에서 가격 매긴 자의 가격 곧 은 삼십을
가지고 10 토기장이의 밭 값으로 주었으니 이는 주께서 내게 명하신

바와 같으니라 하였더라
3 Then when Judas, his betrayer, saw that Jesus[1] was condemned,
he changed his mind and brought back the thirty pieces of silver to
the chief priests and the elders, 4 saying, "I have sinned by betraying
innocent blood." They said, "What is that to us? See to it yourself."
5 And throwing down the pieces of silver into the temple, he departed,
and he went and hanged himself. 6 But the chief priests, taking the
pieces of silver, said, "It is not lawful to put them into the treasury,
since it is blood money." 7 So they took counsel and bought with them
the potter's field as a burial place for strangers. 8 Therefore that field
has been called the Field of Blood to this day. 9 Then was fulfilled what
had been spoken by the prophet Jeremiah, saying, "And they took the
thirty pieces of silver, the price of him on whom a price had been set by
some of the sons of Israel, 10 and they gave them for the potter's field,
as the Lord directed me."

11 예수께서 총독 앞에 섰으매 총독이 물어 이르되 네가 유대인의 왕
이냐 예수께서 대답하시되 네 말이 옳도다 하시고 12 대제사장들과 장
로들에게 고발을 당하되 아무 대답도 아니하시는지라 13 이에 빌라도
가 이르되 그들이 너를 쳐서 얼마나 많은 것으로 증언하는지 듣지 못
하느냐 하되 14 한 마디도 대답하지 아니하시니 총독이 크게 놀라워하
더라
11 Now Jesus stood before the governor, and the governor asked him,
"Are you the King of the Jews?" Jesus said, "You have said so."
12 But when he was accused by the chief priests and elders, he gave no
answer. 13 Then Pilate said to him, "Do you not hear how many things
they testify against you?" 14 But he gave him no answer, not even to a

single charge, so that the governor was greatly amazed.

1 Greek *he*

단락 개관

마태복음 26-27장의 수난 내러티브는 서로를 해석하는 장면을 자주 나란히 배치한다. 마태는 명백한 주해를 포기하고, 관찰력 있는 독자들로 하여금 대조되는 사건들의 의미를 찾게 한다. 그래서 유다는 예수님을 배반할 '계획을 세우는' 반면, 지나치게 자신만만했던 베드로는 '흔들리고' 예수님을 부인한다(마 26:14-16, 69-75). 다시, 베드로는 절대 예수님을 부인하지 않겠다고 약속한 다음 세 번 부인한다(26:30-35, 69-75). 이로 인해 예수님의 훌륭한 고백과 베드로의 거짓말이 대조된다(26:57-75). 유대 권세자들은 무고한 사람을 죽일 책략을 꾸미는 한편, 오염된 기부를 제대로 사용해야 한다며 법석을 떤다(27:1-2, 6-7). 사람들이 음모를 꾸미고 자가당착에 빠질 때, 예수님은 아버지가 그분을 위해 마련하신 길을 담담히 걸으신다(26:42; 27:11-14, 참고. 히 12:1-2).

단락 개요

Ⅸ. 죽음 그리고 부활(26:1-28:20)
- I. 산헤드린의 선고를 받으시다(27:1-2)
- J. 유다의 절망과 예수님의 고요함(27:3-14)

27장 내러티브의 흐름은 단순하다. 유대 지도자들이 예수님을 죽일 음모를 꾸미고 그분을 처형하도록 빌라도에게 넘겨준다(1-2절). 그러나 그 일이 일어나기 전에(11-14절), 유다가 끼어든다(3-10절). 예수님을 배신한 것에 대한 후회로 으스러진 그는 은 삼십인 "핏값"을 되돌려주려 한다. 대제사장들은 그의 슬픔을 경멸하지만, 그의 '기부'를 거부함으로써 의식법을 따르려 한다. 물론 유다는 단지 그들로부터 받은 돈을 되돌려주려는 것일 뿐인데 말이다(3-6절). 그들은 핏값을 거부하고 외부인들을 매장할 밭을 사는데, 마태는 이를 예레미야와 스가랴에 나오는 주제들과 연결시킨다(7-10절).

유다가 그 제사장들을 만나는 기사가 예수님의 처형으로 이어지는 행을 가로막는다. 언뜻 보기에 이질적인 장면이 삽입됨으로써, 독자들은 일련의 전체적인 대조에 비추어 그것을 보게 된다. 그 대조들은 어떻게 신앙 공동체를 가르칠 수 있을지 암시해준다. 1-14절 등에서 유다는 적극적이지만 통제력이 없는 반면, 예수님은 수동적이지만 통제하고 계신다. 예수님이 빌라도의 심문에 침묵하시는 동안, 유다는 죄책감의 무게로 불안에 떤다. 대제사장들은 무고한 예수님을 죽이려고 음모를 꾸미는 동안, 타락을 도운 유다에게는 관심을 두지 않는다. 그들은 유다의 핏값을 거부하면서, 유다를 향한 사랑이나 예수님에 대한 정의 같은 더 중요한 일들은 무시한 채 의식적 정결을 다루는 율법에만 깊은 관심을 보인다(참고. 마 23:23-24).

주석

27:1-2 26:57-68에서 가야바는 십자가에 못 박히시기 전날 밤 예수님을 심문했다. 이 공판은 분명 제대로 된 재판이 아니라 비공식적인 예비 단계였다. 아침에 대제사장들과 장로들이 공식적으로 "함께 의논"하고 예수님을 처형하기로 결정한다(27:1). 마태는 소송 절차에 관한 법적 보고서를 제시하지 않는다. 다만 그 드라마에 나오는 각 배우의 성품을 드러내는 식으로 사건의 요지를 말한다. 무고한 피와 핏값에 대한 강조는(4, 6, 8,

24-25절) 핵심 주제를 암시한다. 그것은 권세자들이 예수님의 무고함을 알고도 죽이기로 결정한 것이다. 그들은 그분을 빌라도에게 넘겨준다. 빌라도는 엄밀히 말해서 로마의 장관 혹은 행정 장관인데, 마태는 그를 일반적인 용어인 "총독"으로 묘사한다. 그러나 먼저 유다의 비참한 최후가 내러티브에 끼어든다.

27:3-8 유다의 후회는 '누군가'가 예수님의 유죄 선고가 부당함을 깨달았음을 보여준다. 유다는 배신의 결과를 보자마자 "스스로 뉘우[친다]"(3절). 이는 회개가 아니다. 그 동사는 메타멜로마이(*metamelomai*)로, 보통 감정을 바꾸는 것 혹은 뉘우치거나 후회하는 것을 뜻한다. [이 단어가 간혹 '회개하다'를 의미하기도 하지만, 회개에 대한 일반적인 단어는 메타노에오(*metanoeō*)다.] 그는 자신이 죄를 지었음을 알지만, 그것을 하나님이 아니라 사람들에게 고백한다. 대제사장들에게 "내가 무죄한 피를 팔고 죄를 범하였도다"라고 말한다. 그러나 대제사장들은 유다의 양심에 관심이 없다. 그들의 대답은 야비하다. "그것이 우리에게 무슨 상관이냐 네가 당하라"(4절). 율법이 "무죄한 자를 죽이려고 뇌물을 받는 자는 저주를 받을 것이라"(신 27:25)라고 말하므로, 유다가 자신의 죄책을 처리해야 하는 것이 맞다. 그러나 "그것이 우리에게 무슨 상관이냐"는 완전히 틀린 말이다. 이는 그들의 일이다. 그들이 뇌물을 주었다. 그들은 예수님이 무고하다는 것을 안다. 그들이 죄 사함을 받아야 한다. 그런데 마태복음 27:24의 빌라도처럼, 그들은 자신들이 무고하다고 선언한다. 그러나 '내 알바 아니다'라는 어구는 문제를 해결하지 못하고, 무고하다는 '주장'이 죄책을 없애지도 못한다.

유다는 항변 혹은 분노, 자기혐오, 절망을 드러내면서 성전 안으로 은 삼십을 던지고 나가서 스스로 목을 맨다. 그리스-로마 문화에서 자살은 어떤 경우에는 명예롭게 평가받았지만, 성경에서 자살 행위에는 죄와 절망이 어려 있다(삿 16:30; 삼하 17:23). 유다는, 무고한 사람이자 친구를 배신한 것에 대해 죄책감을 느낀다. 그는 율법에 따라 저주를 받고 대제사장들이 자신을 돕지 않을 것이므로, 자기 자신에게 벌을 준다(민 35:33-34). 그는 "자기 죄를 속하고자 고뇌에 찬 시도로" 자살을 한다.[466] 유다의 죽음에 대한 기사는 그의 회복에 대한 희망을 주지 않는다.

대제사장들은 그 돈이 오염되었으니 성전 금고에는 부적격이라고 판단하지만(신 23:18), "그들의 공모에 대해서는" 눈을 감는다.[467] '그들이' 유다에게 "핏값"을 주었다. 그들은 자신의 책임은 외면한 채 다시 "의논"을 하고(참고. 마 27:1), 기술적으로는 옳지만 도덕적으로는 부패한 판결을 내린다. 그것은 유다에게는 가혹하고 예수님께는 악의적이다. 그 돈을 실제적인 용도에 쓰기로 결정하고 나그네들의 묘지로 토기장이의 밭을 산다(아마도 점토 공급이 고갈되어 그 땅이 쓸모없어진 후에). 이후로 그것은 "피밭"이라 불릴 것이다(7-8절).

27:9-10 마태는 이를 예언과 연결시키며, 사건들이 계속해서 하나님의 방식과 계획에 따라 펼쳐진다는 것을 독자들에게 상기시킨다. 유다의 배신이 정확히 어떻게 예레미야서를 성취하는지 살피는 일은 도전이다. 전문 주석가들이 상세히 탐구한 이유들 때문이다.[468] 먼저, 마태는 그 사건이 예레미야를 성취한다고 말하지만, 인용은 스가랴에서 한다. 랍비와 신약 저자들이 몇몇 성경 구절 인용문을 혼합해서 그중 한 구절만 밝히는 경우는 아주 흔했다. 그래서 마가복음 1:2은 이사야 40:3과 말라기 3:1의 일부를 혼합하지만 이사야만 언급한다. 마태는 몇 가지 경우에 두 예언서에서 가져온 인용문을 혼합한다(마 11:10; 21:5, 13). 이곳에서 그는 스가랴 11:12-13의 유연한 번역과 예레미야의 몇 구절에 나온 주제를 연결시킨다.

스가랴 인용구는 자구와 마태복음 사건들과의 관련성 둘 다에서 정확

466 Garland, *Reading Matthew*, 254-255. 사도행전 1:18-19에 나오는 유다의 죽음에 대한 기사는 몇 가지 점에서 다르지만, 그 기사들은 아주 짧아서 쉽게 조화시킬 방안들을 제시할 수 있다. 참고. Carson, *Matthew*, 629.

467 Hagner, *Matthew*, 2:813.

468 이형 사본들도 있다. 몇몇 사본은 그 사건이 스가랴를 성취한다고 말하지만, 이는 아마 본문을 바로잡고자 한 서기관의 시도인 듯하다.

하지 않다. 스가랴에서 하나님은 그 예언자에게 "잡혀 죽을" 양떼를 먹이라고 요청하신다. 스가랴는 그 양떼의 목자가 되어 적들을 멸한다(슥 11:4-8a). 그러나 그 양떼가 스가랴를 "미워하였[으므로]", 그가 그들을 떠나고 그들과의 언약을 끊는다(11:8b-11). 그들이 야훼의 예언자를 거부한 것은 야훼 자체를 거부한 것이다. 스가랴는 그들이 원하는 대로 그에게 품삯을 주라고 말하고, 그들은 은 30개를 준다. 이것은 종의 값이었으므로(출 21:32) 모욕이다. 그래서 스가랴는 그 은을 "여호와의 전에서 토기장이에게" 던진다(슥 11:13).

스가랴 11장과 마태복음 27장은 몇 가지 면에서 다르다. 예를 들어 스가랴에서 그 돈은 목자에게 주어지는 반면, 마태복음에서 그것은 유다에게 주어진다. 그러나 스가랴와 마태복음은 핵심적인 요점이 유사하다. 무엇보다, 목자는 하나님의 백성들을 돌보지만 백성들이 그를 거부한다. 그들은 종의 값인 은 30개를 주지만 돈은 되돌아온다. 기본적인 형식은 분명하다. 여호와의 신실한 종이 자기 백성에게 거부당하고 멸시 당한다.

유다의 행동이 어떻게 예레미야를 성취하는지는 처음에는 분명하지 않다. 마태는 예레미야 구절을 인용하지 않지만, 언어적 맥락이 마태복음과 예레미야 18, 19, 26, 32장을 연결시킨다. 예레미야 18장과 32장의 연결은 "토기장이"와 "밭"이라는 단어를 통해 다소 피상적으로 나타난다. 예레미야 19장은 별로 관계가 없는 연결(토기장이)과 중요한 연결이 있다. 언약을 위반한 것 그리고 "무죄한 자의 피로 이곳[을]" 채운 것에 대해, 그 예언자는 하나님의 심판이 확실하다고 어른들과 제사장들에게 말한다(렘 19:1-9).

예레미야 26장과 마태복음 27장은 주제 면에서 강력하게 연결되고, 언어적 연관성도 있다. 예레미야 26장에서 예언자는 하나님의 말씀을 신실하게 선포한다. 제사장들과 장로들은 그의 말을 끝까지 듣지만(26:1-9), 그가 예루살렘에 맞서 예언한 것에 대해 "죽는 것이 합당하[다]"고 판단한다(26:10-11). 예레미야는 고관과 백성에게 회개하라고 요청하면서도 "나는 너희 손에 있으니"라고 인정한다(26:12-14). 그러나 그들이 그를 죽이면 그들 자신과 그 도성에 "무죄한 피를…돌리는" 것이라고 경고한다(26:15). 이는 언어적 병행이다. 예레미야 26:15과 마태복음 27:4과 27:24 모두 성경에 20회 정도 나오는 어구인 "무죄한 피"를 언급한다. 신명기 27:25은 의제를 설정한다. "무죄한 자를 죽이려고 뇌물을 받는 자는 저주를 받을 것이라." 그가 무죄한 피를 흘렸다면 예레미야는 그리스도의 죽음을 예시할 것이다. 예레미야는 마치 이삭처럼 거의 죽임을 당하지만, 예수님은 권세자들이 유죄 선고를 하고 백성들이 십자가에 못 박으라고 외친 후에 죽임을 당하신다(마 26:66; 27:2, 23). 예수님은 수동적으로 적의 수중에 계시고(26:47-53, 63; 27:2, 14, 30-31, 42), 그들은 그분이 무죄한 피를 흘리게 한다.

크레이그 블롬버그가 썼듯이, 마태는 예레미야와 스가랴의 엄격한 성취보다는 예표론적 병행 혹은 "유추적 상응"(analogical correspondence)을 본다.[469] 예레미야와 스가랴와 예수님은 모두 불의한 통치자들의 손에 고난을 당한다. 그리고 그 통치자들은 하나님의 심판을 받는다. 형식과 예언 모두, 이스라엘이 예수님을 거부한 것이 하나님의 계획에 따라 일어남을 보여준다.

27:11-14 유다 덕분에 유대 권세자들은 예수님을 빌라도에게 넘겨줄 수 있었지만, 여전히 문제가 있다. 그들은 예수님을 죽이려 하지만, 그들에게는 그분을 처형할 권리가 없다(요 18:31).[470] 나아가 그들은 예수님이 잘못된 일은 아무것도 하지 않으셨음에도, 유대법과 로마법 둘 다에 따라 중죄를 지었다고 선언해야 한다.

유대 권세자들은 자신이 그리스도라는 예수님의 고백을 근거로 논거를 펼친다. 그들은, 법적으로 무죄를 증명하는 설명은 무시하고, 그분이 자신들이 생각하는 메시아가 아니며 신성모독의 죄를 지었다고 선언한다. 빌라도는 신성모독에는 거의 관심이 없지만 폭동에는 관심이 있을 것이므

469 Blomberg, "Matthew", in *Commentary on the New Testament Use*, 96.

470 비평가들은 이를 의심하지만, 로마의 역사가 A. N. Sherwin-White, *Roman Society and Roman Law in the New Testament* (Grand Rapids, MI: Baker, 1963), 36 이하를 보라.

로, 대제사장들은 정치적인 용어로 그들의 기소를 재구성한다. "그가 우리 민족을 미혹하고, 세금 바치는 것을 금하며, 그리스도이자 왕이라고 주장한다"(참고. 눅 23:2)라고 말하며 공공연하게 정치적으로 들리는 기소를 한다. 마태복음에는 그렇게 정치적인 구절이 없지만, 제사장들이 빌라도로 하여금 "네가 유대인의 왕이냐"(마 27:11)라는 질문을 하게 했다고 추정해도 무방하다. 이러한 기본적인 혐의는 사복음서에 모두 나오며, 대답은 사복음서 모두 동일하다. "네 말이 옳도다." 헬라어에서 "네"(you)는 강조다. "너, 빌라도가 그렇게 말한다." 이는 26:64의 조심스러운 단언과 비슷하다. 예수님은 자신이 유대인의 왕임을 부인할 수 없지만, 빌라도가 이해하는 왕은 아니다. 그분의 나라는 "여기에 속한 것이 아니[기]"(요 18:36) 때문이다.

대제사장들과 장로들이 예수님을 기소할 때, 그분은 다시 한 번 침묵하신다(마 27:12, 참고. 마 26:63; 사 53:7). 기소가 계속되면서 빌라도는 경이로워한다(마 27:12-14). 로마법은 자신을 변호하지 않으려는 사람을 법적으로 유죄라고 판단할 수 있지만, 빌라도는 예수님이 죄가 있는지 정말 위험한지 의심하는 것이 분명하다.

27장

응답

이 내러티브는 몇 가지 중요한 면에서 그리스도인의 삶을 알려준다. 첫째, 예수님에 대한 배반을 원상태로 돌리려는 유다의 비극적인 노력은, 자기 죄를 속하기 위해 무언가를 하려는 시도의 헛됨을 드러내 보인다. 여러 종교들이 이러한 접근을 조장한다. 이슬람, 힌두교, 불교, 그리고 (가끔) 중세 기독교의 피비린내 나는 채찍질 고행단을 생각해볼 수 있다. 슬프게도 고행의 관행은, 기독교계의 어떤 부류에서 아직도 하나님의 은총을 되찾거나 그분의 벌을 피하기 위해 어떤 활동을 수행하라고 권하는 것으로 나타나곤 한다. 그러나 마태는 많은 사람의 대속물로 자기 생명을 주신 예수님을 믿으라고 권면한다(8:13; 9:28; 18:6: 20:28).

둘째, 우리는 유다와 베드로의 죄가 유사한 무게가 있음에도 다른 결과에 이른 것을 본다. 유다는 고의적으로 행동하는 반면, 베드로는 부적절한 자신감 때문에 죄에 빠진다. 그러나 더 큰 문제는 유다는 후회하지만, 베드로는 회개한다는 것이다. 텅 빈 후회는 내면으로 향하여 비난을 부르지만, 참된 회개는 위로 향하여 하나님의 은혜를 발견하게 한다.

셋째, 우리는 거짓 기소를 당했을 때 예수님의 침묵을 숙고해야 한다(27:14). 모든 면에서 예수님처럼 해야 한다고 생각하는 사람은 없지만, 그분의 침묵은 "악한 자를 대적하지 말라"(5:39)라는 그분의 가르침을 구현한다. 자기 방어를 포기해야 할 때가 있다. 듣지 않을 고소인과 정의에 관심이 없는 재판관이 있다. 그 외에도 거짓 고소를 당할 때, 우리는 모두에게 들키지 않은 죄들이 있음을 기억해야 한다. 우리는 한 가지 죄로 거짓 기소를 당하지만, 기소되지 않은 12개의 죄들을 가지고 있는 죄인이다.

마지막으로, 우리는 26-27장에서 열다섯 번 나오는 '배반'(파라디도미, 개역개정에는 '넘겨주다' 또는 '팔다'로 번역)이라는 단어에 주목한다. 이 단어는 '배반하다, 넘겨주다, 이양하다'라는 뜻일 수 있으므로, ESV에서 '넘겨주다'(deliver)가 사용된 각 경우 배후에 있는 헬라어 단어다. 유다가 동산에서 권세자들에게 예수님을 넘겨줄 때, 유대 권세자들이 예수님을 빌라도에게 넘겨줄 때, 빌라도가 예수님을 십자가에 못 박도록 넘겨줄 때(26:15; 27:2, 18, 26), 이 단어가 배후에 있다. 헬라어 독자는 이 각각의 넘겨줌이 배반이기도 함을 이해할 것이다. 복음서에 따르면, 유다는 탐욕으로 인해 예수님을 대제사장들에게 넘겨주고, 대제사장들은 시기심 때문에 그분을 빌라도에게 넘겨주고, 빌라도는 겁이 나서 그분을 군인들에게 넘겨주고, 그들이 그분을 죽인다(26절). 하지만 옥타비우스 윈슬로우(Octavius Winslow)가 썼듯이, 그것은 결국 "유다가 돈 때문에 한 일도 아니었다. 빌라도가 두려움 때문에 한 일도 아니었고, 유대인들이 시기심 때문에 한 일도 아니었다. 아버지가 사랑 때문에 하신 일이었다"(참고. 롬 4:25; 8:32).[471] 누구도 그리스도에게서 그 생명을 빼앗지 못했다. 그분이 자발적으로 내려놓으셨다(요 10:11-18). 따라서 우리는 예수님을 사랑하고 신뢰해야 한다.

27장

471 Stott, *Cross of Christ*, 58-61. 마지막 행이 옥타비우스 윈슬로우를 인용한 것이다.

15 명절이 되면 총독이 무리의 청원대로 죄수 한 사람을 놓아주는 전
례가 있더니 16 그때에 바라바라 하는 유명한 죄수가 있는데 17 그들
이 모였을 때에 빌라도가 물어 이르되 너희는 내가 누구를 너희에게
놓아주기를 원하느냐 [1)]바라바냐 그리스도라 하는 예수냐 하니 18 이
는 그가 그들의 시기로 예수를 넘겨준 줄 앎이더라 19 총독이 재판석
에 앉았을 때에 그의 아내가 사람을 보내어 이르되 저 옳은 사람에게
아무 상관도 하지 마옵소서 오늘 꿈에 내가 그 사람으로 인하여 애를
많이 태웠나이다 하더라 20 대제사장들과 장로들이 무리를 권하여 바
라바를 달라 하게 하고 예수를 죽이자 하게 하였더니 21 총독이 대답
하여 이르되 둘 중의 누구를 너희에게 놓아주기를 원하느냐 이르되
바라바로소이다 22 빌라도가 이르되 그러면 그리스도라 하는 예수를
내가 어떻게 하랴 그들이 다 이르되 십자가에 못 박혀야 하겠나이다
23 빌라도가 이르되 어찜이냐 무슨 악한 일을 하였느냐 그들이 더욱
소리 질러 이르되 십자가에 못 박혀야 하겠나이다 하는지라

15 Now at the feast the governor was accustomed to release for the
crowd any one prisoner whom they wanted. 16 And they had then a

notorious prisoner called Barabbas. 17 So when they had gathered, Pilate
said to them, "Whom do you want me to release for you: Barabbas,
or Jesus who is called Christ?" 18 For he knew that it was out of envy
that they had delivered him up. 19 Besides, while he was sitting on the
judgment seat, his wife sent word to him, "Have nothing to do with
that righteous man, for I have suffered much because of him today in a
dream." 20 Now the chief priests and the elders persuaded the crowd to
ask for Barabbas and destroy Jesus. 21 The governor again said to them,
"Which of the two do you want me to release for you?" And they said,
"Barabbas." 22 Pilate said to them, "Then what shall I do with Jesus
who is called Christ?" They all said, "Let him be crucified!" 23 And he
said, "Why? What evil has he done?" But they shouted all the more, "Let
him be crucified!"

24 빌라도가 아무 성과도 없이 도리어 민란이 나려는 것을 보고 물을
가져다가 무리 앞에서 손을 씻으며 이르되 [2)]이 사람의 피에 대하여
나는 무죄하니 너희가 당하라 25 백성이 다 대답하여 이르되 그 피를
우리와 우리 자손에게 돌릴지어다 하거늘 26 이에 바라바는 그들에게
놓아주고 예수는 채찍질하고 십자가에 못 박히게 넘겨주니라
24 So when Pilate saw that he was gaining nothing, but rather that a riot
was beginning, he took water and washed his hands before the crowd,
saying, "I am innocent of this man's blood;[1] see to it yourselves."
25 And all the people answered, "His blood be on us and on our
children!" 26 Then he released for them Barabbas, and having scourged[2]
Jesus, delivered him to be crucified.

27장

27 이에 총독의 군병들이 예수를 데리고 관정 안으로 들어가서 온 군

대를 그에게로 모으고 28 그의 옷을 벗기고 홍포를 입히며 29 가시관을
엮어 그 머리에 씌우고 갈대를 그 오른손에 들리고 그 앞에서 무릎을
꿇고 희롱하여 이르되 유대인의 왕이여 평안할지어다 하며 30 그에게
침 뱉고 갈대를 빼앗아 그의 머리를 치더라 31 희롱을 다 한 후 홍포를
벗기고 도로 그의 옷을 입혀 십자가에 못 박으려고 끌고 나가니라
27 Then the soldiers of the governor took Jesus into the governor's
headquarters,[3] and they gathered the whole battalion[4] before him.
28 And they stripped him and put a scarlet robe on him, 29 and twisting
together a crown of thorns, they put it on his head and put a reed in his
right hand. And kneeling before him, they mocked him, saying, "Hail,
King of the Jews!" 30 And they spit on him and took the reed and struck
him on the head. 31 And when they had mocked him, they stripped him
of the robe and put his own clothes on him and led him away to crucify
him.

1) 어떤 사본에, 바라바라 하는 예수냐 2) 어떤 사본에, 이 옳은 사람의

1 Some manuscripts *this righteous blood*, or *this righteous man's blood* *2* A Roman judicial penalty, consisting of a severe beating with a multi-lashed whip containing embedded pieces of bone and metal *3* Greek *the praetorium* *4* Greek *cohort*; a tenth of a Roman legion, usually about 600 men

단락 개관

이번 해설에서는 개관과 개요의 설명을 묶었다. 이 단락의 개요가 그저 내러티브를 따라가는 것이기 때문이다. 유대 권세자들은 빌라도에게 올바른 정보를 주면 그가 사형죄를 감지하고 순조롭게 승인하리라 기대한다.[472] 그러나 빌라도는 그 소송에 뜻밖의 관심을 가지고, 예수님에게 선고 내리기

를 주저한다. 예수님이 대제사장들과 장로들의 기소에 대해 자기변호를 거부하셨기 때문에 빌라도는 그분을 유죄로 볼 수밖에 없었을 것이다.[473] 그때부터 빌라도는 예수님을 유죄 선고를 받은 자로 대한다. 하지만 예수님의 무고함을 확신한 그는 어떻게든 그분을 풀어주려 한다. 총독이 유월절에 죄수 한 명을 풀어줄 수 있는 관습에 따라 예수님을 그렇게 해주려 한다. 대제사장들의 동기를 감지했기 때문에(마 27:15-18), 그리고 그의 아내가 예수님에 관한 걱정스러운 꿈을 꾸고 그분에게 해를 끼치지 말라고 강력히 권고했기 때문이다(19절). 그래서 빌라도는 예수님을 풀어주자고 제안하지만, 대제사장들과 장로들의 부추김을 받은 무리는 예수님 대신 다른 범죄자를 택한다. 빌라도는 예수님을 십자가에 못 박으라는 그들의 외침을 마지못해 따른다(20-23절). 자신은 무고하며 그 백성들은 그들 자신에게 죄가 있다고 선언한 뒤, 바라바를 놓아준다(24-26a절). 그 다음 군병들이 예수님을 때리고 모욕한 후, 십자가에 못 박기 위해 끌고 간다(26b-31절).

단락 개요

IX. 죽음 그리고 부활(26:1-28:20)
  K. 빌라도 앞에서의 사건들(27:15-26)
    1. 바라바를 택하다(27:15-21)
    2. 십자가에 못 박으라고 외치다(27:22-26)
  L. 군병들의 모욕(27:27-31)

472 Bruce, *Jesus: Lord & Savior*, 102.

473 Sherwin-White, *Roman Society*, 25

주석

27:15-23 총독 앞에서 진행되는 전형적인 로마의 재판은 오늘날의 시간으로 오전 6시에서 10시 사이에 시작되었다. 재판은 기소, 총독의 심문, 죄수의 자기변호, 평결로 이루어졌다. 예수님이 자기변호를 거부하시자, 빌라도는 그분의 무죄를 확신한다. 결국 그 이유로 유죄 판결을 받으시지만 말이다.

누가와 요한 둘 다 빌라도가 예수님을 기소할 근거가 없음을 알았다고 기록한다(눅 23:4, 14; 요 19:4-6). 마태는 대제사장들의 동기가 시기심임을 빌라도가 안다고 말한다(마 27:18). 그러나 빌라도는 자신의 확신을 고수하고 정의를 시행할 용기가 없다. 대신 타협을 시도한다. 예수님을 유죄인양 다룬 다음 그분의 사면을 제안하는 것이다. 유월절 기간에는 로마의 호의의 표지로 총독이 죄수 한 명을 풀어주는 것이 전례였다(15절).

빌라도는 백성들에게 선택권을 준다. 그들은 빌라도가 "바라바라 하는 유명한 죄수"를 놓아주기를 원할까, 아니면 "그리스도라 하는 예수"를 놓아주기를 원할까?(16-17절) 마태는 바라바를 에피세모스(*episēmos*)라 칭하는데, 이는 보통 '유명한' 혹은 '두드러진'이라는 의미며 반드시 부정적이지는 않다. 마가복음 15:7과 누가복음 23:19에 따르면, 바라바는 "살인"을 한 자이자, "성중에서 일어난 민란…으로 옥에 갇힌" 자였다. 따라서 바라바는 도둑이나 강도로서가 아니라 반역자 혹은 폭도로 십자가형을 기다리고 있다.[474] 3개의 십자가는 아마 바라바와 2명의 동료들을 위한 것이었을 것이므로 예수님이 결국 바라바를 대신하신다. 바라바는 아마도 다른 이유에서 유명한 듯하다. 그의 이름은 '아버지의 아들'이라는 뜻이다. 이름 있는 랍비들은 '아버지'라 불렸으므로, 바라바는 유명한 사람의 폭력적인 아들이었을지도 모른다.

474 헬라어 단어 레스테스(*lēstēs*)는 강도나 노상강도, 폭도를 의미할 수 있고, 누가복음 23:19은 후자의 의미에 어울린다.

독자들은 몇 가지 이유에서, 빌라도는 무리가 예수님을 선택하기를 바란다고 추정할 수 있다. 첫째, 바라바는 평화에 위협이 되는 반면, 예수님은 그렇지 않다. 둘째, 그의 아내가 예수님에 관한 걱정스러운 꿈을 꾸고 "저 옳은 사람에게 아무 상관도 하지 마옵소서"(마 27:19)라고 경고했다. 셋째, 빌라도는 이전에 유대 지도자들과 충돌했던 적이 있으므로 앙심을 품고 그들을 반대할 만큼 완강하다.

빌라도는 무리에게 선택권을 주지만, 대제사장들과 장로들이 "무리를 권하여 바라바를 달라 하게" 했다. 무리는 그들을 돕는다. 예수님은 폭동으로 유죄 판결을 받았다 해도, 유배되거나 덜 고통스럽게 처형될 수 있었다. 빌라도는 "그러면…예수를 내가 어떻게 하랴"라면서 그들의 반응을 요청하고, 그들은 "십자가에 못 박혀야 하겠나이다"라고 반복해서 소리친다(20-23절).

십자가형은 분명 유대 지도자들의 목표에 들어맞는다. 십자가에 못 박힌 사람은 하나님의 저주를 받기 때문에(신 21:23), 그것은 예수님에 대한 믿음을 떨어뜨릴 것이다. 실제로 예수님은 하나님의 저주를 받으시지만 그 지도자들이 상상하는 대로는 아니다. 바울은 갈라디아서 3:13에서 그것을 설명한다. "그리스도께서 우리를 위하여 저주를 받은바 되사 율법의 저주에서 우리를 속량하셨으니 기록된바 나무에 달린 자마다 저주 아래에 있는 자라 하였음이라." 그러므로 예수님은 죄에 대한 저주, 죄인들이 받아 마땅한 저주를 대신 받으신다.

27:24-26 빌라도는 무리가 수용적이지 않고 제멋대로인 것을 보고, 예수님에게 정의를 시행하고자 하는 마음을 버린다. 그는 바라바를 풀어준 다음, 예수님의 죽음에 대한 책임을 피하고자 한다. 손을 씻는 상징적인 행동을 통해(신 21:6-7; 시 26:6, 또한 그리스-로마 문화에 알려진 대로) 자신의 무죄함을 주장하지만(마 27:24), 그것은 불합리하다. 빌라도는 로마 앞에서 통치할 책임이 있고, 하나님 앞에서 정의를 행할 책임이 있다(롬 13:3-4). 자신의

의무를 포기하고 스스로 무죄하다고 선언한다고 해서 그가 사면되는 것은 아니다. "너희가 당하라"(마 27:24)로 번역된 이 구절은, 그가 책임지려 하지 않음을 다시 말한다. 헬라어로는 사실상 4절에서 대제사장들이 유다에게 한 말과 동일하다. 따라서 대제사장들은 유다에게 그리고 빌라도는 무리에게 "네 문제지 내 문제가 아니다"라고 말하지만, 이는 헛된 착각이다.

그러나 그 순간 "백성이" 빌라도의 제안을 받아들인다. "그 피를 우리와 우리 자손에게 돌릴지어다"(25절). 복음서는 무리의 구성을 거의 분석하지 않는 압축된 저작이다. 이곳에서 "백성"이 모두 유대인일 수는 없다. 이들은 총독의 집무실 밖에 모인 무리다. 이는 그들이 아마도 상대적으로 지역적이고 정치적일 것이라는 뜻이다. 예수님을 따르는 이들은 주로 갈릴리 사람이고 성전 근처에 모인다.[475] 그러므로 예수님을 죽인 것에 대해 모든 유대인을 정죄하는 것은 오해다. 게다가 예수님의 친구들 역시 유대인이다. 하지만 "그 피를 우리…에게 돌릴지어다"라는 외침은 으스스하다. 그 백성이 구세주를 부인하고, 언약을 어기고, 자기 자신과 그들의 자손을 저주하기 때문이다. 수난 내러티브에는 아이러니가 아주 많으므로, 그들의 진술을 의도하지 않은 기도로 읽을 수도 있다. "그들의 죄를 속하도록 예수님의 피가 그들에게 돌아가기를"이라고 말이다. 이후에 베드로는 사도행전 2-6장의 사건들이 보여줄 것처럼, 누구든 회개할 수 있음을 보여준다.

어쨌든 빌라도는 무리에게 굴복한다. 그는 죄를 지은 바라바를 풀어주고, 무죄한 예수님을 십자가에 못 박기로 결정한다. 먼저 예수님께 채찍질을 하게 한다(마 27:26). 채찍질의 잔인함은 유대법에 따른 서른아홉 번의 매질과 로마 군대나 법정에서 행해지는 온갖 형태의 태형을 넘어섰다. 그것은 치명적이어서, 살아남은 이들도 비교적 빠른 시간 안에 죽었다.

27:27-31 로마 군병들은 예수님을 처형하기 전에 그들의 막사로 데리

475 Keener, *Matthew*, 670-671.

고 가서 옷을 벗기고 침을 뱉고 모욕하고 때린다. 이는 20:17-19에 나오는 예수님의 예언을 성취한다. "유대인들은 메시아이신 예수를 조롱했고" 로마인들은 왕이신 예수님을 조롱했다. 아이러니하게도 둘 다 옳다. 예수님이 메시아이자 왕이기 때문이다.[476] 조롱하는 자들은 왕관, 홍포, 갈대로 예수님을 왕족으로 꾸민다. 그러고 나서 갈대로 그분의 머리를 치며 희롱한다. 경멸하며 조롱하는 놀이에 싫증이 나자 "도로 그의 옷을 입혀…끌고 나[간다]"(마 27:28-31). 로마인들은 보통 죄인을 벌거벗긴 채 십자가에 못 박았지만, 이번에는 그렇게 하지 않은 것 같다.

응답

바울은 고린도 교인들에게 이스라엘 자손이 광야에서 지은 죄들을 이야기한 후 나쁜 예들에서도 배우라고 가르친다(고전 10:11-12). 무리와 군병들의 행동은 출애굽기 23:2의 실례를 보여준다. "다수[혹은 '무리']를 따라 악을 행하지 말며."

빌라도의 행동은 더 세밀하게 조사할 필요가 있다. 어떤 이들은 그에게 공감하고 싶어 한다. 네 복음서 모두(특히 요한복음) 그가 예수님을 풀어주기 원하고 심지어 작은 호기심을 보이기까지 하는 모습을 그린다(마 27:14; 요 18:33-38). 그는 유대인들이 예수님에게 유죄 판결을 내리라고 압박하는 방식을 싫어한다. 그러나 빌라도는 공감하는 사람이라기보다는 오만하고 기만적으로 보인다. 그는 예수님께 "내가 너를…십자가에 못 박을 권한도 있는 줄 알지 못하느냐"(요 19:10)라고 말하며 엄포를 놓는다. 가이사의 이익을 보호하는 것이 총독의 첫 번째 과업이다. 그 외에 총독으로서 빌라도의 이전 실수들은 이미 그의 경력을 위태롭게 했다. 그는 일개 순회 교사

476 Carson, *Matthew*, 640.

를 위해 자기 지위를 위태롭게 할 용의는 없었다.

린더 켁(Leander Keck)은 예수님과의 만남은 마음속에 있는 것을 드러내는 경향이 있는데, 이는 빌라도에게도 또 오늘날의 독자에게도 적용된다고 썼다.[477] 십자가 죽음에서 빌라도의 역할에 관한 기사는, 그가 자신이 생각하는 만큼 강력하지 않음을 보여준다. 그의 가혹한 폭력과 성전 자금 횡령과 전략적인 타협이 뒤섞인 모습에 대한 기록에서 추정해볼 때, 빌라도는 그의 지위가 제공하는 권력을 사랑한다. 그러나 총독으로서의 지위가 그를 강하게 만든다고 생각한다면, 예수님의 재판에서 보인 행동은 그의 약함을 입증한다. 그는 자기 경력을 사랑하므로, 절대 갈릴리의 한 목수이자 설교자를 위해 그것을 위태롭게 만들지 않을 것이다. 대제사장들이 빌라도를 조종할 수 있었던 까닭은 그들이 이 약점을 알기 때문이다. 빌라도는 예수님을 풀어줄 권한이 있지만 그것을 사용할 힘이 없었다. 자기 우상, 즉 자신의 경력을 지켜야 하기 때문이다. 그는 힘을 잃을까 두려웠기 때문에, 분명 무죄한 예수님을 풀어주기 위해 자신의 힘을 사용하지 못했다. 권력에 대한 사랑이 그에게 수갑을 채워 그를 약하게 만들었다.

그것은 거짓 신들과 어울린다. 사람들은 돈이나 지식, 권력의 신이 그들을 강하게 해준다고 생각하지만, 사실은 그것을 잃을 것에 대한 두려움이 그들을 약하게 만든다. 빌라도는 자신에게 예수님을 풀어줄 힘이 있다고 자랑할 때 스스로를 속인다. 힘을 잃는 것에 대한 두려움이 그를 무력하게 만들고, 무리의 비위를 맞추고자 하는 욕구가 그의 의무를 다하는 일을 불가능하게 만든다. "그는 누가 죄가 없고 누가 죄가 있는지 알았음에도, 십자가에 못 박을 사람과 풀어줄 사람을 결정할 수 없었다."[478]

이에 반해 예수님은 그분의 시간이 로마인들의 수중에 있는 동안에도

477 Leander E. Keck, *The Bible in the Pulpit: The Renewal of Biblical Preaching* (Nashville: Abingdon, 1978), 155-159.

478 Scott Sauls, *Jesus Outside the Lines: A Way Forward for Those Who Are Tired of Taking Sides* (Carol Stream, IL: Tyndale, 2015), 8. 《선에 갇힌 인간 선 밖의 예수》(두란노).

그분이 무엇을 하고 있는지 정확히 아신다. 그분은 침착하고 단호하고 조용하고 강하며, 아버지의 뜻을 이룰 구원 사역을 완성하기 위해 준비하신다. 그분이 하신 일로 인해 신자들은 우리의 공의롭고 자비로운 심판자이신 아버지 앞에 담대하게 선다.

32 나가다가 시몬이란 구레네 사람을 만나매 그에게 예수의 십자가를
억지로 지워 가게 하였더라 33 골고다 즉 해골의 곳이라는 곳에 이르
러 34 쓸개 탄 포도주를 예수께 주어 마시게 하려 하였더니 예수께서
맛보시고 마시고자 하지 아니하시더라 35 그들이 예수를 십자가에 못
박은 후에 그 옷을 제비 뽑아 나누고 36 거기 앉아 지키더라 37 그 머리
위에 이는 유대인의 왕 예수라 쓴 죄패를 붙였더라 38 이때에 예수와
함께 강도 둘이 십자가에 못 박히니 하나는 우편에, 하나는 좌편에 있
더라 39 지나가는 자들은 자기 머리를 흔들며 예수를 모욕하여 40 이르
되 성전을 헐고 사흘에 짓는 자여 네가 만일 하나님의 아들이어든 자
기를 구원하고 십자가에서 내려오라 하며 41 그와 같이 대제사장들도
서기관들과 장로들과 함께 희롱하여 이르되 42 그가 남은 구원하였으
되 자기는 구원할 수 없도다 그가 이스라엘의 왕이로다 지금 십자가
에서 내려올지어다 그리하면 우리가 믿겠노라 43 그가 하나님을 신뢰
하니 하나님이 원하시면 이제 그를 구원하실지라 그의 말이 나는 하
나님의 아들이라 하였도다 하며 44 함께 십자가에 못 박힌 강도들도
이와 같이 욕하더라

32 As they went out, they found a man of Cyrene, Simon by name.
They compelled this man to carry his cross. 33 And when they came to
a place called Golgotha (which means Place of a Skull), 34 they offered
him wine to drink, mixed with gall, but when he tasted it, he would not
drink it. 35 And when they had crucified him, they divided his garments
among them by casting lots. 36 Then they sat down and kept watch
over him there. 37 And over his head they put the charge against him,
which read, "This is Jesus, the King of the Jews." 38 Then two robbers
were crucified with him, one on the right and one on the left. 39 And
those who passed by derided him, wagging their heads 40 and saying,
"You who would destroy the temple and rebuild it in three days, save
yourself! If you are the Son of God, come down from the cross." 41 So
also the chief priests, with the scribes and elders, mocked him, saying,
42 "He saved others; he cannot save himself. He is the King of Israel; let
him come down now from the cross, and we will believe in him. 43 He
trusts in God; let God deliver him now, if he desires him. For he said, 'I
am the Son of God.'" 44 And the robbers who were crucified with him
also reviled him in the same way.

단락 개관

십자가 죽음은 고대 역사에서 가장 잘 입증된 사건이다. 유대 역사가 요세푸스(주후 37-100)는 빌라도가 예수님께 십자가형을 선고한 일에 대해 썼다(*Antiquities* 18.63-64). 로마 역사가 타키투스(주후 56-117)는 "티베리우스 통치 기간에 그리스도가 총독 본디오 빌라도에 의해 처형되었다"[479]라고 기록했다. 바빌로니아 탈무드(주후 6세기)는, 예수님이 "주술을 행하고 이스라엘이 반역하도록 유도했기" 때문에 "유월절 전날 저녁에 교수형에 처해졌다"[480]라고 언급하는 더 오래된 기록을 인용한다. 아마도 가장 두드러지는 것은, 마라 바르 세라피온(Mara Bar Serapion)이라는 비주류 스토아 학파 철학자가 아들에게 보내는 편지에서, 지나가면서 예수님을 언급한 것인 듯하다. 주후 100년경에 쓴 편지에서 그는 불운이 지혜로운 사람들을 박해한 이들에게 엄습한다고 주장한다. "그때부터 그들의 나라를 빼앗겼으니, 유대인들이 그들의 지혜로운 왕을 죽인 것이 무엇이 도움이 되었을까?…소크라테스는 플라톤 덕분에 죽지 않는다. 지혜로운 왕(예수)도 그가 준 새로운 율법 때문에 죽지 않는다."[481] 기독교 자료들 역시 중요하다. 어떤 운동의 지도자도 그 창시자가 가장 고통스럽고 치욕스럽게 처형되었다는 이야기를 날조하지 않을 것이기 때문이다.

십자가형은 끔찍할 만큼 고통스럽고 수치스럽고 굴욕적이었다. 그러나 마태는 그분의 육체적 고통이 아니라 십자가에서 하신 말씀을 숙고하라고 그의 공동체에 요청한다. 실제로 예수님의 죽음에 관한 마태의 기사(마 27:35-50)는 십자가형의 육체적 측면에 대해서는 거의 아무 말도 하지 않

479 Tacitus, Annals 15.44, trans. Darrell L. Bock, in *Studying the Historical Jesus: A Guide to Sources and Methods* (Grand Rapids, MI: Baker Academic, 2002), 49.

480 같은 책, 58-59.

481 같은 책, 53; 참고. Luke Timothy Johnson, *The Real Jesus: The Misguided Quest for the Historical Jesus and the Truth of the Traditional Gospels* (San Francisco: HarperSanFrancisco, 1996).

는다. 헬라어로 단 세 단어 "예수를 십자가에 못 박은 후"[스타우로산테스 데 아우톤(*staurōsantes de auton*), 35절]뿐이다. 마태의 내러티브에서 '예수님의 몸에 가해진 신체적 학대'는 빌라도의 재판과 십자가형 사이의 시간 동안 두드러진다(26-34절). 그러나 '예수님의 영을 향한 언어적 학대'는 십자가에 달린 시간 동안 두드러진다(35-44절).

4-26장에서 예수님은 가르침, 병 고침, 토론이라는 계속되는 활동의 주동자였다. 그러나 27장에서 예수님은 수동적이다. 채찍질당하고, 옷이 벗겨지고, 조롱당하고, 가시관이 씌워지고, 공격을 당하는 동안 그분은 잠잠하시다. 그분이 결국 하시는 말씀은, 그들을 괴롭히는 사람들을 향한 것이 아니라 하나님을 향한 것이다. 이는 허둥지둥하는 인간의 행동에 불을 붙인다(47-49절). 잠시 후 그분은 숨을 거두고 우주적인 활동을 시작하신다(50-53절).

단락 개요

IX. 죽음 그리고 부활(26:1-28:20)

M. 십자가 죽음과 예수님에 대한 조롱(27:32-44)

학대에 시달려 연약해진 예수님은 골고다까지 십자가를 끌고 가실 수가 없다. 그래서 군병들이 시몬이라는 구레네 사람에게 억지로 그 일을 하게 한다(마 27:32-33). 군병들이 예수님을 지켜보며 죽음을 기다리는 동안 보인 일련의 행동들은 십자가 죽음의 의미를 암시한다. 군병들은 그 옷을 제비 뽑아 나누고(35-36절), "이는 유대인의 왕 예수라"라고 기록된 죄패를 그분의 머리 위에 붙이고(37절), 강도 둘은 그분 옆에서 십자가에 못 박히고(38절), 목격자 몇이 그분을 모욕한다. 그때마다 예수님을 학대하는 이들은 그분의 말씀과 행동을 왜곡하여 내뱉는다. 하지만 그들은 무의식중에 그분의 참된 인격과 사역을 증언하고 있다.

주석

27:32-44 이전 장면들은 십자가 죽음의 필수적인 측면들을 확고히 해주었다. 유다는 십자가 죽음이 배반과 음모임을 드러냈고, 빌라도는 그것이 잘못된 판결임을 보여주었고, 이제 군병들은 그것의 잔인함을 입증할 것이다. 예수님이 학대를 잠잠히 견디시는 모습은 모든 인간의 기대를 저버렸다. 그분은 왜 아무것도 하지 않으시고 아무 말도 하지 않으시는가? 예수님이 모든 것을 예언하셨으므로, 이 모든 사건이 아버지의 계획을 완수하는 것임이 분명하다.

처형은 보통 성벽 밖에서 이루어졌기 때문에 예수님은 성 밖으로 걸어가신다(32절). 이는 그분이 거부당했다는 또 하나의 표지이자, 그분이 소작농 비유에서 예언하신 부분이다(21:39, 참고. 히 13:13). 사형 선고를 받은 사람은 보통 처형 장소까지 십자가 가로대를 지고 갔지만, 채찍에 맞아 약해진 예수님은 더 이상 그것을 하실 수가 없다. 군병들은 시몬이라는 구레네 사람에게 도움을 강요하여, 그가 십자가를 골고다까지 지고 간다.

마가는 시몬의 아들들의 이름이 알렉산더와 루포라고 밝힌다. 리처드 보컴은, 그 이름들이 내러티브의 목적에 부합하지 않기 때문에, 그것은 십자가 죽음을 목격한 신원 확인이 가능한 이들을 제시한 것이라고 주장한다. 그들의 이름은 공동체의 지체들로서 마가의 독자들에게 영향력이 있었을 것이다. 그들은 복음서 이야기를 입증하는 살아 있는 각주였다. 나아가 시몬과 알렉산더와 루포는 이 우연으로 보이는 사건을 통해 그리스도인과 지도자가 되었을 가능성이 있다.[482]

골고다라 불리는 장소에 이르자, 군병들이 예수님께 "쓸개 탄 포도주"를 주지만 거절하신다(마 27:34). 쓸개는 맛이 쓰고 독성이 있다. 어떤 사람들은 마가복음 15:23과 잠언 31:6-7을 인용하여, 그것이 호의로 제공된 진통제라고 말한다. 더 그럴듯한 것은, 군병들이 예수님을 괴롭히려고 마실 수 없는 액체를 주었다는 것이다. 이는 아마 시편 69:20-21을 암시할 것이다. 거기서 다윗은 "불쌍히 여길 자를 바라나 없고…목마를 때에는 초를 마시게 하였사오니"라고 한탄한다.

그 다음, 군병들은 예수님의 옷을 제비 뽑아 나눈다(마 27:35). 그 문화에서는 옷이 비쌌으므로, 이는 사형 집행자들에게 뜻밖의 횡재였을 것이다. 이를 통해 그들은 자신도 모르게 시편 22:18 "내…속옷을 제비 뽑나이다"를 보여준다. 시편 22편과 69편은 다윗의 애가 중 매우 강렬한 것으로(참고. 시 22:1; 69:1), 십자가 죽음에 관한 기사들이 많은 부분에서 그 내용을 상기시킨다. 두 시편 모두 분별없는 혐오, 비난, 조롱, 그의 믿음을 향한 놀림을 애통해 한다(22:1, 6–8, 14–18; 69:1, 4, 6–8, 19–21). 예수님이 다윗의 자손이므로, 우리는 다윗의 고난을 예수님이 당하신 고난의 예표 혹은 전조로 볼 수 있다. 특히 다윗의 육체적 고통은 십자가형으로 인한 고통처럼 들린다(22:14-18). 그러므로 예수님의 고통은 다윗의 고통을 재현한 것이다.

해질녘의 소보다 더 자각하지 못하는 군병들이 예수님을 지켜보기 위해 자리를 잡는다. 이는 예수님을 도우려는 시도를 막을 뿐 아니라 그분이 곧 죽으리라는 것을 확인시킨다. 독자들은 예수님이 아직 살아 계시는 동안 십자가에서 함부로 끌어내려진 것이 아님을 알 수 있다.

그 다음 관례에 따라 군병들이 예수님의 머리 위에 그분을 비난하는 죄패를 붙인다. "이는 유대인의 왕 예수라"(마 27:37). 아마도 빌라도는 유대인을 비웃으려는 것 같다. 또 이는 로마의 분노에 대한 공포를 주입시켜, 그러한 고통이 가이사의 경쟁자가 처할 운명임을 널리 알린다. 그러나 예수님은 유대인의 왕이며, 아이러니하게도 그분은 십자가에서도 다스리신다. 십자가에서 그분은, 자기 백성을 보호하고 그들을 위험에서 구하는 왕

482 Richard Bauckham, *Jesus and the Eyewitnesses: The Gospels as Eyewitness Testimony* (Grand Rapids, MI: Eerdmans, 2006), 51-52. 《예수와 그 목격자들》(새물결플러스).

의 핵심 임무를 수행하신다. 그들의 죄를 속하고 죄과 그 권세를 이기신다. 그분은 그들의 주된 대적들, 죄와 죽음 그 모든 것을 십자가에서 물리치신다.

마태는 이곳에서 예수님 옆에서 십자가에 못 박힌 두 반역자를 언급한다. 아마도 이사야 53:12대로 그가 "범죄자 중 하나로 헤아림을 받았[기]" 때문이거나, 그들이 무모하게 예수님을 모욕하는 데 가담했기 때문일 것이다(마 27:38-39). '모욕하다'에 해당하는 헬라어[블라스페메오(*blasphēmeō*)]는 보통 비방이나 매도, 중상을 뜻하는 의미가 광범위한 단어지만, 종교적인 의미를 가질 수도 있다. 실제로 유대인들이 예수님에 대해 한 모든 고소는 종교적인 의미가 있다. 먼저, 대제사장이 예수님을 신성모독으로 기소했다(마 26:65). 모욕하는 자들이 "자기 머리를 흔[들]" 때 그들의 행동은, 거짓 고소에 초점을 맞춘 시편 22:7과 109:25을 연상시킨다. 모욕에는 영적 논리가 있다. 그들은 만약 예수님이 정말 메시아 왕이라면 이런 식으로 죽을 수는 없다고 생각한다. 그들은 하나님께서 그분이 택한 자를 그렇게 수치스럽게 죽도록 두지 않으실 거라는 널리 퍼진 믿음 때문에, 예수님의 십자가 죽음을 그들이 옳다는 입증으로 본다.[483]

모욕하는 자들은, 성전을 파괴하겠다고 위협한 것을 들먹이며 예수님을 조롱한다(마 27:40). 이 기소는 산헤드린 앞에서 이루어진 공판에서 나온 것이다. 이는 예수님을 괴롭히는 사람이 어떻게든 그 소송에 대해 들었음을 보여준다. 예수님은 절대 "내가 성전을 헐 수 있다"(참고. 26:61)라고 말씀하지 않으셨다. 요한복음 2:19-21에서 예수님은 처음 성전을 정화할 때 "너희가 이 성전을 헐라 내가 사흘 동안에 일으키리라"라고 말씀하셨지만, 요한은 그분이 자기 육체를 가리켜 말씀하신 것이라고 말한다. 하지만 예수님은 성전에 대한 권위를 주장하시고(마 21:12-13) 마땅히 그럴 만하다. 그분은 또한 직간접적으로 하나님의 아들이라고 주장하신다(11:25-27). 그러나 모욕하는 자들은 하나님의 아들은 절대 이 자리에 있을 수 없다고 잘

483 예를 들어, 신구약 중간기 작품인 솔로몬의 지혜서(*Wisdom of Solomon*)는 2:18에서, "만약 의인이 하나님의 아들이라면, 그분이 그를 도와서 대적들의 손에서 그를 구해주실 것이다"라고 말한다.

못된 결론을 내린다.

마태복음 27:41은 "그와 같이 대제사장들도 서기관들과 장로들과 함께 희롱하여"라고 기록한다. 이는 눈에 띄는 조합이다. 서기관들은 일반적으로 대제사장들과 장로들이 아니라, 바리새인들과 의논하기 때문이다. 예수님 옆에서 십자가에 못 박힌 이들까지 모욕에 가담한다(44절). "그가 남은 구원하였으되"(42절)라는 조롱은 아마 예수님의 병 고침 사역을 가리킬 것이다. 그것은 간혹 복음서에서 '구원하다'(소조)라는 동사로 묘사되었다(9:21-22; 눅 7:50). "그가 이스라엘의 왕이로다"(마 27:42)라는 모욕적인 말은 그분의 메시아 역할을 비웃는다. "지금…내려올지어다 그리하면 우리가 믿겠노라"라는 말은 어처구니가 없다. 예수님의 놀라운 표적은 보통 공격이나(마 12:22-24) '더 많은' 표적 요구를(15:32-16:4) 유발한다. "그가 하나님을 신뢰하니"(27:43)는 사실이지만 오용되었다. 예수님은 메시아기 때문에, 하나님을 신뢰하기 때문에 십자가 위에 계신 것이다(26:38-39).

그러므로 모욕하는 자들은 완전히 틀렸지만, 자신도 모르게 그리고 아이러니하게 진실을 말하고 있다(27:42). 과거에 예수님은 일시적으로 다른 사람들을 구원하셨지만, 지금 그들을 영원히 구원하기 위해서는 십자가에서 자신을 구원하실 수 없다. 아버지는 "그를 구원"하실 수 있다. 그러나 그 일은 그 순간이 아니고 사흘 후에 일어날 것이다. 물론 예수님은 내려올 수 있지만 그러면 아무도 구원하실 수 없다. 아마도 이것이 그분에게 마지막 유혹이었을 것이다. 그래서 조롱하는 자들은 예수님을 비웃는 동시에 그들의 왕에 관한 진실을 말한다. 비록 자신도 모르게 그리고 아이러니하게 그렇게 하지만 말이다.[484]

484 명확하게 하자면, 아이러니에는 두 가지 형태가 있다. 둘 다 말이나 사건의 옳은 해석이 표면적인 의미의 반대다. 언어적 아이러니에서는, 화자가 의도적으로 어떤 것을 말하지만 청중이 그가 그 반대를 의미함을 안다고 믿는다. 수난 내러티브에서 흔한 극적 아이러니에서는, 서술자와 청중이 이야기에서 그들에게 숨겨진 지식을 공유한다. 요한복음 11:49-52이 그것을 묘사한다. 참고. Mark Allan Powell, *What Is Narrative Criticism?*, GBS (Minneapolis: Fortress, 1990), 30-32. 《서사 비평이란 무엇인가?》(한국장로교출판사); Wayne C. Booth, *A Rhetoric of Irony* (Chicago: University of Chicago Press), 1974.

첫 번째 아이러니의 경우, 로마 군병들은 예수님께 왕족 색깔의 옷을 입히고 관을 씌우고 절하며 "유대인의 왕이여 평안할지어다"라고 말한다(27-31절). 그들은 예수님이 받아 마땅한 존경을 암시한다. 40-43절에서 조롱하는 자들은 예수님이 하나님의 아들이자 왕이자 구세주라고 올바르게 말하지만, 그들은 그분이 십자가에서도 다스리고 계시는 것을 볼 수 없다.

응답

십자가는 예수님의 죽음, 부활과 결합하여, 예수님이 죄를 속하신 시간과 장소로서의 그 중심성을 드러낸다. 성경적 시각에서 볼 때 "십자가에서 예수님에게 임한 저주는 구약의 모든 희생 제사를 충족시킨다. 그것은 신자들에게서 저주를 제거하는 저주다. 그것은 신적인 왕의 특권과 고난 받는 종의 융합, 복음의 핵심, 새로운 인류의 시작, 기독교 윤리의 최고 본보기, 새 언약의 비준, 하나님의 능력을 나타낸다."[485] 십자가에서의 예수님의 침묵 역시 그분의 도덕적 탁월성, 즉 그분의 자제력, 인내, 아버지에 대한 복종, 자기 양떼를 위해 기꺼이 고난 받으시는 모습을 보여준다.

덜 중요한 교훈들도 있다. 예수님의 침묵은 거짓 기소에 대해 스스로를 방어하는 것이 항상 필수적이지는 않다는 것을 입증한다. 예수님은 "공의로 심판하시는 이에게 [자신을] 부탁"하셨다(벧전 2:23). 그분을 따르는 자들도 그렇게 할 수 있다.

신자들은 예수님이 그들의 죄를 지신 것을 안다. 마태복음 27장은 그들의 수치도 지셨음을 보여준다. 다윗은 "나를 보는 자는 다 나를 비웃으며"(시 22:7)라고 말했다. 이사야는 하나님의 종이 "멸시를 받아 사람들에게 버림 받았[다]"(사 53:3)라고 그분에 대해 예언했다. 예수님은 완벽한 인

485 Carson, *Matthew*, 641-642.

내로 그 조롱을 견딤으로써, 수치를 포함하여 죄와 그로 인한 결과를 겪으신다. 많은 사람이 조롱을 거의 참기 힘든 것으로 여긴다. 실제로 성경은 "명예"가 좋은 것이라고 말한다(잠 22:1). 그러나 제자들은 대중의 의견을 다 믿어서는 안 된다. 우리는 하나님께 소망을 둔 자들은 "수치를 당하지" 않으리라는 것을(시 25:3; 롬 9:33; 10:11) 기억한다. 예수님은 우리의 죄책과 수치를 둘 다 지시고, 또 우리는 우리와 그분을 동일시하기 때문에, 그분의 영광도 우리의 것이다.[486] 삶에서 불의를 만날 때도 이 마음으로 변함없이 주님을 의지해야 한다.

486 이 단락의 전제는 죄와 수치는 단순하고 순차적이라기보다는 복잡하고 겹치는 식으로 서로 관련되어 있다는 것이다. "죄가 수치로 이어진다"는 말은 거의 사실이 아니다. 몇 가지 예를 들자면, 수치 없는 죄, 죄 없는 수치, 죄에 대한 깨달음으로 이어지는 수치, 한참 후에 수치로 이어지는 죄가 있다. 문맥상, 로마서 9:33; 10:11; 히 2:11; 12:2; 벧전 2:6은 예수님이 단지 우리의 죄가 아니라 수치를 처리하시기 위해 오셨다고 암시한다. 참고. Dick Keyes, *Beyond Identity: Finding Your Self in the Image and Character of God* (Carlisle, UK: Paternoster, 1998). 《인간의 자아와 하나님의 형상》(아가페출판사); Keyes, *True Heroism in a World of Celebrity Counterfeits* (Colorado Springs: NavPress, 1995); Daniel M. Doriani, "Hebrews 2: Jesus our Empathetic Hero", https://subsplash.com/worldwideclassroom/lb/mi/+bd80c48.

45 제육시로부터 온 땅에 어둠이 임하여 제구시까지 계속되더니 46 제
구시쯤에 예수께서 크게 소리 질러 이르시되 엘리 엘리 라마 사박다
니 하시니 이는 곧 나의 하나님, 나의 하나님, 어찌하여 나를 버리셨
나이까 하는 뜻이라 47 거기 섰던 자 중 어떤 이들이 듣고 이르되 이
사람이 엘리야를 부른다 하고 48 그중의 한 사람이 곧 달려가서 해면
을 가져다가 신 포도주에 적시어 갈대에 꿰어 마시게 하거늘 49 그 남
은 사람들이 이르되 가만 두라 엘리야가 와서 그를 구원하나 보자 하
더라[1)] 50 예수께서 다시 크게 소리 지르시고 영혼이 떠나시니라

45 Now from the sixth hour[1] there was darkness over all the land[2] until
the ninth hour.[3] 46 And about the ninth hour Jesus cried out with a loud
voice, saying, "Eli, Eli, lema sabachthani?" that is, "My God, my God,
why have you forsaken me?" 47 And some of the bystanders, hearing it,
said, "This man is calling Elijah." 48 And one of them at once ran and
took a sponge, filled it with sour wine, and put it on a reed and gave it
to him to drink. 49But the others said, "Wait, let us see whether Elijah
will come to save him." 50And Jesus cried out again with a loud voice
and yielded up his spirit.

51 이에 성소 휘장이 위로부터 아래까지 찢어져 둘이 되고 땅이 진동
하며 바위가 터지고 52 무덤들이 열리며 자던 성도의 몸이 많이 일어
나되 53 예수의 부활 후에 그들이 무덤에서 나와서 거룩한 성에 들어
가 많은 사람에게 보이니라

51 And behold, the curtain of the temple was torn in two, from top to
bottom. And the earth shook, and the rocks were split. 52 The tombs
also were opened. And many bodies of the saints who had fallen asleep
were raised, 53 and coming out of the tombs after his resurrection they
went into the holy city and appeared to many.

1) 어떤 사본에, 49절 끝에 요 19:34과 같은 말이 있음

1 That is, noon *2* Or *earth* *3* That is, 3 P.M.

단락 개관

마태가 보기에 예수님의 죽음은 사실이지만, 평범한 사실은 아니다. 물리적으로 말해서, 예수님은 채찍질과 십자가형에 기인한 부상으로 죽으신다. 그러나 마태는 예수님이 단순히 죽으신 것이 아니라 그분이 자기 영혼을 떠나보내신다고 말한다. 인상적인 표적들 역시 그분의 죽음을 둘러싸고 있다. 비정상적인 어둠이 땅에 임한다. 예수님은 이전에는 보이지 않았던 어조로 "나의 하나님, 나의 하나님, 어찌하여 나를 버리셨나이까"라고 하나님께 소리치신다. 그분의 죽음 직후에 세 가지 표적이 뒤따른다. 성전 휘장이 찢어지고, 바위가 갈라지고, "자던 성도의 몸이 많이" 일어난다(마 27:52). 마태는 어느 것에 대해서도 설명하지 않지만, 정경과 그 시대 관습에 대한 지식이 그 의미를 충분히 명확하게 해준다.

단락 개요

Ⅸ. 죽음 그리고 부활(26:1-28:20)
   N. 예수님의 죽음과 그 결과(27:45-56)
      1. 사건들은 예수님의 죽음으로 이어지고 그분의 영혼이 떠나시다(27:45-50)
      2. 예수님의 죽음에 뒤이은 사건들(27:51-53)

마태복음 27:35-50은 예수님이 십자가에 달려서 겪으신 일을 서술한다. 마태는(다른 복음서 저자들처럼) 십자가 죽음의 신체적 측면에 시간을 할애하지 않는다. 대신 인격적이고 심리적인 측면, 주로 예수님이 당하신 조롱과 모욕에 주의를 기울인다. 45-53절은 창조 세계 자체가 그리고 창조주가 증명하듯이, 십자가 죽음의 우주적 의미에 집중한다. 예수님의 죽음 이전에 세 가지 사건이 일어나고, 또 세 가지 사건이 그 뒤를 잇는다. 기괴한 어둠이 땅을 덮고(45절), 예수님이 슬픔에 잠겨 소리치신다(46-49절). 다시 그분이 소리치고 자기 영혼을 떠나보내신다(50절). 그런 다음 우주가 말없이 증언한다. 성전 휘장이 위에서부터 찢어지고, 땅이 진동하고, 죽었던 수많은 이들이 일어난다(51-53절).

주석

27:45-50 예수님이 십자가에 달리신 동안 땅에 임한 어둠은 초자연적인 것이다(45절). 폭풍은 언급되지 않고, 일식은 유월절에 불가능하다. 유월절 절기는 보름달이 뜰 때 지키는데, 태양계의 움직임에 따르면 보름달에 일식은 불가능하기 때문이다. 유대인과 헬라인 모두 비정상적인 어둠을 징

조로 여겼다. 출애굽 때는 흑암이 아홉 번째 재앙이었다(출 10:21-23). 예언서들에서는 어둠이 심판 날의 한 요소다(사 13:1-11; 암 8:9-10). 심판은 그분의 아들을 죽인 이스라엘에 대한 하나님의 진노를 나타내거나, 그날 고난받는 종 예수님이 지신 죄에 대한 하나님의 진노를 나타낼 수 있다. 이어지는 사건들은 분명 이러한 방향을 가리킨다.

3시간 동안의 어둠 이후 예수님이 "나의 하나님, 나의 하나님, 어찌하여 나를 버리셨나이까"(마 27:46)라고 소리치신다. 가까이에 있는 목격자들은 예수님이 자신을 돕거나 구해줄 누군가를 부르고 있다고 생각하지만(47-49절), 마태의 독자들은 예수님이 구원받기 위해서가 아니라 구원하기 위해서, 섬김을 받기 위해서가 아니라 섬기기 위해서 오셨음을 안다(마 1:21; 20:28). 그렇다면 그분은 왜 이러한 "버림받았다는 외침"을 발하시는가? 예수님은 항상 하나님을 "아버지" 혹은 "나의 아버지"라고 부르셨다.[487] 비통함의 이유는 무엇인가? 대답은 다양하다. 회의론자들은 예수님이 절대 십자가에서 죽으리라 예상하지 않았기에 절망하셨다고 말한다. 혹은 고통이 잠시 예수님의 눈을 멀게 했을지도 모른다. 그분은 버림받았다고 느끼지만, 하나님은 아들을 버리실 수 없다.

그 외침은 다윗의 애가인 시편 22:1을 인용한 것이다. 그 시편은 정당함을 입증한 후 기쁨과 예배로 끝난다. 예수님은 모든 것이 잘 끝날 것을 아심을 암시하며, 그 시편 전체를 환기시키기 위해 시편 22:1을 인용하시는가? 그러나 이 주장은 예수님의 극심한 고통을 '어떤 목적을 위한 체험' 정도로 축소시킨다. 그렇지 않다. 그분의 외침은 진짜다(다윗의 외침도 그랬다). 예수님은 아버지가 자신을 버렸다고 진정으로 느끼고 솔직하게 부르짖으신다. 그분은 혹독하게 인간을 시험하는 불확실성과 버림받음에 직면하신다. 예수님은 십자가에서 버림받으신다. 이는 적응할 일이 아니다. 그런데 이유가 무엇인가?

487 Stein, *Method and Message*, 82-89.

대답을 위해 우리는 예수님의 죽음에 뒤이은 첫 번째 상징적인 사건을 살펴보아야 한다. 성전 휘장이 찢어진 것이다. 이것이 의미하는 바가, 그리스도의 죽음이 하나님과 사람의 분리를 끝냈다는 것이라면(참고. 27:51-53 주석), 예수님은 그 순간 버림받았기 때문에 "어찌하여 나를 버리셨나이까"라고 말씀하신다. 그 순간은 신학자들이 '위대한 교환'이라 부르는 것으로, 예수님이 우리 죄를 지고 우리에게 그분의 의를 주시는 순간이다. 예수님은 친히 우리 죄를 짊어질 때 죄에 대한 형벌도 받아들이신다. 그것은 무엇보다도 죄가 가져온 하나님과의 분리다. 바울은 하나님께서 "죄를 알지도 못하는 이를…죄로 삼으신 것은 우리로 하여금 그 안에서 하나님의 의가 되게 하려 하심"(고후 5:21)이라고 말한다. 바울이 말하는 대로 "그리스도께서 우리를 위하여 저주를 받은바 되사 율법의 저주에서 우리를 속량하셨[을]"(갈 3:13) 때, 거룩한 아버지는 눈길을 돌리셨다(합 1:13). 슬프게도 인류는 하나님과의 분리에 너무 익숙하다. 그러나 예수님이 아버지와 분리되신 것은, 그 전까지 누렸던 아버지와 아들의 완벽한 사귐 때문에 훨씬 더 심각하게 느껴졌을 것이다.

버림받았다는 외침은 예수님의 신실함을 보여주는 한 요소다. 분리의 극심한 고통 가운데서 그분은 여전히 "나의 하나님"이라고 부르며 말씀하신다. 온전한 순종의 결과를 그렇게 표현하신다. 영국의 청교도 리처드 십스의 말을 바꾸어 표현하면, 예수님은 십자가에서 그 말씀을 하실 때보다 아버지께 더 순종하신 적이 없고, 아버지를 더 기쁘게 해드린 적이 없다. 나아가 예수님은 "나의 하나님, 나의 하나님, 어찌하여 나를 버리셨나이까"라고 올바르게 질문하시므로, 어떤 '신자'도 "나의 하나님, 나의 하나님, 어찌하여 '나를' 버리셨나이까"라고 합당하게 질문할 수 없다.[488]

그 극심한 고통은 잠시 지속된다. 누가복음 23:46에서는 예수님이 화합을 회복하고 "아버지 내 영혼을 아버지 손에 부탁하나이다"라고 말씀하며

488 도입부의 경우 필자의 이전 마태복음 주석에서 아주 조금 가져왔지만, 이곳과 다음 단락들의 표현은 Daniel M. Doriani, *Matthew*, 2 vols., REC(Phillipsburg, NJ: P&R, 2008), 2:498에서 가져왔다.

생을 마감하신다. "아버지"는 그 사귐이 회복되었음을 암시한다. 마태복음과 누가복음 모두 예수님이 그렇게 하기로 선택할 때 자기 목숨을 내려놓으신다고 언급한다. 이 점은 사도신경에서 '지옥으로 내려가셨다'(우리말 사도신경에는 번역되지 않음-옮긴이 주)라는 구절이 타당한가에 관한 질문들에 답을 준다. 누가복음 23:43에 비추어 볼 때, 예수님은 죽은 후 지옥에 내려가신 것 같지 않아 보인다. 그러나 지옥의 본질이 하나님과의 분리라면, 예수님은 십자가에 달렸을 때 지옥에 가셨으므로 사도신경이 옳다.

어떻게 하나 되신 삼위일체가 이러한 분리를 겪을 수 있는가? 우리는 하나님이자 사람이신 예수님이 어떻게 죽을 수 있는지 궁금할 수 있다. 그것은 삼위일체의 신비이므로, 추측이 오류로 가지 않도록, 아는 것을 주장하고 그 이상은 말하지 않아야 할 것 같다. 예를 들어 한 신학자는 그리스도의 인격을 나누어, 예수님의 고난이 그분의 인성만 건드렸다고 주장했다. 그래서 그분이 고통당하시는 동안, "우리는 그분의 신성을 묘사할 수 있다…그분은 마치 달이 위엄 있게 파도치는 바다를 내려다보듯이 고요하고 침착하게 그분의 인성을 내려다보신다"는 것이다.[489] 그러나 예수님의 신성과 인성을 분리하는 것은 바람직한 길이 아니다.

마태복음으로 돌아와서, 우리는 탈진과 탈수로 예수님의 말씀이 점점 흐려지는 것을 본다. 그래서 그곳에 있던 이들은 그분이 엘리야의 도움을 요청하신다고 생각한다. 누군가가 신 포도주를 마시도록 건네고, 다른 이들은 엘리야를 기다린다. 그러나 예수님은 엘리야를 부르지 않으셨으므로 그는 절대 오지 않는다(마 27:47-49). 그런 다음 예수님이 다시 크게 소리 지르고 자기 영혼을 떠나보내신다(50절). 신체적이든 영적이든 십자가 위에서 예수님이 겪으신 극심한 고통은 추측할 수 없다. 하지만 그분이 자기 영혼을 내려놓을 때, 그 선택의 순간에, 그분은 자신의 생명을 내주신다.

489 Lorraine Boettner, *Studies in Theology* (Phillipsburg, NJ: P&R, 1985), 283.

27:51-53 세 가지 상징적인 사건이 예수님 죽음의 뒤를 잇고 부분적으로 그 죽음을 설명해준다. 먼저 성전 휘장이, 하나님께서 그 천을 찢으셨다는 표징처럼 위에서부터 아래로 찢어진다. 2개의 성전 휘장이 있었다. 하나는 대제사장이 1년에 한 번 희생 제사를 위해 들어가는 지성소 입구를 막았다. 다른 휘장은 유대인의 뜰과 이방인의 뜰을 분리시켰다. 바울은 속죄가 인종과 민족의 분열을 끝낸다고 가르친다. 그 분열은 그 휘장이 부분적으로 나타냈던 것이었다. 그러나 마태는 여기서 성소와 지성소의 다른 부분들을 분리시키는 안쪽 휘장을 의미하는 것이 거의 확실하다. 첫째로, 마태가 사용한 카타페타스마(*katapetasma*)라는 단어는 보통 안쪽 휘장을 가리킨다(참고. 출 26:31-35 70인역). 둘째로, 이후 신약에서 카타페타스마가 쓰일 때 안쪽 휘장을 염두에 둔다(히 6:19-20; 9:3-8; 10:19-22). 어떤 사람은 찢어진 휘장을, 출애굽 때 그랬던 것처럼 하나님의 임재가 성전을 떠난다는 표지로 해석하기도 한다. 만약 그렇다면 예수님의 부당한 사형이 하나님과 이스라엘의 언약을 끊었기 때문에 하나님께서 떠나시는 것이다.

그러나 신약은 다른 입장을 취한다. 예수님의 대속적 죽음은 죄에 대한 희생 제사의 필요성을 없애고, 성전 휘장이 나타냈던 하나님과 인간의 분리를 없앤다. 그 휘장은 하나님께 다가가는 것을 제한했다. 지성소에는 오로지 대제사장만이 들어갈 수 있었고, 그것도 1년에 단 한 번 이스라엘의 죄를 속하기 위해서였다. 그러나 예수님이 십자가에서 완벽하고 온전하게 자신을 드림으로써 신자들이 직접적으로 제한 없이 하나님께 나아가도록 해주셨다. 에베소서 2:18과 3:12처럼, 히브리서도 6:19, 7:26-28, 9:7-14, 10:11-14, 10:19-22에서 이를 전개한다. 예를 들어 히브리서 10:19-22은 "우리가 예수의 피를 힘입어 성소에 들어갈 담력을 얻었나니…또 하나님의 집 다스리는 큰 제사장이 계시매 우리가 마음에 뿌림을 받아 악한 양심으로부터 벗어[났으니]…참 마음과 온전한 믿음으로 하나님께 나아가자"라고 말한다.

그 휘장은 은혜였다. 죄인들은 하나님의 거룩한 임재에 들어갈 권리가 없었기 때문이다. 그러나 예수님이 온전하고 최종적인 희생 제사를 드리셨으므로 이제 그분의 대속적인 희생 제사 안에 거하는 믿음 외에는 아무것도 필요하지 않다. 찢어진 휘장이 보여주듯, 성전 체제는 더 이상 쓸모가 없다.

두 번째와 세 번째 표적인 지진과 어떤 성도들의 소생은 설명이 덜 되어 있다(마 27:51b-53). 지진은 여호와가 이스라엘에 율법을 주실 때 시내산에서 땅이 흔들렸던 것을 떠오르게 한다. 그래서 모세는 "내가 심히 두렵고 떨린다"(히 12:21)라고 외쳤다. 만약 율법이 지진과 함께 임했다면, 은혜도 그렇다. 예수님의 죽음이 전 세계를 뒤흔드는 사건이기 때문에 "땅이 진동하며 바위가 터[진다]"(마 27:51b).

일어난 성도들은 예수님의 죽음이 영생으로 가는 문을 연다는 것을 보여준다. 우리가 전혀 모르는 이 사람들은 예수님이 죽을 때가 아니라 부활 이후에 나타난다. 마태는 신학적인 연관성을 보여주기 위해 시간적으로 앞으로 건너뛴다. 예수님의 부활이 성도들의 부활을 가져온다(겔 37:13-14). 그분의 죽음이 죽음을 으스러뜨린다. 수세기 동안 사람들은 과거 성도들의 무덤에 찾아감으로써 그들에게 영광을 돌렸다. 예수님은 그들을 일으키심으로써 그 성도들을 영광스럽게 하신다.

27장

응답

로마서 5:1-2은 "우리가 믿음으로 의롭다 하심을 받았으니 우리 주 예수 그리스도로 말미암아 하나님과 화평을 누리자 또한 그로 말미암아 우리가 믿음으로 서 있는 이 은혜에 들어감을 얻었으며"라고 확신을 준다. 사람들은 힘과 부와 지식이 있는 사람들에게 접근하기 위해 많은 것을 준비한다. 따라서 신자들은 아버지께 나아가는 것을 가장 큰 특권으로 여겨야 한다. 예배와 기도로 하나님의 임재 가운데 들어갈 때 그것을 아주 귀하게 여기고 행함으로써 말이다. 누구도 준비 없이 나태하게 주님께 나아감으로써 이 자유를 남용해서는 안 된다. 신자들은 또한 예수님이 공로가 있는 중재자임을 기억하면서 공로나 중재자의 필요성을 제거하신 그분을 찬양해야 한다. 예수님은 우리가 하나님과 화해하는 데 필요한 모든 일을 하셨다. 우리는 믿고 담대하게 하나님의 임재로 들어가기만 하면 된다.

예수님의 희생 제사 이전에는 제사장들이 되풀이해서 같은 희생 제사를 드렸다. 그 반복은 그들의 일이 불완전함을 입증하는 것이었다. 그러나 예수님은 "죄를 위하여 한 영원한 제사를 드리[고]", 그 다음 "하나님 우편에 앉으[셨다]." 그분의 일이 완료되고 우리의 평화가 보장되었다(히 10:11-12).

54 백부장과 및 함께 예수를 지키던 자들이 지진과 그 일어난 일들을
보고 심히 두려워하여 이르되 이는 진실로 하나님의 아들이었도다 하
더라
54 When the centurion and those who were with him, keeping watch
over Jesus, saw the earthquake and what took place, they were filled
with awe and said, "Truly this was the Son[1] of God!"

55 예수를 섬기며 갈릴리에서부터 따라온 많은 여자가 거기 있어 멀
리서 바라보고 있으니 56 그중에는 막달라 마리아와 또 야고보와 요셉
의 어머니 마리아와 또 세베대의 아들들의 어머니도 있더라
55 There were also many women there, looking on from a distance, who
had followed Jesus from Galilee, ministering to him, 56 among whom
were Mary Magdalene and Mary the mother of James and Joseph and
the mother of the sons of Zebedee.

57 저물었을 때에 아리마대의 부자 요셉이라 하는 사람이 왔으니 그

27장

도 예수의 제자라 58 빌라도에게 가서 예수의 시체를 달라 하니 이에
빌라도가 내주라 명령하거늘 59 요셉이 시체를 가져다가 깨끗한 세마
포로 싸서 60 바위 속에 판 자기 새 무덤에 넣어 두고 큰 돌을 굴려 무
덤 문에 놓고 가니 61 거기 막달라 마리아와 다른 마리아가 무덤을 향
하여 앉았더라

57 When it was evening, there came a rich man from Arimathea, named
Joseph, who also was a disciple of Jesus. 58 He went to Pilate and
asked for the body of Jesus. Then Pilate ordered it to be given to him.
59 And Joseph took the body and wrapped it in a clean linen shroud
60 and laid it in his own new tomb, which he had cut in the rock. And he
rolled a great stone to the entrance of the tomb and went away. 61 Mary
Magdalene and the other Mary were there, sitting opposite the tomb.

62 그 이튿날은 준비일 다음 날이라 대제사장들과 바리새인들이 함
께 빌라도에게 모여 이르되 63 주여 저 속이던 자가 살아 있을 때에
말하되 내가 사흘 후에 다시 살아나리라 한 것을 우리가 기억하노니
64 그러므로 명령하여 그 무덤을 사흘까지 굳게 지키게 하소서 그의
제자들이 와서 시체를 도둑질하여 가고 백성에게 말하되 그가 죽은
자 가운데서 살아났다 하면 후의 속임이 전보다 더 클까 하나이다 하
니 65 빌라도가 이르되 너희에게 경비병이 있으니 가서 힘대로 굳게
지키라 하거늘 66 그들이 경비병과 함께 가서 돌을 인봉하고 무덤을
굳게 지키니라

62 The next day, that is, after the day of Preparation, the chief priests
and the Pharisees gathered before Pilate 63 and said, "Sir, we remember
how that impostor said, while he was still alive, 'After three days
I will rise.' 64 Therefore order the tomb to be made secure until the
third day, lest his disciples go and steal him away and tell the people,

'He has risen from the dead,' and the last fraud will be worse than the first." 65 Pilate said to them, "You have a guard[2] of soldiers. Go, make it as secure as you can." 66 So they went and made the tomb secure by sealing the stone and setting a guard.

1 Or *a son* *2* Or *Take a guard*

단락 개관

예수님의 죽음이 이어지는 반응들을 끌어낸다. 무생물의 세상이 먼저 응답하여 땅이 진동하고, 무덤이 열리며, 성전 휘장이 찢어진다. 사람들은 그 다음이다. 세 그룹은 신실하게 행하는 반면, 한 그룹은 신실하지 않다. 신실한 반응은 다양하다. 가장 놀랍게도, 한 백부장이 예수님이 하나님의 아들이라고 고백한다. 신실한 여자 몇 명은 조용히 모든 것을 목격한다. 그리고 마태복음에는 기록되지 않은 아리마대 요셉이 시체를 달라고 요구하고 장사를 지내는 모험을 하면서 스스로를 제자로 입증한다. 한편 유대 지도자들은 계속 적대감을 보인다.

27장

단락 개요

Ⅸ. 죽음 그리고 부활(26:1-28:20)
N. 예수님의 죽음과 그 결과(27:45-56)
3. 백부장과 여자들의 반응(27:54-56)
O. 예수님의 매장(27:57-61)
P. 예수님의 무덤을 지키다(27:62-66)

마태복음 27-28장은 통합된 내러티브이므로, 본문의 모든 분할은 어느 정도 임의적이다. 이 본문에서 끊어지는 부분을 밝히기는 어려울 수 있다. 백부장의 고백은 예수님 죽음의 네 가지 결과 중 마지막 것인가(마 27:51-54), 아니면 그에 대한 사람들의 반응 중 첫 번째 것인가?(27:54-66) 더 크게 보면, 그 내러티브의 가닥들이 몇 가지 그럴듯한 개요로 이어진다. 예를 들어 27:55-61에 나오는 예수님의 장례가 그분의 죽음의 결과라면, 그것은 예수님이 정말 죽었다는 것과 그분의 부활이 진짜 기적이라는 것을 단언한다. 그러나 그 장례를 예수님의 죽음과 연결시키면, 무덤 경비(27:62-66)가 부활 내러티브와 연결된다. 그러면 그것은 부활을 위한 어두운 A-B-A′ 구성으로 이어진다.

(A) 27:62-66에서 유대 지도자들은 예수님의 부활에 대한 '거짓' 보도를 막기 위해 빌라도를 설득하여 무덤을 지키게 한다.

(B) 28:1-10에서 예수님은 부활하시고, 천사들이 신실한 여자들에게 '분명하게' 부활을 알린다.

(A′) 28:11-15에서 대제사장들과 장로들은 빌라도와 결탁하여 부활에 대한 '진짜' 소식이 퍼지는 것을 막는다.

이 개요는 예수님의 용기와 대조되는, 유대 지도자들의 아집과 빌라도의 비겁함을 강조한다.

십자가-부활 내러티브의 중요한 요점은 명백하다. 27:50에서 예수님이 죽으신다. 27:54에서 백부장이 "이는…하나님의 아들이었도다"라고 고백한다. 28:6에서 천사들이 "그가 여기 계시지 않고"라고 선언한다. 그리고 28:19에서 예수님이 열두 제자에게 모든 민족을 제자로 삼으라고 명령하신다. 중요한 요점들을 제대로 다룬 개요는 다른 A-B-A′ 구조를 보인다.

(A) 여러 사건들이 십자가 죽음을 초래한다. 무리는 예수님을 십자가에 못 박으라고 소리치고(27:23), 빌라도는 예수님을 십자가에 못 박도록 넘겨주고(27:26), 군병들은 예수님을 십자가에 못 박기 위해 끌고 간다(27:31).

(B) 예수님이 십자가형을 견디신다. 이는 모욕으로 시작하여(27:32-44) 그분의 고난과 죽음으로 끝난다(27:45-50).

(A′) 일련의 사건들이 십자가 죽음을 초래하듯이, 십자가 죽음이 일련의 사건들을 초래한다. 성전과 무덤과 땅이 예수님의 죽음에 반응한다(27:51-53). 그런 다음 사람들이 반응한다. 백부장이 그분의 신성을 고백하고(27:54), 충성스러운 여자들이 멀리서 지켜보고(27:55-56), 아리마대의 요셉이 예수님의 시신을 매장한다(27:57-61). 그런 다음 로마와 유대 지도자들과 신실한 증인들이 대조된다(27:62-66).

두 개요 모두 마태복음을 제대로 다룬다.

주석

27:54-56 마태는 십자가 죽음 바로 뒤에 이어지는 일련의 초자연적인 사건들로 십자가의 중심성을 알린다. 하나님께서 성전 휘장을 둘로 찢으시고, 지진을 일으키시고, 어떤 성도들을 죽음에서 일으키신다. 마지막으로, 군병들이 "이는 진실로 하나님의 아들이었도다"(54절)라고 선언한다. 군병들에게 일어난 이 변화는, 십자가 죽음의 마지막 즉각적인 결과이자 그 죽음에 대한 사람들의 첫 반응이다.

마태복음의 이 지점까지 군병들은 일반적으로 적대적이고 잔인했다. 그들은 예수님의 옷을 벗기고, 모욕하고, 침을 뱉고, 십자가에 못 박았다. 그러나 어둠이 임한 하늘과 지진을 동반한 그분의 죽음에, 백부장과 지켜보던 군병들이 두려움에 휩싸인다. 그들은 "이는 진실로 하나님의 아들이었도다"라고 고백한다. 따라서 예수님의 죽음이 백부장과 동료 군병들을 조롱에서 경외로 옮긴다.

백부장이 어떤 의미로 그 말을 했는지 궁금하다. 예수님이 당대 이교도들의 종교가 말하는 신인(divine man)이었다는 말인가? 예수님이 이스라엘의 메시아라는 말인가? 그는 베드로가 마태복음 16:16-27에서 그랬듯이, 분명 자신의 말을 충분히 이해하는 데까지 성장해야 한다. 그 군인이 본래 무엇을 의미했든, 마태는 자기가 쓴 복음서의 안내를 받는 독자들이 그 온전한 의미를 파악하기를 원한다. 놀랍게도 이교도들은 예수님이 누구인지 이해하는 반면, 슬프게도 이스라엘 지도자들은 그것을 놓친다.

마태는 회개와 훌륭한 고백의 사례를 제시하고, 다른 두 공관복음도 동의한다. 누가복음에서 백부장은 "하나님께 영광을 돌려 이르되 이 사람은 정녕 의인이었도다"(눅 23:47)라고 말한다. 마가복음에서 백부장은 홀로 "이 사람은 진실로 하나님의 아들이었도다"(막 15:39)라고 고백한다. 마가복음 내러티브에서는 다른 어떤 인물도 그리스도의 신성을 고백하지 않는다. 마태복음에서는 그 백부장의 증언이 이방인이 믿음으로 행하는 또 다른 사례다. 예수님은 모든 민족의 소망이다(마 8:5-13; 15:21-28; 21:43). 백부장은 하나님께서 예수님의 세례 때 하신 선언에도 동의한다(3:17). 마태복음과 마가복음에서 예수님은 그분의 죽음으로 인정받으신다.

마태는 또한 처음부터 끝까지 예수님을 따랐던 신실한 여자들의 이름을 밝힌다. 그들은 갈릴리에서 그분과 함께했고, 그분의 물질적 필요를 채웠으며(27:55-56; 눅 8:2-3), 열두 제자조차 달아났을 때 그분이 십자가에 못 박히신 동안 함께 머물렀고(마 26:56), 무덤의 위치를 주시했다. 그들의 마지막 행동은 부활 기사를 준비하지만, 그 여자들은 증인 그 이상이다. 관습상 그 여자들은 십자가에서 예수님과 함께 머무는 편이 더 안전하다. 하지만 그들은 변함없는 제자도의 귀감이 된다.

27:57-61 부자이자 산헤드린의 회원인 아리마대 출신 요셉(27:57, 참고. 막 15:43; 요 19:38)이 예수님의 시신을 거두어 장사 지내기 위해 빌라도에게 간다. 그 시대에는 적절한 장례 절차가 필수적이었다. 그것은 살아 있는 사람들이 죽은 사람에게 마지막으로 경의를 표하는 일이었고, 장례를 치르지 않는 것은 수치였다. 십자가에 달렸던 시신은 썩거나 동물들이 먹도록 내버려두었고 아니면 공동묘지로 던져졌다. 그러나 요셉은 그렇게 하지 않을 것이다. 장례는 보통 가족이 치렀으므로, 요셉은 사실상 예수님과의 관계를 인정한다. 그는 자신의 재산과 이스라엘 지도자로서의 지위를 걸고 모험을 한다. 산헤드린 회원은 대부분 예수님을 완강하게 반대하기 때문이다. 그는 또한 빌라도와 관련한 위험에도 직면한다. 시신을 달라는 요청은 그가 사형 선고를 받은 사람의 친구라고 밝히는 것이기 때문이다.

27장

요셉은 자기가 할 일을 잘 해낸다. 그는 "깨끗한 세마포로" 시체를 싸서 바위 속에 판 "자기 새 무덤"에 둔다. "막달라 마리아와 다른 마리아가" 그가 한 일을 목격한다(마 27:59-61).[490] 그 기사는 부활을 준비한다. 즉, 요셉은 무덤 입구에 "큰 돌"을 둔다. 장례는 예수님의 죽음이 비극임을 강조한

490 대부분의 학자는 매장지로, 사람들이 자주 방문하는 '동산 무덤'보다 예루살렘의 성묘 교회가 더 나은 후보라 믿는다. 하지만 무덤 방문객들은 동산 무덤에서 요셉이 사용했던 종류의 무덤을 본다.

다. 그 돌은 너무 무거워서 한 사람이, 특히 안에서는 옮기지 못한다. 여자들은 이 과정을 보았다. 이를 통해 우리는 그들이 부활절 아침에 '정확히 그' 무덤에 갈 것을 안다. 그 장면은 가슴이 미어지지만 소망이 있다. 요셉은 그 시신을 "죽은 자들의 영역에, 대충 깎은 바위 속에" 두지만, 예수님은 십자가 죽음 이후 땅이 진동하고 일부 죽은 사람이 살아날 때 그 둘 다를 뚫으신다.[491]

27:62-66 마태는 한쪽에 있는 요셉과 여자들을, 다른 한쪽에 있는 62-66절의 지도자들과 극명하게 대조한다. 그들은 부활한다는 "예수님의 약속에 희망이 채워지지 않도록 그분이 매장된 채로 있기를 바란다."[492] 보통 때는 적인 대제사장들과 바리새인들이 예수님에 대한 반감으로 연합했다.

마태는 28:11-15과 함께 그 장면을 아이러니와 역설로 채운다. 첫째, 예수님의 적들은 예수님이 자신의 부활을 예언하셨던 것을 기억하는 반면, 십자가에 못 박히고 부활하는 메시아를 상상할 수 없는 제자들은 그것을 잊어버린다. 둘째, 그 적들은 예수님을 사기꾼, 협잡꾼이라 부르지만, 진짜 사기꾼은 예수님이 부활하시자 사람들을 속일 준비를 하는 그들이다. 셋째, 그들은 그들 자신의 힘으로 예수님과 그분을 따르는 이들을 제어할 수 있다고 생각한다. 차라리 이쑤시개로 칼싸움을 하는 편이 더 나을 것이다.

그럼에도 대제사장들과 바리새인들은 제자들이 그분의 시신을 훔쳐가서 그분이 부활했다고 선포할까 봐 염려한다. 그러면 그들이 제거하려고 애쓴 이 예수 운동이, 이전보다 더 매서워질 것이다(63-64절). 빌라도는 잘 받아들이는 듯 보이지만, 원본은 모호하다. 그것은 '경비병을 배치하라'라는 명령법일 수도 있고, "너희에게 경비병이 있으니"라는 직설법일 수도 있다(65절). 만약 후자가 맞다면, 그 의미는 냉소적이다. 그가 뜻하는 바는

491 Garland, *Reading Matthew*, 262.

492 Keener, *Matthew*, 696.

이렇다. "만약 너희가 아직도 예수와 그의 집단을 두려워한다면, 성전 경비병을 배치하라. 그건 네 마음이다. 그리고 할 만한 다른 것이 있다면 그것을 하라."[493] 그래서 권세자들은 무덤에 있는 요셉의 큰 돌에 인봉을 하고 경비병을 세운다(65-66절). 권세자들의 계획은 부분적으로는 작동이 된다. 아무도 그 시신을 '훔치지' 못한다. 그러나 더 큰 힘이 가동 중이며, 책략이나 돌이나 군병도 그것을 좌절시킬 수 없다.

응답

주석에서 이미 마태가 끌어내는 반응들을 언급했다. 핵심 진리는, 십자가 죽음이 예수님에 대한 신뢰도를 떨어뜨리기는커녕 그분이 메시아이고 다윗의 자손임을 입증한다는 것이다. 독자가 부활 내러티브를 예상하는 순간에, 마태는 그 이야기가 진실임을 확고히 한다. 여자들은 정확히 그 무덤에 간다. 더 중요하게는, 마태가 곧 드러내듯이, 어떤 인간의 능력도 하나님을 거스를 수 없다.

십자가 죽음에 대한 다양한 반응은 수년 동안 사람들이 예수님께 반응한 방식의 원형들처럼 읽힌다. 백부장은 십자가 죽음이 사람들로 하여금 그리스도의 신성을 보도록 이끈다는 것을 보여준다. 나아가 군병들의 변화는 회개와 믿음이 누구에게나 가능하다는 것을 입증한다. 여자들은 신실함의 아름다움을 드러내 보이고, 아리마대 요셉은 빌라도와 달리, 부자이자 영향력 있는 사람도 예수님을 위해 그 재산과 힘을 걸 수 있고 걸어야 한다는 것을 보여준다. 그에 반해 빌라도와 대제사장들과 바리새인들이 보여주는 것은 냉소주의, 권력에 대한 사랑, 잘못 이해한 자기 과신은 자기 보호를 위해 행동하게 하고 회개와 믿음을 막는다는 것이다.

493 Carson, *Matthew*, 655. 27:65의 헬라어는 문자적으로 "가라, 너희가 [방법을] 아는 대로 지키라"로 읽힌다.

1 안식일이 다 지나고 [1]안식 후 첫날이 되려는 새벽에 막달라 마리아
와 다른 마리아가 무덤을 보려고 갔더니 2 큰 지진이 나며 주의 천사
가 하늘로부터 내려와 돌을 굴려내고 그 위에 앉았는데 3 그 형상이
번개 같고 그 옷은 눈같이 희거늘 4 지키던 자들이 그를 무서워하여
떨며 죽은 사람과 같이 되었더라 5 천사가 여자들에게 말하여 이르되
너희는 무서워하지 말라 십자가에 못 박히신 예수를 너희가 찾는 줄
을 내가 아노라 6 그가 여기 계시지 않고 그가 말씀 하시던 대로 살아
나셨느니라 와서 그가 누우셨던 곳을 보라 7 또 빨리 가서 그의 제자
들에게 이르되 그가 죽은 자 가운데서 살아나셨고 너희보다 먼저 갈
릴리로 가시나니 거기서 너희가 뵈오리라 하라 보라 내가 너희에게
일렀느니라 하거늘 8 그 여자들이 무서움과 큰 기쁨으로 빨리 무덤을
떠나 제자들에게 알리려고 달음질할새 9 예수께서 그들을 만나 이르
시되 평안하냐 하시거늘 여자들이 나아가 그 발을 붙잡고 경배하니
10 이에 예수께서 이르시되 무서워하지 말라 가서 내 형제들에게 갈
릴리로 가라 하라 거기서 나를 보리라 하시니라
1 Now after the Sabbath, toward the dawn of the first day of the

week, Mary Magdalene and the other Mary went to see the tomb.
2 And behold, there was a great earthquake, for an angel of the Lord
descended from heaven and came and rolled back the stone and sat on
it. 3 His appearance was like lightning, and his clothing white as snow.
4 And for fear of him the guards trembled and became like dead men.
5 But the angel said to the women, "Do not be afraid, for I know that
you seek Jesus who was crucified. 6 He is not here, for he has risen, as
he said. Come, see the place where he[1] lay. 7 Then go quickly and tell
his disciples that he has risen from the dead, and behold, he is going
before you to Galilee; there you will see him. See, I have told you."
8 So they departed quickly from the tomb with fear and great joy,
and ran to tell his disciples. 9 And behold, Jesus met them and said,
"Greetings!" And they came up and took hold of his feet and worshiped
him. 10 Then Jesus said to them, "Do not be afraid; go and tell my
brothers to go to Galilee, and there they will see me."

11 여자들이 갈 때 경비병 중 몇이 성에 들어가 모든 된 일을 대제사장
들에게 알리니 12 그들이 장로들과 함께 모여 의논하고 군인들에게 돈
을 많이 주며 13 이르되 너희는 말하기를 그의 제자들이 밤에 와서 우
리가 잘 때에 그를 도둑질하여 갔다 하라 14 만일 이 말이 총독에게 들
리면 우리가 권하여 너희로 근심하지 않게 하리라 하니 15 군인들이
돈을 받고 가르친 대로 하였으니 이 말이 오늘날까지 유대인 가운데
두루 퍼지니라

11 While they were going, behold, some of the guard went into the city
and told the chief priests all that had taken place. 12 And when they
had assembled with the elders and taken counsel, they gave a sufficient
sum of money to the soldiers 13 and said, "Tell people, 'His disciples

came by night and stole him away while we were asleep.' 14 And if this comes to the governor's ears, we will satisfy him and keep you out of trouble." 15 So they took the money and did as they were directed. And this story has been spread among the Jews to this day.

1) 헬, 그 주간의
1 Some manuscripts *the Lord*

단락 개관

마태의 내러티브는 예수님의 부활로 행복한 결말에 이른다. 십자가와 부활이 모든 것의 목표다. 오래 전에 예수님은 자신을 한 나라의 주인으로 밝히셨다(마 13장). 십자가에서도 사람들은 예수님을 이스라엘의 왕으로 인정했다(27:37). 그 왕에게 모든 권세가 있으므로, 어떤 적도, 죽음도 그분을 물리칠 수 없다(고전 15:26). 사도행전의 선포들은 내내 예수님의 죽음과 부활을 언급한다.

부활 내러티브들은 수난 내러티브보다 짧고, 복음서 기자들은 그 함의를 오래 숙고하지 않는다. 그 과제는 서신서들에 주어진다. 복음서 기사들은 크게 갈리고, 길이와 초점, 세부 사항도 서로 다르지만, 주요한 사건들과 정서적 어조는 같다. 공관복음은 어느 것도 부활 자체를 묘사하지 않는다. 모두 빈 무덤과 "그가 여기 계시지 않다"라고 말하는 전령이 있다. 여자들이 첫 번째 증인이며 이 사실을 제자들에게 알린다. 모든 복음서에서, 증인들은 두려움과 기쁨, 넘치는 활기, 어느 정도 이해하지 못하는 모습을 보인다. 조금씩 다르지만 일치하는 모양새는 다양하고 독립적인 목격담에서 예상할 수 있는 것들이다. 유명한 학자이자 회의론자인 샌더스는 부활 내러티브들을 무시하는 데 어려움을 겪는다.

> 나는 의도적인 사기를 〔부활 기사에 대한〕 훌륭한 설명이라 여기지 않는다. 이 목록에 있는 많은 사람이 부활하신 주님을 보았다고 선포하며 여생을 보내야 했고, 그들 중 몇몇은 그들의 대의를 위해 죽었다…예수님을 따르는 자들(그리고 이후에 바울)이 부활을 경험했다는 것은, 내 판단으로는 사실이다. 사실이 그러하기에 내가 모르는 경험들이 생겼다.[494]

비평가들은 보통 '어떤 일이 일어나' 교회가 형성되었음을 인정하는 면에서, 복음주의와 정통파 학자들과 뜻을 같이 한다. 그레그 보이드(Greg Boyd)는 부활의 역사성에 대한 주된 공격은, 반초자연주의적 전제 때문에 '아무것도' 증거로 여기지 않는 비평가들로부터 나온다고 주장했다.[495] 육체적 부활에 대한 무게 있는 정통파의 변호는, 라이트가 쓴 《하나님의 아들의 부활》(*The Resurrection of the Son of God*, CH북스)에 나온다.

단락 개요

IX. 죽음 그리고 부활(26:1–28:20)
  Q. 예수님의 부활(28:1–10)
  R. 예수님에 대한 거짓 보고(28:11–15)

28장

494 Sanders, *Historical Figure of Jesus*, 279-280.

495 Gregory A. Boyd, *Cynic Sage or Son of God? Recovering the Real Jesus in an Age of Revisionist Replies* (Wheaton, IL: Victor, 1995), 287.

이 단락은 두 부분으로 나뉜다. 28:1-10에서 예수님은 내러티브 밖에서 부활하시고, 내러티브 안에서는 많은 활동이 일어난다. 여자들이 와서 보고, 지진이 일어나고, 천사가 내려와 돌을 굴려내고 그 위에 앉는다. 경비병들은 두려워 떨고, 천사는 여자들에게 "무서워하지 말라"라고 말한다. 이는 경비병들이 무서워'해야 함'을 암시한다. 천사는 여자들에게 빈 무덤을 살펴보고 빨리 가서 예수님이 살아나셨음을 제자들에게 알리라고 한다. 그들은 무서움과 큰 기쁨으로 가던 중 예수님을 만난다. 그들은 경배하고 다시 비슷한 말씀을 듣는다. "무서워하지 말라 가서 내 형제들에게…[말]하라 거기서 나를 보리라."

두 번째 부분에서는 관리들이 부활을 숨기려는 시도를 하는데(11-15절), 이는 첫 번째 부분과 극명하게 대조된다. 이 부분은 또한 권세자들이 무덤에 경비병을 배치한 27:62-66과 밀접한 관계가 있다.

주석

28:1-10 이 부분은 행동과 반복으로 가득 차 있다. '보라'[이두(*idou*), "behold"]가 2, 7a, 7b, 9절에 나오고(개역개정에는 7b절에만 나옴), '보다'(see)가 1, 6, 7, 10절에 나온다. 4, 5, 8, 10절에서는 무서움이 언급되거나 암시되며, 5절과 10절에 "무서워하지 말라"라는 명령이 있다. 2절과 4절에서는 땅과 사람의 마음이 떨린다. 마지막으로, 천사는 7절에서 여자들에게 제자들한테 알리라고 명령한다. 8절에서 여자들은 그렇게 하려고 뛰어가는데, 9-10절에서 예수님이 그들을 가로막으며 같은 명령을 반복하신다. 우리는 도처에서, '보라(behold), 보라(see), 가라(빨리!), 말하라'라는 명령을 읽는다.

그 행동은 "막달라 마리아와 다른 마리아가" 무덤을 보려고 갈 때 시작된다. 마가복음 16:1은 그들이 예수님의 시신에 향료를 바르기 위해 갔다고 기록한다. 제대로 된 장례는 시간이 걸리는데, 아리마대 요셉은 유월절 전 준비하는 날이 저물어서 그 시간을 갖지 못했다(마 27:57-60).

여자들은 요셉을 지켜보았으므로(27:61) 정확한 무덤을 찾아가지만, 놀라운 일이 그들을 기다린다. 무덤에 도착하자, 지진이 나고 눈부신 천사가 예수님의 무덤을 인봉한 돌을 굴려내고(힘이 많이 드는 일이다), 그들은 천사가 그 돌 위에 앉은 것을 본다. 무덤이 열린 것은 주님이 탈출하시도록 하기 위한 것이 아니라 "첫 증인들이 들어가게 하기 위한 것"이다.[496] 천사가 경비병들을 두렵게 만들어 그들이 무서워 떤다(27:51; 28:2, 4에 떨림이 있다). 그러나 천사는 경비병들을 무시하고 '여자들'에게 무서워하지 말라고 명령하면서 경비병들을 공포 가운데 그대로 둔다.[497] (십자가 죽음을 목격한 군병들도 두려워했지만, 그들은 27:54에서 자신들의 두려움을 더 적절하게 사용했다.)

'두려워하지 말라'는 명령은 성경에 70회 가량 나온다. 복음서에는 보통 예수님이 가까이 계시는 경우다(14:27; 눅 5:10). 그러나 그 여자들은 행복한 부재 때문에 두려워한다. 그들은 십자가에 못 박혔던 예수님을 찾지만, "그가 여기 계시지 않고…살아나셨[다]." 그런 다음 천사가 그 증거를 보기 위해 "그가 누우셨던 곳을 보라"라고 권유한다(마 28:5-6).

그 다음 천사는 빨리 가서 제자들한테 그분이 살아나셨고 갈릴리로 가시는 중이며 그들은 거기서 그분을 볼 것이라고 알리라고 한다(7절). 여자들이 순종하여 무서움과 큰 기쁨을 안고 간다. 남아 있는 두려움은 이해할 만하다. 그들은 경외심을 불러일으키는 것들을 보았다. 두려움과 기쁨의 원천은 분명하다. 예수님이 살아나셨다는 것이다! 이내 그들의 기쁨이 커진다. 보라, 그들이 예수님을 직접 본다. 그분이 그들에게 인사하시고, 그들은 그분에게 나아가 발을 붙잡고 경배한다. 그런 다음 예수님이 그들의 임무를 되풀이하신다. 그들은 제자들에게 가서 갈릴리에서 그분을 만나라고 말해야 한다.

496 Carson, *Matthew*, 658.

497 근무 태만에 대한 벌을 두려워하는 것이 한 요소일 가능성이 있다. 경계 근무 중 잠든 것에 대한 벌은, 죽음에 이를 수도 있는 푸스투아리움(fustuarium)이라 불리는 매질이었다. 살아남은 자들은 죽을 때까지 버려지거나 유배되었다. 참고. Polybius, *The Histories of Polybius, trans. Evelyn S. Shuckburgh*, 2 vols. (1889; Bloomington: Indiana University Press, 1962), 489-491.

교회가 이를 조작했다면, 여자들을 부활의 첫 증인으로 만들지 않았을 것이다. 당시는 여자들을 신뢰할 만한 증인으로 여기지 않았기 때문이다. 그 이야기는 전혀 누군가가 만들었을 것 같지 않다. 따라서 진실이어야 한다. 그것은 분명 교회의 존재를 설명해준다. 그러나 믿지 않으려는 이들이 있다. 그들에게는 어떤 증거를 주어도 폐기하거나 거부한다.

28:11-15 예수님이 십자가에서 죽은 이후 대제사장들과 바리새인들은 빌라도에게 가서, 예수님이 "내가 사흘 후에 다시 살아나리라"(마 27:63)라고 예언하셨던 것을 상기시켰다. 그들은 빌라도에게, 제자들이 시신을 훔치고 그분이 살아나셨다고 선포하지 않도록 사흘째 되는 날까지 무덤에 경비병을 세우라고 권했다(27:64). 부활은 그들의 계획을 망친다. 여자들처럼 경비병들이 가서 무덤에서 일어난 일을 말한다. 그러나 대제사장들은 그 소식이 퍼지는 것을 막기 위해 할 수 있는 일을 다 한다.

우리는 여러 아이러니들을 볼 수 있다. 먼저, 예수님의 적들이 제자들보다 부활의 약속을 더 잘 기억한다. 그러나 유대 지도자들은 제자들이 기억'할 것'이라 예상하고, 모든 가짜 부활 시도를 좌절시킬 계획을 세운다. 그들의 요청에 따라 빌라도는 무덤을 지켰다(27:65-66). 권세자들의 계획이 어느 정도는 작동한다. 아무도 시신을 훔쳐가지 않는다. 그럼에도 불구하고 부활로 인해 시신이 사라진다. 그때 경비병들이 대제사장들에게 "모든 된 일을"(28:11) 알린다. 대제사장들은 장로들과 만나 계획을 수립한 후, 군인들에게 충분한 돈을 주며 근무 태만을 자백하라고 말한다. "그의 제자들이 밤에 와서 우리가 잘 때에 그를 도둑질하여 갔다"(12-13절)라고 말이다. 만약 그 보고가 총독에게 이르면, 대제사장들은 군인들을 보호해주겠다고 약속한다. 군인들은 돈을 받고 지시받은 대로 한다(11-15절).

무덤을 인봉하고 지키는 권세자들의 헛된 노력이, 무덤을 여시는 하나님의 능력과 대조된다. 보잘것없는 군인들이 전능하신 하나님을 좌절시킬 수 있는가? 그리고 하나님은, 제자들이 주장할지 모른다고 지도자들이 생각했던 그것을 하신다. 이스라엘의 대제사장들과 장로들은 제자들이 시신을 훔쳐갔다고 주장하도록 군인들에게 돈을 주지만, 그 무엇도 예수님의 부활 이야기가 확산되는 것을 멈추게 하지 못한다.

아이러니가 더 있다. 권세자들은 그들이 막고자 했던 바로 그 이야기를 퍼뜨림으로써 부활을 숨기려 한다. 권세자들이 경비병들에게 제자들이 시신을 훔쳐갔다고 말하라고 이야기할 때, 그들은 빈 무덤 이야기를 '퍼뜨린다.' 권세자들은 또한 그들의 부패를 입증한다. 그들은 자신들이 믿을 수 있도록 예수님께 표적을 요구했었고(27:42), 예수님은 부활 외에 어떤 표적도 얻지 못할 것이라고 말씀하셨다(12:38-40). 이제 그들은 자신들이 요구했던 표적이자 예수님이 약속하셨던 표적을 얻는다. 그러나 믿는 대신 그 증거를 없애려 한다.[498]

응답

부활은 예수님이 주장하시는 것이 그대로 성취되었음을 보여준다. 예수님은 복음 사역을 하는 동안, 예언자와 제사장, 왕, 심판자, 치유자, 구세주, 현자의 역할을 담당하신다. 무엇보다 예언자로서 합당하게 자신의 죽음과 부활을 예언하신다. 또 제사장으로서 죄에 대한 희생 제사를 드리신다. 그리고 왕으로서 그 백성의 모든 대적을 물리치신다. 많은 사람이 그분을 거부한다 해도, 마태는 예수님이 우리가 믿을 수 있는 분이심을 입증한다.

마태복음 28:11-15은 권력이 타락하고 남용되는 모습을 보여준다. 권세자들의 행동은 아주 사악하지 않다면, 터무니없다. 군병들이 잠들었다면 어떻게 그 시신을 훔쳐간 것을 알 수 있었을까? 우리는 이들의 모습을 통해 자금의 남용, 거짓말, 법률 제도의 조작 등을 본다. 권세자들은 예수님을 "저 속이던 자"(27:63)라고 불렀지만, 지금 누가 속이고 있는가? 이야기

498 Garland, *Reading Matthew*, 264.

는 베일이 불신자들의 눈을 가리고 있음을 독자들에게 상기시킨다. 어떤 사람들은 회개하고 믿으려 하지 않는다. 그러나 몇 명의 여자들은 믿음의 길을 보여준다. 그들은 예수님에 대한 믿음과 사랑으로 예수님과 함께 머물고, 그 무덤을 찾아가고, 두려움을 극복하고, 예수님을 증언하되 그 모든 일을 기쁘게 한다.

16 열한 제자가 갈릴리에 가서 예수께서 지시하신 산에 이르러 17 예
수를 뵈옵고 경배하나 아직도 의심하는 사람들이 있더라 18 예수께서
나아와 말씀하여 이르시되 하늘과 땅의 모든 권세를 내게 주셨으니
19 그러므로 너희는 가서 모든 민족을 제자로 삼아 아버지와 아들과
성령의 이름으로 1)세례를 베풀고 20 내가 너희에게 분부한 모든 것을
가르쳐 지키게 하라 볼지어다 내가 세상 끝날까지 너희와 항상 함께
있으리라 하시니라

16 Now the eleven disciples went to Galilee, to the mountain to which
Jesus had directed them. 17 And when they saw him they worshiped
him, but some doubted. 18 And Jesus came and said to them, "All
authority in heaven and on earth has been given to me. 19 Go therefore
and make disciples of all nations, baptizing them in[1] the name of
the Father and of the Son and of the Holy Spirit, 20 teaching them to
observe all that I have commanded you. And behold, I am with you
always, to the end of the age."

1) 헬, 또는 침례

1 Or *into*

28장

단락 개관

마태복음은 제자들이 부활하신 그리스도를 만날 때 절정에 이른다. 해석자들이 그 단락을 정확하게 읽으려면, 사복음서의 부활 내러티브를 마음대로 섞어서는 안 된다. 마태복음에서는 이 구절이 사도들과 부활하신 그리스도가 만나는 유일한 장면이다. 어떤 주제들, 즉 의심, 모든 민족을 향한 선포, 하나님의 임재, 예배는 누가복음에도 나온다(눅 24:38, 47-49, 52). 요한복음에서도 부활하신 그리스도가 제자들을 만나 그들을 전 세계적인 사역으로 보내신다(요 20:19-23).[499] 하지만 마태복음은 구별된다. 천사와 예수님 둘 다 제자들에게 갈릴리로 돌아가라고 지시한다. 그들은 그곳에서 예수님을 볼 것이다. 제자들은 예수님을 만나 그분께 경배하지만 일부는 의심하거나 주저하는데, 마태는 그 이유를 설명하지 않는다. 그 산에서 예수님은 제자들에게 합당하게 대위임령이라 불리는 임무를 부여하신다. 그것은 그들에게 '큰' 임무를 위임하기 때문이다.

그 위임은 가르침, 권세, 제자도라는 마태복음에 배어 있는 주제들을 개괄한다. 예수님은 도성과 회당과 성전에서 가르치셨다(마 4:23; 9:35; 13:54; 21:23). 그분은 사적으로 또 공적으로 가르치셨다(7:29; 11:1). 그분은 또 가르치고 병을 고칠 때 권세를 행사하셨다(7:29; 9:8). 그리고 제자들을 부르고 훈련해서 결국 그들이 다른 사람들을 제자로 삼도록 준비시키신다(5:1; 10:1, 24-25)

단락 개요

IX. 죽음 그리고 부활(26:1-28:20)
    S. 예수님이 주신 위임령(28:16-20)

이 단락에는 두 요소가 있다. 예수님과 제자들의 만남에 관한 짧은 기사와 예수님이 제자들을 위임하시는 장면이다. 내러티브에서 제자들은 갈릴리로 돌아간 다음 부활하신 주님을 본다. 내러티브는 재빨리 예수님의 명령으로 이어진다. 그 위임령은 A-B-A′ 구조 혹은 샌드위치 구조다. 이는 "하늘과 땅의 모든 권세를 내게 주셨으니"(28:18)라는 위임령의 근거로 시작하여 "내가…너희와 항상 함께 있으리라"(20절)라는 예수님의 도우시는 임재에 대한 확언으로 마무리된다. 따라서 예수님은 위임령의 근거로 시작하여 그 위임령을 위한 힘으로 마무리하신다.

위임령 자체는 네 요소로 되어 있다. 핵심은 "제자로 삼아"라는 명령이다. 이 명령에 3개의 병행되는 종속 분사가 걸려 있는데, 하나는 그 명령 앞에 나오고 둘은 그 뒤에 나온다. 그 분사들은 본동사에 따라 명령형의 효력이 있고, 사도들이 어떻게 제자를 삼아야 하는지 설명한다. 그것은 가서, 세례를 베풀고, 가르치는 것이다. 목표는 "모든 민족"이며, 이는 이스라엘과 이방 세계를 아우른다. 예수님의 권세와 그분의 임재 약속이 그 위임령을 괄호로 묶고 지지한다.

주석

28:16-17 28장에서 제자들은, 모든 영광 가운데 계시며 이전의 한계는 전혀 없는, 부활하신 그리스도를 만난다. 부활한 아침, 예수님은 제자들에게 갈릴리에 있는 산에서 만나자고 말씀하신다(10, 16절). 이는 미리 계획된 일의 일부로 보인다. 유다 없이 "열한 제자가" 예수님께 나아온다. 예수님의 사명은 "이방의 갈릴리"(4:15)에서 시작되었으므로, 역시 갈릴리로부터 나아가야 한다. 4:15-16에서 예수님은, 죽음의 그늘에 있는 이방인들

28장

499 마가복음 16:14-18의 병행구절은 원본의 일부가 아닌 것 같다. 그 원본은 분명 16:8에서 끝나는 것으로 보인다.

과 제자들에게 비치는 빛으로 묘사된다. 그분이 빛이므로 그분의 제자들도 세상의 빛이다(5:14-16). 28장에서 예수님은 빛인 그분의 제자들을 세상 속으로 보내신다.

예수님이 먼저 도착해서 제자들을 기다리신다. 마태는 제자들이 예수님을 보자 "경배하나 아직도 의심하는 사람들이 있더라"(17절)라고 말한다. 경배는 그들이 죽었다가 살아나서 경배와 찬양을 받기에 합당하신 예수님을 알아보았음을 가리킨다. 복음서 앞부분에서 사람들은 예수님께 신성이 있다고 여기고(8:8-10), 그분께 신적 칭호를 붙이고(14:33; 16:16), 그분 앞에 엎드린다(17:6). 지금 마태는 하나님의 아들 예수님이 온전한 의미에서 경배를 받으시기에 합당하다고 단언한다.

그 다음 어구가 아주 놀랍다. 제자들은 어떻게 경배하면서 '동시에 의심'할 수 있는가? 제자들은 그분이 예수님이심을 확신하지 못하는가? 아니면 그분을 버린 것을 용서받을 수 있을지 의심하는가? 그분께 경배해야 한다는 것을 의심하는가? 의심하는 자들은 다른 그룹인가?

의심하는 자들이 별개의 그룹을 나타낸다는 암시는 없다. 제자들이 '사람들'의 선행사이므로, 제자들이 의심한다. 또한 '사람들'(some)은 헬라어 호이 데(*hoi de*)의 번역으로, '그들'을 의미할 수도 있다. 이 경우, 마태의 말은 제자들이 모두 의심하고 있다는 의미일 것이다.[500]

"의심"에 대한 정의가 반드시 필요할 것 같다. 신약에서 의심을 나타내는 흔한 동사는 디아크리노(*diakrinō*, 21:21; 롬 14:23; 약 1:6)다. 그런데 이곳에서 마태는 신약에서 단 두 번 나오는 디스타조(*distazō*)를 쓴다(참고. 마 14:31). 디스타조는 '의심하다' 혹은 '주저하다'라는 의미일 수 있다. 14:31에서 베드로는 물 위로 예수님께 걸어가다가 폭풍우를 보는 순간 흔들린다. 예수님은 베드로를 올리고피스테(*oligopiste*), 즉 "믿음이 작은" 자라고 부르시므로, '주저하다'가 14:31 디스타조의 좋은 번역인 듯 보이고, 그것은 28:17

500 호이 데는 "(일부) 사람들" 혹은 "그들"을 의미할 수 있다. 그 의미가 "(일부) 사람들"임을 확실히 하려면 관계대명사 티스(*tis*)가 있어야 하는데 이곳에는 없으므로 그 번역은 확실하지 않다.

에도 어울린다. 따라서 열한 제자는 예수님께 경배할 충분한 믿음이 있지만 아직 주저한다. 누가복음 24장도 유사한 어조다. 제자들은 부활하신 그리스도를 볼 때 불안해하고 의문을 품고 "너무 기쁘므로 아직도 믿지 못[한다]"(눅 24:36-41). 믿음과 기쁨과 주저함이 섞이는 일은 인간에게 흔하다. "완전히 소화하지 못하도록 그들에게 너무 많은 일이 너무 빨리 일어났다." 그들에게는 아주 기뻐하는 믿음과 불확실함 둘 다 있다. 그들은 경배하는 동시에 주저한다.[501]

28:18-20 예수님은 대위임령이라 불리는 명령을 들고 그들을 만나신다. 그 명령은 "모든 권세를 내게 주셨으니"(18절)로 시작한다. 하나님의 아들이자 메시아인 예수님은 항상 최고의 권세를 가지고 계셨지만, 부활 전에는 그 권세가 가려져 있었다. 그러나 예수님은 "죽은 자들 가운데서 부활하사 능력으로 하나님의 아들로 선포되셨[다]"(롬 1:4). 부활 이후 더 공개적으로, 더 넓은 영역에서 권세를 행사하신다.

위임령 자체는 다음과 같다. "그러므로 너희는 가서 모든 민족을 제자로 삼아 아버지와 아들과 성령의 이름으로 세례를 베풀고 내가 너희에게 분부한 모든 것을 가르쳐 지키게 하라"(28:19-20). 중심 되는 명령, 즉 유일한 명령형이자 유일한 정동사는 "제자로 삼아"이다.

위임령은 "제자로 삼[으라]"다. 예수님에 대해 말하라, 복음을 선포하라, 회심시키라, 교회를 시작하라가 아니다. 물론 그분의 위임령이 이 모든 것을 전제하기는 하지만 말이다. 제자를 삼는 일은, 회심시키고 그들을 성숙을 향한 고된 여정으로 이끄는 것이다.

"모든 민족"은, 예수님이 먼저 이스라엘을 위해 왔지만 모든 사람을 위해 오시기도 했음을 의미한다. 예수님은 먼저 제자들을 이스라엘로 보내면서 그들이 이방인들과 왕들 앞에 설 것이라고 예언하셨다(마 10:5, 18). 창

501 Hagner, *Matthew*, 2:884-885.

세기 12장 이후로 전 세계적 선교가 고려되었고, 마태는 종종 이방인 선교를 암시한다(마 2:1-12; 8:5-13; 15:21-28). 그가 말했듯이, 그 나라는 믿고 열매 맺는 모든 사람의 것이다(21:43). 초기 교회는 이를 받아들이려 애썼고, 성령은 사도들과 예루살렘 그리스도인들을 이방인 선교와 이방인 신자를 온전히 받아들이는 데로 몰아가셔야 했다(행 7-13장).

"제자로 삼아"라는 위임령은, 제자들이 어떻게 그 임무를 완수할지 알려주는 3개의 분사구로 더 자세히 서술된다. 그들은 가서, 세례를 베풀고, 가르침으로써 제자로 삼는다. ESV는 첫 번째 분사를 명령형 '그러므로…가서…제자로 삼아'로 번역한다. 분사들이 명령형 바로 앞에 있을 때 흔히 그렇듯이, 그 분사는 명령형의 효력이 있다(마 2:8, 13; 9:12; 11:4; 17:27). 그러나 두 번째와 세 번째 분사 역시 명령형의 효력이 있다. 세 분사 모두 제자들이 '어떻게' 그 위임령을 완수할지 설명한다.[502] 예수님을 따르는 이들은 구체적으로, 세상이 그들에게 오도록 기다림으로써가 아니라 세상을 향해 감으로써 제자로 삼는다.

둘째, 사도들은 삼위 하나님의 이름으로(혹은 이름 안으로) "[그들에게] 세례를 베풀[어]" 제자로 삼는다(28:19). 삼위 하나님의 이름으로 베푸는 세례는 예수님의 신성은 물론 성령의 신성을 암시한다. 이는 보통 마태복음에 암시된 것, 즉 예수님이 경배 받으시기에 합당한 하나님의 아들이자 바로 하나님 자신임을 좀 더 명확하게 해준다. 유아세례의 문제는 차치하고, 세례를 베풀라는 위임령은 사도들이 회심자들에게 아버지와 아들과 성령의 이름으로 세례를 받음으로써 예수님과 관계를 맺으라고 공개적으로 요청하라는 명령이다.

셋째, 교회는 "내가 너희에게 분부한 모든 것을 가르쳐 지키게[즉, 순종하게]"(20절) 함으로써 제자로 삼는다. "모든 것"은 이중적인 판타 호사의 번역으로, '이것저것 모두'로 번역될 수 있는 용어를 강조한다. 예수님이 가

502 Wallace, *Greek Grammar*, 642-645.

르치신 이것저것 모두를 찾는 것은, 마태복음을 다시 읽음으로 시작할 수 있다. 언젠가 누군가가 말했듯이, 예수님이 오늘날 교회에게 하시는 말씀을 알고자 한다면, 복음서에서 밑줄을 치지 '않은' 부분을 살펴야 한다.

그 위임령의 범위는 "모든"의 반복에서 분명하게 드러난다. 예수님은 '모든' 권세를 가지고 계시고, 그분을 따르는 이들은 항상(문자적으로, '모든 날') 그분의 임재로 힘을 받아 예수님이 명령하신 '모든' 것을 가르침으로 '모든' 민족을 제자로 삼는다. "내가…너희와 항상 함께 있으리라"(20절)는, 마태복음에서 예수님이 그분의 임재를 세 번째로 선언하시는 장면이다. 각각이 전략적으로 중요한 순간에 나온다. 예수님은 태어날 때, 그분의 백성을 구원하기 위해 "하나님이 우리와 함께 계시다"라는 뜻의 임마누엘로 불리신다(1:23). 18장에서는 예수님이 교회의 거룩함을 확고히 하기 위해 우리와 함께하는 하나님을 약속하신다(18:20). 이곳에서 예수님은 모든 민족을 제자로 삼기 위해 우리와 함께하는 하나님이 되신다(28:20). 예수님은 그분의 백성을 홀로 혹은 무력하게 내버려두지 않으신다.

응답

세상에는 예수님에 대한 많은 개념이 있는데, 그 대부분에 진리의 요소가 있다. 예수님은 선생, 친구, 위로자, 역할 모델, 도와주는 분, 법을 정하는 분, 심판자, 구세주다. 마태복음 28:16-20은 그분이 부활하신 주, 사명을 지휘하시는 분, 제자 삼는 이라고 덧붙인다.

마태복음 전체가 제자가 되는 일이 어렵다고 말하는데도, 이 단락은 누구나 제자가 될 수 있다고 말한다. 다행히도 누구도 그 길을 혼자 가지 않는다. '작은 믿음'으로 출발하는 지도자 세대들을 일으키는 과정을 사도들이 주도한다. 예수님은 그들이 끝까지 주저하더라도 대위임령을 받을 준비가 되도록 오래 참으신다. 작은 믿음에서 성숙으로 가는 과정은 지금까지도 계속된다. 따라서 그분의 다른 호칭들 옆에, 예수님은 학생들을 사랑하시고, 그들을 최고 수준의 지식과 기량으로 이끌기로 다짐하시는, 노련하고 경험 많은 코치와 같다고 덧붙일 수 있다.

그 목표가 너무 높아 보인다면, 한때 경멸받던 세리였다가 자신의 복음서에서 예수님의 메시지를 교회에 전달할 만큼 그 메시지에 충분히 숙달된 마태를 기억하자. 마태가 그랬던 것처럼 모든 신자가 성장할 수 있다. 예수님의 삶과 가르침과 임재가 마태를 세리에서 믿음이 작은 사람으로 그리고 사도로 변화시킬 수 있다면, 그분은 누구에게든 똑같이 하실 수 있다. 그 사명은 아주 고되지만 세상이 그것을 필요로 한다.

하지만 마태복음의 올바른 결론은 예수님 자체로 마무리된다. 17절로 돌아가서, 어떤 제자든 주저함에서 경배로 그리고 다시 원래의 자리로 돌아갈 수 있음을 보자. 제자들에게는 예수님에게서 꼭 받아야 할 것이 있다. 그분이 주님이며 동시에 우리와 함께하는 분이라는 확신이다. 그분은 죽음에서 부활하고 죄와 죽음을 이긴 구세주다. 예수님은 그분의 명령을 위임할 때 우리가 불순종할 수 있음을 아신다. 그분은 완벽하게 가르치는 동시에 그 자신의 조언을 완벽하게 따르는 분이다. 이는 우리를 그분의 죽음과 부활로 돌아가게 한다. 누구도 그분의 명령에 온전히 순종하지 못한다는 것을 잘 아는 예수님이, 그 불순종의 결과를 직접 지셨다. 위대한 선생인 그분이 가르치고, 깨우치고, 이끌기 위해 오셨다. 그러나 그분은 선생 그 이상이다. 그분은 "자기 목숨을 대속물로 주시기 위해" 오셨다. 그리고 그 이후, 부활로 그분의 생명을 되찾으셨다. 그 부활은 죄와 죽음에 대한 그분의 승리, 믿음을 통해 우리의 것이 되는 그 승리를 확증한다. 요컨대 제자들이 순종해야 하는 명령들이, 인간이 듣거나 말하는 가장 위대한 이야기 안에 담겨 있다. 그 이야기를 짧게 다시 정리함으로써 이 주석서를 마무리하려 한다.

예수님 이야기

예수님은 갈릴리 바다에서 약 24킬로미터, 지중해에서 32킬로미터 떨어진 갈릴리의 나사렛이라는 작은 마을에서 자랐다. 이스라엘의 푸르고 비옥한 북쪽 지역을 내려다보는 고원의 우묵한 부분에 자리 잡은 나사렛은, 몇천 명이 사는 작은 마을이었다. 외진 곳이지만, 그 지역의 그리스-로마 건물들, 여러 나라 말로 이루어지는 대화, 조세 부담은 로마 제국을 떠오르게 했다. 무덤에 새겨진 그리스어 비문과 함께 폐허가 된 목욕탕, 도서관, 경기장들은, 일면 시대착오적인 증언이기는 하지만 마태가 "이방의 갈릴리"(마 4:15)를 언급한 이사야의 구절을 인용할 이유가 있었음을 말해준다.

헤롯 대왕이 수십 년 전에 건축한 해양의 가이사랴(Maritime Caesarea)는 갈릴리 출신 유대인에게 매력적인 곳이었다. 이 아름다운 도시는 화려한 항구, 좌석 수만 5천에 마지막 열까지 소리가 잘 들리는 그리스-로마 원형극장, 갈멜산에서 물을 운반하는 로마 수로를 자랑했다. 조금 더 가까이에는 갈릴리 바다 옆에 자리 잡은 디베랴가 있었다. 이곳은 율법을 준수하는 유대인들을 부정하게 만드는 묘지 위 저렴한 땅에 건축한 거대한 신도시였다.

예수님의 아버지는 장인(匠人)이었고 예수님도 마찬가지였다. 우리는 그들을 목수라고 부르지만, 헬라어 테크톤(*tektōn*)은 나무와 돌과 금속으로 작업하는 사람을 가리킨다. 이후 전통은 요셉과 예수님이 훌륭한 쟁기를 만들었다고 말한다.

세례 요한이 등장했을 당시, 이스라엘은 약 한 세기 동안 로마의 속주였고, 거의 4세기 동안 예언자의 말씀을 듣지 못했다. 해방, 구원, 심지어 반란에 대한 말까지 떠돌았지만, 전형적인 유대인이 어떤 생각을 했는지, 어떤 소망들이 커지고 있었는지는 알기 어렵다.

그때 세례 요한이 나타났다. 그의 말은 틀릴 리가 없었다. 그는 야인처럼 옷을 입고, 제대로 된 음식이나 주거지도 없이 유대 광야에서 살았다. 사람들은 그가 "회개하라, 하나님의 나라가 가까이 왔다!"라고 말하는 것을 듣기 위해 몰려왔다. 그런 배경에서 하나님 나라가 임했다는 말은 로마 통치가 끝났다는 선언으로 들릴 수 있었다. 그러나 몇 세기만에 온 첫 예언자 요한은 더 많은 것을 의미했다. 심판이 가까이 왔고, 회개가 긴급하고, 구원자가 곧 오실 것이다. 그가 아니다. 세례 요한은 그분의 신발도 들 수 없을 정도로 높으신 분, 바로 예수님이다.

예수님의 사역은 조용히 시작되었다. 그분은 갈릴리와 유대를 순회하며 요한복음 2-4장에서 이야기하는 몇 가지 기적을 행하셨다. 그분은 표적을 행하시는 선생으로 인식되어 보통 사람들, 니고데모 같은 훌륭한 지도자들, 여러 번 이혼한 사마리아 여인 같은 보잘것없는 사람들을 만나기 시작하셨다. 또 첫 제자들도 만나셨다.

그러나 곧 예수님은 치유자와 예언자로 세상 앞에 갑자기 나타나신다. 기적은 확실했다. 사람들은 아우성치고 울부짖으며 그분이 계신 곳으로 들어왔다가, 편안하고 조용히 떠났다. 말없이 왔다가 기뻐 소리치며 떠났다. 완고하게 들어왔다가 느슨하고 유연하게 떠났다. 마비된 채 들어왔다가 걸을 만큼 강건해져서 떠났다. 그 이야기들은 소문처럼 퍼져나갔고 사방에서 무리가 몰려왔다.

무리는 물론 그분의 행위에 경탄했지만, 그분이 보호하시는 공동체도 주목했다. 그분은 회당뿐만 아니라 거리에서도 시간을 보내셨다. 엘리트뿐만 아니라 버림받은 이들과도 함께 식사하셨다. 그분은 최고의 만찬을 마음껏 드셨지만 밤에는 머리 둘 곳이 없었다. 무엇보다 그분은 죄인의 친구였다.

무리는 그분을 흠모했지만, 지도층은 그분에게 날카로운 시선을 보냈다. 예수님이 거룩한 분이라면 왜 죄인들과 어울리는지 의아해 했다. 많고 많은 지역 중에 하필이면 나사렛 출신의 아버지 없는 이 노동자는 대체 누구란 말인가? 그분은 분명 거룩한 전통에 대한 교육이 부족했다. 하지만 감히 랍비처럼 행동하며 제자들을 모으고 율법을 가르치셨다. 심지어 "내가 진실로 너희에게 이르노니"라고 예언자처럼 말씀하셨다. 누가 그분에게 이렇게 하나님처럼 말할 권리는 주었는가? 그리고 그분은 거룩한 사람처럼 살지 않으셨다. 평판이 좋지 않은 여자들과 눈꼴사납게 어울리셨고, 로마의 대행자들을 친구라 부르며 백주대낮에 그들과 함께 식사하셨다.

그들의 반대는 진지한 면이 있었다. 예수님은 사회 규범들, 특히 랍비나 성인(聖人)에게 기대되는 바를 어기셨지만, 기소에 이르는 데는 분명 그들의 위선과 시기심도 역할을 했다. 결국 예수님의 이득은 기소자들의 손실이었다. 그들은 자신의 완강한 반대를 천천히 입증했다. 예수님이 선을 행하실수록 그들은 더 적대적이 되었고, 결국 사탄과 결탁하여 병을 고친다며 그분을 기소했다.

비판이 강도가 세지려 하자 예수님이 물러나셨다. 그분은 수수께끼 같은 이야기들을 하시고, 대중이 아닌 몇몇 친구에게 그것들을 설명해주셨다. 또한 열두 제자에게 집중하기 위해 물러나셨는데 그것은 타당한 이유였다. 어떤 면에서 그들은 대중보다 더 무지하곤 했다. 그러나 예수님은 그들에게 은혜에 대해, 그분의 나라 안에서의 삶에 대해, 그분의 임박한 죽음에 대해 말씀하셨다.

예수님은 유월절 직전에 공생애로 돌아오셨다. 그분은 이전에 예루살렘에 가서 성전 경내의 윤이 나는 돌에 딱딱한 발을 대보신 적이 있다. 그분은 예루살렘의 좁은 거리에 빽빽이 들어선 무리를 아셨다. 수십 년 간의 공사로 최근에 거의 완공된 그 건물들을 보셨다. 지는 해의 빛 줄기가 대리석 벽을 아주 밝게 비추어 눈에 부셨지만, 그 빛이 예수님의 눈을 멀게 하지는 않았다. 그분은 어디를 봐야 할지 아셨기 때문이다. 그 벽 안쪽, 현재의 제사장들 아래서, 열매가 전혀 없이 잎만 무성한 나무같은 실체 없는 예식을 감지하셨다. 아버지의 집을 향한 열심이 그분을 사로잡았다. 성전을 방문했을 때, 이방인의 뜰 안에서 돈 바꾸는 자들을 보셨다. 주님은 그분의 성전이 모든 민족이 기도하는 집이 되도록 설계하셨지만, 그들의 상업이 이방인들의 예배를 거의 불가능하게 만들었다. 의분에 가득 찬 예수님은 그들을 쫓아내셨다.

누구도 그분께 저항할 수 없었고, 그분은 잠시 성전을 닫으셨다. 그러나 권세자들은 화가 많이 났다. 그들은 "누가 당신에게 그 권리를 주었는가? 누가 당신에게 우리의 성전에서 움직일 권한을 주었는가?" 하고 강력하게 물었다.

때로 바리새인들은 예수님이 죽는다면 이스라엘이 더 나아질 것이라고 생각했다. 그러나 바리새인들은 한 종류가 아니었다. 소수는 그분이 하나님의 아들이 틀림없다고 생각했고, 다른 이들은 적어도 그분의 말씀을 끝까지 듣고 싶어 했다. 무엇보다, 바리새인들에게는 예수님을 처형할 권리가 없었다. 예수님이 성전을 심판할 때 그분은 대제사장들을 거스르셨는데, 바리새인들과는 달리 그들에게는 로마의 권세자들을 움직여 이 성가신 선생을 처형하게 할 충분한 정치적 영향력이 있었다. 예수님이 위험인물이라고 로마인들을 설득하는 것이 반드시 필요했고, 예수님은 그것이 충분히 가능하도록 말씀하고 행하셨다. 로마법은 성전을 보호했으므로 그것은 가능성 있는 안이었을 것이다.

쉽지 않았지만, 대제사장들과 장로들은 결국 예수님께 사형을 선고하도록 빌라도를 설득했다. 십자가형은 항상 암울한 일이었지만, 이번에는 놀라우면서도 불길한 요소가 있었다. 예수님의 십자가형은 오래 걸리지 않았다. 단 몇 시간 만에 끝났다. 예수님은 십자가에서조차 그분의 일을 계속하셨다. 끝까지 말씀하고 기도하셨다. 이상한 어둠이 갑자기 땅에 내려앉았고, 지진이 뒤따랐다. 무엇보다 예수님은 나머지 사람들처럼 죽지 않으셨다. 그분은 이생에서 벗어날 순간을 선택하고, 그분의 영혼을 아버지께 부탁하시는 듯 보였다.

어떤 사람들, 심지어 몇몇 로마의 사형 집행인들도, 그들이 끔찍한 실수를 한 것은 아닌지 불안했다. 그런데도 권세자들은 그들이 그날 이겼다고 믿었다. 결국 예수님이 그분의 주장대로 하나님의 대행자라면, 하나님은 그분을 그렇게 불명예스럽게 죽게 내버려두지 않으실 것 아닌가?

제자들은 숨어서 움츠러들 이유가 있었다. 그들은 예수님이 이스라엘을 구원하시는 분이길 바랐지만, 지금 그분은 처형당한 죄인이었다. 그것이 그분을 따르는 이들의 신변에 시사하는 바가 무엇인가? 다행히도 그들은 오래 숨지 않았다. 그 주의 첫 날, 그분이 자주 예언하셨던 대로 아버지가 예수님을 살리셨다. 치유되고 변화되고 능력을 입은 예수님이 수의에서 빠져나와 그 무덤을 떠나셨다. 천사들은 참을성 있게 그분의 제자들을 기다렸고, 무덤을 찾은 여인들에게 그분이 살아나셨음을 선언하고 제자들한테 알리라고 명령했다. 그 제자들은 그날 늦게, 그리고 그 이후 40일 동안 다른 기회에 그분을 보았다. 다시 만났을 때 그들은 예수님이 변화되셨음을 알았다. 어떤 이들은 의심하거나 주저했기 때문에, 그분은 그들과 같이 음식을 드시고, 도마에게는 증거가 필요하다면 그 손을 옆구리에 넣어 보라고까지 하셨다. 그들은 믿었다. 열두 제자에게 나타난 예수님은 동시에 5백 명에게까지 나타나셨다. 그들은 믿었고, 모든 민족을 제자로 삼는 일을 시작했다.

참고문헌 1. 마태복음 주석서

Blomberg, Craig L. *Matthew: An Exegetical and Theological Exposition of Holy Scripture*. NAC. Nashville: B&H, 1992.

Bruner, Frederick Dale. *Matthew: A Commentary*. Rev. ed. 2 vols. Grand Rapids, MI: Eerdmans, 2004.

Calvin, John. *Commentary on a Harmony of the Evangelists, Matthew, Mark, and Luke*. Translated by William Pringle. 3 vols. 1845–1846. Reprint, Grand Rapids, MI: Baker, 2003.

Carson, D. A. Matthew. In *Matthew and Mark*, 23–670. Vol. 9 of *The Expositor's Bible Commentary*, edited by Tremper Longman III and David E. Garland. Rev. ed. Grand Rapids, MI: Zondervan Academic, 2010.

Davies, W. D., and Dale C. Allison Jr., *A Critical and Exegetical Commentary on the Gospel according to Saint Matthew*. 3 vols. ICC. Edinburgh: T&T Clark, 1988–1997.

Doriani, Daniel M. *Matthew*. 2 vols. REC. Phillipsburg, NJ: P&R, 2008.

France, R. T. *The Gospel according to Matthew: An Introduction and Commentary*. TNTC. Grand Rapids, MI: Eerdmans, 1985.

———. *The Gospel of Matthew*. NICNT. Grand Rapids, MI: Eerdmans, 2007.

Garland, David E. *Reading Matthew: A Literary and Theological Commentary on the First Gospel*. New York: Crossroad, 1993.

Hagner, Donald A. *Matthew*. 2 vols. WBC 33. Dallas: Word, 1993–1995.

《마태복음 1-13장》과《마태복음 14-28장》. WBC 성경주석. 솔로몬.

Hill, David. *The Gospel of Matthew*. NCBC. Grand Rapids, MI: Eerdmans, 1972.

Keener, Craig S. *A Commentary on the Gospel of Matthew*. Grand Rapids, MI: Eerdmans, 1999.

Kingsbury, Jack Dean. *Matthew as Story*. 2nd ed. Philadelphia: Fortress, 1988.

McNeile, Alan Hugh. *The Gospel according to St. Matthew*. 1915. Reprint, Grand Rapids, MI: Baker, 1980.

Morris, Leon. *The Gospel according to Matthew*. PNTC. Grand Rapids, MI: Eerdmans, 1992.

Plummer, Alfred. A*n Exegetical Commentary on the Gospel according to St. Matthew*. 1910. Reprint, Grand Rapids, MI: Eerdmans, 1956.

Ridderbos, Herman N. *Matthew*. BSC. Grand Rapids, MI: Zondervan, 1987.

Tasker, R. V. G. *The Gospel according to St. Matthew: An Introduction and Commentary*. TNTC. Grand Rapids, MI: Eerdmans, 1961.

Turner, David L. *Matthew*. BECNT. Grand Rapids, MI: Baker Academic, 2008.《BECNT 마태복음》. 부흥과개혁사.

Witherington, Ben, III. *Matthew*. SHBC. Macon, GA: Smyth & Helwys, 2006.

참고문헌 2. 기타 도서

Aune, David E. *The New Testament in its Literary Environment*. LEC 8. Philadelphia: Westminster, 1987

Bailey, Kenneth E. *Poet and Peasant and Through Peasant Eyes: A Literary-Cultural Approach to the Parables of Luke*. Combined ed. Grand Rapids, MI: Eerdmans, 1990.

Bauckham, Richard. *Jesus and the Eyewitnesses: The Gospels as Eyewitness Testimony*. Grand Rapids, MI: Eerdmans, 2006.《예수와 그 목격자들》. 새물결플러스.

Blomberg, Craig L. *The Historical Reliability of the Gospels*. 2nd ed. Downers Grove, IL: IVP Academic, 2007.《복음서의 역사적 신빙성》. 솔로몬.

———. *Interpreting the Parables*. 2nd ed. Downers Grove, IL: IVP Academic, 2012.《비유해석학》. 생명의말씀사.

———. *Jesus and the Gospels: An Introduction and Survey*. 2nd ed. Nashville: B&H Academic, 2009.

———. "Matthew." In *Commentary on the New Testament Use of the Old Testament*, edited by G. K. Beale and D. A. Carson, 1–109. Grand Rapids, MI: Baker Academic, 2007.

Bock, Darrell L. *Studying the Historical Jesus: A Guide to Sources and Methods*. Grand Rapids, MI: Baker Academic, 2002.

———. "The Words of Jesus in the Gospels: Live, Jive, or Memorex?" In *Jesus Under Fire: Modern Scholarship Reinvents the Historical Jesus*, edited by Michael J.

Wilkins and J. P. Moreland, 73–99. Grand Rapids, MI: Zondervan, 1995.

Bonhoeffer, Dietrich. *The Cost of Discipleship*. Translated by R. H. Fuller. Rev. ed. New York: Macmillan, 1963. 《현대인을 위한 제자도의 대가》. 프리셉트.

Brown, Raymond E. *The Birth of the Messiah: A Commentary on the Infancy Narratives in the Gospels of Matthew and Luke*. Garden City, NY: Doubleday, 1977. 《메시아의 탄생》. CLC.

———. *The Death of the Messiah: From Gethsemane to the Grave: A Commentary on the Passion Narratives in the Four Gospels*. 2 vols. New York: Doubleday, 1994. 《메시아의 죽음》. CLC.

Bruce, F. F. *Jesus: Lord & Savior*. JL. Downers Grove, IL: InterVarsity Press, 1986.

Calvin, John. *Institutes of the Christian Religion*. Edited by John T. McNeill. Translated by Ford Lewis Battles. 2 vols. LCC. Philadelphia: Westminster, 1960.

Carson, D. A., ed. *The Enduring Authority of the Christian Scriptures*. Grand Rapids, MI: Eerdmans, 2016.

Daube, David. *The New Testament and Rabbinic Judaism*. Peabody, MA: Hendrickson, 1990–1994.

Derrett, J. Duncan M. *Law in the New Testament*. London: Darton, Longman & Todd, 1970.

Doriani, Daniel M. *Getting the Message: A Plan for Interpreting and Applying the Bible*. Phillipsburg, NJ: P&R, 1996. 《해석, 성경과 삶의 의미를 찾다》. 성서유니온선교회.

———. *Putting the Truth to Work: The Theory and Practice of Biblical Application*. Phillipsburg, NJ: P&R, 2001. 《적용, 성경과 삶의 통합을 말하다》. 성서유니온선교회.

Eusebius. *Ecclesiastical History*. Translated by C. F. Cruse. 1833. Reprint, Peabody, MA: Hendrickson, 1998.

Frame, John M. *The Doctrine of the Christian Life*. A Theology of Lordship. Phillipsburg, NJ: P&R, 2008. 《기독교윤리학》. P&R.

———. *Systematic Theology: An Introduction to Christian Belief.* Phillipsburg, NJ: P&R, 2013. 《존 프레임의 조직신학》. 부흥과개혁사.

France, R. T. *Matthew: Evangelist and Teacher*. Grand Rapids, MI: Zondervan, 1989.

Jeremias, Joachim. *New Testament Theology*. Translated by John Bowden. New York: Scribner's, 1971. 《예레미아스 신약신학》. CH북스.

———. *The Parables of Jesus*. Translated by S. H. Hooke. London: Scribner's, 1972.

Johnson, Luke Timothy. *The Real Jesus: The Misguided Quest for the Historical Jesus and the Truth of the Traditional Gospels*. San Francisco: HarperSanFrancisco, 1996.

Josephus. *Antiquities of the Jews and Wars of the Jews in The Works of Josephus.* Translated by William Whiston. Peabody, MA: Hendrickson. 1980.

Keck, Leander E. *The Bible in the Pulpit: The Renewal of Biblical Preaching*. Nashville: Abingdon, 1978.

Keener, Craig S. *The Historical Jesus of the Gospels*. Grand Rapids, MI: Eerdmans, 2009.

Marshall, I. Howard. *The Origins of New Testament Christology*. 2nd ed. Downers Grove, IL: InterVarsity Press, 1990. 《신약 기독론의 기원》. CLC.

Metzger, Bruce. *A Textual Commentary on the Greek New Testament*. Stuttgart: United Bible Societies, 1971.

Moulton, James Hope, ed. *A Grammar of New Testament Greek*. Vol. 3, *Syntax*, edited by Nigel Turner. Edinburgh: T&T Clark, 1963.

Pennington, Jonathan T. *Reading the Gospels Wisely: A Narrative and Theological Introduction*. Grand Rapids, MI: Baker Academic, 2012. 《복음서 읽기》. CLC.

Philo. *The Works of Philo*. Translated by C. D. Yonge. Peabody, MA: Hendrickson, 1993.

Sanders, E. P. *The Historical Figure of Jesus*. New York: Penguin, 1993.

Sherwin-White, A. N. *Roman Society and Roman Law in the New Testament*. Grand Rapids, MI: Baker, 1963.

Snodgrass, Klyne R. *Stories with Intent: A Comprehensive Guide to the Parables of Jesus*. Grand Rapids, MI: Eerdmans, 2008.

Stassen, Glen H., and David P. Gushee. *Kingdom Ethics: Following Jesus in Contemporary Context*. Downers Grove, IL: IVP Academic, 2003.

Stein, Robert H. *The Method and Message of Jesus' Teachings*. Rev. ed. Louisville: Westminster John Knox, 1994. 《예수의 가르침에 나타난 방법과 메시지》. 한국장로교출판사.

Stott, John R. W. *Christian Counter-Culture: The Message of the Sermon on the Mount*. Downers Grove, IL: InterVarsity Press, 1978. 《존 스토트의 산상수훈》. 생명의말씀사.

———. *The Cross of Christ*. Downers Grove, IL: InterVarsity Press, 1986. 《그리스도의 십자가》. IVP.

Taylor, Charles. *A Secular Age*. Cambridge, MA: Harvard University Press, 2007.

———. *Sources of the Self: The Making of the Modern Identity*. Cambridge, MA: Harvard University Press, 1989. 《자아의 원천들》. 새물결플러스.

Wallace, Daniel B. *Greek Grammar beyond the Basics: An Exegetical Syntax of the New Testament*. Grand Rapids, MI: Zondervan, 1996.

Wolters, Albert M. *Creation Regained: Biblical Basics for a Reformational Worldview*. 2nd ed. Grand Rapids, MI: Eerdmans, 2005.

Wright, N. T. *Jesus and the Victory of God*. COQG. Minneapolis: Fortress, 1996. 《예수와 하나님의 승리》. CH북스.

———. *The New Testament and the People of God*. COQG. Minneapolis: Fortress, 1992. 《신약성서와 하나님의 백성》. CH북스.

———. *The Resurrection of the Son of God*. COQG. Minneapolis: Fortress, 2003. 《하나님의 아들의 부활》. CH북스.

성경구절 찾아보기

잠언

전도서

이사야

마가복음

누가복음

고린도후서

갈라디아서

에베소서

빌립보서

골로새서

데살로니가전서

데살로니가후서

디모데전서

디모데후서

디도서

히브리서

국제제자훈련원은 건강한 교회를 꿈꾸는 목회의 동반자로서 제자 삼는 사역을 중심으로 성경적 목회 모델을 제시함으로 세계 교회를 섬기는 전문 사역 기관입니다.

ESV 성경 해설 주석

마태복음

초판 1쇄 인쇄 2023년 5월 24일
초판 1쇄 발행 2023년 6월 7일

지은이 다니엘 M. 도리아니
옮긴이 김명희

펴낸이 오정현
펴낸곳 국제제자훈련원
등록번호 제2013-000170호(2013년 9월 25일)
주소 서울시 서초구 효령로68길 98(서초동)
전화 02) 3489-4300 **팩스** 02) 3489-4329
이메일 dmipress@sarang.org

ISBN 978-89-5731-867-6 94230
978-89-5731-825-6 94230(세트)